上海市知识青年历史文化研究会　上海通志馆　编

中国新方志

知识青年上山下乡史料辑录

金光耀　金大陆　主编

④

上海人民出版社　上海书店出版社

华 东 卷 目 录

上海市

山东省

江苏省

浙江省

安徽省

江西省

福建省

上海市

《上海通志(第一册)》

上海通志编纂委员会编,上海社会科学院出版社 2005 年

(1954 年)10 月 8 日,520 名上海知识青年赴新疆参加建设。　　(《大事记》,第 266 页)

(1957 年)年底—1958 年 1 月,3 800 名中学毕业生响应"上山下乡"号召,到市郊农村落户。　　(《大事记》,第 274 页)

(1958 年)4、5 月,8 681 名上海知青到湖北、安徽两省国营农场务农。(《大事记》,第 276 页)

8—10 月,4 473 名上海知青到江西、福建从事农林业生产,其中至井冈山 380 人。

(《大事记》,第 277 页)

是年(1961 年),上海动员 9 453 名知识青年报考江西共产主义劳动大学。江西共大在江西各地区设若干分校,实行半耕半读。　　(《大事记》,第 285 页)

是月(1963 年 1 月),是月和 7 月,分两批动员城镇初、高中毕业生和社会青年到新疆,参加新疆建设兵团生产建设。8 月中共上海市委、市人委同意市劳动局关于年内动员 2 万名城市知识青年参加新疆建设兵团的意见。上海开始大规模动员知青赴新疆参加建设,到 1966 年停止。其间共有 85 155 人赴新疆(含 1961、1962 年部分人员)。　　(《大事记》,第 287 页)

6 月 14 日,团市委召开回乡落户知青座谈会,号召青年到农村去。

(《大事记》,第 288 页)

(1965 年)7 月 5 日,国务院总理周恩来、副总理陈毅在新疆生产建设兵团石河子垦区看望上海支边青年。　　(《大事记》,第 291 页)

(1968 年)7 月 8 日,市知识青年上山下乡办公室成立,办理以中学毕业生为主体的城镇户籍知识青年上山下乡到外地、市郊农村、农场务农事宜,开始大规模动员知青上山下乡。全市中学毕业生和社会青年开始上山下乡,到农村、边疆务农。　　(《大事记》,第 299 页)

7 月 27 日,上海首批城市知识青年赴安徽农村插队落户。　　(《大事记》,第 299 页)

是月(10 月),全市城镇户口 66、67 届初高中毕业生开始到农村插队落户。到 1978 年

全市有111.3万名知识青年到黑龙江、吉林、内蒙古、云南、贵州、江西、安徽等地和上海郊县的农村、农场务农。 （《大事记》，第300页）

（1969年）3月21日，上海首批赴内蒙古插队知青启程。 （《大事记》，第300页）

7月4日，上海黄山茶林场陶华等11名职工为抢救国家财产，在与特大山洪搏斗中牺牲。 （《大事记》，第300页）

（1971年）6月11日，上海市革会决定，全市中学毕业生自1970届起，停止全部到农村务农（所谓"一片红"）的政策，实行"四个面向"（面向农村、面向边疆、面向工矿、面向基层）的分配方案。 （《大事记》，第304页）

是月（12月），上海市统筹安排在外省市及上海市郊上山下乡务农回沪回城待业知识青年工作基本结束，全市40万人得到安置。 （《大事记》，第316页）

1959—1968年，因严格控制外省市人口迁入上海市，精简城市职工回原籍农村，知识青年赴新疆参加兵团生产，国家开始实行计划生育等，人口缓慢增长。……1969—1976年，大批中学毕业生上山下乡，强化计划生育管理，人口下降。……1977—1989年，因大批"文化大革命"中上山下乡的知识青年返沪、50年代高峰期出生人口进入婚育年龄，人口增长迅速。 （第三卷第一章《人口数量、分布》，第666页）

1968—1976年，赴外省市"上山下乡"知识青年返城探亲，每年居住在居民户、集体户外来流入暂住人口约20万人。 （第三卷第二章《人口变动》，第692页）

1963—1966年，8.52万人去新疆参加建设兵团生产，后经几年调整，全市城镇失业人口大为减少。1967—1977年，初高中毕业生赴外地和市郊农村"上山下乡"参加农业生产，部分中学毕业生待业在家，全市城镇失业人口约60万—80万人。1978—1980年，大量知识青年返城，累计失业人口43.29万人，1979—1981年安置41.2万人，失业人员大多就业。 （第三卷第三章《人口构成》，第713页）

《上海通志（第二册）》

上海通志编纂委员会编，上海社会科学院出版社2005年

知识青年上山下乡　1955年10月15日，有98人组成第一支上海青年志愿垦荒队落

户江西德安,建立共青城。1963—1966年,有7万多名知识青年到新疆参加生产建设兵团,屯垦戍边。"文化大革命"中,有近百万知识青年到黑龙江、内蒙古、吉林、云南、贵州、江西、安徽等地插队务农。

(第八卷第三章《群众团体》,第1051页)

"文化大革命"中,大批干部和知识青年上山下乡,上海市人口大规模迁出,1968—1976年净迁出84.26万人,其中1969、1971年分别达27.5万和31.24万人最高数。1958—1976年净迁出173.2万人。1976年后,大批下放干部、知识青年回沪,调整人口迁移政策,以吸收各类专门人才,制定各种有关支农、支边等人员配偶及子女的户口迁移政策。

(第九卷第一章《公安》,第1094页)

1976年,全市职工399.27万人。

1978年12月以后,除安排新成长劳动力外,安置大批上山下乡回沪知识青年就业,1980年全市职工446.92万人。
(第十一卷第一章《劳动力》,第1293页)

1961年动员知识青年到新疆建设兵团的屯垦戍边,至1966年,有8.5万人。1963—1965年,全民所有制单位招收城镇待业人员8.3万多人。街道、里弄兴办的生产、生活服务事业安置一批妇女和青年。

"文化大革命"中,就业安置实行"统包统配"。1968年,对1966、1967年两届中学毕业生44.5万人进行分配,实行"面向农村、面向边疆、面向工矿、面向基层"的就业方针,根据毕业生本人及其家庭的情况,一般动员上山下乡,到市郊和外地农村务农。有困难的留城分配,安置在市内全民企业的17.5万多人,动员上山下乡的9万多人。1968年12月,毛泽东发出"知识青年到农村去,接受贫下中农再教育,很有必要"的号召,全市大规模动员中学毕业生到农村务农。对1968、1969两届中学毕业生46万人,以及前两届待分配毕业生,实行全部上山下乡,市内企业不招工的政策,称为分配"一片红"。1971年开始,对中学毕业生实行以兄姐去向为依据,决定本人分配到工矿或农村、上海或外地、全民或集体的"按档分配,对号入座"的办法。1968—1976年,全市上山下乡104万人,分配进全民单位的88.4万人、城镇集体企业27万人,在街道里弄生产、生活服务单位就业的6.9万人。1976年末,待业人员近10万人,绝大部分为历届中学毕业生。

1978年起,主要安置按政策规定回沪的上山下乡知识青年就业。1978年12月,国务院指示全民和集体单位都可从下乡知识青年中招工。1979年6月,上海市规定,对于按政策批准回到市区的上山下乡知识青年,除全民单位从中招收一部分外,大部分由各局、各区分别安排到集体企事业单位。全市采取任务到局(区)、按口调剂、条块结合、统筹安排的办法,局、区分别承担任务,统筹安排本系统、本地区批准回城的青年。1980年9月、1982年4月先后召开全市劳动就业工作会议。1980年会议,要求"在国家统筹规划和指导下,实行劳动部门介绍就业、自愿组织起来就业和自谋职业相结合的方针",结合国民经济调整,广开生产门路,广开就业门路。1982年会议,认为实行"三结合"就业方针不是权宜之计,强调要以"自愿组织,自负盈亏,按劳分配,民主管理",发展城镇集体经济。1977—1982年,安置就业156.3万人,其中应届中学毕业生45.7万人、历届待业青年16.4万人,按政策批准回城的下乡知识青年41.6万人;安置在集体所有制单位52万人,47.3万人是城镇待业青年。1982年全市城镇待业人员2.5万人。 　　　　　　　　　　　　　（第十一卷第二章《劳动就业》,第1298页）

　　1966—1974年,为动员和组织中学毕业生上山下乡到农村务农,市和区、县建知识青年上山下乡办公室,街道劳动力调配站改为知青工作组。1978年后,市、区、县逐步建立劳动服务公司,街道、镇成立劳动服务所。劳动服务公司和劳动服务所采取行政管理和经济支持政策,组织城镇待业青年,创造就业条件。1979年1月,徐汇区劳动局率先建立全市第一个区劳动服务公司。1981年4月,上海市劳动服务公司建立。至1984年6月,全市12个区、10个县建立劳动服务公司,122个街道、33个县属镇和多数乡建立劳动服务所。

　　　　　　　　　　　　　　（第十一卷第二章《劳动就业》,第1299页）

《上海通志(第三册)》

上海通志编纂委员会编,上海社会科学院出版社2005年

　　"文化大革命"中,对劳动力实行"统包统配"政策,动员111万名中学毕业生上山下乡。1978年起安置84.2万名回沪知青就业。　　　　（第十五卷第二章《经济总量》,第1631页）

　　1979年前后,为安置大批回沪知识青年就业,全市各系统内建360多个集体所有制企业,96万名知识青年就业。　　　　　　　　（第十五卷第三章《经济结构》,第1649页）

　　1977—1980年,安置回沪上山下乡知识青年、应届中学毕业生就业,1980年,全市有全民所有制职工194.43万人,比1976年增加33.3万人。

　　　　　　　　　　　　　　（第十七卷第一章《工业经济规模》,第1847页）

　　70年代起,充实的基本是当地知识青年和下乡插队落户的城镇知识青年。80年代起,引进各类人才。　　　　　　　　　（第十八卷第一章《乡镇村集体工业》第2410页）

《上海通志(第五册)》

上海通志编纂委员会编,上海社会科学院出版社2005年

　　1963年,中共上海市委员会、市人民委员会确定国营农场发展副食品生产,以畜牧业为

主,农牧结合。员工主要为参加围垦的干部、工人、城镇居民和少量当地农民。1968 年起,吸收上海城市知识青年就业。

(第二十二卷第一章《经营体制》,第 3109 页)

　　"文化大革命"中下乡知识青年返沪,住房被抢占人员要求还房,每年 10 万以上结婚户要房,全市居民住房更为紧张,困难户增加,到 1981 年 6 月,增至 97 986 户。1981 年 1 月,市政府发文鼓励各单位(包括中央在沪单位)自建住宅,"谁建造、谁分配",划出部分安置动迁户和补偿公共建设面积后,全部由单位自己分配。

(第二十七卷第二章《房屋》,第 3685 页)

《上海通志(第七册)》

上海通志编纂委员会编,上海社会科学院出版社 2005 年

　　"文化大革命"中,上海教育受到严重摧残。大中小学"停课闹革命",高等院校、中等专业学校停止招生考试,大批教师遭受批判、迫害。1968 年 10 月开始,全市应届高初中毕业生以"知识青年"身份,上山下乡到边疆建设兵团、国营农场和人民公社插队落户务农就业,到 1976 年全市约达 109.3 万人。1969 年 5 月,上海市革命委员会(简称市革委会)颁布《上海市中小学教育革命纲要》,全盘否定 1966 年前 17 年的教育成就。1970 年,开始招收"工农兵"大学生,全市有 8 所大学首先恢复招生,招收学生 3 000 人。

(第三十五卷《概述》,第 4822 页)

　　1974 年,复旦大学、华东师范大学、第一医学院等恢复函授部,对上山下乡知识青年进行函授教育,设工、农、医、文等 25 门科目,组织教师巡回面授辅导。

(第三十五卷第三章《教育、教学》,第 4938 页)

《上海通志(第八册)》

上海通志编纂委员会编,上海社会科学院出版社 2005 年

　　《边疆新苗》。沙叶新编剧。1977 年上海人民出版社出版。主要根据插队落户黑龙江省农村的上海青年、烈士金训华的事迹写成。1970 年以《金训华》剧名演出,导演葛乃庆、刘桐标、王啸平,演员姚明德、王祥普、赵家彦、俞敏贞、严顺开等,受到各地好评,辽宁人民艺术剧院进行交流演出。1973 年,市革会文教组召开大型座谈会,批评剧中英雄人物不突出,起点低,"花花草草"太多,冲淡主题,作者、导演被迫就"黑线回潮"问题作检查。

(第三十八卷第一章《戏剧》,第 5199 页)

《上海通志(第九册)》

上海通志编纂委员会编,上海社会科学院出版社 2005 年

　　70 年代后期,大批上山下乡知识青年返沪,结婚率上升,1979 年 22.68‰,1980 年 28.8‰,1981 年最高,为 48.20‰,1982 年 32.90‰,1986 年 30.68‰,以后逐年回落,1987 年 24.85‰,1988 年 23.42‰,1989 年 18.33‰,1990 年 16.57‰,1992 年 14.75‰,1995 年 12.5‰。上海的结婚率与全国相比波动显著。1986 年后全国人口结婚率稳定在 16‰— 17‰,上海显著下降,1990 年低于全国平均水平。

　　"文化大革命"中,因知识青年上山下乡,造成大批大龄青年未婚和择偶难,成为社会问题。80 年代初,通过婚姻介绍所和报刊、广播、电视等媒体征婚。

(第四十三卷第二章《婚姻、家庭》,第 6345 页)

　　50 年代中期起,到农村务农成为上海城镇青年学生就业渠道之一。1955 年 10 月,共青团上海市委动员组织 800 多名青年,组成上海青年志愿垦荒队,分赴江西省德安县插社或集体垦荒建社,是上海青年第一批上山下乡人员。以后陆续有大批青年分赴江西、安徽、湖北、新疆等地和上海郊区从事农业生产劳动。1958 年 1 月,上海市人民代表大会通过动员城市剩余劳动力支援农业建设的决议。1960 年,国家精简城市人口,城市就业困难,留城市谋业成为城镇新生劳力普遍愿望。历次精简职工回农村和知识青年上山下乡都经过大力宣传动员。1962 年底,上海未能就业的社会青年有 6 万多人,其中历届高、初中毕业生和少数不服从分配的大学生共约 2 万人,占 30%;被精简、退职、或支援外地又自发回沪的有 3 万人,占 45%。1955—1966 年,上海上山下乡知识青年共 16.4 万人。家庭出身不好的知识青年试图通过艰苦劳动改造自己,到农村、新疆建设兵团务农。1963 年,上海赴新疆青年近 2 万名,其中近 2 000 人是资产阶级家庭出身的子女。

　　……1968 年起,上海对中学生的毕业分配实行面向农村、面向边疆、面向工矿、面向基层的"四个面向"办法。"文化大革命"初期积压的 1966、1967 两届毕业生按家庭、政治、个人表现等因素分配到工矿企业、农场和农村插队落户。12 月,毛泽东提出"知识青年到农村去,接受贫下中农的再教育,很有必要",上海市革命委员会决定,将 1966、1967 两届余留毕业生和 1968、1969 两届毕业生共 50.7 万人全部动员上山下乡,俗称"一片红"。除少数身残和家庭有特殊困难的人员以外,其他人别无选择。1970 年起,恢复实行"四个面向"政策,提出"政治挂帅,依靠群众,统筹兼顾,适当安排"的原则。具体做法是:有关部门根据城市用人的需要和毕业生家庭情况及其兄姐去向的总情况,制定分配计划和分配政策,公布任务和政策。先召开毕业生积极分子会议,再召开毕业生与家长大会,然后组织毕业生、家长、里弄干部和学校教师代表共同讨论,落实下乡、留城具体名单。以后几年,都用这种"四结合"讨论排队办法安排和动员知识青年上山下乡。社会上对中学毕业生上山下乡的选择看法是到农

场比插队好。在到农场的去向中,优先考虑上海市郊农场,其中在长兴岛和奉贤的农场比较抢手,崇明岛农场次之。再是考虑在江苏省的上海大丰农场和在安徽省的上海黄山茶林场。插队落户地点选择,想离上海近的选择安徽,怕吃杂粮想吃大米的去江西,思想浪漫的会选择云南、贵州。前提是需按国家分配的名额而定。也有通过父母或亲戚到原籍插队,称"投亲插队",人员约占插队总数 5%。1968—1976 年全市插队人员 111.3 万人。

1980 年起,上海改"统包统分"为"三结合"就业政策,即在国家统筹规划和指导下,实行劳动部门介绍就业、自愿组织起来就业和自谋职业相结合的方针。1977—1982 年,上海共安置 156.3 万人就业,其中 103.7 万人为城镇待业青年和回沪知识青年(进全民所有制企事业单位 55.96 万人,区、县、局、街道集体企事业单位 40.58 万人,发展合作社 4.97 万人,组织劳动服务队和家庭手工业 1.77 万人,从事个体经营 0.41 万人)。　　(第四十三卷第四章《职业》,第 6389—6390 页)

1955—1966 年若干年份上海市知识青年上山下乡人数、去向情况表　　　　单位:人

去　向	合　计	1955 年	1957 年	1958 年	1961 年	1962 年	1963 年	1964 年	1965 年	1966 年
总　计	164 015	935	3 468	13 609	18 751	18 413	20 879	36 086	22 980	28 894
江　西	14 117	935	—	3 728	9 454					
安　徽	2 227	—		1 904					323	
湖　北	7 977	—		7 977						
新　疆	85 155	—			2 500	458	19 730	31 216	14 357	16 894
浙　江	271	—			271					
上海市郊	54 268	—	3 468	—	6 526	17 955	1 149	4 870	8 300	12 000

1968—1978 年上海市知识青年上山下乡人数、分布情况表　　　　单位:人

去　向		总人数	其　　中	
			插队人数	建设兵团、农、林场人数
合　计		1 112 952	513 671	599 281
跨省(区)下乡		615 517	401 147	214 370
其中	黑龙江	165 186	27 046	138 140
	江　西	118 805	106 856	11 949
	安　徽	149 421	137 374	12 047
	云　南	55 944	10 065	45 879
	贵　州	10 491	10 491	—
	吉　林	23 815	23 815	—
	内蒙古	7 963	1 608	6 355
	辽　宁	594	594	—
	江　苏	51 200	51 200	—
	浙　江	32 098	32 098	—
上海郊县		497 435	112 524	384 911

说明:表列人数为市区和市郊城镇居民户口的初、高中毕业生,不含市郊回所在社、队务农的农村户口初、高中毕业生。

(第四十三卷第四章《职业》,第 6391 页)

《中共上海党志》

《中共上海党志》编纂委员会编，上海社会科学院出版社2001年

(1968年)12月22日，毛泽东"知识青年到农村去，接受贫下中农再教育，很有必要"的指示发表。上海掀起了知识青年上山下乡运动，此后共有109万余名知识青年赴黑龙江、吉林、内蒙、云南、贵州、江西、安徽等地和上海郊县的农场及农村插队落户。 （《大事记》，第66页）

(1971年)6月11日，经市革会会议决定，全市中学毕业生自1970届起，停止全部到农村务农（即"一片红"的政策），实行"四个面向"（面向农村、面向边疆、面向工矿、面向基层）的分配方案。 （《大事记》，第68页）

(1980年)5月28日—6月3日，市委召开统筹安排知识青年工作会议。全市"文化大革命"中上山下乡知识青年开始陆续回沪。 （《大事记》，第75页）

《上海人民政府志》

上海人民政府志编纂委员会编，上海社会科学院出版社2004年

(1958年)4月17日，举行"上海知识青年志愿参加湖北、安徽农村建设活动分子大会"。常务副市长曹荻秋和共青团中央第一书记胡耀邦、共青团上海市委书记李琦涛分别在会上讲话，号召知识青年踊跃报名支援农业建设。 （《大事记》，第42页）

(1968年)6月15日，市革委会发出《关于做好中学毕业生下乡上山建设社会主义新农村的动员工作的通知》。 （《大事记》，第56页）

7月2日，市革委会在虹口体育场召开"上海市1966届高初中毕业生上山下乡动员大会"，动员知识青年上山下乡。 （《大事记》，第56页）

12月22日，《人民日报》发表毛泽东主席关于"知识青年到农村去，接受贫下中农的再教育，很有必要"的指示后，上海开始动员大批知识青年上山下乡。此后共有109万余名知识青年赴黑龙江、吉林、内蒙古、云南、贵州、江西、安徽等地和上海郊县的农场及农村插队落户。 （《大事记》，第57页）

(1969年)7月27日，市革委会召开大会，就机关干部实行"四个面向"（面向边疆、面向

农村、面向工矿、面向基层文教单位)进行动员,8月起又向各系统层层压指标,之后,将全市
2 000多名机关干部送往黑龙江、云南、贵州等边疆和知青一起插队锻炼;4 800余人赴南京
梅山工程当工人或工作;近3 000人到中学当教师。   (《大事记》,第57页)

　　(1971年)6月11日,市革委会召开会议,决定全市中学毕业生自1970届起,停止全
部到农村务农的政策,实行"四个面向"(面向农村、面向边疆、面向工矿、面向基层)的分
配方案。   (《大事记》,第58页)

　　(1972年)1月16日,市革委会向国务院报送《关于上海70届中学毕业生四个面向的情
况报告》。报告称,对1970届毕业生的分配,除了继续动员上山下乡外,决定吸收一部分进
上海市工厂,同时也为外地工矿企业代培训一批新工人。   (《大事记》,第59页)

　　(1979年)1月,根据中央关于统筹解决知青问题的指示精神,市革委会采取措施,统筹
解决上海在外地插队知青问题。   (《大事记》,第66页)

　　1969年,市革委会成立综合计划统计组、审批办公室、防空办公室、复员退伍军人安置
办公室、清档组、知识青年上山下乡办公室。   (第一篇第三章《职能、机构》,第157页)

　　1981年1月,将市政府知识青年上山下乡办公室并入市劳动局,成立知青处,对外仍挂
知识青年上山下乡办公室的牌子。   (第一篇第三章《职能、机构》,第159页)

　　70年代,国家、集体继续进行较大规模的围垦。为了安置城市知识青年,1973年冬,在
奉贤、南汇等县围垦土地8.64万亩,扩建国营农场。(第二篇第三章《农村经济》,第382页)

　　1968年以后,市郊国有农场成为安置城市知识青年上山下乡的重要基地。1972年底,
中共上海市委、市革委会决定从位于江苏省大丰县的上海农场划出部分地区,建立市属海丰
农场,也用于安置知识青年。1973年10月,市革委会原则同意市综合计划组《关于郊区围
垦江海滩地扩建国营农场的请示报告》,在进一步围垦的基础上,先后新建"五七"农场(今芦
潮港农场)、燎原农场、朝阳农场。1976年6月,成立市农场管理局,18个国营农场以及有关
公司、厂划归农场管理局领导。1968—1978年,先后有36.88万名城市知识青年陆续分配到
上海农垦系统各农林牧场劳动和工作,最多的一年达33万人。1971年开始,有数万名农场
职工先后上调到全市各个行业安排工作。
　　农场大量安置知识青年,人多地少,劳动生产率低,经济亏损严重。仅1970年就亏损
2 063万元。
            (第二篇第三章《农村经济》,第383—384页)

"文化大革命"期间，大批知识青年上山下乡，干部下放劳动锻炼，职工支援三线建设，迁出人数激增。1968—1972年，全市人口机械变动持续负增长，平均每年净迁出17万余人，其中1969年、1970年、1971年3年累计净迁出71万余人，迁移增长率分别为—25‰、—28.8‰和—11.9‰。

"文化大革命"结束后，上海落实各项政策，1977年开始，大批下放干部和知青返城，支内、支边职工退休回沪，同时为适应经济社会发展需要，逐步调整人口迁移政策，人口的持续净迁出转变为渐趋平稳的净迁入。仅1978年、1979年、1980年三年即累计净迁入40.8万余人，迁移增长率分别为6.1‰、23.7‰和6.7‰。　（第三篇第八章《人口和计划生育》，第611—612页）

此外，"八五"计划期间还解决了16.8万余名知青子女回沪就读落户及一批50—60年代支边支内退休职工回沪落户等历史遗留问题。　（第三篇第八章《人口和计划生育》，第612页）

根据毛泽东主席关于动员知识青年上山下乡的指示，1968年起，上海对大中学校毕业生实行"面向农村、面向边疆、面向工矿、面向基层"（简称"四个面向"）的方针，掀起大规模的知识青年上山下乡运动，10年内累计约109万知识青年去外省、区农村和边疆及上海农场参加农业生产；对按政策留沪的毕业生则实行"按档分配、对号入座"的就业政策，向企业安排，造成企业人浮于事，经济效益提高缓慢。至1976年底，全市职工总数397.8万人，比1965年增加126.6万人。

"文化大革命"期间积压下来的待业青年和新成长的劳动力有63万人，返沪知青有41万人，成为"文化大革命"结束后上海安置就业的主要对象。

1978年开始，上海在就业方面实行退休职工子女顶替制度，其间曾一度采取"子随父，女随母"归口安排回沪知青的办法。1980年，上海在国家统筹规划和指导下，实行劳动部门介绍就业、自愿组织起来就业和自谋职业三结合的就业方针，结合国民经济的调整，大力发展集体和个体经济，建立劳动服务公司，扩大吸纳社会劳动力。从1977年到1982年的6年中，全市安置新就业人数累计156.3万人，其中大多数是回城知青。

（第三篇第十章《劳动和社会保障》，第639页）

《上海海关志》

《上海海关志》编纂委员会编，上海社会科学院出版社1997年

70年代以后，提出从部队复退人员中吸收出身于劳动人民家庭的党员、团员，充实海关队伍的要求，得到了上海市的同意。先后接收复员军人265人，农场知青39人，还从财贸外语学校接收70多名毕业生。　（第一编第三章《人事》，第106页）

《上海工运志》

《上海工运志》编纂委员会编,上海社会科学院出版社 1997 年

　　1968 年起,大批应届中学毕业生上山下乡,至 1978 年共动员 36.9 万知识青年去 15 个市郊农场和 3 个市属外地农场工作,农场职工大量增加。据 1978 年底统计,全市农牧水利职工共 35.9 万人,包括农场、林场、畜牧场、饲养场、奶牛场职工、国营渔业队职工和水利、气象职工。1979 年后,大批农场职工回城安排工作,至 1982 年,陆续离开农场的职工约 15 万人。农林水利职工逐年减少,1982 年末为 20.01 万人,1985 年为 17.44 万人,1988 年为 15.59 万人,1990 年为 14.70 万人,1992 年为 6.17 万人,1994 年为 4.99 万人。

(下编第一篇第二章《职工队伍构成》,第 364—365 页)

　　60 年代以后,学生是上海职工最主要的来源。50 年代和 60 年代初,学生占新增职工的 20％左右。随着中等教育的普及,中学毕业生成为职工的主要来源,从 1966—1976 年,新增职工中来自学生的占 72.28％。70 年代后期及 80 年代初,大批"上山下乡"的知识青年返沪,陆续安排就业,自 1979—1982 年,全民和集体单位新增职工 118.96 万,其中 60.2％是回城知识青年,36.1％是应届毕业的大、中学(包括中专、技校)毕业生。此外,还有少数顶替父母进厂的农村青年学生。

(下编第一篇第三章《职工来源与结构》,第 365 页)

　　1978 年开始,"文化大革命"期间下放农村的知识青年,陆续按政策回沪,上海又一次出现就业高潮。仅 1979 年,就安排了回沪知青和历年未能升学的中学毕业生共 48 万人就业,这是上海解放以来安排就业人数最多的一年。

(下编第六篇第一章《劳动就业》,第 488 页)

　　1978 年 6 月,国务院颁发了《关于招收退休退职职工子女工作的办法》。1979 年,为了解决上山下乡知识青年回沪就业问题,上海出现退休顶替高潮,一年中退休 40 万人,由子女顶替进厂的约 30 万人。其后几年,子女顶替进厂的每年有几万人。1983 年 9 月,上海根据国务院的有关通知规定:对因病提前退休的工人,或不具备退休条件的退职工人,以及退休退职干部,不再实行招收其子女参加工作的办法。并规定,今后新招收退休职工子女时要统一组织考核,不符合条件的不得招收。

(下编第六篇第一章《劳动就业》,第 492 页)

革命烈士英名录

姓　名	性别	出生年月	籍　贯	参加工作年月	牺牲时所在单位职务	牺牲时间、地点
……
李笑牛	女	1949 年 11 月	江苏松江	1968 年 8 月	上海市黄山茶林场职工,共青团员	1969 年 7 月 4 日,在抗洪战斗中牺牲。

姓　名	性别	出生年月	籍　贯	参加工作年月	牺牲时所在单位职务	牺牲时间、地点
吴菊妹	女	1949 年 10 月	浙江余姚		上海市黄山茶林场职工，共青团员	1969 年 7 月 5 日，山洪暴发，在抢救国家财产时牺牲。
王庆伟	女	1947 年	浙江绍兴		上海市黄山茶林场职工，共青团员	1969 年 7 月 5 日，山洪暴发，在抢救国家财产时牺牲。
林卫阳	女	1947 年 4 月	江苏南汇		上海市黄山茶林场副连长，中共党员	1969 年 7 月 5 日，山洪暴发，她带领 9 名职工，为抢救国家财产牺牲。
刘度南	男	1950 年 6 月	江苏无锡	1965 年	上海市黄山茶林场职工，共青团员	1969 年 7 月 5 日，在抗洪斗争中牺牲。
陶　华（曾用名：陶桂华）	女	1950 年 5 月	江苏阜宁	1968 年 9 月	上海市黄山茶林场职工，中共党员	1969 年 7 月 5 日，山洪暴发，为抢救国家财产牺牲。
孔万成	男	1951 年 10 月	浙江萧山	1968 年	上海第四建筑公司 404 工程队职工	1968 年去安徽参加"三线"建设。1969 年 7 月 5 日工程队驻地山洪暴发，为抢救国家财产牺牲。
许洪兰	女	1950 年 3 月	江苏盐城	1968 年	上海市黄山茶林场职工，共青团员	1969 年 7 月 5 日，山洪暴发，为抢救国家财产牺牲。
金志强	男	1950 年 2 月	上海	1968 年 9 月	上海市黄山茶林场职工，共青团员	1969 年 7 月 5 日，山洪暴发，为抢救国家财产牺牲。
张云芳	女	1949 年 12 月	上海	1968 年 9 月	上海市黄山茶林场职工，共青团员	1969 年 7 月 5 日，山洪暴发，为抢救国家财产牺牲。

……

（《人物·革命烈士英名录》，第 824—825 页）

《上海青年志》

上海青年志编纂委员会编，上海社会科学院出版社 2002 年

　　（1955 年）9 月 10 日，上海市青年社会主义建设积极分子大会开幕，1 400 多人参加会议。陈家楼和吴爱珍、石成林、吕锡龄、韩巧云等 5 名社会青年，倡议组织一支上海市青年志愿垦荒队，到祖国最需要的地方去开垦荒地。10 月初，在上海团校举行垦荒队出征大会，这

是上海青年上山下乡的第一支队伍。自 1955 年 10 月至 1956 年 1 月底止,上海共动员 4 721 户、7 498 个劳动力,连家属共 12 961 人赴江西省垦荒。   (《大事记》,第 49 页)

11 月 29 日,团中央书记处书记胡耀邦到江西德安县九仙岭专程看望上海垦荒队员,并进行座谈,为即将组成的合作社命名题字"共青社"。   (《大事记》,第 49 页)

(1957 年)12 月 23 日,国务院总理周恩来为祝贺上海知识青年上山下乡给上海《青年报》题词:"希望你们能够在同农民共同劳动和过集体生活中,建立起自己的劳动观点和群众观点,把自己逐渐锻炼成为既有政治觉悟又有文化知识的集体化农民;并在把我国建设成为一个具有现代工业、农业和现代科学文化的社会主义强国的进程中作出更大的贡献。"

1957 年底至 1958 年 1 月,上海市大批中学毕业生响应党关于"上山下乡"的号召,前后两批共计 3 800 人去上海郊区(1958 年后划入浦东、宝山、嘉定、上海 4 个县)落户,其中团市委副书记蒋文焕带领 43 名团市委机关及直属单位的青年干部到西郊区梅陇乡插队。

(《大事记》,第 51 页)

(1958 年)2 月 5 日,团市委举行上海市知识青年志愿参加修建奉贤海塘活动分子大会。团市委书记李琦涛宣布:把今年开垦出来的共 6 000 亩荒地拨出 1 000 亩给上海青年,作为"共青农场"的土地。   (《大事记》,第 51 页)

4 月,上海郊区下乡落户学生积极分子大会召开,出席代表有 400 多人。大会提出了"做第一代有文化的新式农民,为建设社会主义新农村而奋斗"的口号。

4—5 月,上海掀起上山下乡第一个高潮,共有 8 681 人到湖北、安徽两省国营农场从事农业生产,其中,到安徽的 704 人,到湖北的 7 977 人。   (《大事记》,第 52 页)

8—10 月,4 473 名知识青年到江西、福建从事农林业生产,其中到江西井冈山的有 380 人。   (《大事记》,第 52 页)

(1961 年)8 月 20 日,新疆生产建设兵团所属各类学校和训练班开始在沪招生,至 10 月 25 日结束。全市被录取去新疆的知识青年 2 460 人。   (《大事记》,第 54 页)

11 月 21 日,团市委与有关单位联合召开首批去江西共产主义劳动大学学习的知识青年欢送大会,中共上海市委教卫部部长杨西光到会讲话。   (《大事记》,第 54 页)

(1962年)12月8日,在团市委直接动员组织下,市区397名高中毕业生组织"上海青年农业建设队",到崇明新围垦成的国营新安沙农场当农场工人。　　　(《大事记》,第54页)

(1963年)6月13—14日,团市委召开上海市回乡落户到郊区的知识青年活动分子座谈会,47名知识青年出席了会议。

6月24日,国家农垦部部长王震到上海,向社会知识青年作报告,动员他们到新疆参加建设。

6月中旬到8月上旬,约有1.5万名社会青年,到新疆生产建设兵团农一师参加建设。8月中旬至9月底,又有应届高、初中毕业生4 800人被输送到农二师及兵团其他各师。

(《大事记》,第55页)

(1964年)4月20—21日,上海市下乡上山知识青年积极分子代表会议举行。中共上海市委书记处书记陈丕显讲话。

5月17日,上海1万多人集会欢送参加新疆建设的知识青年,上海市副市长宋日昌到会讲话,中共上海市委书记处书记石西民、新疆生产建设兵团干部部部长邱舟以及团市委书记张浩波参加会议。　　　(《大事记》,第55页)

(1965年)5月25日,团市委和有关部门在文化广场联合召开上海青年下乡上山参加边疆建设动员大会,中共上海市委书记处候补书记杨西光、市劳动局局长王克作动员报告。

7月5日,国务院总理周恩来和副总理陈毅到新疆生产建设兵团石河子垦区看望上海知识青年,勉励他们把毕生献给祖国边疆建设。　　　(《大事记》,第56页)

(1968年)7月2日,市革委会在虹口体育场召开"上海市1966届高、初中毕业生上山下乡动员大会"。

7月27日,上海首批赴安徽插队落户的红卫兵出发。

8月9日,上海首批赴黑龙江务农的红卫兵出发。　　　(《大事记》,第57—58页)

(1974年)1月5日,上海市革命委员会文教组召开函授教育动员大会,要求为上山下乡的知识青年举办函授教育。自此,上海市各高校陆续为安徽、江西、云南、吉林、黑龙江等省的知识青年开办函授教育。　　　(《大事记》,第59页)

2月26日,中共上海市委在文化广场召开万人大会,欢送上海知识青年上山下乡"学习慰问团"。　　　(《大事记》,第59页)

(1975 年)12 月 29 日,市中学红代会在市革委大礼堂召开上山下乡大会。

(《大事记》,第 60 页)

(1979 年)12 月,根据中共上海市委的部署,市区 1968 年以来到外地上山下乡,后按政策回沪的待业知青的统筹安排工作已基本结束,全市 50 万待业知青得到妥善安置。

(《大事记》,第 62 页)

(1980 年)7 月 10 日,静安区待业知青陈贵根自筹资金,在华山路上开办"味美馆"饭店,这是上海出现的第一家私营饭店。 (《大事记》,第 62 页)

(1983 年)1 月 27 日,上海第一家知青合作汽车服务公司正式成立。(《大事记》,第 64 页)

1963—1965 年(包括 1966 年上半年),上海动员 9 万余名社会青年和应届中学毕业生迁往新疆,屯垦戍边。从 1955 年至 1966 年,上海上山下乡的知识青年共有 16.4 万人。

(第一篇第一章《青年人口数量与分布》,第 94 页)

1968—1976 年,上海共迁出 60.16 万名知识青年,其中高峰年份的 1969 年和 1970 年共迁出 48.06 万人,占迁出知识青年总数的 79.89%。

(第一篇第一章《青年人口数量与分布》,第 94 页)

1982 年第三次人口普查,上海青年人口数量和占总人口比重均达到 20 世纪最高峰,分别为 5 234 410 人和 44.14%。与第一次和第二次人口普查相比较,总量分别增长 157.78% 和 123.90%,而同期总人口分别仅增长 91.15% 和 9.64%。青年人口增长速度明显超过总人口增长速度。主要原因是 1951—1958 年人口出生大高峰和 1963 年人口出生小高峰出生的人口仍处于青年期以及人口迁移等因素。迁入人口中,以知识青年按政策返城和子女顶替(子女顶替政策的主要内容指职工退休后迁出城市回原籍,其在原籍的务农或待业子女可以迁入城市顶替)等为主,均为青年人口。1978—1980 年回沪知识青年 30 万人。1978 年 10 月至 1981 年 12 月,到"子女顶替"回沪的知识青年达到 12.44 万人。

(第一篇第一章《青年人口数量与分布》,第 95—96 页)

1962 年待业人员约 6 万人,不能升学的初高中毕业生 6 万人,共 12 万人;1963—1966 年动员去新疆 9 万多人。经过三年的调整,待业人员大为减少。1967—1977 年,上山下乡的高初中毕业生共 108 万人,其中 60 万人去外地农村、农场,48 万人去市郊国营农场和郊县农村插队。此外,待业在家的历届毕业生约 60—80 万人,这是当时潜在的劳动大军。

1978—1982 年,知青陆续按政策回城。　　　　　　　（第一篇第二章《青年人口构成》,第 146 页）

　　1955—1965 年(包括 1966 年上半年),上海上山下乡的知识青年共有 16.4 万人,主要前往新疆屯垦戍边和江西农场,二者合计占 91.96％,前期以江西为主,后期以新疆为主。知识青年市外迁移占全市青年迁移量的 2/3。　　　　（第一篇第三章《青年人口变动》,第 175 页）

　　1968—1976 年,上海市有大批知识青年(绝大部分是中学毕业生)迁往外省上山下乡(1968 年前和 1976 年后,也有少量知识青年上山下乡,在此一并统计),根据上海市劳动局社会劳动力管理处的统计,这一时期上海共迁出 60.16 万名知识青年。其中,市区迁出 55.89 万人,占 92.90％;市郊城镇迁出 2.95 万人,占 4.90％;市郊农村迁出 1.32 万人,占 2.20％。上海知识青年迁往外省的高峰年份为 1969 年和 1970 年,两年间共迁出 48.06 万人,占知识青年迁出总量的 79.89％。1970 年以后,上海知识青年主要迁往上海市郊县农场,迁往外省的比重迅速下降;至 1976 年和 1977 年时,上海市区每年迁往外省的知识青年仅 200—300 名。　　　　　　　　　（第一篇第三章《青年人口变动》,第 176 页）

　　1968—1978 年间,市区动员知识青年上山下乡,大批迁往上海市属农场,由市区迁往郊县达 497 435 人,占同期知识青年上山下乡总人数的 44.50％。插队落户农村的有 112 524 人,占总人数的 22.62％。农林场 384 911 人,占 77.38％。1975 年一年,从市区迁往郊县农场的知识青年就达 7.23 万人,同时市区企事业单位去郊县农场招工 3.17 万人,两项合计达 10.40 万人。1973 年由郊县迁入市区的人口中,20—29 岁的占 84.95％,平均年龄 27.04 岁,中位年龄 26.32 岁。从市区迁往郊县的人口更为年轻,15—19 岁的占88.05％,平均年龄 18.87 岁,中位年龄 26.32 岁。主要是因为迁往郊县的多为刚毕业的中学生,迁入市区的大多为已在农村或农场工作数年的知识青年。1979 年以子女顶替形式迁入市区的郊县农场知识青年,达 10 万人左右。1970—1979 年,上海市属农场向市区企事业单位直接输送了 11.92 万名知识青年。1979—1982 年,农场知识青年又以子女顶替形式大规模迁回市区,约有 15.50 万人。　　　　　　　　　　（第一篇第三章《青年人口变动》,第 181—182 页）

　　上海市青年人口迁移的原因最终取决于政策。回顾建国以来各阶段上海市户籍迁移青年人口的主要迁移类型,充分反映政府政策的意向。1950—1957 年是尚未郊县严格户籍控制情况下支援内地建设、谋生、投亲为主的迁移。1958—1966 年则以支内、支边、支农为主体。1967—1978 年以知识青年上山下乡为主。1978—1982 年是知识青年返城、子女顶替为主。1982 年以后,随着城市化和经济形势的发展,呈现以分配录用、学习培训、婚姻迁移等多元化特征。以后,务工经商、拆迁搬家、随迁家属等构成青年人口迁移的主要原因。

　　　　　　　　　　　　　　　　　　　（第一篇第三章《青年人口变动》,第 183 页）

附:知青子女

为适当帮助仍在外省工作的原上海城镇上山下乡知识青年,解决其子女就读、就业方面的实际困难,经上海市人民政府同意,市劳动局、教育局、公安局、粮食局于1989年3月21日联合发出《关于允许在外省工作的原上海城镇上山下乡知识青年子女来沪就读入户问题的通知》,规定仍在外省区工作的每户知识青年允许一名满16周岁或初中毕业以上未婚、未就业的子女来沪就读入户,来沪就读入户的必须有知青在沪的父母、兄弟姐妹做知青子女的"监护人",又能自行解决住房问题。符合这些条件的知青子女,由知青和知青子女的"监护人"向知青原户口迁出所在街道、镇的劳动部门填报《申请表》,经区、县劳动局审核批准后办理来沪入户手续。当年经批准来沪的知青子女有35 955人,1990年批准的有15 205人。

《文汇报》1998年12月21日第四版报道:近年来,上海市大学生中知青子女比例逐年上升,多数知青子女大学生在沪健康成长。上海大学日前公布的一项调研表明,知青子女大学生大多能适应大学生生活,但也遇到一些困难。据上海大学统计,1994年知青子女约占全校学生总数的2%,1996年这个比例升至10%,近两年这一数字仍继续呈逐年上升的趋势。在接受调查的知青子女中,独生子女占72%,65.2%的人返沪时间在高中以后。大部分知青子女返沪的动机是为了更好发展,高达77%,而为父母叶落归根作准备的仅占10%。

调查表明,大多数知青子女对返沪持正面评价。返沪后,74%的人认为自己独立性和责任心增强,交际能力提高;72%对返沪感到满意。高校中知青子女大部分珍惜读书机会,学习很努力,注意各方面能力的培养,关心集体,对新事物也较敏感。由于较少父母的包办代替,他们独立意识较强。这不仅表现在理财、学习、生活的安排上,在处理突发事件方面,也能表现出较多的理智和较强的能力。他们对父母有很深的报恩情结,很多人表示希望自己能早日有能力把双亲接回上海,让他们安度晚年。

作为一个比较特殊的群体,知青子女在外地学生看来他们都是上海人,而在上海学生眼中他们是外地人。由于各种客观原因,知青子女大学生较一般上海学生遭遇更多困难。他们的主要困难有:寂寞、有事无人商量、与别人交往困难,占30%;住房紧张、语言不通、观念不同,占53%。此外,一些知青子女经济上比较困难,在择业上,他们也有很多担忧。所以,超过半数的知青子女大学生准备先立住脚,慢慢再图发展。还有23%的人选择考研究生,打算以学历优势拓宽就业门路。

(第一篇第三章《青年人口变动》,第187—188页)

新疆知青返沪

1963—1966年,上海组织动员9万多名知识青年到新疆参加农垦建设。1978年底,党中央、国务院调整了知识青年上山下乡政策,各地先后放宽对知青返城的限制。1979年初,云南国营农场的知识青年通过请愿、上访等活动开始返沪。北京、天津、江苏、武汉等地的在疆知青也陆续回城。至此,在疆上海知青掀起了长达2年多的返沪风潮。

1979年春至年底,新疆阿克苏地区(原农一师)的上海知青先后进行4次有组织的上访活动:3月22日至5月12日,8个团场的40余名上海知青组成请愿团赴京,国家农委和国家农垦总局领导接见了知青代表,希望知青们从国家全局出发考虑问题。7月下旬,在疆知青发起第二次上京请愿,但到了乌鲁木齐市后,被强行收容。9月1—10日、12月12—26日的两次请愿上访也只到了乌鲁木齐市。此后,新疆农垦系统的上海知青返城由明转暗,提出"坐等三个月,落实政策回上海"的口号。但仍有约1.5万多的上海知青变卖家产,拖儿带女倒流回沪。其中,巴州农垦系统的返沪知青约占总数的2/5。

各级政府体谅支疆知青的困难,理解他们迫切要求返城的心情,对他们反复进行了耐心的说服教育,希望滞留在沪的支疆青年能及时回到农场,通过组织正式办理调转手续,共同维护安定团结的局面。1979年6、7月共青团上海市委、青年宫特派人采访当年周恩来接见过的上海青年,请他们谈谈对上海"娘家"的希望。上海各区有关人员也走访了原属各区的知青,帮助他们及时解决了一些具体困难,满足了一些人的合理要求。据阿克苏农垦局1979年9月统计,垦区原有上海知青2.6万人,上半年办理回沪手续的6 000余人,正在办理回沪手续的5 000余人,其中持上海发来商调函的就有3 000多人。新疆其他地区农场也有大批上海知青返城。

1980年秋,阿克苏垦区上海知青绝食闹事,并迅速波及南疆喀什和库尔勒。上述地区领导迫于压力放宽了对知青返城的限制。一些单位在未得到有关机关批准的情况下,擅自将大批知青放回,对上海社会经济造成了巨大压力。有关部门及时采取相应措施,宣布新疆方面发出的户口准迁证无效。南疆农垦系统的混乱严重影响了工农业生产,解放军新疆军区奉命在上海知青集中地区和交通要点进行戒严。随后的5个多月中,阻止、劝阻和收容1万余名力图回沪的支边上海知青,稳定4万余名在疆上海知青的情绪,逐步恢复了当地的社会秩序。

1981年3月,新疆自治区和上海市政府根据国务院的指示,经过协商,对知青"顶替"、特困、特殊照顾,离退、离职返沪的条件作了详细规定。1982年,上海市人民政府安排计划,要求海丰农场安置5 000户上海支疆青年。据4月15日统计,已有840户支疆青年进场。农场为每户青年配置了居住面积30平方米的房屋,并配备自来水、灶间、锅盆等。到1984年4月,符合条件并已办理调沪手续或调至上海海丰农场的知青计有1.6万人。与此同时,上海市动员盲目倒流回沪的1.7万名知青返回新疆。至此,留在新疆的上海知青尚有3万人。 (第三篇第四章《社会主义现代化建设时期的上海青年运动》,第487页)

专记二:"文化大革命"中的上山下乡运动

一、上海百万高、初中生上山下乡

"文化大革命"经历了两年,本应毕业的1966、1967届学生仍滞留在学校。从1968年开始,上海对这部分学生进行分配。1968年7月2日,市革命委员会在虹口体育场召开"上海市1966届高、初中毕业生上山下乡动员大会"。(据统计:上海1966届初中毕业生共149 669人,高中毕业生共30 970人)7月8日市上山下乡办公室成立(9月份办公室的工作划归市革委会郊区组),各区县和街道、镇也先后成立了知识青年上山下乡办公室和知青工作组,各中学成立毕业生分配工作组,开始大规模动员知识青年上山下乡。7月27日,上海首批赴安徽插队落户的红卫兵出发。8月9日,上海首批赴黑龙江务农的红卫兵出发。这两届中学毕业生共44.5万人,经动员上山下乡的有22万余人。但66、67届毕业生仍统一实行"四个面向"的政策,即有部分毕业生进入工矿企业。1968年12月21日,《人民日报》发表毛泽东关于"知识青年到农村去,接受贫下中农的再教育,很有必要"的指示。几十万上海人连夜上街游行,热烈欢呼"毛主席挥手我前进,插队落户干革命,上山下乡当闯将,继续革命立新功"。驻各学校的工宣队也立即行动起来,趁热打铁,为做好上山下乡工作进行宣传和组织准备。中共上海市委、市革命委员会决定:通过上山下乡安排3年来积压下来的数十万大、中学校的毕业生。决定68、69两届中学毕业生(共46万人)和前两届(即66、67两届)余留下来的符合分配条件的毕业生,除极少数身体残疾和家庭有特殊困难的外,全部动员上山下乡(共50.7万人),即实行"一片红"政策。1970年11月7日,上海根据外省市已改变中学生面向农村的单一去路,上海的工矿业也存在劳动力缺口,故对70届中学毕业生恢复按"四个面向"进行分配,实行以兄姐去向为依据,决定本人分配到工矿或农村、上海或外地、全民或集体的"按档分配"、"对号入座"的办法(1970届毕业生共21万人,其中11.5万人去外地农村,9.5万人分配进市区工矿企业)。这一办法延续到1978年。1971年8月17日,上海安排7万名知识青年作为外地代训学徒到工矿企业培训。上海的知识青年上山下乡主要有两种形式:一种是去内蒙古、黑龙江、云南等地几个大型生产建设兵团和郊县国营农场。这部分知青在那里有固定工资,有公费医疗和探亲假等,过着有组织的集体生活。据1968—1970年统计:各类农场安置上海知青25.6万余人,另一种是去江西、安徽、吉林、云南、贵州、内蒙古、黑龙江、辽宁、浙江、江苏等地及市郊农村插队落户,一般4~10人建立"知青点",参加当地社队的生产劳动,自食其力。这些地区本来经济情况不好,劳力过剩,生产门路狭窄,所以工分很少,生活也很艰苦,这部分知青达到31.8万人。据上海市劳动局统计,1968—1978年,上海市知识青年上山下乡总人数为1 112 952人,分布在黑龙江、内蒙古、云南、贵州等10个省的广阔地区。1968年开始,许多家长为使子女有所照顾,通过在农村的亲友,把子女送往家乡插队落户。1968—1972年,去江苏、浙江等省投靠亲友的下乡知识青年共有8.3万余人。

1968—1978年上海市知识青年上山下乡人数及分布表①　　　　　　　　　　　　单位:人

······

---

① 本表与本书所收《上海劳动志》中的表完全重复,此处省略,表内容见本书第2244页表。——编者注

至 1975 年 4 月,据市上山下乡办公室向中共上海市委、市革委会的报告:当时上海在全国各地的知青人数统计情况,总人数计 398 908 人(江浙等省回乡探亲及郊县插队农场知青不计)。

1975 年上海知识青年在外省市上山下乡人数及分布表　　　　单位:人

所在省市	总　数	插　队	兵团农场
总　计	398 908	216 395	182 513
云　南	42 407	1 726	40 681
贵　州	3 109	3 109	0
江　西	87 640	75 896	11 744
安　徽	113 090	104 322	8 768
吉　林	11 286	11 286	0
黑龙江	134 690	19 494	115 196
内　蒙	6 686	562	6 124

当对毕业生实行"一片红"上山下乡政策时,除有一批响应号召的积极分子外,部分青年和家长有抵触情绪。于是学校、机关、街道、里弄、工厂、企业举办学习班,开展"大批判",制造政治压力,有的甚至采取强迁户口、断绝口粮供应等手段,逼迫动员。市红代会常委则带头上山下乡。铁路运输部门每天安排三个专列,有关部门甚至还动员海军舰船将知青从上海运往大连,再转运至吉林、黑龙江。1970 年开始,上海市中学生恢复实行"四个面向"政策,动员知青上山下乡仍然为最重要的"政治任务"。为此,被分配上山下乡的部分知青及其家长不满。1972 年 8 月 29 日,市上山下乡办公室向中共上海市委、市革委会反映:最近上访人数增加,尤其独生子女和多子女家庭全部下乡的家长来办(公室)申诉情况集中,平均每天多达 100 多人次。主要反映子女下乡后家庭发生父母患病、父母双亡等困难。同时社会上传言外地独生子女已调回。个别家长认为"同一个市革委会同一条路线,相隔一年就采取了两种绝然不同的做法",要求"还我唯一的一个孩子!!!"但因上山下乡运动已被赋予浓厚的政治色彩,关系到"巩固无产阶级专政,防止资本主义复辟"这一根本大计,因此尽管有人不满,每年仍有大量的上海知识青年被送到全国各地。1973 年 3 月 31 日,有 800 多名中学生赴黑龙江边疆地区上山下乡,全市组织了 10 万人夹道欢送。1975 年 12 月 29 日,市红代会在市革委会大礼堂召开"上海红卫兵上山下乡誓师大会",向 1975 届红卫兵发出倡议,要"以实际行动回击教育界出现的否定'文化大革命'的奇谈怪论,掀起上山下乡新高潮"。到上山下乡运动后期,每到年底都有一批知青返城不归。1974 年底回沪探亲的上山下乡知青有 91 241 人。1975 年 4 月 26 日,市革委会召开各局负责人会议,布置动员返沪知青回原地"抓革命、促生产"。另据中央文件,当时上海的中专、中技、半工半读毕业生一般按"四个面向"的原则进行分配。至 1972 年底,全市各大专院校在文革前招收的大学生基本分配完毕,共计分配毕业生 21 220 人。

二、知青安置政策及其演变

凡在"文化大革命"中,去市郊农村插队的知识青年(不包括回乡投亲插队的知识青年),政府规定发给安置费,主要用于修建住房,购置必要的生产工具和生活用具,以及下乡知青的单程路费、行李运费和第一年的生活困难补助。知青口粮,在下乡第一季度由当地粮管部门供应。第二季度开始,由生产队按社员口粮标准供应。吃菜由当地社、队分给每人自留地一至二分,供知青种菜。疾病医治,参加当地合作医疗,对少数重病患者,按照自力更生、各方资助的原则,除自己承担外,由合作医疗负担一点,家长单位补助一点,医疗部门减免一点,下乡经费补贴一点,共同帮助解决。

去外地农村集体插队的知识青年,除按国家规定拨发给安置费外,根据不同去向,发给每人不超过25—35元的行装补助费,并发给布票、棉花票和每人一顶蚊帐券。去内蒙古、黑龙江、吉林等严寒地区插队的,供应草绿色的军大衣、棉袄、棉帽和取暖胶鞋。1973年又规定另外补助40元冬装费。下乡知青的单程路费按实支数报销。一般下乡的头一年由国家供应统销粮,由社队供应柴草或燃煤,并分给供应种菜用的自留地,以后则参加集体分配,并辅以必要的照顾。去外省农村插队的知识青年一般参加当地农村的合作医疗,重病重伤的由安置部门统筹补助解决。对去内蒙古、黑龙江、吉林、云南、贵州、陕西、甘肃、宁夏、新疆等边远地区插队的,插队期间按规定享受两次探亲路费。去生产建设兵团、国营农场、林场、牧场、茶场的,生活由场部安排,工资待遇按国家规定办理。

上海知识青年到全国各地农村上山下乡后,满怀激情地参加农村体力劳动,想通过自己的艰苦奋斗,改变农村贫穷落后的面貌。各地农民也给予了上海知青很大的帮助和支持。但是,由于中国人口多,土地少,贫穷落后,随着下乡知青的不断增加,也发生了诸如知青和当地农民争口粮、争工分的问题,知青和他们的家长生活困难负担过重的问题,随着年龄增长出现的婚姻恋爱问题,知青在农村受打击遭凌辱的问题,甚至一些地区发生了对下乡女知青逼婚、强奸等严重摧残身心健康的犯罪行为,引起了知青及其家长的强烈不满,特别是林彪叛国事件后,上海知识青年普遍开始对自己的前途感到迷惘。1973年福建省一位知青的家长"在呼天不应,呼地不灵的艰难窘境中",大胆地给中共中央主席毛泽东写信"告御状",反映包括他自己儿子在内的上山下乡知识青年的艰难状况。4月26日,毛泽东给这位家长复信:"寄上300元,聊补无米之炊,全国此类事甚多,容当统筹解决"。毛泽东复信后,中共中央于6月21日发出了[1973]21号文件,国务院也于6月20日至8月7日在北京召开全国知识青年上山下乡工作会议,研究"统筹解决"的措施。此后,一批摧残迫害知青的犯罪分子被法办,上海下乡知青的情况有所改善。1973年开始,对"文化大革命"下乡知青中家庭生活困难的,由其家长所在单位给予补助,被称为"聊补"。还有一些知识青年下乡以后,生活不能自给,需要上海家长接济。1973年下半年,组织知识青年家长所在单位,每年普遍对知青家庭进行两次访问,并对生活困难的家庭酌情补助。补助金额平均每户30元左右,补助面在30%以上。1973—1974年,合计补助2 300余万元。1975—1977年,平均每年补助

1 500万元。1974年,上海市革命委员会批转市知识青年上山下乡办公室《关于上海市知识青年上山下乡若干问题的试行规定草案》,对市郊农村插队知青的一次性补助费由每人230元提高到480元。去国营农村的知青每人400元,分别由各县和上海市农场管理局统筹使用。对于插队知青的口粮、食油、须按城市居民标准供应。疾病医疗办法也有所改进。生产和生活用具统一由公社采购、发给。

1973年,邓小平恢复工作后,首先对教育界进行了整顿,恢复了大学对工农兵学员的招生考试。1974年初,上海市教育部门组织16所大专院校先在安徽阜阳、江西上饶、黑龙江黑河、吉林延边、云南西双版纳5个地区试办业余函授教育。开设政治理论、语文、历史、农业生产、农用机械、医疗卫生等23个专业,招收学员2.8万余人,其中上海下乡知青约占50%。1975年,又扩大到大兴安岭、井冈山、宿县、滁县等地区,学员增加到6万余人。另有很小部分上海知识青年参加了全国各地大学的工农兵学员招生考试或被直接选送到大学学习,成为"工农兵大学生"。

1974—1975年,上海知青回沪探亲时,上海各区街道和企事业单位协作,举办电、木、泥工、农机维修、农药使用、医疗、缝纫、理发等560多个短期技术培训班,培训下乡知青1.6万余人。与此同时,1968—1975年,上海市知识青年上山下乡办公室编印《上山下乡》小册子43辑,共628.8万余册(其中资料61种,145万册),内容主要反映下乡知青的成长和他们的"先进"经验。上海人民出版社专门组织近千人的写作力量,为下乡青年编写自学读物20多种,出版其他农村读物36种,合计284.3万余册。通过上海驻各地的学习慰问团向去外省、区下乡的知青赠送图书4批、41种;向上海郊区下乡的知青赠书4批、51种,共425万余册。从1975年6月开始,上海为江西、安徽、吉林3省安置上海知青比较集中、集体经济比较薄弱的地区,扶持创办了550余个小作坊、小工场。其中江西335个,安徽187个,吉林28个。以后又为黑龙江、辽宁、内蒙、云南、贵州等省、区协办257个。这些工场、作坊,有农机修配、农副产品加工、竹木制品、铁锅生产、制砖、缝纫、补鞋等为农业生产和群众生活服务等多种项目。这些项目推动了当地集体经济的发展,帮助知青克服生产、生活方面的一些实际困难,吸收安置了1万多名生活比较困难、不宜参加农业生产的病弱青年,使他们中的不少人解决了生活自给问题。再据上海市劳动局统计,1968—1973年,上海市对安置省、区提供价值1 600多万元的物资。到1975年,上海市给在各省农村的知识青年提供大小拖拉机7 000余台、拖斗800余只、各类汽车50余辆,以及柴油机、发电机、电动机、变压器、水泵和各种建筑材料等物资,价值5 500万元,还提供无息贷款500万元,最后全部免予归还。

三、学习慰问团

1969年初,上海市革命委员会主任张春桥提出"五七"干校干部"四个面向"(即面向边疆、农村、工矿和文教基层系统)借以驱散原党政机关的工作人员。8月27日,市革委会召开动员大会,并层层分配指标。当时的口号有"四个面向是执行毛主席革命路线的组成部分"、"四个面向是又一次路线站队"。结果,上海市革委会派出2 000多名干部组成的"学习慰问团"(共分 7 个总团,55 个分团,233 个小组)分赴黑龙江、云南、贵州等上海知青安置地,既做知青的思想工作,又帮知青解决一些实际问题。与此同时,市革委会还与黑龙江革委会达成协议,派出 1 700 名干部带着户口、粮油关系和 16 万知青一起去黑龙江"插队落户干革命"。1973 年 11 月 2 日,中共上海市委根据国务院副总理华国锋索要各省市上山下乡领导小组组长名单事宜,发出正式通知成立上海知青上山下乡领导小组(1969 年 10 月,上海市革委会曾成立市知青上山下乡办公室,军宣队张芳信为主任。1981 年 1 月 1 日,上海知青上山下乡办公室宣布撤销,其业务并入市劳动局),中共上海市委书记王一平任组长,黄克、吕美英、张芳信任副组长。1973 年 11 月 10 日,上海市知识青年上山下乡领导小组召开第一次全体会议,由王一平主持并讲话。会议通过三条建议:(1)建议向各省派出由 670 名干部参加的慰问团,分头赴各省慰问上海知识青年,帮助当地安排知青的生活。(2)建议召开第二届送子女上山下乡革命家长代表会议。建议农口召开上山下乡先进分子集体代表会议。(3)建议上山下乡办公室增加一个大组,下设宣传动员、城乡联络、信访接待、办事 4 个小组,处理经常工作。1973 年 12 月 16 日,上海市知青领导小组召开了第二次会议,讨论知青上山下乡工作。参加这次会议的,除上海的有关领导外,还有中共安徽省委、省革命委员会负责人,会议讨论上海知青在外地的情况,还决定派代表去贵州研究上海知青安置落实问题。1974 年上半年市委再次召开会议研究"学习慰问团"事宜,并向中共中央、国务院作了专题报告。当时,全市共动员 2 000 多干部组成 8 个"学习慰问团",分赴有上海知青的 9 个省(区),深入 265 个县、3 782 个公社,54.9 万多个生产队及兵团、农林场,对 46.8 万多下乡知青进行慰问。至 1975 年"学习慰问团"的干部进行了轮换,具体安排如下:工交系统 540 多人去江西、安徽,少数去云南。科技系统 50 多人去内蒙、黑龙江。郊区系统 50 多人去云南。财贸系统 90 多人去贵州。文教系统 100 多人去吉林。市革委会机关和公安系统 130 多人去黑龙江。同时,市委决定:今后"学习慰问团"不再搞春节回沪整训,两年内,可分批安排干部回沪休假一次,为期 20 天。批示声称"学习慰问团"不仅是"教育干部、锻炼干部的有力措施,对坚持上山下乡的方向,限制资产阶级法权具有重要意义"。以后随着知青的返城,这项工作也就自然结束。值得一提的是曾去黑龙江插队的那批干部,因上海方面不接收,暂只得转向安徽铜陵新桥矿、江苏大屯和张家洼,后又在三地待到中共十一届三中全会后才陆续返回上海。

四、知青返城

1978 年春,国务院批转文件,放松了知识青年病、困、退的限制,一些因本人身体健康,家庭困难的知识青年开始返回上海。不少身体健康的上海知青为了回沪向当地医院"开后门"获取假病历,当地医院也出于同情为其出具可返沪的证明。1978 年 10—12 月,全国知识青年上山下乡工作会议对知识青年政策做出了调整,终止使用上山下乡这一方法安置城市知识青年,要求对已上山下乡知识青年积极妥善地予以安排。其间,上海出现了知青要求返城的游行请愿活动。中共上海市委书记王一平会见了知青代表,了解情况。团市委广大干部深入到第一线做疏导工作。与此同时,1978年12月4日,云南景洪东风农场4分场以全体上海知识青年名义致电中共上海市委和市劳动局,要求为"广大知识青年平反昭雪",要"回上海参加四个现代化的建设",要求立即派调查组去云南。1979年1月3日,上海市委召开干部大会,传达全国知青工作会议精神,提出贯彻的具体措施和办法。因春节期间,各地知青回沪串联。1979年2月5日,即春节后第九天,上海发生部分知青(包括部分已在外地就业的知青)为达到返沪目的的聚众游行活动。当日下午,部分知青聚集到上海共和新路道口,部分人员竟采取卧轨拦截火车的行动,将上海通往南京、杭州方向的咽喉堵塞。6日凌晨,在国务院下达电话指示后,在有关方面的耐心劝说下才撤离现场,少数不听劝说者,被警察带入公安局,交通恢复畅通。这次卧轨使上海站29趟列车不能出站,31趟列车不能进站,滞留旅客8万多人,始发晚点和停运晚点累计达632小时27分,仅此一项损失219.56万元。2月7日,中共上海市委召开电视广播大会,号召知识青年做维护安定团结的模范全市各单位也要求知青家长配合做知青工作,稳定在沪知青情绪,珍惜来之不易的局面。共青团上海市委书记汪明章也邀铁路、公交、财贸、地区各方面的青年和回沪知青代表座谈这次事件的教训,要对青年加强思想政治工作。中共上海市委一方面做耐心的劝说工作,肯定广大知识青年赴外地上山下乡,为祖国建设做出了贡献;另一方面,对他们不顾大局,集会闹事,造成严重后果,进行了严肃地批评。随后,上海从实际出发,研究了知青问题现状,加快了对知青问题的解决。1979年5月28日至6月3日,上海召开各方参加的统筹安排知青工作会议,确定"全党动员、广开门路、统筹安排、择优录用"的方针,在全市企业生产任务不足,增人指标有限的情况下,主要采取子女顶替、发展集体所有制(包括企业大集体、区建劳动服务公司、街道集体所有制)等方法,发挥各局、区的积极性,采取任务到局、区,条块结合,统筹安排本系统、本地区职工的回城子女。还具体规定,市企事业单位的职工退休、退职时,可招收1名符合招工条件上山下乡子女回沪"顶替"工作。对按政策批准回上海的知识青年,原则上采取"归口包干"的办法,以知青父母所在单位主管面为主,规划组织集体所有制企事业安排回沪知青,并承担安排部分父母在机关、事业单位工作的回沪青年。各区、县也广开门路,发展集体所有制企事业安排知青。据统计,仅1979年上海就安排返城知青30.3万人,基本上解决了因知青返城带来的压力。至1983年底,"文化大革命"期间下乡插队的上海知识青年除已在当地安排工作和已和当地职工、农民结婚成家者外,基本上回上海安排了工作。同时,对知识青年上山下乡的某些遗留问题作了善后处理。为适当帮助仍在外省区的原上海城镇上山下乡知识青年,解决其子女就读、就业方面的实际困难,经上海市人民政府同意,市劳动局、教育局、公安局、粮食局于1989年3月21日联合发出《关于允许在外省区工作的原上海城镇上山下乡知识青年子女来沪就读入户问题的通知》,规定仍在外省区工作的每户知识青年允许1名16周岁或初中毕业以上未婚、未就业的子女来沪就读入户,来沪就读入户的必须有知青在沪父母、兄弟姐妹做知青子女的"监护人",自行解决住房问题。符合这些条件的知青子女,由知青和知青子女的"监护人",向知青原户口迁出地所在街道、镇的劳动部门填报《申请表》，经区、县劳动局审核批准后办理来沪入户口手续。当年经批准来沪的知青子女 35 955 人。1990 年批准 15 205 人。

（第三篇专记二《"文化大革命"中的上山下乡运动》，第 552—558 页）

第三章　城镇知识青年务农支农

1954 年，上海城镇青年以全国回乡知识青年先进典型徐建春为榜样，开始下乡种田。1955 年，共青团上海市委、上海市劳动局等动员大批市区社会知识青年赴安徽、江西、福建等地以及市郊农村、农场务农。同年 10 月 18 日，98 名上海知识青年到江西鄱阳湖畔的德安县九仙岭下安家落户，垦荒种田，并成立"共青社"。1961 年，上海首批 2 500 名知识青年支援新疆。至 1965 年 8 月，共有 64 898 名上海知识青年赴疆，成为新疆建设兵团的成员。

据统计，至 1963 年止，团市委、市劳动局等部门共动员 13 批 40 933 人到市郊农村、农场劳动，加上一大批回乡的知识青年，使市郊出现了一代有文化的新农民。

上海知识青年上山下乡支疆务农，受到了周恩来、陈毅、胡耀邦等中央领导的关怀和赞赏，胡耀邦说："支疆上海知识青年，历史贡献与托木尔峰共存，新的业绩同塔里木河长流。"

第一节　务　农

一、建设共青垦殖场

50 年代初，上海面临很多困难：国民党台湾当局飞机的轰炸，奸商、敌特的破坏，特别是由于原料短缺而导致的开工不足，造成了大批人无法就业，到 1954 年，无法就业的青年达 60 多万人。为此，市长陈毅在文化广场的万人大会上作报告时大声疾呼："祖国有很大困难，上海是祖国一个很大的包袱。这个包袱，我陈毅一个人背不起，希望广大党员、人民帮我背。"团中央也于 1955 年 7 月发出《关于组织青年参加边疆建设问题的一些意见》，提出："动员一部分城市中未升学的初中、高小毕业生及其他失业青年参加垦荒工作"。

市长陈毅和团中央的号召得到上海青年的热烈响应。市民青联委员陈家楼等给陈毅写信，要求到边疆开荒，建设共青城，并刺破手背，滴血签名。陈毅收到陈家楼等人的信后，接见了他们，对他们的行动表示赞扬。1955 年 9 月 10 日，上海市青年社会主义建设积极分子大会开幕，1 400 多人参加会议。会上陈家楼和吴爱珍、石成林、吕锡龄、韩巧云 5 名青年，倡议组织一支上海市青年志愿垦荒队，到祖国最需要的地方去开垦荒地。陈家楼在大会上宣读他们向青年团上海市委和上海市民主青年联合会提出的申请书，并当场表示，决心向一切困难进军，要把荒山僻野变成丰饶肥沃的田地。9 月 12 日，团市委和市民青联分别举行常委会，一致作出决定，接受陈家楼等人的倡议，并号召全市青年学习他们的爱国主义精神，以进一步搞好生产、学习和工作的实际行动支持他们。9 月 17 日，江西省农业厅负责人对新华社记者发表讲话："江西省各级人民政府和江西省革命老根据地人民热烈地欢迎上海青年志愿垦荒队的到来。"消息传开后,上海青年热血沸腾,在不到1个月的时间内,就有数千名青年报名,要求参加志愿垦荒队。他们中除了社会青年外,还有大学生、工人、护士、农民等。

上海市人民政府、团市委等对青年志愿垦荒队的组建给予高度重视,大力支持陈家楼等人的行动。一方面派出专人到江西进行选址和安排,另一方面对组成人员进行严格的挑选,配备了带队人员、医生、电工、水工和懂农业生产的人员,考虑到他们将在江西成家立业,甚至连男女比例都作了相应的安排。接着,还举办为期十多天的学习班,组织大家到江湾五角场农业社劳动锻炼,熟悉农业生产,为适应江西的生活,还学习吃辣椒。

1955年10月初,垦荒队在上海团校举行出征大会,上海市副市长金仲华把团市委制作的、绣着"向困难进军,把荒山变成良田"的锦旗,亲自授给垦荒队副队长陈家楼(垦荒队队长、市劳模、市人民代表,虹桥农业社女社长周文英因故没能到会)。

1955年10月15日,上海第一支青年志愿垦荒队一行98人出发奔赴江西。在上海火车站,队员们将锦旗挂在车窗口,高唱着《垦荒队员之歌》与上海的亲人告别。10月18日,在上海市副市长宋日昌的护送下,垦荒队员们到了位于南昌、九江之间的德安县九仙岭下八里乡安家落户。他们在那里垦荒种地,自食其力。不久,又有上海知青陆续到江西垦荒。据统计,1955年上海知青志愿去江西垦荒的总计有848人。

1955年11月29日,团中央书记胡耀邦到江西德安县九仙岭专程看望上海垦荒队员,和大家进行座谈,为他们即将组成的合作社命名并题字为"共青社"。胡耀邦还应邀在上海垦荒队员的日记本上题字留念:"为共产主义而奋斗"、"争做社会主义建设的积极分子"、"做祖国的好儿女"、"战胜困难、多想办法,把共青社办好"。1956年3月,副市长金仲华率访问团与江西省副省长欧阳武率领的视察团一起看望了分布在江西省6个县的上海志愿垦荒队员,并向他们赠送菜种、图书、缝纫机、油印机等物资。

经过一年的奋斗,上海青年志愿垦荒队共开垦1700亩荒地,加上当地农民送的8000多亩熟田,生产粮食180万斤和其他农副产品。一些青年加入了共产党和青年团组织,当地政府给了垦荒队员很高的荣誉:周文英出席了江西省党的代表大会,曹瑾出席了江西省妇女社会主义建设积极分子大会,有的垦荒队员还当上了省人民代表。

1957年秋,上海青年志愿垦荒队"共青社"搬迁到江西省德安县和星子县交界的鄱阳湖畔,与第二、第三批上海青年志愿垦荒队员组成的"中国青年社"、"上海青年社"、"八一社"等合并,以后历经种种困难挫折、天灾人祸,几次搬迁,几次改名,大部分队员因工作调动、上学或回上海等原因而离开,但坚持留下的上海青年志愿垦荒队员以"坚韧不拔、艰苦创业、崇尚科学、开拓奋进"的精神,和当地人民、上山下乡知识青年等一起,从"共青社"、"共青垦殖场"发展为后来的"共青城",在荒滩芜洲上建起了充满青春活力的具有10万人口的城市。

至1979年6月,以上海青年志愿垦荒队骨干为基础的"共青垦殖场",已经拥有来自18个省市、100多个县的近2000名职工,办起了羽绒厂、板鸭厂、香槟酒厂等7个工厂,开垦了

2 700 多亩耕地、1 500 多亩山林、500 多亩鱼塘。全场有 70 多辆汽车和拖拉机,50 多个规格的羽绒制品远销日本、美国、加拿大等 9 个国家,1970—1979 年,全场向国家交售 530 万斤商品粮和大量的皮棉、油脂、生猪、鲜鱼。全场固定资产等于国家投资的 26 倍,涌现了陈国祥、周承立等一大批先进垦荒队员。

1984 年 5 月 30 日和 6 月 16 日,中共中央书记处书记胡乔木先后两次写信,推荐《中国青年报》和《昆仑》杂志发表的《风雨共青路》和《共青畅想曲》。中共中央总书记胡耀邦于 1984 年 12 月 12 日再次到共青城,听取上海志愿垦荒队员、共青垦殖场党委书记于维忠关于"共青城"发展的汇报,在当年题下"为共产主义而奋斗"的日记本上,写上"有志者事竟成"的题词,为共青城新一代题词:"光荣属于八十年代的新一辈"。还要求把留在共青城的 17 名老上海垦荒队员找来合影留念,并再次为共青人题写"共青城"三个大字。1985 年 10 月,为纪念上海青年志愿垦荒队赴江西 30 周年,中共中央总书记胡耀邦专门写了贺信:"三十年前你们中间的老一代人响应党的号召,高举向困难进军的旗帜,发扬坚韧不拔、艰苦创业的垦荒精神,勇敢地到祖国最需要的地方去。三十年来,你们在鄱阳湖畔的荒滩野岭上安家落户,生根开花,用自己的辛勤劳动,创造了生机勃勃、繁荣富裕的共青城,这是社会主义建设时期中国青年的一个富有教育意义的创举"。"一切有理想、有抱负、有出息的中国当代青年,都应该从你们的奋斗历程中悟出一个不朽的真理:中国青年的光明前途要靠自己用双手去开辟,中国人民的光明前途要靠自己用双手去开辟"。

二、60 年代初知识青年下乡

1955 年,上海动员大批市区社会青年下乡上山,安置到新疆、安徽、江西、福建、湖北等地及本市郊县、农场等地,以解决市区知识青年就业问题,并为外地输送培养农业技术骨干。1957 年 12 月 23 日,国务院总理周恩来为上海知识青年下乡上山题词:"庆祝上海的四千五百个青年学生下乡上山,参加农林业生产。希望你们能够在同农民共同劳动和集体生活中,建立起自己的劳动观点和群众观点,把自己逐渐锻炼成为既有政治觉悟又有文化知识的集体化农民,并且在把我国建设成为一个具有现代工业、现代农业和现代科学文化的社会主义强国的进程中做出更多更大的贡献。"

1957 年底至 1958 年 1 月,上海市大批中学毕业生响应党关于"上山下乡"的号召,前后两批共计 3 800 人去上海郊区(1958 年后划入浦东、宝山、嘉定、上海 4 个县)落户,其中团市委副书记蒋文焕带领 43 名团市委机关及直属单位的青年干部到西郊区梅陇乡插队。1958 年 4 月,上海郊区下乡落户学生积极分子大会召开,出席代表有 400 多人。大会提出"做第一代有文化的新式农民,为建设社会主义新农村而奋斗"的口号。这批到农村落户的有志青年,把所学到的文化科学知识用到劳动生产实践中,还参加扫盲、兴办农业学校等活动,涌现出浦锦文等模范人物。1961 年底,南市区动员 269 名知识青年到浙江嘉善县去参加农业生产,其中 168 人建立起一个国营农场的分场。1962 年 4 月,这个分场改为嘉善县陶庄公社的一个生产大队(新村大队)。在此"巩固"下来的青年占 90%。1961 年,国家供应给他们商品粮 8 万斤。1962 年他们在长不出庄稼,被称为"飞机场"、"箱子田"的荒草滩上,开荒种田,不仅不要国家供应,而且还上缴商品粮 8 万斤。他们所种粮食和油料作物的单位面积产量,都超过当地公社的平均水平,被评为浙江省农业先进集体。

市区知识青年组织起来下乡上山,主要采用 6 种形式:一是到国营农、林、牧、渔场去;二是下乡插队,分散落户;三是插社建队,集体生活,集体劳动;四是跟随全家回乡落户和到农村投亲靠友;五是半耕半读;六是建立农业劳动的锻炼基地,作为下乡上山的过渡形式。

至 1963 年,团市委、市劳动局等部门先后动员组织 27 批,共 92 335 名知识青年下乡上山(其中到市郊县 13 批 40 933 人,到外地 15 批 51 402 人)。分布状况为:在国营农场的 45 301 人;插队建队的 1 206 人;分散落户的 8 380 人;随家回乡、下乡或去农村投亲靠友的 1 650 人,半耕半读的 9 453 人;参加劳动锻炼的 26 345 人(其中的大部分人后来都在农村落户,一部分吸收参加工商企业)。下乡上山知识青年经过劳动锻炼后,80%的人逐步在农村立业成家。回上海的约占总数的 20%左右。

1955—1963 年上海知识青年下乡上山情况统计表

形 式	合计(人)	本市安置情况				外地安置				生产投资、生活安排、困难补助等费用
		小计(人)	年份	人数(人)	地区	小计(人)	年份	人数(人)	地区	
国营农、林、牧场落户	45 301	7 537	1962	4 937	崇明	37 764	1958	700	安徽	一、1963 年动员去新疆建设兵团,每人 800 元,给兵团用于添置农具、造房子、做衣服及 3 年的生活费。出发前困难补助,平均每 100 人补助 64 元,其中最高补助 15 元,最低 3、4 元。 二、1962—1963 年动员去崇明国营农场费用,每年每人平均 669 元。其中:一年生活补助每人平均 105 元;住房每人 5 平方米 240 元;一年工资(每月 27 元)324 元(注:以上是以农场投资、青年的一年劳动收入来算)。出发前困难补助:每 100 人补助 10 人,每人平均 10 元;棉花、棉布补助,衣服补助布券 7 尺,棉花券 1 斤半;棉被补助布券 11 尺,棉花券 3 斤。 三、1958 年动员去湖北和安徽费用:湖北,每人车费和旅途伙食费 25.50 元。生活费:第一年每月约 12 元(其中零用 2 元),第二年 14 元,第三年 18 元。安徽,每人车费和旅途伙食费 15 元;生活费:每月不超过 10 元,刚下去生活费有青年自带,有困难由农场垫付,1 年后从劳动生活中逐步归还。
			1962	600	长兴岛		1958	3 728	江西	
			1963	2 000	崇明		1985	745	福建	
							1958	7 977	湖北	
							1960	563	安徽	
							1960	92	江西	
							1960	1 271	福建	
							1961	2 500	新疆	
							1962	458	新疆	
							1963	19 730	新疆	

形式	合计（人）	本市安置情况				外地安置				生产投资、生活安排、困难补助等费用
		小计（人）	年份	人数（人）	地区	小计（人）	年份	人数（人）	地区	
小集体插社建队	1 206					1 206	1955	935	江西垦荒	1961年动员去嘉善每人平均118元。其中，生活补助（三个月计算）每人40元，添置小农具10元，困难补助19.70元，生产投资贷款45.20元。
							1961	271	浙江嘉善	
分散落户	8 380	7 051	1957	3 668	东西北郊	1 329	1957	1 243	安徽	一、1962年动员去嘉善每人平均140元。其中，给当地公社造房宿舍，添农具、生活补助100元，车费、伙食费30元，出发前困难补助10元。
			1957	3 000	川沙、宝山等		1962—1963	86	安徽	二、1963年市委精简办公室打算去安徽插社人员，每人补助300元。
			1961	383	松江、青浦					三、市郊十个县插队费用，依照市委精简办公室规定每人补助100元，用于修建宿舍，添小农具，生活困难补助，实际用去50元，余50元由县保存。
劳动锻炼	26 345	26 345	1958	3 000	奉贤修塘					1962年去崇明高教畜牧场的青年农业建设队，生活补助、安置等费用与崇明国营农场落户人员的费用相同。另加队员在场参加农业专科学校学习费，第一年开办费4万元，以后每年付教职工工资和教学费用等每年约1万多元。
			1959	3 000	浏河开河					
			1959	5 000	太埠湖农场					
			1961	3 000	南汇、青浦等					
			1961	4 000	崇明围垦					
半工半读			1962	7 616	崇明农场					1961年动员去江西"共大"，上海补给"共大"每人30元，作为去"共大"青年的车费等用。出发前补助：生活困难补助，补助出发人员中20%，每人平均补助10—15元，棉花补助100人不超过20斤。棉布补助100人平均不超过100尺
			1962	397	崇明青建队					
	9 453		1962	332	园林管理	9 543	1961	9 453	江西"共大"	
全家回乡、落户、投靠亲友	1 650					1 650				
总计	92 335	40 933				48 813				

说明：几年共输送27批，其中，外地14批，市内郊县13批（1962年去崇明的劳动锻炼与1962年去崇明国营农场落户为一批），全家回乡和投亲靠友作为经常的动员工作。

上海知识青年上山下乡巩固和变化调查情况表(1963 年 11 月 8 日调查)

统计年份	到场年份	出发人数(人)	地　　点	巩固和变化情况
1961	1958	1 127	湖北洪湖	输送到其他各条战线去有 720 人,倒流回沪 201 人,留在场内 206 人,其中当干部 13 人。
1962	1957	1 000	宝山县	留在公社有 169 人,其中 71 人在搞大田生产,98 人在公社其他工作岗位上。831 人已输送到其他各条战线。
1961	1961	249	福建林场	1961 年 8 月统计,在场 243 人,其他 6 人中:调动工作 1 人,回家治病 1 人,擅自离场 1 人,死亡 1 人。
1962	1958	闸北区 475	湖北洪湖	1962 年 12 月了解,巩固在农场有 303 人,倒流回沪 172 人。
1963	1955	91	江西德安	目前留场 16 人,5 人担任干部,其余在前几年倒流回沪。
1963	1961	168	浙江嘉善	因犯法逮捕 11 人,体力不适应 16 人,目前巩固的 151 人占 168 人中 90%,151 人中有 17 个女青年已婚转到其他社,25 人回到其他公社。
1963	1962	闸北区 122	崇明闸北区农场	目前落户 81 人,仍当临时工有 41 人。
1963	1962	829	崇明长宁区农场	1963 年初了解,829 人中 514 人已落户,120 人申请落户(尚未批准),111 人未定,84 人坚决离场占总数 10.1%。
1963	1962	青建队 397	崇明高教局农场	382 人中正式落户 238 人,延长 2 年 48 人,延长 1 年 96 人,中途批准离场 15 人。
1962	1957	1 243	安徽	60%转到其他各条战线,7%—8%因病等原因回沪,32%留社,其中 25%在社当教师,7%—8%当会计或大田生产。

1964—1966 年上海市知识青年上山下乡人数及去向表　　　　　　单位:人

年份	总计	江西	安徽	湖北	新疆	浙江	上海市郊
1964	36 086	—			31 216		4 870
1965	22 980		323		14 357		8 300
1966	28 894	—		—	16 894	—	12 000

三、参加新疆生产兵团建设

　　1961 年,上海首批知识青年支援新疆,2 500 名上海知识青年成为新疆建设兵团的成员。1962 年 11 月,在国务院总理周恩来指示下,新疆建设兵团农一师师长受周恩来委派,并接受中共上海市委、市政府邀请,来沪动员知识青年到新疆参加社会主义建设。同年,支疆人数增至 2 万。1963 年 6 月 24 日,国家农垦部部长王震亲临上海,向知识青年做报告,动员他们到新疆参加建设。1964 年,周恩来提出,"今后,上海青年每年要来(新疆)3 万"。

1964年4月20日、21日，团市委召开上海市下乡上山知识青年积极分子代表会议。中共上海市委书记处书记陈丕显、石西民、刘述周、书记处候补书记王一平、张春桥，上海市副市长宋日昌等于21日晚和会议代表见面。石西民在20日的大会报告中，号召上海一切有条件下乡上山的知识青年，要学习先行者的榜样，树立雄心壮志，以四海为家，踊跃奔赴农业生产第一线。这次会议之后，上海掀起更大规模的上山下乡热潮。5月17日，上海1万多人集会欢送参加新疆建设的知识青年，上海市副市长宋日昌到会讲话，中共上海市委书记处书记石西民、新疆生产建设兵团干部邱舟以及团市委书记张浩波参加会议。当年被输送到新疆参加农业生产建设的共达31 216人。其中应届高中毕业生2 000多人，初中毕业生7 000余人。1965年5月25日，团市委和有关部门在文化广场联合召开上海青年下乡上山参加边疆建设动员大会，中共上海市委书记处候补书记杨西光、市劳动局局长王克作动员报告。经动员，当年共有14 357名知识青年奔赴新疆参加建设。这样5年15万，10年30万，加上家属就要有50万，至少有40万。根据周恩来总理的指示，1964年到疆人数达到3万名；1965年实到新疆人数为1.32万人。至1965年8月，共有64 898名上海知识青年支疆。

这几年赴疆的上海青年安置在新疆建设兵团的126个农牧场及工厂、单位。其中84%在南疆。其中，农牧场占86%，工交企业占3.4%，基建占7%，文教占1%，选送大中专学习的为2.6%。在大的农场还专门成立上海青年连。

赴南疆的上海知识青年3年内享受供给制。月标准肉2斤，粮45斤，津贴3元、6元、8元；衣被，3年布80米。北疆实行薪给制，工资每月28元上下。

1964年、1965年入疆的5万多名上海青年中，评为积极分子的有2万多，入党710人，入团4 900多人，提拔当干部的有2 800人。新疆建设兵团工程一队的440名上海青年，有1/3评为五好工人。

1965年8月19日，由上海市副市长宋日昌为团长，团市委书记张浩波、市劳动局副局长于永实、市教育局副局长杭苇为副团长的上海市各界人民赴疆慰问团，带着中共上海市委员会、上海市人民委员会《给参加新疆建设的上海青年的慰问信》，慰问上海支疆青年。慰问团回沪后给市委的报告中说："几年来，参加新疆建设的上海青年在兵团各级组织和志愿工的不断帮助下，经过实际斗争的锻炼，在政治思想、生产劳动等方面都有了显著的进步。总的看来，精神面貌很好，不仅情绪稳定，而且朝气勃勃、热爱劳动、努力学习、积极向上，德智体各方面正在迅速地成长。他们不仅长得高大健壮，而且初步掌握了劳动技能，更为重要的是他们的政治思想有了很大进步，成为兵团的一支生气勃勃的新生力量。许多老职工都翘着大拇指说：'上海青年雅克西(好)。'"

上海知识青年赴疆后，受到党中央、国务院的关怀。1965年7月5日，周恩来总理和陈毅副总理来到新疆石河子垦区，接见11位上海知识青年。杨永青、卓爱玲、应志毅、张立勇等向周恩来汇报了来疆后的体会。周恩来和陈毅对他们说，"这里就是大学嘛，是劳动大学""一个人的出身不能选择，但前途是可以选择的"；"我们到上海时，要告诉你们的亲人，说你们在边疆一切都好,叫他们放心"。

到上海做动员工作的农垦部部长王震更是时刻关心上海知识青年。1964年5月6日,王震出席农一师上海青年积极分子代表会议,说:"重体力劳动,每天一定要睡足8—9小时。现在没有电灯,要利用白天时间学习,看看书,每天保证两个钟头,学点科学技术。"1964年10月,王震再一次到塔里木垦区视察,强调"选择劳动好、政治思想好的上海参军的、实行供给制的青年战士任连长、副连长、指导员之后,还可以下来当兵,再提拔,再当兵。"在王震的关心下,到1980年初,阿克苏垦区农一师2万多名上海知识青年中,1 615人加入中国共产党,1 279人担任各级领导工作。塔里木垦区农二师1980年在册的10 068名上海知识青年中有441名提干,其中8名提为县团级干部。

1985年7月24日,中共中央总书记胡耀邦在阿克苏农一师大光棉毛纺织厂,召开有38名上海知识青年参加的座谈会。会上,胡耀邦说:"同志们支援边疆建设的方向是对的。你们为支援边疆、开发边疆贡献了力量,贡献了青春。这在历史上是要写一笔的。"会后,应上海知识青年的要求,亲笔题词:"支疆上海知识青年:历史贡献与托木尔峰共存,新的业绩同塔里木河长流。"

至1999年,在疆的上海知青还有1万余人,不少人已成为新疆建设兵团各行业的业务中坚。杨永青曾任新疆维吾尔自治区科协党组副书记;袁鸿富任兵团机关管理局局长;徐立汉1999年被评为共青团十大劳动模范之一,享受国务院颁发的政府特殊津贴。聆听王震报告后赴疆的上海第十女子中学的倪豪梅,42岁时出任兵团副政委,现任中华全国总工会副主席。

1963—1965年安置上海青年统计表

单　　位	安置总数(人)	各年份人数(人)		
总　计	64 295	1963年	1964年	1965年
		19 769	31 326	13 200
农一师	40 104	15 048	18 056	7 000
农二师	13 290	2 272	4 818	6 200
农四师	2 863	294	2 569	
农五师	376	168	208	
农六师	802	317	485	
农七师	2 326	382	1 944	
农八师	1 176	173	1 003	
农十师	1 958	307	1 451	
工一师	294	29	265	
工二师	327	98	229	

单　位	安置总数(人)	各年份人数(人)		
总　计	64 295	1963 年	1964 年	1965 年
		19 769	31 326	13 200
公交部	49	49		
供销部	225	119	106	
勘测设计大队	50	50		
政干校	150	150		
医　专	178	81	97	
财　校	325	230	95	
兵团直属机关	2	2		

1965 年上海青年在新疆各农业师情况表
单位:人

单　位	青年总数	党员数	优秀团员	五好工人	五好青年	获各种积极分子称号
合　计	64 898	551	334	9 665	91	27 680
一　师	40 493	523		6 717		22 959
二　师	13 136	9	166	1 749		3 950
四　师	3 035	5	36	33	37	339
五　师	419	5	16	51		4
六　师	967	2	17	186		100
七　师	2 200	1	50	427		165
八　师	1 371			233		
十　师	1 748	6	49	269	54	163
工程一二师兵团直属机关	1 529					

第二节　支　农

一、知识青年修筑奉贤海塘

1958 年 1 月 28 日,由共青团上海市委、上海市劳动局组织全市 15 个区 3 781 名社会青年,奔赴奉贤海边,帮助国营奉贤农场(今五四农场),修建奉贤海塘。同年 2 月 5 日举行上海市知识青年志愿参加修建奉贤海塘活动分子大会,中共上海市委教育卫生部副部长、市教育局局长陈琳瑚到会讲话。团市委书记李琦涛宣布,为了满足青年愿望,经征得当地政府同意,决定把今年将修筑海塘开垦出来的约 6 000 多亩荒地拨出 1 000 亩给上海青年作为"共青农场"的土地。知识青年在会上表示要用自己的双手修造海塘,把荒地变成良田。修造工程于 3 月 18 日动工,同年 6 月 10 日完工,共完成土方 25 万立方米,围得土地 7 496 亩。该段海塘因此初名"青年塘"。后为人民塘一部分。围得的土地今属五四农场。

……

三、上海青年农业建设队

1962 年 9 月,团市委和市劳动局等联合组建上海青年农业建设队,队员均为上海市区待业的应届高中毕业生,共 397 名。1962 年 12 月,上海青年农业建设队赴地处上海市崇明岛的高教局畜牧场(后改名新安沙农场,现为跃进农场)劳动锻炼,队长朱菊英。该队集中安置在农场第一、第二两个生产队,占农场职工半数,青建队员 91% 参加农田劳动,每人平均承担农田 7 亩,第一年为国家生产稻谷 80 多万斤,皮棉 1.6 万多斤;9% 的队员担任后勤、科室或技术工作。

经过一年多锻炼,上海青年农业建设队员中涌现了一批以朱菊英、刘菊珍为代表的先进人物。朱菊英等 1963 年 4 月 6 日受到农垦部长王震接见;有 7 名参加了市国营农牧场先进集体代表会议;1 名参加市妇代会;1 名列席市农业先进生产者会议和市四届二次人代会;2 名出席市五次团代大会。1964 年 3 月 23 日在共青团上海市第五次代表大会上,市团代表、青建队长、团总支书记朱菊英作"立志把青春献给农业建设"的发言,汇报了上海青建队集体一年多来劳动实践的体会,并当选为中国共青团第九次代表大会代表。1964 年以后,又先后组建青建二队、三队,分赴上海长兴岛农场和安徽黄山茶林场劳动锻炼。上海青年农业建设队在农场与其他职工融为一体,成为农场青年的骨干力量。以后,有的一直留在农场当基层领导骨干,有的选调到市、区机关工作,有的分配到市区各条战线。

(第五篇第三章《城镇知识青年务农支农》,第 759—772 页)

1957 年下乡落户在上海郊区的知识青年情况调查(1963 年)

1963 年 3 月,中共上海市委农村工作部、上海市劳动局、共青团上海市委员会共同对 1957 年下乡落户在上海郊区知识青年状况进行调查。

据不完全统计,仍留在农村的有 747 人(男 414 人,女 333 人),分布在上海、川沙、宝山、嘉定 4 个县的 33 个公社。他们的年龄绝大部分是 20 岁到 25 岁,其中党员 46 人,团员 279 人。他们中的绝大多数人成为建设社会主义农业、巩固人民公社的一支积极力量。不少人成为生产大队、生产队和社办企业的骨干。有 33 人在农村参加了共产党,有 119 人参加了共青团;党、团员中有 9 名党员和 60 名团员担任党、团机构的领导工作。

他们中存在:住房、吃饭问题;由于工作调动过多,情绪不稳定;经济生活上的困难问题。据初步调查,存在上述三方面实际问题的青年,约占 20%—30%。

思想问题:一部分人存在"吃亏"思想;少数人特别是出身于资产阶级、小业主家庭,或系五类分子的子弟,贪图享受,好逸恶劳;还有少数的已走上偷窃、贪污、道德败坏、投机贩卖的

"资本主义"道路,个别的已堕落成为犯罪分子。

(第九篇第三章《青少年工作调查报告》,第 1310 页)

知识青年下乡上山总结(1964 年)

1964 年 2 月,共青团上海市委对 8 万余名知识青年的下乡上山进行总结。

1. 概况

1955 年以来,上海动员、组织 25 批知识青年,合计 81 246 人下乡上山,其中到上海市郊区的 10 批,29 933 人;到外地农村的 15 批,51 313 人。按年份分:1955 年 848 人,1957 年 7 911 人;1958 年 13 150 人;1960 年 1 927 人;1961 年 19 605 人;1962 年 16 076 人;1963 年 21 730 人。这些青年多数是职工子女,他们已在农村逐步巩固下来。据统计,1962 年前到湖北、安徽去的 3 602 名青年中,倒流回来的 523 人。以此数推算,初步在农村扎根巩固的青年约占 80% 左右。他们不仅在劳动力方面支援了农业第一线,而且还在农村文化革命、农业技术改革中发挥了积极作用,成为政治宣传、普及科学文化知识和开展文娱体育活动的一支活跃力量。

2. 几种主要形式

组织青年下乡上山主要采用:组织青年参加国营农、林、牧、渔场;建队插队;分散下乡,插队落户;半耕半读;动员青年随家下乡落户等几种形式。

(第九篇第三章《青少年工作调查报告》,第 1334 页)

金训华(1949—1969)

浙江慈溪人。上海知识青年。1969 年 5 月 25 日响应国家上山下乡号召,赴黑龙江省逊克县逊河公社务农,任双河大队民兵排长。1969 年 8 月 15 日为抢救国家财产,在与特大洪水搏斗中牺牲,中共逊克县委追认他为中共党员。

(第十篇第一章《青年英烈传略》,第 1380 页)

吴建国(1949—1977)

上海市人。上海知识青年,任黑龙江红兴隆农场木材厂厂长、警通连副连长。1977 年 2 月 26 日,在追捕反革命杀人犯的斗争中牺牲。(第十篇第一章《青年英烈传略》,第 1381 页)

《上海妇女志》

《上海妇女志》编纂委员会编,上海社会科学院出版社 2000 年

上海农垦职工最初来源于围垦的干部、工人、城镇居民和少量农民,1962 年后,陆续吸

收市区和县城的社会知识青年。1966—1976年"文化大革命"期间,先后安置市区知识青年30万人。1978年后,经市政府批准,知识青年陆续调回市区,先后共20万多人,其中女性多于男性。至1995年,上海农垦职工大部分仍是城市知识青年和老围垦人员的子女,年龄都在40岁左右,初高中毕业生占80%。其中女职工4.7万多人,占职工总数的43%以上。

(第七篇第二章《国营农场女职工》,第376页)

1968年,大批城市知识青年进场,95%以上参加农业生产劳动,仅有5%的女青年从事食堂和种植蔬菜等后勤工作。 (第七篇第二章《国营农场女职工》,第378页)

地处皖南山区的上海黄山茶林场,有一支由300多名上海女青年组成的"三八"队,年龄最大的22岁,最小的19岁。从生产前方到后方,从生产到生活,从主业到副业,全由女青年承担。1977年(该队成立第一年),就超额完成生产计划,超过全场平均生产119%,夺得全场第一名;茶叶平均亩产186.5公斤,比上年增长14.07%,成本下降11.53%;蔬菜平均亩产3 300公斤,比上年增长26.92%;她们的茶叶试验田,亩产达225公斤。1977年底,茶林场掀起造田会战,姑娘们与男劳动力一起苦战一个月,保质保量完成了任务,被评为造田工程先进单位。 (第七篇第二章《国营农场女职工》,第379页)

黄观顺(1952—1972)

黄观顺,上海市人。在校时被评为优秀学生、学雷锋积极分子。1970年3月上山下乡赴淮北焦岗湖军垦农场,劳动中专拣重活脏活干,被誉为"铁姑娘"。1971年5月参加共产主义青年团,9月参加中国共产党,当选为连队党支部委员,任副排长、副指导员。……

1972年7月7日,在抗洪抢险午休时,黄观顺听说有知青去学游泳,立即赶到水边大声叮嘱:"10米外是深水沟,千万不要游过去!"自己站在齐腰深的水里,观看着游泳的青年。上海青年邹爱丹迷失了方向,游进深沟。黄观顺立即奋力扑去,抓住邹爱丹,猛力把邹拽向浅水。因用力过猛,黄观顺自己却被冲入深沟。 (《人物·概述》,第674—675页)

《上海工商社团志》

《上海工商社团志》编纂委员会编,上海社会科学院出版社2001年

1964年4月24日,市工商联和民建市委召开"上海市工商界子女支援新疆建设动员大会"。同年6月,全市报名支援新疆建设的工商界子女3 800多人,经批准赴新疆的3 200多人,占全市赴新疆建设总人数的1/10。

(第六篇第十章《原工商业者及家属工作》,第542页)

《上海公安志》

上海市公安局公安史志编纂委员会编,上海社会科学院出版社 1997 年

同年(1979 年)4—11 月,市公安局先后发出通知:……(4)凡上海下放安徽农村的知识青年,经原动员地民政局审查,现住地区、县公安局批准,可回上海入户。……

(第六编第三章《户口迁移》,第 256 页)

70 年代后期,清理历史上"左"的政策,拨乱反正,大批在郊县落户的知识青年以"顶替"其父母工作的形式迁入市区,导致从郊县迁入市区的人口大大超过从市区迁往郊县的人口。

(第六编第三章《户口迁移》,第 259 页)

1964、1973 年上海市区人口迁往郊县原因表

单位:万人

年　份	迁　移　原　因	人　　数	比　　重(%)
	……		
1973	上山下乡	5.04	89.58
	毕业分配	0.23	4.17
	升　学	0.15	2.73
	住房原因	0.1	1.74
	退休离休	0.04	0.69
	其　他	0.07	1.09

(第六编第三章《户口迁移》,第 261 页)

《上海审判志》

上海审判志编纂委员会编,上海社会科学院出版社 2003 年

第五节　破坏上山下乡运动案件

"文化大革命"期间,全市大批知识青年上山下乡,参加农业生产劳动。在这个运动中产生了大量与之有关的案件,当时统称为破坏上山下乡运动案件。这是在"文化大革命"这一特定的历史时期产生的特殊案件,这类案件成为当时法院审判案件的重点之一。

1970 年,中共中央文件要求打击破坏上山下乡运动的犯罪分子。全市各级公检法军管会陆续审理了这类案件。同年 8 月,上海市公检法军管会审理了 37 名各种破坏上山下乡的犯罪分子。1970 年 8 月以后,对这些罪犯组织 145 次批斗,参加批斗的群众达 31 万人次,

最多的罪犯批斗了几十次,最大批斗会有 5 000 余人参加。有的不仅在全区、全县范围内批斗,而且在公社、大队、街道、里弄组织轮流批斗。

1973 年,中共中央、国务院、中央军委先后下发了文件,要求对破坏知识青年上山下乡的犯罪活动作坚决斗争,对强奸女知识青年的犯罪分子,要按其罪行依法惩办,对于罪大恶极不杀不足以平民愤的要坚决判处死刑。1973 年 9 月—1974 年底,全市法院受理破坏上山下乡案件 364 件,其中奸污、迫害女知识青年的案件占 90% 以上,受害者有 487 名。上海县上山下乡办公室 1 名工作人员,1968 年以来利用职权,威逼利诱,强奸女知识青年 3 名,奸污、猥亵 16 名。全市各级法院都将审理破坏上山下乡运动案件作为重点来抓,凡具有以下情况之一的,即定为破坏上山下乡运动案件依法惩办:利用职权,使用暴力奸污女知识青年;利用职权敲诈勒索;教唆、勾引知识青年实施犯罪活动;拐骗女知识青年、煽动倒流回上海;利用职务,伪造病假单、伪造疾病证明;冒充领导干部招摇撞骗,破坏上山下乡运动等等。在审理破坏上山下乡运动案件中,打击锋芒是那些蓄意残害知识青年的刑事犯罪分子,施用残暴或以胁迫手段强奸下乡女知识青年的强奸犯;一贯侮辱妇女,奸污下乡女青年的流氓犯;利用职权严重违法乱纪,打击报复,残酷迫害下乡知识青年的刑事犯罪分子。各级司法机关在办案中把罪行严重,认罪态度恶劣,民愤很大的犯罪分子同犯罪情节较轻,坦白认罪好的区别开来;把利用职权,罪行严重,情节恶劣的刑事犯罪分子同偶尔犯罪,坦白认罪态度较好的区别开来;把贯彻 1973 年中央文件以来继续犯罪的,同已停止犯罪,表示悔改的分子区别开来。

1974 年,此类案件是作为"反革命破坏上山下乡"论处。1975 年,发生法律效力的判决人数共 71 人,其中判处 5 年以上有期徒刑的共 30 人,判处 5 年以下有期徒刑的 21 人,判处缓刑的 13 人,判处管制的 3 人,其他刑罚 1 人,免予刑事处分 3 人。1976 年发生法律效力的判决人数共 152 人,其中判处 5 年以上有期徒刑直至死刑的共 68 人,判处 5 年以下有期徒刑 47 人,判处缓刑的 21 人,其他刑罚 12 人,免予刑事处分 4 人。

1977 年,全市处理的破坏知识青年上山下乡案件共 188 件 206 人,强奸、轮奸女知识青年的案件达 38.35%。一些犯罪分子利用职权、地位以及女知识青年所处的特定环境,乘机对她们进行犯罪活动。各级人民法院对犯有强奸、轮奸女知识青年的犯罪分子进行严厉惩罚。在处理的案犯中,原系基层干部和国家工作人员占 13.59%,农民和工人分别占 62.14% 和 9.71%。

(第三编第五章《其他刑事犯罪案件审判》,第 247—248 页)

《上海监狱志》

上海监狱志编纂委员会编,上海社会科学院出版社 2003 年

70 年代初,为充实市内单位的干警力量,上海农场的部分职工(多系上海知青)调往上

海,1972—1974 年为 130 人,分配在市内各单位,其中 1972 年 10 月首批 68 人分在市监狱和少管所。1974 年 4 月—1975 年 10 月,劳改局先后从崇明农场、市郊各县知青中吸收 489 人,分配在市内各劳改单位。

(第八章《监狱管理人员》,第 528—529 页)

《上海民政志》

《上海民政志》编纂委员会编,上海社会科学院出版社 2000 年

1977 年 5 月,中共上海市委规定,在外地应征入伍的上海下乡知识青年,因病残或家庭有实际困难,退伍后上海可给予接收安置。次年,按照中共中央关于下乡知识青年退伍安置去向问题的规定,凡上海下乡知青在外地应征入伍的,退伍后上海均予以接收安置,不再回农村插队。

(第五章《退役军人安置》,第 149 页)

知青救济

1968—1978 年期间,动员知识青年(简称知青)去外省(包括上海市郊县)农村下乡插队,共计 111.2 万余人。多年来,经过招工、征兵、升学和按政策批准回沪,尚留农村的约 5 万余人,主要是与当地农民结婚的知青,就地就近作了安排。1986 年,对留在农村尚未安排工作的知青,每人每月补助 30 元,已安排在乡镇企业工作,每月工资不满 40 元的,给予补差到 40 元,补差金额最高不超过 30 元。1993 年,补助标准为每人每月 68 元。因病残基本丧失劳力,难以安排工作的,每月补助 81 元。在乡镇企业工作,每月工资不满 95 元的,给予补差到 95 元。

(第八章《救灾救济》,第 211—212 页)

自 70 年代开始,市、区民政部门每年至少二次派出干部,深入(安徽农村)居民下放地区进行访问,帮助他们解决实际问题,做好稳定工作。对"文化大革命"中下放居民中的知青,系中学毕业或肄业、及年满 16 周岁的社会青年,就地作一次性安置;……

(第八章《救灾救济》,第 212 页)

《上海劳动志》

上海劳动志编纂委员会编,上海社会科学院出版社 1998 年

(1955 年)10 月,团市委组织动员 800 多名青年,组成"上海青年志愿垦荒队",分批赴江西省德安县插社或集体垦荒建社,这是上海青年上山下乡的第一支队伍。

(《大事记》,第 36 页)

（1961年）10月14日，上海知识青年参加外地建设工作办公室成立。是年，上海动员9 453名知识青年报考江西半耕半读的共产主义劳动大学。

是年，开始贯彻中央关于"调整、巩固、充实、提高"的方针，工厂企业停止招工，对新成长的劳动力中未能就业的，采取"面向外地、面向农村"的方针进行安置。（《大事记》，第40页）

（1964年）4月20日，市劳动局和团市委联合召开上海市社会青年活动分子大会，全市万余名知识青年参加大会。会后各区开展动员工作，至11月底，有3万余名知识青年报名赴新疆生产建设兵团，参加边疆建设。　　　　　　　　　　　　　　（《大事记》，第42页）

（1965年）8月16日，全市各界人民赴疆慰问团启程赴新疆，慰问参加新疆建设的上海青年，历时3个月。　　　　　　　　　　　　　　　　　　　　　　（《大事记》，第42页）

同年（1966年），上海继续动员青年去新疆生产建设兵团。　　　　（《大事记》，第43页）

（1968年）7月8日，上海市知识青年上山下乡办公室成立。各区、县和街道镇也先后成立知识青年上山下乡办公室和知青工作组，各中学成立毕业生分配工作组，开始大规模动员知识青年上山下乡。　　　　　　　　　　　　　　　　　　　　　（《大事记》，第44页）

是年，上海开始对66、67两届中学毕业生，按照"面向农村、面向边疆、面向工矿、面向基层"（简称"四个面向"）的就业方针，进行统一分配。12月21日，毛泽东发出"知识青年到农村去，接受贫下中农的再教育，很有必要"的号召后，中共上海市委、市革命委员会决定，68、69两届中学毕业生和前两届余留下来的符合分配条件的毕业生，全部动员上山下乡。

（《大事记》，第44页）

（1970年）11月7日，上海对70届中学毕业生，恢复按"四个面向"进行分配，实行以兄姐去向为依据，决定本人分配到工矿或农村、上海或外地、全民或集体的"按档分配、对号入座"的办法。这一办法延续到1978年。　　　　　　　　　　　　（《大事记》，第44页）

（1971年）8月17日，全市安排7万名知识青年作为外地代训学徒到工矿企业培训。

11月，上海对有子女上山下乡插队落户或家属支内的职工按规定进行生活补助外，还对职工及其家属过冬棉衣棉被有困难的进行絮棉困难补助。　　　　（《大事记》，第45页）

（1979年）5月28日—6月3日，召开全市统筹安排知识青年工作会议，具体部署了按政策批准回沪知识青年的就业问题。　　　　　　　　　　　　　（《大事记》，第47页）

(1981年)1月1日,撤销上海市知识青年上山下乡办公室,业务工作并入市劳动局。

(《大事记》,第48页)

(1989年)3月21日,市劳动局、教育局、公安局、粮食局联合发出《关于允许在外省区工作的原上海城镇上山下乡知识青年子女来沪就读入户问题的通知》。规定仍在外省区工作的每户知青允许1名年满16周岁或初中毕业以上未婚、未就业的子女来沪就读入户;来沪就读入户的知青子女必须有知青在沪的父母、兄弟姐妹做"监护人",并自行解决住房问题。至1995年,全市累计批准来沪入户的知青子女有168 459人。　　(《大事记》,第55—56页)

"文化大革命"期间,由于50年代生育高峰时出生的人先后到达劳动年龄,新成长劳动力大量增加,同时大中专院校又中止招生,而经济发展滞缓,就业问题突出。上海对中学毕业生就业实行"统包统配"政策,大批城镇知识青年上山下乡,对部分符合留城条件的青年连同残疾青年全部吸收进全民、集体所有制企事业单位。

(第一编《劳动就业·概述》,第68页)

1977—1982年,主要是"文化大革命"中上山下乡的回城知识青年和新成长的劳动力。1977年部分上山下乡知识青年自发返回上海,集体上访,一度影响社会安定,引起了各方面关注。1978年,中共中央召开全国知识青年上山下乡工作会议,提出统筹解决知识青年问题的若干措施以后,全市经批准回沪的上山下乡知识青年有41万余人。还有历届中学毕业未能升学的青年也达63万余人。至1982年第三次人口普查时,上海城镇待业人员还有11.7万人。其中12个市区为10.4万人,10个郊县城镇为1.3万人。待业人员中女性占58.3%,男性占41.7%。

(第一编第一章《求职对象》,第71页)

1960—1977年,市郊农村劳动力的增加较多,年均以4.5%的速度递增,从1959年的133.04万人,到1977年增至270.15万人,增幅1倍多。除了人口的自然增长因素以外,还由于一部分城镇企业的职工被精简回乡,城镇知识青年上山下乡。工厂企业从农村招工的人数极少。如1975年,市郊农村劳动力总数为269.07万人,耕地面积仅527.79万亩,劳均耕地不足2亩,而投入农业劳动的人数却占劳动力总数的80%以上,潜在的剩余劳动力问题普遍存在。

1978年以后,特别是中共十一届三中全会后,上海市郊工农业生产开始全面发展,从单一的农业经济转向大力发展多种经营,农业劳动力向非农产业转移的趋势日益发展。同时劳动力的自然增长速度转缓。随着上海城市建设的发展,80年代累计城镇从农村招工42.45万人;进城的农村建筑队伍约有8万人,承担了全市建筑企业1/3的施工任务;征用农田规模扩大,大部分征地农民转为城镇职工;下乡知识青年按政策陆续批准回城安置。

（第一编第二章《就业安置》,第 72—73 页）

1961 年开始,上海贯彻"调整、巩固、充实、提高"的方针,工厂企业停止招工,并且开始精简职工。对新成长的劳动力中未能就业的采取"面向外地,面向农村"的方针,除父母年老或病残、弟妹年幼或没有弟妹,需要本人照顾家庭的或本人残疾或生理上有一定缺陷,不宜去外地的,在上海予以适当安置以外,其余人则积极动员去外地和农村安置。1961—1966年上半年,先后动员了 14.6 万社会青年去农村和外地就业。其中,1961 年去江西共产主义劳动大学的 9 000 余人;1961—1966 年,去市郊国营农场的 4.5 万余人;去新疆生产建设兵团参加军垦劳动的 8.5 万余人。

（第一编第二章《就业安置》,第 74 页）

"文化大革命"时期,上海就业安置实行"统包统配"政策。1966、1967 两届中学毕业生共有 44.5 万人,都在 1968 年进行分配,实行"面向农村、面向边疆、面向工矿、面向基层"的就业方针。根据毕业生本人及其家庭的实际情况区别对待,一般动员上山下乡,确有实际困难的可留城分配,安置在市内全民企业的 17.5 万余人,动员上山下乡的 9 万余人,其中:去市郊农场和农村插队的占 86.3%,去外地农场和农村插队的占 13.7%。1968 年 12 月,毛泽东发出"知识青年到农村去,接受贫下中农的再教育,很有必要"的号召,全市掀起大规模的上山下乡运动。中共上海市委、市革命委员会决定,对 1968、1969 两届 46 万中学毕业生,以及前两届余留下来待分配的毕业生,全部动员上山下乡,被称为"一片红"。1969—1970年共动员上山下乡 50.7 万余人,其中,去外地农场和农村插队的 48 万人,占 94.7%;去市郊农场和农村插队的 2.7 万人,占 5.3%。极少数身体残疾或家庭有特殊困难的留在市内全民企业安置就业的有 2 800 人。1971 年开始,对中学毕业生实行以兄姐去向为依据,决定本人分配到工矿或农村、上海或外地、全民或集体的"按档分配,对号入座"的办法。据统计,1971—1976 年,动员上山下乡 41.8 万余人,分配进市内全民单位的 40.2 万余人,加上城镇集体单位和街道、里弄生产、生活服务事业吸纳安置的人数,在城镇就业的比重高于上山下乡。1968—1976 年,上海动员知识青年上山下乡共计 104 万人,分配进全民单位的 88.4 万人,城镇集体企业吸纳 27 万人,街道里弄生产、生活服务事业净增 6.9 万人。1976 年末,余留的待业人员近 10 万人。

1977—1978 年,经济建设处于恢复时期,上海全民企业在"文化大革命"后期吸纳的劳动力过多。重点是发展城镇集体经济安置就业,并继续动员知识青年上山下乡,两年内动员去市郊农场和农村的知识青年 7.2 万人。

1978 年 6 月,国务院发布《关于工人退休、退职暂行办法》,规定工人退休、退职后,家庭生活确实困难的,或多子女上山下乡、子女就业少的,原则上可以招收其一名符合招工条件的子女参加工作。招收的子女,可以是按政策规定留城的知识青年,可以是上山下乡知识青年,也可以是城镇应届中学毕业生。同年12月,国务院召开全国知识青年上山下乡工作会议,作出《关于知识青年上山下乡若干问题的试行规定》,在省、市人民政府的统筹安排下,全民和集体单位都可以从下乡知识青年中招工。1979年6月,中共上海市委批转《上海市统筹安排知识青年工作会议纪要》,指出根据上海的实际情况,发展集体所有制企事业是当前解决知识青年就业问题的途径。规定对于按政策批准回到市区的上山下乡知识青年,除全民单位从中招收一部分外,大部分由各局、各区有计划地分别安排到集体企事业单位。根据规定,全市采取任务到局(区)、按口调剂、条块结合、统筹安排的办法,充分依靠和发挥局、区的积极性,分别承担任务,统筹安排本系统、本地区批准回城的青年。

(第一编第二章《就业安置》,第75页)

1977—1982年的6年内,累计安置各类人员就业156.3万人。其中大学、中专、技校毕业生37.8万人;征地农民、落实政策人员8.1万人;城镇闲散人员等6.7万人;应届中学毕业生45.7万人;历届待业青年16.4万人;按政策批准回城的下乡知识青年41.6万人。其中103.7万城镇待业青年和回沪知识青年的安置去向是:全民所有制企事业单位55.96万人,区、县、局、街道集体企事业单位40.58万人,发展合作社4.98万人,组织劳动服务队和家庭手工业1.77万人,从事个体经营0.41万人。历年的安置人数为1977年11.2万人,1978年8.3万人,1979年41.1万人,1980年12.9万人,1981年16.7万人,1982年13.5万人。到1982年底,全市城镇待业人员只剩2.5万人,就业矛盾大大缓解。

(第一编第二章《就业安置》,第76页)

1966—1976年的"文化大革命"时期,每年中学毕业生的资源情况,由市、区知识青年上山下乡办公室通过教育部门掌握。根据"四个面向"、"按档分配"的就业政策,通过街道、里委了解中学毕业生的兄姐去向及其家庭经济情况,加以区别对待。

(第一编第三章《就业服务》,第88页)

70年代后期,上山下乡知识青年因病残或有特殊困难经批准陆续回城安置的人数增多,城镇新成长的劳动力也需要安排就业,中共上海市委提出,社会青年在安排工作以前,要按街道组织起来,举办青年学习班,以加强管理教育,进行劳动锻炼。1978年6月市劳动局发出《关于举办社会青年学习班的试行意见》,明确学习班既是社会青年参加学习和劳动锻炼的组织,又是协助劳动部门管理和安置社会青年的工作机构,实行教育与劳动相结合,管理与安置相结合。学习班的任务,是组织社会青年学习政治、文化和科学技术;参加劳动锻炼;参加一些社会工作;做好青年安置的评议、推荐、动员、输送工作。组织青年参加劳动,属于锻炼性质不是工作安排。主要让青年在劳动中接受教育,改造思想,培养劳动习惯,树立集体观念,应当把劳动和学习结合起来,除了要按期完成任务的突击性劳动以外,原则上应采取定期轮换的办法,一部分时间劳动,一部时间学习。同时规定:对有违法犯罪行为的青年的管理教育,由公安派出所为主,有关部门配合,把他们单独组织,参加适当劳动,在劳动中加强教育改造,做好转化工作。对参加学习班的社会青年的安置,必须根据"统筹兼顾,适当安排"的方针,区别情况,分别对待。当时,各街道都建立了由街道劳动调配站、知青工作组、团委等部门参加的领导小组,普遍举办了社会青年学习班,实行有工做工,无工学习,思想教育为主,技能教育为辅的办法,把社会待业青年基本上组织在学习之中、劳动之中。对刑满释放和解除劳动教养后回沪的人员,也由有关部门与地区配合,通过组织学习和劳动,继续给予教育并帮助安置就业。

（第一编第三章《就业服务》,第 92 页）

第五章　城镇知识青年上山下乡

1955 年,毛泽东在《中国农村社会主义高潮》一书的按语中提出:"组织中学生和高小毕业生参加合作化的工作,值得特别注意。一切可以到农村中去工作的这样的知识分子,应当高兴地到那里去。农村是一个广阔的天地,在那里是可以大有作为的。"中共中央提出并经全国人大二届二次会议通过的《1956 年到 1967 年全国农业发展纲要》中提出,城市的中、小学毕业的青年,除了能够在城市升学、就业的以外,应当积极响应国家的号召,下乡上山去参加农业生产,参加社会主义农业建设的伟大事业。1955 年 10 月,共青团上海市委组织动员了 800 多青年,组成"上海青年志愿垦荒队",分批赴江西省德安县插社或集体垦荒建社,这是上海青年上山下乡的第一支队伍。以后陆续有大批青年分别去江西、安徽、湖北、新疆等地,以及上海郊区农村参加农业生产劳动。从 1955—1966 年,上海上山下乡的知识青年共有 16.4 万人。

"文化大革命"中,从 1968 年开始,上海对中学毕业生分配实行面向农村、面向边疆、面向工矿、面向基层的"四个面向"办法,当年有 22 万青年上山下乡。1968 年 12 月,毛泽东提出"知识青年到农村去,接受贫下中农的再教育,很有必要"以后,中共上海市委和市革命委员会决定,对 1968、1969 两届中学毕业生加上前两届余留的共 50.7 万人全部动员上山下乡。1970 届以后的中学毕业生分配又恢复"四个面向"的办法,仍以动员上山下乡为主。1968—1978 年,全市先后动员中学(包括中专、技校、半工半读学校)毕业的知识青年上山下乡共有 111.3 万人。

1978 年,中共中央召开全国知青工作会议,决定调整政策,逐步缩小上山下乡的范围,规定有安置条件的城市可以不再动员上山下乡,要求积极稳妥地解决好在农村的下乡知识青年的问题。1979 年 6 月,中共上海市委批转《上海市统筹安排知识青年工作会议纪要》,决定对上山下乡的知识青年,经批准回到市区的,采取任务到局(区)、按口调剂、条块结合、统筹安排的办法,除由全民单位从中招收一部分外,大部分由各局、各区有计划地分别安排到集体企事业单位。对于从市区或郊县城镇到郊县农村插队的知识青年，以及由郊县城镇到外地上山下乡经批准回城的知识青年，均由所在县就地统筹安排。至1983年底，"文化大革命"期间下乡插队的上海知识青年除已在当地安排工作和已与当地职工、农民结婚成家的以外，基本上回上海安排了工作。同时，对知识青年上山下乡的某些遗留问题作了善后处理。

第一节　宣　传　动　员

上海知识青年上山下乡是从50年代中期开始的。当时，上海的失业问题还没有完全解决，中、小学毕业生不能升学也不能就业的人数日趋增多，而各地农村在农业合作化高潮中，又需要大批有文化的知识青年。1955年8月11日人民日报发表《必须做好动员组织中小学毕业生从事生产劳动的工作》的社论，倡导中小学毕业生回乡参加农业生产，以及毛泽东号召知识分子到农村去的消息，在报纸、电台广为宣传以后，引起了社会各界的强烈反响。学校平时注意把知识青年到边疆去、到农村去，好儿女志在四方的教育，作为一种经常性的工作，年年进行思想教育，鼓励广大学生走与工农群众相结合的道路，做一个有社会主义觉悟、有文化的劳动者。许多知识青年自发串连，并向地区领导和团组织提出申请，要求参加农村建设。有的青年还写了血书，表示到农村去的决心。市长陈毅专门派人接待，热情支持青年的行动。在上海自下而上地掀起了一场知识青年到农村去的热潮，涌现了吕美英等一批上山下乡积极分子。团市委因势利导，发起组织"上海青年志愿垦荒队"，得到了广大青年及其家长的积极响应，报名者十分踊跃。在第一批知识青年上山下乡队伍出发时，全市有数万人欢送。先后到江西垦荒的上海知识青年，建立起"八一社"、"中国青年社"和"曙光社"等不少新的农垦社队。进入60年代以后，社会待业人员有所增加，城镇就业比较困难，团市委、市人口工作领导小组、市劳动局等部门和各区、街道等组织协同配合，对未能升学就业的青年进行广泛深入的思想教育工作，各街道纷纷举办"青年学习班"，组织青年学习毛泽东著作，学习雷锋、邢燕子等榜样，激发青年到农村、到边疆、到祖国最需要的地方去。在提高青年觉悟的基础上，动员青年自觉报名，奔赴江西共产主义劳动大学和新疆生产建设兵团。

"文化大革命"中，1966、1967两届中学毕业生都推迟到1968年分配，统一实行"四个面向"的办法。这两届中学毕业生共44.5万人，经动员上山下乡的22万余人。1968、1969年两届中学毕业生共46万人，除了极少数身体残疾和家庭有特殊困难的外，全部动员上山下乡，称为"一片红"。动员工作中，学校、街道里弄等组织和报刊、电台等舆论宣传工具广泛宣传毛泽东关于知识青年到农村去的号召，还举办各种类型的"学习班"，开展"革命大批判"，在社会上形成了上山下乡的强烈气氛。

从1970届中学毕业生的分配开始，上海恢复实行"四个面向"的办法。当时，按照中共上海市委提出的"政治挂帅，依靠群众，统筹兼顾，适当安排"的原则，由有关部门根据城市用人需要和毕业生家庭情况及其兄姐去向，制订分配计划和分配政策，并把任务和政策向群众宣传讲解。先召开毕业生中的积极分子会议，再召开毕业生及家长大会，然后组织毕业生、家长、里弄干部和学校教师的代表共同讨论,落实哪些人下乡,哪些人留城的具体名单。让群众了解政策,思想有所准备,并且经过"四结合"代表开会讨论,分配工作也比较合理。以后的动员知识青年上山下乡工作,基本上按照这些办法。

1955—1966年上海市知识青年上山下乡人数及去向表　　　　　　单位:人

去　向	合　计	1955	1957	1958	1961	1962	1963	1964	1965	1966
总　　计	164 015	935	3 468	13 609	18 751	18 413	20 879	36 086	22 980	28 894
江　西	14 117	935	—	3 728	9 454	—	—	—	—	—
安　徽	2 227	—	—	1 904	—	—	—	—	323	—
湖　北	7 977	—	—	7 977	—	—	—	—	—	—
新　疆	85 155	—	—	—	2 500	458	19 730	31 216	14 357	16 894
浙　江	271	—	—	—	271	—	—	—	—	—
上海市郊	54 268	—	3 468	—	6 526	17 955	1 149	4 870	8 300	12 000

1968—1978年上海市知识青年上山下乡人数及分布表　　　　　　单位:人

去　向		上山下乡总人数	其　　中	
			插队人数	建设兵团、农、林场人数
合　计		1 112 952	513 671	599 281
跨省(区)下乡		615 517	401 147	214 370
其中	黑龙江	165 186	27 046	138 140
	江　西	118 805	106 856	11 949
	安　徽	149 421	137 374	12 047
	云　南	55 944	10 065	45 879
	贵　州	10 491	10 491	—
	吉　林	23 815	23 815	—
	内蒙古	7 963	1 608	6 355
	辽　宁	594	594	—
	江　苏	51 200	51 200	—
	浙　江	32 098	32 098	—
上海郊县		497 435	112 524	384 911

说明:上海郊县有15.6万(其中1968年9.3万、1969年6.3万)名农村户口的初、高中毕业生,回所在社、队务农,未计入上山下乡人数。

第二节　组织安置
一、安置形式

上海知识青年上山下乡的安置形式,主要分农村插队和农场安置两大类。

农村插队安置共有 52.5 万余人,其中又可分为分散插队、集体插队和投亲插队 3 种形式。

分散插队。1957 年,上海市郊各县城镇知识青年申请上山下乡的 3 468 人,采取分散插社的办法去农村参加农业生产。1958 年,市区有知识青年 1 243 人去安徽分散插队。1961—1965 年,全市先后有 6 678 人分别到上海市郊和安徽等地农村分散插队。"文化大革命"期间,又有 11.25 万余人安置在上海市郊农村分散插队。

集体插队。"文化大革命"期间动员去黑龙江、辽宁、吉林、内蒙、云南、贵州、江西、安徽等省、区上山下乡的上海知识青年中,有 31.8 万人按集体插队办法在当地落户,一般 4—10 人组成集体户,共同生活,参加当地社队的生产劳动。

投亲插队。1968 年开始,许多家长为使子女有所照顾,纷纷通过在农村的亲友,把子女送往家乡插队落户。1968—1972 年,去江苏、浙江等省投靠亲友的下乡知识青年共有 8.3 万余人。

农场安置。包括各地生产建设兵团、国营农场等单位接收安置的上海知识青年达 75.6 万余人。

"文化大革命"前在农场安置的有 1.568 万人,其中最早一批是 1958 年去湖北省大沙河、草埠湖等 8 个农场的有 7 977 人,去江西、安徽的有 5 632 人。1961 年,动员去江西共产主义劳动大学,分布在江西境内的 54 个分校 9 454 人。1961—1966 年,动员去新疆生产建设兵团所属各师、团和自治区农场的 85 155 人,动员到上海市属 18 个国营农场等 50 800 人。1968 年开始到 1978 年为止,累计输送去外地生产建设兵团和农场安置的有 214 370 人,在上海市属农场安置的 384 911 人。

二、生活待遇

"文化大革命"以前,分散插队安置在农业生产合作社的上海知识青年,与社员一起参加集体劳动,评工记分,年终分配。住房有的安排在生产队仓库,有的由社、队帮助搭建,有的借住在社员家里。生产工具和生活、炊事用具大部分是向生产队借用。到农场安置的,由农场建造集体宿舍,工资福利享受农工待遇,劳动工具由农场配给。

"文化大革命"中,去市郊农村插队的知识青年,国家规定拨给安置费,主要用于修建住房,购置必要的生产工具和生活用具,以及下乡青年的单程路费、行李运费和第一年的生活困难补助。知青口粮,在下乡第一季度由当地粮管部门供应,第二季度开始,由生产队按社员口粮标准供应。食油,当季按居民标准供应,第二季度开始按农村标准供应。吃菜,由当地社、队分给每人自留地 1—2 分,供知青种菜。疾病医疗,参加当地合作医疗,对少数重病患者,按照自力更生、各方资助的原则,除自己承担外,由合作医疗负担一点,家长单位补助一点,医疗部门减免一点,下乡经费补贴一点,共同帮助解决。1974 年,上海市革命委员会批转市知识青年上山下乡办公室《关于上海市知识青年上山下乡若干问题的试行规定草案》,对在市郊农村插队知青的补助费由每人 230 元提高到 480 元。去国营农场的知青每人

400元,分别由各县和市农场管理局统筹使用。对于插队知青的口粮、食油,改按城镇居民标准供应。疾病医疗办法也有所改进。生产和生活用具统一由公社采购、发给。至1977年底,基本解决了插队知青的住房问题。

去外地农村集体插队的知识青年,除按国家规定拨给安置费外,根据不同去向,发给每人不超过25—35元的行装补助费,并发给布票、棉花票和每人一张蚊帐券。去内蒙古、黑龙江、吉林等严寒地区插队的,供应棉大衣、棉衣。1973年又规定另外补助40元冬装费。下乡知青的单程路费按实支数报销。一般在下乡的头一年由国家供应统销粮,由社、队供应柴草或燃煤,并分给供种菜用的自留地,以后则参加集体分配,并辅以必要的照顾。去外地农村插队的知识青年一般参加当地农村的合作医疗,重病重伤的,由安置部门统筹补助解决。对去内蒙古、黑龙江、吉林、云南、贵州、陕西、甘肃、宁夏、新疆等边远地区插队的,插队期间按规定可享受两次探亲路费。去生产建设兵团、国营农场、林场、牧场、茶场的,生活由场部安排,工资待遇按国家规定办理。

1973年开始,对"文化大革命"中下乡知青中家庭生活困难的,由其家长所在单位给予补助,被称作"聊补"。

第三节　稳 定 措 施

根据中共中央和国务院的有关指示精神,为了促进去外省、区上山下乡的上海知识青年安心在当地参加农村建设,上海作为动员城市,积极配合安置地区做好工作,组织慰问团赴各地深入慰问,举办函授教育、技术培训和赠送书籍,帮助下乡青年学习科学文化知识,为安置地区农村提供物资,扶办工场作坊,对知青家长进行家访做思想工作和困难补助等。

50年代,上海知青赴江西垦荒后不久,上海即组织慰问团由副市长金仲华带队去江西垦荒地慰问建社青年。1965年,上海组织慰问团由副市长宋日昌带队去新疆生产建设兵团分赴天山南北慰问上海知青,历时3个月。"文化大革命"前,中共上海市委、市人民委员会领导极为重视知识青年上山下乡后的稳定工作。除市领导带队慰问外,共青团市委、市劳动局、总工会和报社的领导也曾分批带队到江西、安徽、新疆及上海郊区慰问上海的知识青年,鼓励知青好好学习、好好工作。慰问团赴外地慰问,短的数月,长的达2年,有的慰问团干部还留在当地担任领导,对稳定上山下乡知青起到很好作用。

1969年,上海市革命委员会组织长期学习慰问团,抽调2 000余名干部,分赴上海知青安置地区,配合当地领导,开展对下乡知青的慰问教育工作,调查情况,研究政策,协调安置措施,配合做好知青的思想工作和处理一些实际问题,并向知青在沪家长沟通情况。慰问团共有7个总团,55个分团,233个小组,凡有上海下乡知青的县、旗,都有慰问小组常驻。

1974年初,市教育部门组织16所大专院校先在安徽阜阳、江西上饶、黑龙江黑河、吉林延边、云南西双版纳5个地区试办业余函授教育。开设政治理论、语文历史、农业生产、农用机械、医疗卫生等23个专业,招收学员2.8万余人,其中上海下乡知青约占50%。1975年,扩大到四平、大兴安岭、井冈山、宿县、滁县5个地区,学员增加到6万余人。上海建立了专门办事机构,抽调300余名教师,组织200余名老师傅到各地举办面授短训班和进行巡回教学。多数地区成立了函授教育领导小组,设立办事机构,提供必要经费和实习基地,选拔优秀技工、中学教师、医务人员和有经验的贫下中农等5 000余人担任兼职教师,定期下点进行辅导。函授教育为农村培养了一大批拖拉机手、柴油机手、会计、电工、气象员、炊事员、赤脚医生、土记者等。函授学员又推动农村办夜校,再将知识传授给当地农民和农场职工。1974—1975年,上海知青回沪探亲时,上海各区街道与企事业单位协作,举办了电、木、泥工、农机维修、农药使用、医疗、缝纫、理发等560多个短期技术训练班,培训下乡知青1.6万余人。

1968—1975年,上海市知识青年上山下乡办公室编印《下乡上山》小册子43辑,628.8万余册,其他资料61种,145万册,内容主要反映下乡知青的成长和他们的先进经验。上海人民出版社专门组织近千人的写作力量,为下乡青年编写自学读物20多种,出版其他农村读物36种,合计284.3万余册。通过上海驻各地的慰问团赠送给去外省、区下乡的知青图书4批,41种,给在上海郊区下乡的知青赠书4批,51种,共425万余册。

1969—1975年,上海市有关部门根据有偿优惠的原则,给上海知青所在农村提供大小拖拉机7 000余台,拖斗800余只,各类汽车50余辆,以及柴油机、发电机、电动机、变压器、水泵和各种建筑材料等物资,价值约5 500万元,还提供无息贷款500万元,最后全部免予归还。1975年6月开始,上海为江西、安徽、吉林3省安置上海知青比较集中、集体经济比较薄弱的地区,扶持创办了550余个小作坊、小工场。其中江西335个,安徽187个,吉林28个。以后,又为黑龙江、辽宁、内蒙、云南、贵州等省、区协办257个。这些工场、作坊,有农机修配、农副产品加工、竹木制品、铁锅生产、制砖、缝纫、补鞋等为农业生产和群众生活服务的多种项目。这些项目推进了当地集体经济的发展,帮助知青克服生产、生活方面的一些实际困难,吸收安置了1万多名生活比较困难、不宜参加农业生产的病弱青年,使他们中的不少人解决了生活自给问题。例如:江西乐安县金竹公社利用当地丰富的竹木资源,在上海油布伞厂帮助下,组织几十名知青创办一个竹木加工厂,人均年收入250—300元,使20多对青年在那里结婚安了家。又如安徽灵璧县把一部分分散插队的知青集中起来,建立"五七农场"。并由上海帮助他们创办喷雾器零件厂,安置了52名知青,不到1年,实现了从业人员生活自给,增加了集体积累,为扩大再生产提供了条件。

还有一些知识青年下乡以后,生活不能自给,需要上海家长接济。从1973年下半年开始,组织知青家长所在单位,每年普遍对知青家庭进行两次家访,并对生活困难的家庭酌情补助。补助金额平均每户30元左右,补助面在30%以上。1973—1974年,合计补助2 300余万元。1975—1977年,平均每年补助1 500万元。同时,通过下乡知青的家长所在单位和街道里弄,把家长组织起来,进行学习、交流,发动写家信,寄学习资料,教育鼓励子女扎根农村,建设边疆。

第四节 统 筹 安 排

广大自幼在大城市成长的青年下乡以后,一时难以适应农村的劳动和生活,尤其是"文化大革命"期间上山下乡规模扩大,"一片红"一刀切,矛盾更为突出。据1978年调查,"文化大革命"期间,上海跨省插队的知青,除招工、升学、征兵和病退、困退回城的以外,仍在农村的有24万余人,其中有一半人生活不能自给,另一半人只能做到低标准的(南方年收入120元、北方年收入150—180元)基本自给。在自然条件差、生产水平低的地区不能自给的面高达75—80%,如安徽淮北和一些边远地区的农村,一个强壮劳动力,一天的工酬不到0.4元,下乡知青的生活只能靠家长及家长所在单位的补贴。有些地区不关心知青,甚至残害女知青的事件时有发生,知青缺乏安全感,不能安心在农村长期落户。国务院曾于1973年7月召开全国知识青年上山下乡工作会议,提出了统筹解决的6条办法,但在"文化大革命"情况下,这些办法未能有效实施。1978年10月中共中央召开全国知青工作会议,提出统筹解决知青问题的若干措施,决定缩小上山下乡范围,扩大留城面。中共上海市委、市革命委员会根据中央的决策和上海的实际情况,于1979年1月发出《关于贯彻执行中央[1978]74号文件统筹解决知青问题的若干措施》,决定对在外地插队的知青,就地务农确有困难需要照顾的,由上海和安置地区共同安排;有困难的已婚知青,由安置地区就地就近安排有固定收入的工作,在他们未得到安排之前,仍由家长单位进行定期补助,其中双方都是上海知青,在当地安排确有困难的,经过批准,可以回沪。对在上海郊区插队的知识青年,要求各县广开城乡就业门路,积极发展社、队集体所有制企事业,逐步进行安排,使他们有固定收入,在各县全民所有制企业招工时,可优先照顾吸收这部分插队知青,对在上海市属国营农场的知识青年,通过发展农业生产、发展农工商联合企业、开展外贸加工等办法,逐步提高收入水平,改善物质文化生活条件,使他们安心农场工作。同时,根据生产需要,可调出一部分知青支援其他全民或集体企事业。对在外地农、林、牧场工作的知青,要鼓励他们安下心来,为建设现代化农业生产基地、保卫边疆作出贡献,对其中家庭或本人确有特殊困难的,可通过组织商调,回上海安排工作。另外还规定,市企事业单位的职工退休、退职时,可招收一名符合招工条件的上山下乡子女回沪"顶替"工作。对于按政策批准回上海安排工作的知识青年,原则上采取"归口包干"的办法,以知青的父母所在单位主管局为主,规划、组织集体所有制企事业,安排回沪知青,并承担安排部分父母在机关、事业单位工作的回沪知青。各区、县也广开门路,发展集体所有制企事业,安排知青。

根据以上政策和工作部署,经过4年多工作,至1983年6月,"文化大革命"期间到上海市郊下乡插队的知识青年,经过招工、招生、征兵、病退、困退以及父母退休子女顶替等办法,基本都调离了农村,留在农村的只有300人。跨省、区下乡插队的知识青年,经过当地招工、征兵、升学和按政策批准回沪以后,留在农村的约5.3万人,其中已在农村结婚成家的4.5万人。根据全国知青工作会议精神,由安置地区就地就近陆续作了安排。对留在农、林场的人员,家庭和本人确有特殊困难的,也通过组织商调,陆续得到解决。下乡知青经过在农村艰苦的劳动和生活锻炼,回城重新就业以后,一般积极进取,表现较好,受到用人单位的普遍欢迎,不少人已成为生产业务工作的骨干,有的走上了领导岗位。据卢湾区人事部门统计,该区担任副处级以上领导职务、年龄在 40—50 岁之间的有 157 人,其中上山下乡过的有 60人,占 38.2%。

为适当帮助仍在外省区工作的原上海城镇上山下乡知识青年,解决其子女就读、就业方面的实际困难,经上海市人民政府同意,市劳动局、教育局、公安局、粮食局于 1989 年 3 月 21 日联合发出《关于允许在外省区工作的原上海城镇上山下乡知识青年子女来沪就读入户问题的通知》,规定仍在外省区工作的每户知识青年允许一名年满 16 周岁或初中毕业以上未婚、未就业的子女来沪就读入户,来沪就读入户的必须有知青在沪的父母、兄弟姐妹做知青子女的"监护人",又能自行解决住房问题。符合这些条件的知青子女,由知青和知青子女的"监护人"向知青原户口迁出地所在街道、镇的劳动部门填报《申请表》,经区、县劳动局审核批准后办理来沪入户手续。当年经批准来沪的知青子女有 35 955 人,1990 年批准的有15 205 人。

(第一编第五章《城镇知识青年上山下乡》,第 111—118 页)

在 1963—1965 年的国民经济调整时期,生产建设稳步上升,同时大力建设国营农场,安置城市知识青年就业。1965 年全市职工人数上升到 272.13 万人,比 1962 年增加 38.8 万人,平均每年增长 5.3%。

"文化大革命"期间,上海生产建设不稳定,加上 50 年代发生的人口出生高峰,到此时形成就业高峰,每年需要安排就业的中学毕业生都在 20 万人以上。除大量动员上山下乡外,不得不安排相当数量青年在城市就业。至 1976 年,全市职工人数为 399.27 万人,比 1965年增加 127.14 万人,平均每年增长 3.6%。

1978 年 12 月中共十一届三中全会以后,上海在安排应届中学毕业生以外,还解决了大批"文化大革命"期间上山下乡的回城知识青年的就业问题。1980 年底全市职工人数446.92 万人,比 1976 年增加 47.65 万人,平均每年增长 2.9%。

(第二编第一章《职工队伍》,第 125 页)

1966—1976 年的"文化大革命"期间,全民所有制单位职工共增加 98.90 万人,1976 年达 312.26 万人。主要是安排中学毕业生,其中安置到市属国营农场的有 32.5 万人。

1977—1980 年,全民所有制单位增加 39.73 万人,1980 年底达到 351.9 万人。主要是安排回沪的上山下乡知识青年、应届中学毕业生和 10 多年积累下来的社会待业人员。1977年市属国营农场安置 76 届中学毕业生 4.5 万人,1979 年安置 77 届 300 人后不再安置。

(第二编第一章《职工队伍》,第 133—134 页)

上海城镇集体所有制职工,50 年代主要是由社会主义改造中通过合作化道路,由个体经济人员组织成为集体所有制单位的职工,以及"大跃进"时发展街道工厂和里弄生产组等集体所有制单位时参加工作的家庭妇女组成;70—80 年代主要通过全民企业办集体等形式安置回沪的上山下乡知识青年。

1977—1980 年,安置回沪的上山下乡知识青年,1980 年城镇集体所有制单位职工增加到 95.02 万人。　　　　　　　　　　　　　　(第二编第一章《职工队伍》,第 134 页)

"文化大革命"中,上海对中学毕业生实行"统包统配",大批知识青年被动员上山下乡,去外地工矿企业外,对按政策留城安排的青年,由劳动部门统一分配工作,企业和知识青年没有招工和择业双向选择的权利。

……

1979 年,按照国家劳动总局发出的《关于招工实行全面考核的意见》,上海对 9 万名按政策批准回城的上山下乡知识青年,在招工时根据不同行业、工种的特点和需要,进行文化程度、技术专长、身体条件等各有侧重的考核,择优录用了 2 万人进全民单位,其余安排在集体单位工作。　　　　　　　　　　　　　(第二编第三章《劳动力招收》,第 158 页)

1978 年 5 月 24 日,为了安置职工子女和上山下乡知识青年就业,第五届全国人民代表大会常务委员会第二次会议原则批准国务院《关于工人退休、退职的暂行办法》。《办法》规定:工人退休、退职后,家庭生活确实困难的,或多子女上山下乡、子女就业少的,原则上可以招收其一名符合招工条件的子女参加工作;招收的子女,可以是按政策规定留城的知识青年,或是上山下乡知识青年,也可以是城镇应届中学毕业生。7 月,中央组织部、劳动总局等有关部门召开各省市会议,进行具体部署。9 月,上海选择了 45 个基层单位进行试点。试点情况表明,退休职工子女顶替,对于促使到达和超过退休年龄的职工退休,更新职工队伍,解决退休职工子女就业困难,起了积极作用。11 月,在全市工交、基建、财贸系统分两批逐步推开。1979 年 1 月初,又对文化、教育、卫生、机关等系统部署推行。1 月 5 日,市劳动局下发《关于贯彻执行国务院关于安置老弱病残干部和工人退休、退职的两个〈暂行办法〉若干具体问题的处理意见》,退休职工子女顶替工作在全市范围内开展。1979 年 1 月底,办理招收子女手续的有 11.14 万人。其中全民所有制单位 8.05 万人,区、县、局集体所有制单位 1.08 万人,街道集体事业 2.01 万人。2 月开始,大批(主要是"文化大革命"期间)上山下乡知识青年按政策批准回沪,不少职工为了让自己的子女就业,纷纷要求提前退休;有些小病、还能坚持正常劳动的,工作上还十分需要的,甚至身强力壮的都要提前退休。一部分基层干部同情群众,放宽退休条件和顶替条件,出现了突击搞退休顶替的不正常现象。仅 2 月份就退休顶替了近 20 万人。2 月 15 日,上海市劳动局向中共上海市委报告,提出加强思想政治工作,严格掌握工人提前退休等 4 条意见。17 日,中共上海市委批转了这一报告。19 日,市劳动局召开各区、县、局会议进行具体部署。经采取措施,3 月 1 日以后,职工退休顶替工作逐渐稳定下来,退休顶替人数开始大幅度下降。对于退休、顶替工作中违反政策、弄虚作假的问题,市劳动局进行了调查处理。9月27日,市集体事业办公室、市劳动局联合发出《关于停止从街道集体企事业招收退休职工子女的通知》,规定从1979年10月起,全民所有制单位和区、局所属集体企事业单位的职工退休退职或因其他原因死亡后,不能再招收其已在街道集体企事、业工作的子女。

1981年11月7日,国务院发出《关于严格执行工人退休、退职暂行办法的通知》。1982年7月10日,上海市人民政府下发《关于贯彻执行〈国务院关于严格执行工人退休、退职暂行办法的通知〉的通知》,并于9月3日召开局、区、县领导干部会议进行部署。之后,各局、区、县逐级传达贯彻。

1983年9月3日,国务院颁发《关于认真整顿招收退休、退职职工子女工作的通知》,规定对因病提前退休的工人,或不具备退休条件而退职的工人以及退休、退职的干部,在他们退休、退职时,不再实行招收其子女参加工作的办法。在招收到达退休年龄退休工人的一名子女参加工作时,均须经过德智体全面考核,严格按照招工条件录取;不符合招工条件的,不得招收。对前几年招收进来的退休、退职职工的子女,要认真进行一次检查和考核。9日,国务院《通知》在报纸上发表。10日,上海市劳动局向各局、区、县发出通知,对因病提前退休的工人,不具备退休条件而退职的工人以及退休、退职的干部,从9月9日起不再实行招收其子女参加工作的办法。9月8日以前正在办理审批手续的,就地冻结。同日市卫生局、市劳动局联合发出通知,规定全市各医院从9月9日起暂停因病要求提前退休、退职的职工体检工作,医院也不再填写主要伤病检查结果及诊断意见。10月12日,上海市人民政府下发《关于转发〈国务院关于认真整顿招收退休、退职职工子女工作的通知〉的通知》,对正在办理提前退休、退职审批手续的就地冻结后,要求市劳动局提出处理意见,报市人民政府审定。11月3日,市劳动局提出了处理意见,经市人民政府原则同意后于17日转发全市执行。经过近2个月的工作,到11月处理完毕。但正常到龄退休工人的子女顶替继续实行。

据市劳动局计划处汇总统计,自1978年10月—1983年11月,全市职工退休退职共66万人,子女顶替578 769人。其中1978年10月—1979年底372 738人;1980年53 223人;1981年64 082人;1982年57 454人;1983年11个月31 272人。进入全民所有制单位的有426 770人,集体所有制单位的151 999人。按吸收的职工子女来源:(1)上山下乡知识青年322 999人。其中:上海市属农场168 692人,上海郊县插队29 089人,外地农场69 440人,外地插队55 778人。(2)城镇里弄生产生活组青年16 860人。(3)家居农村和外地城镇的待业青年77 468人。(4)上海城镇待业青年64 339人。(5)应届中学毕业生73 435人。(6)中学和技校退学学生23 668人。　　　　(第二编第三章《劳动力招收》,第160—161页)

市属农场知青职工调动

市农场局所属国营农场共有18个。有15个农场分布在郊县,即崇明县跃进、新海、红星、长征、东风、长江、前进、前哨等 8 个农场;南汇县朝阳、东海、五七等 3 个农场;奉贤县五四、星火、燎原等 3 个农场;宝山县前卫农场。3 个农场在外省,即安徽省黄山市的黄山茶林场和歙县的练江牧场,江苏省海丰县的海丰农场。这些农场 1963—1966 年从城市招收了 3.8 万名青年。1968—1979 年,接收安置中学毕业生 369 275 人。其中:1968 年接收 55 730 人,1971 年接收 38 772 人,1973 年接收 34 346 人,1974 年接收 56 316 人,1975 年接收 72 793 人,1976 年接收 66 193 人,1977 年接收 44 825 人,1979 年接收 300 人。

从 1971 年开始,各农场每年在接收安置应届毕业生的同时,按照先进场的先输送的原则,将前几年进场的知青职工输送到需要补充劳动力的工业、基本建设、交通运输、城市公用、财贸、文教卫生等系统。各年输送的人数:1971 年 1 263 人,1972 年 15 595 人,1973 年 14 149 人,1974 年 19 455 人,1975 年 29 950 人,1976 年 13 216 人,1978 年 10 249 人,1979 年 10 302 人,1980 年 15 300 人。10 年中共输送 129 479 人。

1978 年开始,退休职工子女在农场工作的,可以按规定顶替到市区企事业单位工作。到 1986 年废除顶替办法止,经顶替调回市区的有 11.4 万人。1980 年,市农场局、劳动局、团市委等有关部门经研究,提出了知青职工应稳定在农场,退休职工的子女可以按规定顶替,农场知青家庭有特殊困难的则可予以照顾商调的意见。“特困”商调对象是独生子女、多子女父母身边无人和一家有两个子女在市属农场,而家庭又有实际困难的,可商调一个。1981—1983 年农场“特困”知青照顾商调了 700 多人。1984 年 2 月,市劳动局发出《关于市属农场知青职工因家庭特殊困难照顾商调的试行规定》,由原来市劳动局直接办理审批手续改为交政策、下指标的办法。当年下达 500 名商调指标给区、县劳动局和主管局审批办理,市劳动局代为申报户口。1985 年下达 654 名商调指标,并将农场知青职工商调后的工作单位,集中交由需要增人的市公用事业管理局负责统一安排。1986 年 4 月 16 日,市劳动局、农场局发出《关于市属农场知青职工因家庭特殊困难照顾商调的规定》,对商调条件和手续作了一些修改。商调对象增加了已婚农场知青职工,其配偶在市区工作因工或因病致残,生活不能自理,或系父母年老多病,身边无子女,需要照顾;或系长期精神病患者等,可予以照顾调市区。商调后的工作安排,父或母是全民单位工作的,安排在全民单位;父或母是集体单位工作的,安排在集体单位,或根据需要由市里统筹安排。1986 年实际商调 380 人左右。

1986 年 12 月 5 日,市劳动局、公安局、农场局联合拟订《市属国营农场知青职工因困难照顾商调在执行时应掌握的几个问题》,报经市人民政府批准后,于 1987 年初分别向下部署。该文件在商调对象的政策上有较大放宽。如在农场与市区企业联营单位工作的农场知青职工,完全利用业余时间自学取得大中专毕业学历的农场知青职工,在农场驻市区单位工作的农场知青职工,凡符合因困难照顾商调条件的,可商调回市区或调入农场驻市区单位,户口迁回市区。已借在农场局所属牛奶、工业、物资、商业、粮油、建筑公司,以及借在市区企事业单位从事劳务输出的农场知青职工,符合因困难照顾商调条件的,在市劳动局批准的指标内,可调入所在单位,户口迁回市区。已在市区自谋出路或留职停薪从事个体经营的农场知青职工,符合因困难照顾商调条件的,可准予辞职,户口迁回市区等。1987年4月初开始按计划分期分批办理具体商调手续,至年底农场知青职工共调回市区13 330人。其中由市区父母或配偶所在企事业的系统安排的占51%,跨系统安排的占37%,劳务输出所在单位因生产和工作需要而留用的占11%,其他占1%。1988、1989年农场知青职工又分别调回市区14 313人和7 317人。据1987—1989年区、县劳动局办理农场知青职工商调手续的32 726人的统计分析,大龄知青有29 533人,占90.2%;父母退休照顾3 030人,占9.3%;特困照顾163人,占0.5%。一些急需补充劳动力的单位,如公用事业管理局所属公交总公司吸收安排了8 500人,缓解了劳动力一度比较紧张的矛盾。农场调出200余名汽车驾驶员,成为上海几家出租汽车公司的技术业务骨干。农场知青职工商调工作于1990年3月结束。按政策不属商调范围,留在农场工作的知青职工有3万人左右,主要是已在农场成家的或是农场的骨干力量。　　　　　　　　　　　　（第二编第五章《劳动力流动》,第185—186页）

　　"文化大革命"中,职工平均工资基本上逐年下降,新成长的劳动力虽然基本上都得到安置,但其中43%是上山下乡,即使安置在城市就业的,工资也比较低。职工家庭生活水平普遍有不同程度的下降,特别是在上山下乡的知识青年中,约有一半生活不能自给,要靠家庭接济,加重了职工家庭生活负担。据1974年调查,上海工交、财贸和区属单位三大系统的职工生活困难面,分别占有子女上山下乡职工总数的34%、33%和37%。其中,平均工资较低的单位,困难面更大。如电车一场13路车队260名职工中,122名职工有子女上山下乡,向单位借款的有87人,占71%,平均每人借100元,有的借300—400元。这些职工工资较低,家属大多无工作或在里弄生产组工作,收入很低,多数人都无偿还能力。

　　粉碎江青反革命集团后的头两年,就业还比较困难,平均工资仍然下降。1979年中共十一届三中全会拨乱反正,确立以经济建设为中心的方针,决定实行改革开放的政策,从此职工家庭生活逐步持续改善和提高。1980—1990年职工平均工资除1981年稍有下降外,每年都有不同程度的提高,随着大批上山下乡知识青年批准回沪和"三结合"就业方针的贯彻,职工家庭就业面很快扩大。

　　　　　　　　（第四编第七章《工资水平、构成和家庭生活水平》,第345—346页）

上海市知识青年下乡上山办公室

　　1961年10月,成立了上海市知识青年参加外地建设工作办公室。"文化大革命"开始后,1967年由市教育局会同市革命委员会劳动工资组成立上海市毕业生分配工作组。1968年7月,成立上海市革命委员会知识青年下乡上山办公室,下设办事组、政宣组、组织组、生产后勤组和计财组。主要职责是贯彻执行毛泽东关于"知识青年到农村去,接受贫下中农的再教育"的指示,根据市革命委员会知识青年上山下乡的方针原则,具体负责贯彻实施,动员、安置、巩固知识青年上山下乡工作的任务。各区(县)也相应成立机构。负责制订中学毕业生的分配方案,联系落实安置去向,动员组织毕业生下乡上山工作。1973年11月,中共上海市委决定建立上海市知识青年下乡上山领导小组。1974年2月,上海市革命委员会下乡上山办公室,改名为上海市革命委员会上山下乡办公室。1979年12月,市革命委员会知识青年上山下乡办公室又更名为上海市人民政府知识青年上山下乡办公室。"文化大革命"结束后,知识青年下乡工作基本停止。1981年1月1日撤销上海市知识青年上山下乡办公室,有关善后工作由市、区(县)劳动局负责处理。市劳动局设立知青处。

(第十一编第二章《解放后机构》,第552页)

《上海计划志》

《上海计划志》编纂委员会编,上海社会科学院出版社2001年

(1967年)1月30日,一批支援内地和边疆的上山下乡知识青年离开农业生产岗位流回上海。

(《大事记》,第27页)

(1968年)10月,上海市区和郊区城镇大批高初中毕业生响应"上山下乡"号召,开始到农村插队落户。(到1976年,上海下放到农村、边疆的知识青年共计101.7万人。)

(《大事记》,第27页)

(1980年)12月,"文化大革命"期间上山下乡的40万上海知青逐步回沪,并先后得到妥善安置。

(《大事记》,第37页)

上海的国营农场,是20世纪50年代起陆续围垦滩涂创建的。最早的是1954年由江苏省农林厅投资,在奉贤县和南汇县海边建立的"五四"农场。除在上海市区域范围内的15个国营农场外,还有在皖南太平县境内的黄山茶林场,在皖南歙县境内的练江牧场,在江苏省大丰县境内的海丰农场。上述农场归属于1963年1月成立的上海市农垦局(1976年6月改为上海市农场管理局)统一领导管理。上述农场的职能之一是安置知识青年,1968—1978年先后有36.88万名城市知识青年被陆续分配到上海农垦系统。1978年为31万人,总人口达33.5万人。

(第二篇第一章《农业计划》,第169页)

1977—1982年,(劳动力资源)主要是在"文化大革命"中上山下乡的回城知识青年和新成长的劳动力。1978年,中共中央召开全国知识青年上山下乡工作会议,提出统筹解决知识青年就业问题的若干措施以后,全市经批准回沪的上山下乡知识青年有41万余

人。还有历届中学毕业未能升学的青年 63 万余人。

（第二篇第十章《劳动工资计划》，第 338 页）

1966—1976 年"文化大革命"期间，上海就业安置实行"统包统配"政策，采取"面向农村、面向边疆、面向工矿、面向基层"的就业方针。1966—1967 年两届中学毕业生共 44.5 万人，都在 1968 年安排全民企业（69%）和上山下乡（31%）。1968—1977 年，上海动员知识青年上山下乡共计 104 万人，分配进全民单位 88.4 万人，城镇集体企业安排 27 万人，街道里弄生产、生活服务事业安排 6.9 万人。1976 年末，尚余待业人员近 10 万人。

1977—1982 年，累计安置各类人员就业 156.3 万人。其中大学、中专、技校毕业生 37.8 万人；征地农民落实政策人员 8.1 万人；城镇闲散人员 6.7 万人；应届中学毕业生 45.7 万人、历届待业青年 16.4 万人；按政策批准回城的知青 41.6 万人。安排就业的去向主要是：全民企事业单位 55.96 万人，发展合作社 4.98 万人，组织劳动服务队和家庭手工业 1.77 万人，从事个体经济 0.41 万人。1982 年底，全市城镇待业人员只有 2.5 万人，就业矛盾大大缓解。

（第二篇第十章《劳动工资计划》，第 339 页）

市属农场知青调动。市农场局所属国营农场有 18 个，其中 15 个农场在郊县，3 个农场在外省。1963—1966 年这些农场从城市招收 3.8 万名青年。1968—1979 年，又接收安置中学毕业生 36.9 万人。1971 年开始，各农场按照先进场先输送的原则，将前几年进场的知识青年输送到市区各系统，到 1979 年共输送 12.95 万人。1978 年开始，退休职工子女在农场工作的，可以按规定顶替到市区企事业单位，到 1986 年废除顶替办法止，共顶替回市区的有 11.4 万人。1980 年，市农场局、劳动局、团市委等有关部门经研究，提出了知青职工应稳定在农场，退休职工的子女可以按规定顶替，农场知青家庭有特殊困难的则可予以照顾商调的意见。截至 1989 年，农场知青职工共调回市区 28 万余人，其余不属商调对象，仍留农场工作。1990 年 3 月农场知青职工商调工作结束。（第二篇第十章《劳动工资计划》，第 340—341 页）

1966—1976 年"文化大革命"期间，为了动员中学毕业生上山下乡，市和区、县都建立了知识青年上山下乡办公室，原有的街道劳动力调配也改为"知青工作组"。

（第二篇第十章《劳动工资计划》，第 342 页）

从人口迁移看，1969—1972 年是人口政策压缩阶段，大批青年上山下乡，4 年共净减 44.9 万人，平均逐年递减 1%；迁移率分别为 −25‰、−28.8‰、−11.9‰、−5.6‰。后来，由于落实党的政策，大批知识青年回城和解决夫妻两地分居等，开始了方向性的变化，1973—1985 年这 13 年共净增 152.59 万人（其中机械增长人口 59.19 万人），平均每年递增 1‰;迁移率由 1973 年的 1.2‰上升到 1985 年的 4.4‰。

（第三篇第六章《人口规划》，第 464 页）

《上海粮食志》

上海市粮食局《上海粮食志》编纂委员会编，上海社会科学院出版社 1995 年

（1968 年）8 月起，国营农场开始安置知识青年就业，人口增到 5 万多，粮食消费增大。

（第二篇第四章《农村粮油销售》，第 125 页）

同年，市粮食局根据市劳动局要求，在储运、工业、面粉等公司成立一批非独立核算集体企业，安排粮食行业职工的回沪知识青年、1978 年未升学的中学毕业生、顶替子女，共 1 574 人。

（第十二篇第二章《人员》，第 684 页）

《上海物资流通志》

上海物资流通志编委会编，上海社会科学院出版社 2003 年

（1973 年）4 月 23 日，为解决郊县插队青年住房问题，上海市物资局作出专项物资安排，拨出钢材 313 吨、水泥 1 440 吨、木材 3 123 立方米。 （《大事记》，第 31 页）

《上海钢铁工业志》

《上海钢铁工业志》编纂委员会编，上海社会科学院出版社 2001 年

同月（1979 年 2 月），根据上海市政府有关部门规定，退休职工可由一名上山下乡子女进厂顶替。5 月份开始，上钢一厂、二厂、三厂、五厂、八厂、十厂、新沪钢铁厂、上海铁合金厂、上海耐火材料厂、冶金修建安装公司等单位都创办了集体所有制企业，吸收 4 000 名退休职工的回城子女进集体所有制企业安排就业。 （《大事记》，第 33 页）

1993 年与 1976 年相比，职工人数由 11.96 万人增至 14.21 万人，增 12％。这一时期净增的 2.25 万人，其中的 1.56 万人，系"文化大革命"时期"四个面向"去农村的上海知识青年，按政策回沪的人员，均安排在由上钢系统各单位创办的集体所有制企业内就业。另外的 0.69 万人，是由国家统一分配的大专毕业生，以及由上钢系统自办的中专、技校毕业生。

（第十九篇第三章《职工》，第 359 页）

《上海市电力工业志》

上海市电力工业局史志编纂委员会编,水利电力出版社1993年

1979年,按照中共上海市委规定,上海供电局与上海电力燃料公司接收安排回城知识青年与待业青年600余人就业,组建了上海电业第一批集体所有制企业——上海电力设备安装公司与上海电力燃料水上运输队。　　　　(第五篇第二章《经营管理》,第232页)

《上海化学工业志》

《上海化学工业志》编纂委员会编,上海社会科学院出版社1997年

(1979年2月底全局)在退休退职11 623名职工中,申请子女顶替的有10 363人,其中,子女在外省市插队、市郊插队,77届毕业生及病退、困退回沪的待业青年3 558人,外省农场1 477人,市属农场2 926人,在校学生784人,生产组716人,其他因退休退职户口迁回农村,子女户口迁至上海902人。申请子女顶替的10 363人中进企、事业单位8 329人。

　　　　　　　　　　　　　　(第一篇第十章《劳动工资管理》,第160页)

1966年开始从初、高中毕业生中吸收新工人,至1976年全系统职工增加为13.4万人,1977年起开始大批安置复员、退伍军人进入化工企业,1978年根据有关规定安置退休职工子女顶替进企、事业单位,共接收上山下乡知青、农场知青8 329人。

　　　　　　　　　　　　(第一篇第十三章《职工队伍与职工生活》,第190页)

《上海橡胶工业志》

《上海橡胶工业志》编纂委员会编,上海社会科学院出版社2000年

是年(1979年),上海市橡胶工业公司在全行业的全民、集体企业开始吸收退休顶替和安排知青(包括回城知青)进厂,先后共6 318人。　　　　(《大事记》,第33页)

1972年,因部分企业劳动力紧缺,向安徽黄山茶林场、崇明东风农场、崇明长江农场共招工304人。为贯彻上级部门关于广开门路,安排返城知青就业、促进安定团结的指示,橡胶公司自1979年开始先后将上联再生胶厂、鞋帮一厂、鞋帮三厂等3家全民企业改建为大集体;另将5家全民企业辟出部分场地或车间组建集体分厂;同时还新建1家集体企业修建队,外行业划入2家共11家。至1982年2月底,安排返城知青总共3 969人。个别企业如

大中华橡胶三厂为解决本厂职工待业知青的出路问题,经上级批准,在企业内部组建了一个经济独立、自负盈亏的"缝纫生产合作社",招收了近50名待业知青入社;工程橡胶厂亦以同样方式组建了一个名为"青春"的合作社,吸收数十名职工的待业子女入社等。

(第四编第十一章《劳动安全管理》,第426页)

70年代开始新的招工,接受统一分配应届大中专、职校、技校毕业生,安置复员军人,以及回沪知青。

(第五编第一章《职工队伍》,第448页)

《上海汽车工业志》

《上海汽车工业志》编纂委员会编,上海社会科学院出版社1999年

1978年,新增职工13 182人。其中,本市各单位调入11 407人(包括整个单位划入的职工数),从农村招收182人,征地工98人,插队知识青年44人,技校分配924人,招收社会青年115人,招收街道生产组69人,安排刑满就业人员73人,其他270人。

(第七篇第一章《职工队伍》,第335页)

1979年,大批上山下乡知识青年返回城市。根据中共中央和国务院文件精神,批准大批职工退休或提前退休,其子女顶替进厂,同时安排大量回沪知识青年。1979年末,各大集体厂安置回城知青825名。1982年,上海汽车行业继续适应国家解决城镇知识青年就业问题的要求,举办合作联社(称为小集体)。至1983年,共办14家合作联社,社员551人(其中吸收在职职工待业子女466人)。

(第七篇第一章《职工队伍》,第335—336页)

上海汽车行业集体企业出现于70年代末。……至1979年末,各大集体厂吸收安置回城知识青年825人,其中男性382人,女性443人。从1986年起,在调整产品结构,提高经济效益的企业改革中,大集体厂陆续被主办厂兼并。1992年,上海汽车工业总公司决定原则上取消大集体企业的独立建制,只保留上海摩托车配件厂一家。

(第八篇第一章《综合管理》,第365页)

《上海船舶工业志》

《上海船舶工业志》编纂委员会编,上海社会科学院出版社1999年

70年代期间,上海船用锚链厂、第六机械工业部华东物资配套办事处相继建立。1979年起,为解决知识青年回城就业问题,部分老职工提前退休,让子女顶替就业。上海船舶工业公司系统共接收2 000多名回沪知识青年就业。至1980年,职工总数56 528人,比1970年增加10 951人。

(第九编第一章《职工队伍》,第442页)

《上海炼油厂志》

《上海炼油厂志》编纂委员会,上海社会科学院出版社1998年

　　(1979年)3月16日,上海市化工局同意上炼为解决本系统上山下乡知识青年的安置,新办集体所有制石油化工修建队,隶属于上炼领导,系独立核算单位。(《大事记》,第33页)

　　1966年后,工会劳动保险,生活福利受到"文革"冲击,工作被"后勤组"、"革委会生活组"所替代,办理过上山下乡知青家庭困难"聊补"等工作。

(第八篇第二章《工会工作》,第812页)

　　(上海炼油厂职工子弟学校中学部)学生毕业后,由川沙县统一分配。在知识青年上山下乡的政策号召下,1971年毕业生分配到云南建设兵团;1972年的毕业生除特殊情况外,都分配到内蒙古建设兵团;1973—1976年各届分配去向有工有农,分到农村的多数在川沙县插队落户,1975年有20名左右学生分配去安徽铜陵铜矿。

(第九篇第四章《职工子弟教育》,第874页)

《上海轻工业志》

《上海轻工业志》编纂委员会编,上海社会科学院出版社1996年

　　1958年,国家增加规定职工因病丧失劳动能力都可提前退休(男50岁、女45岁)。1978年,为妥善安置大批回城知识青年,国家放宽职工提前退休的政策,还规定从事井下、高空、高温和特别繁重有害健康的劳动者,可提前5年退休。

(第六编第一章《职工队伍》,第790页)

　　上海炼油厂所属的集体企业创办于1979年,当时主要是安置征地工,安置职工家属中返城知识青年和职工退休子女"顶替"就业。为上炼厂生产和职工生活服务,同时也为集体企业争创效益。　　(第十一篇《三产集体企业·概述》,第919页)

《上海二轻工业志》

《上海二轻工业志》编纂委员会编,上海社会科学院出版社1997年

　　是月(1979年3月),市手工业局安排上山下乡回沪知识青年的工作班子成立。年内全

局系统共安排知青 13 670 人,其中全民所有制工业企业吸收知青 7 285 人,占 53.3%,集体所有制工业企业吸收知青 6 385 人,占 46.7%。 (《大事记》,第 46 页)

"文化大革命"后期,1971—1975 年,全市各区属街道工业安排的知识青年达 3.46 万人。 (职工篇第一章《职工来源及分布》,第 824 页)

《上海纺织工业志》

《上海纺织工业志》编纂委员会编,上海社会科学院出版社 1998 年

80 年代,推行"四班三运转",纺织厂由 3 个班扩大为 4 个班,停人不停机,增加 4.8 万人。此外,安置上山下乡知识青年 4.7 万人;退休职工子女顶替 10.31 万人,其他增员 6.31 万人。 (第八篇第一章《职工队伍》,第 713 页)

《上海丝绸志》

《上海丝绸志》编纂委员会编,上海社会科学院出版社 1998 年

1978 年下半年,为了解决行业职工子女知识青年回城就业,市丝绸工业公司决定将该厂(上海第十一丝织厂)所有制性质由全民改为集体。 (第四篇第五章《丝织业》,第 248 页)

上海第十四丝织厂。厂址在本市潭子湾路 58 弄 1 号,前身是上海丝绸公司桑蚕茧仓库。1979 年 8 月,为了给部分职工子女上山下乡回城创造就业条件而筹组,1980 年 10 月正式挂牌投产。定名为上海第十四丝织厂,属大集体性质,自负盈亏,独立核算。全厂有职工 273 人,其中下乡返沪知识青年 144 人。77 届、78 届高中毕业生 129 人,置织机 69 台,其中双层喷气织机 40 台,K72 织机 29 台。 (第四篇第五章《丝织业》,第 251 页)

上海第十六丝织厂。筹建于 1979 年 9 月,开始厂址在安远路 614 弄 71 号,前身是上海第八丝织厂准备车间及原料仓库。筹建时主要为了解决上山下乡知识青年返沪就业,筹建工作由第八丝织厂负责。9 月底至 10 月初,第一批 179 名新工人相继报到,一个月后又从社会上招收 77 届待业的高中毕业生 102 人,78 届高中毕业生 41 人,由上丝八厂抽 10 名帮建人员共组该厂基本队伍,分赴上海第七、八、九丝织厂进行技术培训。 (第四篇第五章《丝织业》,第 253 页)

《上海烟草志》

《上海烟草志》编纂委员会编,上海社会科学院出版社1998年

　　1979年为解决返沪的上山下乡知青就业问题,根据国务院文件精神,上海卷烟厂大批职工退休或提前退休,由其子女顶替进厂。几年中,企业职工队伍发生较大变化。该厂从1979年1月—1981年4月,职工退休1052人,顶替和招工补充进厂的工人有1602人。

(第七篇第一章《职工队伍》,第322页)

《上海郊县工业志》

《上海郊县工业志》编纂委员会编,(内部刊行)2001年

　　1967年以后,企业劳动力招收计划由当地县政府批准、县劳动部门贯彻实施。招收对象主要是城镇闲散劳动力、毕业学生,也有在农村招收回乡工人或回乡工人的子女、下乡插队知识青年等。1978年后,手工业合作社(厂)接受安置了一批回城的知识青年。

(上卷第五章《工业管理》,第149页)

《上海副食品商业志》

《上海副食品商业志》编纂委员会编,上海社会科学院出版社1998年

　　1979年1月,为解决"文化大革命"遗留的上山下乡知识青年返城就业和城镇待业青年就业问题,市劳动部门确定,企业职工退休时可以1名符合招工条件的子女顶替参加工作。同年5月又明确,对批准回沪而没有顶替条件的知青由其父母工作单位归口安排工作。为此,各市专业公司专门成立了由国营企业扶持的集体所有制的劳动服务队。到1986年9月,"顶替"工作停止时,市第二商业局系统共吸收了回沪知识青年5781人(市食品公司1450人,禽类蛋品公司1954人,蔬菜公司2100人,糖业烟酒公司277人)。

(第四编第八章《职工、工资》,第377页)

《上海蔬菜商业志》

上海蔬菜商业志编纂委员会编,上海社会科学院出版社1996年

　　二是解决"文化大革命"期间遗留的上山下乡知识青年返城就业和城镇待业知青安排问

题。1979年1月市劳动部门明确职工退休退职后可招收1名符合招工条件的子女参加工作,包括城镇待业青年,农村插队知青,在街道集体企事业工作的青年(10月起因街道企事业待遇提高、不再招收这部分退休职工子女),家居农村和城镇的退休工人待业子女(退休者需把户口迁往外地或农村)。此外,国营农场的知青,经有关部门同意也可商调。1979年5月,根据市委对知青实行归口安排的精神,市蔬菜公司成立为直属基层服务的、由国营企业扶持的集体企业(后简称老集体,独立核算,统负盈亏,有统一的工资制度和劳保福利待遇),首批安排到蔬菜一经部、二经部、运输部和加工二厂、四厂的青年达510人,包括1966—1976年公司系统到外地插队的知青187人,病退知青120人,退休外包工子女207人。10月,又据市劳动局关于全民企业招工、择优录取的精神,公司从上山下乡批准回沪尚未安排工作的知青中招工102人,其中分配蔬菜三经部、运输部和加工一厂共62人。1979—1982年,根据劳动部门有关文件,还对支疆和大兴安岭林场具备条件的知青进行安排。到1990年,市蔬菜公司共"顶替"、商调、招工安排了知青2100余人(其中顶替1484人)。

(第十四章《蔬菜商业人事教育》,第391—392页)

据统计,从1972年到"文化大革命"结束后的1977年,菜场新进人员共36 332人,其中分配的历届知青24 661人,占68%;子女顶替6 659人,占18.3%;复员退伍军人1 884人,占5%;归口知青安排1 082人,占3%;社会招工2 046人,占5.6%。这样,菜场职工的年轻化程度有了较大提高。

(第十四章《蔬菜商业人事教育》,第403页)

《上海农垦志》

上海农垦志编纂委员会编,上海社会科学院出版社2004年

70年代,由市政府组织在南汇、奉贤县滩涂围垦5 400公顷土地,扩建国营农场,将该处原3个农场扩展为6个农场,以满足安置城市知识青年需要。扩展新建的3个农场分别是朝阳、芦潮港和燎原农场。

(《总述》,第3页)

1973年,为妥善安置1968年冬起赴江苏大丰上海农场的知识青年,上海市农场局在江苏大丰县境内建立海丰农场,该场共有已围垦滩涂土地24.2万亩,约合16 133公顷。

(《总述》,第4页)

1968年开始,国营农场以安置城镇上山下乡知识青年为主。1968年国家为解决城镇知识青年的就业问题,实施对应届初、高中毕业生上山下乡政策。市属国营农场作为安置知识青年上山下乡的基地,从1968年起开始逐年安置知识青年到农场工作。至1978年底,上海

农垦先后安置知青 368 778 人,其中,1968 年安置 66 届、67 届、68 届初高中毕业生 56 107 人;1970 年安置 69 届初高中毕业生 200 人;1972 年安置 72 届中学毕业生 34 415 人;1973 年安置 72 届、73 届中学毕业生 56 316 人;1974 年安置 73 届、74 届中学毕业生 71 933 人;1975 年安置 74 届、75 届中学毕业生 66 322 人;1977 年安置 75 届、76 届中学毕业生 43 343 人;1978 年根据本人自愿,招收 537 名 77 届应届中学毕业生。1968—1978 年,上海农垦各国营农场劳动力的安排,不是以发展农牧业生产为基准,而是以安置城市知识青年为主,农场成为知青上山下乡、劳动锻炼的主要基地。

由于历年安置数万城镇知青,职工人数增长过快,国营农场的人均土地面积从农垦局成立之初的人均耕地 5.73 亩,到 1977 年人均耕地不足 1 亩,生产力水平低,职工工资收入低,生活条件艰苦,职工队伍很不稳定。1970 年以后,市委、市政府在动员市区工业单位帮助农场办工业,提高农场生产力水平的同时,采用有计划地逐年向市区工商、教育、公安等系统以及其他政府部门输送农场知青职工。1970—1980 年,通过上调输送到市区单位工作的农场知青职工共计 12 万人,平均每年万余人。1980 年后,市政府停止了知青职工上调输送的政策,但仍然实施"特困商调"和"顶替"政策,1979 年,各农场"顶替"回沪工作的有 105 000 人。1986 年,经市人大代表呼吁,市政府开始着手解决农场大龄知青回沪工作的问题,共有 34 000 余名知青职工回沪工作,或户口入市区直系亲属处,但工作仍留在农场。至此,困扰上海农垦经济发展的劳动力过剩问题基本得到缓解。至 1990 年,上海农垦共为市区输送干部、职工 33.92 万人。

1985 年以后,在上海农垦各岗位上还有知青职工 2 万余人。在研究解决知青职工实际困难,制定商调政策的同时,对于坚持在农场工作,为农场建设、发展作出贡献的,已在农场安家的知青,为他们解决子女在市区中、小学借读、就读的问题。消除了农场职工为子女前途操心的后顾之忧。

80 年代以来,农场新增人员中,有 5 000 名是上海郊区因挖废工地安置到国营农场的农民。上海农垦还根据国务院的要求,安置了 9 588 名支疆的原上海籍夫妇及其子女。

1990 年底,上海农垦共计有职工 109 216 人,其中,知青职工 29 751 人。

上海农垦先后安置 37 万城镇知识青年,加上 1968 年之前的知青职工共有 40 万人之众。大批知青上调至市区的各行各业,许多人担任了各级领导职务。这些广泛的社会关系给上海农垦事业的发展带来了便利,为农场牵线搭桥、引进项目、引进资金、引进人才,是上海农垦区别于其他行业局的显著优势。1990 年,上海农垦担任农场、公司级以上的领导干部中,当年的知青就有 206 人,占全部农场、公司级干部的 70% 以上。

由于各国营农场安置大批的市区知识青年,国营农场职工的平均文化程度相应提高,农场的小城镇建设,农场的文化事业发展都受到大城市文化的影响,国营农场的生产力发展水平较高于郊区的平均水平,在许多方面成为市郊农场农业发展的典范,符合市委、市政府对上海农垦的要求。

(《总述》,第 4—5 页)

1968 年以后,市政府为安置城镇初、高中毕业生,在 10 年间安置了 37 万城市知识青年,国营农场成为安置知识青年的基地。 （《总述》,第 5—6 页）

(1958 年)1 月 28 日,由上海市劳动局、共青团上海市委联合组织市区 3 781 名社会青年,到国营奉贤农场参加劳动,修筑三团港至东门港海塘。6 月,工程结束,围得土地 6 000 亩。 （《大事记》,第 13 页）

(1962 年)10 月,国务院农办在安置城市精简职工、青年学生和闲散人员会议上,核定上海农垦安置人数为 12 380 人。 （《大事记》,第 15 页）

(1964 年)9 月,为安置上海城市青年,上海市农垦局组织围垦跃进沙、百万沙北滩、大新沙东滩和南汇县东海滩涂。 （《大事记》,第 17 页）

(1968 年)7 月 11 日,市革委会郊区组(又称第五办公室)宣布,上海市农垦局工作由上海市上山下乡办公室(简称"市乡办")领导。

7 月,上海市农垦局机关分成大、小两套班子。少数人转入市乡办,负责知青安置和农场生产工作,称"小班子"。 （《大事记》,第 20 页）

同月(8 月),第一批城市知识青年安置到市属国营农场,以后每年有大批知青进场,1968 年农场共安置知青 56 107 人。 （《大事记》,第 20 页）

(1969 年)5 月 21 日,东海农场知识青年在赴公社接受"再教育"途中翻车,死 4 人,伤 60 余人。 （《大事记》,第 20 页）

7 月 5 日,安徽省太平地区连降暴雨,引发特大山洪,黄山茶林场 11 位青年在抗洪抢险中为抢救国家财产而英勇牺牲。8 月 21 日,市革委会追认陆华、林卫阳、陶华、吴菊妹、金志强、李笑牛、林晓薇、王庆伟、张云芳、许洪兰、刘度南等 11 人为革命烈士。（《大事记》,第 20—21 页）

同年(1970 年),农场城市知青首批 1 256 人输送到市区教育、公交等系统工作。 （《大事记》,第 21 页）

(1973 年)3 月,在江苏省大丰地区新建上海市海丰农场。

4 月,经市革委会批准,地处江苏省大丰县的市劳改局所属上海农场划出人员 5 434 人,土地 123 796 亩归海丰农场。 （《大事记》,第 22 页）

是年,长征农场向国家上交 15.78 万元,成为 1968 年大批知青进场后上海农垦第一家摘掉亏损帽子的农场。 (《大事记》,第 22 页)

(1974 年)11 月下旬,根据中共上海市委要在国营农场"建立一支稳定的干部队伍"的批示,农业局分别在崇明、南汇召开国营农场干部大会,动员农场知青干部扎根农场。

(《大事记》,第 23 页)

(1977 年)4 月 27 日,前卫农场原基建队党支部书记徐仁华,利用职权奸污女知青,以破坏上山下乡罪被判死刑,就地枪决。 (《大事记》,第 23—24 页)

(1978 年)7 月,农场局安置最后一批城市知识青年,537 人到农场工作。至此,农场历年安置知识青年共计 368 778 人。 (《大事记》,第 24 页)

同年(1979 年),国营农场知青"顶替"回沪,至年底累计 105 000 人。

(《大事记》,第 25 页)

(1980 年)12 月,海丰农场 13 600 余名上海知青转入市郊各农场。

(《大事记》,第 26 页)

同年(1981 年),国务院 91 号文规定,60 年代初支疆的原上海青年职工夫妇双方中有一方具备顶替条件的,可安置到上海市海丰农场。 (《大事记》,第 27 页)

(1982 年)2 月 19 日,第一批新疆垦区上海支边知识青年 124 户迁入海丰农场工作。

(《大事记》,第 27 页)

是年(1984 年),新海农场 13 个知青联合兴办家庭农场,全年人均收入超过 2 000 元。

(《大事记》,第 29 页)

为安置上海知青,1974 年,由上海市与江苏省商定,围垦大丰县东北部黄海滩涂。同年 10 月,由上海市、江苏盐城地区和大丰县抽调人员成立规划小组,对堤线走向、筑堤规模、水利条件开河劳力、交通运输、施工用电等问题进行了研究。1975 年 4 月 7 日,成立上海市围垦领导小组海丰围垦办公室。 (第二编第三章《南汇、奉贤和江苏大丰围垦》,第 62 页)

1968—1977 年,农场前后安置上海知青近 37 万人,知青进入农场后,改变了农场建筑队伍的结构,成为建筑业的主要力量。1968年后,全局建筑队总人数1 785人,1973年为4 174人,1976年,全局建筑人数达12 419人。

　　1979年知青返沪,建筑人员逐年减少。　　　　　　（第九编第一章《建筑管理》,第350页）

　　1968年起,知青安置经费改由上海地方财政负担,安置经费标准每人250元。人均造房资金相对减少,但由于知青人数剧增,1968年全局住宅投资总额仍达153.1万元。至1978年,共住宅投资8 487.1万元,平均每年848.71万元,其中1975年、1976年、1977年、1978年为最高,平均每年1451.5万元。

　　1978年,农场取消安置上海知青任务,房屋建造资金在基本建设投资资金额里统一安排,为稳定农场职工队伍,鼓励上海知青在农场安家落户,农场开始建造知青结婚用房。1978年、1979年2年中,农场投资造房资金分别为2 185万元和717.3万元。

（第九编第三章《住宅建设》,第361—362页）

　　上海农垦围垦建场初期,职工主要由市区单位调入和招收市区、郊县城镇的待业青年。1966年末有职工57 175人,绝大部分从事农业、畜牧业生产。1968年以后,安置市区上山下乡知识青年约36.78万人。1970年始先后实行"输送"、"顶替"及困难商调等政策,知青调市区工作有33.92万人。这时的农场成为市区知识青年上山下乡进行劳动锻炼的基地。

（第十二编《劳动、工资、农场人口·概述》,第446页）

第一节　知青安置与输送
一、建场初期职工人员构成

　　上海农垦围垦建场初期,职工来自四面八方,有市、区县及市主管局机关事业单位的干部、职工,有工厂、建筑、商业、交通、文教卫生等各行各业的干部职工,有来自农村的公社、大队干部及农民,也有市区各街道动员来的待业知识青年和社会闲散人员,创办最早的奉贤五四农场有少量从海南或苏北垦区调来的农垦干部和职工。1962年各垦区畜牧场统一划归市围垦总指挥部领导管理后,随着农牧业生产发展,部分参加围垦的干部职工调回原单位,垦区各农场劳动力紧缺,先后通过各区县劳动部门从市区招收大批待业知识青年,从部分郊县城镇招收待业知青和复员退伍军人到农场参加建设,职工人数逐步增加,到1966年底,上海农垦职工已达57 175余人。其中,牛奶公司及划归农垦局领导的崇明农业机械厂(今向明机械厂)职工3 000余人,垦区各国营农场职工有53 000余人。农场职工人员构成中,来自市区、县街道城镇的职工有47 000余人,占农场全部职工的83%,成为上海农垦职工的主体。

　　1962年以后从市区、县城镇招收的待业青年,共有39 722人,历年招收的情况分别是1962年,招收人数为1 447人;1963年,招收人数为12 653人;1964年,招收人数为4 565

2266

人;1965年,招收人数为8557人;1966年,招收人数为12 500人。

这一时期,垦区各场劳动力的安排,既按照市里要求解决待业知青的就业困难,又基本上服务于农牧业生产发展需要,职工队伍相对稳定,农牧业生产有了一定发展。

二、市区知识青年安置

国家为解决上海市区大批知识青年就业安置,1968年实施了对应届初、高中毕业生上山下乡政策,市属国营农场作为安置市区知青上山下乡的基地,从1968年开始逐年安置市区知青到农场工作,至1978年底,上海农垦各场先后安置市区知青达368 778余人。历年安置的人数:1968年,安置66、67、68届初、高中毕业生,人数为56 107人;1970年,安置69届初、高中毕业生,人数为200人;1971年,安置70届中学毕业生,人数为39 605人;1972年,安置71届中学毕业生,人数为34 415人;1973年,安置72、73届中学毕业生,人数为56 316人;1974年,安置73、74届中学毕业生,人数为71 933人;1975年,安置74、75届中学毕业生,人数为66 322人;1977年,安置75、76届中学毕业生,人数为43 343人;1978年,停止了安置市区知青,但为缓解市区知青就业困难,根据市劳动局安排,按照本人自愿,农场在市区77届中学毕业生中招收了537人。

安置知青工作在市劳动局、市上山下乡办公室和市农场主管部门协同指导下,由农场按计划通过各区劳动局知青办实施。各场每年为接收安置市区知青,建立工作班子,除做好场内的基建等准备工作外,还专门组成招工组,驻扎市区,按市劳动局、市乡办和农场主管部门商定下达的安置人数计划与各区对口,办理接收知青进场的手续。1972—1975年,各场在市安置接收市区知青中,还按照市里规定接收了一部分屡教屡犯错误,进行劳动考察的对象,其人数规定为当年各场安置知青人数1‰—2‰,考察三年后,符合条件的才能吸收为农场的正式职工。

三、知青职工输送与"顶替"

由于农场大批安置市区知识青年,职工人数激增,人多地少,生产力水平低,工资水平低,生活设施简陋,生活艰苦,职工队伍很不稳定。市政府在动员市区工业单位帮助农场兴办工业,发展农场生产力的同时,根据市区工商业单位工作需要,1970年后采用有计划的逐年向市区单位输送农场知青职工,1978年后执行国家颁布的有关规定允许市区单位职工退休,可由在农场工作的1名子女(即知青职工)顶替进父母单位工作。

向市区单位输送农场知青职工由市劳动局会同市主管部门制定政策,下达每年可以上调、输送的知青职工的条件和计划指标,由农场组织专门班子,按照条件和指标数,与调入单位的主管局对口商定上调输送对象,确定单位后办理上调手续。1970—1980年,通过上调输送到市区单位工作的农场知青职工共有12万人。1980年正式宣布今后不再实施知青职工上调输送政策。历年输送的情况是:

1970年输送1 265人;1971年输送15 595人;1972年输送14 149人;1973年输送19 455人;1974年输送29 950人;1975年输送13 216人;1977年输送10 249人;1980年输

送 70 届以前符合条件的知青职工 15 300 人。

1978 年国家为解决城市大批仍在农村劳动上山下乡知青能回城就业,规定:职工退休可由其在农村的未婚子女顶替到其父或母单位工作,市规定市区单位职工退休可由其在农场工作的知青子女顶替,由其父母单位向当地劳动部门提出申请,经区劳动局核准,发调令到农场商调,农场照此办理,1979 年—1980 年 10 月,在 10 年不到的时间里,通过"顶替"回市区工作的知青竟达 11 万人。生产第一线工人和工作骨干大量减员,生产工作受到很大影响。1979 年 9 月,市农委采取措施,安置郊县农村开河挖废耕地受到影响的 5 000 农民进场工作。

四、知青职工因困难商调

1979—1980 年,农场工农业生产发展,连年亏损基本解决,农场局对以工代干的知青干部实行定职务定工资和提高农场职工年限工资水平,并加快了农场的住宅和文化设施建设,鼓励知青职工安心农场工作。随着知青职工年龄增长,因个人的婚姻问题,家庭困难问题要求调回市区工作的要求也逐渐增多,长病假、长旷工或长事假的人也有增加,为进一步稳定农场职工队伍,妥善解决知青职工的实际困难,对于无"顶替"条件,家庭确有特殊困难的农场知青职工,从 1984—1986 年农场局多次会同市劳动局进行调查研究,1984 年开始对多子女父母年老多病身边无人照顾等家庭有特殊困难的知青职工,经市劳动局批准后,可商调回市区单位工作。其手续是由知青职工本人提出申请,农场进行调查核实提供必要的证明,报市农场局审核后再报市劳动局批准,办理调动手续。至 1986 年底,通过特困商调,包括按规定符合"顶替"政策调回市区单位工作的职工,计有 76 000 人。

1985—1986 年,为解决年龄 30 岁以上尚未结婚,或已婚但与市区配偶长期分居的农场知青职工实际困难,经农场局与市劳动局、公安局反复协商,报请市政府多次协调,1986 年12 月市农场局、市劳动局联合下达"关于市属国营农场知青职工因困难照顾商调的规定"。规定凡属 1966 年以后因上山下乡由市区到农场工作的知青职工,符合未婚或已婚配偶在市区工作,以及丧偶等 3 种对象,可以由知青职工本人向农场提出要求照顾困难调回市区单位工作,由农场进行调查核实,提供必要的证明,报请知青职工市区户口所在地区劳动局,经区劳动局审核同意,并与接受安排知青工作的单位主管局协商同意,即通知农场办理调动手续。对于符合商调条件,但由于农场工作需要的业务骨干、技术工人、干部等,在征得本人同意以后也可以调入农场驻市区办事处或留场工作,将户口转入其市区家中。商调工作按年龄分条件 3 年逐年完成。1987—1989 年办理了 3.4 万余人。其间又与市劳动局、市公安局商定,对于符合商调条件,本人要求搞个体经营的,由本人提出辞职,经批准,户口可转入市区家中,对少数患有精神病或严重病残基本丧失劳动能力的职工,采用本人自愿或仍为农场职工经过办理审批手续户口可以转入市区家中。至此上海农垦各国营农场自大批安置招用市区知青以来,经过输送顶替商调,基本上已陆续调到市区单位工作。已婚夫妇双方都在农场,1990 年末还有 29 751 人,占全部安置知青的 8%。

五、解决留场知青职工的实际困难

1985—1990年,在研究解决知青职工的实际困难,制订商调政策的同时,对于在各个岗位上长期坚持农场工作,为农场的建设发展作出贡献的夫妇双方在农场安家的知青职工,为解决他们在农场工作的户口性质与市区居民不同,子女不能在市区家中落户,不能在市区中、小学和各类技职校就读的实际问题,先后与市公安局、劳动局、教育局、人事局反复协商,经市府多次协调,逐步得到解决。

为改变市郊农场职工的长住户口性质及其子女可以在市区亲属处入户问题,1985年3月,市公安局和市农场局分别下达市区县各公安局,市郊各国营农场规定凡市区到农场工作的知青职工、原从市区调入农场工作的职工、国家分配的大中专毕业生及知青女职工的子女,可以在农场就地登记为上海市市区户口;登记为市区户口的知青女职工所生的子女年满15周岁的准许有一个子女户口迁入市区直系亲属家中落户。此项政策贯彻时遇到许多矛盾,农场内部和社会反映比较强烈,经决定暂停执行,未能实现。又经反复协调,1986年12月,经市政府同意在决定下达实施市郊农场知青职工因困难商调规定的同时,市农场局、市公安局联合下达了"关于改进本市郊县市属国营农场户口管理的实施办法",规定农场正式职工,在进农场前系非农村户口的职工家属、子女及其女职工进场后所生的子女都可由农场居民户口改登记为市区户口,1987年市郊各农场改登记为市区户口的计35 297户12万人。

1987年6月市农场局会同市劳动局、市教育局联合下达了"关于市属国营农场知青职工子女在市区学校借读升学问题的实施办法",1988年5月由市农场局、市劳动局、市教育局、市人事局联合以沪农场教卫(88)151号文下达"关于海丰农场上青职工子女在市区学校借读升学问题的实施办法",解决了农场知青职工子女可以报考在市区各类中、小学、技职校借读、就读的问题,消除了农场职工为子女前途操心的后顾之忧。

1989年4月市农场局经与市劳动局、市公安局协商同意以后,根据"关于允许在外省区工作的原上海城镇上山下乡知识青年子女来沪就读入户问题的通知",相应参照此政策制订了对已转入海丰农场的原上海支疆知青的子女,允许1户有1个子女转入市区直系亲属处入户,至1990年共办理了3 423名上青职工子女户口在市区入户。1990年3月,又经与市劳动、公安等局协商,市农场局、市公安局联合下达"关于允许已登记市区户口符合条件的市属国营农场知青职工子女户口迁回市区的请示",报经市政府协调同意,5月实施,规定市郊国营农场已登记为市区户口的知青职工子女,年满13周岁或在初中二年级就读的,允许1户有1个子女户口迁入市区直属亲属家中。每年对符合条件的办理一次,逐年解决。1990年办理在市区入户的有3 164名知青职工子女。

至此,围绕大批安置市区上山下乡知青以来,20多年中对市属国营农场的安定和发展产生巨大影响的市区知青职工各方面的政策问题,得到了解决和落实,这对于理顺农场劳动用工关系,调动职工积极性,使各个方面能集中精力致力于发展农垦经济。

(第十二编第一章《劳动管理》,第 447—450 页)

安置市区上山下乡知识青年及各类人员。1968 年以后按照市革委会决定,各农场要安置上海市区知识青年,每安置 1 人,安置费为 400 元,由农场作为建房和购置劳动农具的费用。根据市下达的安置任务,按农场土地面积和知青的住房准备工作情况,由农场主管机关对各场下达具体安置任务,农场办理进场手续接收为农场正式职工。以后由于各种政策因素,上海农垦各国营农场,先后根据市里的决定,1979 年 12 月因市郊奉贤、南汇、崇明等县开河挖废耕地,安置了 5 000 个农民进场为正式职工,其中崇明 8 个农场安置 3 600 余人;因国家实行对全民企业职工退休可由其在农村的子女顶替,1981—1984 年,60 年代初动员支疆的原上海青年职工,夫妇双方只一方具备"顶替"条件的,按规定被安置到江苏大丰县境内的市属海丰农场,到 1986 年共安置了 4 794 户,职工 9 588 名,家属子女 9 215 人,共计 18 803 人,少数离婚的或夫妇双方顶替安排不落实的原上青职工安置在市郊各场计 200 余人。安置手续是:由市劳动局会同各区县劳动局与新疆农垦建设兵团办妥离疆手续,再按市劳动局的安排,由各区县劳动局出具安置介绍证明到海丰农场或市郊农场报到入户。转为上海海丰农场或市郊农场的正式职工。

(第十二编第一章《劳动管理》,第 451 页)

上海各国营农场的职工调动与转移。除知青职工大批"输送"、"顶替"与因困难商调外,1980 年春,决定将海丰建场后安置的市区知青职工及从市郊各县招收的职工转移安排到市郊各农场,总计 3 万人。1986 年下半年,经市政府同意,为调整局属农场工业布局,对地处皖南的黄山茶林场、练江牧场两场中,属上海市区知青职工及其家属子女,从市区包括郊县招收或调入的职工及其家属子女,转移调入市郊五四、东海两农场,部分调入芦潮港、燎原、前卫农场。到 1987 年完成共计 3 764 人,其中职工 2 739 人,家属子女 1 625 人。1987 年以后,根据海丰农场大批安置新疆"上青户"的情况,为解决耕田少,职工富余劳力多,年年亏损,靠国家补贴的矛盾,报请市委市政府同意,从 1988 年起采取借调形式,有计划地将海丰农场的"上青户"职工及其家属子女向市郊农场转移。转移计划的分配按市郊各农场使用民工人数、工业总产值、工业利润、耕田面积和固定资产 5 个指标测定。各农场接受海丰农场原"上青户"职工,转移计划要求于 1992 年底完成。至 1990 年底共实施转移的共 2 292 户。

(第十二编第一章《劳动管理》,第 455 页)

1968 年 1 月,市农垦局为解决国营农场 1996 年从上海市区招收 12 500 名社会青年职工的工资定级问题,规定为 6 个等级,即 18 元、21 元、24 元、27 元、30 元、33 元,月平均工资为 24 元。

1970 年 7 月,上海市革委会、工五办、郊区组根据国营农场大批安置市区知青的实际情况,对 1968 年招收进场的 5 万名市区知青职工的工资定级,规定进场工作满一年后,大多数职工定级工资为 24 元,少数 21 元或 27 元,并规定对 1966 年前招收进场的老职工工资低于 24 元的可提高到 24 元。

(第十二编第二章《劳动报酬》,第 457 页)

1979 年起国家对农垦企业实行财务大包干,允许从包干结余资金中提取集体福利基金,在生产发展基金不低于 50% 比例条件下,提取奖金和福利基金,按企业经济情况和职工奖金的需要程度,分别核定福利基金的比例。直属农垦企业一般为 20%—30%;农场一般 10%(40% 为奖励基金)。1984 年后,福利基金提取的比例提高到 25% 左右。此项提取的集体福利基金主要用于职工住房建设,1979 年前职工住房建设资金主要使用安置知青职工经费和国家拨款(海丰农场 1982 年后安置新疆调剂的"上青"住房建设资金全由市财政专项拨款),以后一直从职工集体福利基金中列支。

(第十二编第三章《劳动保险与福利制度》,第 474 页)

农婚知青生活困难补助

从 1978 年起市知青办等单位规定帮助知青克服生活困难,促进社会稳定,使他们继续稳定在农村劳动。对在外省农村插队,在农村尚未安排工作的上海农婚知青,给予生活困难补助,开始为知青本人每月补助 10 元,有 1 个子女的另加 5 元,2 个以上子女另加 10 元,由父母或长兄、姐工作单位负责补助。1984 年 1 月份统计,1983 年有前卫等 5 个单位 28 个职工的 34 个子女农婚补助 6 374 元,人均 15.62 元。1984 年经过调查清理需继续补助的,有前卫等四个单位 12 个职工子女农婚月补助 215 元,人均 18 元。1986 年改为每一农婚知青月定期补助 30 元;已安排在乡镇企业工作月收入不满 40 元的,可补助到 40 元,补助额最多不超过 30 元;因病残基本丧失劳动能力无法安排工作的每月补助 35 元。1988 年 7 月起,分别提高为月补助 40 元,月收入不满 50 元的,可补助到 50 元的,补助额最多不超过 40 元,因病残无法安排工作的月补助 45 元。局系统有牛奶、物资、向明、商业、前卫等 5 个单位有此类对象。其余农场无此种补助对象,仅对外单位调入农场或父母双亡,长兄、姐在农场的个别职工,发给农婚知青定期补助。

按 1990 年劳动工资年报统计,农垦企业发放各种生活补助款,在职的达 63.8 万元,其中农场 52.9 万元,按年平均人数人均约 6 元。离退休(职)职工等达 40.5 万元,其中农场 25 万元,人均约 40 元。 (第十二编第三章《劳动保险与福利制度》,第 476—477 页)

1979 年底,按《国务院关于知识青年上山下乡若干问题的试行规定》中第十六条"农场的已婚下乡知识青年,距父母居住地单程超过 500 公里的,共享受 3 次公费探亲假"的规定,同意旅程符合条件的黄山茶林场已婚下乡知青享受这一待遇。1981 年这一规定改为执行 1981 年国务院《关于职工探亲待遇的规定》中有关条文。黄山茶林场已婚符合条件的知青职工,1979 年和 1980 年两年,享受了这一探亲待遇。

（第十二编第三章《劳动保险与福利制度》,第 478 页）

农场人口随着农场形成和开发,逐渐由少到多。1963 年总人口为 35 200 人,无户籍记载。1968 年,大批上海知识青年参加农场建设,1977 年,人口达最高峰,为 344 182 人。1979 年后,农场知识青年陆续返沪,人口有所下降。1982 年 7 月 1 日全国第三次人口普查时,农场总户数为 18 860 户,总人口为 181 450 人。1985 年,总人口下降为 171 535 人。1987 年的大批知青职工商调回沪和知青子女户口陆续报市区,至 1990 年 7 月 1 日全国第四次人口普查时,农场总户数为 38 781 户,总人口为 129 899 人。本章有关户口、人口、民族、文化程度等统计数据,都不包括黄山茶林场。 （第十二编第五章《农场人口》,第 483 页）

农场卫生事业的发展大致也可分为 3 个时期。从围垦建场到 1968 年左右为创建时期,各场场部设立卫生所,房屋及设备均极简陋,实行综合门诊,无正规病房。1968—1980 年左右为发展时期,其时大批知识青年进入农场,医疗服务对象急剧增加,场部医疗机构随之两次更新换代,先是新建卫生所以取代建场时期的老卫生所,继而又成立职工医院以取代新建的卫生所。这时医务人员和医疗设备都得到大量补充,下属基层单位的卫生所和医务室也明显增加。从 1980—1900 年为提高时期,这一时期的特点是随着知青职工的上调顶替回城,农场人口逐渐减少并趋向老龄化,因而就诊人数虽减少而病种却趋向复杂疑难,各职工医院因此也由"大而全"转向"小而精"发展,规模上适当收缩,注重提高医疗质量、发展特色和从事科学化、规范化管理。 （第十四编《教育、文化、卫生、体育·概述》,第 534 页）

80 年代中期,大批新疆支边青年进海丰,使海丰的教育事业有了较大发展,中学达 22 所(其中完中 2 所),小学 42 所,幼儿园 21 所,学生规模达 2 万多人。

（第十编《教育、文化、卫生、体育·概述》,第 534—535 页）

1968 年以后,知识青年大批上山下乡,分配到上海农垦的历届中学毕业生逐步增加,国营农场的职工数量 1965 年 4.2 万人,至 1975 年猛增到 25 万人,高峰时达 32 万职工。开始从知识青年中提拔干部,并强调提拔"造反精神"足的青年担任干部。随着知青进场,1970 年以后,市区各级党政机关、企事业单位的一批科级以上的干部作为"四个面向"干部(面向基层、面向农村、面向边疆、面向工矿)分配到各国营农场工作,这批"70 届干部"充实了农场的干部力量,同时对新提拔的知青干部起到传、帮、带的作用。到各农场工作的"70 届干部"约有 200 余人。"文化大革命"结束后,1980 年落实"老干部"政策,大多回市区原单位安排了相应的工作。

1974 年,为了使农场有一支相对稳定的干部队伍,稳定了约 8 000 余名知青干部,1979

年,对知青干部又实行了定职定薪,1980年,又对"以工代干"的知青实行转干吸收录用。这些经过劳动锻炼的青年干部已成为今天农场干部的主体。与此同时,也为市区的各级机关和工厂企事业单位输送了大量优秀的青年干部。 （第十六编第一章《党政组织》,第623页）

干部管理 农垦局建立前,各区、局畜牧场干部任免由各区、局党委审批管理。1963年农垦局建立后,局党委管理的干部实行下管三级的范围,即除管理局机关处以下干部外,主要管理农场(公司)级干部、农场(公司)科级干部和场属基层单位正副支部书记、大队长。"文化大革命"期间,局党委管理干部职能终止。1968年7月始,由上海市知识青年上山下乡办公室审批管理,1969年3月始,由市革委会郊区组审批管理;1971年,农场实行市属县管,由农场所在县党委审批管理干部;1975年,由农业局审批管理,仍下管三级。

（第十六编第一章《党政组织》第625—626页）

据1987年统计,上海农垦有归侨8户,计32人,分别来自印尼、印度等国家。有侨眷547人,他们的亲属分别侨居在美国、英国、日本等国家。有港澳台亲属619户,计1 522人,在这些归侨、侨眷和港澳台亲属中间,有3人被推选为县人大代表,有1人被评为上海市劳动模范。随着上海知青的回沪,至1990年,上海农垦归侨、侨眷、港澳台亲属人数大为减少。

（第十六编第一章《党政组织》,第630页）

黄山茶林场11位烈士

陆华(1947—1969年),女,江苏江都人,黄山茶林场四连副指导员,1964年加入共青团,就读于上海向明中学,1968年8月进黄山茶林场工作。

林卫阳(1947—1969年),女,又名林新懋,上海市人,四连副连长,1969年加入共青团,1968年9月进农场工作。

陶华(1950—1969年),女,又名陶桂华,江苏阜宁人,班长,1968年进农场工作。

吴菊妹(1949—1969年),女,浙江余姚人,副班长,共青团员,1968年分配到黄山茶林场工作。

金志强(1950—1969年),浙江青田人,副班长,共青团员,1968年进农场工作。

李笑牛(1949—1969年),女,上海市人,共青团员,1968年9月进农场工作。

林晓薇(1950—1969年),女,安徽六安人,共青团员,1968年进农场工作,牺牲时年仅18岁,是11位烈士中年纪最轻的1个。

王庆伟(1947—1969年),女,江苏无锡人,共青团员,1966年在上海市卢湾中学高中毕业,1968年到农场工作。

张云芳(1949—1969年),女,江苏吴江人,共青团员,1968年进农场工作。

许洪兰(1949—1969年),女,江苏盐城人,1965年进黄山茶林场工作。

刘度南（1950—1969 年），又名刘渡南，江苏无锡人，1965 年进农场工作。

1969 年 7 月 4 日晚，安徽黄山地区骤降暴雨。至次日晨，暴雨不断，溪流剧涨，遂引发一场百年罕见的特大山洪。5 日清晨，地处环山的黄山茶林场四连遭洪水围困，四连全体职工立即投入抗洪抢险。山洪冲毁了木桥，对岸食堂、仓库里大批粮食和化肥有被洪水冲走的危险，四连副指导员陆华、副连长林卫阳当即组织十余名青年，陆华见强渡不行，便对其他同志说："我们一定要到对岸去抢救国家财产，绕山道从公路桥上过去"。当他们沿着泥泞的山道赶到四连公路桥时，桥已被洪水淹没，急流喧嚣，险情环生。但他们置个人安危于不顾，毅然手挽起手，迎着没腰深的急流涉水而行，就在他们踏上公路桥时，凶猛的洪水猛然掀翻桥面，陆华等 11 位青年当场落水，不幸被洪水吞没，壮烈牺牲。

1969 年 8 月 21 日，上海市革命委员会批准陆华、林卫阳、陶华、吴菊妹、金志强、李笑牛、林晓薇、王庆伟、张云芳、许洪兰、刘度南为革命烈士；追认陆华、林卫阳为中国共产党党员；追认陶华、许洪兰、刘度南为共青团员；追授林晓薇、王庆伟、吴菊妹、李笑牛为优秀团员；并在黄山茶林场建造烈士陵园和烈士纪念碑。

（第十七篇第一章《人物传略》，第 639—640 页）

韩旭利（1957—1977 年）

山东栖霞人，前哨农场上海采购组吴淞筹建仓库值班员。出生于革命干部家庭，从小受家庭良好的熏陶，1975 年中学毕业后，分配到崇明前哨农场，他平时对待工作认真负责，嫉恶如仇。韩旭利患有严重支气管炎，但他从未因病而影响工作，常常带病上班。在他担任仓库值班期间，多次抓获盗窃犯，保护了国家财产。

1977 年 6 月 20 日深夜，韩旭利在采购站吴淞仓库值班时，另一同事发现在泗湾河有 4 名窃贼越墙而入，一面上前盘问，一面大声呼叫，正在巡逻的韩旭利闻讯后，立即手持四齿钉耙，随即与歹徒展开激烈的搏斗，黑暗中歹徒依仗人多势众，将韩拖入水中，然后企图驾船逃逸。韩见状后，紧抱船的大橹，穷凶极恶的歹徒竟用大橹将他按入水中，不幸溺水身亡，时年 20 岁。

韩旭利牺牲后，上海市革命委员会批准韩为革命烈士，共青团上海农场管理局委员会追认他为共青团员。

（第十七篇第一章《人物传略》，第 640 页）

《上海水利志》

《上海水利志》编纂委员会编，上海社会科学院出版社 1997 年

1975 年江苏省将大丰县 24 万亩滩涂划归上海市，供安排知识青年之用。同年 10 月成立了上海市海丰围垦指挥部，同时将市围垦领导小组和工作人员并入。海丰围垦工程完工

后,撤销了海丰围垦指挥部。国营农牧场(包括海丰农场)划归市农业局领导。工业用围垦工程,由各工业局自行经营管理。（第十编第一章《机构》,第 433 页）

《上海财政税务志》

上海财政税务志编纂委员会编,上海社会科学院出版社 1995 年

第四节 城镇青年就业经费

上海市的城镇青年就业经费,是在 1962 年贯彻就业政策而建立的,主要用于扶助城镇青年举办的集体企业发展生产、增加服务项目的周转金,安置城镇青年到外省和郊县农村插队落户的安置费和困难补助;组织城镇青年就业前技术培训补助费,以及劳动部门为开展安排城镇青年就业的各项业务费用。1962—1990 年,城镇青年就业经费支出 3.48 亿元,占地方财政支出的 0.4%;用于安置费的占 87.5%;用于扶助生产发展基金的占 7.1%;用于城市服务公司周转金或补助费的占 4.8%;用于其他费用的占 0.6%。

一、安 置 费

1958 年,上海市执行中共中央《关于动员青年前往边疆和少数民族地区参加社会主义建设的决定》,先后动员一批青年学生支援边疆建设。当时按照中央规定,安置费由中央和地方共同负担,本着节约精神,编造专门预算,经财政部核准后执行。1962 年,继续贯彻精简城市人口的方针,动员青年支援边疆和农村建设。1963 年,安置费支出 1 884 万元,除动员知识青年 19 730 人下乡上山外,还组织三轮车工人、城镇闲散人口 17 万余人参加农村建设。1966 年,支出 721 万元,安置城市知识青年 1.5 万多人,其中安置在市郊国营农场 1.25 万人,市郊社队 2 600 多人,修建住房、仓库开支较大。这个时期,安置费执行国家计委、财政部等部门《关于大中城市精简职工和青年学生下放国营农林场和水产养殖企业安置费预算管理的通知》,对下放学生生活补助费按本人评定工资级别:18 元者补助 8 元,21 元者补助 9 元,24 元者补助 11 元,27 元者补助 13 元,30 元者补助 15 元,按月拨付,实报实销。1970 年后,执行财政部《关于安置费开支标准和供应渠道的补充意见》,安置费主要用于城镇下乡人员的建房、生活、工具购置的补助,旅运费、学习材料费等。参加新建生产队、新扩建国营农场和集体所有制农场每人 400 元,家居城镇回乡落户的补助 50 元,跨省市或到高寒地区,另加路费和冬装费。1972 年,支出 1 415 万元,除拨付 1971 年前上山下乡知青安置费外,主要是当年安置在郊县国营农场 3.5 万人和郊县城镇下乡插队近万人的安置费。1973 年,对回乡插队、农村插队和建立集体所有制场(坊)的安置费标准,调整为南方各省每人补助 480 元;北方各省(包括苏北、皖北)每人 500 元;到内蒙、新疆等牧区每人 700 元;到建设兵团和国营农场每人 400 元。1974 年,支出 4 277 万元,比前几年增加较多,主要是拨付以前年度下乡知识青年的建房和生活补助费 2 661 万元,拨付农场安置费 500 万元,拨付

近郊城镇就近插队 1.7 万人和市区投亲插队 1 500 多人的安置费 816 万元。1977 年,支出 3 145 万元,这一年,安置市区 76 届知识青年 4.15 万人,郊县城镇插队 2.62 万人的安置费和少量跨省市的安置费开支。1979 年,安置费开支标准又作了较大的调整。1980 年后,部分支疆老知识青年和插队落户知识青年陆续回城,安置费开支范围也发生了变化。这个时期的安置费,主要是拨给上海海丰农场安置回沪知识青年的费用。1981 年,支出 394 万元,占城镇青年就业经费的 27.9%;1985 年,支出 400 万元,占城镇青年就业经费的 31.6%,使回沪知识青年得到妥善安置。1986—1990 年,又陆续支出 3 145 万元,用于扶持在新疆、浙江等地安家的上海知青发展生产和建房补助;拨给市劳动服务公司一部分资金,扩大安置回沪知青。

二、扶助生产资金

1980 年,随着新就业政策的贯彻,城市待业知识青年和应届毕业生,采取"就地消化"方针,城镇青年就业经费的使用,也从原来按人员数发放安置费的办法,改为向有关部门发放扶助生产发展资金的办法过渡。对上海知识青年比较集中的地区发放扶持生产资金,为上海知识青年特别是已婚青年创造就业条件。1980—1990 年,拨给安徽、黑龙江、吉林、内蒙、江西、四川、江苏和浙江等上海知青集中地区的扶持生产资金 3 965 万元,占同期城镇青年就业经费的 37.8%。其中 1980 年支出 800 万元,占城镇青年就业经费的 74.1%。1985 年,支出 130 万元,占城镇青年就业经费的 10.3%。1990 年支出 418 万元,占城镇青年就业经费的 57.8%。对本市城镇待业青年和应届毕业生,则通过城市劳动服务公司发放周转金或补助费的办法,扶持城市劳动合作事业的发展,开创就业门路。1980—1990 年,拨给市、区、县劳动服务公司的扶助生产发展的周转金和补助费 3 518 万元,占同期城镇青年就业经费的 33.5%。其中:1980 年支出 200 万元,占城镇青年就业经费的 18.5%;1985 年支出 524 万元,占城镇青年就业经费的 41.4%;1990 年支出 270 万元,占城镇青年就业经费的 37.3%。

三、其他就业经费

城镇青年就业经费除安置费、扶持生产资金两项外,还有一些其他支出,包括就业训练费、宣传费、培训费等业务费用。1974 年,拨付赠送上山下乡知识青年书籍费 87 万元,筹建农场围垦工棚 230 万元,共 317 万元,占城镇青年就业经费的 7.4%。1976 年,拨付少量投亲插队知青路费、组织慰问团、赠给知青书籍等 83 万元,占城镇青年就业经费的 3.7%。1983 年,拨付返疆知青路费和生活困难补助费,支援新疆建设兵团农一师建造电视转播台等 71 万元,占城镇青年就业经费的 4.6%。1985 年,拨付其他经费 213 万元,占城镇青年就业经费的 16.8%。其中安置病残青年经费 100 万元,慰问黑龙江上海知青 65 万元,其他补助费 48 万元。1987 年,拨付赴新疆慰问团等经费 80 万元,占城镇青年就业经费的 17.1%;拨付市劳动局筹建职工技术培训中心 300 万元。1990 年,拨付市卫生局为新疆知识青年培训医务人员的就业训练费 32 万元,占城镇青年就业经费的 4.4%。

(第三篇第七章《其他财政支出》,第 229—231 页)

《上海铁路分局志（1950—1995）》

《上海铁路分局志》编委会编，中国铁道出版社 2003 年

知识青年上山下乡输送　1968 年 12 月 22 日，毛泽东发出"知识青年到农村去接受贫下中农再教育"的指示，在全国掀起了知识青年上山下乡的热潮。自 1970 年至 1974 年，上海分局开行知识青年上山下乡临客 275 列，其中 1970 年为 200 列、1971 年 52 列、1972 年 18 列、1973 年 33 列、1974 年 2 列，运送 66—70 届知识青年去林场、农场、农村插队落户近 50 万人，其中黑龙江 15.7 万人、内蒙古 0.9 万人、吉林 2.4 万人、安徽 11.7 万人、江西 11.4 万人、贵州 1 万人、云南 5.7 万人。1970 年为运送高潮，达到 20 多万人。

（第三篇第一章《旅客运输》，第 153 页）

《上海公路运输志》

上海市交通运输局交通史志编纂委员会编，上海社会科学院出版社 1996 年

同年（1979 年），上海公路交通部门开始大规模安置职工待业子女、上山下乡返沪知识青年及按政策急需就业的人员。至次年基本结束。　　　　（《大事记》，第 39 页）

70 年代末大批"上山下乡"的上海知识青年返沪……。1979—1980 年，安置工作进入高潮，共安置职工待业子女 6 550 人、回沪知青及职工家属 1 163 人[①]，以及数百名征地农民工等。上海市汽车运输公司扶持新办了日晖、曹杨、大名汽车运输队和卢家湾汽车修配厂等集体企业，共安置职工待业子女中的回沪知青 895 人。

1983 年起，市交运局的企业单位试行招收劳动合同制工人。是年，局系统共招收 455 名劳动合同制工人，占职工总数的 0.7%。1978—1986 年，市交运局系统职工总人数从 60 382 人增至 64 029 人。其中，局属汽车运输企业的职工人数从 35 599 人略增为 36 044 人，局属汽车修理企业的职工人数从 8 422 人增至 9 402 人。其间，共安置职工待业子女 12 474 人、归口安排的返城知识青年及职工家属 1 226 人、征地农民工 1 245 人，还吸收数以千计的复员转业退伍军人、大中专及技校、职业学校毕业生等。各区、县公路交通部门也分别安置了一批职工待业子女、回沪知青和有关对象。1986 年 9 月 30 日以后，职工子女顶替制度中止实行。

（第十章《职工队伍》，第 506—507 页）

---

① 此处的"回沪知青"系根据市有关部门下达的归口安排指标而招收的；"职工家属"系按照当时较流行的单位内部招收职工的办法而招收的。——原书注

《上海救捞志》

《上海救捞志》编纂委员会,上海社会科学院出版社1999年

70年代初期,为发展潜水装备工业和整个救捞事业,上海救捞局在金山县招收初中以上文化程度的上山下乡知识青年、农民子弟50人,其中30人被安排在上海潜水装备厂,20人被分配上船担任无线电报务员。 (第九章《职工队伍》,第255页)

《上海职业技术教育志》

《上海职业技术教育志》编纂委员会编,上海社会科学院出版社2005年

(1968年)6月15日,中共中央、国务院、中央军委、中央文革小组发出通知:中等专业学校(包括招收高中毕业生的班级)、技工学校、半工(农)半读学校1967年应届毕业生,一律于1968年7月毕业,并开始分配工作。上述学校的毕业生(包括1966年应届毕业而尚未离校的学生),按各办学部门原来规定的办法进行分配和安排,待遇也按原规定执行。原定分配到全民所有制单位的,也可以分配到集体所有制单位。原定由农村招生,毕业后回社、队的(包括"社来社去"的),仍应回社、队参加农业劳动,评工记分。原定从城市招生,毕业后到农村去劳动的,由各省、市、自治区按下乡上山知识青年安置办法,进行妥善安置。 (《大事记》,第28页)

1978年,国务院批转教育部《关于1978年中等专业学校招生工作的意见》中指出:(1)坚持德智体全面考核、择优录取的原则,切实保证新生质量;(2)招生对象和学习年限:中等专业学校一般招收应届初中毕业生,和具有初中毕业文化程度的工人、农民,上山下乡、回乡知识青年,年龄在18岁左右。学习年限:工科3—4年,师范、农林、卫生、财经等专业3年。也可以招收具有高中毕业文化程度的工人、农民、上山下乡、回乡知识青年(包括按政策留城未分配工作的),年龄在22周岁以内。学习年限可以适当缩短…… (第五篇第四章《学生》,第254页)

1966年"文化大革命"开始,上海市中专校均停止招生。后期,由于上海市各级医疗单位急需大批的中级医(护)人才,所以上海市卫生局所主管的卫(护校),1971年4月—1976年,分期分批地从市郊农村、农场招收知识青年,举办医训班。 (第五篇第四章《学生》,第256页)

《上海成人高等教育志》

上海成人高等教育志编纂委员会编,上海交通大学出版社1997年

本年(1974年),市教育局和市上山下乡办公室组织14所高等院校,到安徽、江西、黑龙江、吉林等省的部分地区,为上山下乡知识青年试办函授教育,开设政治文化、农业生产和医疗卫生三类23个科目,招收上海在各地的下乡知识青年28 000余人。

(《大事记》,第20页)

(1975年)1月,16所普通高等学校为回沪探亲的知识青年举办电视教育讲座和各种短训班。内容有马列著作和毛主席著作辅导、写作、会计、电工、农机、广播技术、测量、微生物、针灸、推拿、音乐、美术等。共计专题讲座100多次,短训班80多个。

3月,各高等学校继续发展上海知识青年所在地区的函授教育,新增加黑龙江呼玛地区、吉林四平地区、安徽宿县滁县地区、江西井冈山地区等函授点,招生名额增加到约6万人。

(《大事记》,第20—21页)

《上海卫生志》

《上海卫生志》编纂委员会编,上海社会科学院出版社1998年

1971年4月—1976年,(中等卫、护校)分期分批从市郊农村、农场招收知识青年。

(第十篇第二章《中等医学教育》,第377页)

1971年,(中等卫生专业学校)从市郊农场插队知识青年中招收2 730人,以医院办校方式培训护士,学制一年半,结业后回县工作。 (第十六篇第二章《调配》,第570页)

《上海环境卫生志》

《上海环境卫生志》编纂委员会编,上海社会科学院出版社1996年

是年(1979年),在解决知识青年回城就业的情况下,市环卫处全年退休(退职)4 344人;招收了符合顶替条件的职工子女3 249人,吸收1978届毕业生、老知青归口等1 827人,共计招收新职工5 076人。

(《大事记》,第28页)

《上海医药志》

《上海医药志》编纂委员会编,上海社会科学院出版社 1997 年

1980—1985 年,退休职工计 6 109 人,吸收其子女顶替进厂的人数逐年减少,6 年累计约 3 665 人,占退休职工的 60%。同期,根据上海市人民政府《关于统筹安排上山下乡知识青年的指示》,由全民企业或全民企业划出车间改办集体企业,计有 17 个集体企业,3 个合作社,安置知识青年 2 746 人。 (第七编第三章《劳动工资》,第 714 页)

第六次工调。1983 年 10 月,根据上海市人民政府批转上海市劳动局《关于本市一九八三年全民所有制企业调整工资的实施意见的通知》的规定,对 1983 年 9 月 30 日在册职工中 1978 年底前参加工作的固定工,未列入 1981 年文教系统调整工资范围的教育、医务工作人员,1979 年底前调入的上山下乡插队满 5 年的知识青年,1971 年底前参加工作的长期临时工,1983 年 1 月 1 日以后离退休的职工等进行工调。 (第七编第三章《劳动工资》,第 719 页)

《上海文化艺术志》

上海文化艺术志编纂委员会编,上海社会科学院出版社 2001 年

(1974 年)1 月上旬,在上海杂技场举行"码头工人群众歌咏大会"。中央文革小组成员、中共上海市委第二书记姚文元赞扬说:"用群众歌咏活动来制造舆论,是一个好形式。"由此从 1 月至 5 月,市革会政宣组陆续组织了"歌唱知识青年上山下乡"、歌颂"批林批孔"、"无产阶级文化大革命"等 10 多场专场歌咏大会。其中 4 场由电视台向全市市民转播。 (《大事记》,第 54 页)

边疆新苗 沙叶新编剧。剧本于 1977 年由上海人民出版社出版。剧情:江雷等一批上海知识青年在黑龙江某公社插队落户,在杨书记和贫下中农赵大娘、洪大爷的教育下,经受了阶级斗争和生产斗争的考验,迅速成长。剧本主要根据金训华烈士的事迹写成,1970 年以《金训华》剧名演出。导演葛乃庆、刘桐标、王啸平,演员有姚明德、王祥普、赵家彦、俞敏贞、严顺开等。演出后,受到各地好评,辽宁人民艺术剧院曾交流演出。1973 年市革会文教组召开大型座谈会,批评英雄人物不突出,起点低,戏里花花草草太多,冲淡主题,作者导演被迫就"黑线回潮"问题作了检查。 (第一篇第一章《话剧》,第 122 页)

假如我是真的 沙叶新、李守成、姚明德编剧。剧本 1979 年由《戏剧艺术》、《上海戏剧》

发表。剧情：农场知青李小璋冒充市委宣传部长给赵团长打电话说，有个中央首长张老的儿子想看戏，于是赵团长赶紧送票给李小璋，并向入场的领导一一介绍。休息时间，李小璋顺势要求从农场上调。钱处长当面委托孙局长办理。李小璋的未婚妻周明华已经怀孕，也在想法利用同学娟娟的父亲孙局长帮助上调李小璋。孙去农场找老战友郑场长为李小璋说项，郑坚持要市委书记批条才放人。李小璋无奈又冒充张老给吴书记打电话，终于办妥了上调手续。为李小璋上调效力的一群干部，也纷纷要求李小璋帮他们解决调房、出国等问题。当李小璋将去上调单位报到前夕，张老代表中央纪律检查委员会来到上海，李的骗局揭穿被捕，张老批判了他的欺骗行为，又严肃指责了围着他转的干部不正之风。此剧 1979 年由上海人民艺术剧院演出。导演胡思庆，演员有俞洛生、朱慧玲、李守荣等，引起社会强烈反响和激烈争论。1980 年中国剧协、作协、电影协会曾为此剧及其他一些有争议的作品召开了剧本创作座谈会，进行了广泛讨论，中共中央总书记胡耀邦出席会议讲了话，提出了应当进一步修改的意见。台湾永升电影公司曾改编摄成同名电影。

（第一篇第一章《话剧》，第 122—123 页）

《上海群众文化志》

上海群众文化志编纂委员会编，上海文化出版社 1999 年

（1974 年）1 月，……从 1 月中旬至 3 月中旬，又陆续组织了"歌唱城市民兵"、"歌唱知识青年上山下乡"、"批林批孔"、"歌唱自力更生"4 场群众歌咏大会，参加者达一万三千多人次。每场歌咏大会都由电视台作实况转播。

（《大事记》，第 27 页）

《上海话剧志》

上海文化艺术志编纂委员会、上海话剧志编纂委员会编，百家出版社 2002 年

（1970 年）1 月 1 日，上海人民艺术剧院《金训华》首演于奉贤县塘外公社礼堂。

（《大事年表》，第 63 页）

（1971 年）7 月，上海人民艺术剧院《金训华》一剧修改后在长江剧场演出，更名为《我们这一代》。

（《大事年表》，第 63 页）

（1973 年）3 月 31 日，上海市革命委员会徐景贤、王秀珍和国务院文化组成员于会泳审查《新的里程》《我们这一代》，要求"向样板戏学习，要舍得把影响主题和主要人物的精彩片断删去"。

6月11日,上海人民艺术剧院《我们这一代》经修改后公演,剧名改为《边疆新苗》。

（《大事年表》,第63—64页）

边疆新苗 六场话剧。又名《金训华》、《我们这一代》。编剧沙叶新,以插队青年金训华烈士英勇牺牲的事迹写成。剧写一批上海知识青年到黑龙江边境某公社的山岭插队落户,在砍伐木材、运输木材、制作战备电线杆事件中的表现。突出了江雷等知青在杨书记和贫下中农赵大娘、洪大爷等的再教育下,经受阶级斗争和生产斗争的实践,迅速成长的经历。1970年1月1日在奉贤塘外公社礼堂首演,1月28日起在长江剧场正式公演。演出后,召开座谈会10余次。剧名初用《金训华》,1971年7月演出改名为《我们这一代》。1972年3月18日招待日本齿轮座访沪成员看戏并座谈。1973年5月又到嘉定农村演出,当地贫下中农还参加演群众。同年剧组去东北体验生活,辽宁省人民艺术剧院也排演此剧,反响很大。1973年6月11日起演出更名《边疆新苗》。导演葛乃庆、刘桐标、王啸平。设计韩纪扬。参加过演出的演员有姚明德、王祥普、赵家彦、俞敏贞、严顺开、袁来怡、魏宗万、周志宇、程素琴、熊雪岑、俞洛生、武皓、萧璋本、章非、王频、诸葛明、李志良、寿能治、李宗强、钱枫、段炼、丁铮宜、陈培德、罗若兰、费霞南等。演出后收到工农兵、干部、群众来信20余件,全国各地函索剧本的信件100多封。知青观众一致认为:"作为同时代的人感到分外亲切。"1973年6月11日,上海市革命委员会文教组召开《边疆新苗》大型讨论会,指出这个戏"第一号英雄人物不突出,起点太低,矛盾冲突不尖锐,戏里花花草草太多,冲淡主题。写英雄的成长,但不能写英雄人物犯错误和资产阶级的摇摆性"。1974年3月29日,上海市文化系统在剧院召开了大型座谈会。作者被迫向有关领导就剧中存在"黑线回潮"问题、违背"三突出"戒律进行检查。后期导演也同样被迫检查。

自1970年至1976年共演出342场。剧本《金训华》改写3稿,1971年7月后《我们这一代》改写6稿,1973年8月后《边疆新苗》又改写3稿,共修改12稿,于1977年2月上海人民出版社出版单行本。

（第三章《剧目》,第212—213页）

《上海沪剧志》

《上海文化艺术志》编纂委员会、《上海沪剧志》编辑委员会编,上海文化出版社1999年

《风雨同龄人》 编剧徐开林,导演谷亦安,主演马莉莉、张杏声、吕贤丽、吴素秋,作曲汝金山,音乐顾问万智卿,舞美设计王志刚,灯光设计萧丽河,服装设计计丽娟,效果设计姜定国、侯秀。上海沪剧院浦东分院1993年3月6日首演于共舞台。

剧本写90年代初的仲秋之日,一批"文革"期间上山下乡插队的同龄人在上海钢琴酒吧欢聚。现任浦东玩具厂厂长的欧阳杰突然在此遇到了失踪18年之久、插队时曾经相爱过的

钟佩文。钟目前已是美国梦达公司的总经理。为了找合作伙伴和寻自己的女儿重返国土，在欧阳追问下钟终于道出了其失踪的原因：在当时"大返城"中欧阳的母亲因钟是"黑六类"，怕他俩相爱有碍欧阳的前程，恳求钟脱离欧阳，钟只得忍痛遗下与欧阳私生的女儿去了大洋彼岸。欧阳在其母亲操办下和老同学上官玉婷结了婚。可是强扭的瓜不甜，上官去澳大利亚后与欧阳分了手。当钟佩文找到自己女儿时，不料女儿因工伤导致死亡，在女儿临终前的请求下，钟与欧阳尽释前嫌，携手合作。此时，突然海外来信，上官因遭不测跳楼自尽，在医院急救。钟深知国外游子的甘苦，听到老同学在海外的呼救声，毅然前去。

此剧获 1993 年上海市新剧目展演剧目奖，中国第三届戏剧节演出奖；马莉莉、吕贤丽获优秀演员奖，吴素秋、张杏声获演员奖，汝金山获优秀作曲奖。马莉莉因演此剧获第十一届"梅花奖"。

（第二章《剧目》，第 97 页）

《上海出版志》

上海出版志编纂委员会编，上海社会科学院出版社 2001 年

反映知识青年斗争生活的有郭先红的《征途》（上、下）、汪雷的《剑河浪》、郑加真的《江畔朝阳》和张抗抗的《分界线》等。以上作品，均由上海人民出版社出版于 70 年代上半期。

（第二篇第三章《文艺类图书》，第 377 页）

70 年代初出版的《毛主席的红卫兵——向革命青年的榜样金训华同志学习》，原由徐纯中创作发表在《红旗》杂志上，后由陈逸飞据原作绘成彩色宣传画发行。

（第二篇第七章《美术类图书》，第 538 页）

《黄浦区志》

上海市黄浦区志编纂委员会编，上海社会科学院出版社 1996 年

（1963 年）7 月 12 日，举行"黄浦区青年参加新疆建设欢送大会"，欢送首批支疆青年 260 名赴新疆参加建设。此后，大规模动员青年支疆，到年底批准出发 1 731 名。到 1966 年底止，共批准 8 096 名青年支疆。

（《大事记》，第 50 页）

1966—1977 年 大批知识青年上山下乡，12 年累计净迁出人口 84 996 人。其中人口净迁出的 9 年，共迁出 89 159 人，平均每年 9 907 人。知识青年迁往外省区的高峰年份为 1969 年和 1970 年两年，分别净迁出人口 27 320 人和 25 644 人，人口迁移增长率分别为 $-42.82‰$ 和 $-41.82‰$。

（第二编第二章《人口变动》，第 124 页）

"文化大革命"期间,劳动工作机构均被取消,1969年建立知识青年上山下乡办公室。1977年恢复劳动局。

(第十五编《劳动·概述》,第694页)

二、参加农业生产

1958—1965年,组织待业青年6 153人参加外地和市郊农业生产劳动。其中1958年去湖北大同湖农场449人,江西垦殖场528人,安徽国营农场130人。1962—1965年去崇明农场2 794人。1965年去市属黄山茶林场248人。其他农业生产756人。1961年知识青年参加江西共产主义劳动大学半工半读1 248人。

三、参加边疆建设

1962—1966年,动员待业青年8 096人参加新疆生产建设兵团,支援边疆建设。

历年支疆人数表

年 份	人 数	其中女性	其 中 （人）			
			农一师	农二师	农六师	兵团及厅局
合计	8 096	3 779	4 591	3 093	208	204
1962	46	12	46	—	—	—
1963	1 731	720	1 435	191	—	105
1964	2 750	1 270	1 788	754	208	—
1965	1 614	829	514	1 100	—	—
1966	1 955	948	808	1 048	—	99

1966年,根据新疆生产建设兵团农二师需要,为团场培训卫生员、文化教员、炊事员、裁剪缝纫员、制鞋员、钟表眼镜修理员、修笔员和摄影员,统称"八大员"219人。

1981年大批支疆青年因各种原因返回上海,黄浦区2 369人,加上携带子女2 080人,共4 449人。区临时建立动员支青返疆工作办公室,组织市、区干部协同街道、里弄干部做支青返疆动员工作。经说服动员,1981—1983年,先后回新疆2 169人。另自1981—1984年按市人民政府规定,对特困和有商调条件的支疆青年,分别调回市区634人;调剂到市属海丰农场1 188人;安置崇明农场26人。 (第十五编第二章《劳动就业》,第699—700页)

第四节 知识青年上山下乡

一、中学毕业生上山下乡

"文化大革命"期间,学校"停课闹革命",高校停止招生,大量中学毕业生滞留在社会上。1966、1967两届毕业生有34 479人。1968年按照当时面向农村、面向边疆、面向工矿、面向基层的原则,在市内工厂企业和市属农场就业 20 237 人,未就业尚有 14 242 人;而 1968、1969 两届中学毕业生又有 4 万人。1968 年底,全区掀起上山下乡群众运动,动员知识青年去农村插队落户和参加农场建设。1968—1977 年知识青年上山下乡 89 266 人。其中赴江西、安徽、黑龙江、吉林、云南等外省 51 598 人,赴市郊 37 668 人。1968、1969 两届毕业生实行"上山下乡一片红"。大批知青上山下乡后出现一些新的社会问题:城乡劳动力安排缺乏整体规划;下乡青年不少实际问题未能解决;安置人数过多地区增加农民负担。这些问题在 1978 年后逐步得到解决。

1968—1977 年区知识青年上山下乡情况表　　　　　　　　　　单位:人

年　份	届　别	合　计	外　省				市　郊		
			建设兵团	农场	插队	投亲插队	农场	插队	投亲插队
合计	—	89 266	10 777	4 966	29 700	6 155	35 101	1 970	597
1968	66、67	5 713	784	—	83	—	4 846		
1969	68、69	20 902	3 473	1 929	11 437	3 673	—		390
1970	68、69	21 921	4 715	1 618	13 838	1 727	—		23
1971	70	8 753	1 164	1 358	2 215	88	3 909		19
1972	72	4 871	198	31	1 257	95	3 262		28
1973	73	6 335	161	—	294	276	5 521		83
1974	—	1 136	282	23	558	234	—		39
1975	74	7 449	—	2	10	52	7 370		15
1976	75	6 410	—	5	8	3	6 394		—
1977	76	5 776	—	—	—	7	3 799	1 970	—

二、上山下乡知青回城安置

1973 年开始,对上山下乡知青中独生子女或多子女全部在外地,家有实际困难需要照顾,以及知青患有严重疾病长期未治愈,分别批准回城安排。但尚有大批上山下乡知青生活不能自给,矛盾突出。1979 年起,由上海和安置地区共同统筹安排。上海为妥善安排大批回城知青就业,实行"任务到局,按口调剂,条块结合,统筹安置"原则,采取"子随父,女随母"办法安排。同时放宽职工退休顶替条件。让上山下乡知青进家长退休单位顶替家长工作。全区 1973—1992 年批准回城知青就业 61 119 人。其中归口安排 10 320 人,顶替 36 297 人,商调回沪 4 426 人,招工及其他就业 10 076 人。据 1989 年 3 月普查,全区去外省上山下乡知青回沪安排占 72%。对于仍在外省工作的上山下乡知识青年以及组织动员到新疆生产建设兵团的支疆青年,1989 年起,每户允许有一名年满 16 周岁或初中毕业未婚未就业子女回沪就读入户。1990 年起扩大到 1958—1965 年动员去外地参加农业生产的上海知识青年子女。1989—1992年共批准知青子女回沪就读入户7 810人,其中支疆青年子女1 871人,上山下乡知青子女5 939人。　　　　　　　　　　(第十五编第二章《劳动就业》,第701—702页)

"文化大革命"结束后,中共中央拨乱反正、平反冤假错案、清理历次政治运动遗留问题以及知青回城等,1978—1983年,与"文化大革命"有关的各类信访大为增加。仅1978年4 599件来信来访中,劳动就业、知青下放类占22.5%,其中知青上山下乡方面318件,占该类小件的30.64%。　　　　　　　　　　(第二十一编第三章《人事、信访统计》,第865页)

"文化大革命"期间,师范院校停止招生,师资来源中断,又适逢入学高峰,1971—1978年从市属农场、机关等方面抽调知识青年1 530人经华东师大、上海教育学院培训半年到1年半后,担任中、小学教师。　　　　　　　　　　(第二十四编第十二章《教师》,第1199页)

《卢湾区志》

上海市卢湾区志编纂委员会编,上海社会科学院出版社1998年

(1968年)下半年,建立上山下乡办公室,分配中学毕业生和组织社会青年去农村或农场。至1977年,共计84 787人。　　　　　　　　　　　　　　　(《大事记》,第49页)

"文化大革命"期间,因知识青年上山下乡、企业职工支援内地建设等,人口继续下降。1969年507 870人,比1961年下降6.4%。1977年457 566人,较1969年又下降9.9%。

改革开放以来,经济迅速发展,大批知识青年及其子女返城,人口增加较多。1982年人口总量487 506人,较1977年增长6.54%。

(第二编第一章《人口总量与分布》,第97页)

60年代和"文化大革命"期间,人口迁入率下降,一般在10‰左右。1976年起,因上山下乡知识青年陆续回沪,人口迁入率迅速上升,1978年23.37‰,1979年67.04‰。1989—1993年,全区知识青年子女来沪7 897人,其中1989年2 269人;1990年,1 019人;1991年,961人;1992年,931人;1993年,2 717人。　　　(第二编第二章《人口变动》,第104页)

1968年始,知识青年上山下乡、干部下放劳动和各种被冲击受迫害对象大批迁出,仅知识青年在"文化大革命"期间即迁出8.48万人。1969年,人口迁出率49.05‰;1970年,46.40‰。　　　　　　　　　　　　　(第二编第二章《人口变动》,第105页)

1953—1993 年,共安排就业 439 110 人次,其中市内工厂(简称市工)311 241 人次,外地工厂(简称外工)18 257 人次,市郊农场和农村插队(简称市农)42 013 人次,外地农村和农场(简称外农)67 599 人次。

1953—1993 年卢湾区劳动就业安置统计表　　　　单位:人

年份	人数	其中				年份	人数	其中			
		市工	外工	市农	外农			市工	外工	市农	外农
总计	439 110	311 241	18 257	42 013	67 599	1973	3 285				3 285
1953	4 496	4 496				1974	61	61			
1954	5 730	5 730				1975	9 971			9 902	69
1955	5 799	5 799				1976	5 073			4 807	266
1956	19 227	19 227				1977	9 273			9 273	
1957	4 915	4 915				1978	578	578			
1958	52 854	48 285	4 323		246	1979	25 359	25 359			
1959	47 294	43 470	2 114		1 710	1980	9 072	9 072			
1960	8 095	8 095				1981	22 854	22 854			
1961	10 391	270	9 433		688	1982	11 789	11 789			
1962	9 949	7 622	1 656	671		1983	7 341	7 341			
1963	27 857	10 386	731	965	15 775	1984	1 157	1 157			
1964	6 179	3 765			2 414	1985	6 943	6 943			
1965	1 547	328			1 219	1986	4 842	4 842			
1966	22 965	21 828			1 137	1987	4 645	4 645			
1967	3 500	3 500				1988	3 963	3 963			
1968	14 729			9 648	5 081	1989	4 427	4 427			
1969	12 777				12 777	1990	7 404	7 404			
1970	16 603				16 603	1991	4 597	4 597			
1971	7 723			3 510	4 213	1992	3 865	3 865			
1972	5 353			3 237	2 116	1993	4 628	4 628			

(第十三编第一章《职工队伍和劳动管理》,第 423—424 页)

1979 年,大批上山下乡知青返城,有待业人员 6 785 人。1983 年降为 99 人。1989 年 8 月上升为 3 286 人,其中返沪知青 621 人,占 18%,内 450 人因文化低、年龄大、身体差,再就业困难。1960—1993 年,安排待业人员就业 179 319 人次。1993 年尚有待业人员 5 584 人。

(第十三编第一章《职工队伍和劳动管理》,第 425 页)

三、参加边疆建设

1962—1966年,动员青年赴新疆生产建设兵团6 113人(简称支青)。其中农一、二师5 761人,农七师83人,工二师203人,兵团学校商业处66人。1981年起,部分有特殊困难者商调回沪或市属海丰农场、崇明的农场。1993年,留疆支青有1 760余人。

1962—1966年卢湾区知识青年支援新疆建设人数统计表 单位:人

年份	人数	其中女性	分 布			
			农一、二师	七师	工二师	兵团学校商业处
合计	6 113	2 864	5 761	83	203	66
1962	35		35			
1963	1 308	552	1 145		97	66
1964	2 414	1 153	2 331	83		
1965	1 219	519	1 219			
1966	1 137	640	1 031		106	

四、上山下乡参加农业生产

1958—1965年,有20 055人参加农业生产劳动。其中1958年赴湖北省周矶农场246人、安徽省农村1 710人、市郊农场965人。1961年,参加江西共产主义劳动大学688人。1962年,到崇明畜牧场671人,参加其他地区农业生产15 775人。

1968年起,根据国家有关政策,掀起上山下乡运动,区成立上山下乡办公室,学校与地区建立相应组室,安排应届生和待业青年上山下乡。1968年、1969年两届中学毕业生29 380人全部分配去农村、边疆。至1977年,共有知青84 787人分赴云南、贵州、江西、安徽、黑龙江、吉林、内蒙古和市属农场、市郊农村等地务农。

1968—1977年卢湾区知识青年上山下乡人数统计表 单位:人

年 份	合 计	外省农场	外省插队	市属农场	市郊插队	投亲插队
总 计	84 787	20 305	23 070	39 319	1 058	1 035
1968	14 729	5 081		9 648		
1969	12 777	5 024	7 753			
1970	16 603	5 038	10 807			758
1971	7 723	1 758	2 455	3 510		
1972	5 353		2 055	3 237		61
1973	3 285	3 285				
1975	9 971	29		9 902		40
1976	5 073	90		4 807		176
1977	9 273			8 215	1 058	

说明:1974年无上山下乡,74届学生于1975年上山下乡。

五、安排调沪知识青年

1969 年起,务农知青患有严重疾病经批准可返回上海。1973 年,对独生子女、父母老迈无人照顾等特殊困难者,经申请批准可调沪。1969—1990 年,因病或特困调沪知青 21 902 人。1979 年,实施父母退休子女顶替政策,该年外地知青顶替回沪 7 720 人。

六、协作办厂安置上海支青

1985 年 10 月,为稳定支疆青年,区劳动局与新疆生产建设兵团农一师十四团于新疆阿克苏创办新沪联营服装厂,为独立核算、自负盈亏、全民所有制企业,生产各类服装。全部投资 50 万元,其中上海低息贷款 15 万元,十四团投资 35 万元,提供 200 平方米厂房,职工多为上海支青,并由上海支青担任厂长。1987 年,区劳动局贷款 8 万元,与十四团联办申新联营糖果厂、与十三团联办丰华装着皮塑综合厂。

七、区劳动服务公司

1978—1979 年,区内按政策回沪的知青有 42 200 余人。1979 年 4 月,区劳动局以淮海中路和顺昌路两街道房修队为基础,向区集体事业管理局借资 10 万元,成立区劳动服务公司,正式职工 270 人、临时工 465 人,回沪知青占 90%。各街道相继建立劳动服务队,归属公司,1982 年改名劳动服务所,从事土木工程、锅炉安装修理等。1993 年,区劳动服务公司辖属企业有风华电讯器材厂、锦华工艺玩具厂、锅炉安装修理厂、新华压力容器厂、达华电梯厂、公司联华经营部等。1988 年,锦华工艺玩具厂与荷兰商人合资成立艾丽丝玩具有限公司。

(第十三编第一章《职工队伍和劳动管理》,第 425—426 页)

80 年代起,按"先培训,后就业"的精神,每年对未能入学的初高中毕业生、顶替来沪的职工子女、调沪知青子女,进行职前思想教育和技术培训。1981—1993 年,共办 30 余工种 277 班,参加 9 855 人次。

1981—1993 年卢湾区职前培训情况表

年份	人数	班级数	培 训 班 名 称
合计	9 855	277	
1981	1 027	41	炊事、保育、商一、商二、化工、机电、旅游、烹饪、缝纫、胶鞋、轮胎、玻璃、纤维、显像管
1982	637	15	烟糖、粮油、住宅公司
1983	634	17	商业、日化、人造板
1984	384	8	市机管局、炊事、缝纫、洗衣机修理、耐火材料、日化、人造板
1985	313	8	公交、工艺玩具、电子装配、纺织、司炉、土杂产
1986	147	4	锦江饭店、龙柏饭店、橡胶制品厂、太平洋织造厂
1987	111	3	开平港口装卸、锦江饭店、青年会宾馆

年份	人数	班级数	培　训　班　名　称
1988	2 536	88	领待业证前培训
1989	90	3	点心、汽车修理、电梯安全
	1 179	33	回沪顶替子女、领待业证前培训
1990	402	9	个体安全培训
	936	20	回沪顶替子女、领待业证前培训
1991	637	12	回沪顶替子女、领待业证前培训
1992	701	12	回沪顶替子女、领待业证前培训
1993	121	4	回沪顶替子女、领待业证前培训

（第十三编第一章《职工队伍和劳动管理》，第 428 页）

1979 年，大批知青返沪，形成待业高峰，遂予登记，发放待业证和劳动手册，开展职前培训和就业指导。　　　　　　（第十三编第一章《职工队伍和劳动管理》，第 429—430 页）

陆　华（1947—1969 年）　林卫阳（1947—1969 年）　王庆伟（1947—1969 年）　吴菊妹（1949—1969 年）　　陆华，女，江苏扬州人，1968 年毕业于向明中学高中。林卫阳，女，上海市人，1968 年毕业于卢湾中学高中。王庆伟，女，浙江绍兴人，1968 年毕业于卢湾中学高中。吴菊妹，女，浙江余姚人，1968 年毕业于建庆中学初中。陆华、林卫阳、王庆伟于 1968 年 8 月赴安徽黄山茶林场。吴菊妹于同年 9 月赴场。均为该场四连职工、共青团员。1969 年 7 月 5 日，山洪暴发。为抢救隔溪食堂内粮食和仓库内数百斤化肥，副指导员陆华、副连长林卫阳率众人强涉溪流，因溪水暴涨未成。即绕道公路桥，刚上桥面，桥基被冲坍，陆华、林卫阳、王庆伟、吴菊妹等被急流卷走牺牲。后被追认为烈士，同年 8 月，陆华被追认为中共正式党员。　　　　　　　　　　　　　　　　　　（第三十三编第一章《传略》，第 989 页）

张翠萍（1951—1969 年）　　女。江苏宿迁人。1969 年 4 月中学毕业后赴吉林梨树插队务农。是年 9 月，洪水暴发，为抢救国家财产而牺牲。中共梨树县委追认其为中共党员。1975 年被追认为烈士。　　　　　　　　（第三十三编第三章《名录　表》，第 1028 页）

《静安区志》

静安区地方志编纂委员会编，上海社会科学院出版社 1996 年

（1968 年）12 月 21 日，毛泽东主席发出"知识青年到农村去"的指示。到 1978 年，全区

共有 83 507 名知识青年到农村或农场务农。

（《大事记》，第 36 页）

同月（1979 年 7 月），为发展第三产业和解决待业知识青年就业，成立区劳动服务公司。

（《大事记》，第 39 页）

1961 年 10 月，全区又组织 1 264 名社会青年去江西共产主义劳动大学学习劳动；212 人到崇明县东平农场、宝山县长兴岛农场和青浦县徐泾人民公社务农。1962—1966 年，又动员 6 751 名社会青年参加新疆生产建设兵团农垦建设。1965 年，709 名社会青年参加奉贤、崇明县上海市农场和黄山茶林场工作或安徽省泾县集体插队落户。

（第十四编第三章《劳动就业》，第 505 页）

第三节　知识青年上山下乡

“文化大革命”期间，大中专学校停止招生，企事业单位停止招工，大批中学毕业生滞留社会。1968 年 12 月，在毛泽东关于“知识青年到农村去，接受贫下中农再教育”的号召下，对应届中学毕业生实行“上山下乡一片红”，上山下乡 7 256 人。1969—1970 年，全区共有 41 413 名中学毕业生下乡。1971—1977 年，贯彻“四个面向”（面向农村、面向边疆、面向工矿、面向基层）的方针，除安排进市工厂企业 61 890 人，外省市工矿企业 3 800 人外，继续动员中学毕业生上山下乡。在此期间又有 35 278 名知青下乡，其中进上海市农场 28 020 人，到外省市插队 7 258 人。

1968—1977 年静安区知识青年赴外省上山下乡情况表　　　　单位：人

类　　别	合计	黑龙江	吉林	内蒙古	安徽	江西	云南	贵州	江苏	浙江	其他地区
总　　计	49 909	15 092	1 752	122	13 151	9 845	2 216	627	2 871	1 951	2 282
建设兵团	10 071	6 917		7	540	1 527	1 080				
农　　场	6 227	6 127					100				
集体插队	26 507	2 048	1 752	115	12 611	8 318	1 036	627			
投亲自插	5 725								2 871	1 951	903
其　　他	1 379										1 379

1968—1978 年静安区知识青年赴市属农场、郊县务农情况表　　　　单位：人

合计	长江农场	东方红农场	向阳农场	前进农场	新海农场	长征农场	海丰农场	黄山茶林场	五七农场	朝阳农场	市郊农场	郊县插队
34 038	8 142	3 340	1 755	1 600	791	583	2 562	792	1 115	308	10 951	2 099

为解决下乡知青及其家庭的实际困难，从 1973 年起，对上山下乡知青中独生子女或多子女全部在外地、家庭有实际困难的（简称“特困”），以及知青患有严重疾病的（简称“病

退"),可批准回沪安排。1979年开始,实行职工退休、下乡子女可以顶替回沪的政策。至1990年止,"特困"、"病退"回沪 25 515 人,顶替返沪 22 297 人。同时按政策规定,从新疆生产建设兵团调沪 1 050 人,调剂去海丰农场 253 人。从市属农场调区 1 354 人。从 1989 年开始,对仍在外省市工作的知青子女就读、就业有困难的,每户回沪 1 名。到 1992 年底,已办理 6 347 名知青子女入户。　　　　　　　　　　　(第十四编第三章《劳动就业》,第 505—506 页)

　　1978 年后,大批知青返城,至 1992 年达 5 万多人。根据国家统筹安排的精神,按照"子随父,女随母"归口安排规定,由父母所在单位安排 38 832 人。组建劳动服务公司(合作联社)吸收安排 3 055 人。通过劳动力市场介绍就业 7 100 余名。

(第十四编第三章《劳动就业》,第 506 页)

《徐汇区志》

徐汇区志编纂委员会编,上海社会科学院出版社 1997 年

　　(1965 年)5 月 26—29 日,中共徐汇区委召开社会青年和青年家长会议,动员青年参加新疆建设。　　　　　　　　　　　　　　　　　　　(《大事记》,第 38 页)

　　(1968 年)12 月 22 日,《人民日报》发表毛泽东关于"知识青年到农村去,接受贫下中农的再教育"的指示,区开始动员、组织知识青年上山下乡。　　　　　(《大事记》,第 39 页)

　　(1969 年)3 月 3 日,徐汇区首批知识青年 2 000 多人分赴黑龙江、吉林等省上山下乡、插队落户。　　　　　　　　　　　　　　　　　　　　(《大事记》,第 40 页)

　　9 月,区革委会以上山下乡慰问团等名义,继续下放一批机关干部。

(《大事记》,第 40 页)

　　(1970 年)3 月 17 日,区革委会组织 10 万人游行,掀起知识青年下乡务农高潮。

(《大事记》,第 40 页)

　　同月(1978 年 10 月),贯彻国务院[1978]第 104 号文件中关于"职工退休、退职子女顶替可以是上山下乡的知识青年"等规定,开始办理下乡知识青年回沪顶替父母工作。

(《大事记》,第 42 页)

1961年11月,动员611名知识青年赴江西共产主义劳动大学参加学习劳动。1962年,教育团员青年艰苦奋斗,分担国家困难,支援边疆建设。1962—1966年,配合有关部门动员知识青年参加新疆生产建设兵团有5 018人。

(第八篇第二章《共产主义青年团》,第283页)

二、参加农业生产

1958—1965年,共有3 737人参加外地和市郊农业生产。其中1958年去湖北总口农场533人,安徽国营农场201人,江西"八一"综合垦殖场349人;1961年去江西共产主义劳动大学611人,去上海召楼农场157人;1962年去崇明畜牧场1 458人;1965年去崇明大新沙农场306人,黄山茶林场122人。

"文化大革命"初期,学校"停课闹革命",大、中专院校停止招生,企事业单位停止招工,大批中学毕业生滞留社会。全区1966—1969年4届中学毕业生就有65 532人。1968年底,在"知识青年到农村去,接受贫下中农再教育"的号召下,1968、1969年2届中学毕业生实行"上山下乡一片红",掀起上山下乡高潮。1968—1977年,全区知识青年(简称知青)上山下乡共91 764人,其中赴外省50 576人,市郊41 188人。大批知青下乡后,他们的家长普遍增加了经济负担,不少实际问题难以解决。

《1968—1977年徐汇区知识青年上山下乡去向表》。(见本书第2294页表)

1973年起,对上山下乡知青中的独生子女或多子女全部在外地,家有实际困难需要照顾(简称"特困")及患有严重疾病不能在农村坚持劳动(简称"病退")的知青批准回城安排。1973—1979年2月,共批准回沪17 698人,其中"特困"1 468人,"病退"14 645人,知青兄弟姐妹中"三个外农"或"两个插队"照顾回沪1 585人。对继续留在农村的知青生活有困难的给予补助。1977年夏—1979年,对已婚知青定期补助共2 950人,临时补助7 811人次,金额共20.27万元。1979年按照"子随父、女随母"的办法,归口安排,全年安排回城知青34 490人,其中职工退休、退职子女顶替25 975人,按系统归口安排4 060人,安置在街道集体企事业单位1 546人,全民企事业单位招工1 586人,区城建、防空、市政、劳动服务公司等所属集体单位1 323人。1980—1985年,对赴外省务农的知青,通过商调、照顾家庭困难等途径,陆续批准回沪1 248人。1984—1985年,对市属农场中家庭有特殊困难和未婚大年龄知青职工商调回市区共1 947人。1987—1989年底,全区共商调1 907名农场知青职工到市属或郊县城镇企事业单位工作。至1990年,下乡知青共回沪70 278人,尚留农村21 486人。

三、参加边疆建设

1962—1966年动员参加新疆生产建设兵团共5 018人。

（本表上接本书第 2293 页）

1968—1977 年徐汇区知识青年上山下乡去向表

单位：人

年份	合计	黑龙江	内蒙古	江西	云南	江苏	安徽	吉林	贵州	浙江	湘鄂	豫冀	粤滇	鲁晋	闽川等8省	市郊
1968	6 015	1 067	338	—	95	—	—	—	—	—	—	—	—	1	—	4 514
1969	17 426	4 739	10	1 776	1 166	2 667	1 220	2 777	715	1 348	56	36	17	77	29	793
1970	17 445	4 877	—	6 157	1 324	572	4 072	3	2	289	15	9	9	26	18	72
1971	5 112	456	—	—	74	5	1 920	—	—	3	5	—	2	1	2	2 644
1972	5 439	1 500	—	—	—	—	1 306	—	—	1	—	—	—	—	—	2 632
1973	8 770	37	—	2	1	—	61	—	—	—	3	1	1	—	1	8 664
1974	455	1	—	1	—	—	195	—	—	76	—	2	1	2	1	176
1975	18 872	4 055	—	889	—	—	4 443	—	3	—	4	—	—	9	4	9 465
1976	5 207	—	—	—	—	—	—	—	—	—	—	—	—	—	—	5 207
1977	7 023	—	—	—	—	—	—	—	—	—	—	—	1	1	—	7 021
总计	91 764	16 732	348	8 825	2 660	3 244	13 217	2 780	720	1 717	83	48	30	117	55	41 188
其中 农场	36 016	14 432	10	269	1 376	1	1 941	—	—	1	—	—	1	—	1	17 984
其中 插队	49 085	2 297	338	8 468	1 280	6	10 830	2 758	711	57	—	—	—	1	1	22 338
其中 投亲	6 663	3	—	88	4	3 237	446	22	9	1 659	83	48	29	116	53	866

1962—1966年徐汇区支疆人数统计表

单位:人

年 份	人 数	其 中					
		农一师	农二师	农四师	农七师	农八师	工一师
合 计	5 018	2 511	224	1	82	2 181	19
1962	21	21	—	—	—	—	—
1963	1 263	850	224	—	—	189	—
1964	1 710	640	—	1	82	968	19
1965	1 000	1 000	—	—	—	—	—
1966	1 024	—	—	—	—	1 024	—

1979—1981年,按政策办理家有特殊困难商调或符合顶替父母回沪的支疆青年(简称支青)共782人。1981年大批支青一度在"回城风"影响下返回上海,非正常返沪支青7月份高峰时达713户、1 733人(包括支青子女)。区政府组织市、区及工厂企业干部80余人,协同街道里弄干部做支青返疆动员工作,并拨款2.3万元补助部分支青临时性生活困难。1981—1984年,由新疆垦区农场调剂去海丰农场的上海支边青年276户、552人,去市属郊县农场5人。1986年区粮食局、果品公司与新疆建设兵团农一师四团联营开办筋粉厂和瓜子厂,贷款25万元,解决了一部分体弱多病不能参加大田劳动的支青困难。1989—1990年共批准支青子女回沪就读入户3 896人。至1990年止,共回沪3 072人,尚留疆1 946人。

四、建立劳动服务公司

1978年12月全市率先成立区劳动服务公司,担负安置社会待业人员参加集体经济组织,承担劳动行政部门赋予的部分行政职能。1990年底,公司有工业、建筑业、商业服务业等独立经济核算企业15家,职工1 051人,其中锦绣地毯厂有职工315人,80%是待业女青年。厂内开设旅游商店,仅1988年上半年就接待外宾1 510批27 906人次,营业额达261万元。1986年7月,公司又承担了输送和管理合同制工人等任务。

五、兴办合作社

1979年大批上山下乡知青回城。同年9月,漕溪北路街道紫阳居民委员会首先组织待业青年办起全区第一个生活服务合作小组。1983年底,全区有合作社172家,从业人员2 408人,其中待业青年和社会闲散人员1 396人,占总人数58%。1985年成立区合作联社,随后各街道(镇)相继建立合作联社。至1990年底,全区有合作社194家,从业人员4 309人。

(第十二篇第一章《劳动就业》,第387—390页)

《长宁区志》

长宁区志编纂委员会编,上海社会科学院出版社1999年

(1965年)3月29日,中共区委召开动员知识青年去新疆建设大会。至7月底,报名

1 018人,批准599人。

(《大事记》,第40页)

(1966年)12月8日,1 400余名知识青年分配去区属工业、财贸系统,400余人去奉贤农场,80余人到安徽省黄山农村插队。

(《大事记》,第40页)

(1969年)1月13日,区革会召开上山下乡动员大会,66—68届中学毕业生报名去农村插队或农场落户。至1978年,全区共有61 465名知识青年上山下乡。

(《大事记》,第41页)

70年代大批知青上山下乡,育龄期人数锐减,年均出生2 328人,年均出生率下降至6.65‰。

80年代起,50年代出生人群进入育龄期,上山下乡知青按政策回城,育龄期人口增加,出生率逐年上升。1984年出生7 399人,出生率达16.75‰。

(第三编第二章《人口变动》,第110页)

1978—1992年,上山下乡知青按政策回城,允许1名知青子女回沪等,共迁入135 103人,年均9 007人。
(第三编第二章《人口变动》,第113页)

第二节　知识青年上山下乡
一、上 山 下 乡

1957年,区内开始动员知识青年上山下乡。"文化大革命"中,上山下乡成为政治运动,至1978年,全区共有68 302人上山下乡。

1957—1966年,共有6 837人上山下乡。1957年12月,在共青团上海市委、上海市教育局统一组织下,全区动员108人去安徽省太平县农村插队。1958年5月,由中共上海市委中小学毕业生工作委员会统一组织,动员青年529人去湖北省人民大垸农场所属的江口、练州、中州三个分场。1958年,动员46人去安徽宣郎广农场。1959年,动员203人去安徽歙县特种经济林试验场及园艺场。1961年前后,由市知识青年参加外地工作组统一领导组织,动员490人去江西共产主义劳动大学半工半读,分布在南昌总校及万载、上高、清江等分校。1961—1966年,去上海市郊国营农场2 055人,上海市郊插队76人,去新疆生产建设兵团3 330人,分布在农一师、农二师、农八师、兵团、八一糖厂和农垦大学等单位。

1968—1978年,全区共有61 465人上山下乡。1966、1967两届毕业生由于"文化大革命"影响,大学不招生、工厂不招工,延至1968年分配,按照"四个面向"方针,动员两届毕业生3 830人去上海市郊农场。1968—1970年,实行"一片红"政策,对1968、1969两届毕业生和1966、1967两届分配余留生及社会青年,不管其家庭情况、本人条件全部动员上山下乡,其中集体去外省、自治区插队 15 300 人,去江、浙等省投亲插队 5 732 人,去外省、自治区生产建设兵团、农林场 7 805 人,去上海市郊插队 440 人。1971—1977 年,中学毕业生分配,仍实行"四个面向",依据城市用人需要和毕业生家庭情况以及兄、姐去向统筹安排。全区上山下乡共 28 340 人,其中去外省农场、建设兵团 1 794 人,外省插队 4 141 人,去上海市市属农场 20 897 人,上海郊县插队 1 508 人。1978 年,对中学毕业生分配政策作重大调整,全区仅 18 人上山下乡。

1968—1978 年长宁区知识青年上山下乡情况表 单位:人

年 份	总 计	外省、自治区				上海市郊		
		国营农场	建设兵团	集体插队	投亲插队	国营农场	集体插队	投亲插队
合 计	61 465	2 839	6 760	18 593	6 580	24 745	1 379	569
1968—1969	18 698	1 705	2 535	6 749	3 479	3 830		400
1970	14 409	443	3 122	8 551	2 253			40
1971	5 301	691	656	1 329	281	2 344		
1972	1 457		136	1 138	140			43
1973	2 793		71	471	132	2 091		28
1974	5 217		240	288	278	4 353		58
1975	4 912			47	13	4 852		
1976	4 228			13	4	4 211		
1977	4 432			7		3 046	1 379	
1978	18					18		

二、统筹解决问题

1969 年 4 月始,全区抽调 89 名干部组成"上山下乡慰问团",分七批去云南、安徽、江西、新疆、浙江、江苏等地配合当地政府帮助下乡知识青年解决一些实际问题。

1970—1978 年,市革命委员会决定对下乡知识青年因病不能参加农业劳动和生活不能自理的,采取退回上海的办法,全区共退回 10 221 人。1973—1978 年,对独生子女以及家庭有特殊困难知识青年采取调回上海的办法,全区共调回 1 306 人。

1978 年 10 月,全国知识青年上山下乡工作会议作出逐步缩小上山下乡范围,有安置条件的城市可以不动员上山下乡,解决好已下乡知识青年的实际问题的决定。1979—1988 年,区不再动员知识青年上山下乡,并对 1968 年以后去外省插队的未婚知识青年 5 532 人调回上海统筹安排。通过父母退休、子女回沪顶替就业安置 7 684 人。1987—1992 年,对上山下乡到市属农场的未婚、已婚配偶一方在市区工作和已婚丧偶的知识青年 1 416 人,全部调回市区。对在外省、自治区已上调企事业单位工作的原上海知识青年,属未婚、丧偶、已婚配偶一方在上海工作的,通过跨省市商调回沪 2 100 余人。对到新疆生产建设兵团的青年,经 1981 年上海、新疆两地协商,调剂到上海市属海丰农场 225 户、450 人,调回上海市区 209 人。

至 1980 年底,全区 1968 年以后下乡知识青年还在当地的有 2 481 人(其中在农村2 277 人,农场 204 人)。1966 年以前赴新疆生产建设兵团仍在当地的有 1 695 人。

1989—1992 年,对仍在外省工作的原上海知识青年,适当帮助他们解决子女就读、就业方面的实际困难,允许每户有 1 名年满 16 周岁、或初中毕业以上未婚、未就业的子女来沪就读、就业。全区共办理知识青年子女 5 009 人入户。

(第十九编第二章《支援外地建设、上山下乡》,第 538—540 页)

《普陀区志》

上海市普陀区志编纂委员会编,上海社会科学院出版社 1994 年

同年(1962 年),全区第一批赴新疆生产建设兵团的青年到达新疆。

(《大事记》,第 33 页)

(1969 年)3 月,普陀区知识青年上山下乡办公室成立。　　　(《大事记》,第 36 页)

10 月 6—20 日,以"四个面向"(面向农村、面向边疆、面向工矿、面向基层)为名,大批干部被遣离机关,赴黑龙江省插队落户 24 人,分到文教系统 48 人,到工厂"战高温"劳动 170 人,到江西、云南慰问团 20 人,还有一部分人到南京梅山铁矿劳动。　(《大事记》,第 36 页)

第二节　知识青年上山下乡

1958 年,开始动员知识青年上山下乡,到 1978 年累计全区下乡人数 9.77 万余人,其中"文化大革命"期间有 8.94 万人,占 91.5％。1978 年后,统筹解决下乡知识青年的遗留问题。

一、上　山　下　乡

1958—1966 年,共动员 1.03 万人上山下乡,主要是社会待业青年和部分历届中学毕(肄)业生。

1958 年 1—8 月,由共青团上海市委等单位统一组织,去安徽省 336 人,去湖北省 586 人,共 922 人。1961 年 12 月前后,组织 865 名青年去江西共产主义劳动大学半农半读,分布在南昌、油山、桂山帽、祁禄山、翠雷山、武山、岷山、西山、武功山等 9 个分校。1962—1966 年,在精简职工和减少城市居民的同时,共有 8 541 名青年下乡。其中:去上海市属农场 2 149 人,去新疆生产建设兵团 6 392 人。赴新疆 1962 年 52 人、1963 年 2 020 人、1964 年 2 053 人、1965 年 1 907 人、1966 年 360 人。主要分布在新疆农一师一团、三团,农二师三十

二团,少数在农三师、农五师、农七师。

1967—1978年,下乡知识青年共8.74万人。1967—1968年夏季,下乡人数3600余人,主要去市属农场。1969—1970年底,1968、1969年两届中学毕(肄)业生及1967年以前历届社会待业青年全部动员到外省插队、插场。其中:到外省区插队2.46万余人,农场1.4万余人。1971年开始,对中学毕业生分配政策调整为坚持上山下乡方向的前提下实行"四个面向"。1971—1977年6届中学毕(肄)业生到上海市属农场的共3万余人,到外省务农的2300余人。1978年,最后一批93人去上海市属农场。

二、解决上山下乡中的实际问题

1969—1976年,区抽调100多名干部组成上山下乡慰问团,赴江西、安徽、云南、内蒙古等地,依靠当地各级领导力所能及地帮助下乡青年解决困难,对部分病残和独生子女及有特殊困难的下乡青年根据政策调回上海。

1978年后,根据全国知识青年上山下乡工作会议精神,停止动员下乡工作,同时逐步解决下乡知识青年的实际问题。1977—1990年,按照市的规定,因病和照顾家庭困难回沪1.94万人,职工退休招收其子女回沪工作1.07万人,从市属农场调回市区3268人,从新疆生产建设兵团调剂到上海海丰农场780人,商调回市区378人。

对在外省区农村同农民结婚和安置在乡镇企业工作的知识青年,实行每人每月40元左右的定期补助。

据1989年统计,原下乡知识青年中已在当地国家机关、事业单位和县属以上企业工作的有1.2万余人。

从1989年开始,为帮助解决仍在外省区工作的原上海下乡知识青年的子女就读、就业方面的实际困难,允许每户知识青年的一名"年满16岁或初中毕业的未婚、未就业"子女来沪就读就业。到1990年底,已办理4838名知识青年子女入户。

(卷十四第三章《支援外地建设、上山下乡》,第365—366页)

《南市区志》

南市区地方志编纂委员会编,上海社会科学院出版社1997年

(1968年)12月22日,区"上山下乡"办公室成立。至1977年的10年间,118 598名中学毕业生分配至黑龙江、云南、江西、安徽、江苏等9省农村及农场。 (《大事记》,第41页)

(1971年)3月8日,区革委会发出"向郑培志烈士学习"通知,学习原井冈中学女生郑培志在安徽务农时抢救落水同学英勇献身的精神。 (《大事记》,第41页)

(1973年)12月26日,区委组成"上山下乡学习慰问团",57名干部分赴新疆、江西等地区慰问上山下乡知识青年。 (《大事记》,第42页)

(1975年)9月1日,区机关、街道71名干部参加赴江西、安徽、新疆慰问上山下乡知识青年的"学习慰问团"。 (《大事记》,第42页)

是年(1978年),区内上山下乡知识青年11 937人被批准病退回沪。(《大事记》,第43页)

1960年南市区建立后,继续保持迁出人数大于迁入人数的状况。三年困难时期,工厂精简职工回乡生产;随后又组织社会青年支援边疆建设;1968—1976年动员知识青年上山下乡和部分职工支援三线建设。1960—1977年累计迁出减少197 654人,移出减少39 591人,机械变动共减少237 245人。其中,1968—1977年,上山下乡等原因迁出95 731人。

1978年后,因落实知识青年回城政策等因素,迁入人口激增,1978—1982年共迁入99 811人,最高的1979年一年迁入47 775人。改革开放后,住房建设迅速发展,居民居住条件逐步改善,移居变动增大。同时,一些外地人口投入上海经济建设,户口政策适应经济建设需要,迁入人口有所增加。1983—1992年,迁入92 493人,迁出49 070人,出入相抵,迁入增加人口43 423人;移入505 142人,移出536 121人,出入相抵,移出减少人口30 979人。 (第二编第二章《人口变动》,第74页)

1979年以来,大批"知青"回城,要求解决就业、住房、生活方面的信访增多,1982年为5 785件,占68%。 (第八编第五章《自身建设》,第247—248页)

南市区知识青年支援外地建设最早为1958年,有736名到湖北、安徽参加农业建设。1961年11月和1964年分别有166名和41名知识青年去浙江嘉善县陶庄公社落户。1961年又有57人去浙江农村。1966年底,南市区又有1 181人去江西共产主义劳动大学半工半读。1961—1965年,参加市属农场和黄山茶林场建设共3 956人,其中去崇明农场3 002人,去黄山茶林场954人。1962—1965年南市区先后有8 256人赴新疆生产建设兵团,主要分布在一师、二师、三师参加农业劳动,少数人安置到兵团的工厂。

1955—1965年,共有23 914名社会劳动力和知识青年支援外地建设。

(第二十一编第二章《劳动》,第607页)

第三节　知识青年上山下乡

一、各届中学毕业生和社会青年上山下乡

1966—1976年由原来少量的社会青年支农支边建设,发展为千家万户知识青年"上山

"下乡"运动。1968年下半年,上海遵照国务院改革高等学校和高级中学招生办法,对1966年和1967年两届中学毕业生实行"面向农村、面向边疆、面向工矿、面向基层"的"四个面向"分配方针,除一部分分配在上海市工厂外,大部分分配在上海市属农场,共5 000余人。其中:崇明农场4 685人,南汇农场380人,黄山茶林场100余人。

1968年12月21日,在毛泽东"知识青年到农村去,接受贫下中农的再教育,很有必要"的号召下,全市掀起一个知识青年"上山下乡"的高潮。对66、67、68年(俗称"老三届")中学毕业生余留和69届中学毕业生以及社会待业青年实行"一片红",即全部动员"上山下乡",到外省、市插队、插场和生产建设兵团务农。至1970年底,南市区动员去外省、市插队、插场的4.4万余人,去兵团的1.4万余人,去外省、市投亲插队的1.15万余人。

由于知识青年大量"上山下乡",在实际生活中存在不少问题和困难,自1971年开始,对中学毕业生的分配作了一些调整,按照每个家庭子女的去向,采取"四个面向"分配。即"一工一农"分配办法,"上山下乡"人数逐年下降。主要去向调整到上海市属农场工作。至1977年,全区安置去市属农场知识青年4万余人,还有少数知识青年自找门路投亲插队。

1978年,对中学毕业生分配进一步作了调整,基本停止"上山下乡"和"四个面向"分配。除升学外,对遗留的毕业生实行企、事业单位公开招工,统一考试,采取择优录取的原则。这一年"上山下乡"的仅730人,主要去向为市郊农场、市郊插队,这是南市区最后一批"上山下乡"的知识青年。

1968—1978年,共有11.5万余名知识青年上山下乡。

1968—1978年南市区知识青年"上山下乡"情况统计表　　　　　单位:人

去　向	合　计	外省、市农村							上海市属农场				
		江西	安徽	黑龙江	云南	吉林	内蒙古	其他	崇明	海丰	黄山	余山	南汇
总　计	115 922	15 647	18 083	16 506	4 526	3 354	99	11 547	30 834	10 958	1 530	2 427	410
生产建设兵　团	14 010	1 096	2 908	7 311	2 965								
农　场	46 160								30 834	10 959	1 530	2 427	410
插队插场	44 205	14 551	15 175	9 195	1 831	3 354	99						
投亲插队	11 547							11 547					

二、返城和安置

1978年,中共中央指示:有条件解决就业问题的城镇,可以不再"上山下乡",并积极、稳妥地解决好在农村的下乡知识青年的问题。根据这一精神,在1977、1978年中南市区经审批同意因病回沪的知识青年共13 058人。同时对3 221名生活困难的下乡知识青年进行了临时经济补助。

根据国务院《关于统筹解决知识青年问题的意见》和《关于工人退休、退职的暂行办法》

的规定,南市区通过各种渠道,在1979年中商调回沪知青39 016人。其中:父母退休顶替回沪的27 317人,病退和插队调回的11 577人,农场商调回沪的122人。对插队已婚不符合回沪条件的近5 000名知识青年,实行定期补助的办法。对285名夫妻一方在外省、市分居两地的知识青年办理婚迁手续。对已经上调工矿企事业单位、升学、提干等不符合回沪的对象,先后派出6批干部,到知识青年比较集中的江西、安徽、吉林、云南、江苏、浙江等6省100多个县400多个公社调查了解,摸清情况,对不符合回沪政策的对象,耐心做好稳定工作。

对赴市属农场的知识青年中的大龄未婚,或一方在市区、夫妻分居两地和丧偶的对象,自1987年开始分期分批调回市区工作,至1989年基本结束。以后个别审批的办法,至1992年底,共调回市区4 517人。

1980—1992年,南市区按照政策处理遗留问题,陆续调回上山下乡知识青年766人,办理顶替回沪1 224人。商调支疆青年回沪579人,安置去海丰农场672人,市郊农场8人。上调工矿、大龄未婚青年、已婚配偶一方在上海、丧偶的对象商调回沪4 392人。办理下乡知(支)青子女来沪入户8 854人,已有403人进入各类学校读书。

1977—1992年南市区按政策调沪的上山下乡知(支)青共有7万余人,其中包括回沪入户知(支)青子女8 854人。 （第二十一编第二章《劳动》,第608—609页）

社会主义革命和社会主义建设时期[①]

姓　名	性别	籍贯	参加革命时间和职务	牺牲时间和地点
王庆伟 (1947—1969)	女	江苏无锡	生于南市。1968年去黄山茶林场,任茶林场通讯员	1969年7月在抢救国家财产与洪水搏斗中牺牲
郑培志 (1950—1970)	女	浙江镇海	生于南市。1970年4月分配到安徽省生产建设兵团十二师十一团(现华阳河农场)	1970年8月为抢救落水战友而牺牲
傅国资 (1952—1971)	男	浙江上虞	生于南市。1969年9月在黑龙江农场任农工班长	1971年4月在追捕敌特时牺牲
丁训明 (1952—1971)	男	浙江镇海	1969年5月参加黑龙江生产建设兵团	1971年11月因食堂失火为抢救国家财产而牺牲
戴根发 (1948—1974)	男	江苏丹阳	生于南市。1964年6月分配在新疆农一师十六团五连,任配水员	1974年8月在抢测塔里木河洪峰时被洪水冲走
张银福 (1952—1976)	男	上海川沙	生于南市。1975年8月插队在安徽阜阳县苏屯公社向阳大队第四生产队,后任队长	1976年8月在阜阳抗洪斗争中抢救财产而牺牲 追认为中共党员

（第三十五编《人物·烈士英名录》,第1032—1033页）

---

① 本表内容为节选。——编者注

《虹口区志》

虹口区志编纂委员会编，上海社会科学院出版社 1999 年

　　(1963 年)9 月，动员知识青年参加新疆建设兵团。至 1966 年 5 月，全区共有 7 985 人赴新疆。　　　　　　　　　　　　　　　　　　　　　　　　　　　　　　（《大事记》，第 65 页）

　　是年(1968 年)，1966、1967 两届高、初中毕业生集中分配，有 6 093 人上山下乡。12 月首批 1 645 人去黑龙江、云南、江西。　　　　　　　　　　　　　　　　　　（《大事记》，第 67 页）

　　同年(1969 年)，1968、1969 两届中学毕(肆)业生及 1967 年前历届毕业生全部动员上山下乡去农村。1969—1970 年共上山下乡 5.82 万人。　　　　　　　　　　（《大事记》，第 68 页）

　　是年(1971 年)，中学毕业生按照学生兄、姐工作情况确定去向，1971—1977 年有 4.26万人下乡。1971—1993 年有 8.52 万人因实际困难陆续回沪。　　　　　（《大事记》，第 68 页）

　　1949—1957 年，为迅速增长阶段。由于国民经济得到恢复发展，职工生活改善，亲属来沪定居，生育又未得到控制。9 年间人口增长 123 284 人，年均增长 1.37 万人。

　　1958—1966 年，为稳定发展阶段。由于加强户口管理和动员社会闲散劳力支农、支边、支内，加上计划生育工作的开展，致人口发展趋于平稳，9 年间减少 727 人。

　　1967—1976 年，为迁徙压缩阶段。由于大批知识青年上山下乡，10 年间人口共减少118 548 人，平均每年减少 1.19 万人。

　　1977—1993 年，为小幅度回升阶段。由于知识青年大批回沪，50 年代出生人口进入育龄期，致人口有所回升，共增长 151 595 人，年均增长 0.89 万人。

　　　　　　　　　　　　　　　　　　　　　　　　（第二编第一章《人口规模》，第 128 页）

　　1955 年 7 月底 8 月初，虹口区、提篮桥区先后召开区青年社会主义建设积极分子大会，动员全区青年参加技术革命和文化革命。1957 年，家住东余杭路的初中毕业生吕美英，到川沙县金桥乡落户，成为农业战线标兵，1958 年出席全国青年社会主义建设积极分子大会。

　　1960 年，广大团员、青年响应党中央大办农业号召，到最艰苦的地方去锻炼成长。1962—1965 年，1 300 名初中毕业生在长兴岛、崇明岛参加短期或长期劳动；56 名高中毕业生参加上海青年农业建设队；4 055 名团员、青年奔赴新疆生产建设兵团。1964 年，到黄山茶林场参加劳动的知识青年陶华、金志强为抢救国家财产，在与洪水搏斗中献出年轻生命。1968—1972 年，全区有 10 万余名知识青年上山下乡。去黑龙江生产建设兵团的知识青年

韩振民,1970年在一次爆破试验中牺牲,被追认为烈士。

(第十八编第二章《共产主义青年团》,第655—656页)

第三节　知识青年上山下乡

1955年,中共中央主席毛泽东号召知识分子到农村去。1957年,提篮桥区首批组织社会知识青年和历届中学毕业生105人到市郊农场务农。1958年,虹口区、提篮桥区知识青年2 530人去江西、湖北国营农场务农。1960年起,虹口区每年都有一批知识青年上山下乡。至1966年,全区共组织知识青年上山下乡1.32万人,其中参加新疆建设兵团7 985人。

1957—1966年区境知识青年上山下乡统计表　　　　　　单位:人

去　向	总计	1957	1958	1960	1961	1962	1963	1964	1965	1966
合　计	15 891	105	2 530	53	1 167	2 877	1 960	2 507	2 981	1 711
江西垦殖场	852		852							
湖北农场	1 678		1 678							
江西共产主义劳动大学	776				776					
新疆建设兵团	7 985			53		39	1 960	2 507	1 715	1 711
黄山茶林场	246								246	
安徽广德山区	44								44	
安徽插队	1 220					1 220				
上海市郊农场	3 090	105			391	1 618			976	

由于开展"文化大革命",1966、1967两届中学毕业生集中在1968年分配,并实行"面向农村、面向边疆、面向工矿、面向基层"(简称"四个面向")分配办法,有6 093人上山下乡。1968年12月,毛泽东发出"知识青年到农村去,接受贫下中农的再教育,很有必要"的指示。1969年起,1968、1969两届中学毕(肄)业生及1967年前历届毕业生全部动员去外地上山下乡。至1970年,两年间上山下乡5.82万人。1971年,恢复"四个面向"分配办法,按照中学毕业生兄姐工作情况,确定分配去向,去外地人数逐年减少,主要分在市郊农场和农村。1971—1977年共有4.26万人下乡。

1968—1977年区内知识青年上山下乡统计表　　　　　　单位:人

去　向	总计	1968	1969	1970	1971	1972	1973	1974	1975	1976	1977
合　计	106 998	6 093	27 259	30 993	12 231	6 888	6 174	1 109	6 884	5 883	3 484
黑龙江	22 750	1 402	7 865	6 684	5 274	1 347	101	25	38	14	
安　徽	19 548		3 388	8 993	3 046	2 507	1 005	525	84		
江　西	17 928	118	5 647	11 295	309			559			

去向	总计	1968	1969	1970	1971	1972	1973	1974	1975	1976	1977
吉　林	4 300		4 258			42					
云　南	3 389	125	1 304	1 946	14						
贵　州	2 010		2 010								
内　蒙	514		514								
江　苏	2 273		2 273								
浙　江	2 075			2 075							
上海郊区	32 211	4 448			3 588	2 992	5 068		6 762	5 869	3 484

　　为解决上山下乡知识青年的实际困难,从1971年开始,调查1966—1968年3届毕业生上山下乡情况,有254人因患各种严重疾病难以继续在外地务农,与当地协商回沪。1973—1978年,批准患有严重疾病或独生子女及全家多人在农村的知识青年2.7万多人回沪。1979年,停止动员知识青年上山下乡。至1983年底,批准知识青年回沪5.01万人。1984—1993年,结合处理上山下乡遗留问题和职工商调,批准已在外地工矿企业工作、夫妻又分居两地的知青职工和仍在农村务农、家庭有特殊困难的知识青年7 488人回沪。

1971—1993年区回沪知识青年情况表

单位:人

年　份	总人数	顶　替	病困退	农场调回	商　调	遗留问题处理	调剂海丰农场
合　计	85 215	35 390	41 314	4 314	2 395	722	1 080
1979年以前	27 610		27 610				
1979	37 320	25 648	11 672				
1980	2 674	1 878	796				
1981	3 815	2 675	598	166			376
1982	3 472	2 980	84	33		91	284
1983	2 836	2 165	279	22		66	304
1984	208	24		8		68	108
1985	164		51	7		98	8
1986	833		62		762	9	
1987	2 264	20	62	1 229	953		
1988	2 239		100	1 786	283	70	
1989	1 156			957	130	69	
1990	224			63	136	25	
1991	157			17	89	51	
1992	85			15	42	28	
1993	158			11		147	

为解决在外省（区）上山下乡知识青年子女就读和就业困难，1989年起，每户知识青年可以有1名年满16周岁或初中毕业、未婚、未就业子女来上海入户就读。至1993年，全区共办理知识青年子女入户就读1.34万人。其中：1989年4254人，1990年1716人，1991年1706人，1992年1910人，1993年3777人。

（第二十六编第一章《劳动就业》，第892—894页）

《闸北区志》

上海市闸北区志编纂委员会编，上海社会科学院出版社1998年

同月（1968年12月），毛泽东主席发出"知识青年到农村去，接受贫下中农再教育很有必要"的指示后，闸北区知识青年上山下乡办公室成立。 （《大事记》，第43页）

（1974年）3月22日，中共闸北区委在区工人俱乐部召开大会，欢送28名干部赴黑龙江逊克县上山下乡慰问团和支援梅山基地建设。 （《大事记》，第45页）

（1975年）4月22日，中共闸北区委召开知识青年上山下乡工作会议，着重做好返沪青年回农村工作。到5月13日，86.2%返沪青年回农村。 （《大事记》，第45页）

（1979年）2月5日，区内一批社会青年以"享受知识青年待遇"为由，煽动千人上街游行，涌入共和新路铁路口，坐轨闹事，阻拦列车，围观者达万人。铁路被堵12小时，107列客车受阻，造成直接经济损失26.4万余元。 （《大事记》，第46页）

是年，为贯彻全国知识青年工作会议精神，中共闸北区委召开干部大会，布置统筹安排区内2.2万名知识青年就业工作。 （《大事记》，第46—47页）

（1981年）1月，区属各单位、各街道大力做好支疆回沪青年工作，普遍进行家访、开座谈会、茶话会，定人、定对象、定任务。 （《大事记》，第47页）

第二节 知识青年上山下乡
一、上 山 下 乡

1955—1966年，全区有社会待业青年和部分历届中学毕（肄）业生9468人上山下乡。其中1955年10月，首批知识青年42人去江西省德安县。1958年，673人去江西、安徽、湖北等省国营农场。1961年11月，793人去江西共产主义劳动大学总校及琳地、龙须东、小

布、五子云、旭光等5所分校半工半读。1962—1966年,有知识青年7 960人上山下乡。其中2 499人去市郊农场、畜牧场及安徽省国营黄山茶林场务农,5 461人去新疆生产建设兵团参加农业建设。其中:1962年34人,1963年1 688人,1964年1 994人,1965年1 202人,1966年543人,主要分布在农一师、农二师。

1968年,有5 991人上山下乡。其中:黑龙江、云南、江苏大丰国营农场1 304人,江西省硖江县插队107人,上海市郊东风、长江、五四等国营农场4 580人。

1969—1970年,对1968、1969两届中学毕(肄)业生及1967年前历届毕业生全部动员去外地上山下乡,两年中有5.1万人。

1971年起,中学毕业生分配重新调整为"四个面向",下乡去向主要是市郊农场,去外省人数逐年减少。1975年,有111人去黑龙江、安徽农村。1976年,有25人去外省区,其中北站中学毕业生丁绍仁、塘沽中学毕业生黄卫星到西藏日喀则地区插队(全市去3人)。至1977年底,有3万余人去市郊农场等,其中最后一批知识青年5 639人于同年去市郊农场及奉贤县农村插队落户。

1955—1977年,闸北区(含北站区)知识青年上山下乡10.1万人。其中"文化大革命"期间9.2万人,占总数91%。分布在黑龙江、内蒙古、吉林、云南、贵州、安徽、江西、浙江、江苏等省区及上海郊区。

二、解决实际困难

1969—1976年,区抽调干部100余人组成"上山下乡学习慰问团"赴江西、安徽、黑龙江等省,以资金、物资支持当地,依靠当地各级组织办亦工亦农小作坊,帮助下乡知识青年解决一些特殊困难,部分病残、独生子女调回上海。但下乡知识青年中多数人实际困难仍未解决。1976年调查,全区有4个子女以上去外地务农家庭93户,这些家庭实际困难更多。

1978年,根据全国知识青年上山下乡工作会议精神,停止动员知识青年上山下乡。并按政策逐步解决上山下乡知识青年实际困难。至1981年底,从外地调回38 663人。其中病退17 410人,职工退休子女顶替9 207人,商调8 549人,家庭有特殊困难调回3 497人。上调当地城镇企事业单位工作15 643人。两者合计54 306人,占去外地务农61 003人的89.02%。

1980年1月起,对已和当地农民结婚仍在农村劳动或安置乡镇企业的知识青年,实行每人每月10元定期补助。后逐年提高标准。1993年为每人每月60元。

1989年起,为帮助解决仍在外地工作的原上海下乡知识青年子女就学、就业困难,允许每户知识青年有年满16周岁或初中毕业、未婚、未就业子女1人到上海就学入户。至1993年底,全区办理就学入户11 683人。

(第三十编第二章《支援外地建设、上山下乡》,第900—901页)

1989年起,对下乡知识青年按政策回城的子女,根据他们父母不在身边,不适应城市生活特点,宝山路、开封路、天目西路等街道办事处除对他们进行就业常识教育外,还举办青年劳动学习班,寓思想教育、文体活动、劳动锻炼、技能培训于一体,受到本人、家长、社会欢迎。1990年,全区推广这一做法。1991年7月,共青团市委、市劳动局在闸北区召开加强待业青年教育管理现场交流会。至1993年底,全区接受就业常识教育结业生26 408人。

(第三十编第三章《职业培训》,第 901 页)

《杨浦区志》

上海市杨浦区志编纂委员会编,上海社会科学院出版社 1995 年

1963年是大规模动员青年参加新疆建设的第一年。团区委号召青年学习雷锋,推动支疆工作的开展。全区应届未升学的初、高中毕业生和社会青年共15 305人,报名支疆的3 903人。1965年有1 636名青年支疆。(第二十二编第二章《共产主义青年团》,第532页)

进入60年代,劳动就业主要对象是未升学的社会知识青年。除大部分安排进厂当学徒工外,每年都要根据"面向农业,面向外地"的方针,动员一批人去参加江西、安徽、新疆等地的工农业生产建设。至1966年,全区共安置社会知识青年10.9万人。"文化大革命"开始后,除68、69届中学毕业生全部上山下乡外,其余各届均按"四个面向"("面向农村、面向边疆、面向工矿、面向基层")分配,1968—1978年,全区共安置中学毕业生29.1万人,其中安排本市12.7万人,外地工矿企业0.5万人,各类培训2.6万人,上山下乡13.3万人。

大批知识青年上山下乡,在艰苦的条件下经受了锻炼,同时也面临诸多实际困难和问题。从1971年起对因病不能在农村劳动和生活的,批准"病退"回沪。1973年起,对已下乡的独生子女作"特困"调回。1971—1977年,共安置"病退"、"特困"知识青年1万余人。1978年下半年,全区下乡知识青年4万余人陆续返城,要求回沪安置。为维护社会安定,1979年,区政府根据中共中央关于"统筹解决好知识青年问题"等有关文件精神,对"文化大革命"期间上山下乡的知识青年,区别不同情况,采取"病退"、"商调"和"顶替"等办法回城安置,当年就安置回沪知识青年7万人。对"文化大革命"前支疆青年,1981年根据市政府与新疆自治区政府共同商定的《关于解决新疆垦区农场上海支边青年的具体规定》,依靠各街道办事处和里弄干部进行了大量深入细致的思想政治工作,坚持大多数支疆青年稳定在新疆的前提下,对少数确有实际困难的,经过批准按政策回城安置或去市属海丰农场。对已上调在当地机关和企事业单位工作的,至今未婚或婚配对象在沪工作的,通过"商调"办法回沪安置。至1990年,全区下乡知识青年回沪得到统筹安置的共10万余人。

(第二十四编第二章《主要政务》,第 579—580 页)

第二节　知识青年上山下乡

1958年,贯彻"面向农业"的就业方针,首批组织750名社会知识青年,安置到湖北万丈湖农场和江西国营垦殖场。1961年,有206名社会知识青年安置到福建林场;有881人响应号召,分配到江西共产主义劳动大学(半农半读)。同年,在崇明岛创办杨浦畜牧场,先后安置知青1 403人。并有1 618人,陆续安置到上海市属国营农、林场。1962—1966年,动员社会知识青年8 726人参加新疆农垦建设。1965年,上海市与安徽省商定,在皖南地区筹建四个"青年农业建设队",作为上海知识青年安置到农业战线一种新途径的试点。杨浦区动员挑选了85名社会知识青年,在安徽广德县创建自负盈亏的集体生产队。杨浦区选派1名干部协同管理。"文化大革命"开始后,因领导问题和生产自给问题均不落实,多数青年离队返沪。1969年上海市、杨浦区派人同当地商定予以撤销,知识青年就地分散插队。在此期间,全区安置到农业战线的知识青年共13 669人。

1968年4月,对66、67届中学毕业生实行"四个面向"分配,占两届毕业生总数45%左右的学生分配到国营农、林场。同年10月,建设中学66届高中毕业生王建华,经过"串联",带领全市1 000多名知识青年,率先到江西省井冈山地区农村插队落户。12月21日,毛泽东主席发出"知识青年到农村去,接受贫下中农的再教育"的号召,"四个面向"分配停止,对68、69届以及前两届尚未分配落实的毕业生,全部动员到外地上山下乡。70届起,重新按"四个面向"分配,上山下乡仍作为主要动员方向。至1978年,全区累计上山下乡知识青年133 890人。

大批知识青年下乡,特别是插队知识青年,在艰苦条件下经受了锻炼,同时也面临着诸多实际困难和问题。为帮助下乡知识青年解决某些困难,区里先后抽调200余名干部,参加"长期学习慰问团",常驻在黑龙江、安徽、江西、云南等地,协助安置地区工作;先后为2 794名下乡知识青年举办17期医疗卫生培训班,进行"赤脚医生"培训,并对3 900名知识青年进行下乡前卫生知识培训;多次把预防、治疗疟疾、皮炎、肝炎等针药送到有关地区;1974年起,每年对下乡知识青年家庭普遍访问,对有困难的插队知识青年家庭给予经济补助,当年共访问25 000多户,补助6 654户,金额193 250元。1975年,选择下乡知识青年较集中的安徽省灵璧县和江西省余干县,支援当地筹建安排下乡知识青年的小工厂和作坊,先后建成农机修理、小五金加工、喷雾器零件、制淀粉、制绳等6个主要项目,共调拨各种机床设备67台和配套工具,总价值74 360元,并代为培训操作技工43人;对少数患有严重疾病以及独生子女下乡的,按政策批准回城。然而,下乡知识青年中普遍存在的许多实际问题,仍难以得到缓解。1978年下半年开始,下乡知识青年和支疆青年相继大量返城,引起社会各方面关注。

1979年起,贯彻中共中央关于"调整上山下乡政策,统筹解决好知识青年的问题"等精神,除已在当地成家或调入工矿企业者外,插队知识青年均批准回城,插场知识青年按商调手续调回。并通过退休顶替等途径,办理回城安置。对符合回城条件的支疆青年,也按手续办理回城,其中大多数已婚,有一方符合回城条件而另一方不属回城范围者,合家调剂安排到上海市属海丰农场。先后共安排 725 户 1 450 人(子女不计在内),有 26 人安排到市郊农场。1989 年开始,对不符合回城条件的下乡知识青年和支疆青年,允许有一名子女(年满 16 周岁或初中毕业)回沪入户。两年中,批准 7 192 名入户继续求学或就业。对已调在当地企、事业单位工作的下乡知识青年,未婚或婚配一方在沪工作者,按跨省市工人商调手续调回。1985—1990 年,共调回 1 200 余人。

至 1990 年,全区经劳动(知识青年)部门批准回城的下乡知识青年共 9.12 万人。

1958—1966 年杨浦区社会知识青年"面向农业"安置情况表

年 份	安置外地		安置上海	
	人 数	去 向	人 数	去 向
合 计	10 563	3 106		
1958	750	湖北万丈湖等农场 450 江西垦殖场 300		
1961	1 087	福建林场 206 江西"共大" 881	266	杨浦畜牧场 28 长兴岛农场 123 新海农场 115
1962	29	新疆建设兵团 29	1 495	杨浦畜牧场 1 375 金带农场 120
1963	2 005	新疆建设兵团 2 005		
1964	3 349	新疆建设兵团 3 349	499	崇明农场 499
1965	1 641	新疆建设兵团 1 641	846	崇明农场 578 黄山茶林场 183 广德(青建队) 85
1966	1 702	新疆建设兵团 1 702		

说明:外地和上海合计 13 669 人。

1968—1978 年赴外省、自治区插队落户情况表

地 区	江 西	安 徽	吉 林	黑龙江	贵 州	云 南	内蒙古	浙江、江苏安徽等省投亲插队	总人数
人 数	16 515	15 603	4 145	3 252	1 670	498	118	16 187	57 988

1968—1978 年赴外省农、林场、建设兵团情况表

地 区	云 南建设兵团	江 西建设兵团	安 徽兵团农场	黑龙江农 场	黑龙江建设兵团	大兴安岭林 场	小兴安岭林 场	总人数
人 数	2 891	2 369	603	2 782	6 786	1 077	942	17 450

此外,1968—1978 年,还有赴上海市市属农、林、牧场的知识青年 55 183 人,赴上海市郊

插队 3 269 人(南汇县 2 318 人,崇明县 951 人)。

1968—1978 年上山下乡知识青年合计为 133 890 人。

(第二十七编第四章《支援内地、上山下乡》,第 656—658 页)

(1968 年)12 月 22 日,根据毛泽东主席"知识青年到农村去,接受贫下中农的再教育,很有必要"的指示,本区动员 66—68 届的初高中毕业生 12 000 余人去农村。(《大事记》,第 1087 页)

(1969 年)8 月 15 日,吴淞二中学生金训华插队黑龙江逊克县逊河公社双河大队,为抢救国家财产,与洪水搏斗牺牲。 (《大事记》,第 1087 页)

《闵行区志》

闵行区地方志编纂委员会编,上海社会科学院出版社 1996 年

知识青年上山下乡和返城就业

1961—1966 年有 662 名中学毕业生和其他人员赴农场务农,其中新疆建设兵团 515 人、江西 93 人、上海市国营农场 54 人。1967—1978 年闵行、吴泾地区的中学毕业生去黑龙江、云南、安徽、江西等地农场 1 609 人,市属国营农场 3 326 人;黑龙江、云南、贵州、江西、吉林和内蒙古插队落户 3 340 人,上海市郊农村插队落户 509 人。1979 年统筹下乡知识青年返城就业。至 1990 年全区回城 4 937 人,其中军垦农场 994 人、外省农村插队落户 1 596 人、上海市国营农场 2 154 人、市郊插队落户 193 人。回城知识青年通过各种途径安置就业,其中顶替父母退休就业 2 712 人。 (第二十二编第二章《劳动》,第 406 页)

1961—1978 年闵行、吴泾地区知识青年上山下乡情况表
单位:人

去　　　　向		总数	人　数		1961—1966 年	1967—1972 年	1973—1978 年
			男	女			
		9 446	4 590	4 856	662	4 605	4 179
江西共产主义劳动大学		93	74	19	93		
赴外地农场	小　　计	2 124	1 062	1 062	515	1 368	241
	新疆建设兵团	515	240	275	515		
	黑龙江省	1 187	604	583		999	188
	云　南　省	175	90	85		175	
	安　徽　省	181	92	89		170	11
	江　西　省	66	36	30		24	42

去　　向		总数	人　数		1961—1966 年	1967—1972 年	1973—1978 年
			男	女			
		9 446	4 590	4 856	662	4 605	4 179
赴外地农村插队落户	小　计	3 340	1 610	1 730		2 353	987
	黑龙江省	280	151	129		183	97
	云　南　省	90	49	41		81	9
	安　徽　省	1 287	554	733		830	457
	江　西　省	1 018	500	518		627	391
	吉　林　省	191	117	74		191	
	贵　州　省	62	37	25		62	
	内蒙古自治区	28	21	7		28	
	投亲插队	384	181	203		351	33
上海市市属国营农场		3 380	1 604	1 776	54	787	2 539
上海市郊插队落户		509	240	269		97	412

（第二十二编第二章《劳动》，第 409 页）

《吴淞区志》

上海市宝山区史志编纂委员会编，上海社会科学院出版社 1996 年

　　(1963 年)7 月 4 日，吴淞知识青年报名参加新疆建设的人数达到 462 人，到 11 月底被批准赴新疆的共有 225 人，其中男性 114 人，分配在生产建设兵团农一师和农二师。到 1966 年，全区支疆青年总数达到 626 人。1981—1984 年，商调回沪 92 人，调剂到江苏海丰农场 140 人。

（《大事记》，第 31 页）

【上山下乡】

　　1. 知识青年上山下乡　1961 年起，全区动员 16—25 岁青年上山下乡，1961 年上山下乡人数为 131 人，1962 年为 127 人，1963 年 1—10 月为 244 人，共 502 人。其流向是：江西 114 人，新疆 229 人，浙江 2 人，福建 17 人，安徽 29 人，崇明、长兴两岛 111 人。由集体安置到建设兵团、农林场的 471 人，插队落户的 31 人。其中 1962 年，为了减少城镇人口，支援江西老革命根据地的社会主义建设，动员知识青年去江西省共产主义劳动大学 114 人。当年全区共有社会知识青年 450 人，其中具有初中文化程度 185 人，初中毕业的 165 人，高中和

高中毕业的 100 人。报名的有 164 人,实际招收 114 人,占报名数的 69.5%,分配在劳动大学总校 16 人、井冈山分校 13 人、余坪分校 21 人、大茅山分校 16 人、刘家站分校 9 人、岷山分校 39 人。

1963 年动员知识青年参加新疆生产建设兵团生产建设。全区共有社会知识青年 972 人,自愿报名参加新疆生产建设的 462 人,实际出发赴新疆的有 225 人。其中团员 16 人,男性 114 人;文化程度:高中 26 人,初中 85 人,高小以下 114 人;年龄:16 岁以下 66 人,17—18 岁 97 人,19—21 岁 49 人,22—24 岁 13 人,平均年龄 17 岁。到 1966 年吴淞地区支援新疆建设兵团的支边青年达到 626 人,主要分布在农一师十团,农二师二十四团,农三师四十团、四十五团、四十八团。

1968 年动员知识青年上山下乡,吴淞镇街道、泗塘街道、殷行路街道当时隶属于杨浦区,至 1973 年这三个街道也有大批知识青年加入了上山下乡的行列,先后有 2 100 多人到安徽、黑龙江、上海市郊等地的农村和农林场劳动。

2. 知识青年回城安置 1981 年吴淞区劳动局建立以后,针对上山下乡知识青年存在的许多实际困难,积极稳妥地采取各项措施,逐步解决上山下乡知识青年中存在的实际问题。

对参加新疆建设兵团的支边青年的安置 1981 年根据国务院《解决新疆垦区农场上海支边知识青年问题的规定》精神,把大多数上海支边青年稳定在新疆,对一部分本人或家庭确有实际困难的支边青年,分期分批商调回沪或调剂到上海市所属的农场。1981—1984 年共商调回上海市市区工作的 92 人,调剂到海丰农场的 140 人,调剂到市郊农场的 1 人。

1987 年为了进一步做好上海支边青年的稳定工作,凡上海市支边青年的子女,在上海有生活基础,有监护人的,可安排一名来沪借读,初中毕业后,可以报考上海的中专、技校、职校;高中毕业后可在上海参加高校和中等专业学校的招考。吴淞区支边青年子女考入上述三类学校的有 14 人。

市郊农场知识青年商调回市区工作 1984 年起对不符合顶替父母回市区工作的市郊农场知识青年,按市对市属农场知识青年职工因家庭特殊困难试行照顾商调的规定,从 1984—1986 年的三年中,商调回市区单位工作 19 人,其中 1984 年 2 人、1985 年 8 人、1986 年 9 人。

1987 年按市有关规定对吴淞区知识青年在上海市国营农场工作的人员中属大龄未婚的;配偶另一方在市区工作的;已婚丧偶的三种对象逐步调入市区单位工作,调市区单位工作的有 101 人。

在外省市农场和插队的上海知识青年商调回上海市区单位工作 根据知青的具体困难区别对待,分期分批通过商调回市区单位工作。1980—1987 年共商调回市区 182 人。

妥善解决在黑龙江大兴安岭林区工作的上海知识青年的困难 1969—1971 年,吴淞地区去大兴安岭的上海知识青年有 127 人。1981 年底,根据上海市劳动局《处理大兴安岭地区部分林业工人要求返沪问题的意见》,对其中少数确有特殊困难的给予适当照顾,商调回沪。当时因各种原因已离开林区的有 105 人,仍在林区的有 22 人,其中符合回沪条件的 12 人。1982—1983 年通过商调,符合条件的 12 人均回沪工作。

职工退休退职后招收其子女参加工作　根据 1978 年国务院《关于工人退休退职的暂行办法》规定,职工退休退职后,可招收其 1 名未婚子女参加工作。吴淞区自 1980—1987 年共办理退休退职职工的上山下乡子女 1 781 人参加工作,其中在本市农场和市郊插队的 1 714 人;在外省市农场和插队的 67 人。

招收退休、退职职工上山下乡子女情况表

年　份	本市农场和市郊插队知青	外省市农场和插队知青	年　份	本市农场和市郊插队知青	外省市农场和插队知青
合　计	1 714	67	1984 年	186	
1980 年	177	37	1985 年	90	
1981 年	354	12	1986 年	66	
1982 年	454	4	1987 年	46	
1983 年	341	14			

(第十五篇《劳动·劳动安置》,第 301—302 页)

《上海县志》

上海县县志编纂委员会编,上海人民出版社 1993 年

　　(1957 年)8 月 23 日,首批上海市区中学毕业生到西郊区农村安家落户,参加农业生产。至次年 2 月,计 1 650 余人。　　　　　　　　　　　　　　　　(《大事记》,第 48 页)

　　(1968 年)10 月 25 日,第一批城镇初、高中毕业生(1966、1967 届)和待业青年共 4 124 人到县内农村插队落户,参加农业生产。　　　　　　　　　　(《大事记》,第 60 页)

　　同年(1971 年),自 1969 年秋,1969—1971 届城镇中学毕业生实现"一片红",全部"上山下乡"到农村、农场务农。1968—1978 年全县"上山下乡"知识青年达 2.78 万人。

(《大事记》,第 62 页)

　　"文化大革命"期间,有 7 483 名中学毕业生上山下乡,到外地务农;1971 年又有 3 600 余名青年农民赴云南等地务农。1978 年起,迁入上海县人口显著增加,迁入的主要有三类:"文化大革命"中赴外地农村、农场知识青年和青年农民绝大部分返回上海县,在外地工作的一些上海县籍科技人员和眷属调回原籍,也有部分在外地工作的上海市区籍科技人员进入

上海县,至 1983 年共迁入 122 843 人,占 1954—1984 年迁入人员的 28.4％,1979 年达 28 411人,为解放后迁入人口最多的一年。历年来,农村除婚嫁、参军、招工、升学(大中专), 1971 年 3 600 名青年赴云南外,极少有人迁出、迁入。

1954—1984 年上海县人口迁出、迁入情况表

单位:人

年　份	迁　出		迁　入	
	共　计	年　均	共　计	年　均
1954—1959	82 149	13 692	92 025	15 338
1960—1969	83 984	16 797	63 080	12 616
1970—1979	116 515	11 652	112 781	11 278
1980—1984	68 422	13 684	83 465	16 693
总　计	351 070	13 503	351 351	13 514

注:1960—1969 年中缺 1961、1965—1968 年资料。

(第二篇《户口》,第 152 页)

劳动局 1961 年设劳动科,1962 年撤销,1965 年 8 月恢复劳动科,1967 年 1 月瘫痪, 1969 年成立上山下乡办公室,1978 年,改设为劳动局。

(第四篇《政权政协·政府》,第 229 页)

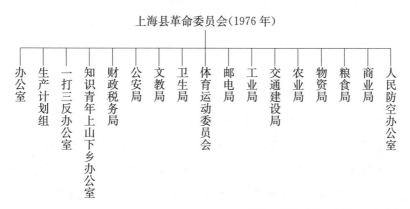

(第四篇《政权政协·政府》,第 232 页)

1972 年,就业人员主要来自三方面:部分应届中学毕业生,部分插队落户务农"知识青年""上调",因病或家庭困难的插队落户务农"知识青年"。1979 年后,重点安排返城的插队落户"知识青年"就业。1972—1981 年全县安排 20 274 人。1981 年全民和集体所有制职工达 42 952 人,比 1971 年增长 67.5％。

(第六篇《政事·劳动、人事》,第 280 页)

〔知识青年上山下乡〕

1957年8月,上海市人民委员会和共青团上海市委号召上海市区中学生"去郊区下乡落户当新农民",至次年2月,西郊区接收1650余名初高中毕业生,安排到高级农业生产合作社务农。

1963年8月开始动员未能升学的应届初、高中毕业生和城镇闲散青年参加新疆建设兵团工作,至1966年9月结束。赴新疆青年累计约2460人,其中1963年355人,1964年810人,1965、1966年分别为610人和685人(计划数,实际超过)。1966年3月又有5个县属镇72名待业知识青年到马桥公社插队落户务农。

因"文化大革命",1966—1968年届初、高中毕业生滞留校内,至1968年下半年除农村户口中学毕业生返回原籍参加农业生产外,部分城镇户口毕业生自愿报名到黑龙江军垦农场务农;9月,一部分1966届城镇户口高中毕业生分配到奉贤星火农场;10月25日,1967届高中、1966—1967届初中城镇户口毕业生以及一部分城镇待业青年4124人首批分配到县内农村插队落户务农。1968年以后的中学毕业生除极个别有特殊困难外,其余均分配到农村务农;赴黑龙江、云南、内蒙古、浙江、江苏、江西等地农场5324人;赴安徽、黑龙江农场插队1935人;在县内农村插队3493人。同时,3600余名青年农民被动员到云南等地农场务农。1972年起恢复"面向农村、面向边疆、面向工矿、面向基层"的分配原则,除一部分中学毕业生分配进工厂等企业外,其余仍到县内农村插队,1973、1974年分别达2368人和2695人,以后逐年减少,直到1978年最后一批15人下乡。1968—1978年全县有27843名"知青"上山下乡务农,其中县内插队16760人,外地农村插队1935人,外地农场9148人。

1970年起,通过参军、招工、升学等途经,逐年安置在县内插队的一部分"知青"。1973年起,部分"知青"因家庭实际困难或本人疾病,返回城镇就业。到1978年有6316人离开农村,其中应征入伍873人,招工2599人,招生1479人,因"家庭困难"返城265人,因"病"返城257人,结婚外迁174人,转到他县插队119人,其他550人。1979年起,全面统筹下乡"知青"返城就业,至1981年底除183人因残疾、服刑和400人从事个体工商业外,其他10044人全部安排就业。其中统筹分配6907人,因父母退休"顶替"3137人。赴外省务农"知青",至1981年底有5210人回县,大部分安排在县属集体企业。其中以"病退"理由调回3547人,因父母亲退休"顶替"调回1302人,照顾调回247人,其他原因调回114人。仍留在外省市的除24人因结婚或其他原因在当地务农外,其余均通过当地参军、招生、招工等途径解决就业。

对插队在县内务农的"知青",国家给予一次性经济补助。1966年,插队"知青"每人补助26元,用以添置农具和生活用具。1968年插队"知青"每人拨给安置费230元,其中50元购置"三具"(家具、餐具、农具),180元建房。1972年插队"知青"每人480元,其中300元建房,80元购置"三具",60元生活补助,40元作机动。1972年前未建房的"知青"也按每人300元增拨。1968—1978年,累计拨给经费663万元,用于建房393万元、"三具"添置79万元、生活补助 47 万元,结余 144 万元。"知青"返回城镇就业后,遗留农村的住房和"三具"折价归国家,总额 110 万元。 （第六篇《政事·劳动、人事》,第 281—282 页）

插队"知青"家庭困难补助。1974 年对家长无人在职的农村插队"知青"家庭,春节和国庆节定期困难补助,计 1 175 户次,补助金 3.52 万元(父母在职由父母单位补助,不在统计之列)。1975 年补助 1 479 户次,补助金 4.15 万元。1978 年补助 763 户次,补助金 1.99 万元,另外对经济特别困难的 6 户每月共补助 95 元。尔后补助人数和补助金逐年减少,1984 年仅 1 户,每月 15 元。 （第六篇《政事·民政》,第 292 页）

《上海县文化志》

上海县文化志编纂委员会编,上海社会科学院出版社 1997 年

是年(1970 年),北桥公社插队落户知识青年胡慧英创作的剧本《阿勇》,结集于上海文艺出版社《新的高度》一书,后又拍成电影。 （《大事记》,第 36 页）

70 年代初,县文化馆多次举办为期 3—30 天的创作加工班,辅导下乡及回乡知识青年,加工作品,推荐参加市、县展出,形成一支美术创作队伍。其中,杨翠丽、高金龙擅长年画,陈心懋、庞先健、余家乐专攻中国画。1975 年,杨翠丽的年画《码头大学》入选全国年画展,是上海县第一幅农民作品参加全国性画展。1976 年,高金龙年画《暖房春色》、《同甘共苦》入选上海农民画展。嗣后,陈心懋的中国画《前线来信》、《香茗图》,余家乐的中国画《每逢佳节倍思亲》等均参展获奖。……庞先健、冯念康也各有 10 多部连环画作品,由上海、浙江等人民美术出版社出版。徐有武、庞先健、陈心懋合绘的《血防线上》,入选全国连环画展。 （第三篇第四章《群众文艺创作》,第 137 页）

《南汇县志》

上海市南汇县县志编纂委员会编,上海人民出版社 1992 年

(1969 年)2 月,本县 66—68 届初高中毕业生到农村插队落户。 （《大事记》,第 36 页）

支边支疆

本县为适应国家建设的需要,1952—1958 年,陆续输送到外地的建筑技工 2 603 人,遍及全国。60 年代初,动员知识青年支援边疆建设。1961 年 34 名高、初中毕业生赴新疆,13 名至江西共产主义劳动大学。1963 年 326 名青年赴新疆。1964 年,683 名青年和 568 名建

筑技工赴新疆。1965 年 1 515 名建筑技工应招赴贵州、四川等省从事建筑工作。1971—1972 年,400 名下放工人子女、退伍军人先后应招赴甘肃靖远煤矿。从 50 年代初到 80 年代初,本县先后赴外省市及边疆参加建设者计 6 142 人。

上山下乡和知青安置

  1968 年 4 月动员中学毕业生上山下乡,至 1969 年,全县 1966、1967、1968 年 3 届城镇居民户口的高初中毕业生 1 555 人到农村或边疆插队落户。嗣后,动员应届高初中毕业生上山下乡,成为正常工作,前后持续 10 年(1968—1978 年),共有 11 015 人上山下乡(包括市区来本县插队的 1 500 人),其中去外地农场的 2 572 人,去外地农村插队的 548 人,在本县农村插队的有 7 895 人。当时规定,农村生产队接收安置知识青年 1 人,国家拨付安置经费 230 元,用于添置 3 具(农具、家具、炊具)及生活困难补助、医疗费等,1973 年以后改为 480 元。本县为插队知识青年建公房 3 230 间,其中平房 2 994 间,楼房 236 间,建房费用 223 万元。1973 年后,各人民公社成立知青领导小组,由专职人员负责处理有关知青的问题。对插队后生活尚不能自给的知识青年每年进行补助:1973 年补助 381 人,金额 10 061 元;1974 年 209 人,金额 5 829 元;1975 年 143 人,金额 3 970 元。对因子女上山下乡发生经济困难的职工,1973 年补助 1 056 户,金额 23 650 元;1974 年补助 4 753 户,金额 114 042 元;1975 年 4 663 户,金额 118 849 元。3 年各种补助合计金额 2 565 万元。

  上山下乡知青回城安置途径主要有:招工、招生、参军、按政策上调、病退等,1978 年后又增加"顶替",即父母从企业退休,由知青顶替进企业。1978 年上山下乡停止后,县内尚有插队知青 6 264 人。1979 年有 2 500 余人办了"顶替"手续,余下的 3 700 多名根据中共中央和市委文件精神,1979 年安排 1972 年以前插队的知青及应届毕业生共 2 085 名,1980 年安置 1 830 人,1981 年全数安置。在外地农场(主要在云南、内蒙)插队的本县知青 3 120 人,1978—1980 年作病退回来的 639 人,商调回沪的 150 人,独子照顾调回的 65 人,顶替回沪的 300 多人,其他人员则大部分在外地的招工、升学、参军中得到安置,因结婚等原因尚在外地务农的已不足 200 人。

(第三十一编《劳动就业与人民生活·劳动力管理》,第 648—649 页)

《金山县志》

上海市金山县县志编纂委员会编,上海人民出版社 1990 年

第三节 知识青年上山下乡

  1957 年下半年,本县开始组织城镇待业青年集体下乡务农。1961—1965 年期间,动员部分城镇待业青年插队落户。1966 年 6 月,张堰、朱泾、吕巷三镇动员 52 名城镇知青在兴塔公社插队。7 月,枫泾镇(当时属松江县)动员 123 名社会青年到枫围公社集体插队。是

年9月,张堰、朱泾、吕巷又动员97名城镇知识青年赴新疆支援边疆建设。

1968年,"上山下乡"运动进入高潮,对1966、1967、1968届初、高中毕业生除45人分配工作,76名去黑龙江"生产建设兵团"外,全部动员到本县农村插队落户。是年,全县插队人数达2160名,其中有市区知青303名。

1969—1971年,动员1971名城镇知识青年分赴边疆农场和内地插队落户。其中去云南农场926名,内蒙古农场557名,安徽插队落户190名,黑龙江插队落户298名。以后陆续动员,一直延续至1978年。全县知识青年上山下乡总人数先后有11909名(包括市区3372名)。

知青上山下乡统计表

单位:人

农村插队			农　　场(建设兵团)	
去本县农村	本县知青	5 925	奉贤"星火"	49
	市区知青	3 372	新　　疆	516
去黑龙江		298	云　　南	926
去 安 徽		190	黑龙江	76
			内蒙古	557
小　　计		9 785	小　　计	2 124
总　　计	11 909			

1979年,落实上山下乡知识青年的政策,通过顶替、商调、招工、升学等途径,进行统筹安排。1979年,共安排3030名;1980年安排2328名。至1985年末,基本上解决了"文化大革命"所遗留的"知青"就业问题。

1985年4月,对226名于"文化大革命"期间下乡插队已婚女知识青年上调后,对其未成年的(15周岁以下)子女327人的户口,办理随母入户手续。1986年4月,对613名于"文化大革命"期间插队的已婚男知青安排工作后,对其未成年(15周岁以下)的子女686人的户口,亦办理了"农转非"手续。

自1968年以来,国家拨给本县知青安置经费382万元。其中支付建房192万元,购置三具费(农具、家具、炊具)68万元,困难补助费33万元,总支出为293万元。结余89万元,其款上交县财政69.6万元,县知青办公室19.4万元。"知青"统筹安排后,对遗留的住房和"三具"进行折价处理,其中住房变价收入34万元,"三具"变价收入16万元,包括其它变价收入,共100万元。其款上交市知青办公室10%,留存公社、镇40%,留存县50%。至1985年,全县因长期患病,调回后难以安排就业的知青3名(张堰镇1名、漕泾乡1名、廊下乡1名),本着负责到底的精神,由县劳动部门在知青经费中给予长期补助,月支35元。

(第二十三编第一章《劳动就业》,第638—639页)

《嘉定县志》

上海市嘉定县县志编纂委员会编,上海人民出版社1992年

是年(1968年),动员城镇知识青年上山下乡。至1978年,全县上山下乡的知青共1.26万名,其中赴云南、黑龙江、内蒙古、安徽等地农场或插队落户的2 601名。至1983年底,有99.5%的知青先后回县安置。 (《大事记》,第40页)

二、支边安置

1956年,本县200名青年由新疆生产建设兵团招收去新疆创建石河子八一制糖厂。1963—1966年,有1 209名农村、城镇青年,赴新疆参加生产建设兵团,支援新疆建设。1971年,有2 043名农村知识青年被动员去云南支援建设,分别安置在勐腊、勐满、勐捧农场。1979年后,约400名支疆青年、2 000余名支滇青年,先后回本县城镇重新安置或回农村。

三、知识青年上山下乡

本县知识青年(简称知青)上山下乡始于1957年,为城镇中小学毕业生待业安置门路之一。是年9月,城厢、南翔两镇分别集会欢送121名中小学毕业生去农村参加农业生产劳动。1958年,上海市区有80名知青在长征等公社落户务农。1968—1978年,城镇知青被动员上山下乡的共有1.26万名,其中在本县农村插队落户的有9 973名,去外省(自治区)的有2 601名(内赴黑龙江、安徽农村插队落户的有639名,赴黑龙江、内蒙古、云南农场的有1 962名)。期间,还接纳安置非本县的知青2 127名(内市区知青1 290名,市郊其他县知青803名,外省市知青34名)。本县农村共安置知青1.13万名,其中投亲插队的有837名。为解决知青上山下乡后住房、生产、生活等问题,国家拨给本县知青安置经费(1968—1986年5月)477.31万元,实际支出410.41万元,其中建房费280.57万元,购置"三具"(农具、家具、炊具)费67.61万元,困难补助费53.04万元,其他费用9.19万元。1979年起,本县不再动员知青上山下乡。之后,不少知青因招工、升学、参军或病弱、家庭困难等陆续回城。至1983年,本县有99.5%的县内插队知青回城,继续留农村的约50名;去外省(自治区)的知青,除已在当地安排工作或已婚嫁而留在农村(农场)的约50名外,其余均回本县安排工作。1985年起,妥善处理知青在农村婚嫁后的遗留问题,至1987年,有1 820名知青子女的农村户口转为居民户口。 (第二编卷十六第一章《就业 安置》,第536—537页)

《崇明县志》

上海市崇明县县志编纂委员会编,上海人民出版社1989年

1968年,大批上海知识青年来崇参加农场建设和插队落户。1977年,本县人口达最高

峰,为 824 797 人,其中农场人口 204 133 人。1979 年后,农场知识青年陆续回沪,人口有所下降。

(卷四《人口·概述》第 108 页)

1963 年起,动员青年去新疆和内地参加国家建设。至 1967 年,共有 1 780 人到新疆、广西、兰州、贵州等地就业。

(卷十《劳动人事·劳动人事调配》,第 247 页)

城镇知识青年上山下乡

本县 1968 年成立知识青年下乡上山办公室(1974 年改为知识青年上山下乡办公室),动员、组织知识青年上山下乡。至 1978 年,全县共有 9 211 名知识青年上山下乡。其中插队的 5 810 名,投亲落户的 2 838 名,自找门路安家落户的 563 名。1979 年停止动员。1980年,上山下乡办公室与劳动局合署办公。至 1984 年 8 月,95.5％的下乡知识青年已安排工作。

本县到外地农村和边疆落户的知识青年共有 721 名。其中到安徽省灵璧、当涂县插队的 80 名,黑龙江爱辉县插队的 62 名,内蒙古落户的 183 名,云南陇川、瑞丽和西双版纳橄榄坝农场落户的 396 名。1979 年,他们中的绝大多数经病退或困退回本县安排工作。

随着党对知识青年政策的调整,1973 年起,本县开始对知识青年作统筹安排。先后从知识青年中招生 611 名,招工 4 909 名,另有 430 名参军,345 名病退,2 077 名顶替,80 名转外省市,692 名作其他安排。

本县知识青年中有 1 786 名加入了中国共产党和中国共产主义青年团,占知识青年总数的 19.4％;有 502 人被选拔担任生产队、生产大队、公社和县级机关的领导工作,占知识青年总数的 5.5％。

(卷十《劳动人事·劳动人事调配》,第 249 页)

(1968 年)在"知识青年到农村去,接受贫下中农再教育"的号召下,动员组织知识青年上山下乡。1979 年停止动员。历年全县上山下乡知识青年累计 9 211 名。至 1984 年底,95.5％的上山下乡知识青年已重新安排。

(《大事记》,第 964 页)

《松江县志》

上海市松江县地方史志编纂委员会编,上海人民出版社 1991 年

(1968 年)冬,上海市和本县的一批知识青年,开始到本县各公社插队落户。

(《大事记》,第 46 页)

(1969 年)冬,本县大批知识青年分赴黑龙江、云南等地农场或农村落户。

(《大事记》,第 46 页)

同年(1979 年),安排 1972 年以前下乡插队的知识青年 7 430 人回城镇就业。各单位职工未及退休年龄,允许提前退休,由子女顶替工作。 （《大事记》,第 49 页)

同年(1980 年),本县下乡知识青年全部上调,安排工作。 （《大事记》,第 49 页)

60 年代初期起,松江部分知识青年,经动员去新疆等地参加支内支边建设。1963—1966 年,本县城乡青年有 1 504 人去新疆。1965 年,本县动员下放职工及其子女 435 人去四川;1966 年,又动员 84 人去青海。

1968—1977 年,本县城镇先后有 3 525 名知识青年去黑龙江、云南、安徽、内蒙古等地插队落户或去农场。其间,有上海知识青年 2 898 人和外省知识青年 226 人,来本县农村插队落户。

到 1985 年,上山下乡去外地的知识青年,除少数已在工矿企事业单位就业,或升学、参军,在当地结婚成家者外,几乎全部返回城镇,另行安置。“文化大革命”期间去新疆、四川、青海等地支内的知识青年和职工,到 1985 年,约有 400 人已返回松江。

从边疆回来的知识青年中,一部分人的配偶,也随之来松定居,使本县民族结构也发生了一些变化。 （卷三第一章《人口数量、分布、迁徙》,第 156 页)

上山下乡知识青年困难补助　1977—1979 年,共补助 546 人次,金额 1.2 万元。1980年改为定期补助。后陆续上调,停止了补助。1985 年尚有在安徽插队的 2 户、5 人,仍继续补助。 （卷八第一章《民政》,第 287 页)

第五节　上　山　下　乡

1968—1977 年,本县城镇知识青年先后赴外省市农村插队落户的 842 人,赴外地农场(生产建设兵团)参加农业生产的 2 683 人,在本县农村插队落户的 12 205 人。其中,市区知青来本县农村插队的有 3 026 人,外省市知青来本县农村投亲插队的有 35 人。赴外省市农村插队落户的 842 人中,在黑龙江呼玛县的 316 人,逊克县 171 人,甘南县 118 人,在内蒙古自治区和林县的 24 人,在安徽颍上县的 132 人,泾县 81 人。赴外地农场(生产建设兵团)的 2 683 人中,黑龙江生产建设兵团 240 人,云南勐腊农场 1 228 人,云南思茅“五七”农场 1 203人,内蒙古包尔盖农场 12 人。

本县用于建造插队知青住房、购买 3 具(农具、家具、炊具)和生活补助费等,到 1981 年底统计,共支出 432.18 万元。

赴外省市插队和农场务农的本县知青,除上调在当地工矿、企事业单位工作,或在当地结婚成家或参军、上学者外,其余到 1985 年底,基本上均按顶替、特困、病退、商调等政策规定,回本县另行安置。在本县农村插队的知青,历年来通过招工、升学、参军和顶替等途径,已全部重新作了安置。 （卷二十一第二章《劳动管理》,第 705 页)

《川沙县志》

上海市川沙县县志编修委员会编,上海人民出版社1990年

(1963年)成立支援新疆办公室,组织社会青年支援新疆建设。 (《大事记》,第37页)

(1968年)8月,首批初、高中毕业生到农村和外地插队落户。至1977年共动员19 922名知识青年"上山下乡"和支援黑龙江、云南、内蒙古建设。 (《大事记》,第39页)

知识青年安置

上山下乡 1968年,县成立毕业生工作委员会(11月改称上山下乡办公室)开始动员城镇中学毕业生去农村插队落户。至1977年,共动员12 141名本县城镇知识青年到县内农村插队,又接收来自上海市区插队知识青年2 710名和外省市来县投亲插队知识青年35名。同时,县内有1 611名知识青年去黑龙江、内蒙古、江西、安徽等4省区农村插队,3 425名知青去黑龙江、云南、内蒙古3省区国营农场参加建设。

1978年至1980年,为在1957年至1965年期间先后迁入农村的知识青年、社会青年共453名,补办了知青手续(其中来自上海市区的57名、外省市的323名及本县县属镇的73名),使其享受知识青年待遇。

从1973年至1980年,政府用于安置知识青年经费409.2万元,其中:建房补助费279.3万元,共筹建知识青年住房3 457间,69 150平方米;生活补助费55.9万元;农具、家具、炊具补助费69万元;其他补助费5万元。

回城安置 1972年起,每年招收部分知识青年参加工作。1978年,根据中共中央和国务院的指示精神,不再组织城镇知识青年上山下乡,并着手对插队在农村的城镇知识青年进行统筹安排。至1981年底,所有在县内插队的知识青年均回城并得到安置。其中:招工进企事业单位的9 493名,占63.5%;选拔为国家干部的29名,占0.2%;参加人民解放军的608名,占4.1%;被各类高等院校、中等专业学校录取入学的862名,占5.8%;"顶替"父母工作的2 948名,占19.7%;其他原因调离农村的1 002名,占6.7%。此外,有22名因触犯国家刑律在押服刑;45名因病死亡。

附一:支援新疆社会青年

1963年,川沙县成立支援新疆办公室,动员585名社会青年去新疆生产建设兵团农一师,从事屯垦戍边工作。

1964年,动员1 081名社会青年进疆,分配在农一师28名、农二师621名、农十师391名、公安厅41名。

1966年,动员375名社会青年到新疆,其中在阿克苏温宿水稻农场222名、农三师前进

农场 153 名。同年,另有 488 名被安置在工三师 23 团。

1981 年开始,对符合国务院规定条件回沪的支边青年分别办理了回沪手续。至 1984 年,陆续调回上海共 606 户,1 078 名。

附二:支援云南农村青年

1970 年至 1971 年,应云南生产建设兵团为加速发展橡胶生产,急需增人的要求,按"本人自愿,家长支持"的原则,输送 4 320 名农村青年及少数城镇知识青年到云南生产建设兵团农场。1979 年,先后返回的农村青年有 3 083 名,其中大多回农村参加农业生产,有的安排进社队企业;返回的城镇知识青年 47 名均安置就业。

(第二十三卷第二章《劳动就业》,第 698—699 页)

《奉贤县志》

上海市奉贤县县志修编委员会编,上海人民出版社 1987 年

(1977 年)4 月,开展知识青年"上山下乡"的 9 年时间内,全县共"动员"去外地农村插队和农场务农的达 801 人,接收市区、县内城镇知青在县境内农村插队的共 6 992 人。

(《大事记》,第 54 页)

(1981 年)冬,基本完成对"上山下乡"知识青年的上调安排工作。 (《大事记》,第 57 页)

1968 年,徐汇、闸北两区知识青年 3 827 人到本县农村插队落户,后因升学、参军、招工、顶替等陆续离县外,1984 年底仍有 110 人定居本县。 (卷四第一章《人口流徙》,第 160 页)

1963 年,本县一批青年响应党的号召,支援新疆边区建设。"文化大革命"中,又有大批青年"上山下乡"而离开故土。目前,这些人中有的人也在外地扎下了根。

(卷四第一章《人口流徙》,第 161 页)

1968 年至 1970 年期间,城镇初、高中毕业生均到本地或外地农村插队落户(即"上山下乡")。1970 年至 1978 年期间,城镇初、高中毕业生除升学和"上山下乡"外,对按政策留城者均实行"统包统配"的分配办法就业。 (卷八第四章《劳动就业》,第 296 页)

支边 1961 年至 1966 年,本县动员青年支援新疆建设。至 1981 年底,尚在新疆的 220 人(其中纯属农业支疆的 95 人),已上调当地工矿的 96 人,尚在团场的 124 人(其中纯农工 96 人)。在符合回沪条件的 61 人中,回原籍农村落户 26 人、双退双顶 18 人、特困特照商调

4人、调至市海丰农场9户、18人。至1984年,尚在新疆159人。

(卷八第四章《劳动就业》,第297页)

上山下乡

1968年至1977年,本县知识青年赴外省农村和国营农场务农801人。其中黑龙江生产建设兵团42人,集体插队该省呼玛县141人,内蒙生产建设兵团227人,云南生产建设兵团255人,插队安徽省农村70人,投亲插队于江西、江苏、浙江等地16人,市属五四农场50人。

本县接收城镇知识青年插队6992人,其中县内城镇知青3028人、市区徐汇、闸北等区知青3827人、外省市城镇投亲插队知青26人、补办手续的知青111人(外省市9人,市区63人,本县39人)。1968年至1978年共建知识青年住房3471间,计74728平方米;同时添置知青生产用品和困难补助等项经费,共支付金额2905250元。

赴外省农村和国营农场务农的知青801人中,先后上调各当地企事业单位工作238人,参军7人,上大学、中专、技校48人,在各当地结婚成家18人,因公牺牲3人,因病死亡2人;其余485人均按特困、病退、顶替、商调等规定,先后回本县安置。

在本县农村插队的知青,历年来通过升学、参军、招工和顶替、病退等途径得到安置。1984年底,全县除8人(市区3人、本县5人)因犯罪在押外,尚有27名市区知青待安置。

(卷八第四章《劳动就业》,第298页)

《青浦县志》

上海市青浦县县志编纂委员会编,上海人民出版社1990年

(1968年)10月,掀起城镇知识青年"上山下乡"运动。六六、六七、六八届初、高中毕业生全部上山下乡插队或支边,接受所谓"贫下中农再教育"。后逐步上调安置,至1981年基本完毕。
(《大事记》,第42页)

(1970年)1月5日,全县580余名六九届初中毕业的城镇知识青年赴云南省勐海县国营农场插队落户。
(《大事记》,第42页)

(1977年)4月,接收市区知识青年来本县农村插队落户。
(《大事记》,第45页)

知识青年安置

1957年起,本县就有一些城镇青年去农村安家落户。从1961至1966年,曾先后动员

2325

1 158名知识青年支援边疆,参加新疆等地的建设工作。"文化大革命"期间,1968年7月,曾动员70名知识青年去黑龙江生产建设兵团,以后,又动员1966—1968届(俗称老三届)的初、高中毕业生去本县农村插队。1969—1971年又动员中学毕业生去外地农场或农村插队。以上统称为知识青年"上山下乡"。1972年起,中学毕业生根据统筹安排的精神,按兄姐去向进行分配,部分直接安排就业,有的下乡插队。1977年,上海市还有大批知识青年到本县插队。据统计,1966—1977年,本县去外地农场的知识青年共3 005人,其中去黑龙江1 270人、去内蒙古487人、去云南1 248人。去外地插队落户的知青449人,其中去黑龙江225人、去内蒙古16人、去安徽208人。安置在本县农村插队的知识青年共有9 414人(包括安置市区知青4 000多人)。用于建房、购置用具以及困难补助费等,共耗资409.97万元。

从1978至1981年,对本县4 366名上山下乡的知识青年作了就业安排。2 000多名市区知识青年由市区招工安排。还有2 650名知青(含市区)在父母退休时"顶替"就业。对去外地农场或农村的知青,除参军、升学已在外埠工作者外的1 937人,也作了就业安排。同时还对他们的子女户口问题作了合理解决。根据国家政策,一部分在1961至1966年间支援新疆等地建设的知识青年返回青浦,都作了适当安排。

(第二十五篇《人事劳动·劳动就业》,第594页)

《宝山县志》

上海市宝山区地方志编纂委员会编,上海人民出版社1992年

(1968年)9月,开始动员城镇知识青年上山下乡,插队落户,到1976年止共有17 602人。后陆续上调安置,至1980年安置完毕。 (《大事记》,第46页)

第二节 上 山 下 乡

一、知识青年安排去向

1957、1958两年,市动员应届初、高中毕业生和社会青年自愿到农村落户。虹口、闸北、北郊三区共有350人到江湾、彭浦、大场、淞南、吴淞等乡落户。1965年,五角场镇和江湾镇动员78名应届初、高中毕业生到杨行乡钱湾、大黄两村落户。在"农村是个广阔天地"的号召下,1968年起本县开展上山下乡工作,建立县下乡上山办公室(1973年改为上山下乡办公室)。1968年到1971年,动员1966届到1970届的城镇户初、高中毕业生上山下乡,对1966届高中毕业生实行"四个面向"(边疆、农村、工矿、基层),1966届初中毕业生和1967、1968届高初中毕业生分配去黑龙江农场务农和本县农场务农及农村插队落户,基本上都在1968年安排结束。1969年起实行所谓"一片红",基本上全部务农,到边疆农场以及外省和本县农村插队落户。1972年到1977年基本上实行"四个面向"的分配原则。从1968年到

1977年,全县城镇户口应届中学毕业生共30 571人,除按政策分配到工矿企业和因病待分配外,上山下乡共17 942人(包括少数社会青年),其中在本县农村插队落户13 788人,赴外省农村插队落户和边疆农场务农3 814人,自找门路到郊县和外省投亲插队340人。1971年还动员9个公社的农村青年1 516人去云南西双版纳参加生产建设兵团生产。从1979年开始,对尚留在农村插队、农场务农的知青、农村青年陆续上调,调回和退职回原籍,到1980年末,对上山下乡知青的统筹安排工作基本结束。

二、本县插队落户

1968年到1977年,接收安置在本县18个公社插队落户的知青共14 996人,其中本县知青13 788人,接受市区和外省投亲知青1 208人。接收插队知青最多的公社是长兴1 406人,其次是横沙1 357人,接收900人到1 200人的有顾村、刘行、罗泾、杨行、罗店、罗南;接收600人到900人的有江湾、大场、庙行、蕰塘、月浦、盛桥、吴淞、五角场;最少的是淞南519人、彭浦441人。

本县插队知青的安置经费,由市统一下拨。1968年到1972年期间下乡的每人230元,投亲插队的每人50元。1973年起每人480元,除县留存15元用于插队知青重病治疗等特殊开支外,还有465元下拨公社统一掌握使用,作为插队知青的建房、"三具"(农具、家具、炊具)和其他旅运、学习材料、医疗等的补助费。其中建房补助费300元,用以每人造房10平方米,原则上造20平方米房屋1间,砌1座二眼灶,2人合住,其主要建材由市下达供应计划,超过补助费的费用,由大队、生产队支持解决。据1977年统计,共建房4 135间、8.27万平方米。1968年到1979年,市拨本县安置经费572.4万元;支出439.4万元,其中造房补助259.7万元,生活补助57.7万元,工具补助107.6万元,其他补助14.3万元;此外,对收入不能自给和透支知青的困难补助金共57.73万元;对知青家长困难补助金5.72万元,受补助2 438户,占有子女上山下乡职工户数的32.27%。随着插队知青上调任务的完成,对安置经费进行了清理,尚结存131.33万元,于1984年度上交县财政局。对留下的住房、"三具"等财产,作了变价处理,共收入106.4万元,其中上交市知青办公室8.5万元,归还县建设银行60万元,县知青办公室留用29.2万元,还有8.7万元作资助有关单位安置知青的费用。

全县插队知青(包括1965年前落户农村的),历年经招工、招生、顶替、征兵、病退及自找出路等途径离开农村的共4 294人,死亡21人,其余10 595人除个别外,均于1979年、1980年上调统筹安排,绝大多数到县属集体和市属集体所有制单位工作,少数到县属、市属全民企业单位工作。

三、边疆农场务农、外省农村插队落户

1968年到1971年,本县知青分配去边疆农场务农共2 909人,1968年分配1966届高中毕业生去黑龙江生产建设兵团共674人,1969年到1971年应届初、高中毕业生分配去云南西双版纳勐海、景洪、勐腊三地的生产建设兵团(后为农场)共1 044人,1971年还分配去内蒙古生产建设兵团共1 191人。

1971年动员9个公社的农村青年1516人去云南勐海的农场参加生产建设,其中:罗泾331人、刘行252人、庙行176人、横沙175人、大场170人、江湾116人、蕰塘101人、顾村100人、长兴95人。

1969年到1971年应届初、高中毕业生分配去外省农村插队落户共905人,其中1969年主要去黑龙江的呼玛、漠河、嘉荫三县共617人,去内蒙古和林县21人,1971年主要去安徽的郎溪、涡阳二县共267人。此外,各届毕业生中有340人自找门路去外省投亲插队落户。

去边疆农场、外省农村插队的3814名知青中,历年在当地上调进企事业单位、参军、招生和转到配偶所在地的共500人,病困调回的714人,顶替回沪的300人,还有少数人因配偶而留在当地,其余2100人都在1979年、1980年调回工作。去云南农场的农村青年,有150人办理病退调回,有1250人办理退职手续回沪,均回原籍务农。

(卷二十一第二章《劳动》,第696—698页)

山东省

《山东省志·大事记》

山东省地方史志编纂委员会编，山东人民出版社 2000 年

本月（1964 年 6 月），中共山东省委、省人委发出《关于动员和组织城市知识青年和其他闲散劳动力下乡、回乡参加农村社会主义建设的指示》。7 月初，成立安置城市青年领导小组，穆林任组长。到 1979 年底，全省共有 49.8 万名城镇知识青年上山下乡。其中有 1.94 万人分别到青海、甘肃、内蒙古参加生产建设兵团。 （第 839 页）

（1968 年）1 月 4 日，省革委召开知识青年上山下乡工作会议，要求"一切可以到农村去的城市知识青年，都要做好充分思想准备，积极到农村去"，"与贫下中农结合，为把农村办成红彤彤的毛泽东思想大学校而斗争"。会后，各地掀起知识青年上山下乡的高潮。2 月 19 日，济南市"文化大革命"中首批上山下乡知识青年 260 余人到农村插队落户。 （第 879 页）

12 月 21 日，《人民日报》以《我们也有两只手，不在城市里吃闲饭！》为题报道甘肃省会宁县部分城镇居民到农村安家落户的消息，并引述毛泽东"知识青年到农村去，接受贫下中农的再教育，很有必要"的指示。省革委决定在全省掀起大学习、大宣传、大动员、大落实的群众运动。月内，济南即有近万名知识青年上山下乡。 （第 884 页）

（1970 年）5 月 16 日，济南市 1.4 万余名知识青年、干部、医务人员、街道居民到农村"插队落户"。 （第 895 页）

6 月 17 日，中共山东省革命委员会核心领导小组宣布《关于干部下放农村插队的决定》，要求各级革命委员会成立"五七"领导小组，负责下放干部和下乡知识青年的领导、管理工作。省级机关下放干部以去北三区为重点。7 月 29 日，省级机关首批 700 名干部下放农村。10 月 13 日，第二批 1 000 多名干部下放农村。 （第 895—896 页）

（1973 年）6 月 18 日，中共山东省委知识青年上山下乡领导小组成立。1974 年 2 月 1 日，设立省革委知识青年上山下乡办公室，1979 年 12 月改称为山东省人民政府知识青年上山下乡办公室。 （第 915 页）

10 月 8 日—11 月 2 日，中共山东省委召开全省知识青年上山下乡工作会议。会议要求各级党委加强领导，把知青工作列入议事日程，统筹解决上山下乡工作中的问题。 （第 918 页）

(1976年)5月4日—13日,山东省上山下乡知识青年代表会议在济南举行,与会代表1 264人。会议交流了工作经验,中共山东省委、省革委授予5个单位和10名个人上山下乡知识青年先进集体和先进个人标兵称号,授予3个基层党组织为先进工作单位。

(第 938 页)

《山东省志·共青团志》

山东省地方史志编纂委员会编,山东人民出版社 2002 年

支边垦荒

1955年,山东接受了中共中央关于组织青年赴黑龙江垦荒的任务。团的各级组织协助党、政部门进行了思想动员。通过开好县、区、乡三级干部会议和党团员大会、青年大会、青年积极分子大会、乡人代会,具体地宣传垦荒工作的意义、政策、方法、步骤;各级团委注意培养训练了青年积极分子,组织宣传队伍,采取各种方式向群众进行宣传;通过算账对比和典型人物向群众介绍东北的情况和个人体会,消除青年的思想顾虑。在确定垦荒人员上,严格掌握标准,即:年龄合格,身体健康,政治可靠,走后不致造成家庭严重困难。同时,还注意做好善后工作:(1)及时充实健全团的基层领导,补选因前去垦荒而缺额的团支部成员,及时作出发展新团员的规划;(2)对在垦荒过程中表现好的进行表扬,差的进行批评,对表现极坏的给予团纪处分;(3)及时慰问垦荒队员家属,帮助垦荒队员解决家庭中的实际困难。

1955年9月,团省委在莱阳县组织了"山东青年志愿垦荒建设第一队",包括带队干部共224人。团省委书记张超专程到莱阳送行,并授予"山东青年志愿垦荒建设第一队"的锦旗。垦荒队在黑龙江省集贤县建立了山东第一个青年集体农庄。1956年3月,济南、青岛、历城、蓬莱、即墨、齐河、平阴、邹平等县、市组织了1 221名青年,以县(市)为单位组成山东青年志愿垦荒建设第二队至第九队,到达黑龙江省集贤县,并建立了4处青年集体农庄。1956年春,泰安、临沂、聊城、菏泽、济宁等专区发动青壮年105 942人,以县为单位成立"青年志愿垦荒团(队)",5月底到达黑龙江省的嫩江、安达、那河等十几个垦区,建立了集体农庄。1956年4月,胶南、临朐、邹平、桓台县的青年志愿垦荒队在萝北县建立了3个山东庄。山东3个庄同北京、天津等5个庄同属向阳农场,号称"八大庄"。1956年团中央书记处书记胡耀邦视察时曾接见过8大庄的垦荒队的代表,并和他们合影留念。在这项活动中,由于团组织比较好地发挥了助手作用,山东省连年完成了上级交给的垦荒任务。

1985年6月,山东省慰问团去北大荒慰问了山东老垦荒队员,并邀请了老垦荒队员代表回山东家乡做巡回报告,团省委派员到北大荒挑选了7名报告团成员,并组织了15场专题报告,使广大青年受到了教育。

(第三篇第四章《青农工作》,第 194—195 页)

城市青年上山下乡

山东省有组织地、大批地动员城市青年上山下乡是从 1962 年 10 月开始的。先后动员了 3 批,第一批 2 068 人,第二批 1 007 人,第三批 1 691,共计 4 766 人。其中主要是社会青年,也包括应届高、初中毕业生和精简下放的青年职工。这些上山下乡的青年,主要来自济南、青岛两市,在 4 766 人中,两市占 4 547 人。4 766 名青年全部安置在渤海农垦局和省农、林、水系统的 131 个国营单位。另外,济南、青岛两市还组织了 600 人到农村插队插社。

城市青年上山下乡后,能不能巩固下来,关键在于加强政治思想工作和做好组织安置工作,切实帮助下乡青年安排好劳动、生活和学习。据各地统计,上山下乡的 4 766 名青年中已返回城市的有 366 人。返回的原因有以下几种情况:(1)少数的是动员工作不成熟,思想问题没有真正解决,觉得生活苦,没前途;(2)多数的是工资、口粮等问题没有妥善解决,不能维持生活而返回的;(3)有些基层干部工作方法生硬,对下去的青年中出现的问题,生批硬斗,甚至打人骂人;(4)有些是因为有较严重疾病不能参加劳动或道德败坏、有流氓行为而被送回城市的。

(第三篇第四章《青农工作》,第 196—197 页)

(1963 年)11 月,济南、青岛近 5 000 名城市青年上山下乡。自 1962 年以来,全省先后动员 3 批共 4 766 名城市青年上山下乡。其中,济南、青岛的社会青年及少量应届高、初中毕业生共 4 547 人被安置在渤海农垦局和省农、林、水系统所属的 131 个国营农、林、牧、渔场就业。此外,济、青两市还有 600 人到农村插队。

(《附录·共青团活动大事年表》,第 436 页)

(1964 年)6 月 2 日,中共山东省委、省人委发出《动员城市知识青年下乡的指示》,确定动员下乡的对象是家居城镇,不能升学和没有安排就业的知识青年、退伍军人、精减下来的职工和其他闲散劳动力、集体所有制企业、事业单位多余的人员以及职工家属。随后,各地进行了动员和安置工作。到年底,全省共动员和安置下乡、回乡城市知识青年和闲散劳动力 3.8 万人。

(《附录·共青团活动大事年表》,第 437 页)

(1968 年)1 月 4 日,山东省革命委员会召开知识青年上山下乡工作会议,要求一切可以到农村去的城市知识青年,要做好充分思想准备,积极到农村去;已经下乡的知识青年,要进一步树立扎根在农村的思想。会后,各地迅速掀起知识青年上山下乡的高潮。2 月 19 日,济南市"文化大革命"中首批上山下乡知识青年 260 余人到农村插队落户。

(《附录·共青团活动大事年表》,第 440 页)

12 月 21 日,中央广播电台播送了毛泽东的指示:"知识青年到农村去,接受贫下中农的再教育,很有必要。"省革命委员会当晚召开常委会,决定在全省范围内迅速掀起一个大学习、大宣传、大动员、大落实的群众运动。要求城镇街道要举办各种类型的专题学习班,动员城镇长期脱离劳动的居民、知识青年到农村去。22 日凌晨,济南市 800 多名中等学校毕业生和街道知识青年启程到农村安家落户。　　　　(《附录·共青团活动大事年表》,第 441 页)

(1970 年)5 月 16 日,济南市 1.4 万余名知识青年、干部到农村插队落户,2 万人集会送行。本日,青岛市也有 1 千多名知识青年上山下乡。　　　　(《附录·共青团活动大事年表》,第 441 页)

(1973 年)10 月 8 日至 11 月 2 日,全省知识青年上山下乡工作会议召开。会议制定了《1973 年到 1980 年城镇知识青年上山下乡若干问题的试行规定(草案)》。要求全省县以上党委迅速建立健全知识青年上山下乡领导小组,要有一名书记主管知识青年上山下乡工作。

(《附录·共青团活动大事年表》,第 442—443 页)

(1974 年)8 月 14 日,省暨济南市召开知识青年上山下乡动员大会。中共山东省委第二书记白如冰到会讲话,指出:今后山东省城镇高初中毕业生的分配,以上山下乡为主。有近 10 万人参加或收听了广播。15 日,1 000 多名知识青年下农村插队劳动。

12 月 5 日,省城 1.5 万名知识青年上山下乡,25 万人送行。

(《附录·共青团活动大事年表》,第 443 页)

(1975 年)7 月 10 日至 21 日,中共山东省委召开全省知识青年上山下乡工作会议。此后,全省城镇知识青年上山下乡实行了集体安置,干部带队,厂社挂钩的办法。

(《附录·共青团活动大事年表》,第 443 页)

(1976 年)5 月 4 日至 13 日,山东省上山下乡知识青年代表会议召开,中共山东省委、省革委授予 5 个单位和 10 名个人上山下乡知识青年先进集体和先进个人标兵称号,还授予 3 个基层党组织为先进工作单位。全省各地共有 1 264 人参加了会议。

(《附录·共青团活动大事年表》,第 443—444 页)

(1977 年)7 月上旬,中共山东省委召开知识青年上山下乡工作会议。

(《附录·共青团活动大事年表》,第 444 页)

《山东省志·民政志》

山东省地方史志编纂委员会编,山东人民出版社 1992 年

自 1980 年起,对因公致残完全丧失劳动能力的下乡知识青年,民政部门按照当地群众

生活水平给予救济。　　　　（第四篇第二章《中华人民共和国成立后的社会救济》，第 228 页）

《山东省志·农业志》
山东省地方史志编纂委员会编，山东人民出版社 2000 年

1969 年开始，根据省革命委员会关于向农场安置城市知识青年的指示，山东省部分规模较大的国营农场，承担了青岛、济南、潍坊、淄博 4 城市安置知识青年的任务，到 1972 年底国营农场共安置城市知识青年 6 177 人。其中黄河农场 3 919 人，广北农场 515 人，支脉沟农场 485 人，郑家农场 652 人，南阳湖农场 606 人。向国营农场安置的这批城市知识青年，到 1970 年以后全部编入"山东生产建设兵团"。

（第六篇第四章《农业垦殖与国营农场》，第 857 页）

1970 年 3 月经国务院、中央军委批准，由济南军区组建"山东生产建设兵团"，归济南军区直接领导。兵团以农场为基础，以城市知识青年为招收对象，以现役军人为主管干部，其任务是贯彻"备战、备荒、为人民"的战略方针，实行政治、军事、经济三位一体，平时以生产为主，劳武结合，战时以打仗为主，也要坚持生产，建成一支不脱产的人民军队。山东生产建设兵团由 3 个师、14 个直属团、3 个独立团、4 个独立营、兵团教导队和兵团医院共 26 个单位组成。其中在国营农场组建团（营）8 处，即黄河、广北、清水泊（包括巨淀湖）、支脉沟、郑家、胶河、南阳湖、苍山等农场及齐河"五七"干校、园艺场。这些农场于 1970 年 5 月移交兵团管理，共划出耕地 25.4 万亩，正式职工 7 821 人，社员 8 184 人，农场家属 11 123 人。当年招收兵团战士 8 531 人（包括农场已接收的城市知识青年 4 147 人）。

（第六篇第四章《农业垦殖与国营农场》，第 857—858 页）

《山东省志·财政志》
山东省地方史志编纂委员会编，山东人民出版社 1993 年

1963 年在农垦事业费和林业事业费中分别设有城市职工和学生下放农场、林场补助费。1964 年，在经济建设费类专门增设了城镇人口下乡安置费款级支出，当年支出 458 万元，其中用于城市青年下放生产队和农场、林场、渔场的安置费共计 406 万元，占 88.65%。1974 年起，因动员城镇知识青年"上山下乡"到农村安家落户，这项支出大量增加，1964 年至 1979 年共支出城镇人口下乡安置费 20 325 万元，其中仅 1974 年至 1979 年即支出 16 286 万元，占 80.13%，1974—1979 年用于城镇知识青年下乡补助费共达 15 987 万元，占这一时期全部城镇人口下乡经费支出的 98.16%。1979 年起，将城镇人口下乡经费单独设为一类

支出。从 1980 年起不再动员城镇知识青年"上山下乡",此后这项经费的使用性质有所变化,主要用于为安置城镇知识青年就业举办的各类集体企业的生产周转金拨款、城镇青年就业前的技术培训补助,以及劳动部门组织指导城镇青年就业所需的业务费等,从 1982 年起改称城镇青年就业经费。1980 年至 1985 年,共支出城镇青年就业经费 13 893 万元。其中扶持生产资金 9 330 万元,占 67.16%;技术培训费 2 334 万元,占 16.8%;其他支出 2 229 万元,占 16.04%。

(第二篇第二章《经济建设费》,第 351 页)

山东省 1950—1985 年其他经济建设支出统计表　　　　　单位:万元

年份	合计	工交商等部门事业费	简易建筑费	地质堪探费	城市维护费	平调退赔支出	水库移民建房支出	城镇青年就业经费
				······				
1964	5 388	1 143		318	1 535		1 934	458
1965	5 804	1 116		368	1 807	107	1 609	797
1966	5 683	1 833		374	1 690	393	1 111	282
1967	3 821	1 170		327	1 669	22	520	113
1968	3 876	1 322		303	1 719	1	308	223
1969	4 644	867		413	1 756	452	125	1 031
1970	4 421	685		568	1 805	535	97	731
1971	6 033	910		3 055	1 743	49	188	88
1972	5 973	1 301		2 388	1 621	39	391	233
1973	6 977	1 504		2 733	2 419	2	236	83
1974	8 121	1 699		2 698	2 005		83	1 636
1975	12 673	2 391		2 868	2 194			5 220
1976	11 471	2 263		3 679	2 579			2 950
1977	11 960	2 421		4 236	2 610			2 693
1978	21 956	3 560	7 328	5 020	3 750			2 298
1979	25 373	4 363	4 737	5 249	9 535			1 489
1980	21 066	4 447	4 698		9 484			2 437
1981	22 760	4 214	2 389		13 144			3 013
1982	26 766	4 149	2 826		17 044			2 747
1983	28 835	4 560	4 047		18 184			2 044
1984	33 183	5 974	3 248		22 062			1 899
1985	51 363	7 754	2 516		39 340			1 753

(第二篇第二章《经济建设费》,第 356—357 页)

1976 年 10 月底各项经费和资金的结余存款(包括预算外资金和县、区以上所属集体企业的资金),除去计划内的未完工程基本建设拨款,企业流动资金,本年提取的大修理基金和更新改造资金,本年安排的技术措施费,农田水利、优抚救济、知识青年上山下乡经费,以及11、12 两个月的人员经费外,一律按银行存款的帐面数字实行冻结。

(第三篇第六章《财政监督》,第 689 页)

《山东省志·教育志》
山东省地方史志编纂委员会编,山东人民出版社 2003 年

1977 年 10 月,国务院批转教育部《关于 1977 年高等学校招生工作的意见》。1977 年10 月 22 日至 11 月 4 日,山东省招生工作会议在济南召开,研究制定了《山东省大中专招生工作具体实施办法》,规定:凡工人、农民、上山下乡和回乡知识青年、复员军人、干部和应届高中毕业生,年龄 20 岁左右,不超过 25 周岁(实践经验比较丰富并钻研有成绩或确有专长者,年龄放宽到 30 岁),具有高中毕业或相当于高中毕业的文化水平,符合条件者均可报考。应届高中毕业生的招收比例可占招生总数的 20％—30％。招生办法:自愿报名,统一考试,地市初选,学校录取,省招生委员会批准。考试分文理两类,由省拟题,县、区组织考试。

(第九篇第四章《教育法规》,第 1079—1080 页)

(1968 年)12 月 21 日,《人民日报》以《我们也有两只手,不在城市里吃闲饭!》为题报道甘肃省会宁县城镇居民到农村安家落户,并在编者按中引述了毛泽东主席"知识青年到农村去,接受贫下中农的再教育,很有必要"的指示。从此,山东各城市出现了知识青年上山下乡的热潮。

(《附录·山东省教育大事记》,第 1139—1140 页)

(1971 年)4 月,山东省普通高校恢复招生,全省有 6 000 余名工农兵新生入学。

(《附录·山东省教育大事记》,第 1141 页)

《山东省志·人口志》
山东省地方史志编纂委员会编,齐鲁书社 1994 年

城镇知识青年下乡、支边
山东省于 50 年代开始动员城镇知识青年支农、支边。1964 年以后知识青年上山下乡形成运动,涉及到千家万户,至 1979 年基本结束。1964—1979 年,全省共动员知青 497 960人,其中 95％以上安置在省内,少量安置在省外,也有部分外省、市知青前来山东安置。全

省迁往外省知青人数 20 345 人,由外省迁入 13 906 人,迁出大于迁入。

由山东省迁出的 2 万多名知青,大部分于 1965、1966、1970 年组成建设兵团支援边疆。支援省区为青海、甘肃和内蒙,三年共迁出 19 374 人。

1965、1966、1970 年山东省知青分年度支边人数表 单位:人

年份	合计	青海兵团	甘肃兵团	内蒙兵团
1965	7 231	3 002	4 229	—
1966	7 073	4 529	2 544	—
1970	5 070	—	—	5 070
总计	19 374	7 531	6 773	5 070

资料来源:山东省劳动厅。

1965、1966、1970 年山东知青分市支边人数表 单位:人

城市名称	合计	青海兵团	甘肃兵团	内蒙兵团
济南市	3 777	1 384	1 658	735
青岛市	10 049	3 839	1 875	4 335
淄博市	2 141	616	1 525	—
枣庄市	913	199	714	—
烟台市	322	322	—	—
潍坊市	172	172	—	—
德州市	205	205	—	—
济宁市	1 795	794	1 001	—
合　计	19 374	7 531	6 773	5 070

资料来源:山东省劳动厅。

(第一篇第二章《迁移变动》,第 48—49 页)

《山东省志·劳动志》

山东省地方史志编纂委员会编,山东人民出版社 1993 年

1964 年,中共中央、国务院发出《关于动员和组织城市知识青年和其他闲散劳动力下乡、回乡参加农村社会主义建设工作》的指示。同年 7 月,中共山东省委成立"安置城市下乡青年领导小组"和办事机构,在全省范围开展动员城市知识青年上山下乡参加农业建设的工作。

1968 年,毛泽东主席发出"知识青年到农村去,接受贫下中农再教育,很有必要"的号召,动员城镇知识青年上山下乡运动在全省掀起了高潮,各级革命委员会直至企事业单位,均设立"知识青年上山下乡办公室"(简称"知青办"),对有关上山下乡的范围、对象、生活待

遇、就业等问题作出一系列具体规定。70年代中期,上山下乡成为城镇绝大多数初、高中毕业生的必经之路。

1980年9月,根据中共中央批转《全国知识青年上山下乡工作会议纪要》精神,山东省召开了全省劳动就业工作会议,确定不再动员城镇知识青年上山下乡。在农村的一部分知识青年除少数就地安排外,均由各动员城市收回就业或待业,对某些遗留问题做了善后处理。

第一节 动　员

1962、1963年,在压缩城镇人口、精减职工的同时,动员济南、青岛两市两千名知识青年下乡,安置到国营农、林、牧、渔场。

1964年,中共山东省委、省人民委员会贯彻中共中央、国务院指示,动员城镇知识青年上山下乡的运动全面展开。各级党委、共青团、妇联及宣传、教育、统战等有关部门密切配合,广造社会舆论,组织召开各种形式的宣传动员大会,动员县以上城镇17周岁以上的高、初中毕业生和闲散劳动力,分期分批组织下乡、回乡或支援边区建设。至1966年,全省共有27 949名知识青年下乡、回乡,另有14 304名安置在甘肃省农业建设第十一师和青海省农业建设第十二师。

"文化大革命"中,各级各部门和街道居民委员会对符合上山下乡条件的知识青年,分工负责,具体到人,逐人逐户摸清情况,做思想动员工作。规定将人民公社所属单位中的非农业人口,符合动员条件的,也列入动员对象。在批准知识青年下乡去安置地区前,由动员城镇对其本人和家庭情况建立档案,交安置县知青办。1968至1970年,全省有52 094名知识青年上山下乡,另有5 070名到内蒙古生产建设兵团。

1971—1973年,城镇高、初中毕业生大部留城就业,有12 837名安置到山东省农业生产建设兵团和国营农林牧渔场,另有739名因系"地富反坏右"子女而下乡、回乡。

1973年11月,中共山东省委批转了《山东省知识青年上山下乡若干问题的试行规定草案》,除按有关规定和国家计划直接升学、参军及病残、独生子女、多子女家庭身边只有1个子女的不动员上山下乡外,其余知识青年均动员上山下乡。动员范围逐步扩大,并对应下乡而不下乡的青年不安排就业。1975年起,还实行由学校定向,单位定位,按系统对口动员上山下乡的办法。1974至1977年,全省共动员319 846名知识青年下乡、回乡,占这期间中学毕业生的三分之二,平均每年约8万人。

1978年,随着城镇就业的需要和上山下乡中出现的一些实际问题,有条件地缩小了动员下乡范围。如:农村人民公社一级非农业人口的子女,不属动员范围;父母双亡的不动员下乡;老红军、二等以上革命残废军人,允许两名子女留城;同父异母或异父同母的,父母双方身边各留1名子女;父母两地工作的,允许父母身边各留1名子女等。1978年,全省仍有58 951名知识青年下乡、回乡。

1979年,进一步缩小了动员下乡范围,规定烟台、昌潍、临沂、泰安、惠民、聊城等市,有条件安排就业的,不再动员上山下乡;县属矿山、林区、盐区、野外勘探、海上捕捞、国营农林牧渔场以及分布在农村的企事业单位,其非农业人口中的子女不再动员下乡。此外,城市中只有两名子女或已有两名子女下过乡的,有子女参加边疆建设的,父母一方死亡的,其子女不再动员下乡;归侨学生、中国籍的外国人子女不动员下乡;老红军、革命残废军人、烈士子女一律不动员下乡;援外人员和在西藏、青海工作人员的子女不再动员下乡。1979 年,全省还有 13 235 名知识青年下乡、回乡。

1962—1980 年的 18 年间,全省共有 51.1 万名知识青年下乡、回乡或安置在生产建设兵团、农林牧渔场等单位。

第二节 安　置
一、安 置 形 式

(一) 插队

集体插队是城镇知识青年上山下乡的主要形式,占全部上山下乡知识青年的 82%。插队知识青年每 10 人左右编为一组,集体插入生产队(行政村)。他们一部分由动员地区自行安置,一部分跨地区安置。济南市知识青年主要到德州、聊城、济宁、泰安、临沂地区安置;青岛市主要到烟台、昌潍地区安置;淄博市主要到临沂、惠民地区安置。据 1973 年统计,插队知识青年分布在全省 110 个县市、1 498 处人民公社、8 516 个生产大队。他们大都安排在生产、收入较稳定的社队。在"知青点"实行集中食宿、集中学习、分散到生产队劳动的办法,也有个别的"知青点"单独建立生产队。1977 年后,不再跨地区安置,由动员地区就近在郊区县安置。

1975 年起,在集体插队的"知青点",由动员城镇按上山下乡知识青年 2—5% 的比例选派干部带队,时间 1 至 2 年,定期轮换,在当地党政统一领导下,负责插队知识青年的行政管理和思想教育。山东省平均每年选派干部约 7 000 名,为下乡知识青年的 4.8%,其中中共党员占 75%,女干部占 8.4%。

表 1—5　1964—1979 年城镇知识青年插队人数统计表　　　　　单位:人

年度	人数	年度	人数
1964	7 014	1974	56 021
1965	7 233	1975	114 929
1966	233	1976	57 361
1967		1977	60 122
1968	7 909	1978	52 144
1969	24 762	1979	4 899
1970	5 347		
1971	33		
1972	23	合计	398 021
1973	21		

（二）回乡

城镇知识青年原籍在农村并有亲属，本人自愿并经原籍县同意的，可以回乡安置。除省内的回乡外，尚有相当数量的知识青年从外省城市回山东省农村，或从山东省城市回外省农村安置的，见表1—6。

表1—6　1964—1978年城镇知识青年回乡人数统计表　　　　　　单位：人

年度 \ 项目	回乡人数	其中：到外省人数	接收外省人数
合计	37 801	971	11 095
1964	4 657		
1965	4 657		
1966	4 556		
1967			
1968	292	427	
1969	5 324		4 249
1970	2 718		2 076
1971	290		220
1972	139		85
1973	233		
1974	4 203	132	553
1975	4 508	164	474
1976	3 401	96	1 199
1977	2 790	126	952
1978	1 196	26	1 287

（三）生产建设兵团安置

城镇知识青年到生产建设兵团安置，主要集中在1965、1966两年和70年代初期。1965、1966两年，济南、青岛、淄博、枣庄、烟台、潍坊、济宁、德州等8个城市的知识青年分别安置到甘肃、青海两个农业建设师，1965年去甘肃的知识青年为4 229人，去青海的3 002人；1966年去甘肃的2 544人，去青海的4 529人。1970年，为支援边疆建设，济南、青岛两市知识青年安置到内蒙古自治区生产建设兵团共5 070人。1965—1970年城镇知识青年到外省生产建设兵团人数共计19 374人。

1970年，山东省组建生产兵团并开始接收城镇知识青年，由省统一下达指标，在当年度城镇知识青年上山下乡计划中接收。至1974年共安置知识青年17 393人，其中，1970年为4 557人，1971年为7 757人，1972年为4 471人，1974年为608人。1974年山东生产建设兵团撤销，其所属企事业移交地方，停止接收知识青年。

（四）农场安置

1962年，国营农林牧渔场开始接收城镇知识青年，由省统一安排安置计划。1974年，各场根据经营管理条件和需人情况，开始安置本地区范围以内的知识青年或由省统一安排。

入场知识青年享受农场工人同等待遇。

1965年,一些有条件的地区或单位,在农村人民公社建立集体所有制的知识青年农业生产队或农场,每个生产单位安置知识青年二、三百人,人均耕地2亩左右,在一定时期内享受免税、免交利润、不定购其农产品的优惠待遇。资金由其主管部门或从当地支农款项中筹措。入场知识青年满两年以上可以升学、参军或被招工,愿留场为农工的,从进场之日起计算工龄。农场干部,由动员城市和安置地区按知识青年的1—2%共同选派,其中20%为女干部。至1979年底,全省共有这类农场398个,其中独立核算的72个。

表1—7　1962—1979年各农场安置城镇知识青年人数统计表　　　　单位:人

年　度	合　计	国营农林牧渔场	集体所有制场队	
				其中:独立核算知青场队
总计	36 528	12 712	23 816	5 994
1962—1963	2 000	2 000		
1964				
1965	456		456	
1966	306		306	
1969	4 667	4 667		
1972	385	364	21	
1973	224		224	
1974	5 282	2 863	2 419	
1975	4 705	1 511	3 194	
1976	2 225	70	2 155	
1977	3 691	39	3 652	
1978	4 738	926	3 812	
1979	7 849	272	7 577	5 994

（五）其他安置

1978、1979年,有的工矿企业、学校、国家机关及事业单位,自建农副业生产基地或农工商联合企业,安置本系统或本单位的城镇知识青年。计有:农工商联合企业1个,安置知识青年154名;农副业生产基地14个,安置1 157名;在下放干部劳动的农场(原称"五七"干校)中安置900名。这3种形式共安置2 211名知识青年。上述企业或基地,均属集体单位所有,除按规定拨付安置经费外,资金及管理均由其主管部门负责。

二、生　活　待　遇

1964年,山东省安置城市下乡青年领导小组办公室、民政厅、粮食厅联合下达了《城市知识青年和闲散劳动力下乡、回乡参加农村社会主义建设安置工作中若干问题的试行规定》。城镇知识青年下乡、回乡,由动员城市发给每人锄、镰、锨、镢各一件,到山区插队的还酌情发给一些扁担、绳子等生产用品。1973年起,在国家拨出的安置经费中,按人均50元的标准发放,作为上山下乡知识青年购置农具、家具、炊具等补助费。

插队、回乡的知识青年,在注销城镇口粮供应的同时,由动员城镇粮食部门发给原定量标准两个月的口粮(粮票),参加劳动后,再由动员城镇粮食部门发给两个月的劳动补助粮(粮票),每人每日为半市斤。此后,即由安置地区粮食部门按照本地农民实际吃粮水平,从农村统销粮中供应,到口粮分配时为止,按照规定,插队、回乡知识青年正常出勤劳动,全年分配口粮不低于 600 市斤,低于 600 市斤的,其差额由国家补助。1964—1968 年,分配口粮600 市斤以上的有 6 万人,占插队、回乡知识青年的 16%;540—600 市斤的近 8 万人,占20%;450—540 市斤的 12 万人,占 30%;不足 450 市斤的 13.5 万人,占 34%。1972 年前,国家共补助粮食 80 万市斤,1973—1978 年共补助粮食 2.05 亿市斤。

安置在生产建设兵团、农、林、牧、渔场等单位的知识青年,享受所在单位职工的同等粮油供应标准。

1964 年,插队、回乡知识青年必需的生活用具主要靠借用或群众互助互济解决,必须购置的酌情补助。生活费用按每人每月 6—8 元标准发给,发放 3—6 个月。参加分配后,视分配情况采取差额补助的办法,直至再分配为止。特殊困难的,延长补助 3 个月。至 1972 年共补助生活费 370 多万元。1973 年,生活补助费按每人 170 元的标准,由安置县统一掌握使用,插队、回乡知识青年参加分配前,每人每月补助 9—11 元,除生活确有困难的以外,分配后不再补助。另外,1975—1978 年,共拨给知识青年生活用煤 14 万吨、生产用化肥 7 万余吨。

1964 年,国家规定城镇知识青年上山下乡棉布棉絮补助标准为人均棉布 25 市尺、棉絮2.5 市斤,根据实际困难程度,由动员城镇调剂使用。1973 年至 1978 年,全省共发放补助棉布票 930 万市尺、棉絮票 93 万市斤。对 1972 年前下乡的知识青年,另拨专项补助棉布票4.5 万市尺、棉絮票 7 400 市斤。

国家规定,知识青年下乡后,人均住房面积要达到 8—10 平方米。初期由于建设措施跟不上,主要采取借用、挤住等办法,随后,由国家拨给安置经费和建筑材料,帮助他们逐步建新房。到 1974 年,已为下乡知识青年拨专款建房 3.5 万间,1972 年前下乡的,90% 有了固定住房,已婚的每户三间以上者占 72%,其中半数以上配有伙房、院墙、大门、猪圈和厕所。此后,每年建房所需经费及主要建材物资,均由国家统一下达专项指标,建房木材按每人 0.4 立方米标准计算,但每年实际拨给指标均不足。至 1984 年,全省共拨给建房木材 95 900 立方米、钢材 2 823.8 吨、水泥 11 760.6 吨。1980 年上山下乡知识青年收回城市安置后,大部分房屋无偿移交给当地人民公社或生产队,一小部分变价处理。

1973 年前,插队、回乡知识青年因病、因伤的医疗费用由当地合作医疗或人民公社生产队帮助,民政部门救济,或从知识青年特殊经费中补助。因工致伤、致残,由生产大队和动员单位共同负责治疗,并保证不低于当地一般农民的生活水平;因工死亡的,从特殊经费中一次性补助其亲属 300 元。1974 年后,插队、回乡知识青年实行合作医疗,医疗费每人每年 10

元,从安置经费中拨给生产队医疗机构或"知青点"掌握使用。地、县卫生部门为每个"知青点"培训1—2名卫生员。重病、伤号转院就医,无力交纳医疗费的,由生产队救济。1979年,医疗费增至15元,有合作医疗的生产队,按当地标准一次拨给合作医疗两年的知识青年医疗费;无合作医疗的,按每人每年15元的标准,交"知青点"掌握使用。

插队、回乡知识青年年收入130元(包括分配实物折价),作为生活自给的标准,参照当地农民生活水平和出工情况,低于此标准的,属困难补助对象。补助额连同本人收入不超过规定标准。一部分知识青年虽已达到规定标准,因修房、购置农具等原因造成生活困难的,也酌情补助。

1964—1973年,插队、回乡两年以上的知识青年中,年收入超过130元的占45%,不足130元的占40%,欠生产队款的(即劳动所得抵不上分配的实物折价)占15%。1974—1979年,插队、回乡两年以上的知识青年年收入130元以上的占34%,80—130元的占38%,不足80元的占28%。劳动报酬存有男女同工不同酬的现象。

三、安 置 经 费

城镇知识青年上山下乡经费由国家拨出,按计划动员、安置人数编报预算,一次或分次下拨各级各系统知青办使用,年终编报决算核销,多退少补,并允许跨年度使用。省、市、地、县知青办均配有专职财会人员,县级知青办大都只有一名财会人员,有的兼做其他行政事务工作。1974年后,省知青办制定《山东省关于加强城镇知识青年上山下乡经费管理暂行办法(草案)》、《城镇知识青年下乡经费会计核算办法(草案)》和《知识青年小组会计核算办法》等规定,经费使用主要在人民公社和生产队(行政村)一级,由财政助理或行政会计兼管,缺少监督检查,贪污、挪用和挥霍浪费的情况时有发生。

1964年,根据当时国家经济状况,城镇知识青年上山下乡以自力更生和群众互助为主,国家帮助为辅。插队、回乡知识青年的安置经费主要用于建房、生活补助、农具购置和旅运费开支,调剂使用,不平均分配。其标准为:省辖市,插队每人242元,回乡55元;专区辖市,插队每人240元,回乡50元;县或镇,插队每人237元,回乡45元。1968年改为:城市知识青年插队240元,回乡50元;县镇知识青年插队235元,回乡45元。1970年统一标准为插队250元,回乡50元。1973年起城镇知识青年下乡、回乡均按每人500元的标准拨付。开支范围是:建房补助费230元,用于木材、砖瓦等主要建材的购买;生活补助费170元;农具、炊具、家具补助费50元;学习材料费10元;医药费10元;动员费30元,由省、动员城镇及安置地区统一掌握使用,用于下乡知识青年的特殊开支。安置在生产建设兵团和国营农林牧渔场的,每人安置费400元;安置在集体所有制的知识青年农场(队)的,原执行500元标准,自1978年起每人增为600元。除省和动员城镇留动员费外,其余由动员城市一次拨给安置单位使用。

1972年,国家拨给经费408.22万元,专门处理1972年前插队、回乡知识青年中遗留的实际困难。1976年,山东省知青办公室从1972年前经费结余中拨出435万元,对1972年以前插队、回乡的知识青年居住困难的或年收入不足100元的,给予重点补助。1979年,为扶持办好知识青年农场(队)和为知识青年建立的农副业生产基地、农工商联合企业,又从知识青年经费中拨出200万元专款用于发展生产。1973—1979年,全省共拨给知识青年上山下乡业务经费560万元。

此外,各动员城市的有关单位和安置地区人民公社、生产大队,在动员、安置知识青年工作中,都付出了一定的财力、物力和人力。

第三节　回　　城

1973年前,插队、回乡的知识青年7万余人,其中升入大中专学校的1500人,被录取参军的1600人,招工就业的5.4万人,录用为各级干部或教师的1200人,因各种原因由动员城市收回的4000余人。在回城知识青年中,极个别的系自流回城不归。还有15775人在农村结婚安家,至1980年,这部分知识青年全部就地安排就业,其中到国营农林牧渔场的2627名,国营企业单位的1311名,县以上集体所有制单位的11837名。

1974年后,国家每年下达指标,在上山下乡知识青年中招工。至1980年共招收39万名知识青年回原动员城市或跨地区就业。按规定,下乡满两年方可被招工,但由于安置地区招工指标分配不平衡,插队、回乡知识青年多的地区,有的虽满两年以上也招不上来;知识青年少的地区,有的不满一年即被招工;个别地区安置的知识青年还不够招工分配名额。知识青年升学、参军同招工一样,逐级下达名额指标,择优录取。至1980年,有9028名升入各类学校,21007名参加中国人民解放军,184名被提拔为各级干部。

至1980年,有26511名下乡知识青年收回原动员城市,其收回原因大致有:病残不能参加农业劳动,经县以上医院检查证明,与动员城市协商并征得家长意见,收回城市;因工致残,由动员城市收回;家庭有实际困难,由本人申请,动员城市提出意见与安置县协商后收回城市;办理子女顶替,回其父母所在单位就业等。

安置在内蒙古自治区和甘肃、青海两省兵团的知识青年,除少数因婚配、提干等原因留在当地外,1978年后大部分已按职工调动回山东省安排就业。

山东省生产建设兵团于1974年11月撤消。兵团所属原地方单位交还地方,恢复原建制,兵团新建单位交所在地区或有关部门接管。安置在兵团的知识青年随单位移交,一律转为国家正式职工。在此之前,已有一部分人按照政策规定升学、参军或收回动员城市。

1978年底,全省仍有在乡知识青年14万人。省人民政府决定压缩计划外用工,广开就业门路,对上山下乡知识青年早安排、多安排,在招收新工人时,首先招收上山下乡知识青年。1978、1979两年,即招工16万余人(含1979年下乡的知识青年)。

1980年9月,全省劳动就业工作会议确定不再动员城镇中学毕业生上山下乡,仍在农村插队的下乡知识青年,要在招工中尽先安排就业,确实招收不了,可收回父母所在地城镇待业,至1980年底,全省插队、回乡知识青年大部分收回原动员城市就业或待业,一部分1972年前下乡已婚的和超过招工年龄的,本着"国家关心,负责到底"的精神,就地就近安排了有固定工资收入的工作。1981 年 4 月，全省各级知青办停止对外办公，业务工作合并到各级劳动部门。至此，城镇知识青年上山下乡工作基本结束。

表 1—8　1973—1978 年上山下乡知识青年生活补助费统计表

年度	生活补助费(万元)	年度	生活补助费(万元)
总计	4 814.50	1976	1 055.90
1973	30.20	1977	936.50
1974	485.30	1978	840.00
1975	1 466.60		

表 1—9　1964—1979 年知识青年上山下乡安置经费决算表　　　　单位:万元

年　度	实拨经费数	实际支出数	余　额
总计	24 096.60	18 894.80	5 201.80
1964	649.60	645.90	
1965	726.60	597.80	
1966	257.00	187.80	
1967			
1968	252.20	233.30	
1969	1 150.00	1 030.60	
1970	991.90	731.20	
1971	201.70	198.80	
1972	198.70	117.10	
1973	23.60	74.50	
1974	3 269.40	1 557.80	
1975	6 192.00	5 097.8	
1976	3 146.20	2 793.10	
1977	3 329.90	2 632.80	
1978	2 929.90	2 218.20	
1979	778.10	778.10	

（第一篇第三章《城镇知识青年上山下乡》，第 53—69 页）

山东省劳动大事年表①

年　份	事　件
1965 年	9 月　济南等 8 个城市 3 000 名知识青年参加青海省农建师，第一批 800 余人于 21 日抵西宁。
1966 年	1 月　山东赴藏知识青年 200 余人抵拉萨。 5 月　沂水县朱冬公社尧崖头大队的济南下乡知识青年贾秀章，在烈火中抢救国家资财，光荣牺牲。

---

①　本表内容为节选。——编者注

年　份	事　　件
1968 年	1 月　省革命委员会召开知识青年上山下乡工作会议。 12 月　省劳动厅撤消，业务工作并入省革命委员会生产指挥部，知青安置工作并入内务办公室，半工半读机械学校移交济南市，改为第六机床厂。 12 月　《人民日报》引述毛泽东"知识青年到农村去、接受贫下中农的再教育"的号召，山东掀起知识青年下乡上山热潮。
1974 年	8 月　省、济南市召开知识青年上山下乡动员大会。
1980 年	8 月　省知青办公室与省劳动局合署办公。 年底　自 1962 年至 1980 年的 18 年间，全省共有 51.1 万名知识青年下乡、回乡或安置在生产建设兵团、农林牧渔场等。
1981 年	4 月　省知青办公室正式合并于省劳动局，对外仍保留省知青办名义。

（《附录》，第 426—431 页）

《山东省卫生志》

山东省卫生史志编纂委员会编，山东人民出版社 1992 年

　　同年（1971 年），本省卫生部门在不增加非农业人口的情况下，在 13 个市地招收 5 000 名新职工。主要招收城市闲散劳动力，下乡知青，及非农业人口的 1971 届高中毕业生。充实全省的县以上医疗卫生机构，加强护理工作，解决病房陪床人过多的问题。……

　　1976 年，省革委、省劳动局同意省卫生厅招收新职工 262 名，其中从农村招收炊事员 61 名。招工来源主要是留城知识青年，次为 1975 年 6 月底以前上山下乡知识青年和一部分农村户口人员。并作出招工条件的具体规定。

　　……

　　1979 年，按照卫生部、国家劳动总局的通知，分配本省护理员劳动指标 3 000 名。为此，省劳动局、卫生局，下发了《关于为县以上医院招收护理员的通知》，通知中规定：此项护理员指标是专项补充卫生部门的县及县以上医院（包括综合医院、附属医院、专科医院）的护理员，不得分配到其他部门和单位，不得分配作其他工作。新招人员必须具备初中以上文化程度，年龄在 25 岁以下的城镇待业青年和上山下乡知识青年。　（第一篇第七章《劳动人事管理》，第 159 页）

《青岛市志·大事记》

青岛市史志办公室编，五洲传播出版社 2000 年

　　（1958 年）1 月 4 日，中共青岛市委、青岛市人民委员会发出动员城市中、小学毕业生和

街道青年上山下乡参加农业生产劳动的意见。 （第 263 页）

（1962 年）10 月 4 日，青岛市为动员社会闲散劳动力和青年学生回乡，成立下乡安置工作领导小组。

10 月 20 日，青岛市一批青年响应党的号召，分赴山东省渤海农垦局所属国营农场安家落户，参加农业生产。 （第 299 页）

（1964 年）12 月 24 日，中共青岛市委安置办公室报告，青岛市从 1963 年 6 月开始，已动员 2 797 名知识青年上山下乡参加农业生产劳动。 （第 312 页）

（1965 年）4—5 月，青岛市有两批知识青年 3 856 人分别赴乳山、平度、招远、莱西、高密、胶县等地下乡插队落户。 （第 313 页）

6 月 21 日，青岛市 1 875 名知识青年赴甘肃农建十一师参加农业生产建设。
（第 315 页）

同日（1967 年 2 月 7 日），青岛市下乡知识青年"造反派"召开誓师大会，表示"要打回农村去，就地闹革命"。来自海阳、乳山、平度、高密等 7 个县的 2 000 余名下乡知识青年"造反派"参加大会。 （第 335 页）

同日（10 月 16 日），青岛市革命委员会发文通知，下乡上山知识青年和其他人员必须坚持在农村抓革命、促生产。 （第 350 页）

10 月 19 日，青岛市革命委员会安置工作领导小组召开会议，号召尚留在城市的下乡上山和支援边疆的知识青年迅速返回各自战斗岗位。 （第 350 页）

（1968 年）3 月 12 日，青岛市革命委员会召开动员城市知识青年上山下乡工作大会。
（第 358 页）

3 月 28 日，四方、台东两区的中等学校应届毕业生、街道居民和社会知识青年共 2 万余人，在海泊河公园举行上山下乡动员誓师大会。 （第 358 页）

4 月 28 日，青岛市革命委员会举行大会，欢送 250 多名知识青年上山下乡。

（第 360 页）

6月1日,青岛市知识青年400余人下乡到诸城县农村安家落户。　　　　（第361页）

7月22日,青岛市知识青年赴平度、安丘、高密、临朐、昌邑五县安家落户。（第363页）

同日(8月7日),青岛市举行落实毛主席"最新指示"誓师大会,号召知识青年走与工农兵相结合的道路,掀起上山下乡新高潮,到农村去干一辈子革命。　　　　（第363—364页）

11月13—14日,沧口、四方、台东和市南、市北五个区先后召开欢送知识青年上山下乡大会,共有1000多名知识青年分别到高密、平度、临朐等地安家落户。
11月16日,青岛市1300多名知识青年上山下乡,青岛市革命委员会举行欢送大会。
　　　　（第368页）

12月25日,青岛市革命委员会成立动员安置领导小组,统一领导知识青年下乡工作。
12月27日,青岛市革命委员会召开常委会议,听取领导小组关于宣传落实知识青年到农村去的工作汇报,决定动员安置10万余人到农村安家落户。1968年招工问题到12月底截止,不再办理。今后招工一律从应届毕业生中招收。退职、退休职工的子女顶替问题,在上级无新的规定之前暂停办理。1969年征兵任务在工厂企业农村中解决。　　　（第370页）

(1969年)1月6—11日,青岛市2520名知识青年赴农业生产第一线。　　（第371页）

1月16—17日,台东区和市北区有2100余名青年到莱阳、潍县等地插队落户。
　　　　（第372页）

1月24日,四方区、沧口区800余名知识青年到即墨插队落户。　　　（第372页）

3月19日,青岛市革命委员会再次召开所谓"批判刘少奇修正主义路线,掀起上山下乡新高潮"有线广播大会。　　　　（第374页）

12月6日,青岛市革命委员会上山下乡办公室召开知识青年上山下乡动员安置工作经验交流会。要求知识青年坚决走与工农兵相结合的道路,到农村去,到边疆去,掀起上山下乡新高潮。　　　　（第382—383页）

(1970年)8月19日至9月30日,内蒙古生产建设兵团在青岛市招收战士,先后有四批共4272人应征。　　　　（第391页）

8月24日,青岛市革命委员会上山下乡办公室和教育局革委举办青岛市上山下乡展览会。 （第392页）

9月8日,青岛市首批到内蒙古生产建设兵团知识青年1 302人启程。 （第392页）

12月18日,青岛市下乡知识青年、兵团战士报告团组成,开始在工厂、企业、街道、学校巡回作报告。 （第394页）

12月28日,首批赴山东生产建设兵团的青岛知识青年启程。 （第394页）

(1973年)5月4日,山东生产建设兵团王会清事迹报告团应邀来青岛作报告。

（第411页）

(1974年)8月30日,中共青岛市革命委员会核心领导小组决定,成立知识青年上山下乡领导小组,郑干任组长。 （第420页）

(1975年)3月27日,中共青岛市革命委员会核心领导小组决定,对上山下乡知识青年按家长工作单位分系统归口,采取厂社挂钩的办法,对口安置上山下乡知识青年。
同日,中共青岛市革命委员会核心领导小组召开市直单位党员负责干部会议,要求在全市掀起知识青年上山下乡新高潮。 （第423页）

4月22日,中共青岛市革命委员会核心领导小组召开知识青年上山下乡工作经验交流会。要求各级党组织放手发动群众,迅速掀起知识青年上山下乡的热潮。
4月29日,青岛市5万群众举行集会,欢送11 000多名知识青年和200多名带队干部下乡。 （第424页）

5月26日,青岛市8万群众举行集会,欢送11 700多名知识青年和200多名带队干部下乡。 （第425页）

7月18日,青岛市应届中学毕业生举行上山下乡誓师大会,1万多名应届中学毕业生报名上山下乡。 （第425—426页）

(1976年)8月22日,中共青岛市委、青岛市革命委员会举行知识青年上山下乡欢送大会,10 000多名知识青年、437名带队干部上山下乡。 （第434页）

(1977年)7月7—9日,中共青岛市委召开知识青年上山下乡工作会议。据统计,自"文革"以来,全市共有7.3万余名知识青年赴农村,仅1975年和1976年就有4.8万多名。 （第440页）

《青岛市志·人口志》

青岛市史志办公室编,五洲传播出版社2001年

知识青年上山下乡 1962—1980年,全市共有近12万名知识青年上山下乡,其安置形式分为五种。

插队安置 1962—1980年,青岛市知识青年安排到烟台、昌潍两地区的有7万人、临沂地区3万人。

回乡安置 1973—1978年,知识青年回乡安置3 724人,到外省落户90人。

生产建设兵团安置 1965年6月,知识青年到甘肃1 875人;1965年10月至1966年4月,到青海3 839人;1970年9月,到内蒙古4 335人;共计10 049人。

农场安置 1962年开始,青岛市在农村人民公社建立集体所有制场队,知识青年安置到农业生产队或农场共914人。

其他安置 1973—1978年,部分企业、学校、机关和其他事业单位,自建农村生产基地或农工商联合企业,安置1 730人。

1980年9月,青岛市政府决定不再动员知识青年上山下乡,知识青年开始大批回城安置工作。 （第四篇第三章《人口变动》,第177页）

《青岛市志·政权志》

青岛市史志办公室编,五洲传播出版社2002年

此时(1975年),青岛市革委会机构为:……三、直属市革委领导的除各委、办、局革委会外,还有公安局、文教办公室、军队转业干部安置办公室、出版办公室、知识青年上山下乡办公室、交际处、人防办公室、基建委员会、青岛市人民法院等。

（第二篇第一章《行政机构》,第232—233页）

《青岛市志·粮食志》

青岛市史志办公室编,新华出版社2000年

"文化大革命"开始后,政府号召城市青年到农村插队落户。按照国家规定一律将粮油

供应关系迁到安置地区,在原定量的基础上,从下乡即日起,每人每天补到1.3斤,带足当月和第二个月口粮粮票,从第三个月起每人每月按45斤原粮,由当地粮食部门从农村统销中供应,直到参加分配口粮时为止。下乡知识青年的食油,由城镇发给当季的油票,从第二个季度开始由所在粮食部门按每人每月0.4斤的标准供应,直到参加食油分配时为止。

(第一篇第二章《销售》,第45—46页)

1978年5月,青岛市贯彻执行中共中央、国务院《关于控制粮食销售的意见》的指示和山东省粮食工作会议精神,严格控制吃商品粮人口的增加,对计划外用工进行清理压缩,对农村迁往城镇的人口,以及农业人口转为非农业人口进行严格控制。为此,青岛市粮食部门采取了具体措施:……对遣返落实政策的回城人员、上山下乡回城的知识青年,粮店凭户口、"粮食供应转移证"和有关部门签发的准予报粮食的证明办理粮食供应手续;从上山下乡知识青年中招收的新工人,凭市劳动部门的"就业介绍信"和市粮食局招工计划指标的通知,由区粮食分局办理工种粮食定量后,粮店凭户口、"调整定量证明单"、"农村粮食供应转移证"办理粮食供应手续;……

(第一篇第二章《销售》,第47页)

《青岛市志·劳动志》

青岛市史志办公室编,新华出版社1999年

"文化大革命"结束后,特别是中共十一届三中全会后,劳动工作得到全面恢复发展。"文化大革命"时期遗留下来的10万多名城镇待业青年和上山下乡知识青年就业问题逐步得到了解决。

(《概述》,第3页)

1961—1965年,在中共青岛市委、市人委直接领导下,各级劳动部门对大量社会闲散劳动力采取了积极措施进行安置。安置的主要去向是:一、就业全民和县以上集体所有制单位。二、根据"统筹兼顾、城乡并举,以上山下乡为主"的方针,动员上山下乡参加农业生产。动员的主要对象是知识青年和全家无固定职业或有条件回乡的。1961、1962年全市动员参加农业生产的3 374人,1964年动员上山下乡6 015人。……

(第一篇第一章《劳动就业》,第9页)

1970—1972年,企业需要劳动力,又从农村招工。同时,每年采取行政手段,动员大批知识青年上山下乡,造成城乡劳动力不合理的对流。1972年,中共中央和中共山东省委发布《关于严格控制增加职工的通知》,规定任何单位的社会招工均需经省劳动部门批准,招收对象只限于:按政策规定留城的知识青年、下乡两年以上的知识青年、符合就业条件的烈士

子女、因工死亡职工的子女及搬迁支援"三线"和远离城市新建企业的职工子女。

　　"文化大革命"结束后,根据中共中央指示,随着国民经济调整和生产的发展,青岛市对下乡知识青年,给予妥善安置,大批在农村插队和支边的知识青年按政策回城安排工作。

(第一篇第一章《劳动就业》,第 10 页)

第四节　知识青年上山下乡

组织发动

　　1962—1963 年,在压缩城区人口、精减职工的同时,青岛市动员近千名知识青年下乡,安置到国营农、林、牧、渔场参加劳动。1964 年,青岛市分期分批动员 17 周岁以上的高、初中毕业生和社会闲散劳动力,下乡、回乡或支援边疆建设,知识青年上山下乡运动全面展开。当年,全市有 6 015 人到海阳、乳山、平度、胶县 38 个人民公社、443 个生产大队安家落户。1965 年,全市组织动员队伍和积极分子有 3 000 余人,仅市南区云南路管区就组织了动员队伍 170 人。上半年全市有 4 853 人分别到招远、莱西、乳山、平度、高密、胶县等地下乡插队落户,加上分散回乡下乡 764 人,回乡、下乡青年计 5 617 人。1965 年 6 月初,青岛市开始动员知识青年到甘肃农建 11 师参加军垦建设,不到一个月时间,去甘肃的知识青年达 1 875 人。其中,有男青年 936 人,占总数的 49.92%,女青年 939 人,占 50.08%。同年 10 月和 1966 年 4 月分两批去青海的格尔木、马海地区农建 11 师的知识青年共计 3 839 人。1964 年 1 月至 1966 年底,全市下乡、回乡、参加建设兵团人数已达 19 544 人。其中,在山东省插队落户的有 13 830 人,赴甘肃、青海参加军垦建设的有 5 714 人。

　　1968 年,知识青年上山下乡再起高潮。青岛市对有关上山下乡的范围、对象、条件、生活待遇、就业等问题作了一系列的规定。市直单位均设立了知识青年上山下乡办事机构(简称知青办)。青岛市有关部门、有关单位和街道居民委员会对符合上山下乡条件的知识青年,分工负责,具体到人,逐人逐户调查摸底,作思想动员工作。人民公社所属单位中的非农业人口,符合动员条件的,也列入动员对象。在批准知识青年下乡去安置地区之前,由各动员单位对其本人和家庭情况建立档案,交安置县知青办。1968—1970 年,全市有 1.3 万多名知识青年上山下乡、回乡、参加建设兵团和安置到寿光、枣庄、齐河等农场参加农业劳动。其中,1970 年 9 月,青岛市有 4 335 人到内蒙古建设兵团。1971—1973 年,城镇高中、初中毕业生大部分留城就业,有近 100 名因系"地、富、反、坏、右"子女而下乡、回乡。1973 年 12 月,青岛市贯彻《山东省知识青年上山下乡若干问题的试行规定草案》,按有关规定和国家计划直接升学、参军及病残、独生子女、多子女家庭身边只有一个子女的不动员上山下乡外,均予动员上山下乡,动员范围逐步扩大,并对应下乡而不下乡的青年,不安排就业。从 1974 年起,市直各单位和县以上企事业单位都设立"知青办",县以下单位设专人专职从事知识青年下乡工作。1975 年,还实行由学校定向,单位定位,按系统对口动员上山下乡的办法。1974—1977 年,全市共动员 40 671 名知识青年下乡、回乡,占这期间普通中学毕业生的 2/3,

平均每年1万余人。1978年,有条件地缩小了动员下乡范围。父母双亡的不动员下乡;老红军、二等以上革命残废军人允许两个子女留城;同父异母和异父同母的,父母双方身边各留一个子女;父母两地工作的,允许父母身边各留一个子女。1979年,进一步缩小了下乡动员范围。有条件安排就业的不再动员上山下乡;县属林区、盐区,野外勘探、海上捕捞、国营农林牧渔场以及部分在农村的企事业单位,其非农业人口中的子女不再动员下乡;城市中只有两名子女或已有两名子女下过乡的,有子女参加边疆建设的,父母一方死亡的,其子女不再动员下乡;华侨学生、中国籍的外国人子女不动员下乡;老红军、革命残废军人、烈士子女一律不动员下乡;外援人员和在西藏、青海工作人员的子女不再动员下乡。1979年,全市有6 459名知识青年下乡、回乡。

1962—1980年,全市共有近12万名知识青年上山下乡、回乡或安置在生产建设兵团、农林牧渔场等。

安置

形式 一、插队安置。集体到农村生产队插队是城镇知识青年上山下乡的主要形式,占全市上山下乡知识青年的80％以上。插队知识青年每15人左右编为一组,插入生产队。青岛市知识青年主要到烟台、昌潍、临沂地区安置。其中,安排到烟台、昌潍两地区的有7万人,临沂地区3万人。至1975年,插队知识青年分布在烟台、昌潍、临沂三个地区的25个县、284个人民公社、1 825个生产大队,主要安排在生产、收入较稳定的社队。在"知青点"实行集中食宿、集中学习、分散到生产队劳动的办法。1977年后,青岛不再跨地区安置,由动员单位在市郊各区县安置。1975年,在集体插队的"知青点",规定按知识青年2％—5％的比例选派干部插队,插队干部原则上一年轮换一次,在当地党政机关统一领导下做下乡知识青年的管理和思想教育工作。青岛市派出插队干部2 657人,其中女干部577人,党员干部1 843人。二、回乡安置。原籍农村有亲人或亲属的,本人自愿并经所在县同意的可以回乡安置。除省内的回乡外,有相当数量的外省知识青年到青岛郊区下乡安置。1973—1978年,回乡知识青年达到3 724人,到外省落户的有90人。三、生产建设兵团安置。青岛市的城镇知识青年到生产建设兵团安置,主要在1965年、1966年和1970年。1965年6月到甘肃1 875人,1965年10月和1966年4月去青海3 839人,1970年9月到内蒙古4 335人,共计10 049人。四、农场安置。1962年开始,国营农、林、牧、渔场开始接收城镇知识青年,由山东省按计划安置。入场知识青年享受农场职工同等待遇。1965年开始,青岛市在农村人民公社建立集体所有制的知识青年农业生产队或农场,每个生产单位安置知识青年200—300人,共安置914人。安置知识青年的单位,在一定时期内享受免税、免缴利润、不定购农产品等优惠待遇。资金由其主管部门或从当地支农款项中筹措。入场知识青年工作满两年以上可以升学、参军或被招工,愿留场为农工的,从入场之日起算工龄。农场干部由动员单位和安置地区按知识青年数的1％—2％共同选派。五、其他安置。1973—1978年,有的企业、学校、机关和其他事业单位,自建农副生产基地或农工商联合企业,安置本系统或本单位

的城镇知识青年。1979年底,集体所有制场、队安置1 730人,农副业生产基地安置19人。其中,在平度下乡干部劳动农场(原称"五七"干校)安置120余人。除按规定拨付安置费外,资金及管理均由其主管部门负责。

生活待遇　1964年,青岛市贯彻山东省安置下乡青年领导小组办公室、民政厅、粮食厅《城市知识青年和闲散劳动力下乡回乡参加农村社会主义建设安置工作中若干问题的试行规定》,城镇知识青年下乡、回乡由市发给每人锄、镰、锨、镢各一件。1973年起,从国家拨发的安置经费中,按人均50元的标准,作为购置农具、家具、炊具等的补助费用。

口粮。1964年,对插队、回乡的知识青年,注销其城镇粮食供应,由市粮食部门发给原定量2个月的粮票。参加劳动的按每人每日半斤标准发给劳动补助粮票。知识青年下乡参加正常劳动的,全年分配的口粮不低于600市斤,低于这个标准的由国家给予补助。1973—1978年,青岛市拨发补助口粮1 120.45万斤。安置在生产建设兵团和国营农、林、牧、渔场等单位的知识青年,享受所在单位职工的粮油标准待遇。

生活费用。1964年,按每人每月6—8元的标准发给3—6个月生活费。参加社队分配后,达不到标准的,再进行差额补助,直到再分配为止。1973年参加社队分配前的生活标准提高到9—11元。

棉布和棉絮补助。1964年,国家规定知识青年上山下乡棉布、棉絮补助标准为人均25尺,棉絮2.5斤。根据实际困难程度由市里统一调剂使用。1973—1978年,全市共发放补助棉布票21万尺,棉絮票20万斤。

住房补助。下乡知识青年的住房标准为8—10平方米/人。每年国家都统一下拨建房经费和建材物资专项指标,1973—1978年,青岛市共补助木材3 258立方米,累计建房11 958间。

医疗待遇。1973年以前,下乡的知识青年因病、伤的医疗费用由当地合作医疗部门和人民公社生产队补助,民政部门救济和从知识青年特殊经费中补助。因工致伤、致残,由生产大队和动员单位共同负责治疗,并保证不低于当地一般农民的生活水平,因工死亡的从特殊经费中一次性补助亲属300元。1974年后,医疗费按每人每年10元,从安置经费中拨给生产队医疗机构或知青点统一掌握使用。1979年,医疗费标准升为每人每年15元。

经费　知识青年上山下乡经费由国家拨发。青岛市每年按计划动员、安置人数编报预算领取,年终编报决算核销,结余部分允许跨年度使用,青岛市和各县知青办均配有专职财会人员。1974年后,执行山东省制定的上山下乡经费管理暂行办法、经费会计核算办法和知识青年小组核算办法等,经费使用主要由人民公社或生产大队负责。

1964年,城镇知识青年上山下乡以自力更生和群众互助为主,国家帮助为辅。下乡知识青年的安置经费主要用于建房、生活补助、农具购置等。安置经费采取调剂使用的办法,不搞平均分配。安置经费的标准为:插队的每人每年242元,回乡的55元。1968年,分别调整为240元和50元。1970年,插队标准提高为250元。1973年起,知识青年上山下乡、回乡的均按每人 500 元的标准拨付。开支范围:建房补助费 230 元,生活补助费 170 元,农具、家具、炊具补助费 50 元,学习材料费 10 元,医药费 10 元,动员费 30 元,由青岛市和安置县统一掌握使用。安置在生产建设兵团和国营农林牧渔场的每人安置费 400 元;安置在集体所有制的知识青年农场(队)原执行 500 元标准,1978 年起,每人增为 600 元。市知青办除留下动员费外,余下的拨给安置单位使用。

青岛市上山下乡经费情况表(1974—1979 年) 单位:万元

类别 \ 年别	1974	1975	1976	1977	1978	1979	合计
安置经费	21.2	107.3	463.5	270.9	244.7	383.9	1 491.5
业务费			1.8	7.1	6.7	11	26.6

回城　1973 年以前,青岛市上山下乡的 2 万多名知识青年中,考入大、中专院校的 428 人,参军的 459 人,招工就业的 15 428 人,提为教师和干部的 341 人,4 300 余人在农村结婚安家。

1974 年后,国家每年下达招工指标,在上山下乡知识青年中招工。1978 年,安置在内蒙古、甘肃、青海生产建设兵团的知识青年,除极少数因婚配、提干和在当地就业外,大部分回青岛安排就业。同年底,青岛市在农村的知识青年为 21 056 人。其中,回乡的 2 595 人,在国营农林牧渔场的 995 人。

1980 年 9 月,中共青岛市委和市政府决定不再动员中学毕业生上山下乡,在招工中优先安排农村插队、回乡知识青年就业,确实安排不了的收回青岛待业。一少部分 1972 年前下乡,已婚和超过招工年龄的,就近安排有固定工资收入的工作。1981 年 4 月,青岛市各级知青办停止对外办公,具体业务工作并到市各级劳动部门,知识青年上山下乡工作全部结束。

(第一篇第一章《劳动就业》,第 26—33 页)

"文化大革命"结束后,根据中共中央"统筹解决好知青的问题"的指示,除全民所有制企业大量招收知识青年就业外,还通过全民所有制企业兴办集体所有制企业,招收留城和下乡知识青年,并在政策上给予扶持,先后共招收 80 821 名上山下乡知识青年回城就业。其中,全民所有制单位 41 254 人,集体所有制单位 39 567 人。

(第一篇第二章《企业劳动力管理》,第 44 页)

《青岛市志·民政志》

青岛市史志办公室编,中国大百科全书出版社 1996 年

1975 年 8 月,民政局机关增设"知识青年上山下乡办公室"。

1976 年 8 月,中共青岛市委组织部批准,市民政局机关设置办公室、政工科、优抚科、社

会科、生产科、知识青年上山下乡办公室等机构。

　　1978年8月,撤销"青岛市民政局革命委员会",改称"青岛市革命委员会民政局"。是时,市民政局机关设置为:政工科、办公室、优抚科、社会科、生产科、上山下乡知识青年办公室、疏散办公室。　　　　　　　　　　　　　　(第一篇第二章《青岛解放后机构设置》,第17页)

《青岛市沧口区志》

《青岛市沧口区志》编纂委员会编,中国出版社2004年

　　(1965年)6月25日,青岛市首批1 875名知青支边参加农建十一师,沧口区有300多人。　　　　　　　　　　　　　　　　　　　　　　　　(《大事记》,第38页)

　　(1967年)8月8日,区革委知识青年下乡支援边疆建设领导小组成立,组长张运孟。
　　　　　　　　　　　　　　　　　　　　　　　　　　　　(《大事记》,第40页)

　　(1969年)11月25日,区知识青年安置工作领导小组办公室改称"沧口区革委上山下乡领导小组办公室"。　　　　　　　　　　　　　　　　　　(《大事记》,第41页)

　　(1974年)11月16日,区上山下乡办公室改称知识青年上山下乡安置办公室。
　　　　　　　　　　　　　　　　　　　　　　　　　　　　(《大事记》,第43页)

　　1986年为545名已就业的上山下乡知识青年办理了下乡计算工龄的证明。
　　　　　　　　　　　　　　　　　　　　　　(第三篇第八章《人事劳动》,第274页)

知识青年上山下乡

　　1964年沧口区成立了中共沧口区委知识青年上山下乡安置办公室。1965年有300多人赴甘肃农建11师,参加农垦建设。此后又有多人赴青海的农建12师参加农垦建设。1966年毛泽东发出"知识青年到农村去,接受贫下中农再教育"的号召,掀起了上山下乡的高潮,一些有劳动条件的社会户也到农村安家落户。1964—1978年,经沧口区动员组织的集体插队青年共有6 785人,回乡青年464人,"随疏随迁"补办知青手续的262人,"成户下乡"的218户,计1 170人,总计8 681人(不包括市属以上单位经办的下乡人数)。1975年各主管局及市属以上单位都成立上山下乡安置办公室,负责本单位职工子女的动员安置工作,形成全民办下乡的局面。1979年,知识青年上山下乡由集体插队的形式改为创办独立核算的知青场队、农业生产基地或农工商联合企业。区知青办与西流庄公社商妥,在水清沟

创办了青岛市沧口区西流庄公社知青大队,安排区属单位的职工子女108人。这是最后一批下乡的知识青年。

从1964—1979年历时16年,至1979年10月全部知识青年"拔点"回城,宣告了一个历史阶段的结束。

沧口区历年上山下乡、支边人数及去向统计表

去向 \ 年份	年份合计	1964	1965	1966	1968	1969	1970	1971	1975	1977	1978
1. 集体下乡合计	6 785	421	1 179	737	452	1 339	1 340	182	620	328	187
胶县	327	59	268								
乳山	1 497	362							620	328	187
农建12师(青海建设兵团)	550		150	400							
农建11师(甘肃兵团)	339		339								
招远	422		422								
诸诚	95				88	7					
安丘	1 273				364	909					
寿光	220					53	167				
即墨	190					190					
崂山	100					100					
临淄	80					80					
山东建设兵团	481						397	84			
郯城	149						149				
内蒙古建设兵团	627						627				
"五七"劳动学校	98							98			
2. 青年回乡	464										
3. 补办随疏青年	134										

(第三篇第八章《人事劳动》,第276页)

《青岛世纪图志》

青岛市史志办公室编,方志出版社2001年

(1965年)6月21日,青岛市1 875名知识青年赴甘肃农建十一师参加农业生产建设。

(《开始全面建设社会主义时期》,第230页)

（1967 年）7 月 27 日，市革委决定成立动员知识青年上山下乡支援边疆建设领导小组。

（《"文化大革命"时期》，第 239 页）

10 月 19 日，市革委安置工作领导小组召开会议，号召尚留在城市的上山下乡和支援边疆的知识青年迅速返回各自岗位。 （《"文化大革命"时期》，第 239 页）

12 月 12 日，市革委举行大会，欢送青岛市首批中学生到诸城农村安家落户。

（《"文化大革命"时期》，第 239 页）

（1970 年）12 月 18 日，青岛市下乡知识青年、兵团战士报告团组成，开始在企业、学校作报告。 （《"文化大革命"时期》，第 247 页）

（1975 年）3 月 27 日，中共青岛市革委核心领导小组召开市直单位党员负责干部会议，要求在全市掀起知识青年上山下乡新高潮。 （《"文化大革命"时期》，第 257 页）

7 月 18 日，青岛市应届中学毕业生 1 万余人报名上山下乡。

（《"文化大革命"时期》，第 257 页）

《崂山县志》

崂山县志编纂委员会编，青岛出版社 1990 年

（1973 年）12 月 4 日，中共崂山县委成立知识青年上山下乡领导小组。1974—1978 年全县共设知青点 362 个，有 22 510 名（崂山县 2 015 名）知识青年下乡插队。1980 年底，全部陆续回城就业。 （《大事记》，第 37 页）

由崂山县劳动局调配的 46 331 人中，含下乡插队的知识青年 21 068 名。从 1975 年起，调回城镇，安排就业。到 1980 年底，全部安排完毕（不含提干和转干的 338 名、被大中专院校录取的 449 名、服兵役的 659 名），含父母退休顶替的 670 名，病退回城的 25 名，回青岛市就业的 17 960 名，在崂山县就业的 2 413 名。对 1972 年底以前下乡的 760 名已超过正规就业年龄的老知青，也全部安排就业（包括回青岛市就业的 205 名，在崂山县全民、大集体企业就业的 286 名，在乡镇企业就业的 269 名）。知青被大中专院校录取和服兵役、病退回城者，均不计入就业人数中。 （第二十四篇第一章《劳动管理》，第 621 页）

《淄博市人口志》

淄博市计划生育委员会编,(内部刊行)2002年

(1964年)9月25日,本市首批知识青年到临沂专区郯城县英庄公社插队落户。

(第一篇《大事记》,第15页)

(1965年)5月9日至10日,本市249名城乡知识青年先后启程,奔赴甘肃省参加农垦建设。

(第一篇《大事记》,第16页)

《枣庄市志》

枣庄市地方史志编纂委员会编,中华书局1993年

(1969年)11月,滕县开始接收外地上山下乡知识青年。至1980年,共接收济宁、济南、上海、徐州、天津、湖南、广州、江西、南京、安徽、黑龙江、湖北、福建、浙江、郑州、辽宁、吉林、云南、陕西、沈阳、内蒙、甘肃等省市自治区的知识青年2877人,其中男1334人,女1543人,分别安置在桑村、城头、峄庄、山亭、木石、东沙河、龙阳、东郭、城郊、南沙河、望冢、张汪、岗头、西岗、界河、柴胡店、官桥、金庄、大坞、鲍沟、级索等公社。自1975年至1980年,外地知识青年通过招工、接班、升学、参军及其他原因调离农村的共2771人,其余全部回城。

(卷二《大事记》,第76页)

从1970年开始,全市劳动就业人员逐步改变以偏重于农业人口为主,逐渐偏重于非农业人口中的上山下乡知识青年和城镇待业青年为主。年龄要求一般是16至25周岁,由招收单位进行政审体验,合格后报上级部门审批招收录用。是年,全市招工5831人。

(卷十一第一章《就业安置》,第328页)

第三节　城镇知识青年上山下乡

枣庄市知识青年上山下乡工作从1964年开始。1964年和1965年,滕县分别动员城市知识青年和社会闲散劳动力1108人下乡,分配到官桥、大坞、界河、东郭、姜屯、龙阳、城关等22处乡镇务农。1973年7月3日,市和区县都成立了知识青年上山下乡工作领导小组办公室,具体负责知青上山下乡的各项工作。全市知青上山下乡工作主要采取了四种形式:一是插队,集中建立青年点;二是以下乡知青为主,由带队干部和部分村民参加,建立集体所有制的青年队;三是在土地较多的地方,由带队干部和部分村

民参加,组建集体所有制农场;四是到生产建设兵团和国营农、林、牧、渔场参加生产建设。

1974年春,全市上山下乡知青达到1 364人。1975年,知青上山下乡活动达到高潮,全市上山下乡知青达到7 305人。此后,全市应届高、初中毕业生上山下乡形成制度。1976年,枣庄建立了抗埠农场;1978年,又建立了坊上农场。这两个农场安置了部分知识青年,大部分上山下乡知识青年是到农村生产队插队劳动。至1978年,全市知识青年上山下乡总人数为18 255人。

1979年后,城镇知识青年不再上山下乡。已上山下乡的知识青年除已安排就业者之外,有12 426人陆续回城镇逐年安排就工。　　　　　　　（卷十一第一章《就业安置》,第329页）

《枣庄市市中区志》

枣庄市市中区地方史志编纂委员会编,中华书局1998年

是年(1964年),境内知识青年上山下乡工作开始。1975年应届高、初中毕业生上山下乡形成制度。1980年知青上山下乡工作终止,并通过招工、升学、参军等办法陆续安排知青回城。　　　　　　　　　　　　　　　　　　　　　　　　　　　　（《大事记》,第46页）

1966—1979年,招工办法是由群众推荐,民主评议,领导同意,报劳动部门审批;招收范围是城镇初、高中毕业生,劳动锻炼两年以上的上山下乡知识青年和少数农村青年。1979年,市中区劳动局对3 198名城镇待业人员作了部分安置。其中,全民企业招工425人,集体企业招工528人,参军64人,升学23人,街道居委会"五七"厂组安置429人,剩余待业人员1 702人。全民、集体企业招收的953人中,16—25岁"留城青年"561人,占59%;下乡知识青年和少数支边回乡青年359名,占38%;其他占3%。街道居委会企业安置的人员中,36岁以上闲散劳动力占62%。剩余待业人员中,16—25岁留城青年占48%,下乡知识青年占28%,36岁以上闲散劳动力占14%。

（第十二卷第三章《劳动》,第701页）

第七节　支边、上山下乡

支边　1964年夏,枣庄镇200名男女青壮年响应省委号召,到甘肃农建十一师参加石棉矿生产建设。1965年9月28日,枣庄镇41名知识青年响应号召,到青海格尔木建设兵团参加生产建设。

上山下乡　城市知识青年(简称知青)上山下乡始于1964年。至1969年,枣庄镇共动员150名知青上山下乡插队落户,从事农业生产劳动。1973年后,知青上山下乡主要有三

种形式:一是插队,集中建立青年点;二是知青与知青带队干部、部分社员组成青年队;三是知青与知青带队干部、部分社员组办农场。1975年以后应届高、初中毕业生上山下乡形成制度。1974—1979年,共有1766名(男975名,女791名)知青上山下乡。其中区境内接收市直单位知青693名,安排在郭里集公社小湾队,西王庄公社东王庄队、西王庄队,永安公社永安队,安城公社牛角队,孟庄公社孟庄队,黄庄公社黄庄队、梁辛庄队,齐村公社南园队、后村队,郊区公社涝坡队。其间,市中区属单位知青计1073名。1979年统计,1964—1969年间的"老知青"仍在农村落户的共8人。其中已婚的7人:与男社员结婚的5人,与女社员结婚的1人,与其他女知青结婚的1人。婚者生1个孩子的2人,生2个孩子的2人,生3个孩子的1人,生4个孩子的2人。1980年起,不再动员知青上山下乡,并且通过招工、升学、参军等形式陆续安排上山下乡的知青回城。1981年,市中区知青多数在知青卫生陶瓷厂、知青服装厂就业。同年春,市中区财政局、知青办公室对知青点的财产进行清理。

"文化大革命"期间,城市居民有86户437人被"疏散下放"或"遣返随迁"至农村。其中迁至省外、市外的25户131人。1978年,下乡户已有1人复工,下乡子女已有46人办理下乡知青手续,还有36名子女因是儿童,待予办理。

市中区知识青年上山下乡情况表

年 份	知青人数	上山下乡安置社队
1974	14	北庄公社抱犊崮。
1975	199	永安公社东方红大队,郊区公社十里泉、岳楼大队,西王庄公社傅刘耀、东王庄、西王庄大队,枣庄镇公社农场。
1976	182	郊区公社涝坡、十里泉、岳楼大队,西王庄公社傅刘耀、陈刘耀、东王庄、西王庄、黄楼、石羊大队,永安公社仉庄大队,峄城区小潘楼、吴林、金寺大队。
1977	326	郊区公社东山阴、东各塔埠大队,郭里集公社营子大队,郊区农场,峄城区坊上"五·七"农校。
1978	183	郊区农场。
1979	169	郊区公社岳楼大队,枣庄市坊上农场。

(第十二卷第三章《劳动》,第720—721页)

《山亭区志》

山东省枣庄市山亭区地方史志编纂委员会编,齐鲁书社1997年

(1968年)11月,区境内第一批上山下乡知识青年到北庄、西集、山亭、桑村、城头等公社

插队落户。接受贫下中农再教育。 (《大事记》,第 18 页)

(1976 年)8 月,齐村区知识青年上山下乡办公室建立。 (《大事记》,第 20 页)

1964 年,齐村区办事处根据上级指示精神成立了以区长为主,包括行政科、青年团、妇联等有关单位的知识青年上山下乡的办事机构。各公社和有安置任务的单位,都确定了专人负责,这是当时形势下的劳动工作的一种特殊管理机构。

1968 年 12 月,齐村区革命委员会成立了由军代表参加的"五·七"办公室,专做知识青年到农村去的安置工作。1970 年底,"五·七"办公室撤销。

1974 年,区委成立了知识青年上山下乡办公室,主任 1 人,副主任 1 人,工作人员 3 人。

(第二编第七章《劳动》,第 121 页)

第九节　支边知识青年上山下乡及安置

1959 年,根据党中央关于动员青年前往边疆和兄弟民族地区参加社会主义建设的精神,动员青年到黑龙江参加开发和建设工作。山亭区境内的 14 处乡镇,共有 25 名被送到黑龙江参加建设。

1960 年,再次动员青壮年及居民支援东北的生产建设,在全面宣传动员,重点发动报名,个人申请的基础上,妥善处理各种经济问题。组织编队和办好粮食、户口及组织关系迁移手续。全区共动员 82 户,其中青壮年 95 人。

1964 年,齐村区委成立知识青年上山下乡办事机构,各公社和有安置任务的单位,都确定了专人负责。

1964 年 11 月 15 日,欢送了知识青年 11 人,分别安置到西集、北庄、东凫山、城头 4 个公社。各单位派车送,接收单位的社长、团委书记、大队长来迎接。齐村区各机关、学校、同社队迎知青插队的代表,组织召开了欢送大会。

1965 年,齐村区第二批上山下乡知识青年 23 人,分别安置到西集、北庄两个公社。

1965 年,山亭区各级地方政府响应上级号召,在动员支边工作中,采取了动员整户为主,适当地动员一些能独立生活并且有劳动能力的单身青年参加支边建设。是年,山亭区域内共有 32 人参加云南社会主义建设,其中未婚青年 29 人。1965 年 9 月,动员青年到青海参加建设兵团,山亭区域共 8 人参加。1966 年 6 月,根据省委的指示,又动员男女青年到甘肃农建十一师参加生产建设,其中山亭 11 人。后来,支边青年陆续返回,大部分安排了工作。

1966 年至 1967 年共安置知识青年下乡 21 人。

1968 年 12 月,人民日报发表了毛泽东主席的指示:"知识青年到农村去,接受贫下中农的再教育很有必要……各地农村的同志应欢迎他们"。齐村区革命委员会成立了由军代表参加的"五·七"办公室,专做知识青年到农村去的安置工作。1969 年下乡知识青年 23 人,分别被安置在 7 个公社的 11 个大队。

1970 年底,把下乡两年以上的知识青年作为招工对象。一大部分知青离开农村,参加了工作,知识青年扎根农村的思想开始动摇。同年年底,"五·七"办公室撤销。

1974 年,知识青年上山下乡工作继续进行,区委成立了知青办公室,配备了办公室正副主任和工作人员,区直各单位和各公社都有专人分管这项工作。知青派出单位,都在知青点设带队干部,负责知青从政治思想到生产生活各方面的工作。

1974 年至 1978 年,全区共安置上山下乡知识青年 1 094 人。在此期间,知青派出单位和社队安置单位还制订了对口安置计划。

山亭区境内动员知识青年上山下乡的安置工作,从 1964 年开始,到 1978 年结束。历时 15 年。区境内安置知识青年 1 138 人,其中区境内的 130 人,市直单位及矿区的 975 人,外省市的 17 人,本省范围内的 11 人,区境内知青到外地插队的 5 人。

从 1974 年开始,区境内的知识青年陆续安排就业,走上工作岗位。就业形式以招工、招生、征兵为主,先后离开农村,共计安置就业 1 082 人。1980 年 3 月,根据省委 67 号文件、36 号文件、55 号文件,对 1966 年 5 月 16 日前下放的知识青年进行落实政策。区境内共有 173 人安排了工作。是年,对全区 83 名年龄较大的知识青年进行了一次性的照顾安排。1980 年底,对区境内因身体和其他原因招工未走的知识青年,全部进行安置。男性回原管理单位和系统参加工作,女性转为非农业户口,大部分安排了工作。在农村已经结婚生孩子的,除丈夫外全家给予农转非,能参加工作的大部分安排了工作;不能安排的,子女长大成人后,安排到有关单位工作。至此,知青安排工作结束。

1966 年至 1978 年区境内知识青年上山下乡一览表　　　　单位:人

年 份	人 数			党团员		文化程度			分布情况	
	合计	男	女	党员	团员	高小	初中	高中	公社	大队
1966 年	21	8	13			14	7		5	12
1969 年	23	10	13				23		7	11
1975 年	313	141	172		31		290	23	5	13
1976 年	331	153	178		72		310	21	6	13
1977 年	307	149	158		32		301	6	5	14
1978 年	143	71	72		11		143		3	9
合 计	1 138	532	606		146	14	1 074	50		

(第二编第七章《劳动》,第 132—134 页)

《峄城区志》

山东省枣庄市峄城区史志编纂委员会编,齐鲁书社1995年

(1966年)6月,峄城区知识青年支援边疆建设。首批知青97名去甘肃敦煌,被编入新疆建设兵团9师7团,从事边疆生产建设。至1981年8月,该批知青先后返回原籍,安排就业。

(《大事记》,第30页)

(1973年)7月24日,区知识青年上山下乡工作领导小组成立。　　(《大事记》,第32页)

(1974年)12月11日,区委、区革委召开欢送首批知识青年上山下乡大会。

(《大事记》,第32页)

从1970年开始,全区劳动就业人员从偏重以农业人口为主而逐渐转向非农业人口。其中以上山下乡知识青年和城镇行业青年为主,年龄要求一般在16至25周岁。招工工作由招收单位进行政审体检,合格后报请上级有关部门审批录用。1970年,全区招工人数为511人。

(第二编第八章《劳动》,第124页)

城镇知识青年上山下乡

峄城区知识青年上山下乡工作从1964年开始。1964年和1965年,峄城区动员城镇知识青年10人到农村插队落户。1968年以后,知青上山下乡活动达到高潮。峄城区知青上山下乡工作主要采取两种形式:一是,集中建立知青点,全区共建知青点26个,安置知青1 136人。二是,动员知青到其亲属村插队落户。全区共有107人。

1975年,全区上山下乡知青达到504人。此后,全区应届高、初中毕业生上山下乡形成制度。到1978年,除回城升学就业外,全区上山下乡知识青年为1 242人。

1979年后,城镇知识青年不再上山下乡,已去者分批回城安排就业。

1985年至1990年共安置待业青年4 733人,其中,全民2 813人,集体1 920人。

(第二编第八章《劳动》,第126页)

《薛城区志》

山东省枣庄市薛城区地方志编纂委员会编,中华书局1997年

是年(1975年),为保证经济工作的顺利进行,区革委的工作部门进行了比较大的调整。8月,恢复人行薛城区办事处,文教科改为文教局,撤销了财政科、财金局,设立财税局,撤销

农林水电局设,设立农林局、水电局,增设了知青办、公费医疗办公室、基本建设局、计划办公室、爱委会办公室、计划生育办公室。……到 1976 年 10 月,区革委共有部、委、办、局级机构28 个。

(《大事记》,第 31 页)

城镇知识青年上山下乡

薛城区动员知识青年上山下乡工作始于 1964 年,至 1978 年,全区共安置上山下乡知识青年 3 662 人。其中,本区 1 850 人,市直单位及矿系统 1 832 人,外省市 88 人,本省范围内202 人,本区知青到外地插队 30 人。

1964 年 11 月 15 日,第一批知识青年上山下乡。薛城驻地及陶庄镇 190 名知青(包括成户下放青年),分别到南常、金河、沙沟三个公社安家落户。1965 年至 1966 年"文化大革命"开始前,又有 81 名知青下放到农村。

1968 年 12 月,《人民日报》发表了毛主席"知识青年要到农村去,接受贫下中农再教育很有必要"的指示,知识青年上山下乡工作继续进行。1969 年至 1973 年,全区共安置上山下乡知识青年 94 名。

1974 年至 1975 年,知识青年上山下乡达到高潮。区设立知识青年上山下乡办公室,专门负责这项工作。知识青年上山下乡以集体插队为主要形式,1975 年,全区设置 69 个知青点,每一知青点均组成学习、劳动、生产、生活集体。区知青办动员单位和安置单位密切联系,加强对知识青年的管理、教育和培养。1974 年至 1978 年,全区共安置插队青年 3 155 人。

1978 年末,安置知识青年上山下乡基本上不再进行。1979 年即停止动员,并开始了上山下乡知识青年的回城安置工作,经数年的招工、招生、征兵,先后离队 3 287 人。1980 年3 月,根据省、市有关精神,对 1966 年 5 月 16 日前下放的 222 名知青落实政策安排工作,对 73 名老知青进行一次性的照顾安排。1981 年底,对全区因身体和其它原因招工未走的知青收回,转为非农业回原单位。至此,城镇知识青年上山下乡工作结束,5 月,区知青办公室撤销。

(第二编第九章《劳动》,第 204—205 页)

《台儿庄区志》

山东省枣庄市台儿庄区地方史志编纂委员会编,山东人民出版社 1993 年

(1966 年)6 月 14 日,台儿庄知识青年 44 人赴甘肃省兰州军区生产建设兵团落户。

(《大事记》,第 31 页)

是月(1968 年 10 月),枣庄市直机关、枣庄矿务局系统知识青年 285 人,下放到兰城店、泥沟、邳庄 3 公社安家落户,1969 年又下放 201 人。

(《大事记》,第 33 页)

（1974 年）11 月，区直机关首批知识青年 7 人，由带队干部带领到涛沟桥大队插队落户，接受贫下中农再教育。至 1979 年全区下乡知识青年计 179 人。　　　（《大事记》，第 35 页）

是月（1975 年 5 月），枣庄煤矿、建井工程处知识青年 335 人被安置在泥沟、兰城店、彭楼、马兰屯 4 公社 26 个大队落户，接受贫下中农再教育。至 1979 年共安置 1 037 人。

（《大事记》，第 36 页）

（1980 年）3 月，下乡已婚女知青 35 名安排就业，其子女随母农转非。至此，1968—1978 年下放在台儿庄区接受贫下中农再教育的所有知识青年（包含办理留城证明的知青）全部安置就业。是年，凡国家资助为安置下乡知识青年所办的农场、知青点及其所有房屋和一切物资，分别移交给枣庄矿务局和所在大队管理使用。　　　（《大事记》，第 38 页）

1964、1968 年和 1975—1978 年，枣庄及枣庄矿务局知识青年 2 985 人，分别迁入泥沟、兰城店、马兰屯、彭楼、邳庄等公社落户。其间，在陆续的就工安置中，多被招回枣庄。

（第三编第三章《人口变动》，第 98 页）

1970—1976 年主要招收城镇下乡知识青年、复退军人和农村贫下中农子女。1977—1985 年主要招收城镇留城和下乡知识青年，以及待业青年，少量从农村复退军人和贫下中农子女中招收，首先照顾夫妻中女方为固定工人者和烈士以及残废复退军人之子女。

（第二十二编第二章《劳动》，第 447 页）

第三节　知识青年安置

支边下乡　1966 年 6 月，台儿庄知识青年 44 人被安置到甘肃省农建 11 师，支援边疆生产建设。1968—1979 年，全区城镇知识青年共 257 人在邳庄、彭楼等公社插队落户；同时接收枣庄矿务局系统下乡知识青年 2 985 人，分别安置在抗埠知青农场和泥沟、兰城店、马兰屯、彭楼公社插队落户。1974 年后，凡动员下放知青单位轮流派出干部到知青点，协助公社、大队教育和指导下乡知青"接受贫下中农的再教育"和认真参加生产劳动，并负责领导学习和照料生活等。

就工安置　从 1970 年开始，按照市、区劳动部门每年下达的安置留城（持留城证明者）、下乡知青就工指标，逐年招收回城，成为固定工人，至 1980 年全部安置就工。

待业知青安置　从 1980 年开始，凡城镇知识青年不再办理留城和下乡手续，由劳动部门按计划先后安排就业或自谋职业，至 1985 年共安排城镇待业知识青年 651 人就工，127 人自谋职业。

2367

台儿庄区 1968—1985 年城镇下乡知识青年统计表

年　份	合　计	台儿庄区	枣庄矿务局	外省、市
1968	248	7	240	1
1969	339	35	300	4
1970	22	5	9	8
1974	13	7		6
1975	528	42	486	
1976	319	33	286	
1977	805	19	783	3
1978	418	58	359	1
1979	575	51	522	2
合　计	3 267	257	2 985	25

说明："外省、市"系指回祖籍台儿庄区插队落户者。

（第二十二编第二章《劳动》，第 448 页）

《德州地区志》

山东省德州地区史志编纂委员会编，齐鲁书社 1992 年

是年（1973 年）至 1980 年，德州地区城镇非农业人口中的中学毕业生，约有 3 万人下乡，加上济南市到德州地区下乡的知识青年 5 万人，共计 8 万人。上山下乡的形式：一是集体插队；二是有条件的可以回老家落户；三是到集体所有制农场。　　（《大事记》，第 42 页）

1967—1978 年，本区实行群众推荐、民主评议、领导同意、劳动部门审批的办法招工。招收对象是退伍军人、符合留城条件的待业青年、劳动锻炼满 2 年以上的上山下乡知识青年及部分农村青年。

（第十六编第三章《劳动》，第 557 页）

上山下乡知识青年安置　　自 1974 年首批知识青年下乡至 1980 年初停止，本区实际下乡 22 147 人，外地来本区下乡"知青" 4 451 人。

1974 年以后，国家每年下达招工指标，从下乡、回乡知识青年中招收一定数量的工人。也有的"知青"被推荐上学、参军。是年，本区从下乡"知青"中招工 2 人，招生 38 人。1975—1979 年，本区共安置上山下乡知识青年 24 631 人。1980 年，本区在城镇郊区兴办知青企业，当年安置上山下乡"知青" 266 人。至此，全区下乡"知青"安置工作基本结束。

（第十六编第三章《劳动》，第 557 页）

《德州市志》

山东省德州市德城区地方史志编纂委员会编,齐鲁书社1997年

是年(1968年),德州市开始动员知识青年上山下乡,并在市郊各公社建立"知青点"。

(《大事记》,第18页)

(1973年)11月,德州市知识青年上山下乡办公室成立,组织城镇青年到农村插队落户。

(《大事记》,第19页)

1968—1977年,由于受当时社会因素影响,数千名城镇青年被迁往农村。1978年后,迁往农村的人员又陆续迁回市区。仅1978年德州市就迁入人口13 265人,迁出7 985人,净迁入5 280人,机械增长率为22.54‰。

(卷三第二章《变动》,第104页)

1966年后的"文化大革命"期间,对待业知识青年采取"上山下乡"的安置办法,全市共动员9 800名知识青年下乡插队劳动。……至1979年,9 800名下乡插队知识青年全部回城安排了工作。

(卷十三第三章《劳动》,第452页)

《宁津县志》

山东省宁津县史志编纂委员会编,齐鲁书社1992年

宁津县自1964年开始接收安置城市知识青年回乡务农。1968年12月22日,毛泽东发出"知识青年到农村去,接受贫下中农再教育很有必要"的号召。广大城市知识青年陆续奔赴农村,参加农业生产劳动。对回乡知青的安置开始由安置办、民政局负责,1973年成立上山下乡知识青年领导小组,下设办公室,简称知青办。自1964年到1978年从北京、天津、济南、上海、宝鸡等地下乡来宁津县的知青有914名,多数回原籍村镇。

宁津县自1975年开始安置本县第一批知识青年下乡,至1978年最后一批共下乡241人。将下乡人员分批安置到生产条件较好的大曹乡小王、朱王奉村;宁津镇的西卢村;杜集乡的范庄等四个知青点。对下乡知青,县规定每人由父母所在工作单位补助500元。每月由国家统销供应口粮22.5公斤,食油0.25公斤。年终参加生产队分配,全年口粮不低于300公斤,食油3公斤,酌情补助布票25尺,棉絮1公斤。到1981年,所有下乡知青已全部通过招工、招生、参军、办理回城等方式,调离了农村,得到了妥善安置。知青办随之撤销。其管理工作移交劳动局。

(第十九编第一章《劳动》,第492页)

《乐陵县志》

山东省乐陵县史志编纂委员会编,齐鲁书社1991年

是年(1973年),县成立上山下乡知识青年领导小组,下设办公室。

(第一篇《大事记》,第34页)

(1975年)10月至12月,济南市先后有137名知识青年来本县插队落户。

(第一篇《大事记》,第34页)

同月(1980年12月),所有下乡知识青年,已全部通过招生、招工、办理回城等方式,进行妥善安排。知青机构撤销。(第一篇《大事记》,第35页)

第六节 知 青 安 置

50年代末,本县已有下乡知识青年。60年代中期,响应毛泽东主席发出的"知识青年到农村去,接受贫下中农再教育,很有必要"的号召,广大城市知识青年陆续奔赴农村,参加农业生产劳动。

乐陵县从1968年11月开始接收、安置城市回原籍的知青。1969年2月,开始安置本县城镇知青。1970年7月,开始接收济南市历下区的成批下乡知青。对他们的安置工作,由县安置办公室、民政局负责。1973年,县成立上山下乡知识青年领导小组。下设办公室,简称知青办。配正、副主任2人,办事员5人。济南市历下区的1名带队干部,参加县内知青管理工作。本县有安置任务的公社,有1名副书记分管。其中郑店、朱集两个公社还配有专职干部。所有安置知青的大队,均有1名副支书负责管理。至1979年底,共安置本县知青504名,外地知青284名。本县知青集中安置在朱集、双庙赵2个公社的6个大队,外地知青集中安置在孔镇、郑店、王集3个公社的6个大队。到1980年底,所有下乡知青已全部通过招生、招工、办理回城等方式得到妥善安排。同年,知青机构撤销。(第二十篇第一章《劳动》,第462页)

《禹城县志》

山东省禹城县史志编纂委员会编,齐鲁书社1995年

1964年后,就业对象主要是上山下乡知识青年。……1975年从农村招工,县劳动部门着重安排上山下乡知识青年和留城青年招工就业,并根据企业的实际要求,从农村人口中,招收了部分有专业技术特长和取之于农,用之于农的人员,譬如,汽车驾驶员、炊事员和水闸、农场工人等。1978年底,安置知识青年和留城青年的就业基本完成后,根据省、地关于

招工就业的有关规定和指标,劳动部门将招工指标分配到全县 19 处公社,按照招工条件要求,自下而上的从农村人口中推荐招工对象,经县劳动部门政审、查体,将合格者分配到招工单位就业。

(第十九篇第一章《劳动》,第 392—393 页)

《夏津县志》

山东省夏津县志编纂委员会编,山东人民出版社 1991 年

是月(1973 年 12 月),县知识青年上山下乡办公室成立。从此,开始有计划有组织地安排知识青年下乡插队落户。至 1981 年、1 077 名下乡知识青年全部回城安置工作。

(第一编《大事记》,第 30 页)

知识青年上山下乡

1964 年 9 月至 12 月,全县 20 名城镇户口的高、初中毕业生响应党的号召,分三批分别到宋楼公社的宋楼、西张官屯、时庙、魏店大队下乡务农。70 年代初期,全国知识青年上山下乡形成高潮,由省、地组织的城市知识青年陆续来夏津插队落户。1973 年,县成立知识青年上山下乡办公室(简称“知青办”),开始有计划有组织地接受外地知识青年和动员本县城镇知识青年下乡务农。自 1964 年至 1978 年,全县安置到农村插队落户的城镇知识青年共 1 077 人,其中本县 498 人,济南市和德州市的 515 人,外省市来夏津的 64 人,多数是中、小学毕业生。

知识青年下乡务农,开始时,一般是分散插队落户,后发展到集体插队落户,建立知识青年点(集体户)。知识青年同当地社员一同参加生产劳动和收益分配。知识青年点,一般实行独立核算。除劳动所得外,国家和社队给予一定的经济、物资扶助。1974 年至 1976 年,全县下拨知识青年安置费(包括建房、生活、医疗等补助费)共 16.42 万元,调拨木材 210 方、钢材 10.5 吨,拖拉机 5 台,以及大批水泥、化肥、煤炭等物资。1978 年 10 月,本县接受安置最后一批知识青年下乡。

下乡知识青年经过几年的劳动后,通过招工、升学、参军、“顶替”和调回城市等形式,陆续离开农村。至 1981 年全县下乡知识青年全部迁离农村。

夏津县安置城镇知青下乡人数统计表

年　　份	人　数	年　　份	人　数
1964	20	1974	248
1965—1967	3	1975	421
1968—1969	56	1976	73
1970—1971	156	1977	40
1972—1973	2	1978	50

(第十七编第一章《劳动管理》,第 430 页)

2371

《临邑县志》

山东省临邑县史志编纂委员会编，齐鲁书社 1993 年

(1973 年)5 月，济南钢铁厂 500 余名知识青年，分两批到本县下乡锻炼。分别在翟家、德平、城关、双丰等公社建立知青点，县组建知识青年下乡办公室专管此项工作。（《大事记》，第 27 页）

是年，沙河公社齐家知青点的下乡知识青年，共同研究一齐动手，建起全县第一座沼气池，容积达 11 立方米，通过实验，可供 5 口人之家烧水做饭用。　　　（《大事记》，第 28 页）

第二节　知识青年安置

自 1963 年起，开始动员城镇知识青年上山下乡，首批接收济南市下乡知识青年 50 人。1974 年起，大量动员城镇知识青年支农支边，至 1978 年，全县共动员 300 名城镇知识青年支农，接收济南钢铁厂和外地回乡知识青年 1 000 人。1979 年 10 月，县革命委员会决定停止动员城镇知识青年下乡。

从 1975 年起，通过企业单位招工，大中专院校招生、应征入伍、转干等途径，逐步安置下乡知识青年。当时一面安置，一面仍动员城镇知识青年下乡。至 1979 年，在农村的下乡知青仍有 132 人。1981 年全部安置就业。　　（第十七编第五章《劳动就业》，第 417—418 页）

《齐河县志》

齐河县志编纂委员会编，中华书局 1990 年

1975 年后，招工对象以安排上山下乡知识青年和留城青年为主，减少了对农业人口的招工。至 1981 年共安排下乡青年 1 064 人，1963 年下乡从事农业生产的知识青年全部就业。

1979 年后，劳动就业范围扩大，到 1985 年底，全县职工总人数比 1979 年增加 5 456 人。招工政策实行劳动部门介绍就业，自愿组织起来就业和自谋职业相结合的方针。招工对象除外地在县内招用的矿工外，全部为城镇待业青年，实行"自愿报名、文化考核、择优录用"的办法。1979—1985 年，7 次文化考核招工，参加报考的 5 000 余人次，录用 4 172 人，占总人数的 83.4%。　　　　　　　　　　　　（卷二十一第一章《劳动》，第 581 页）

《平原县志》

山东省平原县县志编纂委员会编，齐鲁书社 1993 年

(1969 年)4 月，城市知识青年下乡，全县安置 287 户、829 人。　　（《大事记》，第 33 页）

(1974年)2月2日,建立县知识青年上山下乡办公室。　　　　　（《大事记》,第35页）

12月,济南市的300名"知青"来平原,被安置在腰站、城关、炉坊、仇庄、林庄5个公社的"知青"点插队落户。　　　　　　　　　　　　　　　　　　（《大事记》,第35页）

从1966年至1971年共增加新干部731人。其中:从工人中吸收8人,从农民中吸收144人,从复退军人中吸收69人,从知识青年中吸收279人。　　（第十七编第一章《人事》,第573页）

六十年代后期,城镇待业青年不断增加,1970年开始组织青年到农村插队落户,到1979年,共接收济南等城市的下乡知青1 500人,本县下乡的知青850人,在妥善安置知青劳动生活的同时,积极组织他们就业。

1970年至1979年,从农村(主要是下乡知青)招收新职工1 437人,从留城待业青年中招收360人,安置复员军人429人,临时工转正961人。1979年末,全县职工总人数为11 301人。　　　　　　　　　　　　　　　　（第十七编第二章《劳动》,第579页）

第二节　知识青年上山下乡

知识青年上山下乡,与农民同吃同住同劳动,参加农村统一分配,这是"文化革命"时期,为缓解城镇中学毕业生就业的一种方式。

1968年4月,平原县建立知识青年上山下乡办公室,负责下乡知青的安置工作。到1970年,全县共接收济南等城市下乡的知青1 500人,安置本县城镇下乡的知青850人。他们在农村经过劳动锻炼后,从1970年开始陆续安排他们就业、升学、参军、回城顶替接班等,到1979年底全部安排完毕,"平原县知识青年上山下乡办公室"于1980年2月撤销。

平原县上山下乡知识青年去向统计表

年　份	合　计	招　工	升　学	参　军	回城接班	病困回城
1970	25	25				
1971	50	42	5	3		
1972	172	90	46	16	12	8
1973	115	60	41	12	2	
1974	129	65	43	15	6	
1975	409	308	24	6	43	28
1976	391	323	18	8	27	15
1977	322	273	12	6	24	7
1978	305	289	5	4	4	3
1979	432	429				3
总计	2 350	1 904	194	70	118	64

（第十七编第二章《劳动》,第580页）

《武城县志》

山东省武城县史志编纂委员会编,齐鲁书社 1994 年

(1973 年)11 月 25 日,武城县成立知识青年上山下乡工作领导小组,李宗月任组长,下设办公室。　　　　　　　　　　　　　　　　　　　　　（第二编《大事记》,第 32 页）

1973 年 6 月,建立县知识青年上山下乡领导小组,在农村建立知青点,安排济南、天津等城市知青来武城接受贫下中农再教育。　（第七编第七章《社会主义革命斗争纪略》,第 305 页）

下乡知识青年安置　　1968 年,武城县开始安置下乡知识青年。1974 年成立县知识青年上山下乡办公室,有组织、有计划地安置济南、天津等外地知识青年,动员全县城镇知识青年下乡务农。1968 年至 1978 年,全县安置城镇下乡知识青年 2 141 人,其中济南等外地下乡知识青年 1 864 人,县内 277 人。先后共拨知识青年安置费 27 万元,钢材 20 吨,木材 272 立方米,化肥 1 000 吨,水泥 14 吨,煤炭 130 吨。1979 年,停止动员知识青年下乡。从 1971 年起,对下乡知识青年,通过企业单位招工、顶替、大中专学校招生、应征入伍、转干等途径进行安置。至 1980 年,全县下乡知识青年全部安置完毕,其中,招工和顶替 2 071 人,大中专学校招生 23 人,应征入伍 38 人,转干 9 人。　　　　（第七编第十一章《人民政府》,第 331 页）

《滨州市志》

山东省滨州市地方史志编纂委员会编,齐鲁书社 1993 年

第三节　知识青年下乡安置

自 1964 年起,开始动员城镇知识青年上山下乡。“文化大革命”期间,大力动员城镇知识青年上山下乡和支边。1968 年 4 月滨县革委会成立了安置办公室,1969 年 12 月改名滨县革委会民政安置组,负责民政和知识青年工作,隶属县革委生产指挥部领导。1972 年 2 月建立民政局,知识青年工作归民政局管理,是年 7 月知识青年工作隶属县革委政治部组织组管理。1974 年 1 月建立了知识青年上山下乡工作办公室,具体负责知识青年的动员、安置和落实政策工作。为加强知识青年工作的领导,县委、县革委成立了知识青年领导小组,选派了 10 名知识青年带队干部,住在“知青点”(知识青年集体居住的村或队)上,负责知识青年的再教育工作。接收知识青年的公社建立领导小组,确定 1 名干部专管知识青年工作。接收知识青年的大队,建立知识青年管理小组。至此,知识青年安置工作走上正轨。

1968 年 6 月至 1969 年 4 月,第一批接收外地知识青年共 361 人。其中,集体插队 299

人(淄博市淄川区149人、张店区37人,胜利油田90人,惠民地区地直单位23人),回乡知识青年62人。集体插队知识青年安置在4个公社的32个知青点上。单寺公社的小赵家、段李、侯北、马坊、东石、张西、前杜、王门、打油张、台子王、杀虎刘、单寺东街12个知青点126人;杜店公社的北街、苏家、段家、沙郭、司家、大高、苏学官、小高、大里苏、马坊10个知青点91人;杨集公社的石庙、吕家、罗家、西孟、齐家、大范、李赞皇7个知青点59人;张集公社的卜家、王铁匠、后张集3个知青点23人。回乡知识青年来自北京、天津、上海、广东、广西、江苏、四川、江西、云南、安徽、浙江、福建、河北13个省、市和本省外地知识青年,安置在10个公社47个大队。

1974年至1977年底,安置本地知识青年及外地回乡、转迁、随迁知识青年390人,其中集体安置258人,回乡的73人,转迁、随迁的59人。集体插队安置在3个公社7个知青点。堡集公社的北常、吉家、曹家桥、龙王庙、侯玉玺5个知青点140人;杨集公社的石庙知青点31人;单寺公社的小赵家知青点49人。杜店棉花原种场和地区农科所38人。回乡、转迁、随迁知识青年除本地30名外,其余分别来自四川、福建、江苏、浙江、河南、河北、辽宁、吉林、黑龙江、青海、内蒙古、北京、上海、天津14个省、市、自治区和本省其他地区。安置在10个公社96个大队(同1968年和1969年回乡知识青年安置相重的有5个大队)。

1978年11月,安置知识青年集体插队50人。安置在2个公社5个知青点。单寺公社小赵家知青点16人;堡集公社北常、吉家、龙王庙、曹家桥4个知青点34人。

1968年6月至1978年11月,共接收知识青年801人,其中,集体插队569人,安置在农场38人,回乡135人,转迁、随迁59人。集体插队知识青年安置在5个公社37个知青点,回乡、转迁、随迁知识青年安置在10个公社138个大队。

对集体插队的知识青年每人每年发给220元补助费,同时规定接收大队给予力所能及的照顾;对回乡知识青年按下乡时间分别发给140元、150元、180元、220元、230元不等补助费。到1973年集体插队和回乡知识青年补助费每人每年增至500元,安置在国营农场的增至400元,包括建房、用具、学习、医疗、生活等费用。1968年至1978年,共拨安置经费244 172元,其中,集体安置经费200 467元,回乡安置经费42 436元,发放知识青年生活困难补助费1 269元。共为知识青年建房310间。

从1970年起,通过企业单位招工、大、中专院校招生、参军、提干、回城、迁回原籍等途径,大部分知识青年下乡一年后即被招工。当时,一面安置,一面仍动员城镇知识青年下乡。1976年后,特别是中共十一届三中全会以后,党中央、国务院调整了城镇知青上山下乡的政策,根据中央文件"调整知青政策,逐步缩小上山下乡的范围。今后不再搞插队"的精神和"统筹兼顾,全面安排"的方针,自1979年始,不再接收外地和安置当地知识青年下乡。到1980年底共有801名下乡知识青年全部安排完毕,其中,企业招工545人,农场就业38人,乡镇企业就业1人,大、中专院校招生38人,参军16人,提干1人,回城143人,迁回原籍19人。1981年3月知识青年上山下乡工作办公室撤销。   (第十七编第三章《安置》,第514—515页)

《垦利县志》

山东省垦利县地方史志编纂委员会编,山东人民出版社 1997 年

(1974 年)7 月 20 日,建立县知识青年上山下乡办公室。将分配本县的 209 名知识青年分别安排到建林、新安两公社和高盖公社的沙营大队,接受贫下中农再教育。

(《大事记》,第 39 页)

1968 年后,国营工业逐渐兴起,集体企业亦有较大发展,全县就业安置工作逐渐正规。按照上级劳动部门下达的计划和有关规定,除为县内各企事业单位招收安置用工外,有时还为外省、市、县招收部分工人。就业安置的对象主要来自农村知青、复员退伍军人、下乡知识青年、城镇待业青年及离、退休职工子女。

(第十篇第一章《劳动》,第 285 页)

1961 年,大批知青离职回城,全场(孤岛共青团林场)职工人数下降到 1 919 人。1962 年,接收青岛知青 500 人。

(第十七篇第二章《育苗造林》,第 439 页)

《邹平县志》

山东省邹平县地方史志编,中华书局 1992 年

(1968 年)12 月,落实毛泽东主席知识青年上山下乡指示,县成立知识青年安置办公室。首批淄博市知识青年来县插队落户。

(《大事记》,第 28 页)

"文化大革命"期间,淄博、济南、青岛等市的知识青年遵照毛泽东主席"知识青年到农村中去",同贫下中农相结合的号召,分三批来县安家落户,县内城镇知识青年也纷纷"上山下乡",回农村安家,参加劳动锻炼。"文化大革命"结束后,县劳动部门积极作好知识青年的回城安排,对一部分不再回城的知识青年妥善安置就业。至 1980 年,共安置了 508 名知识青年就业。

(卷八第二章《工人》,第 331 页)

《惠民县志》

山东省惠民县地方史志编纂委员会编,齐鲁书社 1997 年

是年(1968 年),全县安排淄博、济南市 1 452 名知识青年下乡插队落户,接受贫下中农再教育。

(《大事记》,第 30 页)

(1974 年)9 月 10 日,惠民县首批 94 名城镇知识青年下乡。10 月 7 日,又有 123 名下乡。至 1977 年,全县共有 800 多名知识青年下乡。 （《大事记》,第 32 页）

1964—1982 年,惠民县增加的满族,多是 1968—1971 年组建惠民棉纺纱厂时由青岛国棉八厂调入的,其次是"文化大革命"期间济南等地分配来惠民的"上山下乡"知识青年。

（第三编第三章《人口构成》,第 128 页）

"文化大革命"期间,城镇知识青年遵照毛泽东主席"知识青年到农村去,接受贫下中农再教育"的指示,下乡、回乡插队落户。县内始由民政部门接收安置,1972 年建立知识青年上山下乡办公室,专门负责知识青年安置和管理工作。全县先后共接收安置济南、淄博等地下乡知识青年 1 428 人,外省、地回乡知识青年 151 人,本县城知识青年下乡插队 701 人。自 1973 年始,陆续从知识青年中招工 1 090 人,升学 12 人,参军 32 人。1979 年知识青年下乡工作停止,待业知识青年都得到妥善安置。 （第十七编第一章《劳动》,第 451 页）

《潍城区志》

山东省潍坊市潍城区史志编纂委员会编,齐鲁书社 1993 年

(1968 年)12 月 22 日,《人民日报》报道了毛泽东关于"知识青年到农村去接受贫下中农再教育很有必要"的号召。全市各中学学生积极报名"上山下乡",首批下乡青年于翌年 1 月分赴五莲、临朐、胶南、益都、诸城等县。 （《大事记》,第 46 页）

是年(1974 年),市区 2 127 名知识青年上山下乡,分赴昌邑、寿光、益都、临朐、诸城、高密、胶南、安丘等县农村插队落户。 （《大事记》,第 48 页）

是年(1975 年),市区 3 900 名青年上山下乡,到邻县插队落户。 （《大事记》,第 49 页）

是年(1976 年),有 2 299 名知青上山下乡。分赴安丘、临朐各县农村。

（《大事记》,第 49 页）

1964 年至 1978 年知识青年到市外上山下乡的 15 521 人。

（第三编第二章《人口变动》,第 140 页）

"文化大革命"期间,机关工作、工农业生产不能正常进行,对待业人员动员上山下乡,历

年总计上山下乡知识青年共 15 322 人。1980 年后大部分回城安排了工作。

（第二十编第一章《劳动》，第 631 页）

　　知识青年上山下乡　潍城知识青年上山下乡始于 1957 年。当年有 20 人到郊区插队落户。1964 年后逐年增多。1968 年毛泽东主席发出"知识青年到农村去接受贫下中农再教育，很有必要"的号召，凡年满 16 周岁，高小文化水平，身体健康的男女青年都积极响应。在全市很快形成上山下乡高潮，一直延续到 1978 年底。据统计自 1957 年至 1978 年全市下乡知青 15 322 人。其中集体插队 14 278 人，林牧场 513 人，建设兵团 404 人，回乡 127 人。

　　1964、1965、1968 年 3 年中动员城市闲散劳力成户下乡，共 935 户，4 124 人。其中插队 691 户，3 453 人，回乡 244 户，671 人。

　　1975 至 1978 年，依据政策规定批准知识青年留城和暂缓下乡者 6 862 人。其中：政策规定留城 5 895 人，病残留城 720 人，因病缓下 143 人，因困难缓下 104 人。

　　1970 年，对知识青年下乡后遇有特殊情况，不能继续参加农业生产的可收回城市的规定，自 1970 年到 1979 年回城下乡知识青年 300 人。

　　1979 至 1980 年安置 1972 年前下乡老知青 157 人，随迁子女 248 人。

　　1980 年，对下乡知青除少数就地安置外，全部安排工作。

（第二十编第一章《劳动》，第 633 页）

《寒亭区志》

山东省潍坊市寒亭区史志编纂委员会编，齐鲁书社 1992 年

　　(1968 年)12 月 22 日，县内 36 名知识青年下乡"接受贫下中农再教育"。同时，接收青岛插队落户知识青年 820 名。　　　　　　　　　　　　　　（《大事记》，第 28 页）

　　同月(1980 年 12 月)，撤销县知识青年上山下乡办公室。　　　　（《大事记》，第 30 页）

　　上山下乡　1964 年秋，潍县开始接收安置城镇知识青年"上山下乡"工作，1979 年结束，历时 15 年，共接收来自青岛、潍坊、当地驻军、外省以及本县的下乡、回乡知识青年 5 133 人，先后安排在 153 个大队。从 1970 年开始，通过推荐选拔等形式，就地招工的 3 873 人，升入大、中专院校的 194 人，参军 151 人，其他方式安置 201 人，其余返回城市。

（第二十一编第三章《劳动》，第 554 页）

《青州市志》

青州市志编纂委员会编,南开大学出版社1989年

(1964年)8月,县动员城镇知识青年和闲散劳力到农村落户。是年共安置308户,1 499人。　　　　　　　　　　　　　　　　　　　　　　　　（《大事记》,第73页）

(1968年)12月25日,接受第一批青岛市知识青年79人来益都插队落户。至1975年,先后接受城市知识青年2 000多人。　　　　　　　　　　　　　　　（《大事记》,第75页）

(1974年)8月,益都县委召开万人大会,欢送1 162名知识青年下乡插队。

（《大事记》,第78页）

(1978年)12月,对1972年前下乡的"老知青"186人进行了回城安置。

（《大事记》,第82页）

(1980年)12月,撤销益都县知识青年上山下乡办公室。　　　（《大事记》,第85页）

建国后,益都县先后接收4批上山下乡知识青年1 732人。1969年,益都县接收第一批来自青岛、潍坊两地的上山下乡知识青年51人,安置在城关、东坝等五个公社。1970年,接收第二批来自青岛的知识青年392人,安置在口埠、王坟等五个公社。1974年,接收第三批来自北京、天津等地的知识青年44人,安置在普通、桃园、东高、五里等公社。1975年,接收第四批知识青年1 236人,其中青岛956人,潍坊280人,分别安置在高柳、普通等八个公社。

（第三篇第二章《变动》,第188页）

知识青年上山下乡　大规模动员知识青年上山下乡是自1974年开始的。到1978年下放3 551人,1968年起,接收外地知青(济南、青岛、潍坊)1 723人。

（第十二篇第二章《劳动管理》,第552页）

《胶州市志》

胶州志编纂委员会编,新华出版社1992年

60年代中期至70年代,胶县就业安置有3个特点:一是大量安置城镇知识青年"上山下乡",1964—1978年,全县共有4 679名城镇知识青年到农村插队务农。二是从农村大量

招用工人,1970—1980 年,共从农村招用工人 3 026 人,占全县同期招工总数的 71%;1975—1978 年,又从农村招用 5 年一轮换的亦工亦农工(就工期间不转户口和粮食关系,保持社员身份不变,劳动报酬由用工单位与本人所在大队直接结算)8 000 余人。三是城镇劳动力就业困难,昌潍地区劳动局安排外地来胶县大量招工,1969—1978 年,外地共招收工人 4 270 人,其中城镇待业青年和下乡知识青年 3 478 人,占外地招工总数的 81%。1979 年为安置城镇待业青年,对亦工亦农工进行了清理压缩,至 1980 年,除供销、水利、水产、林业等部门保留了 500 名左右的亦工亦农工外,其余均被清退回农村。1980 年,胶县劳动局根据上级指示,将尚未就工的 1 068 名新老知识青年全部安置完毕,一次性解决了下乡知识青年的历史遗留问题。 (第二十三篇第一章《劳动管理》,第 704 页)

《新编青岛地方志简本·胶州简志》

青岛市史志办公室编,五洲传播出版社 2002 年

1965 年,设……知识青年上山下乡办公室、计划生育委员会办公室、邮电局、人民银行胶县支行、农业银行胶县支行。……1980 年,设……知识青年上山下乡办公室、农田基本建设指挥部、知识青年农场、邮电局、人民银行胶县支行、农业银行胶县支行、建设银行胶县支行。 (第二章《政治》,第 98—99 页)

1967 年,公社成立革委会,设主任 1 人,副主任 1—5 人,助理若干人。机构有革委、工交、知识青年办公室和水利、农机、林业、广播、税务等站(所)。 (第二章《政治》,第 101 页)

《安丘县志》

山东省安丘县地方史志编纂委员会编,山东人民出版社 1992 年

是年(1968 年),设知识青年办公室,负责青岛、潍坊及本县非农业户口的上山下乡知识青年的安置、管理工作,先后有 7 367 人安置在 25 处公社 138 个大队。1974 年始安置就业,1983 年 5 月安置工作结束。 (《大事记》,第 42 页)

1964—1976 年,县内先后接收潍坊、青岛下乡知识青年 6 280 人,在 25 处公社 138 个大队安家落户。1974 年始陆续安排工作,多数返回原籍。 (第三篇第二章《人口变动》,第 106 页)

1968 年县革命委员会设知识青年上山下乡领导小组,下设办公室,负责上山下乡知识青年的安置、管理工作。1981 年撤销,业务移交劳动局。 (第九篇第一章《劳动》,第 225 页)

1964 年始,潍坊社会知识青年首批 224 人下乡来本县雹泉等 4 处公社 89 个大队安家落户,后大都安排了工作。1966 年后,受“文化大革命”的冲击,就业渠道堵塞,城市待业知识青年一批批下放农村劳动锻炼,称上山下乡“接受贫下中农再教育”。1968 年始,青岛、潍坊、安丘知识青年连续两年下乡至本县 25 处公社 138 个大队 1 547 人。1974 年又掀起知识青年下乡高潮,本县非农业人口的初、高中毕业生 540 人下乡至柘山、岐山等公社 38 个大队落户。后县内接受潍坊、青岛等市下放知识青年 5 280 人。1976 年知识青年上山下乡结束。先后下乡至各社、队的 7 367 名知识青年,从 1974 年始,逐批安置就业,至 1983 年 5 月安置完毕。 （第九篇第一章《劳动》,第 225 页）

《寿光县志》

山东省寿光县地方史志编纂委员会编,中国大百科全书出版社 1992 年

(1969 年)县革委会成立临时安置办公室,将青岛上山下乡知识青年,分别安排在城关、寒桥、前杨 3 个公社中生产先进的大队。 （第一编《历史大事·大事年表》,第 20 页）

(1972 年)10 月,县革委会成立“知识青年上山下乡办公室”,负责知识青年的安置工作。 （第一编《历史大事·大事年表》,第 21 页）

(1979 年)9 月,撤销“知识青年上山下乡办公室”,城镇知识青年全部安排就业。 （第一编《历史大事·大事年表》,第 23 页）

《昌邑县志》

山东省昌邑县志编纂委员会编,(内部刊行)1997 年

(1968 年)10 月,青岛市知识青年首批来昌邑下乡插队。自 1968 年至 1975 年期间,青岛、潍坊等地及本县的知识青年分批在昌邑插队落户。1976 年以后,陆续安排工作。 （第一篇《大事记》,第 25 页）

第四节 知青安置

昌邑县安置上山下乡的知识青年,始于 1968 年,止于 1980 年。

1968 年,昌邑县成立了“五七”办公室(后改为知青上山下乡办公室),负责知青安置。1970 年,公社也相继设立知青领导小组,由民政助理任组长。驻有下乡知青的生产大队,有

专人掌管知青的生产与生活。

自 1968 年起,从青岛、潍坊、高密、胶县等 20 多个城市陆续来昌邑县插队落户的知识青年 5 002 人,分别安排在 15 个人民公社的 146 个生产大队中。全县设 54 个点,81 个小组。1974 年至 1977 年,本县知识青年 156 人,集中安置在围子公社王家隅庄、东丁、北金、韩家巷 4 个生产大队。

知青经费来源,主要是国家拨款,头两年每人每年一般为 170 元,包括建房、生产补助、工具补助、学习资料、医疗费等。1968 年至 1979 年,国家共拨款 247.3 万元。知青劳动与社员同工同酬。每人每年口粮 600 斤,食油 6 斤,烧草随粮走,不足的由所在生产队作适当照顾。十年来全县为下乡知青建新房共 1 507 间,建筑面积达 17 621 平方米。

知识青年下乡后,经过一段时间,分期分批进行了安排,应招就工的 4 268 人,接班顶替的 84 人,升学的 86 人,参军的 13 人,病退的 36 人,其余的 1980 年全部调回城市,县、社两级的知青领导机构随之撤销。
（第二十二篇第三章《安置》,第 534 页）

知识青年上山下乡办公室 1968 年 4 月 27 日成立"上山下乡办公室"。1971 年 3 月 3 日,改称"五·七办公室"。1974 年 4 月 19 日又改称"知识青年上山下乡办公室",1981 年撤销。
（第二十四篇第三章《职工》,第 568 页）

《高密县志》

高密县地方史志编纂委员会编,山东人民出版社 1990 年

是年(1964 年),高密县首批 13 名下乡知识青年,分别到大牟家、水西两处公社落户。
（第一编《大事记》,第 29 页）

(1965 年)5 月 15 日,青岛市首批来本县的 531 名下乡知识青年,分别到大牟家、仁和、井沟公社落户。
（第一编《大事记》,第 29 页）

第六节 知识青年下乡

下乡知识青年安置 1957 年,青岛市 35 名初、高中毕业生来高密县下乡劳动。1964 年本县首批知识青年 13 人下乡。安置在黑王家大队和城子大队。1965 年 5 月 15 日,青岛市 531 名下乡知识青年,分别到大牟家公社 11 个生产大队,仁和公社 7 个生产大队和井沟公社 8 个生产大队集体插队。安置费初为每人 240 元,1974 年提高为 500 元。同年,接收安置潍坊市下乡知识青年 213 名。至 1978 年,全县先后有 18 处公社的 213 个生产大队和县园艺场、芝兰庄农场、康庄农场及周戈庄、大牟家社办农场等,共安置集体下乡插队知识青年

5 789 名,其中潍坊市 1 879 名,青岛市 2 719 名,高密县 1 191 名。此外,分散安置回乡知识青年 245 名,成户下乡中的知识青年约 200 名。

高密县安置集体下乡知识青年人数统计表

年　份	合　计	潍坊市	青岛市	高密县
1957	35	—	35	—
1964	13	—	—	13
1965	563	—	531	32
1968	424	—	424	—
1969	187	—	173	14
1974	575	213	—	362
1975	2 202	396	1 556	250
1976	631	481	—	150
1977	735	554	—	181
1978	424	235		189

下乡知识青年就工　1970 至 1974 年,从下乡知识青年中择优招工 517 名。此后,下乡知识青年作为招工重点对象。至 1979 年,高密县安置的下乡知识青年,除顶替、升学、应征入伍者外,其余均安排就工。

（第二十编第一章《劳动》,第 392—393 页）

1978 年 12 月至 1979 年 4 月,县革委根据中央文件和省委有关规定,先后两次将下乡户中年老病残、在农村无依无靠而在城镇又有子女赡养的 28 户、63 人收回城镇。同时,外地也收回一批成户下乡、回乡者。对其余的下乡户,各社、队都逐户走访,加强思想教育,对生活确有困难的,政府和集体均予以帮助和救济;还按有关规定,先后将其下乡时已年满 16 周岁的子女 45 名,作为下乡知青对待,安排就工(前已安排就工 41 名)。

（第二十一编第六章《其他社会工作》,第 413 页）

《胶南县志》

山东省胶南县史志编纂委员会编,新华出版社 1991 年

第二节　下乡知识青年安置

胶南县知识青年上山下乡始于 1969 年,初由民政部门分管。1972 年 7 月,成立胶南县革命委员会知识青年上山下乡办公室,有接收知识青年下乡任务的公社,相继建立知识青年上山下乡领导小组,大队则建立知识青年管理小组。下乡知识青年所在城市派领导干部驻县,并根

据下乡知识青年人数,按 1% 的比例选派干部带队,驻社驻点,加强对知识青年的管理教育。

1969 年,胶南县根据土地多、收入高、领导班子强等要求,选择 20 处公社的 160 个大队建立知青点,建房安家。建房主要靠大队自筹资金,国家适当拨付砖瓦、木料,全县各知青点共建房 2 230 间。

知识青年上山下乡的主要形式是集体插队。1969 年至 1980 年,胶南县共接收潍坊市、青岛市及县内的知识青年 4 980 名。其中潍坊 1 403 名,安置在 6 处公社 52 个大队;青岛 2 937 名,安置在 10 处公社 88 个大队;县内 640 名,安置在 4 处公社 20 个大队;另有从外地零散回籍安置的下乡知识青年 500 余名。

知识青年下乡插队,经过 1 至 3 年的劳动锻炼后,则另行安置。自 1974 年至 1980 年,先后安置 4 968 名,其中招工就业 4 131 名,升学 71 名,服兵役 79 名,父母退休后顶替 545 名,经批准回城就业的 142 名。零散回籍的下乡知识青年,自 1971 年始陆续招工安置。

知识青年上山下乡经费由国家财政直拨,专款专用。1974 年至 1980 年按照集体下乡规定,国家财政拨经费 1 987 322 元,实际支出 1 628 732 元,结余 358 590 元。

(第二十篇第一章《劳动就业》,第 407—408 页)

《新编青岛地方志简本·胶南简志》

青岛市史志办公室编,五洲传播出版社 2002 年

1967 年 3 月,胶南县革命委员会成立,设县革委办公室、政治部、行政生产指挥部,1969 年 9 月增设保卫处,后陆续设立计划统计局、财政经营局、农业机械管理局、知识青年上山下乡办公室、科学技术办公室、体育运动委员会、工商行政管理局、供电局、物价局等。1980 年 5 月恢复胶南县人民政府后,设县政府办公室、民政局、公安局、司法局、人事局、计划委员会、统计局、物资局、物价局、劳动局、知识青年上山下乡办公室(1981 年 5 月撤销)……

(第二章《政治》,第 83 页)

是月(1980 年 10 月),胶南县知识青年上山下乡办公室撤销。至此,全县共接收下乡知青 4 980 名,安置 4 968 名。

(第七章《大事记》,第 499 页)

《五莲县志》

山东省五莲县志编纂委员会编,中国人民大学出版社 1992 年

1969—1977 年,2 200 余名青岛、潍坊等地知识青年,到五莲插队落户。

(第三编第二章《人口变动》,第 90 页)

自 1971 年起,将 1970 年底以前招用的临时工、合同工、轮换工分批转正。到 1972 年,全县共转 1 315 人。1972 年后,控制农村劳动力进城,只从城镇知识青年中招收工人,下乡和留城知青,先下先招,先留先招,安排就业。到 1980 年底,2 293 名下乡知青全部就业。

(第二十四编第一章《劳动管理》,第 499 页)

70 年代初,选拔一批回乡知识青年直接录用为正式干部;……

(第二十四编第二章《干部管理》,第 502 页)

1983 年,社队选拔一批知识青年充实民师队伍。

《昌乐县志》

山东省昌乐县史志编纂委员会编,山东人民出版社 1992 年

(1968 年)12 月,县革委成立知识青年上山下乡办公室。从 1969 年 12 月开始至 1976 年,共安置县内知识青年 928 名,回乡知识青年 121 名,青岛知识青年 1 218 名。1976 年粉碎江青反革命集团以后,知识青年下乡结束,所有知识青年通过参军、招工、招生等渠道,作了适当安置。

(《大事记》,第 47 页)

1968 年 12 月,县革委成立"知识青年上山下乡办公室",办理知识青年上山下乡劳动。随着政治、经济形势的不断发展,各企业陆续招工,对这些青年都作了就业安置。1969 年至 1980 年,共安置知识青年就业 2 267 人,其中青岛知识青年 1 218 人,本县知青 1 049 人。

(第二编第八章《政务》,第 269 页)

《烟台市志》

烟台市地方史志编纂委员会办公室编,科学普及出版社 1994 年

(1955 年)9 月,莱阳、文登专区 3 000 多名青年参加由团省委组织到黑龙江省集贤县建立山东省青年集体农庄。

(《大事记》,第 37 页)

(1964 年 7 月)27 日,中共烟台地委安置城市下乡青年领导小组成立。

(《大事记》,第 43 页)

(1973 年 6 月)30 日,中共烟台地委知识青年上山下乡工作领导小组成立。

(《大事记》,第 49 页)

(1974 年)6 月 19 日,烟台市 1 685 名知识青年下农村插队落户,烟台地区革委会暨烟台市组织 10 万群众欢送。后全区又有大批知识青年下农村落户。　(《大事记》,第 50 页)

1973—1977 年,主要招收 27 岁以下未婚的上山下乡知识青年、符合规定留城的中学毕业生和被批准回城市的知识青年。1978 年,主要招收 1976—1977 年城镇下乡回乡知识青年及被批准留城的往届、应届中学毕业生。同年,矿山井下、海洋渔业捕捞等单位,可招收本单位职工子女。此年,在招工中开始贯彻"德、智、体全面考核,择优录用"原则。1979 年,招收 1978 年被批准留城的中学毕业生、1977—1978 年下乡回乡知识青年及应届中学毕业生。由地区劳动局统一拟定考题,各县市劳动部门具体组织考试,按考试成绩择优录用。矿山井下、野外勘探、盐业生产、海洋渔业等行业,允许招收本单位家居农村职工的子女。

1980—1985 年,主要招收城镇往届、应届高、初中毕业生,上山下乡知识青年,城镇待业青年,复员退伍军人,落实政策的人员中需安排工作的子女。

(第九编第二章《劳动就业》第 393 页)

《芝罘区志》

山东省烟台市芝罘区地方史志编纂委员会编,科学普及出版社 1994 年

(1964 年)11 月 13 日,动员知识青年及城镇其他闲散劳力下乡、回乡参加农业生产,当年有单身知识青年 613 人,整户 332 户 942 人到栖霞县安家落户。　(《大事记》,第 34 页)

是年(1978 年),最后一批 1 733 名知识青年上山下乡。至此,全市共有 677 户、2 710 名城市居民下乡回乡,17 316 名知识青年上山下乡。

(《大事记》,第 40 页)

安置上山下乡知识青年。1964 年,动员居住市区非农业户中未就业的中、小学毕业生及其他社会闲散劳动力,成户或单身到农村安家落户,参加农业生产。至 1978 年,共动员 677 户、2 710 名城市居民下乡回乡,17 316 名知识青年按回乡、分散插队、集体插队和参加生产建设兵团 4 种形式上山下乡。单人上山下乡插队知识青年每人发补助费 280 元,成户每人 200 元,回乡青年和成户人员每人补助 50 元。1965 年,成户下乡人员补助费调为 168 元,下乡知识青年调整为 240 元,回乡知识青年调为 45 元。1968 年,下乡知识青年每人发安置费 240 元。1974 年,上山下乡知识青年每人拨建房费、家具费、医疗

费、生活费等 500 元。国家历年共拨上山下乡经费 40 余万元。1973 年,上山下乡知识青年口粮,在未参加农村收益分配前,每人每月供应口粮 22.50 公斤,食油 0.25 公斤。参加生产队收益分配后,每人每年口粮 300 公斤,达不到标准的,差额部分由粮食部门补足。其它与当地社员享有同等待遇。安置去向为栖霞、莱阳、文登、牟平 4 县。1973—1978年,在郊区 4 处人民公社 30 个生产大队安置知识青年 2 120 名,其中烟台市 1 564 名,外地知识青年 556 名。

1971 年开始从回乡和上山下乡知识青年中招工。至 1972 年,共招工 121 人。1974 年,对有疾病、残疾、独生子女及家庭有特殊困难的上山下乡知识青年回收返城。1975 年开始大批从上山下乡知识青年中招工。至 1979 年,共招工 12 314 人。同时对 578 名老知识青年(其中已婚 552 人),按照"分别情况,统筹安排"的原则进行安置。对担任民办教师、赤脚医生和以工代干的由有关业务部门考察转正定级;其他人员就近就地安置到社办企业中,享受固定工工资收入;不宜留在农村的收回。同年,为"文化大革命"中被遣、疏、赶人员带到农村的 114 名知识青年补办"知青"手续。1980 年,劳动部门利用招工机会,优先照顾农村的"老知青",一次全部安置。　　　　　　(第二十三卷第一章《劳动力管理》,第 572—573 页)

《牟平县志》

山东省牟平县县志编纂委员会编,科学普及出版社 1991 年

同月(1973 年 8 月),县革委建曲河庄等知青点,接收外地和本地上山下乡知识青年。

(《大事记》,第 31 页)

(1974 年)5 月,县革委确定在姜格庄、莒格庄、龙泉、武宁、解甲庄、院格庄、刘家奋公社共建知识青年点 35 处。当年接收安置烟台下乡知识青年 1 000 名,县内知青 104 名。

(《大事记》,第 31 页)

同年(1975 年),全县安置烟台上山下乡知识青年 1 500 名,县内知青 105 名。继后至1978 年,每年安置烟台知青 1 000 余名,县内知青 80 余名。历年共安置全国各地回乡落户知青 560 名。

(《大事记》,第 32 页)

同年,(1979 年)全县安置烟台上山下乡知识青年 500 余名。县内知青 108 名。至此,知青安置工作结束。至 1985 年,上山下乡知识青年回城就业的共 7 384 名。

(《大事记》,第 34 页)

《海阳县志》

山东省海阳县志编纂委员会编纂,(内部刊行)2010 年

海阳县 1959—1985 年招工(含安置就业)情况表

年份	招工人数	其中							
		农村招工	城镇待业青年	复员退伍军人	中专技校毕业生	上山下乡知识青年	自然减员子女补充	落实政策收回人员子女补充	其它
1959	1 071	907※	4※	10※	150※	—	—	—	—
1960	1 261	903※	—	3	325※	—	—	—	—
1961	256	7※	—	4※	245※	—	—	—	—
1963	223	48※	6※	92※	77※	—	—	—	—
1964	188	11※	71※	32	74	—	—	—	—
1965	100	45※	—	33	22	—	—	—	—
1969	20	4※	—	9※	7※	—	—	—	—
1970	766	397	139	147	83	—	—	—	—
1971	2 423	1 566	94	137	—	185	441	—	—
1972	272	100	168	4	—	—	—	—	—
1973	47	—	9	9	29	—	—	—	—
1974	282	27	—	1	58	151	—	17	28
1975	1 548	—	—	—	—	1 548	—	—	—
1976	1 037	457	14※	101	122	317	—	—	26
1977	617	—	—	—	—	617	—	—	—
1978	1 440	454	4※	143	17	605	194	21	2
1979	777	157	250	183	106	—	59	22	—
1980	2 018	1 154	277	31	331	—	176	35	14
1981	659	234	110	57	215	—	33	10	—
1982	684	—	164	122	253	—	112	33	—
1983	355	83	7	34	175	—	66	—	—
1984	511	21	248	86	152	—	—	1	3
1985	339	132	1G0	41	53	3	—	—	—

注:① 表中※号者,系指全民所有制企业招工人数。
② 表中未列年份,系未招工。

(第二十一篇第三章《劳动》,第 658 页)

第四节　城市知识青年上山下乡

　　1964 年,山东省知识青年办公室选择海阳县为城市知识青年上山下乡试点县,点设于朱吴公社。7 月 19 日,首次接收青岛 67 名知识青年,安置在东朱吴、北洛、七赛、上院口、上

碾头、后寨后生产大队,编成小组,集体食宿,固定到生产队参加劳动。因工作成绩突出,曾受山东省知青办表扬。之后,知识青年分期分批来海阳插队落户。

1966 年,县内上山下乡知识青年插队分布情况:小纪公社 35 户,128 人;徐家店公社 20 户,121 人;发城公社 28 户,140 人;东村公社 13 户,68 人;朱吴公社 16 户,88 人;郭城公社 5 户,20 人;盘石店公社 8 户,19 人。1968 年,下乡知识青年分布情况:郭城公社 8 个村,58 人;黄崖公社 5 个村,40 人;小纪公社 5 个村,43 人;朱吴公社 9 个村,79 人;发城公社 8 个村,71 人;东村公社 5 个村,42 人;盘石店公社 4 个村,34 人;取水公社 3 个村,29 人;徐家店公社 9 个村,69 人;行村公社 1 个村,18 人;留格庄公社 1 个村,15 人。

海阳县接收城市下乡知识青年选年情况表

年　份	人　数	其中青岛知青人数	年　份	人　数	其中青岛知青人数
合计	4 448	2 704	1975	1 548	1 516
1964	710	—	1976	317	144
1966	584	—	1977	617	498
1974	151	—	1978	605	546

国家拨给的安置经费标准:单身知识青年,每人 254 元;成家者每人 184 元。30％用于生活补助及购置小农具和家具,70％用于建房。

海阳县城市下乡知识青年经费选年情况表　　　　　单位:万元

年　份	预　算	决　算	年　份	预　算	决　算
1965	31.93	28.18	1975	75.02	51.66
1966	5.26	5.24	1976	33.88	25.32
1967	1.02	1.02	1977	25.84	10.39
1969	25.30	17.37	1978	49.58	10.39
1970	11.90	1.32	1979	22.98	17.88
1974	14.81	9.79	1980	12.11	8.91

1978 年,县劳动局依照上级指示,将 693 名来海阳插队的城市知识青年,适当安置到农业银行、公社广播放大站等单位工作。1980 年又安置了 460 人。

(第二十一篇第三章《劳动》,第 661—662 页)

《海阳县劳动志(1912—1985)》

山东省海阳县劳动志编纂组编,(内部刊行)1987 年

知识青年上山下乡安置办公室　1964 年 7 月成立。设主任一人。1965 年合并计委。

1966 年又成立上山下乡办公室。1968 年合并民政局。1970 年改为"五七"办公室。1974 年又改为上山下乡办公室。1979 年底撤销,业务工作和部分人员合并劳动局。

(第一章《机构、人事》,第 14—15 页)

海阳县上山下乡知识青年办公室历任领导人及工作人员一览表

姓　名	性　别	职　务	政治面貌	任职时间
姜洪喜	男	主　任	党员	1964.7—1965
张言诗	男	主　任	党员	1970.3—1972.3
纪云山	男	副主任	党员	1971.2—
姜树礼	男	主　任	党员	1972.3—1980.11
陶礼学	男	副主任	党员	1975.8—1979.8
张文臣	男	主　任	党员	1976.8—1979.3
张　莉	女	副主任	党员	1976.9—1977.1
先后在知青办工作的人员	林建民　杜凤芝　刘义亭　邹言文 宫修本　钱　洲　张培忠　于贺彬 李桂花　姜文林　孙常军　刘素花 宫巧红　冷殿东　荣香亭　任凤旭 孙言进　于京川　孙增寿			

(第一章《机构、人事》,第 19 页)

下乡知识青年工龄计算

下乡知识青年在农村插队参加劳动的时间,可与招工后的工作时间合并计算连续工龄;他们参加工作的时间,从下乡插队之日算起。

在下乡期间擅自离开农村,未参加劳动的时间,不得计算工龄。

(第五章《保险福利》,第 153 页)

第八章　知识青年工作
第一节　布点与安置

毛主席在农业合作化时期就曾指出:"知识分子同工农群众相结合,农村是一个广阔的天地,在那里是可以大有作为的。"

1968 年毛主席又发号召:"知识青年到农村去接受贫下中农的再教育,很有必要。"

1964 年山东省人委下达了《动员城市知识青年下乡,回乡参加社会主义建设》的通知,城市初、高中毕业生下放到农村劳动,谓之知识青年下乡。

1964年7月我县成立知识青年上山下乡安置办公室。省知识青年办公室确定我县为试点县。试点设在朱吴公社。

同年7月19日,朱吴公社接受青岛市67名知识青年。其中有闲散劳力4户21人,安置在东朱吴、北落、七寨、上院口、上碾头、后寨六个生产大队。都以生产队为单位组成小组,集体食宿,固定到生产队参加劳动。

知识青年的居住布点,生产队根据实际情况尽量照顾,成户插队的都分散安置,减轻生产队的负担;单身青年分散干活,集中住宿,伙食集体起灶,分散记帐。

历年下放海阳县知识青年统计表

年　度	知青人数	其中青岛知青	备　　注
1964	710	710	
1966	500	500	
1974	151		
1975	1 548	1 516	
1976	317	144	
1977	617	498	
1978	605	546	
合　计	4 448	3 914	
说　明	1966年成户插队125户计668人。总数中有本县知识青年162人。		

1966年7月安置青岛市下乡插队户数人数统计表

公　社	户数	人数	备　　注
小　纪	35	182	
徐家店	20	121	
发　城	28	140	
东　村	13	68	
朱　吴	16	88	
郭　城	5	20	
盘　石	8	49	
共　计	125	668	

1968 年下乡知识青年安置分布情况表

公 社	组数	总人数	其中男	其中女	备 注
郭 城	8	58	40	18	下放户 5 户
黄 崖	5	40	28	12	下放户 14 户
小 纪	5	43	24	19	下放户 21 户
朱 吴	9	71	48	23	下放户
发 城	8	71	47	24	下放户 28 户
东 村	5	42	26	16	下放户 14 户
盘 石	4	34	22	12	下放户 8 户
取 水	3	29	20	9	下放户 6 户
徐家店	9	69	42	27	下放户 14 户
行 村	1	13	9	4	下放户
留 格	1	15	11	4	下放户
合 计	59	480	316	164	下放户 127 户

1970 年海阳县单身青年插队情况分布表

公 社	大 队	总人数	男知青	公 社	大 队	总人数	男知青
徐家店	田家茔夼	11	7	盘 石	小 柴	7	4
〃	韩家茔夼	10	5	〃	大 柴	4	4
〃	宫家茔夼	7	1	〃	大榆村	8	5
〃	修家茔夼	8	2	〃	龙 头	9	5
〃	晶山后	7	4	〃	姜家庄	8	8
〃	刘家窑	6	4	〃	北山后	5	5
〃	季家庄	7	5	〃	桃 园	7	7
〃	李家庄	8	5	取 水	康家河	9	5
盘 石	咀子后	10	5	〃	东鲁家	8	4
〃	咀子前	9	6	〃	西鲁家	8	6
〃	杨格庄	8	5	〃	岱 家	10	6
〃	下 石	10	5	〃	矮槐树	10	6
〃	周 家	9	5	〃	葛 家	6	5
〃	下垒子	8	4	〃	小侯家	9	6
〃	河 北	8	4	东 村	北石河	8	2
〃	金银崮	8	4	〃	西哲阳	10	4

公社	大队	总人数	男知青	公社	大队	总人数	男知青
东 村	石 剑	9	3	行 村	英武店	10	8
"	磊 石	10	5	发 城	姜家涝泊	12	8
"	南修家	6	2	"	发 城	11	5
"	邵 家	3	1	"	冢 后	13	8
"	南城阳	8	4	"	中下屋	10	4
"	五间屋	7	3	"	东房屋	11	9
"	镐 地	3	3	"	西房屋	10	7
"	北城阳	3	3	"	东下屋	9	5
"	秋林头	2	2	"	西下屋	9	4
"	东石兰	4	3	"	河 南	6	2
"	凉山后	7	7	"	矿 山	9	8
行 村	庶 村	9	4	"	龙庄沟	8	5
"	东 山	10	6	"	现子口	5	3
"	夼 里	10	7	朱 吴	牛岭山	9	5
"	孙家夼	10	6	"	瓮窑头	9	3
"	桃 林	10	8	"	崖南头	12	7
"	小 滩	10	7	"	东朱吴	3	3
朱 吴	西朱吴	8	5	高 家	前寨山	9	6
"	楼 底	2	1	"	后寨山	7	3
"	乐 畎	4	4	"	冷 家	12	7
"	上碾头	6	6	"	高 家	3	3
"	后山中涧	2	2	黄 崖	小孟格	6	5
"	后 庄	5	3	"	书 院	4	4
"	上孙家	5	2	"	夹格庄	4	5
"	下院口	9	6	"	子推后	7	5
里 店	上于朋	10	6	"	泉 水	4	4
"	邵 伯	10	2	"	牛根树	5	3
"	西朱坞	8	5	郭 城	西 山	8	5
"	姜格庄	10	6	"	松树夼	13	5
"	泮 家	9	6	"	肖家夼	8	5
高 家	中石现	9	4	"	黄草场	7	4

公　社	大　队	总人数	男知青	公　社	大　队	总人数	男知青
"	黑　崮	10	6	"	河南庄	8	5
"	南长仙	8	3	"	柳树庄	11	6
"	宅家夼	8	6	"	山　东	2	2
郭　城	东神前	5	4	小　纪	小　纪	9	5
"	郭　城	3	3	"	后沙埠	6	3
"	山　角	8	4	凤　城	东迟格	10	8
"	阵　胜	10	8	"	臧　家	10	6
"	战场泊	8	5	"	唐家洼	9	5
"	台　城	8	4	"	石人泊	12	4
"	朱　村	4	2	留　格	埠　落	8	3
小　纪	大刁家	10	7	"	日照庄	9	4
"	南　台	9	7	"	留　格	12	6
"	陈家疃	7	5	"	草家泊	10	6
"	苗家沟	9	6	"	埠　鹤	9	6
"	后寨头	7	5	"	河　崖	10	5
"	石　马	11	3	"	六　甲	12	6
"	小刁家	8	3	"	院　下	9	8
"	大夫疃	4	4				
"	汪格庄	5	4				
"	辛庄头	4	3				

第二节　知识青年教育

依靠贫下中农帮助和教育上山下乡知识青年在农村茁壮成长,当他们来队之前都特地召开贫下中农会议,广泛宣传党对上山下乡知识青年工作的政策和重要意义,广大群众都一致表示听党的话,把他们当亲人看待,耐心帮助教育他们。

为了下乡青年能够牢固地在农村安家落户,生活得好,各大队党支部及广大贫下中农为他们腾房子借家具,如东朱吴村贫农王本芝家里有两块菜板,自己留下一块小的使用,把另一块大的拿出来给知识青年用,贫农张凤英本来家里很困难,也拿出一个罐子给他们盛面用。在知青来队那天贫农王芳珍兴高彩烈地推着车子到汽车站给青年们搬运行李。当来队青年住下后广大群众给他们送鲜菜、面酱、虾酱、干鱼等。贫农王桂英还把自己攒下舍不得吃的鸡子送给他们吃。下乡青年张霞不慎把鞋子掉在厕所里,妇女主任王本英见到后便立即捞上来洗得干干净净的还给她,青年耿秀兰生了病军属杨秀卿老大娘,特地做了鸡子面条送给她吃。广大社员对上山下乡知识青年这种无微不至的关怀照顾,使得他们很受感动,他们说:我们在农村,社员待我们像亲人一样。一点也不想家,愿在农村扎根一辈子建设新农村。

耐心带徒弟,教育知识青年学农活。这些青年都是在城市长大的,他们对庄稼活是一窍不通,老农民就耐心地教他们学农活,由轻到重由简到繁逐渐锻炼,亲自教他们锄地、刨地、割草、切地瓜干等。下乡知识青年张霞赶驴送粪,叫驴子住下说:"停一停"。有的人听了就嗤笑她,但老贫农社员却教育她,不会慢慢学,便耐心教会她赶驴的一套本事。生产队分给青年的口粮地瓜,如何保管好,确难坏了她们,贫农王本、芝王本见虽知道保管地瓜是一般技术,但对下乡知青来说却成了一大难题,他们便亲自帮他们把地瓜藏好。

由于贫下中农和广大社员的耐心帮助,这些青年来队之后,在短短的几个月中已学会了锄地、刨地、割草、送粪等一般农业技术活。

加强青年的思想教育。这些知识青年在学校里在电影幕上见过或听到过一些地主如何压迫剥削穷人,旧社会广大贫下中农如何受苦受难,但感受不深,他们插队之后有很多老贫农在炕头上讲家史、农村的阶级斗争史给他们听。东朱吴一队队长王可秸领着他们上山干活,在休息时就讲革命斗争故事给他们听,并指着抗日战争时期挖的山洞对他们说,这就是我们当年躲日本鬼子的山洞,过去盼望着能有一天把日本鬼子赶走,能和和平平的过日子就满足了,不知有多少先烈流尽了鲜血,给我们打下了江山,我们现在当了国家的主人,可是有些人干点累活就发怨气,这怎么能行呢?贫农孙大娘对知青王翠说:"嫚子,你那知道咱穷人在旧社会的苦难啊,多亏共产党、毛主席领导咱们闹革命,翻了身才有今天幸福的生活。"这些教育都大大的鼓舞了青年的斗志。知识青年的教育,除在平日驻村党支部的统一安排教育下,县里又采取了集中教育交流经验的方法,达到互相学习,互相促进的目的。

在训练期间,进行了思想、物质方面的摸底,认真进行了调查研究,做到情况明、方法对,有的放矢。有的存在着对上山下乡的意义认识不足动机不纯;有的向往城市厌恶农村,嫌农村生活苦、农活累;有的出身于剥削家庭思想背包袱等。针对以上不同情况,分别不同对象帮助他们认真学习毛主席的有关著作,启发他们用自我革命的精神,找出解决自己问题的答案来。在物质生活方面主要摸了他们生活中的具体困难,一是口粮问题,普遍存在着口粮不足,其原因一是工分少,二是保管不好,三是不能勤俭持家厉行节约,四是回青岛过春节卖掉一部分。二是健康情况,身患重病失去劳动能力的有十九名,三是工分问题,定的基本分低,有的连吃都挣不出来,年终还要向队里找钱,四是住房问题应建的未建,五是选点不当等,为了解决上述问题,采取的办法是教育青年,发扬自力更生的精神,依靠自己勤俭持家厉行节约解决困难,另外号召青年虚心向群众学习,主动争取干部和贫下中农的帮助,在训练教育期间县委召开了有关村支部书记会议,讲明训练成绩很大,各村要借东风,把这项工作作好,支部要确定一名委员作这项工作,帮助他们解决实际困难。对知识青年关心体贴,要发动群众帮助他们。

对口粮问题要从生产队储备粮中帮助解决,有困难的队从国家统销粮中解决,工分低要进行调整,并决定各区成立知青领导小组,经常召开会议解决问题。

树立活样板,培养典型,在学习期间集体参观凉山后的样板,增添了他们改造大自然的信心和力量,在学习中涌现出大量的好人好事,在评比的基础上都写了决心书、挑战书、倡议书,掀起了一个你追我赶的比、学、赶、帮、超运动,大大地促进了知识青年的思想革命化。县委并决定这样的学习教育今后每年定期举办。

来我县插队劳动的知识青年,在学习劳动各项工作中做出了优异成绩,涌现出张文臣、贺玉棠、薛世杰、张志新等优秀典型人物,曾出席省、地、县先进代表会议,并组成报告团去各地报告典型事迹,大大地推动我县各项工作。

第三节 经费管理

知识青年到农村后,在生产生活上一些实际问题,是以自力更生、勤俭节约、依靠集体、群众互助为主,国家帮助为辅来解决。

国家拨的安置经费,单身的青年每人平均254元,成户每人平均184元。百分之七十的用于解决建房费用,百分之三十用于生活补助、小农具、家具的购置。(1974—1978年每人每年132元,每人建房费230元拨给大队)使用时既要解决实际困难,又要节约开支。

住房首先采取挤、让、借的办法来解决。借用民房一般不得进行大修补,以节约安置经费,生产队可用国家拨的安置经费,短期内帮助建起新房,归他们居住。

小农具的购置,根据农业生产的需要,单身的每人可购置锄、镰、锨、镢最少购置一套;其它用具可酌情购置。

生活费用于口粮、柴草、油、盐、蔬菜等项开支,标准是正、半劳力每人每月定为7.5元,其它人员(15岁以下的)每人每月4.5元,粮食由国家和生产队双方负责供应。

建房、口粮、柴草和小农具购置费,除由安置所在单位的公社和大队掌管开支外,其余部分如蔬菜、油、盐等项开支发给本人。

安置经费严格开支手续,按"山东省财政厅关于执行山东省财政支援农业各项资金管理暂行规定"的手续执行。 (第八章《知识青年工作》,第214—224页)

《莱阳市志》

山东省莱阳市志编纂委员会编,齐鲁书社1995年

(1965年)4月,全县第一次接受并安置城市下乡插队落户知识青年915人。

(《大事记》,第25页)

12月,莱阳县召开城市上山下乡知识青年代表会议。 (《大事记》,第25页)

(1969年)1月28日,县革命委员会知识青年安置办公室成立。当年接收青岛市到莱阳农村插队落户知识青年980名。 (《大事记》,第27页)

(1971年)3月,全县推荐选拔第一批工农兵学员98人上大学。 (《大事记》,第27页)

(1974年)7月8日,全县456名知识青年插队落户。 (《大事记》,第28页)

(1978年)10月,青岛市1 106名知识青年到莱阳农村插队落户。(《大事记》,第29页)

1965—1972年,莱阳县安置烟台市下乡知识青年1 412人,青岛市下乡知识青年980人;1973—1977年,莱阳县安置青岛市下乡知识青年5 124人。60年代初至1978年,还先后接受回乡知识青年1 200人。全县在24处公社建立318个知青安置点。至1973年,全县安置的知识青年,因参军、招工迁出551人。到1979年,因招工、招生、征兵、返回原籍共迁出2 326人;还有527名已婚男女知识青年在县内安家落户。余者被当地招工录用。

(第三编第一章《分布　变动》,第100页)

1955年9月,团县委发动团员、青年报名到黑龙江省参加边区建设,报名者达2 200余人。9月28日,团县委副书记于云潮带领被批准的224名男女团员、青年,组成山东青年志愿垦荒建设第一队,奔赴黑龙江省集贤县,参加边区建设。1960年2月,响应团省委号召,莱阳团县委发动50名团员、青年赴淄博支援林业建设。

(第十八编第四章《青年团体》,第460页)

1966—1978年(招工),在退伍军人、城镇待业青年、上山下乡知识青年和少数农村青年中招收;1979—1983年,以城镇待业青年,上山下乡知识青年,部分退伍军人及少数农村青年为招收范围。

(第二十一编第一章《劳动》,第502页)

第三节　知青安置

1964年,国务院决定,动员和组织城市知识青年(简称知青)和其他社会闲散劳动力下乡或回乡参加农村社会主义建设。莱阳首次动员城内16名知青分别到禄格庄和纪格庄两处公社落户。

1966年起,烟台市(现芝罘区)先后动员4批单身知青共1 412人到莱阳集体插队落户。这些知青分别安置在沐浴店、河洛、赤山、照旺庄、万第、山前店、石河头等7处公社的有关大队。1969年,青岛市980名知青到莱阳插队落户。1970年7月县"五七"领导小组办公室成立(1974年5月改称知青办)。60年代至1978年,莱阳先后接收并安置境外回乡知青共

1 200 人;安置境内知青 1 470 人;同时接收安置青岛插队落户知青 5 124 人。从 60 年代初至 1978 年,莱阳共接收、承认、改办知青 10 202 人,分别安置在 23 处公社 318 个大队。

1970 年下半年开始在知青中招工、招生、征兵、招干,到 1980 年底,全部下乡知青基本安排结束。其间,从知识青年中累计招工 8 963 人。对集体插队落户知青点的财、物及为插队知青所建房屋等,由县知青办公室与有关大队妥善作了处理。1981 年 4 月,县知青办撤销,将其结余的 9.96 万元经费与 11 件较大的办公用物,移交县劳动局。

(第二十一编第一章《劳动》,第 502 页)

《莱州市志》

山东省莱州市史志编纂委员会编,齐鲁书社 1996 年

(1974 年)5 月 30 日,中共掖县县委、县革委组织首批 36 名知识青年"上山下乡",集体到三元公社周官、玉兰埠大队插队落户。 (《大事记》,第 30 页)

(1975 年)5 月 5 日,青岛市 880 名知识青年来掖县插队落户,被安置在程郭、店子、柞村、郭家店等公社。 (《大事记》,第 30 页)

60 年代开始,招工优先安排城镇劳动力,其次为下乡、回乡知识青年。除矿山井下、野外勘探、森林采伐,海洋捕捞外,一般不从农村招工。1967—1972 年,全县先后经省批准增加新职工 3 799 名,除安排城镇青年和回乡"知青"外,还到烟台、招远县招收"知青"623 名,并从农村招收部分复员军人和社会青年。1975—1978 年,全县共增加新职工 2 601 名,其中留城青年 443 名,下乡"知青"449 名,矿山井下和特需工种从农村招收 1 709 名。另外,1975 年还照顾招收退休职工子女 1 350 名(包括集体企业职工)。到 1978 年底,全县全民所有制职工达 11 926 名。1979—1985 年,全县共增加新职工 6 908 名(包括合同制工人),其中待业青年 3 248 名,下乡"知青"392 名,矿山井下和特需工种从农村招收 3 268 名。另外,减员补充招收退休职工子女 3 389 名(包括集体所有制)。

(第二十五编第二章《就业　任用》,第 516 页)

"知识青年"安置　1964 年始,济南、青岛、淄博、烟台等市先后动员部分掖县籍"知青"回乡插队落户。1969—1978 年全县共接收安置插队落户"知青"5 245 名。其中 1975—1978 年,安置青岛市知识青年集体插队落户 4 000 名。1974 年 4 月至 1978 年,县内城镇 477 名"知青"到三元、驿道插队落户。到 1980 年 12 月,所有的下乡、回乡"知青"除参军升学者外,全部安排就业。

(第二十五编第二章《就业　任用》,第 517 页)

《栖霞县志》

山东省栖霞县志编纂委员会编,山东人民出版社1990年

（1964年）4月,成立栖霞县知识青年上山下乡办公室。9月,首批接受安置烟台市来县安家落户的知识青年。　　　　　　　　　　　　　　　（《大事记》,第32页）

第四节　知识青年安置

1964年4月,县成立知识青年上山下乡安置办公室,时有工作人员4人,主任1人,负责下乡知识青年的安置工作。9月,首批接收烟台市来县安家落户的知识青年420人。分配到寨里、松山、杨础、观里、官道、小庄、寺口等7个公社的29个大队,接受贫下中农的"再教育"。至1978年,全县共接收上山下乡知识青年5 160人,其中烟台4 667人,县内498人。分配到129个大队。

1978年后,县内停止接收下乡的知识青年。并依有关政策规定,对已下乡的知青分别不同情况,给予妥善的安置各种工作,使其得到就业。至1980年,对全县的下乡知识青年基本上安置结束。　　　　　　　　　（第二十编第六章《劳动就业》,第605—606页）

《掖县劳动志》

山东省掖县劳动局编纂组编,（内部刊行)1986年

第五节　"知 青"工 作
一、动 员 下 乡

建国初,掖县城镇非农业人口的子女尚未成年。一九六四年国务院《关于动员和组织城市知识青年参加农村社会主义建设的决定》下达时,掖县城镇青年大部分在求学。"从文化大革命"开始,到一九七二年城镇青年陆续毕业。根据省革委(67)《关于安置初、高中毕业生上山下乡和就业的通知》,每年随着社会招工,首先安置城镇知识青年全部就业。

一九六四年国务院《关于动员和组织城市知识青年参加农村社会主义建设的决定》下达后,济南、青岛、淄博、烟台等城市先后动员部分原籍掖县的"知青"回掖县插队落户。从一九六九年开始,到一九七八年全县共接受安置外省、市、县来掖县插队落户的"知青"达5 245名,(其中:青岛市一九七五年至一九七八年集体插队的"知青"达4 000名)。

掖县城镇"知青"的下乡,县委则根据地委的部署,于一九七四年五月三十日动员首批37名"知青"下乡(到三元、驿道两公社),七月十七日动员第二批123名"知青"下乡。

一九七五年八月至一九七八年十月，分别动员了四批"知青"下乡，五年共动员下乡"知青"477名。

二、下乡范围

一九七四年初次动员"知青"下乡时，对城镇未分配的高、初中毕业生和没职业的社会青年，均划为下乡范围。一九七五年至一九七七年按照省委规定，除病、残不能参加劳动的、独生子女、父母身边无成年子女的和不满十七周岁者外，都属于下乡范围。一九七八年根据省委规定多子女家庭现有两个以上子女下乡的不动员；父母双亡的不动员；城外各公社企事业单位的非农业户口子女不动员；在本县无子女的可留一个……的范围，组织下乡。

三、留城就业

每年按政策经批准留城的"知青"，根据优先安排就业的原则，即在国家没下达新增职工指标前，介绍他们到厂、矿企业劳动锻炼或干临时性工作，指标下达后，则首先安排留城青年就业。

四、安置管理

安置形成有二种，一是，分散回乡的"知青"，主要是指外省、市、县回原籍，且家中有直系亲属的，直接到所在生产队安家落户；二是，集体下乡插队落户的"知青"（包括青岛市集体插队的）。

下乡、回乡"知青"到农村安置以后，根据招工政策规定，每年均有计划地招收其就业。到一九八〇年十二月，所有的下乡、回乡"知青"，除参军升学者外，全部回城就业。

领导管理。为加强"知青"工作的领导和管理，县委成立了"知青"领导小组和"知青"办公室。各公社由副书记为首组成"知青"领导小组。有"知青"插队的大队，党支部成立了"知青"领导小组，设"知青"带班人。除此，县委每年轮换派带队干部两名，青岛市每年轮换派带队干部120名，分别驻各公社和重点"知青"点。下乡"知青"均划分"知青"小组，有正、副组长，加强对"知青"的领导和管理。

由于县委、公社党委对"知青"加强了领导和培养，下乡"知青"中曾出现了不少先进典型。如驿道公社费现大队下乡"知青"张品杰，他一九七四年第一批带头下乡，立志扎根农村，几次招工不回城，当年加入了中国共产党，第二年即任费现村党支部书记，兼"知青"工作，第三年担任驿道公社不脱产的党委副书记，分管"知青"工作。一九七八年招工选干时，被动员回城，现任西由镇党委书记。

"知青"中伤亡事故。1.一九七八年六月二十八日，过西公社财粮大队青岛女"知青"王茂青，因挖河沟不慎塌方，被压死；2.同年九月25日，郭家店公社东风大队青岛女"知青"李华，出村买肉途中，被15岁的李孟杰拦路打死，抢去手表。罪犯被公安机关逮捕判刑；3.同年十二月十二日，土山公社泥东大队青岛男"知青"王守松，为参加公路展宽的"知青"送饭，被汽车压死；4.一九七九年九月二日，店子公社付家桥大队青岛女"知青"李洪芳，在赴掖城开会途中,被汽车压死。以上事故,在各有关部门的协助下,均作到妥善处理。

五、善 后 处 理

一九八〇年,"知青"机构撤销之前,根据中央和省委《关于一九七二年底以前回乡"知青"安置处理的指示》,对一九六四年底以前城镇动员下乡、回乡的"知青"及外省、市、县按政策来掖县插队的一九六八年至一九七二年期间的回乡"知青",进行全面调查,对290名已婚"老知青",本着就近就地安置的原则,于一九八〇年全部安排就业,其中包括烟台市一九六四年下放的26名。

为了落实"知青"政策,从一九八一年至一九八五年,又对外省、市回乡人员的随迁子女,经过调查核实,按照政策,对应该补办"知青"手续的予以办理,同时安排就业。

附表一张

《县以上知青经费清理情况报告表》。(见本书第2402页表)

(第三章《劳动就业》,第22—25页)

城镇复退军人的安置

对城镇非农业人口的退伍军人,则按照国务院"入伍前家居城镇没有固定职业的退伍后,劳动部门应当给予就业登记,并在与一般群众同等的条件下,给予优先就业的便利"的规定,从一九六八年到一九八五年,每年对家居城镇的和下乡知识青年的退休军人,经过审查批准全部安置就业。

(第三章《劳动就业》,第26页)

从一九六七年至一九七三年,全县经省革委批准,增加新职工3799名,其中:全民所有制职工2245名,县集体所有制职工1554名。在招工中,根据地区规定,除将每年城镇符合招工条件的非农业户口青年全部安排就业外,还招收相当比数的外省、地回乡和下乡"知青"、退伍军人,另外,还到烟台市招收城市劳力523名,到招远招收青岛"知青"100名。……

一九七五年至一九七八年,县办工业有了较大的发展,国家又在掖县新建了焦家、新城两处金矿,都相应地增加了职工,四年共经省批准增加新职工2651名(包括中央属、省属和地属企业),其中:全民所有制单位1758名,县以上集体所有制893名。按照统筹安排的原则,首先安排留城青年443名和下乡、回乡"知青"499名,又从农村招收矿山井下和少数特需工种工人1709名。

(第三章《劳动就业》,第29页)

从一九七九年到一九八四年,全县共增加新职工6047名(包括合同制工人372名),其中:全民所有制单位4125名,集体所有制单位1922名。在统筹安排中,首先安排城镇待业青年2747名,其次对历年下乡、回乡"知青"392名作了全面安排。

(第三章《劳动就业》,第29页)

（本表上接本书第 2401 页）

县以上知青经费清理情况报告表

编制单位：被县知青办   1980 年 12 月 12 日

项　目	序号	合　计	一九七三	一九七四	一九七五	一九七六	一九七七	一九七八	一九七九	说　明
一、动员知青数	1	477		171	70	88	98	50		
二、安置知青数	2	5 245	6	231	2 690	353	886	1 079		
三、应拨安置费	3	2 505 206	2 820	108 840	1 265 000	189 761	423 602	515 183		
四、拨顶经费数	4	63 195				4 600	29 595	29 000		
五、上年结转经费	5	22 140	22 140							
六、上调经费数	6	355 000							355 000	八〇年地、市上调结存经费八万元。
七、预算拨款	7	1 407 500		90 000	120 000	171 900	217 000	409 600	399 000	
1. 安置费	8	1 351 800	760	90 000	120 000	157 200	202 000	396 600	386 000	
2. 业务费	9	55 700				14 700	15 000	13 000	13 000	
八、实际支出数	10	1 954 917	760	97 210	969 730	233 813	139 477	234 754	279 173	
1. 安置费	11	1 919 336	760	97 210	969 730	221 933	124 281	231 522	273 900	
2. 业务费	12	35 581				11 880	15 196	3 232	5 273	
九、累计结存经费	13	219 723							219 723	
1. 安置费	14	199 604							199 604	
2. 业务费	15	20 119							20 119	

《长岛县志》

长岛县志编纂委员会编,山东人民出版社 1990 年

(1974 年)5 月 4 日,第一批非农业户口的知识青年(70 余人)到农村落户(由国家发给安置费)。先后共有 5 批,后来全部回县安排工作。 （《大事记》,第 17 页）

长岛县集体单位新增职工抽年统计表 　　　　　　　　　　　　单位:人

年　度	从城镇招收人员	从农村招收人员		统一分配的复员、转业、退伍军人	统一分配的大中专、技校毕业生	临时工转入人数	由全民单位转入人数	落实政策收回人数
		小　计	其中上山下乡知识青年					
1971	—	44	2	—	—	19	—	—
1972	10	10	—	—	—		9	
1973	—	—	—	2				
1976	85	181	61	10	1	—	—	
1977	65	47	42	2	—	—	—	
1978	3	126	10	1	2	—	33	
1979	11	9	5	1	—	—	—	
1980	42	26	9	3	—	—	—	1
1981	10	4	—	2	3	—	—	
1982	5	6	—	1	4	—	—	
1983	5	2	—	—	2	—	—	
1984	41	6	—	2	3	—	176	—
1985	27	353	—	3		—	3	

（第十六编第一章《劳动》,第 251 页）

《福山区志》

山东省烟台市福山区史志编纂委员会编,齐鲁书社 1990 年

同月(1964 年 9 月),接收 645 名城市知识青年回乡落户(1973 年后接收 123 名,1978 年接收 103 名)。 （《大事记》,第 23 页）

(1974 年)6 月,福山首批知识青年 178 名,集体下乡插队落户,"接受贫下中农再教育"。(至 1978 年,共下乡 498 名。1980 年安置就业结束。) （《大事记》,第 26 页）

《即墨市志》

即墨市史志编纂委员会编,方志出版社 2007 年

1979 年,在城镇非农业人口中试行考试,择优录用分配工作。当年录用了城镇非农业人口待业青年和下乡知识青年 1 116 名。 (卷二八《劳动、人事·劳动》,第 506 页)

(1969 年)1 月,开始安置青岛市下乡插队的知识青年,至 7 月份,全县共安置 883 人。

(《大事年表·近现代大事》,第 722 页)

《新编青岛地方志简本·莱西简志》

青岛市史志办公室编,五洲传播出版社 2002 年

1965 年 2 月,安置城市下乡青年领导小组成立。1968 年,改为知识青年上山下乡办公室(简称"知青办"),负责接收和安置外地下乡知识青年和境内城镇户口的知识青年到农村安家落户工作。1965 年 5 月到 1972 年,共接收青岛市知识青年 3 511 名到农村安家落户。1969 年到 1978 年,境内知识青年共 738 名,分别到牛溪埠公社、店埠公社、南墅公社的村庄集体插队安家落户。1980 年 12 月,"知青办"撤销。知识青年到农村插队落户后,政府发给一次性安置费,单身青年每人 150 元,整户下乡插队的每人 180 元。在生产队参加集体劳动,按同等劳力记工分,年终统一参加分配。1979 年,城市知识青年上山下乡停止。1980 年,有 2 497 名回城市安置工作,有 306 名已在农村结婚,由县统一招收为国家正式职工,在境内安排工作。 (第三章《政治》,第 234—235 页)

(1965 年)5 月,莱西县首次接收青岛市知识青年到农村插队安家落户。

(《大事年表》,第 467 页)

同年(1980 年),插队安家落户的知识青年中有 1 446 名应征入伍、升学或就工,有 2 497 名回家原地安置工作,对 306 名已在农村结婚的,由县统一招收为国家正式职工。

(《大事年表》,第 469 页)

《招远县志》

山东省招远县志编纂委员会编,华龄出版社 1991 年

(1965 年)5 月 16 日,首批青岛市上山下乡知识青年 1 260 人,来招远农村插队落户。

(《大事记》,第 37 页)

第三节　知青安置

1965年3月8日,招远县成立"安置城市下乡青年领导小组"及其办公室,负责下乡回乡知识青年的接收安置。到1978年,共接收青岛下乡知青4 748名,外省市下乡回乡知青444名,安排县内城镇青年489人下乡。知青的就业安置,主要有招工、招生、参军和收回城市等渠道。到1978年,离开农村的知青3 547人。其中招工2 445人,升学48人,参军24人,收回城市1 002人,其他28人。1979年,停止接收知青下乡。对1972年底前下乡的328名在乡老知青,就地安置就业239名,收回城市87名,2名女知青自愿留在农村。1980年12月,知青工作领导小组及办公室撤销。　　（第十九编第一章《劳动就业》,第584页）

《日照市志》

山东省日照市史志编纂委员会编,齐鲁书社1994年

(1974年)9月20日,本县首批知识青年179人到农村插队落户。(《大事记》,第34页)

建国后,除婚迁和外地干部职工、复退军人调入外,1968—1978年知识青年上山下乡,先后有济南、青岛、大连等地知识青年2 822人来日照落户。到1983年,大部分返回,余者皆妥善安置。　　（第三编第一章《人口规模》,第109页）

第四节　知识青年上山下乡

知识青年上山下乡工作始于1968年,止于1978年。10年间共接收本县和外地上山下乡知青2 822人,分别安置在全县18处公社,174个知青点。县里成立了知青办公室,并派专职干部到知青点与知识青年实行"四同"(同吃、同住、同劳动、同学习)。国家先后专项拨款92万元,盖房1 592间,耗资9.8万元购置工具,其他生活费用38万元。在下乡期间,有33名知识青年加入中国共产党、500余人加入共青团、30余人被选进生产大队或生产队领导班子。从1978年起,党中央调整了知青政策,下乡知青通过招工、招生、参军和转为城市居民、回城自谋职业等办法,陆续就业。到1983年底,全部得到了妥善安置。

（第二十四编第一章《劳动》,第549页）

《临沭县志》

山东省临沭县史志编纂委员会编,齐鲁书社1993年

(1969年)4月11日,临沭县知识青年上山下乡办公室成立。(卷二《大事记》,第39页)

是年(1974年),临沭县第一批知识青年到玉山公社营子、河湾大队插队落户。

(卷二《大事记》,第 41 页)

1973年至1981年对下乡知识青年进行了招工安排。　(卷九第一章《劳动》,第 179 页)

《苍山县志》

苍山县志编纂委员会办公室编,中华书局1998年

(1974年)11月,全县有131名知识青年上山下乡,占应动员数的89%。其中,集体插队87名,回乡29名,到农场15名。

(卷二《大事记》,第 49 页)

1964年开始接收上山下乡知识青年,到1971年共接收淄博、青岛集体插队知识青年477人,外地回乡知识青年48人,外地成户下乡285人。1974年苍山县开始知识青年上山下乡、回乡工作,到1978年共安置下乡、回乡知识青年491人。

(卷九第一章《劳动》,第 236 页)

"五七"大学　建于1976年5月,培养亦工亦农技术人员,下设农场、良种场、文峰山园艺场、县医院4个分校。采取推荐与选拔相结合的办法,招收具有初中以上文化程度,经2年以上劳动锻炼的下乡、回乡知识青年。1977年5月,学员全部结业,"五七"大学撤销。累计招11个班、480人。　(卷二十五第六章《职业教育》,第 583 页)

《平邑县志》

山东省平邑县志编纂委员会编,齐鲁书社1997年

(1970年)6月26日,平邑县革命委员会知识青年上山下乡办公室、复员退伍军人安置办公室成立。

(《大事记》,第 43 页)

(1979年)年底,在全县48个知青点插队落户的1 454名下乡知识青年,全部安排就业。

(《大事记》,第 47 页)

1970—1977年,录用干部756人,其中从工人中提拔干部106人;从农民中选拔干部359人;从退伍军人中录用干部213人;从上山下乡知识青年中录用干部78人。

(第二十编第一章《人事》,第 477 页)

1956年开始,根据企业需要和上级劳动部门历年下达的招工指标,招收安置留城待业青年、上山下乡回城知识青年、退休退职和死亡人员子女、国营农场职工子女、农村部分优秀青年等到企业就业。1956—1988年,全县共招收安置14 500人。其中为青岛市、胜利油田、沂源化肥厂在本县招收城镇待业青年、精减下放人员777人,招收安置上山下乡返城知识青年1 863人,招收安置职工子女顶替人员3 708人,招收安置国营林场、良种场、县石膏矿等单位职工子女197人。

1963年,县内安置青岛市102名上山下乡知识青年到大洼、万寿宫、明广寺、天宝山、四开山5个国营林场劳动。1968—1973年,安置回乡知识青年92人,其中外地回乡知识青年63人,本县回乡知识青年29人。1974年,成立县知识青年上山下乡办公室。1974—1978年,共安置集体插队知识青年1 455人,其中济南铁路局5批集体插队知识青年1 136人,本县集体插队知识青年319人。安置本县回乡知识青年112人,外地回原籍知识青年81人。接收安置的济南铁路局和本县集体插队知识青年分布在全县10个公社46个生产队。1979年后所有插队知识青年全部回城分批安排工作,县知青办撤销。

(第二十编第二章《劳动》,第486—487页)

1976年后,为照顾上山下乡返城知识青年,招收学徒的年龄、条件适当放宽。

(第二十编第二章《劳动》,第487页)

《沂南县志》

山东省沂南县地方史志编纂委员会编,齐鲁书社1997年

第六节　知识青年上山下乡

1965年,中共沂南县委成立安置城市下乡知识青年领导小组办公室,到1978年,先后接收、安置济南市知识青年131人,青岛市知识青年1 085人,本县知识青年410人,回乡知识青年307人,总计1 933人。1980年12月,根据政策规定,本县历年上山下乡知识青年全部返城安置就业。

城市知识青年上山下乡的主要形式是集体插队,配备专职带队干部,劳动锻炼时间一般为1至3年。济南知识青年1969年2月来县插队131人,安置在全县7个公社15个大队。其中界湖公社后湖埠、德胜庄、南神墩、红石庄4个大队共31人。葛沟公社沙汀大队9人;大庄公社徐家沟北、沟崖两个大队19人;蒲汪公社大于家庄11人;张庄公社南沿汶、张庄两个大队13人;辛集公社榆林子、王家庄子两个大队18人;苏村公社东北村、新建村和东风3个大队30人。经过劳动锻炼,本县知识青年先后有18人加入中国共产党,有649人加入共青团,77人被推选进入县、社、队各级领导班子。其中:县委常委兼公社书记1人,大队党支

部副书记 5 人,公社团委副书记 7 人。   (第九篇第二章《劳动就业》,第 214—215 页)

《莒县志》

莒县地方史志编纂委员会编,中华书局 1999 年

(1956 年 3 月)23 日—4 月 7 日,全县首批志愿垦荒队 3 508 名队员,分两批赴东北拓荒。其中,2 699 名到甘南、克山县开荒,809 名到友谊农场和察哈阳农场当农工。

(《大事记》,第 41 页)

(1968 年)7 月,县城市知识青年上山下乡办公室成立。   (《大事记》,第 49 页)

自 1964 年始,推行"亦工亦农"用工制度,陆续从农村中招收,到 1979 年共招 2 237 人。1971 年,从非农业人口中下乡劳动锻炼两年以上的知识青年招收 421 人。……

1979 年 3 月,招工对象的年龄定为 16—25 周岁,实行学徒制的技术工种,年龄一般不能超过 22 周岁,对上山下乡知识青年的年龄适当放宽。

(卷二十二第三章《劳动就业》,第 859 页)

《郯城县志》

山东省郯城县地方史志编纂委员会编,深圳特区出版社 2001 年

是年(1964 年)至 1965 年间,淄博市知识青年 1 184 人,来郯城县插队落户。后于 1975—1976 年间全部安排工作。   (《大事记》,第 29 页)

是年(1968 年),青岛市上山下乡知识青年 156 人来郯城县插队落户。

(《大事记》,第 31 页)

本年度(1974 年)有 503 名知识青年被批准上山下乡,直到 1975 年 8 月,这批知识青年始到农村插队落户。   (《大事记》,第 33 页)

建国后人口迁入,除转业退伍、毕业分配等来源外,人口迁入亦有两次:……②1964—1965 年间,淄博市知识青年 1 184 人来郯插队落户;1968 年青岛知识青年上山下乡,来郯城县 156 人。后于 1975—1976 年间全部安排工作,除入伍、升学、回原籍以及调往外地工作外,现在郯城者约 200 人左右。   (卷三第二章《人口变动》,第 157 页)

第十一节　知识青年上山下乡

1964—1979年间，全县先后接待安置外地和本地近千名城镇户口的初、高中毕业生到农村"插队落户"、"劳动锻炼"，此即为知识青年上山下乡。

知识青年上山下乡的管理机关原系县劳动局"知青管理小组"，有成员3—5人，负责处理下乡知青日常事务。1972年10月设立"知识青年上山下乡工作办公室"，直属县委领导。该室设主任、副主任各1人，并配秘书、会计和办事人员等。办公室下设"知青点"，每一"点"（即知识青年插队落户之村庄）配一脱产干部带队。

"知青管理小组"专职管理外地来县插队落户知识青年，包括接待安置、人员调配等；"知青办公室"除上述工作外，还负责宣传鼓动、思想教育、奖励处罚以及发放安家费、生活费等有关工作。"知青点"为知青办公室下属的基层单位，具体负责知识青年的安置、劳动、学习等工作。最初"知青点"在归昌、杨集、大尚庄、何圩子等地；之后又在重坊公社王场、杜庄、倪村、宋园、西高庄、杨庄寺、徐出口和房庄公社花园、徐蒲坦、高大、刘宅子以及马头公社徐大墙、田站、高圩子、刘楼、纪庄、刘庄、崔庄等地设点，高峰头公社麦坡、徐集、城关公社吴庄、英庄等地亦增设"知青点"。

早期"知青点"，均选在地广人稀的村落；后期，则选在人烟稠密而交通方便、生产生活条件较好的生产大队或生产队。1964—1965年间，县劳动局从淄博接来1 184人，连同25户家属计1 200余人；1970年又接来青岛知识青年156人，加上天津、上海、南京等地回乡落户青年，全县共接收外地知青1 600余人。1974年底，县内首批知识青年下乡插队落户；之后每年一批，直至1979年止，共计6批1 000余人。

县知识青年下乡之初，基本为城镇初、高中毕业生。后凡城镇户口青年，除有重大疾病者或独生子女外，均须下乡。凡符合条件而拒不下乡的，一律不安排工作。时国家下拨每人400元建房费给接收点，并供下乡者一年国库粮和100元生活费。另每人发蚊帐、暖瓶、脸盆、茶缸等日常生活用品。此外，下乡者原户口所在地还赠送纪念品几元至数十元不等。

外地知识青年每批来郯，县均召开大会热烈欢迎；县内每批知青下乡，亦召开大会隆重欢送。但下乡之后，受当时条件限制，接待安置存有一定问题，使不少城镇青年视为畏途。但通过在农村数年的劳动和锻炼，部分青年因此成才，在日后工作中做出突出贡献。

1972年始，县内每年招收一定数量的下乡青年回城工作。1979年底，按上级指示，不再安排知识青年下乡，且所有先期下乡者一律回城安排工作。1981年2月，县内、外下乡知识青年全部安置完毕，县知识青年上山下乡办公室撤销。

（卷二十第一章《劳动和社会保障》，第678页）

1979年从城镇待业青年及上山下乡知识青年中为银行系统录用干部43人；……同时

(1980年)还从农村人民公社从事经营管理工作的非国家干部会计和下乡知识青年中录用经营管理人员6人。

(卷二十第二章《人事》,第682页)

《费县志》

山东省费县志编纂委员会编,中国广播电视出版社1992年

(1974年)6月5日,县委成立知识青年上山下乡工作领导小组,负责安置本县和济南铁路局下乡知青,在探沂、梁邱、许家崖、石桥、方城、薛庄等公社设置了知青点。

(《大事记》,第37页)

知识青年安置 1963年至1978年,全县共安置知识青年2 101名,其中本县632名,青岛市65名,济南市1 378名,外地回原籍26名。1979年底调离农村的知识青年2 078名,其中招工1 718名、升学106名、参军146名、回归城市待业108名。

(第七编第二章《工人》,第173页)

《蒙阴县志》

蒙阴县志编纂委员会办公室编,齐鲁书社1992年

(1974年)9月25日,县革委公布知识青年上山下乡领导小组成员。

(《大事记》,第31页)

从1975年以后,就业工人,主要是待业青年和上山下乡知识青年;落实政策复职人员;自然减员补充;离休、退休的职工子女顶替;复员退伍军人的安置等。

(第二十三编第三章《劳动就业》,第397页)

第三节　城镇知识青年上山下乡

1963年对城镇未就业的知识青年采取上山下乡、插队落户的办法,青岛市知识青年40人,来本县插队落户,安排到天麻林场30人,岱崮林场10人。1968年济南市知识青年170人来本县插队落户。除1972年插队知识青年部分返回原籍就业外,其余均在本县各厂矿、企事业单位转为正式职工。

1974年,县成立知识青年上山下乡办公室,负责对知青的安置工作。同年12月知识青年大批下乡,在诸夏、贾庄、魏城、蒋家庄、台头、大上峪建立6个知青点,安置197人。1975

年又增设了孙家麻峪、毛坪、西儒来、新庄、东西崖 5 个知青点，安置 161 人，全县共建 11 个知青点，安置待业青年 358 人。

　　国家对知青的安置，每人发给安家补助费 500 元，第一年每人每月发给生活费 12 元。从 1968 年至 1977 年，中央共拨本县知青补助费 35.8 万元。知识青年在农村经过一二年的劳动锻炼，国家招工优先安排。

　　1978 年 10 月，国务院规定，县以下城镇知青不再列入下乡范围。1979 年 6 月，所有插队知青，全部安排了工作，县知青办公室撤销。

（第二十三编第三章《劳动就业》，第 398—399 页）

《泰安地区志》

山东省泰安市地方史志编纂委员会编，齐鲁书社 1997 年

　　(1967 年)12 月，地革委及各群众组织联合发出《城市知识青年上山下乡的通知》，开始动员城市知识青年下乡参加劳动锻炼。　　　　　　　　　　（《大事记》，第 32 页）

　　1968 年，省批准从非农业人口中的高、初中毕业生中招工 2 184 人，重点用于支农工业和基础工业。1970 年又招收 1.57 万人。1971 年招工 2.16 万人。招工对象主要是非农业人口中的高、初中毕业生、闲散劳力、经两年以上锻炼的下乡知识青年、矿山井下采掘工人子女和复员、退伍军人等。……1975 年，贯彻"统筹兼顾、适当安排，以农轻重为序"的方针，重点解决支援农业、轻纺、钢铁、煤炭及原材料企业用工，当年从留城和下乡知识青年、退伍军人、职工子女中招收 1.53 万人。　　　　　　　　　　（第九编第八章《劳动》，第 493 页）

　　1964 年区内始有少数城镇组织知识青年上山下乡。1968 年 12 月，中共中央主席毛泽东发出"知识青年到农村去，接受贫下中农再教育，很有必要"的指示后，知识青年上山下乡出现高潮。1972 年 7 月，泰安地革委成立知识青年上山下乡办公室，负责动员、安置和管理下乡知识青年。各县先后建立相应机构，公社配有专职干部。凡城镇非农业人口中的高中、初中毕业生，年龄 16—25 岁，除病残者、独生子女和父母身边无子女的，一律动员到农村生产大队参加农业生产劳动。至 1979 年，全区设知识青年下乡点（简称"知青点"）695 个，建房 1.18 万间、12.35 万平方米，安置青年 4.4 万名，国家拨建房费和生活补助费 521.94 万元。1980 年停止知识青年下乡工作。

　　1971 年，开始对劳动锻炼 2 年以上的下乡青年招工安排工作，是年招收 7 347 人。1975 年招工 4 041 人，占招工总人数的 26.4%。1976 年招工 1 750 人，1978 年招工 4 710 人，1980 年上半年招工 5 152 人，占招工总数的 42.1%；下半年招收 1972 年以前下乡的知识青年 232

人。至此,历年下乡的知识青年全部招录为工人或回城,各地"知青点"撤销。

1979年,山东省劳动就业工作会议后,区内开始城镇知识青年的待业安置工作。已下乡尚未招工安置的青年予以优先安置,暂时未招收的回到其父母所在单位待业。同年8月,泰安县成立劳动服务公司,负责待业青年的管理和办理招工就业。至1982年地区及所属各县市均成立劳动服务公司。1983年地区劳动服务公司出席全国先进表彰大会,荣登光荣榜。

(第九编第八章《劳动》,第493—494页)

《新泰市志》

山东省新泰市史志编纂委员会编,齐鲁书社1993年

(1974年)8月,县内首批知识青年下乡插队。此后每年一批。上山下乡总人数5 469人。至1978年,上山下乡工作停止。

(《大事记》,第34页)

新泰市录用干部情况表

单位:人

年份	合计	大中专毕业生分配	军队专业干部	从工人中录用	从农民中录用	从集体单位转入	从复员退伍军人中录用	从知青和全民单位转入	其他	说明
1952	60				58	1			1	
1964	214	112	57	14		8	9		14	
1971	1 007	700	9	2	96	30	105	18	47	
1976	438	218	52	91	38		1	29	9	
1979	271	12	117	18	31			12	81	1985年招聘合同制417人
1981	444	316		15	5	16	1		91	
1982	715	358	164	10	74	22			87	
1983	484	238	29	166		17			24	
1984	1 415	277	63	985	32	48		10		
1985	1 021	259	33	23	612	80		14		

(第十编第二章《人民干部》,第251页)

1978年中共十一届三中全会后,贯彻中共中央提出的"在国家统筹计划和指导下实行劳动部门介绍就业,自愿组织起来就业和自谋职业相结合"的方针,终止知青上山下乡。对上山下乡的知青,由劳动服务公司负责集中培训,招工就业。

(第十二编第四章《劳动管理》,第309—310页)

《宁阳县志》

宁阳县史志编纂委员会编，中国书籍出版社1994年

同年(1964年)，县安置济南市下乡知识青年263人，在农村集体插队落户。

（《大事记》，第32页）

1976—1985年，(招工对象)以城镇待业青年和上山下乡知识青年为主，兼招按国家政策规定的退休职工子女和农村剩余劳力、扶优户扶贫户劳力。

······

1966—1976年，共招工2 486人。其中招收城镇待业青年107人。1977年后，各业兴旺，国营企业和集体企业增加，劳动就业门路拓宽，上山下乡知识青年及城镇待业青年为招工重点，实行公开招工，经文化考试，择优录用。1977—1981年，共招收5 720人。其中，为县外招工568人，为县内招工5 152人。在为县内招工中，城镇待业青年和上山下乡知识青年1 741人，安排退休职工子女1 179人，落实政策复工95人，农村剩余劳力1 815人，复员军人269人，其他53人。

（第十编第三章《劳动就业》，第278页）

上山下乡知识青年安置　1957年，安置上山下乡知识青年，由劳动科负责。1964年由县委劳动力办公室领导。1969年，县革命委员会建立动员安置办公室，负责动员境内知识青年上山下乡和接收安置外地上山下乡的知识青年。1972年，改称知识青年上山下乡办公室。1980年8月撤销。

1957年，接收济南市31名初中毕业生，安置于西疏、伏山、葛石三个区。1964年，接收济南市下乡知识青年263人，至1972年共接收济南市、新汶矿务局下乡青年569人，分别安置在城南、东疏、鹤山、伏山、堽城、蒋集、葛石7个公社43个大队，集体插队落户。

1964—1968年，总计动员接收4 416人。先后在12个公社158个大队建知青点121个。拨建房补助费45.16万元，建房1 551间。拨生产工具补助费17.46万元，购置工具7 907件。下乡知识青年经劳动锻炼，有61人入党，605人入团，332人成为农村各级领导干部，297人当了民办教师、赤脚医生和农业技术员。先后通过招工、提干、升学、参军、返原籍等离队3 381人，在队1 029人。

1974年，动员安置境内首批下乡知识青年200人，接收济南市下乡知识青年994人。至1978年共动员安置境内1 019人，接收安置济南市1 848人，华丰煤矿514人，上海、内蒙古、北京等地零星下乡知识青年466人，计3 847人。其中，集体插队落户3 587人，分散落户260人。

1979年，根据中央指示精神，县以下城镇知识青年，没再列入上山下乡范围。已下乡的结合招工给予优先安排，集体在点的，全部撤离。至1980年3月，招工916人。对"文化大革命"

中因错案遣返还乡的青年113人,落实政策后,按上山下乡青年对待,补办手续,由劳动局统一安排就业。至此,上山下乡知识青年安置结束。　（第十编第三章《劳动就业》,第278—279页）

《东平县志》

东平县志编纂委员会编,山东人民出版社1989年

　　同年(1964年),始有上山下乡知识青年插队落户。（《大事记(1735—1985年)》,第17页）

　　1969年1月,济南市下乡知识青年首批来县,集体插队落户（至1978年底共接收下乡知识青年2053人）。　　　　　　　　　（《大事记(1735—1985年)》,第19页）

　　1965—1971年,以招收农业人口为主,特别照顾烈军属子女和转业军人,兼招非农业知识青年(简称知青)。1972年后,以招收知青为主,兼招农业人口。1982年招工390名,其中待业知青242人,农业人口148人。1983年招工231人,其中待业知青214人,农业人口17人。1985年招工579人,其中待业知青462人,农业人口117人。

（第十八编第一章《劳动》,第377页）

第七节　知青安置

　　管理机构　1964—1967年,县设专职干部2人负责知识青年安置。1974年,县设知青上山下乡办公室。有安置任务的公社,由1名副书记分管,设专职干部1人;有安置任务的大队,由大队副书记分管。1980年机构撤销。

　　接收知青　1964年始,上山下乡知青多属回原籍,有的依托亲友,只发给生产费和生活补助费。1968年,接收北京、济南首批下乡知青,安排在大巴柳、前河涯、孟村、满村、张场等大队。至1972年,接收济南、天津、北京等外地知青近百人。1974年8月,济南市槐荫区162名知青来县,分住城关、彭集、沙河站、接山、花篮店等26个大队。至1975年底,共接收知青1063人（其中本县知青110人）。知青点44个。1978年,又接收知青369人（其中回乡知青53人）。至年底累计,共接收知青2053人。

　　知青下乡后,同当地社员一起参加劳动,同样参加分配,正常出勤的每人每年口粮不低于原粮600斤;每人每月食油6两,口粮分配达不到上述标准的生产队,其差额由当地粮食部门在农村统销粮油中补助。医疗费由生产队合作医疗经费中报销。从知青下乡到离去,计开支医药费1.4万余元,生活补助费30.94万元,建房费46万余元,连同宣传、会议、业务、学习、购买生产工具等项费用,均为上级拨专款由县知青办支付。合计开支95.56万元。增加了农民负担,给国家造成巨大浪费。

1979 年,由插队劳动的形式转到以办好知青农场为主。年底回原籍安排工作的 1 270 人,顶班的 299 人,升学的 30 人,参军的 61 人,其余 390 人全部返回城市。1980 年后,这一形式取消。

东平县知识青年情况统计表

年份	原单位	来源								去向					
		人数	性别		文化程度			政治情况		合计	招工	接班	升学	参军	其它
			男	女	高中	初中	初中以下	党员	团员						
1964	济南槐荫区	4	4	—	—	4	—	—	—	4	4	—	—	—	—
1965	本县	1	—	1	—	1	—	—	—	1	1	—	—	—	—
1966	济南槐荫区	1	—	1	—	1	—	—	—	1	1	—	—	—	—
1967	本县	3	1	2	—	3	—	—	—	3	3	—	—	—	—
1968	济南、北京	43	27	16	12	31	—	2	6	43	41	—	1	1	—
1969	天津、济南	17	8	9	6	11	—	—	4	17	17	—	—	—	—
1970	天津、济南	15	7	8	4	11	—	—	6	15	14	—	—	1	—
1971	内蒙	2	1	1	1	1	—	—	—	2	2	—	—	—	—
1974	济南、本县	488	251	237	416	71	1	37	—	487	371	54	29	33	1(拘留)
1975	济南槐荫区	575	322	253	461	109	5	6	6	575	391	184	—	—	—
1975	本县	53	26	27	41	12	—	—	—	53	47	4	—	2	—
1976	本县	92	53	39	80	12	—	—	13	92	92	—	—	—	—
1977	济南槐荫区	261	135	126	181	44	36	—	34	—	—	—	—	—	261(回城)
1977	本县	76	43	33	72	4	—	—	—	—	—	—	—	—	76(回城)
1978	济南槐荫区	369	174	195	281	81	7	—	45	367	286	57	—	24	2(病退)
1978	回乡知青	53	20	33	43	10	—	—	—	—	—	—	—	—	53(回城)
合计	—	2 053	1 072	981	1 598	406	49	45	114	1 660	1 270	299	30	61	393

(第十八编第一章《劳动》,第 383—385 页)

《济宁市中区志》

济宁市中区地方史志编纂委员会编,齐鲁书社1999年

(1957年)9月12日,济宁市43名知识青年自愿报名赴东北克山垦荒。

(《大事记》,第26页)

是年(1965年),济宁市400名城市知识青年赴新疆葛尔木参加中国人民解放军农业建设兵团第十二师当军垦战士。生活实行供给制,人均月补贴人民币6元。

(《大事记》,第30页)

(1966年)春,济宁市1001名知识青年赴甘肃参加中国人民解放军农业建设兵团第十一师当军垦战士,月工资36元。　　　　　　　(《大事记》,第30页)

(1974年)2月,市革委设立知识青年上山下乡办公室。

6月,济宁市先后动员2000余名城市知识青年上山下乡到滕县、曲阜、汶上、鱼台等地插队落户。　　　　　　　　　　　　(《大事记》,第34—35页)

(1976年)6月,济宁市动员1524名城市知识青年到滕县、汶上、嘉祥、鱼台县插队落户。　　　　　　　　　　　　　　　　(《大事记》,第35页)

1964—1979年,共10次组织动员知识青年、城区居民21386人去甘肃、青海和济宁周围各县安家落户、支援边疆和农村建设。　　　(卷三第二章《人口变动》,第104页)

知识青年安置　1964年,济宁市成立安置城市知识青年上山下乡领导小组,开始动员知识青年上山下乡,参加农业生产。是年,2321名知识青年,分别安置到济宁县、兖州、曲阜、泗水、邹县、汶上6个县插队。1965—1970年,以动员整户回乡为主,共有1433户、6702人到农村安家落户。1968年,在"知识青年到农村去"的群众运动中,大批城镇知识青年报名上山下乡,至1972年,共有5672名知识青年奔赴农村,其中有1401人到甘肃、青海以军垦形式进行边疆生产建设。之后不再安排支边青年。1974—1979年,济宁市共动员上山下乡知识青年10774人,分别安置在11个县、122个公社、1257个大队,设知青点1480个。其间,从1970年下乡、回乡两年以上的知识青年进行招收新职工,至1979年,共安置回城知识青年4870人。是年,根据中共中央、国务院的指示,停止动员上山下乡。1980年,在乡知识青年就业安置问题全部解决。　　　　　(卷十九第一章《劳动》,第510—511页)

《任城区志》

山东省济宁市任城区地方史志编纂委员会编,齐鲁书社 1999 年

(1970 年)5 月,济宁县接收安置济南市下乡知识青年一千七百多名。

(《大事记》,第 29 页)

(1981 年)8 月,查处在下乡知识青年招工中弄虚作假、营私舞弊的严重违纪行为,清退假知青 158 人,处理党员干部 5 人。

(《大事记》,第 33 页)

知青安置 自 1970 年 10 月开始,在知识青年中上山下乡锻炼满两年以上的,通过招工、升学、参军、顶替等途径进行安置。1971 年安置 548 人。1972 年安置在国营农场 627 人。1974—1978 年,在招收新工人时,照顾上山下乡知青,共安置 3 695 人。1979 年,对 1972 年以前下乡尚未安置的老知青进行全面调查摸底核实,本着就地就近,人尽其才,各得其所的原则,分别作了妥善安置。1980 年全县共安置老知青 182 人,其中男 97 人,女 85 人。济南知青招工返回的共 9 860 人。

(卷二十第二章《劳动》,第 510 页)

《兖州市志》

山东省兖州市地方史志编纂委员会编,山东人民出版社 1997 年

(1969 年 11 月)兖州县开始接收外地上山下乡知识青年,至 1978 年共接收 4 253 人,其中:男 2 552 人,女 1 701 人,分别安置在 12 处公社。1974 年,外地知青陆续回原地,至 1980 年,全部迁离。

(《大事记》,第 31 页)

(1970 年)11 月,由贫下中农推荐,在下乡知识青年中,县招收新工人 264 名,占当时全县下乡知青总数的 46.6%。

(《大事记》,第 32 页)

(1974 年)9 月,根据中共中央"知识青年到农村去"的指示,兖州县集中动员城市青年上山下乡。当年城市青年下乡 2 701 人。后,一年一度安排下乡,1980 年停止。下乡青年通过招工、升学、参军等途径陆续回城。

(《大事记》,第 33 页)

(1980 年)2 月,县知青造纸厂动工兴建,占地 3.5 万平方米,计划投资 143 万元。1982 年 5 月停工,未成。

(《大事记》,第 36 页)

1976年3月,从公社宣传队和下乡知识青年中,经考核录用"三不脱离"(不办理户口转移、不办理粮食转移、不脱离生产劳动)干部19名。

(卷二十一第三章《干部状况》,第587页)

第三节 知 青 安 置

1964年,城镇青年和闲散劳动力下乡工作由县计委负责。是年,县动员城市青年和闲散劳动力18户、53人到城关公社后寨子、大雨住、乔家村、傅家楼、琉璃厂、刘家岗等村安家落户。1968年,县成立知识青年上山下乡安置办公室,设正、副主任各1人,工作人员4人。各公社相继设立知识青年办公室,配专职干部。有知青点的大队,建立知青领导小组,由党支部书记、贫协主任、民兵连长等人组成。同年,安置知识青年下乡269人,其中男135人,女134人。根据中共中央"知识青年到农村去"的指示,兖州县集中动员城市青年上山下乡,至1979年,全县共接收安置下乡知识青年9 845人,其中男5 660人,女4 185人。分别安置在12个公社,209个大队,255个村和5个农场。全县设知青点260个,其中,谷村29个,大安26个,漕河17个,小孟18个,新驿26个,颜店15个,前海17个,泗庄27个,黄屯17个,王因14个,城郊31个,堡子18个,寨子农场、"五七"农场、道沟农场、泗庄农场、新驿农场各设1个。

1965年,根据山东省人民委员会40号、41号和128号文件,对上山下乡知识青年有关经费开支、福利等作了安排。国家按人拨付经费,主要用于购置生活、生产用具、生活补助、解决住房等。医药费原则上自理,如有困难,由社队帮助解决。每人29尺布票,2.5公斤棉花,灵活掌握,不平均分配。粮油供应,从农村统销粮油中解决,个别不足的,再由生产队补助。知识青年下乡后参加劳动,与社员一样参加分配,差额由当地粮油部门补齐。

1970—1980年,按照有关政策规定,下乡知青,通过招工、升学、顶替、参军等途径,得到妥善安置。

根据上级有关指示,1969年11月,县开始接收外地知青,至1978年共接收上海、北京、天津、贵州、四川、湖南、江苏、安徽、河南、河北、甘肃、辽宁、吉林、内蒙古等省、市、自治区和济南、宁阳、济宁、微山、曲阜等市(县)知青4 253人,其中女知青1 701人,安置在社、队知青点。

1974—1980年,外地知青陆续迁离兖州县农村,其中招工3 716人,顶替90人,升学167人,参军280人。

(卷二十一第四章《劳动就业》,591—592页)

《泗水县志》

泗水县地方史志编纂委员会编,山东人民出版社1991年

第七节 知识青年安置

泗水县接收知识青年工作始于1970年。当时,济南市社会救济院和卫生街道办事处的

32 名知识青年分别集体插队于三角湾和中册四村。后济南、青岛和外省（多为回原籍者）千余名知识青年陆续到泗水插队落户，分别安置在 64 个知青点。到 1978 年，泗水县共接收上山下乡知识青年 1 669 名。1974 年，县革命委员会根据中央（1973）21 号文件精神，成立知识青年上山下乡领导小组，具体负责知识青年安置工作。到 1981 年底，泗水县已将县内全部知识青年妥善安置。其中招生 32 人，招工 1 461 人，征兵 76 人，提干 1 人，顶替班 99 人。

（卷二十二第一章《劳动》，第 496 页）

《滕县志》

山东省滕州市地方史志编纂委员会编，中华书局 1990 年

（1964 年）滕县开始动员城市知识青年上山下乡。　　　　　　（第二编《大事记》，第 32 页）

（1969 年）11 月，滕县开始接收外地上山下乡知识青年，至 1980 年共接收 2 877 人，分别安置在 21 处公社。自 1975 年至 1980 年，由于招工、顶替、升学、参军及其他原因调离农村的共 2 771 人，其余全部回城。　　　　　　　　（第二编《大事记》，第 34 页）

从 1970 年开始，劳动就业人员逐渐以非农业人口、上山下乡知识青年、城镇待业青年为主，年龄一般在 16 至 25 岁，由招收单位进行政审、体检，合格后报县计委批准，招收入厂。

（第四编第八章《劳动》，第 167 页）

第七节　知识青年上山下乡
一　滕县知识青年上山下乡

1964 年，滕县开始动员城市知识青年和闲散劳动力下乡。是年，下乡 68 户、364 人；1965 年下乡 98 户、441 人；1966 年下乡 76 户、303 人。他们分别下放到城郊、官桥、大坞、界河、东郭、姜屯、龙阳、城头等 22 个公社。"文体大革命"中一度停止。1974 年下放知识青年 1 220 人，其中男 638 人，女 582 人。1975 年下放知识青年 3 152 人，其中男 1 724 人，女 1 428 人。1976 年下乡知青 1 317 人，其中男 679 人，女 638 人。1977 年下放知青 1 393 人，其中男 679 人，女 714 人。1978 年下放知青 721 人，其中男 357 人，女 364 人。1979 年下放知青 88 人，其中男 37 人，女 51 人。全县共接收安置下乡知识青年 7 891 人，其中男 4 060 人，女 3 831 人。

根据下乡知青人数，全县知青分设 227 个点，其中龙阳 6 个点，望冢 10 个点，城头 4 个点，桑村 2 个点，城郊 19 个点，峰庄 1 个点。姜屯 19 个点，岗头 11 个点，金庄 13 个点，张汪 12 个点，界河 10 个点，南沙河 13 个点，冯卯 1 个点，东郭 5 个点，官桥 13 个点，鲍沟 18 个

点,徐庄 2 个点,羊庄 16 个点,西岗 5 个点,山亭 1 个点,东沙河 12 个点,木石 6 个点,柴胡店 2 个点,大坞 15 个点,级索 9 个点,夏庄 2 个点。

1965 年山东省人民委员会分别下达了 40 号、41 号和 128 号三个文件,对上山下乡知识青年有关经费开支、福利照顾都作了规定。下放知识青年平均由国家拨款 240 元,主要用于购置生活、生产用具,文体开支,生活补助,解决住房等问题。医药费原则上自理,如有困难者,由社队帮助解决。每人平均 29 尺布票、2.5 斤棉花,布票灵活掌握,不得平均分配。粮油供应,知青下乡后同社员一样参加分配,为了照顾体力劳动,在原有的基础上从下乡之日起,每人每天补助粮 1.5 斤,从农村统销粮中解决,个别食量大的,再由生产队酌情补助。1974年对下放知青住房用料进行解决,全县知青缺房 2 086 间,解决烧砖瓦、白灰用煤 823 吨,木料 682 方,为了使知识青年搞好生产,种好试验田,1978 年由县财贸办公室照顾知青化肥600 吨。

滕县上山下乡知识青年 1975 年至 1980 年,因招工、升学、顶替、参军等陆续全部回城。

二 外地来滕知青

滕县从 1969 年 11 月开始接收外地知青,至 1976 年共接收上海、江苏、天津、湖南、广东、江西、四川、安徽、黑龙江、湖北、福建、浙江、河南、辽宁、吉林、河北、贵州、新疆、云南、陕西、内蒙、甘肃等外省、市、自治区和本省的济南、青岛、枣庄、薛城、邹县、单县、蒙阴、临沂等地的知青共 2 639 人,其中男知青 1 278 人,女知青 1 361 人。1977 年至 1980 年又接收外地知青 238 人,分别安置在各知青点。自 1969 年至 1980 年,全县共接收外地知青 2 877 人,其中男知青 1 334 人,女知青 1 543 人。

1975 年至 1980 年,外地知青全部迁离滕县农村,其中招工 2 372 人,顶替 274 人,升学174 人,参军 17 人。

(第四编第八章《劳动》,第 173—174 页)

《鱼台县志》

山东省鱼台县地方史志编纂委员会编,山东人民出版社 1997 年

(1968 年)秋,济南、济宁一批上山下乡知识青年先后来鱼台安家落户。

(《大事记》,第 33 页)

1966 年后,按照中共中央、国务院《关于动员和组织城镇知识青年和其他劳动力下乡、回乡参加农业社会主义建设工作的指示》,鱼台县安置知识青年 1 255 人,其中,济南知青175 人,济宁知青 820 人,回乡知青 37 人,本地知青 223 人。从 1970 年起,知识青年陆续返回户口所在地安排工作,至 1980 年底,全部返回户口所在地。

(第二十一编第二章《劳动》,第 470 页)

《嘉祥县志》

山东省嘉祥县地方史志编纂委员会编,山东人民出版社1997年

上山下乡知识青年安置 1970年,县革命委员会设安置办公室,1972年改称"五七"办公室,1974年6月又改称知识青年上山下乡办公室,1981年3月机构撤销。1970—1978年先后安置县内知识青年798人,安置济南市、济宁市等外地下乡和回乡知识青年2 098人,共安置知识青年2 896人到嘉祥县农村落户。全县共建立知识青年上山下乡重点村队54处。此期间,县财政用于知识青年安置费计143万元。1972年后,对下乡满3年的知识青年分批招工安置。1980年,上山下乡知识青年全部撤离农村。

(第十九编第二章《劳动》,第553页)

《汶上县志》

山东省汶上县志编纂委员会编,中州古籍出版社1996年

(1968年)10月,《人民日报》发表毛泽东关于"知识青年到农村去"的号召,全国掀起知识青年"上山下乡"高潮。至1978年,汶上县计安置本县下乡"知青"406人,安置外地下乡、回乡"知青"4 408人。

(《大事记》,第34页)

附　知识青年上山下乡

动员城镇户口知识青年上山下乡、插队落户,是基于当时国内外形势,为"备战备荒"、"疏散城镇人口"和"反修防修"而采取的一种特殊就业安置方式。1968—1970年,此项安置工作由县民政科兼管。1971年改属新建的"五七办公室"。1974年1月,成立知识青年上山下乡办公室,专司其职;1981年4月撤销。1968—1978后,先后安置本县知青406人,安置济南、济宁等外地下乡、回乡知青4 408人,总计4 814人。高潮时期,全县建知青点108个。1975、1976年知青安置费分别高达71.6万元、35.2万元。1971年后,对下乡满3年以上的知青分批进行了招工安置。1976年粉碎江青反革命集团后,知青竞相回城谋业或待业。1980年底,全部撤离农村。

(第八编第二章《劳动》,第211页)

1964年大办耕读教育,复突击招用回乡知识青年871人任教。

(第二十一编第八章《教师队伍》,第449页)

《邹城市志》

山东省邹城市地方史志编纂委员会编，中国经济出版社 1995 年

(1964 年)7 月 13 日，邹县县委"安置城市青年下乡领导小组"成立。

(《大事记》，第 20 页)

知识青年安置　自 1974 年起，邹县城镇知识青年大批下乡插队。除按照国家有关规定和计划直接升学、参军及病残、独生子女、多子女家庭身边只有一个子女的不动员上山下乡外，其余都被动员上山下乡。1975 年起，又实行了由学校定向，单位定位，按系统对口动员上山下乡的办法。至 1978 年，全县共有 10 513 名城镇知识青年下乡。1978 年起，对已下乡的城镇知识青年由国家统一就地或收回城镇安排工作。

1974—1978 年邹县知识青年插队人数

年度	合计(人)	男(人)	女(人)	在合计中(人)		编组数(个)	所在大队数(个)
				回乡知识青年	当年下放		
1974	1 619	834	785	77	/	126	93
1975	1 799	898	901	56	/	154	219
1976	1 964	981	983	39	1 229	164	131
1977	2 817	1 390	1 427	88	1 481	174	273
1978	2 314	978	1 336	38	1 122	151	206
总计	10 513	5 081	5 432	298	3 832	769	/

(卷二十二第一章《劳动》，第 505—506 页)

《微山县志》

山东省微山县地方史志编纂委员会编，山东省人民出版社 1997 年

(1969 年)1 月 16 日，县直机关首批 15 名知识青年下乡落户到马坡公社址坊、泉上生产大队。
(《大事记》，第 39 页)

(1973 年)7 月 19 日，《辽宁日报》以《一份发人深省的答卷》为题，刊登辽宁省下乡知识青年张铁生的一封信，吹捧张铁生高考中交白卷为"英雄"。全县中小学受其影响，随之刮起

一股"读书无用论"的歪风,教学秩序又趋混乱。 (《大事记》,第 42 页)

1981 年,增设城市建设局,撤销知识青年上山下乡办公室、渔民陆居办公室……

(卷二十一第二章《县行政机构》,第 762 页)

1968—1978 年,职工录用实行群众推荐,民主评议,最后报计委、劳动部门审批。招工范围是:退伍军人、城镇户口的高初中毕业生、下乡两年以上的知青和少数农村青年。1970年起,开始回招下乡知识青年。 (卷二十三第一章《劳动》,第 810 页)

第七节　知识青年上山下乡

微山县知识青年上山下乡从 1968 年开始,至 1978 年,全县共上山下乡知识青年 1 130人,其中本县知青 917 人,外地知青 213 人;计有男 553 人,女 577 人。1974—1978 年,微山县共建知青点 22 个,分布在全县 9 个公社、22 个大队。其中马坡公社 6 个点(盛楼、东九、马东、址坊、曹坊、路庄);鲁桥公社 1 个点(仲浅);欢城公社 4 个点(西田陈、蔡楼、前寨门口、后寨门口);傅村公社 1 个点(程庄);夏镇公社 5 个点(小官口、前八里屯、后八里屯、西八里屯、洛房);彭口闸公社 1 个点(后学);塘湖公社 1 个点(辛庄);韩庄公社 2 个点(葛墟店、东官庄);留庄公社 1 个点(峦谷堆)。知青点总计建房 334 间,总建筑面积 3 982 平方米。国家共拨补助经费 11 347 元。知青点共安置知青 917 人。

微山县对上山下乡知识青年的工作和生活有如下具体规定:集体插队下乡青年,参加口粮分配前,每人每月由国家统销供应成品粮 22.5 公斤,食油 0.5 公斤;参加分配时,既要体现按劳分配的原则,又要给以必要的照顾。凡正常出勤的全年口粮不低于 300 公斤,食油 3 公斤,达不到上述标准的,由当地粮所给予补差。下乡时着衣困难的,每人补助布票 8.3 米,棉花票 1.25 公斤,购买有困难的,由家长所在单位给予补助。少柴地区下乡知青生活用煤,由所在地区从市场用煤中保证供应。下乡知青同社员一样同工同酬,分配兑现,并和社员一样分配同等数量和质量的自留地。

下乡知识青年,从 1970 年开始,通过招工、参军、升学、提干等形式陆续回城,至 1981 年全部撤离农村。其中招工 570 人,参军 104 人,升学 51 人,提干 4 人,外迁 29 人,待业 372 人。

1968—1978 年知青上山下乡一览表

年　度	知　青　人　数					备　注
	小　计	本　县	外　地	男	女	
1968	10	3	7	7	3	
1969	37	13	24	20	17	
1970	20	—	20	10	10	

年 度	知 青 人 数					备 注
	小 计	本 县	外 地	男	女	
1971	29	2	27	15	14	
1972	21	21	—	9	12	
1973	23	16	7	13	10	
1974	265	254	11	125	140	
1975	151	151	—	76	75	
1976	204	100	104	97	107	
1977	207	197	10	102	105	
1978	163	160	3	79	84	
合计	1 130	917	213	553	577	

(卷二十三第一章《劳动》,第 813—814 页)

《金乡县志》

金乡县志编纂委员会编,生活·读书·新知三联书店 1996 年

1973 年,撤销农林局,改设农业局、林业畜牧局,恢复公安局,设立知识青年上山下乡办公室、科技办公室、拖拉机站革委。 （第十三编第二章《行政机关》,第 312 页）

1966—1978 年,实行群众推荐、民主评议、领导同意、劳动部门审批的招工制度。其范围是退伍军人,城镇非农业户口的初中和高中毕业生,劳动锻炼满两年以上的上山下乡知识青年和少数农村青年。

1979 年始,招工一律实行德智体全面考核、择优录取的办法。招工对象是按政策留城或回城的城镇高、初中毕业生,上山下乡满两年以上的知识青年。其条件是思想好,身体健康,16—25 周岁的未婚青年。 （第十七编第四章《劳动就业》,第 380 页）

(1968 年 5 月)20 日,县革委发布《关于动员城市知识青年上山下乡工作意见》,掀起知识青年上山下乡热潮。至 9 月 10 日,85 名知识青年到城关、鱼山公社落户。12 月 12 日,济南市 62 名知识青年,安置到高河、卜集、胡集 3 社落户。 （《大事记》,第 576 页）

（1975 年）4 月 16—25 日，省、地知青慰问检查团慰问金乡县 40 个知青小组，300 余人，召开知青座谈会 29 次，知青点干部座谈会 15 次，放电影 17 场。 （《大事记》，第 578 页）

《郓城县志》

山东省郓城县史志编纂委员会编，齐鲁书社 1992 年

是年（1974 年），县知识青年上山下乡办公室建立，城镇非农业户口的中学毕业生到农村安家落户。 （《大事记》，第 26 页）

1972—1990 年，（招工）以招收非农业户口知青和下乡知青为主。

（第十六编第二章《劳动》，第 428 页）

第三节　城镇知识青年安置

接收　1964—1967 年，上山下乡知识青年（以下简称知青）多数回原籍农村插队落户，由原所在单位发给生产费和生活补助费。1973 年前，全县共接收、安置 124 名知青。1974 年全县分批接收济南等外地下乡知青 878 人。1973 年山东省委〔1973〕215 号文件规定，每安置一名下乡知青，拨款 500 元。截止 1980 年底，全县累计支出下乡经费 35.6 万元。

教育　为加强对知青的教育，中共郓城县委先后派出带队干部 17 人，济南市随知青来郓带队干部 28 人，他们在知青点同知青同吃、同住、同学习、同劳动，从政治上关心知青的成长。县统一规定了学习日，各知青点订有学习制度，定期检查学习心得和读书笔记。在插队期间，知青中有 7 人加入了中国共产党，85 人加入了共产主义青年团。

劳动生活　知识青年多采取集体劳动方式，也有分散到生产队劳动的。知青点做到蔬菜自给有余，还开展养猪、养兔、养鸡等副业。知青同社员一起参加生产劳动，同样按劳参加分配。正常出勤的知青，每人每年从生产队分配口粮不低于原粮 300 公斤，食油每人每月供应 6 市两。达不到上述标准的，由当地粮食部门从农村统销粮、油中补助。治病由生产队从合作医疗经费中报销。

去向　下乡知青就业的渠道主要是招工、招生和参军，方法是由劳动局、招生办公室、征兵办公室确定知青专用指标，分配到知青办，再由知青办分配下达到知青点和知青落户社队，根据"先下先招"的原则和本人表现，由贫下中农代表和知青推荐，公社送县审批。截止 1980 年底，全县下乡知青 1 176 人，全部按上级有关政策妥善安排。其中 1 022 名招工，38 名接班，49 名应征入伍，29 名被推荐考取各类学校，30 名返城待业，2 名死亡，6 名回父母身边。1980 年后，知青不再下乡。

年份	单 位	人数	男	女	党员	团员	高中	初中	小学	招工	接班	升学	参军	其它
			性别				文化程度					去 向		
1973前	外地和本县	124	61	63	2	47	21	84	19	77		5	2	
1974	济 南	301	140	161		140	58	241	2					
1974	本 县	89	33	56		39	27	61	1	3				
1975	济 南	117	51	66		50	22	95		225		12		3
1975	本 县	52	21	31		19	18	34						
1976	本 县	59	28	31		20	21	38		303	17	1	1	2
1977	本 县	64	30	34		21	19	35		114	15			
1978	本 县	72	32	40		25	26	36		21	2	7	18	
1978	外地迁入	116	52	64		30	27	89						
1979	本 县	51	23	28		5	7	36	8	146		3	23	3
1980	本 县	131	56	75		18	20	102	9	133	4		5	30
合计		1 176	527	649	2	414	266	851	39	1 022	38	29	49	38

（第十六编第二章《劳动》，第 429—430 页）

《单县志》

山东省单县地方史志编纂委员会编，山东人民出版社 1996 年

（1965 年）11 月，单县城内居民和知识青年下乡 377 户 1 325 人。（《大事记》，第 31 页）

是月（1970 年 7 月）7 日，单县组织城镇知识青年下乡，至 1980 年，下乡知识青年全部安排就业。
（《大事记》，第 33 页）

1979 年后，恢复了县领导接访日。县领导亲自接待来访群众和阅批人民来信，既了解人民群众的呼声，掌握了社会动态，又为群众排忧解难。信访工作已逐步纳入正常的工作轨道。在处理下乡知青闹事、冤假错案、纠正成份、落实私房政策等重大工作中，都发挥了其他部门不可替代的作用，最多时每天接访 50 余人，阅信 20 余件。

（第十九篇第三章《信访》，第 457 页）

1960 年县建立劳动力领导小组，下设上山下乡知识青年办公室，恢复劳动科建制。

1962 年劳动科再次撤销,业务归计划委员会。1971 年建立单县革命委员会劳动局,1980 年改为单县劳动局,同年 9 月撤销上山下乡知识青年办公室。1981 年建立劳动服务公司。

(第二十篇第一章《机构》,第 461 页)

第二节　下　乡　安　置

60 年代前期,精减回乡、下乡职工 1 641 人。一是精兵简政,有些机构关、停、并、转人员充实农业战线;二是三年经济困难时期造成某些工业下马,精减职工回乡生产;三是疏散城市和城镇人口。止于 1965 年,全县城镇居民和城镇知识青年,共下乡 377 户,1 325 人。安置在 16 个公社,180 个大队,230 个生产队。其中知识青年新村有:高韦庄公社葵花新村;杨楼公社向阳新村;谢集公社红旗新村;时楼公社曙光新村。这四个新村有知青 269 人。至 1975 年,下乡知识青年达 2 783 人,安排到农、林、牧场和集体插队落户点。全县由四个新村,发展到 23 个集体插队落户的知青点。有:葵花、向阳、红旗、曙光、岳刘庄、李庄、毛庄、芳桂、郭曹庄、杨大庄、流水口、张庄、董庄、花园、曹庄林场、崔口、城关东林场、十里铺、城关西林场、南王庄、张楼、孙庄、刘草庙。

1976 年,对 1975 年 6 月底以前下乡的知青,符合条件的,基本全部招工。至 1980 年 9 月,下乡知青基本全部就业。县上山下乡知识青年办公室遂撤销。

1982 年 8 月 16 日,县委、县政府成立了"处理下乡户问题办公室"。止于 1983 年 5 月 31 日,为下乡的 339 户城镇居民办理了农转非,665 人转为待业青年。

(第二十篇第三章《劳动》,第 465—466 页)

《鄄城县志》

山东省鄄城县史志编纂委员会编,齐鲁书社 1996 年

(1973 年)6 月 28 日,县知识青年上山下乡工作领导小组及其办公室建立。

(《大事记》,第 26 页)

第四节　知识青年上山下乡

1968 年 9 月 18 日,毛泽东主席发出"知识青年到农村去,接受贫下中农再教育"的指示,大批城镇青年和高、初中毕业生上山下乡。自 1968 年至 1978 年,鄄城县共接收济南、菏泽、甘肃、河北等地下乡、回乡知识青年(简称知青)1 038 人,开支费用 33 万元。来鄄知青除回乡外,分别被安置在城关、郑营、引马、箕山、左营、什集、阎什口等 7 处公社的 16 个知青点插队落户。调整知青政策后,对来鄄知青统筹安排,陆续就业,到 1980 年全部得到安置,其

中留城 157 人,招工 1 136 人,参军 20 人,升学 16 人,接班 3 人,收回 20 人。

(第十六编第二章《劳动》,第 427 页)

《梁山县志》

梁山县志编委会编,新华出版社 1997 年

(1969 年)春,县设立"知识青年上山下乡动员安置办公室"。至 1978 年,共安置城镇知识青年 1 056 人到农村接受教育。

(《大事记》,第 25 页)

上山下乡知识青年安置 1969—1978 年,全县共接收上山下乡知识青年 1 056 人。其中,集体插队的 668 人,回原籍的 221 人。知识青年来自北京、天津、济南等地,全县先后设立南枣、豆山、西汪、前银山、孙皋、馍台、胡坑、河西、西小吴、玉皇庙、琉璃井、韩堂、中大屯、东袁口、油坊等 15 个知青点,接收知识青年的大队 52 个,建住房 252 间,开支经费 35 万元。自 1979 年,从下乡知识青年中先后招工 945 人,招干 9 人。1980 年,劳动部门对剩余 22 名知识青年全部予以安置。其中,县办集体职工 14 人,国营农牧渔场职工 5 人,公社卫生院职工 2 人,转外县 1 人。

(第三十五章《劳动人事》,第 373 页)

《成武县志》

山东省成武县史志编纂委员会编,齐鲁书社 1992 年

(1956 年)3 月—5 月,全县动员 1 100 名青年组成垦荒队参加边疆建设。

(《大事记》,第 36 页)

是月(1969 年 1 月),首批知识青年 16 人,到大田集公社盛海"安家落户"。

(《大事记》,第 50 页)

(1974 年)10 月,济南市知识青年 100 余人来县插队落户。县知识青年下乡 89 人。

(《大事记》,第 53 页)

知青招工 自 1970 年开始安排知青招工。招工条件根据在乡村时间长短和劳动表现而定。一般要求 2 年以上,年龄适当放宽。知青招工指标专项下达。1974 年,县成立知识青年办公室后,知青招工工作由知青办组织实施,县劳动局办理招工手续。1975 年后知识

青年开始分批招工,有的安置在本县,有的安置在外地。直至 1981 年,下乡知青全部招工。

(第十四卷第二章《劳动》,第 508 页)

第六节　知识青年下乡

　　县内知识青年上山下乡,始于 1969 年,终止于 1979 年,历时 10 年。按规定,除病残不能参加农业生产劳动者、独生子女、多子女但身边仅有 1 子女者,不满 17 周岁和家庭确有困难需要本人照顾者,可暂缓下乡外,其他高初中毕业生都要下乡劳动锻炼。否则不予招工、不推荐升学和参军等。前 5 年知青下乡工作由县计委负责,1974 年,县成立知青办公室,1980 年 12 月撤销,嗣后由县劳动局负责。

　　1969 年 1 月,县首批知识青年 16 人下乡,安排在大田集公社的盛海村和冯集;1971 年至 1973 年,虽有知识青年下乡,但数量不多。1974 年 9 月,全面动员,在红星影院召开欢送大会,动员 91 人全部到白浮图公社桑园农场。直到 1978 年,每年动员知青下乡,5 年共 359 人。1974 年、1975 年,还接受济南市交通系统的知青 203 人。

　　全县共设 8 个知青点。即天宫庙公社刘楼、白浮图公社桑园、孙寺公社郜鼎集、南鲁集公社田楼和党集、苟村集公社单桥、伯乐集公社祝小楼、九女集公社包庄等。

　　知青下乡的形式有 4 种,即个人回乡插队、集体插队、单独建立生产队、农林牧渔场安置。除个人回乡插队外,其余都派带队干部,负责领导和管理知识青年在乡期间的生活、生产。带队干部一年一换。

　　下乡知青参加劳动,评工记分,年终决算,按劳动工日分配粮、棉、菜、柴。学习资料费、医疗费、生产用具费等,国家给予一定补助,不足部分由知青集体解决。未参加分配之前,每人每月供应商品粮 22.5 公斤,食油 250 克。参加分配后,全年口粮达不到 300 公斤者,由国家补助。从 1973 年起,知青下乡每人补助 500 元。安置在农、林、牧、渔场者,每人补助 400 元。补助费包括建房费、生活补助费、农具和炊具费、学习材料费、医疗费、动员费及其他费用。1979 年改补助费为 600 元,由集体掌握统一使用。

　　1979 年、1980 年,对"文化大革命"中遣返疏散人员的随迁子女、错划右派随迁子女、教育系统下放教师回队任教随迁子女等,根据文件规定,共为 205 人补办了知青手续。

(第十四卷第二章《劳动》,第 513—514 页)

《定陶县志》

山东省定陶县县志编纂委员会编,齐鲁书社 1999 年

　　(1968 年)12 月,毛泽东主席关于"知识青年到农村去,接受贫下中农再教育"的指示发表后,定陶组织六六、六七、六八届城镇户口的初中毕业生到农村插队落户,后逐步回

城安置。 (《大事记》,第 39 页)

(1975 年)8 月,县设供电局、轻工业局、对外贸易局、劳动局、基本建设局、文化局、知识青年上山下乡办公室。 (《大事记》,第 42 页)

《聊城市志》

山东省聊城市地方史志编纂委员会编,齐鲁书社 1999 年

(1965 年)4 月 28 日,聊城县动员首批 700 余名城镇知识青年下乡、回乡劳动锻炼。
(《大事记》,第 31 页)

(1968 年)12 月 27 日,聊城县知识青年上山下乡领导小组成立,知识青年陆续上山下乡,"接受贫下中农再教育"。 (《大事记》,第 33 页)

建国后,人口变动较为正常,多属青年升学、毕业分配、参军与复员转业、招工、就业、婚嫁、职工调动及行政区划变革等。变动较大的有 3 次:……第二次是 60—70 年代知识青年上山下乡,济南等地 487 人迁入聊城,后陆续迁出。 (第三编第二章《人口变动》,第 101 页)

下乡知识青年就业 1964 年中央颁发《中共中央、国务院关于动员和组织城市知识青年参加农村社会主义建设的决定》。是年,聊城县知识青年下乡工作开始动作。至 1979 年,先后共接收安置知识青年 5 574 人。其中,聊城县内的 5 107 人,县外地区内的 42 人,地区外省内的 277 人,外省市的 148 人。安置集体插队的 4 874 人,单人回乡的 440 人,到知青场队的 212 人,到国营农林场的 48 人。在农村共建立知青点 102 个,除八甲刘公社外,遍布全市 18 个公社。

知识青年下乡后,1973—1979 年全县共支出建房费、生活补助费、家具购置费、医疗费、学习费、旅途费、会议费、宣传费、培训费等各种费用,计 2 242 184 元。

从 1970 年起,通过企业招工、大中专学校招生、征兵等途经,逐步安置下乡知识青年回城就业。1971 年,在招工计划内,开始安排招收下乡知识青年的专用指示。是年,有 178 人回城就业。1974—1979 年有 4 262 名知识青年通过招工回城就业。

知识青年返城就业的待遇:回城后分配到技术岗位,在考核定级前下乡满 2 年的享受学徒工第二年待遇;满 3 年的享受学徒工最后一年待遇;5 年以上的享受一级工待遇。招工后分配到熟练制工作岗位的,下乡满 2 年的,熟练期享受一年学徒工的待遇,下乡满 3 年的熟练期享受一级工或相似一级工待遇,期满定为二级工或相似二级工待遇。知识青年就业后,

调整工资时,其下乡时间按工龄计算。

"文化大革命"期间,一部分知识青年被推荐上学。1977年后,一部分下乡知识青年,重新参加大中专统一考试,一部分人进入大中专学校深造。1974—1979年,经推荐和考试,升入大中专学校的共135人。

1978年以后,放宽知识青年应征入伍政策,有计划地多征了一些下乡知识青年。据统计,1974—1979年,全县下乡知识青年共有415人应征入伍。下乡知识青年参军退伍后不再回农村,大部分安置在原城镇就业,少数由聊城地区复员退伍办公室根据需要和特长,分配到相应的岗位。

1979年,对1972年前下乡的老知识青年滞留农村的150人,做了妥善安排。其中安排到教育系统的6人,安排到国营农林场的10人,安排到商业系统合作商店、交通系统搬运队、集体所有制单位的共120人。1980年知识青年回城就业安置结束。

(第十七编第二章《工人》,第475—476页)

《高唐县志》

山东省高唐县史志编纂委员会编,齐鲁书社1996年

(1972年)秋,首批城镇非农业户口应届高初中毕业生上山下乡。

(第一编《大事记》,第28页)

(1973年)7月,县知识青年上山下乡领导小组成立。从此至1978年知识青年上山下乡形成制度,到1981年全部回城安置了工作。　(第一编《大事记》,第28页)

知识青年安置　1978年10月始,对下乡知识青年进行招工安置。至1981年底,全县1 083名"知青"全部安置完毕。　(第五编第七章《劳动　人事》,第384页)

《东阿县志》

山东省东阿县地方史志编纂委员会编,齐鲁书社1998年

(1972年)城镇非农业人口应届高中毕业考开始上山下乡劳动锻炼。此后,每年有一批高中毕业生下乡。至1979年停止。　(《大事记》,第34页)

(1973年)7月29日,知识青年上山下乡领导小组成立。　(《大事记》,第34页)

(1974年)7月18日,东阿县革命委员会"五·七"办公室改称东阿县革命委员会知识青年上山下乡办公室。

(《大事记》,第 34 页)

1975年后,(固定工)招工对象主要是上山下乡知识青年和城镇待业青年,并实行退、离休职工子女顶替接班制度,至1985年,全民所有制单位共增加固定工7 350人,其中招收城镇青年(含下乡知识青年)1994人;子女顶替接班1 005人;分配大中专毕业生1 627人;接收退伍复员军人705人。

(第十九编第三章《劳动》,第 494 页)

1964年,始动员知识青年上山下乡。1970年,首次接收济南市第十五、十六、四十中学下乡知识青年142人,外地回乡青年70人,分别安置在刘集公社孙郭、张集,黄屯公社刘庄,大桥公社毕庄、麻庄、大太平,姚寨公社后范,牛角店公社牛角店、旗杆刘、前王,高集公社庙杨,铜城公社郑于、大秦、大周等共16个知青点。下乡青年参加农业生产,时称"接受贫下中农再教育"。各安置点派1名国家干部负责管理。

1973年,县革命委员会成立知识青年上山下乡领导小组。1974年3月30日,首批城镇知识青年下乡,在县电影院举行隆重欢送仪式。12月,接收济南第二批下乡知识青年。尔后,每年均有知识青年下乡。至1978年,共接收安置外地下乡知青1 341人,境内下乡知青794人,共计2 135人。先后建立知青点38个。1979年,下乡青年陆续回城,1980年,知青点全部撤销。

下乡知青口粮,第一年由粮食部门供应,每人每月成品粮45斤,食油半斤。一年后,参加生产队统一分配,一般每人每年原粮500斤,食油依各生产队情况,多少不一。下乡知青经费,1970年人均安置费250元。1973年,人均包干经费500元,其中生活费170元,建房费230元,"三具"(小农具、家具、炊具)费50元,医疗、学习等费用50元。1980年4月,对全县31个知青点闲置财产进行清查,对1 738件用具折价处理。自1974年以来,共拨建房经费20.6万元,建房404间7 097平方米;房屋维修费2.2万元;"三具"费5.5万元。

(第十九编第三章《劳动》,第 496—497 页)

《莘县志》

山东省莘县地方史志编纂委员会编,齐鲁书社1997年

(1968年)12月,县成立"知识青年上山下乡"领导小组,全县中学非农业户口毕业生下乡"接受贫下中农的再教育"。1972年形成高潮,全县下乡知青643人,接受外地知青2 068人,1977年停止。

(第二编《大事记》,第 30 页)

知识青年安置 1968 年,县计划委员会负责接收、安置。1969 年 11 月,设知识青年上山下乡安置办公室,1980 年 11 月,并入劳动局,知青安置工作基本结束。1968 年 12—1969 年 6 月,接收并安置来自济南市的下乡、回乡知识青年 218 人,其他省市 35 人。1974 年,动员并安置本县知青下乡 150 人。至 1978 年,全县共安置下乡回乡知青 2 711 人,其中来自济南、北京的知青 2 068 人,本地的 643 人。为知青拨专用经费 124.55 万元,木材 1 250 立方米,修建知青住房 784 间。全县先后设知青点 83 个。知青插队后同社员一起参加劳动,正常出勤的全年分配粮食不低于原粮 300 公斤、食油 3 公斤,达不到的由国家统销补助。1978 年后,下乡知青陆续离开农村,大中专招生 60 人,招工和退休退职子女顶替安置 2 251 人。1980 年底,全县下乡回乡知青安置工作全部结束。

(第十九编第二章《工人》,第 400—401 页)

《临清市志》

山东省临清市地方史志编纂委员会编,齐鲁书社 1997 年

(1969 年)1 月 11 日,根据中央部署,济南市动员初中、高中、大学毕业的知识青年 400 人,分别到大辛庄、松林、戴湾、康庄、潘庄等地"安家落户"。县内知识青年也到农村落户,直到"文革"结束,才逐渐回城安排工作。

(《大事记》,第 41 页)

1981 年 6 月,撤销知青办;8 月设置统计局、物价局、标准计量局;10 月设置农业委员会。

(第十六编第二章《行政机构》,第 528 页)

1975—1980 年共吸收录用干部 327 人,其中工人 14 人、农民 44 人、下乡知识青年 1 人、复员退伍军人 14 人、以工代干的转干 83 人、其它 171 人。

(第十九编第三章《干部》,第 574 页)

"文化大革命"中,劳动就业渠道堵塞。1973 年起从城市高、初中毕业生中下放大批"知识青年"到农村插队"落户"。由于插队人员的吃住等问题得不到妥善解决,致使这些人员倒流回城,待业人员急剧增加,形成社会问题。

(第十九编第四章《工人》,第 582 页)

第四节　知识青年安置

1964 年按照中央指示,开始动员城镇知识青年上山下乡。至 1978 年底停止,历时 14 年,全县先后共动员城镇知识青年下乡 6 239 人(其中包括 1964—1972 年城镇下放户中,按知识青年对待的 297 人)。分别安置在 19 处人民公社,100 多个生产大队的 115 个知青场、

点、组里劳动、生活,下乡时间一般3—5年为期。1979年,根据上级指示停止下乡。

1973年起,通过企业招工、大中专院校招生、应征入伍、转干等途径,对已下乡的知识青年,分期分批地逐步安置就业,一面安置,一面又动员新的知识青年下乡。至1979年在农村尚有下乡知识青年2 047人。1981年陆续安置就业。

为了做好下乡知识青年的安置工作,在全民所有制单位招收新工人时,考试录取,优先照顾下乡知识青年。集体单位招工时,对本系统下乡知识青年包干安置就业。对父母双方无工作单位的知识青年,由劳动部门统招统配,年龄放宽到35周岁。

每次招工,知识青年都占半数以上,有时全部招收下乡知识青年。

凡下乡知识青年参军之后,从部队复员、退伍的,由劳动部门安置就业。

1973—1981年临清市知识青年下乡统计表

年份	下乡人数	下乡	回乡	收回人数	其中				
					招工	接班	参军	升学	其他
1973	20	20		29	29				
1974	1 534	1 507	27	27	21				6
1975	1 626	1 604	22	615	553			54	8
1976	1 041	1 019	22	1 407	1 296		105	4	2
1977	938	926	12	833	816	12	1	1	3
1978	1 080	1 080	20	1 151	955	18	159	7	12
1979				501	450	46		5	
1980				1 241	1 138	103			
1981				305	250	55			

(第十九编第四章《劳动保护》,第587页)

《茌平县志》

山东省茌平县地方史志编纂委员会编,齐鲁书社1997年

(1969年)11月,茌平县开始安排济南等外地和本县知识青年到农村和贫下中农同吃、同住、同劳动(时称知识青年"上山下乡"),1977年停止知识青年下乡,下乡的知识青年2 011名先后招工、上学、服兵役,都安排了工作。 (《大事记》,第36页)

县知识青年上山下乡安置工作始于1970年,由县革委政治部负责。1973年,成立知识青年上山下乡安置办公室。在各公社设知青点49个。公社有1名干部分管知青工作。

1976 年前安置知识青年 1 835 人,1977 年,安置 265 人,1978 年安置 265 人,共计 2 365 人。除本县城镇非农业户口的高、初中毕业生外,主要接收来自济南的知识青年,还有少数来自北京、天津、南京、上海、淄博等地单身回乡、疏散人口带来的知青。知青生活、生产、学习等,由所在大队负责,知青每人每年标准口粮不低于 300 公斤,食用油每人每月不低于 0.3 公斤,差额由当地粮所补助,医疗费由所在大队合作医疗解决。1974 年起,国家每年下达招工指标,从下乡知识青年中招收一定数量的工人,有的被推荐上学、参军等。1981 年安置办公室撤销,业务并入劳动局。至 1982 年 5 月下乡知青全部回城安排了工作。

(第十五编第二章《劳动》,第 449 页)

《阳谷县志》

阳谷县地方史志编纂委员会编,中华书局 1991 年

(1968 年)年底,县成立知识青年上山下乡领导小组。至 1981 年,全县先后安设知青点 60 个,接收安置济南等地的知识青年 2 440 名。后陆续升学、就业或回城。

(《大事记》,第 23 页)

1976 年至 1978 年,共招工 3 000 名,招工对象主要为下乡、回乡知识青年、退伍军人及城镇社会青年,主要去向是济南机车工厂、机床二厂和本县企、事业单位。

(第十四编第三章《劳动》,第 345 页)

知识青年安置

1970 年,接收第一批来自济南市的下乡知识青年 110 名。1971 年,县成立“五·七”办公室,具体负责知识青年安置工作。1973 年改称知识青年上山下乡办公室。1981 年撤销。1970 年至 1981 年,先后在各公社生产条件较好的大队设“知青点”60 个,安置下乡、回乡知识青年 2 440 人。1973 年至 1979 年,共拨发下乡、回乡青年安置费 114.6 万元,木材 520 立方米,钢材 250 吨。知识青年的生产、生活及学习活动由所在生产大队负责安排,其中多数被分配在生产小队参加农业生产劳动。正常出勤者一般每人每年可分配口粮 600 斤左右,食油一般按每人每月 0.6 斤供给。所在生产队分配数量达不到上述标准的,由所在公社粮所补贴。知识青年在生产队劳动锻炼 1—2 年后,表现较好的即安排其升学或就业,也有的因病提前回城。在全部 2 440 名知识青年中,先后在本县升学的 64 人(外地 42 人,本县 22 人),参军的 135 人(外地 105 人,本地 30 人),就业的 1 971 人(外地知识青年多数招工后回城)。

(第十四编第三章《劳动》,第 345—346 页)

《冠县志》

山东省冠县地方史志编纂委员会编,齐鲁书社 2001 年

(1970 年)8 月 18 日,县革委发出《关于进一步作好知识青年下乡工作的意见》。从 1969 年 4 月至即日,全县先后接受下乡知识青年 184 名,安置到 9 个区,17 个生产大队。

(卷一第三编《大事记》,第 51 页)

城镇知识青年下乡与安置

1969 年 4 月,县革命委员会生产指挥部设立知识青年上山下乡安置办公室。开始安排城镇知识青年到农场劳动,1974 年始,动员、接收知识青年下乡落户。遵照《山东省知识青年上山下乡若干问题的试行草案》的规定,城镇高、初中毕业生除按有关规定和国家计划直接升学、参军及病残、独生子女和多子女家庭身边只有一个子女者外,均动员下乡,应下而不下乡者不安排就业。知识青年下乡建房、生活和农具、家具、炊具等补助费每人 500 元,由国家拨款。1974 年,全县共动员、接收下乡知识青年 514 人。从 1975 年起,实行由学校定向、单位定位、按系统对口动员下乡。1975—1977 年,全县共动员、接收下乡知识青年 824 人。1978 年,有条件地缩小了动员下乡范围,但仍动员、接收下乡知识青年 313 人。从 1974 年动员、接收下乡知识青年开始到 1978 年,共动员、接收下乡知识青年 1 651 人,其中济南机床一、二、三厂的 1 089 人。以后,根据上级指示精神,停止动员、接收知识青年下乡。

1974 年,开始按国家每年下达的下乡知识青年招工指标进行招工安置。其升学、参军也按下达名额,择优录取。1980 年,全县 1 651 名下乡知识青年全部离开农村予以安置。

(卷六第十八编第二章《劳动》,第 465 页)

江苏省

《江苏省志·大事记(下)》

江苏省地方志编纂委员会编,江苏古籍出版社 2001 年

(1964 年 2 月)25 日,江苏省人民委员会发出《关于加强安置工作领导的通知》,要求各地进一步做好回乡、下乡人员的安置工作,以及今后相当长的时间内有计划动员和组织城市知识青年参加建设社会主义新农村的工作。省人委成立安置工作领导小组,并要求各级政府也建立相应的机构。 (第 196 页)

(8 月)8 日,中共江苏省委根据中央部署发出《关于继续切实做好动员知识青年上山下乡工作的通知》,动员知识青年到农村人民公社插队。 (第 200 页)

(10 月)15 日,自毛泽东主席发出知识青年"上山下乡"的号召以来,全省已有 18 400 多名城镇知识青年"上山下乡",奔赴农业生产第一线。其中有 2 400 人到国营农林牧渔场参加生产劳动,其余 16 000 多人到农村人民公社插队落户。 (第 202 页)

(1967 年 4 月)6 日,省军管会针对"文化大革命"以来大量农村、外地人员涌回城市的状况,发出《关于动员尚逗留在城镇的上山下乡知识青年、支边青年、支内职工、前几年精减下放人员立即返回生产岗位的通知》。 (第 221 页)

(9 月)8 日,江苏省军管会发出《关于进一步动员逗留城镇的下乡、支边的知识青年和其他下放人员返回农村、边疆的通知》。 (第 223 页)

(1968 年 12 月)22 日,《人民日报》发表毛泽东主席关于"知识青年到农村去,接受贫下中农的再教育,很有必要"的号召,江苏省各级革命委员会随即在全省各地掀起了动员知识青年"上山下乡"的热潮。"文化大革命"开始以来,全省城市在校初、高中 1966 年、1967 年、1968 年毕业的应届学生,全部被动员去农村插队(场)落户。 (第 228—229 页)

(1969 年 2 月)8—13 日,省革命委员会召开上山下乡工作座谈会,讨论进一步落实毛泽东主席的有关指示,掀起新的上山下乡运动高潮。各专区、市和部分县、公社、大队、农场的革委会负责上山下乡工作的代表出席会议。会议讨论了上山下乡的工作任务和有关政策,要求继续动员知识青年、长期脱离劳动的城镇居民、原各级机关干部和企事业需要下放的人员下乡,再次掀起上山下乡运动的新高潮。 (第 230 页)

（11 月）2 日,省革命委员会向全省发出《关于动员干部下放、知识青年和城镇居民上山下乡的通知》,决定四季度全省下放 47 万人。14 日,省革委会召开干部下放动员大会,此后,省级机关和全省各地的大批干部,城市的初、高中毕业生和居民被动员去农村落户。中共十一届三中全会后,下放的人员按照有关政策分别得到安置。 　　　　　　　　　　　（第 233 页）

（1972 年 4 月）下旬,全省 24 所高等学校从全国各地招收工农兵学员 9 018 名。这批学员的文化程度,初中占 55.4%,高中占 35.7%,小学占 8.9%。5 月 2 日南京各高等学校在南京人民大会堂联合举行开学典礼,热烈欢迎来自各省、市、自治区的工农兵学员。

　　　　　　　　　　　　　　　　　　　　　　　　　　（第 246—247 页）

（1973 年 6 月）10 日,根据全国知识青年上山下乡会议精神,省革命委员会对知识青年上山下乡的组织领导、上山下乡对象、安置经费、吃粮标准和自留地等作了明确规定。

　　　　　　　　　　　　　　　　　　　　　　　　　　　　（第 251 页）

（9 月）26 日,省革命委员会设置知识青年上山下乡领导小组,下设办公室,专事知识青年上山下乡事宜。 　　　　　　　　　　　　　　　　　（第 252 页）

《江苏省志·人口志》

江苏省人口志编纂委员会编,方志出版社 1999 年

这一时期（1966—1978 年）,大量知识青年上山下乡,城市居民和干部也大批下放,因此造成市镇人口增长缓慢,市镇人口比重呈逐年下降趋势,到 1978 年,江苏市镇人口比重仅为 13.72%,一直未恢复到 1965 年的水平。

1979—1990 年为江苏人口城镇化的复苏和加速发展阶段。这又可分为两个时期。1979—1982 年的复苏时期和 1983 年后的加速发展时期。前一时期,由于大批知识青年和下放居民返城,使城镇人口比重逐年上升,1979 年全省市镇人口比重为 14.85%,到 1982 年上升到 15.65%。 　　　　　　　　　　　　　　（《概述》,第 9—10 页）

1985—1970 年,城市人口进入波动增长期。……1958 年为 581 万人,1959 年达到最多,为 618 万人,占全省总人口的 14.41%。……1966 年开始的"文化大革命",下放了大批知识青年、职工和家属到农村,城市人口又出现了第二次下降,至 1970 年下降到 476 万人,达到最低,占全省人口比重仅有 9.06%。 　　　　　（第三章《人口分布》,第 116 页）

1963—1969 年,共有 2.3 万知识青年到新疆、陕北和内蒙等地插队落户。

(第四章《人口变动》,第 160 页)

三是"文化大革命"期间的知识青年上山下乡和职工下放,约近 100 万人。江苏省知识青年上山下乡是从 1963 年开始,到 1979 年为止,在这 17 年时间内,共计下乡 86.1 万人。其中在 1966 年以前下乡的全省总共只有 11.1 万人。到了"文化大革命"时,知识青年下乡的人数激增,如 1969 年一年就有 14.15 万人下乡。在下乡的知识青年中,74% 被安插在农村生产队,21.5% 被安插在国营农场,其余则安排在知青农场。

(第四章《人口变动》,第 167 页)

1979 年市、镇待业人口 34.30 万人,待业率为 5.4%,略偏高,与当时知青返城等待安置有关。

(第五章《人口构成》,第 229 页)

1978 年以后,随着平反冤假错案和落实政策等工作的开展,根据中央和国务院有关文件精神,江苏省先后调整和放宽若干户口迁移政策,各地公安机关认真办理落实政策人员及受牵连家属子女、回城知青、精简职工和下放人员的户口。 (第九章《人口管理》,第 381 页)

1968 年 8 月至 1969 年初,除动员上山下乡、支边等,其余异地迁移户口等工作基本不再进行,有的地方出现不执行农迁城户口政策的现象。1970—1972 年,由于一些农村人口盲目流入城镇,部分支边、上山下乡人员倒流回城镇,有的甚至户口迁出人一直未走,滞留城镇,致使无户口人员增多,仅南京市城郊就有 6 500 人左右。

(第九章《人口管理》,第 383 页)

1966—1976 年,农村户口管理主要由乡文书或民政助理负责,这一时期的主要工作是接收城镇下放的职工居民、插队知青,安置被城市清理遣返回来的盲流人口,以及接受社员申报出生户口等。

(第九章《人口管理》,第 386 页)

《江苏省志·综合经济志》

江苏省地方志编纂委员会编著,江苏古籍出版社 1999 年

"文化大革命"中的 1969 年和 1970 年春,在极"左"路线的影响下,搞了一次下放城镇人口、下放职工、下放干部运动,全省下放职工 11.2 万人(全民职工 2.5 万人,集体职工 8.7 万人),连同家属子女共 36 万人。下放干部 7.2 万人,连同家属子女共 15 万人,总共下放城镇

人口 51 万人。在"文化大革命"期间(1966—1976),年全省动员上山下乡知识青年 73.53 万人。直到 1976 年粉碎江青反革命集团以后,被下放的人员才重新陆续收回安置。

(第十八章《劳动就业和人民生活》,第 511 页)

(1964 年 8 月)8 日,中共江苏省委发出《关于继续切实做好动员知识青年上山下乡工作的通知》,动员知青到农村人民公社插队。

(《附录》,第 689 页)

(1967 年 9 月)8 日,江苏省军管会发出《关于进一步动员逗留城镇的下乡、支边的知识青年和其他下放人员返回农村、边疆的通告》。

(《附录》,第 693 页)

《江苏省志·农业志》
江苏省地方志编纂委员会编,江苏古籍出版社 1997 年

江苏农学院从 1965 年 4 月起先后在邗江、仪征和宝应三县设立函授分校,参加学习的对象为初中毕业以上程度的基层干部、插队知青、回乡知青及农中教师,最多时参加函授人数近万人。

(第十七章《农业教育》,第 407 页)

《江苏省志·畜牧志》
江苏省地方志编纂委员会编,江苏古籍出版社 2000 年

中央农业广播电视学校江苏分校,创办于 1981 年。办学宗旨是面向农村,面向生产,为江苏农村经济建设和农民致富服务。主要招生对象为乡村农技服务人员,乡镇企业职工、基层干部和在乡知识青年等。

(第十八章《教育》,第 394 页)

《江苏省志·海涂开发志》
江苏省地方志编纂委员会编,江苏科学技术出版社 1995 年

垦区职工大部分来自上海市,1973—1980 年,共接收上海市知识青年 33 649 人,到 1980 年底这些知青陆续返城或南迁市郊农场。1982 年从新疆农垦系统转入上海支疆青年 7 915 人,其余职工有从农场招收的职工家属、临时工,有分配的大、中专毕业生和复员、退伍军人。

(第二章《围垦》,第 79 页)

60 年代中期，知识青年上山下乡，大批城市知青调来沿海农场，从而成为当时农场职工的主要来源。 （第十一章《管理》，第 258 页）

《江苏省志·盐业志》

江苏省地方志编纂委员会编，江苏科学技术出版社 1997 年

（1970 年）3 月，全局有 1 000 多名知识青年下放到江苏生产建设兵团和农村，接受贫下中农再教育。 （《附录》，第 300 页）

《江苏省志·旅游业志》

江苏省地方志编纂委员会编，江苏古籍出版社 1996 年

1970 年后，随着饭店宾馆接待服务工作的恢复和发展，省和各市的旅游饭店、宾馆开始每年都要从下乡插队知青和工矿企业中招收服务人员。1971 年，省属旅游饭店宾馆还从苏州、扬州两市招收了 30 多名应届初中毕业生当服务员。至 1977 年，全省从事国际旅游和外事接待服务工作的服务人员已达 1 000 多人。

1978 年后，随着江苏各市旅游饭店的大量增加，旅游服务人员队伍也迅速扩大，各市旅游饭店除继续从下乡知青中招收部分服务人员外，逐步转向从应届初高中毕业生中直接招收服务人员，并开始面向社会公开招工。 （第十章《旅游队伍建设》，第 334 页）

《江苏省志·财政志》

江苏省地方志编纂委员会编，江苏古籍出版社 1996 年

农垦事业费 1957 年从农业事业费中划出单独设"款"，当年开支农垦专管机构经费 28 万元，1958 年，增列荒地勘察设计费和其他农垦事业费。1959 年，增列移民垦荒费，此项经费仅开支三年，共支出 271 万元。1962 年，又增设精简职工办农场经费。1963 年，改称为城市职工和学生下放农场安置费，此项经费也仅开支二年，共支出 641 万元。

（第七章《经济建设支出》，第 322 页）

第八节　城镇青年下乡和就业经费

江苏城镇青年下乡和就业经费是省财政安排用于精减城镇人口下乡安置和城镇青年就业的专项资金。此项经费的名称，根据各个时期国民经济调整方针和安置城市闲散人口政

策的要求曾多次更改。1963年称"城市职工和学生下放农、林、渔场安置费"，1964年称"城市人口安置费"，1971年称"城镇人口下乡经费"，1976年又改为"城镇知识青年下乡补助费"，1980年改称"城市劳动服务公司补助费"，1981年又改称"城镇知识青年安置费和城市劳动服务公司周转金以及补助费"，1983年改称"城镇青年就业经费类"并下设"安置城镇青年就业补助费"和"劳动服务公司补助费"两项，1984年起称"城镇青年就业经费"。

1963年4月，江苏对安置去农垦系统的城市职工及其家属和学生的补助费的使用范围和补助标准为：一、职工工资差额补贴，从进场的下一月起，补贴两年。学生生活补助费，从进场之日起，按每月10元计算，补助一年，并另按劳动表现，给以工资报酬。二、家具、炊具补充费：带家属的安置人员每户20元，单身汉每人10元。三、房屋建筑费：增补方式安置的补充建房费，带家属的每户600元，单身汉每人150元。顶替方式安置的补充建房费，按顶替劳力总数的百分之二十拨给，其标准与增补安置同。四、安置到场圃的职工和学生，进入农场所需的差旅费、行李运输费和伙食补助费，职工及其随行的直系亲属由原工作单位发给；青年学生和闲散人员，按实由财政开支，不在安置经费中开支。五、小农具购置费，只拨给增补安置部分，按每个劳力12元计算。

1963年5月，又规定安置林业系统城市精减职工及其家属和青年学生的经费标准，平均每人为75元。其中：一、职工工资和学生生活补贴：平均每个职工第一年补助230元，第二年补助200元，共补助430元；平均每个学生补助120元，以一年为限。二、小型生产工具购置费，按每人20元计算。三、家具、炊具补充费：单身人员每人10元，带家属的职工每户20元。四、建筑职工宿舍和生活用房按单身人员每人5平方米、带家属职工每户20平方米计算。五、多种经营资金：按每人50元计算。同年，明确规定下乡插队知识青年的经费使用和生活安排，必须贯彻以下乡人员自力更生为主，集体照顾，群众互助，国家支援为辅的精神。对于插队经费补助标准平均每人定为185元，其中：农村安置使用部分，平均每人150元，城市、县镇使用部分：南京、无锡两市为40元，其他市（包括专区属市）为35元，县镇为25元。

1964年，要求加强安置工作和继续做好动员知识青年上山下乡工作，当年支出城镇青年下乡经费1 495万元。1965年，对插队补助经费标准调整为单身插队的每人平均200元，成户插队的每人平均150元，其中省属市跨区插队的，市留20%，划拨给县80%。插队补助经费的用途，在城镇使用的部分，主要是解决生活用具的补助和旅费；在社队使用的部分，主要解决住房、小农具购置和生活费补助。

1965年5月，进一步强调安置经费必须认真贯彻节约的原则和自力更生的精神，对于开支标准方面，除单身下乡青年和成户下乡的平均补助定额不变外，又补充：一、经省批准的新建生产队平均每人按300元计算。二、回乡人员平均每人按50元计算。三、下乡插队人员的住房，原则上以新建为主，建房经费采取国家投资，生产队包建，房权归生产队所有的办法。四、生活补助费的标准，本着因地因人制宜困难大的多补助，困难小的少补助，经费由各地统筹包干使用。至1966年，安置经费的使用标准又调整为：单身知识青年平均每人230

元,成户平均每人160元;经省批准的新建生产队平均每人400元;回乡人员平均每人仍为50元。当年支出城镇青年下乡经费1 019万元。

1968年12月,毛泽东主席号召全国知识青年到农村去,接受贫下中农的再教育。江苏决定1966—1968年三届的高、初中毕业生一律下放农村。1968—1970年下放的城镇知识青年比较集中,三年共支出安置补助费12 132万元。

从1973年起,遵照中央指示精神,进一步提高城镇知识青年上山下乡的经费补助标准:凡是回农村老家落户的,到农村插队和建立集体所有制场(队)的,苏南每人补助480元;苏北每人补助500元。到生产队建设兵团和国营农场的,每人补助400元。主要用于建房、生活、购置农具、家具、学习材料、医疗及旅运等补助费。当年支出城镇青年下乡经费1 938万元。

从1962—1979年,江苏知识青年上山下乡总人数达861 200人,其中:插队636 900人,集体场队39 400人,国营农场184 900人。18年合计支出国家补助安置经费3.59亿元。

从1979年开始,江苏根据中共中央、国务院有关指示精神,对知青上山下乡政策作了调整,县以下城镇(包括县城)初高中毕业生不再动员上山下乡,由本地区或本系统自行安排;七个省属市和四个地属市的初高中毕业生上山下乡实行自愿的原则。

从此,城乡广开就业门路,妥善安排陆续离开农村的知识青年。对于国家为插队知识青年盖的房屋、购置的"三具"(农具、家具、炊具)及时进行了清理,并规定结余的知青经费用于在乡知青的生活、生产困难补助。国家为知青盖的房屋,购置的家具、用具按国家投资部分及其新旧程度适当折价处理。收回的经费也用于在乡知青的生活、生产困难补助。

1980年以后,全省有步骤地在城镇建立劳动服务公司,解决城镇待业青年的就业问题,同时将各级截至当年止的历年结余的城镇知识青年上山下乡经费全部转为城镇青年就业经费,加上当年预算拨款,明确此项经费用于以下五个方面:一、扶持生产资金。用于扶持安置城镇青年就业而兴办独立核算的集体企业发展生产所必需的资金;对于城镇青年自愿组织起来就业和自谋职业,资金确有困难的亦可酌情给予扶持。这项资金属于周转金性质,有借有还,到期收回。二、安置费。用于解决在乡老知青遗留问题所必需的开支。三、就业训练费。用于县(区)以上劳动服务公司组织城镇待业青年就业前技术培训的有关补助费。四、业务费。用于县(区)以上劳动服务公司开展安置城镇青年就业工作业务活动费用。五、其他费用。用于县(区)以上劳动部门组建的劳动服务公司在开办初期购置必需的低值办公用具的费用。1980年,江苏支出城镇青年安置费和就业经费1 913万元,1981年为2 086万元,1982—1984年均在1 000多万元。1985—1990年间,逐年减少,年平均开支500多万元。

1990年8月,江苏进一步明确就业经费中的扶持生产资金是周转性质的,要有借有还,周转使用,要有担保单位。为提高扶持生产资金的回收率和加速资金的周转,增强借款单位还款意识,对借用扶持生产资金在借款合同期内的使用费,按每月2.5‰—4‰计收;逾期占用费率,一律按月费率12‰收取。收取的资金使用费,逾期占用费,大部分用于补充自筹扶持生产资金,少部分可作为周转金业务费。

1980—1990 年,江苏支出城镇知识青年安置费和就业经费 11 649 万元,其中:安置费 639 万元,扶持生产资金 7 508 万元,业务费 756 万元,就业培训费 1 905 万元,其他 841 万元。

江苏省 1950—1990 年经济建设支出统计表　　　　　　　　单位:万元

年　份	合　计	基本建设投资	企业流动资金拨款	企业专项资金拨款	支援农村生产支出	农林水气象等部门事业费	工业交通商业等部门事业费	城市维护费	城镇青年下乡和就业经费	其　他
					……					
1964	30 526	14 388	753	4 364	3 222	53 303	146	656	1 495	199
1965	39 653	17 613	5 292	5 965	2 801	5 219	196	878	1 019	670
1966	44 781	19 386	8 222	6 547	4 068	3 973	726	1 063	584	212
1967	37 668	20 542	2 025	3 919	5 187	3 768	996	957	226	48
1968	26 509	14 634	354	2 165	1 831	3 347	826	1 175	2 128	49
1969	49 024	31 989	2 157	2 998	2 049	2 838	864	1 368	4 668	93
1970	72 352	45 218	7 175	4 289	2 760	3 762	947	2 140	5 336	725
1971	78 974	48 638	4 277	9 779	3 916	4 639	845	2 183	1 188	3 509
1972	95 722	63 302	5 857	8 146	5 615	4 804	980	2 339	352	4 327
1973	105 900	60 663	11 776	7 784	7 241	7 350	1 289	2 606	1 938	5 253
1974	115 298	68 039	10 861	7 739	10 235	7 095	1 460	2 535	2 159	5 175
1975	111 188	59 865	10 931	7 910	9 782	9 530	1 723	2 916	3 348	5 183
1976	118 859	60 456	15 030	8 750	12 822	8 559	1 914	2 898	3 083	5 347
1977	126 042	63 053	15 798	9 521	12 414	10 734	2 017	2 987	3 920	5 598
1978	196 604	92 628	18 714	28 715	29 430	12 073	2 529	3 875	2 096	6 544
1979	220 904	115 084	18 114	24 927	31 317	12 542	3 321	6 528	1 876	7 195
1980	180 029	86 658	16 661	28 394	19 861	16 124	3 496	6 729	1 913	193
1981	116 708	32 922	4 893	24 615	17 897	15 746	3 568	14 820	2 086	161
1982	109 472	32 928	6 386	15 748	17 213	17 285	4 009	14 586	1 157	160
1983	154 720	53 288	3 638	24 113	20 314	21 772	4 894	24 961	1 565	175
1984	184 336	61 933	10	34 253	26 114	23 280	5 775	31 320	1 471	180
1985	190 556	72 181	355	24 875	20 413	20 056	6 733	45 096	667	180
1986	220 542	69 791	60	30 557	24 598	24 763	8 647	61 179	737	210
1987	200 464	59 121		24 917	25 762	24 762	7 371	57 664	678	189
1988	254 213	53 516	150	33 911	35 931	26 435	9 640	66 331	370	27 929
1989	275 869	52 515		28 500	51 124	26 702	11 564	77 847	484	27 133
1990	293 813	57 008		32 392	54 724	29 794	13 344	78 293	518	27 740

(第七章《经济建设支出》,第 334—338 页)

《江苏省志·税务志》

江苏省地方志编纂委员会编,江苏古籍出版社 1997 年

1979 年,江苏省规定:对各地、各单位为集中安置城市上山下乡知识青年,在农村办的农、林、牧、副、渔业生产的集体所有制场、队、点,只要是独立核算的,不分原有和新办,生产经营的各项应税产品和业务收入,自 1979 年 1 月起至 1985 年底,免征工商税;所办的工业单位,其上山下乡知识青年占该工业生产单位总人数 60% 以上的,不分原有和新办,对工业生产的应税产品和业务收入,可在上述期限内免税;农村社队和国营农林场圃为安置上山下乡知识青年举办的农、林、牧、副、渔和工业生产单位,在生产经营上能与社队企业或国营农林场圃区别开来,单独核算,计算盈亏,而知识青年又占总人数 60% 以上的,亦可在上述期限内免征工商税。1981 年又决定,对城镇上山下乡知识青年在城镇办的企业,和在农村或城镇郊区所办的场(厂)、队,以及回城镇所办企业生产的烟、酒、糖、棉纱、手表等高税率产品,其产品销售收入和商业、服务性的经营收入均照章征税。　　　　　　　　（第二章《流转税类》,第 200 页）

《江苏省志·金融志》

江苏省地方志编纂委员会编,江苏人民出版社 2001 年

1978 年,中国银行南京分行招收 1972 年度高中毕业在农村插队 5 年以上的知识青年 50 人。为对新招收人员进行上岗前银行基本业务知识和技能的训练,在金湖县农场租用房舍,由学员自带行李,在较困难的条件下,举办了为期 3 个月的基础培训班,使他们尽快适应了外汇专业银行的业务工作。　　　　　　　　（第十六章《专业建设》,第 960 页）

《江苏省志·政府志》

江苏省地方志编纂委员会编,江苏人民出版社 2005 年

(1969 年)11 月 2 日,江苏省革命委员会向全省发出《关于动员干部下放、知识青年和城镇居民上山下乡的通知》。　　　　　　　　（《附录》,第 1195 页）

《江苏省志·中共志》

江苏省地方志编纂委员会编,江苏人民出版社 2003 年

1968 年至 1970 年间,大规模宣传动员干部、知青和城镇居民到农村去参加劳动、"安家

落户","接受贫下中农再教育"。鼓吹这是搞好"斗、批、改",夺取"文化大革命"全面胜利的伟大战略部署;是培养无产阶级事业接班人的重大革命措施。1970年8月,突出宣扬了干部、学生、城镇居民中的下放对象到农村落户的在全省已近百万人的成绩。在此期间,还不断鼓吹高等学校"搬到农村去","大部分医疗卫生单位和人员下放到农村去"。

（第八章《形势与任务宣传》,第414页）

（1968年）12月22日,《人民日报》发表毛泽东关于"知识青年到农村去,接受贫下中农的再教育,很有必要"的号召。全省各地迅速掀起了动员知识青年"上山下乡"的运动。

（《附录》,第600页）

（1969年）11月2日,省革委会发出《关于动员干部下放、知识青年和城镇居民上山下乡的通知》,决定四季度全省下放47万人。　　　　　　　　　（《附录》,第600页）

《江苏省志·社团志·青年团体篇》

江苏省地方志编纂委员会编,方志出版社2002年

第五节　江苏的知识青年上山下乡运动

知识青年上山下乡运动开始于50年代中期,到50年代后期由于"大跃进"运动而中断。"大跃进"之后紧接着是三年经济困难时期,在精简城市人口的同时,知识青年上山下乡问题列入了中国共产党和人民政府的议事日程。到60年代初逐步转入有计划、有组织地实施。"文化大革命"中的知识青年上山下乡规模大大超过了"文化大革命"前的五年,并演变为一场政治运动,知识青年上山下乡运动至70年代末结束,前后经历了20多年。

（一）"文化大革命"前的知识青年上山下乡

建国后,由于人口的增长超过经济发展的速度,加之教育事业的发展,使得中小学生的人数增加较大,由此而造成大批中小学毕业生无法解决就业问题。1953年暑期,全省高小毕业生共有23.6万人,考入初中的有6.9万人,只占高小毕业生的29%。大批高小毕业生未能升入中学,除少数参加补习班学习外,大多数都要参加农业生产劳动。1954年全省高小毕业生共28.6万人,加上1953年在家自学的学生,其总和要比1953年大得多,而1954年招生名额为9.4万人。1955年应届小学毕业生为29.8万人,应届初中毕业生为9.9万人。中小学毕业生的就业问题成为广大青年的切身问题,成为一个现实的社会问题。1954年4月,团中央发出《关于组织不能升学的高小和初中毕业生参加或准备参加劳动生产的指示》。1954年5月,团江苏省委向中共华东局提出《关于高小毕业生的情况和出路问题的报告》,报告认为解决这一问题的关键是要向学生宣传劳动光荣和农业生产的重要性,并指出农村

高小毕业生参加农业生产是一条可行的出路。1954年5月11日,中共华东局宣传部转发了团江苏省委的《报告》。1955年4月,中共中央批转了团中央《关于组织高小和初中毕业生从事农业劳动和进行自学的报告》。1955年8月,《人民日报》发表社论:《必须做好动员和组织中小学毕业生从事生产劳动的工作》。1955年8月20日,团江苏省委、省教育厅中共党组向中共江苏省委提出《关于指导今年高小和初中毕业生学习与从事生产劳动工作的报告》,汇报了各地中共党委和政府指导高小和初中毕业生学习与从事生产劳动的情况,全省市县以上成立了指导高小和初中毕业生学习与从事生产劳动的工作委员会,并设有专人负责这一工作。1955年12月,毛泽东同志在《中国农村的社会主义高潮》一书的按语中写道:"农村是个广阔的天地,到那里是可以大有作为的。"1956年初颁布《全国农业发展纲要》中明确指出:"城市的中小学毕业的青年,除了能够在城市升学就业之外,应当积极响应国家的号召,下乡上山去参加农业生产,参加社会主义农业建设的伟大事业。"1957年4月8日,《人民日报》发表了《关于中小学毕业生参加农业生产问题》的社论,更加系统地阐述了这个问题。

从1956年开始,江苏少数城市曾经陆续动员一些城市青年到农业社集体插队,但是数量不大,少数市县也动员了部分城市知识青年到国营农、林、牧、副、渔场参加劳动。1957年4月17日,团江苏省委对中小学毕业生的问题进行了专题讨论,主要讨论了四个问题:一是宣传教育问题,团江苏省委认为应及早通过宣传教育使毕业生做好思想准备。在教育内容上,要求从形势和国家面临的困难入手,正确地全面地指出毕业生的前途和出路,防止片面地动员学生参加劳动。二是出路问题,团江苏省委认为思想教育必须与安排出路结合起来,特别是对城市的学生,要为他们考虑出路问题。要掌握毕业生的总数和了解就业的门路。三是毕业生工作的领导问题。四是建议各级中共党委对有子女毕业的机关干部提出要求,要求他们以正确的言论行动影响自己的子女,严禁通过私人关系,解决自己的子女升学问题。中共江苏省委也为此发出《关于加强中小学毕业生指导工作领导的指示》。在团江苏省委的努力下,各级中共党委、政府及有关部门、社会各方面都开始重视毕业学生的思想工作和宣传工作,通过宣传教育,毕业生的思想趋于稳定。但是,对应届毕业生的出路问题仍未引起各方面的重视。为此,团江苏省委于1957年5月19日提出了做好对不能升学的毕业生的安排意见:动员和组织毕业生从事生产是就业的主要方面,对于家庭在农村的大部分毕业生,动员回家参加农业生产;对于家在城市但是有亲友在农村的毕业生,可以通过亲友关系到农村参加生产劳动;组织一批高中、初中毕业生去农村担任会计;组织城市毕业生到地多人少需要劳力的合作社里去参加农业生产;组织小型的垦荒队到山区和沿江沿海荒滩进行小规模的垦荒开发。实践证明,团江苏省委提出的方案是可行的。

1958年,全国掀起了"大跃进"运动,学校招生人数猛增,企业大量招工,城市知识青年不再实行上山下乡的政策。"大跃进"使得江苏的城镇人口增长很快,据1960年底统计,全省城镇人口753万,比1957年的591万增长27.4%,这753万人口中包括学生79.9万人。

"大跃进"之后的经济困难时期,国家大规模压缩了城市人口和精简了企业职工。江苏省计划在 753 万城镇人口的基础上精简 90 万,这 90 万人中包括学生 20 万人。一度中断的知识青年上山下乡工作又被提到了中国共产党和人民政府的议事日程。江苏省精简职工和减少城镇人口工作于 1962 年普遍展开。在回乡和下乡人员中,青年约占 60%左右。因此,团江苏省委要求各级团委,首先是城镇和工厂、企业学校中的团组织应把动员城镇青年回乡和下乡作为一项重要的经常的工作来抓。团江苏省委同时号召农村团组织要协助中国共产党和人民政府做好对回乡和下乡青年的教育安置工作,协助生产队安排好回乡下乡青年的生活、劳动和工作,组织好回乡下乡青年的政治、文化、农业技术学习;帮助回乡下乡青年正确处理同干部、群众关系。

团江苏省委在组织城市青年参加农业生产劳动中主要采取了四种形式。一、建立青年垦荒队,即由下乡知识青年组成独立的垦荒队,到荒山、荒滩进行垦荒开发,团组织在垦荒队中发挥核心作用。二、集体下乡,逐步落户。1957 年 8 月 9 日,南京市教育局和团南京市委组织两批未能升学的毕业生下乡落户,参加农业生产劳动,共 84 人,两批毕业生中均有团南京市委的干部作为负责人。这两批青年下乡后,经历两个阶段。第一阶段是集体生活,插队劳动。第二阶段是各自挂钩,分别落户。三、进入国营农场劳动就业。1961 年 9 月,南京市教育局等部门组织未能升学的毕业生去国营农场劳动就业。去南京农场的有 340 多人,去江浦县老山林场的有 180 多人。四、进入半耕半读的青年农场。1961 年 11 月,南京市教育局在南京师专农场原址开办了一个半耕半读的青年农场。有 43 名未能升学的初、高中毕业生边学习、边劳动,从开始时的以学习为主、劳动为辅逐步转为以劳动为主,以学习为辅。团江苏省委采取的这几种形式比较好地解决了部分知识青年的问题。各城镇结合压缩城市人口,组织动员 4 579 人下乡插队,2 345 人插场。到 1963 年时,全省农村知识青年大约已经超过 150 万人,约占农村青年的 1/4,占农村总人口的 4%左右。知识青年为农业生产第一线充实了大量劳动力,为生产大队和生产队补充了大批干部,发挥了广大知识青年在农村经济和社会发展等各个方面的作用。因此,团江苏省委提出要继续加强对农村知识青年的思想教育工作,帮助他们顺利地通过下放关、劳动关、干群关系关、农业科学技术关,充分发挥他们在建设社会主义新农村和社会主义大农业中的骨干作用和先锋作用。团江苏省委要求各级团委配备专人管理下乡青年的教育工作,经常总结交流经验。并决定每年召开一次农村知识青年代表大会,表扬先进,树立典型。

1963 年 12 月 6 日,团江苏省委在南京召开了城镇知识青年参加农业劳动积极分子座谈会。参加座谈会的知识青年共 59 人。中共江苏省委书记刘顺元、许家屯,团中央候补书记路金栋先后到会讲话,强调知识青年下乡务农的深远意义和知识青年工作的方向。要求知识青年做社会主义的新型农民,并且要求团组织帮助下乡务农的知识青年过好劳动关、生活关、特别是要帮助他们密切联系社员群众。

1963 年 12 月 23 日,根据中共江苏省委的指示,团江苏省委、省农林厅、卫生厅、商业厅、劳动局、文化局、教育厅及南京、苏州等市的有关部门,部分学校校长和家长代表,以及省话剧团农村演出队联合组成了慰问团,赴东辛、云台、洪泽湖、三河、白马湖等国营农场,慰问知识青年。同时调查知识青年的安置工作。五个农场自1962年起,总共安置了下乡知识青年7 932人,其中男青年4 800人,女青年3 132人;中共党员20人,团员1 150人(约占总数的15%);学生4 340人,社会青年3 140人。安置工作做得较好的是云台农场,中共云台农场党委认识到接受知识青年是光荣的政治任务,对培养和教育知识青年制定了一套比较完整的计划。东辛农场虽然接受学生人数已超过2 000人,但是农场党委没有认真研究过这项工作,存在问题较多;洪泽湖农场接受的社会青年比例过大,由于社会青年成分复杂,因此管理难度较大;三河农场领导重视知识青年的生产劳动,但忽视了对他们的思想政治工作和生活的安排;白马湖农场的领导对知识青年的工作没有真正抓起来。通过这次调查,团江苏省委及省有关部门向中共江苏省委提出,要不断教育组织大批知识青年上山下乡,必须做好以下几个方面的工作:坚决贯彻中国共产党的教育方针,切实改进学校教育工作。随着教育的普及,全省城镇每年有近20万人从中学毕业,除了少数人升入高一级学校继续深造、一小部分人在城市就业外,大多数人都要参加农业生产。因此,中学教育要把绝大多数学生培养成为生产者,特别是农业生产者,就必须使城镇青年在学校期间就受到应有的训练,以便他们下乡后能尽快适应农村的生活和劳动。要发挥各方面的力量做好知识青年下乡的组织和动员工作。建议在各级中共党委领导下,首先帮助农场的干部认识到知识青年上山下乡的伟大意义,同时应该注意到,农场接受城市知识青年的工作还缺乏经验,社会青年所占比例不宜过大。要以农场或以县为单位,加强对知识青年的思想领导和组织领导,关心他们的政治进步和生活安排,帮助他们扎根农村。为了发扬先进,树立标兵,更好地教育广大城乡知识青年立志务农,扎根农村,在发展农业生产中发挥积极作用,团江苏省委和省教育厅等有关部门,在1963年先后召开了三次知识青年参加农业生产劳动积极分子座谈会,发现和培养了一批下乡知识青年的典型,其中影响最大的是董加耕。

董加耕,民国28年(1939年)出生于盐城县一个贫苦农民的家庭。从小热爱劳动,用功读书,从小学到中学一直是品学兼优的好学生,并且在高中二年级时加入了中国共产党。1961年高中毕业后,他在升学志愿书上毅然写下了"回乡务农,立志耕耘"八个字,自觉地走上农业第一线。董加耕以建设社会主义新农村为己任,回乡后始终坚持战斗在农业生产第一线,并立下"身居茅屋,眼看全球,脚踩污泥,心忧天下"的誓言。他以顽强的毅力参加生产劳动,学习生产技术,关心集体利益。1963年4月被选为生产队会计,12月被选为生产队长。先后被评为优秀团员、"六好"社员、先进生产者,并被选为乡人民代表。1964年1月2日,团江苏省委发出《关于开展学习董加耕活动的通知》。《通知》指出:"董加耕是在中国共产党和毛泽东思想的哺育下,逐渐成长起来的一个社会主义的新式农民。他响应中国共产党的号召,立志建设社会主义新农村的革命理想,爱憎分明的无产阶级立场,不讲条件,不讲报酬的共产主义劳动态度,公而忘私的集体主义精神,刻苦学习毛主席著作,听毛主席的话,按毛主席的指示办事等优秀的思想品质,都是广大团的干部和青年学习的榜样。"团江苏省委要求"各级团委,各条战线上团的组织,结合 1964 年的中心工作,认真组织广大团的干部,团员和青年开展学习董加耕的活动。"1964 年 2 月 10 日,团江苏省委、江苏省教育厅联合发出《关于在中等学校开展学习董加耕活动的通知》。《通知》指出:"董加耕是在党和毛泽东思想抚育下,逐渐成长起来的一个社会主义新农民,他的先进思想和事迹对各条战线上的青年都有普遍的教育意义,对于在校的学生更有特殊重要的教育意义,各校在组织青年学生学习雷锋之后,继续学习董加耕,促进学生树立革命大志,加速革命化,促使学校更全面更完全地贯彻中国共产党的教育方针。同年 3 月 20 日,《人民日报》发表题为《知识青年下乡上山是移风易俗的革命行动》的社论,社论指出:董加耕所走的道路,正是毛泽东时代青年所应该走的革命道路。知识青年上山下乡,参加农业生产是有广阔前途的革命行动,他们是我们祖国有社会主义觉悟,有文化知识的第一代新农民,是移风易俗,建设社会主义新农村的革命先锋。

自从董加耕的先进事迹在报刊上发表以后,江苏的广大青年掀起了"学加耕,赶加耕"的热潮。青年们提出的口号是"学习董加耕,当好革命事业的接班人。"江苏各地的知识青年通过座谈会、讨论会、报告会等不同形式学习董加耕的先进事迹。许多青年纷纷表示,决心走董加耕的道路,到农村去安家落户,做一个有文化的新式农民。为了把学习董加耕的活动进一步更广泛地推向深入,1964 年 3 月 26 日,共青团江苏省第五届委员会第二次扩大会议作出了《关于更广泛更深刻地组织青年学习董加耕的决议》。《决议》要求全省团的组织和团员、青年,应该热烈响应中国共产党的号召,更加广泛,更加深入地学习董加耕,把学习活动推向新的阶段和新的高峰,并要求各级团委要认真检查前阶段学习董加耕活动的开展情况,有目的、有计划地组织青年学习董加耕的精神和品质,特别是学习他自觉革命的精神,敢于斗争,善于牺牲的精神,以及自觉接受改造的精神。促使广大团员,青年真正了解董加耕的道路是青年革命化的道路,是青年一代锻炼成又红又专的共产主义事业接班人的道路。经过对董加耕事迹的宣传和学习,广大回乡知识青年进一步稳定和巩固了参加农业生产的思想,不少青年表示要坚守农业战线,走知识分子与工农群众相结合的道路,把自己锻炼成为无产阶级革命事业的可靠接班人;董加耕的先进事迹对城镇知识青年也产生了很大的鼓舞,促进了许多往届初中、高中毕业生下乡参加农业生产劳动;对于在校学生也产生深刻的影响,大大激发广大学生自觉革命的精神,增强把自己锻炼成为革命事业接班人的决心,有力地帮助了广大青年正确对待理想、前途、幸福等一系列人生观的问题。

在学习董加耕的过程中,团江苏省委发现一些高中毕业生表示要像董加耕那样,不考大学就下农村。据南京、无锡、苏州、南通 4 个市的了解,到 1964 年 5 月底,持有这种态度的高中毕业生约占 3% 左右。在这些高中毕业生中,学习成绩优秀的占 40% 左右,团员占 65% 左右。针对这种情况,团江苏省委要求学校团组织做好应届毕业生的思想工作,纠正学习董加耕活动中的偏向。首先要让这些学生明确学习董加耕的目的主要是学习他自觉革命、自觉地走与工农群众相结合的道路,但是不应把上大学与下农村对立起来,不能认为只有下农村才是革命的,上大学就是不革命的。知识青年上大学,毕业以后到各条战线上去工作,也是中国共产党的需要。即使进了大学,也要学习董加耕的精神,坚决地走与工农相结合的道路。要引导应届毕业生正确处理好升学与参加劳动的关系,真正做到"一颗红心,两种准备"。能考上大学,就继续好好学习;考不取大学,就决心参加劳动,特别是要响应中国共产党的号召到农村去。

自从中共江苏省委 1964 年 1 月发出《关于宣传和学习董加耕的通知》以后,各地中共党组织作了具体部署,各级团的组织开展了许多具体活动。有些市县举办了基层团干部培训班,召开知识青年代表会,集中学习董加耕的先进事迹,许多地方举办报告会,宣传董加耕的先进事迹。丹阳县各公社和大队,共举行了 380 多场报告会,有 3 万多名团员和知识青年受到了教育。大丰县各公社团委培养训练 2 812 名报告员。盐城专区各县对董加耕的事迹基本上做到了家喻户晓。董加耕的先进事迹给全省青年以极大的影响,"学习董加耕,立志干革命","学习董加耕,赶超董加耕"已经成为广大青年响亮的口号。城市街道的社会青年是受教育比较薄弱的群体,通过学习董加耕,许多人纷纷主动要求下乡当农民。应届初中、高中毕业生学习董加耕后,许多人作好了下乡务农的思想准备。广大农村知识青年学习董加耕后,精神面貌有了很大变化,他们进一步认识到参加农业劳动的革命意义,决心以农为荣,以农为乐,在农村干一辈子。

1964 年 6 月 27 日,团江苏省委书记刘平在共青团江苏省第九次代表大会上作了《积极引导回乡下乡青年,立志做新式农民》的报告,报告总结了团江苏省委引导知识青年回乡参加劳动的情况。报告指出,全省每年有二三十万知识青年响应中国共产党的号召,回乡下乡参加农业劳动,到 1964 年 6 月止,全省农村中高小毕业以上文化程度的知识青年已近 200 万人,他们怀着建设社会主义新农村的远大理想,决心在革命前辈打下的江山上,用镰刀和锄头开路,用汗水和智慧创业。他们受到了中国共产党的赞扬和关怀,受到了广大农村干部和贫下中农的热情欢迎,也受到了社会各界人士的支持。通过几年农村实践的锻炼,知识青年在思想觉悟、劳动本领、生活作风等方面都获得了很大进步和提高,发挥了日益明显的作用。在他们当中已经出现了一大批先进人物。特别是董加耕成为全省知识青年的榜样,一个以董加耕为标兵,比学赶帮的劳动竞赛,在全省城乡知识青年中蓬蓬勃勃地展开。

引导知识青年下乡务农,和群众密切结合,立志做有社会主义觉悟有文化的新式农民,成为共青团的一项长期的重要任务。

1964 年 8 月 29 日至 9 月 9 日,团江苏省委在南京召开了全省知识青年参加农业劳动积极分子大会,团江苏省委书记刘平作了《积极参加农村三大革命运动,为建设社会主义新农村而英勇奋斗的报告》,中共江苏省委候补书记包厚昌、江苏省副省长欧阳惠林出席了大会并作了报告。

会议指出:各级中共党委和政府对于知识青年参加农业生产劳动给予了很高评价,关心知识青年在农村的成长,从各方面给予支持和照顾;农村的中共党组织、团组织和广大干部社员也热情地欢迎知识青年务农,并且从生活上,劳动上,思想上给予帮助和教育;广大知识青年的家长、师友,城镇各方面的人士也热情支持知识青年下乡务农的行动。绝大多数知识青年到农村后,经受了锻炼,发挥了作用,精神面貌发生了迅速的变化,思想觉悟有了显著提高。

为了继续做好知识青年的工作,会议号召广大知识青年要脚踏实地地从以下五个方面进行努力。

积极参加农村的社会主义教育运动,在实际的阶级斗争中接受教育,经受锻炼,提高无产阶级的阶级觉悟。

积极参加集体生产劳动,在劳动中自觉地进行锻炼和改造,努力实现劳动化。

积极学习农业生产技术,开展科学实验活动,为提高农业生产力水平,实现农业现代化贡献智慧和力量。

积极维护社会主义经济,为巩固和发展人民公社和国营农场圃贡献力量,发挥作用。

积极宣传时事政策,开展业余教育,传播科学知识,活跃文化生活,努力成为农村中新思想、新文化和新风尚的传播者。

从50年代中期到60年代中期,这一时期江苏的知识青年上山下乡工作的开展是比较顺利和平稳的。主要原因是政策措施比较妥当,靠正面的宣传教育和细致的思想工作来推动,坚持做到"四通":即本人通、家长通、亲邻朋友通、老师同学通。知识青年下乡以后,在生活上、学习上、劳动上都得到了妥善的安排。

由于60年代初期"左"的指导思想的影响,知识青年上山下乡运动也出现了"左"的倾向。

(二)"文化大革命"中的知识青年上山下乡

"文化大革命"中的知识青年上山下乡,规模大大超过了"文化大革命"前的5年。1968年到1969年,全国有460万知识青年上山下乡,从1974年到1977年,全国有769万知识青年上山下乡。

1966年,"文化大革命"爆发后,全国处于一片混乱之中,原定的知识青年上山下乡的安置计划根本无法实施。在红卫兵全国大串联的影响和带动下,一部分插队知识青年、插场知识青年和支边青年纷纷返回原籍城市,参加"文化大革命"。

"文化大革命"爆发后,全国各级各类学校全部陷于停课状态。到1968年暑假,66、67、68三届初、高中毕业生400多万人的安置问题成了急待解决的社会问题。1968年6月15日,中共中央就此发出通知,确定了面向农村,面向边疆,面向工矿,面向基层,与工农相结合的方针。由于当时大学不招生,工厂不招工,上山下乡就成了初、高中毕业生唯一的出路。1968年12月22日《人民日报》发表了毛泽东同志的指示:"知识青年到农村,接受贫下中农再教育,很有必要。要说服城里干部和其他人,把自己初中、高中、大学毕业的子女送到乡下去,来一个动员,各地农村的同志应该欢迎他们去。"此后,在全国范围内出现了知识青年上山下乡高潮。

毛泽东同志的指示发表后,江苏各中学的初中、高中毕业生几乎全部都加入了上山下乡的行列。连身体不好、家庭有特殊困难的也不例外。大批知识青年下乡以后,由于各方面的工作未能跟上,因此出现了不少问题。不仅知识青年本人在思想上缺少准备,而且农村在物质条件的准备上也显然不足。

1971年秋和1972年春,江苏仪征县刘集公社发生摧残迫害插队知识青年的事件。刘集公社举办了两期插队知识青年学习班,两期学习班上有16名插队知识青年被非法隔离审查,有5人被摧残致伤,有1人被迫自杀。酿成一起严重破坏上山下乡运动的事件。1975年5月17日,中共扬州地委对涉及这一重大事件的有关人员进行了严肃处理。

1973年6月至8月,国务院在北京召开了第一次全国知识青年上山下乡工作会议,再次明确规定:"城镇中学毕业生的分配,以上山下乡为主"。"今后每年将有大批的城镇知识青年到农村扎根落户,有关部门和省市自治区要作出长远的全面的规划。"

为了更好地贯彻国务院召开的知识青年上山下乡会议精神,进一步做好全省知识青年上山下乡工作,根据中共江苏省委的指示,团江苏省委、省妇联、省财政局、省知识青年上山下乡办公室联合调查组于1973年10月10日至11月18日,对兴化、宝应、邗江等三个县贯彻中共中央有关上山下乡的文件和知识青年上山下乡的工作情况作了调查。

据调查,三个县共接收安置了下乡知识青年33 156人,除去招工、上学、参军和正常迁出外,仍有27 079人。从这三个县的调查情况来看,有些社队仍然没有把知识青年上山下乡当作一件大事来抓。有些社队没有把中共中央文件和国务院及中共江苏省委召开的上山下乡会议精神传达到广大知识青年和群众。知识青年住房问题较大,少数下乡知识青年生活极为困难,有个别人甚至外出乞讨或以卖血为生。有的社队不正之风较严重。宝应县子英河公社自1969年起有19名知识青年参军,其中有15人"开后门";55名知识青年被招工,其中有30人是指名招收的;上大学和上中等技术学校的知识青年也有一部分是点名招收的。尤其严重的是在1973年大学招生中,尽管有关方面三令五申反对"走后门",但有的地方仍然在大"开后门"。下乡知识青年中长期回城的人数较多,三个县长期回到城市不下乡的近7 000人,约占当时下乡知识青年的26%。有的社队长期回城不下乡的知识青年占总数的60%。宝应县红卫公社当时有知识青年266人,长期回城不下乡的有176人,约占总数的66%

由于知识青年上山下乡仍然是解决初高中毕业生的唯一出路,因此中共中央仍提出"城镇中学毕业生的分配,以上山下乡为主"的方针。1974年,全省各地又掀起了知识青年上山下乡的热潮。

阜宁县1974年应动员下乡的知识青年400人,到1975年5月已全部动员结束。1975年,淮阴地区城镇中学毕业生应动员上山下乡的有4 965人,计划去国营林场圃的有1 488

人,去知识青年农场的有1 576人,知识青年占1 354人,回原籍的有547人。经过动员,全部下乡。

滨海县1974年应下乡428人(包括部分73届毕业生),从5月中旬开始动员,到7月中旬已全部下乡。1975年应下乡288人,经过动员,到9月全部下乡。

全省在这批下乡的知识青年中,开始推广株洲市厂社挂钩、集体安置的办法,采取了较大规模的工厂、企业实行一厂一社挂钩,小厂实行多厂一社挂钩,中共党委机关、行政机关和文教卫生、财贸等单位按系统归口挂钩或工厂带机关挂钩的办法。在制订厂社挂钩时,把上山下乡运动同城市乡村相互支援结合起来。为了便于管理,建立了"知青点",按系统挂钩到户,每个"知青点"不超过30人,集体食宿,户口到队,劳动在队,分配在队。

除了知识青年下乡插队以外,全省部分中学生还坚决要求赴西藏,支援边疆建设。

1975年5月,沙洲县塘市、塘桥两所中学的32名学生要求去西藏插队落户。

塘市中学的13名应届高中毕业生,年龄最小的16岁,最大的20岁,平均年龄18岁。看了《人民日报》刊登的江苏南通籍复员战士倪惠康、李德祥立志边疆干革命的事迹,受到了启发,13名同学表示要与传统观念决裂,做缩小"三大差别"的促进派,扎根农村干革命。1975年5月15日,他们联名向团中央筹备组,西藏自治区革委会,省、地、县、社等各级领导机关提出了要求到西藏插队落户干革命的申请。他们的行动,引起了中共塘市公社党委的重视,党委利用大会、广播、大字报专栏等形式大力宣传13名同学的思想,号召全公社广大干部和群众学习他们的精神。市、镇各单位职工都支持他们的行动,有的单位送来了拖拉机、电动机,让他们带去建设新西藏。在这13名同学的影响下,全公社有233名学生、教师、农村青年要求赴西藏上山下乡。

塘桥中学的19名应届高中毕业生,年龄最小的17岁,最大的21岁,平均年龄19岁。毕业后也要求去西藏农村插队落户。1975年5月20日,他们向中共西藏自治区党委发出了申请到西藏插队落户的联系信。19人还联名向省、地、县、社各级中共党委及有关部门寄发要求去西藏插队落户的申请报告。5月23日,他们向中共西藏自治区党委寄发了思想汇报。5月24日,又给毛泽东同志写信,再次表示了要求到西藏插队落户干革命的决心。

到1975年6月5日,沙洲全县已有374人向各级中共党组织提出了到西藏安家落户的要求,其中高中应届毕业生117人,初中应届毕业生118人,非毕业生同学108人,农村青年18人,插队知青1人,教师12人。

这一时期的知识青年上山下乡运动是在"无产阶级专政下继续革命"的错误理论指导下开展的,因此带有强烈的"左"的色彩。

1976年10月,中国共产党粉碎了"江青反革命集团",但由于中国共产党还未能从根本上摆脱"左"的束缚,知识青年问题仍然无法得到根本的解决。

(三)上山下乡政策的调整

1978年1月20日,中共江苏省委知青办中共党组鉴于镇江、扬州、南通、苏州、徐州等地区农业生产遭到严重自然灾害、粮食减产的情况,考虑到广大下乡知识青年尽管坚持参加集体生产劳动,但是仍然有相当一部分知识青年无法解决最基本的生活问题。全省下乡知识青年近60万,除去国营农场的7万人外,其余50多万人中约有30%—40%的人生活不能自给,省知青办特向省有关部门申请社会救济款300万元,以解决知识青年在生活上的困难。

1978年3月,邓小平等中央领导指出:要研究如何使城镇吸纳更多劳动力的问题。现在搞上山下乡,这种办法不是长期的办法,农民不欢迎……城市人下去实际上形成同农民抢饭吃。第一步应该做到城市青年不下乡,然后,解决从农村吸收人的问题。

1978年9月8日,江苏省革委会知青办遵照中共江苏省委的要求,调查了知识青年上山下乡增加农民负担的问题,调查小组分别到江宁县铜井公社和盱眙县马坝公社进行了调查。调查的情况表明,广大下乡知识青年,在农村的"三大革命"斗争中,经受了锻炼,增长了才干,为发展农业生产,建设社会主义新农村,作出了一定的贡献。但是,知识青年上山下乡确实普遍地存在着增加农民负担的问题,集中表现在:增加生产队的开支,主要是知识青年建房,生产队要贴工贴料,造成社员收入减少;知识青年下乡后,使生产队劳动力增多,用工量增大,因而相对降低了工分值,减少了社员收入;增加了地少人多的矛盾,知识青年到农村插队,除建房用地外,一般都划给少量的自留地;影响分配兑现,许多知识青年因病或其他原因出勤少,已婚知识青年生孩子负担重等原因,劳动所得无法解决温饱,年终分配时超支挂账,严重影响了社员群众的分配兑现。这些情况进一步加大了知识青年与农民之间的矛盾。

1978年12月10日,中共十一届三中全会前夕,全国知识青年上山下乡工作会议的《会议纪要》和《国务院关于知识青年上山下乡若干问题的试行规定》被中共中央批转。会议及其形成的文件成为知识青年上山下乡运动的转折点。会议提出:上山下乡要逐步缩小范围,有条件安置的城市不再动员下乡,尚需动员下乡的不再插队,要因地制宜举办知青场、队,国家给予优惠政策;已在农村插队的知识青年,要逐步给予解决,老知青问题要限期解决,城镇要积极开辟新领域、新行业,扩大就业门路。

上山下乡政策的调整在一定程度上改善了知识青年在农村的境遇,但由于"左"的指导思想的影响,上山下乡运动暴露出的大量矛盾仍然无法回避。

1978年底,全国各地知识青年中形成了一股"回城风",江苏也不例外。1978年11月,省农垦局所属的农场、工厂的知识青年纷纷要求回城,并直接影响了当时的生产,影响了农垦局系统的安定团结。在"回城风"的冲击下,自1978年11月以后,通过病退、困退、招工、顶替等方式回城的知识青年达到3.3万人;1979年1月10日前已办好回城手续的还有近4000人。弶港农场按计划于1979年2月4日组织4辆汽车,前往无锡接春节回城探亲的知识青年返场,却遭到400名知识青年抵制,拒绝回场。2月7日,该场又有20多人围攻场长要求回城。农垦化肥厂有67名知识青年在厂里张贴大字报,发出"呼吁书",酝酿罢工。他们派代表与局领导交涉,强烈要求解决他们的回城问题。春节前后,无锡、苏州知识青年多次派代表到省农垦局上访,有的还采取静坐、绝食等激烈的方式要求回城。大中、方强、东坝头、五图河、复兴圩、东海、环本等 7 个知识青年农场,生产已处于停顿状态,局属工厂 1、2 月生产比 1978 年同期明显下降,文教、卫生、农机战线上的知识青年骨干大批回城,致使许多农场的学校无法开课,拖拉机"趴窝"在库。1979 年 5 月 13 日,滨海知识青年数十人到黄海农场场部交涉回城问题并于 5 月 23 日开始绝食。5 月 28 日,部分赶到农场的知识青年家长与农场干部发生了激烈的冲突。知识青年要求回城已成为不可遏制的潮流。

中共十一届三中全会以后,上山下乡工作开始拨乱反正,工作重心转向解决历史遗留的问题。1981 年底,国务院知青办并入国家劳动总局,开始把作为政治运动的上山下乡定位为劳动就业的社会问题,全省开始逐步安排知识青年返回城市。

至此,历时 20 多年的上山下乡运动基本结束。

(第七章《青年运动专记》,第 359—371 页)

(1968 年)12 月 22 日,全省初、高中毕业生响应毛泽东同志发出的"知识青年上山下乡,接受贫下中农再教育"号召,形成了上山下乡运动的新高潮。 (《附录》,第 393 页)

(1969 年)5 月下旬,插队在江浦县的南京知识青年任毅创作了《知青之歌》。

(《附录》,第 393 页)

(1973 年)5 月 4 日—7 日,团江苏省委和江苏省革命委员会上山下乡办公室在扬州召开全省上山下乡知识青年座谈会。
......
10 月 10 日—11 月 18 日,团江苏省委、江苏省妇女联合会、省财政局、省知识青年上山下乡办公室组成联合调查组对兴化、宝应、邗江等三个县的知识青年上山下乡工作进行调查。
12 月 11 日—15 日,团江苏省委在南京召开上山下乡知识青年工作座谈会。

(《附录》,第 394 页)

(1974 年)3 月 5 日—12 日,江苏省上山下乡知识青年代表大会在南京召开。

(《附录》,第 394 页)

《江苏省志·社会团体志·妇女团体篇》

江苏省妇女运动史志编纂委员会编,方志出版社 2000 年

1984 年,适应干部制度改革的需要,全省在乡级妇联干部中实行招聘合同制。招聘的

对象一般是农村中年纪较轻、身体较好、有一定文化知识的女青年,社办企业中的女职工和基层的妇女干部,从事专业承包、搞科学种田的生产女能手和回乡的女知识青年。

(第四章《妇联组织》,第 117 页)

《江苏省志·社团志·工人团体篇》

江苏省地方志编纂委员会编,江苏人民出版社 2006 年

(1969 年)10 月 10 日,江苏省革命委员会召开"干部下放、知识青年和城市居民上山下乡动员大会"。

(《附录·大事年表》,第 226 页)

《江苏省志·军事志》

江苏省地方志编纂委员会编,军事科学出版社 2000 年

(1969 年)冬季征兵,主要在农村征集适龄青年和下放农村锻炼二年以上的知识青年,在城市征集未能升学的高、初中毕业生。全年共征集 19.7 万余人(其中 16 岁至 17 岁男性青年 7 705 人),是江苏历年来征兵人数最多的一年。

1970 年至 1974 年,为冬季征兵。农村征集对象同于往年,市、县城镇户口只征未能升学的应届高、初中毕业生。其中,1973 年江苏省革命委员会规定,市、县城镇户口征集人数不超过征集任务数的 20%。

1976 年和 1978 年,为春、冬季两次征兵。1976 年征集对象,农村征集适龄农民,城市只在南京、无锡、常州、苏州、徐州等 7 个省辖市征集当年未能升学的高、初中毕业生,及县(市)以下厂矿、企事业单位的职工。1978 年春季征集对象,城市同 1976 年,农村除以往规定外,征集下放劳动锻炼一年以上的知识青年;冬季征兵,征集下放到农村劳动锻炼的知识青年,不受劳动年限的限制,而且要求多征,市、县城镇户口除继续征集未能升学的高、初中毕业生外,所有厂矿、企事业单位的适龄职工均可征集。

1979 年冬季,征兵按照高、初中毕业生优先,党政军干部子女、下放农村的知识青年和城市待业青年适当多征,非劳动家庭出身和新定社员成份的子女与劳动人民家庭出身的子女一视同仁的原则征集,当年全省征集的 7 万名新兵中,有下放知识青年和城镇待业青年近3 万人,占 41%。

(第六章《兵役》,第 354 页)

(1975 年)6 月 5 日,国务院、中央军委批准撤销江苏生产建设兵团,军队干部回部队分配工作。

(《大事年表》,第 1247 页)

《江苏省志·公安志》

江苏省地方志编纂委员会编,群众出版社 2000 年

1968 年 8 月至 1969 年初,除对上山下乡、支边知识青年和强制遣送所谓"九种人"到农村等人员的户口进行管理外,其余异地迁移户口等工作基本不再进行,有的地方出现不执行农迁城户口政策的现象。1970 年至 1972 年,由于一些农村人口盲目流入城镇,部分支边、上山下乡人员倒流回城镇,有的人户口迁出后仍滞留城镇,致使无户口人员增多,仅南京市城郊就有 6 500 人左右。……1974 年后,各地根据省公安局要求,相继在城镇地区开展了户口调查、核对和整顿工作,同时继续做好知青上山下乡等户口迁移工作。

(第六章《户政管理》,第 296 页)

"文化大革命"期间,……在"广大干部下放劳动"和"知识青年到农村去,接受贫下中农再教育,很有必要"的号召下,有 55 万名干部职工及家属子女下放农村从事农业生产,并约有 55 万名知识青年上山下乡,其中 74% 安插在生产队,21.5% 安排在国营农场,其余的安排在知青农场。在此期间,国家的户口迁移政策未能坚持。

(第六章《户政管理》,第 307 页)

根据中共中央、国务院及省革命委员会等有关文件精神,江苏省积极做好精简职工、下放人员和上山下乡知识青年安置工作,至 1981 年,全省共办理病退知青和女知青在农村结婚所生子女 27.5 万人,其中大批知青返回城市、城镇;安排下放人员 26.4 万人;约有 20 多万人通过招工办理了户口的"农转非"。大批知青回城时,与他们结婚的一些农民也随同来到城市、城镇生活,鉴于这种"特定时期形成的特殊问题",各市党委、政府十分重视、关怀回城知青的家庭困难,苏州市率先解决了男知青子女户口,随后又批准办理了知青配偶户口的"农转非"。此后,其他城市相继解决了大批知青子女户口的"农转非"。

(第六章《户政管理》,第 308—309 页)

人口迁出情况:……(6)1963 年至 1969 年,江苏共有 2.3 万名知青到新疆、陕北和内蒙古等地插队落户……   (第六章《户政管理》,第 311—312 页)

《江苏省志·审判志》

江苏省地方志编纂委员会编,江苏人民出版社 1997 年

"文化大革命"时期,刑事审判工作显著的特点是"紧跟形势",提出坚持办案工作为政治

服务,为阶级斗争服务。因此,在"文革"不同时期,有不同的审判重点。……知识青年"上山下乡"运动中,对散布谣言,奸污、迫害插队知识青年,贪污、盗窃"上山下乡"安置经费、物资等案件,作为审判重点。

(第四章《刑事审判》,第 144—145 页)

破坏上山下乡运动案件

"文化大革命"时期,江苏省广大知识青年到农村插队落户,参加农业生产劳动,由此产生与这一运动相关的案件,统称为破坏上山下乡运动案件,它是当时江苏省各级法院审判的重点案件之一。1970 年,中央 26 号文件要求打击破坏上山下乡运动的犯罪分子。全省各级公检法军管会陆续处理了一些这类案件。但当时处理较轻,处理数也少。1973 年,国务院、中央军委和中共中央都下发文件,要求对破坏知识青年上山下乡的犯罪活动作坚决斗争。对以法西斯手段残酷迫害知识青年和强奸女知识青年的犯罪分子,要按其罪行依法惩办,对于罪大恶极不杀不足以平民愤的要坚决判处死刑。

江苏省高级人民法院 1973 年 8 月审理了一批典型案件。于 12 月 24 日分别在罪犯所在地召开公判大会,判处无期徒刑直至死刑 17 人、有期徒刑 5 人。

1973 年以后,全省各级法院都将审理破坏上山下乡运动案件作为审判工作的重点来抓。凡具有以下七种情况之一的,即定为破坏上山下乡运动案件进行审判:

一是对知识青年上山下乡表示不满,用文字和语言予以表示,或传播谣言,鼓动知识青年倒流回城的。

二是利用职权,以威逼、利诱等手段奸污女知识青年的。这类案件占破坏上山下乡运动案件的大部分,据 1974—1976 年统计,全省判处破坏上山下乡运动罪犯 1 049 人,其中奸污女知识青年的 841 人,占 80%,犯罪分子中有市、县掌握实权的工作人员和农村的社、队干部 292 名,占 35%。如徐州市上山下乡办公室工作人员冯守君,1971 年以来利用职权,奸污下乡女知识青年 10 人,猥亵 5 人,1973 年被判处死刑。

三是杀害、强奸、轮奸女知识青年的。

四是打击、迫害知识青年的。这类案件数量不多,但在当时影响较大,所以处理较重。如陆金荣(原系如皋县长江公社知青大队党支部副书记)、吴其良(区人武部部长)、郝昌明(公社革委会主任)、李培德等人,1968 年时抓住某些知识青年的错误、缺点,揪斗知识青年 6 人。1970 年"一打三反"过程中,私设公堂,刑讯逼供,对知识青年进行绑、吊、打、挂牌示众、关押,揪斗知青 67 人,其中 4 人自杀未遂,10 余人被打伤,3 人被关押长达 9 个月,数十名知识青年被迫迁离该地。当时中央、省委领导批示,要求查处此案。如皋县人民法院于 1975 年 10 月 14 日判处陆金荣死刑,缓期 2 年执行,判处吴其良 10 年有期徒刑,郝昌明、李培德各 3 年徒刑(1980 年 4 月,如皋县法院改判陆金荣 10 年徒刑,吴其良 3 年徒刑,郝昌明免予刑事处分)。

五是拐骗女知识青年,对其逼婚、诱婚的。

六是教唆、勾引知识青年进行犯罪活动的。

七是贪污知识青年的安置经费及物资的。 （第四章《刑事审判》，第 197—198 页）

《江苏省志·民政志》

江苏省地方志编纂委员会编，方志出版社 2002 年

1979 年 2 月 17 日，省革委会发出《关于认真做好 1979 年复员退伍军人接收安置工作的通知》，规定退伍军人的安置仍继续贯彻执行"从哪里来，回哪里去"的原则，做到妥善安置，各得其所。……2. 家居城镇，从城镇入伍的退伍军人，回原城镇安排工作。家居城镇下放农村插队落户的上山下乡知识青年（含插场知青）和 1969 年冬 1970 年春随父母下放农村的子女，退伍后按 1978 年 12 月 12 日中共中央中发(78)74 号《关于参军的下乡知识青年退伍安置去向问题的规定》精神办理。即退伍后不再回农村插队，原则上由父母所在地分配工作，也可由原征集地区分配工作。…… （第六章《退役军人安置》，第 407 页）

1964—1966 年，江苏省先后从城镇动员 17 000 余名知识青年去新疆。历年来，除参军、升学和其他原因调离新疆外，至 1981 年在新疆农场的约有 6 400 余人，分布在新疆的阿克苏、喀什、和田、伊犁、塔城、昌吉、阿勒太等地区。1980 年后去新疆的江苏知识青年倒流人数逐渐增多，据 1981 年不完全统计，从新疆麦盖提、阿瓦提、于田、塔城等地农场共返回 1 000 余名（不包括泰县、海安县倒流回来的移民 200 多人），其中持新疆介绍信、户口、粮油迁移证、工资关系到南京、无锡、苏州等地，要求落户和安排工作的有 110 户、243 人。此外，尚有从新疆各地发来集体商调函千余份。

1981 年 2 月 23 日，江苏省人民政府办公厅转发新疆维吾尔族自治区党委和人民政府《关于处理部分上海支边知青闹事的通知》，要求各地理直气壮宣传支边的重要意义，动员知青返回新疆工作。凡是没有按照新疆维吾尔族自治区和江苏省劳动部门的规定办理调动手续的，以及在闹事期间用各种形式取得的户口、粮油迁移证明、工作关系介绍信和离职手续的一律无效。不准报户口和安排工作，愿意返回新疆的，要积极热情帮助他们回去，路费确有困难的，酌情给予解决，对少数屡教不听、继续闹事的人员，由公安部门会同民政部门强制收容遣送；个别有违法行为的，依法处理。

1981 年 9 月 23 日，中共江苏省委、省政府批转省政府办公厅、劳动局、民政厅《关于认真处理支边青年倒流问题的请示报告》，要求全省各地对倒流支边知青，坚决地、理直气壮地动员他们返回新疆工作；少数有特殊困难以及按政策应予照顾的支边青年，必须严格按照规定，办妥手续，放在情况正常后有计划地商调，不准徇私，违者追查责任。

江苏省对 1964—1966 年去新疆支边的知识青年按政策可以照顾返回江苏的对象是：

(1)其父母退休退职的,可照顾一名在新疆的子女回省工作。(2)1980年底前已婚,配偶在江苏不能去新疆而需照顾的。(3)家庭和本人有特殊困难,如本人系独生子女,父母在江苏;父母身边无子女或虽有子女,但子女已丧失劳动能力,生活不能自理;父母双亡,弟妹未成年,兄弟姐妹有2人以上在新疆的;父母长期在国外工作,家庭有困难需要照顾。(4)革命烈士子女;"文化大革命"中父母受迫害致死,现已平反昭雪的;中国籍外国人,外国籍中国人,港、澳、台胞或华侨子女。(5)因工、因病致残,完全丧失劳动能力或患有精神病、呆痴、严重残缺人员。

(第十六章《其他民政事务》,第834—835页)

《江苏省志·劳动管理志》

江苏省地方志编纂委员会编,江苏古籍出版社2000年

1979—1988年十年间,全省共安置了227万待业人员就业,顺利地解决了十年"文化大革命"期间积压下来的大批城镇待业人员的就业问题;全省原来下放的100多万知识青年和城镇职工陆续从农村返回城市,并得到安置就业,使城镇中尖锐的就业矛盾得到缓和。

(第二章《劳动就业》,第25页)

1979年1月1日起,江苏全省普遍实行《国务院关于工人退休、退职的暂行办法》,招收退休、退职工人的子女工作由各市、县劳动部门统一安排,……其顶替录用条件办法是:……

7. 招收子女中,凡是上山下乡知识青年可以不受年龄和婚否的限制,已经在镇、街办、事业单位工作的,均列为招收对象。由退休退职职工原单位或系统负责招收子女一名。

(第二章《劳动就业》,第31页)

招工工作是由劳动部门统一组织、管理,不准自行雇用或登报招聘,必须自行雇用或登报招聘的,须经劳动部门同意,并规定招收的对象和范围。招工政策由省统一制定,招工对象一般限于在城镇户口的初、高中毕业后未能升学并已到达劳动年龄的待业青年和城镇中其他符合招工条件的待业人员中招收。1973年起,对城镇上山下乡经过二年以上锻炼的知识青年也列为招工对象。

(第三章《劳动力管理》,第67页)

第四章　城镇知识青年上山下乡

1962年开始,江苏在国营农、林场安置了一部分城镇知识青年。1963年7月以后,江苏开始"以插队为主"、有计划有组织地动员和组织城镇知识青年上山下乡。在"文化大革命"期间,知识青年上山下乡形成高潮,成为一项政治运动。截至1979年底,总计上山下乡知识

青年八十多万人。1973年10月,中共江苏省委开始贯彻执行中共中央转发的国务院有关规定,落实统筹解决知识青年上山下乡运动中问题的各项措施,规定了不动员下乡的对象。对下乡插队生活不能自给的,规定补助费标准,并帮助解决建房、医疗、口粮等实际困难。1975年起江苏省学习株洲市"厂社挂钩"的经验,广泛采取下放知识青年单位和接受知识青年单位对口挂钩的办法,建立知识青年场队,加强了管理,使下乡知识青年的生活有所改善,但困难问题未得到根本解决。中共十一届三中全会以后,中央对知识青年上山下乡政策作了调整,江苏根据中央提出的分期分批安排回城镇就业的规定精神,采取积极措施,较好地解决了上山下乡知识青年回城问题,并妥善解决了回城镇参加工作以后的工龄计算等遗留问题。

第一节 动员和组织

从1955年8月《人民日报》发表《必须做好动员组织中小学生从事生产劳动的工作》的社论,同年12月,毛主席发出"农村是一个广阔天地,在那里是可以大有作为"的号召,不久江苏就有一部分未能升学的城镇中小学毕业生,响应国家号召,上山下乡去参加农业生产,人数较少。比较集中的是1957年夏季到1958年2月止,全省共有4 000多名城镇中小学毕业生走上农业劳动战线。

1962年12月,中共江苏省委和江苏省人民委员会执行中共中央、国务院批转国务院农林办公室《关于国营农、林、牧、渔场安置家居大中城市精简职工和青年学生汇报会议的报告》的有关指示和部署,首先根据国家下达的专项指标,将江苏1962年和1963年两年的合编安置计划纳入国家专项计划。1962年和1963年两年中江苏在国营农、林场安置大中城市应届和往届毕业后未能升学和就业的、年满18周岁有独立生活能力的青年学生14 307人,其中13 607人去省农垦系统所属国营农场,700人去省属国营林场。1961年10月,江苏已有国营农场149个,其中在沿海和湖荡荒滩上开垦出50余万亩耕地基础上建立起来的一些大型机械化农场(如东辛农场等)率先承担了安置插场知识青年的任务。

1962年江苏另有9 000名青年学生响应政府关于减少城镇人口加强农业战线的号召,从各地回乡或下乡到人民公社生产队落户。

1963年6月,中央安置工作领导小组在六大行政区城市精简职工和青年学生安置工作领导小组长会议上确定,今后安置城市青年学生下乡参加农业生产的主要方向是插入人民公社生产队(简称插队),其次,是插入国营农、牧、林、渔场(简称插场),再其次才是建立新的国营农、牧、林、渔场。安置对象主要是大中城市不能升学和就业的初、高中毕业生,只要能独立生活,年龄可由18岁放宽到16岁,县城里不能升学和就业的学生也可以适当安置一些去本县农村。要求各大行政区及各省、市、自治区编制十五年安置规划,各级安置工作领导小组把插队工作统管起来。

江苏有计划、有组织地动员和组织知识青年插队劳动是从1963年7月以后开始的。

1963 年 7 月 9 日，中共江苏省委批转了省教育厅党组、共青团江苏省委《关于做好不能升学的高、初中毕业生安置工作的报告》，在部署各地按计划完成插场安置任务的同时，首次提出组织城市学生下乡集体插队。1963 年先由南京、常州、无锡、苏州、南通、徐州、连云港等七个省辖市和镇江、扬州、泰州、清江等四个地区辖市以及常熟、江阴两个较大的县城进行试点，组织城市学生分组去农村集体插队。除了原籍有直系亲属并经接收县同意的回老家落户外，少数家住农村因有其他特殊情况不愿回乡的，也允许其插场或随城镇学生一同插队。1963 年，南京与淮阴挂钩安置知识青年，无锡、苏州与盐城分别挂钩安置知识青年，其余市、县则在本市、县范围内自行安置知识青年。各试点市、县共组织了 3.88 万人下乡插队落户，占当年上山下乡知识青年总数 76.83％，插场的占 23.17％，开始形成插场与插队两种形式并举、以插队为主的格局。

1964 年 1 月 16 日，中共中央、国务院发布《关于动员和组织城市知识青年参加农村社会主义建设的决定（草案）》，并批转中央安置城市下乡青年领导小组《关于 1964 年安置城市下乡知识青年和闲散劳动力计划的请示报告》。中共江苏省委和省人民委员会先后于 2 月 25 日、8 月 8 日发出了关于加强安置工作和继续做好动员知识青年上山下乡工作的通知。此后，以插队为主的知识青年上山下乡运动开始扩展到全省各个城镇。

1964 年秋，南京市一批高中毕业生，学习盐城县著名回乡知识青年董加耕立志返乡务农的先行榜样，冲破轻农的世俗观念，不畏艰苦，不计个人得失，不恋城市优越生活，毅然响应党和国家关于知识青年到农村去的号召，投身农村建设事业中去，并影响带动了成批中学毕业生上山下乡。当时从南京市到盱眙县马坝公社九里荒垦荒创业的知识青年有方玉、吕惠珍等七十二人，他们在知识青年集体农场和生产队取得了卓著成绩，对全省广大知识青年上山下乡、移风易俗，起了积极推动作用，社会上称誉他们是新时代的"七十二贤"，江苏省委及南京市委多次表彰他们，使之成为江苏知识青年上山下乡的先进典型。1966 年 7 月 24日，"七十二贤"中 22 岁的女知识青年吕惠珍在岸边放鹅，体弱而又不善游泳的她奋不顾身，为抢救在河里游泳发生危险的方衍华英勇牺牲，时人怀着悲痛的心情，称颂她是在毛泽东思想哺育下成长起来的雷锋、王杰式的革命战士。

从 1962 年下半年起到 1966 年上半年止江苏知识青年上山下乡共 11.14 万人，其中插场 2.86 万人，插队 8.28 万人。四年内平均每年下乡 2.78 万人。此外，1965—1966 年江苏还根据国家支援边疆建设计划，安置 17 221 人去新疆维吾尔自治区生产建设兵团，1 200 人到内蒙古自治区插队。

此后，江苏知识青年上山下乡运动出现过两次高潮，第一次在 1968—1970 年，第二次在1975—1977 年，其中以 1968—1970 年最为突出。

"文化大革命"开始，社会正常秩序遭到严重破坏。全省 1966—1968 年连续三届初、高中毕业生 42 万人（未包括 1966、1967 年已下农村的 3 万人），因工厂停止招工、学校停止招生，在城里无事可做，成了严重的社会问题。1968 年 12 月 22 日，毛泽东主席发出"知识青年到农村去,接受贫下中农的再教育,很有必要"的号召,江苏全省迅速掀起了上山下乡的高潮。当时规定,1966、1967、1968三届高、初中毕业生不管本人条件、家庭状况如何,一律下农村。在1968—1970年三年中,全省共上山下乡知识青年39.43万人,占全省知识青年上山下乡历年累计总人数的45.78%。其中1968、1969两年搞"一锅端"、"一片红"下去31.19万人;1968年一年下乡达17.04万人,是下乡人数最多的一年。这一时期,由于"极左"错误的影响,建国十七年来的学校教育被全盘否定,知识青年上山下乡成了教育人改造人的一场政治运动。在做法上,强调越是困难的地方越要去,农村生产队接收知识青年是不能推卸的"政治任务";同时,还批判做好经费、物资、住房等准备是"四平八稳"、"搞物质刺激"、"不讲政治挂帅";批判在市郊就近办知识青年集体场队、发展多种经营是"下乡不离城"、"下乡不务农"、"违反大方向",甚至有的采取强迁户口、断绝口粮、给家长办学习班和停发工资等做法。

1970年国家开始恢复招工后,接着又把1969、1970、1971届的毕业生全部留城分配工作,形成了知识青年安排工作中的大起大落。1971、1972两年,江苏继续动员原规定下农村未下去的知识青年下乡,共2.65万人。由于大量招工,江苏全民所有制单位的职工总数从1969年底的191.49万人增加到1972年底的258.5万人,三年平均每年增加22.34万人。1973年,国家为克服因全国职工猛增造成的困难,决定停止招工,城镇中学毕业生分配仍以上山下乡为主。

1974年11月11日,中共江苏省委根据1973年国务院召开的全国知识青年上山下乡工作会议和全国计划工作会议精神,召开了有各地、市、县委书记、常委和有关部门负责人参加的"立即行动起来,迅速掀起动员知识青年上山下乡的高潮"的电话会议,并于1975年3月5日至12日在南京召开了有2 400多名知识青年代表参加的江苏省上山下乡知识青年代表大会。省革命委员会主任彭冲出席会议并讲了话。大会表彰了70个先进集体和145名先进个人。1975年招工政策规定,城镇应动员下乡的知识青年须下农村满两年才予招工。知识青年上山下乡再次形成高潮。1975—1977年共下乡22.28万人,平均每年下乡7.43万人。

从1973—1977年,江苏省共下乡28.45万人,五年中平均每年下乡5.69万人。1978年由于全省扩大城市安置任务,仅下乡2.35万人。

第二节 统 筹 解 决
一、有关问题处理

1973年4月25日,毛泽东主席复福建省莆田县小学教师、知识青年家长李庆霖信中提出:"寄上300元,聊补无米之炊。全国此类事甚多,容当统筹解决。"同年6月,国务院召开全国知识青年上山下乡工作会议,议定了统筹解决办法,拟订了《关于知识青年上山下乡若干问题的试行规定草案》和《1973年到1980年知识青年上山下乡初步规划草案》。这两个草案于1973年8月4日经中共中央批准转发全国各地执行。中共中央批转的会议报告发到公社、街道以上各级党委,传达到城乡广大群众和知识青年。1973 年 10 月 18 日,中共江苏省委向全省发出《关于认真贯彻执行〈中共中央转发国务院关于全国知识青年上山下乡工作会议的报告〉的指示》,同时下发了《江苏省贯彻执行〈关于知识青年上山下乡若干问题的试行规定草案〉的实施办法(草案)》和《江苏省 1973 年到 1980 年知识青年上山下乡的初步规划(草案)》,要求各地加强领导,落实"统筹解决"的各项措施,抓紧解决知识青年上山下乡中急需解决的问题。省和地、市、县委确定了一名书记主管此项工作,建立了知识青年上山下乡领导小组,充实、健全了上山下乡办公室。公社党委分工有人负责,上山下乡知识青年比较集中的公社配备专职干部。同时,动员城市派干部带队并参加县、社领导班子,共同加强管理工作。

江苏实施的办法包括城镇中学毕业生的分配、经费和材料、口粮、卫生医疗、培养教育和学习,以及其他等问题的具体规定共三十条。其中对城镇中学毕业生的分配有了新规定:根据国家计划也可以分配一部分到其他行业;年龄不满十七周岁的暂缓动员下乡和分配;病残不能参加农业劳动的、独生子女、归侨学生、多子女身边只有一个子女的、中国籍的外国人子女不动员下乡;矿山井下、野外勘探、海上捕捞、盐场晒盐等行业需要补充减员或按国家计划增加工人时,可由退休职工的子女顶替或从本单位职工的子女中招收;分配城镇中学毕业生时,对多子女的家庭要统筹兼顾,妥善安排,做到合情合理。对已下乡的独生子女和多子女身边无子女的,应在国家计划招工时予以照顾,或者在集体所有制单位安排,由各地、市逐步解决。已下乡的华侨学生,可根据具体情况安排到工矿、企业或做其他工作。

根据江苏省的新规定,1972 年底以前下乡插队(包括回原籍和非标准集镇下乡插队)的知识青年,生活不能自给的,平均每人补助 100 元,困难大的多补助,困难小的少补助。对正常出勤和缺勤较多的,区别情况分别对待,由知识青年小组评议,征求所在生产队贫下中农意见,报公社批准后给予补助。没有建房的,平均每人补助 200 元。所需经费先用过去拨付的经费结余调剂解决,不足部分由国家财政拨款,县(市)统一掌握,统筹使用。所需建房材料先用过去下拨的材料解决,木材、毛竹由省适当增拨。生产建设兵团和国营农场,应当用国家过去拨付的安置经费认真解决知识青年的住房问题。

从 1973 年到 1979 年,国家对江苏专门拨出了 3 100 万元统筹经费(其中 1 100 万元为 1972 年前经费结余,2 000 万元为国家增拨,两笔统筹资金共占江苏省全部知识青年上山下乡经费的 9.91%),用于补助 1972 年前下乡插队且生活和住房有困难的知识青年。1975 年至 1978 年,使用统筹建房补助资金共建房屋 35 934.5 间,590 812 平方米,得到住房的 71 869 人,占 1978 年末仍在乡的 1966—1972 年间下乡插队知识青年总数 147 830 人的 48.62%,应建未建住房的还有 2 929 人,占 1.98%。

江苏还规定,从 1973 年起,提高知识青年上山下乡经费的开支标准。城镇知识青年回农村老家落户的,到农村插队和建立集体所有制场(队)的,苏南每人补助 480 元,苏北每人补助500元;到生产建设兵团和国营农场的,每人补助400元。按新标准计算,下乡插队每人补助480元至500元,开支项目包括:(1)建房补助费200元左右,主要用于木材、砖瓦等基本材料开支,每人建房平均不少于10平方米,建房用工由生产队集体帮助解决;(2)生活补助费180元左右,主要用于购买粮草等生活必需品,经济条件好的地方可以少补助些,经济条件差的地方可以多补助些,第一年或当年参加秋季分配前,一般每月补助8~10元,第二、三年根据实际情况再酌情补助;(3)农具家具补助费、学习材料费、医疗补助费、旅运费和其他费用共100元左右,其中医药补助费10元,为头三年参加合作医疗费,学习材料费10元,由地、市掌握,编印学习材料发给下乡青年,其他费用400元。15元,5元由地区掌握,10元由县掌握,用于下乡知识青年的特殊开支。

下乡知识青年每人供应木材0.3立方米,毛竹三支,由省列入年度计划分配。建房所需的其他材料,由地、市、县组织供应。

插队青年的口粮,头一年,或当年秋粮分配前,仍按每月38斤成品粮标准,由国家统销供应,并按当地集镇人口的定量标准供应食油。参加集体分配以后,正常出勤的,由生产队按当地单身整劳力的实际吃粮水平分配口粮。从江苏省新的实施办法和规划下达之月起,分配口粮如低于38斤成品粮的,由国家统销给予补助。生产队每年分配食油少于3斤的,暂由国家补足3斤。烧草有困难的,由生产队适当照顾。经批准回城探亲和治病所需粮票由当地粮食部门保证兑换。此外,下乡的知识青年,由动员城镇补助每人布票15尺,棉絮票2斤。插队的知识青年,由生产队分给和社员同等数量、质量的自留地(不包括建房用地)。婚嫁和正常迁移时,其自留地:迁出时由生产队收回,迁入时由生产队分给。

插队青年患病,一般参加社队的合作医疗或在就近医院治病。重病、重伤的下乡知识青年,经县(团、场)级领导机关批准,持当地医院的转诊证明,可以到城市就医。严重病残失去劳动能力、而农村又无依靠的插队知识青年,父母或直系亲属要求将其迁回照料的,允许迁回城市落户,由安置县与动员城市的区协商,研究批准。

1973年底,各地根据中共江苏省委指示统一部署,集中打击了迫害知识青年和奸污女知识青年的犯罪活动。全省政法机关在1974年至1975年6月期间受理案件672起,其中奸污女知识青年案620起,迫害打击知识青年案46起,贪污盗窃经费物资案6起。1974年先后召开大、中、小型公判会161次,宣判罪犯283名。1974—1979年,全省发生迫害上山下乡知识青年案件共2 074起,至1979年末,处理1 523起,处理案件数占发案件数的73.4%。

1962年至1979年,中央共拨款3.129 5亿元,用于江苏省安置知识青年上山下乡,实际支出为2.695 8亿元。

二、集体场、点管理

1974年6月12日,《人民日报》向全国推广了湖南省株洲市厂社挂钩集体安置知识青年的经验。1974年7月,江苏省主管部门组织有关部门负责人,去株洲参观学习,统一认识,肯定株洲做法,旋即在省内抓点带面,效法试行。

1974年,中共金湖县委派干部和贫下中农带百余名知识青年到郊区陈家荒建立了独立核算的集体所有制农场,成为省内"干部带队,厂社挂钩,城乡配合,办知识青年场"的一个典型。这个农场的干部和知识青年自力更生、艰苦奋斗,垦荒造田180亩,兴建了金工、铸工、锻工、塑料、木工等五个车间和养猪、养禽场。经过四年创业,1978年粮食总产达20万斤,单产1 100多斤,人均生产粮食2 000斤,单、总产量均为1974年的五倍。工业产值达55万元。工、农、副业总产值60万元,相当于1974年的三十倍,全员劳动生产率7 000元以上,超过全县工业企业的平均水平,知识青年年平均收入达340元。从1976年以后农场即不用国家贷款,而且用积累的资金陆续购买了大型拖拉机、卡车,盖了80多间厂房、仓库、宿舍,并添置了电影放映机等文体用品。1979年又进县城建旅馆、饭店、锯木厂等。1979年,县委和省、地有关部门批准该场转为大集体性质的农工商联合企业,在场知识青年的就业问题就地得到解决。

1975年起,全省各地,尤其是无锡、苏州、常州掀起了建点办场热潮,把就近建点办场安置知识青年同开发郊区、调整城市工业布局、发展卫星城镇及建设农副产品基地等项工作紧密结合起来。

1975年,无锡市组织纺工、化工、轻工局和崇安、北塘区,分别与郊区公社挂钩,对口安置待业青年。随着下乡知识青年逐年增加,挂钩公社经济负担加重。1977年初,无锡市委、市政府决定利用位于太湖之中围造地——马围,建立农场,安置知识青年。马围有新造地1.5万亩,全市先后在此创建19个"五·七"农场及分场,安置了近9 000名知识青年。市委要求:"立足农业办工业,办好工业促农业,农工商全面发展。"建场三年,生产粮食1 545万斤,饲养生猪9 149头,家禽66 000只,1978年人均收入220元。1978、1979两年,由市计委牵头,各区局一批脱壳产品下放给马围办工业,规划分批建立27个厂。1979年,按照市委决定,把安置知识青年和规划发展马围卫星城镇结合起来,建立了13个大集体性质的农工商联合公司,作为发展生产、安置就业和为城市提供农副产品的基地。创办期间,享受"三不"(不缴税、不上缴利润、不负担农产品统购派购任务)优惠政策。已在场的知识青年就地转为公司职工,一般不能调到市区工厂部门工作,其工资标准与市区大集体相同,并另发给一定的交通费和补贴。务农的职工,采取固定工资加工分,工资收入允许"农高于工,工高于城",以安定思想,稳定队伍。

苏州市郊区地少人多,人均仅6分多地,农村三分之二收入是靠社队企业和劳务收入。1976年起,市内区、局、直属单位分别与郊区四个公社挂钩,建立了73个知识青年点,占地1 300多亩,建房95 000平方米(其中生产用房15 000平方米),共安置了13 000多名下乡知识青年。1979年,该市决定把安置下乡知识青年同调整城市工业布局、在郊区发展轻纺工业、建设郊区的工作结合起来,对知识青年点进行规划调整,实行转制,将73个知识青年点收缩为 64 个点,分别划归各产业局和直属厂管理,就地转为局或直属厂领导下的大集体所有制的知识青年工厂,专事生产国内市场和外贸出口所需的轻纺产品和其他短线产品。为了顺利实现这一转变,妥善处理各方关系,中共苏州市委根据有关政策作出具体规定:(1)使用土地与农村订立合同,规定厂里实现的利润同社队实行固定分成和超额分成(带有土地入股的性质)。固定分成支付给生产队,按照使用土地的数量、参照郊农以往土地营收情况和社员是否进"点"等具体条件,确定分成的数额。凡无社员进"点"的,每亩田每年分成 500 元(郊区多菜农,正常年景每亩收入 450 元左右);有社员进"点"的(每亩可进"点"一人),每亩田每年分成 250 元。工厂办得好,积累多的,提一定比例的超额分成支付给大队。建厂期间暂无偿还能力的按 50% 支付。有的知识青年点把原来生产的小商品主动交给大队生产,凡是社队生产的产品,在规划知识青年工厂生产方向时,都不挤、不争。(2)办厂资金除市里在集体基金和地方财政中挤借一部分作为无息贷款外,另从各局和主办厂专用基金中借用一部分解决。设备可以作价,分期归还,也可借用,产权不变,按规定支付折旧费。在调整归口过程中,因厂、点、队所有制不同,在经济处理上不得相互平调,均按作价处理,以办厂所得利润分期偿还。用电按办厂进度和实际用电量戴"帽"下达,核实用电。(3)政府对知识青年工厂在 1985 年前实行"三不"政策,即不缴税,不上缴利润,不负担农产品统购派购任务。(4)知识青年点批准为大集体所有制后,知识青年的户口转为城镇户口,承认为大集体所有制职工,不再办理病退、困退和顶替。其工资待遇,分配到技术工作岗位的,在考核定级前,下乡满两年以上的,享受学徒第二年待遇;满三年以上的,享受学徒最后一年待遇;满五年以上的,享受一级工待遇。分配为熟练工和繁重体力劳动的,其待遇按有关规定执行。

在苏州,实行知识青年点转制给城乡人民生产、生活带来了明显好处。仅 1978 年 8 月底首批批准的 42 个点中划归纺工系统的 16 个厂,每年即可增长纺工系统产值 3 000—4 800 万元,占全市纺工总产值 5%—8%。42 个点转厂后,除 4 064 人转为集体所有制职工外,另可扩大安置 7 436 人。点转厂后,四个郊区公社办点的生产队每年可得 65 万元固定利润分成作为使用土地的补偿,或可让 1 300 名社员进厂就业、每年另得 32.5 万元的固定利润分成,生产大队每年也可有一定比例的超额分成,下乡知识青年可以安定在厂就业。

1977 年,常州市把城市改组工业、调整工业布局同创办亦工亦农知识青年农场结合起来,一年中在市郊 9 个公社的 49 个大队创办了 48 个集体农场,共安置了 4 772 名知识青年。

江苏省从 1974 年至 1978 年末,累计在集体所有制知识青年场队安置知识青年 3.94 万人,占历年下乡知识青年总人数 86.12 万人的 4.58%。1978 年末江苏有集体所有制知识青年场队 241 个,在场知识青年 23 902 人,1979 年起,先后有 22 544 人就地转为集体所有制职工。

三、劳动和生活情况

　　据江苏省知识青年上山下乡办公室 1978 年统计年报，全省 1978 年末在乡的下乡知识青年共 440 147 人（占知识青年历年下乡总人数的 51.11%），其中在乡务农劳动的 303 104人，占 68.86%，从事其他工作的 137 043 人，占 31.14%。

　　1978 年末七个省辖市在乡的知识青年共 117 480 人，其中务农劳动的 93 045 人，占 79.2%；从事其他工作的 24 435 人，占 20.8%，这其中进县、社、队办集体企业单位的占 45.26%，做合同工、临时工的占 33.36%，从事民办教师、赤脚医生、保管员等工作的占 21.38%。

　　1978 年末七个地区在乡 268 077 人。务农劳动的 174 157 人，占 64.97%；从事其他工作的 93 920 人，占 35.03%，这其中进县、社、队办集体企业单位的占 58.18%，做合同工、临时工的占 12.71%，从事民办教师、赤脚医生、保管员等工作的占 29.11%。

　　江苏下乡知识青年献身农村建设事业做出优异成绩，被载入 1981 年 1 月国务院知识青年上山下乡办公室编《上山下乡知识青年先进人物选集——真实的故事》一书中的优秀人物有六位：从南京插队到江浦县城东公社联合大队第十生产队的孙彩红（被评为全国"三八"红旗手），从泰州市插队至高邮县城东公社高谢大队沿河生产队的杨正山（被评为省先进科技工作者），从响水县插队至该县黄圩公社顾庄大队的顾为东（被评为全国新长征突击手），从上海市回无锡市郊农村的王婉敏，从南京市到邗江县农村插队的陈家澍（被选为省五届人大代表），从无锡市回乡至郊区农村的徐锡祖（被选为省四届政协委员）。

　　1978 年末在乡的 440 147 名下乡知识青年，其中插场的 109 487 人，占 24.88%；插队（包括在知识青年集体场、队）的 330 660 人，占 75.12%。在插队知识青年中，下乡两年以上的 270 207 人，占 81.72%，未满两年的 60 453 人，占 18.28%。在下乡两年以上的插队知识青年中，全年实际收入在 150 元以上、生活自给的 107 756 人，占 39.88%；150 元以下、不能达到生活自给的 162 451 人，占 60.12%（其中全年实际收入 80—150 元，生活半自给的 87 321 人，占下乡两年以上知识青年 270 207 人的 32.32%，80 元以下，不能自给的 75 130 人，占下乡两年以上知识青年 270 207 人的 27.8%）。不能生活自给的 162 451 人中，在社队超支挂帐的 65 879 人，占 40.6%，超支挂帐金额 4 417 463 元，人均超支挂帐金额 67.05 元。

　　如计入插队未满两年、尚靠国家补贴生活的 60 453 人在内，插队知识青年生活自给人数所占比率为 32.59%，不能自给的占 67.41%。

　　1978 年末江苏在乡两年以上的插队知识青年共计 27 万人，其中分在七个省辖市郊县农村的 5.1 万人，占 19%；分在七个地区农村社队的 21.9 万人，占 81%。他们的收入和生活状况，因地区条件、安置方式（有的在知识青年集体场、队）不同和生产发展不平衡，存在着明显的差别。在七个省辖市郊县农村的知识青年都是就近安置,且有近3万人在集体场队,条件比较好,能够得到工业比较发达城市的较好支援,平均生活自给人数所占比率达62.23%,七个市的比率都高于全省平均比率,其中常州、徐州、苏州、无锡四个市分别达到百分之91.97%、89.22%、84.4%、84.11%。

七个地区条件较差,生活水平较低。知识青年生活自给人数的平均比率只占34.64%,但苏州地区农村经济比较发达,自给人数比率为52.12%。镇江、南通地区比率高于七个地区的平均比率,为39.48%、39.41%。最困难的是盐城和淮阴地区,插队知识青年生活自给人数分别只占18.39%、15.04%。

1973年起,经过统筹解决,下乡知识青年的生活有所改善,但1978年普查结果显示,江苏多数下乡知识青年温饱问题仍没有根本解决。

江苏省各地1978年末在乡两年以上插队知识青年生活自给状况比较表

地　　区	计量人数（人）	生活自给人数(%)	半自给人数(%)	不能自给人数(%)	挂帐人数（人）	挂帐金额（元）	人均挂帐金额（元）
七个省辖市合计	51 238	62.23	25.42	12.35	4 222	201 892	47.82
七个地区合计	218 924	34.64	33.93	31.43	61 657	4 215 571	68.37
南京市	25 938	46.7	33.47	19.83	3 898	170 815	43.82
苏州市	1 571	84.40	15.6	0	105	18 000	171.43
无锡市	10 239	84.11	13.36	2.53	20	3 100	155
常州市	3 735	91.97	5.76	2.27			
南通市	4 223	56.38	26.83	16.79	84	1 507	17.94
徐州市	2 615	89.22	10.7	0.08			
连云港市	2 962	57.93	37.58	4.49	115	8 470	73.65
淮阴地区	20 604	15.04	30.57	54.39	9 610	385 000	40.06
盐城地区	35 246	18.39	38.69	42.92	10 506	403 578	38.41
扬州地区	37 576	30.11	30.12	39.77	12 652	690 970	54.61
镇江地区	37 605	39.48	34.20	26.32	10 672	821 309	76.96
南通地区	23 741	39.41	35.74	24.85	6 823	579 343	84.91
徐州地区	5 038	30.53	35.45	34.02	988	79 871	80.84
苏州地区	59 114	52.12	32.06	15.82	10 406	1 255 500	120.65

注:据江苏省知识青年上山下乡办公室1978年统计年报资料。

1978年江苏省下乡知识青年在乡从业情况分项百分率表

地区单位	1978年末在乡人数	务农劳动 总人数	务农劳动 占在乡人数(%)	从事其他工作 总人数	从事其他工作 占在乡人数(%)	参加各级领导班子	民办教师	赤脚医生	拖拉机手	具体工作项目 合计	保管员	农技员	进县办集体企业单位	进社办集体企业单位	进队办集体企业单位	做合同工临时工	参加科研组 人数	参加科研组 (%)
全省总计	440 147	303 104	68.86	137 043	31.14	6.4	9.77	2.89	3.31	3.59	2.24	1.78	17.02	24.87	13.48	14.65	5 931	1.35
七个省辖市合计	117 480	93 045	79.2	24 435	20.8	4.63	3.99	1.76	3.47	3.69	3.22	0.62	3.89	24.46	16.91	33.36	236	0.2
七个地区合计	268 077	174 157	64.97	93 920	35.03	4.96	12.2	2.71	2.32	3.26	1.81	1.85	13.87	29.21	15.10	12.71	3 748	1.4
南京市	56 674	48 494	85.57	8 180	14.43	5.61	8.84	2.51	4.83	4.69	4.63	0.79	1.28	23.69	33.75	9.38	183	
苏州市	12 770	7 593	59.46	5 177	40.54	1.62	0.37	0.95	1.06	1.82	0.77	0.19	0.37	4.29	3.76	84.8	13	
无锡市	18 937	14 221	75.10	4 716	24.90	5.15	0.78	1.31	3.69	2.78	2.31	0.3	11.22	9.44	12.55	50.47	12	
常州市	9 442	5 455	57.77	3 987	42.23	0.12	0.67	0.7	0.2	1.1	0.9	0.2	7.43	80.42	8.06	0.2	0	
南通市	4 871	4 334	88.98	537	11.02	20.3	5.77	2.6	8.38	20.67	16.58	3.54	0	3.91	13.78	4.47	7	
徐州市	6 591	6 084	92.31	507	7.69	5.52	14.20	6.71	14.20	9.27	10.45	1.78	0	9.86	15.58	12.43	5	
连云港市	8 195	6 864	83.76	1 331	16.24	15.33	4.96	2.85	7.51	6.91	6.01	2.18	0	7.06	8.19	39	16	
淮阴地区	29 243	23 140	79.13	6 103	20.87	9.39	16.68	6.16	6.60	5.37	3.41	3.05	5.31	17.01	5.21	21.81	128	
盐城地区	40 490	27 364	67.58	13 126	32.42	6.05	15.01	3.09	2.83	2.47	1.49	1.85	13.17	23.14	13.47	17.43	504	
扬州地区	44 756	27 426	61.28	17 330	38.72	3.28	11.91	2.86	1.66	2.54	1.37	2.12	8.59	38.22	15.0	12.45	678	

地区单位	1978年末在乡人数	务农劳动 总人数	占在乡人数(%)	总人数	占在乡人数(%)	参加各级领导班子	民办教师	赤脚医生	拖拉机手	合计	保管员	农技员	进县办集体企业单位	进社办集体企业单位	进队办集体企业单位	做合同工临时工	参加科研组(所) 人数	(%)
镇江地区	44 968	32 933	73.24	12 035	26.76	3.44	11.28	2.73	2.42	3.48	1.41	1.24	10.20	34.66	15.70	13.44	140	
南通地区	28 579	18 725	65.52	9 854	34.48	13.87	6.87	2.64	2.31	5.57	3.52	3.65	11.23	22.64	15.94	11.76	1 231	
徐州地区	11 147	8 961	80.39	2 186	19.61	8.97	16.74	6.27	7.87	9.24	8.97	4.89	3.20	9.15	12.49	12.21	610	
苏州地区	68 894	35 608	51.69	33 286	48.31	2.24	12.05	1.62	1.29	2.40	1.04	0.96	21.26	30.45	17.33	9.36	457	
省农垦系统农场	51 221	32 540	63.53	18 681	36.47	15.96	5.1	5.27	8.03	5.12	3.08	2.98	50.05	3.57	0.84	0	1 947	
省五·七干校农场	61	54	88.52	7	11.48				42.86	28.57	28.57							3.8
省水利总队	3 308	3 308		0														

注:据江苏省知识青年上山下乡办公室 1978 年统计年报资料。

第三节 回 城 安 置
一、安 置 政 策

从1962年7月到1973年末,江苏下乡、回乡的知识青年共回城54 000人。其中被推荐招工32 551人,占60.28%;参军9 153人,占16.95%;升学2 689人,占4.98%;因病、困等原因,经批准收回城镇9 607人,占17.79%。

1974年至1978年末,江苏从下乡、回乡知识青年中招工189 500人;推荐参军18 988人;升学22 889人;照顾困难和病退回城94 431人;提任干部416人,共统筹回城326 224人。其中1978年通过以上各种渠道统筹回城139 800人,占42.85%。当年统筹回城的对象,主要是插队多年有实际困难的知识青年。到1978年末,全省在乡的知识青年还有440 147人。

中共十一届三中全会以后,随着知识青年上山下乡政策的调整,中共江苏省委和省人民政府决定,争取在二、三年或稍长一些时间内通过广开渠道,统筹安排,分期分批逐步安排由国家统一组织下乡插队的知识青年回城镇就业,使他们都有固定收入。

对于在办得好的独立核算的知识青年场、队劳动或工作的知识青年,由县知识青年主管部门报经地、市领导机关批准,可承认为集体所有制单位的职工并转为城镇户口。

在国营农场劳动或工作的知识青年,鼓励和支持他们为办好农场作出贡献。家庭和本人有特殊困难的,可以通过组织商调。农场劳动力有多余、其他单位需要并有增人指标的,由劳动部门按调工进行调剂,可以到全民所有制单位,也可以到集体所有制单位。

已提拔在公社以上机关脱产工作的插队知识青年,经过考察符合条件的,根据编制定员和工作需要,由组织人事部门批准给予定职定级。

在贯彻执行江苏省人民政府有关决定中,江苏省知识青年上山下乡办公室和江苏省劳动局对跨省、市、跨地区插队、已婚和病残知识青年的安排分别提出了意见和作了具体规定:与当地社员结婚的插队知识青年,由动员城市和安置地区共同负责,分别情况,尽量就近就地安排;与城镇职工结婚的,由职工所在城镇负责安排;不同城镇下乡插队知识青年间结婚的,可以一起回男方或女方的原动员城镇安排;外省市回乡或转迁来江苏插队、已同江苏知识青年、社员、职工结婚的,参照江苏省的相应规定办理,未婚的,原动员省、市不同意收回安置,本人又要求在江苏安排的,所在县市与对待本地知识青年一样,逐步妥善安置。由于上海市回乡、转插来已在江苏结婚的知识青年有2万余人,分布比较集中(500人以上的县有17个,1 000人以上的县5个),安排困难较大,因此,江苏省经与上海市商定,未婚和与上海人结婚的知识青年由上海市收回安置,与江苏人结婚的由江苏安排,上海市并提供455万元统筹经费,按照上海知识青年在江苏分布的情况,直接划拨给各地,其中苏州地区110万元,镇江、南通地区各90万元,盐城地区75万元,扬州地区70万元,南京市5万元,徐州、淮阴地区及武进县各5万元,作为安排上海市在江苏的已婚知识青年的补助费用。

此外,从江苏省城镇到外省农村插队的知识青年,除已由当地正式安排工作并已转为城镇户口的以外,本人要求回来的,由原动员城镇安排。在工作未安排落实前生活确有困难的,由原动员城镇给予适当补助。在江苏省内农村插队的本省城镇下乡知识青年,特别是插队多年的已婚知识青年,在工作未安排落实前生活有困难的,由所在地给予适当补助。

对病、残知识青年,也本着"国家关心、负责到底"的精神,根据不同情况,逐个妥善安置。一般采取四种办法:(1)对没有完全丧失工作条件的,通过和有关企事业单位协商,从知识青年经费结余中拨出一笔资金扶持企业发展生产,由企业单位负责安置适当工作,使其一方面有条件继续治病,同时能有一定经济收入维持生活;(2)目前需要治病无工作条件的,通过与其亲属协商带回家治病,生活、医疗费由知识青年主管部门负责,待病好后再考虑安置工作;(3)对丧失工作条件的,通过与其亲属协商,带回扶养,其生活费由知识青年主管部门给予一次性补助,以后完全由其亲属负责,或是由知识青年主管部门按月发给一定生活费,有的在知识青年主管部门工作结束时拨出一笔经费交民政部门,由民政部门继续负责;(4)丧失工作条件而又无亲属收养的,由知识青年主管部门拨出经费交民政部门收养。

1979年—1981年,江苏统筹回城的城镇上山下乡知识青年共 417 600 人(未包括上海市回收数),其中招工 188 911 人,升学 3 845 人,参军 4 443 人,转为集体所有制职工的 22 544 人,提任干部 685 人,病、困退回城 197 172 人,对这部分人,各地政府也本着"负责到底"的精神进行了妥善安置。

1981 年末在乡知识青年还有 3 200 人,其中,在生产队 1 300 人,在国营农场 1 900 人。

二、遗留问题的处理

1980 年 4 月,中共江苏省委决定,江苏省知识青年上山下乡办公室并入江苏省劳动局。1981 年 10 月底撤销建制。

1985 年 6 月 28 日,劳动人事部发出《关于解决原下乡知识青年插队期间工龄计算问题的通知》,规定凡在"文化大革命"期间由国家统一组织下乡插队的知识青年,在他们到城镇参加工作以后,其在农村参加劳动的时间,可以与参加工作后的时间合并计算为连续工龄。他们参加工作的时间,从下乡插队之日算起,返城后等待分配工作的时间,不计算工龄。已安排工作的原下乡插队知识青年,按通知精神计算工龄之后,对于他们与工龄有关的工资福利待遇的问题,过去的,不再找老账;今后的,按新计算的工龄对待,与同工龄的职工一视同仁。在 1962 年至"文化大革命"开始前,由国家统一组织下乡插队的知识青年,他们到城镇参加工作以后,在工龄计算上可以仿照上述办法办理。

1985 年 10 月 26 日,江苏省劳动局、人事局向各市人事局、劳动局和省级各单位转发了劳动人事部的上述通知,并提出了具体执行的补充意见:(1)知识青年下乡插队时间的计算,以户口迁入农村为准。户口在农村的时间,即为插队时间。插队期间从事临时工作(包括在社队企业、事业单位工作)的时间,按插队对待。1970 年至 1978 年插队期间上大、中专学校(1987 年 7 月 9 日苏人四〈87〉19 号通知解答包括技工学校)学习的,学习期间计算连续工龄。(2)"文化大革命"期间随父母下放农村的,参加工作的时间和连续工龄从年满 16 周岁参加劳动或初中、高中毕业参加劳动之日起计算。(3)插队知识青年工龄计算的审定,由县以上(含县)劳动、人事部门审批。

年　度	合　计	其　中		
		插　队	去集体场队	插　场
总　数	86.12	63.69	3.94	18.49
1962	1.16	0.9		0.26
1963	5.05	3.88		1.17
1964	3.21	2.28		0.93
1965	0.75	0.53		0.22
1966	0.97	0.69		0.28
1967	2.09	2.06		0.03
1968	17.04	16.82		0.22
1969	14.15	10.04		4.11
1970	8.24	5.88		2.36
1971	1.53	0.07		1.46
1972	1.12	0.58		0.54
1973	3.18	3.18		
1974	2.99	1.17	0.13	1.15
1975	7.62	4.40	0.96	2.26
1976	5.92	3.74	0.78	1.40
1977	8.74	5.43	1.45	1.86
1978	2.35	1.50	0.61	0.24
1979	0.01			0.01

1962—1981 年江苏省上山下乡知识青年调离农村人数统计表

年　度	调离人数(万)	在乡人数(万)	调离人数占在乡人数％
总数	79.78		
1962—1973	5.40		
1974	2.38	49.35	4.82
1975	6.63	55.17	12.02
1976	5.27	55.38	9.52
1977	4.36	59.42	7.34
1978	13.98	57.99	24.11
1979	34.33	43.61	78.72
1980	5.45	7.84	69.52
1981	1.98	2.30	86.09

注:江苏省上山下乡知识青年总数为 86.12 万人,调离人数为 79.78 万人,两者相差约 6 万人。这是由于从
　　外省市来江苏插队、后又回到原省市的知识青年人数以及国营农场中部分知识青年调动工作人数未统
　　计在内所形成的差额。

1962—1981年江苏省上山下乡知识青年调离农村人数分项百分比

年　度	调离人数（万）	分　项　％　比					
		招　生	征　兵	招　工	转为集体所有制单位职工	提　干	其　它
总　数	79.78	3.69	4.08	51.51	2.82	0.14	37.76
1962—1973	5.40	4.98	16.95	60.28			17.79
1974	2.38	21.6	7.21	5.05		0.5	65.64
1975	6.63	5.8	0.74	71.13		0.03	22.30
1976	5.27	1.23	5.71	74.7		0.27	18.09
1977	4.36	4.75	3.18	74.13		0.15	17.79
1978	13.98	8.0	8.86	49.66		0.05	33.43
1979	34.33	1.05	1.24	39.16	5.33	0.16	53.06
1980	5.45	0.44	0.32	76.34	4.79	0.25	17.86
1981	1.98		0.06	65.0	8.26		26.68

1973—1981年江苏各年末在乡知识青年人数

单位:万人

年　度	年末在乡知识青年人　数	其　　中			
		插　队	回　乡	在知识青年集体场队	在国营农　场
1973	46.36				
1974	46.97	36.77			10.20
1975	48.54	28.70	6.80	1.40	11.64
1976	50.10	28.12	7.31	2.52	12.15
1977	55.06	29.57	7.33	4.72	13.44
1978	44.01	25.74	4.63	2.69	10.95
1979	9.28	1.36	4.51	0.33	3.08
1980	2.39	1.75			0.64
1981	0.32	0.13			0.19

（第四章《城镇知识青年上山下乡》，第126—145页）

返城知青工资待遇

江苏省规定凡在农村插队两年以上不满五年的知识青年,招收到全民所有制企、事业单位工作后,不同工种的学徒年限、学徒期间的福利待遇和学徒期满后转正定级的工资水平,仍按现行规定不变。学徒期间的生活补贴暂作如下规定:学徒第一年发给学徒第二年的生活补贴费;学徒第二年发给学徒第三年的生活补贴费,学徒第三年和第四年转正后均发一级工工资;转正满一年后(即满四年后)评定工资级别。学徒期不足三年的,相应缩短学徒转正、定级时间。

在农村插队满五年以上的知青,考虑到插队时间较长,年龄一般较大的特点,招收到全民企、事业单位后,其生活待遇可不分工种,一律实行如下标准:第一年发给学徒第三年生活补贴,满一年后发给一级工工资,满三年后评定工资级别。分配担任熟练工的,熟练期间发给本单位学徒第三年生活补贴,满一年后发给一级工工资,满二年后评定工资级别。

1978年起,江苏执行国务院对下乡知青招工后工资待遇的统一规定:"分配到技术工作岗位的,在考核定级前,下乡满二年以上的享受学徒第二年的待遇;满三年以上的享受学徒最后一年的待遇;满五年的,享受一级工待遇。以前招收下乡知青,工资低于这一标准的,按此标准执行。上述新招职工在定级时,应当经过考核合格,不合格的延长时间,凡是领取一级工工资的,都应享受正式职工待遇。"

1978年江苏下乡知青招工后工资待遇表

下乡年限	第一年	第二年	第三年	第四年
满两年以上	第二年学徒生活费	最后一年学徒生活费	转正	考核合格者定级
满三年以上	最后一年学徒生活费	转正	考核合格者定级	
满五年以上	一级工	考核合格者定级		

国营农林场圃插场知青中农工顶替自然减员指标,招收到全民和县(区)以上集体单位工作后的工资待遇,江苏省各地执行不尽一致,为了全省各地执行一致起见,江苏省劳动局转发了南京市《关于自然减员顶替进厂的插场知青工资待遇问题的通知》,通知规定:从江苏省农场招收来的原在农场的工资待遇高于现行的徒工、练习生或插队知青生活费标准的,可以照顾按农工工资发给,低于现行标准的,按现行标准执行。

从外省、市农场招收来的,应按江苏省同期插场的农工、农机工同等级别的工资标准执行,不按调动工作增减地区差额的办法处理。

上述插场知青职工中,执行全国十一类工资区统一工资标准的(如行政、教育、卫生等工资标准),凡由高工资区招收来南京的,均按南京地区的工资标准执行。满一年后经考核定本岗位二级(包括相似二级)。对于1966年底以前插队知青招工进机关、企事业单位后的定级工资问题,由于与插场知青招工后的工资不一致,为解决这部分人的实际困难,减少矛盾,有利团结,江苏规定对这部分人招工进单位满一年后,表现好的可定为三级工,已定过级的经考核符合条件的也可以按上述水平定级。通过升级(包括这次升级的),现行工资已到达到三级或三级以上的,不再变动。

（第六章《工资》,第249—251页）

(1967年)9月8日,江苏省军管会发出《关于进一步动员逗留城镇的下乡支边的知识青

年和其他下放人员返回农村、边疆的通告》。 (《附录》,第 399 页)

（1968 年）12 月 22 日,《人民日报》发表毛泽东关于"知识青年到农村去,接受贫下中农再教育,很有必要"号召,江苏全省各地掀起了动员知识青年"上山下乡"的热潮。
(《附录》,第 399 页)

（1969 年）6 月 30 日,江苏省革命委员会组织慰问团,慰问全省上山下乡知识青年。
(《附录》,第 399 页)

（1975 年）3 月 5 日—12 日,江苏省上山下乡知识青年代表大会在南京召开。
(《附录》,第 401 页)

（1977 年）12 月,1975—1977 年动员城镇知识青年上山下乡 22.28 万人。
(《附录》,第 401 页)

《江苏省志·人事管理志》

江苏省地方志编纂委员会编,凤凰出版社 2007 年

1969 年 9 月,江苏省革命委员会人事局成立,人员编制 30 人,内设干部调配办公室、知识青年上山下乡办公室、复员退伍安置办公室。各办公室均派有军代表,直至 1974 年撤走。1971 年内部机构改为综合科、干部调配科、优抚科、知青办公室。1979 年,知青办公室划归省劳动局。 (第一章《管理机构》,第 13 页)

（1979 年）4 月,省人事局上山下乡办公室划归省劳动局。 (《附录》,第 251 页)

《江苏省志·侨务志》

江苏省地方志编纂委员会编,江苏人民出版社 2007 年

"文化大革命"期间,在广大知识青年被动员上山下乡插队落户和部分城镇居民被下放农村的运动中,江苏省一批归侨侨眷子女中的知识青年,及部分归侨学生和城镇居民中的归侨侨眷也被动员去农村落户。1974 年 9 月,省革命委员会转发省人事局《关于侨务工作情况和意见的报告》,要求各地对下放在农村的归侨和归侨学生中的有影响人士及其子女,或

者有其他特殊困难的,要予以照顾,并解决有关培养、使用和学习、生活等方面的问题。其后,有相当一部分下放在农村的归侨学生和归侨侨眷获得照顾和重新安置,陆续返回城市。据南京、苏州、常州 3 市统计,在 1969 年底至 1970 年初下放农村的 104 户归侨侨眷,截至 1978 年已有 49 户获得重新安置,返回城市;作为知识青年上山下乡去农村插队落户的 133 名归侨侨眷和港澳同胞眷属子女,已有 48 名调回城市安排工作,其中,无锡市去农村插队落户的 15 人,已全部调回城市重新安置。

20 世纪 80 年代初,随着上山下乡知识青年和下放农村的城镇居民普遍返回城镇,所有被下放在农村的归侨侨眷及其子女返回城市重新安置的问题,也随之获得优先解决。

(第三章《归侨侨眷权益保护》,第 198 页)

(1963 年)9 月,21 名归侨学生响应国家号召分赴苏北和江宁县农村,从事生产劳动和建设事业。

(《附录》,第 429 页)

《江苏省志·教育志》

江苏省地方志编纂委员会编,江苏古籍出版社 2000 年

1979 年,按照省招生办公室《关于 1979 年技工学校招生工作意见》,全省技工学校文化考试与中专、高中的招生统一考试;生源为城镇户口的高、初中毕业生、待业青年、上山下乡知青。

(第五章《中等职业教育》,第 400 页)

1977 年规定高校招生对象为工人、农民、上山下乡知识青年、复员军人、干部和应届高中毕业生,注意招收 1966、1967 年两届高中毕业生。考生年龄在 20 岁左右、不超过 25 岁、未婚;对实践经验比较丰富,并钻研有成绩或确有专长的,年龄可放宽到 30 岁,婚否不限。1979 年又规定,报考青年年龄一般不超过 25 岁;学习成绩优秀的青年,经过单位证明可放宽到 28 周岁,未婚。报考外语学院或外语专业的,一般不得超过 23 岁;报考师范学院外语专业的可放宽到 25 周岁。1977 年规定应考学生的条件是:(1)政治历史清楚,拥护中国共产党、热爱社会主义、热爱劳动、遵守革命纪律,决心为革命学习;(2)具有高中毕业或相当于高中毕业的文化水平;(3)身体健康。

(第七章《普通高等教育》,第 653 页)

1978 年冬,中共十一届三中全会以后,随着农村经济体制改革逐步深入,农林牧副渔、工商建运服各业蓬勃兴起,农业劳动力开始向非农业行业转移,农民迫切需要学习新的东西,江苏农村的乡镇成人教育中心校应运而生。……主要任务是:(1)根据当地经济和社会发展的需要,对青壮年农民,特别是对在乡知识青年广泛开展实用技术、经营管理

知识的培训,有计划地进行初级技术教育,有条件的地方可进行中级技术教育;……

(第九章《成人教育》,第855—856页)

1964年,创办了独立设置的江苏函授大学,由省教育厅、农林厅、团省委管理,校部设在省教育学院内,在县和农场设函授辅导站。当年招收学员3 500人,1965年招收7 500人。学员中90%为农村回乡高中毕业生。

(第九章《成人教育》,第883页)

(1968年)12月,毛泽东"知识青年到农村去"的指示发表后,上山下乡运动掀起高潮。全省城市初高中1963年、1964年、1965年入学的学生(被称为"老三届"),被动员去农村插队(场)落户,参加农业劳动。

(《附录·大事年表》,第1229页)

《江苏省志·文物志》

江苏省地方志编纂委员会编,江苏古籍出版社1998年

知识青年业务培训班

1977年4月,南京博物院在南京市郊及郊县下乡插队知识青年中招收了一批工作人员,进行博物馆业务培训,参加人员共16名。培训时间自1977年5月,至12月底,共8个月,共开设中国通史、中国考古学、博物馆业务常识及古代汉语4门课程,由业务部门的专家担任教师,分段系统讲授,并结合学习内容组织参观。学习结束后,进行为期3个月的田野考古发掘实习,先后到句容浮山果园和高淳顾陇、永宁发掘春秋时期的土墩墓,发掘结束,又进行室内整理和编写报告的训练。

(第六章《机构与队伍》,第563页)

《江苏省志·卫生志》

江苏省地方志编纂委员会编,江苏古籍出版社1999年

1965—1966年在南京、南通、无锡等10个城市共14个单位开办半工半读卫生学校(班),学制三年,实行教学与医院劳动相结合,每年教学六个月,医院劳动五个月(含工农业生产劳动一个月),学生入学后,第一年由国家发给助学金,第二年以后逐步结合临床,由医院发给生活费,当年共招生330人。这批学生毕业时正逢"上山下乡"运动,部分毕业生在所在医院安排工作,部分作为知青到农村插队落户,"文革"后期逐步被安排到医疗卫生单位工作。

(第十二章《医学教育》,第733页)

1964年,根据省人民委员会批转省卫生厅、教育厅《关于中等医药学校向农村人民公社

招生问题的报告》,由南京助产学校、盐城卫校、扬州卫校招收 280 名学生,分医士和助产医士两专业(后均改为中级农村医士专业)。采取公社推荐和学校录取相结合的办法选送学生,招收经过劳动锻炼一年以上具有初中毕业文化程度的知识青年。学生入学后享受人民助学金,由国家供应商品粮,毕业后实行"社来社去"回原公社安排工作或参加劳动。1965 年继续在南京、徐州等七所中等卫校招收实行"社来社去"的中级农村医生班,共招收 700 人。1976 年再次招收了学制一年半"社来社去"医士班学生,后因毕业分配、工作安排困难等方面的问题而停招。

(第十二章《医学教育》,第 733 页)

《江苏省志简编》

江苏省地方志编纂委员会编,江苏人民出版社 2011 年

(1964 年)10 月 15 日,自毛泽东主席发出知识青年"上山下乡"的号召以来,全省已有 18 400 多名城镇知识青年"上山下乡",奔赴农业生产第一线。 (《大事记》,第 27 页)

(1968 年)12 月 22 日,《人民日报》发表毛泽东主席关于"知识青年到农村去,接受贫下中农的再教育,很有必要"的号召,江苏省各级革命委员会随即在全国各地掀起了动员知识青年"上山下乡"的热潮。"文化大革命"开始以来,全省城市在校初、高中 1966 年、1967 年、1968 年毕业的应届学生,被动员去农村插队(场)落户。 (《大事记》,第 28—29 页)

1967 年 9 月,江苏省军管会发出《关于进一步动员逗留城镇的下乡、支边的知识青年和其他下放人员返回农村、边疆的通告》。

1968 年 12 月,江苏省革命委员会发出关于动员和安置知识青年与长期脱离劳动的城镇居民下乡落户的指示。

1969 年……11 月,江苏省革命委员会向全省发出《关于动员干部下放、知识青年和城镇居民上山下乡的通知》。

(第二篇第十三章《政府法制》,第 213 页)

1969 年 9 月,江苏省革命委员会人事局成立。人员编制 30 人,内设干部调配办公室、知识青年上山下乡办公室、复员退伍安置办公室。各办公室均派有军代表,直至 1974 年撤走。1971 年内部机构改为综合科、干部调配科、优抚科、知青办公室。

(第二篇第十五章《人事管理》,第 221 页)

新中国建立后,经济建设支出是江苏财政支出中的重要部分。从 1950—1990 年支出累计达 411 亿元,占财政总支出的 44%。在经济建设支出中,基本建设投资为大宗,41 年累计

支出达 171.7 亿元,占经济建设支出的 41.78%;其次是支援农村生产支出及农、林、水、气象事业费拨款,累计支出 89.33 亿元,占经济建设支出的 21.73%;其余为专项资金拨款 45.2 亿元,占 11%;城市建设维护费 52.10 亿元,占 12.67%;企业流动资金拨款 21.5 亿元,占 5.23%;工交商事业费 11.1 亿元,占 2.70%;城镇青年下乡和就业经费 4.7 亿元,占 1.14%,其他经济建设事业费 15.45 亿元,占 3.75%。

1950—1990 年江苏省经济建设支出统计表　　　　　单位:万元

年份	合计	基本建设投资	企业流动资金拨款	企业专项资金拨款	支援农村生产支出	农林水气象等部门事业费	工业交通商业等部门事业费	城市维护费	城镇青年下乡和就业经费	其他
......										
1964	30 526	14 388	753	4 364	3 222	5 303	146	656	1 495	199
1965	39 653	17 613	5 292	5 965	2 801	5 219	196	878	1 019	670
1966	44 781	19 386	8 222	6 547	4 068	3 973	726	1 063	584	212
1967	37 668	20 542	2 025	3 919	5 187	3 768	996	957	226	48
1968	26 509	14 634	354	2 165	1 831	3 347	826	1 175	2 128	49
1969	49 024	31 989	2 157	2 998	2 049	2 838	864	1 368	4 668	93
1970	72 352	45 218	7 175	4 289	2 760	3 762	947	2 140	5 336	725
1971	78 974	48 638	4 277	9 779	3 916	4 639	845	2 183	1 188	3 509
1972	95 722	63 302	5 857	8 146	5 615	4 804	980	2 339	352	4 327
1973	105 900	60 663	11 776	7 784	7 241	7 350	1 289	2 606	1 938	5 253
1974	115 298	68 039	10 861	7 739	10 235	7 095	1 460	2 535	2 159	5 175
1975	111 188	59 865	10 931	7 910	9 782	9 530	1 723	2 916	3 348	5 183
1976	118 859	60 456	15 030	8 750	12 822	8 559	1 914	2 898	3 083	5 347
1977	126 042	63 053	15 798	9 521	12 414	10 734	2 017	2 987	3 920	5 598
1978	196 604	92 628	18 714	28 715	29 430	12 073	2 529	3 875	2 096	6 544
1979	220 904	115 084	18 114	24 927	31 317	12 542	3 321	6 528	1 876	7 195
1980	180 029	86 658	16 661	28 394	19 861	16 124	3 496	6 729	1 913	193
1981	116 708	32 922	4 893	24 615	17 897	15 746	3 568	14 820	2 086	161
1982	109 472	32 928	6 386	15 748	17 213	17 285	4 009	14 586	1 157	160
1983	154 720	53 288	3 638	24 113	20 314	21 772	4 894	24 961	1 565	175
1984	184 336	61 933	10	34 253	26 114	23 280	5 775	31 320	1 471	180
1985	190 556	72 181	355	24 875	20 413	20 056	6 733	45 096	667	180
1986	220 542	69 791	60	30 557	24 598	24 763	8 647	61 179	737	210
1987	200 464	59 121		24 917	25 762	24 762	7 371	57 664	678	189

年份	合计	基本建设投资	企业流动资金拨款	企业专项资金拨款	支援农村生产支出	农林水气象等部门事业费	工业交通商业等部门事业费	城市维护费	城镇青年下乡和就业经费	其他
1988	254 213	53 516	150	33 911	35 931	26 435	9 640	66 331	370	27 929
1989	275 869	52 515		28 500	51 124	26 702	11 564	77 847	484	27 133
1990	293 813	57 008		32 392	54 724	29 794	13 344	78 293	518	27 740

注：从1984年起环境保护和水资源资金作城市维护费组成部分，包括在城市维护费中。1988年起其他专款包括下放港口以港养港、新增粮食调拨经营费收入安排专项支出，电力建设资金专项支出和1990年起的教育费附加支出都合并在本表"其他"中。

（第三篇第四十四章《财政》，第549—551页）

江苏当代人口迁移变动包括省际人口迁移和省内人口迁移两个部分。

（一）1949年10月以后，江苏省际人口迁移可分为两个阶段，前期迁出大于迁进，后期迁进大于迁出。(1)1949—1972年为第一阶段，累计迁出超过迁入约250万人。其中比较重要的人口迁出：……⑥ 1963—1969年，共有2.3万知识青年到新疆、陕北和内蒙等地插队落户。

……

（二）江苏人口的省内迁移具体表现为城市人口向农村迁移、农村人口向城市迁移。……城市人口大规模地向农村迁移共有三次：……三是"文化大革命"期间的知识青年上山下乡和职工下放，近100万人。

（第五篇第二章《人口》，第771页）

《江苏省工会志》

江苏省工运史志编纂委员会编，江苏古籍出版社1994年

（1969年）10月10日，苏州市革命委员会召开"干部下放、知识青年和城市居民上山下乡的动员大会"。此后，苏州市总工会机关和工人文化宫60%以上干部举家下放苏北农村。

（《大事记》，第63页）

《南京市志·总述、大事专记、地理、人口、环保》

南京市地方志编纂委员会编，方志出版社2009年

知识青年上山下乡，"文化大革命"前规模不大。1957年701人，1962年到1966年1.46万人，合计1.53万人。南京在"文化大革命"中的知青上山下乡经历有1968年至1970年和1975年至1977年的两次高潮，总人数达14.7万多人，主要对象是1966年至1968年"老三

届"的初高中毕业生。下放地区以苏北淮阴、扬州为主,部分到近郊农村、农场,还有的去内蒙古伊克昭盟和苏北军垦农场。 (《大事专记》,第 153 页)

1967 年至 1976 年的 10 年间,有 4 年为净迁移减少,6 年为净迁移增加,实际净迁移减少为 63 106 人。主要是由于"文化大革命",大量知识青年上山下乡和职工下放,城市人口外迁较多。 (《地理 人口 环保》第四卷第二章《人口变动》,第 449—450 页)

《南京市志·农业、水利》
南京市地方志编纂委员会编,方志出版社 2010 年

1960 年至 1963 年,南京市精简城镇人口,其中下放到农场的干部、工人有 4 900 人;知识青年上山下乡,到农场的插场知识青年有 8 000 人。"文化大革命"期间,又增加插场知识青年 2 500 人。1978 年后,知识青年大批返城,农场职工人数下降到 13 681 人。

(第五十二卷第三章《政企管理》,第 402 页)

《南京简志》
南京市地方志编纂委员会办公室编纂,江苏古籍出版社 1986 年

(1968 年)12 月 28 日,全市万余名知识青年被分到农村插队,"接受贫下中农再教育。"

(第二十六篇《大事记》,第 939 页)

《南京政党志》
许青、董体全主编,河海大学出版社 1997 年

1977 年 10 月,成立市总工会、市计划委会员、市人事局、市民政局、市劳动局、市知识青年上山下乡办公室……

(《概述》,第 71 页)

《南京人口志》
南京市地方志编纂委员会编,学林出版社 2001 年

1967 年至 1976 年,人口净迁移再次减少,10 年间有 4 年为净迁移减少,6 年为净迁移

增加,实际净迁移减少为 61 106 人。主要是由于"文化大革命",大量知识青年上山下乡和职工下放,城市人口外迁得较多。这期间,南京市净迁移人口变动较大,1969 年和 1970 年净迁移减少人口分别为 9.84 万和 8.76 万,1973 年净迁移人口增加了 13.39 万,1974 年又减少了 8.20 万。主要是后期落实政策,下放的知识青年和职工又大量返回城市。

(第四章《人口变动》,第 176 页)

(1968 年)7 月,全市 5 万余名知识青年上山下乡,到农村插队,"接受贫下中农再教育。"

12 月,1.2 万余名知识青年赴镇江、扬州、六合、淮阴专署的 25 个县和江心洲、大沙河、东辛、黄海、云台等农场及内蒙古自治区插队、插场。

(1969 年)11 月,全市有 13.6 万名干部、知识青年和城镇居民到农村落户。

(《大事记》,第 758 页)

《南京人事志》

南京市地方志编纂委员会、南京人事志编纂委员会编,方志出版社 1997 年

1974 年 8 月,市革命委员会决定将南京市革命委员会上山下乡办公室划分为南京市革命委员会知识青年上山下乡办公室和南京市革命委员会下放人员工作办公室,由市革命委员会直接领导。

(第二章《人事管理机构》,第 31 页)

1969 年 12 月至 1975 年 12 月,南京市革命委员会人事局承担了原市人民委员会人事局、劳动局、民政局的工作,职责范围有所扩大,除负有前期人事局的基本职能外,还负责西藏内返干部、复员退伍军人的安置工作,负责劳动力的招收、知识青年上山下乡及民政优抚工作。

1974 年和 1975 年,市劳动、民政部门先后设立,知识青年上山下乡工作和劳动招收工作划归劳动部门、优抚工作和复员退伍军人安置工作划归民政部门。

(第二章《人事管理机构》,第 33 页)

《南京劳动志》

江苏省南京市劳动志编纂委员会编,方志出版社 1999 年

1966 年开始的"文化大革命"期间,市、区、县劳动部门停止工作,干部到"五·七干校"参加劳动。劳动工作由军管会和革命委员会生产指挥组、计委综合组兼管。这一时期全市劳动工作主要是动员组织城镇知识青年上山下乡、插队插场和干部、城镇居民下放农村落

户。先后动员知识青年上山下乡插队插场18万多人,干部和城镇居民下放3.3万多户、13.6万人,其中干部7 026人。城镇企业确因生产发展需要增加职工,则从插队插场二年以上的知识青年中招用。到1978年,先后通过招工、招生、参军或病退、困退等渠道,有11万下乡知青离开了农村。剩下的7万多人于1979年根据中共中央和江苏省委的指示,按照本人自愿,可在当地县、社企事业单位安排工作,也可以收回南京安排工作的精神,除同当地农民结婚就地安置的之外,基本上都收回南京进行了安置。下放的干部和城镇居民,也于1979年有计划、有步骤地收回南京进行了安置。 (《概述》,第6—7页)

1979年市劳动局在接受上山下乡知识青年和城镇居民回城安置工作中,开始执行"在国家统筹规划指导下,劳动部门介绍就业,自愿组织起来就业和自谋职业相结合"的就业方针。 (《概述》,第7页)

为广开就业门路,1962年市委、市政府按照统筹安排,城乡并举的精神,决定拨出贷款70万元,继续组织以工代赈,大力发展街道生产和社会劳动服务事业,充实商业网点,以及上山下乡插场插队等来解决城镇就业问题,各个城区都办起了街道生产组和劳动服务队。 (第一章《就业与失业》,第62页)

1960—1965年全市安置就业人数统计　　　　单位:人

年　份	安置就业人数	去			向				
		全民企业招工	集体企业招工	组织街道生产	下乡插场插队	支援边疆建设	服兵役	从事临时工	其　他
1960	32 908	32 908							
1961	15 641	15 641							
1962	29 200	10 959							
1963	9 297	470	565	581	3 568			3 500	292
1964	30 900	7 779	6 100	3 000	6 300	143	12	4 500	2 535
1965	36 000	9 603	7 985	9 000	331	3 702	545	6 000	
合计	153 946								

注:60、61、62年全民企业招工人数中包括安置大中专毕业生13 026人,复员退伍军人7 291人。

(第一章《就业与失业》,第66页)

在这期间(1966—1977年)劳动就业工作,除部分企事业安置复员退伍军人,大中专毕业生和招用少量的新成长劳动力外,主要是上山下乡,插队插场。一般的社会闲散劳动力(失业人员)也按照"我们也有两只手,不在城里吃闲饭"的口号,纷纷下乡落户。城镇高、初中毕业学生是"四个面向"即到农村去、到边疆去、到工矿去、到基层去参加"三大革命运动"。1968 年市革委会就把 1966、1967、1968 三届高、初中毕业生（"老三届"）基本上都动员下了农村插队插场。先后共下了 85 778 人（1969 年 6 月统计数），城镇闲散劳动力下了 95 076 人（包括未成年人）。

1970 年南京市革命委员会为适应战备和国民经济发展的需要，经江苏省革命委员会批准决定从 1969、1970、1971 三届的高初中毕业生（"新三届"）、复员退伍军人以及下乡插队插场二年以上的知识青年中招工。1970 年到 1971 年 6 月，全市各企事业单位就招收 104 844 人就业，其中从插队插场二年以上的知识青年中招收 1 435 人，江苏七个专区的退伍兵中招收 5 404 人。从此就形成了城镇新成长的劳动力（高初中学生）除按政策留城分配的以外，一面下乡插队插场，一面从插队插场二年以上的知识青年中招工的格局。

（第一章《就业与失业》，第 66—67 页）

1978 年末，全市有留城待分配的失业、求职人员 4.5 万多人。1979 年，上山下乡的知识青年和城镇居民要返回城市重新就业，城镇就业压力很大。据统计，全市上山下乡的知青有 18 万人，在 1978 年之前，通过招工、招生、招兵、病退、困退等回来 11 万人，需要继续回来的有 7 万人，其中插队 5 万人，插场 2 万人；下放的城镇居民有 33 249 户，136 489 人，在 1978 年以前回来了 4 858 户，32 000 多人，需继续回来的 28 400 户，104 500 人；加上往年按政策留城安排的学生和社会闲散劳动力还有 4.5 万人，当年及今后每年新成长的劳动力还有 3—4 万人。面临需要就业的人数达 25 万左右。在短时期内要解决这么多人就业，按原来"统包统配"的方针政策，不但政府包不了，而且企业没有选择职工的自主权，劳动者也没有选择职业的自由权，显然不能适应社会经济发展和劳动者就业的要求了。

南京市人民政府根据 1979 年 1 月，中央提出的："要广开就业门路，各地要多办些集体所有制的农、林、牧、副、渔业、手工业、商业服务业、劳动服务公司、城市公用事业等"。1980 年 8 月提出的"在国家统筹规划指导下，实行劳动部门介绍就业，自愿组织起来就业和自谋职业相结合"的新的就业方针（简称"三结合"就业方针），改变以往"统包统配"办法，决定除各系统下放回城的人员由各系统设法安置外，其他人员在做好全民企业和县、区以上集体企业（当时称大集体）招工工作的同时，积极开拓组织起来就业和自谋职业的道路，大力发展小集体企业和劳动就业服务企业（当时叫劳动服务站、公司）为生产服务，为人民生活服务。

（第一章《就业与失业》，第 67—68 页）

1964 年，国民经济开始恢复，中央要求进一步加强计划管理，巩固精简成果，严格执行计划招工。而是年本市招工工作是紧接着前 3 年精简职工 19 万，减回农村支援农业 7 万，组织知识青年插队插场 6 000 多人的基础上进行的，干部群众都缺乏思想准备而在企业已刮起一阵增人之风。江苏省计委和劳动局下给南京地区的招工计划仅 8 922 人，其中有为国家代培的学徒1 450人,为省属单位代培25人,支援新疆150人。市政府为了做好这次招工工作,既不超计划招收,又要使群众满意,除加强领导过细工作外,在调查研究的基础上制定了"六个优先"、"四个不招"的具体政策。……"四个不招"是:……(四)在动员下乡插队插场运动中、动员不去、影响较大的人员不招,但经过教育可以把他们输送到新疆、西藏地区去。……

1966年开始"文化大革命"。劳动计划管理处于无政府状态,企业生产不正常,职工人数除接受安置复员退伍军人和统一分配的大中专毕业学生之外,基本上不向社会招工。城镇新成长的劳动力,上山下乡插队插场。

1970年2月起,为适应国家工业发展的需要,江苏省革委会决定批准一些重点企业招收劳动力。到1972年底先后下达全市招工计划为64 307人;接收大中专和技工学校毕业生5 949人;招用国营农场安置的知青2 300人,集体上升全民2 627人,共75 183人。实际招收达124 600多人,超计划招收49 417人,1972年末职工人数达到49.27万人。超计划招收主要是工业部门占72.3%。　　　　　　　(第二章《劳动力管理》,第102—103页)

1966年开始的"文化大革命"中,职工基本上没有调整工资。此间有近18万知识青年上山下乡,生活要靠家庭接济,加重了家庭负担,生活水平有不同程度下降。中共十一届三中全会后,随着经济发展,一方面继续扩大就业,另一方面不断增加工资和津贴补贴,收入激增,生活水平持续改善。　　　　　(第七章《工资水平与生活水平》,第465页)

玄武区劳动机构名称和历届负责人名单①

成立时间	机构名称	局(科)长	任职起讫时间	副局(科)长	任职起讫时间
1973.12	上山下乡办公室	郑凤翔	1973.12—1974.11	姚应坤	1974.1—1976.10
		朱鼎川	1975.8—1976.10	陈仲调	1974.11—1976.10
				汪兰昌(女)	1974.11—1976.10

(第十五章《劳动管理机构》,第720页)

江浦县劳动机构名称和历届负责人名单②

成立时间	机构名称	局(科)长	任职起讫时间
1969.1	上山下乡安置办	卢传声	1969.1—1974.3

(第十五章《劳动管理机构》,第727页)

---

①② 本表内容为节选。——编者注

南京市人民政府知识青年上山下乡办公室 南京市人民政府知识青年上山下乡办公室（简称:知青办）,于 1974 年 10 月经原南京市革命委员会批准成立。前身为市上山下乡办公室,1967 年 4 月成立,隶属南京市军管会领导。1968 年 4 月,南京市革命委员会成立,属市革委会政工组,后改为政治部领导。1970 年 6 月,划归市人事局领导。

南京市委根据中共中央中发(73)第 30 号文件和省委指示精神,于 1973 年 11 月 1 日,成立南京市知识青年上山下乡领导小组。有 9 人组成。组长:张启,副组长:钟世勤、张海萍、刘济川。下设办公室。主任:林振方。同年 11 月人员进行调整,由徐彬、罗小平、刘兰堂、刘宗铨、李元庆、赵碧珍、沈培根、马忠发、凌文训、丁发祥等 10 人组成。组长:徐彬,副组长:李元庆。

知青办公室负责人变更情况。裴茂连:于 1975 年 2 月调回部队。贾志彬:于 1980 年 5 月调市统计局。潘国荣:于 1977 年 10 月调雨花区板桥公社。李元庆:于 1980 年调建邺区。黄桂芝:于 1980 年调栖霞区玄武湖公社。朱浣:于 1977 年 8 月调浙江工作。陈凯直至办公室工作结束。

（第十五章《劳动管理机构》,第 732 页）

知识青年上山下乡

城市知识青年上山下乡,在新中国的历史上持续了二十多年,曾经是一个牵动亿万人心、影响很大的社会问题。南京的知识青年上山下乡自 50 年代就已开始,1958 年 8 月 20 日,全市曾召开 15 000 人大会,欢送 221 名中小学毕业生下乡务农,但当时上山下乡的规模总的来说不大。60 年代上半期插队、插场和支边的知识青年逐渐增多,1968～1970 年、1975—1977 年形成两次高潮。

"文化大革命"前的知识青年上山下乡

50 年代中期,城镇日益增多的高小和初中毕业生不能升学、就业,而农村发展农业生产和农业合作化运动需要大批有文化的青年。到 50 年代末期国家又处在精减职工、压缩城镇人口中,于是动员城镇中小学毕业生回乡、下乡参加农业生产劳动便应运而生。1955 年 8 月 11 日,《人民日报》发表了《必须做好动员组织中、小学毕业生从事生产劳动工作》的社论,在倡导知识青年回乡生产的同时,首次提出动员城镇中、小学毕业生到农村参加农业生产。同年 8 月,中国新民主主义青年团中央书记处会议根据中央的精神,借鉴苏联的经验,决定在全国范围内开展"向荒山、荒地、荒滩进军"的活动,有重点地组织青年志愿垦荒队。

1957 年 7 月 22 日,国家劳动部、高等教育部联合发出的通知指出,由于机关、企业停止招收工作人员,各高等学校因学业成绩不及格或其他原因退学的学生,家在农村或有条件回农村的,可以动员他们回去参加农业生产。

根据中央精神和省委指示,1957 年,南京市前后三批共有 701 名城市中小学毕业生响应国家号召,下乡落户参加农业生产。1958 年 2 月 25 日至 3 月 1 日,江苏省人民委员会在南京召开了第一次江苏省参加农业生产的中小学毕业生代表会议,到会代表 475 名,列席代

表71名。"大跃进"开始后,农民大量涌进城市,进入职工队伍,一时说成"中国消灭了失业现象",城镇知识青年上山下乡以已无需要而告停止。

"大跃进"后,国家连续出现了三年的严重经济困难,大量精简职工,知识青年上山下乡再次受到重视。1962年调整国民经济大办农业中,党中央决定,从1962年起,在全国范围内有计划有组织地动员城镇知识青年上山下乡。1962年下半年,根据中共江苏省委《关于国营农、林、牧、渔场安置大中城市精简职工和青年学生的报告》,南京市组织应届和往届毕业后未能升学和就业、年满18周岁有独立生活能力的青年学生到国营农场插场,先后共有3 481名中、小学毕业生到苏北的东辛、云台、洪泽湖等农场和泗洪林场参加劳动。去农场学生所需的集体生活用具,按省委批示由迁出地区调拨解决。

当年,全市另有2 500名青年学生响应政府关于减少城镇人口加强农业战线的号召,回乡或到人民公社生产队落户。

1963年6月,中央安置领导小组召开的六大行政区城市精简职工和青年学生安置工作领导小组长会议确定,今后安置城市青年学生下乡参加农业生产的主要方向是插入人民公社生产队(简称插队),其次是插入国营农、牧、林、渔场(简称插场)。安置对象主要是大中城市不能升学和就业的初、高中毕业生。只要能独立生活,年龄可由18周岁放宽到16周岁。县城里不能升学的学生也可以适当安置一些去本县农村。会议要求各大行政区,各省、市、自治区编制十五年安置规划。当年三、四季度,南京市根据中共江苏省委批转的省教育厅党组、共青团江苏省委《关于做好不能升学的高、初中毕业生安置工作的报告》,先后动员了5 838名知识青年到国营农、林、牧、渔场插场,组织了778户2 700多个居民到人民公社插队。

1964年初,中共中央、国务院发出《关于动员组织城市知识青年参加农村社会主义建设的决定》(草案),提出安置城市无业人员的主要方向是上山下乡,上山下乡的主要办法是到人民公社插队。动员的主要对象是:未能升学就业的应届初、高中毕业生和社会青年,兼顾社会闲散劳动力(指未有正式职业的青年劳力)。南京市委根据《决定(草案)》精神,以试办插队为重点,规定动员下乡的知识青年必须具备三个条件:1.年龄在17足岁以上28足岁以下,身体健康,能够长期参加农业生产劳动;2.社会青年应具有初中或高小文化水平;3.自愿下乡参加农业生产劳动。还规定,无固定职业居民下乡插队,包括以工代赈、街道生产组织和集体所有制单位生产上离得开的人员,必须具备以下两个条件:1.劳动力与赡养人口的比例,一般以1:1为宜,要能够通过劳动养活全家;2.政治审查清楚,适宜在农村安置。到12月初,全市共组织了4 655名应届高初中毕业生和社会青年,按照"三五成群,集中安置"的原则,编成839个小组,到江宁、宝应、东台、盱眙、浦口等12个县区的农村人民公社生产队成组地插队落户,参加农业生产。在这同时,还组织了1 474名知识青年到新浦、云台、南通等国营农林场插场,组织了57户172名无固定职业居民到农村插队。该年,全市下乡插队插场的人员合计为6 311人,开始形成插队与插场两种形式并举的格局。

在1964年下乡的知识青年中,有一批高中毕业生,学习全国青年标兵、盐城回乡青年董加耕立志返乡务农的精神,冲破轻农的世俗观念,不留恋城市优越生活,放弃报考大学的机会,响应党和国家关于知识青年到农村去的号召,投身农村建设事业,影响带动了成批中学毕业生上山下乡。当时从南京市到盱眙县马坝公社九里荒垦荒创业的有方玉、吕惠珍等七十二人,在知识青年集体农场和生产队取得了卓著成绩,被社会赞誉为新时代的"七十二贤",多次受到南京市及江苏省党和政府的表彰,是南京知识青年上山下乡中的一个先进典型。1966 年 7 月 24 日,"七十二贤"中二十二岁的女知识青年吕慧珍在岸边放鹅,为抢救在河里游泳发生危险的方衍华英勇牺牲,被时人称颂为在毛泽东思想哺育下成长的雷锋、王杰式的革命烈士。

南京市知识青年上山下乡从 1962 年起到 1966 年止,共 1.46 余万人,其中到本省农场插场 10 200 余人、插队 4 600 人。此外,1965—1966 年还根据国家支援边疆建设计划,安置 6 700 余人去新疆维吾尔自治区生产建设兵团。

1966 年 6 月,"文化大革命"开始,大批下乡知识青年卷进了串连、"造反"的浪潮,陆续自行返回城镇,上山下乡停顿下来。1967 年 4 月,南京市军管会成立南京市上山下乡办公室,负责动员逗留城市的支边青年(新疆的)、插队和插场青年返回其工作单位"抓革命、促生产"。

南京市 60 年代上半期知识青年插场、插队情况见表专-14。

南京市 1965 年参加新疆农业建设知识青年流向统计见表专-15。

表专-14　60 年代上半期知识青年插场、插队情况

单位:人

年份	1963	1964		1965		1966
人数	8 000	1 800	4 600	400	3 700	3 000
去向	插场	插场	插队	插场	支边	支边

"文化大革命"中的知识青年上山下乡

"文化大革命"中南京市知识青年上山下乡出现过两次高潮,第一次是 1968—1970 年;第二次是 1975—1977 年。其中以 1968—1970 年最为突出。

"文化大革命"开始不久,社会正常秩序遭到严重破坏,整个国民经济处于衰退状态。全市 1966 年至 1968 连续三届(俗称"老三届")初、高中毕业生因工厂停止招工、学校停止招生而积压在城里无事可做,成了严重的社会问题,所以把出路寄希望于到农村去。

1968 年 6 月,江苏省革命委员会《贯彻中共中央、国务院、中央军委、中央文革四月四日转发黑龙江省革命委员会"关于大专院校毕业生分配工作报告"的指示的初步方案》规定,该年城市高、初中毕业生分配实行"四个面向",即面向农村、面向边疆、面向基层、面向工矿的方针,首先安排下乡上山。在具体安排时,凡家住农村的毕业生,一律回家庭所在生产队参加集体生产劳动。在家住城市的毕业生中,原籍在农村,而且有亲属在农村的,尽可能到那些地方去安家落户;原籍在城市的,统一组织下乡上山和适当安排到边疆、工矿、基层去。

表专-15 1965年南京市参加新疆农业建设知识青年流向统计

1965.9.

单位:人

区	合计	南疆 小计	阿克苏专区 小计	阿瓦提	库车	温宿	喀什专区 小计	喀什	麦盖提	疏勒	和田专区	北疆 小计	伊犁专区 小计	多浪	巩乃斯	拖拉机总站	昌吉专区 小计	阜康	呼图壁	阿尔泰专区 小计	阿勒泰	富蕴	其他
合 计	3 701	2 524	1 830	1 103	511	216	444	40	305	99	250	1 177	585	354	191	40	331	120	211	261	142	117	2
玄武区	330											330					330	119	211				
秦淮区	540	423	423	123	300							117								117		117	
白下区	655	655	211		211		444	40	305	99													
建邺区	400	397	397	181		216						3					1	1		2			2
鼓楼区	799	799	799	799																			
下关区	333											333	191		191					142	142		
浦口区	393											393	393	353		40							
雨花区	83	83									83												
栖霞区	168	167									167	1	1	1									

备注:其他2人为新疆工作团干部子弟,流向呼图壁。

2494

1968 年 7 月,江苏省革命委员会《关于中小学毕业生分配工作的通知》规定,中小学毕业生分配工作实行家住农村的,回到自己所在生产队参加集体生产活动,家住城镇的,实行小型集体插队到人民公社或国营农村。根据这一精神,南京市与六合、扬州、淮阴、镇江等专区挂钩,第一批安排 1966 届、1967 届毕业生下乡上山 30 000 人,其中插队 11 500 人,插场 18 500 人。毕业生安排所需要的物资,按规定为每个家住城镇下乡插队的毕业生补助 230 元;口粮当年每月统销粮 35 斤,第二年对其不足部分酌情延长供应时间;木材每人 0.3 立方米;毛竹每人 3 根;布票 10 市尺、棉絮 2 市斤,蚊帐纱布 30 市尺。这些经费和物资一律纳入地方计划,统一管理,由社队掌握使用。

另外,全市共有约 13 000 名社会青年,即 1965 年之前的中小学毕业生,随同在校的毕业生一起分配去农村安家落户,具体去向是镇江专区 4 000 人,扬州专区 1 000 人,六合专区 3 350 人,淮阴专区 4 600 人。

1968 年 12 月 22 日,毛泽东主席关于"知识青年到农村去,接受贫下中农的再教育,很有必要。要说服城里干部和其他人,把自己初中、高中、大学毕业的子女,送到乡下去,来一个动员。各地农村的同志,应当欢迎他们去"的指示发表后,迅速形成了上山下乡高潮。南京市规定,1966、1967、1968 三届高、初中毕业生(含半工半读、技工学校和社会青年)一律下农村,知识青年上山下乡成了教育人改造人的一场政治运动。从 1968 年 7 月起至 1969 年 4 月底,全市共动员 1966、1967、1968 三届初、高中毕业生、半工半读、技工学校毕业生和街道社会青年 85 193 人下乡上山,占应动员人数 93 270 人的 91.4%,超过文化大革命前(1963—1966 年)下乡人数的 4 倍。仅 1968 年 12 月 29 日一天就有 12 000 余人下乡。去向为镇江、扬州、六合、淮阴专署的 25 个县和江心洲、大沙河、东辛、临海、黄海、云台等农场及内蒙古自治区。另外,在 1969 年冬 1970 年春南京市动员干部、企事业单位职工和城镇居民下放运动中,随父母全家下放符合知识青年条件的有 2 590 人去农场。

知识青年上山下乡安置经费,1969 年 1 月 1 日起规定为,三千人口以上的城镇(包括不足三千人口的县属镇)单身插队、插场的平均每人 220 元,成户插队的平均每人 130 元。

1970 年国家开始恢复招工后,把 1969、1970、1971 三届毕业生全部留城分配工作。由于大量招工,全市全民所有制单位的职工总数从 1969 年底的 37.47 万人增加到 1972 年底的 47.34 万人。1973 年,为克服因全国职工猛增造成的困难,国务院决定停止招工,城镇毕业生分配仍以上山下乡为主。

1973 年 4 月 25 日,毛泽东主席对福建省莆田县小学教师、知识青年家长李庆霖反映知识青年工作中存在问题的信作了批示:"寄上 300 元,聊补无米之炊。全国此类事甚多,容当统筹解决。"同年 6 月,中共中央、国务院召开全国知识青年上山下乡工作会议。1973 年 10 月 18 日江苏省委发出《关于认真贯彻执行〈中共中央转发国务院关于全国知识青年上山下乡工作会议的报告〉的指示》,同时下发了《江苏省贯彻执行中央〈关于知识青年上山下乡若干问题的试行规定草案〉的实施办法(草案)》和《江苏省 1973 年到 1980 年知识青年上山下乡的初步规划(草案)》,要求各地加强领导,落实"统筹解决"的各项措施,抓紧解决知识青年上山下乡中急需解决的问题。中共南京市委根据中央和省委指示精神,于1973年11月1日成立了南京市知识青年上山下乡领导小组,由张启、钟世勤、张海萍、刘济川、丁发祥、王维灿、沈培根、赵碧珍、林振方组成。张启任组长,钟世勤、张海萍、刘济川任副组长,下设办公室,林振方任主任。11月26日进行调整,由徐彬、罗小平、刘兰堂、刘宗铨、李元庆、赵碧珍、沈培根、马忠发、凌文训、丁发祥等人组成。徐彬任组长,李元庆任副组长。1974年10月成立了南京市人民政府知识青年上山下乡办公室,负责全市知识青年上山下乡工作,贯彻执行省《实施办法(草案)》。

《实施办法(草案)》内容包括城镇中学毕业生的分配,经费和材料,口粮,卫生医疗,培养、教育和学习,其他等问题的具体规定共三十条。其中对城镇中学毕业生的分配,规定以上山下乡为主。城镇知识青年上山下乡,主要采取以下三种形式:1.插队,适当集中,建立青年点,有条件的也可回老家落户;2.结合沿海的扩垦规划,有计划地集中安排一批下乡知识青年;3.有条件的县、社建立以一部分下乡知识青年为主,由带队干部和贫下中农参加的集体所有制青年队(场)。"(草案)"还规定根据国家计划也可以分配一部分城镇中学毕业生到其他行业;年龄不满17周岁的暂缓动员下乡和分配;病残不能参加农业劳动的、独生子女、归侨学生、多子女身边只有一个子女的、中国籍的外国人子女不动员下乡;矿山井下、野外勘探、海上捕捞、盐场晒盐等行业需要补充减员或按国家计划增加工人时,可由退休职工的子女顶替或从本单位职工的子女中招收;分配城镇中学毕业生时,对多子女的家庭要统筹兼顾,妥善安排,做到合情合理。对已下乡的独生子女和多子女身边无子女的应在国家计划招工时予以照顾,或者在集体所有制单位安排,由各地、市逐步解决。已下乡的华侨学生,可根据具体情况安排到工矿、企业或做其他工作。根据上述精神,南京市1973年共动员了8 416人下乡,按照适当集中,妥善安置的原则,根据知识青年的特点和要求,事先编成集体小组,安置在江宁、江浦县和浦口、大厂、雨花台、栖霞、钟山各郊区农村革命和生产条件较好的生产队及国营玄武湖苗圃场。对于要求回老家或到外地农村投亲的,在取得大队、公社、县三级证明后给予办理。为加强对上山下乡知识青年的教育、培养工作,南京市于1974年11月份选派了130多名知识青年带队干部,分赴淮阴、盐城、扬州、镇江、内蒙古地区和本市县郊农村带队。带队形式有两种:1.本省四个地区和内蒙古自治区为学习访问;2.本市县、郊农村为定点带队。

"(草案)"规定,1972年底以前下乡插队(包括回原籍和非标准集镇下乡插队)的知识青年,生活不能自给的,平均每人补助100元,困难小的少补助。没有建房的,平均每人补助200元。1975—1978年,南京市使用统筹建房补助资金共建房屋1 021.5间,18 457.25平方米。

"(草案)"又规定,从1973年起,提高知识青年上山下乡经费的开支标准。城镇知识青年回农村老家落户的、到农村插队建立集体所有制场(队)的,江北地区每人补助500元,南京为六合、江浦、浦口(包括八卦洲、江心洲)等县区;江南地区每人补助 480 元,南京为江宁、雨花、栖霞等县区;到生产建设兵团和国营农场的每人补助 400 元。由省财政厅直接拨给接收知青的县知青办使用。知青经费的使用主要用于:(1)建房补助费 200 元左右。主要用于木材、砖瓦等基本材料开支。每人建房平均不少于 10 平方米。建房用工由生产队集体帮助解决。(2)生活补助费 180 元左右。主要用于购买粮草等生活必需品。经济条件好的地方可以少补助些;经济条件差的地方可以多补助些。第一年或当年参加秋季分配前,一般每月补助 8—10 元;第二、三年根据实际情况再酌情补助。(3)旅运费、农具家具补助费、学习材料费、医疗补助费和其它费用共 100 元左右。其中医药补助费 10 元,为头三年参加合作医疗费;学习材料费 10 元,由地、市掌握,编印学习材料发给下乡知青;其他费用 15 元,5 元由地区掌握,10 元由县掌握,用于下乡知识青年的特殊开支。下乡知青每人供应木材 0.3 立方米,毛竹 3 支,由省列入年度计划分配。建房所需的其他材料,由地、市、县组织供应。

插队知青的口粮,头一年,或当年秋粮分配前,按每月 38 市斤成品粮标准,由国家统销供应,并按当地集镇人口的定量标准供应食油。参加集体分配以后,正常出勤的,由生产队按当地单身整劳力的实际吃粮水平分配口粮。从"(草案)"下达之月起,分配口粮低于 38 市斤成品粮的,由国家统销给予补助。生产队每年分配食油少于 3 市斤的,由国家补足 3 市斤。烧草有困难的,由生产队适当照顾。经批准回城探亲和治病所需粮票由当地粮食部门保证兑换。此外,下乡的知青由动员城镇补助每人布票 15 市尺,棉絮票 2 市斤。插队的知青由生产队分给和社员同等数量、质量的自留地(不包括建房用地)。婚嫁和正常迁移时,其自留地由迁出的生产队收回,迁入的生产队分给。

插队知青患病,一般参加社队的合作医疗或在就近医院治病。重病、重伤的下乡知青,以县(团、场)级领导机关批准,持当地医院的转诊证明,可以到南京市医院就医。严重病残失去劳动能力,在农村又无依靠的插队知青,父母或直系亲属要求将其迁回照料的,允许迁回南京落户,由安置县与原动员的区协商,研究批准。

1973 年底,南京根据江苏省委指示统一部署,集中打击了迫害知识青年和女知识青年的犯罪活动。1974—1979 年全市共发生迫害下乡知识青年案件 208 起(其中 1974 年 33 起,1975 年 69 起,1976 年 57 起,1977 年 35 起,1978 年 13 起,1979 年 1 起),处理了 170 起。

1974 年 11 月 11 日,中央江苏省委召开了"立即行动起来,迅速掀起动员知识青年上山下乡的高潮"的电话会议,并于 1975 年 3 月 5 日至 12 日在南京召开了有 2 400 多名知识青年代表参加的江苏省上山下乡知识青年代表大会。南京市于 1976 年 11 月 6 日至 9 日,召开了南京市上山下乡知识青年代表大会。参加会议的有知青代表 686 人,知青家长、贫下中农、带队干部、应届毕业生代表和城乡各有关单位负责同志 311 人,共 997 人。会上表彰了六合县五七农场、六合县八百公社英雄大队农林药科研队等 43 个先进集体,六合县马鞍公社党委副书记潘继红等 59 个先进个人。1975 年招工政策规定,城镇应动员下乡的知识青年须下农村满两年才予招工。知识青年上山下乡再次形成高潮,1975—1977 年共下乡 50 860 人。

统筹回城

1963 到 1977 年的十几年中,南京市有 180 000 多名知识青年响应党的号召到河北、新疆、陕西和内蒙古、西藏等 27 个省、市、自治区和本省 30 多个县以及本市郊县农村插队落户。历年来,根据国家的需要,有 11 000 名下乡知青通过招工、招生、参军或病退困退等渠道离开农村。到 1977 年末,全市仍在农村的知识青年还有 70 000 多人,其中插队 50 000 多人,插场 20 000 多人。

1978 年 12 月,经市委研究决定,下乡知识青年有以下几种情况的,可以"困退"回宁:一、有两个或两个以上子女插队(场)的家庭,都不能招工的可以根据其家庭的具体情况照顾一名插队(场)子女"困退"回宁。二、父母身边无健康子女的和因参军、上大学、工作调动等原因,父母身边确实无子女的可以照顾一名插队(场)子女"困退"回宁。三、祖父母(或外祖父母)身边确实无人的可将从其身边下放插队(场)的知青照顾"困退"回宁。四、在农村插队的无父母的孤儿可以照顾"困退"回宁。五、下乡知青受到迫害,确有证据,不能继续坚持在农村参加劳动的可以照顾"困退"回宁。六、中国籍外国人子女、外侨子女、港澳同胞的直系亲属、归侨和归侨的配偶在农村插队的可以照顾"困退"回宁。七、本市下放人员经批准回宁后其随同下乡享受知青待遇的子女可以按政策"困退"和"病退"。八、爱人在宁工作的已婚知青可以作"困退"回宁。九、已婚双方都是知青的可以按政策"困退"和"病退"。十、知青与外地职工结婚的可以按政策"困退"和"病退"。十一、知青与当地农民结婚的,确系独子女或严重病残的可个别作"困退"或"病退"处理。十二、外地区动员下放的知青,父母调宁工作后可以按政策"困退"和"病退"来宁;父母虽不在宁,但爱人是本市职工,确有实际困难或知青本人确实有病的可以按政策"困退"或"病退"到南京市爱人处。按上述规定,1978 年至 1979 年 2 月底,全市插场知青共"困退"、"病退"回城的有 4 600 余人。

1979 年 3 月 14 日,南京市知识青年上山下乡办公室为了积极稳妥地统筹解决全市在乡知青的问题,根据中央和省委指示精神,结合南京地区的实际情况,拟定了《关于贯彻中共中央[1978]74 号文件统筹解决上山下乡知识青年问题的意见》,要求对南京市下乡插队的知识青年(包括已婚知青),按照下乡插队时间的先后,在 1979、1980 两年内,通过招工、招生、征兵、子女顶替、病退、困退以及就地安排有固定收入的工作等渠道,基本上安排好。在工作未安排落实前,对生活确有困难的,特别是已婚知青,县郊给予适当补助。具体处理意见是:一、对于下乡插队的已婚知青:1.与当地社员结婚的南京下乡插队知青,按照知青本人的要求,可由所在县就近安排在县办或社、镇办集体企事业单位工作,也可收回南京市城镇安排。2.与省内其它城镇职工结婚的南京下乡插队知青,由其爱人现在所在城镇负责安排,个别家庭和本人确有特殊困难的,也可收回南京市城镇安排。3.南京下乡插队知青与省内其它城镇下乡插队知青结婚的,可到其爱人原动员城镇安排,也可来南京市城镇安排。4.南京下乡插队的已婚知青中,凡爱人在国营农场的,按照知青本人的要求,可以迁到爱人所在农场并转为农场职工,也可收回南京市城镇安排。5.省内、外其它城镇来本市县、郊插队的知青中,凡1978年底前与南京市城镇职工结婚回原动员城镇安排确有困难的,经本人申请,可由南京市城镇负责安排。二、对于南京市城镇到外省农村插队的知青,除了已由当地正式安排工作,并转为城镇户口的外,本人要求回来的,可由南京市城镇收回安排。在其工作未安排落实前,生活确有困难的,给予适当补助。三、对于从南京市下放的干部回宁分配工作后,按照省委有关文件规定,留在农村享受插队知青待遇的子女,由南京市城镇负责招工或收回安排。如果父母分在两地工作,即一方回宁分配工作,另一方在省内其它城镇分配工作,按照知青本人要求,可以回南京市城镇安排,也可以到另一方所在城镇安排。四、对于已经选拔为公社以上机关脱产工作的插队知青,凡经过考察符合干部条件的,按照省委有关文件的规定,予以定级。担任民办教师的插队知青,如有增补公办教师指标,经过考察符合条件本人又愿意的,优先转为公办教师。五、对于在国营农场的南京知青,鼓励他们为建设社会主义现代化国营农场贡献力量。已经提拔为连职以上脱产干部的下乡知青,经过考察符合干部条件的,按照省委有关文件的规定,予以定级。对插场知青家庭和个人确有特殊困难的,可以通过商调、子女顶替以及病退等方式,由劳动部门按正常调工手续办理。六、全民所有制企事业职工退休、退职后,可以招收其一名符合招工条件仍在务农的上山下乡子女。集体所有制企事业职工退休后,由集体所有制企事业招收其一名仍在务农的上山下乡子女,子女"顶替"也适用于各级干部。七、对于南京市三县下乡插队知青的安排,原则上参照上述精神,根据各县的实际情况,实事求是地妥善办理。广开就业门路,积极发展县、镇、社办集体所有制企事业,有计划、有步骤地安排好下乡插队知青,使他们有固定的收入。在全民、集体所有制企事业单位招工时,优先照顾下乡插队知青。

到1981年为止,全市在乡的70 000多名知青,除与当地农民结婚就地在县、社进行安置的以外,都回南京得到了妥善安排,其中统筹招工52 000多名,顶替15 000多名,升学、参军3 000多名。

表专-16　1968—1979年知识青年调离农村情况　　　　　单位:人

项目/年			1968	1969	1974	1975	1976	1977	1978	1979
本年度下放数			10 000	85 778	7 267	8 821	15 004	27 048	9 248	60
本年度调离农村	总数				894	3 754	9 761	6 344	19 026	34 497
	其中	招生			214	332	47	203	1 766	799
		招工			17	2 645	8 846	5 599	13 654	14 305
		参军			20	22	420	167	1 553	1 111
		病退			237	462	322	225	1 141	1 235

注:本表缺1970—1973年资料。

遗留问题的处理

1980年5月中共南京市委决定,南京市知识青年上山下乡办公室撤销,并入南京市劳动局。知识青年的未了工作由市劳动局及民政、公安政法、落实政策等有关部门继续处理。

1984 年 1 月,市政府为进一步解决好省属农场和新疆支边知青这一历史遗留问题,专门召开市长办公会,并作出决议,对本市在新疆团(场)的支边青年,确有实际困难需回宁的,明确了三条措施:"(1)可按商调办法处理;(2)因工作需要不能回宁的支边青年,如在宁有亲属寄养的,可照顾一名子女回宁落户;(3)现已回宁,又无条件返疆的,由公安部门予以落户"。当年,市劳动局根据市长办公会议精神,会同市公安局对 1983 年底以前从新疆自行回宁的知青,经过调查核实,批准在宁落户的共有 46 户、166 人。接着又对 1984 年以后陆续自行回宁的新疆支边青年共 46 户(其中本市支边青年 43 人,原为农村户口的配偶 45 人)进行了妥善安置。准予 43 名本市支边青年落为城镇户口,作为待业人员处理,其子女随母落户。对随同来宁的 45 名原为农业户口的配偶,郊区的 34 人由其配偶所在区负责安置,就近转为农业户口;城区的 11 人,由市农管部门安置到农场。并从地方财政中划拨 5 万元为作安置经费,安置在农场的每人补助 1 400 元,安置在农村的每人补助 1 000 元,由安置单位统一掌握使用。

1985 年 6 月 28 日,国家劳动人事部发出《关于解决原下乡知识青年插队期间工龄计算问题的通知》,规定凡在"文化大革命"期间由国家统一组织下乡插队的知识青年,在他们到城镇参加工作后,其在农村参加劳动的时间,可以与参加工作后的时间合并计算为连续工龄。他们参加工作的时间,从下乡插队之日算起,返城后等待分配工作的时间,不计算工龄。已安排工作的原下乡插队知识青年,按通知精神计算工龄之后,对于他们与工龄有关的工资福利待遇的问题,过去的,不再找老帐;今后的,按新计算的工龄对待,与同工龄的职工一视同仁。在 1962 年至"文化大革命"开始前,由国家统一组织下乡插队的知识青年,到城镇参加工作以后,在工龄计算上可以仿照上述办法处理。

南京市劳动局、人事局根据上述通知和省委指示精神,提出了具体执行的补充意见:(一)知识青年下乡插队时间的计算,以户口迁入农村为准。户口在农村的时间,即为插队时间。插队期间从事临时工作(包括在社队企业、事业单位工作)的时间,按插队对待。1970 年到 1978 年插队期间上大、中专学校(包括技工学校)学习的,学习期间计算连续工龄。(二)"文化大革命"期间随父母下放农村的,参加工作的时间和连续工龄从年满 16 周岁参加劳动或初中、高中毕业参加劳动之日起计算。(三)插队知识青年工龄计算的审定,由县以上(含县)劳动、人事部门审批。

1988 年,市政府又作出了"关于解决我市下放在本省知青子女入户问题的决定",其中规定:"对知青女方回宁的,其子女随迁来宁入户,男方回宁的可随迁一至二名为城镇户口"。市计委在知青子女入户所需的"农转非"计划指标上给予了保证。市信访办、劳动、公安、粮食等部门采取联合办公的办法,到 1994 年共办理了 7 200 多户、11 400 多人。

1994 年,市政府批准了市计委、劳动局、公安局《关于我市六十年代新疆支边知青子女回宁有关问题的报告》,规定:

对"文化大革命"前去新疆、内蒙古支边的知青,具体政策是:

(1) 对目前仍在新疆、内蒙古支边的南京籍知青,凡新疆、内蒙古愿意放,且个人在南京能够联系到接受单位的,由市劳动局继续按照调动办理。同时对随迁子女的年龄界限适当予以放宽。

(2) 对新疆不愿放,本人在南京又联系不到接受单位的知青,每户知青(包括夫妻双方都是南京知青和夫妻中一方是南京知青的)允许一名年满16周岁或初中毕业(最大年龄不超过25周岁)未婚未就业的子女回宁就读入户。

(3) 对知青本人符合退休条件,办理了退休手续要求回宁居住,并能自行解决住房问题的,由市公安局参照异地退休职工投靠安置的办法予以照顾。

南京市"文化大革命"期间下放在外省区的知青,参照解决新疆知青子女的办法,解决其一名子女回宁就读入户问题(条件与新疆知青相同)。

关于"文化大革命"前在郊县农场插场的知青问题,按照每户解决一名子女就地"农转非"的办法办理。

1996年,南京市计划委员会、市劳动局、人事局、公安局、教育局、粮食局、信访局七家单位联合提出《关于解决六十年代南京赴新疆、内蒙古、黑龙江支边知青有关问题的请示》,经市政府同意,成立南京"支边"知青子女回宁领导小组,解决本市六十年代组织动员支援新疆、内蒙古、黑龙江(简称"支边")的知青子女回宁入户、就读、就业及知青退休回宁等有关问题,具体规定如下:一、范围和对象:六十年代由本市组织动员"支边",仍在新疆、内蒙古、黑龙江落户的南京知青及其子女。二、未婚、未就业知青子女来宁入户、就读、就业问题:每户知青(夫妻双方或一方为南京知青)允许其一名未满25周岁的未婚、未就业子女来宁入户,但必须有知青在宁的父母、兄弟姐妹或亲友作为知青子女的"监护人",并能自行解决住房问题。三、已婚、已就业知青子女回宁入户问题:知青子女在新疆、内蒙古、黑龙江已有工作可按调动办法解决回宁;对已婚并有工作的知青子女要求调动回宁,需夫妻双方在宁均有接收单位,具备居住条件,方可由市劳动、人事部门办理夫妻双方同时调入手续。四、知青退休后回宁入户问题:知青(含配偶是外地知青)到达法定退休年龄,并已办理退休手续,本人要求回宁入户的,在宁有合法固定住房的,由公安部门办理入户手续。知青退休回宁,由居住地的街道居委会负责管理,其退休费及医疗费等其他福利仍由原单位负责。 (《专记》,第765—782页)

(1967年)5月31日,南京市军管会下乡上山办公室,于5月31日至6月3日,召开下乡上山工作会议,各区、街道办事处干部、居委会主任等共计400余人出席会议。

(《大事记》,第808—809页)

(1968年)7月,南京市革委会根据江苏省革委会通知精神,动员66、67、68届毕业生5万多人上山下乡,到扬州、镇江、淮阴等地区插队插场。 (《大事记》,第809页)

(1969 年)7 月 30 日,南京市革委会《关于处理户口迁移问题的通知》中提出:对已下乡上山、支边精简去农村又倒流回市的一切人员,除严重病残、丧失劳动力,持下放地区革委会和医生证明者可入户外一律不予入户。 (《大事记》,第 809 页)

11 月 4 日,南京市革委会核心领导小组召开会议决定:立即行动起来,掀起干部下放、知识青年和城镇居民下乡上山的新高潮。

11 月 6 日,南京市革委会在中山东路体育馆召开动员大会,先后动员 3.3 万户、13.6 万名干部、知青和城镇居民下乡插队插场。 (《大事记》,第 810 页)

(1970 年)1 月 10 日,南京市革委会召开上山下乡运输工作会议,成立市上山下乡运输指挥部,统一指挥全市下放人员的运输工作。 (《大事记》,第 810 页)

(1973 年)4 月 6 日,南京市革委会召开全市应届毕业生分配坚持"四个面向"(面向农村、面向边疆、面向工矿、面向基层)动员大会,动员知识青年上山下乡。各区属工厂、街道、乡镇负责人亦参加大会。 (《大事记》,第 811 页)

8 月 4 日,贯彻中共中央转发《国务院关于全国知识青年上山下乡工作会议的报告》,动员城镇知识青年下乡插队,对独生子女及病、残知青,经市里批准免予下乡插队,同时执行两个子女身边留 1 个的政策规定。 (《大事记》,第 811 页)

11 月 1 日,中共南京市委决定:建立市知识青年上山下乡领导小组。由张启任组长,下设办公室、秘书科、宣传科、安置科。 (《大事记》,第 811 页)

(1974 年)4 月 10 日,全市召开欢送知识青年上山下乡大会,市委机关、驻宁部队及六城区等组织近 10 万人的欢送队伍。

10 月 10 日,中共南京市委召开各区分管知识青年上山下乡工作负责人和有关部局负责人会议,市委副书记张启对动员知识青年上山下乡工作作了部署。
……
10 月 26 日,中共南京市委召开知识青年上山下乡动员大会,由市委副书记张启作动员报告,应届毕业生、家长、省生产建设兵团和江宁县周岗公社代表在大会上发了言,并决定今后招工在下乡插队插场两年以上的知青中招收,再次掀起上山下乡新高潮。(《大事记》,第 811—812 页)

(1979 年)1 月,开始按照中央关于广开就业门路精神发展劳动就业服务企业,妥善安置返回南京的上山下乡知识青年、下放干部和城镇居民,先后安置 18 万人。(《大事记》,第 814 页)

《南京民政志》

南京市地方志编纂委员会编纂,海天出版社1994年

插队知识青年和下放人员救济 1962—1965年间,南京市动员大批城镇闲散劳动力和知识青年上山下乡,插场(国营农场)、插队(生产队),参加农业生产劳动,1968年,又有大批知识青年响应号召,到农村去"接受贫下中农再教育"。1969年初,掌管民政事务的市革命委员会生产指挥组,于拨付正常的救济款物之外,另给各区增拨救济款4万元,棉花980斤,作为救济有困难的插队知识青年之用,并规定"救济范围和救济标准可适当放宽些"。1969年冬至1970年春,全市又动员一批城镇居民下放农村落户,主要到江苏北部农村,也有部分回原籍,其中原籍在安徽、山东等20多个省的有3 045户、12 393人。对这些落户到外省的下放户,其生活、修房等有困难的,仍由南京给予救济,每年需支出救济经费515 399元。1970—1978年,共约支出464万元。1979年后,下放农村的原城镇居民陆续迁回南京,该项救济停止。 (第五章《社会救济》,第204页)

《南京社团志》

《南京社团志》编辑部编,方志出版社2001年

1963年,团市委在全市青年中开展上山下乡教育,广大知识青年响应党的号召,纷纷奔赴农业生产第一线。南京一女中应届高中毕业生,归国华侨黄翠玉,主动放弃优越的家庭生活及党和政府对归侨学生的照顾,当年9月来到南京江浦国营农场安家落户,克服了生活上的一个又一个困难,工作上取得显著成绩,成为南京市、江苏省知识青年中的先进典型。……1964年在全市青年中"学习董加耕,做革命事业可靠接班人"教育。9月11日,全市各界人民3 000多人隆重集会欢送方玉等733名知识青年到江宁、盱眙等县插队。

(第三章《青少年团体》,第134—135页)

(1974年)4月10日,全市近10万群众热烈欢送3 600多名知识青年到郊县农村插队。

(《大事记》,第540页)

《南京粮食志》

南京市地方志编纂委员会、南京粮食志编纂委员会编,中国城市出版社1993年

1978年起,办理职工子女顶替工作,陆续招收一批职工子女、社会待业青年和回乡知

青。到 1980 年职工总数达 9 493 人。 （第十章《职工》，第 263 页）

《南京教育志》

南京市地方志编纂委员会、南京教育志编纂委员会编，方志出版社 1998 年

1977 年，中等专业学校恢复统一招生。南京中专校招生对象规定为应届和符合留城条件的往届初中毕业生以及具有初中毕业文化的农村插队和回乡知识青年，高中毕业生志愿报考者亦可，年龄在 20—22 周岁未婚者。 （第六章《中等职业技术教育》，第 690 页）

1972 年以后，各中等专业学校恢复招生时，招生对象为工、农、兵学员，主要是上山下乡和回乡知识青年，不经过入学考试。 （第六章《中等职业技术教育》，第 691 页）

1972 年，根据国务院关于高校招生工作意见中提出政审工作要全面贯彻党的阶级路线，要注意成份，但不唯成份论，重在政治表现的精神。南京各中专校在保证工、农及其子女有享受教育的优先权的前提下，注意了适当招收确实表现好的剥削阶级家庭出身的子女和可以教育好的子女。对上山下乡和回乡知识青年同样看待。 （第六章《中等职业技术教育》，第 692 页）

农业学校主要招收农村学生，并优先录取农业科技积极分子和农业中学毕业生以及上山下乡、回乡知青，除有特殊要求的专业外，原则上不划分男女比例。

（第六章《中等职业技术教育》，第 694 页）

1979 年 5 月，江苏省招生委员会《关于 1979 年技工学校招生工作意见》规定：文化考试与中专、高中的招生统一考试，生源为城镇户口的高、初中毕业生，待业青年，上山下乡知青，学制为初中毕业生三年，高中毕业生两年。 （第六章《中等职业技术教育》，第 884 页）

1964 年，经第一机械工业部批准成立南京机床厂半工半读中等技术学校，设机械制造专业，学制四年，招收初中毕业生 181 人，1965 年招生 102 人。"文化大革命"开始，学校停办。中技校第一届毕业生于 1968 年到农村插队，第二届毕业生于 1970 年进南京机床厂工作。教职工下放车间劳动。 （第六章《中等职业技术教育》，第 901 页）

"文化大革命"中，晓庄师范倍遭摧残，但是，从 1971 年初起，在极端困难条件下，仍恢复招生。1973 年 10 月起至 1980 年，招收专科班，学生大多来自插队青年及"文革"中留校学生，经一两年学习培养为初中教师。 （第七章《中等师范教育》，第 965 页）

《南京公安志》

南京市地方志编纂委员会编纂,海天出版社1994年

　　(1969年)10月28日,南京市革委会发出《关于当前加强战备工作的指示》,要求做好上山下乡,疏散人口的工作。

　　11月18日,首批干部、居民、知识青年"上山下乡"。　　　　　　　(《大事记》,第535页)

《南京财政志》

金钟主编,河海大学出版社1996年

　　(1964年)7月,市财政对上山下乡知识青年发放生活补助与安置经费,当年下放知识青年4 661人,共拨款88.6万元。　　　　　　　　　　　　(《大事记》,第1000页)

　　(1968年)12月,本市下乡插队知青共7.8万人,财政支付安置费1 560万元。

　　　　　　　　　　　　　　　　　　　　　　　(《大事记》,第1001—1002页)

《南京工商行政管理志》

南京市地方志编纂委员编纂,海天出版社1994年

　　1980年11月14日,市革委会工商行政管理局鉴于大批在"文化大革命"中被下放外地农村的原城市居民和知识青年,于落实政策中,陆续返回南京。

　　　　　　　　　　　　　　　　　　(第四章《工商企业登记管理》,第117页)

《浦口区志》

浦口区地方志编纂委员会办公室编,方志出版社2005年

　　(1957年)8月5日,全区70名高、初中毕业生首次分批到农村插队。

　　　　　　　　　　　　　　　　　　　　　　　　　　(《大事记》,第19页)

　　(1959年)4月上旬,动员100多名高、初中毕业生支边赴新疆。　(《大事记》,第20页)

(1964 年)12 月上旬,全区有 15 名应届高、初中毕业生到新疆支边。

(《大事记》,第 21 页)

(1965 年)1 月,224 名知识青年到六合县农村和本区盘城、桥塘、永丰公社插队,250 名知识青年到白马湖农村插队。

(《大事记》,第 22 页)

(1968 年)12 月下旬,组织动员全区 7 310 名"老三届"高、初中毕业生和 50 名社会青年分赴金湖、六合两县和内蒙古插队落户。"文化大革命"期间,全区上山下乡、支边知识青年达 11 525 人。

(《大事记》,第 23 页)

(1969 年)6 月 15 日,金湖和六合两县的浦口插队(场)知识青年近千人回城。区革委会组织力量动员他们回队、回场。

7 月 5 日,区革委会组织 202 人的慰问团分赴金湖县、六合县慰问插队知识青年。

(《大事记》,第 23 页)

(1974 年)1 月 18 日,召开全区插队知识青年代表会议,选举出席南京市插队知识青年代表大会代表 80 人。

(《大事记》,第 24 页)

(1977 年)2 月 8 日,组成有知识青年家长参加的 35 人知青慰问团,分赴区内农村看望知青,帮助解决其困难。

(《大事记》,第 26 页)

1964 年 12 月至 1965 年 1 月,全区知识青年 300 余人到外地农村和农场落户;1965 年 8 月,城镇知青 216 人到新疆支边建设。1968 年冬和 1969 年春,7 310 名知青下放到金湖、六合等县农村插队,50 多名知青到内蒙古支边。"文化大革命"期间,全区上山下乡的知青总数达 11 525 人。与此同时,农村各社队接收安置城区知青 1 345 人;1969 年冬至 1970 年春,下放到涟水县农村落户的城镇人口 8 840 人 (第三编第一章《人口规模》,第 93—94 页)

1963 年,财政支出增加知识青年上山下乡和干部下放经费。全年财政总支出数为 92 万元。

(第十一编第一章《财政》,第 376 页)

1969 年 2 月成立的浦口镇及顶山、三河、沿江、永丰、盘城、葛塘 6 个公社(镇)革委会设主任 1 名,副主任 4—5 名,另设党政办公室、农业公司、工业公司、副业公司、经营管理办公室、上山下乡办公室等机构,……

(第十四编第二章《人民政府》,第 508 页)

1970—1981 年受理信访 3 087 件(次),主要反映下放人员、"上山下乡"知识青年回宁、待业青年安置及为冤假错案人员落实政策、干部腐败、户口迁移和解决住房等问题。

(第十四编第二章《人民政府》,第 509 页)

在国家三年经济困难期的 1961 年,全区贯彻中共中央"调整、巩固、充实、提高"的方针,落实农村各项政策,推动财贸商业为农业生产服务,全面加强市政建设和管理,发展城乡教育事业,动员知识青年"上山下乡"。　(第十四编第二章《人民政府》,第 510 页)

1962 年 12 月,人民委员会复建人事科。"文化大革命"开始后,劳动科的工作一度停止运转,即成立知识青年上山下乡办公室。1968 年,人事工作归口革命委员会政工组。

(第十八编第一章《管理机构》,第 596 页)

【区知识青年上山下乡办公室】

1973 年 12 月成立区知识青年上山下乡领导小组,并设办公室。1974 年 5 月,知识青年上山下乡领导工作机构改为革命委员会知识青年上山下乡办公室。1979 年 2 月,知识青年上山下乡办公室附属民劳科,1980 年 10 月并入劳动科,保留其牌子。1984 年撤销知识青年上山下乡办公室。　(第十八编第一章《管理机构》,第 596 页)

1959 年始,动员知识青年"上山下乡",支边或插队插场。

(第十八编第三章《劳动》,第 607 页)

【知识青年上山下乡】

1959 年 4 月,区人民委员会成立城镇青年支边办公室,发动镇、街居委会干部做思想动员工作,按"本人自愿、家长同意、身体健康"的条件,在全区首选 100 名高、初中毕业生和社会青年到新疆支援建设。1964 年按照市委精简小组办公室《关于 1964 年动员知识青年和无固定职业居民下乡插队插场的意见》,组织 300 名城镇青年到六合县新集、长城 2 个人民公社插队。1965 年各镇动员 250 名知识青年到江苏白马湖农场插场;8 月 10 日又组织 216 名知识青年到新疆支援建设。1968 年,大规模的知识青年上山下乡运动开始。至 1969 年春,7 310 名"老三届"(1966 年、1967 年、1968 年)高、初中毕业生和少数社会青年分别到金湖、六合 2 个县落户、80 名到江苏黄海农场插场、50 名到内蒙古支援建设。

1973 年,下放金湖县农村的人员陆续返城。是年 11 月 14 日成立上山下乡领导小组,既做回城人员的遣返工作,又做回城人员的安置工作。至 1979 年 1 月,全区安置回城人员 5 676 名。1980 年终止知识青年上山下乡工作,并按政策安排就业。1981—1985 年从知识青年中招收固定工、合同工、临时工 9 233 名。　(第十八编第三章《劳动》,第 609—610 页)

1970年,录用新教师620名,主要来源于家庭成分好的高初中毕业生、插队和回乡知青,此外抽调部分有一定文化知识的工人、贫下中农及退伍军人。

(第二十编第四章《师资 经费 设施 招生》,第656页)

《下关区志》

南京市下关区地方志编纂委员会编,方志出版社2005年

(1959年)3月27日,动员青年到新疆支边。至6月24日,共有青年209人赴新疆。

(《大事记》,第26页)

(1968年)11月,区革命委员会召开欢送知识青年到农村插队大会。至翌年10月底,全区共有知识青年5 863人到江苏省淮阴地区农村插队。 (《大事记》,第28—29页)

1966—1975年,下放干部、居民达2.4万人,知识青年上山下乡1 300余人。1979年,安排下放回宁人员1 913户、6 607人,知识青年1 600余人。1980年后,原下放人员陆续回城。

(第二编第一章《人口规模》,第91页)

80年代,(信访内容)主要反映对"文化大革命"中错定案件的申诉,要求归还抄家物资和被占房屋,上山下乡知识青年要求回宁,待业青年生活困难,全家下放农村的遗留问题,以及就业、住房、工资福利等方面的问题。 (第十五编第二章《区人民政府》,第514页)

在60年代初期国民经济调整及"文化大革命"期间,通过精减下放及知识青年上山下乡,对城镇失业人员进行易地安置,从而形成了这一历史时期以城乡并举为特点的统筹就业方式。 (第十八编第一章《劳动》,第590页)

【知识青年和城镇居民上山下乡】

1959年,首批动员青壮年209人到新疆参加社会主义建设。1963—1965年,先后组织动员1 381名高、初中毕业生及无业人员到苏北三河、云台、白马湖、洪泽湖农场及新疆巩乃斯种羊场和青河县牧场参加农业生产。

1968年12月22日,毛泽东主席关于"知识青年到农村去,接受贫下中农的再教育,很有必要"的指示发表后,知识青年上山下乡运动进入高潮。南京市规定1966年、1967年、1968年三届(简称"老三届")高、初中毕业生(含半工半读、技工学校和社会青年)一律下农村参加农业生产。到1969年10月底,全区10所中学的"老三届"初、高中毕业生除极少数

2508

因家庭确有困难,经过批准留城外,共有 5 863 名知识青年分期分批到淮阴地区农村插队落户。

1969 年冬至 1970 年春,根据江苏省革命委员会《关于动员和安置知识青年与长期脱离劳动的城镇居民下乡落户的通知》和南京市革命委员会《关于动员干部下放、知识青年和城镇居民上山下乡的通知》精神,全区共动员干部、城镇居民 3 233 户、14 416 人(其中干部 792人)到淮阴地区插队落户,下乡人数占全市同期同类人数的 10.55%。

1972 年后,初、高中毕业生分配仍以上山下乡为主。1975 年,知识青年上山下乡再次形成高潮。至 1977 年,区内 15 所中学的 1972—1977 届初、高中毕业生有 5 496 人被动员到农村(农场)从事农业生产。1978 年起,知识青年不再上山下乡。1979 年后,上山下乡知识青年和到农村落户的干部、城镇居民陆续回城。 （第十八编第一章《劳动》,第 591—592 页）

1973—1977 年,根据一些单位劳动力紧缺的实际需要,区属集体企业招工 4 201 人,其主要对象为插队知青、按政策留城的初、高中毕业生,以及尚未安置的被精减职工。

（第十八编第一章《劳动》,第 594 页）

1972 年开始,办理学校录取新生、军人家属随军、农民征地安置、下放知青返城以及领养农村小孩等相关人员农民户口登记(俗称"农转非")。 （第十九编第一章《公安》,第 634 页）

《玄武区志》

南京市玄武区地方志编纂委员会编,方志出版社 2005 年

(1959 年)4 月,动员 203 名知识青年赴新疆插场落户。 （《大事记》,第 22 页）

(1964 年)11 月,全区掀起知识青年报名上山下乡热潮,至年底,全区有 618 名知青被批准去东台等农村插队落户。 （《大事记》,第 23 页）

(1965 年)7 月 17 日,全区掀起支边热潮,先后有 629 名知青被批准去新疆呼图壁奶牛场等处插场。 （《大事记》,第 24 页）

(1968 年)12 月 22 日,全区掀起动员"老三届"(1966、1967、1968 届)毕业生上山下乡热潮,10 天内,全区共有 6 125 人响应号召,到省内农村和内蒙古安家落户。

（《大事记》,第 25 页）

（60 年代）号召、动员知识青年支援边疆，全区 368 名知识青年奔赴新疆农业第一线。70 年代初期，组织团员、青少年，开展学习知识青年邢燕子、侯隽等事迹活动，号召、动员"老三届"毕业生上山下乡。

（第十一编第六章《群众团体》，第 438 页）。

1968 年 3 月，区革命委员会成立……1970 年以后，又多次进行机构调整，至 1978 年设有办公室、……上山下乡办公室及粮管所、房管所等。

（第十二编第二章《区人民政府》，第 474 页）

1966 年至 1978 年，共受理信访 26 464 件次，其中：来信 6 322 件，来访 20 142 人次。这一时期信访者主要提出的要求是：退还"文化大革命"中被查抄物资、落实政策以及上山下乡知青和下放户回宁人员的工作安排、解决住房困难等问题。

（第十二编第二章《区人民政府》，第 479 页）

1964 年，掀起知青上山下乡热潮，至年底，全区有 618 名知青被批准去东台等农村插队落户。至 1966 年，全区共动员 570 人到洪泽湖、东善桥等农场插场，1 184 人到溧水、盱眙等县插队，629 名知青到新疆。

"文化大革命"期间，在毛泽东主席发出"知识青年到农村去接受贫下中农再教育"的号召后，全区 1966 年至 1968 年三届高、初中毕业生 11 461 人到高淳、句容、丹阳三县和内蒙古自治区插队。1969 年冬至 1970 年 3 月，动员 3 056 户，14 110 名城镇居民到泗洪、泗阳农村落户生产。1972 年至 1978 年，动员了 7 890 名知青至江宁、江浦、六合三县和栖霞、雨花台、浦口三区插队。1978 年中共十一届三中全会后，落实知青政策，绝大部分知青回城，下放户及其子女返回，形成了全区待业高峰。

1978 年，中共中央、国务院提出了"解放思想，放宽政策，发展生产，广开就业门路"，实行国家统筹规划指导下，劳动部门介绍就业与自愿组织起来就业和谋职业相结合的"三结合"就业方针后，各街道先后成立了劳动服务站，通过大办各种生产服务网点，解决了大批待业青年就业，为缓解 1979 年后形成的待业高峰起到了重要的作用。

（第十七编第一章《劳动》，第 637 页）

《秦淮区志》

南京市秦淮区地方志编纂委员会编，方志出版社 2003 年

（1959 年）4 月初，区委支边办公室成立。至 6 月底，先后动员 302 名知识青年支援新疆及少数民族地区。

（《大事记》，第 29 页）

是年(1963年),动员城镇人口82户、287人到江宁县长江、上坊等8个公社安家落户。动员和组织955名知识青年下乡插场插队。 （《大事记》,第31页）

(1965年)9月23日,区长贾志彬等5人前往大丰县,慰问秦淮区插队落户的知识青年。历时21天。 （《大事记》,第31页）

(1967年)5月底,全区160名知识青年分3批插场插队,其中去新疆农场118人,去省内农村42人。 （《大事记》,第32页）

8月22日,倒流回宁的支边、支农和下放插队落户的知识青年316人返回落户单位。 （《大事记》,第32页）

是月(1968年11月),全区2 238名知识青年响应毛泽东主席关于"知识青年到农村去"的指示,到内蒙古和江宁、溧水、丹徒县及东辛农场插队、插场。 （《大事记》,第32页）

(1969年)7月,区革委会抽调驻区各单位干部153人,参加省革委会组织的知识青年"上山下乡"慰问团,分赴江宁、溧水、丹徒县和东辛农场慰问知识青年。 （《大事记》,第32页）

12月22日,区革委会召开万人大会,纪念毛泽东主席关于"知识青年到农村去"的号召发表一周年。同时欢送第五批干部、居民、知识青年"上山下乡"。 （《大事记》,第32页）

(1973年)10月27日,区委组成84人的知识青年慰问团,赴江宁县慰问插队的知识青年。 （《大事记》,第33页）

70年代初,进入婚期的大批知识青年、机关干部和城市居民下放农村,出现人口出生低谷。1974年出生率为7.13‰,自然增长率为-0.69‰,首次出现人口负增长。
（第二编第一章《人口规模》,第97页）

50年代,随着经济建设发展,农村人口大批进入城市,1957年,净增3 493人。60年代,调整国民经济,精简职工,知青、干部、职工和城市居民到农村及林场、农场务农,迁出大批人口,1969年、1970年两年机械增长为负数,机械增长率分别为-54.61‰、-55.08‰。70年代后,插队知青和下放人员返宁,外地企业迁入及干部调入,人口机械增长较快。1979年迁入数达35 837人,机械增长率达133.83‰。80年代继续落实60年代下放人员政策和允许符合条件的知青及子女进城落户。
（第二编第一章《人口规模》,第99页）

机 构 名 称	工 作 部 门
……	
秦淮区革命委员会 (1973.11—1980.9)	区委区革委会办公室、人事科(1976 年 1 月改为民劳科)、民劳科 (1979 年 2 月分设民政科、劳动科)、知识青年上山下乡办公室……
……	

(第十一编第二章《人民政府》,第 464 页)

1963 年,全区动员并组织 955 名知识青年下乡插场、插队。……"文化大革命"期间,劳动安置工作不能正常进行,除安置复员退伍军人、大中专毕业生和招用少量的劳动力外,主要是动员"上山下乡",插队插场。　　　(第十五编第一章《劳动管理》,第 545 页)

【上山下乡知识青年回城安置】

1957 年,有少数小学、初中毕业生到农村、农场插队、插场。1959 年,区成立支边办公室,年底有 302 名知识青年去新疆参加社会主义建设。1962—1964 年,先后有 955 名应届毕业生到洪泽湖农场、泗洪种马场和江浦汤泉农场插场。这一时期的工作主要由学生所在学校负责。1965 年,区属各学校又动员 540 名学生到新疆支边。其中去阿克苏地区的库车县 300 人,阿瓦提县 123 人,去阿尔泰地区的富蕴县 117 人。1967 年 5 月底,区内 160 名知识青年分 3 批去新疆哈密火箭农场和省内农村插场、插队,其中,去新疆农场 118 名,省内农村 42 名。1968 年,执行南京市规定,全区有"老三届"(1966 年、1967 年、1968 年三届)中学毕业生共 11 765 人到农村、农场插队、插场,其中去江宁县 2 728 人,溧水县 2 782 人,丹徒县 2 191 人,东辛农场 180 人。另有少量的毕业生到内蒙古地区或到有亲戚的省份插队、插场。1978 年 9 月,最后一次安排 35 名知青到江宁县红卫农场插场。1974—1981 年,区内执行上级规定,通过招工、招生、征兵、子女顶替、病退、困退以及就地安排等渠道,统筹解决知识青年 5 161 人回城安置问题。　　(第十五编第一章《劳动管理》,第 545—546 页)

1973 年 9 月恢复区劳动科,同年 12 月改为区人事科(管理劳动和民政方面工作),同时成立区上山下乡办公室,与人事科合署办公。1976 年 1 月,区人事科更名为民劳科(民政、劳动科),与区知识青年办公室合署办公。　　(第十五编第五章《管理机构》,第 563 页)

《建邺区志》

南京市建邺区地方志编纂委员会编,方志出版社 2003 年

(1965 年)8 月 15 日,全区 191 名青年赴新疆支边建设。

9 月 24 日,杨森区长带慰问团赴六合县慰问走访插队知青 637 人。　(《大事记》,第 40 页)

(1968年)12月29日,上午,全区1 500余名知识青年分乘65辆卡车冒雨到农村插队,接受"贫下中农再教育"。(《大事记》,第41页)

(1969年)1月13日,区革委会组织90多人的慰问团,分别赴江浦、盱眙两县慰问上山下乡插队知识青年(区内共有7 096名初高中毕业生在此安家落户)。(《大事记》,第41页)

(1973年)11月13日,全区累计共有11 248名知识青年到农村插场、插队(含1963年下乡的965名初高中毕业生)。(《大事记》,第42页)

解放后,区内人口机械变动总量迁入799 679人,迁出832 149人,迁出多于迁入32 470人。排除政区调整扩大等因素,机械变动可分为3个阶段……1968年后组织知识青年上山下乡。25年间共迁出385 940人,迁入334 776人,净迁出51 164人,年均减少2 046人。
(第二编第一章《人口规模》,第85页)

1973年4月,撤销区革委会4个组。设立区革委会办公室、区计划委员会、知识青年上山下乡办公室……同年(1979年)7月,撤销知识青年上山下乡办公室。
(第十六编第二章《区人民政府》,第613页)

1967—1976年,受理信访12 805件次,主要反映"文化大革命"期间知识青年"上山下乡"发生的困难和要求就业、解决住房等。(第十六编第二章《区人民政府》,第629页)

1957年5月始,团组织参与整风运动、精简机构、"上山下乡"和"自我改造"运动,并结合整风运动改进团工作中存在的问题……1972年,各级团组织配合有关部门搞好知识青年"上山下乡"工作,全区知识青年响应毛泽东主席号召,到农村插队劳动的有9 001人。
(第十八编第二章《社会团体》,第746页)

(1969年)冬季征兵,在农村征集适龄青年和下放农村锻炼2年以上的知识青年;在城市征集未能升学的高、初中毕业生。(第二十编第二章《兵役》,第811页)

解放初,由市政府劳动局统管劳动工作。1952年成立区劳动就业委员会。同年7月,成立区劳动科,主要开展劳动就业登记工作,组织生产自救,对生活困难者给予政府救济……1962—1965年,动员、组织知识青年"上山下乡",同时做好被精简职工和待业人员的安置工作。"文化大革命"期间,劳动部门停止工作。劳动工作由军管会和革命委员会生产指挥组兼管。自1968年始,再次组织、动员知识青年"上山下乡"、插队插场和城镇居民下放农村落户。(第二十二编第一章《劳动》,第869页)

1966年"文化大革命"初,区劳动科撤销,先后成立区知识青年上山下乡办公室、区下放人员工作办公室。

(第二十二编第一章《劳动》,第 870 页)

【知识青年"上山下乡"】

1962 年 10 月,按照"本人自愿，家长同意,身体健康,年龄 17—25 岁"的条件,在全区 8 个街道 996 名知识青年中,首选 29 人去国营云台农场插场。1963 年,组织青年学生 385 人,分 7 批到 7 个国营农场插场。1964 年,动员青年学生和社会青年 674 人插队。1965 年,动员应届高中毕业生和社会青年 399 人分 3 批到新疆农场插场。自 1968 年始,开始大规模的知识青年"上山下乡"运动,区先后成立"上山下乡"办公室、知识青年"上山下乡"办公室、下放人员工作办公室,组织开展知识青年"上山下乡"。同年 12 月 29 日,全区第一批 1 500 余名知识青年到农村插队。至 1969 年 1 月,全区共有 1966—1968 年初高中毕业生 7 096 人到江浦、盱眙两县农村安家落户。至 1978 年底,全区知识青年"上山下乡"共 17 424 人,其中插队 14 121 人,插场和支边 3 303 人。中共十一届三中全会后,广大知识青年按照政策陆续返回城市,并被安置就业。其中:插队农村的未婚知识青年大部分已由市、县统筹招工回城,少数通过病退、困退、身边无子女以及顶替回城工作。已婚知识青年,凡与城镇职工结婚的都已回城安置,与农村社员结婚的,大部分就地安排。插场知识青年,除一部分招工、顶替、调动外,其余根据文件精神,转为城镇户口、有固定收入的农场职工。

(第二十二编第一章《劳动》,第 872 页)

1979 年,区劳动科对下乡知识青年情况进行全面调查摸底,对与当地农民结婚的"老三届"(1966—1968 年中学毕业生)在乡知识青年先进行安置,当年共录取招用知识青年 2 860 人,下放回宁人员复工 1 772 人,审批招用顶替退休人员子女 3 240 人。

(第二十二编第一章《劳动》,第 873—874 页)

1978—1980 年,招收的待业青年或"上山下乡"回城的知识青年,基本上都是采取直接招收或退休职工子女顶替的办法,并按期转正,就业培训流于形式。

(第二十二编第一章《劳动》,第 874 页)

《雨花台区志》

南京市雨花台区地方志编纂委员会编,方志出版社 2002 年

(1969 年)1 月 10 日,区革委会慰问团,由副主任吕建华率领赴泗阳县慰问"上山下乡"知识青年。半个月走访 98 个公社 382 个生产队,调查了解知青的思想、劳动、生活情况。

(《大事记》,第 18 页)

(1973 年)12 月 28—29 日,区召开上山下乡知识青年代表会议，知青、家长和贫农代表

2514

185 人参加。

（《大事记》，第 19 页）

区内常住人口除因上述行政区划的调整而造成的机械变动外，较大的机械变动有……1960—1964 年，区内知识青年 152 人上山下乡，插队苏北、新疆；1966—1968 年，区内老三届初、高中毕业生 1 080 人去苏北泗阳插队；1969 年，区内知识青年 18 人去内蒙插队……

（第三编第一章《人口》，第 108 页）

"文化大革命"期间，区劳动部门先后组织 1 920 名区内知识青年上山下乡、插队、插场；组织 763 名城镇居民到泗阳县农村或原籍农村落户。同时，安置 5 265 名南京城区知识青年来区内插队、插场。

（第十六编第一章《劳动》，第 603 页）

1979 年，上山下乡的知识青年和城镇居民返回城市重新就业，城镇就业压力很大，原来的"统包统配"的就业政策已不再适应社会经济发展和劳动者就业的需要。

（第十六编第一章《劳动》，第 605 页）

【知识青年返城安置】

1974 年，雨花台区招回上山下乡知识青年 331 人安置工作。1975 年，招回知识青年 265 人安置在工厂、学校、事业单位等。1977 年、1978 年、1979 年，雨花台区连续安置知识青年回城工作，安置去向为进工厂、升学、参军等。1984 年，区又对知识青年历史遗留问题做了进一步处理。有的工作，有的病退，并准许他们的子女回宁落户。1991 年，全区最后 80 户知识青年共计 134 人回宁进行了妥善安置。

雨花台区知识青年返城安置情况表

年 份	回城人数(人)	安 置 去 向
1973	20	企 业
1974	331	企事业单位
1975	265	企事业单位
1978	1 850	企事业单位、参军
1979	1 101	企事业单位、参军
1980	420	企事业单位、参军
1981	530	企事业单位、参军
1984	95	企事业单位、参军
1985	12	企 业
1990	17	企 业
1991	134	企 业

（第十六编第一章《劳动》，第 607 页）

【知识青年上山下乡】

1964 年,中共中央、国务院发出《关于动员组织城市知识青年参加农村社会主义建设的决定》,雨花台区组织知青 68 名到东台、浦口、云台、南通等国营林场插场。1966 年,雨花台区又有 84 名知识青年到新疆和硕县包尔图牧场插场。1966、1967、1968 年,雨花台区组织(老三届)初、高中毕业生 1 080 人到苏北泗阳插队。1969 年,区又有知识青年 18 人到内蒙古插场。1966—1976 年,同时安置来区内插队、插场的南京市城镇知识青年 5 265 人,区政府投入建房款 1 432 739 元,建造知青房屋 1 807 间。其中,先后被招工回城的有 4 663 人,上大学(含中师)的 298 人,参军 275 人,担任乡镇区干部的 29 人。

(第十六编第一章《劳动》,第 621 页)

《白下区志》

南京市白下区地方志编纂委员会编纂,江苏科学技术出版社 1988 年

(1963 年)12 月,从下半年开始动员城市知识青年和无固定职业居民上山下乡插队以来,全区共动员 2 131 人上山下乡,其中去苏北农场 760 人,去句容县、板桥公社计 153 户,580 人,来自农村回乡的有 810 人。

(《大事记》,第 30 页)

本年(1965 年),有 665 名青年支援边疆,有 148 人到洪泽湖农场插队。

(《大事记》,第 31 页)

(1968 年)12 月,广泛开展动员知识青年和社会青年上山下乡运动,去农村安家落户的有 12 230 多人。

(《大事记》,第 33 页)

"文化大革命"期间,生产力遭到严重破坏,国民经济徘徊停滞,闲散劳动力增多,大批劳动力(以知识青年为主)上山下乡。1966 年 10 月至 1970 年 3 月,先后 4 批共动员城市青年、干部和其他人员 31 179 人上山下乡。

(第九章《劳动工资管理》,第 313 页)

60 年代初期,各级团组织大张旗鼓地开展了"向雷锋同志学习"的活动,进行上山下乡的教育。1962 年区内有 54 名团员、青年首批奔赴农业第一线,支援农村建设。1963 年又有 800 人上山下乡。1964 年在团中央"促进青年革命化,培养无产阶级革命事业接班人"的号召下,广大知识青年以董加耕为榜样,有 1 578 名青年学生奔赴宝应农村、洪泽湖农场和新疆地区,立志务农。

(第十六章《政党·群团》,第 425 页)

《栖霞区志》

南京市栖霞区地方志编纂委员会编,方志出版社2002年

是月(1968年10月),南京市第九中学搬迁到八卦洲办学;燕子矶中学7名学生到内蒙古插队落户。

(《大事记》,第31页)

(1969年)11月11日,区革委会举办"上山下乡毛泽东思想学习班"。次日,在石埠桥码头欢送首批到淮阴地区落户的下放干部和城镇居民。至年底,全区近万名机关干部、知识青年和城镇居民"上山下乡"。

(《大事记》,第31页)

1968年,燕子矶中学7名学生到内蒙古插队落户,此后,青年学生、知识分子和广大工人纷纷响应国家号召,到边疆和内地支援建设……1974年1—10月,南京城区681名知识青年(简称知青)到区内十月、摄山、八卦洲公社插队落户,外地1 000多名知青来区落户。期间,栖霞区有6 000多名知青到新疆、内蒙古、黑龙江、江西、安徽等省及江苏省内农村(场)、生产建设兵团安家落户。当年累计迁入各类人员20 487人,迁出26 682人,人口机械变动再次出现负增长。

1980年上半年,栖霞区安置插队知青374人,"老三届"(指1966年、1967年、1968年初、高中毕业生)返城知青112人。

(第二编第一章《人口规模》,第93页)

(1965年)动员组织172名知识青年支援边疆建设。

(第十二编第二章《人民政府》,第639页)

1980年12月,栖霞区劳动服务公司成立,隶属区劳动科领导,担负介绍就业、输送临时工、组织生产服务、进行职业培训、管理社会待业人员等职能。当年安置12 942名下乡回城知识青年、下放回城居民、待业青年就业。

(第十九编第一章《劳动》,第904页)

"文化大革命"期间,企业停产闹"革命",劳动就业工作无法正常开展。除部分企事业单位安置复员退伍军人、大中专毕业生和招用少量新成长的劳动力外,主要是动员组织知识青年和城镇居民上山下乡、插队插场落户。城镇高、初中毕业生"四个面向",即到农村去、到边疆去、到工矿去、到基层去。至1970年3月,组织1966年、1967年、1968年三届高、初中毕业生("老三届")下农村插队插场7 479人;城镇闲散劳动力下乡落户1 834户,2 514人。

1970年,经江苏省革命委员会批准,从1969年、1970年、1971年三届高、初中毕业生

（"新三届"）、复员退伍军人以及下乡插队插场二年以上知识青年中招工。1971年,区内各企事业单位共招用12 132人。（第十九编第一章《劳动》,第905—906页）

"三结合"就业　1978年12月,中共十一届三中全会制定改革开放政策,劳动工作由计划经济体制下的"统包统配",逐步转变为市场经济体制下的"在国家统筹规划指导下,实行劳动部门介绍就业,自愿组织起来就业和自谋职业相结合"的就业方针（简称"三结合"就业）。1979年,栖霞区上山下乡返城知识青年,下放回城的城镇居民,加上历年按政策留城安排的学生和社会闲散劳动力总人数达22 821人。当年还有新成长的劳动力1 000多人。对这些人员全部实行"统包统配"已不可能。1980年8月始,区劳动科按照"三结合"就业方针,组织社会就业。区劳动服务公司、各乡镇劳动服务公司、驻区企业单位劳动服务企业（时称劳动服务公司、站）,具体负责上述人员就业安置工作。（第十九编第一章《劳动》,第906页）

【知青上山下乡】

1965年,区内首批168名知识青年支援新疆地区。"文化大革命"期间,区内城镇高、初中毕业生安置渠道是"四个面向",即:到农村去、到边疆去、到工矿去、到基层去参加"三大革命运动"。至1978年末,栖霞区共动员15 731名知识青年上山下乡,去向为西藏、内蒙古、新疆和省内农村。

"文化大革命"10年间,接收安置来区内插队、插场的南京市城镇知识青年9 763人,区政府投入建房款205.19万元,建造知青房屋2 582间。其间,在全区插队、插场的知识青年中,有42人加入中共组织,2 251人加入共青团,113人担任生产队长以上领导职务,543人担任会计、赤脚医生,733人在社队企业工作。其中,先后被招工1 893人,上大学328人,参军308人。（第十九编第一章《劳动》,第914页）

1974年1月至8月,(区革委会)增设人民防空办公室、知识青年上山下乡办公室、体育运动委员会、供销社、畜牧家禽业办公室。（第十九编第二章《人事》,第936页）

1974年,选拔回乡和插队知识青年任教,(中学)教师总体水平下降。
（第二十编第三章《教师》,第977页）

《江宁县志》

江宁县地方志编纂委员会编纂,档案出版社1989年

(1964年)9月11日,全县安置南京市首批下乡插队的知识青年。(《大事记》,第37页)

(1973 年)4 月 10 日,县革委会政治组下乡上山组改为下乡上山办公室。自 1963—1974 年,全县计接受安置插队知识青年 15 762 人,其中来自镇江市 848 人,来自南京市 11 636 人,外省市回乡 1 307 人,江宁县 1 971 人。

(《大事记》,第 42 页)

第二节　知识青年上山下乡

一、知识青年下乡落户情况

3 年经济调整期间,城镇出现了大量需要安置的劳动力,而当时城镇生产建设却容纳不了。1962 年中央调整了劳动就业方针,指示要"城乡并举,以上山下乡为主"。"文化大革命"期间,城镇生产建设步伐缓慢,很多企业陷于停顿状态,不能安置新增长的社会劳动力。1968 年,毛泽东主席发出指示:"知识青年到农村去,接受贫下中农再教育,很有必要"。1970 年县人事局设上山下乡工作办公室,1973 年设上山下乡领导小组,有组织有计划地动员本县知识青年和接收镇江市、南京市以及外省市回乡的知识青年,安置下乡插队务农。全县 1963—1978 年共接收到农村插队、到国营农林场圃插场、参加农林生产劳动的城镇知识青年 30 537 人。

二、知识青年返城安置情况

根据有关政策规定,到 1980 年底,全县知识青年已全部调离农村回到城镇(南京镇江以及外省、市在县的未婚知识青年也同时调回原地),由县劳动局进行统筹安置。1.大专院校和中等专业学校招生录取 297 人。2.参加中国人民解放军的 240 人。3."知青"身体有严重疾病,家中有特殊困难和父母身边无子女照顾回城的 1 185 人。4.婚嫁后随亲属迁出的 1 386 人。5.统筹安置、招工分配在全民、集体所有制单位的 27 327 人。6.还有少数回城镇知识青年身体有严重疾病不能工作的转为民政部门定期救济。

(第二十六编第六章《精简下放》,第 647—648 页)

《江浦县志》

江浦县地方志编纂委员会编,河海大学出版社 1995 年

(1968 年)12 月,全县农村安置首批江浦及南京等城市知识青年 3 700 余名。

(《大事记》,第 25 页)

(1970 年)2 月 15 日,县首届上山下乡知识青年活学活用毛泽东思想积极分子代表大会在县城召开。

(《大事记》,第 26 页)

1962—1965 年接收南京上山下乡知识青年 263 人……1966—1978 年接收南京等地知

识青年 7 878 人。1978 年调离县境的知识青年 3 475 人,其中招生 237 人,服兵役 191 人,招工 2 744 人,病退 146 人,照顾回城 149 人,其他 8 人。 (第三章《人口》,第 107 页)

1969—1972 年,先后增设和恢复上山下乡安置办公室……1973 年 5 月,县革命委员会设立……上山下乡安置办公室、公安局。 (第十六章《政权政协》,第 471 页)

1969 年,设立县上山下乡安置办公室(1974 年更名为知识青年上山下乡办公室,简称知青办)。1971 年设县人事局,1978 年后,相继设县劳动局、县老干部局,撤销县知青办,同时,改革人事、劳动管理制度,下放管理权限,广开就业门路,改善干部职工工作、劳动和生产条件,干部职工队伍逐步扩大。 (第十九章《人事管理》,第 515 页)

1960—1962 年,由于部分工业企业停办,全县分批精简下放职工 4 072 名(绝大部分为农民工)。此后又陆续精简,至 1965 年,计下放职工 1 659 名。这期间,为解决城镇闲散劳力问题,除招收城镇无业者就业和安置 218 名退伍复员军人外,又动员 236 名知识青年下农村插队落户。

"文化大革命"开始后,县内停止招收正式工,城镇待业人员逐年增加。中学毕业生一批批下放到农村"接受贫下中农再教育"。1968—1969 年,下放知青 7 191 名,其中南京市区及外地知青 5 989 名。城镇社会青年和闲散人员在"我们也有两只手,不在城里吃闲饭"的口号感召下,纷纷到农村"安家落户"。为了进一步缓解劳动就业工作中的矛盾,1972—1973 年,临时工、合同工制度改革后,全县有 1 353 名临时(合同)工转为正式工;同时采取分系统、分单位"统包统分"办法,积极安置下放干部、下放职工、转业退伍军人和城镇待业人员;在知识青年问题上采取对流的办法,在城里的继续下放,在农村经过劳动锻炼的陆续回城安置工作,到 1978 年,全县累计接收下放知识青年 19 696 名(其中江浦籍 2 264 名),回城安置工作的 8 800 多名(其中本县 1 272 名)。 (第十九章《人事管理》,第 516—517 页)

《六合县志》

六合县志编纂委员会编,中华书局 1991 年

(1974 年)下放农村知识青年陆小平当选为全国四届人民代表大会代表。

(《大事记》,第 26 页)

(1980 年)12 月,城镇上山下乡知识青年回城安置结束。全县先后安排 13 200 人。

(《大事记》,第 28 页)

60 年代后期至 70 年代初,大批知识青年上山下乡,城镇居民、职工、干部下放劳动,仅 1968 年 10 月至 1970 年 6 月,就有 15 705 人下放农村插队落户。其中接收南京及外地来县落户的有 8 080 人,使全县人口及城乡人口发生了一次较大的机械变动。

70 年代末至 80 年代初,全县人口又有一次大的机械变动。1979 年知识青年和下放人员返城安置;1980 年长芦公社及龙池公社的 1 个大队、2 个生产队划属南京市大厂区,两年中全县净减人口 22 155 人。　　　　　　　　（第三篇第一章《人口规模》,第 102—103 页）

农场(长江农场)成立于 1961 年,当时以管理芦柴为主业,1966 年停办。1968 年秋,县城知识青年插场劳动,遂更名为"五·七"农场。1973—1975 年,南京、扬州两市来县的插队知青多数安排在场内劳动。1979 年插场知青全部招工回城,1981 年恢复长江农场原名。

（第四篇第七章《县属农场》,第 151 页）

1970 年,复设人事局,成立上山下乡安置办公室(1974 年改为知识青年上山下乡办公室,1981 年并入劳动局)。　　　　　　（第十九篇《劳动人事》,第 491 页）

1965 年,全民单位职工 9 191 人,城镇集体企业职工 9 322 人。在"文化大革命"中,职工大进大出:一方面动员知识青年上山下乡、下放干部、下放职工和城镇人口;另一方面,将农村户口的临时工和退伍军人 1 674 人转为固定工。1973—1980 年,对上山下乡知识青年、下放干部、下放职工,实行分期回城安置的政策,采取分系统、分单位"统包统分"的安置办法。　　　　　　　　　（第十九篇第一章《劳动管理》,第 492 页）

第三节　知识青年上山下乡

【插队插场】

60 年代初,对初、高中毕业生贯彻执行"升学、就业、支边、下乡"四个面向的原则,1962 年,南京市第一批上山下乡知识青年来六合插队落户。1964 年,六城镇首批动员 474 名知识青年下乡,分配到新篁、长山两个公社的 16 个大队、63 个生产队、1 个林业队参加集体生产劳动,由共青团六合县委选派青年干部带队,以组为单位集中食宿。"文化大革命"中,把知识青年上山下乡作为劳动锻炼和安排就业的渠道,至 1976 年 7 月,全县共组织 2 870 名城镇知识青年下乡落户。同时,接收安置南京、扬州等外地上山下乡知识青年 10 330 人,其中插场 1 654 人,分散插队 3 457 人,厂社挂钩 1 458 人,投亲靠友 1 451 人,其他 90 人。1978 年,对集镇和县城非农业户口中的中学毕业生,不再动员上山下乡。

【经费材料】

在安置知识青年中,除各部门自筹资金外,1973—1979 年南京市先后下拨经费 508.86 万元,木材 2 010.4 立方米,钢材 225.22 吨,毛竹 3 386 根,共建房 1 106 间 24 289 平方米。

【回城安置】

1962—1977年，知青可随父母转迁，结婚转迁，病退以及招工回城。1978年规定知青分批回城安置，至1981年，插队插场知青招工回城6 832人，父母退休子女顶替回城1 623人，升学555人，参军557人，病退回城887人，父母身边无子女照顾回城1 129人，犯罪判刑38人，其他原因732人。至此，历时19年的知识青年上山下乡和回城安置工作宣告结束。

（第十九编第五章《精简下放》，第509页）

《徐州市志》

徐州市地方志编纂委员会编，中华书局1994年

(1969年)12月12日，徐州市革命委员会召开知识青年上山下乡工作会议，部署本市知识青年上山下乡工作。

（《大事记》，第46页）

(1970年7月28日)徐州地区到此为止，接受安置文化大革命以来下放的知识青年和城镇居民2.2万人。

（《大事记》，第47页）

截至本月(1981年6月)底统计，1978年至今，全市共安置青年就业9.1万人，其中收回下放知青2.06万人，安置城镇待业青年6.5万人。

（《大事记》，第56页）

"文化大革命"期间，一方面，大批城镇知识青年上山下乡；另一方面，又从农村招收工人进城，给劳动就业工作带来诸多不利因素。

1979年，徐州市停止动员城镇知识青年上山下乡，创办劳动服务公司，鼓励和支持兴办劳动服务企业，鼓励和引导待业青年自谋职业，重点做好城市新成长的劳动力、下乡知识青年和其他待业人员的就业安置，将"统包统配"的单一就业模式，改为国家、集体、个人"三结合"就业。

（第四十七卷第一章《劳动就业》，第1769页）

第二章 城镇知识青年上山下乡
第一节 动 员

1959年6月至9月，动员163名高小毕业生，68名初中毕业生和13名高中毕(肄)业生到环城、大黄山、利国等3个区的9个农业社参加农业生产劳动。1962年8月，进行知识青年上山下乡插队试点。李凤山、陈瑾璋(女)等58名高中毕业生，报名到农村安家落户。1963年，动员1 771名初、高中毕业生和社会青年插队、插场。

1964年，贯彻中共中央、国务院指示，动员城镇应届和往届高、初中毕业生上山下乡参加农村社会主义建设。到1966年底，全市共动员下乡、回乡5 170余人（包括1965、1966年去新疆伊犁和阿勒泰地区2 870余人）。

1968年到1970年底，全市动员下乡、回乡、插队插场城镇知识青年23 000余人。1971年至1973年，城镇高、初中毕业生全部留城安排就业。1974年全市下乡插场、插队的城镇知识青年计7 800人，其中到徐州地区六县插队2 990人，插场1 210人，去江苏省生产建设兵团一师1 000人，在郊区和贾汪区援工大队插队2 600人。1975年全市动员下乡、插队的城镇知识青年8 000余人，全部就近在铜山县安置。1976、1977年仍有部分城镇知识青年被动员上山下乡。1976年起，停止动员知识青年上山下乡，已下乡的城镇知识青年由国家统一就地和收回城镇安排工作。

第二节 安　　置
一、形　　式

（一）插队　徐州市下乡知识青年主要到铜山县、新沂县、沛县、邳县、睢宁县、丰县、东海县及市郊区。插队知识青年每10人左右编为一组，集体插入生产队，个别也有单独建队的"知青点"，部分回原籍投亲靠友无住房的单身插入生产队。到农村集体插队的知识青年，大都安排在领导班子强、生产潜力大、收入较稳定的社队。自1973年始，在生产队建立"三集中、一分散"的知青点（集中住宿、集中生活、集中学习、分散劳动），每个知青点15—30人，每个人民公社不低于百人，并对1972年底以前安置插队的老知青进行集中调整。从1975年起，在集体插队的"知青点"中，由动员城镇按上山下乡知识青年2—5％的比例选派干部带队，时间1至2年，定期轮换。在当地党政统一领导下，具体做下乡知识青年的管理工作，城镇知识青年不再跨地区安置，就近在市郊区、县安置。

（二）生产建设兵团安置　城镇知识青年到生产建设兵团安置主要集中在70年代初期。1970年，由省统一下达指标，江苏省生产建设兵团在当年度城镇知识青年上山下乡的计划中接收。1970—1974年全市在江苏省生产建设兵团共安置7 000余人。

（三）农（牧）场安置　1964年—1970年，有4 723名城镇知识青年安置在国营农、林、牧场。其中，1965—1966年为支援边疆建设，全市有2 870名城镇知识青年到新疆维吾尔自治区的伊犁和阿勒泰地区农、牧场落户，1974年起，徐州市和徐州地区所属各县国营农、林、渔场（圃），根据经营管理条件和需人情况，开始安置徐州市的知识青年。到1975年，共安置城镇知识青年1 761人。与此同时，一些有条件的工矿企业、学校、机关事业单位，也开始试办集体所有制知青场队、农副业生产基地、集体所有制农工商联合企业、"五七"干校等（其中不少场队为独立核算单位）。各单位按系统安置城镇知识青年，各农场享受国家给予的优惠政策，一定时期内不纳税，不上交利润，不负担农产品定购任务，资金由各主管部门或从当地支农物资中解决。入场知识青年，劳动满两年以上的，可以招工、升学、参军，愿留场当农工的，从进场之日起计算工龄。

二、生 产、生 活

（一）小农具　城镇知识青年下乡、回乡时，根据当地农业生产需要，一般每人可置锄、镰、锨、镢各1件，到山区插队的还可酌情添置一些扁担、绳子及其他生活用品，1973年起，国家从上山下乡知识青年安置经费中人均拨50元，作为购置农具、家具、炊具等补助费。

（二）粮油　从1964年起，插队知识青年的口粮，头一年或当年秋粮分配前，按每人每月38斤成品粮标准，由国家统销供应，并按当地集镇人口的定量标准供应食油。参加集体分配以后，正常参加劳动的由生产队按当地单身整劳力的实际吃粮水平分配口粮。1973年改为分配口粮低于每月38斤成品粮的，由国家统销给予补助，生产队每年分配食油少于3斤的，由国家给予补足3斤。到兵团、农场的按所在单位职工的供应办法和同工种定量标准执行。已结婚的下乡知识青年，正常参加劳动，低于当地同等劳动力平均口粮水平的，在分配时给予适当照顾。

（三）生活费　1964年，下乡、回乡的知识青年，其生活用具主要是靠群众互助或借用的办法解决，必须补充的酌情购置。生活费用（包括口粮、烧柴、蔬菜、油盐等项开支）在一定时间内按照具体情况每人每月6—8元给予补助。1973年改为生活补助费为每人每年180元，主要用于购粮、柴等生活必需品。第一年或当年参加秋季分配前，一般每月补助8—10元；第二、三年根据实际情况再酌情补助。

（四）棉布、棉絮　城镇知识青年上山下乡后由原居住城镇给予棉布棉絮补助，其标准为每人棉（布）票15市尺，棉絮（票）2市斤。

另外，插队知识青年由生产队分给与社员同等数量和质量的自留地（不包括建房用地）。插队知识青年婚嫁和正常迁移，其自留地，迁出的由生产队收回，迁入的由生产队分给。

（五）住房　城镇知识青年下乡后，人均住房面积要达到8—10平方米。初期，生产队来不及新建住房，主要采取借、挤、让等办法解决。随后，由国家拨给安置经费和木材、钢筋、水泥等物资，帮助逐步建新房。1972年底以前下乡的老知青住的全部是土墙草房，质量差，损坏严重。1973年拨出专款52万元进行房屋维修。1974年为当年下乡插队的知识青年新建固定住房5012间，人均超过10平方米。此后，每年建房所需经费及建材物资等，由国家统一下达计划指标。

三、医 　 疗

1964年起，下乡知识青年因病或致伤的，医药费由合作医疗或人民公社生产队帮助，民政部门救济，以及从知识青年特殊经费中解决。因公致伤、残，由人民公社生产大队和动员单位共同负责治疗，并保证不低于一般社员的生活水平。因工死亡，从知识青年特殊经费中给以一次性补助。1973年后，下乡知识青年实行合作医疗，医疗费每人每年10元，由大队医疗机构或知青组掌握使用。重病、重伤者转院或到城市医院就治，无力交付医药费的，由人民公社生产队予以救济。

四、困 难 补 助

下乡知识青年收入达到 120 元的,作为生活自给标准(与当地农民生活状况大体相同,出勤天数大致相等作为参考),低于这个标准,属困难补助对象。一部分知识青年出勤在规定天数以上,只因所在生产队条件较差,劳动工资低或其他原因(如生病,家庭有特殊困难经批准回城等),或有的达不到规定出勤天数,分配收入达不到自给标准;还有的分配虽达到自给标准,由于收入少,欠帐多,或因修理房屋,购置农具等造成生活困难,均根据情况酌情补助。补助款额连同本人收入不超过自给标准。

第三节 经 费

1964 年,城镇知识青年上山下乡主要以自力更生和群众互助为主,国家帮助为辅。下乡、回乡知识青年的安置经费,一般用于住房,生活补助,小农具购置,旅运费等项开支,重点调剂使用,不平均分配。安置经费标准,城市知识青年插队的每人 242 元,回乡的每人 55 元。经费拨到安置县统一掌握使用。1968 年,城市知识青年插队安置经费每人 240 元,回乡的每人 50 元。1970 年,城镇知识青年安置经费实行统一标准,插队每人 250 元,回乡每人 50 元。从 1973 年起,对城镇知识青年回农村原籍落户的,到农村集体插队和建立集体所有制知青场(队)的,国家拨给的补助经费提高到每人 500 元。开支范围,建房补助费 200 元;生活补助费 180 元,主要用于购买粮草等生活必需品;农具、家具补助费、学习材料费、医疗补助费、旅运费和其他费用共 120 元。到生产建设兵团和国营农场的每人补助 400 元。

第四节 回 城

1974 年底以前,下乡、回乡的城镇知识青年除在农村结婚安家者外,有的被推荐升学、参军、提干(包括教师)等离开农村,还有少数人因多种原因经批准收回城市,也有个别人不适应农村生活和劳动环境而长期回流不归。1975 年以后,国家每年下达招工指标,从下乡、回乡知识青年中招收一定数量的工人,有的被推荐上学、参军。到 1978 年底,全市未回城的上山下乡知识青年仍有 11 000 余人,1983 年后,陆续被招工收回城市安置。

(第四十七卷第二章《城镇知识青年上山下乡》,第 1773—1776 页)

《贾汪区志》

贾汪区地方志办公室编,(内部刊行)1990 年

(1962 年 7 月)下旬,贾汪一批高、初中毕业生赴沿湖农场插队。

8 月 6 日,全镇一批高、初中毕业生赴新沂马陵山果园插队。　　　(《大事记》,第 19 页)

同月(1967年3月)，支边青年数十人倒流回贾造反。 　　　　　　　　　《大事记》，第21页）

同月(1969年10月)，全区72名支边倒流青年返回新疆。 　　　　　　　《大事记》，第22页）

(1970年)1月10日，全区"老三届"高、初中毕业生，首批1760名上山下乡。

《大事记》，第22页）

同年(1973年)，全国部分高校恢复招生。全区一批知识青年被推荐入学，成为工农兵学员。 　　　　　　　　　　　　　　　　　　　　　　　　　　　《大事记》，第23页）

同年(1978年)，全区有333名知识青年下放到北山果园劳动锻炼。

《大事记》，第24页）

第三节　知识青年上山下乡

1963年6月，10多名社会青年下放到东海李埝林场，7月，5名社会青年下放到丰县大沙河果园，10月又有20多名社会青年分别下放到东海李埝林场和丰县大沙河果园。

1969年11月，成立了上山下乡办公室。

1970年至1971年，大规模上山下乡运动开始，全区共有564名往、应届初、高中毕业生下放到江苏射阳生产建设兵团、东海、邳县、铜山县等地插队、插场。

1973年，400名应届毕业生下放到援工大队。

1975年，374名知识青年到援工大队、铜山县大泉乡插队。

1976年，有156名知识青年下乡插队。

1977年4月22日，召开五千人大会，欢送306名知识青年上山下乡。

1978年，按政策下乡知青中的有病者照顾回城安排工作，以后对独生子女也相继照顾回城，其余下放的知青在1979年以后全部上调回城，安排工作。

（劳动篇第五章《精减下放、上山下乡》，第245—246页）

《贾汪区志》

贾汪区地方志编纂委员会编，方志出版社2002年

(1969年)10月，全区72名支边倒流青年返回新疆。 　　　　　　　　　《大事记》，第19页）

（1970年）1月10日，全区"老三届"高、初中毕业生，首批1760名上山下乡。

（《大事记》，第19页）

《鼓楼区志》

徐州市鼓楼区地方志编纂委员会编，（内部刊行）1988年

（1965年），动员知识青年上山下乡，支援边疆建设。   （《大事记》，第33页）

（1979年），据统计延安区回收安置上山、下乡，插场、插队知识青年190人。此项工作至一九八〇年三月基本结束。   （《大事记》，第44页）

（1980年10月）八日，成立劳动局和劳动服务公司（一套班子两块牌子），撤销区劳动工资科和知识青年上山下乡办公室。   （《大事记》，第46页）

一九六三年，遵照"统筹安排，城乡并举，而以上山下乡为主"的方针，全年共动员上山下乡1533人。   （第五篇第五章《劳动》，第221页）

《云龙区志》

云龙区地方志编纂委员会编，（内部刊行）1989年

（1957年）8月，动员应、往届中小学毕业生下乡参加农业生产。从550名报名者中批准87人下乡插队。   （《大事记》，第16页）

同年（1964年），批准411名知识青年下乡插队。   （《大事记》，第22页）

同年（1970年），动员1596名知识青年到农村安家落户，动员支边倒流人员302名返回边疆，动员支农倒流人员265人返回农村。   （《大事记》，第25页）

同年（1971年），继续动员知识青年上山下乡。去生产建设兵团，到农村插队以及重返边疆者共270人。同时进行了三届毕业生的评议工作和处理下放当中的遗留问题。

（《大事记》，第26页）

（1977年）5月至9月，先后动员1973年至1976年四届中学毕业生425人到郊区及铜

山、东海、睢宁等县插队劳动。同时按政策规定为独生子女及身边留一名子女的照顾对象办理了留城证。 （《大事记》，第 29—30 页）

同年(1978 年)，按政策规定，抓了上山下乡放、留、收三方面的工作，下放知青 17 人；发放病残留城证 1 622 人，按政策照顾留城的 1 148 人，特困留城的 221 人；收回知青 541 人，九种人及随迁家属 21 人。 （《大事记》，第 31 页）

1966 年"文化大革命"开始后，劳动工作陷于停顿状态，此后，仅仅配合有关部门遣送"九种人"下放农村劳动和动员知识青年上山下乡。 （第十四章《劳动工资管理》，第 200 页）

【知识青年支边支农】

从 50 年代中期至 70 年代后期，动员知识青年上山下乡是区政府当时的一项重要工作。50 年代中期，面对中小学毕业生逐年增多，大量积聚，劳动力过剩的突出矛盾，市区政府根据党中央和国务院的号召，组织力量动员符合条件的毕业生上山下乡、插队落户。1957 年 8 月，全区社会上积聚应、往届中小学毕业生共计有 2 041 人，经过动员有 550 人报名，市下乡办公室先后两次批准了 87 名下乡插队。1964 年再次掀起上山下乡高潮。全区高、初中毕业生由贫下中农进行了 100 多场次的"广阔天地新农村"、"好儿女志在四方"的宣传教育，居委会主任深入住户反复动员，当年有 462 名知识青年分三批下乡插队，去向为丰县、沛县、铜山、睢宁、新沂、邳县、东海、赣榆等县。1965 年，又有 548 名知识青年被批准到新疆去参加农业建设。

1969 年底，全国范围内掀起了上山下乡高潮。各中学统一组织老三届毕业生（即 1966 年至 1968 年高、初中毕业生）报名去江苏省建设兵团或徐州地区各县农村劳动锻炼。1970 年，本区成立上山下乡办公室，先后动员 1 596 名闲散在街道的老三届毕业生到农村安家落户，动员支边倒流人员 302 名返回边疆，动员支农倒流人员 63 户 265 人返回农村。1971 年，对留城的病残老三届毕业生进行群众评议，予以留城照顾。同年，继续动员 74 人去江苏省生产建设兵团，40 人去徐州地区各县插队，动员倒流人员 146 人返回边疆。

1977 年，开始了对闲散在社会上的 1973 年至 1976 年的新三届高、初中毕业生下放动员工作。当年动员 425 人到郊区及铜山、东海、睢宁等县插队劳动。同时，按政策规定抓了上山下乡放、留、收三方面的工作。发放病残留城证的 1 622 人，按政策照顾留城的 1 148 人，因特殊困难照顾留城的 221 人。收回下放知青 541 人，其中病退 204 人，困退 337 人。从 1978 年以后，中学毕业生不再上山下乡，作为待业青年留城安置工作。以往下放的知青，通过招工、招生等途径基本上都回城安排了工作。 （第十四章《劳动工资管理》，第 207 页）

1976 年末，从下放农村的知识青年中新招收了一批（小学）教师。

（第十六章《教育　文化》，第 223 页）

《连云港市志》

江苏省连云港市地方志编纂委员会编,方志出版社 2000 年

(1966 年)6 月 23—24 日,连云港市 306 名知识青年赴新疆支边。(《大事记》,第 61 页)

(1970 年)1 月 21 日,市革委会发出《关于 1966 年至 1968 年初、高中毕业生、半工半读及其它中等学校学生和社会青年上山下乡干革命的指示》。至当年底,全市有 9 185 名城镇知识青年"上山下乡"。 (《大事记》,第 65 页)

1966 年开始的"文化大革命",使工农业生产再次下降,国民经济受到严重摧残。由于社会秩序混乱,生产停滞不前,学校不招生,工厂不招工,城市集聚了大量初、高中毕业生和社会闲散青年。为了缓解城镇待业人员就业问题,市先后动员 2.2 万城镇知识青年"上山下乡",从事农业生产劳动。 (第四十七卷《概述》,第 2071 页)

1979 年,连云港市城镇待业人员(包括下乡回城知青)为 2.7 万人,待业率达 8%。 (第四十七卷《概述》,第 2071 页)

1966—1969 年,待业人员的安置工作处于停顿状态,1970 年才少量安置一些城镇待业人员。1970—1978 年新的社会劳动力主要以动员"上山下乡"为主渠道安置就业。

1978 年,连云港市停止动员应届初、高中毕业生"上山下乡",已下乡的知识青年陆续回城,等待就业。据 1979 年底统计,全市城镇待业人员为 14 801 人,其中留城待业青年 4 414 人,其他待业人员 4 015 人,回城知识青年 6 382 人。

1979 年,连云港市对回城知识青年实行"统筹安排,系统包干"的办法进行安置,对其他待业人员采取"自愿报名,统一考核,择优录用"的办法,也可由其父母所在单位兴办的集体所有制单位安置。 (第四十七卷第一章《劳动力管理》,第 2076 页)

1973 年,江苏省革命委员会规定,应征入伍的"上山下乡"知识青年退伍后,由父母所在地接收安置。 (第四十七卷第一章《劳动力管理》,第 2077 页)

第九节 城镇知识青年"上山下乡"

一、机 构

1970 年 1 月,连云港市革命委员会"上山下乡"办公室(简称"知青办")成立。各区和锦屏磷矿、淮北盐务局也相应成立办事机构。

1971年7月,市知青办和市人事局合署办公。

1977年10月,市委组织部要求各区、局、公社、直属厂矿把知青办列入各区、局、公社、直属厂矿革委会正式编制,为科级机构。

1980年3月,市知青办与市劳动局合署办公。1981年6月,市劳动局设知青科,负责知青办的善后工作,对外仍保留市知青办名义。1983年9月,市知青办随知青科撤销而终止工作。

二、动　　员

连云港市最早动员知青下乡是在1958年。当时由于市区人口猛增,给劳动就业工作带来巨大压力。1958年1月,市劳动局在《关于动员城市失业无业人员参加农业生产问题的报告》中提出,要动员一批城市无业、失业人员,参加农、林、渔业生产。由于"大跃进"运动,此项工作受阻。1964年以后才有计划有组织的动员知青下乡。

1964年,贯彻中共中央、国务院《关于动员和组织城市知识青年参加农村社会主义建设的决定(草案)》,连云港市开始全面动员城镇知识青年"上山下乡"。动员对象为历届和应届初、高中毕业生,以及年满16周岁的城镇待业青年。至1966年末,全市共动员城镇知青下乡、回乡1 488人(包括1966年支援新疆生产建设兵团的306名知青)。

1966年,"上山下乡"工作停止。1968年12月,毛泽东主席发出"知识青年到农村去,接受贫下中农再教育,很有必要"的号召,连云港市掀起动员知青下乡高潮。至1970年末全市共有9 185名城镇青年"上山下乡",占应动员数的98.7%。

1971—1972年,留城的城镇应届中学毕业生全部安排就业。1973年,动员953名知青下乡。

1974年,省革命委员会安排连云港市动员知青下乡指标为2 600人,市革命委员会又追加指标2 000名,实际上共有4 278名知青下乡,占应下乡数的82.76%。

1975年起,实行厂社挂钩的办法,由学校定向、单位定位、按系统集中对口动员"上山下乡",全部安置在郊区农村。1975—1977年,共动员6 789名知青下乡。1978年根据省知青办《关于统筹解决知识青年问题的意见》精神,连云港市停止动员应届初高中毕业生下乡,动员往届应下乡而未下乡的城镇知识青年到市郊国营农场(圃)去劳动锻炼;对自愿要求下乡的人员,允许不转户口。至1979年末,陆续又有1 126名知青下乡。自1964年以来,先后共有23 819人到农村和国营农、林场参加生产劳动。

三、回　　城

1971年11月,开始有计划地在下乡知青中择优招工回城工作,首次从1964年在新坝公社插队的50名知青中选招6人。

1972年开始纠正下乡高潮中"左"的问题,落实党的政策。至年末,将已下乡的独生子女和虽为多子女家庭,但已全部下乡的148名知青中的109人迁招回城。另有103名按伤、病、残理由回城。

1975年以后,国家每年下达一定数量的招工、参军、上学的指标,解决下乡知青回城就业问题。至1976年末,全市共在下乡知青中招工2 202人,参军184人,推荐上学197人,病退回城546人,按政策照顾回城198人,合计3 327人,占知青总数的14%。1979年,连云港市籍下乡知青开始大批回城,至1982年6月,仍有3 241名老知青未能按政策规定回城安置就业。至1990年末,仍有近千人因婚姻、地区性政策等原因未能回城。

1989年,根据上级指示,市劳动局、公安局、粮食局、信访局等联合办理知青半家户(即城镇知青与农村青年结婚后形成一工一农称为半家户)"农转非"手续,并允许带一个不满16周岁的子女户口"农转非"。至1990年末,全市共有3 160名下乡知青办理了家属子女"农转非"手续,并已妥善安置。　　　　　　(第四十七卷第一章《劳动力管理》,第2091—2093页)

《海州区志》

江苏省海州区地方志编纂委员会编,方志出版社1999年

1960年下半年,国务院决定大量精简职工,减少城镇人口。遵此精神,海州区动员部分职工和城镇居民下放农村,严格控制农村劳动力进城做工。同时采取有效措施,按计划安置社会闲散劳动力就业。"文化大革命"期间,城镇就业基本处于停滞状态。大批城镇知识青年被动员"上山下乡"、"插队落户",而城镇工矿企业又从农村招收劳动力务工,形成区内城乡劳动力大对流,给劳动就业工作带来了诸多不利因素。1978年,遵照中共中央、国务院指示精神,区内停止动员城镇知识青年上山下乡。同时,广开就业门路,境内各企事业单位(不分全民、集体)需用劳力的,一律向社会公开招工。1980年10月,海州区成立劳动服务公司,负责全区待业青年登记发证和社会闲散劳动力的管理调配工作。同时,兴办劳动服务性企业,培训安置待业青年,并引导待业青年走自谋职业之路。至1992年,海州区平稳地渡过了建国后的第3次就业高峰期。　　　　　　(第十三篇第二章《劳动管理》,第178页)

中共十一届三中全会以后,城镇知识青年不再"上山下乡",已经下乡的知青陆续回城,城镇待业人数大幅度上升。1981年,为缓解就业压力,海州区人民政府开始实行劳动部门介绍就业、自愿组织起来就业和自谋职业的"三结合"就业办法,对自谋职业和自愿组织起来就业者,在经济上、政策上给予优惠。凡自愿组织起来从事商业营销、饮食服务的个体经营者,工商部门优先发给营业执照,经营有困难的,可申请免征所得税2—3年。同时,鼓励和支持城镇待业青年到乡、镇、街道办的企业工作,享受合同制工人待遇。

(第十三篇第二章《劳动管理》,第179页)

知识青年上山下乡

1964 年,海州区开始全面动员城镇知识青年上山下乡,动员对象为初、高中毕业生和 16 周岁以上的待业青年。1966 年,为支援边疆建设,海州区动员 15 人去新疆落户。"文化大革命"期间,社会秩序混乱,工厂不招工,大中专院校不招生,上山下乡工作亦自行停止,区内城镇积聚了大量初、高中毕业生和社会闲散青年。

1970 年 2 月,海州区成立知识青年上山下乡办公室,负责动员安排区内知识青年上山下乡工作。1970 年 7 月,全区动员 605 名知识青年赴江苏生产建设兵团 1 师 1 团(原五图河农场)参加农业生产劳动,动员 377 名知识青年到东海、赣榆、灌云 3 县以及郊区农村插队落户。1975 年 9 月,海州区于新坝公社(普安农场)建知青点,先后动员 121 名知识青年集体落户,取集中学习、集中劳动、集中食宿办法,并委派干部带队领导。1975 年,海州区于近郊洪门、南门、车站 3 个大队建知青点,采取厂社挂钩、学校定向、单位定位,按系统集中对口办法动员 102 名知青插队。1976 年,全区又动员 173 人下放新浦农场,3 人插队。1964 至 1979 年 15 年间,海州区先后动员 1 396 名知识青年上山下乡插队落户,参加农业生产劳动。

1971 年 11 月,海州区按有关政策规定,开始有计划地安排上山下乡插队落户知青回城。1975 年后,相当一部分知青自动回城。1978 年,海州区开始对下乡知青采取分期分批招工、招生、征兵或病退、困退的办法,让其回城转为城镇户口,安排适当工作。1978 年安排 94 人回城,1979 年安排 134 人回城。知青中转为农场农工的也陆续调动回城。1989 年以后,海州区开始对下乡知青与农村青年结婚的"半家户"办理"农转非"手续。

(第十三篇第二章《劳动管理》,第 180—181 页)

下乡知青招工后工资 1979 年,海州区各企事业单位对上山下乡知识青年招工后的工资发放标准为:下乡满二年的,招工后第 1 年执行企业学徒工第 2 年工资津贴标准,第 2 年执行企业学徒工第 3 年工资津贴标准,第 3 年转正,第 4 年经考核合格后定级;下乡满三年的,招工后第 1 年执行企业学徒工第 3 年工资津贴标准,第 2 年转正,第 3 年经考核合格后定级;下乡满 5 年的,招工后第 1 年执行企业 1 级工工资标准,第 2 年经考核合格后转正定级。1980 年 6 月,海州区对 1966 年底以前下乡知青到机关企事业单位工作满一年并经考核合格的,定为 3 级工;工资标准低于 3 级工的,按 3 级工工资标准执行;达到 3 级或 3 级以上的,不变动。1982 年,对各单位招收的 1966 年底以前插场、插队知青,工资低于 42 元的增至 42 元;1971 年底以前插场、插队的知青,标准工资低于 37 元的增至 37 元。

(第十三编第二章《劳动管理》,第 183 页)

1969 年 10 月,海州区革命委员会成立,下设政工组、办事组、生产指挥组、文卫组,并相继设立打击投机倒把办公室、知识青年上山下乡办公室、人民防空办公室、爱国卫生运动委员会办公室和街道办事处。1978 年 5 月后,海州区革命委员会恢复并增设政府办公室、民政科、劳资科、工业科、城市建设科、财贸科、农林科、文教科、卫生科、计划生育办公室、爱国卫生运动委员会办公室、人民防空办公室、知识青年上山下乡办公室和砚池、幸福路 2 个街道办事处。

（第十五篇第二章《行政机构》，第 217 页）

1957—1958 年的反右派运动和"文化大革命"误伤了一部分教师，造成了教师紧缺，应急吸收了部分初中生、高中生和上山下乡知识青年担任中小学教师，还有一部分退伍军人"掺沙子"进了学校，使教师队伍的成分更为复杂，师资水平下降。

（第十九篇第六章《教师》，第 300 页）

（1964 年）10 月 31 日，新浦区 50 名知识青年到新坝公社武圩大队插队劳动。

（《附录·大事记》，第 479 页）

（1970 年）2 月，海州区知识青年上山下乡办公室成立。1966 年、1967 年、1968 年三届中学毕业生大部分被分配到农场或农村落户劳动。

（《附录·大事记》，第 481 页）

《连云区志》

连云区地方志编纂委员会编，方志出版社 1995 年

（1966 年）8 月 30 日，墟沟、连云港镇一批知识青年，响应党的上山下乡的号召，走与工农结合的道路，到宿城和花果山茶竹实验场落户，参加社会主义新山区建设。

（《大事记》，第 17 页）

（1970 年）1 月 21 日，按照毛泽东关于"知识青年到农村去，接受贫下中农再教育，很有必要。要说服城里的干部和其他人，把自己初中、高中、大学毕业的子女，送到乡下去，来一个动员"的号召，开始在全区动员知识青年上山下乡。至上半年，全区有 1 000 名知识青年"上山下乡"。

（《大事记》，第 19 页）

1966—1976 年，劳动力就业工作受到干扰，城镇中新成长的社会劳动力被安排"上山下乡、插队劳动"。同时大量农民被招工，形成城乡劳动力大对流。1976 年，插队知识青年陆续回城，新成长的劳动力日益增多，就业问题日趋突出。为缓和就业压力，区政府安排部分待业人员从事临时工作，主要分布于建筑、采石、仓储、交通、运输等业。1979 年，职工退休后实行子女顶替就业。连云区先后有 40 多人通过顶替参加工作。

（第十六章《劳动人事》，第 353 页）

《新浦区志》

江苏省连云港市新浦区地方志编纂委员会编,方志出版社 2000 年

(1964 年)10 月 26 日,首批 139 名南京知识青年到达新浦农场。

10 月 31 日,新浦区 50 名知识青年赴新坝公社武圩大队插队,参加农业生产劳动。

11 月 1 日,第二批 160 名南京知识青年到达新浦农场。

11 月 2 日,新浦区 22 名知识青年到国营新浦农场参加农场建设。

(《大事记》,第 23 页)

(1966 年)6 月 23—24 日,新浦区 81 名知识青年,赴新疆伊犁地区支援边疆建设。

(《大事记》,第 24 页)

(1970 年)1 月 21 日,开始动员城市知识青年上山下乡。　　　(《大事记》,第 26 页)

(本年)全区有 1 969 名 1966—1968 年三届初中、高中毕业的知识青年上山下乡。

(《大事记》,第 26 页)

(1976 年)5 月 27 日,连云港市首次上山下乡知识青年代表大会在新浦召开。

(《大事记》,第 27 页)

　　“文化大革命”初期,区政府成立知识青年上山下乡办公室,负责安排知识青年上山下乡工作。　　　　　　　　　　　　　(第十七编第一章《劳动管理》,第 399 页)

　　“文化大革命”期间,劳动就业处于停顿状态。大批知识青年上山下乡。

　　1978 年后,上山下乡知识青年返城,全区待业人数逐年增加:1978 年为 873 人,1979 年为 4 265 人,1980 年为 4 333 人。1980 年,区政府成立劳动服务公司,贯彻“广开就业门路”的就业方针。鼓励发展街道集体工业企业和服务行业,多渠道安置待业人员。至 1981 年,全区共安置 3 279 人就业。　　　　　　　　(第十七编第一章《劳动管理》,第 400 页)

　　1963 年,执行国家劳动部“统筹安排,城乡并举”的就业政策,动员城市青年上山下乡。同时,允许开辟其他生产服务门路,尽可能多地安置人员就业。

　　……

　　1968 年 12 月,毛泽东主席发出“知识青年到农村去”的号召,全区动员 1966 年至 1968

年初、高中毕业生(俗称"老三届")除病残外全部到农村去落户,参加农业生产劳动。

1978 年,贯彻在国家统筹规划指导下,实行劳动部门介绍就业、自愿组织起来就业和自谋职业相结合的"三结合"就业政策。允许待业人员组织起来就业,或从事没有剥削性质的各种个体劳动。1979 年,通过分期分批招工、招生、征兵或病退、困(生活困难)退回城等办法,对上山下乡知识青年安排适当工作,并转为城镇户口。

(第十七编第一章《劳动管理》,第 401 页)

第四节　知识青年安置

一、上　山　下　乡

1957 年 9 月 15 日,区政府召开欢送中、小学毕业生参加农业生产会议。21 名中、小学毕业生去海州区新星农业社的岗嘴、酒店两个大队参加农业生产劳动。

1963 年 9 月 28 日,81 名知识青年(简称知青)到国营新浦农场、墟沟林场参加建设。1964 年 10 月 31 日,50 名知青赴本市新坝公社武圩大队插队,参加农业生产。次月 2 日,22 名知青到国营新浦农场参加农场建设。1966 年 6 月 23 日、24 日,81 名知识青年赴新疆伊犁地区尼勒克县,支援边疆建设。

1970 年 1 月 21 日至年底,全区 1 969 名 1966 年至 1968 年的初、高中毕业生(通称"老三届")上山下乡。其中,到农村插队的 1 575 人,到建设兵团的 394 人。

1975 年起,采取厂社挂钩,学校定向、单位定位、按系统集中对口动员,在郊区农村建"知青点",动员初、高中毕业生上山下乡务农。至 1977 年底,共动员 1975 年至 1977 年的(通称"新三届")初、高中毕业生 1 575 人,分别到新浦农场、朝阳公社、云台公社、锦屏公社"知青点"参加农业生产。

二、回　城　安　置

从 1971 年底起,在上山下乡知青中择优招工回城。当年 11 月,市有关单位在新坝公社武圩大队插队的新浦区的知青中招收 6 人回城。

1972 年起,对下放知青中属于独生子女的,照顾回城;对病、伤、残的办理病退回城手续,适当安置。1978 年后,大批下放知青通过招工、顶职、参军、升学等陆续回城工作。至1981 年,全区共安置 3 279 人。其中,经市统考招工 2 146 人(全民企业 1 441 人、集体企业705 人),通过退休顶替安置 811 人,参军 85 人。有 237 人成为街道企业固定生产技术骨干。

1989 年起,根据上级指示,市有关部门联合办理了回城知识青年留在农村的配偶户口"农转非"手续,并允许带 1 个不满 16 周岁的子女户口"农转非",对符合条件的均妥善安排就业。

(第十七编第一章《劳动管理》,第 406—407 页)

《南通市志》

南通市地方志编纂委员会编,上海社会科学院出版社 2000 年

(1957 年)8 月 31 日,南通市首批高、初中毕业生 500 多人去农村落户。10 月 5 日又有 96 人去农村落户。 (《大事记》,第 74 页)

是年(1963 年),南通市压缩城市人口 7 212 人。开始有计划地动员知识青年下农村,年 内有 262 人去专区六县农村插队落户。 (《大事记》,第 85 页)

(1964 年)1 月 28—31 日,南通市农村知识青年代表大会召开,学习董加耕事迹。

(《大事记》,第 85 页)

(1965 年)9 月 13 日,中共南通市委、市人委举行动员城市知识青年参加建设社会主义 新农村广播大会。次日,市人委举行下乡知青代表座谈会。 (《大事记》,第 88 页)

年内有知识青年 486 人去专区六县农村插队落户。 (《大事记》,第 88 页)

(1967 年)4 月 25 日,市革筹会召开上山下乡、支边工作会议,号召上山下乡,支边青年 返回农村和边疆"就地闹革命"。 (《大事记》,第 90 页)

(1968 年)12 月 22 日,《人民日报》发表毛泽东关于"知识青年到农村去,接受贫下中农 再教育,很有必要"的号召,开始动员知识青年"上山下乡"。
……
是年,南通市动员城市知识青年 613 人去专区各县及农村原籍务农。

(《大事记》,第 92 页)

(1969 年)10 月—12 月,专区、市革委会先后分 7 批下放干部、医护人员、文化工作者及 城市居民、知识青年到农村落户。至次年春,南通市下放干部 1 306 人,教师、医务人员 2 503 人,工人 1 360 人,城镇居民 4 826 人,知青 1 543 人,南通专区包括各县下放干部、教 师、医务人员 8 000 余人,去专区各县、市郊区、外地原籍。 (《大事记》,第 93 页)

(1970 年)10 月 25—26 日,南通市召开下乡人员(知青、干部)代表大会,表扬 61 个先进 集体和 30 个先进个人。 (《大事记》,第 93 页)

是年(1971年),南通市动员城市知识青年395人去金湖农场参加农场建设。

(《大事记》,第94页)

是年(1973年),按江苏省革命委员会规定,南通市精减职工2033人,其中减往农村326人,南通市知青480人,在市郊区插队落户。 (《大事记》,第96页)

(1974年)4月15日,地、市革委会召开下乡知识青年建设社会主义新农村积极分子代表大会,表扬74个先进单位、集体和个人。 (《大事记》,第96页)

是年,南通市动员知识青年1766人去市郊区插队落户。 (《大事记》,第96页)

(1975年)年内南通市动员知识青年2317人在市郊区插队落户。是年起,对下乡插队落户的知识青年通过招工、病退、困(难)退、顶替(父母退休子女顶替)和照顾独生子女,父母身边无人和归侨子女等渠道,先后进城安置,至1978年底南通市下乡插队知识青年除少数落户农村外,都回城作了安置。 (《大事记》,第97页)

是年(1976年),南通市动员知识青年1270人在市郊区插队落户。

(《大事记》,第98页)

(1977年)5月,南通地区各县动员3022人到农村插队落户。 (《大事记》,第99页)

是年,南通市动员知识青年1650人去市郊区插队落户。 (《大事记》,第100页)

(1978年)12月,中共南通市委召开知青工作会议,传达贯彻全国知识青年上山下乡工作会议精神和省委关于统筹解决知青问题的意见。市委根据南通市的具体情况决定,下乡知青全部回城,由劳动部门统一安置就业。 (《大事记》,第101页)

是年(1979年),安置南通市历年下乡知识青年和下放干部、工人2.2万人。自1977年至本年南通市共安置3.4万人。压缩去农村的城镇户口人员陆续得到安置。城市新增加劳动力和回城人员全部得到安置。 (《大事记》,第103页)

第三节　知识青年上山下乡及回城安置

1960—1965年城市进行的"整顿劳动力,整顿户口,整顿粮食供应"中,将未能升学和就业的初、高中生动员到农村安家落户,参加农业生产。1963—1965年间,市区动员下乡的知识青年共 1 387 人，其中安置到南通专区各县的 901 人，如东、掘港、南通三个农场的 486 人。

1966 年安置去新疆巴楚农场 115 人，对象中有知识青年也有青年职工。

1968 年上山下乡动员对象是 1966—1968 年三届初、高中毕业生、城市社会知识青年、郊区集镇和郊区吃商品粮的非农业人口中的知识青年、1968 年的中等专业学校和半工半读学校毕业生，是年，安置 613 人去南通专区各县、市郊区、南通农场及知青原籍；1969—1971 年的动员对象是城镇初、高中（包括半工半读学校和其他中等专业学校）、大学毕业生，以及社会青年和 1966—1969 年未下乡的知识青年，1970 年安置 1 543 人，1971 年安置 395 人去南通专区各县、市郊区、金湖农场及知青原籍；1973 年的动员对象是应届初、高中毕业生，但独生子女、病残、父母双亡、归侨学生、中国籍外国人子女均不列入下乡对象。对兄弟姐妹中有残废、生活不能自理的家庭，可留一个健康子女，其余均动员下乡。此后，动员对象均按 1973 年规定办理。1973 年安置 480 人，1974 年安置 1 766 人，1975 年安置 2 317 人，1976 年安置 1 270 人，1977 年安置 1 650 人，均落户市郊区。1966—1977 年，市区动员下乡的知青共 1.02 万人，其中安置在郊区 7 800 多人、新疆巴楚农场 115 人，南通和金湖等农场 600 多人，其余大部分去南通专区各县、少数回原籍农村插队。下乡知青由国家拨出专项经费，用于建房、生活、农具、家具、医疗补助、学习材料费等，并发给部分建房材料。1973—1978 年，省拨给南通市用于在市郊区的知青经费 381.39 万元，木材 2 547.5 立方米，钢材 201 吨，毛竹 2.03 万支。在郊区各知青点建宿舍平房 619 间，楼房 1 054 间，附属用房 335 间，共 5.66 万平方米。

1975 年开始，对上山下乡的知识青年，通过"招工"、"病退"（因病迁回城市）、"困退"（本人特殊困难）、"顶替"（父、母退休，子女顶替）、"三照顾"（独生子女、父母多子女但身边无子女、归侨子女），先后回城安置。至 1978 年底除少数落户农村外，其余均回城作了安置。

（第五十六卷第一章《就业》，第 1875 页）

"文化大革命"期间，根据江苏省革命委员会的规定和统一部署进行这项工作。下放农村的 9 035 人，其中干部 1 306 人，工人 1 360 人（全民 267 人，集体 1 093 人），基本均系全家下放，知青 1 543 人，城镇居民 4 826 人。 （第五十六卷第二章《劳动力管理》，第 1882 页）

《南通县志》

通州市地方志编纂委员会编，江苏人民出版社 1996 年

是月（1966 年 8 月），动员城镇高、初中毕业生和社会青年下乡插队，金沙镇的由二窎、五窑公社安置，石港镇的田五窑、石港公社安置，二甲镇的由东海等公社安置，兴仁镇的由五总公社安置。

（《大事记》，第 42 页）

(1968 年)12 月 25 日,响应毛泽东主席关于"知识青年到农村去"的号召,全县 679 名高初中毕业生和社会知识青年与南通市 531 名知识青年,分别到三余、石港、刘桥等 3 区所属公社插队落户。

(《大事记》,第 43 页)

(1973 年)9 月 17 日,中共南通县委成立知识青年上山下乡领导组。

(《大事记》,第 44 页)

(1978 年)12 月,根据中共中央 74 号文件和中共南通地委部署,中共南通县委决定今后不再动员城市知识青年下乡插队,对已下乡插队的作统筹安排。下旬,将全县下乡插队的知识青年和外地落户南通县的已婚知识青年的户口、粮油关系迁入城镇,等待安置就业。

(《大事记》,第 46 页)

(1968 年)12 月间,全县动员 679 名城镇高初中毕业生和社会知识青年,并接受南通市下放的 531 名知识青年,分别到三余、石港、刘桥等区的公社插队落户,接受贫下中农"再教育"。1969 年 1 月,县革委会设立上山下乡办公室(后改称县知识青年上山下乡办公室),专管知识青年和城镇居民下乡插队落户工作。至 3 月初,共有 3 390 名大、中学生和城镇居民下乡插队落户。

(第二十三篇第四章《人民政府》,第 780 页)

(1979 年)6 月间,县革委会撤销上山下乡办公室,随将下乡插队落户的知识青年全部迁回城镇,安置就业。

(第二十三篇第四章《人民政府》,第 781 页)

下乡知识青年安置

1964 年下半年,开始动员城镇知识青年下乡插队,1968 年达到高潮。1969 年 1 月,建立县上山下乡办公室(1974 年改称县知识青年上山下乡办公室),专管该项工作。下乡知识青年除部分原住农村的仍回老家落户外,一般都安排到田多人少、生活较富裕的三余、石港、刘桥等地的社队,并由国家统一下拨建房材料,由所在社队负责建房。在知识青年集中的地方建立知青点或知青队,建造知青房,集中食宿,分散劳动,同时给予生活补贴。有部分知识青年安排到南通农场、环本农场和县办农场当农工,集体食宿,集体劳动。至 1977 年底的 14 年间,南通县下乡插队的知识青年共 9 278 人,其中县内知识青年 5 441 人,接收外地知识青年 3 837 人。1978 年 12 月,根据中共中央 74 号文件和中共南通地委部署,调整知识青年上山下乡政策,停止动员城镇知识青年上山下乡。1979 年 6 月,撤销县知识青年上山下乡办公室。下乡知识青年陆续迁回城镇待业安置,至 1982 年底全部安置结束。

南通县知识青年下乡情况统计表 单位：人

年　份	县　内	省内其他市县	外省市	合　计
1964—1966	567	127	9	703
1968—1972	2 016	1 315	2 002	5 333
1973	546	11	66	623
1974	658	10	50	718
1975	694	9	23	726
1976	500		110	610
1977	460		105	565
合　计	5 441	1 472	2 365	9 278

注：(1) 1967 年，城镇知识青年未下乡。

(2) 外省市栏：1976、1977 年数据均属转入。

南通县下乡知识青年安置去向统计表 单位：人

类别 ＼ 去向	招　工	统筹安置	招　生	参　军	病　退	困　退	照顾回城	合　计
县　内	3 274	1 215	182	231	201		338	5 441
省内其他市县	558	56	46	61	59	635	57	1 472
外省市	283	901	68	44	341	352	376	2 365
合　计	4 115	2 172	296	336	601	987	771	9 278

（第二十六篇第一章《劳动管理》，第 878—879 页）

　　1970 年，因教育系统自然减员，吸收录用干部 158 名，其中知识青年 85 名，复员退伍军人 73 名。

（第二十六篇第二章《人事管理》，第 891 页）

　　1958 年大量发展民办小学，吸收部分回乡知识青年担任教师。

（第二十八篇第十章《教师队伍》，第 966 页）

《崇川区志》

崇川区地方志编纂委员会编，方志出版社 2007 年

　　是年(1963 年)，南通市压缩城市人口 7 212 人。开始有计划地动员知识青年下农村，年内有 262 人去专区 6 县农村插队落户。　　　　　　　　　　　　　（《大事记》，第 29 页）

　　是年(1964 年)，南通市有知识青年 639 人去专区 6 县农村插队落户。

（《大事记》，第 29 页）

（1965年）年内有知识青年486人去专区6县农村插队落户。 （《大事记》，第29页）

是年（1968年），南通市动员城市知识青年613人去专区6县及农村原籍务农。

（《大事记》，第29页）

（1971年）9月1日，南通市城市知识青年395人去金湖农场。 （《大事记》，第29页）

是年（1973年），南通市精减职工2033人，其中减往农村326人。南通市知青480人去市郊区插队落户。 （《大事记》，第30页）

是年（1974年），南通市动员知识青年1766人去市郊区插队落户。 （《大事记》，第30页）

（1975年）年内，南通市动员知识青年2317人在市郊区插队落户。1975年底，对下乡插队落户的知识青年通过招工、病退、困（难）退、顶替（父母退休子女顶替）和照顾独生子女、父母身边无人和归侨子女等渠道，先后进城安置，至1978年底，南通市下乡插队知识青年除少数落户农村外，大多回城并被安置。 （《大事记》，第30页）

是年（1976年），南通市动员知识青年1270人去市郊插队落户。 （《大事记》，第30页）

是年（1977年），南通市动员知识青年1650人去市郊区插队落户。 （《大事记》，第30页）

1963—1965年，市区动员下乡的知青共1387人，安置到掘港、南通等农场。
1966年，安置到新疆巴楚农场115人。
1968年，安置613人到南通专区各县、市郊区、南通农场及回原籍。

（第三十二章《人事劳动和社会保障》，第402页）

《南通市劳动志》

瞿光能主编，江苏人民出版社1995年

第八章　知识青年上山下乡

南通市从1963—1977年，共动员11536名知识青年下乡插队和去国营农场插场（见附表），其中"文化大革命"期间动员了10149名。去向是省统筹确定的。"文化大革命"前，作为城市劳动力就业渠道之一,参加农村社会主义建设,"文化大革命"期间,作为"培养无产阶级革命事业接班人"的措施去农村"接受贫下中农再教育"。1978 年,全国知识青年上山下乡工作会议决定,调整知识青年上山下乡政策,改变上山下乡的做法,南通市于 1978 年停止动员城市中学毕业生上山下乡。

第一节　"文化大革命"前知识青年上山下乡(1963—1965 年)

1960—1963 年期间,城市进行的"整顿劳动力,整顿户口,整顿粮食供应"中,已将未能升学和就业的初、高中生列入减少城市人口的对象,动员到农村安家落户,参加农业生产。①

1964 年中共中央、国务院颁发《关于动员和组织城市知识青年参加农村社会主义建设的决定(草案)》后,开始有计划有组织地动员城镇知识青年上山下乡参加农村社会主义建设。

一、动员对象和方法

根据中共中央、国务院《关于动员和组织城市知识青年参加农村社会主义建设的决定(草案)》及中共江苏省委有关指示精神,南通市动员对象是:城镇未升学的初、高中毕业生和高小毕业生(社会青年)。②动员方法是:在对学生、职工、居民普遍进行"农业为基础"和有关知识青年上山下乡的方针政策教育和讲清有关具体问题处理办法的基础上,自愿报名,所在公社党委批准,安置工作落实后,组织欢送,并派出工作组送往农村。

二、下乡人数和安置去向

1963 年—1965 年间动员下乡的知识青年共 1 387 人,安置到南通专区各县的 901 人,如东、掘港、南通三个农场的 486 人。③

第二节　"文化大革命"期间知识青年上山下乡

1966 年开始"文化大革命",当时大学不招生,工厂不招工,1968 年毛泽东主席发出:"知识青年到农村去,接受贫下中农的再教育,很有必要"的指示,南通市在此形势下掀起了上山下乡的高潮。

一、动员对象、下乡人数和安置去向

1968 年,根据江苏省革命委员会省革政(1968)73 号《关于中小学毕业生分配工作的通知》精神,南通市规定的动员对象:一是,1966 年的应届初、高中落榜生(按:实际大部是家长"文革"被"审查");二是,城市社会知识青年;三是,郊区集镇和郊区吃商品粮的非农业人口中知识青年;四是,1968 年的中等专业学校和半工半读学校毕业生。④共动员了 728 人(含 1966 年安置去新疆巴楚农场 115 人),主要去南通专区六个县插队,国营南通农场、海门江

<hr />

①　见 1963 年 1 月 31 日中共南通市委员会(1963)0018《关于继续减少城镇人口的报告》。——原书注

②　见中共南通市精简安置小组办公室《关于动员城市知识青年下乡插队工作的报告》。——原书注

③　见中共南通市委精简安置小组办公室《关于 1964 年动员城市知识青年下乡插队工作的报告》和中共南通市委精简安置小组办公室通安(1965)23 号《关于 1965 年动员知识青年插场工作的汇报》。——原书注

④　见中共南通市委安置小组办公室通安(1966)1 号《关于动员城市知识青年去新疆参加农垦建设和下乡插队工作的意见》。——原书注

心沙农场、海安农场插场,少数去市郊和外地原籍插队落户。

1969—1971年,根据江苏省革命委员会苏革发(1969)16号《关于下乡上山工作中几个问题的通知》和省革委会(1969)95号《关于动员干部下放、知青和城镇居民上山下乡的通知》两个文件精神,南通市动员对象是:城镇初、高中(包括半工半读学校和其它中等学校)、大学毕业生及社会青年和1966—1969年未下乡的知识青年。[1]三年共动员了1938人,其中安置去南通专区六县插队落户的1543人,去金湖农场的395人。对于家住城镇农村有亲属、有住房的经接收县同意可以回乡劳动;家住农村的可返回农村劳动。

1973年,根据中共中央《关于知识青年上山下乡若干问题的试行规定草案实施办法》精神,南通市革委会发出通革(1973)67号《关于我市1973年城镇应届中学毕业生在郊区插队落户的通知》规定应届中学毕业生中,独生子女、病残、父母双亡的、归侨学生、中国籍外国人子女均不列入下乡对象,对兄弟姐妹中有残废生活不能自理的家庭可再留一个健康子女,其余均动员下乡。当年共动员了480人,全部安置在市郊区7个公社插队落户。安置原则:主要由市统一分配,适当集中,安排在革命、生产抓得比较好的生产队;原籍郊区且有直系亲属和住房的,取得三级(公社、大队、生产队)证明的可回原籍;本人要求去外县投靠亲属,取得四级(县、公社、大队、生产队)证明的可去投亲。

1974年,根据江苏省革命委员会苏革乡发(1974)21号《关于1974年动员城镇中学毕业生上山下乡安置问题的通知》精神,南通市规定的动员对象:年满17周岁城镇初、高中毕业生,1973年城镇中学毕业生当时不满17周岁今年已满17周岁的,年满17周岁中途退学学生,以及城镇社会青年中应下乡而未下乡的历届中学毕业生。[2]全市共动员了1766人,全部在市郊区7个公社插队落户。

1975—1977年动员下乡的对象和政策同前,动员方法改为:各基层在思想发动,学习政策,提高认识的基础上,组织评议,对照政策,提出去、留意见,主管局审查批准,报市知青办公室备案。三年共动员了5237人,全部去市郊区7个公社和几个国营场圃,按局、社对口(指主管局和公社)、厂队挂钩(知青点)的原则,相对集中,集体安置,分散劳动或办成亦工亦农的知青农场。

二、经费来源与支出

知识青年上山下乡经费是国家拨出的专项补助费。经费标准:江苏省革委会1968年规定,下乡插队的毕业生经费补助每人230元。1969年1月1日起,三千人口以上的城镇(包括不足三千人口的县属镇)单身插队、插场的平均每人220元,成户插队的平均每人130元。1972年规定,1972年底前下乡插队,生活不能自给,平均补助100元,没有建房的平均每人

---

[1] 见市革委会通革(1969)15号贯彻省革委会《关于动员和安置知识青年与长期脱离劳动的城镇居民下乡落户的指示》的意见和市革委会通革(1975)24号《关于我市1968年中等专业学校和半工半读学校毕业生插队(场)情况报告》。——原书注

[2] 见南通市动员1974年应届城镇中学毕业生上山下乡宣传提纲。——原书注

补助 200 元。1973 年规定,城镇知识青年回农村老家落户的、到农村插队和建立集体所有制场(队)的,苏北每人补助 500 元,到生产建设兵团和国营农场的每人补助 400 元。拨款方式:由省财政厅直接拨给接收知青的县知青办使用。使用范围:知青经费主要用于建房补助费、生产补助费、旅运费、农具家具补助费、学习材料费、医疗补助费和其它费用。南通市知青办管理的是下放在郊区的知青经费,1973—1978 年省拨给知青经费共 381.39 万元(附表二),木材 2 547.5 立方米,钢材 201 吨,毛竹 20 300 支(附表三)。为安置在市郊区的 7 483 名知青,先后建造知青宿舍平房 249 幢 619 间计 12 280 平方米,楼房 100 幢 1 054 间计 35 910 平方米,附属用房 335 间计 8 422 平方米,合计 56 612 平方米(以上面积厕所除外)6 年共支出经费 356.6 万元(其中建房费 204.2 万元,生活费 77.5 万元,农具家具费 25.4 万元,学习、医疗费 6.6 万元,插场安置费 12.1 万元,其他费用 25.5 万元)。

1978 年底插队在市郊区的知识青年全部回城,其财产根据省财政厅、物资局、知青办、农业银行有关处理知青经费和财产等问题通知精神,南通市决定,对郊区的知青住房,以原造价为标准,以五折或六折价格出售处理,出售房款转入市知青办帐户。知青办撤销后,知青结余经费(包括售房款)转交市劳动服务公司,作为安排待业人员周转资金。

三、组织领导与管理

城市知识青年上山下乡工作,1965 年 2 月 15 日以前,是由中共南通市委精简小组办公室统一组织管理。1965 年 2 月 15 日至 1973 年 10 月,由中共南通市委精简安置小组办公室具体组织和管理,根据中共中央中发(1973)30 号文件规定,1973 年 10 月 20 日,建立南通市知识青年上山下乡领导小组,在市革委会领导下,统一管理,并设办公室办理日常工作。为了适应知识青年上山下乡工作的需要,市郊区各公社革委会有一名领导成员兼管下乡知青工作,并配备专职干部,大队、生产队均有人具体抓知青的教育、生产、生活等各项工作。为贯彻省委有关文件精神,南通市还从各系统抽调 124 名干部(定期交叉轮换),分赴郊区 7 个公社带领和协助公社做好知识青年各项工作。

为了关心下乡知识青年,每年元旦、春节均发去慰问信,以示慰问。1964 年、1965 年南通市还组织了两次共 100 多人的慰问团分赴农场和各县农村公社对下乡知识青年进行慰问。为了表彰知识青年在农村社会主义建设中涌现的先进分子,1964 年、1970 年、1974 年南通市曾召开了三次百人至千人以上的下乡知识青年座谈会和代表大会,先后共表扬了 135 个(1970 年 61 个,1974 年 74 个)先进集体和个人。

第三节　上山下乡知识青年再安置

南通市从 1975 年开始,对上山下乡的知识青年通过"招工"、"病退"、"困退"、"顶替"(父母退休,子女顶替)和"三照顾"(独生子女,多子女父母身边无人和归侨子女)等渠道,先后回城进行安置。招工是从 1975 年开始的,当时因招工指标少,下乡人数多,采取按下乡之先后和家庭就业人口之多少划杠子纳入招工指标,分批回城进行再安置就业。其他渠道回城安置是从 1974 年开始实行的。至 1978 年底本市下乡知识青年全部回城,由劳动部门统一再安置就业,其中中等专业学校、半工半读学校毕业生下乡插队落户的知青,是按中共中央中发(1968)94号和159号文件规定,给予分配工作的。对于"病退"回城的知识青年主要在街道企业陆续作了力所能及的适当安排。

在再安置城市下乡知识青年中,对本市下乡知青与农村青年以及外地下乡知青婚姻的问题,按国务院知青领导小组(1980)2号和省委有关文件规定执行。即:凡与农村青年结婚的插队知青,分别情况,由动员城市和安置地区共同负责,尽量就近就地安排,与城市职工(含已回城的知青)结婚的插队知青由其爱人现在所在城镇负责安置,对不同城市下乡插队的知青之间结婚的"双知青户"按照知青本人要求,可以一起回男方或女方的原动员城镇安排。①(按:此种类型的及外地下放在本市郊区的由本市安置的有720多人)。

表一　1963—1977年知识青年上山下乡人数统计表

年　份	省下达任务数	实际下乡人数	安　置　去　向
1963		262	南通专区各县及外地原籍
1964	500	639	南通专区各县
1965	650	486	如东、掘港、南通农场
1966	600	115	新疆巴楚农场(不含全民、大集体职工115人)
1967			
1968	3 000	613	南通专区各县、市郊区、农四师及外地原籍
1969	2 500		
1970		1 543	南通专区各县、市郊、外地原籍、金湖农场
1971	400—500	395	
1972			
1973	530	480	市郊区
1974	1 750	1 766	市郊区
1975	2 317	2 317	市郊区
1976	1 270	1 270	市郊区
1977	1 500	1 650	市郊区
合计	15 117	11 536	

注:见市知青办历年年报表。(按:上列表中不含1968—1977年接收外地知青来市郊投亲落户223人。)

表二　1973—1978年省财政局下拨市区知青经费情况　　　　　　　　单位:万元

年　份	历年下拨数	安置经费	统筹经费	生活困难补助费	业务费
1973	26.5	26.5			
1974	89	87.5	1.5		
1975	115	115			
1976	62.6	60.5			2.1
1977	80.03	77.03			3
1978	8.2	0.76		5	2.5
合计	381.39	367.29	1.5	5	7.6

注:见1973—1978年省财政局、省知青办下拨知青经费情况表。

————————————

①　见1979年江苏省委。省革委会劳委发(1979)81号。国务院知青领导小组(1980)国青字第2号和省上山下乡办公室苏乡发(1981)7号省劳动局苏劳安鞠字(1918)7号文件。——原书注

表三　1973—1978 年省物费局下拨市区知青下乡用木材钢材毛竹情况

年　份	木材(立方米)	钢材(吨)	毛竹(支)
1973	82.5	10.3	1 650
1974	365	26	5 750
1975	590	35	8 400
1976	760	55	4 500
1977	550	40	
1978	200	34.7	
合计	2 547.5	201	20 300

注:见省物费局1973—1978 年下拨知青用木材、钢材、毛竹情况表。

（第八章《知识青年上山下乡》,第 448—456 页）

同年(1963 年),南通市开始有计划动员知识青年参加农村社会主义建设,是年,去南通专区六县插队落户的有 262 人。　　　　　　　　　　　　　　（《大事记》,第 474 页）

(1964 年)11 月 13 日,南通市人民委员会批转市精减安置办公室《关于动员和组织城市知识青年和社会闲散劳动力参加建设社会主义新农村工作若干具体问题的处理意见》,对动员对象、安置去向和方法作了规定。　　　　　　　　　　　　　（《大事记》,第 475 页）

同年,动员城市知青下乡落户 639 人,去南通地区各县。　　（《大事记》,第 475 页）

同年(1965 年),动员城市知青 486 人去如东、掘港、南通农场插场。

（《大事记》,第 476 页）

同年(1966 年),动员城市知青 115 人,全民职工 14 人,大集体职工 101 人去新疆巴楚农场。　　　　　　　　　　　　　　　　　　　　　　　（《大事记》,第 476 页）

同年(1969 年),根据省革命委员会的规定和统一部署,动员部分干部,城市居民和知青到农村插队落户。在 1969 年冬至 1970 年春,动员下乡的干部 1 306 人,工人 1 360 人(全民267 人,集体 1 093 人,大部系因干部下放而随同下乡),城镇居民 4 962 人,知青 1 543 人。去南通专区各县、市郊区、外地原籍。　　　　　　　　　　　　（《大事记》,第 478 页）

(1970 年)10 月 25 日,市召开下乡人员代表大会(知识青年、下放干部、居民),表扬 61个先进集体和个人。　　　　　　　　　　　　　　　　　　　（《大事记》,第 478 页）

同年(1973年),开始对本市城市下乡知青均在本市郊区安置(按:1973年—1977年共安置7 483人)。 (《大事记》,第480页)

同年(1975年),本市上山下乡知识青年通过"招工"、"病退"、"困退"、"顶替"和"三照顾"(独生子女、多子女父母身边无人和归侨子女)等渠道逐步回城安置。

(《大事记》,第481页)

同年(1979年),本市下乡知识青年回城安置结束。 (《大事记》,第484页)

《苏州市志》

苏州市地方志编纂委员会编,江苏人民出版社1995年

是月(1965年8月),广大知识青年响应祖国号召报名参加农业生产和边疆建设。至年末,共有810名知识青年参加农业生产和边疆建设。 (《大事记》,第一册第50页)

(1969年)11月10日,市革委会号召掀起干部下放、知识青年和城市居民上山下乡群众运动新高潮。是年下放干部、职工、居民10 408户、37 434人;66届至67届初、高中毕业生40 666人去盐城、南通专区和农垦系统插队、插场,507人回原籍;医务人员586人(占全市医务人员总数一半以上)下放苏州专区各县及市郊。 (《大事记》,第一册第53页)

是月(1977年6月),完成1976届高中毕业生下乡动员和安置落实工作。从1962—1977年6月,全市知识青年上山下乡共70 937人。 (《大事记,第一册第57页)

1962—1966年,5年间各届部分中学毕业生和社会青年去邻县农村、新疆、苏北等地插队、插场计14 670人。

1969年,全国兴起上山下乡高潮。至1970年,全市先后共有41 173名知识青年下乡插队、插场;10 408户、37 434名干部、职工、城市居民下放苏北农村;586名医务人员下放附近各县;737人返回原籍。

1974年,应届中学毕业生下乡3 224人。

70年代末开始,大批知识青年抽调回城。至1977年,通过病退(因病照顾回城)、困退(因有困难照顾回城)、照顾独生子女等,共抽调知识青年20 231人回城。1978—1980年6月,共统筹安排回城知识青年50 354人(其中,1978年4 195人,1979年43 359人,1980年2 800人)。 (第四卷第二章《人口变动》,第一册第296页)

(1967年)2月,苏州市人民委员会为毛泽东思想苏州市革命委员会取代,下设3个委员会……4月,增设市上山下乡办公室。 （第三十六卷第二章《人民政府》,第三册第121页）

1980年6月,劳动局与1971年7月成立的市革委会上山下乡办公室合署办公,翌年3月上山下乡办公室撤销。 （第四十二卷第一章《劳动就业》,第三册第502页）

第八节　知识青年上山下乡

苏州知识青年上山下乡,始于50年代中期。动员时坚持思想领先,广大知识青年热情响应政府号召志愿报名,接受单位都持欢迎态度。形式有:参加边疆建设,农村安家落户,插队插场,回原籍等。去向主要是:苏州地区,苏北地区,农垦系统,农场,市郊区。1955—1966年,共有1.5万名知识青年献身于农村社会主义建设事业。

"文化大革命"开始后,由于各行各业处于停滞状态,广大毕业生升学无望,工作无门。1968年毛泽东主席发出"知识青年到农村去,接受贫下中农的再教育"号召后,全市接连掀起上山下乡热潮。1966—1968届初、高中毕业生全部下乡;1969届除下乡外,部分去安徽"三线"工厂,部分留城分配;1970—1972届全部留城分配;1973—1975届部分下乡,部分留城;1974届除381人去南通农场外,其余在太仓、昆山、吴县、吴江4县建立84个知青点,下放知青2785人;1976、1977届去郊区73个知青点插队共13226人。1967—1977年,共有55628名知识青年下乡。他们虽在农村经受了锻炼,但痛失适时升学深造机会,影响国家、集体和个人。

1977年在郊区筹建知青工厂,至1979年有56家,安置就业12237人;其中原下放郊区1976、1977届知识青年9455人,原下放苏州地区各县1973、1974届知识青年1502人。这56家知青工厂从1979年8月投产至年末,完成产值766万元,积累资金169万元;1980年完成产值7959万元,积累资金1483万元。

1977年末,通过病退、困退、独生子女照顾和劳动部门招工回城的知识青年有20231人;1978年12月—1980年6月,统筹安排回城知青50354人。

知识青年三个阶段下乡人数和去向情况

	总人数	苏州地区	农垦系统	地方农场	郊　区		盐城地区	新疆和田地区	省捕捞公司	回原籍
					总数	其中插场				
合　　计	70 937	30 232	18 302	2 900	16 087	2 462	1 662	800	170	784
1966 年前	15 309	7 400	3 300	2 900	639	114		800	170	100
1967—1972 年	38 611	21 497	14 609		336	336	1 662			507
1973—1977 年	17 017	1 335	393		15 112	2 012				177

（第四十二卷第一章《劳动就业》,第三册第510页）

"文化大革命"期间,掀起"知识青年上山下乡"运动,全市约有 3.55 万名知识青年到农村"插场"、"插队",参加农业生产。1978 年后,大部分知青调回城市安排工作。

(第四十四卷第十章《教师和学生》,第三册第 651 页)

《浒墅关志》

苏州高新区浒墅关镇人民政府、江苏省苏州浒墅关经济开发区管理委员会编,上海社会科学院出版社 2005 年

(1964 年 7 月)镇保安公社管山大队知识青年俞兴宝被评为省青年标兵。

(《大事记》,第 909 页)

(1966 年)春,镇掀起上山下乡知识青年下农村高潮,浒关镇为当时吴县、江阴(属苏州专区县)24 个社镇知青下乡的重点镇之一。 (《大事记》,第 909 页)

(1969 年)11 月 2 日,为响应省革会《关于动员干部下放、知识青年和城镇居民上山下乡的通知》,全镇动员知青居民上山下乡运动开始,部分知青到苏北大丰建设兵团。全镇总数在千人以上。 (《大事记》,第 912 页)

(1975 年)12 月 23 日,县人民法院召开万人公判大会,轮奸下乡知识青年的犯罪分子曹祥林(原供销社职员,"文化大革命"中县革会委员)被正法。 (《大事记》,第 913 页)

《沧浪区志》

《沧浪区志》编纂委员会编,上海社会科学院出版社 2006 年

(1956 年)10 月 24 日,沧浪区 67 名青年参加新疆建设,其中女性 37 人。

(《大事记》,第 25 页)

(1963 年)5 月,沧浪区 112 名城市知识青年被批准去国营东辛农场参加生产。全年共有 1 123 名知识青年分赴吴县、太仓农村及苏北农场参加生产劳动。 (《大事记》,第 27 页)

是年(1965 年),沧浪区 263 名知识青年去新疆和田专区洛浦县红旗农场和省三河农场参加生产劳动。 (《大事记》,第 28 页)

(1968 年)10 月 29 日,市区内首批六六、六七届高、初中毕业生赴昆山、太仓插队务农。

(《大事记》,第 29 页)

(1969 年)3 月 28 日,六八届初、高中毕业生赴苏北农垦系统各农场务农。

(《大事记》,第 30 页)

11 月 10 日,市革委会号召,掀起干部下放、知识青年和城市居民上山下乡群众运动。

(《大事记》,第 30 页)

1963 年 5 月,112 名城市知识青年被正式批准去国营东辛农场参加生产。7 月 12 日,根据市委有关城市人口下乡插队工作的指示精神,又动员下乡插队 549 人,占任务数 500 人的 109.8%,还动员 37 人投亲靠友。9 月,批准 206 名知识青年去国营常阴沙农场参加生产,1965 年,全区又动员 149 名知识青年去新疆和田专区洛浦县红旗农场参加农业生产,动员 54 人去省三河农场。

(第十一卷第三章《沧浪(胥江)区人民政府》,第 750 页)

《苏州郊区志》

《苏州郊区志》编纂委员会编,上海社会科学院出版社 2003 年

(1964 年)10 月下旬起,城市知识青年陆续插队郊区,269 人分别在 5 个公社,41 个大队,194 个生产队落户。

(《大事记》,第 24 页)

(1969 年)11 月 10 日,市革委会号召掀起干部下放、知识青年和城市居民上山下乡群众运动新高潮。

(《大事记》,第 26 页)

(1976 年)7 月 24 日,市郊先后接收市区 73 届毕业生(包括回乡知青)1 731 人,其中男 922 人,女 809 人。

(《大事记》,第 28 页)

(1977 年)6 月 7 日,市区 76 届高中毕业生安排到郊区知青点 5 884 人、场圃 1 347 人。

(《大事记》,第 29 页)

第五节　知识青年上山下乡
一、工 作 机 构

城市高、初中毕业生下乡插队,由郊区各乡镇(公社)负责接收安置工作。1971 年,郊区

建立知识青年上山下乡办公室(当时隶属苏州市革命委员会农业局)。其主要职能:安置上山下乡知青,落实安置经费和住房,办理知青回城手续等。1980年,郊区知识青年上山下乡办公室撤销。

二、下 乡 安 置

1961年,261名知识青年到郊区插场落户,其中上方山果园201名,蔬菜农场60名。1964年10月至11月,有269名苏州城市知识青年响应国家"到农村去,到边疆去"的召唤,到郊区农村插队落户,其中娄葑公社(包括苏渔公社)70人,横塘公社45人,虎丘公社65人,长青公社89人。至1972年底,全区共有知青844名。农村社队对他们陆续作了妥善安排,其中当赤脚医生的5人,民办教师27人,进社队办企业106人,征用土地进厂30人,亦工亦农35人,其余在生产队务农。1973年至1974年,两年应届初、高中毕业生共2 291人到郊区插队,知青由分散插队改为以小组形式安置。郊区为安置这批下乡知青,共使用建房补助费635 301.95元,生活补助费171 577.96元,其他费用49 154.46元,总计856 034.37元,新建住房28 112.92平方米。1976年至1977年,共有13 226名苏州市中学毕业生到郊区73个知青点插队。至1978年底,除部分知青因招工、升学、参军等原因离乡回城外,全区在乡知青12 780人(男6 472人,女6 308人),其中插队10 433人,插场2 347人。

郊区本身存在"人多地少"的矛盾,万余名知青下乡,使这一矛盾更加突出。为此,从1976年起,由市统一筹划,各区、局分别在郊区各大队建立知青点73个,建造房屋9万多平方米(共花去建房资金570余万元),其中生产用房1.5万平方米左右。郊区社队共划出土地1 175亩给知青点使用,并派出519名社员进点指导耕作和劳动。市各系统在知青点办了一些小加工场,安置部分知青进场工作。但因体制、归口和产品等问题不落实,加工场难以维持正常生产,很难把这批知青安置好。是时,在知青点劳动的知青仅两、三千人,其余9 000多人进父母所在工厂劳动,厂方支付每人每月"培训费"36元或学工补助费18元,以维持生计。1977年,市各系统在郊区筹建知青工厂,至1979年共办56家,安置知青10 120人,其中1976、1977届8 818人,原分散插队在郊区和苏州专区各县的1973、1974届知青1 302人。

苏州市先后于1973年和1977年两次召开全市上山下乡知识青年代表会议,与会的知识青年、社队干部、知青家长、知青带队干部代表共433名。苏州市和郊区有关部门每年还以走访等形式慰问上山下乡知识青年,鼓励和表彰知识青年扎根农村,建设农村。

三、回 城 安 置

70年代初,部分知青因招工、提干、升学、参军等原因陆续离乡回城。1973—1977年,回城知青387人,其中招工183名、提干2名、参军74名、升学124名、其他4名。

1979年,按国家有关政策规定,知青开始大批回城,由父母工作单位所属系统安排工作。市有关部门先后批准56个知青工厂为集体所有制企业,并分别按系统接收,知青随即被转为集体所有制工人,户口、油粮关系迁回城市。1979年1—9月,全区减少知青7 404人,其中招工902人,升学225人、参军152人,知青场、点转为大集体工人2 956人,病退

（因病照顾回城）35 人，困退（知青父母身边无子女，有特殊困难，照顾回城）9 人，顶替（父母退休，子女顶替上岗）2 943 人，死亡 7 人，其他 175 人。

至 1980 年，全区除场圃及部分外地婚嫁迁到郊区的知青外，其余全部回城安置。

1961—1977 年郊区安置上山下乡知识青年情况表

年　份	接收单位	安置人数（人）	备　　注
1961	上方山果园和蔬菜农场	261	上方山果园 201 人，蔬菜农场 60 人
1964	5 个公社和 3 个场圃	469	娄葑（含苏渔）70 人，横塘 45 人，虎丘 65 人，长青 89 人，上方山果园 100 人，天平果园 40 人，水产养殖场 60 人
1968—1972	公社、场圃	645	公社 195 人、场圃 450 人
1973	4 个公社和场圃	2 113	公社 1 731 人，场圃 382 人。建房 1 107 间，23 976 平方米
1974	各公社	178	加 1973 年共计 2 291 人，使用安置费 856 034.37 元，建房 28 112.92 平方米
1976	各公社知青点和场圃	7 231	知青点 5 884 人，场圃 1 347 人
1977	各公社知青点	5 995	
合计		16 892	

（第十八卷第一章《劳动就业管理》，第 497—498 页）

《无锡市志》

无锡市地方志编纂委员会编，江苏人民出版社 1995 年

（1965 年）7 月 23 日，无锡市 200 名知识青年赴新疆参加农垦建设。至 9 月底，全市共有 7 批 1 216 名知识青年支援新疆农垦建设。　　　　　　　　　（《大事记》，第 73 页）

（1968 年）12 月下旬，无锡市按毛泽东主席关于"知识青年到农村去，接受贫下中农再教育"的指示，开始在全市开展上山下乡运动，动员 1966 届、1967 届、1968 届初、高中毕业生到农村去。1969 年 10 月，又动员大批机关干部、城镇居民到农村去，先后下放 18 万余人。1979—1982 年，下放人员分批回城，给予妥善安置。　　　　　　　　（《大事记》，第 78 页）

（1973 年）10 月 23 日，无锡市革委会转发上山下乡办公室《关于当前上山下乡工作中若干问题处理意见的报告》。30 日，市革委会派出上山下乡工作调查组赴盐城地区调查。

（《大事记》，第 81 页）

1960年,贯彻"调整、巩固、充实、提高"的方针,在全市范围内精简职工和压缩城镇人口。企业精简职工,地区动员居民回乡。1961—1963年间,全市共精简职工72 881人,剔除各种增减因素后,净减52 260人;城镇人口共减少90 775人。随后又加强对劳动力的控制,招工权力层层上收,对城市需要就业的劳动力,采取"统筹安排,城乡并举,以上山下乡为主"的方针。除劳动部门安置就业外,还发展街道集体经济,组织各种集体所有制的手工业、商业的生产服务社组,鼓励个人自谋职业,动员知识青年上山下乡。从1962—1966年间,全市去盐城、镇江地区农村、苏北国营农场、新疆等地支农、支边的共计1.88万人。

1968年7月,取消职工顶替制度(煤矿除外)。城市招工规定要从经农村锻炼过的知识青年中招收。过后,1966、1967、1968年的初、高中毕业生全部下放苏北农村或国营农场,几年中共下放42 120人。1969年冬和1970年春,全市又下放干部、工人和城镇居民60 386人。1970—1972年间,1969、1970、1971年的中学毕业生全部分配进企业。全市增加固定工和自行招收临时工等计55 913人,超计划达24 700多人(其中有7 490名农村劳动力),职工人数和工资总额再次失控。1973年按照中央和省关于精简职工的规定,减少临时工8 623人。

1973年8月,贯彻全国知识青年上山下乡工作会议精神,对城镇中学毕业生的分配,仍以上山下乡为主。至1978年,知识青年上山下乡共52 522人。同期对已经下乡的知青,通过病退、困退、顶替和"三照顾"(独生子女、多子女身边无人和归侨子女)等渠道陆续安置回城。

1979年,国家调整知识青年上山下乡政策,无锡市按照"统筹兼顾、全面安排"的方针,决定中学毕业生不再上山下乡,已经下乡的,通过各种渠道,分期分批逐步回城安置。由于大批知识青年和下放职工及城镇居民回城,劳动就业问题突出。

(第三十五卷第一章《劳动力管理》,第2078页)

全市在1969—1970年期间下放农村的归侨、侨眷共19户52人,先后调回市内。60年代初上山下乡插队(场)的归侨、侨眷子女共25人,也调回城市。

(第四十六卷第五章《侨务》,第2558页)

《无锡县志》

无锡县志编纂委员会编,上海社会科学院出版社1994年

是月(1964年10月),无锡县首批下乡知识青年30多人,由荡口市镇到安镇公社胶西大队插队落户。

(《大事记》,第43页)

是月(1968年3月)下旬,全县知识青年掀起上山下乡热潮,全年共有1153名知识青年上山下乡插队落户。1979年起,由劳动部门分期分批安排工作。 (《大事记》,第45页)

(1976年)3月24日,玉祁公社五牧大队党支部书记冯国宝,因回乡知青冯氏兄妹3人的诬告,以迫害知青罪判刑5年。1978年8月3日,撤销原判,无罪释放,恢复党籍和职务。
(《大事记》,第48页)

1979年共受理来信来访12601件(次),主要内容有要求落实政策,60年代初停办院校肄业生、精简下放中专毕业生、下放职工、城镇待业青年、上山下乡知识青年要求安排工作,以及退休顶替、技术归队、调动工作、揭发干部违法乱纪等。从1978年5月至1980年12月,全县复查结案的有20891件,其中属动法政策案件的569件,审干案件1701件,属"三乱"的案件18621件。对其中的冤、假、错案都按政策纠错、平反、昭雪,得到纠错的有10156人,平反的6139人,昭雪的651人。平反集团性案件63件、受株连人员1238人。经济补偿共624870元。有475人安排了工作。以后信访量逐渐减少,反映的主要内容有历史遗留问题、60年代下放城镇居民生活问题、下乡知识青年与农村青年结婚所生孩子报户口等问题,涉及3487户11894人,经调查核实,按政策作了妥善处理。
(卷十九第六章《信访》,第723页)

1966年起,因"文化大革命"停止招工,1966、1967、1968三届城镇户口的初中、高中毕业生全部去农村、农场。1975年,县内招工466名(有农无工户197名,农多工少户243名,中技生11名,因工死亡职工的子女15名);无锡市向县招工316名(知青户102名,技校生27名,下放户187名);本县按自然减员数招收基本工601名。

1978年后,着手解决"文化大革命"期间积压下来的劳动就业问题。1979年,首先安排1971年前的在乡老知青和1961年至1965年因学校停办的大、中专肄业生就业。全县共安排了2425名在乡知青就业。同时,还办理了1837名退休、退职职工的子女顶替工作。由于剩余在乡的知识青年尚未全部安排,而新的初中、高中毕业生又在等待就业,劳动就业问题仍然突出。从1980年至1981年6月,全县以待业青年与大、中专肄业生为主安排了6277人就业。1979年至1981年三年中,全县共招工36848人。
(卷二十第二章《劳动管理》,第734页)

第二节　知识青年上山下乡

无锡县动员知识青年上山下乡始于1963年,首先在安镇人民公社胶西生产大队建立"知青点",名朝阳新村,有知识青年50多人,从事农业生产。

1968年,全县大批知识青年上山下乡,至三月底,共有1153名知识青年上山下乡。其中 1 003 人安排在本县六个公社（场）的山区,新建 15 个生产队（后重新安排插队,保留了查桥公社的吼山知青点）;150 人集中在前洲公社中圩大队,新建星火、燎原 2 个生产队,并聘请 22 位老农当指导。

1978 年,全县有上山下乡知识青年 6 500 多人,其中本地插队青年 3 000 多人,外省、市回乡与转插回无锡县的知识青年 2 000 多人,还有去苏北插场的、已办理苏北农场调工和病退回锡的知识青年等。对上述上山下乡知识青年,按政策规定一部分继续留在农村从事农业生产,1979 年安排工作的上山下乡知识青年有 2 577 人,1981 年安排 1 821 人,先后共安排上山下乡知识青年 4 398 人参加各项工作。县吼山知青点办成无锡县无线电二厂。

（卷二十第五章《精简下放 上山下乡》,第 750 页）

《崇安区志》

无锡市崇安区地方志办公室编,(内部刊行)1991 年

第四节 上 山 下 乡

解放后,随着国民经济的不断调整和精简机构,一大批机关干部、企事业单位职工以及知识青年、地区居民,动员下放、插队、插场、上山下乡,从 1956 年至 1978 年,全区共下放农村 52 379 人。

管理机构。1959 年 12 月,区成立支农领导小组。1961 年 2 月,下设办公室。1962 年 4 月,改为精简领导小组,下设办公室。1963 年,成立精简安置办公室。1966 年,改为上山下乡办公室。1973 年,改为知识青年上山下乡办公室。1982 年,上山下乡办公室与劳动科合并。

几次比较集中的动员上山下乡:

动员流入城市的农民回乡生产。解放后到 1957 年,从农村或其它城镇迁入区内的有 9 172 人。由于农业人口大量流入城市,影响和削弱农业生产,增加粮食统销和副食品供应,造成住房紧张,因此从 1955 年底开始,根据中央、省、市委指示精神,压缩城镇人口,支援农业生产第一线,开展动员流入本市的农民回乡参加农业生产,至 1956 年 4 月,全区回乡生产的有 717 户,1 774 人。

精简下放职工。1958 年"大跃进"开始,工矿企业迅猛发展,当时劳动制度较为混乱,私招乱雇极为严重,又有大批农民盲目流入城市。根据中央《关于精简职工压缩城镇人口,支援农业生产》的指示和省委关于"决心大、行动快、步子稳、工作细、安置好"的要求,自 1959 年—1962 年,精简职工 18 903 人。精简后和地区上原有闲散劳动力,动员回农村生产的共计 32 161 人。

社会青年上山下乡。1962 年开始到 1966 年,动员社会青年和历届初、高中毕业生分批到江苏淮海等农场插场的有 2 764 人,到射阳、溧水、宜兴等县插队的有 2 759 人,到新疆插

场的有 63 人,全区合计 5 586 人。

干部、知识青年、职工、居民上山下乡。1969 年至 1970 年,全区下放干部共 409 人,其中:全民所有制干部 284 人(内有机关干部 52 人,小学教师 220 人,工业干部 12 人),集体所有制干部 125 人(内有小学教师 31 人,医务人员 70 人,工业干部 24 人)。

同时全区 19 个工厂、企事业和商业系统共 1 265 名工人,下放去农村安家落户。地区街道工厂企业全部撤销回地区和居民一起动员下乡,计有 9 910 人,合计 11 175 人。

1966 届、67 届、68 届初、高中毕业生,由学校工宣队动员,全部到农村去插场插队。去向除部分回原籍农村外,主要去苏北各农场和盐城专区各县农村,安家落户。

1973 年至 1978 年,部分应届初、高中毕业生,下放到无锡县马山、马圩、茶果场等地插队、插场参加农业生产。有 274 人去南通农场插场。

从 1975 年开始,知青中凡属独生子女或多子女无工者,以及有病者,陆续照顾回城。中共十一届三中全会以后,下放农村的干部、职工、居民、知青基本上回城安排工作。

(第十七章《劳动工资》,第 264—266 页)

《南长区志》

无锡市《南长区志》编纂委员会编,上海人民出版社 1991 年

(1963 年)10 月,南长区首批知识青年 118 人,到苏北等地农场及农村插队落户。

(《大事记》,第 25 页)

(1968 年)年底至翌年初,动员 1966、1967、1968 届初、高中毕业生"到农村去接受再教育"。
(《大事记》,第 27 页)

(1979 年)8 月,建立南长区农工商联合公司,并在马圩筹建农场,有土地 807 亩,房屋 5 885 平方米,安排下乡知识青年 180 名。
(《大事记》,第 30 页)

【动员干部、职工、青年、居民下乡】

1963 年 10 月,首批知识青年 118 人至苏北农场,参加劳动生产。1964 年,全年动员下乡 1 604 人,其中至新疆参加农业建设 45 人,至生产队 1 211 人,回原籍生产队 241 人,至农场 107 人。1965 年支援新疆建设 336 人。

1969 年,动员干部、职工、青年、居民下乡 9 300 余人。66 届、67 届、68 届初、高中毕业生多数"到农村去接受再教育";1973 至 1978 年部分未升学应届毕业生到马山、峰嶂、林果场等劳动。1969 至 1978 年累计动员青年下乡 13 633 名至苏北、宜兴、溧阳、峰嶂、马圩等地

插队、插场。

【落实政策,回城安置】

1975 年开始,下乡青年中凡身体有病和属独生子女或父母身边无人照顾者,陆续照顾回城。其余在中共十一届三中全会后,按照政策规定,凡下放农村的干部、职工、居民、青年基本上调回城市安排工作。　　　　　　　　　　　　　　　　(第二篇第五章《人事劳动》,第 160 页)

《常州市志》

常州市地方志编纂委员会编,中国社会科学出版社 1995 年

(1955 年)8 月 20 日,106 名初中毕业生赴新疆参加生产建设兵团。

　　　　　　　　　　　　　　　　　　　　　　　(《大事记》,第一册第 87 页)

(1956 年)2 月 5 日,103 名社会青年赴内蒙古参加边疆建设。(《大事记》,第一册第 87 页)

(1957 年)9 月 1 日,40 名中小学毕业生第一批下乡落户参加农业生产。

　　　　　　　　　　　　　　　　　　　　　　　(《大事记》,第一册第 89 页)

是年(1963 年),市区 1 250 名知识青年分赴国营练湖农场、白马湖农场及东辛农场工作。

　　　　　　　　　　　　　　　　　　　　　　　(《大事记》,第一册第 97 页)

(1965 年)6 月 28 日,知识青年 124 人首批赴新疆参加生产建设。

　　　　　　　　　　　　　　　　　　　　　　　(《大事记》,第一册第 99 页)

(1968 年)9 月 9 日,千余名高中毕业学生上山下乡当农民。

　　　　　　　　　　　　　　　　　　　　　　　(《大事记》,第一册第 103 页)

(1969 年)3 月 17—25 日,市 8 000 余名知识青年前往苏北新洋、南通、东方红等农场务农。　　　　　　　　　　　　　　　　　　(《大事记》,第一册第 104 页)

12 月 5 日,常州市首批上山下乡的干部及家属、知识青年、城镇居民共 100 多户、550 多人,前往高淳、溧水、金坛等县农村落户。　　　(《大事记》,第一册第 104—105 页)

12 月 30 日,常州市近 3 000 名高初中毕业生前往江苏省生产建设兵团劳动。

　　　　　　　　　　　　　　　　　　　　　　　(《大事记》,第一册第 105 页)

(1973 年)11 月 28 日,城区 1 159 名知识青年前往郊区和武进县农村落户。

(《大事记》,第一册第 108 页)

是年(1975 年),知识青年 2 324 人,分别下放到茅山林场和郊区知青点落户。

(《大事记》,第一册第 110 页)

(1976 年)1 月 5 日,常州国棉一厂一辆满载知识青年的汽车,在茅山地区二茅峰翻车, 38 人受伤,其中 4 人重伤。　　　　　　　　　　　　　(《大事记》,第一册第 110 页)

(1979 年)6 月 30 日,自 1978 年第四季度以来,市区已安置回城知识青年、下放人员子 女、高初中毕业生等各类待业人员近 4.2 万人就业。　　(《大事记》,第一册第 116 页)

1978 年后,(机械工业)全行业吸收大批回城知青及一批转复军人、应届大、中专毕业 生、应届高、初中毕业生,还从外地调入科技人员,壮大职工队伍,职工政治素质、文化素质也 有较大提高。　　　　　　　　　　　(第十三卷第四章《职工队伍》,第二册第 104 页)

为支持集体工商企业的发展,解决大批上山下乡知识青年回城后就业困难,根据有关规 定,1980 年经报批对 158 户新办集体企业给予免税照顾,免税额 746 万元。这对支持农村 社队企业的发展,毛纺工业的发展,商业网点的扩大,安排待业知识青年等均起到积极作 用。……戚墅堰铁路机械配件厂 1980 年吸收上山下乡回城知识青年 1 498 人,占全厂职工 总人数的 70%。　　　　　　　　(第三十二卷第三章《征收管理》,第二册第 1082 页)

1967 年 3 月 19 日,市军管会成立,对中共市委、市人委等实行军事管制,代行政权职 能,下设革命委员会、生产委员会和办公室,……办公室下设总务组和下乡上山办公 室。……

1969 年 1 月至 1972 年 5 月,市革委会增设机构及其变化情况:设下乡上山办公室……

1972 年 5 月 24 日,纺织工业、机械工业、化学工业、无线电工业、轻工业、交通、物资、财 贸、财税银行、城建、民政、文化、卫生等 13 个系统革委会(革命领导小组)统一改名为市革委 会纺织工业局、机械工业局、化学工业局、无线电工业局、轻工业局、交通局、物资局、商业局、 财政局、城市建设局、民政局、文化局、卫生局。此后至 1976 年 12 月,机构变动不大。…… 此外,“五·一六”专案组改名为第二专案办公室。下乡上山办公室先后改称上山下乡办公 室、知识青年上山下乡办公室;……

1977 年 9 月至 1980 年 10 月,……下放人员工作办公室、知识青年上山下乡办公室先 后并入劳动局;……

1980 年 10 月 23 日至 12 月,市人民政府设有……知识青年上山下乡办公室(设在市劳动局内)……

(第三十五卷第三章《人民政府》,第二册第 1296 页)

1966 年以后,来信来访大部分反映的是精简下放和知识青年上山下乡存在的问题,也有不少是询问政策并要求落实政策。……

1978 年,市区收到人民来信 24 956 件,接待来访群众 20 671 人(次),信访共计 45 627 件,比 1977 年增加两倍。其中市委办公室直接收到人民来信 7 761 件,接待来访 3 836 人(次),信访共计 11 597 件,反映精简下放、上山下乡问题的 3 928 件,占信访总数的33.87%;……

(第三十五卷第三章《人民政府》,第二册第 1310 页)

1978 年,常州不再搞上山下乡,已上山下乡的大批知识青年和下放人员,急待回城安置,加上社会新增劳动力每年约有数千人,安置就业的形势严峻。

(第三十七卷第二章《劳动力管理》,第三册第 64 页)

1977—1980 年为常州再次就业高峰,重点解决回城知识青年和下放人员的就业安置。

(第三十七卷第二章《劳动力管理》,第三册第 66 页)

1966 年下半年起至 1968 年一季度因受"文化大革命"影响,就业管理工作被迫停顿,主要任务是动员"上山下乡"。1968 年 3 月成立劳动服务组后,就业管理逐步恢复,1970 年起开展正常工作。

1977 年 7 月,成立常州市革命委员会劳动局,设调配科,负责就业管理。1979 年前后,集中全力做好大批上山下乡知识青年和下放人员回城后的就业安置工作。

(第三十七卷第二章《劳动力管理》,第三册第 73 页)

知识青年上山下乡

1957—1958 年,常州动员组织了一次知识青年上山下乡,对象主要是未能升学的高中毕业生和社会青年,分 3—5 人一组,集体插队到武进县的芙蓉乡等农村,也有回原籍农村老家务农的,人数约 300 人。"大跃进"之后,这些人又大都通过招工、支工等各种渠道回到城区。

1962 年,在精减职工、压缩城镇人口的同时,常州市工业专科学校、医学专科学校、常州市技工学校和常州牵引电机厂技校等 5 所厂办技校,奉命停办。对停办学校学生的安置,市委指示动员上山下乡。当时有 412 人响应号召,他们分别安置到溧阳县的瓦屋山等 5 个国营场圃。1963 年开始先后有知识青年上山下乡,安置去向为插场(苏南和苏北的各国营农场)和插队(镇江专区的丹阳、金坛两个县的农村为主)。

1964 年,常州在动员知识青年上山下乡期间,应新疆维吾尔自治区拜城县领导之邀,有 35 名郊区农村青年,自愿要求参加边疆建设,于 9 月抵达拜城县大宛其农场。1965—1966 年上半年,共有 916 名城市知识青年分 3 批支援新疆建设。他们被分别安置到大宛其、乌拉斯台、五一、头墩河、哈木湖、寅尔其等 6 个国营农场。

1966 年下半年至 1968 年,由于"文化大革命"的干扰、破坏,学校正常秩序被打乱,连续三届初、高中毕业生等待安置。1969 年,根据江苏省革命委员会上山下乡工作指示,成立常州市革命委员会毕业生分配招生办公室,由军代表任办公室主任。办公室的主要任务是动员毕业生上山下乡。对中学"老三届"(66、67、68 届)初、高中毕业生,除个别人外,全部"光荣批准"上山下乡。同年 10 月 12 日,市革命委员会举行首次欢送大会。至 1970 年初,市区共下放知青 20 032 人,其中有的到镇江地区的丹阳、金坛、宜兴、句容等 7 个县的农村插队,有的插场到苏北的新洋、南通、大丰等 10 个国营农场(生产建设兵团)。1971—1972 年,对 70 届(除随父母下放外)、71 届初中毕业学生全部分配工作。1973 年,常州对 1972 年毕业学生实行"四个面向"(升学、上山下乡、支边、城市安排就业),分 9 月、12 月两批动员。在动员政策上作了如下规定:即兄弟姐妹有 2—3 人的,要有 1 人下乡;有 4 人的要有 2 人下乡;有 5 人的要有 3 人下乡,以此类推。是年,下乡人数 1 169 人,其中除 711 人安置到郊区的 7 个公社外,其余到武进县插队,或回父母原籍,或投亲靠友。

1974 年 7 月,《人民日报》报导湖南省株洲市厂社挂钩对口下放安置知识青年的经验,常州市进行学习、推广,先后在郊区、茅山区建立"知青点"79 个,改原来以学校、街道为单位动员下放知青,为知青父母所在单位负责,实行厂社挂钩,"知青对口下,带队干部对口派,支援农业对口帮"。之后,知青上山下乡,除少数愿回原籍外,均安置到"知青点"。

1975 年市革委会在政策上规定:独生子女等 5 种人不动员上山下乡;对 2 个子女的要动员 1 人下乡,对 3 个以上的多子女,原则上在父母身边留 1 个,如家庭有实际困难,还可照顾 1 个。1976 年,在安置地区上,又作了到郊区知青点和到茅山林场、茅山区社队知青点的,要按家庭子女的农工比例分配的规定。自 1975—1977 年,市区 74—76 届毕业学生安置到"知青点"的计 8 432 人。截至 1977 年底,市区累计上山下乡知识青年 43 013 人。

市区知识青年上山下乡人数暨安置地区情况表

安置地区	合计	1962 年	1963 年	1964 年	1965 年	1966 年	1969 年老三届生	1969 年冬 1970 年春随父母下放	1973 年 1972 届生	1975 年 1974 届生	1976 年 1975 届生	1977 年 1976 届生
总　　计	43 013	412	1 361	2 007	1 125	495	20 032	7 657	1 159	2 324	3 124	3 317
苏北各国营农场	9 419		800		345		8 274					
苏南各国营农场	1 262	412	450	50	50		300					
新疆各国营农场	951			35	619	297						
镇江专署各县	18 804			1 553	111	198	9 642	6 926	374			

安置地区	合计	1962年	1963年	1964年	1965年	1966年	1969年老三届生	1969年冬1970年春随父母下放	1973年1972届生	1975年1974届生	1976年1975届生	1977年1976届生
常州郊区社队知青点	5 494						458		711	831	1 009	2 485
常州茅山区林场	3 489									1 407	1 430	652
常州茅山区社队知青点	546										480	66
常州城建潘家桥苗圃	72										53	19
回原籍（投亲靠友）	2 976		111	369			1 358	731	74	86	152	95

1978年12月,国务院召开全国知青工作会议,按会议精神和常州的实际情况,市革委会研究,从1978年起不再动员上山下乡,对77届已毕业待批准上山下乡的学生,经过短时间的学工劳动后分配工作。同时根据会议精神,统筹安排知青回城安置工作。到1984年,共收回知青41 991人,占上山下乡知青总人数的97.6%。

（第三十七卷第二章《劳动力管理》,第三册第82—84页）

"文化大革命"中,中小学生来自市区,按规定的学区入学;中等专业学校(含师范)学生来自"上山下乡"的知识青年(时称"工农兵学员"),其中师范学校以市区居多,工科学校学生来自江苏省各地。

（第四十二卷第九章《学生》,第三册第396页）

"文化大革命"初,初、高中毕业生升学无路,加以又是从所谓"旧学校"中出来的,需接受贫下中农的"再教育",故1968年有1.2万名初、高中毕业生至苏北农场和苏南各县插场、插队,另有部分学生回原籍插队。1970年,未升学的城镇初中毕业生分配进厂工作。此后,一批城镇应届中学毕业生至郊区新闸、五星、红卫、丁堰等4个公社以及茅山区插队落户。1968—1974年,市区先后有33 000名中等学校毕业生"上山下乡"。

（第四十二卷第九章《学生》,第三册第402页）

1972年底对原系城镇户口在农村入伍的上山下乡知识青年,规定回入伍所在地安置,1973年规定可在父母所在地安置……

（第四十七卷第三章《优抚安置》,第三册第759—760页）

市革委会成立后,1968年3月至1969年7月,市区围绕"清理阶级队伍"、定性定案、整党、"解放"干部、庆九大、落实政策、上山下乡运动等举办各种类型的"毛泽东思想学习班"共3.3万多期,参加"学习"的330多万人次(当时市区人口35.4万);仅1969年11月底至1970年1月底两个月间,围绕"上山下乡运动"大办特办达23 019期,参加者41万人次。

(第五十二卷《专记》,第三册第1112页)

"上山下乡"运动

1968年"上山下乡运动"在全国兴起。当时,教育事业受到严重摧残,高等学校停止招生,中小学校停课已久,已经毕业和按期应予毕业(但未完成学业)的初、高中毕业生已无出路,中学"老三届"(1966、1967、1968年初、高中毕业生)除个别人外,全部"光荣批准"上山下乡。10月12日,市革委会举行首次"欢送大会"。12月《人民日报》发表毛泽东关于"知识青年到农村去,接受贫下中农的再教育,很有必要"的指示,使知识青年上山下乡活动形成高潮。至1970年初,市区共下放知识青年27 679人,分别到武进、丹阳、金坛、溧阳、溧水、高淳、宜兴及苏北生产建设兵团、苏北沿海农场。

1969年11月26日,市革委会根据毛泽东关于"广大干部下放劳动"的号召,在省常中操场召开3万人参加的"干部下放和知识青年、城镇居民上山下乡动员誓师大会",宣布了首批下放干部、医务人员和城镇居民名单。为了推动这场运动,市革委会派出由1 233名工人组成的"工宣队"和526人组成的业余"工宣队",开进街道里弄。到1970年春,市区下放干部和城镇居民7 902户(其中半家户2 645户)、28 046人,其中:全民、集体单位的干部、职工10 730人;个体手工业户和商业一统户500人;干部家属及居民14 993人(含中学在校生和16周岁以下的7 657人);所谓"右派"及四类分子被遣送1 051人。

"上山下乡"运动,造成了严重的社会问题。老弱病残者无法在农村生活,即使身体健壮的人,也难以养活自己。因此,有些下放人员以不同形式表达自己对上山下乡运动的意见,其中有的被错误地定为"反革命案件"。

为了稳定上山下乡人员的情绪,1970年1月25日至2月3日,市革委会负责人带领300多人的慰问团,去金坛、溧阳、高淳等地走访、慰问下放人员,解决突出问题。同年上半年,上山下乡运动暂停,1970届初中毕业生(当时尚无高中)全部留城安排工作。此后几年,也只有少量中学毕业生下放在茅山区、郊区及城建系统所属潘家桥苗圃,1977年后,不再搞城市知识青年下放农村。

(第五十二卷《专记》,第三册第1112—1113页)

《常州市天宁区志》

《常州市天宁区志》编纂委员会编,方志出版社2002年

同日(1963年3月8日),区委成立精简领导小组,朱荣峰任组长。至年底,全区共动员

城市人口 1 271 人下乡,其中居民、"三属"647 人,毕业生、社会知青插队的 624 人。超额完成市下达指标 10%。 （《大事记》,第 46 页）

（1965 年）6 月 28 日,全市 1 500 余名知识青年和家长,在工人文化宫举行大会,欢送首批 124 名赴新疆参加建设的知识青年。是年全区共组织动员 56 名知识青年去新疆阿克苏地区大宛其农场落户。 （《大事记》,第 49 页）

三季度,动员知识青年 126 人到农村插队落户。 （《大事记》,第 50 页）

（1966 年）1 月,区人委春节前后在下乡知识青年和家长中开展一系列工作。10 日组成区、街、居委干部 20 多人的慰问团赴丹阳农村慰问;23 日与新洋试验站来常慰问团一起召开新洋回常知青联欢会;25 日举行知青家长座谈会,还与省农林厅慰问团一起在红星剧场慰问区内知青和家长。 （《大事记》,经 50 页）

5 月 20—22 日,全区以街办为单位,举行出席市上山下乡知识青年代表大会代表和社会青年的茶话联欢会。 （《大事记》,第 50 页）

（1969 年）11 月中旬至年底,全区掀起"上山上乡"高潮。市派工宣队进驻街道办事处,开展城镇居民和知识青年上山下乡工作。11 月 23 日,区成立上山下乡领导小组,曲显岐任组长,下设办公室。在市革委会召开有 3 万人参加的上山下乡动员誓师大会后,从 12 月 5 日至 30 日,部分区属干部及家属、知青、城镇居民分 4 批下放到农村落户。区街道工厂只留下一些骨干和老弱病残,其余职工都被下放,全年批准下乡的达 5 868 人。

是年,全区结合所谓"斗、批、改",共办各种类型毛泽东思想学习班 4 990 期,225 668 人次参加。特别是"上山下乡"运动中,全区共办学习班 2 647 期,51 000 多人次参加,其中家庭学习班达 1 650 期。 （《大事记》,第 54 页）

同年（1970 年）,继续进行"上山下乡"工作。全年动员知识青年和城镇居民 5 222 人下乡。 （《大事记》,第 56 页）

（1972 年）10 月 13—15 日,区"上山下乡"革命家属代表会议召开。出席代表 357 人,列席代表 83 人,邀请代表 18 人,会议通过向全区革命家属发出的倡议书。据统计,在"上山下乡"运动中,全区有 12 199 人到农村落户。其中全家户 641 户 2 771 人,半家户 1 289 户 3 359人,知识青年 6 069 人。 （《大事记》,第 57 页）

同月(1973年9月),各单位对知识青年"上山下乡"工作中存在的问题,普遍进行检查并逐步予以解决,全区又有230名知识青年下乡插队。　　　　　　　　(《大事记》,第58页)

(1979年)6月8日,区委召开工作会议,进一步贯彻为生产、为职工群众服务的方针,强调着重抓就业问题,努力解决住房问题,加强绿化管理,搞好"三代"店(代购、代销、代批)、服务站,大力开展增产节约运动。城区广开就业门路,妥善安置插队知青、下放户子女、城市毕业生等各类待业人员。　　　　　　　　　　　　　　　　(《大事记》,第64页)

东风(天宁)区革命委员会工作机构(1968.7—1980.6)　　1968年7月,建立办事组、政治工作组、生产指挥组、人民保卫组(原群众专政组)。1977年11月区革委会撤销4个工作组,建立办公室、民政科、文教科、劳动工资科(含知青办公室)、卫生科、计划生育委员会办公室、商业科、工业科、人防办公室、城建交通科、工商行政管理分局(市、区双重领导)、天宁公安分局(市、区双重领导)。　　　　　　　　　　　　(第十六章《区人民政府》,第495页)

1977年11月,区革命委员会成立劳动工资科,其中有一名科长,兼任知青办、下放办主任,负责劳动工资、安全生产、精简下放人员生活补助和知青回城安置等工作。1979年底,下放知青回城安置工作基本结束,知青办公室撤销,遗留问题由劳动工资科负责。
　　　　　　　　　　　　　　　　　　　　　　　(第十九章《劳动　人事》,第531页)

1966—1968年三届初、高中毕业生除个别因病留城分配工作外,其余全部去农村插队落户。1970—1977年,实行"面向农村,面向边疆,面向工矿、面向基层"方针,区政府根据各个初、高中毕业生家庭兄弟姐妹就业的具体情况,采取"按档分配"和"对号入座"办法,确定留城安排或"上山下乡",先后安置8届毕业生1 550人。

1978—1985年,区政府统筹规划,实行劳动部门介绍就业,自愿组织起来就业和自谋职业相结合的劳动就业政策,劳动部门广开就业门路做好劳动就业工作。通过工人退休后由子女顶替、组织集体经济、建立劳动服务公司、兴办合伙企业和发展私营经济及个体经营等措施,统筹安置"上山下乡"回城青年3 249人,介绍临时用工333人次。基本解决十年"文化大革命"期间造成的严重待业问题。　　　　　(第十九章《劳动　人事》,第532页)

上山下乡

1964年,全区动员支援内地和边疆建设,批准15名知识青年支援新疆乌鲁木齐建设,知识青年插队、插场703名,居民和职工、干部家属回乡154名。1965年,区内有56名知青去新疆阿克苏地区大宛其农场,其中新丰街道21人,青山路街道24人,水门街道11人。有18人下放农场,70人去苏北新洋农场试验站工作,1人抽调四川重庆的中央第四冶金公司工作。1966年,"文化大革命"开始,有些下放人员回城"造反"、"上访"、"告状",要求回城和解决生活上的困难。1968年,市区革委会相继成立,并设"上山下乡"办公室。下半年动员1966年、1967年、1968年三届初、高中毕业生全部到农村插队落户(除少数病残者外)。1969年3月,区配合市动员一批"三届生"去苏北生产建设兵团,区内有41名知青下放到苏北农场二师十一团。1968—1970年,全区大多数"三届生"插队到金坛、溧阳、宜兴,少数到武进、丹阳等农村。此外,动员下放职工、干部、社会青年和闲散人员1 101人,1969年的初高中毕业生,按70%"上山下乡",30%留城分配。1970届、1971届初高中毕业生全部留城分配。1972届、1973届初高中毕业生,于1973年按各户子女中2留1、3留2、4留2的规定,由区和局(系统)动员"上山下乡"。全区有380人去郊区知青点,其中少数回原籍。1975年继续下放,七四届去郊区知青点参加农业劳动的69人。1976年,七五届初、高中毕业生去茅山林场42人,回原籍3人,去郊区40人,茅山插队20人。1977年,七六届初、高中毕业生去郊区53人,茅山林场22人,回原籍6人。

1978年起,根据中央指示,初、高中毕业生全部留城分配工作。12月3日,市、区知青"上山下乡"办公室撤并归劳动局。1979—1981年,全区"文化大革命"期间下放的知青、干部、职工和居民,除极少数在农村已婚和就地安排工作者外,有10 268人(约占95%)落实政策上调回城安排工作。 (第十九章《劳动 人事》,第549页)

20世纪80年代初期,民事案件数量较少。1980年共受理民事案件121件,审结101件。以后逐年有所上升。1980—1985年,共审结民事纠纷案件970件,其中婚姻纠纷案件占66.59%。离婚的主要原因有:夫妻性格不合、为家庭经济及生活琐事争吵、婆媳不和、一方有不良嗜好、知青一方上调回城等。 (第二十章《公安 司法》,第572页)

1976年以后,又陆续吸收一批高中毕业生充实(小学)教师队伍,并从回城知青中选招12名来区任教。 (第二十三章《教育》,第651页)

《戚墅堰区志》

江苏省常州市戚墅堰区志编纂委员会编,方志出版社2006年

(1965年)8月15日,成立区精简安置领导小组,动员知识青年下放农村。是年共动员知识青年145人下放农村,其中68人支边或赴丹阳农场。 (《大事记》,第36页)

(1968年)12月,全区各学校开始动员1966年、1967年、1968年初、高中毕业生(简称"三届生")"上山下乡",插队务农。 (《大事记》,第38页)

(1972年)12月16—17日,召开区"上山下乡"革命家长代表会议,正式代表193人,列席代表56人。会议目的是为了巩固和发展"上山下乡"运动成果。 (《大事记》,第39页)

是年止,全区先后已有5 531人到农场或农村社队落户。其中全家下放282户、1 335人,半家下放户365户、1 480人,知识青年2 716人。 (《大事记》,第40页)

1978年11月,区革命委员会成立劳动工资科,后"知青办"、"下放办"并入,负责劳动工资、安全生产、精简下放人员的生活补助和知识青年回城安置等工作。1979年末,下放知识青年回城安置工作基本结束,"知青办"撤销,遗留问题由劳动工资科负责。

(第二十三章《劳动人事》,第553页)

1966—1968年的3届初、高中毕业生除个别因病留城分配工作外,其余全部去农村插队落户。

1970—1977年,实行"面向农村,面向边疆,面向工矿,面向基层"方针,区政府根据各个家庭兄弟姐妹的具体情况,采取按档分配和对号入座办法,确定留城安排或上山下乡。

1978—1985年,在区政府统筹规划和指导下,实行劳动部门介绍就业、自愿组织起来就业和自谋职业相结合的劳动就业政策,劳动部门广开就业门路,千方百计做好劳动就业工作。通过工人退休由子女顶替、组织集体经济、建立劳动服务公司、兴办合伙企业和发展私营经济及个体经营,统筹安置"上山下乡"回城青年,基本解决了"文化大革命"期间造成的严重待业问题。 (第二十三章《劳动人事》,第554页)

上山下乡

1963年起,戚墅堰区动员知识青年"上山下乡",当新一代社会主义有文化的新农民,从此开始知识青年"上山下乡"运动。当年去新洋农场落户64人,去丹阳练湖农场18人。1963年11月,动员应届高中毕业生10人赴淮阴农村任教。1965年动员知青145人下放农村,其中有68名知青去新疆拜城和丹阳的国营农场落户。

1968年12月至翌年5月,贯彻"我们也有两只手,不在城里吃闲饭"精神,动员1966年、1967年、1968年初、高中毕业生(简称"三届生")以及部分1969年初中毕业生"上山下乡"。除部分投亲靠友、回原籍外,六六、六七届主要去武进、金坛等县农村插队,六八、六九届主要去苏北新洋、大丰等国营农场(江苏生产建设兵团)插场。其间共有1 574人下乡插队或插场。至1972年,全区先后到农村插队插场知青2 716人。

1972年12月,区革委会成立"上山下乡"领导小组,召开"上山下乡"家长代表会议,进一步做好动员工作。1973年10月动员七二届中学毕业生122人"上山下乡"。1974年1月1日,"上山下乡"办公室成立。下半年起学习推广株洲市厂、社挂钩,集体安置知青的做法,实行"知识青年对口下、带队干部对口抓、管理教育对口抓、支援农业对口帮"新举措,年内分两批动员 118 人下乡(首批 62 人,第二批 56 人)。1976 年继续动员知青"上山下乡"146 人,其中下放茅山和市郊的 78 名。1977 年,又动员职工子女"上山下乡"381 户、522 人。其中"新三届"(七四届、七五届、七六届)去林场、阳山下乡青年 86 人。

1978 年起,初、高中毕业生全部留城分配工作。1979 年,"上山下乡"办公室撤并归劳动工资科,负责精简下放人员的生活补贴和知青回城安置等工作。是年末,下放知青回城安置工作基本结束。1979—1981 年,全区在"文化大革命"期间下放的知青、干部、职工和居民,除极少数在农村已婚或就地安排工作外,全部按照政策规定上调回城安排工作。

(第二十三章《劳动人事》,第 566 页)

《常州市郊区志》

《常州市郊区志》编纂委员会编,方志出版社 2003 年

(1975 年)12 月底,郊区共接收城市知识青年 5 031 名来农村插队落户。至 1979 年,城市下乡知青基本回城安置工作。　　　　　　　　　　(《大事记》,第 21—22 页)

(1977 年)10 月,为解决知青工作问题,郊革会从 1 月起,先后批准 34 个大队建立"五七"农场及场办工厂。

11 月 3 日,市委批准郊区撤销原"四大组"(政工组、办事组、生产指挥组、人保组),设置办公室、组织科、宣传科、妇联、经营管理科、农副业科、农机水利科、工业办公室、卫生科、文教科、知识青年上山下乡办公室、工商行政管理分局等部门。　　(《大事记》,第 22—23 页)

《常州劳动志》

薛扬诚主编,江苏科学技术出版社 1994 年

(1965 年)4 月 18 日,中共常州市委召开常州市上山下乡知识青年代表会议,历时 5 天。

6 月 28 日,124 名知识青年赴新疆参加社会主义建设,市人委举行欢送大会,新疆维吾尔自治区副秘书长何瑞星专程前来欢迎。

9 月 11 日,1 000 多名高中毕业生上山下乡。

9 月 12 日,11 000 余名初、高中毕业生至苏北农场插场。《常州日报》为此发表社论《脱下学生装,穿起粗布衣》和评论员文章《上山下乡接受贫下中农再教育》。　　(《大事记》,第 19 页)

(1968 年)暑假,市革命委员会成立"常州市革命委员会毕业生分配招生办公室",组织动员 1966、1967、1968 届毕业生上山下乡,人数达 20 032 人。　　(《大事记》,第 20 页)

(1969年)1月,继续动员城镇1966、1967、1968届初、高中毕业生和年满16周岁的高小毕业生及社会青年到农村插队落户。 （《大事记》,第20页）

(1971年)2月,贯彻国务院招工指示:(1)退伍军人;(2)从家在城镇的应届高中毕业生中招收一部分;(3)经过二年以上劳动锻炼的插队知青;(4)地质、矿山、森林、工业,可从符合条件的职工子女中招收;(5)从农村招工须经省批准。 （《大事记》,第21页）

(1974年)8月4日,中共中央转发《国务院关于全国知识青年上山下乡工作会议的报告》,动员城镇知识青年下乡插队,对独生子女、病残知青经市批准免予下乡插队,同时执行两个子女身边留一个的政策规定。 （《大事记》,第22页）

(1976年)1月13日,中共常州市委成立知识青年上山下乡领导小组。（《大事记》,第22页）

(1978年)8月,经市委研究决定,办理知青回城,符合四种条件对象作"困难"收回安置,共11 060人。 （《大事记》),第24页）

(1979年)2月7日,贯彻江苏省知识青年上山下乡办公室党组《关于解决下乡插队知青中若干具体问题的处理意见》,全面制订出常州市统筹解决上山下乡知识青年问题方案。
（《大事记》,第24页）

《丰县志》

丰县志编纂委员会编,中国社会科学出版社1994年

(1974年)1月9日,县知识青年上山下乡办公室成立。 （《大事记》,第30页）

《沛县志》

江苏省沛县地方志编纂委员会编,中华书局1995年

(1964年)7月,沛城镇首批知识青年响应毛泽东主席"上山下乡"的号召,到农村安家落户。 （《大事记》,第34页）

(1969年)12月15日,徐州市2 271名知识青年和省机关70多名干部来沛县农村安家落户。 （《大事记》,第35页）

1970 年 11 月,沛县人事局恢复办公,负责人事、劳动、民政、知识青年上山下乡、复员退伍军人安置等项工作。 （第二十二编第一章《人事管理》,第 535 页）

下乡知青返城安置 1980 年底,县内下乡锻炼的知识青年全部调回到沛城安排工作,本省其它市县以及外省市的未婚知识青年也同时调回原籍。在沛县的回城知青中有大专院校和中等专业学校招生录取的 165 人,参加中国人民解放军的 71 人,其它情况的 223 人,身体有严重疾病的 34 人,自动倒流的 386 人,分配在县内全民、集体所有制单位的 1 536 人。 （第二十二编第二章《劳动管理》,第 545 页）

60 年代,三年经济调整期间,城镇出现了大量需要安置的劳动力。1962 年,中央调整了劳动就业方针,指示要"城乡并举,以上山下乡为主"。1968 年,毛泽东主席发出"知识青年到农村去,接受贫下中农的再教育"的号召。1973 年 10 月 8 日,县委成立知识青年上山下乡领导小组,下设知青办公室,有组织有计划地动员本县知识青年和接收徐州市以及外省市回原籍的知识青年下乡插队务农。1964—1978 年,全县共接收到农村插队、到国营农林场圃插场、参加农林生产劳动的城镇知识青年 5 024 人。 （第二十二编第二章《精简下放》,第 556 页）

《赣榆县志》

赣榆县县志编纂委员会编,中华书局 1997 年

(1970 年)7 月 6 日,青口地区首批知识青年下乡接受贫下中农再教育。

（《大事记》,第 82 页）

1964—1970 年,全县组织城镇知识青年 884 人下乡务农,大批安置农村复员退伍军人和招用农民为计划内临时工,城乡劳动力的对流,使就业矛盾日趋严重。到 1975 年底,全县需要安置的城镇待业青年和回城知青有 2 885 人。 （第十九编第二章《劳动》,第 747 页）

《东海县志》

东海县地方志编纂委员会编,中华书局 1994 年

(1963 年)年内,徐州市下放到东海的知识青年分别被安插到马陵山果园、种马场、岗埠农场、李埝林场、种猪场、黄圈公社、桃林公社等地,至 1966 年共安插 466 人。南京市知识青年 314 人,镇江市知识青年 228 人均安插到岗埠农场。 （《大事记》,第 29 页）

(1970年)4月,连云港市2765名知识青年来东海插队落户。 （《大事记》,第32页）

迁入 1969年至1990年,共迁入302534人。除婚嫁迁入,部分为外地调入的干部、职工及家属,还有毕业生分配和接收外地插队知识青年。

迁出 1969年至1990年,共迁出248618人。除婚嫁迁出,大部分为参军、提干、外调、升学、招工、知识青年返回原籍等。 （第四篇第一章《规模》,第145页）

下放知青安排 1964年,全县共接收南京、镇江、徐州等地知识青年4000人。1973年至1977年,全县安排960名下放知青。 （第二十四编第二章《劳动》,第609页）

《新沂市志(1978—2008)》

新沂市地方志编纂委员会编,凤凰出版社2010年

1979年,全县人员待业2098人,其中农村插队知青1776人。根据企事业单位用工情况,实际安置1435人。 （第十七篇第一章《劳动》,第719页）

《新沂县志》

新沂市地方志编纂委员会编,江苏科学技术出版社1995年

(1969年)12月16日,徐州下放知青465人,省级机关干部75人来新沂县插队落户。

（《大事记》,第25页）

(1970年)2月28日至4月17日,新沂县第一批城镇知识青年300人;第二批居民1500人,干部和家属500人,去农村插队落户。 （《大事记》,第25页）

1949—1988年新沂县全县财政预算内支出统计

单位:万元

年份	合计	基建拨款	流动资金	农业拨款	工交商事业费	城镇维护费	城镇人口下乡经费	文教卫生广播事业经费	抚恤救济	行政管理费	其他支出
						......					
1965	514.4			126.3	6.5	1.5	172.8	94.5	86.2	26.6	
1966	493.0			112.0			1.0	190.0	77.0	90.0	23.0
1967	491.1			116.8			0.3	195.9	81.8	74.4	21.9

年份	合计	基建拨款	流动资金	农业拨款	工交商事业费	城镇维护费	城镇人口下乡经费	文教卫生广播事业经费	抚恤救济	行政管理费	其他支出
1968	361.1			53.6				176.9	44.8	66.7	19.1
1969	409.3	30.9		60.0		1.0		175.8	34.1	75.7	31.8
1970	510.7	35.1		74.2		0.6	53.9	200.3	37.4	90.2	19.0
1971	679.0	111.9	15.0	160.5		0.4	3.3	218.5	46.0	111.4	12.0
1972	838.2	53.1		198.0	2.0	0.3	1.9	263.6	137.7	118.8	62.8
1973	943.5	43.5	54.0	298.6		0.4	4.0	274.9	80.1	125.9	62.1
1974	790.5	13.0	16.0	210.0		0.4	8.1	299.1	117.7	118.0	8.2
1975	863.1	21.0	46.5	181.0	0.4	0.6	31.6	314.5	138.6	120.3	8.6
1976	961.0	19.6	61.0	279.2	0.6	0.6	8.3	337.4	82.8	120.3	51.2
1977	1 009.1	7.8	36.0	332.8	0.7	2.4	14.5	355.7	78.1	146.1	35.0
1978	1 446.8	50.0	75.5	549.0	1.1	19.0	8.2	419.5	98.0	145.7	80.8
1979	1 531.4	57.0	87.0	521.6	1.1	18.6	1.2	482.1	133.3	154.0	75.5
1980	1 479.2	13.8	70.3	403.9	1.2	25.6	12.0	575.8	130.9	178.1	67.6
1981	1 522.1	11.2	2.0	419.9	1.8	10.1	17.0	683.0	117.5	196.3	63.3
1982	2 016.0	70.6	49.5	469.1	1.8	10.2	12.9	784.0	190.8	259.4	167.7
1983	2 256.5	76.9	23.0	485.6	2.3	25.5	15.4	953.7	235.6	303.7	134.8
1984	2 531.3	65.2		568.9	6.8	18.9	2.6	1 022.9	163.1	470.9	212.0
1985	2 682.3	87.4		448.3	8.7	62.9	3.0	1 097.8	216.7	468.4	289.1
1986	3 518.4	89.5		509.2	10.1	68.8	3.8	1 384.3	236.6	533.3	682.8
1987	4 156.4	57.6		757.3	8.2	76.0	5.8	1 385.9	285.5	652.4	927.7
1988	5 184.9	31.9		858.2	30.2	123.7	5.3	1 871.1	282.6	928.3	1 053.6

(第十篇第一章《财政》,第 347—349 页)

　　1969 年 6 月,成立(改组)县革命委员会,行使原县委和县人委的全部职权。县革命委员会下设政治工作组、办事组、生产指挥组、政法组、打击投机倒把办公室。10 月,增设知识青年上山下乡办公室、清理阶段队伍办公室;政治工作组下设组织组、宣传组。生产指挥组下设综合计划组、工业交通组、财贸组、农水组、卫生组、民事组。1970 年 8 月,调整县革命委员会内部机构,设四大组八小组:……1975 年 11 月至年底,相继撤销县革命委员会有关组,下设办事组、政工组、计委、劳动局、粮食局、工商局、农业局、多管局、水利局、治淮工程团、供电局、矿产管理局、文教局、卫生局、人事局、民政局、中国人民银行新沂县支行、邮电局、体委、知青办公室、计划生育办公室。　(第十三篇第二章《人民政府》,第 447 页)

下放知青安置

　　新沂县知识青年上山下乡始于 1964 年 8 月,1978 年以后,根据中共中央"调整知青政策,逐步缩小上山下乡的范围,今后不再搞插队"的精神,此项工作始告结束,并陆续对这部分人进行了适当安排,至 1980 年 12 月全部结束,共安置了 849 人,其中安排到国营单位的 1 849 人,集体单位的 1 947 人,农林场圃的 53 人。　　　　（第十六篇第二章《工人》,第 508 页）

《邳县志》

邳州市地方志编纂委员会编,中华书局 1995 年

　　(1969 年)12 月,3 000 名徐州下放知识青年和 30 名省级机关干部来邳插队落户,至 1975 年后陆续返回。　　　　　　　　　　　　　　　（《大事记》,第 37 页）

第五节　知识青年安置

　　1965 年 10 月,县首批城镇知识青年 28 人(男 9 人、女 19 人)下放江苏响水县大有国营农场劳动。1970 年,动员老三届毕业生及退学城镇户口知识青年 119 人(男 67 人,女 52人)"上山下乡"。其中,到泇口人民公社集体插队 95 人,回原籍插队 24 人。1965—1978年,先后有 7 批 1 131 名城镇知识青年和社会闲散劳动力下放到农村安家落户。政府为每个下放知识青年发放安置费 200 元(其中建房费 120 元),批售木材 0.3 立方米,生产队负责盖土墙瓦顶房 1 间。每人发补助布票 5 米,棉花票 1 公斤。月口粮补足 19 公斤,食油 0.2公斤。同时接收安排徐州、南京、上海市下放知识青年 2 200 名。建知识青年生产队 1 个,知识青年点 10 个。建知识青年住房 3 546 间,建筑面积 52 180 平方米。1978 年下半年,根据中共中央(1978)74 号文件,知识青年下放工作停止。此后,下放农村知识青年陆续回城镇安置就业。　　　　　　　　　　　　（第四编第五章《劳动管理》,第 154 页）

《睢宁县志》

睢宁县地方志编纂委员会编,中国社会科学出版社 1994 年

　　(1964 年)8 月 1 日,首批城镇知识青年下放农村安家落户。　　　（《大事记》,第 26 页）

　　(1969 年)12 月 16 日,县组织城镇知识青年上山下乡。　　　（《大事记》,第 27 页）

　　(1970 年)1 月 30 日,徐州市首批上山下乡知识青年 1 100 多名来县到农村插队落户。
　　　　　　　　　　　　　　　　　　　　　　　　　　　　（《大事记》,第 28 页）

第四节　知识青年上山下乡

县内动员城镇知识青年上山下乡,始于 1968 年。当时为贯彻落实毛泽东主席关于知识青年到农村去,接受贫下中农再教育的号召,动员和组织城镇知识青年到农村人民公社和农、林、果园场插队落户。同时还陆续接收徐州地区及外地的知识青年到睢宁农村插队落户。自 1968 年到 1978 年,到农村插队落户的城镇知识青年共 1 354 人,其中县内的 5 549 人,徐州地区的 627 人,外地的 183 人。到场圃的共 462 人,其中县内的 436 人,徐州地区的队,外地的 17 人。自 1970 年开始,按照政策,陆续将上山下乡插队插场落户的知识青年调回原城安置就业。对少数外地知识青年已与插队插场所在地的青年结婚又不愿回原籍就业者,则就地安排工作。

(第十七篇第一章《劳动管理》,第 483 页)

《铜山县志》

江苏省铜山县县志编纂委员会编,中国社会科学出版社 1993

(1970 年)2 月,铜山县接受和安置徐州市首批 3 800 名知识青年及省级机关下放干部。

(《大事记》,第 75 页)

(1973 年)12 月 22 日,中共铜山县委召开上山下乡知识青年代表大会,出席会议的除知青代表外,还有贫下中农代表和社队干部代表,共 890 人。中共徐州地委、徐州市委负责人也出席了会议。大会交流经验,表彰先进。

(《大事记》,第 78 页)

(1976 年)4 月 9—12 日,中共铜山县委召开全县知识青年上山下乡代表大会。

(《大事记》,第 80 页)

(1977 年)4 月 9—13 日,县革委会召开全县上山下乡知识青年代表大会,600 余人与会。

(《大事记》,第 80 页)

1972 年 3 月,建立铜山县革命委员会人事局,主要分管工人、知青、民政等项工作。

(第十三篇第八章《劳动管理》,第 520 页)

"文化大革命"期间,劳动部门被撤并,成立上山下乡办公室。农村中学生除部分参军外,绝大部分回乡务农;城镇知识青年被安排到农村插队落户。全县先后共接受和安置城镇知识青年 12 500 人。其间 1970 年接受安置省下放干部和徐州市知识青年 3 800 人。70 年代中期后,城镇知识青年陆续回城就业。

(第十三篇第八章《劳动管理》,第 521 页)

1969 年 8 月,各公社相继建立公社革命委员会。……所属机构有革委会办公室、多种经营办公室、计划生育办公室、工交办公室、知识青年办公室、教育改革组、财务组、信访组、水利组、文化站等。
(第十六篇第三章《政府》,第 605 页)

知识青年安置

1968 年 12 月,毛泽东主席发出"知识青年到农村去,接受贫下中农再教育,很有必要"的号召。接着,城镇知识青年上山下乡运动在全国普遍展开。到 1970 年 6 月,全县共接收安置上山下乡知识青年 4 220 名。此后又陆续接收一些插队落户的知识青年(下简称知青)。开始时,采取分散(到社员家中)安置、独立生活的方法,1975 年,全县先后建立集体住宿、集中吃饭、集中学习、分散劳动的知青点 140 个。在整个知青上山下乡运动期间,全县共接收安置知青 12 500 余人,用于这方面的经费近 400 万元,木材 2 100 立方米,毛竹 2.6 万根,煤炭 7 600 多吨,钢材 141 吨,建房 4 703 间,近 10 万平方米。后根据国家有关政策,下乡知青陆续返城就业,至 1979 年基本结束。
(第十八篇第二章《安置》,第 653—654 页)

《淮阴市志》

淮阴市地方志编纂委员会编,上海社会科学院出版社 1995 年

"文化大革命"开始后,由于大学不招生,工厂不招工,商业和服务行业处于停滞状态,城市初、高中毕业生既不能升学,也无法分配工作。1968 年 12 月,在全国掀起知识青年上山下乡的高潮。据同年底统计,淮阴地区共动员本地和接收南京及外省、市初、高中、大中专毕业生 102 723 人插队落户……1969 年,淮阴专区安置南京下放干部 7 000 人,家属 1.4 万人,又安置专区机关下放干部 1 000 名,清江市下放干部 1 250 名,上山下乡的初高中毕业生 8 000 名。

1970—1972 年,全区又安置插队知识青年 10 191 人,其中本地区 2 919 人。

知识青年到农村的第一年由国家供应粮、油、煤,每人每月发给 8 元生活补贴,第二年参加生产队分配。1968—1975 年,国家共拨给淮阴地区知识青年安置经费 1.244 亿元,建房 39 673 间,不仅国家支付经费很惊人,而且知识青年的家长和部分地区的农民也为此加重了负担。
(《史略》第三章《现当代的淮阴》,第 57 页)

1959 年,根据省委指示,全区动员 8 000 名知识青年赴新疆参加建设。1963—1965 年,全区共接收南京、苏州、无锡、徐州等地知识青年 23 893 人。1969—1971 年,大批干部、职工、知识青年下放,市区共减少 7 万人,全市城镇人口减少 45 万人。

(第四卷第一章《人口变化》,第 239 页)

1964 年,为解决淮阴会计人员不足和素质较低的问题,淮阴办起了会计学校,学制三年。1966 年,"文化大革命"开始,该校 201 名学生被视同"知青"送到农村插队劳动。

1974—1976 年查处了党员干部侵害上山下乡知识青年的案件。

(第三十四卷第四章《党务》,第 1383 页)

1968 年底,淮阴全区城镇户口老三届(1966 届—1968 届高中、初中毕业生)被送往各县农村插队落户,"接受贫下中农再教育";农村老三届学生回乡务农,"红卫兵"不复活动。

(第三十六卷第三章《青少年团体》,第 1413 页)

[动员、安置知青、干部、居民下乡落户]

1968—1970 年,专区革命委员会数次发文,要求贯彻执行省革命委员会指示,做好本区知青插队、居民下放和安置南京知青、干部和居民的工作。专区及各县均成立了上山下乡领导小组及上山下乡办公室,一年多时间,全区共动员和接受南京等地城镇知青、干部、城镇居民共计 19 万多人到各县农村插队落户。1970 年 6 月,针对上山下乡中的问题,专区革委会提出要找出存在问题,狠抓阶级斗争,做好下放人员的再教育工作,做好安置工作,加强对上山下乡工作的领导。 (第三十七卷第三章《淮阴地区行政公署》,第 1443 页)

1977—1980 年,普通刑事案件的审判工作开始趋于正常。……这一时期对奸情案件的审判,着重打击强奸犯、奸淫幼女犯、流氓集团的首恶分子;使用暴力强奸、轮奸下乡女知青的犯罪分子和利用职权、引诱欺骗女知青的犯罪分子,以及打击报复、残酷迫害知青的犯罪分子。 (第三十八卷第三章《审判》,第 1557 页)

第三节　下放知识青年、城镇居民安置

1959 年,中共淮阴地委根据省委指示,在全区动员 8 000 名知识青年赴新疆参加社会主义建设,各县(市)分配名额为:淮阴市 800 人,淮安县 1 200 人,涟水、灌云、宿迁、沭阳、泗阳、泗洪等 6 县各 1 000 人。

1960—1963 年,淮阴地区下放农村劳动的城镇居民中,包括大批城镇知识青年。1964 年 3 月 25 日至 27 日,中共淮阴地委精简安置小组召开全区安置工作会议,传达中共中央、国务院关于动员和组织城市知识青年参加农村社会主义建设的决定。会后,全区共动员 4 680 名城镇知识青年到农村插队劳动。另外,还接收安置南京、无锡等地来淮阴地区插队知青 4 000 人。

1965 年 7 月 10 日,中共清江市委召开知识青年支援边疆动员大会。市区 1 200 多名到会青年中,有 700 多人当场递交申请书。28 日,清江市委批准 400 多名知识青年赴新疆等地,并召开欢送大会。

1963—1965年,淮阴地区国营农林场共接受徐州、苏州两市知青19 893人。

1968年,毛泽东发出:"知识青年到农村去,接受贫下中农的再教育,很有必要"的指示,淮阴地区各县(市)立即掀起下乡插队热潮,当年共有65 032名知识青年到淮阴各地农村插队落户(其中接收南京知青15 323人,外省市知青874人)。

1969年12月,江苏省革命委员会下达淮阴专区第四季度下放知识青年(含城镇居民)8 000名任务。淮阴专区革委会分配给清江市5 000名,淮安、涟水、灌南、沭阳4县各1 000名,灌云县900名,泗阳、泗洪2县各200名,宿迁县400名。清江市5 000名知青(居民)去向为:涟水、泗洪2县各1 000名,灌南、宿迁2县各500名,灌云、沭阳2县各800名,泗阳县400名。

1970—1972年,全区安置插队知识青年10 191人,其中本地区2 919人,外地区4 316人,外省市2 956人。

1973—1977年,淮阴地区继续动员知识青年上山下乡。凡属城镇户口的知识青年和社会青年都列入上山下乡的对象。1973年,国务院召开全国知识青年上山下乡工作会议,淮阴地区根据其精神,明确插队人员以城镇中学毕业生为主,病残不能参加农业生产的、独生子女的、多子女身边只有一个子女的城镇中学毕业生,不列入下乡对象。插队知青开始由分散单独落户到相对集中。知识青年到农村的第一年由国家供应粮油煤,每人每月发给8元生活补贴,第二年参加生产队分配,"自食其力"。1968年至1975年,国家共拨给淮阴地区知识青年安置经费1.244亿元,木材15 700米,毛竹182 106支,钢材347吨,水泥3 065吨,共建房39 673间。

1980—1981年,国务院调整知识青年上山下乡政策。根据中央关于"在城乡两方面扩大门路,并且朝着工农商联合企业的方向发展"的指示精神,在城镇郊区兴办"知青"企业。

(第三十九卷第五章《各类安置》,第1600—1601页)

[知青回城就业安置]

1972—1978年,上山下乡的城镇知识青年通过各种形式调离农村(场)8 854人,被招收进大中专学校1 110人,招工7 741人,参军4 588人,顶职或因病转回的4 180人。

1979—1984年,淮阴地区的插队知识青年,除国家招工、招生或参军等离开农村外,其余全部收回就业于集体单位和各地兴办的知识青年企业。这期间,全市城镇兴办的知识青年企业1 114个,安置就业31 380人。清江市1980年拨款2万元,扶持郊区知青厂(店)。至1984年,共安置知青250人。 (第四十卷第二章《职工管理》,第1640页)

(1968年)12月,毛泽东"知识青年到农村去"的指示发表后,市区、各县城中学初、高中1963年、1964年、1965年入学的学生,被动员到农村插队落户。

(第四十二卷第五章《普通中等教学》,第1765页)

1972年,两淮师范恢复招生,对象主要为在职工人和社会上经过下乡锻炼一年的知识青年或应届初中毕业生,毕业后回原地工作。次年,招"具有二年以上实践经验的优秀青年职工、退伍军人、民办教师和'上山下乡'回乡知青入学,年龄20岁以内"。

(第四十二卷第六章《初、中等专业和职业技术教育》,第1771页)

《清河区志》

《清河区志》编纂委员会编,江苏古籍出版社2003年

(1965年)7月10日,中共清江市委召开知识青年支援边疆动员大会。28日,经市委批准,400名知识青年支援新疆建设,并隆重召开欢送大会。 (《大事记》,第24页)

(1967年)4月中旬,市区召开"上山下乡工作会议"。会上传达省上山下乡工作会议精神,以及省军区《给上山下乡知识青年、支边青年、支内职工、前几年精简下放人员的一封信》。 (《大事记》,第24页)

《灌云县志》

江苏省灌云县地方志编纂委员会编,方志出版社1999年

(1969年)11月,根据江苏省革命委员会《关于动员干部下放,知识青年和城镇居民上山下乡的通知》,县、社、大队各级革命委员会,认真落实下放和安置各项准备工作。

(《大事记》,第52页)

(1970年)8月24—30日,县召开上山下乡、安置再教育人员首届活学活用毛泽东思想积极分子代表大会。到会代表627名,其中插队落户的干部代表104名,插队知识青年和知青先进集体代表288名,上山下乡城镇居民代表119名,做好再教育工作的贫下中农、接收安置工作中的先进单位和个人代表116名。大会还推选了出席淮阴专区学习毛泽东著作积极分子代表大会代表。 (《大事记》,第52页)

影响全县人口流动的主要因素是:……(4)知识青年上山下乡、回城。1972年,从上海、南京、苏州、清江、连云港等地来灌云插队的1966—1970年5届高、初中毕业生就有3 145人。…… (第三篇第二章《人口变动》,第161页)

1964年,根据国家统筹安排,城乡并举的就业政策,动员城镇知识青年上山下乡。70年

代初,根据知识青年是否是独生子女等诸方面原因,批准部分人按病困、病退回城,采取就近、就地安置到公社、镇(街道)企业就业。

1978年,执行中央提出的"在国家统筹规划指导下,实行劳动部门介绍就业,自愿组织起来就业和自谋职业相结合"的就业方针,采取公开招收,择优录用的办法,并鼓励和引导城镇待业人员组织起来就业和自谋职业,对原下乡知识青年进行统筹安排。

(第二十篇第一章《劳动管理》,第 645—646 页)

1968年后,动员知识青年上山下乡,城镇劳动就业处于停滞状态。

1978年,中央调整了知识青年上山下乡政策,下乡落户的知识青年陆续回城,并要求就业;一些新增长的城镇劳动力也亟待安置,形成了建国以来第二次就业高峰。

(第二十篇第一章《劳动管理》,第 647 页)

第三节　知识青年上山下乡
一、宣 传 动 员

1964年,贯彻中央《关于动员和组织城市知识青年参加农村社会主义建设的决定(草案)》,动员的对象是年满16—25周岁的城镇高、初中毕业生。灌云县在当年9月份动员了26名知识青年下乡落户。

"文化大革命"开始后,学校停课,学制缩短,工厂不招工,高校不招生,上山下乡工作一度停止,城镇待业人员骤增。

1968年2月,毛泽东主席发出"知识青年到农村去,接受贫下中农再教育很有必要"的号召后,再次掀起动员知识青年上山下乡的高潮。各级党委、政府和革委会通力合作,深入宣传动员,使广大知识青年把上山下乡当作一件光荣的政治任务来完成。

二、组 织 机 构

1964年知识青年上山下乡工作由县精简安置领导小组兼管。1968年,县革命委员会成立毕业生分配办公室,1973年10月初演变为知识青年上山下乡办公室,各乡镇也相应成立办公室。

1981年1月25日,县知识青年上山下乡办公室与县劳动局合并,下设知青股,办理上山下乡扫尾工作。

三、下 放 安 置 工 作

1964年至1978年末,灌云县共动员了2 296名知识青年下乡落户,分布在全县25个乡镇,同时还接收了上海、南京、淮阴等地知识青年4 089人。

70年代初,为鼓励广大知识青年上山下乡走与工农相结合的道路,县知识青年上山下乡办公室根据有关精神,开始有计划地在下乡知识青年中择优招工、征兵、招生。

(第二十篇第五章《精简下放与安置》,第 673 页)

《灌南县志》

灌南县地方志编纂委员会编,江苏古籍出版社1995年

(1973年)4月30日,成立灌南县知识青年上山下乡安置领导小组。

(《大事记》,第31页)

(1977年)12月25—29日,县委召开知识青年先进代表会议。　　(《大事记》,第33页)

(1980年)9月,撤销县知识青年上山下乡安置办公室。　　(《大事记》,第34页)

迁入　1958—1987年,全县共迁入287 231人,年均迁入9 905人。其中,1960年迁入的人口最多,计60 063人;1967年迁入的人口最少,计3 826人。在迁入的人口中,除婚迁外,一部分是外地调来灌南工作的干部、职工及其家属子女,一部分是1960年由滨海县划归灌南县的周集、响水两个公社的人口,还有1969年和1970年从南京、淮阴等地的下放居民、职工、干部和知识青年。

(第三编第一章《人口规模》,第120页)

上山下乡知识青年安置

（一）动员下乡　1968年底,根据中央发出的《知识青年到农村去接受贫下中农再教育的通知》精神,动员县内城镇初、高中知识青年352人,安置到兴庄、李集、白皂等公社插队。1969—1970年,南京、上海、淮阴等地知识青年也相继来灌南县插队落户,安置在小窑、花园、三口等公社。另外随父母下放的年满16—25周岁子女,都作为知青插队处理。至1979年,共动员知识青年4 159人,下乡插队落户。

（二）培养使用　在知识青年插队期间,灌南县委注重对知识青年工作的领导,于1972年成立县知识青年工作领导小组,下设办公室,各公社成立相应的"知青办公室",加强对插队知识青年的管理,注重发挥知识青年作用,并在实际工作中培养使用。至1979年,全县在乡插队的4 159名知识青年中,先后加入中国共产党的有63人,加入共青团的有690人,走上县、社、队领导岗位的有580人,做民办教师的91人,赤脚医生的34人,驾驶员的86人。

（三）回城安排　1970年始,对下乡知识青年进行回城安排。把升学、征兵,全民企事业单位招工指标下达到人民公社,从经过插队锻炼2年以上知识青年中择优推荐,实行有计划的解决下乡知识青年回城就业问题。至1974年,全县安排知识青年回城就业共1 014人,1975年—1978年,安排回城就业的知识青年802人。对已婚的下乡知识青年,也分别情况就地就近安置在社、队企业或工交、财贸、文教、卫生等单位中就业。外县、市下乡知识青年,大多数回原下放地安置就业。1980年,上山下乡知识青年回城就业工作全部安排完毕。

(第二十编第三章《劳动管理》,第570页)

《沭阳县志》

沭阳县地方志编纂委员会编,江苏科学技术出版社1997年

(1969年)秋,动员城镇户口知识青年到农村插队。……是年,成立县上山下乡安置办公室,负责知青插队和城镇居民下放工作。　　　　　　　　（《大事记》,第66页）

(1970年)1—2月,沭阳接收安置淮阴、南京等地下放户、下放干部、插队知青共2万余人。同期沭阳亦下放420余人到农村。　　　　　　　　（《大事记》,第66页）

1969年冬至1970年春,沭阳接收安排南京、淮阴等地知青、下放干部和下放人员共两万余人……1977年至1980年,知青回城,下放人员复工,先后共迁出两万余人。

（第四篇第二章《人口变动》,第174页）

第四节　下乡知识青年安置

知识青年自愿插队,始于1962年。至1965年,全县已有23人到农村生产队落户,53人到县属国营农场安家。

部分年份沭阳县知青插队一览表

类别＼年份	1968至1973	1974	1975	1976	1977	1978
插　队		55	90	38	5	2
回　队		18	161	99	239	1
集体所有制场、队		9	280	54	63	
国营农场		70	14	18	3	
小　计	4 224	152	545	209	310	3

　　1968年,国家提倡知识青年上山下乡。是年,沭城百余名初、高中毕业生分别到本县沂涛、桑墟等公社插队落户。1969年,成立知识青年上山下乡办公室。同年,南京、清江等地初、高中毕业生来到沭阳插队落户。至1973年底,全县共安置插队知识青年4 224名。1974年,上级对知识青年上山下乡作出新的规定,插队人数随逐年减少。到1978年,全县共接收安置知识青年5 451人。插队知识青年的来源:一是外来知识青年,如淮阴、南京、上海等市;二是本县知青。因此,安置形式大体有以下4种:

　　1.外来或原籍是沭阳的知青。家中有直系亲属在农村的,可直接到所在生产队安家落户,这种形式称为"单插"。

2. 集体安置。在阴平、扎埠荡搞知青农场,安置商业、文卫、交通、工业部门的知识青年。

3. 随父母下放,叫"随插"。

4. 县知青办公室统一组织知识青年到国营农场、林场安家落户,吃住、劳动条件较好,知识青年较安心。

知识青年下乡插队对当时减轻城市人口就业压力起到一定的缓和作用,但国家也为此付出了大量人力物力,给社会造成沉重负担。

知识青年插队后,经过艰苦磨练,其中一部分人成长起来。全县先后有162人加入了中国共产党,1 781人加入了共产主义青年团,有688人参加了社、队领导班子,180人担任了民办教师,204人担任了农机手,76人担任"赤脚医生"。

1974年,根据有关政策,少数知识青年开始离乡返城。次年,知识青年大批回城就业。是年底,有810人通过招工、招生、征兵、病退等渠道离开农村。1978年,中央对如何安置下乡知识青年问题作出新的规定,要求对1972年以前下乡的知识青年,可优先安排,两年内基本解决,并保证其有相对的工资收入。此后,省、地两级均对下乡知识青年安置就业问题作出了补充规定。1978年至1979年,全县共有3 468名插队知识青年离开农村,回到城市就业。到1980年,知识青年安置工作全部结束,相应机构亦随之撤销。

沭阳县知识青年就业情况一览表

类别 \ 人数 \ 年份	1974	1975	1976	1977	1978	1979
招 生	44	53			104	17
征 兵	22	13	26		145	45
招 工		627	523		753	1 049
病 退	84	96	31	31	48	74
照顾回城	53	21	16	33	35	269
顶 替						32
其 它	38		9		43	854
小 计	241	810	605	64	1 128	2 340

(第二十二篇第四章《就业安置》,第634—635页)

《宿迁市志》

宿迁市地方志编纂委员会编,江苏人民出版社1996年

(1968年)10月起,对"老三届"(即1966、1967、1968年三届高中毕业生)等知识青年,

下放农村插队落户。 （《大事年表》,第 32 页）

(1969 年)12 月,宿迁县接收安置从南京等地下放的居民和知识青年。

（《大事年表》,第 33 页）

(1982 年)3 月 23 日,宿迁县对 1960 年城镇知识青年和居民下乡插队或落户的 642 人,全部改变其户口性质及粮油供应关系,并安排就业。 （《大事年表》,第 39 页）

1970 年前后,南京、淮阴下放居民、知识青年和省、地区下放机关干部至境内,总计 1 万余人迁入。 （第三编第一章《人口规模》,第 122 页）

1980 年前后,原南京、淮阴在境内落户的居民、知识青年和下放干部,因落实政策后大部分返回原籍,计迁出 9 000 多人。 （第三编第一章《人口规模》,第 122 页）

1950—1960 年,宿迁县人事部门曾在知识青年中录用干部 288 人。

（第二十五编第一章《干部管理》,第 701 页）

"文化大革命"期间,城镇知识青年大部分到农村插队落户,少部分留城安排就业。加之城镇居民职工下放,职工总人数有所减少。1971 年起,逐步落实插队知青回城就业政策,职工人数呈迅速增加趋势。全民所有制的职工由 1971 年的 14 075 人,增加到 1978 年的 25 741 人;集体所有制职工由 6 958 人,增至 19 258 人。"文化大革命"中遗留下来的就业问题,基本得到解决。 （第二十五编第二章《职工管理》,第 709 页）

1969 年 1 月成立上山下乡办公室。其前身是 1968 年成立的毕业生分配办公室,主要负责安排大、中专毕业生到农村插队劳动锻炼。上山下乡办公室先后隶属于军管会、民政局、人事局领导。办公室也几易其名。1980 年隶属劳动局领导。当时上山下乡办公室主要负责干部、城镇居民及知识青年下放劳动及其生活安排。

（第二十五编第五章《精简下放》,第 718 页）

知识青年下放始于 1968 年 10 月—1974 年,共有 1 409 名知识青年到农村、农场参加劳动。其中南京随父母至宿迁县落户的知识青年 1 240 人。1974 年开始,对父母身边无人或独生子女的城镇知识青年留城分配工作。对已经插队的知青,通过病退、困退、参军、升学、招工、顶职等途径陆续回城安排工作。 （第二十五编第五章《精简下放》,第 719 页）

是年(1969年),批准原下放场、圃的523人恢复定量口粮,批准1960年后下放的就地"农转非"(农业户口转非农业户口)1 498人,办理知青及其子女"农转非"2 034人。

(第二十六编第五章《其他民政业务》,第733页)

《泗阳县志》

泗阳县志编纂委员会编,江苏人民出版社1995年

"文化大革命"中,在"左"的思想影响下,掀起了"知识青年到农村去,接受贫下中农再教育"运动,全县计动员1 527名城镇知识青年和接收安置南京、上海等城市下放知识青年3 943人到农村去务农,财政支出下放安置经费120.16万元。至1983年均由原下放单位分批收回到全民、集体企业中安排就业完毕。 (第十八编第二章《劳动管理》,第566页)

《盱眙县志》

盱眙县县志编纂委员会编,江苏科学技术出版社1993年

同月(1964年9月),南京170多名(包括弃考务农的高中毕业生72名)和盱眙几名知识青年,到马坝公社插队落户。

(《大事记》,第35页)

(1966年)7月24日,插队在马坝公社的南京知识青年吕惠珍为抢救落水青年英勇献身,年仅23岁。县委追认她为中共正式党员,并授予她"毛泽东思想哺育下的共产主义新农民,雷锋、王杰式的共产主义战士"光荣称号。9月25日,省委、省人委发出通知,号召全省人民向她学习。

(《大事记》,第36页)

同年(1968年),全县有南京市和县内城镇下放插队的知识青年3 911人。

(《大事记》,第37页)

(1973年)7月25日,盱眙县上山下乡知识青年代表大会在马坝召开。

(《大事记》,第39页)

下放知识青年安置

城镇知识青年上山下乡,盱眙始于1962年。这年,南京等城市下放知青300名到盱眙境内国营农场。次年,盱眙又接收下放知青937名在境内国营场圃落户。1964年9月,盱眙接收南京市170多名知青(其中有弃考务农的高中毕业生72名),加上盱眙的几名知青共

179 人,下放到马坝公社插队落户。次年,全县又下放城镇知青 258 人。1968 年 12 月,毛泽东主席发出"知识青年到农村去,接受贫下中农的再教育,很有必要"的指示,盱眙城镇知识青年上山下乡形成高潮。1968 和 1969 两年,盱眙接收南京下放知青和盱眙城镇下放知青共 4 020 人。1970 和 1971 两年没有下放。1972 年继续下放,到 1978 年止,全县又下放知青 1 016 名。累计下放知青 6 710 名。

对于下放知青的就业安置,盱眙从 1970 年开始进行统筹安排。到 1978 年,全县从下放知青中招工 2 291 人,参军 213 人,升学 181 人,因病和家庭困难照顾回城 1 462 人,转插江苏省其他县、市等 549 人,年底尚有在乡知青 2 014 人。1979 年以后,继续通过招工等途径,安置下放知青就业。1979 和 1980 两年,全县从下放知青中招工 924 人。到 1985 年,下放知青全部安置完毕。 (第二十三章《干部、职工管理》,第 552—553 页)

《涟水县志》

涟水县地方志编纂委员会编,江苏古籍出版社 1997 年

(1968 年)12 月 22 日,动员知识青年到农村去插队落户。县内有 170 人到黄海农场插队落户,接收南京知青 500 人,淮阴知青 700 人,外省市知青 400 人。 (《大事记》,第 57 页)

迁入 1963 年,接收南京、外省市、淮阴知青 1 600 人,1970 年,接收外地下放人员 12 732 人。

迁出 1959 年支援新疆 1 000 人,1961 年,批准支边家属 392 人,1968 年,到黄海农场落户 170 人,1973—1977 年,落实知青和下放户政策,招工回南京、淮阴等地 800 多人。

(第四篇第一章《人口规模》,第 173 页)

同年(1961 年),全省号召学习董加耕,动员城镇毕业生插队,涟水县接收城镇插队知识青年 2 800 人。其中南京知青 500 人,淮阴知青 700 人,外省市知青 400 人,高沟镇知青 400 人,涟城镇(含县机关)知青 800 人。主要分配在保滩、前进、南禄、梁岔、徐集、大东、黄营、胡集、唐集等公社。涟水县知青有 170 人到黄海农场插队。1968—1977 年安插知青 2 744 人。1970 年,接收城镇人员安置到农村安家落户的有 13 867 人。其中省级机关 77 人,南京市 10 661 人,淮阴专区机关 130 人,清江市 1 179 人,外省市 63 人,外专区 271 人,专区内跨县的 351 人,县内 1 135 人。这些人员中,单身汉及知青 264 人,城镇居民 9 791 人,干部家属 1 585 人,下放干部 711 人。

从 1973 年开始,对下放知青进行回城安置工作,至 1977 年,通过招工回城 694 人,参军 80 人,推荐上大学 53 人。1978 年开始安置下放城镇居民回城镇。

(第二十三篇第一章《职工》,第 702—703 页)

《淮阴县志》

淮阴县志编纂委员会编,上海社会科学院出版社 1996 年

(1969 年)1 月 13 日,成立"上山下乡安置办公室",动员初高中毕业生、社会知识青年、城镇居民下乡插队。

(《大事记》,第 41 页)

(1974 年)1 月 13—16 日,县召开上山下乡知识青年代表会议。会上,县委表彰了 72 个"知识青年上山下乡工作先进单位"和 200 多名"知识青年上山下乡积极分子标兵"。

(《大事记》,第 42—43 页)

第四节 知识青年上山下乡

淮阴县知识青年上山下乡工作,是从 1964 年下半年开始的。10 月,在县属机关、王营、码头、杨庄等乡镇,主要动员 16—28 周岁、具有高小毕业以上文化程度的未婚青年上山下乡,其次是 16—40 周岁的社会闲散劳动力亦动员下乡插队。到 1967 年下半年,总共动员上山下乡知青 757 人,下放到农村。1968 年 12 月,毛泽东发出了"知识青年到农村去,接受贫下中农再教育,很有必要"的号召。全县又掀起知青下乡高潮,1966—1968 年的初、高中毕业生全部动员下乡,到 1969 年,全县又共动员了 1 706 人下乡。1973 年以后,知青中以下几种对象不再动员下乡,照顾留城安排工作,即:(1)因病不能参加农业生产劳动的;(2)华侨(包括港澳同胞)子女;(3)独生子女;(4)中国籍的外国人子女;(5)兄弟姐妹已全部下放到农村(后改为兄弟姐妹间隔下放);(6)父母年老多病,家庭确实有实际困难的长子或长女;(7)知名统战对象的子女;(8)未满 17 周岁的中学毕业生。

1975 年 11 月起,又确定 60 年代初期精简时放粮不放人的城镇居民户口知青,也不列入动员下乡的对象。到 1979 年底,全县先后接受安置下乡知青 3 500 人,其中外地知青 250 人,本县 3 250 人。对知青的安置,主要是去农村人民公社生产队插队落户,其次是到集体和国营场、队。1975 年,建立了知青点,集中安置下乡知青。知青到农村后,对他们的生产、生活都作了具体安排,保证住房、自留地、烧草、小农具"四落实"。住房面积每人不少于 8 平方米;自留地按当地社员同等标准划给;烧草亦按当地社员分配的数量和价格给予分配;小农具由生产队代购。口粮分配,夏季前下乡的参加当年秋季分配,秋收后下乡的可参加第二年夏季分配。参加生产队分配之前,由国家供应每人成品粮 19 公斤。知青还享受生活补助费、建房补助费、家具农具补助费和医疗费。全县知青共建房屋 685 间,不足部分是借用集体公房。

1978 年 7 月起,对城镇中学毕业生不再动员上山下乡,并对下放的知青实行分期分批回收安置就业。到 1981 年,全县回收安置知青 2 718 人。到 1983 年底,大部得到安置,到 1987 年又安置知青 185 人。至此知青基本全部得到了安置。(第十三编第五章《精简下放》,第 392 页)

1968 年 12 月,县革命委员会党的核心领导小组贯彻毛泽东主席关于知识青年到农村去的指示,动员知青下乡落户,连同南京等外地下放的知青,全县共接受安插知青 3 500 人。1970 年起,对知青进行就业安置,到 1985 年全部安置结束。

(第十五编第一章《中国共产党》,第 435 页)

《淮安市志》

淮安市地方志编纂委员会编,江苏人民出版社 1998 年

(1969 年)6 月,全县到农村落户的城市人口达 11 743 人,其中知识青年 4 955 人,社会青年 153 人,居民 6 635 人。

(《大事记》,第 43 页)

(1974 年)1 月 7 日,县上山下乡知识青年建设社会主义新农村积极分子代表大会在工人会堂举行。

(《大事记》,第 43 页)

1963 年,进一步贯彻"统筹安排,城乡并举,以上山下乡为主"的就业方针,动员城镇青年学生下乡落户当农民。仅淮城镇 1964 年就动员城市居民和青年学生 920 人下乡落户。"文革"中,县城和乡镇中吃商品粮的中学生毕业后,绝大多数下乡插队当农民。其间,只有少部分人通过招工、推荐上学、参军入伍和因病得到了安置,全县劳动就业矛盾十分突出。1979 年起,对下乡的知识青年进行统筹安置,由劳动部门"统包统配"安排工作。同年,开始由劳动部门公开择优招收城镇待业青年。 (第十六编第二章《职工管理》,第 510—511 页)

1989 年,按照淮阴市委办(89)42 号文件要求,以市信访局为主,公安、粮食派人参加成立知青半家户(60 年代知识青年下放在农村结婚的配偶和小孩是农业户口)的户口"农转非办公室"。经"淮阴市知青半家户农转非办公室"批准淮安市共办理 1 356 户、2 812 人。

(第十七编第一章《治安》,第 530 页)

《洪泽县志》

洪泽县志编纂委员会编,中国大百科全书出版社 1999 年

(1968 年)1 月 12 日,县革委会成立上山下乡领导小组,全县开始上山下乡动员安置工作。

(《大事记》,第 29 页)

(1975 年)1 月 9 日,县革委会召开第二次上山下乡知识青年代表会议。

(《大事记》,第 32 页)

(1976 年)3 月 25 日,县革委会表彰下乡知青代表 318 名,安置工作先进个人 20 名,城镇先进单位代表和家长 77 名,中学师生代表 8 名   (《大事记》,第 33 页)

1969 年,全县有 6 861 名知青、城镇居民和 999 名干部,被精简下放到农村插队落户。

(第四编第一章《人口规模》,第 148 页)

"文化大革命"时期,城市知识青年和下放工人涌至县内各公社镇。此后,文化素质较高、有一技之长的插队知识青年和下放工人陆续进入社队企业。这批人员对社队企业的发展起了重要的作用。1977 年,全县社队企业有职工 5 813 人。其中下放、插队人员 319 人,占职工总数的 5.5%。   (第十编第四章《职工》,第 331 页)

1981 年,部分单位开办知青商店,安排知识青年就业,到 1982 年,全县部门办商业网点 80 个,从业人员 677 人。   (第十四编第一章《商业经济成分》,第 404 页)

1968 年,动员城镇初、高中毕业生上山下乡。翌年,干部、职工、居民上山下乡工作普遍展开。至 1977 年,安置县内外上山下乡人员 17 600 人。国家、集体每年拨给一定数量的资金、粮食、布匹、棉花等,解决下放人员的实际困难。   (第二十四编《劳动人事》,第 636 页)

1968 年始,城镇初、高中毕业生,社会青年上山下乡。1972 年,招工对象限于在农村劳动锻炼 2 年以上,思想品德好,身体健康,年龄 16—25 周岁的未婚知识青年(含社会青年)及批准留城的初、高中毕业生。   (第二十四编第一章《劳动管理》,第 636 页)

1964—1965 年,动员知识青年及社会闲散劳动力 459 人下乡插队劳动。为此国家先后拨款 16.3 万元,其中生产补助金 6 万元,插队费用 6.1 万元,就地转农(公社镇居民由城镇户口改为农业户口,居住地不变,参加附近生产队劳动分配)人员生产生活补助 3 万元,其他费用 1.2 万元。   (第二十四编第一章《劳动管理》,第 637 页)

上山下乡人员安置   1968 年 10 月起,洪泽农、渔村先后接收知识青年(含社会青年)5 028 人(其中外地 3 612 人,县内 1 416 人)。下放职工子女转为知识青年的 760 人;接收下放干部、职工、居民 11 812 人。其中国家干部 1 110 人,职工、居民 1 834 户 7 503 人,就地转农 648 户 3 199 人。根据省革命委员会(1969)16 号文件规定,发给干部安家补助费人均

100元,职工、居民人均130元,知识青年及单身下放人员人均220元;干部为带薪下放,职工、居民、知识青年到农村的第一年由国家供应粮油煤,每人每月发给8元生活补贴,第二年参加生产队分配,"自食其力"。1969—1970年,省内下放人员安置费达194.58万元。是时,下放的干部、职工、居民不适应农村生活,知识青年不安心农村生活。多数人直接参加农渔业生产劳动,少数人则担任生产大队、生产队的政治辅导员、宣传员、读报员、记工员、保管员、赤脚医生、工分教师等,做些力所能及的工作。由南京市、清江市下放洪泽的1 400余户7 400余名居民中老弱病残208户640人,人多劳少的430户1 827人,因其他各种原因长期需救济补助的180户900人。1971—1972年,这部分人在生产队劳动所得,仅是领回粮草,尚透支11万余元。1980年,上山下乡人员全部返城或就近分配工作。

(第二十四编第一章《劳动管理》,第638页)

《泗洪县志》

泗洪县地方志编纂委员会编,江苏人民出版社1994年

(1967年)4月23日,县知识青年上山下乡领导小组成立。　　　　《大事记》,第41页)

是年(1968年)开始至1970年,在毛泽东"知识青年到农村去,接受贫下中农再教育"的号召下,泗洪动员下放和接收外地下放农村的知识青年4 986名。　　《大事记》,第42页)

第四节　知识青年上山下乡

[领导机构]

1964年,知识青年下乡工作由劳动部门负责。1967年4月,县人民武装部生产办公室设上山下乡领导小组。1973年,县成立知识青年上山下乡领导小组,下设办公室,具体负责知识青年上山下乡日常工作。

[插队落户]

县内知识青年下乡始于1964年。是年,从青阳镇、双沟镇动员下乡插队知青100名。1966年,动员青阳镇60名知识青年安置在重岗小农场和魏营公社猪场。1968年,毛泽东提出"知识青年到农村去,接受贫下中农再教育",知青下乡形成高潮。至1970年,先后接收外地和动员县内知识青年下乡到农村插队落户人员共4 986名。1974年,县直机关、青阳镇、双沟镇有232名应届高、初中毕业生分4批组织下乡插队。1975—1976年共动员下乡知识青年586人,其中集体插场278名,插队落户308名。1977年,对1969年冬和1970年春随父母下放,已年满16—25周岁的子女,按知识青年下乡插队对待。1979年,对1969年冬和1970年春下放干部经落实政策回城后,其16—25周岁的子女仍留在农村的309人作为留

插知青办理。

[培养、使用]

在知识青年上山下乡年代,县内注重对知识青年上山下乡工作的领导,注意发挥知识青年作用,并在实际工作中培养使用。据统计,1974 年,全县在乡知识青年 3 749 人,有 52 人加入中国共产党,888 人加入共产主义青年团,505 人参加各级领导班子,另有一部分担任民办教师、赤脚医生(即乡村医生)、农业技术员。1975 年,3 666 名在乡知青,有 63 人加入中国共产党,681 人加入共产主义青年团,354 人走上县、社、队领导岗位。1977 年,3 228 名插队知识青年中,有 104 名加入中国共产党,1 002 名加入共产主义青年团,432 名被选进各级领导班子,有 28 人在公社担任党委正、副书记,革委会正、副主任,妇联主任,团委书记等职,有 87 人在大队担任支部正、副书记,革委会正、副主任,民兵营长等职。同时,还为其他方面输送了一批骨干。

[回城安排]

1970 年始,对下乡知识青年进行回城安排。把升学、当兵、国营单位招工指标下达到农村人民公社,从下乡 2 年以上知识青年中择优推荐,实行有计划地解决回城就业问题。至 1974 年,共安排回城知青 1 629 人。1974 年后,有关知识青年上山下乡各项政策逐步完善。1979 年,县以下城镇不再动员知识青年下乡,在农村的 3 550 名知识青年陆续收回城镇安排工作。1975—1977 年安排 1 530 人;1978 年安排 480 人;1979—1980 年安排 1 540 人。至 1980 年,下乡知青回城安置工作结束。　　　　(第二十五篇第二章《劳动管理》,第 683—684 页)

[60 年代下放户和 1968—1978 年下放知青问题]

1958 年,县动员下放 1.38 万名城镇居民,1968—1978 年又动员 2 000 多名城镇知识青年下乡。1979 年,以大楼乡下放职工李配兰为首的 300 人到县城游行示威,酿成县有史以来较大一次群众集体上访。1987—1989 年,县解决 1.30 万多名职工和居民农转非。803 户计 1 600 多名回城知青及农村配偶、子女农转非。　　　　(第二十六篇第四章《来信来访》,第 704 页)

《金湖县志》

金湖县志编纂委员会编,江苏人民出版社 1994 年

(1968 年)8 月下旬,全县 1966—1968 年高中、初中毕业生 1 195 人,高小毕业生 200 多人下乡插队劳动。

(《大事记》,第 32 页)

10 月,本县农村开始接待南京市插队知识青年。至翌年春,全县先后安排 6 000 余人。

(《大事记》,第 32 页)

60 年代末至 70 年代初,接收安置南京知识青年插队落户 3 891 人……

(第三编第一章《人口规模》,第 101 页)

1968—1969 年,机关干部及家属下放农村劳动 500 余人,高、初中毕业生及高小毕业生下乡插队劳动的 1 395 人。　　(第三编第一章《人口规模》,第 102 页)

1978 年经地区批准并划拨劳动指标……知识青年招工回城、调往南京 3 157 人。

(第二十一编第二章《职工管理》,第 529 页)

第三节　城镇居民、知青精简与安置

60 年代初,全县共下放城镇居民 387 户、1 339 人,接收安置省直机关下放干部的家属子女 388 人、外省市下放干部及职工家属子女 639 人。1968 年至 70 年代初,有城镇户口的干部、职工家属下放农村劳动的 400 余人,有县内集镇户口的知识青年插队插场 379 人,接收安置南京插队落户的知识青年 3 891 人。

1970 年起,逐步安置上山下乡的城镇知识青年和随父母精简下放、符合招工条件的集镇居民的子女,其间照顾身患疾病回城的 89 人,安置家庭有特殊困难,父母在城、其身边无子女照顾生活的知识青年回城就业的 1 092 人。1975—1979 年,插队知识青年全部安置就业。其中应征入伍 167 人,考取高等、中等专业学校的 193 人,县内招工 1 352 人,南京化学工业公司和南京长江大桥第四建筑工程处招工 1 198 人,国营农林牧场、生产建设兵团安置 127 人,集体所有制场队安置 350 人。1979 年根据中共中央[1978]24 号文件精神,停止动员一般城镇非农业户口的中学毕业生上山下乡。是年,安置 106 名随父母下放的城镇居民子女就业,县政府为 761 名在集体所有制单位工作、年龄 50 周岁以下、有城镇户口的临时工转作固定工。80 年代起,对在集体所有制单位工作满一定年限、年龄 35 岁以下、文化程度初中以上的城镇居民,根据生产发展需要,经企业考核,吸收为集体性质固定工至 1985 年共吸收 1 520 人。

(第二十一编第三章《精简　安置》,第 534 页)

《盐城市志》

盐城市地方志编纂委员会编,江苏科学技术出版社 1998 年

(1963 年)5 月,共青团盐城地委号召青年学习盐城县葛武公社回乡知识青年董加耕。此后,《江苏青年报》、《中国青年报》发表报道和社论,号召学习董加耕。次年 2 月,中华人民共和国副主席董必武为《董加耕日记》题词。学习"新式农民董加耕"的活动,在全国产生了很大的影响。

(《大事记》,第 66—67 页)

(1964年)2月,中共盐城地委精简办公室派出工作组,在盐城县的伍佑镇和东台县的东台镇进行知识青年下乡插队插场试点,年底,全区下放城镇知青1 951人。

(《大事记》,第67页)

12月26日,毛泽东主席71岁生日,在京参加全国三届人大的代表董加耕与邢燕子、王进喜、陈永贵、余秋里、曾志、钱学森、彭真、罗瑞卿等被毛泽东主席邀请在人民大会堂小餐厅同桌就餐。

(《大事记》,第67页)

(1968年)12月22日,专区革委会发出通知,要求各地贯彻落实毛泽东主席指示,掀起一个城镇知识青年下乡劳动的高潮。至年底,全区1966、1967、1968三届中学毕业生中,7 492名城镇知青下乡插队的6 216人。

(《大事记》,第70页)

(1969年)11月2日,江苏省革委会发出关于动员干部、知青和城镇居民上山下乡的通知,分配盐城专区动员和接受安置任务116 100人。至1970年5月底,全区动员和接受安置下放人员115 868人,其中外地来盐的68 152人,盐城下放的47 716人。

(《大事记》,第71页)

是年(1978年),中共中央74号文件下达后,全区不再动员城镇知青下放。1964—1978年,全区先后下放知青2.64万名,接收外地知青2.24万名。至1982年底,回迁下放知青的统筹安置工作基本结束。

(《大事记》,第75页)

1963年4月,开始安插城镇下放知识青年。至1979年4月止,16年间先后接受无锡、苏州、南京、徐州、盐城、东台、大丰等市县知识青年4 755人。到1979年底,除少数知识青年留场外,余均回城。

(第十卷第四章《国营农场》,第602页)

1968年起,开展大规模的知识青年上山下乡运动。1969年冬,下放的范围扩大到干部、工人和城镇居民,全区先后有23 144名知青、47 716名职工和居民下放农村。……1978年,大批上山下乡知识青年和下放人员返城,全区待业人员大量增加,待业率高达13.2%,就业成了社会普遍关注的问题。

(第四十七卷《劳动·概述》,第2139页)

1967年1月,受"文化大革命"的冲击,专署劳动局停止职能活动。1968年3月,劳动工资工作由专区革委会生产指挥部计划组负责,知识青年上山下乡工作由革委会政治部上山下乡组负责。1973年9月,成立地区革命委员会知识青年上山下乡办公室。

(第四十七卷第一章《机构》,第2140页)

1958 年以后的 20 年,随着计划经济体制的建立,劳动就业被纳入计划管理范围,逐步形成"统包统配"的就业制度。"文化大革命"期间,开展大规模的知识青年上山下乡运动。1978 年,随着知青政策的调整,大批下放知青返城,全区就业矛盾突出,待业率高达 13.2%。

(第四十七卷第二章《劳动就业》,第 2141 页)

1970 年起,全区恢复招工,其对象为 69、70 届城镇高、初中毕业生,农村退伍复员军人,插队劳动满两年的上山下乡知青。采用群众推荐、民主评议的办法。其中招收插队知青要经过贫下中农、插队知青代表的评议、推荐,大队审查,公社审定,报县办理批准手续。……

1975 年起,在劳动部门的统一安排下,继续按政策规定向留城的高、初中毕业生,插队知青,下放人员子女招工。当年,全区招工 12 854 人。无锡、苏州、南京等市向苏南来盐城插队的上山下乡知青招工 5 890 人。

(第四十七卷第二章《劳动就业》,第 2143 页)

第三章　知识青年上山下乡

境内城镇知识青年(下称知青)插队插场劳动始于 60 年代初。1964 年,地委精简办公室先后在盐城县的伍佑镇和东台县的东台镇试点,当年全区下放城镇知青 1 951 人。1968 年,在毛泽东主席发出"知识青年到农村去,接受贫下中农再教育很有必要"的号召后,全区开展大规模的插队插场运动,并接收安置来自上海、南京、苏州、无锡等外市城镇知青来盐城地区插队插场。至 1972 年,全区有知青组 6 108 个。1973 年,成立地区革委会知识青年上山下乡办公室,统一领导知青上山下乡工作。在各级政府的共同努力下,许多知青在生产劳动中锻炼成长,但也有一部分知青不适应农村环境,生活不能自立。1978 年,中共中央 74 号文件下达后,全区不再动员城镇知青下放。1964—1978 年,全区先后下放城镇知青 2.64 万名,接收外地知青 2.24 万名。1979 年,下放知青开始统筹回迁,招工安排,至 1982 年底,基本安置结束。

第一节　动　员　下　放

1963 年下半年,在基本完成精简职工任务之后,根据中共中央华东局安置会议"将动员下放的主要对象放到知识青年这一方面"的指示精神,地委精简办公室于 1964 年 2 月派出工作组,在盐城县的伍佑镇和东台县的东台镇进行动员知青下乡插队的试点。同年 5 月,东台镇欢送台城首批知青 766 人下乡插队。8 月,地委发出文件,在全区推广东台的做法。各县属镇均开始进行动员下放工作,动员对象为城镇初、高中毕业生。是年,全区下放城镇知青 1 951 人。1965 年,全区继续动员下放城镇知青 1 536 人。

"文化大革命"开始后,学校停课,一大批高、初中毕业生提前进入社会。1968 年 7 月,专区革委会成立中学毕业生分配领导小组,分配原则是:家住农村的初、高中毕业生一律动员回乡;家住城镇的初、高中毕业生,坚持以"面向农村"为主,动员下乡插队、插场劳动。至

1964—1978年盐城地区接收安置知青统计表

市（县镇）

年份	合计 总数	合计 其中：插场	南京市 总数	南京市 插场	无锡市 总数	无锡市 插场	徐州市 总数	徐州市 插场	苏州市 总数	苏州市 插场	常州市 总数	常州市 插场	南通市 总数	南通市 插场	连云港市 总数	连云港市 插场	镇江市 总数	镇江市 插场	扬州市 总数	扬州市 插场	清江市 总数	清江市 插场	泰州市 总数	泰州市 插场	其他外省市 总数	其他外省市 插场	本地县镇 总数	本地县镇 插场
合计	48 809	3 408	625	5	11 355	197	9		2 954	9	95	63	27	1	1	1	18	1	28	1	9		53		7 270	74	26 365	3 056
1964—1965年	4 800	282	459	5	613	173	2		12		61	59	2				2		3				4		121	9	3 521	34
1966—1967年	30 641	143	144		10 695	24	7		2 929	7	32	4	25		1	1	15		25	1	7		44		6 581	41	10 136	69
1973年	708	424	1		2						1												3		178		523	424
1974年	1 650	792	2		5																				178	9	1 465	781
1975年	5 448	760	7		15				1	1													2		119	9	5 304	749
1976	3 002	183	6		10				3	1															63		2 920	181
1977年	2 477	817	5		14				6		1						1				2				24	5	2 424	812
1978年	83	7	1		1				3	3															6	1	72	6

2593

年底，全区 1966、1967、1968 三届中学毕业生，家住农村的 43 524 人全部回乡劳动；家住城镇的 7 492 人，下乡插队 6 216 人，占总数的 83%。

1969 年冬至 1970 年春，城镇居民、职工也被列入动员下放的对象。这期间，城镇知青一般是随父母下放农村，全区属这类下放的知青有 2 435 人。

1973 年，根据国务院召开的全国知青工作会议精神，动员下放的范围由城镇中学毕业生扩大到农村小集镇吃商品粮的中学毕业生，后又扩大到所有定量户口的知青，不论其居住在城镇还是农村，只要符合下乡条件，都要动员下乡。对于应下乡而没有下乡的中学毕业生和中途退学的学生，一律不得在城镇安排工作（包括做临时工）。对于按照政策可以留城的对象（包括病残不能参加农业生产的、独生子女、多子女者身边允留一个的），经地、县上山下乡办公室审核批准，发给留城证明书。至 1977 年，全区又动员下放知青 12 636 人。

1978 年底，根据中共中央 74 号文件规定，全区不再动员城镇知青上山下乡。1964—1978 年，全区先后动员 26 365 名城镇知青上山下乡，其中下乡插队 23 309 人，插场 3 056 人。这期间，全区还接受了南京、无锡、苏州、上海等外地来盐城地区落户的知青 22 444 人，其中插队 22 092 人，插场 352 人。

第二节　农村安置
一、安置形式

1964—1965 年，插队的安置形式以编组下乡为主，单独插队和投亲靠友为辅。全区建立知青组 187 个，其中男组 107 个，女组 65 个，男女混合组 15 个。1966 年以后，知青插队仍以编组下乡为主，但不再搞男女混合编组，女知青不再单独插队。至 1972 年，全区有知青组 6 108 个。

1973 年，全区推广湖南省株洲市做法，知青下乡插队除少数有条件可以回老家农村安置外，其余都集中安置，采取厂场、厂社、局社挂钩的办法，建立知青点。至 1975 年，全区先后建立集体所有制的知青场、队 26 个，安置知青 1 516 人；建立知青组 144 个，安置知青 3 021 人，派出带队干部 138 人。至 1977 年，全区的插队知青安置基本采取上述形式，知青场、队增加到 37 个，知青组增加到 647 个，派出带队干部 250 人。

二、安置经费

1964 年，知青编组或单身下乡插队，每人发给安置经费 188 元；随父母下乡插队，每人 140 元。1965 年，对知青下放的安置经费用途作了明确规定，零用钱 20 元，生活用具费 15 元，搬家费 3 元，生活费 45 元，生产用具费 10 元，困难补助费 10 元，建房费 75 元，安置巩固费 10 元。

1968 年起，全区执行省革委会[1968]73 号文件精神，下乡插队知青的安置经费增加到 230 元，其中 42 元用于下放后 6 个月的伙食费。对回乡知青（户口、粮油关系迁到学校读书的农村知青）每人发给一次性补助 50 元。1969 年，根据省革委会[1969]16 号文件精神，对随父母下乡的知青,每人发给一次性补助 220 元,主要用于建房。

1973 年,根据中发[1973]30 号文件精神,全区将知青下乡插队的安置经费调整为每人 500 元。除留 25 元学习费外,其余 475 元发至所在公社、大队,其中 250 元用于建房,225 元用于生产、生活用具的添置和生活费、医药费等。凡安置到知青点的,第一年每人每月发给生活补助费 8 元,第二年每人每月发给 3 元。1973—1979 年,全区累计拨发上山下乡知青安置经费 1 344 万元。

三、生产生活安排

1964 年底,全区县、社两级政府根据地委要求,委派专人负责知青工作。为妥善解决生产、生活中的困难,地区拨给下乡知青每人木材 0.3 立方米,毛竹 3 支。生产队分给自留地一份。在生产队的统一安排下,参加生产劳动,评记工分。部分知青还被抽用参加农村社会主义教育运动工作队。

1968 年,全区对插队知青的口粮供应作了规定,第一年每月供应统销粮 17.5 公斤,第二年起参加生产队分配,不足部分酌情延长供应时间。1969 年,将口粮供应标准提高到每月 19 公斤。至 1970 年,全区拨发上山下乡专用木材 6 200 立方米,毛竹 8.5 万支。在各级政府和基层组织的共同努力下,绝大部分知青得到了妥善安置,一批知青在农村锻炼成长。至 1972 年底,全区下乡知青中,有 176 人入党、3 012 人入团、1 460 人进入县、公社、大队领导班子,1 845 人参加宣传队,4 141 人担任民办教师、扫盲辅导员、农技员等。但由于下乡插队人数过多、农村经济条件所限以及部分知青不适应农村生产生活等,至 1972 年底,全区插队知青中,7% 的人未能解决住房问题,近 50% 的人生活不能自给。

1973 年,地区和各县均成立知识青年上山下乡办公室。在农村,建立由带队干部、贫下中农代表、知青参加的"三结合"再教育小组,加强知青的思想政治教育,帮助他们解决生产、生活中的一些实际问题。同时,提高知青的口粮供应标准,第一年每月 21.5 公斤,第二年参加生产队分配后,不足 21.5 公斤的部分由当地粮食部门补足。至 1977 年底,全区拨出木材 8 368 立方米,毛竹 52 871 支,帮助知青建房 24 608 间,基本解决了住房问题。插队知青中,生活能基本自给的上升到 70%。

第三节 回城安排

1970 年,地区将插队劳动满 2 年的下放知青列为城镇招工对象。是年,全区有 1 380 名知青通过招工回迁城镇。1974 年,对长期患有严重慢性疾病或严重残废、久治不愈的下放知青,办理病退回城;对独生子女或非独生子女、但父母身边无子女的下放知青,办理照顾回城。同时,在大中专招生、征兵指标中划出一定比例,招收插队知青。是年,全区办理病退手续回城 261 人,办理照顾手续回城 1 315 人,招生 424 人,征兵 304 人,招工 36 人。至 1978 年,全区有 23 006 人得到了安排。其中,招生 1 981 人,征兵 2 845 人,招工 14 060 人(含无锡、苏州等市在盐城地区招工 8 490 人),病退回城 1 905 人,照顾回城 2 215 人。

1979年，下乡插队知青开始统筹回迁城镇。对未婚知青，一律由动员城镇收回。对已婚知青，与城镇职工结婚的，户口、粮油关系迁进其爱人所在城镇；与农村青年结婚的，由原动员城镇和安置地区共同负责，就地就近安排工作，转为城镇户口；不同城镇的下乡插队知青之间结婚的双知青户，则根据知青本人要求，户口、粮油关系迁进男方或女方原动员城镇。对于1973年以后的插场知青，已经是国营农场的职工，不再重新迁移户口。

知青回城后，未婚的参加社会招工，符合顶替条件的，按规定办理子女顶替手续；已婚的安排在县属以上集体单位。安置的渠道有：兴办县、镇、街道集体企业，全区投资180万元，创办知青工厂44个，安置知青1964人；全民带集体，把资金设备借给集体厂或车间，待生产发展后划为独立核算的集体企业；挖掘现有集体企业的生产潜力，扩大产销门路和增加班次；兴办手工、饮食、服务业和各种修理行业，增加服务网点；清退临时工；动员年老职工退职退休。1979年，全区共安置1972年前下放的知青11 314人，占应安排的90%，还安置1973年以后下放的知青13 839人。至1980年，滨海、大丰、射阳3县本地知青回城安排基本结束。全区仍在农村的下放知青仅剩2 155人，其中已婚的2 080人。

1982年上半年，地、县劳动部门和知青办公室对上山下乡知青统筹回城的遗留问题作了处理：对于同农村青年结婚的半家户知青，就地就近安置在社镇县属大集体单位工作，并对安置单位给予经费补助。如安置有困难，则采取"一顶一"对换，安排其配偶。对弱智、病残知青，每人发3 000—5 000元安置经费，由县、社民政部门与他们签订供养合同，或将安置经费给其亲属，由亲属负责供养。至1982年，全区上山下乡知青回城安排工作基本结束。

附：1969年冬至1970年春下放人员

1969年冬至1970年春，根据《人民日报》1968年12月22日发表的《我们也有两只手，不在城里吃闲饭》的新闻和毛泽东主席发出的"广大干部下放劳动"的号召，专区动员大批城镇人口下放农村。下放的对象包括党政机关和企事业单位的在职干部和工人，城镇初、高中毕业生，城镇居民。至1970年5月，全区计下放5 635户、47 716人。其中干部6 729人，工人2 029人，城镇居民24 620人，3 000人口以下小集镇就地转农14 338人。同时，还接收安置了外地下放户18 301户、68 152人。其中苏州市7 743户、29 541人，无锡市10 117户、37 497人，南京市120户、341人，其他城市321户、773人。

全区农村接收安置的115 868名下放人员中，有劳动能力的仅2万人，半家户5 958户、19 200人，老弱病残户2 603户、11 025人，人多劳力少的8 853户、38 893人，无人供养的特殊困难户560户、2 007人。1974年，全区下放人员欠超支款的19 468户、75 474人，分别占下放总户数和总人数的81.1%和65.14%，欠款总额485.7万元。不少下放人员情绪不好，无心务农，经常返城，甚至集体上访。

1975年1月24日，地区革命委员会成立了下放人员办公室，加强对下放人员工作的领导。根据中共江苏省委对下放人员工作的指示精神和经中共中央批准的"就地安排，城乡结合，多种渠道，统筹解决"的方针，1976年起，全区由点到面多渠道地安置下放人员。凡能从事劳动的下放职工,全民单位下放的安排到全民单位,集体单位下放的安排到县、社、队集体单位。对于丧失劳动能力下放时符合退休条件的职工,办理退休手续;不符合退休条件的,区别类型,办理定额救济、五保救济、特殊困难户救济和小集体职工定额救济。对部分愿在农村劳动,要求安排子女工作的,酌情照顾解决。对半家户、特殊困难户,由动员城市逐步收回。对随父母下放的子女,凡年满 16 周岁,享受上山下乡知青待遇。至 1978 年,全区共安排下放职工 24 312 人,安排随父母下放的子女 13 172 人,改办退休和定期补助的下放职工5 450 人,每年由原下放城市发给退休金 123.91 万元。办理定额救济的 8 328 人,每年救济金额 63.91 万元。同时,全区先后拨出救济款 1 612.58 万元,木材 2 420 立方米,钢材 100吨,毛竹 10 万支,煤炭 800 吨,棉布 15 万米,棉絮 3.5 万公斤,以帮助下放人员解决生产、生活困难。下放人员拖欠的超支款,其 65% 由国家补助偿还。

　　1978 年底,根据中共江苏省委关于继续处理好下放人员遗留问题的意见,全区将已安排到全民、集体单位工作的下放职工及其家属子女全部转为城镇定量户口,迁移到职工本人所在的县城或集镇。对暂无固定职业的下放人员,由原下放城市陆续安排做临时工,报临时户口。对下放职工已达退休年龄的,吸收一名子女回原下放城市顶替就业。1979 年 7 月 31日起,根据省委 81 号文件精神,全区将仍留在农村的下放人员,全部就地转为城镇定量户口。对已就地安排到全民、集体单位的下放职工,确有困难的,安排调回原下放城市。至1980 年底,全区下放人员的遗留问题基本处理结束。

(第四十七卷第三章《知识青年上山下乡》,第 2149—2153 页)

　　1978 年,新办技校招生计划由省计委、省劳动局联合下达。当年,省商业技工学校、邮电技工学校等 5 所部、省属技校在境内招生 54 人,招生对象是城镇高中毕业生和同等文化程度的插队知青,学制 2 年。招生录取工作由地区劳动局负责,在当年参加中专统考的落榜生中征求志愿,择优录取。 (第四十七卷第五章《职工技术培训》,第 2164 页)

《滨海县志》

滨海县地方志编纂委员会编,方志出版社 1998 年

　　(1968 年)11 月 18 日,县革委会决定,滨海县接收安置无锡市和县内城镇知识青年3 350 人,无锡市来滨海插队 2 500 人,县内城镇 850 人。县内知青分配到振东、大套、樊集、陆集、天场、通榆、獐沟、陈铸、滨淮等 9 个公社,无锡知青除东坎外,各公社都有安插。 (《大事记》,第 87 页)

　　(1969 年)2 月 13 日,滨海县上山下乡安置办公室成立。(《大事记》,第 87 页)

12月5日,县革委会召开首届插队知识青年活学活用毛泽东思想积极分子代表大会,正式代表400人。到会代表组成7个代表团,有10多名积极分子和先进单位代表在会上发言,介绍了自己的事迹。县革委会主任刘永吉作了报告,鼓励知识青年在滨海这个广阔天地里,要大有作为。

(《大事记》,第88页)

(1970年)2月14日至3月12日,无锡市、苏州市、盐城专区3家革委会联合组织上山下乡慰问团来本县慰问,团员共330人,其中文艺宣传队、电影放映队154人,每个公社都进行慰问演出。

(《大事记》,第89页)

8月10日至15日,县革命委员会召开插队知识青年、下放干部、城镇居民和贫下中农代表会议,共320人,要求各方面都要支持上山下乡工作,下乡人员要虚心向贫下中农学习,当好新农民。

(《大事记》,第89页)

(1973年)12月19日,县革命委员会召开全县下乡知识青年代表会议,到会代表455人,会上学习了全国知识青年代表邢燕子的事迹,交流了接受贫下中农再教育的经验。

(《大事记》,第92页)

(1974年)2月19日至24日,县革委会召开全县知识青年代表会议,知识青年、家长、社队与街道干部代表共460人参加会议,无锡、苏州两市革委会派代表参加,盐城地区革委会副主任陆遴到会讲了话,会上奖励了30个先进单位和50名先进个人,大会还让东坎地区高二、初二以上学生和教师参加旁听。

......

3月16日,全县1973年中学应届毕业首批200人,到农村落户。(《大事记》,第92页)

(1975年)4月14日,县第三次上山下乡知识青年代表大会召开,出席代表469名,东坎地区万人列队在车站欢迎代表。会议要求支持上山下乡,巩固上山下乡成果,进一步推进上山下乡工作。

(《大事记》,第93页)

6月6日,上午县委召开大会,欢送城镇青年160人下乡插队,分赴10个公社。

(《大事记》,第93页)

7月21日,县委对1973年和1974年两年应上山下乡而未去的对象共434人,经1个月的动员,全部下乡落户,无一遗留。

(《大事记》,第94页)

（1976年）1月12日，县委连日召开县直机关干部大会，反复动员，把抓好"两清、一结、三查"作为全县党的基本路线教育第一仗来打。两清：清理超支款、清理私招乱雇的临时工；一结：结束当年或往年拖欠的上山下乡工作；三查：查小金库，查库存积压物资，查下乡落户人员是否及时下去。

（《大事记》，第 94 页）

（1977年）4月25日至26日，县革委会召开第六次上山下乡知识青年代表会，到会代表414人，其中知识青年代表320人。

（《大事记》，第 96 页）

第四节　知识青年上山下乡

1961年9月，县文教局和共青团县委举办青年学生报告会，邀请县内初、高中应、往届毕业生和在校学生代表200多人参加，由县委第一书记周乃成和第二书记余和沛作报告，宣传"农村是广阔的天地，知识青年到农村去大有作为"。

1963年7月，根据中共中央关于"今后动员城镇人口下乡插队的主要对象应放在青年这一方面"的指示，县内开始动员城镇知识青年单身下乡插队落户，参加农业生产。插队落户形式有三：一是集体插队，建立知识青年小组，由农村生产大队为其兴建住房，集体食宿；二是到国营农场和县属农林场圃插队，同农林业工人一起生活劳动；三是投亲靠友，吃住在亲戚家中，分散插队。是年共动员知识青年88名下乡插队。

1968年毛泽东主席发出"知识青年到农村去，接受贫下中农再教育很有必要"的号召，县内知识青年纷纷报名下乡插队，单1968年一年各公社就接收县境内知识青年850名，无锡知识青年1 080名，苏州知识青年378名。县革命委员会设上山下乡办公室，次年，知识青年上山下乡办公室从上山下乡办公室析出，专司知识青年插队事宜。1963年到1979年全县农村共接收知识青年插队3 036人，其中本县知识青年1 263人，苏州、无锡知识青年1 558人，其他城市和外县知识青年242人。设知识青年小组318人，知识青年点17个。全县每年支出安置经费21.3万元，木材1 145立方米，毛竹19 800支。共建知识青年住房2 537间50 746平方米。1970年11月县革命委员会组织慰问团去公社知识青年所在生产队慰问，分别召开知识青年、贫下中农代表和基层干部座谈会。1970年和1971年苏州、无锡革命委员会两次派来慰问团到各公社、大队向知识青年赠送礼品，演出文艺节目，县革命委员会于1971年组织赴苏州、无锡回访团，汇报两市知识青年接受贫下中农再教育的成绩。1970年6月，县革命委员会政法组将破坏上山下乡的罪犯押到农村巡回批斗18场。每场2 000多人参加。

1969年至1977年，县革命委员会先后共召开过全县上山下乡知识青年代表大会6次，表彰先进，树立知识青年下乡务农的光荣感，增强基层干部的责任感，教育农村群众关心知识青年的生活和劳动。至1979年知识青年计有572名受到表扬，一名被选为江苏省革命委员会委员，4名被选为县革命委员会委员，4名提拔为公社革委会副主任，177名提拔为大队干部。

1974年，县革命委员会对长期患有慢性病或严重残废的知识青年，对已下乡插队的独生子女，办理回城手续，对于非独生子女但城中父母身边无子女的亦照顾一人回城。

1979年初开始，县内对插队满二年以上的知识青年推荐招工，方法是由县下达指标到公社，经知识青年所在生产队和知识青年小组推荐，大队民主评议，公社审查，报县知识青年上山下乡办公室批准。截至1983年底，县内所有插队知识青年全部回城安置，苏州、无锡等外地知识青年，也由原下放的城市陆续招回原城市安置。

1969—1979年滨海县知识青年下乡插队分布情况

公社	县内知青	外地知青	公社（场）	县内知青	外地知青
东坎	47	9	临淮	13	74
坎南	240	71	振东	51	67
坎北	26	69	淤尖	11	73
天场	37	61	渔业	0	0
大套	18	70	五汛	8	75
果林	6	25	北坍	6	68
界牌	10	56	蔡桥	21	91
陆集	15	68	正红	20	81
樊集	18	72	獐沟	12	76
陈涛	44	81	通榆	54	70
八巨	31	75	陈铸	17	63
八滩	67	89	新港	14	60
滨淮	84	71	县林场县良种场	273	

（卷二十二第五章《精简下放》，第810—811页）

《阜宁县志》

阜宁县县志编纂委员会编，江苏科学技术出版社1992年

（1969年）3月11日，阜宁县革命委员会上山下乡领导小组成立。（《大事记》，第31页）

11月至翌年春，全县农村大队接受苏州、无锡、南京等地和本县知识青年、城市居民及部分干部计6736人插队落户。

（《大事记》），第31页

知青插队

1963年至1967年，全县城镇知识青年到农村插队73人。1968年城镇知识青年到农村插队1 196人，其中无锡市下放829人，本县367人。1969年城镇知识青年到农村插队1 545人，其中无锡市下放509人，苏州市下放151人，本县341人，其他地区下放544人。1970年以后，城镇知识青年每年有一批到农村插队，直到1977年为止。

下放到农村的城镇知识青年，除极少数投亲者外，均按系统、社镇编组，每组5—8人不等，派干部带领，集体插队。由国家拨款建造住房，购置设备，第一年每人给予生活补助80—100元，常年口粮按每月18公斤标准成品粮供给。同当地社员一起参加劳动。

1978年起，插队知青通过参加中国人民解放军、报考高等院校、顶替父母工作、招工回城等途径，陆续离开农村。至1980年，基本走上了工作岗位。

（政治篇第七章《民政》，第293页）

《射阳县志》

射阳县地方志编纂委员会编，江苏科学技术出版社1997年

（1973年）12月4日，县革命委员会召开首届上山下乡知识青年代表大会，出席会议的代表539人，评选了31个先进知青小组和23个接受再教育工作有显著成绩的先进单位，表扬了88人。

（《大事记》，第28—29页）

据统计1966—1976年间来自苏州、无锡、上海等地的知识青年到射阳农村扎根的有2 664人。1968—1977年间，射阳县共接受来自无锡、苏州、南京、上海等地干部职工、城镇居民3 899户，计14 357人。

……60—70年代下放到射阳的干部、职工、城镇居民和知识青年返回原地，1979年射阳县人口比1978年减少2.2万余人。

（卷二第一章《人口衍变》，第87页）

为适应精简下放需要，县委成立精简安置小组，下设办公室，负责动员知识青年上山下乡。"文化大革命"期间，人事科业务划归县革命委员会政工组负责；劳动科业务划归县革命委员会生产指挥组计划组负责。1973年9月，建立县革命委员会知识青年上山下乡领导小组，下设办公室，负责县内外知识青年上山下乡的安置工作（1981年撤销）。

（卷二十一《劳动人事管理》，第730页）

1966年至1971年，县内没有招收固定工，1970年至1971年，新招收固定职工2 256人，其中农村退伍军人905人，插队知青238人，城镇应届毕业生517人，城镇闲散劳力285

人,合德镇附近 4 个大队的土地征用工 311 人。1975 年,为解决县属大集体单位工种不配套和劳动力不足的问题,经盐城地区革命委员会生产指挥部批准,招收县属大集体固定工1 020 人,其对象为:经县知识青年办公室批准留城的中学毕业生、经过二年以上劳动锻炼的城镇下乡插队知识青年队、农村退伍军人以及 1969 年春和 1970 年春下放人员的子女。招工方法:由基层推荐、群众评议、公社审查、县革命委员会生产指挥组批准。

(卷二十一第一章《劳动管理》,第 732 页)

第七节　知识青年"上山下乡"和回城安置

上山下乡　1963 年,射阳县开始动员一部分城镇知识青年下乡参加农业生产,主要形式有三种:一是投亲靠友,分散插队;二是集体插队,建立知识青年小组;三是到国营农场或县属农林场圃插队。到 1966 年,全县共动员 511 名知识青年下乡插队。同时接收 1 704 名无锡知识青年来县农村插队。"文化大革命"开始后,下乡知识青年倒流回城现象较为严重,县精简安置办公室要求动员逗留城镇上山下乡知识青年、城镇居民和精简下放人员迅速回农村"抓革命、促生产"。1969 年,县组成上山下乡知识青年慰问团,历时 21 天,走遍 16 个公社的 894 个生产队,慰问 820 个知识小组。从 1963～1976 年,全县共有插队(场)知识青年 2 644 人,其中有 935 人被分别评为专区、县、社的积极分子,1 300 多人被评为五好社员,247 人被选进社队领导班子。1970 年、1975 年、1976 年,县分别召开了三次上山下乡知识青年代表大会,对知识青年的先进集体和先进个人进行了表彰。

知识青年回城安置　从 1970 年起,射阳县对下乡劳动锻炼二年以上的知识青年开始安置。安置主要采取推荐招工的办法进行,即由县下达招工指标到公社,经知识青年所在生产队、知识青年小组推荐、大队民主评议、公社审查、报县劳动部门批准,至 1976 年底,共招收下乡插队知识青年 638 人。1978 年招收回城知识青年 594 人。1979 年全县需要安置的回城知识青年还有 3 274 人,其中本县 1 412 人,无锡、苏州、上海等地来插队、转点 1 862 人。通过招工、顶替等渠道,当年安置本县知识青年 530 人,至 1985 年底,其余 882 人全部回城安置了工作,外地来县的知识青年也由原来下放的城市陆续招(调)回城安置了工作。

(卷二十一第一章《劳动管理》,第 739 页)

《建湖县志》

建湖县地方志编纂委员会编,江苏人民出版社 1994 年

　　是月(1964 年 2 月),宣传学习董加耕,动员城镇知识青年下乡插队务农。湖垛、上冈、建阳三镇共动员 600 名知青插队务农。　　　　　　　　　　　　(《大事记》,第 38 页)

是月(1968年9月),实行"知识青年接受贫下中农再教育"的方针,无锡市700名下放知青和建湖县城镇270名知青,下放到10个公社插队落户。　　　　　　(《大事记》,第39页)

"文化大革命"期间,外籍城镇知识青年、居民分期分批迁来建湖插队落户。1968年至1973年先后接受和安置了苏州、无锡、上海等城镇下放插队落户的知青3 570人,接受外地下放干部和居民4 852人,两项计8 422人。　　　(第三篇第一章《人口规模》,第140页)

全县1962—1987年,招收顶替子女工4 586人(安排全民工3 199人,集体工1 387人)。顶替子女中,农村插队、插场知青213人,农村青年3 868人,城镇青年481人,其他24人。　　　　　　　　　　　　　(第十九篇第一章《劳动管理》,第573页)

下放知青回城安排

1964年,响应国家关于城镇知识青年上山下乡的号召,建湖开始接收城镇知识青年下乡插队、插场。至1977年底,全县共安置下放知识青年6 127人,其中上海、苏州、无锡等外地的知青1 439人。去向为95％以上在农村插队。

1973—1978年,知青回城参加招工、招生和安置的3 659人,占下放知青总数的59.7％。1979年,统筹回城安置的知青1 785人。留在农村的683名知青,在1980年全部回城安置。到1984年,在有关知青下放、回城中的具体问题(包括房产、物资等)处理结束后,县知青上山下乡办公室随之撤销。　　　　　(第十九篇第一章《劳动管理》,第574—575页)

《响水县志》

响水县地方志编纂委员会编,江苏古籍出版社1996年

(1969年)10月21日—25日,县召开下乡知识青年活学活用毛泽东思想积极分子代表大会。　　　　　　　　　　　　　　　　　　　　　　　(《大事记》,第31页)

解放前,由于县境一直属于几个县管辖,因此,没有单独的人口统计资料。解放后,县境人口剧增的年代,一是50年代,在近海地区建立新人农场,从外地陆续迁进了3万多人;二是60年代的下放和知识青年上山下乡,从苏州、无锡、上海等地迁进职工、知青约2万多人。1979年,由于下放职工和插队、插场知青大批回城,全县迁出人口19 684人,仅黄海农场就迁出5 454人。此后,境内人口才相对稳定。　　　　　(第二篇第一章《人口》,第97页)

中共十一届三中全会后,插队知青、下放人员回城,出现第二次就业高峰。1979年—

1981年的三年内,除正常招工外,按照就地安排、城乡配合、多种渠道、统筹解决的方针,安置1969年冬—1970年春下放人员1 010人,其中:全民299人,集体711人。同时,统筹安排插队知青998人,插场知青381人,合计1 379人,其中,全民289人,集体1 090人。

(第十八篇第一章《劳动管理》,第576页)

第六节　知识青年安置

1969年,响应国家关于城镇知识青年上山下乡的号召,动员全县城镇知识青年上山下乡,到农村插队落户,相继有无锡、苏州、上海等市的知识青年到响水农村插队落户。县成立知识青年上山下乡办公室,专门负责接收知识青年的插队落户工作。县里拨出专门经费,解决知识青年在插队落户中的生活安置。县境城镇知识青年下乡务农,大体有四种安置形式:一是到国营场、圃落户;二是建立知识青年小组;三是参加生产建设兵团(即今农场);四是分散插队或投亲落户。至1978年,到农村插队落户的城镇知识青年2 787名。其中,无锡、苏州、上海等市下放的1670名,县内下放的1 117名。

自1973年开始,对下放的知识青年中的病残人员和父母在城市身边无子女的青年,陆续照顾回城就业。1979年—1980年,下放的城镇知识青年全部迁回原所在城镇,由各地劳动部门根据国家"统一规划,实行劳动部门介绍就业,自愿组织起来就业和自谋职业相结合"的方针,统筹安排。外地在响水插队的知识青年中,有334名因与插队所在地的青年结婚,不愿回原籍就业,则就地安排了工作。　　(第十八篇第一章《劳动管理》,第580页)

《大丰市志》

大丰市地方志编纂委员会办公室编,方志出版社2006年

(1966年)7月22日,中共大丰县委、县政府动员和安置本县知识青年350人,南京下放知青300人,分别安置在丰富、竹港、大桥、大道、五星、通商、万盈等公社。　(《大事记》,第48页)

(1969年)1月22日,大丰县成立上山下乡领导小组,并设办公室,负责对机关干部、职工、城镇居民、知识青年的下放安置工作。　　　　　　　　　　　(《大事记》,第49页)

12月22日,县城12 000多人隆重集会,纪念毛主席"知识青年到农村去"指示发表一周年,并热烈欢送700多名机关干部和知识青年下乡插队落户。　　　(《大事记》,第49页)

1964年,全县广大团员青年开展向立志务农的知识青年董加耕学习的活动。

(《党派　团体》第三章《社会团体》,第777页)

1964—1977年,全县安置到农村插队落户、直接参加农业生产劳动的城镇知识青年有11 811人,其中县外知识青年4 895人(南京399人、无锡3 016人、苏州611人、本省其他地区373人、外市县496人);下放到农村的城镇居民4 568户、19 465人,其中无锡3 100户、12 000人;苏州980户、7 215人;其他地区60户、250人。

城镇青年下乡务农,大体有五种安置形式:①到国营林、蚕、渔、牧场落户的有522人;②建立知青农场,安置467人;③建立知识青年小组,全县有731个生产队建立了知青小组,安置467人;④集体参加生产建设兵团(即今农场);⑤分散插队或投亲落户。

1968—1978年,全县下拨的知青和居民安置费用达到200余万元,调拨毛竹5 000余支,木材近1 000立方米。下放农村的城镇居民均在生产队落户,参加力所能及的生产劳动。

1973年开始,将1964年后下放的知识青年中的病残人员和父母住城区身边无子女的青年陆续照顾回城就业。1978—1980年,下放的城镇居民及知识青年全部迁回原所在城镇,由各地劳动部门根据国家"统一规划,实行劳动部门介绍就业,自愿组织起来就业和自谋职业相结合"的方针,统筹安排。1965—1977年间,全县下乡务农的6 916名知识青年中,回城后安排在全民所有制企业的4 322人,因父母退休、离休而顶替的392人,其余人员除部分考入大、中专学校和应征入伍外,全部由乡、镇办集体企业安排就业。

(《劳动 人事》第一章《劳动管理》,第917页)

《大丰县志》

大丰县编修县志委员会编,江苏人民出版社1989年

1973年法院工作恢复后,重点打击破坏上山下乡的犯罪分子。1974—1976年全县共判处奸污女知识青年案40人,其中判刑15—20年的2人,6—10年的9人,5年以下的29人。

(第二十七卷《公安司法·审判》,第530—531页)

1982年6月,增设安置股,收并原知识青年上山下乡办公室、下放办公室的工作。

(第二十八卷《劳动人事·劳动管理》,第539页)

1964至1977年,全县安置到农村插队落户、直接参加农业生产劳动的城镇知识青年有1.181 1万人,其中县外知识青年4 895人(南京399人、无锡3 016人、苏州611人、本省其他地区373人、外省市496人);下放到农村的城镇居民4 568户、1.946 5万人。其中无锡3 100户、1.2万人;苏州980户、3 800人,其他地区60户、250人。

城镇青年下乡务农,大体有五种安置形式:一是到国营林、蚕、渔、牧场落户,全县共有522人;二是建立知青农场,安置467人;三是建立知识青年小组,全县有731个小组,安置467人;四是集体参加生产建设兵团(即今农场);五是分散插队或投亲落户。

1968 年至 1978 年,全县下拨的知青和居民安置费用达 200 余万元,调拨毛竹 5 000 余支、木材近 1 000 立方米。

下放农村的城镇居民均在生产队落户,参加力所能及的生产劳动。

自 1973 年开始,将 1964 年后下放的知识青年中的病残人员和有父母在城身边无子女的青年陆续照顾回城就业。1978 年至 1980 年,下放的城镇居民及知识青年全部迁回原所在城镇,由各地劳动部门根据国家"统一规划,实行劳动部门介绍就业,自愿组织起来就业和自谋职业相结合"的方针,统筹安排。全县 1965 年至 1977 年间,下乡务农的 6 916 名知识青年中,回城后安排在全民所有制企业的 4 332 人,因父母退休、离休而顶替的 392 人,其余人员除部分考入大、中专学校和应征入伍外,全部由乡、镇办集体企业安排就业。下放居民回城后,如原系企事业职工仍回原单位安排,如系待业人员,则由县、镇集体企业或街道负责安排。

1976 年以来,县劳动部门通过招考的方法,逐年安排知识青年就业。党的十一届三中全会以后,国民经济稳步上升,各行各业持续发展,为待业人员拓宽了就业的渠道。

(第二十八卷《劳动人事·劳动管理》,第 540 页)

《东台市志》

东台市地方志编纂委员会编,江苏科学技术出版社 1994 年

(1969 年)6 月,从 1968 年 3 月至本月,城镇知识青年 4 929 人下放农村落户。

(《大事记》,第 44 页)

(1970 年)6 月 14 日统计,从南京、无锡、苏州、盐城和东台城镇,下放到本地农村插队落户的人员共 34 055 人,其中下放干部 2 364 人,知青 8 734 人,城镇居民和干部家属 22 957 人。

(《大事记》,第 45 页)

60—70 年代,东台共接收安置本地和外地的下放干部、工人、城镇居民和知识青年 78 948 人,其中接收苏南城市下放的 15 860 人。中共十一届三中全会以后,落实下放人员政策,各类下放人员陆续回城,恢复和安排工作。　　(第三篇第一章《人口规模》,第 150 页)

《海安县志》

《海安县志》编纂委员会编,上海社会科学院出版社 1997 年

(1956 年)11 月 15 日,203 名社会知识青年奔赴新疆,建设祖国的大西北。

(《大事记》,第 34 页)

是月(1974 年 7 月),海安、李堡、曲塘等集镇动员城镇知识青年上山下乡。

(《大事记》,第 48 页)

1979 年,由于大量下乡插队的知识青年回城,全县城镇待业人数 6 000 多人,经多渠道统筹安排,全年共安置 3 098 人,其中,1977 年底下乡插队的知识青年达 2 678 人,1978 年、1979 年城镇初高中毕业生以及其他社会青年 392 人,另外还安置了城镇退伍军人 28 人。

(第二十篇第三章《劳动管理》,第 687 页)

第二节　知识青年上山下乡

[知识青年到农村插队]

1963 年下半年,开始动员城镇闲散劳力到农村,安插到生产队参加劳动。其中已有部分年满 16 周岁的知识青年随父母下插农村。1964 年,正式开始动员城镇知识青年"上山下乡",到农村插队。1963—1964 年,全县共动员城镇知识青年 731 人到 31 个人民公社插队。1966 年 4 月,海安县召开知识青年上山下乡工作会议,到 5 月底,动员了知识青年 259 人到农村插队,其中,海安镇 149 人下插到古贲公社;曲塘镇 69 人下插到烈士公社;李堡镇 41 人下插到北凌公社。

1969 年,知识青年上山下乡达到高潮,到 1978 年 12 月停止动员城镇知识青年上山下乡,全县累计动员了知识青年近 7 000 人下乡插队,各公社各大队均接受安排了城镇知识青年。

[下乡知识青年管理]

1969 年 1 月,设立上山下乡办公室,归属县革命委员会文教卫生组领导。1970 年 10 月,上山下乡办公室撤销,具体工作由县人事局负责。1973 年底,设立知识青年上山下乡办公室,单独办公。1980 年,知识青年上山下乡办公室撤销,其善后工作移交劳动局负责。

下乡插队知识青年除部分原住农村的仍回老家落户外,一般都安排到田多人少的社队。还有一部分去了海安农场,国家统一下拨建房材料,在知青集中的地方由所在社队负责建造知青房。知青一般集中食宿,分散劳动。　　(第二十篇第五章《精简下放》,第 699 页)

《如皋县志》

江苏省如皋市地方志编纂委员会编纂,香港新亚洲出版社有限公司 1995 年

是年(1963 年),动员城镇知识青年到农村插队落户工作开始,当年插队知青 61 人。

(《卷首·大事记》,第 39 页)

（1965 年)6 月,县动员城镇知识青年 357 人至长青沙插队落户。

(《卷首·大事记》,第 39 页)

（1968 年)9 月,动员城镇老三届(1966、1967、1968 年)高初中毕业生 1643 人到农村插队落户。

(《卷首·大事记》,第 40 页)

是年(1969 年),动员城镇知识青年 1 700 人插队落户农村。

(《卷首·大事记》,第 41 页)

六十年代初,开始动员城镇人口下放农村,同时下放职工和号召知识青年上山下乡,企业单位很少增人。……

1975—1977 年从农村招收下乡知青 900 多人。1978 年停止城镇知识青年上山下乡,同时将已下乡的知识青年和 1969 年冬至 1970 年春下放人员,全部收回城镇,共需安排就业者达 5 800 多人,形成第二次就业高峰。

(卷十五《劳动人事·劳动》,第 559 页)

【知识青年上山下乡】　1963 年动员城镇居民下乡插队时,其中有少数知识青年。1964 年起,按中共中央批转团中央有关文件,开始动员城镇知识青年到农村插队落户。1968 年后,全县普遍开展知识青年上山下乡工作。至 1977 年,全县下乡知识青年 7 632 人,其中插队 6 766 人,插农林场圃的 866 人。1968~1978 年,全县共建知青住房 9 443 间,其中 24 个知青点建房 560 间,国家下拨木材 1 437 立方米,钢材 72 吨,安置费用 173 万元。至 1979 年底,通过招工、参军、上学、病退、困退等渠道,全部转为城镇户口,安排就业。

(卷十五《劳动人事·劳动》,第 563 页)

《如皋劳动志》

如皋劳动志编辑委员会编,江苏人民出版社 1991 年

第一节　组织机构

1960 年 8 月 13 日,中共如皋县委员会成立精简安置领导小组,魏志田为组长,张贤堂、吴功祥为副组长。吴功祥兼办公室主任,贾文祥为办公室副主任。

1964 年 4 月,县成立动员城镇知青下乡安置领导小组,魏志田为组长,贾文祥、陆飞为副组长。团县委书记环斌兼办公室主任。

1965 年,潘余庆任县委精简安置办公室副主任。

1966 年 4 月 20 日,成立县精简安置领导小组,曹怡为组长,贾文祥为副组长兼办公室

主任。

1967年2月5日,更名为县安置城镇下乡青年领导小组办公室。同年11月6日,又更名为县军事管制委员会上山下乡办公室。

1968年,更名为毕业生分配办公室,负责人为桑云。

1969年1月15日,更名为县革命委员会上山下乡安置办公室,和县革命委员会政工组的教育组合并,负责人为王学源、贲正祥。

1970年,与民政科合并建立民政局,对外保留名称,负责人为贲正祥。

1973年11月16日,成立县革命委员会知识青年上山下乡领导小组,邓兰芳为组长,许吉甫、于赤为副组长,贲正祥为办公室主任。

1974年6月,更名为县革命委员会知识青年上山下乡办公室,简称知青办,主任贲正祥,副主任许道奎(75年调回南京)。

1976年下半年,县知青办主任贲正祥,副主任薛平。

1978年,县知青办主任贲正祥(后调县委宣传部),副主任薛平、孔祥麟(后调县卫生局)。

1979年,县知青办由薛平负责。

1979年9月6日,县知青办与县计委劳动工资组合并建立县劳动局。

(第五章《精简下放、上山下乡》,第79—80页)

1979年上半年,对1969年,1970年下放人员全部迁转为城镇定量户口,子女中年满16周岁和初高中毕业生参照知青招工分配工作。　　(第五章《精简下放、上山下乡》,第83页)

第三节　知识青年上山下乡

1964年,中共中央批转团中央书记处《关于组织城市知识青年参加农村社会主义建设的报告》,如皋县开始动员知识青年下乡插队。

一、动员安置

1964年正式提出知识青年下乡插队。坚持思想教育,坚持质量、条件,安置到政治空气好,人均耕地多和经济收入、口粮水平较高的社队(1963年下乡插队居民户中有部分年满16周岁的知识青年)。

1965年,动员知青到新围垦的长青沙,建立了知青大队,隶属二案公社,并派了两名国家干部带队。

1966年,结合系统社会主义教育运动进行。如城镇动员了部分镇办厂青年工人下乡插队。

1967年,由于大批下乡知青回城"造反",按中央通知,动员回农村"抓革命、促生产"。

1968年,县革命委员会建立毕业生分配办公室,动员66、67和68三届高、初中毕业生下乡插队。

1969年,为贯彻毛泽东主席1968年12月21日发出的"知识青年到农村去"的指示,继续动员城镇高、初中毕业生下乡插队。并按照毛泽东主席关于"广大干部下放劳动"的指示和疏散城镇人口要求,1969年冬,根据省、地委部署,全县又掀起了一个上山下乡高潮,有干部、职工、居民和知青下乡插队落户,动员安置工作持续到1970年上半年。

1971年,按南通地区要求,动员知青下插到南通农场(当时是生产建设兵团)。1972年没有动员任务,如皋中学一名毕业生主动要求下乡插队到丁北公社。

1973年,宣传贯彻毛泽东主席给李庆霖的一封信,开始批林批孔,提倡扎根农村。该年动员下乡的对象是城镇初、高中毕业生,病残不能劳动的、独生子女和多子女身边只有一个的可照顾留城不下乡。

1974年,动员对象是应届初、高中毕业生,年满17周岁;以及1973年应下乡而未下乡的;毕业时年龄不够,1974年已到龄的;还有社会青年和中途退学符合下乡条件的。

1975年,以"学理论、抓路线"为根本,以学校为主体、城镇机关齐发动。知青下乡去向:国营农林场圃,县委都派有国家干部带队;学株洲经验按系统与公社挂钩办知青点;插队和回农村老家落户。

1976年,推广株洲经验,办知青点以集体安置为主,也有插场、回农村老家插队和充实长青沙知青大队。

1977年,以学校为主体,学校、家长单位与街道三结合动员,仍以知青点集体安置为主。全县共有知青点24个,动员单位都派有专人带队,知青点办工副业,农忙务农,农闲务工。比较大的知青点有:商业局办的建设公社16大队知青点,工业局办的丁西公社8大队知青点,粮食局办的林梓公社三大队知青点,物资局办的大明公社10大队知青点等。

二、下乡人数(见表)

1963年至1977年上山下乡知识青年人数表

年　份	人　数	插　队	插　场	备　　　注
合计	7 632	6 766	866	
1963	30	30		
1964	562	562		
1965	411	361	50	南通农场
1966	269	269		
1967	0			
1968	1 487	1 487		
1969	1 708	1 708		
1970	412	412		

年 份	人 数	插 队	插 场	备 注
1971	208		208	南通农场
1972	1	1		
1973	229	229		
1974	554	554		
1975	640	426	214	地区农场、本县农场
1976	400	229	171	地区农场、本县农场
1977	488	284	204	南通农场、地区农场、县农场
1978 补办	233	214	19	下放干部留农村子女及外县、市转插来的等

另接收上海等外县市来如皋农村插队知青600多人。

1973年初统计，下乡知青中258人入党，1365人入团。

三、收 回 安 排

下乡知青回城安排，有紧、松、宽、放的四个过程：

紧：1969年以前，不从下乡知青中招工，只有几名因病确实不能参加农业劳动的收回城镇。

松：1970年后松了一点，从知青中招工265人，1973年后，提倡"扎根农村"，但对独生子女和多子女父母身边无人的，可以照顾回城，知青服役退伍后回原城镇，由县安排工作。

宽：1975年、1976年从知青中招工，两年招工875人。招工掌握条件之一，是按一户子女中务工、务农比例。

放：1978年后，开放"病退"、"困退"和招工三条回城渠道，病退回城安排镇办单位219人，困退回城安排县属集体单位1418人，招工回城安排全民和县属集体单位3830人。至1979年底，都收回安排。

收回安排的途径，还有1971年6月底前在全民单位做临时工的转正，1979年在县属单位做临时工的就单位安排，父母退休顶替，以及从农村上学、入伍等。

四、费 用 物 资

历年来安置知青经费共205万元，木材1437米^3，钢材72吨，建房9443间（农村8418间，农场465间，知青点560间）。

五、重 要 事 件

1. 1964年4月3日—5日，县召开插队人员代表会，大造支农光荣的舆论。

2. 1965年3月17日，召开县下乡、回乡知青参加农业劳动积极分子代表大会，表扬插队先进，树立下乡典型，并邀请董加耕到会作了介绍。

3. 1969 年 7 月，在南通地、市委统一领导下，组织 2 000 多人检查落实下乡知青安置工作。

4. 1969、1970、1973、1974 和 1975 年都分别召开下乡知青代表会，表扬先进，造上山下乡舆论。

5. 1972 年 2 月 1 日—8 日，县召开全体下放干部会议，提出了进一步"接受再教育"的要求。

6. 为纪念毛泽东主席关于"知识青年到农村去"的指示，1973 年至 1977 年，每年的 12 月 21 日都召开下乡知青代表座谈会。

7. 1970、1973 和 1974 年，分别在丁北、东陈和夏堡公社召开下乡知青修建房屋统筹安置会议。

8. 春节慰问下乡人员，从 1965 年开始至 1978 年，每年都

进行，方式、规模不尽相同。

9. 1970 年和 1976 年分别查处了袁桥公社农具厂和新姚公社挪用知青建房木材问题。

10. 长江公社知青大队打击报复、摧残迫害下乡知青问题，按照中共中央原副主席李德生的批示，1973 年 11 月，省、地和县三级联合调查，1974 年对有关人员分别作了刑事和行政处分。

11. 1978 年 12 月 4 日，因急于要求回城安排工作，近千名知青聚集在县政府门前。经县委领导研究决定，先招收 1972 年前下乡老知青，1973 年后下乡新知青，先将户粮关系转回城镇，待后招工。

12. 1975 年插队在石南公社 6 大队 8 队的知青张鹏翔，1978 年初入党，同年 3 月入伍，1979 年 2 月 17 日在对越自卫反击战中，为保卫战友安全转移，只身与敌人战斗，光荣牺牲，部队党委给他追记一等功。　　　　　　　　　　　（第五章《精简下放、上山下乡》，第 84—89 页）

《如东县志(修订本)》

如东县编史修志办公室编，江苏古籍出版社 1985 年

第四节　城镇知识青年安置

1963 年县委成立精简安置办公室(1966 年改为上山下乡办公室，1973 年又改为知识青年上山下乡办公室)，开始在全县范围内有计划有组织地动员城镇知识青年以及闲散居民等下乡务农。自 1963 年至 1677 年，全县安置到农村插队落户、直接参加农业生产劳动的有：城镇知识青年 12 289 人，带薪下放干部 1 421 人，集体所有制单位退职下放人员 391 人，城镇居民和渔民及其子弟 4 441 人，总计 18 542 人。

1963 年至 1977 年城镇青年下乡情况统计

年　份	本县和南通地区插队本县人数	南通市和本省其它市插队本县人数	上海市和外省市插队本县人数	小　计
1963	343	91		434
1964	630	158		788
1965	309			309
1966	200		107	307
1967				
1968	2 526	544	167	3 237
1969	2 007	453	183	2 643
1970	1 071	366	142	1 579
1971	20	40	105	165
1972		141	158	299
1973	457	16	53	526
1974	428	24	128	580
1975	539	14	42	595
1976	415	21	65	501
1977	311	5	10	326
合计	9 256	1 873	1 160	12 289
百分比	75.3%	15.3%	9.4%	

城镇青年下乡务农,大体有四种安置形式:一是到国营农场、林场等落户,全县共安置883人;二是建立知青点,全县共建立21个点,集体安置302人;三是建立知青小组,共安置4 379人;四是分散插队或回老家落户,外地知青来本县插队、落户的较多。

自1968年至1978年全县下拨知青安置费3 466 425元,并调拨毛竹11 500根,木材2 505立方米,钢材122吨,以及大批砖瓦、水泥、石灰、玻璃、铅丝、元钉等建房材料。

1978年对原下乡知识青年进行统筹安排,至1980年底全部迁离农村,其去向有下列7个方面:

(一)因提拔干部而转为国家干部的6人。

(二)录取大专院校和中等专业学校的有668人,占5.4%(包括1978年前录取数)。

(三)参加中国人民解放军的有587人,占4.8%(包括1978年前参军数)。

(四)因招工、婚嫁、疾病等原因而迁往外地的有2 058人,占16.7%(大都是为外地来本县插队落户的知青)。

(五)统筹安排在全民所有制单位的有3 326人,占27.1%;安排在大集体单位的有4 846人,占39.4%;安排在小集体单位的有260人,占2.2%。统筹安排总数为8 342人,占68.7%。

(六)因父母退休而顶替的有345人,占2.8%。

(七)病退的183人和暂未分配工作的10人,占1.6%。

(社会编第二章《社会福利》,第388—389页)

《启东县志》

启东县志编纂委员会编,中华书局1993年

(1968 年)8—9 月,全县首批知识青年下乡插队,接受贫下中农再教育。

(《大事记》,第60页)

(1969 年)4 月,国家发放经费215万元,钢材25吨,木材693立方米,支持全县3 800多插队知青和城镇居民安家落户。

(《大事记》,第60页)

(1970 年)10 月 5—9 日,本县首次召开上山下乡知识青年、下放干部积极分子代表大会。

(《大事记》,第61页)

(1974 年)1 月 3—7 日,县委召开上山下乡知识青年代表大会。　(《大事记》,第63页)

1964 年起,动员城镇知青、待业青年去农村插队,1965 年上山下乡形成风气,由汇龙、吕四2镇扩大到海复、久隆、北新、南阳、下和合、聚星等集镇的知青,1968 年后还有来自南通、上海等外地知青近3 000人下乡插队。

(第十八篇第二章《劳动》,第700页)

《海门县志》

海门市地方志编纂委员会编,江苏科学技术出版社1996年

〔知青插队安置〕

县内知青下放始于1962年。1963—1964年,在精简职工与下放城镇居民的同时,动员部分城镇待业青年到农村插队落户。至1965年,有县内外知青1 181人去农村插队落户。

海门县 1962—1978 年知识青年下乡安置情况表　　　　单位:人

年　份	合　计	县内知青	县外省内知青	外省、市知青
1962—1965	1 181	151	510	520
1966—1972	4 529	2 175	246	2 108
1973	472	312	3	157
1974	244	101	3	140
1975	190	149	3	38
1976	172	146	6	20
1977	163	145	5	13
1978	4	2		2

1966 年 5 月 5 日,海门镇动员首批知识青年 51 人去六匦公社插队落户。5 月底,全县有城镇知青 322 人分别下放在 30 个人民公社插队落户。1969 年 1 月,县成立上山下乡安置办公室,各公社、场圃也配备专职干部,负责上山下乡工作。至 1978 年 10 月,安置县内外知识青年 6 955 人,其中县内知青 3 181 人,县外省内知青 776 人,外省、市知青 2 998 人。

1964—1980 年,国家先后拨出经费 300.36 万元、木材 3 048 立方米、钢材 127 吨,给插队插场知青建造房屋 6 006 间。

1979 年 7 月始,根据中共中央关于统筹兼顾的方针,有 4 443 名知青陆续离开农村。至 1990 年,在县内招工 2 127 人,招生 364 人,招干 19 人,照顾回城 720 人,婚迁 541 人,外调 286 人,参军 259 人,其他 127 人。(卷二十八《职工干部管理·职工管理》,第 681—682 页)

《扬州市志》

江苏省扬州市地方志编纂委员会编,中国大百科全书出版社上海分社 1997 年

1962—1963 年,全区精简职工 56 453 人,减少城镇人口 100 049 人,压缩吃商品粮人口 145 423 人(其中定销人口 46 465 人),并首次动员 2 176 名城镇知识青年上山下乡。

(《大事记》,第 101 页)

根据毛泽东主席关于"知识青年到农村去"的号召,全区掀起知识青年上山下乡的热潮,是月(1968 年 12 月),全区动员 6 408 名城镇知青上山下乡。至 1972 年,全区有 34 451 名知青上山下乡。 (《大事记》,第 107 页)

是年(1969 年),全区共下放 43 700 多人去农村插队当农民,其中医务人员 10 760 人,知识青年 18 820 人,城镇居民 14 120 人。 (《大事记》,第 108—109 页)

(1973 年)12 月 5—12 日,地区革委会将 640 名病残插队知青和下放人员调回原县(市)安排工作。 (《大事记》,第 112 页)

(1974 年)12 月 6 日,《光明日报》登载扬州地区上山下乡知识青年积极参加农业科学实验,取得可喜成果的报道,并发表《认真重视这一支新生力量》的短评。

(《大事记》,第 113 页)

(1975 年)5 月 17 日,地委对仪征刘集公社两次以办学习班为名,隔离审查迫害知识青年的事件作出严肃处理。 (《大事记》,第 114 页)

9月8日,全区最后一批动员 1975 届中学毕业生 9 750 人(包括 1974 届未插队毕业生)上山下乡。 (《大事记》,第 114 页)

(1976 年)全区统筹安排上山下乡知青 4 189 人回城。 (《大事记》,第 116 页)

(1980 年)全区安排上山下乡知识青年 5 122 人回城工作,自 1963 年至是年,已迁回安置 62 781 人,年末在乡知青剩 544 人。 (《大事记》,第 123 页)

1970—1972 年,(企业单位)招收农村青年和城镇下放农村并在农村锻炼两年以上的知识青年。1973—1978 年,招收城镇下放农村并在农村锻炼两年以上知识青年和经市、县审查同意留城的待业青年。1979 年起,招收回城知识青年和城镇待业青年。 (第五十三篇第一章《劳动就业》,第 2140 页)

1973—1978 年招收城镇应届毕业生,由学校提供毕业生材料,学生的父母单位或街道办事处定向,送市审批。属于留城待业分配的,劳动部门安排集体所有制单位。招收下乡知识青年,要由知青小组、贫下中农代表、生产队、公社推荐,县和市审批。1979 年招收病退、困退回城知青,由市知青办编制人员名册送劳动部门统一分配到集体所有制单位。 (第五十二篇第一章《劳动就业》,第 2141 页)

"文化大革命"时期,大量招收农村劳动力,职工人数严重失控。1978 年,为安置部分下放回城人员和知识青年,全民单位再一次出现"三突破",给劳动力计划管理增加了难度。 (第五十三篇第二章《劳动力管理》,第 2143 页)

1978—1980 年大批知识青年回城需要尽快安排,全区共需安排 6.5 万人。按规定绝大部分要分配到集体所有制单位。 (第五十三篇第二章《劳动力管理》,第 2147 页)

知青上山下乡与回城安置

扬州地区知识青年上山下乡始于 1963 年,动员和安置管理工作,由精简安置领导小组办公室负责。1969 年成立上山下乡办公室,负责这项工作。从 1963—1978 年,全区共动员知识青年上山下乡 73 007 人,其中扬州市区 20 772 人。

上山下乡的形式主要是插队、插场和投亲回原籍三种。邗江、江都、兴化等地农村安排了大批来自上海、南京、扬州等地知识青年;插场主要在高邮、江都的水产养殖场和滨海、滨淮等农场。

1974 年以后,下放插队的知识青年实行"厂社挂钩",即各县分系统建立下放知识青年

2616

点,由各系统抽调带队干部,配合当地农村公社、生产队帮助建房,安排生产、生活和文化学习等。各系统有条件的企业、单位向当地工、副业企业转让旧的生产设备,下放部分产品或加工配件,帮助发展生产。

扬州市区知识青年上山下乡人数情况表　　　　　　单位:人

年份	小计	插队	插场	投亲回原籍
合计	20 772	14 109	4 281	2 382
1963	598	75	523	—
1964	1 037	1 037	—	—
1965	547	96	451	—
1966	65	65	—	—
1968	4 035	4 035	—	—
1969	5 423	2 914	1 297	1 212
1970	673	664	—	9
1972	61	—	61	—
1973	1 270	855	312	103
1974	1 014	567	421	26
1975	2 499	1 473	578	448
1976	177	32	62	83
1977	3 320	2 255	570	495
1978	53	41	6	6

从1973年起上山下乡知识青年陆续回城安置。1973年5—12月,全区有640名"严重病残"知识青年被迁回原下放城镇;1974年全区又统筹安排知识青年4 441人;1975年安排7 246人;1980年安排5 122人。1980年末,全区在乡知识青年仅有544人。其后,在乡知青陆续全部回城安排。　　　　　　　（第五十三篇第二章《劳动力管理》,第2150—2151页）

1973年,扬州地区对农村中应征入伍的上山下乡知识青年,视同城镇退伍军人,由父母所在地给予安置。　　　　　　（第五十四篇第三章《复员、退伍和离、退休安置》,第2213页）

1977—1982年,地委、专区革委会(行署)直接受理的信访总数有32 836件次,年平均受理5 473件次。全区各县(市)受理信访总数为302 078件次,年平均受理50 346件次。其中1977、1978、1979年的信访量是解放以来数量最多的3年。原因有三:一是大量的冤假错案要求平反;二是历史遗留问题要求落实政策;三是上山下乡人员要求回城安置工作。

（第五十五篇第一章《信访》,第2255页）

《广陵区志》

扬州市广陵区地方志编纂委员会编,中华书局1993年

(1957年)8月30日,市各中学师生800余人集会,欢送第一批16名同学下农村参加农业生产劳动,次日,市人委召开座谈会送行。9月22日,8 300多人集会欢送第二批61名同学下乡劳动。

(《大事记》,第30页)

(1963年)9月27日,召开知识青年上山下乡大会。至1978年,计20 730人上山下乡。

(《大事记》,第33页)

(1978年)贯彻中共中央文件精神,安置知识青年回城,至1980年,计有10 668人回城就业。1981年知青回城工作基本结束。

(《大事记》,第42页)

1977—1979年,带薪下放的教师陆续回城,并吸收回城知识青年80人到小学任教。

(第二十编第三章《初等教育》,第642页)

《扬州市郊区志》

扬州市郊区人民政府编,方志出版社1996年

(1964年)9月13日,扬州市知识青年340人赴西湖等公社插队落户。

(《大事记》,第30页)

50年代,本区对人口的迁入、迁出统计不详,1963年至1988年的26年间,共迁入24 625人,迁出31 806人,净迁出7 181人。这一阶段较大规模的移动有:1972—1977年,大批知识青年离开城市到农村插队,一些干部、职工、城市居民也下放农村劳动,本区接收插队下放人员共2 570人;1978年后,大批下放干部、职工、居民、知识青年又陆续回城……

(第三篇第一章《人口规模》,第96页)

"文化大革命"期间,(群众信访)主要是上山下乡知识青年和全家下放户反映在农村生活困难,要求安置、招工、回城等。1977—1979年是解放以来信访量最大的三年,主要集中在:一是强烈要求平反冤假错案,二是广大上山下乡人员要求回城。

(第十四篇第四章《信访 监察》,第379页)

"文化大革命"期间,中小学教育事业盲目发展,特别是中学教育事业发展太快,而师范教育事业又一度处于停滞状态,致使师资严重缺乏。为了满足需要,教育行政部门不得不将初中、小学教师层层拔高使用,并吸收一大批插队知青和回乡知青充实教师队伍(或作为代课教师),致使教师队伍的文化业务水平明显下降,特别是一般小学师资素质更低。以 1976 年汤汪严家小学为例,全校 7 名教师中,除 1 名中师毕业生和 1 名高中毕业生外,其余 5 人只有初中毕业和初中以下文化水平,文化达标率只有 29%。　　　　　(第二十篇第五章《教师》,第 495 页)

《泰州志》

泰州市地方志编纂委员会编,江苏古籍出版社 1998 年

(1966 年)9 月 18 日,各界人民集会欢送 263 名知识青年下乡插队。(《大事记》,第 36 页)

(1968 年)10 月 22 日,1 200 多名初、高中毕业生首批下乡插队。到 12 月,全市共有 3 742 人下乡落户。　　　　　　　　　　　　　　　　　(《大事记》,第 38 页)

泰州市较大规模的人口迁出有如下几次:……五、职工下放与知识青年下乡。1963—1978 年,泰州市职工下放与知识青年下乡共 21 218 人,其中 1976 年以后有 3 191 人在扬州地区红旗良种场、泰州市水产养殖场插场。　　　(第三篇第二章《人口变动》,第 119 页)

《宝应县志》

宝应县地方志编纂委员会编,江苏人民出版社 1994 年

是年(1963 年),宝应开展知识青年(简称知青)上山下乡安置工作,动员 272 名下乡插队。1968 年,知识青年插队人数为最。至 1977 年底共有知青 1.08 万余人到宝应农村、农场安家落户。其中宝应 4 160 人、南京 5 337 人、扬州 305 人、上海 774 人、其他各地 261 人。另宝应县到外地插队、插场 746 人。　　　　　　　　　　　　　　(《大事记》,第 35 页)

(1966 年)1 月 16 日,全县首次插队知识青年先进单位和先进生产者代表会议召开,出席人员 300 余名。　　　　　　　　　　　　　　　　　　　　(《大事记》,第 36 页)

1968—1970 年,大批县内和南京等地知识青年及干部、职工、城市居民下放农村,人口迁移变动数大增,这 3 年年均迁入 14 332 人,迁出 9 713 人。1979—1981 年,知识青年、干

部、居民因落实政策返城安置或回原单位工作,这 3 年年均迁入 11 298 人,迁出 12 107 人。

上山下乡知青安置

1969—1977 年,全县共有 10 837 名知识青年到农村、农场安家落户。其中宝应县插队知青 4 160 人,扬州市插队知青 305 人,南京市插队知青 5 337 人,上海市插队知青 774 人,其他县市插队知青 261 人。另宝应知青到外地插队、插场的计 746 人。

在此期间,县通过招工、招生、招干、征兵、病退、困退、顶替等多种渠道,分期分批安排知青升学或就业等。1970—1974 年,对在农村劳动两年以上的知青 3 663 名进行招生、招工等,其中招生 368 名,招工 2 136 名,征兵 205 名,顶替 572 名,按政策回收 382 名。1975—1977 年,外县市插队知青回到原县市安置的计 2 102 名。1978—1981 年,下放知青回城安排工作,本县知青原则上由知青父母所在系统负责安排。外县市知青由原县市负责安排。其间共安排 5 000 余人。 （第十八编第二章《职工劳动管理》,第 687 页）

《兴化市志》

兴化市地方志编纂委员会编,上海社会科学院出版社 1995 年

(1964 年)9 月 26 日,开始动员城镇知识青年下乡插队。至 1978 年,全县累计动员知识青年 9 063 人插队、插场。 《大事记》,第 34 页）

(1968 年)扬州、南京等地知识青年来兴化农村插队。至 1970 年,外地插队青年达 10 512 人。 《大事记》,第 36 页）

(1969 年)1 月 21 日,县革委会设立城镇知识青年上山下乡安置小组。 《大事记》,第 36 页）

同月(11 月),全县开展上山下乡运动。下放对象包括机关干部、企事业单位职工、学校教师和 1966—1968"老三届"高、初中毕业生等。首批 14 670 人。 《大事记》,第 36 页）

1968—1970 年,扬州、南京等地知识青年、干部、职工及城镇居民 11 512 人迁入兴化农村插队落户,其中,知识青年 10 512 人,各类下放人员达千人。自 1974 年起陆续回城。其中:1976—1979 年因病退、困退回原籍迁出知青 1 387 人。 (第三篇第一章《人口规模》,第 139 页)

自 1973 年起,对应征入伍的上山下乡知识青年,退伍时按城镇户口的退伍军人同样安排工作。 （第十七篇第二章《优抚安置》,第 556 页）

固定工 也称正式工。为建国后职工队伍的主体。主要来源有：……1979年后安置到集体企业的回城知识青年和下放户子女；……　　（第十八篇第一章《劳动管理》，第570页）

第二节　知识青年上山下乡

人数范围　1964—1978年，全县共动员知识青年9 096人插队、插场。1966年，动员对象为16—28周岁，完小以上文化水平、身体健康的城镇知识青年。1968—1970年，以66、67、68三届初高中毕业生为主。其间，全县共动员知识青年4 920人下乡插队。同时前后两批共接受外地知识青年7 138人来兴化农村插队。其中，扬州4 213人，南京1 743人，外地回原籍投亲靠友，转点迁进计1 182人。此后，凡在农村吃商品粮的知识青年、社会青年均被列入动员之列。

下放形式　1966年以前，知识青年下乡采取"三五成群，男女分开，编成小组"的方法，集中安置在李健、西鲍、海河等29个公社，127个大队，273个生产队。县有关部门帮助他们解决住房、口粮、自留地及生产工具等问题，为他们在农村落户提供必要的条件。1968、1969、1970年，对兴化、扬州、南京知识青年分片安置，相对集中在900多个生产大队。外地回原籍的大多投靠亲友。1970、1971年，分3批动员知识青年参加江苏省生产建设兵团（东辛农场）。1973、1974年，主要安置在城郊和宝应湖农场。自1975年起学习推广株洲经验，下乡知识青年除继续安置到生产队外，部分安置到"知青点"。当年全县共设置沈垛公社安塘大队、大垛公社水产大队、跃进公社猪场、戴窑农试站等8个"知青点"，安置下乡知识青年420人。各集镇、公社的知识青年则多安置在本公社农试站或知青小组。

回城安排　1965年，在下乡青年中挑选51人（其中4人因病不能从事农业生产）回城就业。1966年，县化肥厂在插队知识青年中招收40名工人。1967年，宁夏在兴化招收40名插队知识青年当工人。1973年，将下乡知识青年中的独生子女或多子女但父母身边无人照顾的120人安排回城。1975—1978年，通过病退、招工等渠道安排知识青年1 707人回城。至1979年9月底，又有插队知识青年5 727人回城。1980年以后增加困退和顶替回城的渠道。

扬州、南京插队知识青年及外地回原籍插队知识青年也由原下放地陆续收回安排。

1964—1978年全县知识青年上山下乡情况表 单位：人

年度	合计	插队	插场	知青点	年度	合计	插队	插场	知青点
总计	9 096	7 894	782	420	1971	470	—	470	—
1964	690	690	—	—	1972	—	—	—	—
1965	405	405	—	—	1973	74	74	—	—
1966	494	494	—	—	1974	160	30	130	—
1967	—	—	—	—	1975	906	728	100	78
1968	372	372	—	—	1976	32	32	—	—
1969	2 848	2 848	—	—	1977	862	438	82	342
1970	1 700	1 700	—	—	1978	83	83	—	—

年　度	合计	安　置　形　式					
		招工、顶替	招生	征兵	病困退	照顾回城	其他
总　　计	9 096	3 470	578	687	3 275	796	290
1965—1974	1 473	436	313	274	147	296	7
1975	444	172	103	14	57	61	37
1976	283	202	—	31	11	37	2
1977	273	113	36	20	65	39	—
1978	707	212	119	214	124	—	38
1979	5 336	2 001	5	121	2 854	341	14
1980	580	334	2	13	17	22	192

（第十八篇第四章《精简下放》,第 586—587 页）

《高邮县志》

高邮县编史修志领导小组编,江苏人民出版社 1990 年

(1957 年)9 月 16 日,城镇 1 500 名高初中毕业生下乡安家落户。（《大事记》,第 58 页）

(1968 年)10 月,高邮县革委会广泛动员干部、知识青年、城镇居民下放农村。至 1970 年 6 月,全县共下放 1.6 万多人。　　　　　　　　　　　　　　（《大事记》,第 69 页）

50 年代以来,干部、职工、知识青年以及城镇居民的下放和回收安置,是高邮县城乡间较大的人口机械变动。自 1958 年起,至 1978 年止,全县累计下放(其中包括一部分外地知识青年和干部)42 135 人。自 70 年代起,他们中的绝大多数已回收安置,有的在原地就业或作了妥当安排。　　　　　　　　　　　（第三篇第二章《人口变动》,第 163 页）

1958 年至 70 年代中期,高邮县共下放干部 2 000 多人。1960—1973 年下放县城和农村集镇职工居民近 3 万人。1962—1978 年下放知识青年 5 813 人,加上外地来邮插队知识青年 6 230 人,计 1.204 3 万人。为安置下放人员,各地各单位拨置了相当数量的资金和生产生活用具。其中 1971—1975 年县财政支出干部下放劳动锻炼经费 120.76 万元;1973—1985 年支出城市人口下放安置经费 277.5 万元。下放人员后来大部分陆续收回。

（第十八篇《劳动人事》,第 553 页）

1966 年至 1976 年,全县职工总数增加了 1.766 9 万人。与此同时,城镇大量知识青年

下放农村。1976年底,需要安置的城镇待业青年和下放知识青年(包括留在高邮县的外地已婚知青)共9 243人。就业安置跟不上新增劳动力的增长,加上城乡劳动力的对流,劳动就业工作中的矛盾日趋严重。

(第十八篇第二章《劳动管理》,第557页)

第二节　知识青年下放

从1962年至1978年,每年动员一批城镇知识青年和社会青年下乡插队劳动,总数为5 813人。此外,还接收泰州插队知青4 762人,其他外地插队知青1 468人。

动员下乡的知青范围,1962年限于城镇知青,1964年至1975年县城和较大集镇的初高中毕业生、社会青年全部下乡。1976年至1978年,县城和所有农村公社吃商品粮的中、小学毕业生一般均须动员下放劳动。

知青下放形式,因人数和时期不同而有所不同。1962年,64名城镇青年全部插队于县果园场。1963年,县城知青全部插队于汉留公社,三大镇(临泽、界首、三垛)知青就地就近插队。1964年至1966年,指定地点,分组插队,一般在城东、东墩、马棚、一沟等公社建立若干知青组,每组五六人。1968年至1973年,除1971年有561人集体插队到五图河农场外,泰州知青插队于沿运片、南片、湖西片部分公社,高邮县知青插队于东片各公社。1974年至1977年,农村小集镇知青插队于本公社农技站或充实到原知青组;三大镇知青于当地农村建立新知青组或插到原知青组;县城部分知青下放到有关场所,有的系统与公社挂钩,安置本系统职工子女,有的投靠农村亲友,还有一部分到宝应湖农场。下放知识青年从1971年至1979年,通过招工、招生、征兵和收回一部分有病或生活困难的知青(即病困退)等办法进行了回收安置。

高邮县知青下放和回收情况表

项目 年份	动员下放人数				回　收　人　数				
	合计	插队	插场	外地农场	合计	招工	招生	参军	病困退
合　计	5 813	4 823	246	744	6 124	1 874	651	600	2 999
1962—1966	1 020	956	64						
1967—1970	2 656	2 656	—		—	—	—	—	—
1971—1974	869	117	8	744	1 379	561	210	294	314
1975	548	428	120	—	383	273	95	15	—
1976	281	238	43		502	129	154	75	144
1977	424	413	11		570	103	102	90	275
1978	15	15	—		447	70	90	126	161
1979	—	—	—	—	2 843	738	—	—	2 105

(第十八篇第四章《精简下放》,第563—564页)

1970年,小学开始恢复部分文化课。1971年,全县大力发展中学,大批小学骨干教师调到中学任教,造成小学教师严重缺乏,不得不吸收大批下放知识青年甚至高小文化程度的农村青年,任民办教师,教育质量下降。 （第二十篇第一章《各类教育》,第 615 页）

《泰兴县志》

泰兴县志编纂委员会编,江苏人民出版社 1993 年

(1968 年)10 月 18—22 日,泰兴县上山下乡领导小组成立。1966—1968 年三届高初中毕业生 1 300 余名下乡插队。至 1969 年全县共有 5 927 名知青下乡插队落户,其中接收外县回乡插队 1 881 人。1979 年后,不再动员知识青年上山下乡。 （《大事记》,第 31 页）

中华人民共和国成立后,由于执行移民支援边疆建设、知识青年上山下乡等政策以及沿江地段的涨坍等因素,带来人口的机械变动,变动量不大。……1958 年至 1978 年,5 538 名城镇知识青年下乡插队,并接受外地 1 085 名知识青年到泰兴农村插队。其中,1971 年有 500 名知识青年去东海生产建设兵团。1961 年、1965 年,精简职工 2 087 人,下放城镇居民 13 733 人,1969 年冬至 1970 年春,下放居民 2 483 人至农村落户。自 1978 年 3 月开始,下乡知青、下放居民陆续回城镇定居,相应带来几次人口机械变动。 （第三篇第二章《人口变动》,第 149 页）

1976 年,从农村劳动力和插队知识青年中抽调 704 人去扬州红旗农场,同年 9 月,抽调 3 000 名农村青、壮年支援徐州煤矿建设。 （第十八篇第二章《工人管理》,第 684 页）

第二节 知识青年上山下乡

1958 年,为大办农业,由团县委负责,动员高、初中毕业生 313 人,至泰兴城西郊马桥村插队落户;1961—1965 年,为贯彻"调整、巩固、充实、提高"的八字方针,在精简职工的同时,动员 425 名知识青年下乡插队;1968 年,为接受贫下中农再教育,动员 1966—1968 年的高初中毕业生 1 300 人全部下乡插队;1969—1971 年,1 031 名知识青年下乡插队;1972 年起,知识青年上山下乡工作正常化、制度化;至 1978 年全县高、初中毕业生 4 090 人先后下乡插队。1979 年后,不再动员知识青年下乡插队。

泰兴县 1958—1978 年知识青年下乡插队情况统计表

年 份	合 计	县内插队人数	接受外地插队人数	备 注
总 计	7 159	6 074	1 085	
1958	313	313		
1961—1965	425	425		

年　份	合　　计	县内插队人数	接受外地插队人数	备　　注
1966—1968	1 300	1 300		
1969	340		340	
1970	191	191		
1971	500	500		去东海生产建设兵团
1972	1 052	1 052		
1973	150	150		
1974	59	59		
1975	1 382	822	560	
1976	557	452	105	
1977	824	785	39	
1978	66	25	41	

泰兴知识青年上山下乡，主要是到农村人民公社插队。多数到知青组点，少数回老家或投亲靠友。为了做好安置工作，从1968年起，国家补助每个下乡知青200元，1973年后改为500元，用于建房、生产、生活、医药、学习等方面。1973年，有关知识青年上山下乡的各项政策逐步完善，下乡插队的，可以升学、当兵、招工、病退、困退。1979年后，县以下城镇不再动员知识青年上山下乡，在农村的近3 000名插队知识青年陆续收回城镇或就地安排工作。至1982年插队知青的安置工作结束。

(第十八篇第三章《整编精简　上山下乡》，第689—690页)

《泰县志》

泰县志编纂委员会编，江苏古籍出版社1993年

是年(1963年)，首次动员部分城镇知识青年、闲散人员下乡插队务农。

(《大事记》，第27页)

(1968年)11月—次年1月，掀起知识青年上山下乡高潮，66—68届高、初中毕业生近2 000人下乡插队。

(《大事记》，第29页)

1964—1965年发展集体企业，开辟就业渠道，绝大部分待业人员得以安排。同时动员城镇知识青年下乡插队。1968年11月—1969年1月，有三届(1966、1967、1968届)高、初中毕业生近2 000人到农村插队、插场或投亲回原籍劳动。1969年冬至1970年春，提出"不

在城里吃闲饭"口号,动员 576 户居民 1 578 人到农村安家落户。至 1978 年,累计动员上山下乡知识青年 5 760 人。1968—1978 年,全县共下拨知青安置费 300.5 万元,木材 3 842.5 立方米,毛竹 3.1 万支,建房 6 335 间 68 240 平方米。此外发给 1972 年前下乡知青每人房屋维修费 200 元,生活补助费 100 元。

1974 年实行"厂社挂钩",派干部下乡带队,分系统建立知青点。并与当地社队工副业挂钩,转让部分生产工具和加工配件,帮助社队发展生产。1975—1978 年,下放到知青点的有 1 312 人,其中泰州市 320 人。计派出下乡带队干部 13 人。

1971 年后,独生子女和病残知青留城安置。1979 年停止动员知识青年下乡。此后城镇青年全部留城安置就业。　　　　　（第十八篇第二章《劳动管理》,第 583—584 页）

下乡知青安置

1974—1977 年,通过招工、征兵、招生和病困退等渠道安置下乡知青 2 706 人。1978—1980 年全面落实知青统筹安置工作,先后安置 7 590 人(含外省市已婚下乡知青)。其中招工 1 830 人,招生 234 人,入伍 195 人,退休顶替 192 人,病退 1 839 人,困退 2 972 人,征地安排 175 人,民师转正 138 人,其他 11 人,保养 4 人。随迁女知青子女 2 521 人。

（第十八篇第二章《劳动管理》,第 584 页）

1979—1983 年,下乡知识青年需要回城安置,允许退职职工的一名符合招工条件的子女顶替。1984 年起停止办理退职顶替。（第十八篇第四章《离休　退休　退职》,第 592 页）

《靖江县志》

靖江县志编纂委员会编,江苏人民出版社 1992 年

是月(1968 年 10 月),首批知识青年"上山下乡"。至 1969 年底,下乡知青共 1 814 人。

（《大事记》,第 35 页）

是年(1970 年),县内开始安置"上山下乡"知识青年。至 1978 年底,共安置 5 596 人。

（《大事记》,第 36 页）

城镇知识青年"上山下乡"安置

1964 年 10 月,靖城、季市、西来、斜桥、生祠 5 集镇 111 名知识青年首次下放至 12 个人民公社(镇)参加农业生产。1968 年 10 月成立县知识青年"上山下乡"办公室,动员知识青年"上山下乡","接受贫下中农再教育"。至 1969 年,全县共有 1 814 名知识青年至 19 个人

民公社、185个生产大队插队落户。其中927人为靖江接收的外省、市知识青年。为安排其生活,是年使用经费14.38万元,建住房132间。至1978年国务院下达文件,停止知识青年"上山下乡"工作为止,全县知识青年"上山下乡"共11批,3952人,接收外省、市知识青年1879人。1970年12月后,对"上山下乡"知识青年开始安置,至1978年底,共安置5596人,尚有175人因不符合政策规定等原因未予安置,60人自动流向外县或返城自谋职业。

(第十六篇第一章《劳动管理》,第558页)

《江都县志》

江都市地方志编纂委员会编,江苏人民出版社1996年

是年(1964年),江都县批准去农村插队落户的知识青年622人,接收安置扬州市知青240人。
(《大事记》,第36页)

(1966年)5月下旬,全县开展动员城镇知识青年下乡插队的运动。

(《大事记》,第37页)

(1975年)1月28日,县委召开欢送知识青年上山下乡万人大会。(《大事记》,第40页)

从1962年开始的精简下放、接收外省、市、县下放人员、插队知青,以及1975年开始的下放知识青年大部分返回原籍,使得全县人口有较大变动。(第三篇第二章《人口变动》,第155页)

1969年,开展知识青年上山下乡和城镇居民、干部下放的宣传教育,宣讲中共"九大"会议精神,宣传、学习一等功臣杜治贤的事迹。 (第十四篇第一章《中国共产党》,第610页)

"文化大革命"期间,江都县集镇大批知识青年到农村插队落户,后来陆续回到集镇,一些青年年龄偏大未婚,择偶遇到困难。 (第十四篇第四章《社会团体》,第636页)

1963年11月起,知识青年分批上山下乡,"接受贫下中农再教育",1978年开始回城安置,至1982年共安置13888人。 (第十八篇《干部、职工管理》,第725页)

1966—1978年,招收复员退伍军人、精简下放的职工、经批准照顾留城的应届初(高)中毕业生、待业人员、上山下乡知识青年等7794人,其中全民所有制工人4395人,集体所有制工人3399人。 (第十八篇第一章《职工劳动管理》,第726页)

这期间(1979—1982年)招收城镇待业青年、上山下乡知识青年4 226人,其中全民所有制职工1 049人、集体所有制职工3 177人。（第十八篇第一章《职工劳动管理》,第727页）

知识青年下乡

1963年11月至1965年,在县内几个大的集镇动员高小毕业以上的未婚青年和部分社会闲散劳动力859人到农村去落户,同时接收扬州知识青年544人到县内农村插队。1966—1968年的1 463名城镇初、高中毕业生,于1968年秋全部动员下乡,同时接收外地下乡知识青年4 538人。1969—1974年共动员、接收上山下乡知识青年5 333人。1975—1978年春,动员、接收下乡知识青年1 151人。上山下乡知识青年的主要去向是:集体插队落户到生产队,分散回原籍落户或投亲靠友,安置在农村场圃知青点落户。1978年7月后,不再动员知识青年上山下乡。

从1970年起,下乡的知识青年分期分批解决出路,或回城镇安置就业,或病退、困退回城镇,或到部队当兵,或到学校读书,至1982年上山下乡知识青年的安置工作全部结束,共计安置13 888人。

江都县1970—1982年下乡知识青年回城安置情况表

年　度	合计人数	类　　别							镇社办企业
		招工顶替	招生	征兵	提干	病退	困退	其他	
合计	13 888	6 389	560	697	3	1 771	3 560	81	827
1970	262	142	40	76				4	
1971	282	164	24	87				7	
1972	381	229	86	64				2	
1973	341			78		110	148	5	
1974	610	19	158	81		117	215	20	
1975	1 577	1 174	88	22		134	151	8	
1976	412	252	10	19		96	29	6	
1977	1 116	874	32	45		122	29	14	
1978	2 534	1 027	96	159	2	661	326	8	255
1979	5 053	1 498	26	66	1	531	2 662	7	262
1980	310								310
1981	970	970							
1982	40	40							

（第十八篇第一章《职工劳动管理》,第729页）

《邗江县志》

邗江县地方志编纂委员会编,江苏人民出版社 1995 年

　　是年(1963 年),县境接收、安置上山下乡知识青年。至 1978 年,累计安置县内知青 2 556 人、外地知青 13 918 人。　　　　　　　　　　　　　　　　　(《大事记》,第 38 页)

　　(1969 年)5 月 24 日,县革命委员会向全县工人、贫下中农、上山下乡知识青年、中小学生赠送《毛主席语录》1.2 万册,赠毛泽东像章 42 400 枚。　　　　　(《大事记》,第 41 页)

　　城镇青年就业经费　1964 年起拨付,用于安置来县内农村插队落户知识青年。至 1978 年,计支出 198.2 万元,占同期预算内总支出的 1.85%。1979 年起,此项经费用作下放人员的就业安置,1982 年起改作城镇待业青年的安置、就业训练和扶持接收待业青年的企业等。1978—1987 年计支出 295.6 万元,占同期预算内总支出的 1.72%。

　　　　　　　　　　　　　　　　　　　　　　(卷十二第一章《财政》,第 435 页)

上山下乡知识青年安置

　　1963 年起,县境动员集镇部分待业青年到农村公社和农、林、茶场插队劳动,同时接收扬州、南京、上海等地知识青年(以下简称"知青")到县内农村插队落户。1968 年 12 月,大批城镇高、初中毕业生下乡插队。1974 年实行"厂(校)社挂钩,集体安置",按系统建立知青下放网点,有组织地安排生产、生活、住房和文化生活。至 1978 年,全县共接收安置插队知青 16 474 人(其中县内 2 556 人,县外 13 918 人),建立知青小组 1 250 个、场点 34 个,建造知青住房 4 143 间。自 1973 年始,陆续以招工、招生、参军、病退、困退等方式,让插队知青分期分批调回原城镇安排就业。1976 年,县内安排进县属企业就业的 1 075 人,参军服役 265 人,迁居外地 1 618 人。1978—1981 年,知青回返安置就业 12 757 人。已与本县农村青年结婚而不愿回原籍的少数外地知青,则就地安排工作。至 1983 年,知青回城(镇)安置工作结束。

　　　　　　　　　　　　　　　　　(卷十九第一章《职工管理》,第 598—599 页)

　　70 年代初,县组织上山下乡知识青年开展篮球、乒乓球、足球等体育活动,定期进行业余训练,并代表县参加扬州地区体育比赛。1971 年,男女篮球队和女子乒乓球队曾获得扬州地区首届军体运动会冠军。1974 年,由知识青年组成的县足球队参加扬州地区第六届运动会,获足球第二名。

　　　　　　　　　　　　　　　　　　(卷二十五第二章《群众体育》,第 733 页)

《邗江县志(1988—2000)》

扬州市邗江区地方志编纂委员会编,方志出版社 2009 年

邗江县插队知识青年专记

从 60 年代初期发动至 80 年代初期基本结束的知识青年上山下乡运动,是我国特定历史时期发生的一场特殊运动,其经历时间长,影响范围广,涉及人员多,曾对邗江社会多方面产生深刻的作用与影响。

邗江知识青年(简称知青)上山下乡工作始于 1963 年,至 1983 年基本结束,前后经历 20 年。

一、知青插队的基本概况

(一)1963—1978 年插队知青的接收安置情况

1963 年,邗江县动员县境部分城镇待业青年到农村公社插队劳动。1964 年起,接收扬州市区知青到县内农村插队落户。"文化大革命"中,知青上山下乡形成高潮,从 1968 年 11 月开始,扬州、南京、上海等城市大批初、高中毕业生到邗江插队落户。1974 年起,实行厂社挂钩,集体安置,按系统建立知青下放网点,安排知青生产、生活。至 1978 年,全县共接收安置插队知青 16 474 人(其中县内知青 2 556 人,县外知青 13 918 人),建立知青小组 1 250 个、场点 34 个。在安置工作中,共建造知青住房 4 143 间。

1. 1963—1965 年知青插队概况

1963 年,邗江知青上山下乡工作启动,由县委精简安置小组办公室兼管此项工作。当年压缩集镇人口 595 人,主要是以全家户为主下放插队,全县下放约 40 余户,100 余人。其时单身插队知青很少,共 10 多人。下放户和单身知青主要安置在杨寿、杨庙、槐泗、瓜洲、运西、甘泉等公社。

1964 年,邗江县根据中共中央、国务院《关于动员和组织城市知识青年参加农村社会主义建设的决定》,开始大批动员、组织和接收、安置上山下乡知青。其间,出现上山下乡知青的典型,如县内黄珏集镇青年郭志珠,1963 年初中毕业后没有继续升学,而是积极响应国家号召,申请下乡务农。他是独生子,按政策不是下乡对象,为表示决心,他将原名改为郭志耘,并咬破手指写下血书"立志耕耘"四个字。组织上被他的精神所感动,破格批准他下乡插队。

1964 年 8 月 10—13 日,邗江县首次召开下乡、回乡知青代表会议,439 名代表出席大会。会上印发《城镇知识青年参加农村社会主义建设三大纪律十项要求》,与会代表一致通过《给全县下乡回乡知识青年的一封信》。郭志耘作为城镇插队知青代表出席会议,并在会上作了题为《专在农村,红在农村》的发言。会议上,郭志耘还当选为首届江苏省知青参加农业劳动积极分子大会代表。9 月,郭在南京参加会议期间,与全国知青典型董加耕进行交

流,此后,两人还互有书信往来。

1964年国庆节期间,扬州市召开知青下乡插队落户欢送大会,约400多名中学毕业生和社会知青被送到邗江县部分公社插队落户。扬州中学毕业生集中安置在西湖公社,扬州市第一中学、新华中学的毕业生主要安置在施桥公社,扬州师范学院附属中学毕业生主要安置在黄珏公社,社会知青主要安置在杨寿、酒甸、公道等公社。插队知青中虽有不少是响应国家号召、满怀豪情自愿报名下乡的,但半数以上则是因为城市无法安置工作、生活无着落而被动员下乡的。另外,尚有不少的应届初、高中毕业生是因为家庭出身不好或亲属有所谓政治问题而不能升入高一级学校深造,作为"可以教育好的子女",被动员到农村参加劳动"接受思想改造"的。至1964年底,邗江县先后接收安置下乡插队知青近千人,其中以扬州市知青为主。

1965年3月18日至3月22日,邗江县再次召开"下乡、回乡参加社会主义建设知识青年积极分子代表会议",与会代表210人,其中插队、插场知青代表169人。

1965年底,全县共动员并接收安置插队知青150余人,其中县内集镇知青50人,除公道、施桥、黄珏等集镇知青就地插队外,湾头、瓜洲两集镇各有15名知青安置在县人民滩良种场。扬州市插队知青100余人,分别在赤岸公社的双塘、宰湾和黄珏公社的裔家3个大队落户。1966年初至1968年,邗江县在人民滩良种场新建县种子专科学校,培养良种培育技术人员,共4个班160多名学员,其中插队知青50余人;1966年6月至1968年,邗江县在瓜洲军桥大队江边围垦,新办东方红农业专科学校,共5个班200余名学员,其中约有一半为插队知青。但这两个学校都因为受"文化大革命"的冲击,未能圆满结束,学员于1968年返回各自公社。

1966年底,"文化大革命"的浪潮冲击到农村基层。受其影响,1967年初,邗江插队知青也成立若干"造反战斗队"。其中以黄珏公社的知青造反组织为最多,他们到机关冲击县委精简安置小组办公室,烧毁知青的文件档案,批斗办公室的领导和工作人员。黄珏公社还有6名男知青到省委精简办公室"造反"。知青"造反"的目的主要是不满农村的艰苦环境和受歧视的社会地位,希望早日返城工作。直至1967年下半年,中央下发文件明确知青上山下乡的道路是正确的,不是资产阶级反动路线,要求知青迅速返乡就地"闹革命",邗江知青返城"造反"风潮方渐渐平息。

2. 1968—1978年知青插队概况

"文化大革命"中,高等院校停止高考招生,机关企事业单位停止招干招工。至1968年下半年,"老三届"(1966—1968届)初、高中毕业生的升学就业出路已成为社会问题。在此形势下,自上而下地迅速兴起一场全国性大规模的知青上山下乡运动。

1968年10月,扬州市大张旗鼓地动员"老三届"毕业生到兴化县、邗江县插队落户。11月14日,扬州市召开声势浩大的欢送会,近2000名知青被送到邗江县农村插队。扬州中学的学生主要被安置在酒甸公社,扬州市一中的学生主要被安置在甘泉公社,鲁迅中学(原扬州师范学院附属中学)和新华中学的学生被安置在黄珏公社。在此期间,邗江县在扬州市近郊的红旗(今蒋王)、西湖、槐泗、湾头、汤汪等公社也安置大批自找门路前来插队落户的扬州知青。12月21日晚,中央人民广播电台播出毛泽东主席的最新指示:"知识青年到农村去,接受贫下中农的再教育,很有必要。要说服城里干部和其他人,把自己初中、高中、大学毕业的子女送到乡下去,来一个动员。各地农村的同志,应当欢迎他们去。"各地贯彻落实该指示精神,加大工作力度,知青上山下乡再掀高潮。12月,南京市朝阳区(现秦淮区)、白下区的2 000多名知青由轮船送抵扬州,在扬州师范学院集中后,由邗江县各公社派专人带回安置。其中南京市六中的学生主要被安置在黄珏公社。

1969年初,邗江县根据上级要求,成立"上山下乡安置办公室",专门负责插队知青工作。1968—1978年,除1971、1972两年无知青插队邗江外,其余9年都有知青被安排插队落户,共安置知青14 532人(部分回乡知青和外地来邗转点插队的未计入),其中,1968—1970年插队知青最多,达11 059人。

1968—1978 年邗江县各公社插队知青人数统计　　　　　　　　单位:人

插队公社	合计	1968	1969	1970	1973	1974	1975	1976	1977	1978
合　　计	14 532	4 057	4 065	2 937	208	75	1 049	774	1 344	23
头　桥	444	179	100	121	1	2	24	—	17	—
红　桥	332	147	84	38	1	3	26	6	25	2
李　典	446	140	102	133	1	—	35	2	33	—
新　坝	185	75	27	48	—	—	8	2	25	—
沙　头	481	16	249	112	3	3	50	1	47	—
霍　桥	899	382	88	275	8	3	76	7	60	—
杭　集	685	133	195	226	6	1	23	69	32	—
太　安	340	29	201	78	—	2	4	—	26	—
瓜　洲	126	9	15	5	5	2	46	—	43	1
八　里	522	151	125	148	1	2	53	1	41	—
六　圩	377	118	131	57	4	8	25	6	27	1
施　桥	491	50	200	61	11	3	27	67	69	3
运　西	840	302	280	138	3	3	28	48	38	—
汊　河	956	267	346	154	7	6	23	58	93	2
红　旗	604	167	172	83	6	—	22	73	81	—
杨　庙	477	153	140	4	11	3	58	27	79	2
甘　泉	569	105	182	122	14	6	33	30	77	—
杨　寿	564	325	48	78	10	—	51	2	50	—
槐　泗	653	153	202	204	33	3	24	1	32	1
酒　甸	565	209	116	125	18	6	35	5	49	2
方　巷	471	150	98	69	13	1	67	29	44	—
黄　珏	552	112	142	100	5	2	51	65	74	1
公　道	560	160	99	70	8	2	80	83	58	—
赤　岸	369	92	48	62	6	2	33	63	62	1

插队公社	合计	1968	1969	1970	1973	1974	1975	1976	1977	1978
渔　业	1	—	—	—	—	—	—	—	1	—
汤　汪	350	110	153	31	9	2	11	7	27	—
西　湖	797	251	222	61	15	4	77	76	90	1
湾　头	691	72	245	300	7	6	29	6	23	3
林　场	85	—	51	26	1	—	—	—	7	—
渔　场	50	—	—	—	—	—	30	3	14	3
良种场	38	—	—	—	1	—	—	37	—	—
五七干校	12	4	8	—	—	—	—	—	—	—

（二）插队知青的生活安置与劳动状况

1. 插队初期的生活安排和物资供应情况

生产、生活费用、用具：根据地区、县规定，由财政安排插队知青每人230元安置费，用于下列诸项开支：插队第一年每人每月发给7元生活费。每人发给大锹1把，扁担1根，畚箕1副，床板1块，蚊帐1顶，蓑衣1件，长条凳2张（架床用）。按知青组集体发给方桌1张，澡盆1个，木水桶2只，水缸1只。

粮油供应：知青插队第一年由国家安排，每月提供成品粮计划38斤。第二年参加生产队分配，分配水平不足38斤的，由国家补足，但时间不得超过1年。食油参照城镇标准供应1年。

专项物资供应：国家安排上山下乡知青每人木材0.3立方米，毛竹3根，布票10市尺，帐纱计划30市尺，棉絮计划2斤，统筹使用于知青建房和置办生产、生活用具。

2. 劳动和生活情况

知青大都在生产队参加劳动，与农民同工同酬，靠挣工分参加年终分配。知青和社员一样，天刚亮要出早工，上、下午上工，三次相加，每天劳动时间一般都在10小时以上；农忙时还要打晚作几个小时。除忙时外，雨雪天无法劳作则在家歇工。由于体力和农技方面的原因，知青能评为整劳力工（每天10分工）的极少，多数是5—7折工，再加上与农民相比出勤偏少，所以年终结算累计工分一般为同等农村劳动力的一半左右。工分价值以生产队为结算单位，每个劳动日（10分工）单价在0.2元—0.5元之间，经济状况差的生产队工分单价甚至不足0.1元，被称为"鸡蛋工"（一天的劳动报酬几乎相当于1只鸡蛋的价值）。当时有知青戏称："堂堂男子汉，不如母鸡下只蛋"。知青一年的工分收入一般只能拿回自己的口粮，穿衣零用则要靠原家庭资助，生病吃药就更加困难。知青在农村还缺少家庭的依托，即要上工，又要烧饭，还要种自留地的蔬菜，常常累得疲惫不堪。由于自幼生活在城市，未经受过长时期高强度体力劳动的磨炼，绝大多数知青在最初的几年中生活是很艰辛的。

1970年左右，邗江农村大多还未使用电灯，知青们只能按有限的供应计划，购买煤油、火柴，晚间靠昏暗的煤油灯照明。

其间,邗江农村社、队各级组织,从多方给予知青以照顾。尤其是许多淳朴的农民发自善良的自然感情,给予知青许多无私的关心和帮助,使之渡过生活与劳动的难关。1973年4月,毛泽东主席答复福建李庆霖老师的回信以文件形式下发,各地各级组织传达后,采取一些关心帮助知青的措施,邗江知青的境遇亦逐步有所改善。

婚姻问题是插队知青人生难以逾越的实际问题。插队期间,知青们随着年龄的增长,一方面是"男大当婚、女大当嫁"社会传统习俗的压力与青春躁动的渴求,另一方面是不具备起码的物质基础和成家后家庭经济支撑的保障,使得他们视婚姻为非分之想,纷纷采取回避的态度。除少数知青就地结婚以外,绝大多数知青都苦苦等到日后返城安置后才婚嫁成家,故而很多人是年过三十才当新郎做新娘,成为一代无奈的晚婚晚育者。

3. 政治生活和现实表现的反差

知青插队前期,"文化大革命"尚处于高潮。在当时特定的政治氛围中,邗江知青每天早晨上工前,都要和社员一起在生产队场头先行"早请示"仪式:在毛主席像前跳"忠字舞",呼"敬祝伟大领袖毛主席万寿无疆!"、"敬祝林副统帅身体健康! 永远健康!",然后下地干活。傍晚收工时往往还要与社员一起集中场头向毛主席像"晚汇报"。1971年"9·13林彪事件"披露后,这种每天早晚必须进行的仪式始稍减,不久悄然而止。

县内各级组织对插队知青注意培养使用。知青中的一批积极分子努力与贫下中农打成一片,即使传统春节也听从要求,不回家与家人团聚,留在农村与贫下中农一起过"革命化的春节"。一些知青在实践中逐步显现出他们有知识、肯动脑的特长,在劳动锻炼中不断成长。他们中的不少人当上民办教师、赤脚医生、农技员、会计,还有人入团、入党,当上农村基层干部,甚至成为县一级组织成员,如西湖公社知青纪长华当选为县革命委员会委员,杨寿公社知青常亚华当选为中共邗江县委委员。然而亦有不少知青在农村艰苦的环境中悲观、彷徨,消极被动地混日子。一些知青长期逗留城市,或是逍遥闲荡,或是打工挣钱。还有极少数知青在农村中东流西窜、打架斗殴,甚至偷鸡摸狗,走上犯罪道路,县内有1名知青还因此被逮捕判刑。

4. 女知青权益保护

县委以及有关工作部门注意维护知青的合法权益不受侵犯,特别注意保护女知青的身心健康。根据有关文件和政策精神,打击惩治对知青的侵害行为和侵害者,如县财政金融科负责人、党支部书记王某以"介绍工作"、"迁移户口"、"转正定级"为诱饵,奸污女知青多人,1973年,王被县委撤销职务,清除出党,开除公职,移交司法机关,判处有期徒刑14年,并被通报至全县各级组织。霍桥公社王家大队党支部书记王某,亦因奸污女知青而被逮捕法办。这些举措的实施,保护了女知青的权益。

5. 知青工作的探索

1968—1970年大批城镇知青的插队安置,给邗江农村工作带来新的课题。在这项工作实践中,邗江县不断探索,积累了一些行之有效的工作方法和工作经验。县知青上山下乡办公室和基层社队干部群众满腔热情地欢迎知青、教育知青、帮助知青。西湖公社宣塘在队、红旗公社志远大队先后摸索和创造出给知青小组配备"三员"(政治指导员、生产辅导员和生活辅导员),切实做好知青再教育工作;对知青在教育中使用、在使用中教育;城乡挂钩搞好知青安置教育等工作经验,成为全国知青工作的先进典型,其做法在《人民日报》《新华日报》上大篇幅刊登介绍。1971年7月,国家计委、国务院知青办公室组织北京、上海、天津、辽宁、河北、四川、陕西、广东等8个省、市知青办公室负责人,在这两个大队召开知青工作现场会,国家计委主任顾洪章到会并讲话。8月,浙江、河北和南京等地有关部门负责人又先后到这两个大队就插队知青"再教育工作"进行参观学习。

1973年,新一轮知青插队高潮兴起。中共中央转发福建省委《关于认真学习毛主席给李庆霖同志的信的通知》,各地对知青工作的模式进行新的探索。邗江县采取了三种方法:一是选配知青带队干部,按知青百分之一的比例配备,加强知青专职管理。知青布点也相对集中,尽量安置到农场、渔场等单位。二是推广株洲经验,实行厂社挂钩。例如,公道公社埝桥大队与市柴油机厂挂钩,新建柴油机厂分厂;黄珏公社合兴大队与扬州宝城无线电厂挂钩,加工零配件;西湖公社农具厂与市冶金厂挂钩;杨庙公社双墩大队、县林场分别挂钩市供电局、市邮电局;杨庙公社杨庙大队挂钩市印染厂;杨寿公社机械厂挂钩市纺工系统;赤岸公社农机厂挂钩市二轻系统。知青既得到较好的安置,又学到技术,不少人成为企业骨干。这些社、队小企业逐步成长,为邗江以后乡镇工业的发展打下一定的基础。三是积极引导知青开展农业科学试验,各公社都成立一些知青科技小组。六圩公社红旗大队知青大搞科学实验,取得多项成果,成为突出的典型。1974年8月,扬州地区12个县、市相关部门负责人到红旗大队参观学习。

(三)知青的返城安置工作

1970年以后,邗江县开始对插队知青陆续通过招工、招生、参军、病退、闲退等5种渠道返城安置或改变他们的工作性质。在返城的5种方式上,以招工为主,安置人员最多。在返城时间上,1975年以前安置人员较少,1976年以后,特别是1978—1981年,按照国家文件精神,大批知青返城工作。到1983年,全县知青返城安置工作基本结束,绝大部分知青按原籍调返回城。

1. 招工

1970年底,扬州市在邗江插队知青中少量招工,由于数量仅仅几十人,因此搞得较神秘匆忙,选调的多为干部子女,被安排在扬州市仪表厂等单位工作。

1971年,南京到邗江招工,要求在南京知青中选调,数量也不多。以后,几乎每年都有少量招工指标,但僧多粥少,竞争相当激烈,老知青与新知青之间、外省市回原籍知青与扬州、南京知青之间、已婚知青与未婚知青之间、全民单位招收的知青与集体单位招收的知青之间矛盾重重,很难处理。

1976年,知青招工指标大幅增加,矛盾有所缓解。全年共招工1 037人(男583人、女

454人),其中安置在扬州地区直属单位69人,江苏石油指挥部17人,723研究所13人,扬州市各单位615人,南京市各单位231人,邗江县属企业单位92人。

1977年,扬州市各单位在邗江招收知青445人,南京市两批招收知青294人,合计招收739人。

1978—1981年,在邗江知青中共计招工12 757人。

2. 招生

1970年10月,扬州市为适应教育事业发展需要,在扬州师范学院办班培训师资,称为"红师班"。邗江县在民办中学教师中选调40人,参加中文、数学、英语3个班的培训,结业后转为正式教师,选调人员半数以上为插队知青。这是插队知青首次获得的培训转干机会。1971年底和1972年6月,扬州和各地的一些大中专院校先后进行"文化大革命"以来的首次招生,主要是通过贫下中农推荐招收工农兵学员,学员大多数为插队知青。1973年开始,大中专院校招生采用推荐和考试相结合的方法。邗江县每年通过大中专工农兵学员招生离开生产队劳动一线的知青100多人,他们被看作是知青中的幸运儿。1974年,西湖公社电力大队插队知青陈月梅被推荐至清华大学学习外语,成为邗江县知青招生推荐就读高校层次最高的一例。

招工、招生的选调按规定要经过知青小组评议、贫下中农推荐、队社审查、报县批准等程度。不过,亦有人通过种种门路和关系,使一些知青暗度陈仓,造成消极的社会影响。1977年,国家决定恢复高考制度以后,邗江知青中的不少佼佼者,虽年龄偏大,仍努力应试,终被高校录取离开农村。

3. 参军

尽管当时参军的条件限制严格,邗江知青中还是有一部分人通过参军,幸运而光荣地离开农村。据初步统计,其间参军服役的邗江知青共265人。这部分知青复员退伍转业时,一般回原籍所在地安排工作。

4. 病退、困退

1972年9月6—7日,省革命委员会办公会议规定:"对已经下放的独生子女、华侨子女或一家几个兄弟姐妹全部下放在农村的,在招工时应优先照顾。"1973年10月18日,省委印发《关于认真贯彻执行〈中共中央转发国务院关于知识青年上山下乡工作会议的报告〉的指示》。据此,扬州地区革命委员会发出116号文件《关于处理上山下乡知识青年独生子女、华侨子女、中国籍外国人子女和一家所有子女全部插队农村的通知》,详细规定插队知青因严重病残,丧失劳动条件的,可以经原籍政府部门审核批准后收回安置(称为"病退")。规定插队知青中的三种对象:独生子女、全插子女(照顾1人)、华侨子女,可以迁回城镇安置(前两种被称为"困退")。根据上述文件精神,邗江县经层层把关,并由上山下乡办公室转请有关居委会公布审核,每年批准几十名知青病退、困退。至1983年,邗江知青共有几百名通过病退、困退渠道返城安置。

二、插队知青在农村中的作为

到邗江县插队落户的扬州、南京、上海等地的广大知识青年,按照毛泽东主席"接受贫下中农的再教育"的指示精神,拜"贫下中农"为老师,虚心学习,在生活和劳动中锻炼成长,并发挥了一定的作用。其间全县有400多人成为省、地、县"活学活用毛泽东思想积极分子",有1 000多人被选进县、社、队领导班子,有许多人成为赤脚医生、民办教师、农技员、文化宣传工作人员、财会人员等。

(一)宣传党的方针政策,传播科学文化知识

广大知青插队农村后,积极向当地农民宣传党的方针政策,传播科学文化知识,开展革命文艺宣传活动等。公道公社马路大队插队知青王桂云、戴秀奇经常为社员们讲革命故事、唱样板戏,还在队里出黑板报,宣传农村的好人好事,活跃农村的文化娱乐活动。公道、施桥等公社的知青还根据务农的亲身体会,编写《红在农村、专在农村》等剧目,在本公社大队、生产队演出。许多知青在劳动之余,给社员讲时事、讲国内外新闻。有的在田头给社员读报,把国家大事,如我国第一颗原子弹爆炸成功、中国共产党全国代表大会召开、全国人民代表大会召开等情况及时告诉广大社员。

插队知青还利用自身的文化基础在农村从事文化教育工作。在各级组织的支持下,先后办起半耕半读小学、农民识字班、业余农中等,他们采用田头识字、上门教字、课堂讲授等小型、分散的形式教农民及其子女学习文化。施桥公社罗桥大队的知青创办农中,使许多农民子女获得学习的机会。

70年代,邗江农村普及教育进入高潮,村村办小学,片片有初中,社社办高中,教师奇缺。于是,插队知青成为充实农村中小学教师的最合适人选,全县约6 000名在编公、民办教师中,知青有2 000人左右。以甘泉公社为例,1976年中小学在编公、民办教师181人,其中知青教师达71人。在许多农村小学中,知青教师更是达到学校教师的半数以上。许多知青成为教师队伍中的骨干,有的还当上校长、教导主任。70~80年代,邗江农村教育迅速普及,一代有知识的新型农民逐步成长,并从中产生一批杰出人才,为邗江日后的崛起打下基础。回首当年知青教师在农村普及教育中付出的辛劳,确实是功不可没。

(二)关心集体,成为好管家

在生活磨炼和劳动锻炼中,插队知青热爱和关心集体的观念进一步增强。瓜洲镇瓜洲大队插队知青刘明元,路过施毛生产队看到池塘里落水小牛上下翻动,担心小牛有淹死的危险,连衣服都没有脱,就奋不顾身地跳进池塘里,把小牛救上来送到队里,受到社员们的好评。一些知青在担负起有关岗位的工作后,能够大公无私,坚持执行各种规章制度,成为各级干部的好助手。在全县知青中,有不少人担任生产队队长、队委、会计、记工员、保管员、团支书等职务,成为农村一支新生的骨干力量。在实际工作中,他们处处关心集体,事事精打细算,被社员称为"红管家"、"好当家"、"放心干部"等。如:甘泉公社甘泉大队知青徐国英,自愿到落后生产队去担任会计,她白天参加劳动,晚上坚持记账,从不乱花集体一分钱,不瞎

支一笔账,被社员夸为"红管家"。运西公社知青李娟担任队里的会计后,对社员工分按时公布,账目一清二楚,被社员称为"放心会计"。

(三)开展科学实验,促进农业生产

一些知青在农村开展科学实验活动,把在学校学到的科学文化知识带到农村,用到农业生产的实践中,发挥特有的作用。红旗公社志远大队知识青年科研小组进行 50 多种农作物小品种试验、高产试验,还进行农村环境保护和沼气试验,取得可喜的成果。志远大队知青还建立知青气象服务哨,不分白天黑夜、刮风下雨,坚持观察记录,帮助农民进行天气预报,并为全县指挥防汛排涝工作提供资料。志远大队知青工作的经验得到有关部门的肯定,1970 年 3 月 8 日《人民日报》作了报道。

六圩公社红旗大队曾昭林等一批南京知青,在劳动中动脑筋、想办法,六年中,他们试制、仿制和改制 13 种农业机械,计 98 台,减轻农民劳动负担,大大提高工效。经广大社员的推荐,曾昭林作为全县唯一的代表参加全国农业学大寨会议。扬州知青吴顶华、周巧英坚持科学种田,精心培育良种。他们从扬州地区农科所引进水稻良种,进行对比试验,从催芽、落谷,到秧苗栽插、管理,认真进行科学管理。经过几年试验,终于从 50 多个小品种中筛选出"北 22—3 号"中稻新品种,推广使用后,全大队水稻亩产从 700 多斤上升到 1 000 多斤。吴顶华还光荣地加入中国共产党,并出席 1978 年召开的全国科学大会。

西湖公社宣塘大队插队知青张慧珠、张慧英两姐妹,负责队里的养蚕工作。她们认真学习,科学养蚕,每年蚕茧丰收,数量、质量均在公社位居第一,每年为队里增加 1 500 多元收入,被评为模范养蚕员。

施桥公社陈家澍、六圩公社朱小松、公道公社倪根祥等南京知青爱好搞科研,县粮食局聘请他们组成科研小组,试验把电子科学用到粮食保管上。他们克服专业水平低、客观条件差等困难,翻阅查找大量资料,有时为了一个数据,要经过 1 000 多次的计算。经过 4 个月的艰苦努力,终于试制成功"数字式粮食温度巡回遥测仪"。他们还深入大队、生产队走访农民,制造出一种小型"袖珍式数字电子粮食检测仪"。这种仪器结构简单、体积小、成本低、速度快,使用方便,可测麻袋、土圆仓粮食温度,很适合农村使用。陈家澍等 3 位知青研制发明的粮食测温仪由江苏省推荐参加全国青少年科技发明展览会,获得银奖。测温仪技术还被青岛建造的全国第一艘海洋考察船采用,受到高度评价。他们的事迹先后被《光明日报》(1975 年 7 月 29 日)、《新华日报》(1975 年 7 月 2 日)、《新华社新闻稿》(1975 年 8 月第 2026 期)、《人民日报》(1975 年 9 月 21 日)刊载报道。

(四)破除迷信旧俗,倡导科学新风

广大插队知青向社员宣传破除迷信,说服群众不要相信迷信,并且积极参与农村各种破除迷信活动。如杨庙公社杨庙大队、西湖公社高庄大队、公道公社红旗大队插队知青在大队党支部书记的带领下,拆掉几十个土地庙,说服社员取下"三堂菩萨",挂上毛主席像。公道公社五星大队朱庆生产队有户社员家中不慎起火,庄上有位老太却要祈祷菩萨保佑,结果火越烧越大,幸亏插队知青带头与社员及时抢救,才避免更大的损失。老太深有感触地说:"还是知识青年有用,今后我再也不相信菩萨了!"黄珏公社七里大队张庄小队有妇女不能耕田的旧俗,认为妇女耕田会把田筋耕断,不长粮食。为打破这种迷信思想,队里的几个插队女青年在队长的指导下,学会下地用牛耕田,开了新风,消除一些社员传统的旧思想。杨寿公社永和大队老共产党员万宝财病逝,队里的知青积极协助党支部召开追悼大会,不搞迷信活动,社员们都说:"还是丧事新办好,我们以后也不搞迷信了。"

县内有一批知青在社队组织的培养下成为赤脚医生、赤脚兽医,在基层诊疗治病,为群众服务。特别是几个当兽医的女知青,她们冲破世俗观念,整日钻牛棚、蹲猪圈,不顾冷嘲热讽,苦练阉扎术疗等基本技术,终于成为享誉一方的"女医倌"。西湖公社宣塘大队的知青女兽医张福珍曾为前来参观学习的各地代表现场表演兽医技术。施桥公社女兽医、1964年扬州知青杨祖嫩技术精湛,不管刮风下雨,无论白天黑夜,随叫随到,医疗服务不怕脏不嫌累,受到群众的欢迎。她的事迹被县文化部门作为创作素材,编成扬剧节目《女兽医》演出,并参加全市文艺调演,获得大奖。

(五)办实事做好事,成为社员知心人

广大插队知青在农村同农民一起劳动,朝夕相处,逐步与农民建立起深厚的感情,他们事事为农民着想,做农民的知心人、贴心人。杨庙公社浮桥大队阚庄生产队贫农杨惠氏天冷缺棉衣,插队青年周煊知道后,主动拿出6元钱买棉裤送给她穿。黄珏公社联合大队知青吕兴、茅亚兰主动帮助"贫下中农"带孩子、挑水、种菜,并将自己的被褥、袜子、毛线衣借给她们穿用。杨寿公社新民大队曾巷生产队有两个失去父母的贫苦孩子,在天寒地冻之时,棉衣、棉鞋无人做,知青管秀兰等人,用两个通宵帮助他们缝制,全队社员极为感动。黄珏公社知青师玉明通过自学懂得医学后,主动热情地为农民治病,先后治好身患"癞痢头"、遗尿等病的农民200余人次,分文不取,受到社员们的称赞。

(六)推广文体活动,活跃农村业余生活

县内广大知青在各级组织的支持和帮助下,发挥自己的特长,开展丰富多彩的文化体育活动,促进当地农村文体活动的普及,丰富和活跃农村业余文化生活。

汤汪、西湖、杭集等公社的知青文艺宣传队特别活跃,春节前后,他们采用多种体裁,编排多种形式的文艺节目,为社员们演出,把欢乐送到各个社队。尤其是汤汪公社知青文艺宣传队,由原南京市小红花艺术团的不少骨干组成,具有较高的演出水平,并产生一定的社会影响。他们创作的《安全用电》节目经筛选加工后,被西安电影制片厂拍摄成科教影片《农村安全用电》,在全国放映,推进农电安全管理工作,取得良好效果。

县知青篮球队也产生较大的社会影响。邗江县知青男、女篮球队成立于1968年底。队员是扬州、南京、上海、云南等地来插队的知青。他们在县人武部干部刘乃尧、张广忠带领下,在毕业于南京体育学院到邗江落户的梁伟强教练指导下,边工作、边训练,成绩不凡。1969—1971年,球队几乎每个月都应邀到扬州体育馆进行友谊比赛,在扬州地区的篮球比赛中多次获得冠军,并多次去其他兄弟省、市、县参加比赛,取得优异成绩,为全县群众体育活动在全省赢得一定的声誉。

邗江广大插队知青在农村"广阔天地"的艰苦环境中经受劳动锻炼并努力有所作为,主要基于三方面的因素:一是出于淳朴的思想情操和受到时代精神感召,听从毛泽东主席的指示,虚心、认真地"接受贫下中农的再教育";二是通过一些力所能及的付出,可以得到较多的工分报酬,适当改善自己的生活;三是期望以较好的现实表现争取早日被招工、招生,获得返城机会。而其间,真正确立"扎根农村"思想的知青实际上是微乎其微的。

三、邗江知青中走出的部分事业有成者

在邗江插队的1.64万名知识青年,在农村落户生活短则3—5年,长则15—16年。他们返城安置后,十分珍惜来之不易的工作机会,在各自的岗位上踏实苦干,不少人成为工作单位的中坚骨干。由于长期学业知识的荒疏以及接踵而来的家庭生活压力等诸多因素,使不少人失去了进一步发展的机遇。当崇尚知识、学历、技术、资本的时代来临时,他们几乎束手无策,只好接受下岗、退养或提前退休的现实。但是,在当年的邗江插队知青中不乏一批奋发有为之士,他们在艰难困苦中磨砺顽强毅力与不懈精神,抓住稍纵即逝的机遇,拼搏奋斗,终于脱颖而出有所成就,成为当年邗江知青的杰出代表。现将其中部分人员简介于下(分行业以姓氏笔画为序):

(一)教育工作者

王克勤 南京知青。1968年12月插队于杭集公社立新大队。曾组织成立文娱宣传队,排练样板戏,深入村庄、田头演出,深受农民群众欢迎。他帮助立新小学成立小红花艺术团,自编自演文娱节目,在市、县文娱调演中屡屡获奖。知青回城时,王克勤留在邗江转为公办教师。1978年,他调入湾头中学,将兴趣转到青少年科技活动方面,曾指导学生创新发明几十件作品,在全国和全省比赛中获奖。在全国头脑奥林匹克竞赛中,他指导的市代表队荣获擂主奖。在省青少年跨世纪科技读书竞赛决赛中,他带领的市代表队荣获全省第一。王克勤受国家表彰3次、省表彰20多次,获全国优秀科技辅导员、省优秀教育工作者、省优秀科技辅导员、省科技教育先进个人等称号。

王 琴(女) 扬州知青。1971年插队于西湖公社果园大队张庄生产队。1977年回城后任扬州市五中英语教师,后随丈夫调至大连市任教,因表现突出,被评为辽宁省英语特级教师,并先后任辽宁省大连第八中学副校长、大连市四十八中校长。曾先后在英国、美国、新西兰等国研修学习,获英国英语教师资格证书。编著《新思维情景英语语法》等书籍,在国家、省级刊物上发表论文20多篇。兼任全国外国语特色学校教育研究会副理事长、全国中学生足球协会副主席、大连市教育研究会高中英语分会理事长。

许卫平 泰州知青。1968年插队于西湖公社宣塘大队。曾担任公社通讯员、公社文化站站长,从事过煤矿矿工等工作。1978年考入扬州师范学院历史系,毕业后留校工作,先后担任党总支副书记、书记、院工会主席、扬州大学工会副主席、扬大师范学院院长、扬大社会

发展学院书记等职,教授职称。曾获扬州大学优秀教师、市师德标兵、省优秀教育工作者等称号。主持和担任过多项省、厅的项目,撰写《中国近代方志学》《扬州地方志研究》等专著6部,在国家、省级刊物上发表各类论文近60篇,获省、市级奖多项。

刘萍丽(女) 上海知青。1969年投亲落户于杭集公社王集大队王二生产队,参加一段时间生产劳动后,先后在王集小学、杭中小学任民办教师,表现突出。1976年进入扬州师范学校学习,毕业后分配到霍桥中心小学当教师。1982年调至扬州城区,继续担任教师工作,由于业绩显著,1991年起先后担任东关中心小学教导主任、副校长、校长,其倡导的"写字教学"模式获省、市推广。1999年起任育才小学校长,获中学高级教师职称,并被评为省特级教师、全国优秀教育工作者。

华国梁 扬州知青。1968年插队于酒甸公社李院大队下湾生产队。1978年考入扬州师范学院历史系,毕业后留校工作,1984—1987年在扬州师范学院攻读中国近现代史硕士研究生课程,获历史学硕士学位。先后担任扬州师院历史系中国近现代史教研室副主任、历史系党总支副书记、扬州大学历史系、旅游系系主任。1998年担任扬州大学旅游烹饪学院院长。获扬州大学优秀教育工作者称号。主编《中国当代史》等专著5部,合编专著1部,发表学术论文20余篇。社会兼职:世界中国烹饪联合会常务理事、中国烹饪协会顾问、省旅游学会副会长、省历史学会理事、省高校职业技能鉴定协作会副理事长、市历史学会副会长、市学术旅游学会副理事长。

吴建华 扬州知青。1971年9月插队于酒甸公社杭庄大队。1974年9月到南京师范学院政教系读书,大学毕业后,一直在市委党校工作,现任副校长,兼任市哲学社会科学界联合会副主席。长期从事马克思主义哲学、领导科学和邓小平理论、"三个代表"重要思想的教学和研究,经常深入机关、企业、乡镇、街道宣传党的路线、方针、政策,撰写专著、教材10多部,发表论文100多篇,被评为省优秀教育工作者和省优秀哲学社会科学工作者。

张福珍(女) 扬州知青。1968年插队于西湖公社宣塘大队,做过赤脚兽医、代课教师。1972年被推荐为首届工农兵学员,在扬州师范学院数学系读书,1974年毕业后一直从事教育教学工作,先后任邗江中学副校长,党总支副书记、书记。1996年被授予省劳动模范称号。所撰教学论文曾获全国二等奖。

周新国 南京知青。1968年插队于六圩公社红旗大队,先后任大队团支委、大队科研小组组长、养殖场场长,多次被评为省、地、县上山下乡先进个人,先后编写《水浮莲、水葫芦、水花生》《河蚌育珠》《肉用鸡饲养与管理》《人工培植蘑菇问答》等科普读物。1974—1976年就读于扬州师院中文系,后留校任教。现任扬州大学副校长、教授、博士生导师,历史学中国近现代史专业学科带头人,中国史学会理事、省历史学会副会长、省哲学社会科学界联合会副主席、市历史学会会长,先后多次被评为江苏省跨世纪学科带头人、省哲学社会科学优秀工作者、省有突出贡献的中青年专家,并获得国务院特殊津贴。先后发表《马克思主义与中国近代史研究》等学术论文百余篇,出版《中国近代史》等一批专著,先后主持过江苏省规划项目、省教委项目 4 项。

姚文放 扬州知青。1968 年 11 月插队于八里公社杨桥大队。曾在插队期间,利用工余夜晚,在煤油灯下遍读古今中外名著。1977 年恢复高考,考入扬州师范学院中文系,毕业后留校任教,后赴山东大学攻读研究生,获硕士学位。长期从事文艺学、美学的研究与教学,发表论著 500 余万字,并多次获奖。在《中国社会科学》、《文学评论》、《文艺研究》等杂志发表学术论文 250 余篇。先后主持并完成多项国家和省社科项目。现为扬州大学文学院院长,教授、博士生导师,享受国务院特殊津贴专家,省有突出贡献中青年专家,省高等学校教学名师,教育部中国语言文学学科教学指导委员会委员,省高等学校中文教学指导委员会副主任,中国中外文艺理论学会副会长,中国文艺理论学会常务理事,全国审美文化研究会副会长,中国作家协会会员。

(二)文艺工作者

王资鑫 扬州知青。1968 年插队于汤汪公社。曾是县新闻报道组成员。1981 年扬州师范学院中文系毕业。曾任扬州琼花大厦、中外合资海天俱乐部总经理。1993 年起,专职从事文学创作,在省级以上报刊发表及出版 300 多万字的通讯、散文、小说、电影文学剧本和文艺评论。其中武术文化论文《太极拳哲源探》获全国首届武术理论一等奖,《中华武术伦理观》获首届国际武术大会理论奖,散文《魂牵达士巷》获首届"朱自清文学(散文)奖"。出版《扬州三把刀》、《广陵散》等专著。担任编剧的电影故事片《天国恩仇》获第七届百花奖和《文汇报·中国电影时报》新时期十年电影奖最佳故事片提名奖。现为中国武术学会委员、中国说唱艺术研究中心理事、中国通俗文艺研究委员会会员、中国作家协会江苏分会会员、中国曲艺家协会江苏分会会员、江苏明清小说研究会会员、市武术协会副主席。

杜雷进 南京知青。1968 年插队于黄珏公社庙湾大队谈桥生产队。插队前后自学书法篆刻,刻苦临池,博采众长,书法、篆刻、烙铁画技艺逐渐提高。其作品多次参加国内外书画大展并获金、银、铜奖。作品入编《国粹艺术大典》、《现代书画家精品观止》、《中国国际杰出书画名家大师全集》、《中国翰墨名家作品博览》、《中国书法选集》、《国际书画审美大展集》、《中国书法 500 强作品集》。现为中国书法家协会会员、人事部中国人才研究会艺术家学部委员会艺术委员、中国书法艺术研究院研究员、教授。

赵庆泉 扬州知青。插队于赤岸公社新民大队,后作为特殊人才调回扬州专业从事盆景制作。近二十年来,有 10 多件作品参加国内、国际展览,其中 8 件获得金奖或大奖,2 件获银奖。代表作有《八骏图》、《潇湘流水》、《小桥流水人家》、《烟波图》、《一枝独秀》、《古木清池》等。应邀访问过日本、法国、美国、意大利、澳大利亚、加拿大等十多个国家,在国外作 80 多场示范表演,其示范创作作品有些被美国国家盆景博物馆、太平洋盆景博物馆珍藏。他在国内外刊物上发表 100 多篇专业文章,出版《中国盆景造型艺术分析》、《赵庆泉盆景艺术》、《中国盆景》、《扬州盆景》、《名家教你做水旱盆景》、《盆景——神奇的世界》等 11 部专著,受到广泛好评。现为省政协委员,园林专业高级工程师,中国盆景艺术家协会副会长。获国际盆景协会授予的国际盆景讲师资格,获建设部授予的中国盆景艺术大师称号,当选为中国花卉业20位风云人物之一。

（三）公务人员

何明华(女) 扬州知青。1973年插队于酒甸公社陈院大队,曾任邗江农业学大寨工作组副组长、赤岸公社党委副书记,1978年高考录取于扬州师范学院,毕业后先后任扬州市团委副书记,市青联会主席,市职工职业大学党委副书记,扬州师范学校总支副书记、书记,扬州教育学院党委副书记、副院长,市级机关工作委员会书记,市教育工委副书记。曾获省青联工作积极分子、全国教育系统巾帼建功标兵称号。

陆文瑞 邗江集镇知青。1965年插队于邗江良种场,1972年转至湾头公社田庄大队,先后任大队农科队负责人、省青联会特邀委员、公社农技站站长、公社管委会副主任、主任、党委副书记,镇党委副书记、镇长、党委书记,扬州市郊区财政局局长、政协副主席、人大常委会副主任。主持完成的农业科研项目多次在省市获奖。1980年,被授予省劳动模范称号。

范朝礼 扬州知青。1968年插队于甘泉公社东风大队(现焦巷村),招工回城后在邗江县粮食机械厂负责共青团工作,因业绩突出,调至团县委任职。从扬州师范学院中文系夜大学毕业后,任县公安局副局长。1984年至省委党校本科班脱产学习两年,毕业后先后任县委宣传部副部长、省委省级机关工委研究室处长、省委政策研究室处长、省委政策研究室副主任。

姚其立 泰州知青。1972年插队于酒甸公社李院大队朱下生产队,曾两次参加县农业学大寨工作队,先后在扬州师范学校和扬州师院中文系学习深造,历任市教育局副科长、科长、市政府办公室科长、副主任、市政府副秘书长兼研究室主任、办公室主任。曾合编出版《政务信息工作概论》、《扬州规模经济新现象》、《信息立交桥——政府信息引导论》等书籍,所撰论文《规模经济出现规模效应》、《从伊拉克战争看国防教育》、《宏观调控问题研究》、《加快职能转变,建设服务型政府》先后在省、市相关评比中获奖。

徐丽玲(女) 扬州知青。1968年插队于霍桥公社,1976年扬州师范学院数学系毕业,曾任邗江县红旗中学(现蒋王中学)教师、团总支书记。调至市直机关工作后,历任市广电局科长、市电视台台长、市广电局局长、市广电局党组书记、扬州广播电视总台台长,新闻高级编辑,中华全国新闻工作者协会第六届理事会常务理事、中国电视艺术家协会第四届理事会常务理事、省电视艺术家协会副主席。曾当选为市第二、三、四届人大代表,省第十次党代会代表。从事广播电视工作以来,先后获中国艺术家协会"第四届全国百佳电视艺术工作者"和中国广播电视学会"第二届'百优'广播电视理论工作者"称号。所著《广播电视管理学》获全国第四届广播电视学术专著二等奖,另有多篇论文获全国、省广播电视论文一、二、三等奖。

顾承斌 扬州知青。1975年插队于李典公社黄桥大队,先后就读于扬州教育学院和省教育学院。曾在太安中学任教,调入县级机关后,先后担任县政府办公室综合科科长、县政府办公室副主任、酒甸镇党委书记、县委办公室主任、高邮市委组织部部长、扬州市人事局副局长。

（四）企业负责人

吴建初 扬州知青。1968年插队于酒甸公社张家大队。70年代、80年代两次离职学习工民建专业，先后在县建管站、县建安公司、县基建局、县建筑设计室从事专业技术工作。1989年始，任县房地产开发总公司副总经理，总工程师。当选市第三、四届人大代表，县第十一、十二、十三届人大代表，县第十二、十三届人大常委会委员。他在市、县人大会议所提建议《关于加大城市消防基础设施投入》、《应重视农村集镇垃圾处理》和参与的议案《加快扬州长江大桥建设，振兴扬州经济发展》，反映人民群众的心声，受到市、县政府的高度重视，大多得到落实。

封 竞 扬州知青。1968年插队于西湖公社果园大队凤凰生产队。70年代后期毕业于东北财经学院，留院任教，不久返回扬州，先后任建设银行仪征县支行行长，江苏省建设银行副处长、处长、副行长，中国建设银行信用卡部总经理，内蒙古自治区建设银行行长、党委书记，中国建银投资有限责任公司副总裁。

梁培华 扬州知青。插队于公道公社埝桥大队，先后任市旅游局副局长兼扬州宾馆总经理、江苏省驻北京办事处下属江苏大厦总经理。

此外，曾是邗江知青科研小组骨干的陈家澍、赵荣、朱小松等有的赴美国、法国留学深造，有的在国内高校执教。

受资料所限，以上所收录的只是昔日邗江插队知青中的部分代表。提起邗江插队的一段人生经历，上述成功人士都有一个共同的体会：他们的成长、成才，与插队的磨炼、锻炼不无关系……

（作者：戴光明　颜呈华）

（《附录·邗江县插队知识青年专记》，第982—994页）

《仪征市志》

仪征市市志编纂委员会编，江苏科学技术出版社1994年

（1963年）7月，一批城镇知识青年到农村插队落户，扬州等地一批知识青年来仪征落户，全县先后插队插场知识青年9 051人。1978年以后插队知青陆续回城。

（《大事记》，第29页）

1981年成立仪征县劳动服务公司，13个乡、镇也先后成立劳动服务公司，有组织、有计划地向企事业单位输送城镇待业人员。同时帮助待业人员走组织起来就业的道路，计帮助兴办集体生产、服务网点206个。从1977年至1987年，全县（市）共安置城镇待业人员

10 115 人（包括回城的上山下乡知识青年 4 500 人），其中安置在全民、集体单位的 7 018 人，组织起来自谋职业的 1 136 人，安排做临时工的 1 916 人。

（第十八篇第二章《职工》，第 504 页）

1963 年至 1965 年开始组织城镇知识青年下乡插队落户，本县下乡的知识青年 745 人，接收扬州市的知识青年 174 人。"文化大革命"初期一度停止。1968 年后又大批下乡。从 1963 年至 1978 年，全县共动员本县和接收外地下乡插队城镇知识青年 9 051 人。

从 1971 年起对历年下放农村的城镇知识青年办理回城和就业安置工作，当年有 145 名南京下放仪征知青被选调进部、省属企业。1972 年南京下放仪征知青中的一批华侨子女、独生子女等被照顾回南京。1973 年起执行知青"病退"（因病回城）和"困退"（因家庭困难回城）规定，仪征县先后批准 960 名知青回城安置。1978 年 12 月起，根据上级通知精神，又分期分批对下放知青办理回城安置就业工作。除外地下放来仪征的仍回外地，以及通过参军等渠道已离开农村者外，至 1982 年仪征共安置回城知青 4 500 多人。至此，下放农村的知青基本上都回到城镇就业。

（第十八篇第二章《职工》，第 505—506 页）

仪征 1949—1987 年就业安置情况表

类　　别	安置人数	备　　注
城镇待业人员	8 321	
复员退伍军人	3 963	另支援海南岛 60 人
退休退职子女	3 356	
征用土地劳力	5 362	另仪化公司安排 2 800 人
精简下放人员	1 202	另回外地安置 1 245 人
下乡知识青年	5 470	参军、上学、回外地未统计在内
总　　计	27 674	

《镇江市志》

镇江市地方志编纂委员会编，上海社会科学院出版社 1993 年

（1958 年）4 月 15 日，市 100 名往届高中毕业生去徐州、淮阴、盐城地区参加农业生产。

（《大事记》，第 51 页）

（1960 年）8 月 14 日，下午，市 1 500 余名青年代表在新华剧院举行了誓师大会，坚决响应市委号召，到新民洲去兴建国营共青团农场。25 日，欢送第一批 500 余名青年去农场劳动。

（《大事记》，第 57 页）

(1965 年)7 月 21 日,市首批 200 名社会知识青年赴新疆参加农牧业生产建设。市人委、团市委负责同志到车站送行。 (《大事记》,第 62 页)

(1968 年)10 月 15 日,市革委会动员 1966、1967 届高、初中毕业生,"上山下乡",到农村去"接受贫下中农再教育"。今日首批知识青年 1 千多名去丹阳、丹徒等地农村插队落户。此后,1968 届高初中毕业生,也分别"下放"溧阳等地农村及苏北生产建设兵团。
(《大事记》,第 69 页)

至(1978 年)年底,大批由城市下放的知识青年被招工返城。 (《大事记》,第 77 页)

60 年代,大批职工、城镇居民被精简、下放,大批知识青年陆续下放农村,人口又一次迁出大于迁入。1968—1970 年,平均每年下放知识青年、职工及其家属达 7 000 余人。从1971 年起,人口迁入数一直多于迁出数,其原因是大批下放知青、职工回城,按政策办理农转非以及各行各业引进科技人员等。 (第四卷第二章《人口变动》,第 197 页)

1957 年,团市委配合党和政府,首次动员应届中小学毕业生赴市郊农业社落户,从事农业生产。1960 年 8 月 25 日,首批 585 名青年垦荒者赴新民洲兴建国营镇江共青团农场。1961 年 8 月 27 日,市召开中学毕业生参加农业生产动员大会,247 人奔赴农村。
(第十一卷第三章《青少年社团》,第 338 页)

1976 年粉碎江青反革命集团以后,党和政府拨乱反正,逐步解决历史上遗留下来的问题,来信来访显著上升,1979 年高达万件(次)以上。1983 年实行市管县体制后,地域范围扩大,信访量大幅度上升。这期间信访的主要内容是要求平反冤假错案、要求退还"文化大革命"中被查抄的物资、上山下乡人员和知识青年要求就业以及落实私房改造政策等问题。
(第十五卷第九章《信访工作》,第 461 页)

"文化大革命"时期,个体经济受到批判,多种形式的就业渠道被堵塞,城市就业困难,除少数人员留在城市工作外,先后有 2 万多名城镇知识青年上山下乡。
(第十七卷《劳动·概述》,第 483 页)

解放后,人民政府重视劳动就业工作,重点是安置失业人员。1953 年起,建立城镇劳动力统一介绍、招收、调配制度。1966 年后实行统包统配,动员大批城镇知识青年上山下乡。1977 年后重新安置城镇劳动力就业,同时解决上山下乡知识青年的遗留问题。1980 年后,广开门路,实行多渠道就业,基本解决劳动就业问题。

(第十七卷第一章《劳动就业》,第 484 页)

1966—1969 年没有在城镇招工。初、高中毕业生除独生子女外全部下放农村……1975—1980 年,全民单位在下放农村 2 年以上的知识青年中招工,集体企业在按政策规定留城的初、高中毕业生中招工,6 年共招工 38 681 人。招工方法为群众推荐、民主评议、劳动部门批准并统一分配。

(第十七卷第一章《劳动就业》,第 485 页)

第二节　知识青年上山下乡

1958 年,镇江动员 100 名往届高中毕业生去徐州、淮阴、盐城等地区参加农业生产。以后多次动员知识青年上山下乡,到 1978 年停止。

1960—1962 年,贯彻加强农业生产、城市劳动力安置"四个面向"(即面向上学、进工厂、上山下乡、支边)的方针,组织知识青年在近郊插场。

1963 年由省精简安置办公室安排,有 1 000 余名知识青年到镇江地区和苏北白马湖等农场插场。1964—1965 年,为精简压缩城镇人口,动员知识青年插队、插场、支边(新疆)。

1969 年 7 月,镇江市革命委员会知识青年上山下乡办公室建立。1969—1970 年,动员1966—1970 年的初、高中毕业生下乡,去苏北临海、大丰等农场 4 914 人,到丹徒等县插队或回原籍农村 7 548 人,共计 12 462 人。

1973—1977 年,动员未升学的初、高中毕业生(除独生子女、多子女家庭的一个子女、华侨子女等外)8 305 人下放。其中:市郊插场 2 308 人,市郊农村插队及回乡 5 997 人。这一时期,国家先后拨给镇江知识青年下放安置经费 264 万多元,共建房 2 523 间。

1963—1977 年部分年份城市知识青年下放情况

单位:人

年　份	小　计	插　场	支　边	插　队	回　乡
1963	1 299	1 299	—	—	—
1964	1 998	447	22	1 529	—
1965	817	300	400	117	—
1969—1970	12 462	4 914	—	6 392	1 156
1973	1 140	—		1 140	—
1974	1 262	552		667	43
1975	2 269	453		1 725	91
1976	1 391	747		565	79
1977	2 243	556	—	1 607	80
总　计	24 881	9 268	422	13 742	1 449

(第十七卷第一章《劳动就业》,第 485—486 页)

二、下放人员安置

下放知识青年回城安置工作始于 1971 年,到 1980 年末基本结束,先后共安置 21 201 人。其中:回城安置 5 068 名,独生子女、父母身边无子女等照顾回城安置 1 203 人,父母退休顶替回城安置 1 875 人,通过招工等渠道回城安置 13 055 人。此外,少数下放到场圃的知识青年,也陆续调回镇江安置。　　　　　　　　　　　(第十七卷第一章《劳动就业》,第 486 页)

《润州区志》

镇江市润州区地方志编纂委员会编,上海社会科学院出版社 1995 年

1968 年下半年,1966、1967、1968 届 3 届高、初中毕业生下放劳动锻炼,家住农村的学生回乡务农,城市户口的学生,全部下放劳动。　　　　　　(第五编第一章《教育》,第 286 页)

《京口区志》

镇江市京口区地方志编纂委员会编,上海社会科学院出版社 1992 年

(1964 年)9 月 10 日,各公社动员城市知识青年下乡插队劳动。到年底,北固人民公社有 785 名知识青年去农村插队落户。　　　　　　　　　　　(《大事记》,第 15 页)

是年(1965 年),新疆阿克苏红旗坡农场来镇江城区招收知识青年支援边疆建设。

是年,动员城区知识青年上山下乡,去苏北白马湖农场劳动。　　(《大事记》,第 15 页)

(1967 年)9 月,少数下放知识青年返城,建立"造反"组织,冲击居委会主任家,部分主任家被烧、砸一空,有的被批斗、游街,个别被刺伤致残。　　　　(《大事记》,第 15—16 页)

(1968 年)10—12 月,1966、1967 届初、高中毕业生去农村插队落户。　(《大事记》,第 16 页)

(1969 年)3—9 月,继续动员城市知识青年"上山下乡"。　　　(《大事记》,第 16 页)

《丹徒县志》

丹徒县县志编纂委员会编,江苏科学技术出版社 1993 年

是岁(1964 年),镇江市知识青年 1 328 人,在丹徒县 41 个公社插队落户。

　　　　　　　　　　　　　　　　　　　　　　　　　　　(《大事记》,第 40 页)

下放知识青年安置

1964 年开始动员广大知识青年上山下乡,全县分批下放知识青年插队、插场的有 422 人,接收安置镇江市、南京市到农村插队的知识青年有 8 598 人。各地回乡参加农业生产劳动的知识青年有 350 人。1968 年县革委会成立知识青年上山下乡办公室,1973 年改设知识青年上山下乡领导小组和办公室。

知识青年,主要指年满 17 周岁的城镇中学毕业生,和符合上山下乡条件的社会青年;对病残不能参加劳动的、独生子女、中国籍外国人子女和归侨学生,均不动员上山下乡。在安置上贯彻先安置后下放,先建房后放人的原则;在形式上开始是插队或居住适当集中,以后发展到编组插队和厂、社挂钩,建立知青点。全县为知识青年新建房屋 5 833.5 间(其中楼房 170 间),用去木材 1 500 多立方米,砖 110 多万块,平瓦 9 万块,水泥近 500 吨,以及保证知识青年的生活用具等,国家共支出 330 多万元。

知识青年下乡后,县多次组织人员对安置工作进行检查,帮助解决实际困难。并选派知识青年代表,出席江苏省和镇江地区召开的上山下乡知识青年代表大会。1977 年 12 月 12 日,丹徒县召开第四次上山下乡知识青年代表大会,历时 4 天,出席代表 500 人,表扬奖励 22 个先进集体和 108 名先进个人。

1978 年,根据江苏省革命委员会的意见,对 1972 年以前下放的老知识青年,由原下放城镇和插队地区共同负责,在两年内,通过招工、招生、征兵以及就地安排当民办教师和进社办工厂等渠道,进行安排。1972 年以后下放的知识青年,根据知识青年本人要求,本着靠近爱人或家属的原则,分别就地安排和由原下放城镇进行安排。至 1980 年 4 月,插队知识青年大部分作了妥善安排,余下的 585 人,采取将结余经费投资给县办厂扩大再生产的办法进行安排。至 1981 年底,除 8 人因病残无法安排外,全部安置结束。

(卷二十一第二章《劳动管理》,第 666—667 页)

《扬中县志》

扬中县地方志编纂委员会编,文物出版社 1991 年

(1969 年)11 月 17 日,成立扬中县革委会上山下乡办公室,动员干部下放,并接受外地下放干部和知识青年回乡落户。
(《大事记》,第 24 页)

本年(1978 年)起,开始对尚在农村的下放知识青年分期分批召回安排就业。

(《大事记》,第 27 页)

(1983 年)年底,全县下乡知识青年的就业安置工作基本结束。　(《大事记》,第 29 页)

1970 年 6 月,人事、民政、知识青年上山下乡办公室和下放人员办公室合并,成立人事局;1975 年 5 月,县革命委员会复设计划委员会,劳动工资方面的工作仍由计划委员会分管。1979 年 5 月 4 日,县革命委员会设劳动局。1984 年 4 月,劳动、人事两局合并改称劳动人事局。

(政治编第六章《劳动　人事》,第 427 页)

有组织有步骤地动员知识青年上山下乡,是 1964 年开始的。累计下乡知识青年 1 051 人,其中县内 592 人,外省市区 338 人(主要来自上海市),省内外地市 121 人,外地知识青年多系回原籍投亲。

(政治编第六章《劳动　人事》,第 432 页)

1972—1973 年,大部分知识青年由劳动部门安排了工作。

1974—1979 年,回城知识青年 428 人。

1978 年起,遵照中央、省委指示精神,城镇应届初、高中毕业生不再动员下乡,对尚在农村的下乡知识青年,本着"国家关心、负责到底"的精神,在发展生产的基础上,分期分批调回就业。到 1983 年底,经招工、顶替、升学、入伍等途径,全县下乡知识青年的就业安置工作基本结束。

(政治编第六章《劳动　人事》,第 433 页)

《丹阳县志》

丹阳市地方志编纂委员会编,江苏人民出版社 1992 年

(1964 年)9 月,丹阳县首批知识青年 485 人和常州知识青年 888 人到县内农村插队落户。

(《大事记》,第 38 页)

是年(1968 年),动员大批知识青年上山下乡,下乡插队的知识青年达 1 252 人。

(《大事记》,第 41 页)

是年(1974 年),学习湖南株洲集体安置知识青年的经验,在全县建知青点 24 个。1976 年发展到 31 个,安置知识青年 1 193 人。

(《大事记》,第 43 页)

(1979 年)1 月,安排下放知识青年就业。至 1980 年春,全县 4 587 名知识青年被安置就业(含外市县下放丹阳知青 2 095 人)。

(《大事记》,第 45 页)

1966—1968 届城镇户口的初高中毕业生全部下放农村插队务农。

(第二十二卷第一章《职工就业》,第 661 页)

第四节　知识青年上山下乡

1960年后,丹阳分批动员知识青年上山下乡,插队劳动。1961—1964年8月,丹阳上山下乡知识青年有142人。1964年9月—1967年,有529人,其中女知青263人,占49.7%。

1968年秋,动员大批知识青年下乡插队劳动。至年底,下乡插队的知识青年有1 252人,其中女知青580人,占46.3%。同时,南京、常州、镇江等地的知识青年也纷纷来丹阳插队劳动。至1973年,全县上山下乡知识青年达12 784人。其中1966年以前下乡插队的2 553人,1968年以后下乡插队的10 231人。知识青年下乡插队以后,丹阳先后有4 110人因参军、招工、招生及其他原因离开农村。

1973年10月,成立知识青年上山下乡办公室。1974年,丹阳学习湖南株洲集体安置知识青年的经验,在全县23个公社先后建知青点24个。知青点和农村社队挂钩,安置上山下乡知识青年的单位有102个。1976年,丹阳的知青点发展到31个,其中属企业与社队挂钩的28个,公社企事业与社队挂钩的3个,共安置知青1 193人。并有25个知青点办起小型工厂。

1978年,遵照中央关于"从1979年起,县以下城镇的初、高中毕业生不再动员上山下乡,由原地自行安排。对已经下放插队的知青(包括已婚)通过招工、招生、参军或病退、困退回城镇转为城镇居民户口,分期分批在二三年内逐年解决"的规定,县知识青年上山下乡办公室和劳动部门着手解决知识青年的劳动就业问题。至1979年4月,在1972年前的老知青4 587人中分4批安置就业3 821人,其中丹阳知青1 726人,外市县知青2 095人。截至1980年春,全县知识青年安置就业全告结束。在为时16年的知识青年上山下乡运动中,丹阳县耗资约200万元。

(第二十二卷第四章《精简下放》,第672—673页)

《武进县志》

江苏省武进县县志编纂委员会编,上海人民出版社1988年

1966至1976年期间,全县组织城镇初高中毕业生3 782人下乡插队务农,而同期招收的3 934名职工中,农民及农村复员、退伍军人有2 955人,城乡劳动力的对流,使就业工作的矛盾日趋严重,到1976年底,全县需要安置的城镇待业青年和知识青年(包括已婚的外地回乡和插入武进县的知青)共13 466人。

(第十三篇第六章《劳动工资管理》,第540—541页)

下乡知青安置　自1964年起,逐步动员城镇知识青年及社会闲散劳动力上山下乡,至1978年的15年间,共有下乡知青19 882人,其中本县4 664人,接收外地15 218人。1979

年起，上述人员分期分批回收就业，到 1983 年底，全部安置。其中经招工、顶替的有 7 180 人，招生入学 309 人，应征入伍 313 人，提升干部 6 人，病退、困退 11 039 人，进"知青点"工厂、乡村企业 649 人，县属企业临时工 306 人，其它工作 80 人。

（第十三篇第六章《劳动工资管理》，第 541 页）

60 年代初，部分大中专学校停办，学生下放回乡，他们纷纷要求解决学历和就业问题，至 1984 年底，已有 1 691 人得到妥善处置。对横山桥公社"插队知青"吴荣泉错案，上访后，经查明报县委责成该公社撤销错误处理，恢复名誉，并赔偿经济损失。

（第十六篇第六章《信访》，第 615 页）

《宜兴县志》

江苏省宜兴市地方志编纂委员会编，上海人民出版社 1990 年

下放知识青年安置　1963—1978 年，特别是毛泽东主席关于"知识青年到农村去，接受贫下中农再教育"的号召以后，全县共动员安置 20 448 名城镇知识青年下放到农村进行劳动锻炼"扎根落户"，其中接收外地下放到宜兴的 3 665 人。被安置到生产队插队的约占下乡知青总数的 84%；安置到国营农、林场圃的约占 11%；回乡投亲靠友的约占 5%。国家下拨安置经费 617 万多元，实际耗用 547 万多元。1978 年 12 月不再动员城镇知青下放。从 1973 年起，历年下放的知识青年陆续回城安排工作。

（知识青年上山下乡及回城情况，分别见表 16-4 及 16-5）

表 16-4　城镇知识青年上山下乡统计表　　　　　单位：人

年　份	人　数	备　　注	年　份	人　数
1957 年	10			
1963 年	439		1973 年	983
1964 年	1 594	其中无锡市 820 人	1974 年	764
1965 年	489		1975 年	1 857
1966 年	645		1976 年	941
1968 年 1969	6 462		1977 年	827
1970 年 1971	4 218	其中常州 1 649 人 省外 1 159 人	1978 年	236
1972 年	993	其中省外 37 人	合计	20 458

表 16-5　知识青年回城情况表　　　　　　　　　　　　单位:人

人数　项目　年份	合计	招工	照顾回城	病退	困退	顶替	参军	升学
总　计	18 373	5 723	607	752	9 618	1 262	222	189
1973 年	350	144	53	23			76	54
1974 年	285	36	72	65			49	63
1975 年	851	640	114	42			19	36
1976 年	1 637	1 217	238	127			47	8
1977 年	1 258	1 040	85	74			31	28
1978 年	2 414	1 645	45	421	303			
1979 年	7 125	151			5 712	1 262		
1980 年	3 828	850			2 978			
1981 年	625				625			

注:1. 1979 年顶替数中包括外地知青顶替回原动员地的 251 人。

　　2. 1979、1980 年困退回原动员城市 1 776 人,统计在 1980 年数中。

（第十六卷第二章《工人》,第 486—487 页）

《金坛县志》

金坛县地方志编纂委员会编,江苏人民出版社 1993 年

(1978 年)7 月,县革委会决定停止动员城镇知识青年上山下乡。　(《大事记》,第 40 页)

(1982 年)8 月,金坛县最后一批上山下乡知识青年 194 人回城镇安置。

（《大事记》,第 42 页）

1963—1977 年外地来金坛插队落户的知识青年共有 4 636 人。

（第四篇第一章《人口规模》,第 157 页）

1974 年起,招工对象主要是城镇上山下乡的知识青年,对多子女安置在集体所有制单位的家庭,可照顾 1 个子女进全民所有制单位工作。　(第十八篇第一章《劳动管理》,第 548 页)

第三节　知识青年上山下乡

一、知　青　下　乡

1964 年,在压缩城镇人口和精简职工的基础上,县精简安置办公室又组织动员 372 名

城镇知识青年(简称知青)和社会闲散劳动力到农村插队。1966 年 7 月—1968 年 8 月动员工作暂停,大批中学毕业生既未能升学又未能分配就业,城镇待业人员剧增。1968 年 9 月动员工作继续进行。1966—1968 年城镇的三届初、高中毕业生全为动员下乡的对象,同时继续动员城镇社会青年和社会闲散劳动力下乡插队安置。1973 年 10 月,对独生子女、华侨子女、父母身边只有一个子女的 3 种对象不再动员下乡;对严重病残,不能参加农业生产劳动的也不动员下乡。1974 年起,对知名统战对象的子女不再动员下乡;对年龄未满 17 周岁的中学毕业生暂缓动员下乡。至 1977 年,全县共动员城镇上山下乡的知识青年 3 152 人,接受安置外县、市城镇知识青年 4 636 人(包括转进 968 人)。

城镇下乡知识青年安置的形式主要有三种:一是组织集体插队,即将下乡知青划分成 3—5 人小组到生产队落户,1975 年以后改为集体安置"知青点",此类形式插队的知青有 5 139 人;二是到国营农林场圃参加劳动,共 1 635 人;三是根据下乡知青的要求和接受单位的意见,安置回原籍投亲靠友,共 1 014 人。

二、知 青 经 费

国家下拨知青经费,主要用于下乡知青修建房屋、购置生产、生活用具以及下乡后的生活补贴。1964 年,每人安置经费统一为 120 元。1965 年有所区分:单身插队每人 190 元,集体插队每人 140 元,回乡插队每人 50 元。1968 年,凡是插队的每人 227 元,并规定建房费为 120 元,购买生产、生活用具费 40 元,生活补助费 60 元;插场的每人 230 元;回乡的每人 50 元。1969 年,插队、插场、回乡的每人均比 1968 年减少 10 元。1973—1977 年,安置经费标准提高,插队的每人 400 元,插场的每人 370 元,回乡的每人 110 元。1964—1982 年,全县共发放城镇知青下乡安置经费 230.74 万元。

三、知 青 表 现

1964—1978 年,全县有 32 名下乡知青加入中国共产党,有 704 人参加中国共产主义青年团,有 3 人被选进县级领导班子,7 人被选进公社领导班子,37 人担任大队干部,368 人担任生产队长、会计等职务,259 人担任民办教师、幼儿园教师,55 人当农村"赤脚医生"。到 1978 年 7 月底,全县有下乡知青 1 721 人在农村结婚安家。在此期间,下乡知青中有 13 人因犯盗窃和流氓罪被逮捕判刑,有 15 人非正常死亡(其中自杀 7 人,淹死 7 人,农药中毒死亡 1 人)。另外,还发生不法分子"破坏知识青年上山下乡"案件 89 起,其中奸污女知青案件 68 起。

四、知 青 回 城

1970 年 10 月,全县第一批 92 名下乡知识青年回城分配工作。1973 年开始对下乡知青中的"三种对象"(独生子女、华侨子女、多子女父母身边无子女)照顾回城,由原城市安排工作。至 1977 年全县照顾回城 158 人。同时每年通过招工、大中专院校招生、参军、转干等形式逐步收回下乡知识青年。1978 年开始对下乡知青采取"病退"、"困退"、"顶替"、"招工"、"商调"等多种形式,招回城镇统筹安置。至 1982 年,外县市的下乡知青由原动员城市招回

3 628 人,金坛招回安排工作共 4 264 人,其中 1 112 人属外县、市下乡知青,由于已与当地农民结婚,不再招回原城市。县内安排知青就业情况:全民所有制单位招工安排 526 人;采用全民带集体的形式安置到全民所有制的 722 人;县属集体企业安置 2 208 人;在儒林、城东公社办 3 个知青商店,安置 34 人;在乡镇企业、事业单位就业 149 人(至 1987 年底,这部分人已陆续调到县属集体单位,仅 18 人仍在乡、镇企事业单位)。此外,下乡知青中有 16 人因残疾丧失了工作能力,由县知青办公室一次性拨款移交给民政部门,按月发给生活补助费,并转为城镇居民户口。 (第十八篇第四章《精简下放》,第 566—567 页)

《溧阳县志》

《溧阳县志》编纂委员会编,江苏人民出版社 1992 年

(1963 年)10 月 5 日,中共溧阳县委召开溧城、戴埠、南渡三镇负责人会议,落实知识青年插队安置工作,到 1964 年 6 月 4 日止,全县共安置插队知青 1 720 人。

(《大事记》,第 40 页)

1966—1970 年,基本没有在城镇招工。其间,1969 年冬—1970 年春,还掀起了知识青年上山下乡的高潮。1971—1977 年,共安置城镇待业青年、七五届和七六届初高中毕业生以及上调上山下乡知识青年 2 422 人。1978—1981 年,共安置知识青年和待业人员 7 000 人。1982—1985 年,共安置城镇待业青年和上山下乡知青 4 027 人。1983 年以来,年年招工,城镇新成长的劳动力和初高中毕业生,基本上能做到当年安置。

从 1963—1985 年,全县累计安置城镇劳动力 14 415 人,其中包括上山下乡知识青年 5 746人。 (第十六篇第二章《职工管理》,第 643—644 页)

第三节 知识青年上山下乡

知识青年上山下乡从 1964 年起到 1978 年终止。其间除 1967 年、1971 年和 1972 年没有下放任务外,其余每年都动员一批知识青年上山下乡。根据江苏省革发〔1969〕第 16 号文件精神,全县累计下放知青 10 837 人,其中属本县的 5 308 人,属外省、市的 5 529 人。分别安置在全县 7 个片 39 个公社。首先是到边远丘陵山区集体插队,其次是回原籍落户。1973 年起,才有一批知青被安置去农林场圃参加生产劳动。1975—1978 年,先后在横涧、平桥、周城、社渚、上沛、竹箦等 14 个公社建立 24 个知青点,各有关单位选派带队干部,配合和协助社队进一步加强对下放知青的教育和管理,推行"三个集中",即集中学习、集中劳动和集中食宿,为下放知青提供了较好的生产和生活条件,对知青扎根农村也起到了鼓舞和巩固作用。1978 年下半年,县革命委员会根据上级有关文件精神,决定对城镇初高中毕业生不再动员和组织他们上山下乡,知青下放由此终止。中共十一届三中全会后,陆续将下放知识青年调回原地安置工作,到 1980 年基本结束。按照江苏省的规定,南京、镇江、常州和无锡等地下放来溧阳的知青,由原动员下放城市调回安置就业,有些知青因有其他原因不能调回原地的,均由溧阳安排工作。溧阳除安排本县知青外,还安排外地知青 438 人,其中有上海下放知识青年 324 人。

(第十六篇第六章《精简下放》,第 657 页)

《句容县志》

句容县地方志编纂委员会编,江苏人民出版社 1994 年

(1964 年)9 月 1 日—12 月 17 日,全县 602 名城镇知识青年到二圣、黄梅公社插队落户务农。

(《大事记》,第 33 页)

(1968 年)12 月下旬,全县掀起动员知识青年上山下乡热潮。"文化大革命"开展以来,1968 年、1967 年、1968 年的城市户口的初、高中毕业学生 689 人(简称三届生),全部动员去农村插队落户。同时还接收安置南京、镇江等城市的 4 597 名知识青年插队落户。

(《大事记》,第 34 页)

(1971 年)11 月 6 日,县高等学校招生委员会成立,开始推荐知识青年上大学,145 人进入大中专院校学习。

(《大事记》,第 36 页)

(1978 年)8 月,恢复劳动局,开始对上山下乡知识青年、下放户子女、初高中毕业生分期分批安排劳动就业。

(《大事记》,第 38 页)

1961 年—1977 年句容先后接受外省市下放职工 1 225 户,7 361 人,知识青年 11 309 人,干部 396 人。1980 年后,他们多数陆续返回原地,少数在句容安家落户。

(第三篇第二章《变动》,第 136 页)

上山下乡知识青年安置

从 1963 年起,城镇动员知识青年上山下乡,插队插场劳动。1964 年,接受外地(镇江、常州、无锡、南京)知识青年来县插队插场劳动。至 1973 年,全县上山下乡知青总人数为 13 686人。将国家下拨的安置经费和物资,在浮山、茅山、高庙等场圃设置知青点,集中劳动。从 1975 年起,调整上山下乡知青政策,先以招生、招工、征兵安置了一批。中共十一届三中全会后,分期分批统筹安置,县招收 3 201 人,余为外地代招,1983 年全部安置结束。

(第十八篇第一章《职工》,第 572 页)

《溧水县志》

溧水县编修县志委员会编，江苏人民出版社 1990 年

是年（1964 年），全县首批动员城镇 146 名知识青年到农村插队参加农业生产，动员 35 名技工支援内地建设。 （《大事记》，第 30 页）

第五节　上山下乡知青安置

1964 年溧水开始下乡知识青年的安置工作，至 1977 年共安置下乡知识青年 6 927 人，其中本地知青 859 人，外地知青 6 068 人。全县有 1 697 个生产队成立了知青小组，有知青 6 489 人；建立 6 个知青点，有知青 104 人；此外，到 4 个国营场圃插场的知青有 334 人。

外地知青 6 068 人中，南京 4 516 人，常州 633 人，无锡 188 人，上海 262 人，其他城市 469 人。县委于 1969 年设立上山下乡安置办公室，1975 年 5 月，成立溧水县知青办公室，各公社、场圃也先后配备专职人员，负责知青安置工作。

知青下放后，很多存有实际困难，县根据中央"统筹兼顾"的方针，采用二招一征（招工、招生、征兵）、独生子女回城以及病退、困退、顶替等多种渠道，分期分批地安排知青就业。1978 年前，安排 3 069 人，1978 年后安排 3 790 人。其中病退、顶替、转县插队等 475 人，原城市安排 1 771 人，本县统筹解决 1 549 人。

1980 年初，知青安排工作进入扫尾阶段，尚遗留 63 人，其中：残疾 13 人，劳改释放 14 人，在押 6 人。至 1981 年 6 月，全部作了安排，就地安排 22 人，外地安排 32 人，6 个在押外地知青，释放后由县劳动局帮助联系，户口迁回原城市，3 个病残知青由县民政局安排。

（第二十一篇第二章《职工劳动管理》，第 461 页）

《高淳县志》

高淳县地方志编纂委员会编纂，江苏古籍出版社 1988 年

"精简下放"造成人口机械变动　1960 年全县精简下放劳力 15 292 人，占当年总人口 263 312 人的 0.58%，这是一次较大的城乡人口机械变动。1961 年全县精简下放至农村的干部家属和学生共 3 403 人。1962 年全县精简下放和接受外省外县下放回乡人员共 6 599 人。1963 年精简职工、城镇居民，接受南京下放至本县农村人员 3 140 人，下乡插队知青 837 人，共计 3 977 人。1964 年下乡插队知青 595 人，接受南京下放知青 600 名，共计 1 195 人。1968 年下乡插队知青 608 人，接受南京下放知青 4 797 人，共计 5 405 人。这几次以数

千计的城乡人口变动,也直接影响了全县城乡人口结构的分布。1975年开始,下放知青和干部,除少数留在本县或就地安置就业外,大部分返回原籍,又使城乡人口发生了几次机械变动。

(第三篇第二章《人口变动》,第159页)

  1966年"文化大革命"开始后,县人民委员会无法正常行使职权,于次年4月成立县军事管制委员会(简称县军管会)。县军管会设主任1名、副主任2名、委员3名,下设革命委员会和生产委员会。……生产委员会内设秘书政治、农业、工交财贸、上山下乡安置四组。1968年3月撤销县军管会,成立县革命委员会(简称县革委会)。县革委会编制43人,设主任、副主任,下设办事组、政治工作组、生产指挥组、群众专政组(后改政法组)。……1974年撤销四大组,先后增设县革委会办公室、民政劳动局、计划委员会、公安局、上山下乡办公室;财政局改财税局,文体局改体委;从水电局划出农机局,将农副业局划分农业局和林副业局。1975年增设手工业局(次年改称第二工业局)、知识青年下放人员工作办公室、对外贸易局。……1978年增设统计科、基本建设管理局、财贸办公室、农林水办公室、科学技术委员会;水电局改水利局;撤销上山下乡办公室。1979年从商业局划出供销社,将民政劳动局划分民政局、劳动局。1980年复建经济委员会,撤销农林水办公室、畜牧水产办公室和知识青年下放人员工作办公室;统计科改统计局。

(第十六篇第二章《政府》,第485页)

  1970年开始,招收1968年底前从城镇下乡插队落户的知识青年就业。是年,除县内招工外,还为省属企业(镇江)招工22名,为中央部属企业(镇江)招工50名,全年共招收429人。1971年,共计招工1450名,包括为中央部属企业和三线工厂在县内退伍战士中招工55名。1975年和1976年专为上山下乡的知青招工。1978年至1981年专为上山下乡的知青统筹安排。

(第十九篇第一章《劳动管理》,第538页)

第五节 知识青年上山下乡

  1963年开始,全县动员城镇知识青年上山下乡,单身到农村公社和农、林、茶场插队落户。同时,还相继有镇江、无锡、苏州、南京等市的知识青年到高淳农村插队落户。自1963年至1977年,到农村插队落户的城镇知识青年共有8455名。其中镇江、无锡、苏州市下放的907名,南京市下放的5397名,县内下放的2151名。自1970年开始,陆续将上山下乡插队落户的知识青年调回原城镇安置就业。其中少数外地知识青年已与插队所在地的青年结婚又不愿回原籍就业者,则就地安排工作。

(第十九篇第一章《劳动管理》,第542页)

《江阴市志》

江阴市地方志编纂委员会编，上海人民出版社1992年

（1968年）9月25日，知识青年上山下乡运动开始。至1969年7月，全县有三届初、高中毕业生共5 813名全部动员去农村插队插场务农，其中有600人插队吴江县农村。

（《大事记》，第43页）

（1979年）3月，开始对插队农村的9 709名知识青年，分期分批回城统筹安置。到1982年底基本结束。

（《大事记》，第47页）

1965年去新疆支边的城镇知识青年612人和"文化大革命"初期去苏北掘港365人，滨海592人，东辛农场306人，插场的知识青年共1 263人要求调回，县人民政府组织有关部门专程去了解支边、插场人员的困难情况，根据上级规定，决定将支边的城镇知识青年分期分批调回；插场的陆续用接班、病退、商调等形式调回，1983年完成全部安置工作。

（卷三十二第六章《信访》，第949页）

1963年，城镇知识青年首批85名插队到石庄、璜土、西石桥等地。翌年，156名知青（其中有部分菜农）到昆山插队。随后又有一批知青到吴县藏书公社插队。

1968年，开展知识青年大规模上山下乡运动，全县3届初、高中毕业生全部动员去农村，实行"一片红"插队，至1969年7月共5 813人，其中包括600人插队吴江县，部分人员去如东县掘港农场插场。1969年起，城镇单身插队、插场青年，平均每人补助220元；成户插队的，每人补助130元。补助费主要用于建房。插队青年参加农业劳动后，与公社社员同工同酬，划给自留地。1969年8月至1970年6月，全县有插队青年5 028人（其中由外省回乡的2 015人）。同期，随知识青年插队下放的职工有1 174人。1971年，800名知识青年去苏北滨海农场和东辛农场插场。1973年，200名知识青年分配江阴林场工作。1974年在南闸公社花果大队和山观公社林场建立"知青点"试点，插队青年集体安置，由挂钩单位派干部带领。翌年，安排1969年冬至1970年春下放的职工回城工作，其中全民所有制单位267人，县属集体所有制单位518人，乡镇、街道单位338人。截至1977年，全县农村先后接收安置插队青年12 229人，包括省内直接安插3 711人、省内迁入656人和外省回乡1 399人。国家共下拨专项安置经费272.3万元，供应物资有木材3 124立方米、砖3 590万块、瓦2 218万片等。至1979年3月，除去历年因病退、招生、招工、参军等原因调离者，全县农村尚有插队青年9 709名、知青点71个。1979、1980年，本县插队青年分期分批回城，安置在全民和集体所有制企业；1981年安置外省、市插队青年于社、镇办企业，安置工作于1982年

底基本结束。1984 年 1 月,对安置在社、镇办企业的原插队青年,改办为县属大集体性质。

(卷三十三第一章《职工》,第 954—955 页)

《沙洲县志》

张家港市地方志编纂委员会编,江苏人民出版社 1992 年

是年(1973 年),全县城镇知识青年 943 名插到常阴沙农场十四、十六、十八、十九 4 个工区落户。至 1977 年,全县共动员插场劳动或下乡插队的城镇知识青年共 2 705 人。1978—1980 年全部安排就业。

(《大事记》,第 31 页)

第二节　下乡知识青年安置

1963 年 9 月,苏州市 769 名知识青年分别插到常阴沙农场的长江圩和青年圩落户。1969—1977 年,全县共动员 2 705 名城镇知识青年下乡插队或插农场劳动,同时接收苏州、无锡、上海等外地知识青年 1 044 人插队落户,连同 1963 年苏州市插到农场的知识青年合计 4 518 人。以后因婚嫁、死亡等原因净增 155 人。到 1977 年,全县共有下乡插队知识青年 4 673 人。

1973—1977 年,全县共拨付知识青年下乡安置经费 62.49 万元,分配木材 494 立方米,毛竹 3 783 根,钢材 35 吨,以及大量砖瓦、水泥、石灰、玻璃等建筑材料,解决知识青年生活上的困难。

1971 年以后,在继续动员城镇知识青年上山下乡的同时,通过企业单位招工、大中专院校招生、参军和因病、因家庭困难照顾回城等途径逐步安排下乡的知识青年。1978 年开始,按照“统筹兼顾,全面安排”的精神,对已下乡的知识青年分期分批安排就业,至 1980 年末基本安置结束。全县 4 673 名下乡知识青年,招工安置的 2 287 人,父母退休顶替招工的 144 人,招收录用为干部的 1 201 人,因病或因家庭困难照顾回城的 814 人,考入各类学校的 54 人,应征入伍的 170 人,自愿留在农村的 3 人。

(劳动人事志第四章《劳动就业》,第 661—662 页)

《太仓县志》

太仓县县志编纂委员会编,江苏人民出版社 1991 年

(1970 年)2 月 20 日,据统计,全县已有 2 027 名城镇居民、知识青年、机关干部和教师下放农村落户。

(《大事记》,第 43 页)

下乡知青安置

1962年,开始动员城镇知识青年上山下乡。至1966年,全县下乡知识青年共1820人,其中苏州市等外地下乡知识青年730人。"文化大革命"中,动员大量城镇知青下乡插队。1968年至1978年,全县知识青年下乡插队、插场的共10271人,其中接收安置苏州等外地下乡知青5869人。1979年起,停止动员知识青年上山下乡。

在此期间,又分别采取就地安置、劳动部门招工和自谋职业等方法,安置下乡知识青年就业。自1970年至1981年,全县共安置下乡知青就业的11831人,婚迁、参军、招生的219人,因病丧失劳力留县未安排的1人。至1981年,下乡知青就业全部安置完毕。

(第十八篇第一章《劳动管理》,第626—627页)

1959年9月,动员知识青年628人支援新疆建设。

(第十八篇第一章《劳动管理》,第628页)

《吴江县志》

吴江市地方志编纂委员会编,江苏科学技术出版社1994年

是年(1968年),全县动员城镇1966—1968年中学毕业生,下放农村插队落户。部分机关干部到"五七"干校劳动锻炼。 (《大事记》,第30页)

(1969年)7月6—22日,省上山下乡知识青年慰问团第三分团(由苏州市组成)和第十二分团(由苏州专区组成),深入各公社慰问插队知识青年。 (《大事记》,第31页)

是年(1979年),根据中共中央精神,不再动员城镇中学毕业生上山下乡,并逐步安排下乡知识青年回城镇就业。至1982年,安置工作基本结束。 (《大事记》,第33页)

1963—1978年,动员知识青年下农村插队落户,后又上调安置。

(第四卷第一章《人口总量及变动》,第154页)

第三节 知识青年插队落户

1957年8月下旬,县内一批城镇中,小学毕业生响应政府号召,踊跃下乡当有文化的新式农民。1962年5、6月间,在全面动员压缩城镇人口中,各大镇动员初高中毕业生(当时称知识青年)去农村生产队从事财会工作,全县共481人。以后,陆续安排363人回城镇工作,其余的118人到1982年上调安排。

1963 年,全面发动知青下乡插队,将应届毕业生列入分配计划,当年计划安置 1 105 人,其中本县 760 人、苏州市 300 人、机动 45 人,实际下乡 1 364 人(包括苏州市的 300 人)。从 1963—1978 年的 16 年中,全县共动员农村社队接收安置插队知青 19 635 人,其中吴江县 13 341 人、苏州市 4 838 人、江阴县 504 人、上海市 791 人,其他外省市 161 人。1979 年起,根据中共中央〔1979〕74 号文件精神,县以下城镇非农业户口的初高中毕业生,不再列入上山下乡范围,由本地自行安排工作;对已经在乡的知识青年,本着"国家关心、负责到底"的精神,在发展生产的基础上,城乡合作广开门路,分期分批逐步上调安置。到 1982 年底,全县在乡知识青年通过招生、征兵、招工、顶替退休退职家长劳动指标和因疾病、家庭困难照顾回镇安置等多种渠道,基本上调结束。外省市的未婚知青由原动员下放的地市县调回统筹安置,已与当地社员和城镇职工结婚的,原则上就近就地安排工作。

1959 年,根据中共中央,国务院开发新疆的指示,8 月 25、26 日,吴江县 600 名青壮年并随带家属子女 60 人,赴疆支援建设。1960 年 5 月 4、5 日,吴江县 1 010 名青壮年及随带家属子女 199 人赴疆。1961 年以后,有些进疆人员因生活不习惯,探亲回家留在原地不愿回疆,按上级规定,不再动员回疆。1965 年,盛泽镇动员 223 名城镇初、高中毕业生到新疆建设兵团落户。1978 年底前,除部分已通过政策照顾回原籍安置外,尚有 120 人左右在 1979 年以后陆续通过多种渠道调回原籍安置。1981 年上半年,此项安置工作基本结束。

(第十八卷第四章《安置》,第 613 页)

浙江省

《浙江省农业志》

《浙江省农业志》编纂委员会编,中华书局 2004 年

（1970 年）7 月,国务院、中央军委决定,组建南京军区浙江生产建设兵团,共划进 14 个农场。9—12 月各兵团农场陆续安置城市知识青年（1969—1970 年中学毕业生）。共有职工 3.2 万人,其中知识青年 2.74 万人,分设三个师和一个独立团。　　　　　　《大事记》,第 181 页）

（1971 年）6 月 3 日,南京军区生产建设兵团 2 师 6 团 8 连副班长孙妙芬为搭救落水战士英勇献身,1971 年 8 月 14 日被追认为中共党员,浙江省革命委员会授予她烈士称号。

《大事记》,第 182 页）

（1973 年）12 月 6—13 日,全省知识青年上山下乡工作会议在杭召开。几年来,全省已有 43.8 万多名知识青年上山下乡。会议提出,1974 年全省需动员下乡的城镇知识青年约 11 万人。　　　　　　　　　　　　　　　　　　　　《大事记》,第 185 页）

（1975 年）2 月,浙江生产建设兵团撤销。省农林局会同有关县、市农业部门收回余杭乔司、南湖、平山、长岗、萧山一场、二场、红垦、钱江、棉麻试验场、湖州农垦场、茶场、温岭东浦、东片、嘉兴等 14 个农垦场。　　　　　　　　　　　　　　《大事记》,第 185 页）

人口变化的四个时期,即两个高峰期,一个低谷期,一个控制期。

……

增长高峰期（1962—1971）　　国民经济经 1962—1965 年的"调整、巩固、充实、提高",生产建设得到较快的恢复和发展,农村人口补偿性增长较快,再加农村劳动力回流,城镇知识青年下乡,使农村人口骤增。……

增幅回落期（1972—1993）　　从 1972 年开始,全省人口进入计划生育控制时期,这一时期计划生育逐步实施并加强;知识青年从农村返回城市。

（第二篇第四章《农业人口及农业劳动力》,第 345 页）

1965 年至 1966 年春,省、市（杭州）、县（萧山）三级联合在钱塘江南岸、萧山县九号坝下游组织社队群众联合围垦海涂 9 000 亩,扩建钱江、红垦农场。1968 年 7—11 月,又分三次共动员民工 4 万余人,突击围涂 3.6 万亩。1970 年,南京军区浙江生产建设兵团成立,军民联合围垦滩涂,兴办萧山第一农垦场、第二农垦场两个规模较大的农场,面积达 2.2 万亩。

（第八篇第一章《农场设置沿革》,第 1145 页）

1966—1978 年,国营农场的人事劳动管理工作重点包括以下内容:

一是安置城镇知识青年。1966—1970 年,大批城镇知识青年分配到农场(兵团)插队落户,农场知识青年人数一度达到占农场职工总人数的四分之三左右。此后,按照劳动部门的政策规定,在农场(兵团)插队落户的 3 万余名知识青年,通过商调、退休补员等多种途径有 2 万多名陆续离开农场返回城镇。　　　　　　(第八篇第三章《经营与管理》,第 1194 页)

1979 年,省革命委员会对农垦场的用工制度、招工调配、户粮迁移等政策问题作出规定。1981 年 1 月 12 日,省人民政府批转省农业厅等 6 个单位《关于农业原(良)种、种畜、特产场若干问题的报告》。1987 年 6 月 13 日,省人民政府下达《关于加快发展国营企事业农场经济若干政策问题的通知》。各地在贯彻执行上述文件,落实国营农场有关劳动人事方面的政策主要有:……

四是知识青年及其子女的政策。省劳动人事部门为解决国营农场部分知识青年实际问题,曾安排专项劳动计划,把他们调往其他全民企业工作。对知青职工要求调往城镇集体企业的,政策准许办理调动。80 年代至 1991 年止,省劳动人事等部门对农场知识青年职工子女参加社会招工、招干和报考技工学校和准许回原籍城镇落户等都作出具体规定,各地农场均已按规定办理。

……　　　　　　　　　　　　　　(第八篇第三章《经营与管理》,第 1194—1195 页)

1973 年招收工农兵学员,主要招生对象为:农林牧场、蚕桑蚕种场在职职工,公社农技站、畜牧兽医站、公社农机修配厂等集体单位的农技员、兽医员及工人,上山下乡知识青年等,学制 2—3 年。

1977 年,全省中等农业学校设普通班和专修班。专修班招收历届中等农林学校未分配工作的毕业生和五七大学一年以上学制的毕业生,年龄不超过 30 周岁,少数学习成绩优秀的放宽到 35 周岁。学制一年,毕业后分配工作。普通班招收经两年以上农业集体生产劳动,符合招生条件的农业科技积极分子,上山下乡、回乡知识青年,年龄不超过 30 周岁,少数放宽到 35 周岁。学制三年。　　　　(第十二篇第二章《中等农业教育》,第 1451 页)

《浙江省粮食志》

《浙江省粮食志》编纂委员会编,当代中国出版社 1999 年

上山下乡的城镇知识青年,从到农村参加农业劳动之月起,口粮定量按每月 20 公斤的标准,由国家供应一年。从第二年起参加生产队分配,国家停止供应。但对正常出勤,全年实际分配口粮低于 350 公斤原粮的,由国家统销给予补助。　　(第四章《粮食销售》,第 82 页)

《浙江省轻工业志》

浙江省轻纺工业志编辑委员会编,中华书局 2000 年

从 1978 年开始,又有按政策留城青年和两年以上的下乡知识青年,加入轻工业职工队伍。

(第十篇第四章《劳动工资》,第 773 页)

《浙江省纺织工业志》

浙江省轻纺工业志编辑委员会编,方志出版社 1999 年

1978 年开始,对按政策留城青年和上山下乡两年以上知识青年进行招工。

(第十一篇第四章《劳动管理》,第 542 页)

《浙江商业管理志》

浙江省商业厅编,浙江人民出版社 1990 年

杭州商校。该校于 1968 年 10 月 31 日下放给杭州市革委会领导管理,1970 年改为杭州师范学校,当年招收下乡回乡知识青年 500 人,设文、理两科,学制两年半,培养初中教师。

(第七章《中专(技)教育》,第 258 页)

《浙江省中国共产党志》

《浙江省中国共产党志》编纂委员会编,浙江人民出版社 2007 年

当年(1965 年),全省共吸收录用干部 5 713 人,其中大、中专毕业生 2 595 人,军队转业干部 638 人,复员军人 361 人,工人 616 人,农民和参加劳动满 3 年的知识青年 5 人,营业员 938 人,集体转全民干部 148 人,普通中、小学职员转来的 282 人,其他 130 人。

(第三编第三章《干部》,第 190 页)

在第一个五年计划期间,浙江团组织开展了"向荒山、荒地、荒滩进军"活动,1955 年 6 月,金华县建立了全省第一个垦荒国营农场,金华地区组织了一支青年志愿垦荒队去北山开荒。"浙江省青年开发海涂先锋队"开赴海盐。一年多时间,全省 1.36 万团员青年参加开荒,建立 110 个垦荒高级合作社。

1956 年 1 月，温州市 226 名青年响应团中央书记处书记胡耀邦的"组成志愿垦荒队，开发建设大陈岛"号召，组成"温州青年志愿垦荒队"开发大陈岛，以后又有 5 批 428 名来自浙南的团员青年登上大陈岛，与驻岛部队一起艰苦创业，第一年开荒 900 多亩，4 年半完成垦荒任务，当年收获 5 万千克番薯、2 万多千克马铃薯、1 000 千克花生和 2.5 万千克蔬菜。前 3 年就为国家创造 18 万元财富。1982 年，全岛工渔业总产值达 380 万元。岛上先后建起了一座亚太地区规模最大的风力发电站；建立了 1 000 吨级冷库，800 吨级的蒸干鱼粉厂和 3 家食品罐头加工厂。昔日被国民党浩劫后荒无人烟的大陈岛，今天成了现代化渔港。青年志愿垦荒队成为全国青年艰苦奋斗的一面旗帜。1983 年 6 月，中共中央总书记胡耀邦对原青年志愿垦荒队队员的信作了批示，指示宣传他们的事迹。1985 年 12 月 29 日，胡耀邦登上大陈岛，视察大陈岛，看望老垦荒队员。　　　　　（第九编第三章《青年团》，第 542 页）

1954 年，浙江全省动员 8 万名高小、初中毕业生走上劳动生产岗位，省政府表扬奖励了 16 名优秀高小毕业生，其中叶雪凤、谢官兴受到华东地区表彰。1956 年，全省青年响应党中央"支援大西北"的号召，赴甘肃、宁夏、新疆支援社会主义建设。1959 年 4 月到 1960 年 12 月，10 万余青年奔赴宁夏 11 个县、33 个公社和国营农场。1963 年 1 月和 1964 年 5 月，中共浙江省委发出关于城市社会青少年参加劳动的指示和关于动员城镇知识青年下乡上山的指示，到 1966 年，全省有 11 万知识青年上山下乡。1968 年毛泽东主席发出"知识青年到农村去"的号召后，1969 年至 1978 年，全省动员 54 万名城镇知识青年上山下乡，其中赴黑龙江、吉林、内蒙古、宁夏等地 7 万余名。1976 年 6 月，省委召开了首届上山下乡知识青年代表大会，表彰了 79 个先进集体和 97 名先进个人；1966 年以来，有 3 万余知青加入了中国共产党和共青团，2 万余知青被推选进各级老、中、青三结合的领导班子。省委建立了知识青年上山下乡领导小组，设置了办公室，并从省级机关选派干部下乡带队，加强领导和管理，对极少数迫害知识青年的犯罪分子进行了严厉打击。　　（第九编第三章《青年团》，第 543 页）

1978 年 10 月，召开了全国知识青年上山下乡工作会议，会议根据国家总任务和经济发展实际情况，决定调整知识青年工作政策，以后每年有大批知识青年回城要求安置。1979 年，浙江省 50 万回城知识青年待业，同时，每年有 10 万中学毕业生需要安置。1981 年 10 月，中共浙江省委根据中共中央、国务院《关于广开门路，搞活经济，解决城镇就业问题的若干决定》，开辟在集体经济和个体经济中的就业渠道，并增加自谋职业的渠道，积极解决城乡青年就业问题。团组织响应省委号召，积极配合政府有关部门发展集体经济和个体经济，提倡青年走自谋职业道路，解决青年就业问题，1978 年第四季度至 1981 年，协助党委和政府安置待业青年 80 余万人。　　　　（第九编第三章《青年团》，第 550—551 页）

《浙江人民公安志》

浙江省公安志编纂委员会编,中华书局 2000 年

知识青年上山下乡人口迁移

1968 年 12 月—1978 年底,在城镇知识青年上山下乡运动中,全省城镇共迁出知识青年(简称知青)户口 67.62 万人,其中在人民公社插队落户 52.9 万人,迁往农场 3.13 万人,迁往建设兵团 3.04 万人;支边迁往外省(自治区)7.82 万人(其中去黑龙江 5.79 万人,吉林 4 500人,内蒙古 1 900 人,宁夏 1 800 人,新疆 4 900 人)。上山下乡和支边的知青,在 1980 年后通过招工、招生、特照(即家有困难照顾)、病退等形式,大部分已迁回城镇或就地转为非农业人口。1980 年 4 月,省人民政府批转省知识青年上山下乡办公室、省公安厅等单位《关于下乡知青安置工作中几个政策问题的请示报告》,规定同农村社员结婚的女知青,在安置就业后,准许随带 1 名 15 周岁以下的子女转为非农业人口。1984 年 12 月,省人民政府办公厅转发省劳动人事厅《关于妥善解决插队知青遗留问题的意见》,又规定同农村女青年结婚的男知青,也允许随带 1 名 15 周岁以下的子女转为城镇居民户口。　　　(第八篇第四章《户口迁移》,第 314 页)

《浙江省劳动保障志》

《浙江省劳动保障志》编纂委员会编,中华书局 2004 年

(1964 年)5 月 15 日—25 日,省城镇下乡安置领导小组召开全省安置工作会议。会议传达周恩来总理指示和中央关于动员和组织城市知识青年参加农村社会主义建设的两个文件;回顾过去 3 年的精简工作,讨论决定 1964 年城镇人口回乡下乡安置的具体工作和方针;明确在精简工作结束后,应继续动员组织城镇不能升学就业的知识青年和闲散劳动力下乡务农,要求再从城镇动员 7.11 万人下乡参加农业生产。这是贯彻执行以农业为基础、工业为主导的发展国民经济总方针的一项重要措施。　　　　　　　　　(《大事记》,第 37 页)

(1967 年)1 月,省委发出《关于切实做好下乡青年安置巩固工作的通知》。

(《大事记》,第 38 页)

同月(5 月),全省有 4 万左右下乡人员涌入杭州等城市。在中共中央下达《关于处理上山下乡知识青年外出串联、请愿、上访的通知》和《关于上山下乡的知识青年和其他人员必须坚持在农村抓革命促生产的紧急通知》以及省里召开电话会议后,虽经多方劝阻做工作,但仍有大批下乡知青滞留在城镇。省安置领导小组向省军管会报告:今年集中力量做好巩固工作,不再动员上山下乡。　　　　　　　　　　　　　(《大事记》,第 39 页)

(1968 年)10 月,省革委会为了安排一部分家居城镇的 1966—1968 年中学毕业生的生活出路,决定从社会上招收 3 万名新工人,其中 80%(2.4 万人)是"老三届"毕业生。加上本年度动员下乡的 1.35 万名城镇知识青年,城乡两头一共只安置了不到 4 万人,城镇中积累了 20 万左右的知识青年不能升学和就业,成为一大社会问题。

12 月 22 日,人民日报在"编者按"中传达了毛泽东的"最新指示":"知识青年到农村去,接受贫下中农的再教育,很有必要。"随即全国开展了知识青年"上山下乡"的热潮。

同日,省、市 6 万军民集会动员,杭州市 130 名中学毕业生和近千名知识青年,表示到黑龙江去安家落户。绍兴、金华、长兴、新昌、临安等县,分别召开欢送初、高中毕业生赴农业第一线。此后,全省掀起了知识青年上山下乡的高潮。 (《大事记》,第 39 页)

(1971 年)8 月 17 日,省革委会生产指挥组发出《关于处理城镇青年上山下乡中若干问题的意见》,要求各地按照"统筹兼顾、适当安排"的方针,妥善安排好留在城镇的非支农支边对象的知识青年。通知对残疾人员、病退青年、特困青年等几种人,分别作了照顾性规定。

10 月 8 日,省革委会生产指挥组在下达 1971 年劳动计划的通知中规定:招工对象为:1.城镇退伍军人;2.由城镇下放到农村劳动锻炼两年以上的知识青年;3.根据"四个面向"定位留城的应届高、初中毕业生;4.矿山、森工、地质行业的职工子女。 (《大事记》,第 40 页)

(1973 年)8 月 30 日,省委决定建立浙江省人民政府知识青年上山下乡办公室。

10 月 5 日,省委发出《关于知识青年上山下乡若干问题的试行规定》、《1973 年到 1980 年知识青年上山下乡初步规划》和《关于抽调带队干部若干问题的试行办法》。其中对城镇中学毕业生的分配问题,作了如下规定:年满 17 岁的,除国家计划直接升学以及不动员下乡的几种人之外,其余的都动员下乡。凡属动员下乡的对象,任何单位都不得擅自安排其工作。不动员下乡的对象是:病残不能参加农业劳动的,独生子女,多子女身边只有一个子女的,父母死亡弟妹年幼无人照顾的,父母病残生活不能自理无人照顾的,中国籍的外国人子女和归侨学生。安置经费标准:插队落户的,每人补助 480 元;到兵团、农场的,每人补助 400 元。

12 月 6 日—13 日,全省知识青年上山下乡工作会议在杭州召开。会议提出,1974 年全省需动员下乡的城镇知识青年约 11 万人。 (《大事记》,第 41 页)

(1974 年)2 月 14 日,省委批转《省知识青年上山下乡工作会议纪要》,要求各地按照毛泽东主席"统筹解决"的指示,切实解决下乡知青的实际问题,做好下乡动员工作。对不动员下乡和"病退"、"特照"回城的知识青年,在计划招工时,由劳动部门根据招工条件逐步吸收。 (《大事记》,第 42 页)

(1975 年)5 月 7 日,省革委会下发《关于全民所有制单位补充自然减员的通知》。规定补员的范围是,全省全民所有制单位固定职工自 1975 年 1 月起,由于退休、退职、死亡、参军、上大学(指发生活费的)以及自动离职、开除等原因离开职工队伍而发生的自然减员。补员的对象是,首先招收批准留城的中学毕业生,也可以招收经过劳动锻炼的上山下乡知识青年……

(《大事记》,第 42 页)

6 月 19 日,省内务局发出《关于补员招工对象中几个具体问题的意见》,其中明确:补员对象还包括城镇其他不属动员上山下乡的人员;先招收经过两年以上劳动锻炼的上山下乡知识青年……

(《大事记》,第 42 页)

(1976 年)6 月 16 日—21 日,浙江省首届上山下乡知识青年代表大会召开。到会代表1 500 人,其中知青代表 1 100 人,城乡两头干部 330 人,列席 24 人,特邀 46 人(包括部队、外省区知青办、支边青年)。省委书记、省军区司令员张文碧致开幕词,省委书记、省革委会副主任赖可可作工作报告,省委副书记、省革委会副主任罗毅致闭幕词。临安县临天公社回龙大队、绍兴县马山海涂等地知青代表介绍了他们建设新农村的先进事迹。大会推荐陈晓南(培育农作物良种)、高伯川(培育长毛兔良种)、谢勤(捕鱼能手、全国"三八"红旗手)3 人为全国先进知识青年。

(《大事记》,第 43 页)

(1977 年)6 月 2 日,省委负责同志原则同意省内务局向省革委会紧急报告中提出的争取一二年内安排好留城、回城待业青年及社会闲散人员的意见。内容包括:(1)对企业中各种临时工、费用工进行清理,动员农民工、倒流的下乡知青、应下未下人员回农村,组织留城青年顶补……

(《大事记》,第 43 页)

(1979 年)2 月 6 日,省革委会下发《关于统筹解决知识青年问题的通知》。《通知》指出:(一)取消就业安置规定中定位下乡的方法,有条件的地方,城镇中学毕业生可以不下乡。(二)要把 1972 年前的下乡知青安置好,并且扩大对女知青的招工面。(三)办好集体所有制企事业,为安置知青提供条件。(四)计划部门要把安置知青纳入经济和社会发展计划。

(《大事记》,第 45 页)

(1980 年)4 月 19 日,省政府批转省知青、劳动、公安、粮食、民政和财政等 6 个部门《关于下乡知识青年安置工作中几个政策问题的请示报告》,其中规定:安置在从事非农业生产为主、独立核算的集体所有制的知青场队的下乡知青,准予就地转为居民户口,由国家供应商品粮;农婚女知青安置就业后,可随带一名 15 周岁以下的子女转为居民户口,由国家供应商品粮;因公全残的下乡知青,由民政部门每月发给 35 元的生活费;需要别人护理的,另发护理费,医药费用实报实销;对刑释解教的下乡知青不能歧视,仍应作下乡知青进行安置。

(《大事记》,第 47 页)

第二章　城镇知识青年上山下乡

1955 年,毛泽东在《中国农村社会主义高潮》一书的按语中指出:"组织中学生和高小毕业生参加合作化的工作,值得特别注意。一切可以到农村去工作的这样的知识分子,应当高兴地到那里去。农村是一个广阔的天地,在那里是可以大有作为的。"中共中央提出并经全国人大二届二次会议通过的《1956 年到 1967 年全国农业发展纲要》中提出,城市的中、小学毕业的青年,除了能够在城市升学、就业以外,应当积极响应国家的号召,下乡上山去参加农业生产,参加社会主义农业建设的伟大事业。1956 年 1 月,响应青年团中央书记处书记胡耀邦的号召,青年团浙江省委组织动员了温州、海门镇(今椒江)、永嘉四海农场、平阳、黄岩等地,先后 5 批,共计 443 人,组成青年垦荒队,开发建设大陈岛。

60 年代初,国家进行国民经济调整,严格控制企事业单位增加新职工,同时精简下放 1958 年新招收的职工。城市中大量闲散劳动力得不到安置,新成长的劳动力又逐年增加,形成解放后浙江又一次失业高峰。1963 年,据杭州、宁波、温州 3 市统计,城镇闲散劳动力达 49 370 人,通过安排去国营农林牧渔场、城镇个体手工业、小商贩、部分集体企事业单位和介绍临时性工作以及安插农村社队等多种措施,当年安置 26 203 人,占闲散劳动力总数的 53.07%。全省动员回乡下乡人数达 30 余万人,其中青年 4 万余人。

1964 年 4 月,浙江省成立了城镇人口回乡下乡安置领导小组和办公室。当年提出城镇知识青年下乡年龄在 16 周岁以上、身体健康,限于停学青年和在城镇尚无固定工作的,在提高觉悟的基础上,完全自愿下乡。随之在全省逐步展开有组织、有计划地动员城镇知识青年上山下乡。从 1964 年到 1966 年全省动员下乡回乡人员共计 115 163 人。

"文化大革命"中,从 1968 年开始,根据毛泽东"知识青年到农村去,接受贫下中农再教育,很有必要。要说服城里干部和其他人,把自己初中、高中、大学毕业的子女送到乡下去,来一个动员"的指示精神,以及《人民日报》发表甘肃省会宁县城镇居民"我们也有两只手,不在城里吃闲饭"的报道以后,全省城镇掀起了知识青年上山下乡的新高潮,1966、1967、1968 届(当时称"老三届")初高中毕业生基本上动员上山下乡。1968—1970 年共计动员城镇知识青年支农支边 26.93 万人。1970 年 5 月,省内务局成立,内设上山下乡办公室。1970 届的中学生分配恢复"四个面向"(即进学校、上山下乡、支援边疆、城市安排)。1973 年 8 月,浙江省知识青年上山下乡领导小组和办公室成立,并从 1973 年起不再组织支边,适当调整留城比例,但仍以动员在省内上山下乡为主。1971—1978 年,全省先后动员城镇知识青年上山下乡共计 28.46 万人。

第一节　组织动员
一、宣传组织

20 世纪 50 年代中期,杭州、宁波、温州等城市失业问题还没有完全解决,中、小学毕业生不能就业的人数日益增多。广大农村在农业合作化高潮中,又需要大批有文化的知识青年。1955 年 8 月 11 日《人民日报》发表《必须做好动员组织中小学毕业生从事生产劳动的工作》的社论,倡导中小学毕业生回乡参加农业生产,以及毛泽东号召知识分子到农村去的消息,在报纸、电台广为宣传以后,引起了社会各界的强烈反响。学校平时注意把知识青年到农村去的教育,作为一项经常性的工作,鼓励广大学生走与工农相结合的道路,做一个有社会主义觉悟、有文化的劳动者。许多城镇知识青年自发串连,并向组织提出申请,要求参加农村建设。

1956 年 1 月,浙江省台州湾的一个外围岛——大陈岛解放不久,青年团中央书记处书记胡耀邦视察浙江,同青年团地、市委书记座谈时,发出“组建垦荒队,开发建设大陈岛”的号召。在温州市仅三天内就有 2 000 多名青年学生报名。参加首批垦荒队的 227 名队员中,有温州市青年 207 人,海门镇青年 20 人。队长卢育生,副队长王宗楣。在这之后的 4 年间,又有 3 批 183 名青年登岛入队,加上黄岩、平阳等地去的一部分青年,到 1960 年 4 月止,先后组织垦荒队员共计 443 人。在大陈岛垦荒队员艰苦创业的事迹鼓舞下,全省掀起一场知识青年到农村的热潮,插社、插场开荒,安吉、富阳、桐庐、临安等县 10 个农林场接收杭州下乡青年 400 余人;嘉兴县在做好宣传教育的基础上,劳动部门和街道协同配合,在 1962 年不仅动员了从农村进城的 4 428 人回乡,还动员和安置了久居城镇的 5 307 人(包括知识青年)下乡插队。1963 年 10 月,在全国第二次城市工作会议期间,国务院总理周恩来亲自把嘉兴县插队的经验介绍给参加会议的各大区负责安置工作的同志,倡导嘉兴经验,坚持插队方向。

“文化大革命”中,1966—1968 年三届中学毕业生推迟到 1969 年分配,统一组织动员支边支农,除了极少数身体残疾和家庭有特殊困难者外,全部动员上山下乡,称为“一片红”。在动员工作中,学校、街道居委会和报刊、电台等单位广泛宣传毛泽东关于知识青年到农村去的指示,还举办各种类型的“学习班”,开展“革命大批判”,在社会上形成了上山下乡的强烈气氛。

从 1970 届中学毕业分配开始,浙江恢复实行“四个面向”的办法。当时,按照中共浙江省委提出的城镇中学毕业生分配,应立足本地,就地安置的原则,由有关部门根据城镇用人单位需要和毕业生家庭情况及其兄姐去向,制订分配计划,并把任务落实到基层,同时,向群众宣传和讲解知识青年上山下乡的有关政策、规定。各地普遍召开毕业生及家长会议,具体落实上山下乡和留城安排的名单。

1973年11月,省委组织慰问团,分别对内蒙、新疆、宁夏自治区浙江支边青年进行慰问,团长由省革委会有关部门领导担任,抽调劳动、财政、商业、卫生、新闻、文化、知青等部门干部以及知青家长共计120多人。宣传上山下乡政策,了解支边青年的学习、生活、劳动情况,协助当地政府解决支边青年的实际问题,对稳定、巩固支边青年工作起到了积极的作用。

为总结经验,表彰先进,1976年6月16日—21日,浙江省首届上山下乡知识青年代表大会在杭州市召开。到会代表1500人,其中知青代表1100人,城乡两头干部330人,列席24人,特邀46人(包括部队、外省区知青办、支边青年)。省委书记、省军区司令员张文碧致开幕词,省委书记、省革委会副主任赖可可作工作报告。临安县临天公社回龙大队、绍兴县马山海涂等地知青代表介绍了他们建设新农村的先进事迹。大会推荐陈晓南(培育农作物良种)、高伯川(培育长毛兔良种)、谢勤(女,捕鱼能手、全国"三八"红旗手)3同志为全国先进知识青年。

1983年5月29日,在大陈岛上落户的31名老垦荒队员,写信向中共中央总书记胡耀邦汇报他们的创业经历。同年6月27日,胡耀邦在信上批示:要好好宣传一下这一类不畏艰苦的创业事迹,鼓舞人们特别是青年们奋发图强。1985年12月29—30日,胡耀邦又专程前往大陈岛,看望老垦荒队员和岛上军民,祝愿他们继续发扬艰苦创业的愚公精神,把"东海明珠"大陈岛建设得更加繁荣昌盛。

二、动 员 政 策

(一)1963—1965年政策规定

1963年3月,根据中央批转劳动部党组关于加强城市闲散劳动力的安置和管理工作的报告要求,全省有计划、有步骤地动员一批闲散劳动力上山下乡,参加农业生产。社会闲散劳动力的范围,主要是指年龄在16周岁以上,女50岁以下,男55岁以下,又有劳动能力和家住城镇的人员。

1964年4月,省城镇人口回乡下乡安置办公室建立以后,规定动员下乡去农村的主要对象是:历届毕业而未升学就业的城镇知识青年和城镇闲散劳动力;应该回乡而未回乡的居住在城镇的干部、职工家属;家住城镇的复员退伍军人以及集体所有制的多余人员。

1965年4月,浙江省安置领导小组对动员下乡的对象进一步作了说明,即动员组织知识青年和闲散劳动力下乡,以大中城市为主,兼顾小城镇和小集镇。从对象来讲,以动员历届毕业而未升学就业的城镇知识青年为主,兼顾其他闲散劳动力。具体规定:①下乡知识青年应当年满16周岁以上,身体健康,有劳动能力;②成户下乡的,每户要有一定的劳动能力,下乡后能够自食其力;③基本丧失劳动能力的老弱病残人员,除随其家庭主要成员成户下乡者外,不能使他们单身下乡,不要将患有严重慢性病丧失劳动力的人动员下乡;④在农村有家可归的城镇人口,其中有房屋的作为回乡安置的对象。确实没有房屋,作为下乡安置的对象。

（二）1969 年政策规定

1968 年 12 月，毛泽东发出"知识青年到农村去，接受贫下中农的再教育，很有必要"的号召以后，掀起了一个动员城镇知识青年上山下乡的新高潮。全省各级领导，各部门和街道居民委员会对符合上山下乡条件的 1966—1968 届初、高中毕业生，分工负责，具体到人，逐人逐户摸清情况，做耐心细致的思想动员工作，安排到农村、边疆参加农业生产。为了做好动员工作，决定不在 1966—1968 三届初、高中毕业生中招工。对于个别有特殊情况的，可以考虑在城市安排，但需经群众讨论，由校工宣队、革委会批准，报县以上上山下乡办公室统一分配。对于有严重残疾的毕业生暂缓分配，对部分不愿支边支农的毕业生，经过反复教育，仍不服从国家统一分配的，取消毕业生分配资格，由街道继续动员他们到边疆或农村。

（三）1973 年政策调整

1973 年 9 月，根据中共中央转发国务院《关于全国知识青年上山下乡工作会议报告》精神，浙江制定了《关于知识青年上山下乡若干问题的试行规定》，规定城镇中学毕业生，年满17 岁的，除根据国家有关规定直接升学及不动员下乡的几种人外，其余的都动员下乡。动员下乡对象，任何单位和部门（包括集体所有制单位）都不得擅自安排工作（包括临时工、合同工等）。病残不能参加农业劳动的，独生子女、多子女身边只有一个子女的，父母死亡弟妹年幼无人照顾的，父母残疾生活不能自理无人照顾的，中国籍的外国人子女和归国华侨学生，不动员下乡。矿山井下、野外勘探、森林采伐等行业补充减员或按国家计划增加工人时，可由退休的职工子女顶替，或者从本单位职工的子女中招收。

（四）1978 年政策调整

1978 年 12 月，浙江省根据国务院召开的全国知识青年上山下乡工作会议精神，调整知青政策，缩小上山下乡范围，有条件的城市可以不再动员上山下乡，并积极稳妥地解决好在农村的下乡知青的实际问题。规定凡是只有二个子女的，不列入动员下乡对象；三个子女的家庭动员一个，四个以上子女的家庭动员两个，允许选留；多子女家庭已有两个子女上山下乡过的，其余子女不再动员；现役军人、大中专院校学生不作为在父母身边对待；病残不能参加农业生产劳动的和家庭有特殊困难的，可以照顾留城。

第二节　安置形式
一、插　队

1964 年 4 月，根据中共中央、国务院《关于动员和组织城镇知识青年参加农村社会主义建设的决定（草案）》，浙江各级安置办公室配合劳动部门动员组织城镇知识青年和社会闲散劳动力上山下乡参加农业生产。安置的主要方向是插入人民公社生产队为主。安置形式采取因地制宜，多种多样：一是按照农村对会计记账员、民办教师、医务人员、机电手以及水利建设等各项专业人员的需要，有对象地分别加以短期培训，分配到所需要的地方去；二是选择一些领导能力强、土地资源相对丰富的公社、生产队，分散插入老社员家或

"三五成群"地集体居住;三是利用停办农、林、牧、渔场的土地、房屋和设备,单独新建生产队或生产大队。

1965年以后,浙江知识青年上山下乡的主要形式是集体插队。其中大部分在省内土地资源比较丰富的杭嘉湖平原、宁绍平原、金华黄土丘陵及部分海涂、山区安置,另一部分是跨省安置。插队知识青年一般每10人左右为一户,集体插入生产队。如当年杭州近千名知识青年到衢县上宇、宁海长街以及宁夏回族自治区永宁县插队落户。也有少数单独建队的"知青点"和回原籍投亲靠友或由当地政府安排的单身插入生产队。

1964年至1980年,全省插队知识青年达52.92万人,占下乡总人数的78.26%,其中1964—1966年插队(包括分散、集体插队和回乡、成户下乡等)10.16万人,占同期下乡总人数的88.3%。

二、集 体 场 队

1973年10月,中共浙江省委颁发《关于知识青年上山下乡若干问题试行规定》,要求各级政府结合当地实际情况,积极创办以知识青年为主体、贫下中农为骨干的集体所有制新建队和集体所有制新建农场。1974年6月,《人民日报》向全国推广湖南省株洲市厂社挂钩集体安置知识青年的经验。浙江安置形式有了改变,已不再将城镇知识青年安置到省外的农场、兵团或农村插队落户,省内安置也由分散插队,改为主要采取厂社挂钩、集体安置、城乡配合等方式,共同做好下乡知识青年的安置工作。为协助社队落实知青政策,全省由动员地派出带队干部2 000余名。当年,厂社挂钩、集体安置知识青年较好的杭州市,有30个省、部属、市级单位与临安县的社队挂钩,先后办起了79个集体所有制的知青场队,建立知青点193个,办起社队企业441个,集体安置了5 627名下乡青年。两年来,全省共办知青点近2 000个,集体安置下乡知识青年2.6万余名。占同期下乡知识青年总数的40%。厂社挂钩多数实行"三集中一分散"的形式(即集中吃饭、集中住宿、集中学习、分散劳动的"知青点"),也有的单独建立知青场或队。有些条件确实不具备的地方,在厂社挂钩的前提下,仍然分散插队。1974年3月,浙江规定安置到集体所有制场、队的知识青年,除按国家规定拨给安置经费每人480元外,还从地方财政中每人再拨给100元补助经费。截至1977年末,全省在乡知识青年有28.83万人,其中安置在"知青点"(场、队)的有6.58万人,占在乡知青总人数的22.82%。

三、农 场、兵 团

农场、兵团也是下乡知识青年安置的主要形式,它包括国营农林牧渔场、生产建设兵团等。全省1964—1973年农场、兵团安置下乡知识青年6.22万人,其中去省外农场、兵团3.95万人(包括去黑龙江兵团15 610人、农场9 544人,去吉林农场298人,去内蒙古兵团9 115人,去新疆兵团4 884人);浙江省内生产建设兵团、农场安置2.27万人。

1964—1980年,全省动员城镇知识青年上山下乡共计67.62万人。在省内安置的,农村插队52.92万人,国营农林牧渔场3.63万人,浙江生产建设兵团3.04万人。去省外支边的

7.82 万人,其中黑龙江 5.79 万人,吉林 0.45 万人,内蒙古自治区 0.91 万人,宁夏回族自治区 0.18 万人,新疆维吾尔自治区 0.49 万人。

浙江省城镇知识青年上山下乡人数情况

单位:万人

年 份	合 计	支 边	省 内	其 中		
				兵团	农场	插队
总 计	67.62	7.82	59.59	3.04	3.63	52.92
1964—1966	12.16	0.66	11.50		0.43	11.07
1968	1.35		1.35		0.03	1.32
1969	12.49	2.47	10.02		0.55	9.47
1970	13.09	3.09	10.00	2.28	0.95	6.77
1971	3.72	0.92	2.80	0.55	0.89	1.36
1972	2.45	0.68	1.77	0.16	0.38	1.23
1973	2.46		2.46	0.05		2.41
1974	3.20		3.15			3.15
1975	4.16		4.10		0.13	3.97
1976	5.17		5.14		0.11	5.03
1977	5.49		5.43		0.12	5.31
1978	1.81		1.80		0.02	1.78
1979	0.06		0.06		0.01	0.05
1980	0.01		0.01		0.01	

注:① 1973 年以后不组织支边,但有少量去外省插队,故合计数与省内人数有差距;
　　② 下乡去集体所有制场队、回乡的人数均包括在插队栏内。

浙江省跨省区下乡知识青年人数分年度安置情况

单位:人

	合 计	黑龙江	吉 林	内蒙古	宁 夏	新 疆
总计	78 233	57 927	4 503	9 115	1 804	4 884
其中:插队	20 881	14 872	4 205		1 804	
兵团	29 609	15 610		9 115		4 884
农场	9 842	9 544	298			
林区	17 901	17 901				
1962—1966 年	6 621				1 737	4 884
其中:插队	1 737				1 737	
兵团	4 884					4 884
1969 年	24 664	21 192	646	2 759	67	
其中:插队	10 836	10 421	348		67	
兵团	9 583	6 824		2 759		
农场	4 245	3 947	298			
1970 年	30 952	30 952				
其中:插队	4 451	4 451				
兵团	8 786	8 786				
农场	3 733	3 733				

	合　计	黑龙江	吉　林	内蒙古	宁　夏	新　疆
林区	13 982	13 982				
1971 年	9 150	2 794		6 356		
其中:兵团	6 356			6 356		
农场	1 864	1 864				
林区	930	930				
1972 年	6 846	2 989	3 857			
其中:插队	3 857		3 857			
林区	2 989	2 989				

四、带 队 干 部

1973 年 9 月,省委决定抽调一批干部去农村协助社队落实插队知识青年的政策,加强对知识青年的教育与管理,同时,制定了《关于抽调带队干部若干问题的试行办法》。《试行办法》的主要内容有:

(一)带队干部条件

1. 政治历史清楚,路线觉悟较高,思想作风正派,能吃苦耐劳;

2. 有一定的组织能力和工作经验;

3. 身体健康,无严重慢性病。

(二)选调办法

1. 人数:1973 年以后,按下乡青年总数 1% 的比例配备。要有一定数量的女同志。

2. 来源:根据中央规定,带队干部由动员地区从在职干部中选调,并随下乡青年变动情况,由动员地区和接收地区协商调整带队干部数量。

省级机关和省级厂矿、企事业单位抽调带队干部,由省组织部门负责,归动员地区统一安排。

3. 带队干部按中央规定,实行定期轮换,一年或二年轮换一次。在轮换时,每批不超过二分之一,以保证留一定数量熟悉情况的同志。

带队干部每年休假一个月。工资由原单位发给。旅费、公杂费、医疗费等在原单位报销。生活补助费按蹲点干部待遇执行。口粮按公社干部定量,由接收地区补助。

(三)工作职责

1. 带队干部在当地党委领导下,贯彻执行毛主席、党中央关于知识青年上山下乡工作的一系列指示、方针、政策。并要抓紧自身学习,密切联系群众,满腔热情地搞好工作。

2. 认真组织下乡青年刻苦攻读马、列和毛主席著作,提高思想觉悟,努力改造世界观,为建设社会主义新农村贡献力量。

3. 关心下乡青年的思想、生活,对青年进行深入细致的思想政治工作,教育和带领青年积极参加集体生产劳动,搞好团结。关心下乡青年的生活,经常了解他们在生产、生活、住房、医疗、婚姻等方面的情况,发现问题,及时帮助解决,解决不了的,应向上反映。

根据青年特点,开展文娱、体育活动。大力提倡晚婚。

4. 保护下乡青年健康成长,对破坏上山下乡的犯罪活动,进行坚决的斗争。

带队干部在当地党委统一领导下开展工作,可就地参加领导班子,与当地干部密切配合,互相学习,共同负责,做好下乡知识青年工作。

附:浙江省破坏上山下乡案件及处理情况

1973年10月,根据中共中央转发《国务院关于全国知识青年上山下乡工作会议的报告》,中共浙江省委作出狠狠打击摧残迫害上山下乡知识青年犯罪分子的决定,要求各级党组织要发动群众,对破坏知识青年上山下乡的犯罪活动,作坚决斗争。规定对以法西斯手段残酷迫害知识青年和强奸女青年的犯罪分子,要依法惩办。一旦发现案件或一些苗头,都要及时调查处理,对于极少数罪大恶极,不杀不足以平民愤的,要举行公判,坚决杀掉。对于为掩盖罪行而对受害人进行威胁、对检举人进行报复的犯罪分子要从严惩处。对于蓄意包庇纵容犯罪分子的人,要认真追查,严肃处理。同时,规定在处理这类案件时,要实行党的镇压与宽大相结合的政策,坦白认罪态度好的,可以从宽处理。还规定要注意保护受害人的名誉和安全。要教育知情人不能随意宣扬案情。不准对被害人歧视、讽刺、迫害。严防犯罪分子对被害人行凶报复。根据省委的规定,全省各级党委十分重视,知青、公安、法院等部门,通力协作,密切配合,从1973年起,调查、处理了一批破坏知识青年上山下乡的案件。据1979年末各地上报的数字统计,全省共发生这类案件2 942起,其中,属于一类案件(迫害下乡女知识青年)2 557起(强奸、轮奸531起,奸污1 906起,猥亵、侮辱99起,诱逼婚31起),占案件总数的86.9%。受迫害人数为3 248人。一类案件作案人身份:国家工作人员241人,基层干部669人,工人427人,社员892人,其他406人,合计2 635人(其中党员718人);二类案件:杀人38起,毒打迫害118起,偷盗骗167起,打击报复10起,纵火、放毒4起,贪污8起,教唆40起,合计385起。作案人身份:国家工作人员9人,基层干部54人,工人43人,社员198人,其他140人,合计444人(其中党员38人)。案犯处理情况:死刑28人,死缓刑27人,无期徒刑13人,判10年以上徒刑322人,6至9年460人,5年以下592人,徒缓刑98人,戴帽管制259人,党纪行政处分638人,其他642人,合计3 079人(其中干部972人)。

第三节 经 费 物 资
一、安 置 经 费

(一)1964—1969年标准

1964年4月,根据国家对安置经费安排的意见,浙江省对发放标准作出规定,总的原则是:成户插队的,应低于单身插队的;本地区安置的,应低于跨地区安置的。具体开支标准是:杭、宁、温三市单身插队的和单独建队的平均每人140元,成户插队的,平均每人100元左右;其他地区单身插队和单独建队的,平均每人130元,成户插队的,平均每人90元左右;回乡人员农村无房子的,按成户插队标准发放,回乡人员农村有房子的,平均每人30元左右。同时,规定安置费的使用范围和比例:①房屋修建补助费(包括锅灶费),一般占补助标准的 50—55%；②车旅补助费，一般占补助标准的 5% 左右；③购小农具补助费，一般占补助标准的 10% 左右；④生活补助费，一般占补助标准的 30—35% 左右。

1965 年 10 月，浙江对安置经费定额调整为：杭州、宁波、温州、绍兴 4 市单身、集体插队、单独建队的，平均每人 230 元，成户插队的，平均每人 160 元；其他地区单身、集体插队、单独建队的，平均每人 220 元，成户插队的，平均每人 160 元；到山区或海涂新建队，平均每人 400 元，到山区单身、集体插队或成户插队的，平均每人 230 元或 160 元。使用安置经费的范围和比例，根据实际情况，也作适当调整。

1969 年 3 月，浙江省革命委员会下发《关于上山下乡问题的通知》，规定安置经费开支标准为：单身插队、插场每人 230 元；成户插队每人 130 元；到新建集体所有制生产队和新建国营农场每人 400 元；家居城镇回乡落户 50 元；到高寒地区插队，每人再补助冬装费 30 元；到外省（或省内跨地区）原籍农村落户的，经组织同意，路费由迁出地区发给。

（二）1973 年标准

1973 年 10 月，根据国务院《关于全国知识青年上山下乡工作会议的报告》和有关文件精神，浙江对知识青年上山下乡经费开支标准作了适当调整和提高。规定城镇知识青年回农村老家落户的，到农村插队和建立集体所有制场（队）的，每人补助 480 元。使用范围为：①建房补助费 200 元左右。主要用于木材、砖瓦等基本材料开支；②生活补助费 170 元左右。主要用于购买吃、穿、用等生活必需品。下乡头一年补助 120 元，其余可以分期补助；③农具、家具补助费，学习材料费，医疗补助费，旅运费共 75 元左右；④其他费用 15 元，由市、县掌握，用于下乡青年的特殊开支。到生产建设兵团和国营农（林）场的，每人补助 400 元。浙江省知识青年到外省下乡的车船费，可按实支数另报；到高寒地区的，每人另加 40 元冬装补助费。到黑龙江、吉林、内蒙古、陕西、甘肃、宁夏、新疆、云南等边远地区插队的，国家补助两次探亲路费，向安置地区报销。

（三）"一清两补"

1974 年 3 月，为落实国务院统筹解决 1972 年底以前下乡知识青年问题的指示，浙江对下乡知识青年的安置经费和物资进行了全面的清理，并对下乡知识青年进行生活困难补助和建房补助。补助对象为：1972 年底以前下乡务农和就近就地安置在农村镇、社办企业的农婚知青；1972 年底，省内农村实有下乡青年为 32.92 万人，其中浙江生产建设兵团 4.44 万人，国营农林场 1.73 万人，农村插队、回老家的 26.75 万人。补助标准和金额，根据国务院知青办核定补助面 30% 的比例，浙江省下乡知识青年生活补助人数为 8 万余人，每人补助 100 元，需补助经费 802.37 万元，1974—1975 两年实际支出 501.6 万元；全省实际需要建房人数为 10.19 余万人，占农村下乡知青实有人数的 38.1%，按每人补助 200 元计算，共需经费 2 038.36 万元，按照"先清后补"的原则，逐步落实。

（四）1979 年补助标准

1978 年 12 月，根据全国知识青年上山下乡工作会议纪要，从 1979 年起，知青经费中的安置费调整为:到国营农、林、牧、渔场和机关、学校、部队企事业单位农、林、牧、副、渔业基地、五七干校的,每人补助 400 元;到集体所有制知青场、队和知青点的,每人补助 580 元。主要用于知青的建房、农家具、生活、医疗、学习材料补助以及旅运费和其他费用;下乡到单程超过 500 公里地区的知识青年,未婚的每二年国家补助一次探亲路费,已婚的国家共补助三次探亲路费探望父母;在农村结婚安家的下乡知识青年,其住房应先从知青空房中调剂,解决不了的,每人补助建房费 300 元,由知青部门统一掌握使用。1968—1979 年的 12 年间,中央、省财政共支出下乡知青安置经费 13 409.41 万元。

浙江省城镇下乡知识青年安置经费使用情况 单位:万元

年 份	应拨经费数	实际支出数					
		合 计	建房费	生活费	其他开支	扶持生产资金	业务费
1968—1972	655.68	569.81					
1973—1974	2 584.80	3 100.00					
1975	1 906.70	2 092.00	1 042.20	656.40	393.40		
1976	2 468.40	2 619.10	1 201.30	816.70	601.10		
1977	2 545.30	2 457.60	1 012.70	823.30	621.60		
1978	911.80	1 225.60	559.30	399.50	266.80		
1979	1 940.00	1 345.30	133.20	84.10	204.30	810.60	113.10
总 计		13 409.41					

二、物 资 补 助

（一）1964、1965 年补助情况

1964 年 4 月,省政府及有关部门对到省内农村插队落户的城镇知识青年在生产、口粮、住房、自留地、小农具等方面都作了安排。口粮由国家给予差额补贴,供应到所在生产队下一个粮食收获季节以前,新粮登场后参加队内粮食分配,国家不再供应。木材平均每人补助 0.3 立方米,用于建房。入冬以后,又发放布票和棉絮票,帮助解决了下乡知识青年过冬用的棉衣、棉被问题。1964 年全省下拨补助木材 1.2 万立方米、布票 50 万市尺、蚊帐布票 74.45 万市尺、棉絮 14.3 万斤;1965 年又补助布票 27.05 万市尺、蚊帐布票 45 万市尺。

（二）1968 年以后补助标准

1968 年 10 月后,对在省内农村插队落户的城镇知识青年,平均每人补助木材 0.5 立方米,布票平均每人 7—9 市尺、另有棉絮票、蚊帐布票以及化肥、毛竹等物资补助。对到黑龙江等高寒地区支边插队青年,每人制做草绿色棉服一套、棉大衣一件、皮帽一顶、棉胶鞋一双,知青出发时随身携带。

1973 年 9 月,浙江省规定下乡知识青年的粮油问题,下乡头一年,基本上由国家统一供应,每人每月成品粮 40 斤,食油按照安置地城镇定量标准供应。凡是上半年下乡的,供应到当年年终分配止。同时,还规定下乡青年正常出勤的,口粮水平不低于当地单身整劳力的实际吃粮水平,如低于 700 市斤原粮的,由国家统一给予补助;下乡青年经批准到外省探亲和治病,所需的全国通用粮票,当地粮食部门保证兑换。

1974 年起,为了帮助建立知青点,每个下乡青年再补助钢材 20 公斤,元钉 2 公斤,除省安排一部分水泥、烧砖瓦用煤外,各地也安排一些建房物资。同时,各级计划、商业、物资、农林等有关部门对下乡知识青年所需铁、木、竹与农具和桌、椅、铺板等日用家具,由安置县统筹安排,专人负责,按下乡知识青年实有人数,组织货源,保证供应。1968—1978 年的 11 年间,省下拨补助木材 19 万立方米。

（三）卫生医疗问题

1965 年,浙江省对城镇下乡上山人员的医药费,规定原则上自理,如有困难,采取群众互助,社队扶持,国家适当补助的办法解决。对上山下乡劳动时间在 3 年以内的,因本人确实无力负担者,如原属国家机关、事业、企业单位工作人员供养的直属亲属,可在有关单位福利费、医疗卫生补助费中给予解决;其他可在安置经费标准范围之内的结余数中或贫病医疗救济费中给予解决;上山下乡劳动时间在 3 年以上的,如患病、受伤医疗费费用发生困难时,当地卫生、民政部门视同当地一般社员按照贫病医疗救济的办法处理;下乡人员跨县、跨专区安置的,由安置地市县负责解决。

1973 年 9 月,浙江从关心下乡青年的身体健康出发,规定要办好社队的合作医疗,卫生部门要为每个知青点培训赤脚医生和卫生员。在安排劳动的时候,照顾女知识青年的生理特点,例假期间,不要安排重活和下水。有地方病的社区,要采取有效措施,积极防治。重病、重伤的下乡知识青年,经县(团、场)级领导机关批准,持当地医院的转诊证明,可以到城市就医。下乡青年探亲期间,可以持探亲证明到所在的城市医院治病。

1980 年 4 月,省政府批转省知青办等单位《关于下乡知识青年安置工作中几个政策问题的请示报告》,规定除对因公致残完全丧失劳动能力的下乡知识青年,经县以上革命委员会(人民政府)批准,由民政部门按照职工全残后的最低标准,每月发给 35 元的生活费外,对生活不能自理需要人护理的,另发护理费,在指定的医疗单位治疗,医疗费用实报实销。另外,对个别非因公致残,但已完全丧失劳动能力,又无亲属扶养、生活困难的下乡知识青年,由当地政府给予社会救济。

第四节　统　筹　安　排①

根据全国知识青年上山下乡工作会议精神,1978 年以后,浙江对上山下乡政策作了全面调整:一是对城镇中学毕业生的安排,扩大留城面,多留少下,有条件安排的可以不下;二是不再搞谁留城谁下乡的定位做法。过去已经定位下乡而还没有下去的,按现在做法进行安排;三是对不符合上山下乡政策而已经下乡的或病残下乡的青年应予返回;四是浙江省内插队青年,除对农婚青年就近就地安置外,其余大部分下乡青年在全民、县以上集体单位招

---

① 此节标题据原书目录所加。——编者注

工时予以解决。并且从 1979 年起不再动员城镇知识青年上山下乡。对省内的 4 万余名农婚知识青年,国家拨出一部分经费和实行免税照顾,由社队企业局进行安置。对刑释解教的下乡知识青年,不能歧视,仍作下乡知识青年进行安置。

一、"病退"、"特照"回城

1973 年 12 月,浙江对下乡知识青年"病退"、"特照"等问题提出具体处理办法,规定患慢性病的下乡知识青年,应在当地积极治疗。如病情严重,在当地确已无法治疗,也不能继续在农村参加劳动,家长又有要求返回的,可经两地协商,由有关部门批准,办理病退手续。已下乡的独生子女和多子女身边无人的,可在国家有招工计划(包括集体所有制单位招工)时,优先给予照顾。在没有招工计划时,个别家庭有特殊困难,其父母迫切要求回来照顾的,也可以准予办理回城镇的手续。

1978 年根据《国务院关于知识青年上山下乡若干问题的试行规定》,浙江规定在原动员地的父母退休、退职或因工、因病死亡,可以商调支边未婚子女(含 1978 年以前离婚或丧偶的)回浙;已婚的,配偶也是浙江省原动员地知识青年(含配偶是原动员地职工、社员)或符合特殊困难(独生子女、父母生活不能自理,十年动乱父母遭迫害致死)、特殊照顾(父母双亡、弟妹年幼,父母身边无子女,兄弟姐妹有二人仍在边疆农场,父母一方在国外工作)条件的也可同时商调回浙。据下乡知识青年人数较多的杭州、宁波、温州、绍兴等 4 个市的统计,杭州市 1970—1981 年共办理"病退"、"特照"、"困退"等手续返城知青人数有 13 910 人,其中大部分通过招工补员、进城镇街道集体企业或从事临时性工作、自谋职业等多种渠道就了业。宁波市区至 1979 年底安置回城下乡知识青年 27 201 人;至 1980 年底,各县安置 62 909 人,占下乡知识青年总数 99.4%。温州市至 1978 年末,回城安置就业的,占下乡知识青年总人数的 90.77%。绍兴市到 1981 年,通过多种安置途径,共安置 50 569 人,占 1977 年底前下乡插队知识青年的 99.3%。

二、安排 1972 年以前下乡和去外省插队的知青

1978 年 6 月,全省城市工作会议纪要指出,要积极做好按政策留城和回城失业知识青年的安置工作,并规定在县以上集体所有制单位和全民所有制单位的招工补员指标中,拿出 3 万个名额招收 1972 年以前上山下乡的知识青年。对年龄在 25 岁以上,一户有 3 个以上上山下乡知识青年的,要优先予以照顾。鉴于 1972 年前下乡的知识青年,绝大多数已经结婚,其中有相当一部分是同农村社员结婚的,从有利于他们的工作和生活考虑,按照就近就地安排的原则,主要是安排在镇办、社办的企事业单位和县属集体所有制单位,也可以就近安排到工交、财贸、文教、卫生等企事业中去。安排在镇办、社办企事业单位的下乡知识青年,转为城镇居民户口,吃国家商品粮。对于跨地区插队的下乡知识青年,已同当地社员或职工结婚的,由当地安排;其余的由原动员地安排。在招工时,适当招收一些超过年龄的知识青年,并扩大招收女青年的比例,坚持量才录用。据统计,1977—1983 年全省通过招工补员、招生、参军以及自谋职业、在城镇安排临时性工作,共计安置下乡知识青年 307 244 人。

三、农婚知识青年安置

1979年9月,浙江对已婚插队知识青年,规定应根据当地条件,因人制宜,就近就地,多种办法进行安置;已婚知青多、镇、社企业又办得好的地方,就近安置到镇、社企业;符合招工条件的安排一部分去工交、财贸、文卫系统基层单位工作;独立核算的集体所有制知青场队和农副业基地可吸收附近已婚知青作为固定成员;知青本人有要求,国营农、林、牧、渔场可招为"四场"职工;对立志务农的下乡知识青年,生产生活有困难的,可给予一定的经济补助,但以后不再负责安置。农婚知青安置较多的绍兴县,1978年底有6 296人,占在乡知识青年33%。本着"国家关心、负责到底"的精神,采取择优选点的办法,从全县2 100多个区社队企业中,选择了51个作为安置已婚知青的基地,当年接收安置2 600多名知识青年,1981年底达到5 255人。国家财政拨款81万元,补助木材350多立方米、水泥300吨、钢材14吨。农婚知青人数占企业职工总数60%以上的企业在1985年底以前可享有不缴税款、不上交利润、不统购派购的"三不"待遇。绍兴乡镇企业有今天的发展,也有当年知识青年的一份功劳。据统计,1981年末,全省农婚知识青年就近就地安排在镇、社办企事业单位的共有36 249人。

第五节　遗留问题处理

一、补办知青手续

1979年2月,浙江省规定1964年以后,家庭是城镇户籍的,经组织作为城镇知识青年动员单身下乡,下乡时年满16—25周岁的初、高中毕业生(包括社会青年),尚未承认下乡知识青年的;浙江省支边的知识青年转回浙江农村插队的;外省的下乡知识青年因婚迁而转到浙江农村插队的;浙江省内农迁农的下乡知识青年;对于上海知识青年,根据两省市1979年底协议精神,限于1968年以后下乡并享受其家庭所在单位定期生活补助者,以及1964年后支边新疆转点来浙江农村插队的等情况,经调查核实,可以补办承认其下乡知识青年身份手续。截至1984年底,全省批准补办下乡知识青年身份2 568人。其中上海下乡知识青年在浙江插队落户的有754人补办了身份手续。

二、知青子女农转非政策

1980年4月,浙江省规定同农村社员结婚的下乡女知识青年,在安置就业以后(包括过去已经安置就业而未带子女的),可以随带一名15周岁以下的子女转为居民户口,由国家供应商品粮。1984年12月,全省各级政府继续本着"国家关心,负责到底"的精神,又解决了同农村社员结婚的男知识青年一名15周岁以下的子女农转非。至1985年底,共有50 307名知青子女农转非。

三、下乡知识青年工龄计算

1985年9月,根据劳动人事部《关于解决原下乡知识青年插队期间工龄计算问题的通知》,浙江省规定插队下乡知识青年,回城后招收为全民或县以上集体所有制职工后,其插队期间可以计算为连续工龄,插队时间原则上按户口由城镇迁入农村至迁回城镇这段时间计算,但对"户口下乡而人不下乡的",不能计算工龄。在下乡插队期间,被安排在乡镇集体单位以及担任民办教师工作的,可计算工龄;1973年后,经市县以上知青办和劳动人事部门批准,已补办承认下乡知识青年身份手续的,其下乡插队期间,可计算工龄;下乡知识青年在农村插队期间,被推荐或录取于各类学校(户口迁出农村的),其在校学习期间,不能计算工龄。

四、知青子女入户就读

1990年11月,浙江省劳动厅、公安厅《关于解决在外省区原浙江下乡知识青年的子女来浙入户就读问题的通知》规定,1964年以后浙江各地知青部门组织动员到外省区农村插队或农场(兵团)并已确认身份的原浙江下乡知识青年,目前仍在外省工作的,或知青本人已回浙江,但回浙江前已在当地结婚,现其子女尚在外省区的,允许每户知青(包括夫妻双方或一方是浙江知青)的一名小学毕业以下、入户地有监护人(包括祖父母、外祖父母等)和住房,按一户一个的原则来浙入户就读。1991、1992两年共审批办理外省区知青子女来浙入户就读人数为2 864人。另外,根据浙江、上海两省市协议精神,至2000年底止,浙江省共办理上海市来浙插队知青子女去沪入户就读的有27 500人。

1985年底浙江省农婚男知青随带子女及补办知青身份人数情况　　　　单位:人

	随带子女数	补办知青身份人数	
		计	其中上海知青
全省合计	50 307	2 568	754
杭　　州	5 051		
宁　　波	13 604	1 356	369
温　　州	1 721	170	
绍　　兴	8 545	631	205
嘉　　兴	6 639	50	20
湖　　州	3 618	170	160
金　　华	3 026	143	
衢　　州	1 927		
台　　州	3 644	37	
丽　　水	1 697	10	
舟　　山	835	1	

(第一篇第二章《城镇知识青年上山下乡》,第116—128页)

据统计,粉碎"江青反革命集团"后的头7年(1977—1983年)中,全省共安排81.8万城镇失业青年、30.7万下乡知识青年和9.9万闲散劳动力工作,总数达122.4万人,就业矛盾趋于缓和。

全省各级政府由于认真贯彻"二结合"就业方针,城镇集体经济、个体经济有了较快的恢复与发展,劳动就业工作取得了显著成效。主要表现在:

（一）基本解决历年积累下来城镇失业青年的就业问题。

1976年"文化大革命"结束时，全省共累积了50万失业人员，其中下乡插队知青24万人。就业问题成了当时严重的社会问题之一。通过贯彻"三结合"就业方针，全省各市、县党政领导调动各方面的积极因素，调整所有制结构和产业结构，大力发展集体所有制经济和适当发展个体经济，兴办第三产业，广泛建立劳动服务公司，开展就业前培训，广开就业门路，经过努力，从1978年到1985年全省共安置137万人就业。1985年末，城镇登记失业人员3.45万人，城镇登记失业率从1978年的7.2％降到1985年的0.8％。

（第一篇第三章《改革开放以来的劳动就业》，第130页）

第五个五年计划时期（1976—1980年），全省经济得到迅速恢复和发展，职工人数逐年增多。1978年以后，除安排应届中学毕业生外，还解决了大批"文化大革命"期间上山下乡的回城知识青年的就业问题。1980年底全省职工达到359.73万人，比1975年底增加127.48万人，增长54.89％，平均每年增加25.49万人，年均增长9.15％。 （第二篇第一章《职工队伍》，第177页）

1977—1980年，国有经济单位增加职工64.24万人，平均每年增加16.06万人，1980年底达到208.50万人。主要是安排回城的上山下乡知识青年、应届中学毕业生和10多年积累下来的社会待业青年。 （第二篇第一章《职工队伍》，第184页）

1977—1980年，为安置回城的上山下乡知识青年，解决10年动乱遗留下来的城镇就业问题，国家鼓励发展集体经济安置就业。4年中集体经济单位净增职工42.48万人，平均每年增加10.62万人，1980年末达到151.23万人。 （第二篇第一章《职工队伍》，第184页）

1975年5月，省革命委员会根据国家计委关于"职工自然减员后，允许从社会上招收补充"的规定精神，下发了《关于全民所有制单位补充自然减员的通知》，对补员的范围、对象、条件、审批手续等作了规定。其中补员范围扩大到所有全民所有制单位，补员对象为经批准留城的中学毕业生和下乡两年以上的知识青年。并规定矿山井下、野外勘探、森林采伐、盐场等四个行业的职工子女，因工死亡职工的家属或子女，双精减职工或子女，可不分城镇农村、省内省外，在补员指标内吸收一人参加工作。嗣后，为了有利于动员更多的符合条件的老职工退休，促进企业劳动力的更新，进一步明确规定：退休、病亡职工子女，补员招工时可在同等条件下优先录用，并可在本省范围内跨市、县指名招工。1976年2月，规定县以上集体所有制单位的补员工作，可参照全民所有制单位的办法进行。1977年规定，退休、病亡职工，其子女系安置在本省国营农、林、牧、渔场的城镇知识青年（已是正式职工），也可以同等条件下优先录用，采取顶指标调动的办法予以补员。当年全省7 000名"四场"知青补员调动到其他全民单位工作。1975年至1977年的3年中，全省补员招工12.68万人，其中属于同等条件下优先录用退休职工子女的约 9 万余人。

在职工子女顶替工作中,许多地方和单位为照顾职工子女,一度放宽了退休条件和招工条件。一些尚未到退休年龄的职工,也以"丧失劳动能力"为名批准退休了,其中有的是生产、工作骨干。如杭州市棉纺、丝绸两个系统,1976 年批准退休的 1 790 名职工中,提前退休(即病退)的就有 1 024 人,占 57%。有的单位则把一些不符合招工条件的人也指名招进来了,造成不良影响。为了规范职工退休、退职和子女顶替工作,1978 年 5 月,国务院发布《关于工人退休、退职的暂行办法》,规定工人退休、退职后,家庭生活确实困难的,或多子女上山下乡、子女就业少的,原则上可以招收其一名符合招工条件的子女参加工作。招收的子女,可以是按政策留城的知识青年,可以是上山下乡知识青年,也可以是城镇应届中学毕业生。为控制城镇人口,对家居农村的退休、退职工人,应尽量回到农村安置,本人户口迁回农村的,也可以招收他们在农村符合招工条件的一名子女参加工作。为了认真贯彻好国务院的暂行办法,当年 8 月,浙江省确定先在杭州市 8 个企业和衢州化工厂 3 个分厂进行试点。试点单位职工总数 1.75 万人,其中工人 1.38 万人,占职工总数的 78.9%。办理退休、退职的 526 人,占工人人数的 3.8%,按暂行办法招收子女 497 人,占退休、退职人数的 94.4%。招收的子女中,下乡知青(含"四场")251 名,占 50.5%,留城青年 160 名,占 32.2%,农村子女 86 名,占 17.3%。 (第二篇第三章《劳动力招收》,第 218 页)

《浙江省教育志》

《浙江省教育志》编纂委员会编,浙江大学出版社 2004 年

(1968 年)年底,1966、1967、1968 三届初、高中毕业生陆续离校,掀起知识青年上山下乡的高潮。全省从 1964 年到 1974 年的 11 年中,上山下乡知青总人数达到 67.55 万人,其中在省内农村插队劳动的 59.52 万人。 (《大事记》,第 74 页)

(1970 年)9 月 15 日,省革命委员会发出《关于大专院校进行招生(试点)的通知》,决定:省属 6 所大专院校招收具有两年以上实践经验、年龄在 25 岁以下、有相当于初中以上文化程度的工人、贫下中农、解放军战士、青年干部和上山下乡及回乡知识青年入学。

(《大事记》,第 75 页)

由于高等师范学校在"文化大革命"10 年中累计仅毕业了 700 余名学生,因此所缺大量中学教师中有相当大一部分是通过提拔小学教师教初中,提拔初中教师教高中的办法解决的,还吸收了大量回乡知识青年担任中学民办教师。

(第十一篇第一章《队伍概况》,第 739 页)

《浙江教育简志》

邵祖德等编纂,浙江人民出版社 1988 年

1971 年,中等专业学校开始招收工农兵学员。招生对象为"具有 2 年以上实践经验,初中毕业文化程度的青年职工、退伍军人、民办教师、赤脚医生和上山下乡、回乡知识青年,年龄在20 岁左右,不超过 23 岁。"招生采取自愿报名,群众推荐,领导批准,学校复审"的办法进行。

1978 年以后,全省中等专业学校的招生对象为应届初中毕业生,和具有初中毕业文化程度的工人、农民、上山下乡、回乡知识青年,年龄在 18 岁左右;也可招收具有高中毕业文化程度的工人、农民、上山下乡、回乡知识青年(包括留城待业青年),年龄在 22 周岁以内。

(第三编第七章《中等专业教育》,第 423—424 页)

1981 年和 1983 年先后招收了 1.21 万名乡镇干部、乡农技站技术员、农场职工和少量知识青年,进行为期 3 年半的农业专业知识学习,经考试合格后,承认其中等专业学历。

(第三编第九章《成人教育》,第 481 页)

《浙江省人口志》

《浙江省人口志》编纂委员会编,中华书局 2007 年

1964 年根据中央安置领导小组关于安置城镇下乡知识青年和闲散劳动力的通知,又安置了一批城镇知识青年和闲散劳动力回乡、下乡。

根据劳动部门的资料,从 1961 年至 1966 年上半年,全省共动员城镇人口回乡、下乡101.16 万人,其中被精减回乡、下乡的城市职工及其家属 89 万人,知识青年与社会闲散劳动力 12.16 万人。在知识青年与社会闲散劳动力中有 6 600 人去宁夏插队务农和去新疆生产兵团务农。具体数字见下表:

1961—1966 年全省由政府安置城镇人口去农村人数　　　　单位:万人

	合计	省内安置				省外安置		
		小计	农场	插队	回乡	小计	去宁夏插队	去新疆生产建设兵团
总　计	101.16	100.50	0.43	18.95	81.12	0.66	0.17	0.49
其中:1961—1963	89.00	89.00		10.78	78.22			
1964—1966	12.16	11.50	0.43	8.17	2.90	0.66	0.17	0.49

资料来源:浙江省劳动局劳动服务公司。

(第五篇第四章《当代人口迁移与流动》,第 340 页)

"文化大革命"期间城镇知识青年"上山下乡"的迁移运动

    1966年发动的无产阶级文化大革命酿成了十年内乱,极大地破坏了机关、学校、工厂以及各行各业的正常工作秩序,使国民经济濒临崩溃的边缘。"文革"开始后,高等学校连续五年不能招生,党政机关、事业单位和各大企业单位难以正常运作,一批批由中小学生成长起来的城镇知识青年求学无门,择业无路,名为"在校闹革命",实则成了失学、失业人口。面对这种情况,1968年4月4日中共中央、国务院、中央军委、中央文革小组转发了黑龙江省革命委员会关于大专院校毕业生分配工作的报告。在这个文件中,毛泽东批示:"毕业生分配是个普遍性的问题,不仅有大学,还有中小学。"接此文件后,浙江省即开始动员应届大学和初、高中毕业生走与工农兵相结合的道路。同年12月21日,毛泽东发出"知识青年到农村去,接受贫下中农的再教育,很有必要"的号召,更是随即掀起了大批实际上未完成学业的城镇初、高中毕业生去农村落户(或去国营农场、林场、生产建设兵团农场)的所谓知识青年上山下乡的热潮。此后,连年动员知识青年到农村去,到边疆去,直到1976年毛泽东逝世,"江青反革命集团"覆灭,1977年中共中央宣告"文化大革命"结束,才逐渐收缩,1980年完全停止。

    "文革"期间的这场城镇知识青年到农村去的迁移运动,全省城镇共有57万多名初、高中毕业生迁往农村、农场、林场,其中多数迁往本省农村,少数迁往北方边远省区。安排去北方省区的名为支援边疆建设(简称支边)。从1968年至1980年城镇知识青年"上山下乡"迁移情况如表5-4-10所示。

表5-4-10　1968—1980年城镇知识青年"上山下乡"情况　　　　　　单位:万人

| 年份 | 合计 | 省内"上山下乡" | | | | | 支边 |
		小计	浙江生产建设兵团农场	国有农场	插队	回乡	
总计	57.36	50.20	2.99	3.20	40.52	3.49	7.16
1968	1.40	1.40		0.03	1.26	0.11	
1969	12.82	10.35		0.55	7.76	2.13	2.47
1970	14.61	11.52	2.23	0.95	7.30	1.04	3.09
1971	3.72	2.80	0.55	0.89	1.36		0.92
1972	2.45	1.77	0.16	0.38	1.23		0.86
1973	2.46	2.46	0.05		2.41		
1974	3.20	3.15			3.15	0.05	
1975	4.16	4.10		0.13	3.97	0.06	
1976	5.17	5.14		0.11	5.03	0.03	
1977	5.49	5.43		0.12	5.31	0.06	
1978	1.81	1.84		0.02	1.78	0.01	
1979	0.06	0.06		0.01	0.05		
1980	0.01	0.01		0.01			

说明:插队和回乡人员中含少量城镇其他社会闲散劳动力。表中数字与第十二篇第三章第二节之二的数
     字因资料来源不同,彼此有一些出入。
资料来源:据浙江省劳动局劳动服务公司资料整理。

"文革"期间,浙江城镇知识青年支边集中在 1969 年至 1972 年,1973 年开始不再组织支边。支边的方向是:

黑龙江:合江地区—抚远、同江、虎林、绥滨、饶河、萝北、富锦、依兰、集贤、桦南、勃利、七台河、宝清、汤源、桦川

牡丹江地区—海林、延寿、穆棱、密山、鸡东、宁安

松花江地区—方正、尚志

哲里木盟—莫力达瓦旗、通辽(现均属内蒙古自治区)

吉林省:白城地区—长岭、镇赉

宁夏回族自治区:青铜峡、永宁

内蒙古自治区:内蒙古生产建设兵团

具体迁出区域与迁入区域如表 5-4-11 所示。

表 5-4-11　1968—1972 年分区域城镇知识青年支边迁移情况　　　　单位:人

| 迁出地区 | 合计 | 迁入黑龙江 | | | | | 迁入吉林 | | | 迁入内蒙古生产建设兵团农场 | 迁入宁夏生产建设兵团农场 |
		小计	生产建设兵团农场	国营农场	国营林场	插队	小计	国营农场	插队		
总　　计	71 612	57 927	15 610	9 544	17 901	14 872	4 503	298	4 205	9 115	67
杭州地区	25 257	23 291	7 617	4 406	5 071	6 197	—	—	—	1 899	67
宁波地区	16 132	12 632	2 196	2 901	4 422	3 113	1 491	298	1 193	2 009	—
温州地区	10 807	10 377	3 939	2 237	2 523	1 678	—	—	—	430	—
绍兴地区	5 370	1 690	—	—	1 690	—	2 125	—	2 125	1 555	—
嘉兴地区	5 319	4 339	706	—	2 061	1 572	—	—	—	980	—
台州地区	4 697	2 957	538	—	980	1 439	—	—	—	1 740	—
舟山地区	3 256	1 867	614	—	1 154	99	887	—	887	502	—
金华地区	707	707	—	—	—	707	—	—	—	—	—
丽水地区	67	67	—	—	—	67	—	—	—	—	—

说明:(1) 据 1973 年 8 月各县上报综合的全省"文革"期间支边人数为 71 821 人,与本表全省支边迁出合计数略有出入。

　　　(2) 嘉兴地区含现湖州属各县,金华地区含衢州属各县。

资料来源:浙江省劳动局劳动服务公司。

"文革"期间城镇知识青年的"上山下乡"迁移运动,虽然一直延续到"文革"结束后的 1980 年,但是,还在 70 年代中期,部分下乡、支边知识青年就以病退、父母办理退休手续由子女补员(俗称顶职、抵职)、招工等形式陆续返回城镇。"文革"结束后,以全民所有制单位招工、补员、补充用工,县以上城镇集体所有制单位招工、补员,城镇街道企业、乡镇公社企业安置,个体经营工商业,自办小集体企业,大学和中等专业学校恢复招生,参军等等形式把绝大部分"文革"期间"上山下乡"的知识青年作了回迁城镇的安排。到 1982 年,仍然留在农村

或国有农林场、生产建设兵团农场以及北方边远省区的已经为数不多了。

（第五篇第四章《当代人口迁移与流动》，第340—343页）

浙江全省性的人口迁移统计从1956年开始……

表中数字反映了这个时期的迁移率有重大波动，具体特征表现为以下三点：

……2. 从1960年到1978年迁入率也迁出率都在低水平上徘徊。这与1959年至1961年的三年国民经济困难时期后国家长期实行严格控制农村人口迁往城镇的政策有关。在这个阶段里，也出现过迁入率、迁出率稍有上升的年份，那只是"大跃进"时期招收的工人大批被动员迁返原籍、压缩城镇人口（如1963年）和大批城镇知识青年"上山下乡"（如1969年和1970年）的局部反映。3. 1973年到1978年迁入率稳定地高于迁出率，同50年代至"文化大革命"中前期被动员"支边"的青年多数陆续回迁浙江有关。

（第五篇第四章《当代人口迁移与流动》，第344—345页）

1964年，中共中央、国务院发布《关于城镇青年参加农村社会主义建设的决定》（草案），号召知识青年扎根农村，安家落户。

1968年12月至1978年12月，根据毛泽东关于"知识青年到农村去，接受贫下中农的再教育，很有必要"的指示，浙江省共有67.62万名知识青年上山下乡，迁出城镇。其中在人民公社插队落户的有52.9万人，迁往农场的有3.13万人，迁往建设兵团的有3.04万人，迁往外省的有8.55万人。（其中黑龙江5.79万人，吉林4 500人，内蒙古5 100人，宁夏4 900人，新疆4 900人）[①]

（第十二篇第三章《当代户籍管理》，第692—693页）

1980年4月，浙江省人民政府批转省知识青年上山下乡办公室、省公安厅等单位《关于下乡知青安置工作中几个政策问题的请示报告》。该《报告》规定同农村社员结婚的女知青在安置就业后，准许随带1名15周岁以下的子女转为非农业人口。

（第十二篇第三章《当代户籍管理》，第693页）

《浙江省电站水库移民志》

《浙江省电站水库移民志》编纂委员会编，华艺出版社1998年

1974年1月，常山、开化两县新安江移民470人（常山县444人，开化县26人），趁库区水位低落，大片土地出露的机会，陆续倒流淳安县百亩坂公社，在水库边沿地区"安营扎寨"，

[①] 这些数据来源于浙江省公安厅，与第五篇第四章第二节的数据有一些出入。——原书注

强占县农科所、畜牧场、公社农场、林场房屋,抢种库边耕地 1 000 余亩,借故闹事,制造事端,围攻干部,殴打县农科所职工和下乡知识青年(被打 24 人,伤 6 人),严重危害社会秩序。

(第一编第三章《移民重迁安置》,第 37 页)

《杭州市志(第一卷)》

杭州市地方志编纂委员会编,中华书局 1995 年

(1965 年 9 月)7 日,杭州市知识青年 640 多人离杭去宁夏回族自治区永宁县插队落户。

(《大事记》,第 98 页)

(1970 年 3 月)11 日,市革委会召开关于知识青年上山下乡动员大会。至年底,全市有一万余名知识青年分批赴黑龙江、内蒙古农村。

(《大事记》,第 103 页)

(1979 年 1 月),杭州市停止动员城镇知识青年上山下乡。

(《大事记》,第 112 页)

1969 年至 1970 年大批知识青年上山下乡,市区人口发展再次陷入低谷,两年中市区人口出现了三次负增长,每年约递减两万人左右。1978 年以后,国家实行改革、开放和大力发展社会主义商品经济,进城经商、做工人口逐年增加,以及大批知青回城和落实政策人口回迁,市区人口又呈现高速增长趋势,其中在 1978 年和 1979 年两年里,市区人口分别增加 30 682 人和 59 758 人,为正常年份增长率的 2 至 4 倍。

(人口篇第二章《中华人民共和国成立后人口变化》,第 411 页)

1966 年开始的十年"文化大革命"中,有大批知识青年上山下乡支农支边,但其他人口的迁移量不大。

(人口篇第四章《人口迁移流动》,第 450 页)

"文化大革命"期间,人口迁移仍处于低谷期,但在此期间,由于动员知识青年上山下乡(在 1964 至 1978 年间全市约有 13 万人支农支边),有大量人口从城镇迁出。1979 年以后,上山下乡的知青又按照政策大部分陆续返杭,从而形成一股巨大的知青迁移流。

(人口篇第四章《人口迁移流动》,第 451 页)

迁移人口中男性多于女性。……特别是在工作调动、毕业生分配、学习培训、部队复员转业和知青下乡返城等人口迁移中,男性人口明显多于女性人口。

(人口篇第四章《人口迁移流动》,第 452 页)

《杭州市志(第六卷)》

杭州市地方志编纂委员会编,中华书局 1998 年

　　"文化大革命"期间,连续 3 年无中专毕业生分配。为此,于 1971 年招收下乡知识青年和应届初中毕业生 200 余名,安排在各医疗岗位为 2 年制学徒,学习护士、药剂、检验、放射等专业,期满考试合格后见习一年,定士级职称。1976 年后,参加专业理论学习和函授教育,经成人中专考试合格后,取得中专学历。　(卫生篇第七章《医学教育与科研》,第 404 页)

《杭州市志(第八卷)》

杭州市地方志编纂委员会编,中华书局 1999 年

　　从 1969 年开始,大批红卫兵和青年学生响应号召走向农村,掀起大规模的知识青年上山下乡热潮。　　　　　　　　　　　　(群众团体篇第四章《青年团体》第 348 页)

　　杭州市在贯彻执行团中央《关于分期分批组织干部参加体力劳动的决定》的同时,于 1957 年 9 月第一次组织高、初中应届毕业生陈寅等 9 人到石桥乡先锋农业生产合作社当社员。1960 年开始的三年困难时期,中共中央决定组织城镇知识青年到农村和边疆参加生产建设。1962 年初到 1963 年,全市有 5 100 余名知识青年,"上山下乡"建设新农村,足迹遍及全省 29 个县的 70 多个农、林、牧、渔场。到 1966 年全市有 1.7 万知识青年"上山下乡"。1968 年 12 月,毛泽东主席发表"知识青年到农村去,接受贫下中农再教育,很有必要"的指示后,到 1973 年,杭州市共有八万多名知识青年赴农村和边疆。

　　　　　　　　　　　　　　　　(群众团体篇第四章《青年团体》,第 351 页)

《杭州市志(第九卷)》

杭州市地方志编纂委员会编,中华书局 1997 年

　　1966—1976 年的"文化大革命"期间,在劳动就业上出现极不正常的状况。一方面先后动员 13.3 万余名城镇知识青年上山下乡,接受贫下中农"再教育";另一方面又陆续从农村招收大批劳动力进城务工,形成劳动力的大对流,给城镇劳动力的安置就业增添了困难。

　　　　　　　　　　　　　　　　　　　　　　(劳动篇《概述》,第 206 页)

　　"文化大革命"期间,主要是招收经过批准留在城镇的中学毕业生(包括按规定手续批准

回城的"特照"、"病退"知识青年),经过两年以上劳动锻炼的下乡知识青年和其他社会闲散劳动力。对在城镇的精简职工、归侨学生、独生子女等可优先招收,由劳动部门统一安排工作。

(劳动篇第二章《劳动就业》,第 217 页)

1978 年 6 月起,对工人退休、退职后,家庭生活确实困难的,或多子女上山下乡、子女变业少的,原则上可以招收其一名符合条件的子女参加工作。家居农村的退休、退职工人,本人户口迁回农村的,可以招收他们在农村的一名符合招工条件的子女参加工作,先退后招,当年有效。

1979 年 4 月,市劳动局制定了《关于全民(集体)所有制单位职工自然减员补员工作试行办法》,规定职工退休、死亡后的补员对象只限于职工子女(包括养子养女),凡补员对象已与当地工人、农民等结婚的下乡知识青年,采取划指标的办法,就地进行安置。

(劳动篇第二章《劳动就业》,第 220 页)

1955 年毛主席发出"一切可以到农村去工作的这样的知识分子,应当高兴地到那里去,农村是一个广阔的天地,在那里是可以大有作为"的号召以后,杭州市就开始有计划地动员年满 16 周岁、能够胜任农村生产劳动的城镇知识青年和社会闲散劳动力到国营农、林、渔、牧场参加生产劳动。1964 年 2 月,省城镇人口回乡下乡安置领导小组规定城镇知识青年下乡所必须具备的四个条件:(一)年龄在 16 周岁以上,身体健康,能够从事农业劳动;(二)在熟悉农活以后,能够从农业劳动中自力更生维持本人和必须由其负担的家庭生活;(三)下乡知识青年只限于停学青年和在城镇尚无固定工作的青年;(四)在提高觉悟的基础上完全自愿下乡。

1968 年 12 月,毛主席发出"知识青年到农村去,接受贫下中农的再教育,很有必要"的号召以后,全市各级领导、各部门和街道居民委员会对符合上山下乡条件的 1966—1968 届初、高中毕业生,分工负责,具体到人,逐人逐户摸清情况,做耐心细致的思想动员工作,安排到农村、边疆参加农业生产。1969 年,市革命委员会为了动员一切可以到农村去的城镇知识青年支边、支农,决定不在 1966—1968 三届初、高中毕业生中招工。对于个别有特殊情况的,须经群众讨论,由校工宣队、革委会审查批准,报市革委会上山下乡办公室统一安排工作;擅自招工的由各招工单位负责动员回校参加统一分配;对有严重残疾的毕业生暂缓分配,转到街道,经治疗、休养恢复健康后,由街道革委会动员他们支边支农;对部分不愿支边去农的毕业生,经反复教育后仍不服从国家统一分配的,取消毕业生分配资格,由街道革委会继续动员他们支边支农。

1973 年 9 月后,对城镇中学毕业生除按国家计划直接升学、参军的以外,凡病残不能参加农村劳动的、独生子女、多子女家庭身边只有一个子女的、父母死亡而弟妹年幼无人照顾的、父母病残生活不能自理无人照顾的、中国籍的外国人子女和归侨学生,均不动员上山下乡,其余凡满 17 周岁的中学毕业生都应动员上山下乡。1974 年 11 月,随着国民经济发展的需要和照顾人民群众的一些实际问题,市革委会对城镇中学毕业生的分配问题作了若干规定,适当扩大留城面:对子女在服兵役期间,一般不作身边有子女对待;因病残经批准迁回城市或因病残经批准不动员下乡的可以另留一个子女;多子女家庭中已有子女上山下乡的,可以选留一个子女等。1978 年,市革委会规定职工家庭只有两个子女的,不列入动员下乡对象;有三个子女的家庭动员一个,四个以上子女的家庭动员两个,并允许选留;病残不能参加农业生产劳动的和家庭确有特殊困难的,可以照顾留城等。从 1979 年起,全市停止动员城镇知识青年上山下乡,已下乡的城镇知识青年由国家统一就地或收回城镇安排工作。

(劳动篇第二章《劳动就业》,第 221—222 页)

《杭州市劳动志》

杭州市劳动局编,(内部刊行)1993 年

先后动员了 13.3 万余名城镇知识青年上山下乡,到农村安家落户。 (《概述》,第 7 页)

(1969 年)1 月,遵照毛主席关于"知识青年到农村去,接受贫下中农的再教育,很有必要"的指示,全市掀起了动员知识青年上山下乡的高潮。到年底,市区共有 28 771 名知识青年到省内外农场、兵团或农村插队落户。 (《大事记》,第 17 页)

(1979 年)1 月,根据国务院召开的全国知识青年上山下乡工作会议精神,全市停止动员城镇知识青年上山下乡工作。 (《大事记》,第 20 页)

(1981 年)10 月 10 日,市知识青年上山下乡办公室并入市劳动局,改为知青科。
(《大事记》,第 21 页)

1964 年 12 月,建立杭州市城镇人口上山下乡动员安置领导小组。同月,市劳动局增设劳动力计划管理科。 (第一章《机构设置与职能》,第 30 页)

1981 年 10 月,市劳动局增设组织宣传科,原市知识青年上山下乡办公室并入市劳动局,改设知青科。 (第一章《机构设置与职能》,第 31 页)

1966—1976 年"文化大革命"期间,主要是招收经过批准留在城镇的中学毕业生(包括按规定手续批准回城的"特照"、"病退"知识青年)、经过两年以上劳动锻炼的下乡知识青年

和其他社会闲散劳动力。对在城镇的精简职工、归侨学生、独生子女等可优先招收,由劳动部门统一安排工作。

1979年7月,根据中共中央关于"各部门招工用人要逐步实行德、智、体全面考核的办法,择优尽先录用"的指示和国务院的有关规定,市招工委员会制定了《杭州市实行招工考核试行办法》,在全民所有制和县以上集体所有制企业招工中,贯彻德、智、体全面考核,择优录用的原则,进行统一考试,分别确定录用分数线,优先录用各方面条件较好、各单位需要的人员。对实行学徒制的工种,以文化考试为主,好中择优;对普壮工的工种,以德育考核为主;对下乡知识青年中劳动积极的、1972年以前下乡的未婚知青、归侨学生、中国籍的外国人子女、烈属子女可酌情照顾,适当放宽文化考试分数。全市先后进行了二次招工考核,由招工单位制定招工简章,张榜公布招工名额、工种、条件、考核内容和录用办法,待业人员按照本人的条件和志愿选择单位报名,共招收待业人员66 333人。其中市属各局、区和省属在杭各单位采用全民办集体、原集体单位扩大生产经营,增设商业服务网点等多种形式招收了38 000多人,占招工总数的57%。

1980年,全市各部门着重安置本系统、本单位职工子女中的待业人员,同时在集体所有制单位招工中,实行了优先招收本系统职工子女和统筹安排党政军、农林水气、文教卫体等机关干部职工子女相结合的办法,调动了各方面安置待业青年的积极性。市轻工、二轻、丝绸、机械、电子仪表等局千方百计克服困难,将本系统职工子女中下乡插队知识青年和1979年以前毕业的待业青年基本上安置完毕。

(第二章《劳动就业》,第52页)

1978年6月后,在市区范围内的工人退休、退职后,家庭生活确实困难的,或多子女上山下乡、子女就业少的,可以招收其一名符合条件的子女参加工作;家居农村的退休、退职工人,本人户口迁回农村的,可以招收他们在农村的一名符合招工条件的子女参加工作,先退后招,当年有效。到年底,全市各企、事业单位共补员8 490人,其中市区补员2 741人。

(第二章《劳动就业》,第59页)

1978年5月后,杭州市对由城镇入伍、上山下乡知青入伍和农、林、牧、渔四场职工入伍的退伍战士,当年都分配到全民单位工作;对由农村入伍的因战因公致残,评有残废等级的退伍战士,个别确有特殊困难的戤社户退伍战士和带病回乡的退伍战士,照顾安排到县属集体单位;对入伍前户粮关系在"四场"的职工子女的退伍战士,安置在"四场"当工人。

(第二章《劳动就业》,第64页)

第七节　城镇知识青年上山下乡
一、动员政策

1964年1月,中共中央、国务院颁布了《关于动员和组织城市知识青年参加农村社会主义建设的决定(草案)》,一个动员城镇知识青年上山下乡的运动全面展开。杭州市各级党委、共青团、妇联、宣传、教育等部门密切配合,大造社会舆论。2月,省城镇人口回乡下乡安置领导小组规定城镇知识青年下乡,必须同时具备4个条件:(1)年龄在16周岁以上,身体健康,能够从事农业劳动;(2)在熟悉农活以后,能够从农业劳动中自力更生维持本人和必须由其负担的家庭生活;(3)下乡知识青年只限于停学青年和在城镇尚无固定工作的青年;(4)在提高觉悟的基础上完全自愿下乡。

1968年12月,毛主席发出"知识青年到农村去,接受贫下中农的再教育,很有必要"的号召以后,掀起了一个动员城镇知识青年上山下乡的新高潮。全市各级领导、各部门和街道居民委员会对符合上山下乡条件的1966—1968届初、高中毕业生,分工负责,具体到人,逐人逐户摸清情况,做耐心细致的思想动员工作,安排到农村、边疆参加农业生产。

1969年,市革命委员会为了动员一切可以去农村的城镇知识青年支边、支农,决定不在1966—1968三届初、高中毕业生中招工。对于个别有特殊情况的,可以考虑在城市安排,但需经群众讨论,由校工宣队、革委会审查批准,报市革委会上山下乡办公室统一分配。擅自招工的由各招工单位负责动员回校参加统一分配。对于有严重残疾的毕业生暂缓分配,转到街道,经治疗、休养恢复健康后,由街道革委会动员他们支边支农。对部分不愿支边支农的毕业生,经过反复教育,仍不服从国家统一分配的,取消毕业生分配资格,由街道革委会继续动员他们到边疆或农村去。

1973年9月后,杭州市对城镇中学毕业生除按国家计划直接升学、参军的以外,凡病残不能参加农村劳动的、独生子女、多子女家庭身边只有一个子女的、父母死亡而弟妹年幼无人照顾的、父母病残生活不能自理无人照顾的、中国籍的外国人子女和归侨学生,均不动员下乡,其余凡满17周岁的中学毕业生都应动员下乡。

1978年12月,杭州市根据国务院召开的全国知识青年上山下乡工作会议精神,规定凡是只有二个子女的,不列入动员下乡对象;三个子女的家庭动员一个,四个以上子女的家庭动员两个,允许选留;多子女家庭已有两个子女上山下乡过的,其余子女不再动员;现役军人、大中专院校学生不作为在父母身边对待;病残不能参加农业生产劳动的和家庭确有特殊困难的,可以照顾留城。

从1979年起,杭州市停止动员知识青年上山下乡,已下乡的城镇知识青年由国家统一就地或收回城镇安排工作。

二、安 置 措 施

1. 安置形式

1955年以后,杭州市就有少量的城镇知识青年陆续到农村去插队落户。

1964年12月,市人民委员会建立了城镇人口上山下乡动员安置领导小组办公室,开始有组织、有计划地动员城镇知识青年和社会闲散劳动力上山下乡参加农业生产。安置的形式主要有3种:一是按照农村对会计记帐员、民办教师、医务人员、机电手以及水利建设等各项专业人员的需要,有对象地分别加以短期培训,分配到所需要的地方去;二是选择一批重点公社,分散插到各个生产队去安家落户,分散插队可以个别地住到老社员家里,也可以"三五成群"地集体居住;三是利用停办农、林、牧、渔场的土地、房屋和设备,单独新建生产队或生产大队。

1965年后,杭州知识青年上山下乡的主要安置形式是集体插队。他们一部分在杭州地区安置,一部分由市人民委员会统一分配跨区或跨省安置。插队知识青年每10人左右为一户,集体插入生产队(如当年9月份到宁夏回族自治区永宁县插队落户的634名知识青年中,有522人安置到胜利、养和、增岗、李俊4个公社集体插队,有112人安置到县农场插场),也有单独建队的"知青点",其它是回原籍投亲靠友的或由当地政府安排的单身插入生产队,以及由市人民委员会统一分配到省内外生产建设兵团或国营农、林场。

从1974年起,安置形式有了改变,已不再将城镇知识青年安置到省外的农场、兵团或农村插队落户,省内安置也由分散插队,主要改为厂社挂钩、集体安置、城乡配合、共同做好下乡知识青年的安置工作。如杭州制氧机厂和杭州钢铁厂的下乡知识青年同桐庐县挂钩,杭州印染厂和杭州织锦厂同临安县挂钩,杭州针织厂同萧山县挂钩,浙江麻纺厂同余杭县挂钩,闸口电厂同富阳县挂钩等。厂社挂钩多数实行"三集中一分散"的形式(即集中吃饭、集中住宿、集中学习、分散劳动的"知青点"),也有的单独建立知青场或队。有些条件确实不具备的地方,在厂社挂钩的前提下,仍然分散插队。到1976年底,全市先后办起了1 300多个知青场队(点),按厂社挂钩形式下乡的知识青年有22 232人,其他下乡到市郊农村或回原籍农村的知识青年有3 511人。

从1964年到1978年,全市共有133 698名城镇知识青年上山下乡。其中到市属7县农村插队的有67 376人,到本省其它地区或回原籍插队的有10 907人,到本省生产建设兵团或农场的有30 438人,到宁夏回族自治区和黑龙江省支边插队的有8 310人,到新疆、内蒙、黑龙江、海南岛生产建设兵团的有16 667人。

2. 安置经费

1964年4月,省财政厅和省城镇人口回乡下乡安置领导小组办公室规定了城镇上山下乡知识青年安置经费的发放标准:单身插队的高于成户插队,单独建队的高于分散插队,跨地区安置的高于本地区安置的。对以单身插队或单独建队的下乡知识青年,平均每人安置补助费140元,成户插队的平均每人100元。回乡人员在农村无房屋的,按成户插队标准补助,农村有房屋的,平均每人30—50元。对插队或单独建队的安置经费使用范围和项目之间的比例规定为:房屋修建补助费(包括锅灶费)占安置补助标准的50—55%,经费由生产队或安置部门统一安排使用,不发给个人;车旅补助费由各县按实支付,占补助标准的5%左右;购置小农具补助费占补助标准的10%左右;生活补助费占补助标准的30—35%。

1965年10月起,杭州市对单身插队或单独建队的安置补助费提高到平均每人230元,成户插队的平均每人160元,到山区或海涂新建队的平均每人400元。

从1973年开始,杭州市对城镇知识青年回农村老家落户的、到农村插队或建立集体所有制场(队)的,平均每人补助480元,使用范围为:建房补助费220元左右,主要用于购买木材、砖瓦等基本材料开支;生活补助费170元左右,主要用于购买吃、穿、用等生活必需品,下乡头一年补助120元,其余分期补给。经济条件好的地方可少补一些,差的地方可以多补一些;农具、家具补助费、学习资料费、医疗补助费、旅运费等共75元左右;其它费用15元,由地、县掌握,用于下乡青年的特殊开支。到生产建设兵团和国营农(林)场的,平均每人补助400元。到高寒地区的,每人增加40元冬装补助费。到黑龙江、内蒙古、宁夏、新疆等边远地区插队的,每人补助二次探亲路费,向安置地区报销。同时,对下乡插队和城镇回乡的知识青年,凡是生活不能自给的,平均每人补助100元,没有建房的,平均每人补助200元,由安置县统一掌握。1978年对下乡知青的安置补助费又提高到平均每人580元。

1964—1978年杭州市区知识青年上山下乡人数统计表

项目\年份	总计	1964	1965	1966	1968	1969	1970	1971	1972	1973	1974	1975	1976	1977	1978
合　　计	133 698	5 553	6 024	5 241	302	28 771	33 991	8 454	1 914	4 543	5 337	9 257	11 149	9 872	3 290
黑龙江省 小计	21 916					10 422	9 105	1 967	421			1			
黑龙江省 插队	7 246					4 901	2 345								
黑龙江省 生产建设兵团	7 573					3 308	4 264					1			
黑龙江省 农场	3 257					2 213	4	1 040							
黑龙江省 林场	3 840						2 492	927	421						
宁夏插队	1 064		634	302	67	61									
新疆生产建设兵团	94		94												
内蒙古生产建设兵团	1 896							1 896							
海南岛生产建设兵团	7					7									
浙江省 小计	102 888	5 553	5 296	4 939	235	16 858	23 099	4 591	1 490	4 540	5 122	8 692	10 215	9 163	8 095
浙江省 生产建设兵团	15 924					14 554	1 338	31	1						
浙江省 农场	14 514	1 417	232	4 939		4 109	1 736	1 756	46			58	1	220	
浙江省 杭州地区插队	67 376	2 865	4 045		235	12 716	4 068	1 497	1 413	4 534	5 122	8 634	10 212	8 940	3 095
浙江省 其他地区插队	5 074	1 271	1 019			33	2 741		5				2	3	
回原籍	5 821					1 423	1 777		3	3	215	564	934	708	194
省外插队	12					10								1	1

从1964年到1980年,用于杭州知识青年到市属7县插队落户(包括各县城镇下乡的知识青年)的安置经费共计4 844万余元。

3. 物资补助

1964年8月,为了解决城镇知识青年到农村插队落户后所遇到的实际困难,市人民委员会及有关部门对他们在生产、口粮、住房、自留地、小农具等方面都作了妥善安排。口粮由国家给予差额补贴,供应到所在生产队下一个粮食收获季节以前,新粮登场后即参加队内粮食分配,国家不再供应。木材平均每人补助0.3立方米,用于建房。入冬以后,国家又发放了大量的布票、针织品和棉花,基本上解决了下乡知识青年过冬用的棉衣、棉被问题。

1968年10月后,对在杭州市属7县农村插队落户的城镇知识青年,平均每人补助木材0.5立方米,布票4市尺,蚊帐两人一顶(后改为8市尺,包括蚊帐在内)。

1973年以后,杭州市规定城镇知识青年在下乡插队的头一年,口粮由国家统销供应,每人每月成品粮20公斤。凡是上半年下乡的,供应到当年年终分配为止,下半年下乡的,供应到第二年早稻分配为止。食油按安置地城镇定量标准供应。

1964—1980年知识青年在杭州市属下县农村插队落户安置经费统计表　　　单位:万元

年份＼项目	安置经费	其 他 经 费	
		项　　　目	金　额
合　计	4 305.19		538.92
1964	40.11		
1965	93.04		
1968—1972	1 065.10		
1973	447.40		
1974	365.86	知青生活和建房补助费	147.55
1975	640		
1976	841.30	(一)新建场队补助费	43.37
		(二)1972年以前老知青生产资金	31
1977	560		
1978	252.38		
1979		扶持农婚知青生产资金	180
1980		扶持农婚知青生产资金	137

1974年以后,为了帮助建立知青点,平均每人补助钢材20公斤,水泥30公斤,元钉2公斤。

三、留城和返城安置

在杭州市大规模动员城镇知识青年上山下乡的1969年,部分有特殊情况的知识青年经批准可以留城分配工作或参军当兵。到1970年底,市区经批准留城统一分配到工交财贸系统去工作的知识青年共有 15 531 人,因病返回城镇的知识青年有 358 人。

1971 年后,因病因特殊情况不适宜在农村插队落户或兵团、农场工作的杭州知识青年,经批准陆续返回杭州等待分配工作或自谋职业。

1973 年以后,市劳动局每年下达招工指标,从已下乡或回乡的杭州知识青年中招收一定数量的工人,也有部分知识青年被推荐上学或参军。同时,由于放宽了留城政策,城镇中需要安置的知识青年日益增多。1975 和 1976 两年中,仅市区就有 24 668 名留城知识青年走上了工作岗位。

1977 年 8 月,杭州市成立了留城青年工作领导小组,制定了新的留城知识青年安置政策:对独子或独女(即一户只有一个子女的)或已有多个子女支边支农,现有一个子女被批准留城的,可优先安排;对病留知识青年,除长子、长女外,一般安置到街道企业,少数可以安置到县以上集体所有制企业;家中已有子女在全民所有制企业工作,现有一个子女被批准留城的,一般安排到集体所有制企业。安置的方式主要有三种,一是顶替农民工,有两种形式:(1)各产业局、区正式招收留城青年组织集体所有制的各种专业队伍(如建筑、土方、维修、装卸运输等),为本系统各企业服务。(2)由街道把留城青年组织起来,根据企业的临时需要,负责输送,属临时用工性质。二是安置到城镇集体所有制工业、手工业和各种商业服务性单位。三是作为计划外用工,将部分留城青年安置到全民所有制企业工作,不列入国家职工统计。

1978 年,杭州市对支边插队落户的知识青年集中进行了"病退"、"特照"和"困退"工作。当年市区就有 3 940 名支边青年"病退"或"特照"回城,不符"病退"条件的在黑龙江省农村插队落户的 740 名知识青年,按照省政府的有关规定,作"困退"处理。因此,去黑龙江省农村插队落户的知识青年除与当地社员、职工结婚或已另行安排工作者外,基本上都已返回杭州。

从 1979 年起,对跨省、跨地区插队落户的未婚知识青年,采用"困退"的办法批准回杭,对一户有 3 个子女在农村、边疆的,在招工中优先照顾一个回杭,先后批准了 2 128 名下乡知识青年回杭安置。对由于各种原因擅自回杭,户籍长期挂空的 652 名上山下乡知识青年,作为"袋儿户口"处理,由原动员单位落实并安置就业。有条件的部门或单位,对属内下乡满 2 年的知识青年可全部招回安置。同时,对上山下乡后与农村社员结婚的知识青年也进行了安置。安置办法除了对 1964 年以后下乡、年龄在 35 周岁以下的已婚知识青年可以参加统一的招工考核外,主要是:(1)父母退休后顶职;(2)就近就地安置在镇、社企业中工作;(3)自谋职业或由知青联营办企业;(4)在福利工厂或父母所在的家属工厂中安排工作等。到 1981 年,全市先后安置了 8 400 余名农婚知识青年,其中的女知识青年还根据政策规定随迁一名 15 周岁以下子女的户籍。

1985 年 9 月,市政府又规定已返城的原插队农婚男知识青年,可以在配偶所在地就地转一名 15 周岁以下子女为城镇居民,由国家供应商品粮。

杭州市上山下乡知识青年"病退"、"特照"、"困退"返城人数统计表

年　份	病退人数	特照人数	困退人数	袋袋户口落实人数
1970 年	358	—	—	—
1971 年	234	—	—	—
1972 年	1 167	803	—	—
1973 年	822	1 212	—	—
1974 年	206	529	—	—
1975 年	703	547	—	—
1976 年	521	100	—	—
1977 年	267	26	—	—
1978 年	3 456	484	740	—
1979 年	194	177	450	637
1980 年	9	4	46	15
1981 年	1	2	200	—
合　计	7 938	3 884	1 436	652

（第二章《劳动就业》，第 66—75 页）

《杭州市上城区志》

杭州市上城区志编纂委员会编，（内部刊行）2005 年

（1964 年 2 月）上城区建立城镇人口上山下乡领导小组。　　　　　（《大事记》，第 25 页）

（1970 年 3 月）杭州市召开知识青年上山下乡动员大会，上城区开始动员知识青年分批赴黑龙江、内蒙古和省内农村。　　　　　（《大事记》，第 27 页）

"文化大革命"期间，主要招收经过批准留在城镇的中学毕业生（包括按规定手续批准回城的"特照""病退"知识青年），经过两年以上劳动锻炼的下乡知识青年和其他社会闲散劳动力。对在城镇的精简职工、归侨学生、独生子女等可优先招收，由劳动部门统一安排工作。

（经济管理篇第二章《劳动工资》，第 272 页）

【知识青年上山下乡】

1955 年，上城区就开始有计划地动员年满 16 周岁、能够胜任农村生产劳动的城市知识青年和社会闲散劳动力，去省内金华、嘉兴、德清、武康、龙游等地农、林场或农业生产合作社。嗣后，又组织安置到市郊杭县，以及省外宁夏等地。1968 年 12 月，毛泽东主席发出"知识青年到农村去，接受贫下中农再教育很有必要"的号召以后，上城区革命委员会和各街道

办事处,建立动员知识青年上山下乡办公室,动员知识青年上山下乡和支边。1979 年起,停止动员知识青年上山下乡。

　　知识青年上山下乡安置的形式:1965 年前,有的分散插队到农民家,也有的"三五成群"地集体居住,同农民一样参加生产队里的集体劳动,计工分,分报酬。1965 年后,知识青年上山下乡,主要以集体形式插入生产队,也有单独建队的知青点,或回原籍投亲靠友插入生产队,还有的以统一分配到省内外生产建设兵团、国营农(林)场等。从 1974 年起,改变安置形式,多数以工厂(商店)和公社挂钩,实行"三集中一分散"(集中吃饭、集中住宿、集中学习,分散劳动的知青点)的集体安置,也有单独建立集体知青场、队。

　　知识青年上山下乡在经费和物资上,政府给予一定的补助。1971 年后,因病、因特殊情况不适宜在农村插队落户及在兵团、农场工作的知识青年,经批准后陆续返回杭州。1973 年以后,市劳动局每年下达一定数量的招工指标,从下乡、回乡知识青年中招收工人,也有部分知青被推荐去上学、参军。1975 年 10 月后,对当年退休、病亡职工的子女,补员招工时可在同等条件下优先录用,吸收一批回城知青。1978 年,杭州市对支边插队落户的知识青年,集中进行"病退""特照"和"困退"工作。从 1979 年起,对跨省、跨地区插队落户的未婚杭州知识青年,采用"困退"的办法批准回杭。经采取多种措施,到 1985 年底止,全区上山下乡知识青年基本返城,并相应地得到安置。　　　　　　　　(经济管理篇第二章《劳动工资》,第 275 页)

《江干区志》

《江干区志》编纂委员会编,中华书局 2003 年

　　是年(1964 年),开始动员知识青年上山下乡,至 1978 年全区有知青 9 532 人上山下乡。
　　　　　　　　　　　　　　　　　　　　　　　　　　　　　　(《大事记》,第 41 页)

　　(1976 年)11 月 27 日,召开江干区首届上山下乡知识青年积极分子代表大会。
　　　　　　　　　　　　　　　　　　　　　　　　　　　　　　(《大事记》,第 45 页)

　　(1966 年)8 月,安置城镇知识青年 458 人进场(红垦农场)工作。
　　　　　　　　　　　　　　　　　　　　　　　　(第五篇第五章《国营农场》,第 196 页)

　　1973 年 3 月恢复劳动科,9 月成立知识青年上山下乡办公室。1974 年 3 月撤销劳动科,1978 年 9 月恢复,1980 年 1 月改为劳动局。同年 3 月,撤销知识青年上山下乡办公室。
　　　　　　　　　　　　　　　　　　　　　　　　　　(第十九篇第一章《机构》,第 654 页)

"文化大革命"期间,企事业单位用工,由劳动部门统一安排输送。主要招收经批准留城的中学毕业生,经两年以上劳动锻炼或按规定特殊照顾和因病批准回城的下乡知识青年及其他社会闲散劳动力。

(第十九篇第二章《劳动管理》,第 657 页)

全区共调配 2 103 人就业,其中留城知识青年 1 268 人、返城的下乡知识青年 391 人。1978 年 6 月起,实行工人退休、退职后,由其子女顶替,补充自然减员的政策。市区范围内的退休、退职工人,其家庭生活确有困难,或有多名子女上山下乡、就业子女较少的,可以招收 1 名符合条件的子女参加工作。

(第十九篇第二章《劳动管理》,第 657 页)

是年(1979 年),包括补充自然减员在内,全区共安置 7 705 人就业,其中 886 人为返回城镇的下乡知识青年。

1980 年,杭州市招工实行各部门着重安置本系统、本单位职工子女中的待业人员,集体所有制单位优先招收本系统职工子女和统筹安排机关干部、职工子女相结合的办法,全区共招工 4 799 人,其中下乡返城知识青年 155 人、征用土地安置农村劳动力 1 037 人。

(第十九篇第二章《劳动管理》,第 657 页)

第四节　城镇知识青年上山下乡

1964 年 1 月,中共中央、国务院发出《关于动员和组织城市知识青年参加农村社会主义建设的决定(草案)》。次月,浙江省城镇人口回乡下乡安置领导小组规定,年龄在 16 周岁以上,身体健康,能够从事农业劳动的停学青年和在城镇尚无固定工作的青年,为动员下乡参加农村社会主义建设的对象。是年,全区有知识青年 46 人去农村人民公社插队,810 人去农场参加农业生产。

1968 年 12 月,毛泽东主席发出"知识青年到农村去,接受贫下中农再教育,很有必要"的号召。次年,杭州市规定 1966—1968 年三届初中、高中毕业生,凡符合上山下乡条件的,都安排到农村、边疆参加农业生产,不得留城就业。1973 年 9 月,杭州市革委会的规定:凡年满 17 周岁的城镇中学毕业生和社会青年,除了按国家计划直接升学和参军,因病、残不能参加农村劳动,多子女家庭身边只有一个子女或独生子女,父母病、残生活不能自理和父母死亡而弟妹年幼无人照顾,中国籍的外国人子女和归侨学生之外,都应动员上山下乡。区委决定区属机关、企事业单位的干部、职工和居民中户口和粮食供应关系在杭州市的子女均应动员上山下乡,可回原籍插队落户的,要积极动员回原籍参加农业生产。是年,区革委会成立知识青年上山下乡领导小组,并设办公室。随后,各街道革委会也相继成立知识青年上山下乡办公室,动员知识青年上山下乡。1974 年 11 月,市革委会对城镇中学毕业生分配问题作了若干规定,留城面有所扩大。1978 年,又规定只有两个子女的家庭,不动员下乡,3 个子女的家庭动员 1 人、4 个以上子女的家庭动员 2 人,病、残不能参加农业生产劳动和家庭有特殊困难的可以照顾留城。

1964年和1968—1978年,全区共有城镇知识青年9 532人上山下乡。其中:杭州地区插队4 595人(市郊插队744人),去杭州地区农场1 015人(市郊农场301人),省内插队601人,去省内生产建设兵团和农、林场685人,去黑龙江、宁夏插队1 095人,去黑龙江、内蒙建设兵团和农、林场1 452人,其他89人。在此期间,区知青办对因病或有特殊困难不宜参加农业生产的城镇知识青年,办理留城和从农村返回城镇的手续。1972—1973年,有154人批准留城和从农村返回。1978年,区知青办对去边疆插队落户的知识青年办理"病退"、"特别照顾"和"困退"手续。是年,全区待安置工作的留城知识青年共有2 255人。

1979年起,杭州市停止动员城镇知识青年上山下乡。已下乡的知识青年,可就地或返回城镇安排就业。当年,全区有1 033人返回城镇。1980年,市财税局拨款5万元、市知青办拨款3万元,兴办笕桥皮革服装厂和钱江毛笔厂,安置返城知识青年。1985年9月,市政府规定,与当地农民结婚的返城男知识青年,可在配偶所在地将其15周岁以下的子女1人转为城镇居民,由国家供应商品粮。是年,区知青办先后审核上报此类人员276人。1991年开始,上山下乡知识青年的子女可以有1人办理入户杭州市的手续。至1996年,全区共办理890人。

1964—1978年江干区城镇知识青年上山下乡人数　　　　　　　单位:人

年份	合计	插队						建设兵团及农、林场						其他
		小计	杭州市郊	杭州地区	浙江省内	黑龙江省	宁夏自治区	小计	杭州市郊	杭州地区	浙江省内	黑龙江省	内蒙古自治区	
合计	9 532	6 291	744	3 851	601	1 008	87	3 152	301	714	685	1 110	342	89
1964	165	165			165									
1969	866	593		524		69		273		191	71	11		
1970	2 786	1661		319	436	906		1 125		66	171	888		
1971	1 494	291		258		33		1 114	301	30	298	143	342	89
1972	393	325		325				68				68		
1973	835	835	100	735										
1974	338	338		338										
1975	401	401		401										
1976	634	634	197	437										
1977	641	641	307	334										
1978	134	134		134										
不详	845	273	140	46			87	572		427	145			

(第十九篇第二章《劳动管理》,第661—663页)

《余杭县志》

余杭县志编纂委员会编,浙江人民出版社1990年

是年(1964年),开始组织城镇知识青年"上山下乡,插队落户"。 (《大事记》,第29页)

(1968年)1966、1967、1968三届高、初中毕业生全部动员上山下乡。以后每年进行,直至1978年。1979年开始回城镇安置,至1982年,安排就业工作基本结束。

(《大事记》,第31页)

(1978年)2月,长乐公社下乡知识青年李月莲(女)被选为第五届全国人大代表。

(《大事记》,第37页)

1974年,利用上山下乡知识青年的关系,实行厂队挂钩,创办为城市工厂配套加工的工厂。1976年末,全县有社、队办企业614家,职工17 282人。 (第三编第四章《乡镇企业》,第148页)

1964年,开始组织城镇知识青年下乡务农。至1979年,共有30 806名城镇知识青年在本县农村插队落户。其中本县知识青年有13 594名,杭州知识青年16 012名,外省、外县知识青年1 200名。全县共拨出知识青年经费1 093万元,为知识青年在农村建房3 505间;另有697名知识青年去浙江省生产建设兵团;238名去黑龙江省大兴安岭林区,48名去黑龙江省牡丹江地区,历年下乡知识青年人数如下表:

年 份	知青总数	其 中		
		本 县	杭州来	外省、外县来
1964—1966	2 687	1 079	1 608	
1969	6 737	2 871	3 786	80
1970	2 594	1 876	698	20
1971	1 293	572	704	17
1972	733	201	522	10
1973	3 928	2 198	1 700	30
1974	1 863	636	1 217	10
1975	2 785	1 184	1 521	80
1976	3 570	1 372	2 038	160
1977	3 110	1 112	1 777	221
1978	1 374	493	441	440
1979	132			132

1970 年起,招工时开始招收部分下乡知识青年回城镇安置。1975 年开始,凡在农村招工全部招收下乡知识青年。这年,安置知识青年 2 569 名,1978 年,通过招工、补员、升学、参军等途径,安置下乡知识青年,并鼓励知识青年个体开业经营,国家在经济政策上给予优惠。至年末,安置 2 154 名。1979—1982 年,又安置 11 194 名。至此,全县下乡知识青年基本安置结束,包括 1 754 名已在农村结婚的知识青年。在农婚知青中,1 480 名进乡镇企业工作,205 名顶职,50 名立志务农,9 名个体开业,另有因病无法安置就业的 10 名。

(第八编第四章《劳动管理》,第 469—470 页)

《余杭市志》

余杭市地方志编纂委员会编,中华书局 2000 年

1964 年 2 月 10 日,朱德再次视察九堡蚕桑场。12 月,四岭水库动工兴建。是年,开始组织城镇青年"上山下乡,插队落户"。
(《大事记》,第 15 页)

1966、1967、1968 三届初、高中毕业生全部动员上山下乡。
(《大事记》,第 15 页)

《富阳县志》

富阳县地方志编纂委员会编,浙江人民出版社 1993 年

(1964 年)6 月 28 日,富阳县首批 32 名知识青年到三山公社上新眺大队插队落户。

(《大事记》,第 35 页)

是年(1969 年),动员 1966—1969 三届高、初中毕业生 1 674 人到农村插队落户。次年,又动员 110 名去余杭浙江生产建设兵团,76 名赴黑龙江省林区和公社。

(《大事记》,第 37 页)

1976 年,(新联乡农场)利用白洋溪改道所废弃的近百亩河滩地开发而建。前期有职工近百人,大多是杭州市的下放知识青年,时称"新联公社知青农场",后杭州知识青年陆续回城就业,农场以当地农工为主。
(第六编第七章《农场》,第 275—276 页)

第二节　知识青年安置

1964 年,动员城镇知识青年上山下乡。6 月 25 日,富阳镇首批 32 名知识青年到三山

公社上新眺大队插队落户。下放人员由政府拨给一定经费,生产队安排住房。1966—1968年,有1674名高、初中毕业生到农村插队落户。1970年,执行中央指示,动员知识青年去余杭浙江生产建设兵团落户;10月,76名知识青年到黑龙江省大兴安岭新林区前进公社落户。

1976年5月17日,对1961—1963年调整时期随城镇精简人员迁户下放的1543名中学毕业生和社会青年,批准列入知识青年范围。至1976年,全县上山下乡知识青年6597名,又杭州市下放富阳各乡4545名,外省市来富阳插队196名,上山下乡知识青年共计11338名。

1970年起,招收部分下乡知识青年回城安置。1975年开始,有计划招收安置下乡知识青年。至1979年,安置就业3229名(其中部分输送杭州市、市属企业)。至1986年,下乡知识青年全部安置就业。　　　　　　　　　(第二十编第三章《就业安置》,第663页)

《临安县志》

临安县志编纂委员会编纂,汉语大词典出版社1992年

是年(1964年),临安县安置首批下放知识青年1314人。　　　(《大事记》,第22页)

(1968年)12月,毛主席发出"知识青年到农村去"的号召后,城镇知识青年上山下乡掀起高潮。　　　　　　　　　　　　　　　　　　(《大事记》,第23页)

1966至1976年,招收新工人7657人。其中:招收农村青年3521人,城镇青年407人,知识青年"上山下乡"两年以上的908人;其他大中专毕业生、复退军人、临时工转正等有2821人。　　　　　　　　　　(第二十二编第一章《劳动就业》,第574页)

党的十一届三中全会后,新建、扩建一批厂矿企业,招收大批新工人,同时安置上山下乡知识青年劳动就业,扩大职工队伍。　　　(第二十二编第二章《职工队伍》,第575页)

第五章　知识青年上山下乡

1964年8月,开始动员和组织知识青年上山下乡,主要对象为临安、於潜、昌化镇年满16至25周岁,具有高小以上文化的未婚青年,及25至40周岁的社会闲散劳动力,至1965年末,除本县下乡知青246人外,接收杭州市下乡知青1068人,在21个公社、116个大队、515个生产队里插队落户。1968年下半年,实行"四个面向"(面向基层、农村,工矿、边疆)分

配"66"、"67"、"68"届初高中毕业生。12月响应"知识青年到农村去,接受贫下中农再教育"的号召,兴起知青上山下乡热潮。1968至1969年,下乡知青2 638人。其中本县知青558人,杭州市知青2 080人。此后,历年动员知青上山下乡,至1978年共下乡知青15 323人。其中本县知青2 401人,杭州市知青12 099人,外地下乡、转插队和补办知青手续823人;除病困退回202人外,分别安置到40个公社、530个生产大队落户。其中插队落户6 752人,集体安置6 633人,创办知青农、林、牧场(队)18个、932人。下乡知青的住房、自留地、农具、口粮等由当地政府安排落实。住房不少于20平方米,自留地按社员标准分,农具费30元,口粮各地标准不等,国家补足700斤,同工同酬,确保基本生活,国家补助医疗费5元,学习资料费10元。后数次提高安置标准,给予生活、建房、农具、医疗费补助。历年下拨知青下放安置经费606.36万元,补助粮票141.82万斤;计划供应建房用木材、钢材、水泥等,建房8 696间,约17.38万平方米。

上山下乡知识青年人数:

年　份	总　计	本　县	杭　州	其他地区
1964—1965	1 314	246	1 068	
1968—1969	2 638	558	2 080	
1970	718	406	284	28
1971	234	2	232	
1972	397		394	3
1973	956	196	751	9
1974	1 216	200	978	38
1975	1 958	230	1 691	37
1976	2 427	240	2 136	51
1977	2 138	262	1 828	48
1978	733	61	657	15
累计	14 729	2 401	12 099	229
外省转插	413			
补办知青手续	181			
合计	15 323			

知青安置　1971年始,从下乡知识青年中择优招收职工,至1980年,有1 758人进入厂矿企业,同时采取多种形式安置。1978和1979年,全民企业中创办集体单位28个,安置895人;商业部门扩大营业点,安置84人;县属集体企业中增加附设车间,安置361人;按病退和困退政策安置202人;升学、参军591人;统筹安排已婚下乡老知青909人。1980年

止,除因病残在农村落户及因故死亡和回原籍安置外,15 000 余名下乡知青,其中本县 2 401 人,杭州市 12 099 人。通过招工、招生、参军、病困退、"顶职"等渠道安置结束,尚有 232 名在农村已婚知青,住房 2 765 间,5 587.7 平方米,发给住房产权证书,归其所有;其余知青住房交当地社队处理。

……

支边 1970 年 4 月,动员 61 名知识青年,其中男 34 人,女 27 人,赴黑龙江虎林县生产建设兵团,支援边疆建设,其中 2 名当地插队落户。一年后,全部返回安置,其中病退 8 人,特照 2 人,参军 4 人,读书 1 人。(第二十二编第五章《知识青年上山下乡》,第 579—580 页)

《淳安县志》

淳安县志编纂委员会编,汉语大词典出版社 1990 年

(1969 年)5 月 4 日,有 82 名知识青年抵达黑龙江省饶河县插队落户。

(《大事记》,第 25 页)

1978 年,由于下乡知青回城和处理历史遗留问题,城镇待业青年达 1 300 人,每年新增初、高中毕业待业青年在 350 人左右。1980—1985 年间,通过全民、集体企业招工、补替,劳动服务公司和个体经营等多种渠道,安置待业青年 3 385 人。待业问题基本得到解决。

(第二十编第二章《劳动》,第 510 页)

从 1968 年开始,城镇知识青年到农村插队落户。至 1978 年,共下乡 5 765 人,其中支援边疆建设 50 人,分配在生产建设兵团 1 854 人,分配在本县乡村农场、林场、畜牧场和生产队 3 861 人。

从 1970 年开始,每年约有 200 名左右知识青年招工回城。1978 年后,下乡知青普遍得到安置。至 1982 年,除在农村落户、考取各类学校和参军入伍外,全部安置完毕。

(第二十编第二章《劳动》,第 510—511 页)

《萧山县志》

萧山县志编纂委员会编,浙江人民出版社 1987 年

(1968 年)8 月,城镇知识青年上山下乡掀起高潮。1979 年止,全县(包括外地城镇)下放农村的城镇知青共有 37 000 人。后逐步进行安置,至 1984 年底,基本上安置完毕。

(《大事记》,第 51 页)

第三节　支援边疆

1969年,本县动员城镇知识青年支边,去向为黑龙江省。先后共去793人,717人在大兴安岭林场当工人,76人在虎林、饶河等县农村插队落户。数年后,因生活不习惯等原因,极大多数已陆续返回萧山。　　　　　　　　(第十七编第五章《支宁　支内　支边》,第732页)

为扶持41个乡镇企业安置下乡知识青年,县地方财政拨款68万元,并借贷生产扶持资金109万元。财税部门对安置知识青年的乡镇企业减免税收,1980年—1981年两年,全县安置知识青年的乡镇企业减免各种税收191万元;

女知识青年的农民配偶可顶替招工,1981年全县顶替招工52人;

对丧失劳动力的知识青年,拨给一次性补助;

对少数犯罪判刑或劳动教养的知识青年,刑期满后,一般不回农村,由动员地待业安置。

经采取上述措施,至1984年,全县下乡知识青年基本安置完毕。

(第十八编第五章《劳动就业》,第757页)

第四节　待业安置

由于上山下乡的城镇知识青年逐步回城和"文化大革命"期间就业门路的严重阻塞等原因,至1978年,全县约有20 000余名城镇人员待业。1979年开始,改革劳动就业制度。到1984年,全县通过全民、集体企业招工和补员,劳动服务公司和城镇街道、乡镇企业的安置,扶持待业人员个体开业,大、中专和技校招生等途径,共安置城镇待业人员23 995人。是年,第一次实现当年安置人数超过上年结转待业人数,提前一年实现党中央提出的"到1985年以前大体上解决好历年积累下来的待业青年的就业问题"的要求。

(第十八编第五章《劳动就业》,第757页)

《萧山围垦志》

费黑主编,上海人民出版社1999年

孙妙芬(1952—1971),女,浙江宁波市人。1952年1月4日出生于工人家庭,8岁进偃月街小学,18岁毕业于宁波市第八中学(初中)。她刻苦学习,乐于助人,积极参加社会实践,在中学期间3次被评为优秀学生、5次受到奖励。1970年11月,她响应"上山下乡"的号召,申请到设于萧山围垦的浙江生产建设兵团去锻炼,同年12月,被分配在二师六团八连(今萧山市第二农垦场)。次年2月,被选为出席兵团二师六团第一届学习毛泽东思想积极分子代表大会代表;4月,加入共青团组织,并任八连九班副班长。孙妙芬生活上艰苦朴素,学习、工作都很努力。

1971 年 6 月 4 日上午,八连的干部、战士为抢种水稻,冒雨出工。由于连日下雨,河水上涨,通往劳动地点的机耕路被冲开一个大缺口,只得绕道涉水前往。孙妙芬背着装有全班饭碗的网袋,和同班战士李雪芬同行。当两人刚绕过大缺口,跨上机耕路时,突然传来呼救声,猛见缺口里有人(十班女战士丁国君)在水中挣扎。孙妙芬一边大声呼喊救人,一边甩掉网袋,和李雪芬先后跳入缺口救人。但水深流急,她俩又不会游泳,无法接近落水战友,反被急流冲向深处而沉入水底。闻讯赶来的同连战友纷纷扑向水中,相继将李雪芬、丁国君和孙妙芬救起。李、丁两人得救,唯孙妙芬因在水中时间过长,经多方抢救无效而牺牲,年仅19 岁。

孙妙芬牺牲后,浙江省革命委员会于 1972 年 8 月 28 日授予她"革命烈士"称号;二师六团党委追认她为中国共产党党员;浙江生产建设兵团党委给她追记二等功;号召兵团广大干部、战士向孙妙芬学习。 (第八编第一章《人物传》,第 385 页)

《桐庐县志》

桐庐县志编纂委员会编,浙江人民出版社 1991 年

是年(1964 年),杭州首批知识青年下放九岭、洋洲公社落户。至 1978 年,共接收北京、上海、杭州等城市知识青年 7 239 名,均安置在农村落户。至 1985,95％以上的知识青年回原籍。 (《大事记》,第 30 页)

(1969 年)2 月 5 日,桐庐镇首批知识青年 170 余名,至农村插队落户。至 1978 年,全县动员城镇知识青年 2 523 名到农村落户。1985 年止,大部分知识青年返回城镇安置就业。

(《大事记》,第 33—34 页)

(1969 年)4 月 8 日,76 名知识青年到黑龙江伊南县落户。至 1970 年,576 人先后赴黑龙江落户。 (《大事记》,第 34 页)

1964—1978 年,接收杭州、北京、上海等城市的知识青年 7 239 人到农村插队落户,至1983 年,95％以上已回原籍安置工作。同时本县去外县落户的有 726 人,其中回乡 71 人,去边疆落户 576 人,分配到浙江建设兵团工作 79 人,又因工作调动、参军、升学、经商、婚嫁等原因,人口变动频繁,但人数不多。 (第三编第一章《变动》,第 80 页)

1969 年 2 月 5 日,第一批知识青年 170 多人到农村插队落户。1969 年 4 月 8 日到 1972年,先后八批 576 名知识青年赴黑龙江省农村和农、林场落户。1968—1978 年,安置下乡知

识青年 8 760 人,其中杭州下乡知识青年 6 032 人,桐庐城镇下乡知识青年 2 523 人,外地回乡知识青年 175 人,动员去外地安置 726 人。1979 年起,不再动员知识青年上山下乡。

(第二十三编第一章《劳动》,第 557 页)

1969 年,实行教师回队任教,210 余名外地教师回原籍任教,与外地回本县任教的数额相抵,公办教师减少 100 多人,吸收高初中毕业生和下放知识青年补充教师队伍。

(第二十四编第六章《教师》,第 592 页)

《建德县志》

建德县志编纂办公室编,浙江人民出版社1986 年

"文化大革命"期间,开始下放知识青年。自 1968 年 10 月至 1978 年底共下放知青 13 104 人。其中支边 305 人,建设兵团 400 人,本县农村插队落户 12 399 人。从 1978 年起,对下放知青与城镇待业青年分批安置就业。至 1982 年止,下放知青除病退回城 80 人,困退回城 109 人,死亡 13 人,因公负伤由民政局定期补助 1 人外,其余 12 196 人全部安排就业。

(第九章《劳动人事》,第 610 页)

(1968 年)12 月,本县开始下放知识青年。1978 年开始收回安排就业,至 1982 年全部安置完毕。

(《大事记》,第 24 页)

(1977 年)5 月 6 日至 10 日,县委召开全县"农业学大寨"会议,县、区、社、大队各级领导干部,"农业学大寨"先进集体、先进个人代表、上山下乡知识青年代表,农林场和支农厂矿代表,共 1 100 多人参加了会议。

(《大事记》,第 28 页)

《建德市志(1978—2005)》

《建德市志》编纂委员会编,浙江人民出版社2010 年

同年(1978 年),建德县开始安置下放知识青年,至 1982 年,下放农村的 1.2 万余名知青全部回城镇,并予安排工作。与此同时,积极做好城镇待业青年的安置工作。1978—1982 年,全县共安置城镇待业青年 11 527 人,其中本县招工 9 036 人 ,杭州市招工 249 人。

(《大事记》,第 64 页)

《宁波市志》

宁波市地方志编纂委员会编,中华书局 1995 年

(1955 年)9 月 2 日,老市区青年 130 人首批去镇海双石人山垦荒生产。至 10 月底,共有 1 254 人分赴余姚东岗山、宁海茶山、慈溪大蓬山等 10 处垦荒。 (《大事记》,第 108 页)

(1957 年)8 月 2 日,市 10 名应届初中毕业生首批下乡支农,落户慈北掌起乡。年底,至慈溪、镇海落户的中小学毕业生 60 人。 (《大事记》,第 111 页)

(1963 年)6 月 7 日,市动员社会知识青年 580 余名去宁海青珠农场、余姚林场、东钱湖渔场等地安家落户。 (《大事记》,第 117 页)

(1964 年)6 月 16 日至 21 日,召开地、市回乡、下乡知识青年积极分子代表会议。

(《大事记》,第 118 页)

(1969 年)4 月 21 日、27 日,地、市首批 1 500 余名知识青年赴黑龙江省的农场参加生产和插队落户。 (《大事记》,第 124 页)

(1970 年)10 月 16 日,老市区、镇海县首批 1 600 余名知识青年赴浙江生产建设兵团。11 月 29 日,老市区 900 余名知识青年赴大兴安岭地区。 (《大事记》,第 125 页)

(1971 年)9 月 9 日,市参加内蒙古自治区生产建设兵团 800 余名知识青年离甬。

(《大事记》,第 125 页)

(1972 年)7 月 15 日、17 日,地、市 1 200 余名知识青年赴吉林省插队落户。

(《大事记》,第 126 页)

(1976 年)2 月 10 日至 15 日,市召开上山下乡知识青年积极分子代表大会。

(《大事记》,第 128 页)

(1979 年)2 月,停止城镇知识青年定向支农,历年支农支边知识青年分批回城安置,至年底有 85％人员返回。 (《大事记》,第 130 页)

1966至1976年据市劳动局统计,1966年前后全市共动员上山下乡支农支边知识青年达10.4万余人(不包括外省、市来插队落户和回乡青年15 638人),其中老市区40 794人,各县、市63 288人。1971年后上山下乡知识青年陆续返回,1971年至1976年迁入大于迁出,年均迁入6 487人,迁出4 026人,迁移净增2 461人,净迁移率8.4‰。

　　1977年至1990年,初期上山下乡知识青年、少数城镇居民按照政策继续返回城镇,1979年后,政策开放,工业和各项事业较大发展,迁入人口迅速增加,14年中年均迁入22 892人,迁出17 164人,迁移净增5 728人,净迁移率11.8‰。

　　向市外迁移大者两次,一次是1958年至1959年,有2万多青年赴宁夏,其中老市区和镇海县13 040人,后绝大部分返回。另一次是60年代,赴黑龙江、内蒙古、新疆、吉林等省、自治区支边的18 212人城镇知识青年,1980年前绝大多数陆续返回。

(第四卷第一章《人口数量》,第287页)

　　1964年6月至1978年,动员104 082名知识青年上山下乡,1979年后安置回城镇。次年起,贯彻劳动部门介绍就业、组织起来就业和自谋职业的"三结合"就业方针,建立劳动服务公司。

(第六卷第三章《劳动工资》,第413页)

　　1956年3月、4月,宁波市、绍兴市动员失业青年3 777名,去余姚、宁海、奉化、三门等地参加农业生产。次年8月至12月,老市区50名中小学毕业生落户慈溪、镇海农村。1964年至1966年,宁波市和宁波专区各县分别动员8 593名和8 384名城镇青年回乡、下乡参加农业生产。1958年4月至6月,宁波市(老市区)共动员13 040名城镇青年支援宁夏建设。1969年,成立市动员知识青年到农村去领导小组办公室。1973年市、地分别成立知识青年上山下乡领导小组办公室。至1979年,支边支农知识青年共104 082人。内老市区40 794人。其中1964年至1966年8 593人,1967年至1972年22 444人,1973年至1979年9 757人。支边支农去向:去外省的,兵团4 730人(新疆1 083人、内蒙古1 460人、黑龙江1 642人、黑龙江32团545人),林区2 405人(大兴安岭林场1 828人、大兴工程公司382人、大兴安岭煤矿96人、松花江林场99人),农场2 185人(笔架山1 434人、梧桐河227人、鹤立河524人),插队2 522人(桦南467人、罗北603人、集贤826人、汤原520人、吉林长岭106人)。省内上山下乡数,浙江兵团6 153人(工业兵团1 215人、农业兵团4 938人),三场(指农场、林场、渔牧场)1 278人(联合三场900人、地区三场130人、市郊三场248人),各县农村插队6 506人(镇海1 200人、余姚1 000人、慈溪500人、奉化1 400人、象山50人、宁海137人、鄞县2 100人、外地回原籍119人),市郊插队15 015人。

　　1968年至1979年财政拨支安置经费2 011.1万元,实付1 852.9万元,用于城乡两头安置支边支农知青。1979年回城安置27 201名,其中市区9 559人、余姚4 246人、慈溪3 373人、奉化2 624人、象山1 093人、宁海1 012人、鄞县5 294人。至1980年底,各县回城安置

2715

62 909 人,占下乡知青总数 99.4%。

1969—1979 年动员知识青年上山下乡情况

		总　计	宁波市	地　区	其　中　各　县						
					镇　海	余　姚	慈　溪	奉　化	象　山	宁　海	鄞　县
总　　数		104 082	40 794	63 288	11 363	8 656	11 292	5 176	3 676	3 145	11 596
支边人数		17 077	11 600	5 477	1 180	1 324	887	429	20		1 637
其中	新　疆	1 084	1 084								
	内　蒙	2 014	1 462	552	62	394	94	2			
	吉　林	1 511	106	1 405	25	446	521	96			317
	黑龙江	12 468	8 948	3 520	1 093	484	272	331	20		1 320
支农人数		87 005	29 194	57 811	10 183	7 332	10 405	4 747	3 656	3 145	9 959
其中	浙江兵团	8 022	5 980	2 042	525	430	442	208	147	136	154
	集体场队	3 953	1 278	2 675		551	909	73	226	265	651
	分散插队	42 706	21 521	21 185	4 349	2 872	3 977	1 975	1 818	1 242	4 952
	其　他	32 324	415	31 909	5 309	3 479	5 077	2 491	1 465	1 502	4 202

注:动员下乡人数中不含外省市回本市、区的安置人数;地区动员支农总人数及其他栏总数中含 1966 年以前未分县支农人数 8 384 人。

1979 年底前老市区知青回城安置情况

项　　目	总　计	原　下　乡　支　边　地				
		外省四场	本省四场	外省插队	本省插队	市郊插队
历年下乡知青总数	40 794	9 325	6 481	2 935	6 677	15 376
历年转点迁移人数		−530	−500	−270	−98	＋1 398
招　工	12 350			846	2 300	9 204
补　员	11 103	2 145	2 350	400	2 259	3 949
病　退	5 564	4 078	249	648	353	236
困　退	944	98	67	616	96	67
参　军	1 091	120	80	60	80	751
社队企业	212					212
升　学	623	60	40	40	70	413
外地调工	2 515	950	1 565			
四场商调	590	102	488			
其　他	47	18	6	5	3	15
安置合计	34 992	7 553	4 839	2 610	5 158	14 832
尚待安置数	5 755	1 224	1 136	50	1 418	1 927

注:历年下乡人数不含外省市回乡插队人数;1979 年底止历年回城安置人数占下乡总人数 85.78%,四场均包括兵团。1980 年后安置额未作统计。

(第六卷第三章《劳动工资》,第 414—415 页)

1970 年至 1976 年,地区信访室受理 13 008 件,其中来信 9 679 件、来访 3 329 件;市信访室受理 27 030 件,其中来信 13 741 件、来访 13 289 件,大多反映劳动就业、工资福利、知识青年上山下乡等问题。

1976 年粉碎江青反革命集团后,信访猛增。1979 年,地区信访室收到来信 3 039 件、接待来访 983 件,市信访室收到来信 5 120 件、接待来访 4 243 件,大多要求落实政策、平反冤假错案、处理历史遗留问题。此年,处理信访积案、解决成批性信访问题 58 个,主要是"文化大革命"期间冤假错案平反的善后处理,挤占私房、查抄财物的清退,历史老案与错划成份的复查,60 年代初期精减职工、知识青年上山下乡的遗留问题,农村无户口人员的落实户口问题,残疾人的生活出路,革命根据地在乡老同志(即老党员、老民兵、"红色堡垒户")的生活困难补助等。

(第三十卷第四章《信访》,第 1870 页)

《温州市志》

温州市志编纂委员会编,中华书局 1998 年

(1956 年)1 月 29 日,温州青年志愿垦荒队员 204 名赴大陈岛开荒。青年团中央派代表来温送贺信,赠锦旗。

(《大事记》,第 57 页)

(1964 年)6 月 22 日,温州市首批 85 名知识青年下乡插队。各界代表 1 500 多人参加欢送。

(《大事记》,第 61 页)

(1965 年)6 月 16 日,温州市开始动员知识青年支援边疆建设。　(《大事记》,第 61 页)

(1968 年)9 月上旬,温州市动员 1967 年大中专毕业生去农村插队落户。

(《大事记》,第 62 页)

(1969 年)1 月 9 日,温州市动员 1968 年大中专毕业生去农村插队落户。
3—9 月,温州市先后动员 3 920 名知识青年到黑龙江参加生产建设兵团。

(《大事记》,第 63 页)

(1970 年)5 月 16 日,温州市召开欢送知识青年赴黑龙江参加生产建设大会。人民广场进出口处人群拥挤,发生严重伤亡事故,踩死 16 人,伤 60 余人。　(《大事记》,第 63 页)

10 月 24 日,温州地、市知识青年 1 100 多名赴黑龙江大兴安岭林场落户。

(《大事记》,第 63 页)

1955—1977年组织知识青年上山下乡、支边支农。全市先后共10余批,计27 330人(不包括去市郊和地区各县农村插队数),其中1955年去黄岩1 200人、大陈岛200人、龙泉500人;1959年去宁夏13 644人,1964年去新疆建设兵团1 520人,1969—1971年去黑龙江建设兵团7 412人,内蒙古建设兵团61人、浙江建设兵团2 793人。

(卷六第二章《人口变动》,第318页)

1966—1976年"文化大革命"时期,干部、知识分子下放农村,知识青年上山下乡,非农业人口占总人口的比重逐年下降,由1966年的11.88%下降到1976年的10.54%;1977年又降至9.92%,是建国以来最低的一年。1978年中共十一届三中全会后,全市非农业人口开始逐年增加,由1978年的55.98万人增至1990年的98.28万人,12年净增42.30万人。

(卷六第四章《人口构成》,第338页)

温州市动员知识青年上山下乡,始于1955年,到大陈岛开荒200余人,到黄岩金清农场1 200余人,到庆元、龙泉、云和等林场500余人。此后陆续分批动员知识青年支援宁夏、到新疆建设兵团、黑龙江建设兵团和农场、内蒙古建设兵团、浙江建设兵团以及到温州市郊插队等,共10余批,计24 793人。

知识青年上山下乡工作原由市精简安置办公室与市劳动局合署办公负责进行。1969年成立市"四个面向"办公室(面向农村、面向基屋、面向山区、面向边疆),至1974年撤销,并成立市知识青年上山下乡领导小组及办公室。1981年,市知识青年上山下乡办公室并入市劳动局。

知识青年上山下乡经费全部由国家专项拨款。1964年下乡插队每人242元,回乡每人55元;1968—1971年下乡插队每人230元,回乡每人50元,到农场及边疆每人400元。统一使用,不平均分配。

1971年后,对中学毕业生已不再动员支边、下乡。1973年国家对支边、下乡知识青年规定了"病退、困退"政策。1979年,温州市根据国务院《关于知识青年上山下乡若干问题试行规定》,通过招工、招干、顶替、困退、病退等,开展对支边、下乡知识青年的回收安置工作,至1988年末共计回收安置就业22 507人,占市区支边、下乡知识青年总数的90.77%。

(卷六十三第一章《劳动就业》,第1928页)

"文化大革命"开始后,学校停课、工厂不招工,于是动员知识青年上山下乡。1969年温州地、市革委会成立"四个面向"办公室(面向农村、面向基层、面向山区、面向边疆),后改为市知识青年上山下乡领导小组及办公室。至9月11日,先后有5批3 920名初高中毕业知识青年到黑龙江安家落户。平阳、瑞安、乐清三县300名知识青年到内蒙古生产建设兵团参加生产建设。此后,温州市与各县又有一批知识青年到宁夏、吉林和本市农村插队落户。到

1971 年止,全区共有 24 793 名知识青年奔赴农村和边疆落户。1978 年后,除部分知识青年被当地招生招工录用外,其余都陆续返回原籍。

(卷七十四第三章《专署　市人民政府》,第 2215 页)

《温州市政协志》

《温州市政协志》编纂委员会编,上海社会科学院出版社 2006 年

(1964 年)9 月 9—14 日,市政协两次组织各界家属共 81 人前往知识青年插队劳动的市郊仰义公社和状元公社参观访问。

(《大事记》,第 18 页)

《苍南县志》

苍南县志编纂委员会编,浙江人民出版社 1997 年

(1969 年)4 月 20 日,平阳县革委会发出《关于掀起支边、支农、上山下乡新高潮》的通知。年内全县有 831 名在册城镇中学生去黑龙江、内蒙支边,有 4 000 人到农村插队落户。次年,又动员 4 700 人支边或插队。

(《大事记》,第 27 页)

“文化大革命”期间,动员知识青年(城镇中学在校生和社会知识青年)支边。今苍南境内从 1969 至 1972 年共有支边知青 611 人,其中去内蒙古建设兵团 49 人,黑龙江梧桐河等农场 105 人,大、小兴安岭林场 275 人,桦南县插队 182 人。支边知青边遣送边倒流,陆续返回。据 1979 年 3 月统计,仍在内蒙古和黑龙江各农场的 49 人,在大、小兴安岭林场的 259 人,总计 308 人。

(《人口》第三章《人口变动》,第 118 页)

1958 年开始,劳动就业的重点转向安置城镇的新增劳动力上。1963 年,国家进一步提出“统筹安排,城乡并举,以上山下乡为主”的方针,动员城镇待业青年支边和下乡插队落户,作为解决就业的办法。至 1978 年,平阳县有 6 587 名城镇知识青年支农支边。1979 年,改革招工制度,根据招工计划和招工条件,通过考试,择优录用。

(《人事劳动》第二章《职工》,第 211 页)

第二节　上山下乡知青安置

在特定的历史条件下,作为压缩城镇人口,安置待业人员的一条途径,平阳县于 1964 年开始动员城镇知识青年上山下乡,至 1966 年,上山下乡知识青年共有 2 142 人。其中到县

内各茶场 1 475 人,到生产队插队落户 467 人,还有 200 人去边疆支援工业建设。1969 至 1972 年,又动员 1966 年度至 1968 年度毕业的"三届生"及当年的初、高中毕业生和社会青年共 3 634 人,支援边疆建设,支援农业生产。其中 2 101 人到内蒙古、黑龙江等地;1 533 人到县内茶场和生产队落户。1973 年后,支边停止,下乡也逐渐减少,但至 1981 年止,仍有 1 285 名知青先后落户在县内集体农场和各公社生产队。

自 1973 年起,根据中央和省的有关政策,对下乡两年以上的知青,通过国家计划招工、补员招工、参军、升学等途径予以安置。对一户有 3 个以上子女上山下乡的,优先招用其中 1 名参加工作;对属于独生子女,多子女下乡而其父母无人照顾,或病残不宜继续参加体力劳动的知青,通过办理"特殊照顾","因病退回",迁回原籍,由劳动部门统筹安置就业。需经招工考试的,在考分和年龄上给予放宽。至 1981 年止,平阳县 7 061 名下乡支边知青,除极少数在边疆成家立业、因故死亡、犯罪判刑者外,都予妥善安置。其中安置全民单位 775 名,集体单位和乡镇企业 1 541 名,入学和参军 658 名,自谋职业 163 名,自愿安家农村 31 名,转外县和在外县招工就业 104 名,就地(场)转为正式职工 1 840 名;另一部分已在当地工作的,多数通过商调手续调回本县分配工作。   (《人事劳动》第二章《职工》,第 211—212 页)

1964 至 1972 年,又有 11 批知识青年分赴新疆、内蒙古、黑龙江等地安家,在今苍南境内的青年有 661 名。支边知识青年后来大部分陆续迁回原籍。

(《民政》第六章《移民 支边》,第 230 页)

《嘉兴市志》

《嘉兴市志》编纂委员会编,中国书籍出版社 1997 年

知识青年上山下乡 "文化大革命"前,嘉兴县曾动员 600 名知识青年到农村插队务农。1968 年 12 月,毛泽东主席发出"知识青年到农村去"的指示后,全区各县掀起知识青年上山下乡高潮。至 1976 年,各县共动员知识青年支农、支边 59 855 人,其中嘉兴县 25 263 人。国家用于知识青年的经费 1 028 万元,建房 14 137 间。1978 年后,除在农村已婚又自愿落户的外,均通过招生、招工、征兵、困退等多种途径,回城镇作了安置。

(第二篇《当代记事·"文化大革命"时期》,第 162 页)

70 年代前后动员大批城镇知识青年先后去边疆、大兴安岭林场、黑龙江建设兵团、浙江建设兵团和各地农村插队落户,后陆续返回,少数已婚青年留在当地。

(第五篇《人口·人口分布》,第 339 页)

1957—1966年上半年,群众来信来访主要有三类:一是申诉在"反右派"和"反右倾"斗争中被错误处理;二是要求解决城市精简下放人员、知识青年上山下乡中的一些实际问题。三是要求解决生产和生活中的一些实际困难。　　　(第九篇《中国共产党·党务工作》,第614页)

"文革"期间,来信来访主要反映知识青年上山下乡中的一些问题,以及要求澄清"文革"中被扣上莫须有的罪名,但在当时因受"以阶级斗争为纲"的影响,信访工作难以正常进行,许多合理要求得不到妥善解决,有的甚至被作为"政治案件"追查。

1976年下半年至1983年撤地建市前,信访大量增加,集中在要求纠正在"文革"中制造的冤假错案,落实知识青年上山下乡和城市精简人员政策问题。中央、省、地和各县(市)委对此类信件极为重视。　　　(第九篇《中国共产党·党务工作》,第615页)

知识青年下乡及就业安置　1964年,各县开始动员城镇知识青年(简称"知青")上山下乡。先后成立"毕业生办公室"、"知青上山下乡办公室"等,动员城镇中学毕业生到农村插队落户,1968年形成最高潮,此后成为制度。

1979年,停止动员知青上山下乡,重点转入知青回城安置。1983年,撤销"知识青年上山下乡办公室"。

从1971年开始,国家决定在上山下乡知青中优先招工,对病残下乡知青和家庭困难,父母身边无人照顾或是独生子女的。分别给予"病退"、"困退",户粮收回。对年龄较大,回城困难的知青,用拨款扶持乡镇企业安置到乡镇企业工作,粮户回收。嗣后,各县、市知青通过招工、招生、征兵、病(困)退、特照补员、外迁、提干、就地安置乡镇企业等途径先后离开农村返回城镇。农婚知青,给办理1名子女迁回城镇。支边、军垦知青,除当地已作安置外,均通过正常调动妥善予以安置。少数病残或严重丧失劳动能力的知青,由政府有关部门给予生活补助或救济解决。

70年代后期,大批精简人员、知青回收返城及城镇青年自然增长,安置就业成为社会突出问题。　　　(第十二篇《人民政府与政务·劳动》,第708页)

"文革"时期,地区各县中学教职工,由9 079人增至21 909人。增加的教师主要是从贫下中农、转业复员军人和下乡知识青年中吸收的民办教师。

(第十六篇《教育·中小学教师》,第872页)

(1964年)秋,嘉兴县城动员第一批知识青年600人,到农村插队落户。

(《历史年表》,第2411页)

是年(1968年)冬,各县发动知识青年上山下乡,"接受贫下中农再教育。"

(《历史年表》,第2412页)

(1973年)8月21日,地、县根据毛泽东主席批转有关上山下乡知识青年问题的一封信,先后建立专门办事机构,统筹解决上山下乡知识青年的实际问题。

(《历史年表》,第2413页)

《湖州市志》

湖州市地方志编纂委员会编,昆仑出版社1999年

是月(1964年4月),动员城镇知识青年上山下乡。 (《大事记》,第49页)

(1968年)11—12月,湖属各县动员1966—1968年三届初、高中毕业生去农村插队落户,接受贫下中农再教育。 (《大事记》,第51页)

(1969年)5月20日,嘉兴地区首批488名知识青年去内蒙古安家落户。

(《大事记》,第51页)

1964年开始,动员城镇知识青年(以下简称"知青")上山下乡,至1978年,共动员城镇知识青年支农支边40 241人(市区28 619人),外省外县到湖州农村插队"知青"2 522人(上海2 388人)。共拨知青经费955万元,用于安置"知青"住房、生活补贴和学习等费用。1979年,停止动员知识青年上山下乡。

1974年开始,通过招工、升学、参军、转干、病退、"特照"和父母一方退休、退职子女顶替等途径,逐步安置下乡"知青"。至1977年,调离农村的"知青"已有13 532人(市区8 646人)。后又经过几年努力,至1985年,对其余3万余名下乡"知青"基本安置完毕。并采取相应措施:对支援边疆建设城镇青年,除农婚者外,采取"特照",先回城镇,后安置就业;本市农婚"知青",就地就近安排在乡镇企业工作,并可附带1名子女办理"农转非"手续。同时利用"知青"生产扶持资金,扶持乡镇企业102家,安置"知青"4 383人;对安置"知青"占职工总数60%以上的企业,实施优惠政策,减免税收3年,下乡"知青"在农村插队期间,可计算连续工龄。 (第二十六卷第三章《劳动就业》,第1614页)

《平湖县志》

平湖县志编纂委员会编,上海人民出版社1993年

(1964年)是年,组织城镇知识青年上山下乡、插队落户。当年有566人到钟埭公社,次年又有598人去钟埭、白马、南桥公社插队落户。 (《大事记》,第37页)

(1969 年)1 月,响应毛泽东主席"知识青年到农村去"的号召,城镇开始逐批下放知识青年。至 1978 年止,共下放城镇知识青年和社会青年 7 348 人。1971 年起陆续回城镇就业,至 1980 年基本安置完毕。 　　　　　　　　　　　　　　　　　　　　（《大事记》,第 38 页）

1968—1970 年,城镇知识青年支边 703 人,去萧山、湖州建设兵团 304 人,70 年代后期大多陆续迁回。1981—1989 年每年迁出多于迁入,9 年间共出超 2 855 人。

　　　　　　　　　　　　　　　　（第四编第一章《人口变化》,第 133 页）

"文化大革命"期间,平均每年 600 多件(来信);最高的 1970 年为 817 件。来信的内容,……主要反映知识青年上山下乡中存在的问题和有的地方发生武斗要求调查处理等。

　　　　　　　　　　　　　（第二十二编第一章《中国共产党》,第 572 页）

【知识青年安置】

1964—1978 年,共动员城镇知识青年、社会青年支边和下乡 8 512 人;接收外地城镇知识青年来本地农村插队落户 300 人。1976—1979 年,对 1961—1963 年期间先后迁入农村的 680 名知识青年和社会青年补办了知青手续,使其享受下乡知识青年待遇。

1971 年起,按国家有关政策对下乡知识青年进行统筹安置。至 1980 年 6 月,安排知识青年招工就业 7 065 人、参军 143 人、升学 311 人。在建设兵团和国营农林场的 1 088 名知识青年,经招工转为正式职工。困退和病退的 717 人,返回城镇安置。其余一部分婚迁外地。到 1980 年上半年,上山下乡知识青年已安置完毕。　　　（第二十七编第一章《职工》,第 681 页）

《桐乡县志》

桐乡市桐乡县志编纂委员会编,上海书店出版社 1996 年

是年(1964 年),全县开始动员知识青年上山下乡,至 1978 年止,共有 10 592 名知识青年上山下乡。此外,又分批接收外省市来桐乡插队的知识青年 2 141 人。

　　　　　　　　　　　　　　　　　　　　　　（《大事记》,第 32 页）

(1973 年)6 月 18—21 日,县委召开全委扩大会议,传达贯彻毛主席写给李庆霖的一封信。此后,组织检查组对下乡知识青年进行逐队逐户访问,帮助解决实际困难。

　　　　　　　　　　　　　　　　　　　　　　（《大事记》,第 35 页）

是年(1977 年),6 000 多名下乡知识青年和城镇待业青年,在城镇安排劳动就业。

　　　　　　　　　　　　　　　　　　　　　　（《大事记》,第 36 页）

此外,因安置大城市闲散劳动力、支边、知识青年上山下乡、投亲落户或婚嫁等原因,也使县境的人口有过较大的流动。

......

1965 年,开始接收境外城镇知识青年来桐乡农村插队落户。到 1978 年止;全县共有外来插队知识青年 1 549 人(男 387 人,女 1 162 人),其中来自上海的 370 人,来自杭州的 918 人。

1969—1970 年,先后动员知识青年 683 人支援黑龙江、内蒙古等边境地区。后陆续回迁。

(第五编第一章《人口发展》,第 198—199 页)

知青下乡安置

全县的知识青年上山下乡始于 1964 年。是年,共动员城镇中学毕业生和社会青年 645 人。1965 年 9 月,接收杭州市上城区青年 501 人;又继续动员城镇知识青年 905 人到农村插队落户。1968 年,动员前三届初、高中毕业生、住于城镇而无城镇户粮关系的农村人员和城镇闲散人员 4 908 人上山下乡。1969、1970 年先后动员 127 人去黑龙江莫旗、宁安县插队落户;动员 227 人去黑龙江牡丹江、内蒙古建设兵团;动员 329 人去黑龙江大兴安岭林场当工人。1969—1972 年,外省、市转点来县境农村插队者 1 379 人。1973—1978 年,全县共动员下乡知识青年 3 456 人,其中下县内农村的 2 723 人。1976 年 1 月,全县建有厂社挂钩知青点 12 个。1980 年承认外地知识青年 261 人。

从 1972 年开始,根据中央规定,全县有 11 744 名下乡知青陆续返城安置,到 1978 年止,在全民所有制单位安置 2 416 人,县属集体所有制单位安置 7 760 人,乡镇企业安置 320 人。招生入学 598 人,参军 248 人,转回外县者 235 人,由民政部门补助者 8 人,个体自谋职业者 120 人,其他 39 人。1984 年 12 月,对在下乡插队期间同农民结婚的男知青,允许随带一名 15 周岁以下的子女转为居民户口,由国家供应商品粮。1984—1985 年,办理农婚男知青子女转城镇户口 1 069 人。1985 年 6 月,按劳动人事部文件规定,对已安置就业的下乡知青,其插队期间可作连续工龄计算。

(第二十五编第一章《劳动管理》,第 1036 页)

1979 年,从工人、农民、下乡知青和城镇待业青年中选拔干部 79 名。

(第二十五编第二章《人事管理》,第 1043 页)

《安吉县志》

安吉县地方志编纂委员会编,浙江人民出版社 1994 年

1964 年城市知识青年下放农村,从外省外县迁入 328 人。

(第三编第一章《规模与变化》,第 63 页)

1970 年(林场)改组为浙江生产建设兵团三师九团,大多劳改留场人员遣返原籍,转而接纳2 300余名城镇知识青年入场。1973 年,兵团撤销,知识青年调离,仍名浙江省南湖林场,由省公安厅管辖。

（第六编第五章《林场》,第 144 页）

在 1964、1968 年和 1970—1977 年,先后动员城镇非农业户口的初、高中毕业生和待业青年 8 961 人(含外省来县的 279 人)去农村社队、林场、蚕桑场插队落户,另由嘉兴地区统一组织去内蒙古农村插队落户 36 人。1979 年起,县城非农业户口的初、高中毕业生和社会待业青年不再列入上山下乡范围。通过调整经济结构,广开就业门路,至 1988 年底,将全县1978 年底以前动员去农村插队的知识青年和社会青年(含外省、外县转入落户),除参军、升学、迁外省外县、死亡、逮捕法办、病退回镇等 967 人外,皆分别安置于全民所有制单位、县以上集体所有制单位和乡镇企业工作。上山下乡知识青年上调安置后,允许其随带 1 名在农村期间结婚生育的未满 15 周岁的子女转为非农业户口,至 1988 年底止,有 1 256 人转为非农业户口。

（第二十一编第一章《工人》,第 432—433 页）

(1968 年)11—12 月,先后动员 1966—1968 年三届初高中毕业生离校去农村插队落户。

（《大事记》,第 684 页）

《嘉善县志》

嘉善县志编纂委员会编,三联书店上海分店 1995 年

(1968 年)7 月,开始动员城镇老三届(1966、1967、1968)高初中毕业生全部上山下乡,户口迁出城镇,插队落户。

（《大事记》,第 24 页）

是年(1969 年),有 56 名初、高中毕业生和城镇青年,去黑龙江支援边疆建设(简称支边)。次年又有 110 名去黑龙江大兴安岭支边。

（《大事记》,第 25 页）

知识青年安置 1961 年 11 月,上海市南市区知识青年 168 人集中安置在陶庄公社建新大队。1963 年冬,500 多名本县城镇知识青年安置在大云公社建新大队。次年,陶庄新港、里泽新锋、惠民新兴 3 个大队先后安置部分本县城镇知识青年。11 月,杭州市拱墅区知识青年 262 人分别安置在新港、新锋和罗星公社城桥大队。1966 年前,全县共安置本县及上海、杭州等地下乡知识青年 1 559 人。1969 年 5 月,嘉善知青 56 人去黑龙江省纳河县莫旗西瓦尔图公社太平庄大队;1970 年 11 月,110 人去黑龙江大兴安岭阿木尔林区,105 人去萧山建设兵团;1971 年 11 月,85 人去长兴李家巷建设兵团。1978 年止,全县下乡知识青年

共计 10 936 人,去外地建设兵团、农场、林区的知识青年 356 人。

1971 年起开始安排下乡知青回城工作。1976 年后,除已农婚的部分知青就地安置在乡镇企业工作外,均返城参加工作。到 1980 年,全县知青安置在乡镇企业 369 人,返城安排工作 8 636 人,参军 175 人,考取招工单位 5 990 人。支边、军垦的知青除当地已作安置外,均通过正常调动妥善安置。　　　　　　　　　　(第二十七编第一章《劳动就业》,第 807 页)

第二节　上海铁路分局招收的嘉善籍知识青年 20 年后情况调查

1971 年底,484 名在农村插队两年以上并经当地贫下中农评议推荐的嘉善籍知识青年,由上海铁路分局招收,分别被安排在上海工务段、上海建筑段、上海大修段和南翔机务段等 8 个单位工作。这批知青的粮户仍留在嘉善县。

1990 年,对上述 484 人的情况作调查,具体如下:调离铁路系统 9 人,调往上海铁路分局以外的其他铁路系统 29 人,死亡 4 人,除名 2 人,判刑 1 人,退回嘉善 1 人,多次调动去向不清 32 人,仍在上海铁路分局系统内工作的 406 人,分布在上海铁路分局属下的 28 个单位。其中有 122 人参加了中国共产党。　　　　(第二十七编第一章《劳动就业》,第 808 页)

《海盐县志》

海盐县志编纂委员会编,浙江人民出版社 1992 年

(1964 年)9 月,第一批城镇知识青年下乡落户务农,以后继续动员,1970 年起广泛动员,至 1979 年,全县共动员城镇知识青年支农支边 3 839 人。　　　　(《大事记》第 30 页)

(1969 年)5 月,动员知识青年 24 名去黑龙江省莫旗插队,后大都回原籍。

(《大事记》,第 34 页)

(1979 年)三年来安置下乡知识青年和城镇待业人员 4 677 人就业,城镇就业问题基本解决。　　　　　　　　　　　　　　　　　　　　　　　　　(《大事记》,第 39 页)

1969 年,全县动员城镇知识青年 24 人,去黑龙江省莫力达瓦旗阿尔拉公社插队落户,支援边疆社会主义建设。1970 年 5 月,县民政局给每个支边青年生活补助费 30 元。后因生活不习惯、调动工作、病退等原因,至 1985 年止返回 18 人,迁往广东 1 人,死亡 2 人,留当地工作的 3 人。　　　　　　　　　　　　(卷十九第五章《支宁支边移民》,第 648 页)

1964 年起,动员城镇知识青年(简称"知青")下乡支农。1968 年 8 月起,动员大批知青

上山下乡以及支边。至 1979 年 4 月,全县共动员 3 839 人,并接收上海、杭州等地知青1 007 人在县内插队落户。1979 年 5 月,停止动员知青上山下乡。

1970 年开始,从知青中招收职工,逐步安置。途径有:招工时对知青放宽条件,优先录取。知青参军从部队复员、退伍后,由劳动部门安置就业。下乡未婚知青,原则上由动员地收回安置,对一时无法就业的,均允许回城镇待业。对已与农民结婚的知青,转为城镇居民户口,主要安置在乡镇企业工作。提倡、鼓励知青自谋职业,劳动部门帮助联系解决部分营业场地、资金、原料、燃料和办理开业手续。对有病的知青,病退城镇,养病待业。对少数犯罪判刑或劳动教养的知青,刑期或教养期满后,不再回农村,由动员地作待业人员。至 1981 年底,全县知青基本安置完毕。

1980 年 5 月至 1985 年,对与农村社员结婚的知青,陆续办理随迁 1 名子女户粮到城镇的手续,全县随迁子女共 1 373 人。其中女知青随迁子女 623 人,男知青随迁子女 741 人。1985 年还规定知青下乡插队期间可作边续工龄计算。　　　(卷二十第一章《劳动》,第 653—654 页)

《海宁市志》

《海宁市志》编纂委员会编,汉语大词典出版社 1995 年

(1959 年)3 月 20 日,县第一批支援宁夏生产建设 700 名青年赴宁朔县。

　　　　　　　　　　　　　　　　　　　　　　　　　　　(《大事记》,第 24 页)

(1963 年)6 月,硖石首次进行知识青年上山下乡试点工作。至 9 月,城镇初、高中毕业生 300 名,分批赴双山公社插队落户。　　　　　　　　　(《大事记》,第 25 页)

(1969 年)1 月 5 日,城镇中学毕业生 150 多名,直接去农村插队落户。

　　　　　　　　　　　　　　　　　　　　　　　　　　　(《大事记》,第 27 页)

5 月 27 日,知识青年 170 名赴内蒙古自治区,支援边疆建设。　　　(《大事记》,第 28 页)

(1970 年)5 月 24 日至 7 月 13 日,硖石镇知识青年 787 名,分批赴黑龙江省支援边疆建设。　　　　　　　　　　　　　　　　　　　　　　　　(《大事记》,第 28 页)

1963 年硖石镇首次进行知识青年上山下乡试点工作,300 名初高中毕业生分两批赴双山公社插队落户。1964 年开始大批动员,其中先后去边疆 819 人、大兴安林场 219 人、黑龙江建设兵团 755 人、浙江建设兵团 441 人。1974 年开始,知识青年通过"特招"、"困退"、"三

抽一"、"二抽一"等途径,陆续返城。至1981年,留在农村和边疆的已婚知青尚有607人,大多在当地乡镇企业就业。 (第四编第一章《人口》,第142页)

上山下乡　海宁县的知识青年(简称"知青")上山下乡工作起步较早。1962年,在精简职工、压缩城镇人口中,已动员516名不能升学、就业的知青去农村插队落户。1963年,硖石镇进行知青上山下乡试点,首批100名,第二批200名,于9月和10月先后去双山公社插队落户。1964年开始动员大批知青上山下乡。1967—1968年因"文化大革命"而中止。1969年为响应毛泽东主席提出的"知识青年到农村去,接受贫下中农再教育,很有必要"的号召,继续动员知青上山下乡。至1978年城镇青年实行"进学校、上山下乡、支援边疆、城市安排"四个面向。1980年,知青上山下乡工作终止。全县共动员15 172名知青上山下乡,其中在县内农村插队12 773人,去边疆(黑龙江)插队819人、大兴安岭农场219人、黑龙江建设兵团755人、内蒙古建设兵团165人、浙江建设兵团441人。上海市及外省、县来海宁农村插队的知青近千人。

回收安置　1965年开始凡在农村经过三年以上劳动锻炼的知青列为招工对象;1974年始把上山下乡知青中的独生子女以及多子女全部上山下乡列为特殊照顾对象,以"困退"、"三抽一"、"二抽一"等办法,凡经过两年以上劳动锻炼的知青,逐步抽调回城镇,安置就业。至1981年底,全县上山下乡的知青,除升学、参军、提干和已与农民结婚者外,全部抽调回城镇就业或待业。

1980年,给已经抽调回城镇的1 200余名女知青中在农村的1名子女转为非农业户口(简称"农转非")。1985年,又给已经抽调回城镇的1 500余名男知青在农村的1名子女转为非农业户口。同时,给已经与农民结婚、留在乡镇企业工作的607名知青的工资福利等问题作出具体规定。 (第二十一编第一章《劳动》,第824页)

《德清县志》

德清县志编纂委员会编,浙江人民出版社1992年

(1964年)4月,动员城镇知识青年上山下乡,至1979年停止动员,并逐步上调安排就业,至1984年基本安排完毕。 (《大事记》,第19页)

解放后,全县(包括原武康县)规模较大的人口迁入有:……1964—1977年外地知识青年插队落户等;迁出有1959年的支援宁夏和1975年后外地来县境插队的知识青年上调等。

(第三卷第一章《人口繁衍状况》,第117页)

"文化大革命"期间,知识青年上山下乡、插队落户,农业人口比重又上升到89.9%。粉碎江青反革命集团后,随着下乡知识青年上调和各项人事政策的落实,农业人口又有所下降。1985年,全县农业人口占85.2%。 (第三卷第二章《人口构成》,第124页)

第二节 支援宁夏

1959年3月,县成立支援宁夏委员会,动员青壮年支援少数民族地区社会主义建设。全县分两批支宁:第一批653人,于同年5月2日启程;第二批427人(全家支宁158户、240人),于1960年4月30日登程。抵宁落户后,大部分因生活不习惯,陆续返回德清。至1985年仍在宁夏参加社会主义建设的共53人,其中国营连湖农场33人,中卫农牧机械厂5人,银川拖拉机配件厂8人,青铜峡地区医院、银行、汉民食堂、商业库房,平吉堡农场,农五师,农垦局化肥厂各1人。 (第十六卷第五章《移民支边》,第478页)

1964年起,县内动员城镇知识青年上山下乡,是年,城关、新市两镇有323名知识青年到农村插队,1968年大批动员下乡,1973年9月成立县知识青年上山下乡办公室,对城镇知识青年实行"统一规划,城乡配合,厂社挂钩,集体安置"。至1977年底,全县共下放知识青年7077人,其中在县内插队落户的7068人,外地落户的9人。同时,先后接收上海、杭州、湖州等外来知识青年204人。1979年停止动员知识青年上山下乡。

(第十七卷第四章《劳动就业》,第489页)

《长兴县志》

长兴县志编纂委员会编,上海人民出版社1992年

(1969年)3月28日,"长兴县革命委员会知识青年上山下乡办公室"成立,1969年全县上山下乡知识青年3852人。 (《大事记》,第858页)

第三节 知青安置

1964年起,开始动员城镇知识青年下乡,采取"三五成群"、"投亲靠友分散插队"等形式,1964年5月,雉城镇首批57名城镇知识青年,到包桥贺杨村插队。10月,泗安镇创办五四林场,组织110名城镇知识青年到林场参加集体生产劳动。

1969年,政府动员大批城镇知识青年上山下乡和支边。同年3月,成立长兴县革命委员会上山下乡工作领导小组和办公室。3月至5月,动员200名知识青年赴内蒙古等地支边。1969至1978年,全县共动员5670名城镇知识青年支边、支农,并接受外省市县上山下乡知识青年399名。

1975 年开始,对上山下乡两年以上的知识青年,列为城镇招工、顶调(顶职)、招生、补员对象,有上有下。1979 年,停止动员知识青年上山下乡。从 1978 年起,根据"统筹兼顾,适当安排"的方针,县知青办和劳动部门采取"优先照顾,包干安置"等措施,先后介绍到国营、集体企事业单位就业的 4 451 人;办理转吃商品粮,就近就地安置在乡镇企业的 399 人。至1982 年底,全县基本完成上山下乡知识青年的安置工作。

(第十九卷第二章《劳动就业》,第 575 页)

《舟山市志》

舟山市地方志编纂委员会编,浙江人民出版社 1992 年

(1966 年)7 月 11 日,全区 200 多知识青年去宁夏回族自治区插队落户。

(《大事记》,第 29 页)

(1971 年)8—12 月,全区 1 000 余名知识青年赴内蒙古自治区和浙江建设兵团"落户"。

(《大事记》,第 32 页)

1961 年,首批城镇知识青年 69 人,赴顺母农场参加农业生产。1966—1979 年,陆续动员 18 512 人支边支农(时称"上山下乡"),其中:去宁夏青铜峡 800 人,黑龙江建设兵团三师十九团 613 人,黑龙江尚志县插队 99 人,黑龙江大兴安岭建筑公司 848 人,内蒙古建设兵团二师十七团 502 人,黑龙江小兴安岭林场 303 人,吉林长岭县 887 人,萧山建设兵团 1 100人;市境内顺母农场 687 人,马目农场 713 人,渔农村插队 11 960 人。1974 年后,支边、支农知识青年陆续返回城镇安排就业,到 1982 年,共安置 11 650 人。

(第三十篇第二章《劳动就业》,第 695 页)

《定海县志》

定海县志编纂委员会编,浙江人民出版社 1994 年

是年(1961 年),城关首批支农知识青年 43 名落户顺母涂农场。　(《大事记》,第 17 页)

(1966 年)7 月与 10 月,城关 348 名知识青年分两批支援宁夏自治区建设。

(《大事记》,第 17 页)

1971—1987年招工就业安置情况

年份	招工人数	招工对象				招工去向		年份	安置人数	安置对象			安置去向						
		城镇青年	下乡知识青年	农渔民	精简职工	全民单位	集体单位			城镇待业青年	下乡知识青年	农村青年	全民单位	集体单位	外地招工	街道企业	社办企业	自愿组合及个体劳动	临时性工作
1971	541	450			91	511	30	1979	5 469	2 968	1 329	1 172	1 772	3 285	122	290			
1972	676	449	41	146	40	676		1980	1 727	715	449	563	776	556		163	232		
1973	19	19				19		1981	1 497	1 313		184	215	969		37	2	27	247
1974	45		45			45		1982	961	961			176	492		110		119	64
1975	1 619	884	683		52	435	1 184	1983	964	964			94	360		9		99	402
1976	1 637	1 042	535	50	10	503	1 134	1984	1 211	1 211			235	406		9		74	487
1977	1 506	1 216	288		2	248	1 258	1985	973	973			332	542		33		66	
1978	2 173	1 436	694	43		564	1 609	1986	917	917			181	536				19	181
								1987	976	976			397	440				139	
小计	8 216	5 496	2 241	284	195	3 001	5 215	小计	14 695	10 998	1 778	1 919	4 178	7 586	122	651	234	543	1 381

（第十七篇第三章《劳动就业》，第617页）

1970—1972年，动员1 393名知识青年支边，其中去黑龙江生产建设兵团289名、黑龙江省尚志县马延公社50名、内蒙古生产建设兵团181名、吉林省长岭县310名、大兴安岭433名、小兴安岭130名。1973年起不再动员支边。

（第十七篇第三章《劳动就业》，第617页）

1966—1970年，安置上海、杭州等地来定海农村插队知识青年972名。1970—1971年，至萧山钱江农场233名、湖州浙江建设兵团224名。1972—1978年，至东海农场576名，在公社插队落户2 593名。支农青年接纳安置费计472.6万元。

（第十七篇第三章《劳动就业》，第617页）

1967年4月，去宁夏支边青年310人回县"造反"，经县军管会劝说，返回264人。1973年起，家有支边支农子女3名者招收回城工作1名。次年起，准支农的独生子女、或父母身边无人照料、本人病残不能劳动者回城待业，由劳动部门统筹安置。1978—1979年，去黑龙江、内蒙古、吉林等省（自治区）支边青年除升学、参军、招工者外，父（母）退休后可回县顶替。至1982年，支边青年1 741名，除死亡8名、当地成家13名、余1 720名均先后回县安置；往萧山、湖州457名，除死亡1名、就地招工、升学或提干114名，余342名亦回县安置；境内支农

3 459 名,除升学 223 名、参军 96 名、提干 2 名、迁外省 79 名,乡办企业就业 299 名、就地安置 197 名,余 2 563 名先后回城安置。上海、杭州等地插队青年 972 名,除病退、回原籍 239 名及升学、参军、提干 196 名,余 537 名安置本县。(第十七篇第三章《劳动就业》,第 618 页)

《岱山县志》

岱山县志编纂委员会编,浙江人民出版社 1994 年

(1965 年)3 月,东沙镇 61 名知识青年首批下放双合山创办盐场。至 1978 年,上山下乡 3 039 人。1974 年起陆续返回,1988 年安置完毕。　　　　　　　　　(《大事记》,第 19 页)

至 1988 年,安置城镇待业青年、下乡知青、社会闲散劳力 8 522 人,其中全民单位 2 451 人,县属集体企业 3 952 人,镇属集体企事业 2 119 人。

(第十七编第一章《劳动就业》,第 528 页)

第二节　知　青　安　置

1965 年 3 月,首批知识青年 61 名至双合岛创办盐场。1966—1978 年,城镇知识青年支边支农 3 039 人,其中至宁夏青铜峡插队 52 人,黑龙江建设兵团 152 人,黑龙江尚志县插队 3 人,黑龙江大兴安岭电力局 134 人,饶河县林场 51 人,内蒙古建设兵团 101 人,吉林长岭县插队 202 人,萧山建设兵团 50 人,嘉兴建设兵团 111 人,普陀县曙光农场 139 人,县内各农、盐、渔业插队 1 960 人,外地投亲靠友 84 人。安置城镇知识青年下乡经费 86.2 万元,扶持安插知青工厂、企业 79.47 万元。1974—1980 年,支边知青因病、家庭困难、顶职特照陆续回县 272 人,安置 1972 年前下乡老知青 858 人,与农村社员结婚者,安置就业后随带 15 周岁以下子女 1 人转城镇户口。至 1988 年底,办理知青子女户粮 258 人,一次性补助不再安排工作知青 85 名,计 4.2 万元。　　　(第十七编第一章《劳动就业》,第 529 页)

《嵊泗县志》

嵊泗县志编纂委员会编,浙江人民出版社 1989 年

(1970 年)6 月 28 日,本县首批 14 名知识青年到黑龙江省尚志县插队落户。至 1975 年,全县在外支边支农青年共 371 人。　　　　　　　　　　(《大事记》,第 14 页)

1970 年起,开始动员菜园、嵊山两镇知识青年上山下乡。1971—1975 年,全县共动员

371名知识青年到外地支边支农,713名知识青年在本县插队支农支渔。1979年,决定停止动员城镇知识青年上山下乡。县委、县人民政府十分重视对上山下乡知识青年的安置工作,对本县插队的知识青年,通过招工、大中专院校招生、应征入伍、转干等途径,逐步予以安置。到1980年底,在本县插队的知识青年基本安置完毕。还通过照顾调动和家长退休退职、顶替调动的办法,让去外地上山下乡的知识青年陆续返回本县,到1985年已安置299名。

(第十三编第二章《劳动　人事》,第409页)

《普陀县志》

普陀县志编纂委员会编,浙江人民出版社1991年

　　建场初职工182人,划分耕作区管理。1963年杭州知识青年来场,改建生产大队。1972年舟山地区属县知识青年来场,职工骤增至1 202人,编成连、排、班(组)。1977年1月恢复大队、生产队。

(第七编第七章《曙光农场》,第382页)

　　1965年始动员城镇知识青年(以下简称"知青")上山下乡、支边支农。1971年起,计划招收部分城镇待业青年、闲散劳力和下乡两年以上知青进全民、集体单位。1972年,1 705名常年性临时工转固定工,其中全民1 039人,县属集体666人。1979年停止知青下乡,城镇待业人员(含待安置的支农知青)增至近6 000人,其中留城待业青年350人,病退知青356人,闲散劳力1 926人,下乡知青1 772人,城镇精减职工350人,当年新增待业人员(应届初、高中毕业生)1 000余人。是年分系统包干安置5 166人,其中招工4 413人(不含渔农村人员),安置街道企业等753人。

(第十八编第二章《劳动管理》,第833页)

1971—1986 年招工数

单位:人

年　份	总　计	招 工 单 位		招 工 对 象			
		全 民	县以上集体	城镇待业青年	城镇闲散劳力	支农支边知识青年	渔农村人员
1971	381	332	49	221	112	10	38
1972	647	647		308	214	24	101
1974	122	122					122
1975	1 912	430	1 482	1 535	241	125	11
1976	1 628	445	1 183	892	109	504	123
1977	1 570	362	1 208	654	5	888	23
1978	1 807	527	1 280	849	86	796	76

年 份	总 计	招 工 单 位		招 工 对 象			
		全 民	县以上集体	城镇待业青年	城镇闲散劳力	支农支边知识青年	渔农村人员
1979	5 893	2 504	3 389	2 377	174	1 862	1 480
1980	1 750	885	865	839	186	44	681
1981	1 145	379	766	806	212	14	113
1982	660	281	379	342	54	4	260
1983	369	171	198	81	115		173
1984	782	484	298	407	65		310
1985	754	245	509	318	76		360
1986	567	266	301	254	46		267

注:包括地属单位在本县招工。

(第十八编第二章《劳动管理》,第 834 页)

第三节 支 边 支 农

知识青年上山下乡、支农支边始于 1965 年,先后由安置办公室、内务局、知识青年上山下乡办公室负责。至 1979 年春,城镇知识青年上山下乡、支农支边 6 833 人,接收上海、杭州、定海、岱山、嵊泗等地支农青年 409 人,共计 7 242 人。后陆续回城安置。

去外地支农支边 1966 年 7—9 月,知识青年分两批去宁夏回族自治区青铜峡县插队 400 人。1970 年 5 月,去黑龙江生产建设兵团 173 人,黑龙江省尚志县插队 32 人,大兴安岭建筑工程公司 182 人。10 月,去浙江建设兵团萧山农场 143 人。1971 年 9 月,去内蒙古生产建设兵团 210 人。11 月,去浙江建设兵团嘉兴东风农场 260 人。1972 年 4 月,去黑龙江省小兴安岭林业局 100 人。7 月,去吉林省长岭县插队 326 人。1973—1978 年去外省原籍安置 106 人。共计去外地支农支边 1 932 人。

县内支农(含接收外地) 1965 年 9 月,城镇知识青年去蚂蚁岛公社插队 30 人。1966 年 9 月,去桃花公社悬鹁鸪大队插队 22 人,小干农场 150 人。1968—1971 年,去曙光农场 172 人,零星插队 138 人。1972—1974 年,去国营农场 870 人,插队 1 006 人。1975 年起推行厂社挂钩,建立知青点,集体安置知青,至 1979 年,知青点安置 748 人,曙光农场 280 人,插队 1 894 人。共计县内支农 5 310 人。

县补助知青点知青每人 580 元,分散插队知青 480 元,发必要生产、生活用品。拨木材 2 651 立方米,建房 1 622 间、21 470 平方米。1974—1979 年,支出资金 127.57 万元。

年 份	当 地 安 置					外地安置
	合 计	插 队	国营农林场	知青点	其中:接收外地	
1965	30	30				
1966	172	22	150			400
1967						
1968	8	8			8	
1969	56	56			50	
1970	60	60			51	530
1971	186	14	172		129	470
1972	1 274	404	870		80	426
1973	289	289				
1974	313	313				13
1975	1 072	765	270	37	84	43
1976	583	177		406		33
1977	842	686	5	151	4	16
1978	423	264	5	154	1	1
1979	2	2			2	
合计	5 310	3 090	1 472	748	409	1 932

回城安置　1971年起,县内支农知青陆续回城招工、升学、参军、顶职等,至1980年安置4 395人,占总数82.8%,其中升学202人,参军111人,招工3 878人,病退、顶职、外迁等204人。1979年回城最多,计1 839人。1986年底尚有454人,其中曙光农场208人(不含杭州、定海、岱山、嵊泗110人),小干盐场125人,社队企业121人。余均回城安置。

1977—1981年,去外省、县支农支边知青回县安置1 061人,占总数54.9%。余871人除少数当地招工、升学外,后陆续回县安置。

（第十八编第二章《劳动管理》,第835—836页）

(1965年)9月,首批城镇知识青年30人至蚂蚁岛公社插队。　　《大事记》,第1073页）

(1966年)7月7日,120名城镇知识青年赴宁夏回族自治区青铜峡县插队。9月10日又有280人去宁夏落户。　　　　　　　　　　　　（《大事记》,第1074页）

（1970年）5月，城镇知识青年173人去黑龙江生产建设兵团三师十九团（后为黑龙江省五九七农场）"支边"。9月，32人去该省尚志县马延公社插队。10月，182人去大兴安岭建筑工程公司"支边"。

（《大事记》，第1076页）

10月，城镇知识青年143人去浙江生产建设兵团二师七团（后为萧山钱江农场）支农。

（《大事记》，第1076页）

（1971年）9月，城镇知识青年210人去内蒙古生产建设兵团二师十七团（后为乌拉特前旗巴盟农场）支边。

（《大事记》，第1076页）

同月（1971年11月），城镇知识青年260人去浙江生产建设兵团三师十一团（后为嘉兴东风农场）支农。是年起，县内支农知识青年陆续回城招工。

（《大事记》，第1077页）

（1972年）4月，城镇知识青年100人，去小兴安岭林业部门支边。7月，326人去吉林省长岭县插队。

（《大事记》，第1077页）

（1977年）1月12—17日，召开县"农业学大寨"会议，出席第二次全国"农业学大寨"会议的县委副书记田华、女知青李海荣传达会议精神。提出"大批大干促大变，明年实现大寨县"。

（《大事记》，第1079页）

12月，县机关干部、上山下乡知识青年208人，驻军指战员30人，组成县第三批"农业学大寨"工作队，进驻勾山、芦花、虾峙、西岙、葫芦、登步等公社13个大队。翌年7月10日结束。

是年，去外省、外县支边支农知识青年开始陆续回县就业。

（《大事记》，第1079—1080页）

《鄞县志》

浙江省鄞县地方志编委会编，中华书局1996年

建国后，城镇劳动力管理纳入行政项目。县人民政府先后设立劳动科、民政劳动科管理，"文革"期间，改由革命委员会生产指挥组综合办公室、知识青年上山下乡办公室、内务局办理劳动力管理。

（第十七编第四章《城镇劳动力管理》，第901页）

知识青年上山下乡及就业安置　1964年起,动员城镇居民中 16—25 周岁的初、高中毕业生和闲散人员"到农村去,到边疆去",是年即安排 20 名到五乡公社插队务农,此后各城镇不断动员,邱隘等 5 个建制镇和咸祥、宝幢、新乐、韩岭、栎社、石碶、集仕港、凤岙、樟村、古林、五乡等公社的居民中都有青年分批在本县务农。1969 年,遵照毛泽东"知识青年到农村去,接受贫下中农再教育,很有必要"的指示,全县掀起城镇知识青年上山下乡动员热潮,至 1978 年此运动结束时,全县共安排 21 768 名知识青年上山下乡务农,其中包括投亲靠友回原籍的宁波、上海等外地来鄞的知识青年 6 877 名。知识青年除安排在本县农村和各农、林、牧场外,又有 1 643 名赴黑龙江大兴安岭林场、集贤县笔架山农场和该县农村,以及吉林省长岭县等地农村,另有少量安排到省生产建设兵团。此间,对部分务农知识青年经取证审查,按政策补办知青手续。为解决知识青年务农后的生产、生活困难,其间国家拨款 417.8 万元,并为知识青年建房 6 804 间。

鄞县知识青年上山下乡安排表

单位:人

年　份	合　计	本县农村		本县农场	建设兵团	边疆务农	补办手续及婚迁县外
		本县知青	外地知青				
1964	1 152	1 152					
1965	683	683					
1966	633	633					
1969	5 471	1 967	2 992	100		412	
1970	1 304	186	442	10	154	512	
1971	155	37	46	72			
1972	719					719	
1974	1 830	1 730	80	20			
1975	2 617	343	90	8			2 176
1976	2 988	2 033	121	85			749
1977	1 390	958	80				352
1978	1 607	78	26	36			1 467
1979	657		1				656
1980	74						74
81—87	488						488
合　计	21 768	9 800	3 878	331	154	1 643	5 962

1972 年起,知识青年逐渐调离农村。1979 年至 1980 年,招工 9 739 人,招生 584 人,征兵 514 人,病退照顾回原地及迁往外地等 3 503 人,进乡镇企业 5 108 人,留农村务农 11 人。至 1981 年 6 月,知识青年安置就业基本结束。1980 年至 1982 年期间,政府发放生产扶持

资金 231.7 万元,病残知青补助费 7.6 万元,17 名病残知青得到定期补助,11 名立志务农的知青每人得到 300 元补助费;并规定知青职工占职工总数 60％以上的企业,在 5—6 年内免征工商税和所得税;安置就业的知青粮食均享受国家商品粮供应。知青与农民结婚后出生的子女,允许带 1 名报入居民户口。至 1988 年底,有 152 名支边青年在外省安家落户,其中黑龙江省 104 人,吉林省 22 人,内蒙古 8 人,转移他省 18 人。

知识青年就业安置表　　　　　　　　　　单位:人

年　份	合　计	招　工	招　生	征　兵	病退待业	乡镇企业	其他	年底在农村
1973 止累计	2 075	639	198	188	152		898	6 063
1974	351	205	106	30			10	7 522
1975	1 256	744	62				450	8 875
1976	1 164	1 023		50	48		43	10 614
1977	709	572	50	20	44		23	11 295
1978	2 887	2 076	139	196	339		137	9 979
1979	5 774	2 399	27	30	506	2 596	216	4 862
1980	4 848	1 982	2			2 303	561	88
1981—1987	384	99				209	76	192
合　计	19 448	9 739	584	514	1 089	5 108	2 414	192

（第十七编第四章《城镇劳动力管理》,第 903、905—906 页）

1969 年起信访量上升,以要求落实各项政策、检举揭发干部违法乱纪及不正之风、知识青年和复退军人要求安置、困难救济、民事纠纷为主。1977 年 6 月,信访室归属县委办公室。1979 年县委重新建立信访工作领导小组,同年 6 月召开全县信访工作会议,部署处理积案和落实各项政策,并在 10 月选调 20 名干部协助有关部门处理信访积案 215 件。此阶段信访内容要求平反冤、假、错案的占 20％,要求落实房产和被查抄财物的占 14.5％,精减职工和知青要求解决户粮及安排工作的占 27.4％。

（第十九编第一章《中国共产党》,第 1017—1018 页）

(1964 年)7 月 27 日,第一批 20 名城镇知识青年到五乡公社两个大队插队落户。9 月,全县开展动员城镇知青上山下乡运动。　　　　　　　（《大事记》,第 2224 页）

(1968 年)12 月 25 日,县革委会发出通知:1966 年至 1968 年中学毕业生分配四个"面向",家在农村的均回原籍社队参加农业劳动,家在城镇的由县统一安排上山下乡。

（《大事记》,第 2226 页）

（1972 年）7 月 1 日，县委常委会议决定开除鄞江公社党委书记何富庆的党籍政籍，并依法惩处。何曾通奸、逼奸 27 名妇女，其中 2 名系下乡知识青年。何于 1974 年 5 月被判处死刑。

（《大事记》，第 2228 页）

《象山县志》

象山县志编纂委员会编，浙江人民出版社 1988 年

（1968 年）9 月 15 日，象中 40 名高中毕业生首批赴农村"插队落户"。

（《大事记》，第 35 页）

（1969 年）4 月 13 日，知识青年 6 人赴黑龙江"支边"。　　（《大事记》，第 35 页）

1964 年 7 月，县成立"动员城镇人口回乡、下乡安置工作领导小组"。翌年，动员安置本县和外地回乡、下乡人员 15 099 人。　　（第三十四章《劳动　人事》，第 473 页）

知青安置　1962 年，本县始动员知识青年上山下乡。至 1966 年，有 886 名城镇知青去林海、儒雅洋、高塘、马岙、东陈等社插队落户。1969 年，28 名高、初中毕业生去黑龙江支边。翌年 5 月，148 名知青去温岭支农。1974 年 5 月，县成立知青办公室，城镇知识青年定位、定向下放，"统一规划，城乡配合，厂社挂钩，集体安置"，动员 1 006 名知青下乡。翌年，建立知青点 14 个，集体安置 566 人，其中住房补助 573 人，生活补助 725 人，计币 156 563 元。至 1978 年底，全县先后动员 3 473 名知青支农、支边，安置上海、宁波等外来知青 461 人。1974 年至 1979 年，全县安置知青费 74.6 万元。

1972 年始，通过招工、招生、招干，逐步安置下乡劳动 2 年以上知青就业。至 1976 年，共招工安置 440 人。1978 年，招工 1 187 人，顶替 88 人。1985 年，分 4 批将 508 名下放知识青年转为非农业户口，解决知青安置遗留问题。

（第三十四章《劳动　人事》，第 473—474 页）

《宁海县志》

宁海县地方志编纂委员会编，浙江人民出版社 1993 年

（1964 年）5 月，开始动员城镇知识青年上山下乡，至 1978 年，全县共动员城镇知青上山下乡 2 377 人。

（《大事记》，第 39 页）

迁出较多的是 1959—1960 年一批青年支援宁夏回族自治区建设。两年中,共动员 3 批,计 1 154 人,其中男 931 人,女 223 人。另有随迁家属 175 人。

(第三编第一章《人口演变》,第 155 页)

60 年代初经济困难,职工下放,待业人员增多,1964 年开始动员城镇待业知识青年下放农村劳动。70 年代起,由于工业有所发展,陆续安置一批待业人员。但由于"文化大革命"期间长期就业门路阻塞和一批下乡知青回城等原因,1978 年尚有城镇待业人员 3 200 人(含老知青)。

(第十九编第二章《职工》,第 684—685 页)

知青安置 1963 年,首次接收杭州等地知识青年 200 余人,来宁海参加农业劳动。次年,除继续接收外地知青外,开始动员本县城镇知识青年上山下乡。当年动员县内知青下乡 201 人,接收外地 705 人。1974—1978 年累计动员知青上山下乡 4 998 人,其中县内 2 377 人,接收沪、杭、甬等外地 2 621 人,除 1970 年有 153 人去温岭建设兵团外,下放在县内 4 845 人。其下放形式,主要是集中插队(场)及部分投亲靠友。1974 年后推广湖南株洲经验,转以厂社挂钩安置为主。

1971 年,开始上山下乡知识青年就业安置。至 1980 年,招工安置 2 689 人,病退和特殊原因照顾回城 1 079 人,丧失劳动能力、发给一次性补助 2 人。在下乡期间与农民结婚的 387 人,为照顾其家庭,大部分就近安置在乡镇企业,并补助安置农婚知青的单位每人生产扶持费 1 000 元。在此期间,还有大中专院校招生 283 人,应征入伍 185 人,转为乡镇干部 13 人。至 1983 年,全县上山下乡知青安置基本结束。城镇知青上山下乡和安置情况如下表:

年份	上山下乡人数		调离农村安置人数						安置经费(万元)
	总数	其中接收外地人数	合计	招工	招生	征兵	病退	其他	
1964	906	705							7.39
1965	79		30		1	13	16		1.69
1966	43		52				1	51	2.34
1967	4		85					85	0.53
1968	5		142			15		127	0.32
1969	1 103	652	39			3	1	35	12.92
1970	489	465	55	4		26		25	1.00
1971	25	21	194	142		12	40		0.33
1972	118	18	263	171	12	29	41	10	2.04
1973	185	185	83		39	5	39		1.30

年份	上山下乡人数		调离农村安置人数						安置经费（万元）
	总数	其中接收外地人数	合计	招工	招生	征兵	病退	其他	
1974	466	125	149		65	9	74	1	15.44
1975	395	85	342	212	50		72	8	18.17
1976	538	152	398	342		12	42	2	26.65
1977	574	151	190	135	29		22	4	31.15
1978	68	62	1 141	752	65	61	263		6.44
1979			1 155	859	22		146	128	6.00
1980			320	72			14	234	26.80
总计	4 998	2 621	4 638	2 689	283	185	771	710	160.51

（第十九编第二章《职工》，第 685 页）

《慈溪县志》

慈溪市地方志编纂委员会编，浙江人民出版社 1992 年

（1969 年）4—6 月，去黑龙江省及内蒙古自治区支援边疆建设的城镇青年 538 人分批出发。1972 年，又有 420 人去吉林省插队。　　　　　　　　　　（《大事记》，第 32—33 页）

1969 年，动员待业青年 538 人"支边"，去内蒙古、黑龙江农村插队，1972 年又动员 400 名青年去吉林省插队，1980 年前后多数已陆续迁回。

……

"文化大革命"期间，先后从外地迁入的"插队"知识青年约 3 500 人，以后陆续招工、入学，抽回约 1 500 人。　　　　　　　　　（第五编第一章《人口变迁》，第 195 页）

第三节　支农知识青年安置

1957 年，首批接收宁波市知识青年插队落户。1965 年，动员境内城镇知青下乡，同时继续接纳外地回原籍的插队知青。1969 年后，数次动员知青支边。1973 年 6 月，县革委会成立知识青年上山下乡办公室，管理知青支农事务。1957—1967 年间，全县共有插队落户知青 10 876 名，外地回原籍插队知青 2 536 名。支边青年共两批，首批 1969 年去黑龙江、内蒙古 538 名，第二批 1972 年去吉林 420 名。1979 年 10 月后，不再动员城镇知青支农支边插队落户。

1971年开始,即有部分上山下乡知识青年招工、招生或应征入伍。1978年起,政府采取多种措施安置下乡知识青年就业:全民及集体企业优先招收下乡知青,年龄放宽至35周岁;拨款143.25万元,扶持安置已婚知青3 070名的64个知青厂,19家知青商店和其他乡镇企业;规定知青占职工总数60%的乡镇企业,1985年前免缴工商税和所得税;允许跨乡(镇)与农民结婚的知青回原乡(镇),并发给500—1 000元补助费;已与农民结婚的知青,本人安置工作后,照顾1名不满15周岁的子女转为商品粮户口;病残知青由民政局给予定期救济;已安置在国营农林场工作的参加农业劳动有困难者,安排到集体工商企业工作;有专业特长的已婚知青,则支持他们就近开业,并将其户粮转为城镇商品粮户口。至1980年,全县下乡知青均得到妥善安置。

对支边青年的安置始于1978年,是年县属集体企业安置1972年前支边的知识青年55名。至1980年,近千名支边青年,除少数在边疆招工或自愿安家落户外,多返县就业。

(第二十二编第四章《安置就业》,第759—760页)

《镇海县志》

《镇海县志》编纂委员会编,中国大百科全书出版社上海分社1994年

(1969年)3月15日,县支边领导小组成立,动员去黑龙江等省知识青年258人。后陆续返回。

(《大事记》,第28页)

解放初期,安置城镇失业职工230余人。70年代安置精简下放职工1 000余人。1964—1978年全县动员上山下乡知识青年16 968人。1979—1985年政府采取多种渠道安置下乡知识青年回城就业,同时安置待业青年2.2万多人。

(第十编第一章《劳动就业》,第319页)

1964年县精简委员会办公室改为城镇人口回乡下乡安置办公室,主管动员和落实城镇人口回乡生产和知识青年下乡插队。 (第十编第一章《劳动就业》,第320页)

知识青年安置 1964年首批城镇知识青年1 138人至农村插队落户。1969年动员上山下乡知识青年5 606人,支援边疆258人。1974年起,对城镇中多子女上山下乡家庭采取照顾措施,允许"选留"1人分配城镇工作,或从已下乡三个子女中"选调"1人回城安置。1964—1978年,16 000余名插队落户知识青年中,上海、杭州、宁波等地回乡3 071名,批准补办"下乡知青"身份1 634名。同时,分配去省内和县内农林畜牧场585名,去黑龙江、吉林、内蒙古1 172名。1978年10月停止动员知识青年上山下乡,除历年安置外,尚留农村

8 281人。1979年始,下乡知识青年陆续回城就业。1979、1980年共招工安置12 309人,下乡知识青年占60％以上;对外地来县插队落户未婚知青则协助给予迁回安置。1980年根据中央"在国家统筹规划和指导下,实行劳动部门介绍就业、自愿组织起来就业和自谋职业相结合"方针,加快安置进度,至1985年,补办知青身份544人中除部分人不能安置外,其余下乡知识青年基本安置完毕。

1964—1978年知识青年上山下乡人数

年份	下乡总人数	下乡插队		回乡投亲			去农、林、牧等场			支援边疆
		小计	其中:由宁波市至此插队投亲	小计	其 中		小计	其 中		
					上海市回乡投亲	省内外各地回乡投亲		县内	省内	
1964	1 138	1 057	404	81	55	26				
1965	557	496	36	61	51	10				
1966	712	654	142	58	43	15				
1967	84	74	4	10	7	3				
1968	385	241	8	144	99	45				
1969	5 606	3 582	253	1 766	1 564	202				258
1970	2 344	1 109	405	531	497	34	433	25	408	271
1971	745	300	18	89	86	3	66	66		290
1972	571	81	6	51	41	10	86	86		353
1973	460	442	1	18	15	3				
1974	1 043	915	2	128	93	35				
1975	1 235	1 179	7	56	13	43				
1976	982	943	12	39	2	37				
1977	804	774	13	30	2	28				
1978	302	293	5	9		9				
小计	16 968	12 140	1 316	3 071	2 568	503	585	177	408	1 172

(第十编第一章《劳动就业》,第320页)

《奉化市志》

奉化市志编纂委员会编,中华书局1994年

(1964年)9月26日,县城首批知识青年17人至舒家公社吴墩大队落户。

(《大事年表》,第28页)

"文化大革命"期间,城市知识青年插队落户。1979—1981年、1984—1985年年均迁入万人以上。 (第三编第一章《人口变化》,第124页)

知识青年安置 1964年8月动员城镇知识青年和闲散劳动力上山下乡,9月首批知识青年17人集体插队舒家公社吴墩大队。1967—1978年,动员城镇知识青年上山下乡、支边支农4207人,其中县内插队3498人,赴黑龙江、吉林等地425人,去温岭建设兵团208人,农、林、茶三场76人。接收宁波、上海等外地知识青年3576人。

1971年继续动员知识青年下乡,同时安置下乡知识青年就业。1979年起,适当被宽未婚或配偶是工人的知识青年招工条件,至1984年,安置在全民或县属集体企业4353人,乡镇企业1074人,农、林、茶三场305人,调回支边知识青年325人,上大中专院校272人,提干12人,外地知识青年病退回原地679人,外地招回352人。未安置74人,其中一次性补助500元46人。至1985年底,安置知识青年完毕,支出安置费350万元。

待业安置 "文化大革命"期间,3年停止招工,一批下乡知识青年回城,待业人数上升,至1977年底,城镇待业人员2883人,待业率10.5%。1978年起,采取统包统配招工办法。次年创建县劳动服务公司。 (第十八编第一章《职工》,第614页)

《余姚市志》

余姚市地方志编纂委员会编,浙江人民出版社1993年

(1968年)7月,动员城镇知识青年上山下乡,至1976年,全县共下放"知青"12 800名,接受外地城市"知青"5 250名。后大部陆续回城安置。 (《大事记》,第45页)

知识青年下乡和安置 1964年,根据中央关于动员和组织城市知识青年参加农村社会主义建设的决定,县成立知识青年上山下乡安置领导小组及办公室。动员城镇知识青年分批去农村插队落户,或到国营农场、边疆参加社会主义建设。方法有统一安排及个人投亲靠友等。1964—1978年,全县动员下乡知识青年12 800人,接收安置宁波市及外省市来姚知识青年5 250人,共18 050人,其中:生产队插队落户、投亲靠友16 221人,安置在县农、林、茶场106人,支援边疆建设1 232人,安置浙江生产建设兵团491人。

1979年2月,根据省革命委员会《关于统筹解决知青问题的通知》,按不同情况分期分批安置下乡知青就业。全民和市属集体企业招收工人时,优先招工或由知青父母工作单位包干安置共8 272人;立志在农村落户务农32人,每人给一次性补助500元;下乡知青与农村青年结婚的3 070人,就近就地安置在乡(镇)村(街道)企业就业,并将知青本人和一个子女转为居民户口。同时,政府投入资金242万元,扶持安置知青的企业83个;鼓励下乡知识

青年自谋职业,支持他们兴办集体企业和个体经营共 2 526 人;插队在边疆农村的知识青年,返回余姚安置工商企业 1 053 人;病残知青 58 人,除已农婚的 45 人,都病退回城镇,视病残情况给予一次性补助款,共 2.48 万元。仍有困难者,由民政部门救济解决。宁波市及外省市在余姚农村插队的知青,除农婚外,大部作病退、困退回原地安置。至 1983 年,全市下乡知识青年安置就业工作基本完毕。　　　　　　(第二十编第二章《招工　招干》,第 674 页)

《绍兴市志》

绍兴市地方志编纂委员会编,浙江人民出版社1996年

(1968 年)10 月,全地区动员 8 100 多名城镇初、高中毕业生到农村插队落户,接受贫下中农再教育。　　　　　　　　　　　　　　　　　　　　(《大事记》,第 86 页)

1964 至 1978 年间,广泛动员城镇知识青年去农村、边疆插队落户,谓之"支农"、"支边"。至 1978 年,绍兴地区城镇青年共迁出 53 940 人。其中绍兴县 35 792 人,上虞 6 032 人,嵊县 6 525 人,新昌 2 733 人,诸暨 2 858 人。这部分人,去本地支农 46 499 人,去本省其他县支农 1 016 人,支援边疆 6 425 人。同时,接收外地来绍下乡知识青年计 15 337 人。其中绍兴县接收 1 717 人,上虞县 733 人,嵊县 162 人,新昌县 7 840 人,诸暨县 4 885 人。无论去外地支农、支边,或在本地支农,到1981 年,90％以上人员已迁回原籍安置工作。

(卷 3 第三章《人口变迁》,第 304 页)

这一时期("文革"期间),全地区动员 53 942 名城镇知识青年支边支农。

(卷 20 第四章《劳动工资》,第 1404 页)

知识青年支农支边　60 年代初精简工作结束,各级政府的精简领导机构陆续转为城镇人口回乡、下乡安置委员会,动员城镇知识青年、社会闲散人员及部分精简职工家属支援农村和边疆建设(简称支农、支边。下同)。1964 年,绍兴城区第一批 500 余名城镇知识青年分赴各地农村插队支农;1968 年起,城镇中学毕业生分配实行"四个面向(基层、农村、边疆、工厂)",5 年间全地区共 10 238 人去本省农村和新疆、内蒙古、吉林及黑龙江插队落户。1969 年,地、县知识青年上山下乡办公室,动员因生产、教育秩序混乱而难以就业、升学的城镇青年上山下乡,至 1972 年,采取定位分配方法动员并安置 29 020 名知识青年支农、支边。1973 年,城镇中学毕业生分配以上山下乡为主;下乡知识青年通过建立知青点、厂社挂钩等形式进行集体安置。1968 至 1973 年,全区共投入知青经费 777.23 万元,安置 32 139 人。

1978 年,调整知识青年政策,下乡范围缩小。1979 年,停止下乡,并开始清理知青财产,

作价转卖给当地社队。同时,根据国民经济发展需要,采取城乡并举,广开门路,统筹安置支边、支农知识青年回城支工。至1981年,通过招工、征兵、病退、困退、特照补员、父母退休顶替、外迁、升学、转干及乡镇企业安置等途径,全区共安置50 569人,占1977年底前下乡插队知识青年的99.3%,同时逐步解决有关的遗留问题。1985年,规定知识青年支农、支边时间计入工龄。至1989年,陆续补办"知青"下乡支农手续5 163名;办理农婚女"知青"一名子女"农转非"5 785人;办理农婚男"知青"一名子女"农转非"9 592人;此外,通过正常的职工调动解决了部分支边"知青"和军垦"知青"的返乡问题。

城镇知识青年支边支农情况 单位:人

项　目	合　计	分县支农支边人数					支农去向		
		绍兴	诸暨	上虞	嵊县	新昌	绍兴地区	省内外地	边疆
合　计	53 942	35 792	2 858	6 034	6 525	2 733	46 501	1 016	6 425
1964年	4 369	2 813	249	795	375	137	4 043	326	
1965年	2 957	2 126	160	441	118	112	2 399	464	94
1966年	2 230	1 456	61	392	195	126	1 180		1 050
1967年	12	9		3			12		
1968年	670	47	521	102			670		
1969年	15 739	12 730	324	294	1 701	690	14 950	21	768
1970年	3 769	1 230	77	1 917	430	115	2 323	124	1 322
1971年	4 728	4 438	108	71	111		3 307		1 421
1972年	4 784	4 036	227	278	236	7	3 007	7	1 770
1973年	2 499	1 626	64	422	387		2 499		
1974年	2 087	876	292	136	233	550	2 051	36	
1975年	1 662	686	242	232	477	25	1 654	8	
1976年	2 948	1 364	335	404	381	464	2 939	9	
1977年	2 115	539	188	518	375	495	2 096	19	
1978年	3 371	1 814	10	29	1 506	12	3 369	2	
1979年	2	0	0	2	0	0	2	0	0

接收外地知识青年情况 单位:人

项　目	绍　兴	诸　暨	上　虞	嵊　县	新　昌	合　计
省内境外知青	585	1 037		55	1 707	3 384
省外知青	1 132	3 848	733	107	7 133	12 953
其中:上海知青	462	2 985	697	72	5060	9 276
合　计	1 717	4 885	733	162	8 840	16 337

※ (1)全地区接收外地"知青"数中,包括从边疆转入的1 343人。

(2)新昌接收外地"知青"数中,不包括从浙江生产建设兵团转入的1 402人。

…………

(卷20第四章《劳动工资》,第1406—1407页)

1958年，各县民办小学、民办初中、农业中学和公立学校民办班迅速发展，民办教师队伍迅速扩大，其中部分民办教师以高小或初中毕业回乡参加农业生产的知识青年充任。

（卷 33 第七章《教师》，第 2025 页）

《绍兴市劳动志》

绍兴市劳动局、绍兴市劳动学会编，广州出版社1993年

第四节　知识青年上山下乡

第一个五年计划期间，随着城市人口的增加和教育事业的发展，城市中小学毕业生增多，不可能全部在城市就业。同时，随着农业合作化高潮的到来，农村又需要有文化的青年。所以毛泽东同志在《农村社会主义高潮》一书的按语中号召："一切可以到农村中去工作的这样的知识分子，应当高兴地到那里去。农村是个广阔的天地，在那里是可以大有作为的。"1956年1月，中共中央政治局在《1956年到1967年全国农业发展纲要（草案）》中提出："城镇中、小学毕业的青年，除了能够在城市升学、就业的以外，应当积极响应国家的号召，下乡上山去参加农业生产，参加社会主义建设的伟大事业。"这时已把城镇青年参加农业生产概括为"上山下乡"，以后作为习惯用语沿用下来。

1958年，由于盲目扩大基建，大量增加职工，上山下乡停顿下来，农民工大量进城，挤占就业岗位。1958年，陆续有知识青年去金华、余姚等地农场参加生产。

1959年，根据上级部署，一批中学毕业生被派去宁夏、青海、西藏、新疆等地支援当地建设。

1962年，城市中的闲散劳动力因国民经济调整和精减职工而有所增加，各级政府积极在城市中进行安置，少数面向农村进行安置。根据中央和省委的有关指示，1963年3月，为了压缩城市人口，减少城市粮食销量，同时可以为农业输送劳动力，支持和发展农业生产，着手有计划有步骤地动员一批闲散劳动力上山下乡，参加农林牧场生产，或者安置到地多人少的生产队中去参加农业生产，上山下乡重新提上议事日程，开始有组织有计划地动员知识青年上山下乡。

1964年，中共中央、国务院发出《关于动员和组织城市知识青年参加农村社会主义建设的决定（草案）》指出：动员城市知识青年上山下乡，使城乡青年结合在一起，既有利于稳定农村青年从事农业生产，也有利于更快地形成一支有社会主义觉悟、有文化科学知识的新型农民队伍。动员的对象主要是城市未能升学和就业的知识青年。安置方向主要是插入人民公社生产队，其次是插入国营农、林、牧、渔场。有条件的，兴建新场或扩建老场。上山下乡知识青年必须达到劳动年龄、身体健康。1964年，绍兴市城区第一批2 487名知识青年分赴遂昌县及绍兴县上灶乡、东方红、解放等公社。

从 1966 年下半年到 1968 年夏,学校基本停课,大学不招生,工厂基本不招工,上山下乡也处于停顿状态。这三年的初、高中毕业生近万人留在城镇没有事干,如何安置他们成了当时的紧迫任务。1968 年 4 月,中共中央和国务院在对黑龙江省革命委员会《关于大专院校毕业生分配工作报告》的批复中提出:"毕业生分配是个普通问题,不仅有大学,而且有中小学",要求各地方各部门各单位、各大中小学领导机关和负责人按照"面向农村、面向边疆、面向工矿、面向基层,对大、中、小学一切学龄已到毕业期限的学生,一律作出适当安排,做好分配工作"。根据这一精神,绍兴市恢复了中断一年多的知识青年上山下乡工作。绍兴地区(今绍兴市境)成立"四个面向"办公室,陆续动员知识青年、社会闲散劳动力、精简职工家属、集体所有制单位多余劳动力和居住城镇的退伍军人下乡,以分散插队、投亲靠友和成户插队等形式进行并安置。到 1968 年,共计动员安置 10 238 人。

1968 年 12 月 22 日,《人民日报》引述毛泽东同志的指示:"知识青年到农村去,接受贫下中农再教育,很有必要。要说服城里干部和其他人,把自己初中、高中、大学毕业的子女送到乡下去,来一个动员。各地农村的同志,应当欢迎他们去。"随即,出现了一个上山下乡高潮。绍兴地区各级党委和政府积极行动起来,迅速建立知识青年上山下乡办公室,动员因生产教育混乱而难以就业和升学的城镇青年上山下乡。上山下乡此时已改变了原来就业的涵义,而成为一种政治性的教育运动。1966 年、1967 年、1968 年三届高中毕业生和不能升学的初高中毕业生,基本上是"一锅端",全部动员上山下乡,时称"一片红"。1969 年,浙江省革委会分配给绍兴地区去内蒙古插队落户的城镇知识青年 5 090 人,绍兴地区会同内蒙古自治区采取定位分配的方法进行了安置。到 1971 年,绍兴地区已有 37 900 余名知识青年奔赴农村和边疆,其中在绍兴本地区农村插队落户的有 3 100 余人,支边的 6 500 余人。1972 年,全区有应届毕业生和社会青年约 11 400 人,浙江省分配绍兴地区去吉林省 1 500人。1972 年以后,绍兴地区确定的知识青年分配原则是"立足本地、自力更生、就地安排",采取上山下乡、插队落户或筹办集体农场等各种方式进行就地安置部分知识青年。经绍兴地区革委会批准,适当分配了部分知识青年去急需用人的集体所有制单位(商业系统的合作商店除外),对于分配支工的知识青年则须根据条件,区别对待,从严掌握。到 1972 年底止,共有 6 513 名绍兴地区籍城镇知识青年吉林省镇赉县、通辽县、黑龙江省加格塔、阿本尔、内蒙古兵团和新疆兵团。

1972 年,为了巩固和发展上山下乡运动的成果,从关心群众生活出发,有针对性地解决了下乡知识青年的几个实际问题。(1)独子女(只有一个孩子)或全部子女支农支边,如现在父母年老无人照顾,可迁回一个;(2)父母死亡、弟妹年幼无人抚养照顾或父母病残失去劳动能力、生活确无人照顾,必须由支农、支边青年回来照顾的,可迁回一个;(3)支农青年的生活确因客观原因,长期不能自给,而家庭经济十分困难,无力补助支农青年生活的,主要由社队通过发展生产和实行同工同酬等措施,帮助实现生活自给。但是在当地按计划在下乡青年中招工时,可酌情吸收符合招工条件的青年。(4)非因公致残或患有严重慢性疾病长期不能治愈,而丧失劳动能力,有县以上医院证明,确实需要其亲属维持或照顾其生活的,可以根据家长的要求迁回。(5)因公致残的支农青年,由于失去了独立生活能力,需要家中人照顾其生活,如果家长要求迁回,可以迁回。(6)对在本县城镇找了对象结婚倒流回来,长期闲居城镇支农支边青年,要加强思想教育,动员他们回农村、回边疆。为了照顾他们的夫妻关系,应大力支持在本县城镇的一方去农村边疆,凡需要调动工作的,应尽可能给予支持。

1973年,绍兴地区知识青年上山下乡领导小组及其办公室成立,曹戒任组长,朱锦林任副组长,成员有傅振启、谢启昌和俞国行。是年,进行国民经济调整,决定减少招工,上山下乡又成为安置的主要方向。由于城乡生活存在着差别,上山下乡青年存在许多实际困难,为此提高了插队青年的补助标准,并规定:病残青年,独生子女、多子女的身边唯一子女,不动员下乡。到1973年底止,绍兴地区实有下乡知识青年38 762人,分布在306个公社(乡、镇)。1974年,配备专职干部174人,占当年下乡知识青年总人数的4.5%。据1974年统计,1972年以前下乡的知识青年,在农村实有19 320人,加上新承认的94人,共为19 414人,住房不落实的有7 560人,约占下乡知青总数的39%。其中,应建未建的3 794人,这些知青的建房经费和材料虽然多数由社、队保存,计安置费147 209元,木材515立方米,但不少被移用。无住房需要新建的3 766人,其中国家未拨安置经费的2 165人,以多建少的有1 562人,新承认无住房的75人。鉴此,绍兴地区知青办公室对下乡知识青年进行了生活困难补助和建房补助。

1974年11月开始,绍兴地区所属机关、厂矿企事业单位以及省属驻绍兴县的单位,动员安置知识青年的工作由绍兴县统一安排。动员和安置工作学习推广湖南省株洲市的经验,厂社挂钩,建立安置点,积极创办集体所有制的青年场(队),适当集中,有条件的可以回老家安置。到1976年11月底,绍兴地区已在山区、丘陵和海涂建立知青场队80个,其中绍兴县47个,诸暨县1个,嵊县24个,新昌县3个、上虞县5个。

1974年到1976年,实际下乡7 006人,占应动员下乡总数的58.5%,绍兴县未下乡的占59.7%,同时,绍兴地区倒流城镇的下乡知青3 000余名。

1977年,绍兴地区知识青年上山下乡领导小组充实了地区计划委员会、农业办公室、工业办公室、财贸办公室、军分区、团委、知青办等部门。

据1977年9月统计,绍兴地区上山下乡的33 000余名知识青年中,有167人加入中国共产党,6 180人加入了中国共青团,1 102人进入了各级领导班子,8 546人担任政治辅导员、民办教师、赤脚医生、植保员、拖拉机手,8 477人在农村结了婚扎了根。

1978年10月,中共中央召开全国知识青年上山下乡工作会议,对上山下乡政策作出重大调整,缩小上山下乡的范围。城市中学毕业生的安排,实行四个面向:"进学校、上山下乡、支援边疆、城市安排",有条件解决就业问题的城镇,可以不再搞上山下乡,需要下乡的也要采取举办农村场队的办法,不要采取插队的办法;要逐步解决在农村的下乡知识青年的问题，在国营农场的青年，采取稳定的方针，有困难的可以再调回城。根据这一精神，绍兴地区成立了"四个面向"办公室。除少数有困难的城镇在1978年、1979年仍动员部分人员下乡外，大多数城镇停止了动员下乡工作。与此同时，插队青年开始陆续返回城镇，城市广开门路，妥善安排知识青年。

1978年，贯彻"先城镇留城、回城知识青年，后其他城镇社会劳动力和病残青年"的原则，切实把按政策批准留城的知识青年作为重点来安排就业。

1979年，绍兴县城关镇由于人多地少、安置任务重，成为全省列入上山下乡范围的20个城镇之一，陆续动员知识青年上山下乡，城关镇四个街道55个居委会，共22655户，人口110119人，全镇有6316名待业青年，应留城为4971人，占78.7%。应动员上山下乡1345名，占21.3%，集中安置在绍兴县上灶农场。同时，为统筹解决知识青年问题，本着"国家关心、负责到底"的精神，抓紧解决好1972年底下乡的老知青的问题。具体做法：（1）就业安置。就近安排已婚知青到镇社企业、全民和县以上大集体单位招收符合招工条件的老知青、独立核算的集体所有制知青场队和农副业基地招收已婚知青、回场招工、鼓励个体开业。（2）积极扶持和建设知青基地。1979年上半年，绍兴县建立知青点36个，安置已婚知青3386人，是年，全县共计安置4285名已婚知青，并在集体企业中安置老知青和城镇待业青年4524名（见附表6）。

1979年后不再动员上山下乡，上山下乡工作的重点转移到处理遗留问题上，开始清理知青财产，作价转卖给当地社队，并根据国民经济发展需要，城乡并举，广开门路，回城安置和就地安置支农支边知识青年。

1980年，绍兴地区知识青年上山下乡办公室与地区劳动局合署办公。4月，根据上级指示精神，为进一步做好下乡知青安置，规定：（1）凡是安置在从事非农业生产为主、独立核算的集体所有制知青场的下乡知识青年，其户粮关系可以同安置到镇社企业的下乡知识青年一样，准予就地转为居民户口，由国家供应商品粮。（2）凡是同农村社员结婚的下乡女知识青年，在安置就业以后（包括过去已经安置就业而未随带子女的）可以随带一名15周岁以下的子女转为居民户口，由国家供应商品粮。（3）对因公致残完全丧失劳动能力的下乡知识青年，按中共中央（1978）74号文件的规定，经县以上革命委员会（人民政府）批准，由民政部门按照职工全残后的最低标准，每月发给三十五元的生活费；对生活不能自理需要人护理的，另发护理费，在指定的医疗单位治疗，医疗费用实报实销。（4）对个别非因公致残，但已完全丧失劳动能力又无亲属抚养、生活困难的下乡知识青年，由当地政府给予社会救济。（5）对于因残已不够招工条件，但还未完全丧失劳动能力的下乡知识青年，因地因人制宜，通过多种渠道，尽可能安置到镇社、街道企业和民政部门的福利工厂安置就业，使他们自食其力，知青部门从结余的安置经费中拨出一部分，帮助这些企业发展生产、扩大安置能力、吸收残疾知青就业。（6）对劳改释放和解除劳教的下乡知识青年，仍应作下乡知青进行安置，不歧视，以利于教育本人和社会安定。

到 1981 年,通过招工、征兵、病退、内退、照顾补员、子女顶替、外迁、转干及乡镇企业安置等途径,绍兴地区共安置 50 569 人,占 1977 年底前下乡插队的知识青年的 99.3％。

1982 年 5 月,根据浙江省劳动局的有关指示精神,绍兴市提出贯彻意见,主要内容是:(1)本着"国家关心,负责到底"的精神,因人因地制宜,通过多种渠道,逐个加以解决,力争在当年内结束下乡知青安置工作。对未婚下乡知青,基本符合招工条件的,可把户粮关系迁回原动员地,由动员地作适当安排。对已婚下乡知青,城婚的,由配偶所在地负责安置;农婚的,坚持就地就近安置,并动员其自谋职业;农婚女知青,立志务农的,可将其一个小孩转为居民户口,吃国家商品粮,并给予一定的经济补助,以后不再负责安置;对病残知青,仍按过去有关规定办理;长期外流的下乡知青,要限期返回,否则不再安置;劳改释放和解除劳教的下乡知青,仍作下乡知青安置。(2)认真做好补办知青身份手续的遗留工作。要求补办手续,承认下乡知青身份的问题比较复杂,在处理时,绍兴市坚持实事求是的原则,严格审查,不许扩大范围。对上海知青,根据两省、(市)计委、和知青部门领导在年底达成的协议精神,只限于 1968 年以后下乡并享受其家长所在单位定期生活补助者,以及 1964 年后支边疆转点来我省农村插队的知青;对本省知青,只限于家庭是城镇户籍,经组织动员作为城镇知青单身下乡,下乡时年满 16 至 25 周岁的初高中毕业生(包括社会青年),时间上可以掌握在 1964 年以后下乡的。有关补办、承认下乡知青身份,先由区社安置落实,再行办理,做到一次解决,不留尾巴。(3)安置在社队企业中的下乡知识青年并已成为社队企业职工的,由劳动部门协助社队企业管理部门做好工作,使他们能有固定的收入,以巩固和发展安置成果。(4)加快下乡知青安置经费清理和住房、农家具变价处理工作,争取在当年内处理完毕。

1983 年,撤销绍兴地区知识青年上山下乡领导小组及其办公室,有关知青工作由地区劳动局的社会劳动力管理科(1985 年撤销)负责。

1985 年 2 月,根据省人民政府《关于妥善解决插队知青遗留问题的意见》精神,对在下乡插队期间同农村社员结婚的男知识青年,允许随带一名 15 周岁以下的子女转为居民户口,由国家供应商品粮。绍兴市劳动局作了专门研究,指定专人负责对市级机关和市属企事业单位工作的男知青,作全面调查,按系统进行登记。市区男知青中带一名子女的男知青共有 1 336 人。3 月,市府专门召开了由劳动、粮食、公安和信访办公室等部门参加的联席会议,从有利于安定团结这个大局出发,本着"国家关心,负责到底"的精神,确定了几条男知青的随迁政策:(1)凡城镇男知青与农村妇女结婚的(包括在插队期间与农村妇女建立恋爱关系的),允许随迁一名 15 周岁以下的子女(在校生不超过 18 周岁)转为国家居民户口,由国家供应商品粮;对过去已有子女办理了农转非手续的,这次不能办理;(2)随带的一名子女户粮关系可在男知青或配偶的户粮所在地选择一方落户;(3)原在四场工作的知青,现已调入市区工作,准予迁移一名子女,户粮可以随父或随母申报;(4)结婚 5 年以上不育,领养一名小孩的;男知青已死亡,生前生养的一名小孩,其配偶未改嫁,允许随迁一名子女。

1985年,绍兴市办理男知青子女转为居民户口,由国家供应商品粮共 1 583 名。1987 年,针对少量遗留问题,善始善终地进行了解决。

1985年,将上山下乡知识青年支农支边时间计算连续工龄,到 1989 年,补办知青手续 5 163名,办理农婚女知青一名子女农转非 5 785 人,办理农婚男知青一名子女农转非 9 597 人,此外,还通过正常的职工调动解决部分支边知识青年和军垦知青(见附表6、7)。

1990年,允许支边知识青年子女回乡入户就读工作。

附表6　城镇知识青年支边支农情况表　　　　　　　　单位:人

年　份	合　计	其　中			其　中				
		本县	本省外地	边疆	绍兴	上虞	嵊县	新昌	诸暨
1964 年	4 369	4 043	326	—	2 813	795	375	249	137
1965 年	2 957	2 399	464	94	2 126	441	118	160	112
1966 年	2 230	1 180	—	1 050	1 456	392	195	61	126
1967 年	12	12	—	—	9	3	—	—	—
1968 年	670	670			47	102		521	—
1969 年	15 739	14 950	21	768	12 730	294	1 701	324	690
1970 年	3 769	2 323	124	1 322	1 230	1 917	430	77	115
1971 年	4 728	3 307	—	1 421	4 438	71	111	108	—
1972 年	4 784	3 007	7	1 770	4 036	278	236	227	7
1973 年	2 499	2 499	—	—	1 626	422	387	64	—
1974 年	2 087	2 051	36	—	876	136	233	292	550
1975 年	1 662	1 654	8	—	686	232	477	242	25
1976 年	2 948	2 939	9	—	1 364	404	381	335	464
1977 年	2 115	2 096	19	—	539	518	375	188	495
1978 年	3 371	3 369	2	—	1 814	29	1 506	10	12
1979 年	2	2	0	0	2	0	0	0	0
合　计	53 942	46 501	1 016	6 425	35 792	6 034	6 525	2 858	2 733
历年接收外地知青情况	合　计	8 840	1 343	1 717	733	162	4 885		
	上海知青	5 060	844	462	697	72	2 985		
	本省外地知青	1 707	30	585	—	55	1 037		
	外省转点知青	2 073	469	670	36	35	863		
		合计	绍兴	上虞	嵊县	新昌	诸暨		

注:1970 年,绍兴(含越城区)去浙江生产建设兵团 1 402 人。

表7　绍兴市上山下乡知识青年补办及随带一个子女情况统计表　　　　单位:人

项目		合计	1976年	1977年	1978年	1979年	1980年	1981年	1982年	1983年	1984年	1985年	1986年	1987年	1988年
知识青年补办人数	绍兴县	1 357			1 136	200						15	1	2	3
	上虞县	796	67	434	100	94	101								
	嵊　县	1506													
	诸暨市	977	95	164	287	15	43	195	178						
	新昌县	527		141	71	190	56	69							

项目		合计	1979年	1980年	1981年	1982年	1983年	1984年	1985年	1986年	1987年	1988年	1989年	1990年	1991年
女知识青年随带一个子女人数	绍兴县	1 671	705	775	160		5	1	13	3	6	3			
	上虞县	1 394	10	762	504	150	52			4		1	1		
	嵊　县	258							254			4			
	诸暨市	1 787													
	新昌县	675			312	106	78	56	53	30	27	13			
	越城区														
男知识青年随带一个子女人数	绍兴县	2 418							2 173	95	69	75	6		
	上虞县	2 002						128	1 746	24	51	45	8		
	嵊　县	1 388							1 345			43			
	诸暨市	1 691													
	新昌县	518													
	越城区	1 575							1 372	95	74	34			35

注:1992年市区男知青随带一个子女人数为21人。

第五节　三结合就业

70年代末,支农支边知识青年纷纷返回绍兴,城镇新成长的劳动力的增长步入高峰,关停并转企业又有一批剩余人员倒向社会,而国民经济各部门难以提供较多的就业岗位;由于仅靠全民和大集体企业安置,就业渠道单一,就业门路狭窄,绍兴市的待业队伍庞大。1979年,绍兴市共有41 788名待业人员,其中回城的下乡知识青年23 477人,城镇待业青年18 311人。绍兴县城关镇(即今绍兴市区)有四个街道54个居委会,共27 600余户居民、11余万人。社会待业青年和闲散劳动力连续几年在1万人左右徘徊,加上自然增长的劳动力每年有3 000余人,存在"三多一少"现象。即留城青年多、病退青年多、社会闲散劳动力多、就业岗位少。绍兴县(含市属、越城区)成为全省就业安置任务最重的县份之一。就业难题严重威胁着社会的安定、经济的发展和人民生活水平的提高。

1979年,绍兴地区共有城镇待业人员41 788人,其中城镇待业青年18 311人,下乡知识青年23 477人,待业率为8.42%。1979年底,绍兴地区暨绍兴县联合召开二千人大会,贯彻中共中央(1979)51号文件精神,传达省一月知青工作会议和省委工作会议精神,提高认识,明确任务。地委、县委把安置工作置于党委的重要议事日程,多次进行专题研究,并确定一位书记或常委亲自抓安置工作。多次召开各部门负责人会议,指导有关部门制订安置政策,落实安置任务,解放思想,发动群众,广开就业门路,发展集体经济,狠抓就业安置落实。各部门和各单位把安置待业青年作为自己的一项政治任务来对待。除全民和大集体招工外,城镇街道、区社企业和个体就业等方面的安置工作,得到了商业、粮食、公安、工商行政管理、银行、财税、物资等部门的大力支持。7月下旬,地委副书记、专员、副专员,深入绍兴县城关镇进行座谈,听取各部门和街道干部的意见,处理大办镇街企事业中的矛盾,帮助解决困难,促进镇街企事业的发展。8月9日,省革委会颁布《关于城镇街道集体企业的十条试行规定》后,绍兴市有关部门根据省级有关部门的有关文件结合各自的实际情况,积极贯彻省革委会的规定。绍兴市迅速形成了一个办集体、促安置热潮,城镇就业的主要方向,不是全民所有制,而是集体所有制。10月初,绍兴地区组织各县分管就业工作的主要领导、有关部门负责人以及建制镇的党委书记共140人,由副专员杨俊达带队赴杭州参观、考察城镇待业安置的形式和安置门路。并结合绍兴实际,开动脑筋,就广开就业门路,制订五条政策:

(一)发展生产,大办集体所有制手工业和生活服务网点。通过调查研究,从工业、手工业和商业、供销、建筑修缮业、旅游等方面广开就业门路,积极安排。这些方面的全民和县以上集体单位共招工 11 000 多人。

(二)大力发展城镇街道企事业和劳动服务公司安排临时就业。这两项共安置 4 300 多人。通过城镇街道和劳动服务公司的安排,基本上做到城镇待业青年人人有事做,不闲着,有力地促进了生产和安定团结,改善了社会治安。

(三)区、社企业中,开辟知青点(厂)就地就近安置已婚的老知青。绍兴县动手较早。浙江省 1980 年 1 月知青工作会议结束后,立即组织调查研究,经过试点,积极推广,由于政策落实,很快就安置已婚老知青 4 300 人。此后,上虞、诸暨、嵊县也分别安置 800 人,有的还建立了新的知青商业、服务网点。如嵊县桃源公社知青综合服务部、诸暨县枫桥公社知青饮食店均受到群众的好评。已婚知青就近就地得到安置,知青安心、爱人放心、家长高兴。

(四)本单位、本系统自行消化。在完成分配的安置任务后,允许先安排本单位职工中的待业子女或知青配偶,从而调动了企业的积极性,促进了安定团结。绍兴钢铁厂在整顿"五七"家属连的基础上,举办集体所有制的综合厂,安置了 117 名职工的知青配偶。

(五)填补全民、集体经营空白,允许和支持个体经营,发挥他们的技术专长,达到自食其力的目的,绍兴、上虞、诸暨三县,积极鼓励发展个体经济。

1979 年,绍兴市改革招工制度,废除"子女顶替"和"内招职工子女"办法,全民所有制单位和县以上集体所有制单位的招工,面向社会,公开招收,全面考核,择优录用,从而大大促进了就业安置工作,全年共安置 26 748 人。

1980 年初,待业人员达 35 541 人。是年,继续发动和组织各部门、各行各业大力支持发展集体经济,广开生产门路,安置待业人员;加强各级安置工作机构,充实必要的工作人员,以保证这项工作的顺利进行；切实用好安置经费和物资,指导有条件的全民单位兴办集体生产和生活服务事业、全民和集体联营、发展城镇街道集体企事业,办好城镇劳动服务公司,试办农工商联合企业和独立核算的集体所有制知青厂、场,鼓励和支持城镇待业青年自筹资金、创办自负盈亏的生产、生活服务单位或从事法律许可的、不剥削他人的个体劳动,重点澄清在相当部分人思想上存在着的"重全民、轻集体,小集体不愿去,自谋出路是资本主义"等糊涂认识。在深入贯彻全国劳动就业会议精神,宣传"在国家统筹规划和指导下,实行劳动部门介绍就业、自愿组织起来就业和自谋职业相结合"的方针的前提下,解决"劳动就业全部要由国家包下来"的依赖思想,努力提高认识。

在全国劳动就业会议精神指引下,绍兴市努力开拓全民、集体、个体所有制多种就业渠道。全市积极兴办集体经济,绍兴县在区(镇)社(街道)办集体企业中共安置待业人员4 640人,其中下乡知识青年812人。其主要途径有:发展以知青为主的乡镇企业;充分发挥镇街企业的作用。绍兴县城关镇1980年在居民服务小组安置1 327人,街道集体707人,镇办集体597人,共吸收待业人员2 631人;县劳动服务公司相继组建建筑、运输、缝纫等集体企业,安置了161人;坚持自力更生、艰苦创业、全民办集体、集体办集体,实行独立核算,自负盈亏,经营灵活,服务周到,民主管理、勤俭办事,按劳分配,多劳多得。绍兴搬运公司办了一个集体性质的针织厂,容纳200多人,解决女青年就业难问题,使职工安心,青年高兴,树立了"创业光荣、守业无能"的观念。同时,各级劳动部门将扶持生产资金和物资重点投放于发展城镇集体企业和知青点(厂),发挥了积极作用。

由于领导重视,重点突出,任务明确,绍兴地区组织各行各业广开生产门路、就业门路和就学门路,并在经营场地和物资等方面给予必要的扶持。全区在1978年、1979年两年安排51 600人的基础上,1980年又安置了24 417人,占地区确定任务的97.6%。其中安置城镇待业青年15 918人,下乡知青6 915人、社会闲散劳动力1 584人。嵊县、诸暨、新昌三县实现了省委省府提出的"经过1980年的努力,要把1979年底以前的城镇待业青年和下乡知识青年基本上安排好"的要求,促进了政治局面的稳定和地区国民经济的持续发展。

1980年底,全区仍有19 264名待业人员。其中城镇待业青年15 385人,下乡知青3 135人,社会闲散劳动力744人。地委、行署对此十分重视,1981年,先后召开4次全区劳动局长会议,贯彻省委(1981)11号文件精神,总结前三年的安置就业工作,把发展集体经济和鼓励个体经营、巩固知青企业,创办劳动服务公司,落实安置就业计划作为工作的重点。

1981年10月17日,中共中央、国务院《关于广开门路,搞活经济,解决城镇就业问题的若干决定》中,再次肯定了"三结合"就业方针,提出应该结合调整产业结构和所有制结构,在发展经济和各项建设事业的基础上进行,广开就业门路。要求各级党委和政府责成有关部门,采取积极态度,坚决地、迅速地改变那种歧视、限制打击、并吞集体经济和个体经济的状况,代之以引导、鼓励、促进、扶持的政策措施,调整不合理的产业结构。在对城区集体经济进行调查研究的基础上,通过兴办劳动服务集体企业等有效措施进行积极安置,共安置14 950人。

三年来,全区在农村乡镇企业中就近就地安置了老知青 8 936 人,但存在着停产半停产现象,部分老知青收入没有保障(见附表 7)。

附表 7　1978 至 1980 三年知青企业情况表

	1978 年 1979 年 1980 年区社知青企业		其中停产和半停产的企业和人数		停产、半停产知青人数占安置总人数%
	企业(个)	安置知青人数	企业(个)	安置知青人数	
合　计	188	8 936	37	1 481	16.5%
绍兴市	64	7 000	10	1 000	14.2%
上虞县	44	1 100	3	146	13.2%
诸暨县	29	552	19	310	56%
嵊　县	51	284	5	25	9%
新昌县	/	/	/	/	/

从 1978 年至 1983 年,由于经济的持续稳定发展,招工制度和用工制度的深化改革,使就业环境有了明显改善,绍兴市在全民和县以上集体所有制单位中安置了 72 568 人就业,占 6 年安置总数的 69.2%,充分显示了就业主渠道的作用。

……　　　　　　　　　　　　　　　　　　　(第三章《劳动就业》,第 42—54 页)

《绍兴县志》

绍兴县地方志编纂委员会编,中华书局 1999 年

是年(1964 年),毛泽东主席发出"农业学大寨"号召,掀起农业学大寨运动。开始动员城镇知识青年支农支边(上山下乡)。至 1978 年,累计 39 894 人。　(《大事年表》,第 63 页)

60—70 年代,知识青年上山下乡、支边支疆和 90 年代外出经商和工程建设是人口变动之主要因素。　　　　　　　　　　　　　　(第四编第三章《人口》,第 365 页)

知识青年安置　1964 年开始,动员城镇知识青年(以下简称"知青")支农支边。至 1968 年,去新疆、内蒙古、吉林、黑龙江和本省、本县农村插队落户 6 451 人。1969 年始,对城镇中学毕业生实行"四个面向"(面向农村、面向边疆、面向工矿、面向基层),重点是上山下乡。1973 年,建立知青点,创办青年场队。1969—1973 年先后上山下乡共计 25 340 人,投入经费 644 万元。后下乡范围缩小,继而不再动员,至 1978 年,累计支农支边知青 39 894 人(含补办知青手续和动员去外地投亲靠友,接受外地来投亲人数)。

1970 年后,有少量知青招工或以病退、困退名义回城,1978 年始,成批以招工、补员、父

母退休顶替等途径安置知青。并在各区乡镇选择一批乡镇企业,作为知青点,给予优惠政策,安置农婚知青。1981 年底止,共安置 28 549 人,其中,去全民企业占 13%,集体企业占 53%,城镇小集体企业占 19%,区、乡知青厂占 15%。此后,通过正常职工调动、待业安置等,陆续解决部分下乡和军垦知青就业。还对一些自动下乡城镇居民 1 357 人,补办知青手续;办理农婚男知青和农婚女知青,各携 1 名子女由农业户转非农业户,共计 4 089 人。至 1989 年知青安置工作基本结束。

1964—1989 年城镇青年上山下乡情况

单位:人

年 份	本县农村	支援边疆	本 省 外 县			浙江兵团	补办承认人数	动员去外地投亲靠友	接受外地来绍投亲者	合 计
			遂昌	上虞	诸暨					
1964	2 487	1 049	326							3 862
1965	1 568	95		150						1 813
1966	406				314					720
1967	9									9
1968	47									47
1969	12 386	344								12 730
1970	78	1 030				1 402				2 510
1971	3 104	1 334								4 438
1972	2 732	1 304								4 036
1973	1 626									1 626
1974	876									876
1975	686									686
1976	1 364									1 364
1977	539									539
1978	1 814						1 136			2 950
1979	2						200			202
1980—1989							21			21
合 计	29 724	5 156	326	150	314	1 402	1 357	122	1 343	39 894

待业人员安置 1978 年以后,支农支边知青纷纷返城,城镇新成长劳动力增多,关停并转企业又有一批富余人员倒向社会,加之农村劳动力大量涌入城镇,全县待业人员最多时达 28 888 人,成为全省待业安置任务最重县份。

(第二十七编第三章《职工》,第 1363—1364 页)

《新昌县志》

新昌县志编纂委员会编,上海书店 1994 年

是年(1968 年),开始大规模动员城镇知识青年上山下乡、支援边疆建设。至 1978 年此项工作结束,全县上山下乡知识青年共 2 960 人,其中支边 311 人。 （《大事记》,第 29 页)

(1969 年)6 月 4 日,124 名城镇知识青年赴内蒙古安家落户,支援边疆建设。后多数返回新昌。 （《大事记》,第 29 页)

1978 年下半年起,知识青年停止上山下乡,全县待业青年约有 3 000 余人。

（第七编第七章《人事》,第 436 页)

知识青年安置 1964 年春,开始动员知识青年上山下乡。是年,有 249 名知识青年去大明市公社插队落户。1968 年起,城镇知识青年大规模上山下乡和支边。至 1978 年底,全县共动员城镇知识青年上山下乡 2 960 人(其中支边 311 人)。此外,接收外地下乡知识青年 220 人。1977 年以后,办理承认知识青年身份 527 人,合计在本县插队的知识青年有 3 396人。知识青年安置工作始于 1971 年。是年,对 28 名下乡两年以上的知识青年经大队、公社推荐,县有关部门批准,办理了招工手续。以后,通过企业招工、大中专院校招生、职工退休补员、参军入伍等途径逐步安置知识青年。至 1981 年底,共安置知识青年 3 216 人。此外,另有部分外地知识青年迁返原籍等。至此,知识青年安置工作基本完成。

（第七编第七章《人事》,第 436 页)

本地迁到外地有几种情况:一是由政府组织劳务人员支援外地建设,解放后共约 6 000人;二是参军、调干、升学去外地,累计 20 000 多人;三是支援宁夏和知识青年支援边疆约 2 000多人;四是长诏、巧英、门溪、前丁等水库移民到外省、外县约计 700 多户,2 900 余人;五是自行流动外出做工投亲等。以上五种外迁人员,除水库移民外,大都出而复归。

（第十二编第一章《人口》,第 588 页)

《诸暨县志》

诸暨县志编纂委员会编,浙江人民出版社 1993 年

(1963 年)陆续接受外地知识青年"插队落户"和动员本县知识青年"上山下乡"。

（《大事记》,第 27 页)

1963—1978 年,全县共接收和动员下乡知识青年 8 041 人,其中外地来县下乡插队知识青年 2 785 人。1975 年起,陆续安置就业。　　　　　　　　　　　　(《大事记》,第 33 页)

1969 年,大批知识青年和城镇居民下放,使非农业人口减至 26 896 人,仅占总人口的 3.25%,为历年最低比率。1978 年后又始增加。1984 年,64 661 人,占 6.64%。1987 年,85 729 人,占 8.61%。　　　　　　　　(第三篇第一章《人口规模》,第 131 页)

1969—1976 年,共接收外地知识青年 2 785 人,其中 592 人因患病或特殊困难返回。

　　　　　　　　　　　　　　　　　　　　　(第三篇第四章《人口变动》,第 155 页)

1959 年,县设劳动科。1979 年,设劳动局,负责知识青年和待业人员安置就业,管理职工的职业培训、劳动保护、安全生产、工资福利和劳动服务等。(第十七篇《人事》,第 636 页)

知识青年安置　　1963 年,县内接收宁波市知识青年 44 人,安置到农、林场就业。1968 年 12 月,中央号召"知识青年到农村去"。1969 年,有 2 154 名城镇知识青年到农村插队落户,其中本地 669 人、外地 1 485 人。1963—1978 年,先后接收外地和动员本地知识青年下乡 8 041 人。1975—1980 年,在农村锻炼两年以上的知识青年陆续上调安排工作,其中安置全民单位 3 674 人、集体单位 2 547 人、乡镇企业 521 人、参军或升学 345 人、林牧农场 119 人、自谋职业 152 人、病退 431 人、农村安家 223 人、其他 29 人。

　　　　　　　　　　　　　　　　　　　　　(第十七篇第二章《职工》,第 646 页)

1969 年 6 月,动员知识青年支援内蒙古,建设边疆。诸暨中学学生 14 人赴内蒙古通辽县余粮堡公社红光大队落户。

以上支边人员,后来多数返回家乡安置。　　(第十八篇第五章《安置》,第 671 页)

《上虞县志》

上虞县志编纂委员会编,浙江人民出版社 1990 年

1964 年至 1978 年,安置城镇待业人员的主要形式改为上山下乡插队落户,1959 年至 1977 年,全县全民和集体所有制单位安置城镇待业青年总数仅 4 180 人(含下乡知识青年)。1978 年下半年知识青年停止上山下乡,全县累计有待业青年 7 783 人(含下乡知青)。

　　　　　　　　　　　　　　　　　　　　　(第十九篇第一章《职工》,第 576 页)

1969 年至 1972 年,又动员 595 名城镇知识青年分批到黑龙江省和吉林省插队落户。其中去黑龙江大兴安岭阿木地区 292 人,去吉林省赉镇县和通辽县 303 人。1978 年至 1982 年间,支边青年大部分调回上虞。 （第十九篇第一章《职工》,第 577—578 页）

知识青年安置

1964 年,开始动员城镇知识青年（以下简称知青）上山下乡,到 1978 年止,全县农村共接收城镇知青 8 325 人（其中县外 1 251 人）,支付安置费 467.24 万元,木材 4 019 立方米。1972 年起,对经过 2 年以上农村劳动的知青,经所在大队、公社推荐,通过招工、招生、入伍等途径脱离农业劳动,到 1977 年此类知青达 1 717 人,尚在农村的下乡知青仍有 6 608 人。1978 年起,采取多种形式安置下乡知青,主要有:对自愿终身务农者每人补助 500 元,原住房归个人所有,女知青可把 1 名未成年子女转为吃国家商品粮的城镇居民;未婚者可统一参加全民和县属集体所有制单位招工,在同等条件下适当照顾,集体所有制单位招工时,对本系统下乡知青实行包干安置,支边知青通过办理有关手续回上虞统一参加社会招工。已经同农村社员结婚的知青,就近安排到区乡（镇）企业,本人转为吃国家商品粮的城镇居民,女知青可随带 1 名未成年子女。全县办理女知青随迁子女户口 1 519 人。实行优惠经济政策,鼓励乡（镇）企业安置下乡知青,鼓励有专长的知青自谋职业,并给予适当补助。1981 年,又对 1964 年后全家下乡时符合知青年龄者办理承认"知青"身份手续,全县计 601 人;对自行下乡投亲靠友的补办"知青"手续,全县计 195 人。到 1982 年,全县下乡知青基本安置完毕。1984 年至 1985 年,又允许男知青随带 1 名未成年子女转为吃国家商品粮的城镇居民,全县计 1 874 人。 （第十九篇第一章《职工》,第 578 页）

《嵊县志》

嵊县志编纂委员会编,浙江人民出版社 1989 年

（1964 年）6 月 23 日,城关镇首批 90 名知识青年去方口公社姚姆山大队落户。至年底,全县城镇知识青年上山下乡共 375 人。 （《大事记》,第 28 页）

是月（1969 年 1 月）起,全县大批城镇知识青年上山下乡,至 1977 年,共下乡 7 591 人。后逐步安置就业,至 1985 年底基本完毕。 （《大事记》,第 30 页）

知识青年安置 1964—1977 年,全县先后有 12 批 7 000 余名知识青年上山下山（含外地回乡知识青年及支边青年）。1979 年后,分别安置就业。一家有 3 人支农的,优先招工 1 人。1973 年后支农的未婚青年（含 1972 年前支农,不足 30 周岁未婚者）经全县统考,统一

安置就业的 4 231 人。1972 年前的支农青年除部分招工外,有 751 人安置在乡镇企业,人均拨给扶持资金 250—350 元;321 人个体开业,各发给扶持生产资金 250—300 元;组织办厂、办场、开店的 470 人,人均拨给扶持生产资金 300—500 元,木材 0.5 立方米;自愿落户农村的 9 人,各发给安置费 400—500 元、木材 1 立方米;2 名病残者,户粮转为居民,每人每年补助 240 元。1973—1981 年,国家共付出安置知识青年补助费 166 万元(不包括成户下放安置经费)。至 1985 年底,上山下乡知识青年安置就业问题基本解决。

(第十六编第四章《就业安置》,第 399 页)

《台州地区志》

《台州地区志》编纂委员会编,浙江人民出版社 1995 年

大鹿山林场 位于玉环县大鹿山岛。1962 年始建,称苗圃。1984 年改建为林场。初建时有职工 4 人、技术员 1 人,1971 年增加知识青年 11 人。 （第九章《林业》,第 230 页）

全民、集体单位招工 50 年代初,首先安置失业人员,招收雇佣工人和职员。之后,陆续招收复员、退伍军人、退休退职职工子女、城镇上山下乡知识青年、留城待业青年及原被精简的城镇老职工与家庭生活比较困难的人员。 （第三十六章《劳动人事》,第 952 页）

知识青年上山下乡 1955—1957 年,曾动员少数城镇知识青年去农村参加劳动,并接纳部分杭州、宁波等城市知识青年至农场、林场落户。1962—1966 年,开始有组织有计划地动员知识青年上山下乡,在农场、林场设立知青点,或新建农业大队。1966 年,黄岩县首批动员 500 多名城镇知识青年支边至新疆生产建设兵团。1968 年 12 月后,全区出现上山下乡高潮。1970 年为数最多,计 8 726 人。1968—1978 年,30 510 名知识青年上山下乡,其中1969 年支援内蒙古建设兵团 3 000 余人,1970 年支援黑龙江建设 3 100 人,1971 年支援内蒙古建设兵团 700 人。1978 年,停止动员下乡工作。全区城镇知识青年上山下乡共 36 631 名。1971 年开始,通过招工、招生、参军、转干等途径,逐步回收安置。80 年代初,安置完毕。

知识青年上山下乡情况

单位:人

年份	全区	临海	黄岩	温岭	仙居	天台	三门	玉环
合计	36 631	7 689	15 044	6 171	1 085	2 038	1 669	2 935
1966 前	6 121	1 043	3 299	625		81	258	815
1968	678	120	100	350	31	10	47	20
1969	3 387	650	696	1 586	79	281	57	38

年份	全区	临海	黄岩	温岭	仙居	天台	三门	玉环
1970	8 726	2 177	4 293	502	30	537	316	871
1971	2 196	849	449	442	2	119	110	225
1972	395		4	386			3	2
1973	652	156	29	130	2	182	153	
1974	1 833	605	321	368	211	111	115	102
1975	2 456	341	538	749	190	247	149	242
1976	2 160	399	641	418	181	202	133	186
1977	6 934	900	4 462	615	268	214	187	288
1978	1 093	449	212		91	54	141	146

（第三十六章《劳动人事》，第 953—954 页）

《台州市志》

台州市地方志编纂委员会编，中华书局 2010 年

　　（1956 年）1 月 29 日，温州市 227 名青年，响应中国新民主主义青年团中央的号召，组成"大陈岛志愿垦荒队"，到大陈岛参加开发建设。　　　　　　　　　（《大事记》，第 87 页）

　　1958—1962 年，城镇青年支援宁夏建设 4.20 万人；1962—1978 年，城镇知识青年支援黑龙江、内蒙古、新疆等地建设约 9 000 人。1980 年前后大都返还。

（卷 3 第一章《变迁》，第 221 页）

《临海县志》

临海市志编纂委员会编，浙江人民出版社 1989 年

　　1955 年、1957 年曾动员一部分城镇知青去农村参加劳动，担任农业社会计。1964 年 8 月组织动员 50 名城镇知识青年去沿海公社建设大队插队落户，继而分批到杨司、梓林、方山等地插队，当年达 502 人。1966 年开始动员支边，至 1972 年共达 1 590 人（其中新疆 96、内蒙 886、大兴安岭 102、黑龙江 506）。1973 年县革委会设立知识青年上山下乡办公室，对城镇初、高中毕业生，实行定位定向、"统一规划、城乡配合、厂社挂钩、集体安置"的办法组织上山下乡，至 1980 年支农达 5 978 人（其中集体插队 991 人，单身插队 3 276 人，本县回乡

1 049人、外县回乡149人、国营场圃313人、浙江建设兵团200人)。1980年5月,本县不再动员知识青年上山下乡,并对仍在农村的下乡知识青年进行安置,全县合计支农、支边7 568人,通过企事业单位招工,大、中专院校招生,应征入伍等途径,逐步安置下乡知识青年。除17人因各种原因无法安排,发给一定生活补助费外,至1980年12月7 551名已全部安置落实。

(第四编第十章《人事劳动》,第253页)

《三门县志》

三门县志编纂委员会编,浙江人民出版社1992年

是年(1970年),县成立知识青年上山下乡办公室。到农村插队落户共932人,支援农场建设160人。其中67人到黑龙江延寿县落户。

(《大事记》,第31页)

一、支　　边

1969年起,动员城镇知识青年支边,第一批去内蒙古建设兵团6人;1970年3月,第二批去黑龙江省延寿县落户67人。两批合计73人,其中男33人,女40人,后多回原籍安排工作。

二、上　山　下　乡

50年代中期始,杭州、宁波、台州等地城市知识青年来本县大龙岭、漱水山林场、凤凰山农场落户办场。1970年,县成立知识青年上山下乡办公室,配备干部5名,具体办理此项工作,并分别在小湾渡、跃进塘、狗屿塘、红旗塘建立上山下乡知青点,县派干部负责带队管理。1978年后,不再动员知识青年上山下乡。至1978年,共动员知识青年在本县农村插队落户932人(含外地来本县安置87人),回乡插队落户245人,支援农场建设160人,合计1 337人。其中男711人,女626人。这些上山下乡知识青年,除历年来通过升学、参军、招工和顶替等途径得到安置外,到1978年尚有1 000余人待业,中共十一届三中全会后,全部收回安排了工作。

(第二十编第二章《劳动》,第694页)

《温岭县志》

温岭县志编纂委员会编,浙江人民出版社1992年

(1964年)9月,38名城镇知识青年上山下乡插队落户。

(《大事记》,第32页)

(1969年)6月8日,225名知识青年赴内蒙古生产建设兵团。10月10日,136名去黑龙江绥滨县连生公社插队。

(《大事记》,第35页)

70年代初,接纳上海等地插队落户知识青年268名;1970—1974年间,杭州、宁波、奉化、温州等地1 050余名知识青年来浙江生产建设兵团十七团(即东片、东浦农场)落户。1977年以后,外地青年陆续返回原籍。　　　　　　　(第三篇第一章《人口变动》,第91页)

1969年6月,225名青年学生赴内蒙古生产建设兵团一师落户;10月,136名青年学生赴黑龙江省绥滨县落户。1971年4月,204名青年学生赴浙江生产建设兵团三师(嘉兴)落户。1977年以后,历次赴外地插队落户的知识青年大部返回家园。

(第三篇第一章《人口变动》,第92页)

第一节　城镇知识青年安置

1960年精减下放时,少数城镇知识青年自愿报名上山下乡。此后动员一部分初、高中毕业生到东浦、东片农场落户。

1964年1月,中央、国务院颁发《关于动员和组织城市知识青年参加农村社会主义建设的决定(草案)》,县成立城镇人口知识青年下乡领导小组,是年,共动员773名知识青年到农村插队落户。1965年,在东浦、东片、神址塘设立知青点,新建5个农业大队,至1966年,共安置329名知识青年。1969年,县设上山下乡安置办公室,大规模动员知识青年支边、插队。是年,赴内蒙古生产建设兵团225名,赴黑龙江省绥滨县连生公社插队136名,在县内农村落户919名。70年代,主要采用扩建增设知青点等集体插队措施,就近安置。自1970年至1977年,共动员3 234名在县内生产队、农场插队落户,202名参加嘉兴的浙江生产建设兵团三师。1978年停止上山下乡。

知识青年收回安置工作始于1971年。全县从1964年插队的知识青年中选调第一批50名安置到厂矿工作。此后,按照劳动计划指标,每年选调一部分知识青年安置就业,安置中照顾少量病退回城与独生子女等特殊情况的知识青年。1976年4月,县规定凡城镇招工、升学、参军等均从参加农村劳动锻炼二年以上的知识青年中推荐。是年招工470名。1978年,县以上集体单位招收590名,镇办与街道办企业安置256名,自谋职业12名,并给14名坚持农村安家的知识青年每人补助300元和0.5立方米木材。至此,全县1972年前上山下乡的知识青年全部妥善安置。

1979年开始,广开就业门路,先后通过招工、顶替、兴办第三产业等途径进行安置,至1981年底,全县1972年后上山下乡的知识青年全部安置完毕。

(第二十一篇第三章《劳动就业》,第672页)

1980年各企业单位清理计划外临时工、动员符合条件的老职工退休退职,扩大就业岗位,招收了3 629名城镇待业与下乡青年。　　(第二十一篇第三章《劳动就业》,第673页)

《仙居县志》

仙居县志编纂委员会编,浙江人民出版社 1987 年

(1969 年)2 月 4 日,首批知识青年去农村落户。 （《大事记》,第 23 页）

《天台县志》

天台县志编纂委员会编,汉语大词典出版社 1995 年

(1955 年)9 月 29 日,绍兴等城市 237 名(女 36)知识青年响应团中央号召,组成垦荒队到苍山顶落户,参加林场建设。 （《大事记》,第 20 页）

(1964 年)10 月,全县第一批知识青年 54 人,到汤家洋农牧场落户,参加农牧场建设。

（《大事记》,第 24 页）

(1970 年)4 月,60 名(女 17)知识青年支援黑龙江省牡丹江地区建设。

（《大事记》,第 27 页）

1963 年,有 48 名杭州市知识青年来华顶林场落户。 （第四编第二章《人口变动》,第 95 页）

1956 年 8 月,迁往青海省知识青年 98 人。1959 年迁往宁夏知识青年 698 人(男 539,女 159),1960 年又迁往 701 人(男 471 人,女 230)。1970 年迁往黑龙江 60 人(男 43,女 17)。这些人大多数于 80 年代迁回。 （第四编第二章《人口变动》,第 96 页）

1956 年 8 月 30 日,98 名青年支援青海建设。1959 年 2 月,成立天台县动员青年支援宁夏地区建设委员会。是年有两批支宁,共 698 人。1960 年,又有 701 人支宁。1970 年 4 月,60 名知识青年到黑龙江牡丹江地区农村人民公社插队落户,其中女 17 人,男 43 人。

（第二十编第五章《移民与支边》,第 492 页）

第四节　知识青年安置

1964 年,根据上级决定,组织和动员城镇一些未能升学和就业的知识青年上山下乡。是年 10 月,第一批知识青年 54 人,安插到苍山区汤家洋农牧场。1966 年,动员 48 人去洪畴农牧场。1963 年 9 月,杭州市知识青年 48 名,安排到华顶林场。1969—1978 年,全县知

识青年支农 2 066 人，支场 74 人，支边 80 人。自 1979 年起，不再动员知识青年上山下乡，逐步对受过农村锻炼的支农、支场知识青年，通过升学、参军及企事业单位招工等不同途径陆续进行安置。至 1979 年底，原上山下乡知识青年全部安置完毕。

（第二十一编第一章《劳动就业》，第 497—498 页）

同年（1958 年），全县各类学校蓬勃发展，师资紧缺。11 月，各区推荐知识青年 175 人，经培训后，选拔为中小学民办教师。 （第二十三编第六章《教师》，第 548 页）

《黄岩县志》

黄岩县志办公室编，生活·读书·新知三联书店上海分店 1992 年

（1965 年）秋，动员 562 名知识青年到农村插队落户。 （《大事记》，第 27 页）

支边 1966—1970 年，响应毛泽东主席号召，城关、路桥 2 591 名初高中学生分 8 批支援新疆、黑龙江、内蒙古建设。开始由青年自愿报名，以后规定，凡是城镇居民户粮的初高中学生（俗称"三届生"），无特殊情况，一律支援边疆或去县内农村插队。县革命委员会采取强制性措施，将学生父母集中办所谓"毛泽东思想学习班"，日以继夜"学习"；或组织小学生上门敲锣打鼓，以示动员，催促报名。70 年代末，未到退休年龄的父母，为使边疆子女迁回户粮，纷纷办理退休补员手续。1979 年 2 月 6 日，无员可补的支边回黄青年，举行游行示威，静坐县大会堂操场。至 1982 年，支边青年大部迁回并安排工作。

支边青年情况表

时 间	地 点	人 数
1966 年 9 月	新疆生产建设兵团	507
1969 年 10 月	黑龙江绥滨县插队	80
1969 年 6 月	内蒙古生产建设兵团	266
1970 年 4 月	黑龙江延寿县插队	106
1970 年 5 月	黑龙江方正县插队	280
1970 年 5 月	黑龙江生产建设兵团	397
1970 年 9 月	内蒙古生产建设兵团 180 电厂	234
1970 年 11 月	黑龙江大兴安岭林场	721
合 计		2 591

（第七篇第二章《移民》，第 182 页）

"文化大革命"中,劳动就业多种渠道被堵塞,待业人员逐年猛增,知识青年一批又一批地下放农村与边疆。

……至1982年底,安置支边、下乡知识青年和城镇待业人员 26177 人。

(第十八篇第四章《人民生活》,第 541 页)

《椒江市志》

《椒江市志》编纂委员会编,浙江人民出版社 1998 年

(1956 年)首批 227 名温州、海门青年,响应团中央号召,组成"大陈岛志愿垦荒队"到大陈岛参加建设。至 1960 年 4 月,前后五批共 428 人。 (《大事记》,第 33 页)

(1965 年)9 月,下放 90 名知识青年去黄岩大寺基林场成立青年队,为半耕半读林业学校。 (《大事记》,第 38 页)

(1966 年)10 月,支边插队青年 146 名,于 15 日启程,赴新疆军区生产建设兵团三师(其中前进一场 144 名,五场 2 名)。至 12 月,在大串联闹革命声中,93 人回椒。

(《大事记》,第 39 页)

12 月,知识青年 124 名赴新疆建设兵团。 (《大事记》,第 39 页)

(1969 年)6 月 21 日,以 1966、1967、1968 届高初中学生为主的第二批知识青年 170 人出发参加内蒙古生产建设兵团。 (《大事记》,第 40 页)

(1970 年)10 月,椒江中学半工半读班学生 20 余人插队落户,"接受贫下中农再教育"。

(《大事记》,第 40 页)

是年,知识青年赴黑龙江插队 300 名,下乡三甲、洪家 800 名。 (《大事记》,第 40 页)

第三节 支农知识青年安置

1964 年,成立知识青年上山下乡办公室,开始动员城镇知识青年上山下乡。1964—1966 年,支农 604 人,其中在本区农村插队 585 人,到黄岩县大寺基林场 33 人,去新疆生产建设兵团 148 人,合计 752 人。1969 年,大规模动员城镇知识青年上山下乡和支援边疆(简称支边)。至 1978 年,十年间共动员城镇知识青年支农、支边 3812 人,其中支边 702 人,支

农 3 110 人,政府共支出下乡安置经费 149.28 万元,木材 622 立方。1979 年 10 月后不再动员城镇知识青年支农支边插队落户。

1971 年起,即有部分上山下乡知识青年招工转干招生或应征入伍。期间一面安置,一面仍动员城镇的知青下乡,故 1979 年尚在农村的下乡知青仍有 2 489 人。1979 年 10 月起,政府采取多种措施安置下乡知识青年就业。未婚下乡知青,其家长在企事业单位工作的,一般予以招工、顶替或商调。家长在机关、团体、部队工作或居民户,由劳动部门统招统配给予安置;外省、区在本市插队的已婚知青原则上就近安置在社队办企业,户口迁入当地居民委员会。在本市农村插队的农村已婚知青和病退(有劳动能力)的下乡知青户粮关系迁回城镇安置在镇街道办企业,并随迁一名十五周岁以下子女;因公致残,丧失劳动能力的下乡知青经批准户粮迁回城镇移交民政部门,长期按月发给生活费。提倡知识青年自谋职业,对有专长的 10 名下乡知青,支持他们就近开业,并将户粮关系转为城镇商品粮户口,生产经营资金有困难的给予适当补助;对少数劳动改造或劳动教养释放的下乡知青,将其户粮迁回城镇,根据"三结合"就业方针予以安置。至 1984 年,全市上山下乡知识青年基本安置完毕。

(第二十四编第四章《安置就业》,第 666—667 页)

《玉环县志》

玉环县志编纂委员会编,汉语大词典出版社 1994 年

是年(1964 年),首批城乡知识青年 130 人到农村插队落户。 　　(《大事记》,第 20 页)

是年(1969 年)至 1971 年,先后有 3 批 850 名知识青年赴黑龙江、内蒙古插队落户。1978 年起陆续回县安置。 　　(《大事记》,第 22 页)

1966 年始,实行农村社队、城镇街道推荐,报劳动部门审查批准的招工制度。受"文化大革命"影响,通过"上山下乡插队落户",到农村"接受贫下中农再教育"办法,解决就业问题。

1970 年后,省劳动局开始下达专项招工指标,县内务部门与县知识青年上山下乡办公室共同组织招收。 　　(第十八编第二章《劳动就业》,第 491 页)

第三节 "上 山 下 乡"

支边

1969 年,县革命委员会成立后,开始动员城镇知识青年支边。至 1971 年,共 3 批 850 人支边到黑龙江省和内蒙古自治区,其中在黑龙江省绥滨、延寿两县插队落户 361 人;在黑龙江省大兴安岭林场做工 355 人,在内蒙古生产建设兵团 134 人。1978 年后,支边青年因病等原因陆陆

续回县,安排在全民、集体及乡镇企业。至 1981 年底,返县支边知识青年全部安置。

下乡支农

　　1963 年,65 名杭州知识青年下乡到解放塘农场支农。以后又陆续有 18 名上海等地知识青年来县支农。1964 年设立县城镇人口下乡安置领导小组,动员城镇知识青年"上山下乡",凡塘凡宏、凡海,古顺"五一"设第一批知青点。至 1966 年,共下乡 324 人。1974 年,大力动员下乡。至 1978 年,共动员城镇知识青年上山下乡 2 340 人,分别安置在 12 个公社 25 个生产大队和 19 个知青(场)点,其中白岩知青场、桐丽东方红农场、干江桔场、披山知青点为独立核算单位,人数集中,规模较大。1979 年后,上山下乡停止。

　　1971 年起,通过招工、招生、入伍、转干等途径,逐步安置下乡知识青年。1979 年兴办县丝织厂,安置部分回城知识青年。至 1984 年,下乡知识青年除 6 名自愿留农村外,其余全部回城安置。

(第十八编第二章《劳动就业》,第 493 页)

《永嘉县志》

永嘉县地方志编纂委员会编,方志出版社 2003 年

第二节　知识青年上山下乡

　　1970 年秋,开展知识青年上山下乡宣传工作,全县动员高、初中毕业生和社会知识青年 1 050 名到农村插队。上海、温州等城市回永嘉原籍落户有 171 人,县拨出安置费 41 500 元,每人 230 元。

　　1973 年,全县接收来自上海、开封、广东、福建、四川、湖南、湖北、安徽、温州等地上山下乡知识青年 528 人,分别安置在江北、三江、黄田、梅岙等公社。后因婚姻、参军、升学、招工、病退等原因,大部分下乡知识青年返回城市。尚有 62 人留在江北农村劳动。

(第二十编第六章《支宁　上山下乡　移民》,第 989 页)

《洞头县志》

洞头县地方志编纂委员会编,浙江人民出版社 1993 年

　　(1966 年)11 月,34 名知识青年赴新疆参加建设兵团。　　　　　　(《大事记》,第 18 页)

　　(1970 年)6 月,26 名知识青年赴黑龙江省大兴安岭插队。　　　　　(《大事记》,第 19 页)

　　(1971 年)10 月,18 名知识青年参加浙江省生产建设兵团。　　　　　(《大事记》,第 20 页)

1975—1978 年,全县招收补员职工 730 名,其中县属集体职工 561 名,主要对象是批准留城的中学生和上山下乡回城知识青年、因公死亡职工的家属子女、1957 年底前参加工作的精简职工子女等。 　　　　　　　　　　　　　　　　(第十六编第二章《劳动　人事》,第 394 页)

1975 年始,通过招工、招干、推荐上大学中专和应征入伍等途径,逐步安置下乡知识青年。当时一面安置,一面继续动员知识青年下乡。至 1979 年底,尚有 319 名城镇知识青年在农村插队落户。

1980 年后,下乡知识青年基本上都返回城镇,对其中 3 名立志终身在农村务农的知识青年,通过各种途径予以安置。每人发给一次性安家费 400 元。截至 1985 年底,下乡知识青年基本安置完毕。 　　　　　　　　　　　　　　(第十六编第二章《劳动　人事》,第 396 页)

《平阳县志》

平阳县志编纂委员会编,汉语大词典出版社 1993 年

(1969 年)4 月 20 日,县革委会发出《关于掀起支边、支农、上山下乡新高潮》的通知。年内,有 831 名在册城镇中学生去黑龙江、内蒙古支边,有 4 000 人回农村插队落户。次年,又动员 4 700 人支边或到农村插队。 　　　　　　　　　　　　　　　　　　　(《大事记》,第 24 页)

1966 年,一批知识青年,到新疆安家。

1969—1972 年,当时"县革命委员会"动员一批知识青年到黑龙江、内蒙等地参加建设。先后十一批共 1 312 人,分布于内蒙大、小兴安岭和黑龙江莲江口、梧桐河、七台河、华楠、华川等地林场、农场及农村。以后他们逐渐迁回或招收为工人、或升学,部分仍调回故乡。

　　　　　　　　　　　　　　　　　　　(卷四第三章《人口流动》,第 148 页)

1958 年以后,劳动就业工作重点转向安置城镇新增劳力,曾将上山下乡作为安置的主要方向,动员大量城镇知识青年支边支农。 　　　(卷二十六第二章《劳动》,第 599 页)

第二节　知识青年上山下乡

城镇知识青年上山下乡,是我国在特定历史条件下国家压缩城镇人口、安置待业人员的途径之一。中共中央、国务院 1964 年的《关于动员和组织城市知识青年参加农村社会主义建设的决议》贯彻以后,1964—1965 年,全县共动员 2 142 名城镇知青上山下乡。其中:去新疆乌鲁木齐市参加工业建设的 200 名;到本县山区半山区和宋埠海涂组织 9 个集体农茶场的共 1 475 名;到万全、金乡等区和南麂岛生产队插队的共 467 名。1969—1972 年,根据毛

泽东"知识青年到农村去,接受贫下中农的再教育,很有必要"的指示,又分别动员 1966、1967、1968 年 3 个年度及当年的初高中毕业生和社会青年共 3 634 人支援边疆建设和支援农业生产。其中:支边去内蒙古生产建设兵团的 206 名;去黑龙江国营莲江口农场和梧桐河农场插场的共 402 名;去大兴安岭、小兴安岭国营林场当工人的共 1 096 名;去七台河市郊区和桦南、宝清、华川等县农村插队务农的共 397 名;到县内各区生产队或集体茶场插队插场的共 1 533 名。1973 年以后,支边停止,大规模动员下乡亦逐渐减少。但至 1981 年止,仍有 1 285 名知青先后到本县国营或集体农场、茶场和公社生产队落户劳动;其中,有一部分为先支边后转回乡支农和原籍平阳的外省外县回乡支农知识青年。

为帮助解决上山下乡、支边支农知识青年生活和生产上的需要,国家每年拨给一定数量的安置经费和物资(如木材、钢筋、水泥等),发给接收单位或知青个人。从 1964—1981 年,用于知识青年安置的经费,累计达 350 多万元。

下乡、支边知识青年的就业安置。1973 年以前,除少数在劳动单位应征参军和招生升学外、基本没有回城安置。1973 年起,根据中央和省有关政策,凡劳动满 2 年者,可通过计划招工、补员招工、参军、升学等途径就业;对属于独生子女的、父母多子女下乡身边无人照顾的、病残不宜参加体力劳动的几种下乡(含支边)知识青年,可通过办理"特殊照顾"、"因病退回"迁回原籍城镇,由劳动部门统筹安置就业;并在经考试招工时,在考分和年龄上,给予适当照顾。至 1981 年止,全县 7 061 名下乡(支边)知识青年、除极少数在边疆或本县农村因结婚在当地安家以及因故死亡、犯罪判刑者外,基本上都已通过招工、参军、升学或经营工商业和从事农副业生产安置就业、各得其所。　　　(卷二十六第二章《劳动》,第 600—601 页)

《泰顺县志》

《泰顺县志》编纂委员会编,浙江人民出版社 1998 年

第一节　知　青　安　置

1960 年,开始动员城镇知识青年下乡支援农业生产。1969 年,全县有 55 名定销粮户知青到农村插队。1970 年,县革命委员会设立"四个面向"办公室,全面办理知青下乡插队事宜,是年,下乡插队知青达 177 人。1974 年,改设县知青办,继续动员城镇知青下乡插队落户,先后在黄坑、下稔、凤垟、洪岭头、红峰、大焦、刘宅、垟上、百丈口 9 个林、茶场建立知青点,至 1976 年夏,插队落户者达 355 人,1977—1980 年,除少数参军、升学外,上山下乡插队知青全部回城安置就业。　　　(第十九编第三章《就业安置》,第 505—506 页)

1969 年,城镇居民有两个青年子女的,一个下乡插队,一个留城安置就业。1976 年,招收留城知青 131 人就业。1978 年,面向社会招工,城镇知青不再下乡插队,待业队伍开始形

成。1978—1982年,共安置待业青年1 260名。　　（第十九编第三章《就业安置》,第506页）

同月(1969年9月),县革委会宣布解散两大派群众组织,号召学生"复课闹革命"。动员知识青年上山下乡插队落户。　　　　　　　　　　　　　　（《大事记》,第841页）

《乐清县志》

乐清市地方志编纂委员会编,中华书局2000年

(1966年)9月27日至10月2日,召开全县插队知识青年大会("插队"即城镇知识青年到农村生产队安家落户),会议学习毛主席著作和中央有关指示精神,提高插队青年"种田为革命"的自觉性和加强建设社会主义新农村的事业心,总结交流插队工作经验。

　　　　　　　　　　　　　　　　　　　　　　　　　　　　（《大事记》,第47页）

(1969年)6月15日,乐清首批支边青年77人响应毛主席的号召,奔赴内蒙古生产建设兵团屯垦成边。　　　　　　　　　　　　　　　　　　　　　　　　（《大事记》,第49页）

(1975年)5月22日至29日,召开全县农业学大寨经验交流会,参加大会的有大队党支部书记以上的干部和知识青年代表2 700多人。　　　　　　　　　　（《大事记》,第51页）

第七节　知识青年上山下乡

60年代初,县成立知识青年上山下乡办公室,开始动员知识青年上山下乡。自1962年至1975年的14年中,先后动员2 350名城镇知识青年在省内外及县内农村安家落户。历年去向为:1962—1975年,有1 551人分赴县内54个公社的420个大队安家落户;1965—1966年去新疆生产建设兵团82人,1969年去内蒙古生产建设兵团74人、去黑龙江桦南及勃利等地区163人,1970年去黑龙江生产建设兵团及梧桐河农场75人,1971年去浙江生产建设兵团252人、去黑龙江大兴安岭168人。

1976年开始,上山下乡知识青年陆续回城安置。1979年撤销知识青年上山下乡办公室。至1983年,全县上山下乡知识青年回城安置工作基本结束。

　　　　　　　　　　　　　　　　　　　　（卷二十八第一章《劳动》,第865页）

《瑞安市志》

瑞安市地方志编纂委员会编,中华书局2003年

支援边疆建设　1962—1966年,境内首批动员知识青年去新疆省化工厂等边疆建设240

人。1969—1972年,第二批先后动员境内知识青年支援边疆建设,共614人(其中去内蒙兵团89人,去黑龙江梧桐河农场303人,去黑龙江桦南县99人,去大兴安岭56人,去温岭建设兵团67人)。70年代后期支边的知识青年绝大部分回乡。　　　(卷四《人口·人口流动》,第269页)

1962—1966年间,第一次动员城镇知识青年1 436人迁离城镇,到农村插队落户或安置到农、林场,其中到原仙降区插队的859人,到陶山潘岱茶场、高楼茶场、塘下区等地的181人。"文化大革命"期间,1969年起又动员知识青年下乡落户,一直执行到1973年。自1960—1973年,实施压缩城镇非农业人口移向农村的政策,持续达13年之久。约动员城镇知识青年2 189人上山下乡,这与处于工业化、城市化初级阶段时人口流动量方向,背道而驰。　　　(卷四《人口·人口流动》,第271页)

上山下乡知识青年安置

1959—1960年,先后动员两批2 000多青年农民、工人及少数干部支援宁夏建设,不久大部自行返瑞,长期留居的仅数十人。1962年,动员首批156名城镇知识青年上山下乡,安插在农场、林场劳动,1964—1966年上半年,动员城镇知识青年240人支援新疆建设,动员城镇知识青年1 040人在境内农村插队劳动,或安插境内农、林场劳动。1969—1972年,又动员1966、1967、1968、1969年高、初中毕业生和社会青年共1 841名支援边疆建设和上山下乡。其中1969年到内蒙兵团89名,境内插队338名,1970年,到黑龙江梧桐河农场插场303名,桦南县插队99名,大兴安岭插场56名。到温岭生产建设兵团67名,境内插队585名。1971年,境内插队45名。1972年,到飞云江农场插场116名,境内插队7名。1973年,大规模动员下乡支农、支边基本停止,1962—1973年的10年中,共动员3 406名知识青年上山下乡、支边支农。1973—1981年,还有129名"知青"先后到本县的农村、林场落户。

1973年起,政府重视接收1964—1981年下乡、支边知青回城镇就业安置。到1979年累计安置知青3 178人就业,占全县上山下乡、支边知青总人数的93.47%。除少数在边疆或农村安家、死亡、犯罪判刑外,大部分上山下乡知青都得到妥善安置。

　　　(卷六《经济管理·劳动管理》,第372页)

(福泉林场)现有人员162人(包括长期临时工)。1963年有35名温州知识青年进场为职工,1996年尚有4名留场。　　　(卷十三《农业·林业》,第709—710页)

《文成县志》

浙江省文成县地方志编纂委员会编,中华书局1996年

1977年,从农村吸收115名知识青年为工分补贴干部,充实公社干部队伍,后转为正式

干部。1981 年始,向社会招聘干部,按德才兼备原则,实行知识考试与实际考察相结合的招干制度。

(卷二十五《人事》,第 759 页)

1972 年起,招工主要对象为上山下乡知识青年和城镇待业青年。

(卷二十五《劳动》,第 768 页)

【知识青年安置】
"文化大革命"期间,知识青年工作由县知青办公室负责管理。1969 年动员首批城镇知识青年 14 人支边到黑龙江省插队。1971 年成立文成县知识青年上山下乡办公室。1972 年起,采取集体安置、分散插队落户、回家乡落户三种形式安插知识青年。至 1978 年,共有 669 名知识青年分别到大峃、黄坦、峃口、玉壶、南田、西坑等地农村及石垟林场、良种场插队或插场,另有 19 名知青支边到外省市农村插队。同时,接收外省市知识青年插队 51 人、插场 73 人。

1972 年后,上山下乡两年以上的知识青年列为回城招工、升学、参军、补员对象。1978年,根据国务院关于县以下城镇知识青年不再列入上山下乡范围的规定,停止了知识青年上山下乡工作。并对原插队、插场知识青年根据"统筹兼顾、适当安排"的方针,劳动部门本着"优先照顾,包干安置"的原则,多年来经过升学、参军、招工、补员等途径,至 1982 年底,基本完成上山下乡知识青年(包括外省市在本县插队、插场的已结婚成家知青)的安置工作。

(卷二十五《劳动》,第 770 页)

《丽水地区志》

丽水地区地方志编纂委员会编,浙江人民出版社 1993 年

1971—1977 年,招收全民所有制职工 8 016 人,其中城镇 2 528 人,农村 4 070 人(内上山下乡知识青年 1 977 人)。

(第二十二编第二章《劳动》,第 571 页)

1961—1967 年,中学毕业生和待业知识青年下乡 929 人。1968 年,大规模地动员知识青年上山下乡。1969 年 1 月,知识青年上山下乡 3 248 人,其中赴内蒙古支边 67 人。国家拨给建房补助费和木材、钢筋、水泥,解决知识青年住房问题,发给定额补助费每人 130 元。1970 年,定额补助费调整为 230 元,1973 年提高到 480 元。1971 年起,下乡知识青年逐步回城安置。1973 年,地、县成立知识青年工作领导小组,下设办公室。1974 年,创办集体所有制知识青年场队,至 1977 年,有知识青年场队 57 个,安置知识青年 805 人。1977 年 12月,召开全区首次知识青年代表大会,与会代表 406 人。1969—1978 年,共动员知识青年上

山下乡 14 311 人,分布在 224 个公社,1 032 个生产队。1978 年后,停止知识青年上山下乡。1973—1982 年,上山下乡知识青年回城安置 11 339 人,工龄从批准下乡之日算起。1984 年起,对已在农村结婚的知识青年,允许 15 岁以下子女 1 人转为城镇户口。

(第二十二编第二章《劳动》,第 572 页)

《丽水市志》

《丽水市志》编纂委员会编,浙江人民出版社 1994 年

(1969 年)1 月中旬,城镇知识青年 230 人到农村插队落户,至 1979 年止,共下乡 3 462 人。(《大事记》,第 25 页)

1964 年开始动员知识青年(以下简称"知青")上山下乡。1969 年知识青年上山下乡运动形成高潮,是年下乡知青 932 人,安置知青下乡主要形式:①建立知青点集中安置。②农场、茶场、林场安置。③分散插队。④回乡落户。1966—1970 年间,一面动员知青下乡,另一面又从农村大量招收劳动力,三年中招收 2 310 名。1971 年末全民所有制职工总数增至 12 100 人,城乡劳动力的不正常对流,造成职工人数再次急剧增长。1973 年成立知青上山下乡领导小组,1975 年起下乡两年以上知青列为顶调、招补对象,有上有下,停止从社会上招工。1972—1976 年职工人数无大幅度增加。1964—1978 年下乡知青 3 462 人,1979 年 10 月停止动员知青上山下乡。1971 年起通过企事业单位招工、大专院校招生、应征入伍、安置国营农场等途径陆续安排知青就业,至 1978 年底在乡知青仍有 1 396 人。知青就业安置措施:县属全民所有制企业招工,同等考分优先录用,集体所有制企业招工年龄放宽到 35 周岁;安置乡镇企业,每名由县补助企业生产扶持资金 400 元。1979 年在城乡两头安排知青就业 1 223 人,留乡知青尚有 173 人,至 1980 年全部安置落实。

(第十七编第一章《工人》,第 482—483 页)

《青田县志》

青田县志编纂委员会编,浙江人民出版社 1990 年

(1969 年)3 月,城镇知识青年开始上山下乡插队落户,至 1978 年 10 月停止。共有 1 698 名知识青年到农村插队落户。1972—1980 年,陆续返城,安置工作。(《大事记》,第 56 页)

1972 年以后,上山下乡知识青年陆续回城,城镇部分高、初中毕业生成长为待业人员,1978 年安置 1 283 人就业。(第二十二编第二章《劳动就业》,第 514 页)

第二节 知识青年上山下乡

1969年,动员城镇知识青年(17—25岁,初中以上文化程度,后扩大范围,包括高小毕业生)上山下乡。1973年8月,成立县知识青年上山下乡办公室。分集体安置。分散插队落户、回家乡落户3种形式安插知识青年。1973年10月,在油竹公社赤岩大队建立第一个知青点(村),10月以后共建9个知青队。给予下乡知识青年经费补助:每人建房费250元,生产补助费145元,农、家具补助费55元,木材0.5立方米。1974年每名下乡知识青年补助钢材20公斤。此外,还赠送拖拉机、电动机等农用机械和医疗、文娱、体育器材以及各种书籍。

1969—1978年10月,有1698名知识青年下乡落户,其中女性776名(包括到外省、县插队落户的知识青年44人);外省到青田插队96人,其中女性56人。

1972年起,通过招工、补员等途径逐步安排下乡两年以上的知识青年到企事业单位工作。1978年10月,国务院规定县以下城镇知识青年不再列入上山下乡范围。对尚在农村的1068名知识青年,进行统筹安排。至1980年底先后得到妥善安置。

(第二十二编第二章《劳动就业》,第514—515页)

《龙泉县志》

龙泉县志编纂委员会编,汉语大词典出版社1994年

(1969年)4月,第一批知识青年上山下乡,到农村"插队落户"。 (《大事记》,第33页)

(1970年)3月,接收安置温州市500余名知识青年来龙泉插队落户。

(《大事记》,第33页)

第四节 知识青年上山下乡

1964年开始,动员城镇知识青年(初、高中毕业生及部分城镇待业青年)上山下乡。1968年,响应毛泽东主席"知识青年到农村去,接受贫下中农再教育"的号召,成批地动员知识青年上山下乡参加农业劳动。至1977年7月,共动员城镇初中、高中毕业生下乡2293人,多数是分散插队落户,也有集中居住和劳动的。县政府拨给建房补助费和建筑材料,并发给各种补助费(1973年每人补助费480元)。1971年开始,在继续动员下乡的同时,通过企事业单位招工、大中专院校招生、应征入伍等途径,逐步上调下乡知识青年。1973年,对独生子女及父母身边无人照顾的下乡知识青年,在招工时予以优先照顾。1978年后,停止动员上山下乡。至1980年,下乡知识青年基本回城安置完毕,其工龄从批准下乡之日算起。

(第十五编第三章《劳动》,第502页)

《庆元县志》

《庆元县志》编纂委员会编,浙江人民出版社1996年

是月(1955年9月),温州市社会青年104名下放庆元农场,合并组成温州专区第一垦荒高级社。

（《大事记》,第17页）

知识青年安置

1955年9月,有91名温州市社会青年来庆元垦荒,被安置在县农场,成立温州专区第一垦荒高级社。1969—1977年,有447名知识青年上山下乡,被安插在22个公社102个生产队,参加集体劳动和分配。县成立知识青年上山下乡领导小组办公室,具体管理这方面事宜。在知青下乡期间,国家对他们实行定额补助,1969年每人130元,1970年230元,1973年增至480元。国家还拨出专项资金以及木材、水泥、钢材等建筑材料,给知识青年盖起0.3万平方米住房,并在关门岙、大济、淤上、五都等地建立知青林场和知青良种场。1975年规定,父母年老无人照顾的,身边可留一个子女,至1977年共选留216人,由劳动局安排工作。

1970年起,凡下乡两年以上的知识青年,可通过招工、补员,安排到企事业单位工作,至1980年共安置446人,其中9人病退、20人参军、90人招生。知识青年回城安置后,工龄从批准下乡之日算起。在农村成家的下乡知识青年,还允许一名子女转为城镇居民户口,共转72人。

（卷十二第一章《职工》,第214页）

《缙云县志》

缙云县志编纂委员会编,浙江人民出版社1996年

(1959年)4月27日,326名青年动身前往宁夏支援社会主义建设,次年又去500人。不久大多返回。

（《大事记》,第11页）

(1964年)10月,杭州31名知识青年来县林场插队落户。

（《大事记》,第12页）

(1969年)2月8日,城镇知识青年276人到红岩等10个公社104个大队插队落户。

（《大事记》,第13页）

1968年底开始动员17—25岁初中以上文化程度的城镇知识青年上山下乡,插队落户,小学毕业不再升学的亦在动员之列。次年2月8日,首批276人分别安置在三联、三合、白六、东方、红岩、红旗、新碧、城北、东川、新美等10个公社104个大队,4月第二批又有44

人。插队分集体安置、分散落户和回原籍三种形式。1969—1979 年累计 1 010 人,其中外省外县来缙云插队 111 人。1970 年起,插队落户知识青年通过招工、补员等途径陆续安排到企事业单位工作。1978 年全县职工队伍一万多人。是年国务院规定城镇知识青年不再列入上山下乡范围,至 1979 年底插队知识青年已基本回城镇安排工作。

(第十六编第一章《人事安置》,第 421 页)

《云和县志》

云和县地方志编纂委员会编,浙江人民出版社 1996 年

(1955 年)9 月,温州专区知识青年、待业人员 342 人,到云东区大山葑开荒,建立大山葑农林牧高级社。至 1957 年 10 月,大部分人员返回温州。 (《大事记》,第 15 页)

(1959 年)2 月 20 日,云和人民公社首批 75 名青年支援宁夏社会主义建设。次年 3 月 20 日,第二批 39 人(其中家属 9 人)再赴宁夏。1963 年基本返回原籍。

(《大事记》,第 17 页)

(1969 年)4 月 11 日,首批 139 名知识青年到小徐、沙溪人民公社插队落户,接受贫下中农再教育。至 1978 年停止动员知识青年到农村去。 (《大事记》,第 21 页)

1955 年 9 月,温州专区知识青年、待业人员 342 人到云东区大山葑开荒。1959 年,根据中央、省、地关于支援边疆和少数民族地区发展经济建设的指示,2 月 20 日,首批云和人民公社 75 名青年赴宁夏。1960 年 3 月 20 日,第二批 39 人(其中家属 9 人)再次赴宁夏。1963 年,基本返回原籍。 (第三编第一章《人口》,第 59 页)

1969 年 5 月 5 日,9 名(男 6,女 3)知识青年被批准支援边疆,在黑龙江嫩江县落户。

(第三编第一章《人口》,第 59 页)

1969 年,开始动员城镇知识青年上山下乡。4 月 11 日,第一批 139 名知识青年下放到小徐、沙溪公社插队;5 月 5 日,9 名支边青年赴黑龙江省嫩江县插队落户。以后,每年都动员知青下乡,至 1977 年,全县共有 1 363 名知识青年下乡支农。1971 年起,通过企业单位招工、大中专院校招生、应征入伍等途径,逐年抽调支农知青回城。1978 年开始,停止动员知识青年上山下乡,原已下乡的城镇知识青年也全部按政策回城,是年,共安置上山下乡回城的知识青年和社会闲散劳动力 1 060 人。 (第二十编第一章《工人》,第 447 页)

《景宁畲族自治县志》

《景宁畲族自治县志》编纂委员会编，浙江人民出版社 1995 年

是月(1969 年 1 月)，开始下放城镇知识青年到农村插队落户。　（《大事记》，第 17 页)

1966—1970 年，年安置就业不足百人。1971 年起，企事业单位招工增加，下放知识青年开始回城，通过招干、招工等途径安置就业。

……1978—1983 年，安置精简工人和回城知青 1 800 余人。

（第二十八编第一章《工人》，第 498 页)

《遂昌县志》

遂昌县志编纂委员会编，浙江人民出版社 1996 年

(1969 年)2 月 26 日，城镇 200 多名知识青年到农村插队落户，另有 27 名青年去内蒙古落户。以后每年都有一批知识青年上山下乡插队落户，至 1977 年末，全县共有 2 144 人到农村插队落户。　（《大事记》，第 40 页)

"文化大革命"期间，"社社办高中，队队办初中"，教师层层拔高，小学教师奇缺，大量吸收下乡、回乡知识青年充任民办教师。1977 年在全县 1 696 名教职工中，民办教师占 1 055 人。　（第十八卷第四章《教师队伍》，第 546 页)

1978 年后，下乡知识青年陆续回城进厂……　（第二十六卷第二章《工人》，第 724 页)

知识青年上山下乡

1969 年 1 月，县革命委员会成立安置办公室。当时全县有 1966—1968 年普通中学毕业生 1 158 人，其中农村户籍 707 人，城镇户籍 451 人。是年，凡农村户籍的回农村参加农业生产，城镇非农业知识青年和闲散青年，除去内蒙古支边 21 人外，安置在云峰、马头、三川、三仁、大柘等农村插队落户。至 1977 年，全县共动员知识青年 2 144 人到农村插队落户。对上山下乡知识青年给予经济补助。建房款，1973 年前下乡的每人发 60 元，1973 年后下乡的每人发 220 元，每人补助 0.5 立方米木材及少量钢材；家具补助费，每人 65 元；医疗费，每人每年 60 元；生活补助费，1973 年前下乡的每人补助 6 个月，每月 7 元；1973 年后下乡的补助 12 个月，每月 12 元。在此期间，粮食由国家供应。

1971 年开始，知识青年分批回城安置就业，第一批安置在工业、商业部门工作。此后，

每年按劳动计划指标,选调一部分下乡知识青年安置就业。1979 年起,对上山下乡知识青年本着"国家关心、负责到底"的精神,广开就业门路,进行统筹安排,先后通过招工、顶替、升学、参军、兴办第三产业等途径,至 1981 年 7 月共安置知识青年 2 132 人。已同农村社员结婚的女知识青年,安置就业后可以随带一名 15 周岁以下子女转为居民户口,并对 333 个男知识青年的子女给予办理"农转非"。　　　　　　(第二十六卷第五章《劳动就业》,第 734 页)

《松阳县志》

松阳县志编纂委员会编,浙江人民出版社 1996 年

(1964 年)10 月,境内一批干部和回乡知识青年参加省委社会主义教育工作团,赴诸暨县参加社教运动。　　　　　　　　　　　　　　　　　　(《大事记》,第 23 页)

(1966 年)5 月 4 日,第一批城镇知识青年 25 人到阳溪公社关溪大队插队落户,参加农业生产。此后 10 年,共有 2 935 名知识青年上山下乡。　　　(《大事记》,第 24 页)

1964 年始,5 批外籍知识青年到松阳插队落户。　(第三篇第一章《人口变动》,第 73 页)

"文化大革命"期间,以政治运动的方式,动员城镇待业青年"上山下乡"到农村接受贫下中农再教育。先后 9 批,包括绍兴知青 324 人,共计 2 861 人(其中女性 1 660 人),插队安置在境内 5 个区、22 个公社的各生产大队和 2 个林场以及鱼种场、良种场,参加农业生产劳动。1978 年始,陆续安置回城知识青年。1990 年底,知青安置结束。1982—1985 年,共办理 367 名知青子女从农业户口转为非农业户口。　　　(第十八篇第二章《工人》,第 425 页)

《金华市志》

金华市地方志编纂委员会编,浙江人民出版社 1992 年

(1964 年)1 月,贯彻中共中央、国务院"关于动员和组织城市知识青年参加农村社会主义建设的决定",组织知识青年"上山下乡"。　　　　　　(《大事记》,第 18 页)

(1969 年)5 月,全区组织 700 余名知识青年到内蒙古莫力达瓦达斡尔自治旗插队落户。
　　　　　　　　　　　　　　　　　　　　　　　　　　　(《大事记》,第 20 页)

上山下乡知识青年　1966—1976 年,动员城镇初、高中毕业生去农村。1972 年前,全区

上山下乡插队落户的知识青年共 29 397 人,1973 年开始不再实行分散插队,在全民所有制农林牧场内建立集体所有制的农、工、林、牧、渔业基地,集中安置,也有在生产大队中安置。

1978—1979 年,下乡知识青年大量回城,与城镇新成长的劳动力形成待业高峰。安置政策以先农村,后城市为原则。重点安置回城知识青年劳动就业,两年共安置回城知识青年 14 141 人,占全区下乡知识青年总数 79.3%。1981 年全区上山下乡知识青年安置完毕。

(第十三编第一章《劳动力管理》,第 292 页)

《金华县志》

金华县志编纂委员会编,浙江人民出版社 1992 年

同年(1965 年),自去年开始动员城镇青年上山下乡,至是年共动员 1 607 人下乡参加农业生产。

(《大事记》,第 17 页)

(1969 年)5 月,全县 130 名青年去黑龙江省莫力达瓦古斡尔自治旗宝山公社插队落户。

(《大事记》,第 18 页)

1970 年 3 月 31 日接收杭州市下乡知识青年 936 人,部分成家后落籍金华。

(第三编第六章《姓氏》,第 107 页)

知识青年上山下乡安置　1964 年成立县城镇人口下乡安置领导小组办公室,开始动员城镇青年上山下乡。至 1965 年,共动员 1 607 人,其中 1 374 人安置在让长、长山、古方、临江、琅琊、大岩、泽口、下库、湖镇九个公社,233 人安排在农场和林场。1968 年成立县毕业生办公室。同年起,大规模动员城镇知识青年上山下乡和支边。1969 年 2 月,成立县上山下乡安置办公室。同年 12 月改为内务办公室。1970 年 3 月 31 日,接收杭州市下乡知识青年 936 人。1971 年 2 月起,通过招工、升学、参军、就地安置等途径,逐步安置下乡知青。1973 年 10 月,成立县知识青年上山下乡办公室。至 1978 年,知识青年上山下乡和支边共 12 424 人,其中包括 1969 年 5 月去内蒙古自治区莫力达瓦斡尔族自治旗支边 130 人。城镇知识青年上山下乡,国家累计共拨安置经费 350 万元。

1979 年停止城镇知青上山下乡,对已下乡知识青年,采取了多种安置措施。

全民单位招收新工人时,知识青年在考分上放宽,在同等条件下先录用;集体单位招工,对本系统的下乡知识青年列为招工指标安置就业。无归属单位的,由劳动部门统招统配。文化程度,婚否不限。1980 年初为了解决仍在农村下乡知识青年 260 人的安置就业,年龄、文化程度等条件都予以放宽。安置在乡镇企业中工作的已婚下乡知识青年,每安置一人,县

补助生产扶持资金 600 元。1979—1980 年,共安置下乡知青 335 名。县拨生产补助款 66.95 万元。对安置知识青年的乡镇企业在税收上予以照顾。对少数知青回城后安置在街道企业的知识青年,安置一人,拨给街道企业补助费 600 元。

对立志终身务农的知识青年,每人补助安家费 500 元,女知识青年长期务农的,允许将 1 名 15 周岁以下的子女转为居民户口。至 1985 年全市共转 1 699 名。有 6 名与农民结婚的知识青年、长期在农村安家落户。

下乡知识青年参军复员退伍后,由劳动、安置部门安置就业。至 1980 年,全县下乡知识青年基本安置完毕。 (第十七编第五章《劳动就业》,第 517 页)

(1968 年)12 月下旬,响应毛主席关于"知识青年到农村去,接受贫下中农的再教育"的号召,全县动员城镇中学 1966—1968 年三届初、高中毕业生到农村插队劳动。

(第十九编第四章《中学教育》,第 548 页)

《浦江县志》

浦江县县志编纂委员会编,浙江人民出版社 1990 年

(1973 年)10 月 19 日,县建立知识青年上山下乡领导小组。此后几年,每年动员城镇青年下乡插队。至 1983 年底,插队知识青年分别安置就业。 (《大事记》,第 38 页)

1969 年起动员城镇知识青年上山下乡。至 1981 年,安置下乡插队的知识青年 1 098 人,追认为下乡知识青年的 191 人,合计 1 289 人。至 1983 年底,这些人员已分别安置就业,其中被招收为职工的有 1 067 人,有的入学深造或应征入伍。

......

1978—1985 年招工安置人数

年 份	招工人数合计	从城镇待业人员中招工	从农村中补员	从上山下乡知识青年中招工	安置复员退伍军人及烈士直系亲属				
					城镇退伍军人	残废军人	立功军人	志愿兵	烈士直系亲属
1978	528	123	74	322	4	5			
1979	1 025	180	660	157	11	17			
1980	462	128	294	8	17	15			
1981	371	191	151	2	6	21			
1982	591	175	380	3	15	18			

年 份	招工人数合计	从城镇待业人员中招工	从农村中补员	从上山下乡知识青年中招工	安置复员退伍军人及烈士直系亲属				
					城镇退伍军人	残废军人	立功军人	志愿兵	烈士直系亲属
1983	291	142	137	5	7				
1984	186	126	27		5	15		13	
1985	238	174	37		3	5	13	10	6

（第十五卷第三章《劳动》，第 470 页）

《东阳市志》

东阳市地方志编纂委员会编纂，汉语大词典出版社 1998 年

1963—1964 年杭州 80 名知识青年到东阳国营林场和东白山茶场当职工。

（卷四第一章《人口》，第 111 页）

1969 年 5 月，知识青年 90 人（男 52、女 38），赴内蒙古自治区莫力达瓦达斡尔族自治旗登特科人民公社插队落户，后陆续返回。 （卷二十八第四章《移民 支边》，第 615 页）

"文化大革命"后，招工主要对象为上山下乡知识青年和城镇待业青年。……"文化大革命"中的上山下乡知识青年和城镇待业人员，1973 年开始，采取国营、集体、个体"三结合"就业方针予以安置。1978 年，1 301 名上山下乡知识青年全部安置结束。

若干年份全民单位招工

年 份	合 计	人 员 来 源							备 注
		城镇	下乡知青	农村	农村不迁户粮	征地招工	农民轮换工	其他	
1958—1961	3 911	195		3 716					
1970—1971	1 004	425	53	526					
1972	558	50		508					
1975	175	175							
1977	244	76	13				155		
1978	140	2	119	19					
1979	336	222	61	53					
1980	260	260							
1981	322	233		57				32	
1982	612	605		4				3	其中含补充工 490

年 份	合 计	人 员 来 源						备 注
		城镇	下乡知青	农村	农村不迁户粮	征地招工	农民轮换工	其他	
1983	385	385							
1984	320	320							
1985	433	258		4	151		20		
1986	816	691			50	75			
1987	529	446			48	35			含集体
1988	687	358			235	39		55	

(卷二十九第二章《工人》,第 620 页)

《磐安县志》

磐安县志编纂委员会编,浙江人民出版社 1993 年

(1969 年)5 月,一批城镇知识青年赴内蒙插队落户。 (《大事记》,第 29 页)

退休补员

按照国务院(1978)104 号文件规定,职工退休、退职以后,家庭生活确有困难的,或多子女上山下乡,子女就业少的,原则上可以招收其一名符合招工条件的子女参加工作。

(卷十九《劳动人事》,第 397 页)

《武义县志》

武义县志编纂委员会编,浙江人民出版社 1990 年

(1968 年)10 月 6 日,首批 30 名城镇知识青年到寺后、桃溪滩等农村插队落户。此后 10 年中,全县动员 2 220 名(包括杭州市下放本县的)城镇知识青年到 27 个公社 195 个大队落户。

(《大事记》,第 33 页)

1963 年杭州市知识青年迁入桐琴果园 70 人,迁入百花山林场 65 人。1969 年城镇知识青年到黑龙江插队落户 27 人。还有工作调动、婚嫁等原因,人口也有少量变动。

(第二章《人口》,第 92 页)

1969年3月,27名城镇知识青年去黑龙江省呼伦贝尔盟莫力达斡尔族自治旗太平公社和兴隆公社插队落户(后划入内蒙古自治区管辖)。1978年,以上27名知识青年通过招工、招干、选送上学等形式,全部回本地区分配工作。　　　　　　　(第三十七章《民政》,第561页)

1968年10月,开始城镇知识青年下放农村插队劳动,至1978年,全县共下放城镇高初中毕业生2 220名(包括杭州下放县内的)。与此同时,又招收了一批农村青年和复员退伍军人充实职工队伍,造成城乡劳动力对流的不合理现象。至1980年底,城镇下放的知识青年,通过招工、招生、顶替等形式全部被安排就业。此后,每年约安排400名左右城镇待业人员就业。　　　　　　　　　　　　　　(第三十八章《劳动人事》,第566页)

《江山市志》

江山市志编纂委员会编,浙江人民出版社1990年

是年(1964年),动员城镇知识青年"上山下乡"。至1978年,3 380名知识青年下放农村。1977年以后陆续收回安置。　　　　　　　　　　　　　(《大事记》,第24页)

第三节　知识青年安置

1964年开始动员城镇知识青年"上山下乡"。首批下放农村生产队劳动的246人,分别安排王村、上余、石门、张村4个公社。下放人员由政府发给一定的下放经费,生产队安排住房。1966年下放城镇知识青年53人。1969年以后,下放青年数量不断增加,城镇一部分闲散劳力也下放到农村安家落户。从1964年至1978年,全县先后有12批4 217名城镇知识青年和社会闲散劳力到农村插队劳动。其中,本县城镇知识青年3 217人,杭州市上城区知识青年200人,本县社会闲散劳力成户下放800人。此外,1969年5月,有107名城镇知识青年到黑龙江省莫力达瓦达斡尔族自治旗(县)支边。1971—1972年有56人下放到县农垦场劳动。1969—1978年接受外省市回乡插队知识青年127人。

1977年开始,下放农村知识青年陆续回城安置就业。至1980年,通过招工、自谋职业、升学、参军等途径,已有4 216人得到安置。　　　(第十七编第二章《劳动就业》,第448页)

《开化县志》

开化县志编纂委员会编,浙江人民出版社1988年

(1963年)7至10月,杭州知识青年100余人下放开化,参加林场建设。

　　　　　　　　　　　　　　　　　　　　　　　　　　　(《大事记》,第21页)

（1964 年）本县城镇知识青年开始下放农村，至 1977 年，全县共下放知识青年 2 383 名。

（《大事记》，第 22 页）

1959 年 11 月 2 日，县人民委员会决定就业和工资计划由县计划委员会管理。"文化大革命"期间，主要是动员城镇知识青年上山下乡。其间招工安置就业工作由县革命委员会生产指挥组计划办公室和县计划委员会办理。1980 年以后，由劳动人事部门兼管。

（第三编第三章《劳动》，第 110 页）

知识青年下放

1958 年，有 4 名杭州青年来池淮农庄落户。

1964 年下半年，建立动员城镇知识青年（包括社会青年）上山下乡的领导机构和办事机构，安排知识青年上山下乡参加农业生产劳动。此项工作到 1977 年结束。前后 14 年，共下放 2 333 人（其中支边 40 人）。

1964 至 1973 年，下放安置形式主要是分散插队落户，极少数回老家或投靠亲友，也有的去国营林场、农场、茶场。1974 年后，全县 100 多个机关厂矿、企事业单位和 15 个公社挂钩对口安置。安置到社队办的林场、茶场、畜牧场的知识青年 846 人，安置到国营林、农、茶场的知识青年有 302 人。

根据知识青年招工政策，在 1977、1978 两年内，招工、病退、困退、特殊照顾回城的有 745 人，参军入伍的有 62 人。1978 年底，知识青年在农村的仍有 670 人。到 1979 年，本县下乡知识青年全部安置完毕。
（第三编第三章《劳动》，第 111 页）

《兰溪市志》

兰溪市市志编纂委员会编，浙江人民出版社 1988 年

（1964 年）10 月，首次动员和组织城镇知识青年"上山下乡"，插队落户，计 598 人。

（《大事记》，第 18 页）

是年（1973 年），成立知识青年"上山下乡"办公室，继续动员城镇知识青年到农村插队落户，至 1979 年止，全县共下放知识青年 7 767 人，嗣后均陆续上调安排了工作。

（《大事记》，第 22 页）

知识青年上山下乡与安置

1964 年 5 月开始，动员城镇知识青年（16—25 周岁吃商品粮的初中、高中毕业生）及社

会待业青年,上山下乡参加农业生产。至 1978 年,共动员城镇知识青年和社会青年支农、支边、支兵(生产建设兵团)7 767 人,接收上海、杭州等地知青 905 人。政府为此拨出经费 179.2 万元。1979 年起停止动员上山下乡。

与动员上山下乡同时,1965 年起开始从下乡知识青年中招收职工,逐年安置。至 1982 年,下放农村的知识青年通过招工、参军、升学、自谋职业等途径,基本安置完毕。

历年下放知识青年安置统计表　　　　　　　　　　单位:人

年　份	小　计	招工、补员	参　军	升　学	特殊照顾、困难退回、病退回迁
1965	160	160			
1969	2		2		
1970	3	2	1		
1971	574	513	38	12	11
1972	721	692		22	7
1973	153		92	55	6
1974	256		12	92	152
1975	682	586	14	56	26
1976	1 520	1 084	29	62	345
1977	400	317	4	35	44
1978	1 559	1 098	231	98	132
1979	1 647	1 405	38	31	173
1980	56	53			3
1981	2	2			
1982	1	1			
合　计	7 736	5 913	461	463	899

注:上表数字,已减去不符合知识青年条件的人数及个体营业、劳教、死亡等知识青年约 1 000 人。

(第十二编第二章《劳动》,第 654 页)

1978—1985 年共安置城镇待业人员 19 050 人,其中下乡知青 3 265 人。

(第十二编第二章《劳动》,第 655 页)

《义乌县志》

义乌县志编纂委员会编,浙江人民出版社 1987 年

是年(1964 年),本县第一批 198 名知识青年"上山下乡"。　　(《大事记》,第 24 页)

《永康县志》

永康县志编纂委员会编,浙江人民出版社1991年

　　(1964年)10月25日,94名知识青年下乡插队落户。　　　　　　　　(《大事记》,第20页)

　　(1967年)4—6月,县人武部生产办公室连续下达关于"中小学复课闹革命","下乡上山知识青年返回生产队参加革命生产"以及"清理收回接待部门出借的钱、粮、物"等通知。

(《大事记》,第21页)

　　(1969年)1月,开始逐批下放知识青年。1978年后,陆续回城就业,至1982年,全部安置完毕。　　　　　　　　　　　　　　　　　　　　　　(《大事记》,第22页)

　　5月8日,50多名知识青年离开永康到内蒙古落户。　　　　(《大事记》,第22页)

　　1969年,动员城镇知识青年支边,有41名男女青年前往黑龙江插队落户,政府派专人前去送行安置。这批人员除个别外,后来也以参军退伍等形式相继离开那里。

(第十九编第四章《移民支边》,第495页)

　　1970年又有115名杭州男女青年来永康插队落户,政府对他们的住房、生产、生活同样做了具体安排。这批人后来也相继回杭。　　(第十九编第四章《移民支边》,第495页)

　　1964年2月,成立城镇人口上山下乡动员安置办公室,对精简下放职工进行慰问,生活困难者予以照顾。　　　　　　　　　　(第二十编第五章《劳动就业》,第516页)

第三节　知识青年安置

　　从1964年开始,动员城镇知识青年上山下乡。第一批下放24人。至1965年止,共下放153人。1968年12月,全面动员知识青年上山下乡。这次共下放知识青年826人(包括社会青年)。1969年,根据上级分配名额,动员41名知识青年去黑龙江莫旗兴隆公社插队落户。1970年,杭州下放永康知识青年115名。至1972年底,全县累计下放知识青年966人。

　　1973年7月,成立知识青年上山下乡领导小组,县革委会成立知识青年上山下乡办公室。规定:城镇户口高初中毕业生和社会青年除按政策可以留城者外,都必须上山下乡。推荐招工,须上山下乡锻炼2年以上,升学参军均由下放所在社队推荐。并鼓励知识青年在农村安家落户,扎根农村。国家又规定了对下放知识青年的安置经费及生活补助标准等。当

年应下放的知识青年全部下放。至 1975 年底统计,全县下放农村(包括农、林、渔三场)知识青年 1 211 人。1976 年,推广株洲"厂社挂钩,干部带头,集体安置"的办法,先后选派带队干部 26 人在 6 个公社建立了 13 个知青点,建房 132 间,集体下放安置 300 多人。

　　1972 年起,对城镇知识青年,一方面动员他们必须上山下乡锻炼;另方面又允许经过上山下乡锻炼 2 年以上的回城招工或升学。至 1977 年底统计,全县上山下乡知识青年达 2 100 余名。但有半数已回城招工进厂或按政策回城待业,实际在农村劳动锻炼的只留 1 100 多人。1978 年,停止城镇知识青年上山下乡,对下乡知识青年采取厂矿企事业单位招工优先录用等办法进行安置。是年,招工安置 305 人,征兵升学 39 人;1979 年招工安置 568 人,征兵升学 76 人。对外地下放知识青年,原则上回动员地安置。是年,对 1964 年后下放的城镇知识青年基本安置完毕。1980 年后,政府又允许下放知识青年与农民结婚的带 1 名 15 周岁以下的"农婚子女"转为居民户口,由国家供应口粮;批准下放"三场"的知识青年由国家供应口粮;对招工进厂(包括参军后复员进厂)的,下放期间计算工龄问题、工资待遇问题都给予妥善解决。　　(第二十编第五章《劳动就业》,第 517—518 页)

　　建国后至"文化大革命"前期,城乡待业人员均得到就业安置。"文化大革命"期间,因生产凋敝,就业门路堵塞,出现一部分留城知识青年不能安置就业。粉碎江青反革命集团后,大批上山下乡回城知识青年和一部分精简下放人员已迁出粮户的子女要求就业等原因,社会上待业人员大大增加。　　(第二十编第五章《劳动就业》,第 518 页)

《衢县志》

衢县志编纂委员会编,浙江人民出版社 1992 年

　　(1968 年)12 月 24 日,城区一千多名知识青年上山下乡,"接受贫下中农再教育"。

(《大事记》,第 21 页)

第五章　城市人口安置

　　从 1964 年开始,党中央和国务院发出城镇知识青年上山下乡的号召,作为教育为无产阶级政治服务、教育与生产劳动相结合的内容。到 1972 年止,知识青年上山下乡 1 435 人,接受杭州知青 571 人。还安置城镇社会青年、城镇闲散劳力 1 543 人。1973 年至 1978 年主要安置城镇知识青年,六年中共安置 7 025 人。安置措施是:大的单位由本单位统一向农村社、队挂钩,建房费、下放人员生活补助费也由下放单位负责。小单位零星下放人员,继续采取插队落户形式,费用亦由本单位负责。

1978 年底,党中央、国务院规定:"一般县城非农村户口中学毕业生,不再列入上山下乡范围",全县停止办理上山下乡安置工作。同时,在向社会招工、招生、征兵时,对上山下乡知识青年列入统筹安排。以后,全部作了就业安置。

(第十三篇第五章《城市人口安置》,第 313 页)

《衢州市志》
衢州市志编纂委员会编,浙江人民出版社 1994 年

(1964 年)1 月,贯彻中共中央、国务院《关于动员和组织城市知识青年参加农村社会主义建设的决定》,首批城镇知识青年到农村插队落户。 《大事记》,第 28 页)

1978 年恢复干部吸收录用制度。1981 年,招收干部的对象主要是城镇待业青年、下放满两年的知青和城镇复退军人。1985 年,招干采取自愿报名和考试考核相结合的办法,全市择优招干 551 人。1988 年,招干实行六公开(指标、条件、考试成绩、考核评审、录取名单、分配去向)一监督(群众监督),全市 2 039 人报名,择优招干 479 人。1985—1989 年,全市向社会公开招干 1 479 人。 (第二十三篇第二章《干部》,第 874 页)

知识青年安置
50 年代,开始动员城镇闲散中小学毕业生参加农业生产。60 年代,动员少量知青下乡劳动。"文化大革命"中,知青上山下乡出现高潮。1966—1968 年三届高中生和不能升学的初中毕业生,基本上都上山下乡。1964—1978 年,全区下放知青 26 991 人(含沪杭下放知青 1 905 人)。其中插队落户 22 091 人,安置知青点 2 573 人,安置农、林、茶场 1 794 人,去黑龙江省、内蒙古自治区农村落户 313 人,去浙江生产建设兵团 220 人。1979 年后,不再动员知青上山下乡,同时大批插队知青陆续返回城镇。据不完全统计,到 1981 年,全区包括招生、招工、征兵、提干、特照、婚迁及病退等返回城镇的知青有 18 221 人,约占其总数的 72.6%。至此,知青安置工作基本结束。 (第二十三篇第三章《工人》,第 881 页)

《衢州市卫生志》
上海交通大学出版社 1997 年

1973 年后,4 县吸收经初级卫生专业培训的城镇下放知识青年到各级卫生单位工作。

(第九篇第三章《管理》,第 327 页)

《衢县志(1985—2001)》

浙江省衢县志编纂委员会编,方志出版社 2002 年

(1959 年)1 月,县成立支宁委员会,分别于当年 6 月和次年 5 月组织动员两批青年 2 409 人支援宁夏,后大部分返回。 (《大事记》,第 597 页)

(1968 年)8 月 15 日,衢县首批高中毕业的知识青年"上山下乡",350 余人奔赴农村插队落户。 (《大事记》,第 599 页)

《柯城区志》

衢州市柯城区志编纂委员会编,方志出版社 2005 年

1964—1978 年,城镇下放的知识青年近万人,70 年代末 80 年代初,通过招生、招工、征兵、提干、婚迁、病退等形式,70%以上知青陆续迁回城镇。

(第三编第二章《人口变动》,第 145 页)

《龙游县志》

龙游县志编纂委员会编,中华书局 1991 年

建国后,迁入城市下乡知识青年、外地库区移民,迁出主要外流江西和支边移民。50—70 年代,三批接受杭州、衢州、金华等地上山下乡知识青年及无业人员 1 900 多人,安置模环、湖镇、塔石等区。 (《社会·人口》,第 458 页)

《常山县志》

常山县志编纂委员会编,浙江人民出版社 1990 年

(1969 年)5 月 17 日,49 名知识青年,去内蒙古自治区莫力达瓦达斡尔族自治旗插队落户。 (《大事记》,第 32 页)

1969 年,常山从已在农村落户的知识青年(简称知青)中批准 49 人(男 36 人,女 13 人),到内蒙古自治区呼伦贝尔盟莫力达瓦达斡尔族自治旗宝山公社元宝山、万发、冈西 3 个

大队插队落户。1978 年后，多数以招工、招生、知青转点、参军、病退等方式返回。至 1987 年尚有 5 人留下工作。
（第十八编第二章《劳动人事》，第 476 页）

知识青年下乡

1964 年 9 月 26 日，首批知青 63 人，到同弓公社插队落户。是年，还接收沪杭知青 70 余人来县林场和农村落户。至 1978 年，知青下乡共 2 631 人，其中沪杭知青 174 人。支出经费 74.21 万元。

历年城镇知识青年下乡人数表

年　份	下乡人数	年　份	下乡人数
1964—1965	244 其中沪杭 102	1974	130
1966	51	1975	34
1969	571	1976	682
1970	297 其中沪杭 72	1977	339
1971	86	1978	10
1972	93		
1973	94	总　计	2 631

1971 年后，知青逐步回城安置工作。1978 年起安置步子加大。至 1981 年，全部安置完毕。
（第十八编第二章《劳动人事》，第 476—477 页）

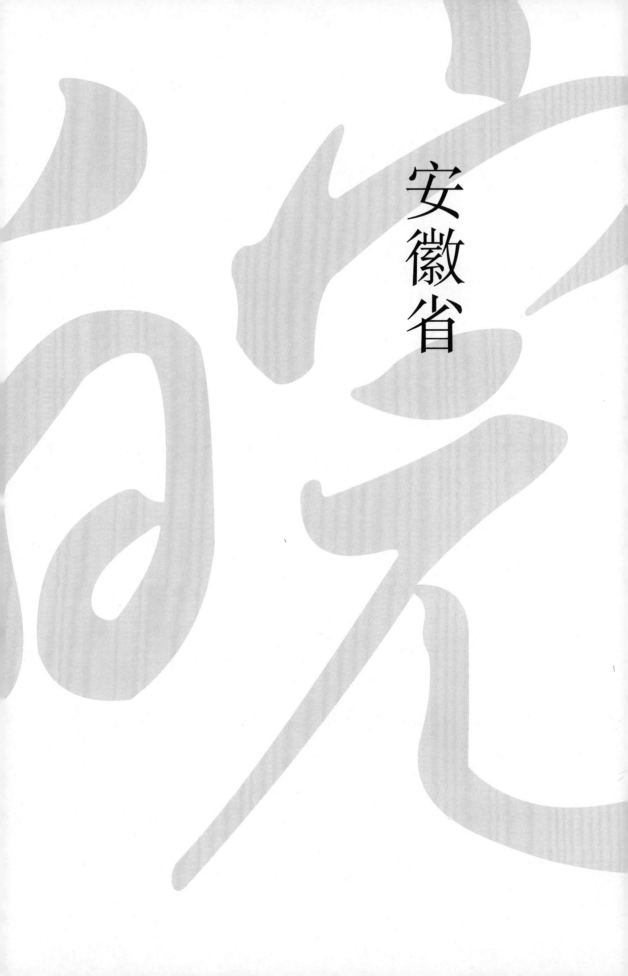

安徽省

《安徽省志·大事记》

安徽省地方志编纂委员会编,方志出版社 1998 年

（1959 年 8 月）15 日,1959 年安徽省支援新疆建设的 30 077 名青壮年,全部赴疆。

（《中华人民共和国时期》,第 435 页）

（1968 年）10 月 25 日,合肥市首批 5 000 余名中小学毕业生到农村插队落户。到年底,安徽省已有 20 万名城镇知识青年下放农村。　　（《中华人民共和国时期》,第 476 页）

到（1969 年）4 月下旬,全省机关干部、知识分子、知识青年、城镇居民等上山下乡的人员已达 56 万多人,其中国家干部、职工 3.8 万人。　　（《中华人民共和国时期》,第 478 页）

（1969 年）9 月 17 日,南京军区安徽生产建设兵团正式成立。

（《中华人民共和国时期》,第 479 页）

（1979 年）10 月 4 日,中共安徽省委、安徽省革命委员会发出《关于进一步做好待业青年安置工作的通知》。要求有步骤地统筹安排过去下乡插队的知识青年,通过发展集体生产和服务事业,进一步安置城镇待业青年。提出了新办集体企事业 3 年内免征所得税和工商税等 7 条优惠政策。是年,全省共安置城镇待业人员 32.2 万人就业。

（《中华人民共和国时期》,第 519 页）

《安徽省志·人口志》

安徽省地方志编纂委员会编,安徽人民出版社 1995 年

1966 年起,因皖西、皖南山区国防工业建设和知识青年上山下乡,从上海等地迁来大量人口,来自上海的知识青年累计就有 15.1 万余人。而后,随着国家政策的变化,大部分知青又于 1979 年前陆续迁回原地。　　（第二篇第二章《人口迁移变动》,第 127 页）

受"文化大革命"影响,城市经济发展与人口增长比例严重失调。而 50 年代第一次生育高峰时出生的人口,此时已逐步进入劳动年龄,从而造成沉重的就业压力。为缓解这一矛盾,把大批知识青年"上山下乡"和干部下放农村劳动。1966 年至 1969 年无统计资料,1970 年至 1977 年,合肥等 10 市累计迁入 866 379 人,平均迁入率为 35.6‰,迁出 558 009 人,平均迁出率为 23.0‰,净迁移人口 308 370 人,净迁移率为 12.6‰。（第二篇第二章《人口迁移》,第 130 页）

随着经济发展和各项政策落实,大部分下放人员及上山下乡青年于 1981 年前陆续返城,此时的人口迁入量较大。1978 年至 1981 年每年的人口迁入量都在 20 万人上下。

(第二篇第二章《人口迁移变动》,第 132 页)

《安徽省志·政党志》

安徽省地方志编纂委员会编,方志出版社 1998 年

(1969 年)全省城镇知识青年和居民有 56 万人下放农村插队落户。

(第一篇第三章《重大活动》,第 153 页)

《安徽省志·群众团体志》

安徽省地方志编纂委员会编,方志出版社 1999 年

"文化大革命"中,一方面动员了 50 多万名知识青年上山下乡,一方面又从农村大量招收工人进城,造成城乡劳动力不必要的大对流。1976 年以后,工人来源主要是下放农村的知识青年和新增加的城镇劳动力。 (第一篇第一章《工人队伍》,第 10 页)

全省有 1 000 多万农村青年,其中回乡知青有 600 万,占农村青年总数的 50%,占农村在业人口总数的四分之一。具有思想、知识、体力三大优势的回乡知青是农村发展商品经济的重要支柱。开展农业"小开发"活动的重点,是引导和带领广大农村青年向"四荒"(荒山、荒坡、荒水、荒地)、"四边"(路边、水边、田边、村边)、"三低"(低产田、低产水、低产林)、"一院"(庭院经济)进军,大力发展种植业、林果业、畜牧业、水产业和其他多种经济,积极开拓创汇农业和乡镇企业。抓好科技培训基地的建设。团省委重点创办砀山水果、六安立体养殖、宿松柑桔和五河水产培训基地。 (第二篇第三章《团的主要活动》,第 242 页)

《安徽省志·人大政府政协志》

安徽省地方志编纂委员会编,方志出版社 1999 年

知识青年上山下乡

1963 年,安徽在压缩城市人口、精简职工的同时,动员城镇未能升学、就业的知识青年上山下乡,支援农业生产。到 1966 年上半年,全省共动员知青 42 650 人(其中外省、市知青 577 人),到广阔天地里,经风雨,见世面。这是广大知青上山下乡的第一曲。

1968年,毛泽东发出"知识青年到农村去"的号召后,掀起了知青上山下乡的高潮。安徽各级组织采取多种形式,利用各种宣传工具,大张旗鼓地宣传、动员知青上山下乡。同年8月,安徽省革委会根据中央有关精神,决定把1966—1968届高、初中毕业生全部下放到农村。10月,省革委会又把下放范围扩大到小学毕业生。各地、各部门和街道居民委员会,对下放对象逐户逐人登记建档,动员下放。次年,又采取单位包职工、职工包子女、学校包学生、街道包居民,层层包干的办法进行下放动员。1973年9月,安徽省在贯彻国务院《关于全国知识青年上山下乡工作会议的报告》时,提出对应下放而未下放的知青,一律不准在城镇安排工作。同时调整了下放政策,规定病残不能参加农业劳动的、独生子女、多子女父母身边仅有一个子女、中国籍的外国人子女等四类人不下放。1975年4月,中共安徽省委规定,凡城镇户口、年满17周岁的应届高中毕业生和未升高中的初中毕业生,历届中学毕业生,中途退学离校的中学生和因各种原因暂缓下放的毕业生,以及不符合留城条件的都列为下放对象。总之,除四类人(后来还扩大到华侨、港澳台胞子女)外,都得下放,接受再教育。一时间,从上到下,大街小巷,大小干部都在号令下放。10月,省知青办公室提出,下放形式从过去分散插队为主,转到以兴办自负盈亏的集体所有制知青场队和农副业生产基地为主,逐步缩小下放范围。1980年8月,国务院知青办公室提出"能够做到不下乡的,可以不下"的意见。是年底,安徽不再动员知青上山下乡。

　　1963—1980年的18年间,安徽共动员和接收72万多名城镇知识青年上山下乡。其中,1963—1966年上半年下放42 650人,占下放知青的5.9%;1968—1980年下放680 378人,占94.1%。在1968年以后下放的知青中,安徽省下放529 290人,占77.8%;接收外省、市(主要是上海市)知青151 088人,占22.2%。

　　下放形式有插队、回乡、到国营、集体农林牧渔场或生产建设兵团等。其中到农村插队是主要形式。1968—1980年,插队人数为573 902人,占同期下放知青的84.3%;回原籍或投亲靠友到农村落户的3 771人,占5.6%,其中安徽到外省、市农村落户的396人;到国营、集体农林牧渔场或生产建设兵团的68 761人,占10.1%。

　　从1969年起,根据中共中央关于下放锻炼一年以上的知青,经过群众评议,基层组织推荐,下放所在县以上机关批准,可以招工、参军、升学、提干的规定,安徽在动员下放的同时,开始在下放知青中推荐回城安置。1969—1982年,通过多种途径,共回收下放知青629 312人,占全省下放知青总数的92.5%。其中,招工403 238人,占回城知青的64.08%;大、中专院校招生49 258人,占7.82%;应征入伍27 904人,占4.43%;提干3 691人,占0.59%;因患病、伤残或父母退休、退职顶替工作,照顾回城136 781人,占21.7%;其他情况回城8 440人,占1.34%。

　　　　　　(第二篇第五章《中华人民共和国时期安徽省人民政府》,第332—333页)

《安徽省志·司法志》

安徽省地方志编纂委员会编,安徽人民出版社1997年

1973年人民法院恢复办公后,边建设、边作战,"紧跟形势,服务中心",及时打击现行破坏活动。同年春,集中打击了破坏"上山下乡"的犯罪活动。九十月间,又集中打击了严重破坏社会秩序的流氓犯罪活动。

破坏知识青年上山下乡案件是"文化大革命"的特定历史条件下发生的。早在1970年5月,中共中央就发出26号文件,指出:"凡是强奸下乡女青年的,都要依法严惩,对女青年进行逼婚、诱婚的,要坚决进行批判斗争。干部利用职权,为非作歹的,要撤职查办"。同年10月,省革委会人保组在固镇召开"打击破坏上山下乡罪犯公判大会",从此引起各地对这项工作的重视,抓得也比较紧。但以后又逐渐有所放松。1973年春,省高级人民法院抓紧对破坏上山下乡案件的审判工作。同年四月间,在怀远县召开了"严惩破坏上山下乡罪犯公判大会",参加大会的干部群众2万多人,判处了11名迫害下乡女知识青年的罪犯。同年6月,根据中共中央(73)21号文件精神,省高级人民法院协同省"五·七"办公室抽调20余名干部组成工作组,分赴阜阳、宿县、芜湖、安庆等地区进行重点案件的查处工作,推动各地对这类案件的查处。当年,全省各级人民法院共受理破坏上山下乡案750件,相当于前三年受理这类案件1 300多件的57.7%;办结708件,判处被告737人,其中无期徒刑以上19人,16年以上有期徒刑31人,6年至15年徒刑208人,5年以下徒刑262人,徒刑监外执行1人,缓刑16人,管制5人,免予刑事处分70人。安徽司法机关在处理这类犯罪中,由于当时存在着"只要路线对头,不怕政策过头"的"左"的思想,致某些地方曾一度出现多判重判的倾向。

全省破坏知识青年上山下乡案件处理情况统计表

	1970年—1972年	1973年	1974年	1975年	1976年	1977年	1978年	合　计
收案件数	1 345	750	421	440				
结案件数	1 217	708	458	427	718	563	284	4 375
判决人数	1 297	737	478	423	752	582	293	4 562
其中（一）迫害知青手段（人） 杀　害			2		2			4
毒　打			3	6	9	11		29
强　奸			45	28	30	26	10	139
轮　奸			14	1	18	13	7	53
奸　污			381	369	666	511	270	2 197
打击报复			4	2	2	1		9
逼婚、诱婚			13	5		1		19
其　他			16	12	25	19	6	78

		1970年|1972年	1973年	1974年	1975年	1976年	1977年	1978年	合 计
（二）案犯处理情况（人）	死　刑	8	9	2		3	2	6	34
	死　缓	10	5	2	1	1	5		34
	无　期	5	5	2	2	1	1	1	17
	10年以上	11	31	46	34	88	45	8	263
	6—10年	225	208	83	78	163	91	26	874
	5年以下	354	262	244	235	426	340	199	2 060
	徒刑缓刑	14	16	10	11	33	32	17	133
	免于刑事处分	460	70	50	22	31	42	34	709
	其　他	210	131	39	40	6	24	8	458
（三）案犯身份（人）	五类分子			18	10	9	5	2	44
	基层干部			96	84	215	138	60	593
	国家工作人员			64	54	121	102	44	385
	工　人			61	51	104	83	49	348
	社　员			176	174	248	195	108	901
	其　他			128	50	55	59	30	322

（第五篇第二章《刑事审判》，第404—405页）

《安徽省志·民政志》

安徽省地方志编纂委员会编，安徽人民出版社1993年

1958年、1959年，安徽支边青壮年分三批运送新疆：计1958年1 693人，1959年上半年5 307人，下半年23 099人，共计30 099人。其中，阜阳专区12 429人，蚌埠专区（原宿县、滁县两专区）6 262人，安庆专区（包括安庆市）5 706人，六安专区5 702人。另有随迁家属3 333人（据新疆劳动调配委员会统计，共为30 963人，随迁家属3 614人）。

（第十篇第三章《移民支边》，第283页）

1960年，原计划继续动员青壮年3万人入疆，后因故停止。

（第十篇第三章《移民支边》，第283页）

1968年10月，安徽省革命委员会生产指挥组综合小组设立安置工作临时业务组，办理知识青年、城镇居民和其他人员下乡上山安置。1969年改称"五·七办公室"，内设知青、干部、城镇居民3个小组。1974年改为安徽省知识青年下乡上山办公室，业务范围包括知青

插队和城镇居民下放安置。1975 年 11 月,省革委会将城镇居民下放工作交省民政局接管。

（第十编第四章《城镇居民下放与回收》,第 285 页）

1980 年 12 月,上海支援边疆知识青年大批返沪要求回收,安徽也开始收回部分 1968 年后城镇下放居民,因而引起上海下放安置落户居民连锁反应,其中随父母下放的知识青年,要求按同等待遇由安徽招工回城。1981 年 3 月至 7 月,上海市政府 3 次派员来安徽商洽解决办法,关于 2 000 名下放居民子女就业问题,通过 3 条途径解决:一是由上海市同下放居民所在县政府协商招工,安排到大集体,每人资助入厂费 3 000 元;二是由上海扩散若干产品,扶助有上海下放户的县兴办企业,安排上海下放居民子女就业;三是经批准从事个体或集体经营者,个体每人资助 1 500 元,2 人以上联户经营每人资助 2 500 元。关于 1969 年后下放的其余居民,原则上可比照安徽收回办法,区分情况,分别解决。关于仍留安徽农村的下放居民,由上海市政府按期拨款扶贫、定期补助或临时救济,以资巩固。1982 年 9 月,省民政、公安、粮食厅联合通知规定,1968 年后,上海及其他省、区下放安徽居民,符合安徽规定的收回条件,可迁入安徽城镇落户。1989 年 3 月,上海市劳动、教育、公安、粮食各局联合通知规定,“文化大革命”期间,上海市随户下放外省、区知识青年,每户可回收未婚、未就业、年满 16 周岁的子女 1 人回沪入户就读,但须本人解决住房,并有直系或旁系亲属监护。据 1989 年底统计,1969 年后上海下放安徽居民(包括自然增长数)1.1 万人,其中迁入安徽城镇入户 4 523 人,迁回上海 2 886 人,外迁 901 人,其它 150 人,死亡 530 人,尚在农村已婚并生育子女 2 000 余人。连同 1962 至 1964 年上海下放居民,尚有 4 400 余户、2.5 万余人在安徽农村。上海市政府从 1989 年起,每年拨给定期补助款 126.63 万元,临时救济款 21.8 万元,并定期派员深入检查、慰问,帮助解决困难。

（第十篇第四章《城镇居民下放与回收》,第 288 页）

《安徽省志·劳动志》

安徽省地方志编纂委员会编,方志出版社 1998 年

专记:安徽省知识青年上山下乡办公室

安徽城镇知识青年上山下乡始于 1956 年。1964 年,中共安徽省委、省人民委员会为贯彻《中共中央关于动员和组织城镇知识青年参加农村社会主义建设的决定》,设立省安置工作领导小组及办公室,负责动员和组织城镇知识青年上山下乡和城镇居民下放工作。1968 年 10 月,省革命委员会设上山下乡办公室,负责城镇知识青年、居民、机关干部上山下乡组织管理和大中专毕业生分配工作。1969 年 1 月,上山下乡办公室改称“五·七”办公室。1972 年,大中专毕业生分配工作移交人事部门。1973 年 10 月,“五·七”办公室改称省革命

委员会知识青年上山下乡办公室,内设秘书、知青居民下放、干部下放 3 个小组。不久,干部下放、居民下放工作移交有关部门。1975 年,省革命委员会知识青年上山下乡办公室内设机构调整为 3 个处,即秘书处、宣传动员处、安置教育处。1980 年 1 月,省革命委员会知识青年上山下乡办公室改称省知识青年上山下乡办公室,内设政秘处、教育处、宣传动员处。1980 年 10 月,省知识青年上山下乡办公室与省劳动局合并。

1968 年 10 月至 1973 年 9 月,蒋旦萍任省革命委员会上山下乡办公室、"五·七"办公室主任,孔济仁、戴尚东、景文广先后任副主任;1973 年 10 月至 1980 年 10 月,蒋旦萍、张桂如、邓泽民先后任省革命委员会知识青年上山下乡办公室、省知识青年上山下乡办公室主任,孔济仁、戴尚东、庄志禄、夏永阳、虞竹梅、何真理先后任副主任。

(第一篇第一章《省劳动行政机构沿革》,第 10 页)

1963 年,开始对城镇中不能升学和就业的知识青年,动员到农、林、牧、渔场或农村插队落户。到 1964 年,安徽安置城镇闲散劳动力共 23.93 万人。到 1966 年上半年动员知识青年到农、林、牧、渔场或农村的,共 4.2 万人。

1966 年下半年"文化大革命"开始后,企业处于停产、半停产状态,政府一度中断招工,而进入劳动年龄的城镇知识青年逐年增加,为适应"防修反修"的需要,1967 年继续动员城镇知识青年上山下乡,1968 年底,开始进行大规模动员,号召城镇知识青年上山下乡,接受贫下中农再教育,掀起上山下乡运动。1967 年到 1980 年,安徽动员下放农村的城镇知青共 68 万人。1980 年后,下放知青陆续返城,加上新成长的劳动力,城镇就业安置任务相当繁重。

(第二篇《劳动就业》,第 13 页)

1969 年 9 月,省革命委员会发出《关于部分厂矿企业今年增加工人的通知》,不允许从城镇高、初中毕业生和下放知识青年中招工,当年只招收中专、技工学校和半工半读学校的毕业生 174 人,以及在青阳县试点招收城镇下放的 1966—1968 年各届高、初中毕业生 281人。……

到 1979 年,招工对象主要是城镇上山下乡知识青年,5 年间全民所有制单位招工 22.81万人,其中上山下乡知识青年 17 万人,占招工总人数 75%。

1980 年 8 月,招工办法开始改进。实行公开出榜、自愿报名、进行文化或专业技能考核,择优录用。1980 年至 1985 年,全省全民所有制单位共招收知识青年 35.32 万人,平均每年招工安置 5.89 万人……

1952 年至 1990 年,全省全民所有制单位通过从城镇招工(含城镇上山下乡知识青年招收回城)安置 127.8 万人,每年平均招工安置 3.28 万人。集体所有制单位招工,无具体统计。

(第二篇第二章《城镇安置就业》,第 25 页)

1978年6月,安徽贯彻国务院《关于工人退休退职暂行办法》,规定工人退休退职后,家庭生活确实困难的,或多子女上山下乡、子女就业少的,可以招收一名符合招工条件的子女参加工作;家居农村的退休、退职工人,本人户口迁回农村安置的,可以招收他们在农村的一名符合招工条件的子女参加工作。

(第二篇第二章《城镇安置就业》,第 26 页)

1979年后,城镇知识青年参军人数增多,城镇退伍兵由过去每年0.4万多人,增加到1.5万多人,安置工作任务加重。1980年安徽省人民政府和省军区规定对城镇退伍兵实行统一分配政策,统一分配有困难的,按系统分配,包干安置,劳动指标"先安排、后结算"。

(第二篇第二章《城镇安置就业》,第 27 页)

第三章 城镇知识青年上山下乡
第一节 知青下放
一、下放对象与政策

50年代中期,随着农业合作化运动的兴起,为解决城镇富余劳动力就业和改变城乡经济、文化发展不平衡状况,1955年8月11日,《人民日报》发表《必须做好动员组织中小学毕业生从事生产劳动的工作》的社论,第一次提出动员城镇中、小学毕业生到农村去的问题。同年12月,中共中央主席毛泽东在审阅《农村社会主义高潮》书稿时,加了"一切可以到农村中去工作的这样的知识分子,应当高兴地到那里去。农村是一个广阔的天地,在那里是可以大有作为的"带有号召性的按语。1956年和1957年,安徽城镇中不能升学和就业的初、高中毕业生,经动员自愿申请到国营农场一部分,到农村落户的很少,具体人数没有统计。1958年"大跃进"开始后,城市大量招工,这项工作停顿下来。

1963年,安徽在压缩城市人口、精简职工的同时,为克服经济困难和减轻城镇就业压力,又开始恢复动员城市未能升学、就业的知识青年到农村插队落户。1964年,中共安徽省委、省人民委员会贯彻中共中央《关于动员和组织城市知识青年参加农村社会主义建设的决定》,全面开展动员城镇知识青年上山下乡(以下简称知青下放)。动员对象为县以上城镇中达到劳动年龄、身体健康未能升学和就业的高、初中毕业生;动员政策以自愿为原则,做到本人思想通,家庭思想通。有的地区在知识青年下乡之前,将他们集中起来,进行短期训练。芜湖市在1964年9月至10月15日举办第一期知识青年下乡训练班,吸收114名社会青年受训,主要是进行形势教育、阶级教育、青年革命化教育和劳动教育,训练班结束后,有71名学员去广德山区集体插队。1965年芜湖市又举办两期学习班。1965年,全省对不能升学的应届初、高中毕业生,以学校为主,在暑假期间集中进行动员。"文化大革命"以前,全省共动员4.20万名城镇知识青年下乡。其中接收外省、市(主要是上海市)知识青年577人。"文化大革命"开始后,企事业单位处于停产、半停产状态,严格控制增加新工人,城镇中新成长的劳动力又不断增加,城镇安置就业困难,大批知青待业,同时也为适应"防修反修"的需要,所以1967年进行知识青年上山下乡动员工作。1967年知青上山下乡的人数很少。1968年8月,安徽省革命委员会根据中共中央转发《黑龙江省革命委员会关于大专院校毕业生分配工作的报告》的批示精神,决定将1966—1968年各届高、初中毕业生全部下放到县以下农村,并利用各种宣传工具如广播、黑板报、墙报等,广泛开展宣传动员工作,掀起知青下放高潮。同年10月,省革命委员会发出《关于做好中小学毕业生分配工作的通知》,各地、各部门和街道居民委员会对列入上山下乡对象的知识青年,逐户逐人进行登记、建档,动员下放。是年底,毛泽东发出:"知识青年到农村去,接受贫下中农的再教育,很有必要"的号召。1969年又采取单位包职工、职工包子女,学校包学生,街道包居民,层层包干的办法进行下放动员。

1973年9月,安徽贯彻国务院《关于全国知识青年上山下乡工作会议的报告》,提出对应下放而未下放的知识青年,一律不予在城市安排工作。同时调整了下放政策,规定病残不能参加农业劳动的、独生子女、多子女父母身边只有一个子女、中国籍的外国人子女(以下称四种人),不再动员下放。1975年4月,中共安徽省委规定,凡系城镇户口、年满17周岁的应届高中毕业生和未升高中的初中毕业生,历届中学毕业、中途退学离校的中学生和因各种原因暂缓下乡的毕业生,经逐人审议不符合留城条件的,都列为下放对象。对不列为下放对象的"四种人",由市、县城镇知识青年上山下乡办公室(以下简称知青办)审批发给证明。

1978年5月起,进一步调整下放政策,省知青办要求各地对城镇中学毕业生,可根据各市、县能够安排就业的最大限量扩大留城面。除某些行业的内招对象和"四种人"外,华侨、港、澳、台胞的子女,不动员上山下乡;多子女父母身边没有工作的(上大学、参军的不作为有工作的子女看待),可以由家庭选留1个子女;已有子女在身边,因工作调动,允许再留子女1人;同父异母或同母异父家庭,允许父母身边各留子女1人;因病残留城的,允许再留健康子女1人。同年10月,省知青办提出调整下放工作的指导思想,从过去的反修防修转到搞四个现代化建设上来。对城市中学毕业生,实行"进学校、上山下乡、支援边疆、城市安排"四个面向的原则,逐步扩大留城面。1979年12月,中共安徽省委批转省知青办党组《关于当前知识青年上山下乡工作若干问题的意见》,确定合肥、蚌埠、芜湖、安庆、淮南5个直辖市,阜阳、屯溪、六安、宿州4个地辖市,亳县、宣城、滁县、桐城等16个待业青年较多的县城,为动员下放的重点城镇。一般县城和集镇中非农业户口的中学毕业生,不再列入上山下乡的范围。有安置条件的城市,也可以不再动员中学毕业生上山下乡。留城面达不到70%的市、县,可以自行调整留城政策,扩大留城面。1980年8月,国务院知青办提出"能够做到不下乡的,可以不下"的意见,是年底,安徽不再动员城镇知识青年上山下乡。

1963年至1980年的18年间,安徽共动员和接收72万多名城镇知识青年上山下乡。其中1963年至1966年上半年下放4.20万人,占下放总数5.82%;1967年至1980年下放68.09万人,占94.18%。在1967年以后下放的知青中,安徽下放52.98万人,占77.8%;接收外省、市知青 15.11 万人(其中上海市下放知青 15.10 万人),占 22.2%。

二、下 放 形 式

〔插队〕

到农村插队,是城镇知识青年上山下乡的主要形式。一般是分散插队,也有少数是集体插队。1964 年和 1965 年下放到岳西、广德、祁门、潜山县山区农村的知识青年,是集体插队的;其余多为分散插队。1967 年至 1980 年,全省城镇知青到农村插队的有 57.40 万人。占全部上山下乡人数的 84.3%。其中县城的知青,一般是在县内农村插队;省辖市的知青,少数在市郊插队,多数到指定县农村插队;上海市下放安徽的知青,有集体插队的,也有分散插队的。到农村插队的知青,一般都以生产队为单位编成小组,每个小组人数不等,民主推选组长。1977 年统计,全省 2 517 个人民公社,有知青插队小组 5.01 万个。其中男生组 2.32 万个,女生组 2.37 万个,男女混合组 0.32 万个。各小组男女生分别住宿,集中学习,集中参加生产劳动,与所在生产队社员一样,实行评工记分,多劳多得,年终结算。

〔回乡〕

城镇知青原籍是农村,或农村中有亲友的、经本人申请和接收县知青办同意,可以回原籍或投亲靠友回农村劳动,各项待遇与城镇插队知青同等对待。1967 年至 1980 年,全省城镇知青回乡劳动的 3.81 万人,占全部上山下乡知青人数的 5.6%,其中回外省农村的有 396人;外省回安徽农村的,除上海市知青外,有 74 人。

〔到农林牧渔场、生产建设兵团〕

1967 年至 1980 年,有 2.06 万城镇知识青年下放到人民公社、生产大队兴办的集体农场、林场或国营企、事业单位兴办的集体所有制农副业生产基地,农工商联合企业,从事农业、林业和副业生产,占全部上山下乡知青人数的 3%。1980 年以后,改变过去分散插队为主,转到以办好自负盈亏的集体所有制的知青场、队和农副业生产基地为主、办好"集中住宿、集中吃饭、集中学习、分散劳动"的"三集中、一分散"的知青点。

1968 年起,国营农林牧渔场和生产建设兵团开始接收少量城镇知识青年。1970 年后,接收下放知青逐年增加。1968 年至 1978 年,国营农林牧渔场和生产建设兵团共接收城镇知青 4.81 万人,占全部上山下乡人数 7.1%。见表 2-3-1。

表 2-3-1　全省城镇知识青年上山下乡人数统计表

(1967—1980 年)

单位:人

年份	上山下乡人数			下 放 形 式			
	合计	安徽省	外省市来安徽	插队	回乡	集体所有制场、队	国营农林牧渔场、生产建设兵团
总数	680 955	529 867	151 088	574 075	38 119	20 618	48 143
1967	577	577	—	173	404	—	—
1968	87 322	86 885	437	79 343	7 947	—	32

年份	上山下乡人数			下 放 形 式			
	合计	安徽省	外省市来安徽	插队	回乡	集体所有制场、队	国营农林牧渔场、生产建设兵团
1969	94 963	62 979	31 984	84 559	9 935	23	446
1970	103 793	40 639	63 154	92 349	3 683	61	7 700
1971	44 869	18 429	26 440	38 779	818	484	4 788
1972	34 422	17 225	17 197	27 722	492	1 386	4 822
1973	32 272	27 259	5 013	30 373	379	574	946
1974	61 612	56 581	5 031	50 828	3 451	1 063	6 270
1975	64 859	63 767	1 092	49 550	3 314	1 892	10 103
1976	85 741	85 319	422	64 224	4 636	7 783	9 098
1977	68 101	67 813	288	55 164	3 046	6 098	3 793
1978	1 280	1 252	28	1 005	14	116	145
1979	730	728	2	6	—	724	—
1980	414	414	—	—	—	414	—

第二节　知青管理

一、组织管理

1964年至1966年上半年,城镇知识青年下放农村的工作,由安徽省安置工作领导小组办公室负责管理。

1968年,安徽城镇知识青年开始成批下放,省、地(市)、县相继设立知识青年上山下乡管理机构,管理知青下放工作。同时,在县以下区、人民公社设专职干部,生产大队、生产队成立"再教育小组",对下放知青进行管理、教育。

1969年9月,经中共安徽省委、省革命委员会同意,安徽省第一次知识青年上山下乡先进单位和先进个人代表大会在合肥召开。会议表彰了一批在上山下乡工作中表现突出的知识青年、知青家长、带队下放干部和知青管理工作先进社、队。并于春节前后,省组织慰问总团到农村慰问,专、市、县组织分团,把进行思想、路线教育与慰问检查结合起来,对安置、生产、生活中发现的问题,凡能就地解决的及时解决。灵璧、泗县下放人员睡牛棚和山芋窖的,当即作了调整。以后,每年省、专、市、县都派出慰问团,到农村进行慰问检查。

1970年,省革命委员会召开第二次安徽省知识青年上山下乡积极分子代表大会。1970年以后,中共安徽省委、省革命委员会就知青管理机构、管理办法,选派带队干部、知青财务物资管理以及知青来信来访作出一系列规定,要求各地按照"管政治思想、管生产技术、管生活问题"和"住有房、吃有粮、睡有床、烧有柴、用有具"的"三管五有"原则,关心、帮助下放知青,做好管理、教育工作。并在每年元旦、春节期间,组织省直各有关部门到农村慰问下放知青,检查知青管理工作。

1973年,省革命委员会召开安徽省上山下乡建设社会主义新农村先进分子代表大会,会上树立标兵:荣获标兵称号的有 12 个插队小组,21 名知识青年个人。同年 9 月,中共安徽省委贯彻中共中央《关于知识青年上山下乡若干问题的试行规定草案》,继续从省、地(市)、县选派大批干部带队下放,驻社、驻乡帮助基层管理知青。仅 1975 年,全省就选派带队干部 2 197 人,其中中共党员 1 380 人,县(处)级以上干部 108 人。针对城镇下放女知青生活、劳动的特殊情况,各地在选派带队干部时注意挑选一批女干部带队下放,加强女知青管理工作,仅在 1975 年选派的带队干部中就有女干部 403 人。此外,上海市为协助安徽管理上海来皖下放知青,每年派驻安徽的带队干部有 100 余人。1975 年,省革命委员会召开了第二次安徽省上山下乡建设社会主义新农村先进分子代表大会。

各级党委和农村基层组织对知青工作加强管理,使知青管理逐步规范,知识青年在农村参加生产劳动,与农民群众融为一体,受到锻炼。一批优秀知识青年被吸收参加中国共产党和共产主义青年团,进入县、区、人民公社、生产大队、生产队领导班子,推荐进入大、中专院校学习;一大批知识青年担任了民办教师、文化教员、赤脚医生、农业技术员、农机手、民兵干部(见表 2-3-2)。城镇知识青年把文化知识带到农村,为农村的文化、生产建设作出了贡献。肥东县龙塘公社严洪华插队小组,自力更生办药厂,1970 年至 1978 年,在农用微生物生产、中草药研制应用、农业化学应用等方面,取得了十几项成果,先后试制生产了十多种激素、菌种和药品,支援和促进了当地的农副业生产。泾县苏红公社汇坑生产队知青插队小组坚持深山办学,使全队学龄儿童入了学,青壮年扫除了文盲,深受群众欢迎。

但是由于知青人多分散,面广线长,管理跟不上,各地一度发生了一些伤害下放知识青年的案件。其中有强奸、逼婚案件,殴打、伤害案件,贪污、挪用知青财物案件等。对上述案件各地都及时进行了依法处理。

表 2-3-2　安徽省下放知青的政治情况和参加领导班子情况统计表

(1972—1982 年)　　　　　　　　　　　　　　　　　单位:人

年　份	1972	1973	1974	1975	1976	1977	1978	1979	1980	1981	1982
在乡实有知识青年	368 408	268 206	304 323	296 682	317 925	357 913	241 343	117 470	41 224	7 531	1 135
(1) 共产党员	1 096	2 296	5 151	6 950	9 919	10 229	6 286	2 365	830	49	1
(2) 共青团员	28 475	49 721	87 124	101 844	130 734	143 977	93 759	38 913	10 861	526	18
(3) 参加领导班子	7 267	22 476	14 965	10 996	14 225	13 823	5 682	890	184	10	2
其中:生产队长	—	—	5 241	6 666	7 810	7 171	3 082	598	146	6	1
大队书记、主任	—	—	1 863	1 743	2 938	2 711	939	189	38	4	1
公社书记、主任	—	—	112	159	327	312	118	7	—	—	—
县以上书记、主任、委员	—	—	41	43	67	31	9	—	—	—	—
(4) 担任其他工作	—	—	54 592	57 952	68 205	67 954	32 430	11 391	3 172	308	6

说明:1982 年,下放知青基本回城安置,1983 年后无统计资料。

二、物资经费供应

知青物资经费供应包括口粮供应，建房材料供应、农具供应和安置经费供应。从1963年起，国家每年都拨出大量财物供应知青，以解决他们衣、食、住、用等方面的困难。

〔口粮〕

1964年起，执行国家粮食部的规定，由原在城市粮食部门发给下放知青途中和第一个月所需粮票，标准为每人每天1斤；从第二个月起，到接上下放地粮食分配时止，由粮食部门按当地社员吃粮水平和国家统销价格。从统销粮中供应。在农村分配口粮后，达不到社队平均水平的，粮食部门酌情供应。食油供应，从下放第二个月起，到接上下放地分配油止，由粮食部门按照当地定量标准供应。下放地不生产油料的，由粮食部门按照当地的定量供应。1973年9月后，执行中共安徽省委规定，头一年或当年秋季分配以前，由国家在统销粮油中供应。供应标准每人每月成品粮40斤，食油4两。参加集体分配后，口粮标准达不到每月38斤成品粮的，差额部分由国家在统销粮中补助。1978年12月到1983年，执行国务院规定，第一年由国家供应口粮，第二年开始由社队和知青场队分配口粮。

〔建房材料〕

1966年前，下放知青建房用木材，安徽按每人0.2立方米拨给各地。1968年10月起，按每人0.3立方米拨给。另给毛竹、水泥计划。1968年至1983年，下达各市、县木材计划指标13.73万立方米，实际拨出27.84万立方米。1968年至1980年，全省累计为下放知青建房27.77万间，其中瓦房占68.29％。知青住房面积，1974年人均为9.6平方米；1979年提高到人均22.45平方米。下放知青因招工、上学、参军或特殊情况离开农村后，住房有的闲置、有的被占用，有的损坏。1979年开始，对知青回城后的空房进行处理，到1981年，已变价处理房屋12.34万间。见表2-3-3。

表2-3-3 安徽省下放知青建房情况统计表

(1974—1981年)

年 份	1974	1975	1976	1977	1978	1979	1980	1981
1. 本年国家实际供应木材数（立方米）	20 468	14 907	19 500	19 591	3 650	794	2 230	347
2. 本年新建房屋间数	80 721	19 033	27 344	19 971	6 244	828	96	
折合平米	1 048 538	258 305	360 478	261 726	85 243	10 430	1 180	—
其中：瓦房间数	36 322	12 936	18 976	15 695	5 162	—	—	—
占总数％	45	67.97	69.40	76.35	82.67	—	—	—
3. 历年累计建房现有间数	204 169	217 475	224 588	233 254	229 303	192 360	127 344	103 530
折合平米	2 721 564	2 799 471	2 799 582	1 890 932	2 882 576	2 414 118		
其中：平均每个知青住房数	9.6	10.33	9.83	8.89	13.6	22.45		
其中：(1) 瓦房间数	67 338	82 355	101 559	116 314	121 805	109 419		
(2) 闲置房屋间数	—	6 051	5 984	7 357	17 830	63 924		
4. 已变价处理房屋间数	—	—	—	—	—	24 634	60 576	38 209

说明：1982年后无统计资料。

〔棉布〕

1966年前,省商业厅、省供销社等单位先后下达各地棉布、棉絮计划指标,解决上山下乡知识青年中缺少棉衣、棉被的困难。1968年10月,省革命委员会规定,上山下乡知识青年棉花棉布的供应,江南平均每人补助布票6尺,蚊帐布32尺(折发布票4尺),棉花1斤;江北平均每人补助布票8尺,蚊帐布16尺(折发布票2尺),棉花2斤。所需棉花指标由省拨给动员地区,统一使用,不平均分配,节余部分全部交接收地区。棉花从当地民用絮棉中安排供应。

〔农具〕

下放知青生产劳动所用的小农具(镰刀、锄头、扁担等),每人配置1套。大农具由生产队统一配置,集体使用。为支援上海下放在安徽的知识青年,上海市有关部门多次支援安徽农业机械。其中,1973年,支援工农11型手扶拖拉机350台;1977年,支援195型柴油机120台,插秧机90台,收割机50部,机动喷雾器50部;1978年,支援手扶拖拉机拖斗45部。上述农机先后分配有关地、县和国营农场。

〔安置经费〕

1964年前,执行国家规定的安置费标准。单身插队,每人185元。到农林四场顶替安置,每人210元;增补安置,每人352元。1965年后,执行省安置办规定。插队知青中,省辖市每人平均312元,县镇每人平均306元。开支范围包括动员费、旅运费、建房费、生活费、小农具费、家具补助费等。

1968年10月起,省革命委员会规定:知识青年和农垦学校学生,到徽州、池州、芜湖、巢湖、安庆专区和马鞍山、芜湖、安庆市、铜陵特区(南方)农村插队的,每人发安置补助费230元;到阜阳、宿县、滁县、六安专区和合肥、淮南、蚌埠、濉溪市及长丰县(北方)农村插队的,每人发安置补助费250元。安置费开支的原则:动员地区掌握的部分,市级不超过20元,县级不超过15元,主要用于上山下乡知识青年的旅运费和临时救济费;分配到生产队的安置费,南方不少于210元,北方不少于230元,主要用于修建房屋,生活补助、小农具、家具购置和棉衣棉被困难补助、医疗补助等。对下放农林四场的,到新建、扩建场队安置的每人500元,到老场队增补安置的每人250元。回乡和家住非标准集镇的下放知青,原则上不给安置费,个别有困难的,酌情给予路费和困难补助,一般不超过50元。

1973年起,到农村插队、回农村老家落户和建立集体所有制场(队)的,长江以北每人补助500元,江南每人补助480元。到生产建设兵团和国营农林四场的,每人补助400元。其中建房费补助200元,生活补助费江南160元,江北180元;农具补助费30元,炊具和生活用具补助费40元,学习、医疗补助费各10元;动员经费,省辖市跨地区安排的每人13元,其他地区每人10元;其他费用15元。1973年9月,中共安徽省委规定,对1973年前插队知青,凡正常出勤,生活仍不能自给的,分期补助,每人不超过100元,没有建房的每人补助不超过200元,每人补助学习、医疗费各5元。1979年7月,省知青办、省财政局规定,到农林四场、机关、企事业办的农副业生产基地,每人补助 400 元,到知青场(队)和知青点的,江北每人补助 600 元,江南每人补助 580 元。

三、经 费 来 源

安置经费由中央财政拨款,通过各级财政部门下拨到县。1967 年前安徽的安置经费,预算为 5 074 万元,决算为 3 864.1 万元(其中含居民下放经费),占预算的 75.98%。1968 年至 1982 年,预算为 3.38 亿元,决算为 3.15 亿元,占预算 93.07%。见表 2-3-4。

表 2-3-4　安徽下放知青安置经费预决算表

(1962—1982 年)　　　　　　　　　　　　　　　　单位:万元

年　度	预算数	决算数
1962—1967	5 074	3 864.1
1968	1 400	1 062.3
1969	7 600	4 178.2
1970	3 000	2 583
1971	500	1 162.6
1972	0	692.2
1973	2 000	1 990.35
1974	3 400	4 098.64
1975	2 749	2 661.64
1976	4 544.3	3 555.8
1977	3 861.7	3 066.2
1978	2 000	1 061
1979	0	547.45
1980	614	1 515.10
1981	614	1 352.20
1982	1 541.2	1 956.2
合　计	38 898.2	35 346.98

除国家下拨安置经费和提供部分物资供应外,下放知青主要靠自己劳动维持生活。但下放知青靠劳动收入,生活自给的能力很低。1978 年 10 月调查,全省下乡满两年以上的知青共有 22.23 万人,按每人每年 120 元生活费的标准计算,能够达到生活自给的 7.67 万人,仅占 34%。长丰县 35 个公社 5 901 名下放知青中,年收入在 120 元以上的只有 894 人,占 18%。阜阳地区知青的生活自给面在 20% 左右。自给程度较高的芜湖地区也不超过 40%。实际上大部分下放知青的生活费用,仍靠国家、集体和家长支付,加重了社会负担。主要有:1. 下放知青由原籍吃商品粮转为吃农业粮,由社队供应而不减少社队的粮油征购任务,实际上是与农民争口粮。2. 国家下拨的知青建房补助标准较低,社队为知青建房要贴钱、贴工、贴料、贴粮,还要帮助维修。据天长县调查,仅为知青建房一项每年要向社员每人摊派 1.60 元。全省由社员负担知青建房的费用在 400 万元左右。同时为知青建房并分给与当地社员

同等数量的自留地,也减少了社员的土地耕种面积。3.知青分配超支,欠款现象普遍存在。祁门县 500 多名下乡时间较长的知青有 380 多人,欠社队的公款多达 13.30 万元,个别知青一人就欠 2 000 多元,影响了社员分配兑现。4.为支援下放知青,全省每年都动员城镇工矿企业给对口地、县援助钢材、水泥、煤炭、化肥、机械及其他物资,增加了企业的压力。5.知青家长还要负担知青探亲路费、穿衣、生活、学习、日用品、医药费、招待社队来人等花销费用,也增加了城镇职工家庭负担,扩大了低工资家庭的困难面。许多下放知青的家长为子女的生活、处境和前途担心,分散了家长精力,影响了家长工作。

第三节 知青安置

一、回城安置

1969 年,根据中共中央关于下放锻炼 1 年以上的城镇知识青年,经过知青小组评议,基层组织推荐,接收地区县以上机关审批,可以招工、参军、升学、提干离开农村的规定,安徽开始选调下放知青回城安置。1971 年,规定下放知青必须在农村锻炼 2 年以上,才能参加招工、招生。实行招收下放知青由社队推荐的办法,出现了与统筹安排知青就业脱节的现象。有的户子女下放多年招不上来,有的户下放几个都能招上来。同时每次招工对象多、招工指标少,知青家长、亲友到处活动、拉关系、走后门,助长不正之风,败坏了党风。1973 年后,下放知青招工、招生、征兵,实行在各级党组织领导下,经插队小组评议,征求带队干部和贫下中农的意见,并由人民公社召开知青代表会议讨论推荐人选,报市、县革命委员会批准。1978 年,招工改由知青父母所在单位讨论、推荐,主管部门审查,报市、县以上劳动部门批准;1979 年后,又改为按下放时间长短,分期分批考核,择优录用。

1968 年至 1982 年,通过招工、招生、征兵等多种途径,全省共收回下放知青 62.93 万人。占同期下放知青总人数的 92.5%。其中:招工回城的占 64.08%,大、中专院校招生占 7.82%,应征入伍占 4.43%,提升为国家干部占 0.59%,因患病、伤残或父母退休退职顶替工作照顾回城占 21.74%,其他情况回城的占 1.34%。见表 2-3-5。

表 2-3-5　安徽省下放知识青年回城人数统计表

(1968—1982 年)　　　　　　　　　　　　　　　　　　　　　单位:人

年　度	回　城　人　数						
	合　计	招　工	招　生	参　军	提　干	按政策收回城	其　他
总　计	629 313	403 238	49 258	27 905	3 691	136 781	8 440
1967	1	—	—	1	—	—	—
1968	16	—	—	14	—	1	1
1969	858	587	45	176	15	23	12
1970	62 673	58 491	2 283	1 243	49	503	104
1971	32 560	29 157	1 715	999	7	618	64
1972	14 242	8 194	2 921	2 519	15	539	54

年　度	回　城　人　数						
	合　计	招　工	招　生	参　军	提　干	按政策收回城	其　他
1973	9 184	619	6 718	636	6	1 189	16
1974	22 295	6 050	9 321	2 488	10	4 391	35
1975	69 243	55 578	7 486	517	57	5 504	101
1976	59 299	47 936	4 237	2 354	226	4 519	27
1977	24 668	19 110	87	351	78	5 001	41
1978	100 629	42 598	10 753	15 131	56	32 078	13
1979	118 295	67 269	3 101	1 177	2 260	43 240	1 248
1980	77 270	51 188	540	179	908	21 465	2 990
1981	34 102	15 856	51	119	4	14 775	3 297
1982	3 978	605	—	1	—	2 935	437

二、已婚知青安置

遵照中共中央关于"国家关心、负责到底"的原则,安徽对下放时间较早、年龄较大的已婚知识青年,先后采取多种办法进行安置。1978年5月,省知青办公室提出,社队企业应当优先安置下放知青,首先要安排好老知青和已婚知青。同年12月,省知青办规定:下放知识青年结婚以后,仍作为下放知青看待,享受有关待遇;已婚知青病残收回,以不拆散夫妻为原则,城镇有直系亲属供养的,准予回城落户。

1979年7月,省财政厅拨专款455万元,解决已婚知青的住房困难。同年,省劳动局规定:对已婚知青尽量就近就地安置到社队企业和农林牧渔场。基层工交、财贸、文教、卫生、建筑、搬运、公路养护等单位有增人指标时,也可以就近就地招收一部分。退休、退职或死亡的职工需要补充已婚子女的,如系下放知青,本人年龄不超过35周岁,其配偶系城镇职工、现役军人的,可以招为工人。夫妻双方都是下放知青,其父母办理退休、退职或在职死亡后,按照上述规定招收回城。与农村社员结婚的下放知青,父母系全民所有制单位正式职工,在父母退休、退职或死亡时,由其父母所在市、县划拨劳动指标给下放所在市、县,就近就地安置。下放到外省的安徽知青,与外省职工、知青、社员结婚的,其父母系全民所有制单位正式职工,在退休、退职或死亡之后,也采取划拨劳动指标的办法,就近就地安置。同年11月,中共安徽省委对已婚知青的安置,又进一步明确规定:插队知青与社员结婚的,就近就地安置;与省内城镇职工结婚的,由配偶所在城镇安置;与农场职工结婚的,到农场落户,符合条件的,吸收为农工;知青之间结婚的,能就近就地安置的,予以就近就地安置,安置有困难的,属于同一城镇动员下放的,由动员城镇安置,不是同一城镇动员下放的,按知青双方商定的意见,由一方动员城镇安置;与外省人员结婚的,外省、市如不安置,由下放地安置。

1980年,中共安徽省委决定:下放已婚知青的户口,就地"农转非";已婚知青子女的户粮关系,随父随母均可。1982年,滁县地区将已婚知青2 003人的户口全部"农转非",并给

1 682 人安排了工作。全省 1982 年底在农村的下放知青仅有 1 135 人,其中已婚知识青年 749 人,1983 年后陆续对下放知青中的遗留问题进行处理,到 1990 年基本处理完毕。见附表 2-3-6。

表 2-3-6　安徽省下放知识青年婚姻状况统计表

(1973—1982 年)　　　　　　　　　　　　　　　　　　　　单位:人

年　份			1973	1974	1975	1976	1977	1978	1979	1980	1981	1982
在农村实有知识青年		总　数	268 206	304 323	296 682	317 925	357 913	241 343	117 470	41 224	7 531	1 135
	其中	女知青	111 980	153 390	154 634	167 007	184 041	127 687	62 537	20 331	3 941	568
		占%	41.75	50.40	53.12	52.53	51.42	52.91	53.24	49.3	52.3	50
		已婚知识青年	—	10 357	14 792	18 615	22 014	24 812	18 831	13 453	4 159	749
		占%	—	3.4	4.99	5.86	6.15	10.28	16.03	32.6	55.23	65.99
已婚知青		在国营农场的	—	—	112	309	380	683	837	1 955	2 201	188
		在农村插队的	—	14 680	18 306	21 634	24 129	17 994	11 498	1 958	561
在农村插队已婚知青		知青中互婚的	—	2 994	3 667	4 367	4 826	4 664	867	131	9	0
		与安徽城镇职工结婚的	—	—	—	—	—	—	666	484	6	2
		与社员结婚的	—	—	—	—	—	—	15 174	10 782	1 778	497
		与外省人结婚	—	—	—	—	—	—	274	97	107	62

(第二篇第三章《城镇知识青年上山下乡》,第 32—42 页)

　　70 年代末,大批上山下乡城镇知识青年返城,一时形成建国后安徽最大的一次待业高峰。1979 年统计,全省有待业人员 58.58 万人。　　(第二篇第四章《劳动就业服务管理》,第 43 页)

《安徽省志·人事志》

安徽省地方志编纂委员会编,方志出版社 1999 年

全省干部吸收录用(聘用)干部情况统计表

(1978—1993 年)　　　　　　　　　　　　　　　　　　　　单位:人

项目 年份	合计	录用(聘用)对象									录用(聘用)去向			
		工人	农民	复员退伍军人	非全民所有制单位转入	上山下乡知识青年	国家不包分配大中专毕业生	职业高中毕业生	城镇待业青年	其他	行政机关	事业单位	企业单位	中小学校
1978	12 986	3 722	2 677	573	918	542				4 554	942	6 767		5 277
1979	27 646	5 245	1 539	219	983	1 391				18 269	3 635	13 494		10 517
1980	28 859	7 066	3 906	934	860					16 093	4 527	17 507		6 825
1981	23 572	6 410	7 732	184	841					8 403	3 664	10 838		9 068

年份\项目	合计	录用(聘用)对象									录用(聘用)去向			
		工人	农民	复员退伍军人	非全民所有制单位转入	上山下乡知识青年	国家不包分配大中专毕业生	职业高中毕业生	城镇待业青年	其他	行政机关	事业单位	企业单位	中小学校
1982	14 929	7 013	2 664	62	1 107					4 083	3 043	8 985		2 901
1983	15 240	8 633	2 843	121	846				1 187		1 610	6 762	8 478	
1984	82 107	70 314	6 775	357	1 118				3 267	1 048	15 984	66 123		
1985	24 129	14 300	4 309	85	1 120				2 610	915	8 076	5 166	10 887	
1986	13 943	5 771	2 914		1 017					4 241	6 367	2 015	5 006	555
1987	19 273	9 527	4 292		1 687		1 685	113	1 048	921	3 633	2 498	8 558	4 584
1988	22 645	8 095	9 304		690		163	77	245	2 603	193	2 793	7 308	10 613
1989	20 000	9 762	3 527		1 171		2 147	331	2 253	809	3 626	6 385	9 989	
1990	12 577	6 725	1 588		703		2 082	273	460	746	2 788	3 785	6 006	
1991	19 761	13 604	1 218		953		3 240	190	237	319	1 340	2 057	14 862	1 500
1992	12 422	7 373	909		949		2 380	301	166	344	1 450	2 926	7 726	320
1993	20 826	13 718	3 555		1 096		1 490	124	81	762	2 255	4 682	11 278	2 611
合计	370 913	197 278	59 752	2 553	16 059	1 933	14 655	1 409	11 554	65 720	70 023	246 109	54 781	

说明:1. "其他"主要包括:落实政策收回、复员改转业、开除留用重新分配工作、停薪留职人员复职、招收录用闲散科技人员等;

2. 1987年始统计聘用干部(含机关、企事业单位),1993年全省非国家干部身份选聘人员63 050人;

3. 本表根据干部统计年报综合整理。

(第二篇第二章《人员计划及考试录用》,第90—91页)

1988年在干部结构调整工作中,通过全省统一考试办法,从待业知青和在职工人中具有大专以上文化程度的政法、财经专业毕业生中吸收录用干部3 695人,分别充实到公安系统800人,检察院系统220人,法院系统409人,司法系统435人,劳改劳教部门150人,工商系统400人,税务系统744人,审计系统187人,工商银行150人,建设银行200人。

(第二篇第二章《人员计划及考试录用》,第95页)

《安徽省志·农业志》

安徽省地方志编纂委员会编,方志出版社1998年

1969年以后,提倡城镇知识青年上山下乡,其中有一部分被分配到农林牧场插场劳动。1973年12月,国家计划委员会在编制职工人数计划说明中指出:"生产建设兵团和农林牧副渔场安置的城镇知识青年和各场自然增长的劳动力按年报实际数照列,国家认帐。"为解决农林牧场劳力不足,原有职工年龄普遍老化,接班乏人,以及职工子女的出路问题,根据上述精神和生产实际需要,1974年4月省农林局报省革命委员会生产指挥组批准,同意对户

口、粮、油关系在场的职工子女年满 17 周岁,不能继续升学,身体健康能参加体力劳动的,由职工所在单位报上一级农林主管部门在省统一安排的指标内批准安置当农林工。1975 年安徽省计划委员会劳字(75)128 号关于补充 1975 年职工自然减员的通知:"国营农林牧渔场职工子女经过批准已可以留场当农工,因此,职工自然减员指标不予另外补充,也不得挪作他用。"1976 年省计划委员会综字(76)212 号关于试行亦工亦农用工制度的通知:"国营农林牧渔场不宜实行亦工亦农劳动制度"。因此,农林牧场的劳力来源除城镇下放插场知识青年外,主要靠自然增长补充。1977 年安徽省劳动局和知识青年上山下乡办公室关于下达农垦、农林系统所属农林牧场接收城镇知识青年和安置场内职工子女指标的通知,明确规定农林牧场接收城镇知识青年插场和留场安置的职工子女,其政治、经济待遇(包括计划商品供应)一律按所在场固定职工现行规定执行。1979 年机构体制变更,林场归属林业厅。同年,省劳动局通知安排农牧场农工劳动指标 1 700 人,1980 年安排 900 人。

(第八篇第二章《专业场》,第 660—661 页)

《安徽省志·农垦志》

安徽省地方志编纂委员会编,方志出版社 1997 年

  1969 年 1 月 21 日,中共中央批示同意组建安徽生产建设兵团。在省革命委员会领导下,省军区与省农垦厅联合成立兵团筹备组。经过 7 个多月的筹备,在原有 31 个农林茶场基础上,组建安徽生产建设兵团,于 1969 年 9 月 17 日在合肥正式成立。

(第一篇第三章《建国后安徽农垦》,第 54 页)

  生产建设兵团面临的问题。1968 年 12 月,毛泽东发出"知识青年到农村去接受贫下中农再教育"的号召,全国掀起了知识青年上山下乡的高潮。兵团从 1970 年起到 1975 年先后共接收上海和省内城镇的初、高中毕业学生 3 万多人。这些知识青年大部分被分配到各团场,与职工一起生活、劳动,经受了艰苦生活、紧张劳动和复杂斗争的锻炼,不断成长为兵团建设中一支重要力量。他们当中的 300 多人加入了中国共产党,7 000 多人加入了共产主义青年团,600 多人担任了排以上干部职务。有相当数量的知识青年当了司务长、会计、技术员、卫生员和拖拉机手等。

(第一篇第三章《建国后安徽农垦》,第 55 页)

  生产建设兵团时期的生产建设。从 1969 年兵团组建到 1975 年 8 月兵团撤销,经历 7 年时间。在此期间,兵团全体官兵和农垦广大干部、工人及数万名下放知识青年,在极其困难的条件下,排除"左"的干扰,使农垦事业在曲折的道路上继续前进,工农业生产和基本建设均取得一定成绩。

(第一篇第三章《建国后安徽农垦》,第 58 页)

因此,从 1972 年开始,起用了一批科技人员,又从知识青年和老职工中培训一批连队技术员……为农业生产特别是解决水稻生产上的难题,做出了一定成绩。

(第一篇第三章《建国后安徽农垦》,第 59 页)

1975 年 6 月 5 日,国务院和中央军委批准撤销安徽生产建设兵团;6 月 17 日中共安徽省委印发〔1957〕30 号文件批转了兵团党委《关于做好撤销兵团移交工作的报告》,指出:"兵团撤销后,省革命委员会决定成立省农垦局领导国营农场"。

(第一篇第三章《建国后安徽农垦》,第 60 页)

1975 年 9 月 9 日,省农垦局给省革委会的报告中称:接管原兵团 29 个农场,1 个总场,1 个医院(原三师医院)共 31 个单位,职工 8 万多人,总人口 17 万多人,土地面积 70 万亩。据 1975 年农场建制和人员分类统计:共有连队 462 个,其中农业连队 342 个;总人口170 816 人、其中职工 74 636 人、知识青年 27 609 人、家属 72 054 人、就业人员 24 162 人,实际总人口达到 198 461 人。 (第一篇第三章《建国后安徽农垦》,第 60—61 页)

50 年代末至 60 年代,接收安置了上海及安徽城镇下放知识青年和厂矿企业精简的职工及闲散人员,先后接收安置城镇知识青年达 2.2 万余人和 5 000 余名复员退伍军人。1978 年以后,城镇知识青年大批回城,根据生产发展需要,经省劳动部门批准,有条件、有计划地吸收安置农垦系统内职工子女和户口在场的适龄家属为农场工人。截至 1990 年底止,农垦系统总人口 12.91 万人,离退休人员 1.8 万人,在册职工人数为 7.13 万人。其中"以场带队"的职工 8 千余人,占 11.7%;复员退伍军人 3 千余人,占 4.4%;城镇知青和城镇精简职工仍留在场工作的 2 千余人,占 2.9%;农场职工子女和职工配偶安置就业的 5.2 万人,占75.8%;大中专毕业生 2 500 人,占 3.6%;其他来源 1 000 人,占 1.4%。 (第六篇第五章《劳动管理》,第 312 页)

1979 年 9 月 29 日,省农垦局会同省劳动局、省公安厅等厅局制定《关于同国营农林四场下乡知识青年结婚的场外青年到农场落户,以及符合条件可以吸收为农场职工等有关问题的通知》。认真贯彻执行中央(1978)74 号文件关于"切实解决在农场的下乡知识青年的婚姻和安家问题,同场外青年结婚的,允许对方到农场落户,符合条件的吸收为职工"。

(第六篇第五章《劳动管理》,第 314 页)

〔郑培志烈士〕

郑培志(1951 年 10 月—1970 年 8 月 29 日),女,上海市人。1970 年 4 月 3 日,作为上海知识青年下放到安徽生产建设兵团 3 师 11 团 5 连(华阳河农场二场五队);8 月 29 日清晨,她在水塘边发现一位女战友滑入了水中,在这千钧一发之际,郑培志完全没有意识到自己不会游泳,只想到抢救战友,使足全身力气猛向水中扑去……战友得救了,她却英勇地献出了19岁的生命。一个舍己救人的英雄名字在农垦战线到处传颂。兵团党委追认她为中共党员,省革委会批准为革命烈士,《安徽日报》登载了长篇文章"每分钟不向党交白卷"。

〔黄观顺烈士〕

黄观顺(1952—1972年7月7日),女,上海市人。1970年3月,作为上海知识青年下放到安徽生产建设兵团1师4团1营(焦岗湖农场),担任1连副排长。1971年9月,加入中国共产党。1972年7月7日,为抢救落水战友英勇献身。1师党委决定追记二等功,兵团党委决定追记一等功。1975年2月6日,安徽省革命委员会追认为革命烈士。

(第六篇第十章《农垦工会与民主管理》,第365页)

《安徽省志·财政志》

安徽省地方志编纂委员会编,方志出版社1998年

安徽省其他支出统计表

(1951—1989年) 单位:万元

年 份	合 计	民兵建设费	人民防空经费	支援不发达地区发展资金	少数民族地区补助费	"五七"干校和干部下乡知青插队经费	其他部门事业费	其他支出
				......				
1969	6 164	—	—	—	—	5 530	—	634
1970	5 778	—	—	—	—	5 002	—	776
1971	4 398	261	220	—	—	3 620	—	297
1972	4 828	—	1 083	—	—	2 669	11	1 065
1973	5 446	—	1 063	—	8	3 693	18	664
1974	10 126	2 379	774	—	—	5 149	74	1 780
1975	8 469	2 359	901	—	14	3 374	156	1 665
1976	8 463	2 387	1 250	—	13	3 877	175	761
1977	8 134	1 851	1 595	—	14	3 424	278	972
1978	7 431	2 374	1 335	—	18	1 224	355	2 125
1979	8 028	2 410	1 477	—	36	661	1 300	2 144
1980	7 126	552	354	360	41	1 753	2 273	1 793
1981	7 433	440	280	308	40	1 833	2 749	1 783
1982	11 330	460	232	589	49	2 449	3 970	3 581
1983	13 064	460	301	973	56	1 696	6 016	3 562
1984	20 726	535	357	1 777	74	2 074	8 054	7 855
1985	25 501	608	—	962	75	840	11 455	11 498
1986	36 956	541	—	2 302	66	806	16 181	17 060
1987	44 191	601	—	2 612	82	534	20 458	19 904
1988	42 718	513	—	2 692	65	429	20 023	18 996
1989	59 394	550	—	2 783	107	380	23 506	32 068

(第二篇第六章《其他支出》,第282—283页)

城镇知识青年就业经费,在"文化大革命"期间称"城镇知识青年上山下乡经费",是国家为了下放城镇知识青年而建立的专项补助费。1980年,城镇知识青年停止上山下乡,改称为"城镇青年就业补助费"。

城镇知识青年上山下乡经费,是由中央财政安排的支出,于每年年末按实际下乡人数和补助标准结报。省对各地也是实行专款专用,按实结报的办法。补助标准:下放江北地区每人500元,江南地区每人480元,后分别改为600元和580元。其中:建房及三具费①,每人350元,主要用于建筑、维修房屋、购置农具、炊具、家具等;生活补助费,江北地区每人180元,江南地区每人160元;学习费和医药费,每人各20元;其他费用每人15元。1976年起,又增加一项知青工作业务费,主要用于以知青为主的专业会议、宣传教育和培训费。从1967年起到1979年止,安徽共安置上山下乡城镇知青68.05万人(其中接收外省15.1万人),共用去经费26 958万元,每人平均396元。少于每人补助标准的原因,是后期下乡的知青利用前期下乡已回城知青的住房所节约的建房费。

城镇青年就业补助费(包括劳动服务公司补助费),1979年,中共安徽省委决定从全省城镇知识青年上山下乡经费中拿出800万元,作为扶持生产的资金,以无息贷款的形式,安置待业青年兴办集体生产企业和服务行业。1980年,城镇知青停止上山下乡,为了帮助城镇待业青年就业,国家将城镇知识青年上山下乡经费,改为城镇青年就业经费。当年正逢财政实行"划分收支,分级包干"的新体制,知青经费列入地方财政包干基数,由地方根据实际情况进行安排。此后,中央还陆续补助安徽以安置知青就业为主的劳动服务公司补助费共2 885万元。城镇知青就业经费的开支范围,包括扶持生产资金、安置费、就业训练费、业务费和其他费用5项。扶持生产资金,用于扶持和兴办为城镇青年就业举办各种独立核算的集体企业、知青厂(场)队、知青农工商联合企业生产和经营所必需的周转金;安置费,用于安置城镇待业青年到农村生产就业的补助和下乡知青的遗留问题;就业训练费,是组织城镇青年就业前的技术训练补助费;业务费,是劳动部门为开展城镇待业青年就业工作所需要的业务费用。1979年到1989年,全省共支出就业经费12 758.4万元,其中用于扶持生产资金期末实有可周转资金4 071.8万元。共安置城镇待业青年190.1万人,1989年底止,在劳动服务集体企业就业的人员有65.5万人。　　(第三篇第八章《农业财务管理》,第422—423页)

《安徽省志·广播电视志》

安徽省地方志编纂委员会编,方志出版社1997年

70年代省电台还从淮北、淮南农村选调了一批下乡或回乡知识青年进行短期培训,分别

---

① "三具费"指购置农具、炊具、家具的经费。——原书注

安排到广播宣传和技术部门工作。 （第一篇第三章《市（地）、县（市）人民广播电台》，第 73 页）

《安徽省志·卫生志》

安徽省地方志编纂委员会编，安徽人民出版社 1996 年

"文化大革命"中，全省护校（卫校）停止招生 6 年，加之，大批有经验的护士转为医师或改做其他工作，护理工作人员严重缺乏。为此，全省以招收工人形式，收录多批具有初中以上文化程度的下放知青，主要由招工医院进行短时间培训，即进入护理工作岗位，至 1977 年，全省计招收录用 6 777 人，占当时护理人员总数的 1/3 以上。

（第一篇第十章《护理》，第 110—111 页）

1970 年后，由于城市卫生人员大批下放农村，各级医院护理人员严重缺乏，以招工形式招收知识青年至医院工作。 （第八篇第四章《其它形式医学教育》，第 477 页）

《安徽省志·附录》

安徽省地方志编纂委员会编，方志出版社 1998 年

安徽省革命委员会文件

生字〔68〕232 号

最 高 指 示

中国广大的革命知识分子应该觉悟到将自己和农民结合起来的必要。

节省每一个铜板为着战争和革命事业，为着我们的经济建设，是我们的会计制度的原则。

关于动员城镇知识青年和闲散劳动力下乡上山问题的通知

在全面落实伟大领袖毛主席一系列最新指示和党的八届扩大的十二中全会公报的鼓舞下，我省不少城镇知识青年和其他人员纷纷要求下乡上山，坚决走工农结合的道路。为此，省革命委员会决定：对现在城镇的知识青年和闲散劳动力，在今冬明春分期分批动员去农村插队落户，充实农业第一线，建设社会主义的新农村。现将有关问题通知如下：

一、高举毛泽东思想伟大红旗，以阶级斗争为纲，以党的八届扩大的十二中全会公报为动力，突出无产阶级政治，大力宣传毛主席有关知识青年和其他人员下乡上山与工农相结合的教导，宣传下乡上山的正确方向和伟大意义，彻底批判大叛徒、大内奸、大工贼刘少奇及其在我省代理人李葆华、黄岩之流在下乡上山工作上推行的反革命修正主义路线。对散布流

言蜚语,妄图破坏城镇知识青年和其他人员下乡上山的阶级敌人,要予以打击。对来自旧社会习惯势力和非无产阶级思想的干挠,要积极开展思想政治斗争。把思想工作做深、做细,使人人都来支持下乡上山的革命行动。

二、坚持"面向农村"的正确方向,将现在城镇的知识青年和有劳动能力的闲散人员,按单身或成户分期分批动员去农村插队。插队地区的划分,合肥市的去阜阳专区,淮南市的去六安专区,蚌埠、濉溪市的去宿县专区,马鞍山市的去徽州专区,铜陵特区的去池州专区,各专区所属市、县在本专区内插队。对个别下乡上山人员要求回原籍农村插队的,应给予照顾。城镇下乡上山人员的情况,应由动员地区填写简明登记表交接收地区掌握,以利更好地做好安置工作。

各专、市今冬明春城镇知识青年和闲散劳动力下乡上山的计划,应迅速汇总报省革委会生产指挥组,以便核算经费、物资。

三、坚决贯彻毛主席"要节约闹革命"和"勤俭建国"的伟大方针,少花钱多办事,在经费开支和物资供应方面,既要注意节约,又要积极支持。安置经费定额(包括建房、生活补助、小农具、家具购置、旅运费等),凡到徽州、池州、芜湖、巢湖、安庆专区、马鞍山市和铜陵特区(简称南方)农村插队的单身每人二百三十元,成户的每人一百六十元。到阜阳、宿县、滁县、六安专区和合肥、淮南、蚌埠、濉溪市及长丰县(简称北方)农村插队的单身每人二百五十元,成户的每人一百八十元。

经费的使用,动员地区用于插队人员的旅运费和临时救济费每人不得超过十五元。开支后的所有经费应该给接收地区,接收地区落实到社、队的经费,单身的南方不少于二百一十元,北方不少于二百三十元;成户的南方不少于一百四十元,北方不少于一百六十元。经费指标由省按各地安置计划拨给动员地区,跨地区插队的安置经费,由动员地区直接汇给接收地区。

粮油供应和建房木材,按省革委会一九六八年九月七日"关于贯彻《国务院关于停办农垦学校问题的批复》的通知"中有关规定执行。

棉布、棉花去南方插队的单身每人补助布票六市尺,蚊帐布三十二市尺(折发布票四市尺),棉花一市斤;成户的每人补助布票三市尺,蚊帐布十六市尺(折发布票二市尺),棉花半市斤。去北方插队的单身每人补助布票八市尺,蚊帐布十六市尺(折发布票二市尺),棉花二市斤,成户的每人补助布票四市尺,蚊帐布八市尺(折发布票一市尺),棉花一市斤。所需用布指标由省拨给动员地区统一使用,不要平均分配,节余部分应全部交接收地区。棉花由动员地区从当地民用絮棉中安排供应,指标同省结算。

对回原籍农村有家可归的人员,原则上不给安置费和上述物资,个别确有困难的,可适当补助,但经费的补助一般不得超过五十元。回家后的粮油供应,由所在生产队安排,个别确有困难的,可参照其他下乡上山人员的标准,经公社批准,由粮食部门安排供应。

四、切实加强领导。各级革命委员会要把动员城镇知识青年和其他人员下乡上山工作,当作一项重大政治任务,列入当前工作的重要议事日程,统一部署安排,经常检查督促,把这项工作认真抓好,除指定专人分管外,各级主要负责同志要亲自指导。各有关部门和街道居民要紧密配合。同时,要认真做好安置地区社队干部和贫下中农的思想工作,热情欢迎城镇下乡上山人员到农村安家落户,帮助他们解决生产、生活上的实际困难,使到农村安家落户的人员在农村三大革命运动中更好地贡献自己的力量。

安徽省革命委员会

一九六八年十二月二日

(《中华人民共和国成立后》,第233—234页)

《安徽工商税收志》

安徽省人民政府税务局编,黄山书社1991年

对下放知青兴办企业的免税

为了集中安置城市上山下乡知识青年而在农村举办的知青场、队,不分原有、新办,一律自1979年1月起至1985年底止,免征工商税和所得税。以安置城市上山下乡知青为主而举办的生产基地,凡是独立核算、知青人数占60%以上的,比照免税。1981年4月1日起,对城镇上山下乡知青在农村或城镇郊区所办的场(厂)、队,以及林区知青办的集体所有制企业除生产烟、酒、糖、棉纱、手表等高税率产品和他们设在城镇的商业、服务业和生产的烟叶、茶叶不交售商业收购单位而自行销售的,照章缴纳工商税和所得税外,生产其他产品和经营业务收入,继续免征工商税和所得税到1985年底。从1986年1月起,按社、队企业的纳税规定办理,不再特殊照顾。

(第四篇第二章《税收种类》,第425页)

《安徽省公路志》

安徽省公路史志编审委员会编,黄山书社2004年

70年代后又招收和录用下乡知青、离退休职工子女、农村社队农民代表工,全省公路职工队伍不断发展扩大,职工政治和文化素质也逐步得到提高。

(第七章《机构与队伍》,第760页)

1973年重办交通学校,特别是1977年恢复考试制度后,又继续为公路部门输送了新生力量。在70年代,全省公路部门招收部分下乡知青并接收和安置部分转业退伍军人,同时吸收8 280名农民代表工参加公路养护,职工队伍力量进一步加强。

(第七章《机构与队伍》,第786页)

《安徽省劳改工作专业志》

安徽省劳改局专业志编纂委员会编，(内部刊行)1997 年

是年(1970 年)，省革委会发出(70)68 号文件，决定把全省 24 个劳改单位大部分交给生产建设兵团和地方经营。到 12 月共计交出劳改单位 15 个，交出犯人 4 400 名，移交固定资产 4 600 多万元。　　　　　　　　　　　　　　　　　　　　(《大事记》，第 13 页)

(1971 年)12 月，全省劳改系统从复退军人、大专院校毕业生和下放知青中吸收新干部 550 人。　　　　　　　　　　　　　　　　　　　　　　　　　　(《大事记》，第 13 页)

安徽省历年建立的主要劳改农业单位一览表①

(1951—1985)

单位名称	场　址	土地面积(亩)	隶属关系	建场时间	撤交时间	备　注
白湖农场	庐江县塘串河	202 099	省属	1953		东大圩 1969 年交军垦，1975 年收回，现继续经营
砀山果园场	砀山县大徐庄	17 000	省属	1955	1970	交兵团接办
九成坂农场	宿松县望江县	53 797	省属	1957		1970 年交兵团，1983 年收回，现继续经营

(《附录·有关资料》，第 289 页)

《合肥市志》

合肥市地方志编纂委员会编，安徽人民出版社 1999 年

(1969 年)1 月 18 日，省暨合肥市军民 10 万人集会，欢送全市首批知识青年上山下乡。
　　　　　　　　　　　　　　　　　　　　　　　　　　　　　(《大事记》，第 53 页)

1967—1969 年，受"文革"影响，知识青年上山下乡、干部下放，人口迁出又多于迁入，减少 51 993 人。　　　　　　　　　　　　　(卷二第一章《人口变动》，第 130 页)

---

① 本表内容为节选。——编者注

城市人口上山下乡

……1968年10月至1969年,合肥市开展大规模上山下乡运动。合肥市共动员城市人口44 788人上山下乡,占全市总人口的13%。其中:1966—1968年三届中小学毕业生16 662人,中学下迁8 300人,医院下放144人,干部下放2 320人,随带家属1 414人,居民和社会青年下放1 538人,无户口人员下放回原籍2 876人,其他105人;大专院校下农村参加斗批改11 000人。1971年9月,市革委会规定,凡年满16周岁,无严重慢性病或明显残疾、有一定劳动能力的知识青年和社会青年为上山下乡对象。

1976年1月,市革委会决定城镇下放居民工作由民政部门负责管理,设立隶属市民政局的城镇居民上山下乡办公室,各级革委会有一个负责人分管。1977年3月,市革委会做出决定:户口在城镇的职工家属,原由职工所在单位负责动员办理下放手续的,仍由原单位负责;原属无固定职业的街道闲散人口,由区和街道动员下放的,仍由区负责;社会闲散劳动力、单身插队人员、下放时年满25周岁以上、没有文化的成年劳动力,属于下放居民,由城镇居民上山下乡办公室负责;不满25周岁以下的社会知识青年,属于下放知青范围,由知青办负责;城镇居民下放时随带的初中肄业或毕业子女,视同上山下乡知识青年。1978年11月,市革委会决定知识青年不再上山下乡,通过各种渠道安排在城市就业,并将知识青年上山下乡办公室改为安置办公室。

待业人员安置

1978年12月,市革委会成立待业人员安置领导小组,并筹建合肥市劳动服务公司(隶属市劳动局),具体负责待业人员安置和就业管理调配。同时决定大力发展集体所有制事业,安置城镇待业人员。要求:1.各级、各部门、各企事业单位落实发展集体所有制企业措施。计划、工交、基建、财贸等部门所属企事业把能交给集体生产服务单位办的生产、生活项目交给集体生产服务单位办,并从资金、产销渠道、业务技术、设备等方面给予支持。工商企业外加工的产品尽可能给生产服务单位就地加工;2.集体所有制企事业单位安置对象为本地区、本系统留城知识青年、待业青年和有户口有劳动能力的街道闲散人员。3.城镇待业人员向所在地区劳动管理部门登记,经审查符合条件的,发给劳动卡,凭卡安置;4.压缩计划外用工,任何单位使用社会劳动力,一律经劳动管理部门批准调配。1979年9月,合肥市劳动服务公司成立。市革委会赋予其主要任务是:安置社会待业人员和确定统筹安排的待业人员,组织待业人员从事生产生活服务事业,开展专业技术训练工作。11月,市革委会决定:1978年以前待业知识青年安置,继续执行对口安置办法,并实行省、市党政机关和驻军单位系统对口挂钩的统筹安置办法。

1980年,合肥市需要安置的待业青年约2万人。市政府采取的安置办法主要是:1.省下达合肥地区全民所有制单位增人指标4 324人,招工对象为1979年以前未婚城镇下放知识青年、城镇待业青年、1980年应届高中、初中毕业生和1977年以前外省、市下放长丰县、郊区的未婚青年。在农村结婚的下放知青,按照就地就近原则,拨给专项指标,由长丰县和郊区酌情吸收一部分;2.成立待业青年安置办公室,建立待业青年安置工作办公会议制度,由市计委牵头,各有关部门参加研究待业青年安置工作;3.整顿知青集体企业,对有发展前途的知青企业可转为大集体所有制;4.制定有关政策,尊重和维护知青集体企业所有权、自主权、经营权。待业青年从批准参加集体企业之日起计算连续工龄。知青集体企业生产所需原材料、设备,能纳入国家计划的纳入计划供应,允许原材料自行采购,产品自销。文教、科技、卫生部门帮助知青集体托儿所、幼儿园、图书室、医疗单位统筹培训技术、管理人员,经过考核合格,授予职称。工厂企业兴办的集体厂、分厂、车间、商店,可按计委核定指标,随批随招,主办局可按60%比例在系统内招收。已婚知青可自行集资办厂、办社、开店,可自谋职业,有关部门大力扶持。收回城市已婚知识青年人数10人以下单位由收回单位安置;安置不了的,由有关单位和劳动局酌情安置到知青企业、街道企业或做临时工。招收未婚下放青年,年龄放宽到30周岁。

1983年8月,市政府发布《合肥市城镇待业人员登记管理试行办法》。规定安置工作以条为主,条块结合。1979—1985年,全市先后成立各种劳动服务公司203个,兴办集体企业(厂、店、组)1 616个,安置就业12万人次,较好地解决了城市待业青年和上山下乡回城知青的就业问题。　　　　　　　　　　　　(卷十九第二章《重要政事》,第1966—1968页)

1973年1—11月,市革委会信访小组受理群众给中央、省委的人民来信1 326件,直接给市委、市革委会的人民来信2 004件,来访1 140人次。在以上4 470件次人民来信来访中,检举揭发干部作风、违反政策等方面问题的752件;要求解决工作和调动问题的748件;要求解决转正定级以及工资福利方面问题的376件;民事纠纷的340件;要求解决入户问题的200件;属于知识青年上山下乡方面问题170件;要求解决生活困难问题的98件;属于反映工农业生产方面问题的51件;其他方面问题331件。上述来信来访,到同年11月底已办结90%。……

1978年,合肥市开始全面纠正1957年以后"左"的错误,落实新时期各项政策,随之人民来信来访大增。是年,信访案件由上年的5 631件增至21 842件。主要信访内容一是下放知识青年和居民要求回城,恢复城市户口和安置工作;二是在1957年以后受过处理的人要求对处理进行复查,落实政策。　　(卷十九第五章《人民来信来访工作》,第1989页)

1960年1月至1966年5月,市政协组织委员参加协商地方事务,组织党外人士参加城乡"四清"运动,动员和组织城市知识青年上山下乡、"推行半工(农)半读教育制度"、"提高城镇粮食统销价格"等,都发挥了积极作用。　　(卷二十第二章《重要工作》,第2004页)

1966—1976年,全市待业青年年年增加。其原因是:学制缩短,中学生提前进入社会。1966—1970年4年,合肥市既没有招工,又不准高等学校从高中毕业生中直接招生,以致在10年中合肥市不得不动员1.89万人上山下乡,离开城市。

党的十一届三中全会以后,上山下乡的知识青年大多回到城市,安置工作任务繁重。市劳动部门根据中共中央、国务院《关于广开门路,搞活经济,解决城镇就业问题若干决定》的精神,调动社会各方面的积极性,在1979—1985年期间,全市先后共成立各级劳动服务公司203所,兴办集体企业(厂、店、组)1 616个,安置待业人员就业达12万人次。

(卷二十一第二章《劳动工资》,第2038页)

(1973年)10月,市安置领导小组决定:由农村参军的下放知识青年,退伍后主要安置在农村,自愿回原下放社队的,由市安置办协同社队妥善安置;如社队有困难,可安置到农、林、牧、渔场;要求到煤矿并符合条件的可分配任采煤工;家庭特殊困难的,可就近安排到集体单位工作。

(卷二十四第五章《安置》,第2292页)

1968年10月,毛泽东主席号召"广大干部下放劳动"、"知识青年到农村去,接受贫下中农的再教育"。合肥市革委会成立支援农业社会主义建设办公室,开始组织大批干部、城市居民、知识青年上山下乡。翌年元月,市革委会规定:下放职工,其家属无固定工作者,随同职工下乡;职工留在城镇,其家属有劳动能力,可动员家属下乡落户;合同工无论期满与否,工作不需要即行辞退,辞退后动员下乡;小摊贩、社会青年、1966—1968年三届毕业生及其他无户口人员一并动员下乡。

(卷二十四第五章《安置》,第2298页)

其后数年,为适应教育事业发展的需要,又采取多种办法,通过多种途径吸收中学教师,有由高等院校毕业的,有由机关干部转业的,有选拔小学教师的,有外地调来的,有的系黄麓师范学校毕业生,有的为上海知识青年,有经过中学教师训练班培训的,有毕业于工农速成中学的。

(卷二十六第一章《教育行政》,第2544页)

《合肥市郊区志》

合肥市郊区地方志编纂委员会编纂,中国城市出版社1991年

1986年劳动服务公司扶持新办知青企业18个,安置待业人员191人,解决农村多余劳动力1 600人,前后举办两期待业培训班,6年(1981—1986年)共拨出扶持资金142 200元。1986年,郊区全民所有制职工总数507人,集体所有制职工总数1 772人,全年所发工资分别为62.93万元和184.9万元。1963年至1978年,郊区共接受城市知青(包括部分社会青年)4 090人到农村插队落户。自1974年始,对下放于郊区各人民公社、生产大队的知青进行统筹安排,并根据社员评议,分期分批上调,至1981年底,全区知青均迁出农村,于1984年底全部得到安置,其中招收为全民和集体所有制工人的2 710人,收回原地区安置的837人,应征入伍的232人,考入大、中专院校的206人,因病和非正常死亡的8人。

(第十一章《民政劳动》,第197页)

《长丰县志》

安徽省长丰县地方志编纂委员会编,中国文史出版社1991年

是年(1968年),首批接收安置县内外上山下乡知识青年4 475人,到农村接受贫下中农"再教育"。

(《大事记》,第22页)

机械变动,主要的为城市知识青年下放、军人复员、转业、企事业单位招工、招干(包括职工调入)和外地妇女嫁入本县等迁入;知青回城、征兵、升学、职工调出等迁出。由于本县是新建县,各项事业发展需要人员,总的趋势是迁入大于迁出,历年增长率保持在1—3‰左右,只有1976年因知青回城和征兵等迁出数量较大,增长率为"0"。1979年底和1980年初铁道部第四工程局的职工进入县境施工,人口迁入量大,增长率高达6.57‰和7.28‰。另外,农业实行承包责任制后,农民生活改善,嫁入县境的外地妇女数增加。

(卷二第一章《人口状况》,第68页)

1970年至1979年,干部、职工队伍补员,主要从复退军人、知青(高、初中毕业生称知识青年,简称"知青",下同)、农村大队干部中选拔招收和从推荐入学的大中专毕业生(又称"工农兵"学员)中充实。招收的下放知青,必须是政治思想和劳动表现好,家庭和本人历史清白、在农村锻炼二年以上、年龄在16至25周岁的未婚者,经贫下中农推荐,公社、镇初审定员,经体检、政审后,报县审批;招收留城知青,条件与下乡知青基本相同,由街道或父母所在单位评议推荐,主管部门或所在社、镇审查,报县审批;招收的农村基层干部要求本人和家庭政治历史清白,思想品德高尚,有一定的领导和组织才能,工作成绩突出,经社、镇广泛征求党内外群众意见后推荐,由县组织人事部门考核录用。　(卷十六第一章《劳动》,第467页)

自1979年起,下放在农村的知青陆续回城待业,加上新增加的待业人员,年底全县城镇共有待业青年2 783人,就业矛盾十分突出。1980年,根据中央"在国家统筹规划和指导下,实行劳动部门介绍、自愿和自谋职业"三结合的就业方针,县兴办集体企业21个,个体经营15户,使234人得到安置。1981年,为加强对待业人员安置工作的领导,县成立安置待业青年领导组(1984年改为县城镇劳动就业领导小组,下设办公室),采取"条块结合,以条为主,统筹解决"的办法,全年共安置1 804人就业。

(卷十六第一章《劳动》,第467页)

第六节　知识青年上山下乡

1968年,城镇的高、初中毕业生,除独生子女和病残者外,全部下放到农村插队落户。当年,接收并安置县内外知识青年4 475人。为适应知青上山下乡工作的需要,县于1969

年1月成立了"长丰县知识青年上山下乡领导小组",1973年春,领导小组下设办公室。同时,各公社(镇)成立"五·七"小组,负责知青的接收、安置、生产、生活等具体工作。到1978年,11年中共接收上海、合肥、淮南等城镇和本县的知青17 746人。先后将其分成1 088个插队小组(单身插队的有246人),安置在420个生产大队、1 148个生产队从事农业生产劳动。此外,还建立了7个知青为主的农(林)场和14个知青生产队。知青小组和单身插队的知青,由所在生产队统一评工记分,参加生产劳动和收益分配。安置在农(林)场和知青队的,当地政府选派有丰富生产经验和领导才能的人担任场(队)长。场(队)进行单独核算,所得收入除留部分公积金外,全部用于分配,国家还给予免交征购的照顾。

为了解决知青插队落户的生产、生活、住宿等问题,国家下拨了专项经费和物资。1968年至1983年的16年中,共用去知青专项经费5 181 718元。其中,生活费1 642 266元,农具费137 779元,家具费344 767元,困难补助费112 293元,建房费2 178 069元,其它费用766 544元。共用木材1 926.4立方米,砖1 215万块,瓦97.2万片,建房6 000多间。

根据中共中央(1978)74号文件和《全国知识青年上山下乡工作会议纪要》有关"调整政策,进一步缩小上山下乡的范围,有条件的城市也可不再动员上山下乡"的指示精神,县自1979年起结束了知识青年上山下乡工作。1980年,原上山下乡知青大部分回城,其住房、家具、农具、用具等由县进行变价处理。无偿移交给公社房屋408间,价值128 696元;清理出售5 733间,价值854 206元;部分农具、家具、用具等无偿移交给所在公社,价值9 603元,折价变卖收入54 515元。各项折价变卖共收908 721元,其中:公社留成272 617元,区留成135 726元、上交县500 378元(包括教育系统占用房屋1 602间,价值391 373元)。

知识青年在农村经过一段时间的劳动锻炼后,经贫下中农推荐、地方党委研究决定,有关单位择优录用,即可离开农村回城工作。县开展此项工作始于1970年,当年离乡的有3 721人,其中,招工3 139人、招生300人、按政策回城的78人。到1983年,除因病和意外事故死亡的25人外,下放在本县的知识青年(包括已婚者)的户口全部迁回城镇,并得到了不同形式的安置。

历年知识青年下放和回收情况统计表

年度	下放人数	回收人数	去 向					
			招工	招生	征兵	回城	转点	死亡
1968	4 475	/	/	/	/	/	/	/
1969	389	/	/	/	/	/	/	/
1970	1 767	3 721	3 139	300	197	78	/	7
1971	1 823	164	75	49	32	5	/	3
1972	202	1 055	967	32	43	9	/	4
1973	2 044	206	145	41	4	14	/	2

年度\项目\人数	下放人数	回收人数	去向					
			招工	招生	征兵	回城	转点	死亡
1974	768	365	265	56	7	35		2
1975	756	2 050	1 433	181	5	48	/	3
1976	2 655	1 249	1 080	94	9	66	/	/
1977	2 771	983	820	78	12	73	/	/
1978	96	1 578	928	245	246	110	46	3
1979	/	2 710	894	90	34	1 676	16	/
1980	/	3 140	2 288	/	/	849	2	1
1981		521	154	/	/	367	/	/
1982	/	1	/	/	/	/	1	/
1983	/	3	/	/	/	3	/	/
合计	17 746	17 746	12 188	1 166	589	3 712	65	25

（卷十六第一章《劳动》，第 481—482 页）

《淮北市志》

安徽省淮北市地方志编纂委员会编，方志出版社 1999 年

（1968 年）12 月 21 日，濉溪市革命委员会发出《关于知识青年到农村安家落户，接受贫下中农再教育的通知》，随即将 1966、1967、1968 年 3 届高、初中毕业生下放农村。

（《大事记》，第 28 页）

（1972 年）1 月 30 日，淮北市自 1968 年 10 月以来，共动员和接收下放干部、知识青年和城镇居民 5 533 人，下拨安置经费 38.895 万元。 （《大事记》，第 31 页）

（1975 年）3 月 10 日，淮北市首批 1 500 名应届（工农兵）大学毕业生奔赴农村，插队落户。

（《大事记》，第 32 页）

1970 年初中毕业生 432 人，下放知识青年 1 294 人，……市职工子弟下放在濉溪县的知识青年 100 人。 （第二十二篇第二章《劳动就业》，第 829 页）

第三节　知识青年下放与安置
一、知识青年下放

1968 年 12 月，市革命委员会发出《关于知识青年到农村去安家落户，接受贫下中农再教育的通知》，全市 1966 年、1967 年、1968 年 3 届初中、高中毕业生 1 254 人下放到市郊区 5 个公社。1969 年，社会青年下放到濉溪县，第一批 121 人，第二批 138 人，第三批 120 人，第四批 80 人。1970 年，下放到濉溪县的知识青年有 73 人。

1970 至 1971 年，上海市知识青年下放到市郊区 5 个公社、干校、林场。1970 年 12 月 8 日，第一批 325 人；1970 年 12 月 25 日，第二批 275 人；1971 年 1 月 5 日，第三批 119 人；1971 年 3 月 2 日，第四批 127 人；1971 年 3 月 27 日，第五批 186 人；1971 年 4 月 20 日，第六批 158 人；1971 年 5 月 10 日，第七批 125 人；1971 年 6 月 1 日，第八批 63 人，总计 1 376 人。1968 至 1972 年，全市下放知识青年 2 387 人。

1973 年，应届高中、初中毕业生 653 人到市郊区 5 个公社插队落户。1974 年，2 745 名知识青年下放到市郊区 5 个公社。1975 年，根据"统筹解决"的批示和中央、省委的有关规定，凡年满 17 周岁，系城镇户口的高中毕业生和未升高中的初中毕业生；历届中学毕业生以及中途退学离校的中学生，都应动员上山下乡。对于应该上山下乡的知识青年，凡没有下乡的，不得招工招生在城市安排工作，下乡青年除回原籍农村者外，都应服从分配。1975 年，全市高中、初中毕业生实行市县对口，厂社挂钩，按系统动员、派带队干部、集体插队的办法，实际下放 2 961 人，市郊区 1 838 人，濉溪县 1 105 人，其他 9 人。7 月，召开第四次知识青年上山下乡先进单位和先进个人代表大会，大会代表约 500 人。

1976 年，以小组插队为主的安置形式，生活待遇到位，做到知青住房为砖瓦结构，劳动工具、家具、炊具一次配齐。是年，有 3 030 名知识青年上山下乡。1977 年，全市动员城镇青年 2 200 人到农村去。1977 年 12 月 26 日，全市召开第五次知识青年上山下乡先进集体和先进个人代表大会。1978 年，濉溪县下放知青 29 名。1980 年，动员 1979 年毕业生 760 人下乡。至 1980 年，共有下放知识青年 13 414 人，以后淮北市知识青年不再下乡。

若干年份市郊接收下放知青人数统计表　　　　　单位：人

年份 ＼ 单位	总计	相山公社	杜集公社	任圩公社	烈山公社	高岳公社	"五七"干校	林场	备　注
合　计	11 763	1 202	1 837	2 898	3 100	2 503	127	76	矿务局（林木场）
1968	1 254	252	186	327	301	178	/	/	老三届学生
1970	55	3	19	20	/	13	/	/	老三届学生
1971	1 376	168	173	334	289	199	127	76	上海市下放学生
1973	653	60	152	174	163	104	/	/	应届毕业生
1974	2 745	203	492	704	744	602	/	/	应届毕业生
1975	1 838	234	176	441	512	475	/	/	应届毕业生
1976	2 136	143	373	498	559	563	/	/	应届毕业生
1977	1 706	139	266	400	532	369	/	/	应届毕业生

二、下放知识青年的回收安置

1. **招工回城**　1970年,根据国家分配的招工指标,在上山下乡知识青年中招收新工人参加淮北煤炭建设。同时,对知识青年中下放农村的独生子女,多子女但身边只有一个子女,中国籍的外国人子女(简称三种人),予以照顾。是年,共招收下放插队落户的未婚(16至25周岁)知识青年1294人。1971年,市劳动部门招收市职工子弟下放到濉溪县的知识青年100人。1972年,招收市郊区的下放知识青年400人。1975年,招收知青必须由下乡小组(队)评议,大队推荐,公社、郊区审查核定,经市知识青年办公室审批。1977年,从国营农场、林场、牧场、渔场抽调部分农工到增人单位。抽调知识青年的比例为农调工指标的70%。1978年,安徽省革命委员会同意在淮北市抽调下乡知识青年1500人,参加淮北煤炭基地建设。面向全市招收790名下乡知识青年,淮北矿务局从矿务局职工子女中招收300名知识青年,从市郊招收下放两年以上的知识青年500名。淮北纺织印染厂、焦化厂招收初中以上文化程度,年龄在23周岁以下,下放两年以上的未婚知识青年,在市郊区招收970名知青(纺织印染厂900名,焦化厂70名),焦化厂化肥车间投产,从濉溪县招收80名下乡知青。

淮北市知识青年的安置。从1978年转入城镇安置,1979年全市共有城镇待业青年11280人,到1980年已安置10489人,占全部城镇待业青年的93%。主要是在独立核算、自负盈亏的集体企事业单位进行安置。其中有商业、饮食服务业、装卸运输、建筑维修、文教福利、机械、中成药、针织、劳保加工、汽车、修配、建材铸造等部门。

1975年至1982年城镇下乡知识青年安置情况表　　　　单位:人

项目 年份	合　计	招生	征兵	招工	提拔国家干部	按政策收回	转点调出	其他
1975	1 680	58	/	1 615	/	6	1	/
1976	2 236	38	38	2 015	/	80	65	/
1977	3 315	1	/	3 031	/	141	142	/
1978	4 422	77	101	3 772	/	429	43	/
1979	2 231	39	/	1 688	3	460	37	4
1980	1 144	19	/	871	/	165	7	82
1981	697	2	/	338	/	354	3	/
1982	43	/	/	/	/	43	/	/

2. **下乡已婚知青安置**　据1979年统计,全市有下乡已婚知青236人(市郊28人,濉溪县208人),下乡知青与城镇职工结婚69人,下乡知青与农场职工结婚4人,下乡知青互婚6人,下乡知青与农村社员结婚157人。针对此类情况,淮北市提出了妥善安置意见:凡属郊区、县和外地下乡知青与淮北市城镇职工结婚,知青互婚的,逐步将他们及其子女的户口、粮油关系转回城镇,把这部分知青安排到集体企业单位或自办的农林、牧副渔业基地;下乡知青与农场、林场职工结婚的,全部转到其配偶所在场,符合条件的,吸收为职工;下乡知青

与农村社员结婚的,就近就地将其安排到社队企业单位;下乡知青与外地城镇职工结婚的,由其配偶所在城镇安排。1980 年,与淮北市职工结婚的下放知青(包括外地),全部安排在其配偶所在单位的五七厂、队或干家属工和临时工,同农村社员结婚的下乡知青就地安排。1981 年,濉溪县同农村社员结婚的下乡知青,就近就地安置。

(第二十二篇第二章《劳动就业》,第 834—837 页)

1969 年从临近县招收下乡知识青年 150 人到市区担任小学教师,并以招工的形式招收市回乡高、初中毕业生补充教师队伍。 (第二十三篇第七章《师资队伍》,第 897 页)

1968 年 9 月 7 日,市革命委员会内设立知识青年办公室,简称市知青办。

(第二十三篇第八章《教育管理》,第 901 页)

《蚌埠市志》

蚌埠市地方志编纂委员会编,方志出版社 1995 年

(1964 年)6 月 5 日,贯彻中央"关于鼓励城镇社会青年到农村去落户"的指示,207 名社会知识青年到郊区李楼、淮光、长淮等 5 个公社安家落户。 (《大事记》,第 47 页)

(1968 年)10 月 19 日,响应毛泽东关于"知识青年到农村去"的号召,市第一批 1 000 多名应届高、初中毕业生"上山下乡"。翌年起掀起大规模知识青年"上山下乡"运动,到 1979 年,计下放 5 万余人。 (《大事记》,第 50 页)

(1979 年)2 月 6 日,一些下放农村的知识青年在市委门口贴"大字报"要求回城。9 日下午 1 时半后,1 000 多人冲击市委,围攻市委领导人,推翻汽车,点着汽油,4 时后离去。

(《大事记》,第 55 页)

第二次人口迁出高潮始于 1968 年底。当时动员城镇居民下放,知识青年"上山下乡"到农村去,1969 年、1970 年共迁出 3.1 万多人,其中,知识青年"上山下乡"有 1.53 万人。1969 年至 1979 年,累计下放知识青年 50 897 人,历年人数依次为 11 321 人、4 010 人、234 人、1 503 人、5 267 人、6 073 人、5 451 人、5 864 人、5 244 人、5 232 人、698 人。加上 1964 年和 1965 年下放的,总计为 52 290 人。 (卷二第一章《人口状况》,第 103 页)

1970 年开始,市建筑施工企业从城镇初中毕业生、下放知青、农村社员及老工人的子女

中招收新工人,一部分临时工也转固定工,至 1979 年底,共招收新职工 2 380 人。

(卷八第二章《建筑队伍　建筑管理》,第 567 页)

下放知识青年安置　1964 年,市开始下放知识青年,到 1965 年已下放 1 393 人。1969 年,大规模"上山下乡"运动开始,到 1979 年,全市共下放 50 897 人。1970 年起,根据政策,对下放一年以上的知识青年陆续接收安置,到 1977 年,累计安置下放知识青年就业 15 873 人。1985 年,对大部分下放知识青年作了回城安置,累计安置 5 万多人。

(卷十六第一章《劳动管理》,第 840 页)

(1980 年)市知识青年上山下乡办公室与劳动局合并。

(卷十六第四章《劳动人事管理机构》,第 871 页)

1969 年至 1973 年,将破坏"上山下乡"运动案件作为重点,5 年审结 31 件,案犯 32 人。

(卷十九第二章《审判》,第 932 页)

"文化大革命"时期,一度因中学教师不足,分别从"上山下乡"知识青年和小学教师中,选拔和抽调一部分到中学任教。　　(卷二十三第二章《教育管理》,第 1101 页)

《淮南市志》

淮南市地方志编纂委员会编,黄山书社 1998 年

为了具体落实城市知识青年"上山下乡"事宜,1968 年 8 月成立市知识青年上山下乡办公室(直属市革命委员会),1980 年 8 月市知识青年上山下乡办公室并入市革命委员会劳动局。

(第八编第一章《劳动管理》,第 307 页)

"文化大革命"时期,劳动力招收规章和管理制度遭到破坏。70 年代初,生产秩序稍趋安定,工农业生产有所恢复,招工来源是城镇复员退伍军人,城镇按规定留城的高初中毕业生和经过劳动锻炼两年以上,由贫下中农推荐的"上山下乡"知识青年以及矿山井下、地质勘探、森林工业等行业本单位职工子女。这种推荐的招工方法一直延续到 80 年代初。

1971 年全民、集体企业新招工分别为 2 886 人和 700 人。其中招收城镇下放农村插队落户劳动锻炼一年以上的男女未婚知识青年 1 700 人。

1972 年增加职工 10 167 人。同时符合条件的 13 580 名临时工转为固定工。

1973 年 9 月开始按照国家招工计划,一律从已下乡锻炼两年以上的知识青年中招收,

煤矿井下职工退休可由其子女顶替。　　　　　　　　　（第八编第一章《劳动管理》，第 308 页）

1976 年（招工）……另外，还从阜阳、六安两地招收下乡知识青年 2 030 人，市郊知识青年 600 人，留城知识青年 450 人。　　　　　　　　　（第八编第一章《劳动管理》，第 308 页）

（1979 年）新招职工包括 1977 年底以前下乡知识青年 6 703 人。

（第八编第一章《劳动管理》，第 308 页）

（1968 年）9 月 19 日，全市首批上山下乡知识青年 1 000 多人到农村插队落户。

……

10 月 25 日，第二批上山下乡知识青年 4 000 多人到六安专区插队，市革命委员会在市五中召开 10 万人参加的欢送大会。12 月 21—24 日又有 1 300 多名知识青年到寿县等地插队。　　　　　　　　　　　　　　　　　　　　　（《大事记》，第 26 页）

1980 年安置在以知识青年为主的集体生产服务单位有 11 500 多人，占安置总数的 43％。到年底，1979 年前积累下来的城镇待业青年大部分得到安置。

（第八编第一章《劳动管理》，第 310 页）

1966—1968 年，学校基本停课，大学不招生，工厂也基本不招工。这三年的初、高中毕业生连同 1969 年应届高中毕业生和不能升学的初中毕业生，除独生子女和病残青年外，全部上山下乡。先后分别下放到市郊、凤台、肥西、霍山、寿县、霍邱、颍上、阜南、临泉、界首、太和、利辛县以及省建设兵团。

1968 年成立市知识青年上山下乡办公室，专门负责知识青年的下放安置工作。下放知识青年开始是分散插队，扎根农村，安家落户；后来是成立集体插队小组，设点安置；最后是干部带队，集体插队，干部所在地称为"知识青年联络组"。1978 年停止动员下乡工作。知识青年上山下乡办公室主要职责转为回收安置历届下放知识青年。1980 年市知识青年上山下乡办公室并入市劳动局，市劳动局增设安置科，负责待业知识青年安置工作和处理知识青年日常事务及遗留问题。

1971 年始，面向下放知识青年招工，当年招收城镇下放农村插队落户劳动锻炼一年以上未婚知识青年 1 700 人，其中六安地区 1 000 人（淮南下放知识青年 700 人，以上海知识青年为主的外市县下放知识青年 300 人），市郊 700 人。

1975 年，在市郊招收下放知识青年 450 人。

1976 年面向知识青年招工 2 630 人，其中阜阳、六安两地 2 030 人，市郊 600 人。

1978 年招收上山下乡知识青年 2 409 人；另外，为淮南煤炭会战指挥部等单位招收新工人时招收知识青年 695 人,其中凤台 200 人,市郊 495 人。

到 1978 年,全市 63 000 多名下放知识青年有 3 万人被招工。

1979 年招收下放知识青年 6 703 人。

1980 年招收下放知识青年 4 700 人,占招工总数的 70%。年底,除边远公社的少数已婚知识青年在积极安置外,其他基本上得到安置。　　（第八编第一章《劳动管理》,第 312 页)

市民政制盒厂位于田家庵区淮舜中路。1981 年 8 月成立,原名为民政印刷厂知识青年制盒厂,安排待业知识青年 20 人,实行独立核算、自负盈亏,生产大小包装盒。1985 年改现名。　　（第九编第七章《福利事业》,第 362 页)

1958 年 4 月,农场下放淮南市,扩进淮丰农业社(场、社分开核算),从定远县、肥东县招收工人 180 名,安置上海知识青年 152 人,职工总人数近 500 人。

（第二十四编第六章《农垦》,第 905 页)

1966 年"文化大革命"开始时职工人数为 1 191 人。1968 年市粮食局机关干部有 70%下放农村,有的全家下放。1971 年开始招收"上山下乡"知识青年,下放干部也陆续返回,基层单位使用的临时工有 176 人(多为家属女工)转为固定工。1972 年职工人数达到 1 697 人。　　（第二十九编第六章《经营管理》,第 1036 页)

1966 年起,支出预算科目中增设了"城市人口下乡上山安置支出",1969 年又增设了"五七干校经费支出"和"下放干部经费支出"。到 1970 年止,以上三项经费支出共 529.3 万元,占财政总支出的 10.31%。　　（第三十一编第四章《管理与监督》,第 1080 页)

《田家庵区志》

淮南市田家庵区地方志编纂委员会编,黄山书社 1997 年

"文化大革命"期间,干部、职工和知识青年下放区内外、市内外农村和回乡安家落户,全区共计 12 000 余人。　　（第三编第二章《人口变动》,第 41 页)

1964 年下放(回乡、插队落户)329 户 951 人。其中回乡 142 户 163 人;插队 187 户 788 人。下放居民中有劳力者 512 人,知识青年 112 人。　　（第十五编第四章《安置》,第 254 页)

1972 年,对全民和集体企业中符合转正条件的临时工,转正 3 207 人。对下放"知青"招

工334人,社会招工415人。直到1976年,劳动就业工作才开始由被动转为主动。党的十一届三中全会以后,国民经济得到迅速恢复和发展,为下放"知青"和城镇待业人员的就业创造了有利条件。至1980年下放"知青"逐步被招回城市安排了工作。

(第十六编第三章《劳动》,第273页)

1979年至1981年底,安排就业人员4109人,其中安置待业知青2289人,被安置在集体企事业单位155人,其中工业企业33个860人,商业企业42个350人,饮食服务业45个359人;修理业24个143人,建筑业8个1667人,运输业3个71人。另外,自谋职业的工商个体户,经工商部门发证的405户,其中青年41户,还有400余户,申请发证,计600余人。是时,还有待业知青750余人待安置。

(第十六编第三章《劳动》,第274页)

第五节　知识青年上山下乡

"文化大革命"期间,中学毕业生除一部分参军外,其余绝大部分下放农场、农村和回乡劳动。1968年至1978年之间,全区共下放知青12 000人。

70年代初,区成立知识青年上山下乡办公室,按照国家的政策规定:凡年满17周岁以上属城镇户口的知识青年,除直接升学、参军和病残不能参加劳动、独生子女、多子女身边只留1个的及中国籍外国人的子女外,其余皆动员上山下乡。

上山下乡的形式,一般分为以组为单位集体插队和个人单独回乡两种。

1972年开始招收"知青"回城做工。由于中央44号文件下达,招工工作暂时停止,到年底有一部分"知青"虽已接到招工通知书,但油粮关系还未迁回城市,仍留在农村。1978年始基本上不再动员知青下放,并逐步将下放人员抽回进行安置。截至1980年初,在乡知青还剩535人,是年在知青中招工305人,抽回156人,年底还剩在乡知青74人,其中1975年前下放的6人,1976年下放的38人,1977年下放的30人。

(第十六编第三章《劳动》,第276页)

1980年以前招工办法以评议推荐为主,即招收下放知青当工人,应由知青和所在地农民群众评议、大队推荐、公社和区政府审查,报市招工办公室批准,办理介绍手续。

(第十六编第三章《劳动》,第276页)

《谢家集区志》

淮南市谢家集区地方志编纂委员会编,黄山书社2000年

是月(1968年9月),第一批知识青年上山下乡,直到1977年最后一批下放的知识青年,共5492人。后来绝大多数知青回城。

(《大事记》,第19页)

第五节　知识青年上山下乡

自 1968 年起,开始动员知识青年上山下乡。到 1977 年,共下放知识青年 5 492 人。对下放知青,国家发给一定的费用和生活用品。1968 年—1972 年,5 年间国家下拨给下放的 1 911 名知识青年生活补贴费 29 805 元,木材 389.4 立方米。自 1974 年始,对下放知识青年,根据下放年限及家庭生活状况,陆续收回安置。后绝大多数下放知青回城。

(第十八编第三章《劳动》,第 363 页)

"文化大革命"时期,一味追求数量不讲质量。1976 年底,有小学教师 1 599 人,中学教师 1 076 人,所增加的教师中,多数来自厂矿工人、下放知青、下放干部。1979 年,小学教师 1 537 人,中学教师 1 349 人。

(第十九编第六章《教师》,第 385 页)

《八公山区志》

淮南市八公山区地方志编纂委员会编,黄山书社 2000 年

是年(1978 年),知识青年下放农村工作结束。1968 年以来,全区下放知识青年 6 500 人。

(《大事记》,第 25 页)

"文化大革命"期间,干部、职工和知识青年响应"上山下乡"号召,大批下放到区内外及市内外农村或回乡安家落户,同时还下放一部分居民。1968 年至 1978 年,全区共下放知识青年 6 500 人。

(第二编第二章《人口变动》,第 71 页)

1972 年恢复招工制度,从下放"知青"中招工 300 人,临时工转正 2 012 人。至 1980 年,除部分"知青"自愿留在农村工作外,大部分经招工陆续回城,安置工作。

(第七编第三章《劳动》,第 222 页)

第四节　知识青年上山下乡

一、组织动员

"文化大革命"期间,中央号召广大知识青年上山下乡,接受贫下中农再教育。中学毕业生除少数人应征入伍外,绝大多数青年都到农场、农村和回乡劳动锻炼。1968 年至 1978 年,全区上山下乡知识青年 6 500 人。

二、上山下乡的知青管理

知识青年在上山下乡初期由"五七"组代管。1973 年成立知识青年上山下乡办公室,专门管理上山下乡"知青"工作。上山下乡的形式一般采取集体插队和单独回乡两种。知识青

年到农村后受到国家政策的保护,对侵犯知识青年权益的行为,给予严厉的打击,以保证上山下乡运动顺利进行。1978 年基本上停止这项工作。

三、回 城 安 置

从 1972 年开始,陆续将符合条件的"知青"招回城市工作。对知青招工采取所在农村生产队推荐,由"知青"办公室负责办理招工手续。截至 1980 年,全区除少数自愿留在农村工作(有的已和当地农民结婚)外,全部招回城市工作。知青上山下乡办公室随之撤销。

(第七编第三章《劳动》,第 225 页)

《马鞍山市志》

马鞍山市地方志编纂委员会编,黄山书社 1992 年

(1968 年)11 月 4 日,全市 3 万军民在市体育场集会,欢送市首批知识青年上山下乡。至 1977 年 5 月,全市共下放知识青年 2.1 万人。　　　　　　　(《大事记》,第 44 页)

1968 年,马鞍山成立革命生产建设兵团,统一领导社会劳动力的安置与使用。

(第九编第一章《劳动管理》,第 330 页)

1970 年,马鞍山开始进行按省下达的招工指标,由基层组织推荐形式,招收固定工。招收对象主要是上山下乡知识青年和农村社员。具体做法是:在郊区,由知识青年和贫下中农推荐,社队审查,招工组政审,县市革命委员会复审,市招工领导小组批准。

(第九编第一章《劳动管理》,第 329 页)

1980 年,市知识青年上山下乡办公室与市劳动局合署办公,共同安置社会待业人员。1983 年,市城镇待业人员普查领导小组成立,开始社会劳动力普查登记工作,同时采取凭劳动卡安置待业人员的办法。1979—1985 年,全市共安置待业人员 6.2 万余人,年平均安置 8 900人,安置人数占待业人员总数的 64.12%。　　(第九编第一章《劳动管理》,第 330—331 页)

[知识青年下放与安置]

马鞍山市知识青年下放与安置工作从 1969 年开始至 1981 年结束,历经 13 年。1969年下半年,马鞍山正式开始进行知识青年下放工作。首批下放的是中学应届毕业而尚未毕业的 1966—1968 年的高、初中毕业生,最后一次动员下放的是 1977 年应届毕业生。10 年间,下放总人数近 2.17 万人。下放形式,开始是分散插队,扎根农村,安家落户;后来是成立集体插队小组,设点安置;最后是干部带队,集体插队。在历次下放工作中,马鞍山市成立的

有关机构有:市学生分配办公室、市上山下乡支农办公室、市革命委员会政工组"五·七"小组、知识青年上山下乡领导小组、知识青年上山下乡办公室等。马鞍山首批下放的知识青年共 3 886 人。1970—1977 年 8 年中下放的应届毕业生分别是 717 人、1 100 人、1 202 人、4 428人、1 107 人、939 人、4 784 人、3 524 人。下放去向主要在省内的当涂、繁昌、宣城、广德、宁国、绩溪、固镇、庐江、无为、含山、全椒、天长等 13 个县和马鞍山郊区。跨省插队知青数量很小。1978 年 12 月,中共中央、国务院下发《关于知识青年上山下乡若干问题的试行规定》,终止了上山下乡运动,同时开始回收安置下放知识青年。是年,全市尚有 6 383 名知识青年留在农村。1979 年,全市回收安置下放知识青年 4 759 人。至 1981 年上半年,全市历届下放知识青年全部回收安置。 (第九编第一章《劳动管理》,第 333 页)

《马鞍山市志(1988—2005)》

马鞍山地方志编纂委员会编,黄山书社 2009 年

(1967 年)11 月 4 日,全市 3 万军民在市体育场集会,欢送市首批知识青年"上山下乡"。至 1977 年 5 月,全市共下放知识青年 2.1 万人。 (《大事记》,第 39 页)

《马鞍山市金家庄区志》

金家庄区地方志编纂委员会编,黄山书社 2010 年

【知青综合商店】

该店建于 1982 年,位于铁城路 2 号,系街办小集体企业,营业面积 80 平方米,经营土产、百货和陶瓷,固定资产 0.1 万元,流动资金 0.91 万元,1985 年营业额 13.57 万元,利润0.29 万元,纳税 0.43 万元。 (第十一章《商饮服务》,第 184 页)

《芜湖市志》

芜湖市地方志编纂委员会编,社会科学文献出版社 1993 年

(1956 年)3 月 1 日,100 名青年前往嘉山县垦荒。 (《大事记》,第 74 页)

(1963 年)9 月 29 日,芜湖市第一批高、初中毕业生 36 人赴周王农场参加农业生产。

(《大事记》,第 80 页)

(1968年)8月18日,成立市上山下乡安置办公室革命领导小组,1980年撤销。

(《大事记》,第84页)

11月5日,市属各普通中学1966、1967、1968三届高初中毕业生首批"上山下乡"到农村插队落户,参加农业生产接受贫下中农再教育。截至1977年共下放知青4 500多人。

(《大事记》,第84页)

在这十年(1960—1969年)里,市区人口总数呈波浪状,忽高忽低。究其原因,……三是自1968年起,大批知识青年上山下乡,致使人口总数又逐年有所下降。

从1970年至1979年的十年间,人口总数又逐年上升,由1970年的352 644人上升1979年的427 089人,人口增加74 445人。究其原因,一是一批下放的知识青年逐年选调招工回城;二是人口生育有节制的状态还不够正常;三是七十年代后期,打倒"四人帮"后拨乱反正,落实各项政策,下放的原城镇居民和职工又返回城市。 (第二篇第一章《人口变动》,第156页)

1968年6月,为解决从1966年开始积压下来的历届高、初中毕业生去向问题,芜湖市成立上山下乡办公室,动员毕业生下放农村,1968年至1977年,全市共动员45 000多名知识青年上山下乡。1980年9月,市知识青年上山下乡办公室并入市劳动局,此项工作宣告结束。

(第八篇《劳动、人事》,第432页)

1969年至1976年,除1972、1973两年因再度精简职工未招工外,六年从农村、城市共招收新工人22 833人,招收对象主要是芜湖市及地区的下放农村两年以上的知识青年,按政策留城的知识青年以及芜湖地区、市郊的农民。

1977年,省下达芜湖市招工指标4 951人,其中全民指标951人,集体指标4 000人。除全民指标部分用于招收下放知识青年外,其余指标均招收75届前按政策留城的知识青年。

(第八篇第一章《工人管理》,第434页)

1971年,市砖瓦厂、东方纸版厂、跃进橡胶厂等15家企业最先成立了集体性质的"五·七"工厂,从业者890人。自此,芜湖市厂办集体企业逐步发展,至1977年11月,"五·七"工厂的从业人数达4 024人,其中大都是家庭妇女和按政策留城、病残回城知识青年。

(第八篇第一章《工人管理》,第435页)

第一节　知识青年下放、回收、安置
一、知识青年下放

1962年,芜湖市贯彻"调整、巩固、充实、提高"八字方针,大批精简职工和城市闲散劳动力急待安置。

1963年,市安置委员会办公室(以下简称"市安办")组织了223名不能升学的知识青年奔赴农村,插队插场。

1964年,市安办会同有关部门于9月22日至10月15日举办了第一期知识青年下乡训练班,训练班主要对学员进行形势教育、阶级教育、青年革命化教育和劳动教育。训练班结束后,有71名学员去广德山区集体插队。这年,全市共有知识青年668人上山下乡。

1965年共有494名知识青年上山下乡。

1966年城市安置工作的重点是动员城镇青年报考农垦学校,芜湖市共有知识青年1155人报考,连续完成三批农垦学校的招生任务,另有228名知识青年插队插场。

1968年,从1966年开始积压下来的历届中小学毕业生的分配问题已成为亟待解决的社会问题,芜湖市对66、67、68届(统称"老三届")高、初中毕业生和一部分年满16周岁、未录取初中的小学毕业生,以及往年没有上山下乡的历届中、小学毕业生采取了以"上山下乡,面向农村为主"的分配方针,下放去向是芜湖专区所辖八县。

1968年10月,芜湖市第一批1361名(其中回乡学生423人)毕业生奔赴农业生产第一线;12月,第二批5549名毕业生离开城市上山下乡;第三批毕业生4978名于1969年1月奔赴农村;三批合计11888人。除此之外,尚有少数学生零星安排插队。

1970年6月10日至30日,市支援建设新农村办公室将应下未下的384名三届毕业生分新芜、镜湖两区集中,举办毛泽东思想学习班,动员他们到农村插队落户。经过学习,有100多人报名下乡。

1970年应届初中毕业生的毕业分配实行四个面向,以面向农村为主,毕业生共10423人。经过学生评议,学校审查,毕业生分配办公室批准,4023人上山下乡,占毕业生总数的38.6%。

1970年6月,为加强安置地区和动员地区的联系,做好各类下乡人员的安置工作,芜湖市还抽调了26名下放干部组成上山下乡长驻各县学习慰问组。

1972年春季,芜湖市高、初中毕业生共6962人(其中高中毕业生48人)。这年初中毕业生主要安排升学,少数安排到工矿企业和生产建设兵团,还有一部分年龄较大的动员上山下乡;高中毕业生一部分安排升学,一部分去农村。至1972年10月6日止,这届高、初中毕业生被确定下放的共247人,虽经多次动员,仍一个不走。

1973年春季,芜湖市高、初中毕业生11000人。其分配去向是:应届高中毕业生,除选招少数学生担任民办教师外(实际选招166名),主要是到农村插队落户;应届初中毕业生,除升学者(1955年2月1日以后出生的)外,也要到农村插队下放,地点安排在芜湖地区八个县和郊区。这年共有3092名知识青年上山下乡,占应动员下乡总数3562人的86.81%。

从这年开始,芜湖市为上山下乡知识青年选派带队干部。

1973年上山下乡工作推动困难,群众对"走后门"反映强烈。为此,市"五·七"办公室于6月14日调查了三个单位职工子女的上山下乡情况,详见附表。

被调查单位	66～71届毕业生总数	从学校招工参军等人数	占毕业生总数%	下放到农村人数	占毕业生总数%	应下放未走人数	占毕业生总数%	下放农村后招工参军等人	占下放农村人数%	目前仍在农村人数	占下放到农村人数%	应下未下,目前已有工作人数	占应下未下人数%
市革会四大组	72	29	40.28	40	55.56	3	4.17	32	80.00	8	20.00	3	100.00
芜湖火柴厂	140	20	14.29	107	76.43	13	9.29	43	40.19	64	59.81	8	61.54
东方红居委会	166	33	19.88	121	72.89	12	7.23	56	46.28	65	53.72	3	25.00

1973年9月10日,芜湖市知识青年上山下乡先进集体和先进个人代表大会召开。10月1日,芜湖市上山下乡知识青年茁壮成长图片展览正式展出。

1974年,芜湖市仍动员知识青年上山下乡。这年芜湖市还根据中央和省的有关规定,结合本市实际情况就选留子女问题提出试行意见。至年底,全市共动员下乡4 503人,其中73届毕业生4 207人,同年底,还开展了校外知识青年的审议定向工作。

1975年,74届高、初中毕业生有3 720人,往届毕业及中途退学离校学生3 280人,合计7 000人,至12月31日共动员下乡3 900人。

到1976年10月13日,计有8 899名知识青年上山下乡。

1977年1月30日,芜湖市第三次知识青年上山下乡先进集体和先进个人代表大会召开。这年,芜湖市停止执行市委(1974)97号文件中有关选留子女的规定,严格控制留城人数,全年共有5 471名知识青年上山下乡。

根据国务院召开的全国知识青年上山下乡工作会议精神,从1978年起,芜湖市知识青年不再上山下乡。从1973年至1978年底,芜湖市共选派了10期1 432名带队干部,建立了12个联络组,做了大量工作,深受知识青年、农村同志和知识青年家长的欢迎。附芜湖市知识青年上山下乡基本情况统计表:

芜湖市知识青年上山下乡基本情况统计表

(1968—1977)

单位:人

年份＼下放人数＼下放地点	合计	宣城县	郎溪县	广德县	泾县	南陵县	繁昌县	芜湖县	当涂县	无为县	和县	含山	农场	林场	郊区	外地区	外省
总计	45 678	8 143	2 178	3 229	4 561	4 578	2 263	3 537	4 302	922	514	217	6 190	471	2 928	1 240	405
1968 1969	15 400	3 997	1 017	1 334	2 782	1 959	1 168	1 040	1 388							417	298
1970 1971	3 955	886	44	98	353	736	388	272	850						265	60	3
1972	458							1	1				453		3		
1973	3 092	554	81	90	171	464	33	609	471						497	113	9
1974	4 503	441	164	268	634	646	109	378	572	75	109	79	700		234	84	10
1975	3 900	141	47	61	91	203	65	212	232	166			1 964		541	156	21
1976	8 899	1 256	292	795	292	312	293	528	398	408	290		2 918	100	729	257	31
1977	5 471	868	533	583	238	258	207	497	390	273	115	138	155	371	659	153	33

芜湖市知识青年留城基本情况统计表　　　　　　　　　　　　　　　　单位：人

留城人数　分类　年份	小计	病残	独生子女	身边留一人	中国籍外国人子女	特殊困难
总　　计	9 584	3 846	1 378	1 674	1	2 685
1968、1969	422	422				
1970、1971	491	491				
1972	54	54				
1973	741	219	258	168		96
1974	2 200	722	415	443		620
1975	1 948	771	247	279		651
1976	2 280	611	309	445	1	904
1977	1 448	556	149	329		414

二、下放知识青年的回收安置

1. 病残回收

从 1970 年到 1979 年，芜湖市按政策共收回病残知识青年 1 922 人，分年度人数见附表。

年　份	1970 1971	1972	1973	1974	1975	1976	1977	1978	1979
人　数	288	24	69	155	113	236	216	506	315

2. 招工回城

从 1970 年开始，芜湖市在上山下乡知识青年中招收新工人。招工中，以下几种情况予以照顾：下放农村的独生子女；多子女但身边无一人和中国籍的外国人子女（简称"三种人"）；一户下放三个及三个以上子女的，可照顾招收一名符合招工条件的子女当工人（简称"三抽一"）；以及其他特殊情况。

3. 就地就近安置

根据省、市有关文件精神，从 1981 年起，芜湖市对部分与农民结婚的上山下乡知识青年按就地就近的原则作妥善安置。安置的主要途径是：县、区和公社所属的大集体企、事业单位；从事个体经营；继续务农。按前两条安置的可就地就近转为城镇户粮关系（包括所生子女）；继续务农的，给予一次性补助，户粮关系不变。1981 年 8 月到 1982 年 8 月，市郊 53 名与农村 53 名农村社员结婚的下乡知识青年（子女 108 人）按政策得到安置。

（第八篇第四章《上山下乡》，第 476—479 页）

《新芜区志》

芜湖市新芜区志编纂委员会编

(1976年)4月,成立了新芜区上山下乡动员指挥部。全年全区有1 239名知识青年下乡。 　　　　　　　　　　　　　　　　　　　　　　　　　　(《大事记》,第15页)

(1977年)12月,全年全区有431名知识青年下乡。 　　　　　　(《大事记》,第15页)

《芜湖县志》

芜湖县地方志编纂委员会编,社会科学文献出版社1993年

是年(1968年),芜湖市、马鞍山市有866名高、初中毕业生到本县农村插队落户。

(《大事记》,第36页)

(1969年)1月21日,县"下放工作办公室"成立,办理知识青年上山下乡和干部下放劳动等工作。后改为"五·七"办公室。 　　　　　　　　　(《大事记》,第36页)

是年(1974年),全县选拔1 000多名贫下中农、复员退伍军人、下乡回乡知识青年担任民办教师。 　　　　　　　　　　　　　　　　　　　　(《大事记》,第38页)

1983年9月起全国办理税务登记,本县办理登记的国营、集体企业共有844户,其中全民所有制109户(工业25户、交通运输4户、商业50户、饮食业2户、服务业12户、供销社8户,其他8户),集体所有制725户(工业26户、运输合作组织23户、建筑合作社5户、基层供销社30户、合作店组60户、区、镇企业50户、街道企业12户、知青企业100户、农村乡镇社队企业410户、其它9户)。 　　　　　　　　(卷十一第二章《税务》,第416页)

1980年底,"芜湖县知识青年上山下乡办公室"并入劳动局。

(卷十五第二章《劳动》,第539页)

1981年成立中央农业广播学校芜湖县分校,由县农委、科委、文教局、农业局、广播局、县团委、妇联、农学会联合主办,具体事务由农业局负责。学制三年。1986年易名中央农业广播电视学校芜湖县分校。学员来源,主要有农村初高中回乡毕业生,乡镇农技员,乡、村两级会计,农业企事业职工。学校设农学、农经、乡镇企业、果树、财会等5个专业。每个专业

设有 11—13 门功课,至 1989 年共举办 6 期,计毕业学员 230 余名。同年与会计(函授)分校合并,隶农经委领导。

中央农业广播电视学校会计分校,1986 年 9 月由县农工部经管科主办,学制三年,招生 326 人。学员来源主要有各乡镇、村企业会计和回乡知识青年。开设文化、业务和经济管理等 12 门课,1987 年第二期招生 21 人。1989 年考试合格 162 人。

(卷十七第三章《成人教育》,第 606 页)

"文化大革命"中发展全民教育,突击选拔 1 000 多名有一定文化的贫下中农、复员退伍军人、下乡和回乡知识青年任小学民师,小学教师猛增到 2 700 余人。

(卷十七第四章《教师》,第 607 页)

1968 年至 1975 年,城镇知识青年下放农村,全县共接收知识青年 9 189 人。其中本县城镇知青 2 065 人,省内知青 4 546 人,外省知青 1 718 人,外地转、调进知青 860 人。

为加强知青工作领导和管理,1969 年 1 月,县成立下放工作办公室,后改为"五·七"办公室,1973 年底改名为知识青年上山下乡办公室,1980 年后并入劳动局。

自 1970 年起,通过企业单位招工、大中专院校招生、应征入伍、转干和按政策回城等途径,逐步安置下乡知青。至 1979 年,在农村插队的尚有已婚知青 330 人,1981 年招工安置 197 人,其余人均自谋职业,从事个体经营。 (卷十五第二章《劳动》,第 540 页)

《铜陵市志》

铜陵市地方志编纂委员会编,黄山书社 1994 年

(1968 年)10 月 17 日,铜陵特区召开万人大会,热烈欢送文化大革命以来首批 624 名知识青年上山下乡。从此,特区开始大规模地组织动员知识青年上山下乡,凡 1966 年至 1968 年初、高中毕业生,全部送到农村接受贫下中农再教育。 (《大事记,第 26 页》)

(1968 年)12 月 24 日,铜陵特区又一批 300 余名中学应届毕业生到农村安家落户,至此,特区先后有 1 700 多名中学毕业生到农村插队落户。 (《大事记》,第 26 页)

(1979 年)4 月 28 日,市委转发"市委知青领导小组《关于积极而又稳妥地统筹解决好知青问题意见的报告》"。市委指出:知青工作,涉及千家万户,政策性很强,必须全党动员,各方配合,才能搞好。各级党委要切实加强领导,积极而又稳妥地统筹解决好知青问题。据统计,从 1968 年到 1977 年,全市共动员 12 699 名知识青年上山下乡。从 1978 年起,根据上

级有关指示,已停止了知青上山下乡。(《大事记》,第 35 页)

1979 年,下放农村插队的城市知识青年陆续返城。此外,各单位还有一批尚未下放的待业知识青年。为解决这些人员的就业问题,各国营商业企业根据"各自解决、广开就业门路"的原则,从 1979 年底到 1981 年春,集资兴办了 311 个知青商店、饮食店和加工厂。主要经营小百货、小针织、文化用品、日用五金、糖、烟、酒、副食品以及进行服装加工业。

这一新办集体商业的出现,得到社会各方面的重视和扶持。铜陵市知青安置办公室、工商行政管理局、税务局、粮食局等单位对知青商业及时给予开户,免税、补粮等方面的优先照顾。商业系统各国营公司(厂)主动让利,优先安排货源,腾出门点,搭盖售货亭,派出业务骨干担任领导。因而,知青商业得到迅速发展。到 1981 年底,市区国营商业系统知青有商业零售网点 26 个,安排待业知青 347 人。

1983 年以后,部分待业知青通过参军、招工、高考、顶职等渠道走向新的工作岗位,知青商业的网点、人员大大减少。

从 1982 年底到 1985 年止,商业各国营公司(厂)所属的知青商店相继转为大集体性质的企业。据统计,到 1985 年末,市区国营商业系统知青商业网点只剩 24 个,安排人员 227 人,年销售额 174.5 万元,占集体商业零售总额的 26.37%。

(第九篇第一章《商业成份》,第 498—499 页)

1966 年 5 月至 1976 年 10 月的"文化大革命"期间,吸收、录用的干部主要是不脱产的工人身份的干部和上山下乡知识青年、高中毕业留校的代课教师及中专以上学校毕业的"社来社去"的回乡知识青年。基本条件是:忠于毛泽东思想,忠于毛主席的革命路线,活学活用毛主席著作,革命干劲大,朝气蓬勃,密切联系群众,有工作能力,历史清白,无复杂的社会关系,具有初中以上文化水平等。(第十七篇第二章《人事编制管理》,第 828 页)

姓　名	性别	生卒年月	籍　贯	参加革命工作时间	是否党团员	牺牲时间地点原因	牺牲时所在单位	牺牲时任何职
………								
程庭财	男	1940—1969	铜陵市	1964.7	党员	1969 年 7 月在青阳县因公外出,跌入深坑牺牲。	青阳县陵阳黄石大队	下放知青
………								

(第二十四篇第三章《烈士名录》,第 1069 页)

〔安置上山下乡知识青年〕 1970 年,省下达本市招收下乡青年专项指标是:在安庆地区招收 1 300 人,巢湖地区招收 300 人,徽州地区招收 400 人。

1972 年,全市招收下乡知识青年 659 名。

1975 年到 1981 年,全市共招收下乡知识青年 5 842 名,各年招收人数如下:1975 年 1 532 名,1976 年 1 632 名,1977 年 639 名,1978 年 665 名,1979 年 1 068 名,1980 年 238 名,1981 年 68 名。

1985 年,全市尚有 246 名 1976 年以前下乡的回城知识青年及部分按政策留城知识青年。经市政府决定,这批人中凡符合招工条件的,免予文化考核,招收为大集体工人。

(第十七篇第一章《劳动管理》,第 801 页)

1979 年,为了使骤然集聚在本市的 11 100 余名城镇待业人员、4 800 余名下乡回城知识青年得到安置,一批以安置待业青年为主体的、经济上实行独立核算、自负盈亏、按劳分配、民主管理的新办集体经济相继诞生。到 6 月底,全市新办集体经济组织 80 个,安置 7 455 名待业青年就业。

1980 年,本市各种类型集体经济的知青厂(队)发展到 117 个,累计安置待业青年16 125 人。占待业青年总数 18 236 人(不含 1980 届中学毕业生 6 000 人)的 88.4%。

到 1982 年底,全市累计新办了集体企业 253 个,累计安置待业人员 23 002 人,占全市待业人员总数 24 924 人(不含本年度新增长的中学毕业生 6 549 人)的 95.9%。至 1985 年,全市累计新办集体企业 281 个(含上升为大集体企业 61 个),累计安置待业人员 44 340 人。除历年通过新办集体企业安置后招工、招生、参军等离开新办集体企业外,这年底仍有 17 342 人继续在新办集体企业从业。年末,全市尚有待业人员 3 842 人。

(第十七篇第一章《劳动管理》,第 803—804 页)

《铜陵市劳动志》

安徽省铜陵市劳动局编,(内部刊行)1986 年

(1968 年)10 月,我市开始大规模地组织动员知识青年上山下乡,对 1966 至 1968 届初、高中毕业生,统统送到乡下,"接受贫下中农再教育"。　　　　　　(《大事记》,第 12 页)

(1969 年)1 月,铜陵特区革命委员会上山下乡办公室成立。　　　　(《大事记》,第 12 页)

(1970 年)这年,应届中学毕业生没有动员上山下乡,凡符合招工条件的全部招工和安排到安徽生产建设兵团。　　　　　　　　　　　　　(《大事记》,第 12 页)

安置上山下乡知识青年

安置上山下乡知识青年分为四个阶段：

(1) 1970 年至 1977 年,由省下达专项招工指标,由下乡知识青年所在地区农村社队负责推荐;

(2) 1978 年至 1979 年,根据省有关文件规定,招收下乡知识青年改由动员地区家长单位推荐;

(3) 1980 年至 1984 年,下乡后回城知识青年参加全市统一社会招工,德、智、体全面考核,择优录用,在初选分数线上适当降低,给以照顾;

(4) 1985 年,对 1976 年以前下乡、在农村插队 2 年以上的回城知识青年,凡符合招工条件的,免于文化考核,全部招收为大集体职工。

1970 年,省下达我市招收下乡知识青年专项指标是:在安庆地区招收 1 300 人.巢湖地区招收 300 人,徽州地区招收 400 人。

1971 年,在市郊区招收贫下中农社员时,招收了部分下乡知识青年。

1972 年,全市招收下乡知识青年 659 名。

1975 年到 1981 年,全市共招收下乡知识青年 5 842 名,各年招收人数如下:1975 年 1 532名,1976 年 1 632 名,1977 年 639 名,1978 年 665 名,1979 年 1 068 名,1980 年 238 名,1981 年 68 名。

1985 年,鉴于全市尚有 246 名 1976 年以前下乡的回城知识青年及部分按政策留城的知识青年,在历次招工考试中,虽然在初选分数线上给以适当照顾,仍未被录取的情况,根据中共中央关于对下乡知识青年要本着"国家关心,负责到底"的指示精神,经市政府研究决定:1976 年以前(含 1976 年)下乡回城及留城知识青年(除确属病残留城外),凡符合招工条件的,由有关单位或主管部门,免于文化考核,招收为大集体工人,安排到大集体企业工作。如单位或主管部门没有大集体企业,可安排到小集体企业工作,保留大集体工人身份;对既没有大集体又没有小集体企业的单位,可暂安排到全民所有制单位做合同工,保留大集体工人身份。

(第五章《劳动就业》,第 39 页)

1968 年开始招收按政策批准留城的知识青年和部分社会青年。

1968 年底,为有利于知识青年上山下乡动员工作的开展,铜陵特区革命委员会严格规定:招收新工人一律从已下乡的知识青年中招收,凡未经知青部门批准办理留城手续的,一律不得招工,也不得安排其它任何临时工作。招收留城知识青年,除国家和省规定的留城"四种人"予以优先招收外,其他原则上按留城时间顺序,逐年招收。

1970 年,我市应届中学毕业生未安排上山下乡,凡符合招工条件的,全部招收为全民、大集体工人和到生产建设兵团插场落户。

从 1972 年到 1985 年,全市共招收留城知识青年 17 153 人,每年招收人数如下:1972 年

802 人,1973 年至 1974 年共 72 人,1975 年 370 人,1976 年 190 人,1977 年 479 人,1978 年 283 人,1979 年 1 212 人,1980 年 1 997 人,1981 年 4 182 人,1982 年 1 842 人(含下乡回城知青,下同),1983 年 1 843 人,1984 年 1 988 人,1985 年 1 893 人。

(第五章《劳动就业》,第 39—40 页)

第七章　知识青年上山下乡
第一节　简　述

知识青年上山下乡在一定历史条件下产生和发展起来的,是同我国社会主义革命和建设联系在一起的。

1955 年 12 月,毛泽东同志号召:"一切可以到农村去工作的这样的知识分子,应当高兴地到那里去"。1960 年,党中央发出"大办农业,大办粮食"的号召以后,有不少城市知识青年自愿上山下乡。

1961 年至 1964 年上半年,在精减职工和压缩城镇人口的同时,我市动员了一部分中学生到国营林场落户和随户下放农村。

1964 年 1 月,中共中央、国务院颁发了《关于动员和组织城市知识青年参加农村社会主义建设的决定(草案)》。这年下半年,我市开始组织动员知识青年上山下乡集体插队落户。

1968 年 12 月,毛泽东同志根据当时革命和建设的实际状况,再次发出"知识青年到农村去,接受贫下中农的再教育,很有必要"的号召。广大知识青年热烈响应这一号召,形成了轰轰烈烈的上山下乡热潮。从 1968 年 10 月起,我市开始大规模地组织动员知识青年上山下乡。

从 1964 年到 1977 年,全市共动员了 12 708 名知识青年上山下乡。这些知识青年,除少数自愿要求回原籍农村老家落户外,大部分集中安置在安庆地区的怀宁、望江、枞阳、岳西县,池州地区的青阳、贵池、东至、石台、太平县,省农垦系统的国营建新、利辛、桐梓山农场,我市郊区的铜港公社、国营林场、市五·七干校,铜官山铜矿林场和铜陵县农村插队、插场落户,(其中在本市安置的有 783 名)。

我市广大下乡知识青年,在安置地区各级党组织的关怀和教育下,为建设社会主义新农村做出了一定的贡献。他们当中,有 91 人加入了中国共产党,1916 人加入了共青团,81 人参加了所在地各级领导班子(其中担任县级领导 1 人、公社干部 5 人、大队干部 50 人、生产队干部 25 人),824 人分别担任了民办教师、赤脚医生、生产队会计、农机员、拖拉机驾驶员、理论辅导员等工作。

我市 1964 年下乡知识青年程庭财,高中未毕业就响应党的号召,来到青阳县陵阳公社黄石大队插队落户。插队期间,他虚心拜贫下中农社员为师,积极参加集体生产劳动,被选为生产队政治队长。1969 年 2 月 5 日,在因工外出归队途中,为抢救跌进大雪沟的同伴,献出了自己的生命,时年仅 28 岁。根据程庭财生前的表现和要求,青阳县革命委员会追认他为中国共产党员,授予革命烈士光荣称号。

1978 年 10 月 31 日至 12 月 10 日,国务院又一次召开了全国知识青年上山下乡工作会议。中共中央以(1978)74 号文件批发了《全国知识青年上山下乡工作会议纪要》和《国务院关于知识青年上山下乡若干问题的试行规定》。对城市中学毕业生的安排,重申了"进学校、上山下乡、支援边疆、城市安排"四个面向的原则;规定矿山、林区、分布在农村的有安置条件的企事业单位、小集镇和一般县城的非农业户口的中学毕业生,不再列入上山下乡范围;有安置条件的城市,也可以不动员上山下乡。从此,对城市中学毕业生的安排,改变了以上山下乡为主的"一刀切"的做法。

第二节　工 作 机 构

1961 年 1 月,成立铜陵市压缩城镇人口和精减职工安置办公室,副市长郑守一兼任办公室主任,市劳动局长章培根任副主任。办公室主要任务是贯彻落实国民经济"调整、巩固、充实、提高"的方针,负责全市企业的调整、职工精减和无固定职业的职工家属、城镇居民、社会青年、未继续升学的学生等社会闲散人员的下放和安置工作。1964 年 10 月,为了加强对城镇闲散人员的管理和安置就业工作,安置办公室和市劳动局合署办公。

1968 年 9 月,铜陵特区革命委员会大、中、小学毕业生分配安置办公室成立。主要任务是负责 1966 年至 1968 年三届中、小学毕业生的分配安置、上山下乡组织动员工作。办公室由特区革命委员会副主任张立一分管,杨文冲具体负责。

1969 年 1 月,铜陵特区大、中、小学毕业生分配安置办公室、无户口清查指挥组及干部、城镇居民、社会青年和职工家属下放机构合并,成立铜陵特区革命委员会上山下乡办公室。办公室下设四个组,即宣传鼓动组、干部下放组、安置分配组、无户口清查指挥组。张立一兼任办公室主任,徐再义、孙惠清、张荣、杨文冲等负责办公室具体工作。

1971 年,铜陵特区革命委员会政治工作组下设五·七小组,刘士凯任组长,军代表施筛章任副组长。主要任务是负责知识青年、干部、城镇居民下放工作。

1973 年 12 月 10 日,中共铜陵市委成立知识青年上山下乡领导小组。

1974 年 2 月,成立铜陵市革命委员会知识青年上山下乡办公室(下放干部管理工作移交组织部门,下放居民工作移交民政部门),于振启任办公室主任,雷臻镎任副主任。办公室下设秘书科、宣传动员科、安置教育科。

1980 年 5 月,铜陵市待业青年安置办公室成立,与知识青年上山下乡办公室合署,隶属市劳动局党委。办公室下设秘书科、经营管理科、安置科、知青科,牛家良、朱广河任办公室副主任。

1985 年 5 月,待业青年安置办公室与市劳动局合署,保留安置科、知青科。

第三节 组 织 动 员

1964年1月,中共中央、国务院以(1964)40号文件颁发了《关于动员和组织城市知识青年参加农村社会主义建设的决定(草案)》。7月,铜陵市开始在以第一中学为重点开展了动员中学生上山下乡的组织发动试点工作。方继业等9名初、高中毕(肄)业生,积极响应党的号召,赴皖南山区青阳县陵阳公社黄石大队集体插队落户。

1966年至1967年,由于"文化大革命",两届中学毕业生没有分配。

1968年9月9日,安徽省革命委员会就1966年至1968年三届中学毕业生分配问题发出《通知》。根据《通知》精神,铜陵特区立即开展了上山下乡组织发动工作。10月17日上午,特区隆重召开万人大会,热烈欢送首批624名知识青年上山下乡。11月27日、12月10日,又召开了两次全区性的欢送大会,欢送第二批、第三批知识青年上山下乡。截止12月中旬,全区共动员1700余名知识青年上山下乡,约占应动员上山下乡总数的76%。

1968年12月21日,毛泽东关于"知识青年到农村去,接受贫下中农的再教育,很有必要"的指示公开发表,全区又掀起了上山下乡热潮。

1969年1月29日,铜陵特区隆重召开"高举毛泽东思想伟大红旗,紧跟毛主席的伟大战略部署,向农村进军誓师大会"。截止11月底,全区共动员2148名知识青年上山下乡,占应动员下乡总数的94.6%。

1970年,因工业生产建设的需要,应届中学毕业生没有动员上山下乡,凡符合招工条件的全部招工和安排到安徽生产建设兵团。

1971年至1973年,铜陵市共动员2710名知识青年上山下乡。

1973年6月10日,中共中央以中发(1973)21号文件传达了毛泽东同志给下乡知识青年家长李庆霖的复信和印发李庆霖给毛主席的信的全文。8月4日,中共中央以(1973)30号文件转发了《国务院关于召开全国知识青年上山下乡工作会议的报告》。8月17日至9月3日,安徽省委召开全省知识青年上山下乡工作会议,省委以皖发(1973)61号文件印发了《全省知识青年上山下乡工作会议纪要》。会议讨论和制定了《贯彻执行〔中央关于知识青年上山下乡若干问题的试行规定(草案)〕的意见》和《关于抽调干部带领下乡知识青年若干问题试行办法(草案)》。12月,铜陵市委召开知识青年上山下乡先进集体、先进个人代表大会和工作会议,传达贯彻中共中央30号文件和安徽省委61号文件精神。

1974年1月,根据上级指示精神,我市首批抽调62名干部(其中:县级干部5名,科级干部22名,技术干部3名,一般干部32名;共产党员43名,共青团员7名;男性50名,女性12名),分赴2个地区、8个县,带领我市下乡知识青年。派到各地区、县的带队干部组成小组(后在地区的为联系组),集中驻在县(市)城,工作在农村,抓点带面。带队干部在所在地党委统一领导下,在知识青年上山下乡办公室业务指导下开展工作,带队干部原则上一年分批轮换一次。

1974年6月12日,《人民日报》详细报导了湖南省株洲市实行厂社挂钩,集体安置下乡知识青年的经验,并发表了短评。为了学习推广株洲经验,铜陵市委组织学习考察团(由市知识青年上山下乡办公室和部分厂矿分管上山下乡的负责人组成),由市委副书记、市委知识青年上山下乡领导小组组长鹿崇山带队赴株洲市学习考察。9月,市委召开知识青年上山下乡工作会议,重点学习讨论推广株洲经验。参加会议的同志普遍认为,我市所辖铜陵县与株洲市农村的情况基本相似,具备学习推广株洲经验的条件。在统一认识的基础上,市委决定从1975年起,把知识青年上山下乡同工业支援农业结合起来,与铜陵县实行厂社挂钩。

1975年,为适应厂社挂钩的需要,加强对知识青年上山下乡工作的领导,我市将中学毕业生的分配、组织动员上山下乡工作由学校负责改为由学生家长单位负责,按系统归口组织上山下乡。

根据我市各单位中学毕业生人数情况,以2个以上县级单位同1个公社挂钩。全市58个县级单位(不含外围厂矿)分别与铜陵县17个公社挂钩(原有支农点的厂矿与自己的支农点挂钩)。为了协助公社管理下乡知识青年,各动员单位都抽调干部到挂钩公社带领下乡知识青年。

1976年7月,遵照毛泽东同志关于"知识青年问题,似宜专题研究,先作准备,然后开一次会,给予解决"的指示精神,铜陵市委组织调查组,由鹿崇山负责,市委知识青年上山下乡领导小组副组长带队,对3个公社2个工厂及铜官山区的上山下乡工作进行了调查。

1977年8月,根据省委负责同志的指示,市委再次组织调查组,对我市知识青年上山下乡工作进行了全面调查。调查结果认为,自1975年实行由学生家长单位负责动员上山下乡工作以来,上山下乡工作有了新的变化:

(一)各级党委普遍成立了上山下乡工作领导小组,动员任务大的单位,建立了专门办事机构,配备了专职办事人员,全市从上到下形成了上山下乡工作网络。

(二)全市上山下乡工作每年做到大抓三次:一是抓组织动员,二是配合农村社队抓安置落实,三是组织春节慰问。每年春节期间,市委都要组织一定规模的上山下乡慰问团,按地区划分分团分赴我市下乡知识青年集中的地区和农场,逐村逐队地慰问我市下乡知识青年。

(三)各级领导干部送子女务农,促进了上山下乡动员工作。1976年,全市共有114名县团级干部送子女上山下乡,使全市动员工作开展顺利,全市共动员2 500余名知识青年上山下乡,超额完成了动员任务。

(四)通过三年厂社挂钩、集体安置下乡知识青年的实践证明,由于下乡知识青年相对集中,有利于对下乡知识青年的管理教育,有利于安排他们的日常生活和开展文体活动,有利于保护女知识青年的人身安全。厂社挂钩调动了城乡两个积极性,共同做好下乡知识青年的安置工作。

(五)截止1977年,全市先后共选派402名带队干部,分布在10个县带领我市下乡知识青年。带队干部在当地党委统一领导下,认真做好下乡知识青年的思想政治工作,带领下乡知识青年积极参加集体生产劳动,关心下乡知识青年的生活,为使下乡知识青年健康成长做了大量的工作,取得了一定成绩。

上山下乡工作存在的主要问题是:

(一)"统筹兼顾"的方针没有很好地贯彻落实,强调15％的留城面不能突破,认为动员下乡的人数越多越好。致使一部分家庭有实际困难的中学毕业生得不到留城照顾。

(二)对下乡知识青年的安置、生活、学习抓得不力,关心得不够。下乡知识青年在农村,多数生活(吃、穿)不能自给。一个下乡知识青年除由家庭供给衣服外,一般一年要补贴60元左右的零用钱。

(三)厂社挂钩也出现了一些问题,主要是:

(1)随着时间的推移,动员单位知识青年下乡人数逐年增多(1975年至1977年三年中,全市通过厂社挂钩,共安置下乡知识青年2 739人,占全市三年下乡总人数的42％),给城乡都造成了一些困难。农村安置不了,增加了公社的负担;动员单位不得不安排两个以上地区的去向,因为有远近之别,给动员工作造成了难度。

(2)动员单位感到与公社挂钩挂不起。部分公社干部存在依赖思想,经常向挂钩单位提出支援物资的要求,动员单位感到为难。

(3)部分农、林、茶场的下乡知识青年,完全与落户的生产队脱钩,不参加生产队的收益分配;而农、林、茶场的生产短期又不能受益,给下乡知识青年的生活造成困难,增添了他们家长的经济负担。

12月,我市召开第五次知识青年上山下乡先进集体、先进个人代表大会。

1978年4月,我市抽调第五批带队干部(计60名,至此,全市累计抽调带队干部462名),轮换第四批带队干部。

全市1978届中学毕业生共有2 700余名。上半年动员工作暂停(等待中央关于中学毕业生安排新的政策规定),市知识青年上山下乡办公室一方面集中主要力量,对于在城市开辟安置知识青年的就业门路问题进行社会调查;一方面根据调整后的留城政策,审核办理留城手续,以利留城青年安置就业。这届中学毕业生,共办理因病免下的520名,按政策规定留城的1 170名,待安排的1 010名,留城面为毕业生总数的62％。

12月12日,中共中央(1978)74号文件批发了《全国知识青年上山下乡工作会议纪要》和《国务院关于知识青年上山下乡若干问题的试行规定》。《纪要》在充分肯定知识青年上山下乡工作成绩后,指出了存在的问题,主要是:"'统筹兼顾'的方针没有能够得到很好的贯彻落实,城乡劳动力的安排缺乏整体规划,知青工作的路子越走越窄,下乡青年的不少实际问题长期未能解决,安置人数过多的地方增加了农民的负担。这些问题从根本上说,是林彪、'四人帮'干扰破坏造成的"。

1979年1月,根据《全国知识青年上山下乡工作会议纪要》中关于"有安置条件的城市,也可以不动员上山下乡"的精神,结合我市实际情况,决定从1978年起停止知识青年上山下乡。4月10日,市委召开知识青年上山下乡工作会议。会后,市委以(1979)29号文件批发市委知识青年上山下乡领导小组《关于积极稳妥地统筹解决好知识青年问题意见的报告》,就在乡知识青年安置问题作出决定:5 690名未婚知识青年,在本人要求回城的情况下,分别情况分批全部收回城市安置;82名已婚知识青年,本着照顾夫妻团聚和不拆散夫妻的原则,回城或就地安排。下放在国营农场的知识青年,要鼓励和支持他们安心农场工作,为办好农场贡献自己的力量。对家庭和本人有特殊困难的插场知识青年,本着从严掌握的原则,通过组织商调和使用自然减员指标,按招工条件补充到全民或集体所有制企业,待遇按调动工作处理。

第四节 动员政策

1969年11月8日,铜陵特区上山下乡办公室就1966至1968届中、小学毕业生因病残和特殊原因要求照顾留城问题,拟定了下列处理意见:

(一)病残方面

① 凡因身体残废或患不易治疗的疾病,如驼背、跛腿、癫痫、精神病、心脏病、高血压、脑震荡等,不列为上山下乡动员对象。

② 凡患有严重慢性病和传染病,如肺结核、肝炎,关节炎、妇科病等,可暂缓下乡,治愈后继续动员上山下乡。

③ 患一般疾病,或因结婚,怀孕、有小孩的三届毕业生,应积极响应号召,上山下乡,单位不得招工或使用。

(二)家庭特殊困难方面

① 父母双方丧失独立生活能力,或上有老(祖父母年迈)下有小(弟妹年幼),家中确实无人照顾,又无经济来源,可不列为上山下乡动员对象。

② 上列情况相同,但经济有来源,可暂缓下乡。

③ 父母只有一方丧失独立生活能力,不论家庭有无经济来源,要继续动员上山下乡。

(三)凡无上列原因,应动员上山下乡。

11月29日,铜陵特区革命委员会精减下放领导小组发出《关于继续做好三届毕业生的下乡再动员工作和有关问题的处理意见的通知》,指出:在毛主席关于"知识青年到农村去"的号召下,在一年多的时间里,已动员2 184名1966至1968届中小学毕业生上山下乡,占应下乡的94.6%。但仍有少数人无任何理由拒不上山下乡,个别单位不顾规定,仍擅自招收三届毕业生做工。《通知》规定:

① 三届中学和小学未升中学的毕业生,凡属上山下乡动员对象者,各单位不得招工使用,已招收使用的,要立即辞退。

② 少数已下乡落户未迁户口粮油关系者(倒流回城者)必须在12月以前将户粮关系迁到落户生产队,否则注销户口,停止粮油供应。

③ 因病残未下乡的三届毕业生,必须有历年的病历和取得县以上医院的诊断证明,向

原学校提出申请,经学校研究决定后,报特区革命委员会上山下乡办公室备案。已恢复健康的,应继续动员下乡。已下乡的三届毕业生中病残者,除有上述证明外,还须经落户社队评议签署意见,报所在县和特区,共同研究处理。

④ 凡因病缓下乡的三届毕业生,应以休养和治疗为主,不准招工和使用。

1973年9月10日,中共安徽省委(1973)61号文件附件一《贯彻执行中央〈关于知识青年上山下乡若干问题的试行规定(草案)〉的意见》,对城镇中学毕业生的分配,进一步作了具体政策规定:

① 城镇中学毕业生的分配,以上山下乡为主。除根据中央和省委有关规定,按国家计划分配直接升学、和不动员下乡的几种人,其余一律动员上山下乡。

② 病残不能参加农业生产劳动的,独生子女,多子女身边只有一个子女的,中国籍的外国人子女,不动员下乡。

③ 城镇中学毕业生不满17周岁的暂缓动员下乡,满17周岁时再动员下乡。

④ 应下乡而没有下乡的毕业生和中途退学的学生,一律不得在城镇安排工作(包括临时工),要继续动员上山下乡。

⑤ 今后按国家计划在下乡知识青年中招工、招生、征兵时,一律从已下乡锻炼二年以上的青年中招收。任何单位和个人,不得擅自指名抽调下乡青年。

⑥ 已下乡的独生子女和多子女父母身边无人的,在按国家计划招工时,应予以照顾。按政策规定不动员下乡的毕业生,根据需要和本人条件,原则上就地安排到城镇街道、区社集体所有制单位,参加劳动。国家下达招工指标时,可以从中选优招收。

⑦ 插队青年因严重病残失去劳动能力,在农村无法独立生活,城镇有亲属抚养并要求迁回家庭照料的,由地区革命委员会批准,与动员城市协商,可以转回城镇,公安部门应予以安排户口,粮食部门要供应粮油。到生产建设兵团和国营农场的,下乡前就患有严重疾病现在又失去劳动能力的可参照上述原则办理。

1974年至1977年,我市除少数情况外,基本上执行了上述政策规定。

1979年12月5日,省委(1979)105号文件批转的省知青办党组《关于当前知识青年上山下乡工作若干问题的意见的报告》,对留城政策进行了调整:

① 独生子女,父母双亡的,中国籍的外国人子女,归侨学生和华侨子女,台湾同胞子女,港澳同胞子女,均不列为上山下乡对象。

② 应届中学毕业生兄弟姐妹中已有两人上山下乡,不论现在是否回城安排了工作的,职工退休、死亡按规定可以顶替的子女,均不动员上山下乡。1979届中学毕业生已在城镇安排就业者,可不再动员上山下乡。

③ 多子女的家庭,允许选留。父母身边没有子女工作,也没有子女批准留城的,也选留一个应届中学毕业的子女。上学、参军和因病残、病退不符合招工条件的,也作为身边无子女看待。

有同父异母或同母异父的家庭,允许各选留一个子女。

夫妻双方年老体弱,不在同一市、县工作,其子女和户口也随之分居两地,允许双方各选留一个子女。

④ 病残不能参加农业劳动的和家庭确有特殊困难的,可以照顾留城。

⑤ 实行上述留城政策后,留城面达不到70%至75%的,市县可自行增补留城政策,由地、市批准,报省备案。

第五节　安置经费和粮油供应
一、安 置 经 费

国家拨付的安置费,主要用于城镇下乡人员的建房补助、生活补助、小农具补助、旅运费、学习材料费、困难补助费、宣传费等。

1965年,根据国家财政部、中国农业银行规定,城市知识青年单身下乡到南方插队的,每人230元,到北方(包括华北、东北、西北、山东、河南、皖北、苏北)每人250元,上山新建集体所有制的生产队(场),每人400元;成户插队的,南方每人160元,北方每人180元;跨省插队的,每人另加旅运费20元;回乡人员补助费每人50元。

1969年,按全省统一规定:单身插队、插场的平均每人不超过200元(其中用于建房和小农具补助不少于100元);成户插队、插场的平均每人不超过130元(用于建房和小农具补助不少于70元);用于动员地区的路费、宣传费、临时困难补助等平均每人15元;跨地区安置的每人增加旅运费5元;从城镇回乡落户的(不包括社来社去的知识青年),农村有住房条件的,原则上不发安置费,确有困难的每人补助不超过50元。

1970年,不论单身或成户插队的人员,每人再增加巩固费15元(由县级统一掌握使用)、宣传费5元。

1973年,我省规定:对这年以前下乡插队的青年,每人补助学习、医疗费各5元;对于其中正常出勤,生活仍不能自给的,按需要分期予以补助,但每人不超过100元;没有建房的,每人补助不超过200元。

从1973年起,经费开支标准有所提高:城镇知识青年到农村插队、回农村老家落户和建立集体所有制场(队)的,江北每人补助500元,江南每人补助480元;到国营农场和生产建设兵团的每人补助400元。经费使用安排如下:

(1) 建房补助费200元左右,主要用于购买木材(国家供应每人0.3立方米)、砖瓦、毛竹、元钉等基本材料。

(2) 生活补助费,江南160元左右,江北180元左右。主要用于购买吃、用、穿等生活必需品和副业生产补助。生活补助费可分三年补助,第一年补助八个月,第二年补助六个月,第三年补助四个月,平均每月8至10元左右,由公社发给下乡青年使用。

(3) 农具补助费每人30元左右;炊具和生活用具补助费,每人40元左右;学习、医疗补助费各10元;动员经费,省辖市跨地区安排的每人13元(用于旅运、宣传、下乡前困难补助等);其它费用15元(由省掌握10元,地市5元,用于解决下乡青年的学习费等特殊开支)。

1979年起,我省下乡知识青年安置经费,按下列标准拨付:

(1)到国营农、林、牧、渔场和机关、学校、部队、企事业单位举办的农、林、牧、渔业基地的,每人补助400元。除给动员地区15元动员费外,其余由单位包干使用。

(2)到集体所有制知青场队和知青点的,江北每人补助600元,江南每人补助580元。

(3)下乡到单程超过500公里地区的知青,未婚的每隔2年可以补助1次探亲路费;已婚的国家共补助3次探望父母的路费,原则上可以自行安排,但每次间隔时间不得少于3年。

(4)在农村结婚安家的下乡知青,其住房没有解决的,应尽量先从知青空房中调剂解决,确实解决不了的,按每人补助房费300元标准,由市、县知青部门统一掌握使用。

二、粮油供应

1964年3月20日,国家粮食部对下乡知识青年的粮油供应作出规定:下乡青年到农村人民公社生产队参加农业生产的,由原在城市的粮食部门,按照本人原定量发给旅途需用的通用粮票和到达接收地点后第一个月所需的通用粮票。从到达接收地点的第二个月起,直到接上当季或下季的粮食分配和食油分配时止,由当地粮食部门供应粮油。粮食按照他们所在生产队一般社员的实际吃粮水平(包括公社、生产队分配的口粮、超产奖励粮和自留地收获粮的粮食总平均数)和国家统销价格,从统销粮中安排供应;食油按照当地定量标准安排供应。

1973年9月起,按照全省统一规定,下乡插队青年的口粮,头一年或当年秋粮分配以前,由国家统销供应,供应标准为每人每月成品粮20公斤,食油0.2公斤。参加集体分配以后,所在队的口粮过低,达不到每月19公斤成品粮的,其差额由国家统销粮补助。

第六节 农村安置

1964年7月,我市有一批知识青年,积极响应党的上山下乡号召,到皖南山区插队参加农业生产劳动。铜陵市第一中学高、初中毕(肄)业生方继业、钱俭鹏、程庭财、宋顺舟、谢旺生、张秀华、许彩英、孙伟毅、吴宝兰等9名青年被分配到青阳县陵阳公社黄石大队集体插队落户。

1965年,方继业等9人全年劳动的工分值达1 700多元,口粮标准除外,尚结余900余元。此外,他们还饲养了2头肥猪,建立了蔬菜基地。这年,他们中间有7人加入中国共青团;程庭财被推选担任生产队粮食保管员、政治队长,并被选为公社团委委员;许彩英担任了耕读小学教师,并出席了青阳县优秀耕读教师代表会议。在后来的日子里,钱俭鹏担任了大队会计;宋顺舟学会了理发技术,经常给社员当义务理发员,女青年张秀华学会裁剪缝制服装技术,帮助社员缝制衣服。1968年10月26日,《新安徽报》以"在与工农相结合的光辉大道上"为题对他们进行了表彰。

1969年2月5日,程庭财冒着大雪封山的严寒,翻山越岭去执行一项任务,在回程的路上,为抢救落入雪坑的同伴不幸跌入三丈多深的雪坑,献出了自己的生命,年仅28岁。青阳县革命委员会根据程庭财生前要求,追认他为中国共产党党员,并号召全县军民、知识青年和革命干部向英雄程庭财学习。1969年6月1日,铜陵特区革命委员会机关报《东方红》对程庭财事迹作了详细报导。

1968年10月以后,我市大批知识青年奔赴青阳、铜陵、东至等县农村插队落户。到1975年10月,全市先后动员了10 000多名知识青年上山下乡;与此同时,铜陵县和郊区还先后接收安置了6 000多名其他地区的知识青年。他们当中,有54人加入了中国共产党,1 649人加入共青团,680多人参加了各级领导班子,1 000多人担任了赤脚医生、民办教师、农业技术员、会计、广播员、拖拉机驾驶员等工作。

1976年、1977年,全市共动员了4 607名知识青年上山下乡。到1977年,全市共有9 300多名知识青年在农村。这两年,他们中间有91人加入中国共产党,1 916人加入中国共青团,81人被选进各级领导班子(其中县级领导1人,公社领导5人,大队干部50人、生产队干部25人),有824人担任了民办教师、赤脚医生、会计、拖拉机驾驶员、农业技术员等工作。

有不少农村社队,为安置知识青年作了较大的努力。例如,自1968年到1977年,市郊区白鹤大队先后接收了151名知识青年,除招生、招工外,到1977年还有30人。全大队先后有26名知青加入共青团,13人担任了会计、民办教师、不脱产卫生员等工作。大队先后为知青盖起了36间瓦房,平均每个下乡知青有8—10平方米住房,并为他们配备了生活用具和劳动工具。

再如,铜陵县钟鸣公社自1968年起,先后接收安置了600余名下乡知识青年,除招生、招工外,1977年在乡的知识青年有372人,分布在全社15个知青点上。他们中间,有18人加入中国共产党、128人加入共青团,17人参加社队领导班子,89人担任民办教师、赤脚医生、会计等项工作。1975年,全社15个大队都办起了以知识青年为主体的林场,实现了"一化三统一",即:知青点基地化,建房统一、管理统一、制度统一。这个公社知识青年生活用具统一计划、统一加工购置、统一配发,每人一张架床、一只箱子、一只凳子,两人一张桌子,每小组一张方桌,并配有盆、桶等生活用具。他们做到"四集中"、"五个有";即:知识青年的吃饭、睡觉、学习、劳动集中管理,每个知青点的食堂有菜、有油、有柴、有炊事员、有制度。到1977年,钟鸣公社知识青年共营造用材林6 196亩,种植油菜和果树林1 050亩,培植毛竹2 523亩,种茶叶1 100亩,养猪140头(其中最大的有400多斤重)。

到1977年,全市共为下乡知识青年建住房2 805间,面积达43 459平方米。

在铜陵县的下乡知青中,到1977年,有130多人在农村结婚安家。1979年后,逐步对他们进行回城或就地安排。1984年底,有120人未安排落实。1985年底,全县还有46户没有进行适当安排。

第七节　回城后待遇

1979年1月12日,铜陵市劳动局转发了省劳动局《关于对下乡知青招工后待遇问题的通知》,规定下乡知识青年招工后的待遇为:分配到学徒制岗位,在考核定级前,下乡满二年以上的,第一年享受学徒工第三年的待遇,从第二年起,享受学徒工第三年的待遇;下乡满三年以上的享受学徒工第三年的待遇;下乡满五年以上的,享受一级工待遇。……学徒期限和转正定级办法以及分配到其他工作岗位的工资待遇,仍按当时有关规定执行。

1976年3月20日,省劳动局发出通知,规定"上山下乡知识青年招工后,在上山下乡期间不计算工龄"。

1985年6月28日,国家劳动人事部发出《关于解决原下乡知识青年插队期间的工龄计算问题的通知》指出:文化大革命期间下乡的插队知识青年的工龄计算问题,是在特定历史条件下遗留下来的,需要从实际出发,给予妥善解决。并对这一问题作出具体规定:

(1)凡在"文革"期间由国家统一组织下乡插队的知识青年,在他们到城镇参加工作后,其在农村参加劳动的时间,可以与参加工作后的时间合并计算为连续工龄。他们参加工作的时间,从下乡之日起计算;返城后等待分配工作的时间,不计算工龄。

(2)已安排工作的原下乡插队的知识青年,按文件精神计算工龄后对于他们与工龄有关的福利待遇问题,过去的不再算老账,今后的按新计算的工龄对待,与同工龄的职工一视同仁。

(3)在1962年至"文革"开始前,由国家统一组织下乡插队的知识青年,他们到城镇参加工作后,在工龄计算上可以仿照上述办法处理。

附:

上山下乡知识青年招工学徒后的生活待遇表

定级制度	上山下乡的时间	上山下乡满二年以上	上山下乡满三年以上	上山下乡满五年以上
三年学徒制	第一年 第二年 第三年 第四年 第五年	学徒第二年待遇 学徒第三年待遇 一级工待遇 转正(一级工) 定级(二级工)	学徒第三年待遇 一级工工资 一级工工资 转正(一级工) 定级(二级工)	一级工工资 一级工工资 一级工工资 转正(一级工) 定级(二级工)
二年学徒制	第一年 第二年 第三年 第四年	学徒第二年待遇 学徒第三年待遇 转正(一级工) 定级(二级工)	学徒第三年待遇 一级工工资 转正(一级工) 定级(二级工)	一级工资 一级工工资 转正(一级工) 定级(二级工)

《铜陵市铜官山区志》

铜陵市铜官山区地方志编纂委员会编,黄山书社2008年

(1968年)10月17日,铜陵特区召开万人大会,热烈欢送全区1966—1968届中624名

初高中毕业生作为首批知识青年,奔赴青阳县上山下乡。从此特区开始大规模地组织动员知识青年上山下乡。1968—1977 年共动员 12 699 名初、高中毕业生(绝大多数为铜官山区的)作为知识青年上山下乡,到农村接受贫下中农再教育,1978 年停止。

(《大事记》,第 10 页)

1969—1976 年,实行农村社队、城镇街道推荐,劳动部门审查批准的招工制度。招工对象是农村青年、回乡复员退伍军人、企业精简职工、社会青年、下乡知识青年、按政策批准留城的知识青年。

1978 年,根据省政府文件规定,招收留城和下乡知识青年均由知识青年父母一方所在工作单位推荐,由市劳动部门批准。批准后,通知下乡知识青年所在县劳动部门、知青办协助办理有关离队手续。是年,全区招工 362 人,分别安排在全民所有制和集体所有制单位。

(第十二章《劳动　人事》,第 262 页)

1986 年,安置劳动就业 271 人,其中安置待业知青 241 人。

(第十二章《劳动　人事》,第 262 页)

《铜陵市郊区志》

铜陵市郊区地方志编纂委员会编,黄山书社 2008 年

(1968 年)8 月 27 日,铜港公社召开宣传工作会议,部署知识青年下放落户安置问题。

(《大事记》,第 13 页)

《铜陵县志》

安徽省铜陵县地方志编纂委员会编纂,黄山书社 1993 年

招工就业　1958 年后,本县国民经济各部门,主要是工业部门,相继招收了一批新职工,招工的主要对象是城镇青年和农村社员。60 年代初期,贯彻执行"调整、巩固、充实、提高"的八字方针,压缩精简了一批职工。1968 年开始动员城镇知识青年下放农村。1970 年开始在农村招工,以补充城镇劳动力。是年全县招工 787 人。1975—1978 年,全县又招工 1 238 人,其中全民所有制 751 人,集体所有制 487 人。当时,招工对象主要是下放农村锻炼两年以上、思想品质好、身体健康、年龄在 16—25 周岁的未婚青年。招工的具体方法是群众推荐、民主评议、社队领导审查、报劳动部门批准。1979 年起,招工范围由农村转向城镇,主要招收回城的下放知识青年和城镇新增加的劳动力,并规定,凡招收新工人,一律实行德、

智、体全面考核,择优录用。1979—1982 年,全县招工 1 681 人,其中全民所有制单位招工 1 119 人,集体所有制单位招工 562 人。1986 年起,改固定工制为合同工制,招收合同制工人。1986—1990 年,全县共安置就业 6 399 人,其中全民所有制单位招工 670 人,集体所有制单位招工 3 675 人,新办集体经济安置就业 2 054 人。

下乡知识青年安置就业 1966 年本县有 11 名城镇高中毕业生下乡插队,此后,大批城镇知识青年下放农村。至 1977 年,全县共接收上山下乡知识青年 8 988 人,其中本县知识青年 3 697 人,外省、市知识青年 5 291 人。对下乡知识青年主要采取集体插队和分散插队两种办法安置。

为加强对知识青年工作的领导,1969 年成立县"五·七"办公室,后改称知识青年上山下乡办公室。1976 年中共铜陵县委成立知识青年领导小组。1980 年知识青年上山下乡办公室并入县劳动局。1970 年后,本县通过大中专院校招生、工矿企业招工、应征入伍、按政策回城等多种途径,对下乡知识青年逐步予以安置。 （第二十一章《劳动人事》,第 443—444 页）

1978 年国务院规定:"工人退休、退职后,家庭生活确有困难的,或多子女上山下乡、子女就业少的,原则上可以招收一名符合招工条件的子女参加工作。家居农村的退休、退职职工,户口迁回农村的,也可以招收他们在农村的一名符合招工条件的子女参加工作"。

（第二十一章《劳动人事》,第 444 页）

1978 年后在回乡知识青年中选聘 77 人为乡镇干部。

（第二十一章《劳动人事》,第 452 页）

铜陵县五·七大学 1972 年在县城东今县二中校址创办,设师训班和农机班,师训班招收学生 95 人,农机班招收学生 48 人。招收对象主要是县境贫下中农子女、复员退伍军人、社队基层干部和下放知识青年。招生办法:社队推荐,县里批准。师训班学制 2 年,农机班学制 1 年。学生毕业后面向农村、社来社去。1978 年铜陵师范学校划归本县领导,迁至五·七大学校校址,五·七大学遂停办。 （第二十三章《教育》,第 492 页）

《宿县地区志》

安徽省宿县地区地方志编纂委员会编,中国人民大学出版社 1995 年

1969 年至 1973 年,正值"上山下乡"运动的高潮时期,全区共受理打击迫害、强奸、轮奸下放知识青年案件 511 件,586 人。其中判处死刑立即执行的 5 名,判处死缓的 5 名,无期徒刑 2 名。

（第二编第四章《公安 司法》,第 140 页）

从 1966 年初至 1977 年,在本地区内插队的本地和上海、蚌埠、合肥、马鞍山知青,达 14 万余人,从 1970 年第一次招工开始,直到 1982 年底,宿县地区劳动部门才把下放知识青年们全招收进全民或集体企、事业单位当工人。这些年内,少数知青入党提干或被选拔推荐上学。

(第六编第一章《人口》,第 521 页)

《宿州市志》

宿州市地方志编纂委员会主编,上海古籍出版社 1991 年

(1968 年)9 月,宿城知识青年上山下乡运动开始,六六、六七、六八三届城镇户口的高、初中毕业生全部上山下乡。至 1978 年,全城上山下乡知青总人数为 5 039 人。 (《大事记》,第 25 页)

1981 年 10 月,市接收了宿县移交的百货大楼、东关商场门市部、劳保商店、百货公司知青商店及铝制品厂等 50 多个单位,组成宿州市百货公司。1983 年 8 月,该公司接收了淮北市移交的宿东商场,并增设百货公司批发部、人民商店等营业单位。1985 年,该公司下属 12 个门市部和 2 个商办工厂,共有职工 687 人,其中干部 33 人,全民所有制职工 432 人,大集体职工 105 人,待业知识青年 117 人。

(第七章《商业》,第 155 页)

上山下乡知识青年安置 1968 年提出"知识青年上山下乡,接受贫下中农再教育"。至 1978 年共 10 年,宿县城关镇有 5 039 名初、高中毕业生被下放农村。

知识青年下乡务农,大体分四种安置形式:一是到农场、林场落户;二是下放到为知青建立的固定生活基地;三是分散到生产小队落户;四是回老家或投亲奔友。

为了搞好这项工作,宿县人民政府专门设立知识青年上山下乡办公室(后改为五七办公室)。国家每年都拨给一定的知青安置经费,知识青年下放所在社队也作了必要的扶助。但由于农村条件较差,知青不懂得生产技术,有相当多的下放知青不安心农村。因而返回城市或寻衅滋事的屡有发生。

1978 年 10 月,国务院规定县以下城镇知青不再列入上山下乡范围。宿州市建立后,对原下放的知识青年统筹安排。对下放的 5 039 名知识青年(含已婚的)全部收回。通过招生、招干、招工、服兵役和自然减员顶替等途径,全部作了妥善安置。

(第十五章《民政 人事 劳动》,第 358 页)

《宿县志》

安徽省宿县地方志编纂委员会主编,黄山书社 1988 年

(1973 年)7 月 27 日,上山下乡运动在我县全面展开,下放城镇居民、职工家属。

(《大事记》,第 29 页)

(1976 年)9 月,选派知识青年上山下乡带队干部。 (《大事记》,第 30 页)

1966 年下半年"文化大革命"爆发后,正常的生产秩序和生活秩序被打乱,城镇待业人员和失业人员日益增多。从 1968 年开始,把城镇知识青年一批批地下放到农村劳动,一度又造成一些工矿企业人员紧张。

1976 年粉碎"四人帮"后,特别是中共十一届三中全会以来,恢复了手工业和个体商贩,发展了服务业和各项公用事业,加上劳动人事部门办理公职人员的退、离休,安排其子女顶替,这样解决了一大批待业人员的就业问题。1980 年县劳动部门成立劳动服务公司,进行劳动就业试点,开办各种商店,安置待业人员。从 1981 年我县开始试行"公开考核、择优录用"的招工办法,安置待业青年。当年底,"文化大革命"期间上山下乡的知识青年安置工作基本就绪。 (第二编第六章《民政》,第 122 页)

1975 年,我县的活动有了新发展,组建了 20 个公社、333 个大队体育活动领导小组,开辟简易篮球场 253 个,筑乒乓球土台 822 个,木台 188 个。随着体育组织的建立,体育活动普遍开展。全县有 18 个公社利用农闲时间举行篮球、乒乓球、游泳、射击、广播操比赛,参加的有民兵,社员,下放知识青年,中、小学生。 (第五编第八章《体育》,第 371 页)

《砀山县志》

砀山县地方志编纂委员会编,方志出版社 1996 年

是年(1968 年),遵照毛泽东主席关于"知识青年到农村去,接受贫下中农再教育"的指示,城镇知识青年下放农村插队落户。1968、1969、1970 年,三年接收上海下放知青 2 726 人、蚌埠知青 1 180 人,本县下放知青 4 613 人。 (《大事记》,第 25 页)

1971 年至 1973 年,接收上海下放知识青年 800 人、蚌埠下放知识青年 500 人。

(《大事记》,第 26 页)

(1973 年)8 月,《人民日报》发表了《一份发人深省的答卷》,大树交白卷的张铁生,砀山县开始实行开卷考试,允许学生看书,自由讨论,互抄答案,教学秩序混乱。

(《大事记》,第 27 页)

1969 年,开始招收下放农村劳动锻炼的知识青年,条件是思想品质好、身体健康、年龄在 16 至 25 周岁、未婚。方法是贫下中农推荐、公社大队领导审批、报劳动部门批准。1971

年,为 1970 年底前参加工作的临时工、合同工办理转正工作。1972 年,工人数、工资额、商品粮出现"三突破",招工只招城镇知识青年,严格控制农村劳力进城,对下乡和留城的知识青年,先下先招,先留先招,择优录用。其方法是分配名额,街道、生产大队民主评议、推荐、劳动部门统一审查、体验,报县招工领导小组批准。1978 年,政策规定,招收新工人一律进行德、智、体全面考核,从高分到低分择优录用。是年,地区劳动局下达招收集体所有制工人 300 人,招工对象是 1972 年底以前下放农村劳动锻炼的知识青年,实际招收 302 人,其中男 106 人、女 196 人。1980 年,根据省、地有关文件规定,农、林、牧、渔四场招收农工 64 人,招收集体所有制工人 387 人。1982 年,招工对象为待业知识青年。1984 年,根据省(1984)92 号和(1984)117 号文件,推行劳动合同制,招收合同制工人 135 人,1985 年,又招收合同制工人 205 人。 (第二十章《劳动 人事》,第 346 页)

《萧县志》

萧县地方志编纂委员会主编,中国人民大学出版社 1989 年

(1969 年)元月,上海知识青年 1 000 人到本县插队落户。 (《大事记》,第 30 页)

(1970 年)2 月 17 日,再次接收安置上海市 600 多名知识青年到萧县农村插队落户。

(《大事记》,第 30 页)

(1971 年)5 月,合肥市 1 000 多名中学毕业生先后来萧县农村插队落户。

(《大事记》,第 31 页)

1970 年,开始接收上海、合肥、蚌埠等城市知识青年,到本县农村插队劳动。至 9 月初,全县接收外地知青 4 068 人。11 月,县成立"五·七"小组,负责下乡知识青年的管理教育工作。原则上采取分组插队,不作零星安置,国家和社队给予必要的扶助。1974 年至 1978 年,国家拨给本县知青安置费 108 万元,木材 600 多立方米。由社队投工和支持建筑材料,为知青建房,并置备各种生产生活用品。各有关部门还赠送部分手扶拖拉机、电动机、缝纫机、医疗器械、文娱体育器材及各种科技书籍,学习资料等。

凡插队一年以上的未婚男女知青,经知青小组和所在生产队贫下中农推荐,大队、公社审查,报县劳动部门批准,每年都在统一招工时招收一批当工人,也有的知青被招干、参军或迁往外地。至 1978 年 7 月,本县农村尚有县内外插队劳动知青 1 637 人。此后,国家调整了知青安置政策,不再上山下乡插队劳动,并逐步将知青安置在城乡全民所有制或集体所有制企事业单位,从事有固定工资收入的工作。对已婚的插队知青,尽量就地安置。至 1980

年7月,在本县农村插队劳动的知青全部迁离农村,作了适当安排。

(第十七编第二章《安置》,第390—391页)

1969年后,按下放知识青年标准,每人发木材0.8立方米,安家费150元,下放农村。

(第十七编第五章《福利》,第401页)

《灵璧县志》

灵璧县地方志编纂委员会编,浙江人民出版社1991年

同月(1968年11月),县"毕业生分配办公室"成立,后改为"知识青年上山下乡办公室",负责安置知识青年下乡插队事宜。

同月,知识青年"上山下乡"工作开始,来自上海、蚌埠和本县的首批下放知识青年计995人,由县知青办公室统一分配到农村生产队,参加集体生产劳动。之后,下放知青逐年增多。1970年起,插队知青相继被招工、招生、转干和参军。至1980年末,"上山下乡"工作全部结束。

(《大事记》,第16页)

1962年,县成立精简安置办公室,安置被精简下放的职工参加农业生产。1968年10月成立毕业生分配办公室,负责对1966年、1967年和1968年(又称老三届)的毕业生进行安置。11月,首次接收安置来自上海、蚌埠下放的学生838名,接收安置本县下放学生157名。各农村人民公社配有专职干部(后称"五七"办事员),负责接收工作。下放的学生以集体插队形式被安置到生产队,参加集体生产劳动。政府给每个下放学生发安置费180元,木材0.2立方米,棉票1市斤,布票4市尺。安置费和木材交生产队使用,由生产队提供食宿,6个月以后与社员实行同工同酬,自食其力。1969年,改毕业生分配办公室为毕业生上山下乡办公室。当年安置下放学生2 768人。其中本县93人。

(第五章《劳动 人事》,第218页)

1970年改上山下乡办公室为五七办公室。当年共安置下放学生3 867人,其中本县84人。同年,县五七办公室会同有关部门为982名早期下放插队学生办理了招工、招生和提干手续,为69名下放学生办理了转点调出手续。年末,全县实有下放学生656人。至1971年止,本县共接收定置下放干部1 169人,安置下放居民7 459人。1973年改五七办公室为知识青年下乡上山办公室(简称知青办)。1975年接收安置知青283人,其中本县140人。同年批准559人招工、招生、提干,批准54人落实政策回城,批准180人转点调出,年末实有知青5 483人。1978年为下放落户的最后一年,共接收安置159人,其中本县1人。同年批准594人招工、招生和提干,批准336人回城,336人转点调出,年末实有知青1 935人。1979

年批准 727 人招工、招生和提干,批准 538 人回城,批准 23 人转点调出,年末实有知青 647 人。1980 年,知青办与劳动局合署办公。同年批准 647 名知青招工、招生和转点。至此,上山下乡工作全部结束。1982 年,知青办被撤销。

在 13 年的下放安置工作中,县财政支付三下人员安置费 4 085 011 元。物资和商业供销部门供应木材 2 399.3 立方米,布 31 988 市尺,棉絮 7 997 市斤。

(第五章《劳动 人事》,第 219 页)

《灵璧县志·人口志》

灵璧县人口志编委会编,黄山书社 2005 年

(1968 年)11 月,城、镇知识青年"上山下乡"开始,全县接收来自上海、蚌埠等地首批下放知识青年 955 人,到农村安家落户。

(《大事记》,第 5 页)

《泗县志》

泗县地方志编纂委员会编,浙江人民出版社 1990 年

(1969 年)1 月 15 日,首批上海下放知识青年(简称知青)849 人和本县知青 636 名,一起下乡插队落户。

(《大事记》,第 16 页)

(1970 年)6 月,2 400 名上海知青、1 500 名蚌埠知青、630 名本县知青先后到泗县农村插队落户。

(《大事记》,第 16 页)

1970 年,合作商业实行独立核算,自负盈亏,明确其属于社会主义经济性质。1980 年,对合作商业加强领导,充分发挥其人多、网点分布广、小型分散、经营灵活、方便群众的特点,商品零售额逐年上升。到 1984 年,全县 210 个集体商业企业,零售额达 312.2 万元。交纳工商税近 10 万元,并为国家安排招收知识青年 72 人,安排离、退休子女顶替工 91 个。

1981 年后,为解决部分知识青年就业,各部门附设零售门市部,名为知青商店。到 1984 年,全县有知青商店 30 个,安排知识青年 81 人(其中工业部门附设的零售门市部 25 个,安排知识青年 56 人,其他部门附设零售门市部 4 个,安排知识青年 21 人。工农商联合企业附设的零售门市部 1 个,安排知识青年 4 人)。

(第十一章《商业》,第 236 页)

"文化大革命"初期,城镇劳动力大量下放农村,至 1970 年,始通过招工安置知识青年、复退军人及社会劳动力 1 599 人就业。

(第二十三章《劳动人事》,第 454 页)

全县原有下放知识青年 7 345 人(含外县、市籍的),从 1978 年起,除转回原籍和就地招工外,其余均分期分批收回,连同当地的社会青年,统筹安排。安排的途径是:

1. 通过各方协作,因地制宜,兴办 32 个知青厂、店、社,结合各工厂企业生产用人需求情况,统筹安置 3 241 人就业。

2. 招工、顶替。……1980 年,改行德、智、体全面考核,择优录取制度,当年招收新工人 139 名。同时将下乡插队未回城的已婚知识青年 158 人,就地招收为大集体单位的工人。1978—1985 年,共招收工人 2 549 人,其中固定工 2 549 人,改革招工制度后招收合同工 338 人。

(第二十三章《劳动人事》,第 455—456 页)

《五河县志》

五河县志编纂委员会编,浙江人民出版社 1992 年

知识青年安置　知识青年下放劳动,是在特定的历史条件下进行的。本县从 1968 年开始动员知识青年下乡劳动。到 1976 年,共动员 318 名城镇知识青年下放劳动,同时,还接收上海、合肥、蚌埠等地下放的知识青年 2 250 人。

1970 年起,根据中央政策,对下放知识青年通过企业招工、学校招生、应征入伍,转为干部等途径,逐步给予安置。1980 年规定,全民单位招工,在同等考分的基础上优先照顾下放知识青年。集体单位招工时,对本系统下放的知识青年,采取包干安置就业的办法,对无归属单位的下放知识青年,待上级下达招工指标时,由劳动部门统招统配,其招工年龄放宽到 35 周岁。知识青年参军、复员、退伍后,则由劳动部门安置就业。外地下放在本县的未婚知识青年,可回原地安置,对一时无法安置的允许本人户口迁回原地待业。对有专长已婚知识青年,提倡自谋职业,支持其就近开业,开业者每人发给补助费 200 元,恢复其原城市户口。1985 年,本县及外地下放的知识青年,基本上都得到了安置。是年底,知识青年安置工作结束。

(第十九章《劳动人事》,第 453 页)

《固镇县志》

安徽省固镇县地方志编纂委员会编,中国城市出版社 1992 年

(1977 年)5 月 3 日凌晨,石湖公社小王生产队社员王斌将参加大队文艺宣传队的妻子(上海下放知识青年)和 8 岁男孩杀死,并烧掉住房而潜逃。10 日缉拿归案被处决。

(《大事记》,第 19 页)

1965 年建县时,急需大量建设人才开发固镇,许多外地干部、职工携其家属迁入固镇,

当年迁入人口达 7 652 人,其中男 3 903 人,女 3 749 人,迁出 7 249 人。1968 年,掀起知识青年上山下乡的高潮,我县接收了大量上海、蚌埠、马鞍山等地知青插队落户,人口迁入量也有所增加。1969 年迁入 10 346 人,迁出 6 979 人。

中共十一届三中全会后,工农业生产迅速发展,迁入了一些科技人员及其家属。同时,对"文化大革命"中被下放的知青、居民、干部及其职工落实了政策,他们之间一部分人开始返城或回原工作岗位,人口的迁移量很大。1980 年迁入 11 701 人,迁出 6 139 人。1985 年迁入 8 583 人,迁出 7 755 人。 (第二章《人口》,第 55 页)

县棉织厂位于固二路与固灵公路交叉处西北侧。1971 年初建时,借用省烟草公司固镇仓库一栋 330 平方米的库房作为临时车间,从上海第四棉织厂购进 42 型丰田织布机 40 台,招收下放知识青年 29 人,经过短期培训,当年生产白粗布 1 258 米。

(第六章《工业》,第 141 页)

1971 年起,为推动知识青年上山下乡,停止 3 年在城乡知识青年中招工。当年,在壮年人中招收全民所有制工 85 人,其中城镇 20 人、农村 65 人。1974—1978 年,将根据国家政策免于下放而留城就业的知识青年招收为工人。 (第十九章《劳动人事》,第 289 页)

安置

(一)上山下乡知识青年

下放 1968 年,我县成立知识青年上山下乡办公室,至 1978 年共安置本县下放知识青年 1 056 人;接收安置外地下放知识青年 9 365 人,其中上海 4 072 人、马鞍山 1 440 人、蚌埠 3 722 人、其他地区 101 人,合计 10 421 人。他们分布在全县 17 个公社(镇)、203 个生产大队、794 个生产队和 8 个农(林)场,其中 2 个农场和 2 个生产队为接收安置重点;建立插队小组 1 252 个,其中 10 人以上者 5 个、5—9 人者 284 个、4 人以下者 963 个,包括男性小组 411 个、女性小组 815 个、男女混合小组 26 个,另外还有单身插队者 142 人。下放知识青年的安置费用初为人均 130 元,后逐步增加到人均 500 元;木材计划人均 0.3 立方米,当时,我县共为下放知识青年建房 1 200 间,其中瓦房 560 间。

历年下放知识青年统计表   单位:人

年 度	合 计	本 县	上 海	马鞍山	蚌 埠	其他地区
1968	1 247	107	0	0	1 140	0
1969	2 306	80	1 976	0	250	0
1970	2 641	66	2 023	190	362	0
1971	142	0	10	0	125	7

年　度	合　计	本　县	上　海	马鞍山	蚌　埠	其他地区
1972	226	50	8	0	150	18
1973	107	98	9	0	0	0
1974	1 118	160	11	327	591	29
1975	557	109	25	423	0	0
1976	741	209	6	500	0	26
1977	1 328	204	3	0	1 100	21
1978	8	3	1	0	4	0

收回　1970年,我县开始采取推荐的办法,从下放1年以上的未婚知识青年中超工,对先下放的、是独生子女的、兄弟姐妹下放多且父母身边无子女者优先照顾。当年招工1 100人,去向主要是蚌埠。1974—1980年招工3 813人(1976年高达1 530人),去向主要是蚌埠、马鞍山、淮北、铁路系统。1983年,我县将243名已婚下放知识青年全部招工,其中安排到粮食系统70人、白酒厂40人、化肥厂40人、建筑公司41人,至此,下放我县的知识青年除转点(调出746人、调进730人)和死亡26人外,共有10 379人,全部收回;其中招工5 156人、推荐上学197人、参军186人、按国家政策收回4 716人、以其他方式回城121人。

历年收回下放知识青年统计表　　　　　　　　单位:人

年　度	合　计	招　干	招　工	参　军	推荐上学	按国家政策收回	以其他方式回城
1969	10	0	0	0	0	10	0
1970	1 423	0	1 100	21	0	300	2
1971	10	0	0	0	0	10	0
1972	309	0	0	20	0	289	0
1973	114	0	0	19	45	46	4
1974	255	0	150	38	53	14	0
1975	927	3	611	40	66	205	2
1976	1 855	0	1 530	21	33	220	51
1977	617	0	120	27	0	408	62
1978	1 570	0	870	0	0	700	0
1979	2 167	0	450	0	0	1 717	0
1980	866	0	82	0	0	784	0
1981	5	0	0	0	0	5	0
1982	8	0	0	0	0	8	0
1983	243	0	243	0	0	0	0

（二）待业

1982年9月,我县成立劳动服务公司,进行知识青年的登记和管理工作,教育他们根据自己的专业特长和爱好,努力为社会服务。当年,全县共有待业人员231人;至1985年,在县劳动服务公司办理《城镇青年待业证》的共2 942人。此间经劳动部门介绍安排就业的为2 188人,自谋职业的为260人。目前,尚有待业人员494人,其中女青年211人。

（第十九章《劳动人事》,第290—292页）

《怀远县志》

怀远县地方志编纂委员会编,上海社会科学院出版社1990年

（1968年)11月,首批上海、蚌埠和怀远知识青年响应毛泽东主席上山下乡的号召到农村插队落户。
（《大事记》,第18页）

（1973年)4月20日,召开"严惩破坏上山下乡反革命罪犯公判大会",到会四万多人,省革委会副主任杨效椿到会。两名罪犯被判死刑,9名罪犯被判死刑缓期执行。
（《大事记》,第20页）

是月(1974年3月),第二批1.3万名干部、医生、知识青年、城镇居民下放农村,接受贫下中农再教育。
（《大事记》,第20页）

"文化大革命"初期,城镇初、高中毕业生"上山下乡接受贫下中农再教育",无招工任务。1969年,尚精简下放1 319名在职职工。1970年开始,招收下放到农村锻炼两年以上,思想品质好,身体健康的未婚青年。招工时,须经群众推荐,民主评议,社、队领导审查,报劳动部门审核后,方招进全民或集体单位工作。同时招收按政策留城的待业青年。1970年招工1 232人,1971年招收343人,1972年招收423人。年底,全县有职工18 589人,其中全民所有制单位10 358人,集体所有制单位8 231人,(1972年以前集体所有制单位职工数无统计资料)。……1982年,劳动部门又成立劳动服务公司,对城镇待业青年进行登记,介绍就业。1974年—1983年,全县先后安置就业9 705人,其中下乡知识青年353人,留城知识青年181人,复员军人1 171人,社会劳力7 932人,落实政策安置63人。

（第十三编第二章《劳动人事》,第398—399页）

《濉溪县志》

濉溪县地方志编纂委员会编，上海社会科学院出版社1989年

是月(1959年10月)，动员300名青年赴新疆支援国营农林场建设。

（《大事记》，第30页）

(1968年)冬，开始知识青年上山下乡工作。12月23日，上海市800名知识青年来我县插队，26日，淮北市知识青年和闲散居民1000人来我县安家落户。至1978年，我县共接收安置上山下乡知识青年1.13万人，其中上海市知识青年4080人，其它外地知识青年4578人，本县知识青年2374人。

（《大事记》，第34页）

(1973年)3月15日，铁佛公社范楼大队李楼生产队5名上海下放女青年，因不堪忍受生产队长李某的刁难凌辱，集体服安眠药片自杀，经及时抢救均脱险。事发后，国务院副总理李先念过问此事，要求严肃查处。县委认真作了调查处理，判处肇事者李某有期徒刑7年。

（《大事记》，第35页）

是月(1980年12月)，将已婚下乡知识青年及其子女325人转为非农业人口。

（《大事记》，第38页）

1970年，开始在城镇下乡知识青年中招工，同时对城镇和农村退伍军人进行安置，当年新增加工人2015人，年末工人队伍达6800人。……

1978年，开始自然减员补充招工，并为1976年和1977年退休、病故的职工子女补办了顶替招工手续，同时安排了大批下乡知识青年、城镇待业青年和城镇退伍军人就业，工人数猛增，当年末达9210人。

（卷十九第一章《职工队伍》，第553页）

社会青年招工

1970年，我县采取推荐的办法从16至25岁的未婚青年中招工1768人，农业人口占90%，1530人分配在县内工业部门，其余分配到宿县等地。翌年起，农业人口的社会青年不再列入招工对象，招工只在城镇户口的社会青年、下乡知识青年和退伍军人中进行。到1979年，9年内共招收12817人，其中县内全民单位招2096人，集体单位招1006人，淮北、宿县、蚌埠等地在我县招9715人。

（卷十九第二章《劳动就业》，第557页）

1970年采取推荐的办法从下乡满2年的未婚知青中招工247人，分配到陈庄铁矿和县

工业局、商业局、二轻局等单位。招工政策是先下乡的先招,独生子女先招,兄弟姐妹多又无1人参加工作的先招。至1980年,共招收下乡知青6 996人,其中60%分配到淮北矿务局系统和宿县、蚌埠等地。其余分配在县内各个部门。1985年,又将174名在乡已婚知青全部招收为工人,分配到本县工业、商业和教育等部门,多年遗留的问题彻底得到解决。

(卷十九第二章《劳动就业》,第558页)

我县待业青年安置始于1970年,主要是通过招工、招生、参军和按政策回城自谋职业等途径安置下乡知识青年就业。至1978年,共安置在乡知青10 524人,其中,招工6 451人,升学635人,参军354人,招干6人,按政策回城1 763人,转到外县安置1 315人,占全县在乡知青的93%。1979年初,知识青年上山下乡停止,城镇知青安置成了当务之急,年末全县有待业青年1 979人。

(卷十九第二章《劳动就业》,第559页)

《五沟区志》

五沟区志编写组编,(内部刊行)1987

(1968年)十二月,上海知识青年三十二人,下放本区。 (《大事记》,第12页)

《滁县地区志》

滁州市地方志编纂委员会编,方志出版社1998年

(1969年)7月17日,安徽省革命委员会分配本区接收安置上海市中学毕业生6 000名到农村插队落户。 (《大事记》,第34页)

(1981年)7月,天长县新华公社创办农民文化技术学校,并以大队为单位建立6所分校,共有学员523人,教师由区和公社农技员以及经过培训的回乡知识青年担任,为普及农业科学知识和扫盲闯出了一条新路。 (《大事记》,第43页)

滁县地区劳动部门针对大批上山下乡的城镇青年需要安置就业的形势,广开就业门路,妥善安置回城知青和社会待业青年就业。累计安置回城知识青年7万多人。

(第二十四编《劳动 人事》,第914页)

1972年以后,招收工人基本趋于正常,招工的主要对象是各类大中专毕业生、安置复员退伍军人、上山下乡返城知青……等。 (第二十四编第一章《劳动》,第915页)

1979年又规定城市知青安排在农林四场的,本人自愿要求调动到大集体企业工作的可以调动。

第三节　知识青年上山下乡和返城安置

自1962年起,始有一部分城镇知识青年有计划、有组织的动员走上山下乡的道路。滁县地区每年都要接收、安置一批来自上海、蚌埠、马鞍山等外省、(市)和本区城镇社会闲散劳动力和城镇知识青年。1962—1966年,全区共接收、安置下放插队人员3.6万人。

1966年"文化大革命"开始,一年一度的初高中毕业生安置工作被迫停顿,动员、接收安置下放插队人员工作暂停。到1968年暑假,滁县地区共有66、67、68届(俗称"老三届"毕业生)初高中毕业生14 825人。是年9月,省革命委员会明确提出"毕业生的分配去向,主要是面向农村,上山下乡,参加农村社会主义建设"。因此,家居农村的毕业生,回原社队参加集体生产劳动;家住城市的毕业生,父母有一方在农村的,也应回农村参加生产劳动,有亲属在农村且有条件的也可以到那里安家落户;原籍在城市的,统一组织上山下乡和适当安排一部分到国营农林牧渔场及工矿、基层单位。

到1968年12月底,全区初、高中毕业生下放到农村的已达13 615人,占全部毕业生14 825人的91.8%。其中城镇毕业生到农村插队落户的5 840人。占城镇毕业生总数的85%。

1968年12月22日以后,知识青年上山下乡掀起高潮,所有初、高中毕业生都被动员上山下乡,称之为"一片红"下放。与此同时,本区从1969年2月起,开始大量接收安置上海、马鞍山、蚌埠市等来滁县地区插队落户的知识青年。1968—1972年,本区共接收和安置了上述城市的知识青年43 750人,其中上海知识青年21 262人。

1974—1978年,继续动员下放和接收安置城镇知识青年25 669人,其中本地区知识青年12 104人。

1968年到1978年10年的时间里,全区累计接收安置下乡知识青年73 064人。其中上海知识青年29 358人。

为做好城镇下放人员的安置管理工作,滁县地区于1964年起就陆续成立了安置办公室、"五·七"办公室和知识青年上山下乡办公室等管理机构,统一负责接收、安置、教育、管理下放知识青年、干部、医生的工作。

滁县地区安置城镇下放知识青年的主要形式有三种:一是分散插队,二是集体插队,三是办知青场队。1970年前分散插队是主要的安置形式,但由于分散居住条件差,知青独立生活能力差等实际困难,加之管理工作没有跟上,发生一些知青遭受迫害和极少数非正常死亡事件。对此类迫害知识青年事件,各级人民政府都严肃予以查处。1970年以后,逐步对分散插队进行调整,到1972年,集体插队成为主要的安置形式,5—7人一组的占下放知青总数的70%,2—4人一组的占20%,单身插队的人数占10%。

城镇下放知识青年安置经费专项使用,主要用于下放知青建房补助、生活补助、小农具补助、旅运费、学习材料费、困难补助费、宣传费等。1968—1972 年本区共接收下拨安置经费 2 600万元,木材计划 26 285 立方米,建知青住房 29 192 间,(其中瓦房 728 间、草房23 762间)。

自 1970 年开始知青返城安置工作,当年陆续有一部分知青被推荐招工、参军或上大学。1973 年以后,一大批下乡知青,按有关政策规定收回城镇安置。到 1979 年 6 月底,全区先后接收安置 7 万多名上山下乡知识青年,留在农村的尚有 27 788 人,其中本地区城镇下乡知青 12 988 人。之后,在地委、行署统一领导下,通过发展生产服务事业,兴办知青厂、队和服务网点,清理工厂计划外用工,减少使用农村劳动力,做好退休、退职职工子女的顶替;全民、集体企业招工等各种途径,安置待业知识青年。到 1981 年底,除了妥善解决本区 4 160 名下乡已婚知青的扫尾工作外,历年的待业知识青年全部安置完毕。

(第二十四编第一章《劳动》,第 921—922 页)

为扩大农业科学技术队伍,1981 年全面培训了县科、局级干部 405 人,区、社干部 2 038 人,国家技术员 938 人,农民技术员 2 702 人,农村回乡知识青年 4 079 人。

(第二十九编第一章《科技队伍》,第 1148 页)

《滁州市志》

滁州市(县级)地方志编纂委员会编,方志出版社 1998 年

(1968 年)10 月 18 日,滁城召开有各界人士参加的万人大会,欢送首批知识青年下乡插队。
(《大事记》,第 52 页)

(1969 年)10 月 25 日,上海市知识青年 500 人、居民 800 人来滁插队落户。
(《大事记》,第 53 页)

(1971 年)6 月,上海市 1 070 名知识青年来滁县农村插队落户。　(《大事记》,第 54 页)

(1975 年)11 月,县委成立路线教育办公室,并由县直机关干部、职工及部分大队干部、复退军人、上山下乡知青和地委派来的干部 1 100 多人组成"党的基本路线教育宣传队",进驻重点社镇进行路线教育。从农村抽调 70 多名贫下中农、知识青年和基层干部组成"倒蹲点"宣传队,进驻县直机关进行"党的基本路线教育"。
(《大事记》,第 57 页)

1968 至 1977 年,滁县共动员 11 届 7 583 名城镇中学毕业生下放农村参加农业生产,并接收安置上海、南京等地下放学生 3 381 人。1970 至 1980 年,下乡知识青年陆续被招生、招

工回到城镇。 （第四章《人口》，第 161 页）

1970 年恢复招工制度，在退伍军人、城镇应届高中毕业生和下乡知识青年中招收新工人。 （第二十一章《劳动　人事》，第 626 页）

根据国务院《关于工人退休退职的暂行办法》，本县从 1975 年开始，对职工退休、退职后家庭生活确有困难，多子女上山下乡及子女就业少的，原则上招收一名符合招工条件的子女顶替参加工作。 （第二十一章《劳动　人事》，第 626 页）

知识青年和待业青年安置　50 年代末，劳动部门结合支援边疆建设的任务，先后动员 420 名知识青年去新疆工作。1959 年开始动员部分城镇知识青年和城镇居民下放到农村。

1964 年，农村共接收安置知识青年 2 788 人。"文化大革命"中，大规模地动员知识青年下乡。1968 年，县知识青年上山下乡办公室成立（1971 年改名为"五·七"办公室，1974 年又更名为"知识青年上山下乡办公室"），对城镇知识青年实行"统一规划，城乡结合，厂社挂钩，集体安置"的办法。至 1977 年底，全县共安置知识青年 10 964 人，其中滁县的 7 583 人，上海等外地的 3 381 人。

1968 至 1977 年，全县共支出知识青年安置经费 496 万元，其中发给下乡知识青年生活补助费 178 万元；用于建房、维修、购置农具等 318 万元；供应木材计划 5 130 立方米。1977 年统计，全县建有知识青年住房 4 256 间。

1970 年，通过招工、招生、参军等途径，陆续招收下放知识青年回城。至 1979 年，未婚知识青年基本上都得到安置。从 1981 年起，对与当地农民结婚的知识青年，转为城镇户口，就近安置在有固定收入的国家企事业单位。

1978 年，根据中央提出的实行劳动部门介绍就业、自愿组织起来就业和自谋职业的"三结合"方针，对全县 5 000 余名待业青年进行劳动安置。当年共安排待业青年 2 361 人，占待业青年总数的 48.4%。1979 年县成立待业人员安置领导小组，加强对待业人员安置工作的领导。1979 至 1987 年，全市共有待业人员 14 853 人，先后通过多种途径的持续努力，到 1987 年底共安插 14 836 人，占待业总人数的 99.89%。

滁县接收下放知青情况表　　　　　　　　　　　　单位：人

原籍 ＼ 年份	1968	1969	1970	1971	1972	1973	1974	1975	1976	1977	合计
滁县	1 970	102	468	824	291	429	797	911	938	853	7 583
上海及其他城市	—	1 006	647	543	625	179	357	—	—	—	3 381
合计	1 970	1 108	1 142	1 367	916	605	1 154	811	938	853	10 964

年份	1970	1971	1972	1973	1974	1975	1976	1977	1978	1979	1980	1981	1982	合计
离队回城人数	762	660	133	211	314	1 001	958	1 171	1 529	3 507	—	358	360	10 964

(第二十一章《劳动　人事》,第 627 页)

《嘉山县志》

嘉山县地方志编纂委员会编,黄山书社 1993 年

(1968 年)11 月,本县第一批城镇知识青年到农村插队落户。　　　(《大事记》,第 31 页)

(1969 年)2 月,上海市一批高、初中毕业生响应毛泽东主席上山下乡号召到嘉山农村插队落户。　　　　　　　　　　　　　　　　　　　　(《大事记》,第 31 页)

　　1981 年初,县决定劳动服务公司,具体负责城镇待业青年安置工作,组织技术培训班,县劳动局自 1978 年后,对下乡知青和下放居民分期分批进行招工、安置工作。
　　从 1980 年起,招收下乡知青、留城知青当工人,采取文化考试和德、智、体全面考核择优录用的办法,保证了招收新工人的质量。　　　　　(第十章《人事、劳动》,第 248 页)

城镇居民下放及知青工作

　　1964 年,根据中央关于精简下放的调整方针,本县成立精减安置办公室,开始精简、下放城镇居民、行政企事业单位职工到农村务农。当年明光城镇知识青年下乡插队落户有 404 人,到大塘圩农场落户的有 25 人,另外接收蚌埠下放到我县农村的知识青年 157 人,均安排到三关乡落户。1965 年,又有 305 名城镇知青下乡落户。
　　1969 年 6 月 14 日,本县根据毛泽东主席关于"知识青年到农村去,接受贫下中农的再教育"的指示,成立"五·七"小组,办理城镇知青插队落户工作。1970 年 9 月,改"五·七"小组为"五·七"办公室,1973 年 10 月,又更名为知识青年上山下乡办公室,截至 1975 年,通过知青办公室下放到农村和农场、林场插队落户的城镇知识青年共 8 225 人,其中上海知青3 283 人,蚌埠和其它地区的知青 563 人。1977 年,城镇知识青年下放工作停止。在知青上山下乡中,本县安置形式主要有四种:一是到国营农场、林场落户。全县安置到白米山农场、农科所、潘村湖农场、紫阳林场、鲁山林场的共有 883 人;二是建立知青点。县共建知青点 21 个,集体安置 302 人;三是建立知青小组。全县 33 个公社及明光镇、城郊共安置 437 人;四是分散插队或回老家落户(外县来我县)。全县以这种形式共安置 2 661 人。

安置经费

1968年至1978年,县拨下放经费346.64万元,木材2 505立方米,毛竹1.15万根,钢材122吨。1971年5月,县成立"五·七"加工厂,有管理人员4至5名,木工15人,专门解决下放知青建房材料、门窗、家具等供应问题,该厂于1980年停办。

从1978年开始,知识青年由上山下乡转移到城镇统筹就业。安置方面,到1980年底,下乡知青已全部离开农村,他们的安置途径主要是:1.因选拔到各级领导班子而转为国家干部的有6人;2.报考录取大专院校和中等专业学校的有443人,占下乡知青总数的5.4%;3.参加中国人民解放军的有394人,占下乡知青总数的4.8%;4.因招工、婚嫁、疾病等原因而迁往外地的有1 373人,占下乡总数的16.7%;5.统筹安排工作的共有5 779人,占下乡总数的70.3%,其中招工进全民单位工作的有2 269人,招工进集体单位工作的有3 314人,安排到城镇新办集体企业工作的有196人;6.因父、母退休而顶替的有230人,占下乡总数的2.8%。

部分上海市下放知青按政策规定,办理了回城手续,得到上海市妥善安置,亦有少数上海下放知青于嘉山县结婚定居,在乡镇企业和县城明光工商企业、厂矿工作,成为技术、管理骨干,担任厂长、技术员、财会、车间主任。

......

(第十章《人事、劳动》,第249—250页)

嘉山县1968—1978年知青下放插队情况表

年份	知青下放本县插队总数	其 中						
		上海市知青	蚌埠市知青	本县知青	回乡知青	调进本县	接收省内	接收省外
1968								
1969	4 140	1 260	585	1 147	1 148			
1970	1 552	1 232		287		33		
1971	448	443		5				
1972	526	494		18		14		
1973	533	292		194		47		
1974	487			357			27	103
1975	586			518			46	22
1976	1 304			886		22	383	13
1977	899			743		33	119	4
1978	9			9				
合计	10 484	3 721	585	4 164	1 148	149	575	142

嘉山县 1968—1977 年底下放知青变动情况表

项　目	1968—1971 年	1972 年	1973 年	1974 年	1975 年	1976 年	1977 年	合计	备　　注
1. 参军	2		16	27		32	184	261	
2. 招工	1 270	23		2	454	484	27	2 260	
3. 招生	26	88	145	187	136	124	169	375	1977 年底本县实有插队知青人数 6 364 人。1977 年后均按国家政策规定陆续回城。
4. 病退	9	10	39	100	128	40	109	435	
5. 转点	19	15	45	39	57	34	56	265	
6. 死亡	9			1	1	1	2	14	
7. 提拔干部					1			1	
合　　计	1 335	136	245	356	777	715	547	4 111 人	

（第十章《人事、劳动》，第 251 页）

《天长县志》

天长县地方志编纂委员会编，社会科学文献出版社 1992 年

　　1978 年以后，大批知识青年返城，工商企业不断发展，职工队伍进入了新的稳定增长时期。截至 1985 年底，全县职工总数达到 26 563 人，是 1952 年的 39.9 倍。

（第八章《劳动人事》，第 155 页）

　　从 1970 年下半年开始，实行招工制，在退伍军人、城镇应届高中毕业生及在农村劳动锻炼两年以上经贫下中农推荐的下乡知识青年中招收新工人。　（第八章《劳动人事》，第 155 页）

知识青年和待业青年安置

　　50 年代后期，城镇劳动力不断增加，县内难以安排，为此，劳动部门结合支援边疆建设的任务，于 1959 年 3 月和 8 月，先后动员 500 余名知识青年去新疆工作。1960 年，压缩城镇闲散人员，劳动部门将部分城镇知识青年和城镇居民下放到农村。1964 年 2 月，县成立城镇社会青年下放安置办公室，投资 20 多万元，在平安办了一所农垦学校，并在上泊湖、釜山（汉涧）、建华（铜城）建 3 个下放青年队，安置县城知识青年。从 1961 年到 1965 年，全县共下放安置城镇知青和居民 5 696 人。

　　1968 年 9 月，为解决 1966—1968 年三届中学毕业生安置问题，县成立面向农村、面向工矿、面向边疆、面向山区的"四面向办公室"（1969 年 5 月改称"上山下乡五七办公室"），10 月开始在县内全面动员知识青年上山下乡，同时接收安置大批上海、马鞍山等地的知识青年

来县插队落户。从1968年到1978年,全县共安置本县及外地的知青7 245人,其中本县3 014人,上海市3 566人,马鞍山市520人,其他地区145人。为保证下放知识青年正常的生活和生产,1968年至1981年,全县计拨款341.99万元,木材2 933.5立方米,购置了大量生活和生产用具,并建房4 422间,其中瓦房2 044间。

1979年以后,对城镇初、高中毕业生由动员下放农村改为妥善安置就业,以往下放到农村的知识青年,也先后通过提干、招工、招生、参军等方式全部收回城镇。

1979年9月,劳动局内设城镇待业青年安置办公室,根据"劳动部门介绍就业,自愿组织起来就业和自谋职业相结合"的就业方针,广开城镇待业青年安置的渠道,当年安排7 100名青年就业,占7 800名待业青年总数的91%。从1979年到1985年,全县新办各种青年集体经济组织263个,其中工业和手工业79个,商业、饮食业及服务业166个,装卸、运输业3个,建筑、修理业7个,文教、福利业7个,农副业1个。

截至1985年底,全县共安置待业青年9 284人,占10 293名应安置待业青年总数的90.2%。其中发展集体经济组织安置3 543人,社会招工2 627人,学校招生183人,参军560人,退休顶替655人,安排为计划外用工1 716人。　　　　(第八章《劳动人事》,第157页)

1979年以后,对中小学进行调整合并,对教师队伍进行整编。1980年至1984年分配来县任教的高等师范院校毕业生571人,从民办教师和代课教师中选拔招收公办教师130人,同时还从知识青年中招收大批教师。　　　　(第二十二章《教育》,第436页)

(1958年)8月4日,全县400名青年(其中女青年82名)赴新疆支援建设。

(《大事记》,第620页)

(1959年)3月5日,本县第二批191名男女青年赴新疆支援建设。

(《大事记》,第621页)

(1969年)8月,召开全县首届上山下乡积极分子代表大会。　　(《大事记》,第625页)

是年,根据毛泽东"广大干部下放劳动"、"知识青年到农村去"的指示,县、公社、大队相继成立"五七"领导组织,动员和安置上山下乡人员。到本年底,全县共下放中小学毕业生、城镇居民、干部和家属4 431人,接收安置上海市知识青年、居民及濉溪市等地下放干部1 554人。

(《大事记》,第625页)

是月(1971年6月),安置在向阳公社浮山大队的3名上海女知识青年因用火不慎,被烧死在住房内。　　　　(《大事记》,第625页)

《来安县志》

安徽省来安县地方志编纂委员会编纂,中国城市经济社会出版社1990年

(1968年)6月,县"五·七"领导小组成立,主管知识青年上山下乡工作。

(《大事记》,第31页)

是月(8月),首批初、高中毕业生到农村插队落户。至1977年,来安先后下放初、高中毕业生3 372人,接收安置上海、马鞍山等地知青4 806人。　　　(《大事记》,第32页)

1970年起,本县除按照政策规定安排城镇待业人员和转业退伍军人就业外,开始在下放农村锻炼两年以上的知识青年中招收新职工。招收方法是基层组织推荐、审核,县主管部门审批。当年,全县招收下放知识青年322名,其中安排在县内就业的122名,由省、地劳动部门安排到外地就业的200名。1971年,临时(合同)工制度改革后,本县有1 300名临时(合同)工转为正式工。

1978年起,城镇中学毕业生不再下放农村,城镇待业人员又迅速增长。

(第二十二章《人事劳动》,第328页)

下放知识青年安置　　1963年,本县水口镇的范俊贤、解国民等6名知识青年到农村插队落户,是为本县第一批下放知识青年。1966年至1967年,本县部分城镇居民陆续下放农村落户,全县随家庭下放的知识青年共有78人。这一时期,随家庭下放的知识青年每人发给安置费50元,木材0.3立方米。1968年6月,根据毛泽东主席的"五·七"指示(1968年5月7日关于《知识青年到农村去》的讲话),县成立"五·七"工作领导小组(1970年9月,"五·七"领导小组更名为"五·七"办公室;1972年10月,又更名为知识青年上山下乡办公室),负责办理城镇知识青年插队落户安置工作。1968年8月,本县下放551名城镇初、高中毕业生到农村插队落户。1969年2月,本县接收上海市静安区340名首批沪籍下放知识青年,当年12月,又接收上海下放知青387名。之后,本县城镇初、高中毕业生分期、分批下放到农村;上海、马鞍山等地也有部分知识青年陆续下放到本县农村;1978年,城镇知识青年不再下放。

1968年下放的知识青年每人发给安置费165元,1969年增加到180元,1972年增加到500元。到1985年底,全县共使用下放知青安置费198万余元、木材3 100立方米,为知青建房7 208间。

1969年以前下放的知识青年多为单身插队或随户插队。1970年以后,以集体插队为主,或由3—5人组成插队小组,或由10—30人组成知青茶、林场,大英公社还曾成立了1个

知青生产队。1975 年统计，全县共有在队知青 5 065 人，其中单身插队的 181 人；知青插队小组 1 012 个，4 382 人；知青茶、林场 28 个，484 人；知青生产队 1 个，18 人。

从 1970 年起，每年都有部分下放知识青年因招工、招生、参军，陆续离开农村。到 1985 年底，全县下放知识青年中招工的 5 368 人，升学的 635 人，参军的 276 人，病退或按政策规定回城的 1 422 人，转入他地的 365 人，提干转正的 113 人，其他 148 人，与农村社员结婚尚留在农村的 35 人。

1979 年，多数下放知识青年离开农村，县知青办公室着手对下放知青住房、用具进行清理，除留少部分给已婚知青使用外，大部分折价处理给社队，共折款人民币 18.36 万元，只收回 1 000 元。

附：

来安县上山下乡知识青年统计表

单位：人

原籍＼年份	1963	1966	1967	1968	1969	1970	1971	1972	1973	1974	1975	1976	1977	合计
来安	6	62	16	551	584	502	130	126	161	184	507	383	244	3 456
上海	—	—	—	—	727	881	208	184	179	256	21	42	—	2 498
马鞍山	—	—	—	—	—	—	—	—	—	467	245	381	380	1 473
其他	—	—	—	107	266	245	11	27	78	45	18	100	100	935
合计	6	62	16	658	1 577	1 628	349	337	418	945	818	824	724	8 362

（第二十二章《人事劳动》，第 330—331 页）

1974 年，本县开展了故事和民歌创作活动，参加这一活动的大多数是下放农村的知识青年。

（第二十五章《文化》，第 414 页）

《全椒县志》

安徽省全椒县地方志编纂委员会主编，黄山书社 1988 年

(1968 年)11 月 12 日，我县第一批城镇知识青年——全椒中学 128 名毕业生到农村插队落户。

（《大事记》，第 25 页）

本年(1970 年)，县内开始招工，主要招收下乡和留城知识青年。 （《大事记》，第 26 页）

1962 年，根据中共中央的调整方针，县成立精简办公室，开始精简下放城镇居民、行政企事业单位职工到农村务农，当时随父母下放的城镇知青有 162 人（内含上海精简来我县务

农者 92 人)。1969 年 6 月 14 日,县又根据毛泽东主席的"知识青年到农村去,接受贫下中农再教育"的指示成立"五·七"小组,办理城镇知青插队落户工作。1970 年 9 月,改"五·七"小组为"五·七"办公室。1972 年元月,更名为知识青年上山下乡办公室。

1968 年 11 月 12 日,我县第一批下放知青——全椒中学 128 名城镇毕业生办理手续至农村插队落户;随后,全县各中学城镇毕业生均分期分批到农村插队落户。1969 年 2 月 25 日起,上海、马鞍山等城市知青也陆续来我县插队落户。1977 年,城镇知青下放工作停止,十年间全县共安置到农村插队的城镇知青 7 822 人,其中县内 2 354 人、上海 3 182 人、马鞍山 1 921 人、其它地市 125 人、外地转入 240 人。安置形式:1.建立知青点,全县共编成插队小组 461 个、青年队七个、社办茶林场 35 个,集体安置知青 4 969 人;2.自选地点单身插队 3 015 人。安置经费:1968 年每人发放 230 元,用于建房和购买生产、生活用具;1969 年减为 180 元,其中建房 70 元、伙食 60 元、生产生活用具 50 元;1973 年增至 450 元,其中建房 200 元、生活费 120 元、其他 130 元。此外,每人还拨给建房的专用木材 0.3 立方米。1968 年至 1977 年,全县共下拨安置经费 350 万元、木材 3 000 多立方米、建房 3 000 余间。

1970 年至 1980 年,知青办对下放知青进行统筹安排,全县先后有 7 848 名下放知青迁离农村。其中招收为固定工的 2 875 人,被推荐为"工农兵"学员至大、中专院校学习的 724 人,提拔转干的五人,参加中国人民解放军的 266 人,病退、特困返城的 3 470 人,转外地的 491 人,死亡 17 人。1980 年,知青办并入劳动局,1982 年根据县政府政发〔82〕2 号、144 号文件,劳动局分两批将未安置的 147 名已婚下放知青全部招收为集体所有制工人。1984 年又将随父母下放的上海知青 89 人(下放户)全部招收为集体所有制工人。

附 1:下放知青插队人数统计表

年　份	全椒	马鞍山	上海	其它地、市	外地转入	小计
1962、1965	70	0	92	0	0	162
1968	740	0	0	81	0	821
1969	155	0	840	5	0	1 000
1970	0	0	916	3	0	919
1971	0	0	304	0	4	308
1972	0	0	702	0	10	712
1973	205	0	0	8	25	238
1974	250	0	415	12	76	753
1975	342	353	5	9	83	792
1976	401	1 003	0	7	34	1 445
1977	261	565	0	0	8	834
合计	2 424	1 921	3 274	125	240	7 984

年　份	小计	招工	升学	提干	参军	病退	转外地	死亡
1970—1975	1 661	851	372	5	30	159	228	16
1976	791	556	31	0	24	119	60	1
1977	466	275	52	0	2	94	43	0
1978	1 783	359	228	0	168	968	60	0
1979	2 894	752	35	0	25	2 082	0	0
1980	153	82	6	0	17	48	0	0
1982	147	147	0	0	0	0	0	0
1984	89	89	0	0	0	0	0	0
合计	7 984	3 111	724	5	266	3 470	391	17

（第二十三章《劳动人事》,第 480—481 页）

"文化大革命"期间的 1966 年至 1972 年,师范院校停止招生,加之小学、普通中学盲目发展,教师严重不足,全县又从退伍军人、插队知识青年中选拔 2 000 多人担任中、小学民办教师和代课教师。　　　　　　　　　　　　　（第二十六章《教育》,第 581 页）

《定远县志》

定远县地方志编纂委员会编,黄山书社 1995 年

（1968 年）冬,上海等地 3 000 余名知识青年来定远县插队落户。　（《大事记》,第 35 页）

1966 年,"文化大革命"开始,组织"知识青年上山下乡",全县共下放知识青年 5 123 人到农村插队落户。1970 年至 1976 年,按分配和招工指标,陆续招收当工人和病退回城的 2 285 人。　　　　　　　　　　　　　　　（第二十二章《劳动人事》,第 604 页）

十八岗农垦学校　1965 年,省政府在本县程桥乡十八岗创办十八岗农垦学校,招收本省各市、县城镇知识青年,总校在十八岗,并开办凌家湖、斋朗、练铺、仓北、韭山、石塘湖六个农垦分校。学生以劳动建校为主,分为初级班、中级班、大专班。1968 年学校停办,学生遣回原籍。　　　　　　　　　　　　　　　　　（第二十五章《教育》,第 710 页）

《凤阳县志》

安徽省凤阳县地方志编纂委员会编,方志出版社 1999 年

（1969 年）2 月 20 日,全县三届(1966 年、1967 年、1968 年)毕业生,家住农村的回乡参

加生产,家住城镇的到农村插队落户。

2月27日,上海市340名中学毕业生下放到县内农村插队落户,有关社队派人到临淮关火车站迎接。　　　　　　　　　　　　　　　　　　　　　(《大事记》,第36页)

凤阳县百货公司下属机构网点有:府城分销处,下辖一个知青门市部(后撤)、一个门市部;临淮分销处,下辖一个联营门市部、一个知青门市部、三个门市部。公司下辖一个知青门市部、百货批发部(下辖一个零售门市部)、针织批发部。　　　　(第十四章《商业》,第351页)

淮光综合饮料加工厂下设有饮片加工厂、食用菌厂、刘府知青店、总铺知青店、小溪河知青店、枣巷知青店。　　　　　　　　　　　　　　　　　　(第十四章《商业》,第353页)

知青商店

1979年,全县各机关、团体、企事业单位自筹资金、银行贷款,开办了各种形式的知青商店。经营类型有代销、经销、合营、联营等。

1981年至1985年,全县发证知青门市部133个,安置知青3 377人,经上级批准转为集体性质的34个门市部1 634人。

1984年知青门市部经营情况表　　　　　　　　　　　　　单位:万元

单　位	职工人数	购进总额	销售总额	销售毛利	费用总数	利润	固定资金	流动资金
百货公司知青门市部	26	127.61	165.03	20.73	9.29	8.02	12.85	13.23
五交化知青门市部	16	23.6	21.2	1.95	1.67	0.28	3.9	6.5
饮服公司门市部	4	4.24	4.21			0.015	0.3	0.3
石油公司门市部	5	410	3.1	2.6	0.26	0.13	0.05	2.16
盐业公司门市部	4	7	8.9	1	0.7	0.24		
烟酒公司门市部	10	10.4	11.6	1.2	0.71	0.45		
食品公司门市部	22	137.8	150.8	13	11.7	0.8	4.3	5.1
中药材公司门市部	18	21	15	2.4	1.3	0.5	4.3	3.4
蔬菜公司门市部	3		1.14	0.16	0.17			
知青厂知青门市部	108	38	50	11.3	8.5	1.2	6.7	44
食品厂知青门市部	8	5	4.8	0.76	0.56	0.01	1.2	1.8

(第十四章《商业》,第357页)

1985年,团县委召开团员青年学习对越自卫反击战中英勇献身的张玉成等8位烈士的英雄事迹,开展"英雄在我心中"活动,共给前线战士写慰问信180多封,寄慰问品价值5 700余元,培养出奋勇擒敌的青年宋华书,数年如一日为五保户送温暖的青工徐荣利,自学成才的青年徐泽祥,放弃进城机会、安心农村勤劳致富的回乡知青毕述凤等典型人物。

(第十九章《政党社团》,第 475 页)

1970 年至 1977 年,招收工人 1 552 人(全民所有制企业工人 776 人,集体所有制企业工人 776 人),其中插队知青 586 人。1978 年招工 647 人(全民 415 人,集体 232 人),其中插队知青 81 人。1979 年招工 950 人(全民 500 人,集体 450 人),其中插队知青 100 人。招工办法是按国家下达的招工指标,由当时的"五七"办公室分配名额。招工手续是基层单位(生产队)推荐,大队、公社审查,县"五七"办公室批准。招工对象为贫下中农子女,插队知青和留城知青。

(第二十三章《劳动人事》,第 539 页)

《巢湖地区简志》

巢湖地区地方志编纂委员会编,黄山书社 1995 年

(1969 年)10 月 10 日,专区革委会下发《关于进一步做好下乡上山工作意见》,要求各县抓紧抓实下乡上山工作。到年底,区内上山下乡人员已达 4.10 万人,接受外省市下放人员 1.44 万人,合计 6.54 万人。其中毕业学生 3.06 万人,干部、职工和家属 2.07 万人,城镇居民和社会知青 1.38 万人,其他人员 295 人。

(《大事记》,第 20 页)

(1973 年)7 月 11 日,地委发出《关于认真传达贯彻中央(73)21 号文件,切实做好知识青年上山下乡工作的通知》,要求总结经验,切实做好知识青年上山下乡工作。

(《大事记》,第 23 页)

10 月 24 日,全区上山下乡先进集体、先进个人代表大会在巢城召开,与会代表 500 余人。省上山下乡办公室负责人及上海市徐汇、长宁、普陀区代表出席了会议。

(《大事记》,第 23 页)

(1974 年)1 月中旬,地委组织知青工作检查团并慰问上山下乡知识青年。检查后认为,上山下乡知青在普及农村文化、教育、卫生、科技等方面发挥了积极作用。在下乡知青中,有 131 人加入中国共产党,有 2 921 人加入共青团,有 836 人参加了基层领导班子。

(《大事记》,第 23 页)

1978 年,省政府规定,招收留城的知识青年、下乡的知识青年改由知识青年的父母一方所在的工作单位推荐。

(第十五章《劳动人事》,第 352 页)

1969 年 12 月,全国掀起了城镇知识青年上山下乡、接受贫下中农再教育的热潮。从 1978 年开始,知青陆续回城镇并妥善安置。1978 至 1979 年,根据省有关文件规定,下放知青由家长所在单位推荐,劳动部门安置。1980 至 1984 年,回城知青参加社会统一招工,择优录用,在初选分数线上适当照顾。1985 年规定,对 1976 年以前下乡的、在农村插队 2 年以上并符合招工条件的回城知青,免于文化考试,全部安排为大集体工人。截至 1985 年,全区共安置知青 59 414 人。 (第十五章《劳动人事》,第 352 页)

1965 至 1977 年,从工人、贫下中农、退伍军人、上山下乡知青中招收 446 名干部。其中 1973 至 1977 年先后录用 241 名干部。 (第十五章《劳动人事》,第 357 页)

《巢湖市志》

巢湖市地方志编纂委员会办公室编,黄山书社 1992 年

(1969 年)8 月 29 日,巢县首届上山下乡积极分子代表大会召开。(《大事记》,第 37 页)

(1973 年)10 月 10 日,县上山下乡先进集体、先进个人代表大会召开,出席会议代表 940 人。自 1968 年以来,全县下放和接受县外下放人员达 1.3 万多人。 (《大事记》,第 39 页)

(1977 年)10 月 7 日,县第五次上山下乡知识青年先进集体和先进个人代表大会召开。当年下乡学生最多,应届生 627 人,中学退学下乡的 270 多人。 (《大事记》,第 40 页)

"文化大革命"期间,干部管理混乱,"以工代干"人员越来越多;同时又出现了"以农代干"、"临时工代干"、"知青代干"。1971—1972 两年,吸收干部 515 人。

(第二十二章《人事 劳动》,第 687 页)

同年(1970 年),发动城镇居民和知识青年到农村安家落户,上山下乡。县成立上山下乡办公室,具体开展上山下乡工作。从 1970 年起,开始在社会上进行正常的招工工作,主要对象是城镇下放知青和城镇留城知青。 (第二十二章《人事 劳动》,第 692—693 页)

1968—1978 年,全县共下放 1.129 8 万名知青(包括接收外地来我县下放的知青)到农村插队锻炼。截至 1982 年春,除死亡 16 人外,全部得到了妥善安排。先后招工 7 715 人,参军 480 人,招生 728 人,到农林四场当农工 215 人,转迁外地 150 人,回城 1 989 人,自谋职业 5 人。 (第二十二章《人事 劳动》,第 693 页)

1978—1984 年底,全县共补充招收退休退职职工子女 2 784 人(其中上山下乡的 256 人,留城知青 573 人,待业青年 1 135 人,农村青年 820 人)。

(第二十二章《人事　劳动》,第 693 页)

知识青年上山下乡工作是从 1968 年 10 月开始的。主要动员巢县一中、巢县二中、巢湖农校、园艺场中学、炯炀中学、柘皋中学、元山中学、槐林中学、民办中学等 10 所中学毕业生和街道知青到农村去"接受贫下中农再教育"。自 1968 年 10 月到 1978 年底,先后动员全县城镇非农业人口的 6 073 名知青到农村插队落户,其中回外县、回乡的 590 人;同时接收外省、外县来巢县农村落户的知青 5 835 人(其中上海 2 422 人,合肥 2 123 人)。合计知青共 1.190 8 万人。

知青上山下乡,开始是自行挂钩,自找落户地点。自 1970 年 11 月起,逐步改为由组织安排统一分到插队小组。全县有 45 个公社、388 个大队、1 276 个生产队接收了下乡知青。按知青性别 5—7 人建立一个插队小组,全县共有知识青年插队小组 533 个。

知青插队落户经费,开始每人标准为 210 元落实到队,1969 年降低为 185 元。1973 年提高了标准落实到队 450 元,其中:1.用于生活补助费 180 元(第一年发给知青 80 元、第二年发给 60 元、第三年发给 40 元),要求在第三年内基本达到自给;2.建房补助费为 200 元,木材计划每人 0.3 立方米;3.生活用具、生产工具购置费为 70 元。全县共拨付安置费 368.8 万元、木材 3 960 立方米,建造住房 3 532 间。上海支援巢县无息贷款 4.7 万元,省、地支援人民公社投资 1.6 万元。为了促进接收知青的社队发展副业生产,上海先后拨给 3 批支援物资,有缝纫机、拖拉机、变压器、机动喷雾器、柴油机等,以帮助社队增加经济收入,减轻安置负担。

知青下放情况表

(1968 年 10 月—1978 年底)

单位:人

年　份	本县动员下乡人数	其　中			
		下放本县农村人数	下放农林四场人数	下放到省内外县人数	下放到外省人数
合　计	6 073	5 238	225	570	40
1968	1 504	1 414	10	72	8
1969	1 034	1 023	—	11	—
1970	419	411	—	8	—
1971	13	13	—	—	—
1972	9	9	—	—	—
1973	384	352	32	—	—
1974	226	196	—	24	6
1975	611	412	57	138	4
1976	1 002	761	74	158	9
1977	852	628	52	159	13
1978	19	19	—	—	—

接收下乡知青安置情况表

(1968 年 10 月—1978 年底)

年 份	接收安置农村人数	分地区接收安置人员情况						
		本县人数	其中：农林四场插场人数	外县市人数	合肥市人数	芜湖市人数	上海市人数	外省人数
合计	11 298	5 463	225	795	2 123	275	2 422	220
1968	1 504	1 424	10	25	26	29	—	—
1969	2 401	1 023	—	237	388	100	582	71
1970	831	411	—	86	42	11	229	52
1971	460	13	—	26	14	5	382	20
1972	915	9	—	20	9	2	857	18
1973	810	384	32	153	44	10	205	14
1974	822	196	—	43	466	21	91	5
1975	641	469	57	49	71	15	27	10
1976	1 422	835	74	70	451	40	14	12
1977	1 468	680	52	85	610	40	35	18
1978	24	19	—	1	2	2	—	—

（第二十二章《人事 劳动》，第 696—698 页）

1964 年，参加函授的学员增为 433 人。1965 年，为 441 人（小学教师 112 人，耕小教师 270 人，回乡知青 59 人）。

……

此外，在农村干部、职工、回乡知识青年中，有相当数量的人参加农民函授大学学习，仅花集乡就有 17 人。 （第二十六章《教育》，第 812 页）

《肥东县志》

安徽省肥东县地方志编纂委员会编，安徽人民出版社 1990 年

(1971 年)5 月下旬，上海知识青年 1 200 人下放本县农村，"插队落户"。

（《大事记》，第 23 页）

同年(1978 年)，城镇知识青年下放停止。全县原下放的 6 904 名知青，陆续收回城镇安置就业。 （《大事记》，第 26 页）

(1979 年)11 月，县生物农药厂与龙塘五七知青农药厂合并成立县农药厂。

（《大事记》，第 26 页）

1978 年起,由于上山下乡的知识青年回城,城镇待业人员猛增,于是实行"劳动部门介绍就业,自愿组织就业和自谋职业相结合"的方针,安置城镇人就业。1981 年,县成立劳动服务公司,统筹劳动就业工作。 （第十四章《民政人事》,第 426 页）

城镇知识青年下放回收安置数

项目 ＼ 原籍	上海市	合肥市	其他外地	本 县	合 计
下放数 （1961—1977）	1 963	3 185	637	1 247	7 032
回收城镇安置数 （1978—1983）	1 963	3 185	637	1 247	7 032

注:回收安置数中包括自谋职业 7 人（上海市 1 人,本县 6 人）。

（第十四章《民政人事》,第 428 页）

《含山县志》

含山县地方志编纂委员会编,黄山书社 1995 年

知识青年下放与安置

1963 年,县成立"上山下乡劳动安置领导小组",下设"安置办公室"。开始动员下放,精简职工、干部、机关家属和年满 16 岁以上、能独立生活、有劳动能力而又不能升学的城镇初、高中毕业生。当年一部分职工和干部家属下放农村。

1968 年,下放城镇中学毕业生 868 名到农村。1968 年至 1978 年,全县有 3 550 名知识青年到农村插队落户。与此同时,先后接收外省、市、县来含山农村插队落户知识青年 3 435人,其中:上海市 729 人,江苏省 100 人,芜湖市 227 人,合肥市 68 人,马鞍山市 672 人,巢县72 人,总计县内和外地下放知识青年 6 783 人。

1970 年至 1978 年底全县下放知识青年 6 783 人,收回安置完毕。其中:招工 4 686 人,招生 284 人,提干 13 人,参军 167 人,病、困退 912 人,迁往外地 283 人,就地就近进社办企业 294 人,自谋职业 136 人,死亡 8 人。 （第二十三章《劳动人事》,第 462 页）

《和县志》

和县地方志编纂委员会编,黄山书社 1995 年

是年（1968 年）,1966 年至 1968 年的三届高、初中毕业生,共 1 689 人,下放农村插队落

户，接受贫下中农再教育。（《大事记》，第 27 页）

是年(1970 年)，和县知识青年办公室同劳动局，共同办理下放到农村的城镇知识青年安置工作。（《大事记》，第 28 页）

1968 年 10 月，全县开始对 1 689 名 1966、1967、1968 年的三届高、初中毕业生，动员下放和组织安插工作。其中城镇居民户口的 874 人，分四批下放农村插队落户，农村户口的 815 人，一律回乡生产。1969 年春，上海、芜湖、马鞍山等城市的知识青年，陆续下放和县农村插队落户。1978 年，城镇知识青年下放停止。10 年间，安置城镇知识青年到农村插队落户总数为 8 991 人，其中和县的 4 387 人，上海市的 1 774 人，马鞍山市的 1 236 人，芜湖市的 574 人，其他城市的 1 020 人。下拨安置经费 309.7 万元，木材 3 293.5 立方米，兴建知识青年住房 3 397 间。

1970 年，县知识青年上山下乡办公室会同县劳动局，对下放在农村的知识青年分期分批收回就业，1982 年底，全部安置结束。其中招工的 5 341 人(包括外地、市招回安置的下放知青)，招生入学的 686 人，提拔当干部的 191 人，参军的 567 人，因病、因困难退回城镇的 1 344人，转出 256 人，其他 220 人。在农村已婚的知识青年 386 人中，有 23 人从事手工业或摆摊点自谋职业，其余的 363 人，均就地安置在集镇街道和社队企业工作。他们在下放期间结婚生育的子女 639 人，也收回转为城镇居民户口。

1979 年，安置工作逐步从城镇下放知青转移到城镇待业青年上来，实行“劳动部门介绍就业，自愿组织起来就业和自谋职业相结合”的方针，发动各企事业单位兴办集体经济安置就业和引导扶持待业青年自谋职业，发展个体经济。到 1985 年全县城乡兴办商业、饮食业、服务业、编织业、印刷业、食品加工业、玻璃加工业、手工刺绣业等集体经济 206 个，安置待业青年 1 776 人，从事个体经济的 1 300 人。国家给 53 个知青集体贷放扶持生产周转金 53.9 万元。据 19 个单位统计，1981 年至 1985 年间的营业收入，除发放 218 名青年的工资和必要开支外，还为集体积累资金 41.5 万元，上缴国家税金 19.6 万元。

（第十八章《劳动人事》，第 497 页）

《无为县志》

无为县地方志编纂委员会编，社会科学文献出版社 1993 年

(1966 年)9 月 8 日，无为中学、一初中、二初中、民办初中的 288 名城镇高初中毕业生，响应党的号召，上山下乡，到农村插队落户，决心当一辈子农民。（《大事记》，第 30 页）

（1968 年）9 月，全县高初中毕业生开始上山下乡，接受贫下中农再教育。

（《大事记》，第 31 页）

1965 年，为安排知识青年就业，实行亦工亦农制度，有的部门实行轮换工，通过试点减少了固定职工。是年实行退职退休职工子女可以顶替招工的制度。

1970 年，全县招收农村劳动力 1 254 人（含下放知青）、城镇劳动力 104 人。同时帮助外地市招收 1 736 人，外县招收 751 人。其中招收下放知青 2 385 人，社员 1 220 人。1971 年，招收 300 名知识青年、烈士子女就业，年底，全县职工 13 851 人（固定工 11 779 人）。1972 年 613 名临时合同工转为正式工。

1977 年，全县招收新工人 277 名。其中自然减员补充招工 94 人，社会知识青年 99 人，农林渔牧场安置知识青年 60 人，另为外县市招收 102 人。

（第二十四章《人事劳动》，第 419 页）

全县遗留下来的 295 名下放知青，根据就地就近安排的原则，区镇包干安置 150 名，县统一安置 144 名，全部安置落实。　　　　　　　（第二十四章《人事劳动》，第 419 页）

无为县知识青年上山下乡插队落户工作从 1968 年开始，至 1978 年基本结束，共下放 12 965 人，其中县内 10 608 人（男 6 572 人、女 4 036 人），外地 2 357 人（男 1 286 人、女 1 071 人）。按年度计，1968 年 3 244 人，1969 年 1 389 人，1970 年 457 人，1971 年 908 人，1972 年 648 人，1973 年 978 人，1974 年 830 人，1975 年 1 125 人，1976 年 2 000 人，1977 年 1 013 人，1978 年 94 人。全县共办有 4 个以知青为主的农场、4 个以知青为主的青年队及 550 个插队小组。总共用去下放经费 590 多万元，木材 3 200 多立方米，新建草房 1 723 间、瓦房 1 299 间，合计 45 330 平方米。从 1970 年开始，先后在下放知识青年中招工 5 296 人，招生 1 533 人，招干 97 人，参军 572 人，死亡 17 人，外地回收 1 654 人，其他渠道安置 3 796 人。从 1978 年 12 月下旬开始，县知青办分期分批将遗留的下放知青的户粮关系收回城镇。

（第二十四章《人事劳动》，第 421 页）

《庐江县志》

庐江县地方志编纂委员会编，社会科学文献出版社 1993 年

（1968 年）10 月，本县农村开始接受下放知识青年，至次年 6 月 3 日止，全县农村接受下放知识青年 1 525 人；并接受下放城镇居民 7 600 人、干部家属 1 006 人。

（《大事记》，第 29 页）

新办集体商业　1979 年以后,城镇新办集体商业——"知青商店",即原下放到农村,后回收进城的知识青年,以及城镇待业的初高中毕业生,通过劳动部门介绍,自愿组织起来就业和自谋职业的商店。在组织形式上,大部分由全民、集体单位扶持兴办的,也有的是知青自愿组合,自筹资金,由其亲属所在单位帮助兴办的。1979 年,仅商业系统安置待业青年606 人,组成 26 个单独核算的知青商店(组),55 个门市部和售货亭,铺底资金均由各单位筹措,周转使用,逐步归还。供销商业系统,先后将全县所属单位 570 名知青全部安排就业,其中 376 名组建供销知青商店,200 人组建合作商(饭)店 36 个,新建 60 多个商业网点,全系统投入资金 10 万多元。1984 年,商业和供销社系统先后将所属知青商店转为新办集体商业,1 340 人转为城镇新办集体职工,新办集体商业,实行独立核算,自负盈亏。兴办商业主要行业有百货、食品、盐业、糖酒、五交化、饮食服务、文百、南业等。

(第十三章《商业》,第 348 页)

1968 年 3 月,召开全县第一次贫下中农代表大会,选举产生县贫下中农协会第一届委员会。在此期间,以贫下中农为主体,各级贫协组织宣传队进驻并管理学校、医院、商店,对下乡知识青年进行"再教育"。

(第十九章《党派群团》,第 535 页)

1970 年,加强对劳动用工计划管理,即根据国家下达的招工计划和政策规定,实行计划分配,优先解决新建、扩建的工商企业单位增人指标。对工农业生产劳动力统筹兼顾,调剂余缺,全面安排。陆续办理长期临时工转正,并从退伍军人、下放知识青年及农村回乡学生中招收工人 2 413 名,重点分配到县办工业及地属企业单位。　　(第二十三章《劳动人事》,第 599 页)

60 年代初本县城镇有少数初、高中毕业生(简称"知青")到农村插队落户。1968 年底,掀起城镇居民、知识青年上山下乡和广大干部下放劳动的热潮。至 1969 年有 3 661 名县内知青和 498 名上海知青到本县农村落户,并下放一批本县居民干部和家属到农村;1970 年至 1977 年,又有本县的和上海市、马鞍山市等地 8 063 名知青被下放到本县农村插队落户。下放的知青分别安置在 73 个农村人民公社 518 个生产大队和 226 个社、队茶林场,有的知青居住在亲友家里,大部分知青组成 2 至 20 人的知青插队小组,生活自理,由当地生产单位分配农活,进行劳动锻炼。1978 年起即停止城镇初、高中毕业生下乡,并对在乡知青办理"病退"、"困退"和夫妻一方在城的回收,当年上海市、马鞍山市在乡知青通过招工已全部回城;以后逐年对在乡知青招工回收,妥善安排其生活和工作。至 1981 年底,原下放在本县的12 222 名知青回收安置工作全部完成。　　(第二十三章《劳动人事》,第 600—601 页)

1971 年至 1974 年间,从农村回乡知识青年和青年工人中先后 5 次吸收录用了大批干部。

(第二十三章《劳动人事》,第 604 页)

《宣城地区公路志》

章征学主编，中国对外翻译出版公司1999年

至70年代末，辖区公路部门共有大中专毕业生103人，转业复员军人19人，招收录用下乡知青和社会待业青年49人，补充离退休减员。　　（第五章《机构与队伍》，第415页）

60年代，各县公路管理站接收大中专院（校）毕业生和招收部分知识青年，使职工队伍文化结构有所改变。　　（第五章《机构与队伍》，第430页）

《当涂县志》

当涂县志编纂委员会编纂，中华书局1996年

（1968年）11月15日7时，当涂初中欢送首届中学毕业生上山下乡。

（《大事记》，第28页）

（1969年）9月，县成立"五·七"领导小组，负责对下放干部、知识青年的管理教育工作。

（《大事记》，第28页）

知识青年上山下乡

当涂知识青年上山下乡始于1968年，1978年结束。共接收安置知青11 633人，其中当涂县4 062人，芜湖市3 899人，上海市2 540人，马鞍山620人，外地回原籍66人，外地调点来当涂446人。

首批下放在1968年11月，下放对象为1966—1968年3届年满16周岁的高、初中毕业生。是年除安置县内知青602人外，接收芜湖市知青599人，马鞍山市知青291人，计1 492人。1970年首次接收上海插队知青1 059人。为做好上山下乡知青安置工作，1969年县革委会成立"五·七"小组及办公室，农村各社队亦相应成立机构，负责知青接收安置。1969—1977年接收安置人数分别为1 812人、1 386人、1 403人、506人、1 132人、697人、964人、982人和811人；赴外地插队知青为82人（生产建设兵团40人）。安置形式：开始是分散插队，后来成立集体插队小组，设点安置，湖阳公社还专门设立"五·七"农场，集中安置下放知青。县财政用于安置知识青年生活、劳动、住房等经费640.8万元，调拨木材3 490立方米，建房4 051间61 257平方米。

1978年12月，中共中央、国务院《关于知识青年上山下乡若干问题的试行规定》下发后，终止了上山下乡运动，同时开始回收安置下放人员。1970—1980年，全县下乡知青招工

5 614 人(不含外地区退休、退职顶替子女和父母单位内部招工),招生 525 人,应征入伍 236 人,按政策规定回收城镇 267 人,死亡 19 人,与当地农民结婚留在农村的 213 人。1980 年,全县历届下放知识青年全部回收完毕。滞留农村与农民结婚知青安置情况是:进县社联营单位 22 人,社办单位 131 人,队办单位 11 人,集资经营 21 人,自谋职业 27 人。

(第十九编第一章《劳动管理》,第 433—434 页)

1970 年,县开始执行按省下达计划指标招收固定工。是年招工对象为标准集镇以上下放农村参加实际劳动锻炼 2 年以上的未婚知识青年……1979 年全县招工 830 名(大集体 364 名),其中下放知青 787 名,其他人员 43 名。1980 年,省下达县全民增人指标 141 名,但当年遗留农村的知识青年仍有 494 名。 (第十九编第一章《劳动管理》,第 435 页)

《郎溪县志》

郎溪县地方志编纂委员会编,方志出版社 1998 年

(1957 年)5 月 2 日,回乡知识青年胡建民启程去北京参加中国新民主主义青年团第三次全国代表大会。受到毛泽东、周恩来接见。 (《大事记》,第 35 页)

(1969 年)3 月 24 日,据统计,全县已有 2 892 名知识青年、干部、城镇居民下放到农村安家落户(包括 1966、1967、1968 三届中学毕业生)。 (《大事记》,第 42 页)

(1971 年)2 月 27 日,上海、芜湖等市来郎溪县插队落户的知识青年共 1 000 名,其中:上海市 800 名、芜湖市 200 名。 (《大事记》,第 42—43 页)

(1976 年)12 月,郎溪县知青代表毛啸岳去北京参加第二次全国"农业学大寨"会议。

(《大事记》,第 44 页)

1966—1969 年未招工,直至 1970 年才根据国家分配的指标限额在部分下放知识青年中招收一定数量的新工人。 (第二十六章《劳动 人事》,第 731 页)

知识青年安置

1961 年始,全县已有少数知识青年随家下放农村落户。1965 年 8 月—11 月上海知识青年 54 人分三批来郎溪农村安置,在十字镇建立了单独的"知青建设队",此乃全县历史上第一个知识青年建设农村的聚居点。1968 年 11 月 12 日,县内首批中学生 114 人下放农村

插队落户。自此至 1978 年每年都有知识青年下放，累计下放知识青年 6 904 人，其中县内知识青年 2 163 人，省内知识青年 2 057 人，外省知识青年 2 684 人。

郎溪县知识青年下放农村情况统计表

(1961—1978 年)

年份＼类别	合　计	县内知青	省内知青	外省市知青	备　注
合计	6 904	2 163	2 057	2 684	
1968 年前	136	37	—	99	
1968	1 639	894	754	—	
1969	679	89	—	590	
1970	311	88	163	60	
1971	837	113	12	712	
1972	537	—	—	537	
1973	878	149	65	664	
1974	392	154	180	58	
1975	278	188	46	44	
1976	553	233	303	17	
1977	796	251	543	2	
1978	4	4	—	—	

知识青年下放的安置形式主要是集体插队、单身插队、插场（农林 4 场）、单独建队 4 种，但以集体插队为主。

知识青年下放 11 年间召开了上山下乡积极分子代表会 5 次。芜湖下放知识青年 9 人曾以先进集体称号派代表赴北京参加了国庆二十周年观礼。上海知识青年毛啸岳代表全省知识青年参加了全国第二次农业学大寨会议。

从 1970 年起，在下放知识青年中开始招工。1970 年招收知识青年 1 152 人，至 1981 年共招工 3 902 人，升学 448 人，参军 211 人，回收 1 740 人，与当地农民结婚 242 人。

为做好知识青年下放安置工作，1968 年后，县成立了上山下乡领导组及办公室，专门部署管理有关上山下乡工作，并先后拨发安置经费共 225.2 万元，木材 2 447 立方米，建知识青年住房 2 236 间，计 35 296 平方米。　　　　（第二十六章《劳动　人事》，第 733—734 页）

1979 年 10 月，县内首次审批新办集体单位，由县计划委员会等单位共同审核，批准了金沙旅社、物资综合服务社、十字知识青年代销店等 9 个企业开业，安置待业人员 107 人。至 1987 年，9 年间共审批新办集体单位 213 人，安置从业人员 3 265 人。到 1987 年末尚有98 个单位，从业人员 1 580 人。　　　　（第二十六章《劳动　人事》，第 735 页）

《广德县志》

广德县地方志编纂委员会编,方志出版社 1996 年

(1968 年)9 月 25 日,县革命委员会召开知识青年上山下乡安置工作会议,随后知识青年陆续下放农村劳动。

(《大事记》,第 35 页)

(1970 年)8 月,全县开始在下放知识青年中招工、招生、征兵和提干。

(《大事记》,第 36 页)

是年(1977 年),知识青年下放工作结束,原下放人员陆续被招工或病退回原籍。

(《大事记》,第 38 页)

知识青年安置 1964 年本县先后接收上海市、芜湖市知识青年(人数不详)来农村安置,他们在誓节打鼓台、清溪龙岗和砖桥建峰建立单独的"青年点",成为本县第一批知识青年聚居点。

1968 年,本县开始动员城镇知识青年(16—25 岁,初中以上文化程度)上山下乡,至年底全县共安置知青 2 115 人(含以前安置的上海、芜湖知青)。自此至 1977 年每年都有知青下放,累计下放知青 12 379 人,其中本县知青 3 664 人,芜湖市知青 4 146 人,上海市知青 4 197 人,其它市、县知青 372 人。

知青上山下乡安置的形式主要是集体插队、分散插队、插场(农林茶场)和单独建队 4 种,以集体插队为主。

知青下放 11 年间,本县先后召开知识青年上山下乡先进集体、先进个人代表大会 5 次,表彰先进集体 495 个,先进个人 2 313 人。并从中评选出 358 名和 63 名代表分别出席地区和省知识青年上山下乡先进集体、先进个人代表大会。此间有 186 名知识青年加入中国共产党,1 978 名知识青年加入共青团,197 名知青担任了社、队领导职务。

从 1970 年起,本县开始在下放知青中招工。1970 年招收知青 1 955 人。后来,通过招工、招生、参军、提干、病退、困退等方式,逐步予以安置。至 1977 年底,全县共招收安置知青 8 025 人。其中升学 432 人,参军 614 人,招工 3 155 人,病退、困退 3 342 人,特殊照顾(独子、港澳侨属、退休退职职工子女等)招工 482 人。至 1981 年底,先后对 506 名已婚知青和其它尚在农村的知青全部做了妥善安置。

为做好知青下放安置工作,县成立了上山下乡领导组及办公室(曾几易其名),先后拨发安置经费 346.9 万元,木材 2 100 立方米,建知青住房 4 010 间。

(第二十章《劳动人事》,第 452—453 页)

1979年,从全县下放知识青年中招收了 25 名干部,分配在金融、税务部门工作。1980年,全县国营企业有 20 名工人转为国家干部,安排在公安、检察、法院工作。

（第二十章《劳动人事》,第 458 页）

建国初期,吸收一批失业知识分子和青年学生充实教师队伍,他们多数只具有高小、初中文化程度。"大跃进"和"文化大革命"期间补充教师队伍的城镇、回乡、上山下乡知识青年亦大多数没有经过专门训练,文化程度偏低,业务素质较差。　（第二十三章《教育》,第 532 页）

《宣城县志》

宣州市地方志编纂委员会编,方志出版社 1996 年

（1968 年）10 月下旬开始,动员城市知识青年(初、高中毕业生)上山下乡"接受贫下中农再教育"。至年底止,全县第一批到农村插队落户的城镇知识青年共计 3 600 余名。

（《大事记》,第 30 页）

1968 年至 1978 年接收上海、芜湖、马鞍山等地到本县插队落户的上山下乡知青共7 491人。　　　　　　　　　　　　　　　（第三章《人口》,第 82 页）

1980 年,国营和合作商业为安排部门的待业青年,兴办知青商店 18 个,就业青年 831人,营业网点 28 个,年营业额 133.84 万元,利税 9.32 万元,人均劳效 2 600 元、人均创利 182元(合作系统知青商店未计入)。1987 年,……国营系统知青商店 14 个,从业人员 146 人,营业额 143.06 万元,利税 5.53 万元,人均劳效 1.13 万元、人均创利 278 元;合作社系统知青商店因受市场竞争的制约,大部分先后停业,知青人员分别安排在本单位营业柜组内混岗工作。　　　　　　　　　　　　　　　（第十四章《商业》,第 384 页）

"文化大革命"开始后,招工工作再度停止,待业人员逐年增多。城镇中学毕业生除少数参军或留城外,绝大多数动员上山下乡,安置于生产队从事农业生产。自 1968 年开始,至1978 年止,全县累计安置下乡知识青年 6 452 人(不含外地下放来境的知青)。1970 年再次恢复招工,主要对象是下放知青中年龄在 16—25 周岁的未婚青年。截至 1981 年,全县绝大多数下放知青被先后招工返城就业。　　（第二十六章《劳动人事》,第 542 页）

1970 年至 1979 年,除分配的大、中专毕业生外,从下放知识青年中录用一批任公办学校试用教师和民办学校教师。　　　　　　　　（第二十七章《教育》,第 573 页）

《泾县志》

泾县地方志编纂委员会编,方志出版社 1996 年

是年(1965 年),上海市静安区 86 名知青下放本县茂林公社插队,芜湖市第 3 次下放 86 户居民 289 人来本县农村落户,本县下放居民 17 户共 68 人。 （《大事记》,第 32 页）

(1968 年)10 月 17 日,全县应届高、初中毕业生 148 人,作为首批下放农村插队知识青年,接受贫下中农再教育。不久,县城和集镇老三届高、初中和少数小学毕业生共 1 100 余人,为第二批知青下放农村插队。

本月起至 11 月,芜湖市先后有三批共 2 300 名"上山下乡"知识青年到本县农村插队。

（《大事记》,第 134 页）

(1971 年)7 月,上海市 2 000 名知识青年下放本县农村插队。 （《大事记》,第 36 页）

(1975 年)3 月 20 日,茂林公社知识青年"五·七"林场山林发生火灾。副场长、上海下放知青范宗杰为扑灭山火身负重伤,医治无效,光荣牺牲。县委召开追悼大会,号召全县人民向范宗杰学习。 （《大事记》,第 38 页）

(1976 年)2 月,接收芜湖市中学毕业生 200 名、十四工程局子弟中学毕业学生 150 名及本县中学毕业生 50 名,分别安置到农村插队。

3 月,上海科技大学、海运学院,在本县招收上山下乡知识青年和回乡知青,参加业余函授教育。 （《大事记》,第 38 页）

知青商店

1979 年,县委、县政府号召国营企业和事业部门兴办知青商店。安排待业高、初中毕业知识青年。是年底,县物资局成立知青综合服务部,先后安排本系统职工子女男女知青 12 名。继有百货公司、五金交化公司等企业开办知青商店。至 1983 年,县城商业企业、厂矿企业和事业部门先后开办知青商店和小型加工生产组 128 个。茂林、陈村、章渡、榔桥等较大集镇集体商业企业亦先后兴办知青门市部,全县开办待业单位达 226 个,安排知青 1 400 余人。企事业单位从资金到设施以及经营等方面给予扶持,国家税收部门给予免税减税照顾。商店大都为纯商业,单独核算,自负盈亏,后部分转为小集体或由本企业职工经营,部分知青另谋职业。1987 年,全县仅存知青待业商店、门市部 40 余个,人员 200 余人。

（第十一章《商业》,第 313 页）

1977 年政工组"五·七"小组改为知识青年上山下乡办公室,1980 年撤销。

(第二十章《政府》,第 533 页)

城镇上山下乡知识青年入伍的(退伍)由父母所在单位安置。

(第二十五章《民政》,第 601 页)

知识青年安置

知识青年下乡　1968 年下半年本县开始贯彻毛泽东关于"知识青年到农村去,接受贫下中农再教育"的指示。其时凡系城镇(非农)户口年满 17 周岁的高初中毕业生及失学青年,除残疾、独生子女外,一律列为上山下乡对象。并规定今后不在城镇招工、招生和征兵,主要在下乡知青中推荐招收录用。是年 10 月,泾县高初中毕业青年首批下放农村。

1973 年 10 月,县成立知识青年上山下乡领导组,下设办公室,具体办理县内外知识青年上山下乡的接收、安置、管理、教育与招工、招干、参军推荐等工作。

1968 年至 1977 年,本县先后下放和接收外地(芜湖市、上海市、水电部等十四工程局等)下放知青 4 153 人(其中泾县 1 142 人,芜湖市 1 314 人,上海市 1 212 人,水电部第十四工程局 370 人,北京等其它地区 115 人),分别安插在全县各地乡村,先后组成 565 个知青插队小组,其中茂林、浙溪、昌桥、西阳等地组建知青农场 7 个。

县、公社、生产大队对知识青年从思想上进行教育,积极培养知识青年中骨干入党入团,参加各级政权领导班子。至 1978 年,全县下乡知青有 124 人加入中国共产党,1 853 人加入中国共产主义青年团,363 人担任生产队以上各级领导干部,594 人担任民办教师,33 人担任赤脚医生。县革会先后拨专款 200 多万元,建造住房 2 691 间,总面积 40 365 平方米,并多次召开知青安置教育专门会议,每年对知青上山下乡工作进行一至二次检查和慰问。自 1969 年起,县召开 5 次知青上山下乡先进分子代表会,对先进分子进行表彰。

知识青年返城　中共中央(1978)74 号文件下发后,县主管部门对上山下乡知识青年本着"国家关心,负责到底"的精神,开始有计划地分批吸收参军、顶职、招工、招干。1979 年后全县上山下乡知识青年都先后通过参军、顶职、招工等渠道陆续返城,至 1983 年底,外县市及本县上山下乡知青共有 3 787 名返城就业。其余 366 人在农村结婚安家,县主管部门区别不同情况,由县财政拨款一次性发给安置费,平均每人 1 000 元。

(第二十五章《民政》,第 602—603 页)

"文革"期间,还吸收一批回乡知识青年及军队代表、干部代表、群众代表、群众组织负责人参加各级"革命委员会"。此外,根据"革委会"人员构成须体现"军干群"、"老中青"结合的原则,县、社两级"革委会"负责人中都配有"支左"部队和地方部队干部。

(第二十六章《人事劳动》,第 608 页)

按"自愿结合,自负盈亏,民主管理,按劳分配,职工集资,适当分红,集体积累,自主支配"的原则,除部分待业知青经考试招工、招干、顶职就业外,大部分知青均由父母所在单位开办集体企业安置。自 1980 年至 1987 年,全县共新办集体企业 285 个,安置待业青年 8 048 人。

据统计,全县自 1949 年至 1987 年总共安置城镇就业 23 459 人。其中招工 3 284 人,占总人数 14%;减员补充 1 259 人,占 5.4%;安置复退军人 6 270 人,占 26.7%;合同季节工 1 446 人,占 6.2%;安置知青办集体企业 8 048 人,占 34.3%……

(第二十六章《人事劳动》,第 612 页)

70 年代中期,部分公社、生产大队或生产队回乡和下放知识青年日益增多,农村体育活动输入新的骨干,农闲季节或节假日,社与社,队与队之间经常开展篮球竞赛。蔡村、琴溪(公社)等地农村出现"篮球热"。几乎村村队队(生产队)均有简易篮球场和篮球队组织。其时琴溪公社由下放女知识青年组织了一支女子篮球队赛遍全地区各县,成为全区一支劲旅。边远山区公社体育活动较少。

(第三十一章《体育》,第 802 页)

《南陵县志》

南陵县地方志编纂委员会编,黄山书社 1994 年

(1964 年)1 月 4 日,召开三级干部会议,开展农村社会主义教育运动,进行整风整社。2 月,吸收 38 名知识青年参加"四清"工作队。

(《大事记》,第 27 页)

(1968 年)10 月,开始动员初、高中毕业生下放农村。本年全县安置上山下乡知识青年 3 533 名,其中接收外地 2 406 名。至 1978 年结束,共下放知识青年 4 776 名,其中外地 3 148 名。

(《大事记》,第 28 页)

(1979 年)10 月 19 日,成立待业青年安置工作领导小组,至 1980 年共安置待业知识青年 3 561 人。

(《大事记》,第 32 页)

(1985 年)12 月 13 日晚 8 时,县农资公司十字街知青门市部失火,芜湖市消防大队、繁昌县、泾县的消防车赶来支援,经 3 个多小时扑灭。

(《大事记》,第 35 页)

教委系统工业　1978 年兴办排湾中学生物标本厂,南陵师范办有知青印刷厂,1990 年实现产值 33 万元。

（第七章《工业》,第 212 页）

1976 年 10 月后,政权工作机构进行了重新调整,撤销办事组、政治工作组、生产指挥组,先后设立和恢复的工作机构 31 个,年底,各职能机构的国家行政干部人数为 1 431 人。1977 年,设社队企业局、视察室,"五七"办公室改名知识青年上山下乡办公室,手工业管理局改称轻手工业局。

（第十八章《人大　政府　政协》,第 457 页）

下放知青安置就业　1965 年 5 月,本县接收芜湖市镜湖区 50 名知识青年,组成红旗队,集体安置在三里公社落户。1968 年 10 月,大批知识青年下放农村,全县安置上山下乡知识青年 3 533 名,其中,本县下放 1 127 人,接收外地下放 2 406 人。1969 年,成立改造旧城市建设新农村办公室,负责下放城镇居民和知识青年教育管理工作。10 月,改称上山下乡办公室。1971 年 6 月,更名为"五七"办公室。10 月,成立县知识青年招工办公室,至年底招工安置知识青年 2 019 人。1977 年 2 月,"五七"办公室改为知识青年上山下乡办公室,至年底招工安置知识青年 2 019 人。至 1978 年 8 月,全县共接收下放知识青年 4 776 人,其中本县 1 628 人,上海 1 061 人,芜湖 2 045 人,合肥、巢县、马鞍山、屯溪、繁昌等地 39 人及福建、四川等省投亲插队 3 人。共建立插队小组 888 个,其中 10 人以上的小组 10 个,5—9 人小组 391 个,4 人以下小组 487 个,分散插队 295 人,投亲靠友或回原籍落户 50 人,建立以知识青年为主的农场、林场、茶场、园艺场、社办农科队 20 个。建成知识青年住房 3 540 间,建筑面积 31 000 平方米。县财政投资添置知识青年生产用品和困难补助等项经费 200 余万元。1980 年 10 月,知识青年上山下乡办公室并入劳动局。至 1980 年末,全县下放知识青年中,赴外省上调安排工作的 123 人,参军 5 人,上大学、中专、技校 25 人,在当地成家 8 人,因公牺牲 2 人,因病死亡 1 人。此后,本县下放插队知识青年,通过招工、升学、参军和顶替、病退等途径得到安置。对已婚知识青年 237 名就近就地一次性妥善安置,转为非农业户口,每人发给 1 000 元安置费,优先在社(镇)企业安置就业。至 1980 年,全县下放知识青年安置工作全部结束。

城镇待业知青安置　1979—1980 年,全县安置城镇待业知青 3 561 人。此后,每年约 1 000 多名高、初中毕业生等待安置。1981 年,安置待业知识青年 1 697 人……

（第二十一章《劳动　人事》,第 519 页）

1978 年初,从上山下乡知识青年中吸收 50 名干部。

（第二十一章《劳动　人事》,第 528 页）

《繁昌县志》

繁昌县地方编纂委员会编,南京大学出版社 1993 年

(1968 年)动员城镇"老三届"(1966—1968 年)初、高中毕业生下放农村,至 1977 年共动员城镇知青下放务农 3 773 人,并接收芜湖、马鞍山、南京、上海等地下乡知青 3 210 人。

(《大事记》,第 24 页)

1969 年,抽调贫下中农参加毛泽东思想宣传队,进驻学校、医院、商店等企业事业单位搞"斗、批、改",开展"四管一教"(即贫下中农管理学校、管理商店、管理医疗卫生、管理财务,对上山下乡知识青年进行再教育)活动。

(第六章《群众团体》,第 116 页)

1968 年,动员城镇"老三届"(1966—1968 年)初、高中毕业生下放农村。嗣后三年没有在城镇招收工人,同时招收农村劳动力(主要是贫下中农和农村退伍军人)补充城镇劳动就业的不足,形成城乡劳动力倒流。"文化大革命"后期,除安置城镇退伍军人,在农村知识青年中招工对象必须是下放农村锻炼两年以上,思想品质好,身体健康,年龄在 16—25 周岁的未婚男女知识青年;按政策经批准留城的青年,一般只能进集体所有制单位。招工的具体方法是群众推荐、民主评议、社队领导审查,报劳动部门批准。有些地方在招工中,"开后门"严重。1978 年末,就业职工近万人。

1979 年,招工政策作重大调整,即由农村转向城镇,主要招收回城的下放知青和城镇新增加的劳动力。……1970 年,通过企业单位招工、大中专院校招生、应征入伍、转干、照顾独生子女回城等途径,逐步安置下乡知识青年。当时一面安置,一面仍动员城镇知青下乡。1973 年,下放知青由分散插队落户逐步改为小组集体落户,全县共建立知青队、农场、林场等集体落户单位 33 个,安置知青 1 738 人。至 1977 年,本县共有城镇知青下放务农 3 773 人,接收芜湖、马鞍山、南京、上海等外地下乡知青 3 210 人。1978 年,停止动员城镇知青上山下乡。1979 年,尚在农村的下放知青(大多为已婚)200 多人。1980 年,对下放已婚知青,分别以下不同情况,安置就业:

愿终身务农的,补助安家费和建房费;全民所有制单位招工时,同等考分优先照顾。集体单位招工,对本系统的知青包干安置就业;无归属单位的,劳动部门统招统配,年龄适当放宽;外省市在本地的已婚知青,原则上回原地安置,无法招工就业的允许回城待业;提倡自谋职业,对有专长的已婚知青,支持就近开业;在乡镇企业中安置已婚知青。对从事个体经营和安置到乡镇企业的知青,县给每人补助 1 000 元生产扶持资金,财税部门对安置知青的乡镇企业减免税收。1980 和 1981 两年,在已婚知青中,父母退休补员招工 16 人,大集体招工 23 人,转公办教师 3 人,从事个体经营 24 人,安排乡镇企业 147 人。至 1987 年的十三年

中,本县为下放知青发放安置费 230.3 万元,供应木材 2 100 立方米,建房 2 461 间(其中瓦房 1 331 间)。1981 年底,下放知青安置工作结束。(第七章《劳动 人事》,第 121—123 页)

知青商店是 1979 年开始兴起的集体企业。是年 11 月 20 日,成立百货公司青年服务社,下设 3 个门市部 1 个修理组,安排待业青年 35 人。县蔬菜公司知青综合门市部和饮食服务公司知青服务站相继成立,安排待业青年 61 人。随后,峨桥食品站知青熟食门市部,县食品公司知青熟食门市部、酱制厂知青夜宵门市部、烟酒公司知青烟酒商店同时成立,安排待业青年 66 人。知青商店实行单独核算、自负盈亏、隶属所在公司领导。1980 年商业系统知青商店 24 个,安排待业青年 246 人。1982 年供销系统知青商店 83 个,安排待业青年 683人。1986 年,知青商店商品销售额达 1 108.8 万元。 (第十九章《商业》,第 298 页)

1968 年,高、初中毕业生开始上山下乡,劳动锻炼。高中停止招生。

(第二十三章《教育》,第 357 页)

《徽州地区简志》

安徽省徽州地区地方志编纂委员会编,黄山书社 1989 年

(1968 年)10 月 25 日,专直机关 300 名干部下放“五七”干校(屯溪高枧、休宁商山)劳动;屯溪地区第一批 600 名知识青年“上山下乡”。 (《大事记》,第 34 页)

1966—1968 年,城镇 12 656 名初中、高中毕业生“上山下乡”,到农村插队落户。1970年开始,分期分批招工回城。1978 年,全区招收新工人(包括自然减员补充)4 217 人,其中从农村招收 2 862 人。

1980 年,实行劳动部门介绍就业、组织起来就业和自谋职业相结合方法,当年安置11 827 人就业,占待业人员总数的 64.78%,其中待业知识青年 8 240 人,占待业知识青年63%。 (十三《社会》,第 472 页)

《黄山市志》

黄山市(县级)地方志编纂委员会编,黄山书社出版 1992 年

(1969 年)8 月 18—24 日,召开太平县上山下乡活学活用毛泽东思想讲用会。继续动员干部职工、知识青年和城镇居民赴农村安家落户。 (《大事记》,第 30 页)

知青商店。1979年以后，为安置知识青年就业，各单位扶持新办了小型集体商业——知青商店。1979年农牧局知青店首先开办，接着政法、税务、林业等知青店相继营业，税务部门均给予3年免税照顾，经过几年的发展变化，有的"知青"因招工、招干、参军、升学离开店位，有的知青商店转为"大集体"。到1987年，全市尚有知青商店15户，从业人员108人，年营业额99.5万元。

（第七编第一章《商业》，第298页）

1978年对知青企业、农村社、队新办企业（除烟、酒、糖、棉纱、鞭炮外），实行免征工商税和所得税3年。

（第七编第二章《财政税务》，第336页）

1979—1983年共安排629名插队知识青年、795名待业知识青年就业。

（第十一编第二章《劳动》，第483页）

1954年，动员初中、高小毕业生回乡参加农业生产，建设社会主义新农村。1958年1月，接收上海市下放知识青年108人，分别安置在农村插队落户。

1968年，组织城镇初、高中毕业生下放农村，"接受贫下中农再教育"。1969年成立"知识青年下放办公室"（1970年改名"五·七"办公室，1973年又改称"知识青年上山下乡办公室"，1981年并入劳动局），负责城镇知识青年下放的安置工作。1968—1978年，全县先后有2498名知识青年下放农村插队落户，其中县内"知青"1985人，省内铜陵、屯溪、芜湖、合肥及外省市"知青"513人。安置形式，一是在社队设"插队小组"；二是安排在县、社两级林场、茶场；三是单个插队。

1968年，每名"知青"安置经费200元，主要用于建房和购置生产、生活用具；1973年增至每人480元，其中建房费200元，生活补助费160元，置办农具、炊具及学习、医疗费120元。1968—1978年，国家共下拨知识青年上山下乡经费91.3万元，木材2036立方米，在农村共建"知青"住房957间、1.72万平方米，同时置办生产、生活用具3581件。

历年安置知识青年人数表

年份	安置"知青"			年份	安置"知青"		
	合计人数	其 中			合计人数	其 中	
		本县	外地			本县	外地
1968	436	416	20	1974	122	74	48
1969	136	136		1975	277	266	11
1970	213	209	4	1976	257	150	107
1971	281	275	6	1977	445	187	258
1972	95	95		1978	70	70	
1973	166	107	59	合计	2498	1985	513

上述下放农村的知识青年,至 1978 年底,先后有 1 429 人招为工人,24 人招为国家干部,121 人应征中国人民解放军服役,368 人进入各类大、中专学校,232 人回城,在农村安家落户和迁出外地的 300 余人。　　　　　　　　　　　（第十二编第二章《劳动》,第 486—487 页）

《黄山市志(　—2006)》

黄山市地方志编纂委员会编著,黄山书社 2010 年

(1957 年)12 月 30 日,上海市首批 400 多名知识青年下放到歙、黟、祁门等县农村插队落户。　　　　　　　　　　　　　　　　　　　　　　　　　（《大事记》,第 28 页)

(1968 年)10 月 25 日,专直机关 300 名干部下放"五七"干校(屯溪高枧、休宁商山)劳动,屯溪地区第一批 600 名知识青年"上山下乡"。　　　　　　　（《大事记》,第 31 页)

此外,行政区划频繁变动,知识青年上山下乡插队落户,以及正常的升学、婚姻、工作调动等原因,引起人口不停的迁移流动。　　　　（卷三《土地、人口·人口》,第 169 页)

1968 年,广大知识青年"上山下乡"。这个时期,破坏上山下乡犯罪案件不断发生。1973 年上半年,发生破坏上山下乡案件 99 件,被指控者 1 122 人。经司法部门受理 46 起,犯罪人数 53 人。其中凶杀 4 起,强奸 15 起,诱婚、逼婚 5 起,其他犯罪 22 起。1970 年至 1973 年上半年,共办结破坏上山下乡犯罪案件 40 件,判处死刑 1 人,判处死刑缓刑 1 人,判处有期徒刑 19 人,判处徒刑缓刑 7 人,判管制 1 人,免刑 10 人,作其他处理 6 人。　　　　　　　　　　　　　　　　　（卷十九《公安、司法·审判》,第 1195 页)

建国后,社会上招收干部的主要对象是农民、工人和复员退伍军人。1966 年以后,为不脱产工人身份代干人员和上山下乡知识青年,高中毕业留校的代课教师以及中专以上学校毕业的"社来社去"的回乡知识青年。(卷三十一《人事、劳动、安全生产·人事》,第 1974 页)

"文化大革命"后,受左倾路线干扰,城镇就业渠道堵塞。1966—1968 年,全区城镇 12 656 名初中、高中毕业生"上山下乡",到农林插队落户。1970 年开始,分期分批招工回城。　　　　　　　　　　　　　（卷三十一《人事、劳动、安全生产·劳动》,第 1989 页)

《屯溪市志》

屯溪市地方志编纂委员会主编,安徽教育出版社1990年

(1965年)5月中旬,屯溪70多名知识青年到休宁长丰、流口公社和祁门灯塔公社插队落户。9月中旬,又有550名知识青年到祁门县插队落户。　　　　　(《大事记》,第19页)

(1968年)10月25日,屯溪一万人集会东方红广场,欢送专区直属机关300名干部和屯溪600名知识青年下放农村插队落户。　　　　　(《大事记》,第21页)

"文化大革命"打乱了正常就业秩序,在城镇待业的历届高、初中毕业生达9472人。从1968年9月起,正式安排知识青年下乡插队,至1977年3月,知识青年下乡累计达7772人。但在1971年和1972年,又将1700名临时工转为固定工,造成城乡劳动力对流的不正常现象。

1977年以后,首先解决下乡知识青年回城安置问题。1978—1980年,共安排下乡知识青年3405人(其余知识青年已在原插队的县先后得到安排)。另外,还安排新增长劳动力1137人。　　　　　(第十章《经济综合管理》,第234页)

[市(镇)安置]　从市(镇)入伍的,退伍后根据本人在部队的表现和特长,安置到全民单位。开始是按系统分配任务,包干安置;后由其父母所在的全民单位安置;父母均为集体单位或不好安置的,由市安置办公室统筹安置;原是插队知识青年,由父母所在地或原征集地分配工作;入伍时是大中专院校学生或由国家统一分配的有中专以上学历的,均安排在全民单位工作。　　　　　(第十四章《民政》,第284页)

《黄山区志》

黄山市黄山区地方志编纂委员会办公室编,黄山书社2008年

是年(1955年),安徽省公安厅在谭家桥西潭建黄山茶林场。1965年交上海市,更名"上海市黄山茶林场",是上海知青下放劳动的基地。　　　　　(《大事记》,第15页)

(1958年)1月1日,上海市108名知识青年下放至太平县农村插队落户,参加农业生产。　　　　　(《大事记》,第16页)

(1968年)11月中旬,第一批知识青年到农村插队落户,共436人,其中本县227人,

外地 209 人。至 1979 年止,全县共接收安置知识青年 2 950 人,其中,本县 1 994 人,外地 956 人。 (《大事记》,第 23 页)

(1969 年)21 日,县"精简下放办公室"改称"上山下乡办公室",负责办理机构精简、干部下放、大中专毕业生分配、知识青年管理以及社会闲散劳力安置工作。(《大事记》,第 23 页)

是日(7 月 5 日),上海市黄山茶林场知识青年 11 人,为抢救国家财产,趟水过河,被山洪卷走,全部牺牲。上海市革委会追认 11 人为烈士。 (《大事记》,第 23 页)

(1973 年)9 月 14—18 日,县召开知识青年上山下乡工作会议,交流经验、研究统筹解决知青生活问题。 (《大事记》,第 25 页)

"文化大革命"中的 1968 年,大批城镇初、高中毕业学生下放农村,城镇就业压力有所减缓。1970 年,地方"五小"(详见《工业》章)企业上马。新建企业 12 个,当年招工 168 人,招工对象主要是农村贫下中农(复员、退伍军人、名师巧匠)和下放知识青年及城镇待业青年。1972 年,改革临时工制度,全民所有制单位 328 名临时工转为固定职工。是年底,全民所有制单位有固定职工 4 092 人。

1979 年后,知识青年安置由原来的上山下乡插队插场转为广开就业门路,实行劳动部门介绍就业、单位组织就业和自谋职业三结合的就业方针,就业安置原则是"单位负责、系统包干、条块结合、综合平衡"。同时实行离退休干部、职工的子女顶替制度。1979—1983 年,安排 629 名插队知识青年、795 名待业知识青年就业;1978 年 6 月—1983 年 9 月,离退休干部职工子女顶替招工 895 人。 (第二十五章《劳动人事》,第 786 页)

《休宁县志》

休宁县地方志编纂委员会编,安徽教育出版社 1990 年

是年(1958 年),本县接收安置上海知识青年 150 名。 (《大事记》,第 30 页)

(1969 年)8 月 26 日,县首次上山下乡积极分子代表大会召开。 (《大事记》,第 33 页)

(1973 年)8 月 28 日,县召开上山下乡先进集体、先进个人代表大会。 (《大事记》,第 34 页)

中共十一届三中全会后,贯彻执行了中共中央、国务院关于多种经济形式长期并存和"三结合"(即在国家统筹规划指导下,实行劳动部门介绍就业、自愿组织起来就业和自谋职业相结合)的就业方针,为城镇就业开辟了广阔的门路。至1980年,本县统筹安排了671名插队和待业的知识青年就业,并发放扶持生产贷款和知识青年就业经费238 900元。

(卷二十一第一章《劳动》,第382页)

1968—1977年,遵照毛泽东主席"知识青年到农村去,接受贫下中农再教育"的指示,本县共动员城镇青年,高、初中毕业生和接收外省市知青计4 000余人到农村插队落户,从1970年开始,采取边下乡边安置措施,即每年有下乡,有招工、参军、升学。1979年起,对上山下乡知青采取统筹安排,陆续就业。到1982年,共安置知青4 192人,主要去向是:招工3 463人,参军142人,升学446人,提拔干部36人,回城105人。

(卷二十一第一章《劳动》,第382页)

从农村、村队干部和回乡知识青年中招考选聘合同制干部359人,从集体企业中选拔干部72人,吸收录用社会闲散专业技术人员16人,引进外地专业技术人员28人。从而提高了干部的政治素质和文化素质,增加了一大批有闯劲、懂业务、会管理的干部。

(卷二十一第二章《人事》,第384页)

《旌德县志》

旌德县地方志编纂委员会办公室编,黄山书社1992年

同月(1958年1月),全县接收安置上海知识青年198人。 　　(《大事记》,第22页)

(1968年)11月10日,本县88名城镇户口的中学毕业生下放到各公社插队落户,"接受贫下中农再教育"。至年底,全县共安置县内外下放学生1 282人。 (《大事记》,第25页)

(1979年)9月1日,全县第一个知青商店"食品厂知青店"开业。 (《大事记》,第27页)

1958年和1968至1977年,上海、合肥、马鞍山、芜湖、屯溪等地的知识青年1 334人先后来本县插队落户,后陆续安排就业、回城。 (第三章《人口》,第87页)

1973年恢复公安局,增设文化局和知识青年上山下乡办公室。
……(1980年)知识青年上山下乡办公室并入劳动局。 (第八章《政府》第150页)

从 1968 年毛主席发出"知识青年到农村去,接受贫下中农的再教育"的号召,到 1977 年中央通知停止下放知识青年为止,全县共接收安置上海、合肥、马鞍山、芜湖、屯溪等地和本县的初、高中学生、社会青年共 2 161 人在旌德插队落户,其中本县 1 025 人。这些知识青年分别安排在 18 个公社和国营农、林、牧场,与群众一起劳动。全县共设知青点 234 个,下放知青大多自成一家,集体生活。70 年代后期,陆续安排知青就业、回城,到 1983 年安置完毕,其中:招工 1 802 人、招干 27 人、参军 79 人,升学 192 人,回城待业(开办知青商店等)61 人。

(第八章《政府》,第 154 页)

1961 年,县成立退伍军人接待安置办公室,遵循"从哪里来到哪里去"的原则,安置复、退军人。对三等以上的革命残废军人、荣立三等以上军功人员、有 8 年以上军龄人员、入伍前属商品粮户口或下放知青者,全部安置工作,对有专门技术的退伍军人,尽量归口安置。

(第十一章《民政》,第 174 页)

1954 年以后,干部主要来源于大、中专毕业生、部队转业干部及当地知识青年。60 年代初,接收一批上级机关下放干部和部队转业干部,并选用部分上山下乡知识青年和社会青年。

(第十二章《人事劳动》,第 182 页)

1970 年,开始对上山下乡知识青年陆续安排就业,至 1975 年全县共招收新职工 1 185 人。其中插队知识青年 877 人,城镇待业青年 163 人,从农村招收(包括回乡知识青年)145 人。

(第十二章《人事劳动》,第 185 页)

1976—1985 年,全县共招收职工 2 774 人,其中上山下乡知识青年 925 人,城镇待业青年 505 人,农村青年(顶替)600 人,复、退军人 191 人,其他方面 553 人。

(第十二章《人事劳动》,第 186 页)

1978 年后,在改革开放、搞活经济的方针指引下,恢复和发展集体商业。原百货合作商店、旧货寄售合作商店恢复自主经营,独立核算,自负盈亏。同时,各部门为安排子女就业,创办知识青年商店。1980 年,全县集体商业网点 44 个,营业额达 79 万元,利润 26 327 元;知青商店 35 个,从业 50 人,营业额 27.4 万元,利润 15 764 元。商业零售额 136.4 万元,饮食零售额 17.6 万元。1985 年集体商业从业 112 人,资金 23.6 万元,营业收入 125 万元,利润 34 300 元;知青商店从业 26 人,资金 31 056 元,营业额 24.9 万元,利润 5 782 元。

(第二十二章《商业》,第 357 页)

《宁国县志》

宁国县地方志编纂委员会编纂,生活·读书·新知三联书店1997年

(1958年)1月8日,上海市知识青年108人被安置在蒋辉等13个乡参加农业生产,后陆续分配到县工交、文教部门工作。 (《大事记》,第30页)

(1968年)10月12日,宁国县知识青年上山下乡动员大会召开。至1969年6月统计,全县下放到农村的高、初中毕业生1 285人。 (《大事记》,第35页)

(1969年)3月,宁国县上山下乡办公室成立,负责办理干部、学生下放插队和社会居民的下放落户管理工作。 (《大事记》,第36页)

"文化大革命"中,毛泽东主席号召广大干部和知识青年下放农村"接受贫下中农再教育",1966—1976年,全县接收上海、合肥、屯溪、马鞍山等城市上山下乡知识青年和干部631人,1978年后下放人员陆续返城。 (第三编第二章《人口结构》第124页)

知青商店 1979年后,为解决城镇待业知识青年的工作和生活问题,全县各机关、团体、企事业单位根据中央"各自解决,广开就业门路"的原则,帮助本单位待业知识青年开办烟酒、日杂、饮食、理发等行业知青商店。1980年,全县共开办知青商店37个,安排待业知识青年276人。1985年全县有知青店69个,从业376人,其中城区39个,从业214人。1986年后,知青商店多改变为私营工商户。 (第十四编第一章《经营体制》,第376页)

1968年城镇广大青年响应毛泽东主席"知识青年上山下乡"的号召,全县有1 285名高、初中毕业生和部分社会知识青年奔赴农村,"接受贫下中农的再教育"。

(第二十一编第四章《青少年组织》,第545页)

"文化大革命"期间,城镇知识青年下放农村劳动锻炼。招工者必须是锻炼两年以上,由贫下中农推荐,社队领导审查,报县劳动部门批准。从1979年起招工政策作了重大调整,对城镇知识青年实行公开招工,公布简章,自愿报名,统一考试,从高分到低分,德、智、体全面考核,择优录用的办法。至1987年共招工3 372人(含县技工班定向招工185人),分配到全民所有制企业3 117人,集体所有制单位255人。在全民所有制企业招工中,含1984年12月份以来进行改革,实行劳动合同制工人1 455人,其中县内企业605人,中央直属企业237人,省属企业613人。 (第二十四编第一章《劳动》,第585页)

下放知识青年安置 1958年1月,宁国县接收上海市知识青年108人,安置在蒋辉、方塘、济川、庄村、上门、宁墩、三元、石口、山门、霞西、青龙、姚高、汪溪13个乡参加农业生产。同年底,全部分配到县工交、文教系统就业。

1968年12月21日,毛泽东主席发出"知识青年到农村去,接受贫下中农的再教育"的号召,县内开始将城镇初、高中毕业生下放到农村插队落户。1969年3月1日,宁国县下乡上山办公室成立。1970年和1973年,先后改称为"五·七"办公室和知识青年上山下乡办公室,着重办理知识青年下放安置事项。规定除"四种人"(病残不能参加农业生产的;独生子女;多子女身边只有一个子女的;中国籍的外国人子女)属留城对象不动员下放外,其余凡年满17周岁的男女知识青年全部下放农村。至1978年12月,根据中共中央指示停止下放。此期间,全县下放农村的知识青年2 999人(含接收外省、市631人),国家为下放知识青年在农村建房852间1.27万平方米,支付建房、生活补贴、临时困难补助等安置费111.95万元。到1978年末,下放知识青年由农村推荐招工1 290人,招生500人,征兵63人,易地下放81人,死亡1人。除此之外,对尚在农村插队的1 064人通知回城或就地待业安置。至1981年底,全部安置完毕。其中1名女知青与当地农民成婚自愿务农终身,发安家费1 080元;22名知青申请自谋职业,各发补助费800元;1 041人先后招工、招生及父母退休(职)顶替就业。对留城的65人,也同时安置就业。

(第二十四编第一章《劳动》,第585—586页)

《绩溪县志》

绩溪县地方志编纂委员会编,黄山书社1998年

(1958年)1月2日,首批上海市知识青年37人下放县内农村安家落户。

(《大事记》,第36页)

(1969年)5月30日,成立县"五七"领导组。全县下放农村干部、职工378人,知识青年和居民家属1 729名。

(《大事记》,第41页)

知青商店 1979年后为安排知识青年就业,县直企事业和行政单位,兴办知青商店16个,从业人员74人,独立核算,免征营业税3年。其中商业、供销、物资部门9家,从业人员42人。1984年,从业人员增至66人,其中商业、供销、物资部门39人,年营业额97.3万元,税金3.2万元,利润2.9万元。后待业知青招工就业,到1987年知青商店剩商业局1家,其余改为各所属单位门市部。年营业额95.4万元,交纳税金3.2万元,利润4.2万元。

(第十三章《商业》,第395页)

1970 年省分配的招工指标下达到社队招收。是年……马鞍山市招回在县内插队知识青年 139 人。地区交通、林业部门和安徽建设兵团招收 100 人。……1975 年全县招工 702 人。其中招收插队知青 164 人。

（第二十四章《人事劳动》，第 649 页）

知识青年安置

1958 年春接收上海市下放知识青年（简称"知青"）85 人，安置于尚田、板桥、临溪乡插队。半年后相继招收到县内文化、教育、商业、工业等部门工作。1962 年至 1964 年政府号召各行各业支援农业，精减下放行政企事业的干部职工、城镇居民到农村务农，安置随父母下放的城镇知青 400 人。1968 年安置插队知青 227 人，其中来自外地区 42 人。1969 年响应"接受贫下中农再教育"的号召，大批知识青年上山下乡。是年下放插队知青 1 754 人，其中马鞍山市 202 人，其他地区 79 人。安置于尚田、校头、板桥等公社。1970 年安置县内知青 26 人，外地 40 人。1971 年春安置知青 433 人，其中上海市知青 130 人，上海三线厂知青（职工子女）86 人，均安置在临溪、尚田、高村等公社。县内知青 217 人，安置在华阳、临溪、金沙、镇头等 18 个公社。1971 年安置县内知青 60 人。1973 年安置知青 85 人，其中上海市 29 人，屯溪市 15 人。1974 年安置知青 153 人，其中上海市 9 人，屯溪市 43 人。1975 年安置本县知青 106 人，外地区 3 人。从 1958 至 1975 年全县安置插队知青共 2 972 人，其中县内 2 209 人，上海市 339 人，马鞍山市 202 人，屯溪市 58 人，其他地区 164 人。

知青安置管理。1958 年由县人委直接安排。1962 至 1964 年成立县精减办公室。1970 年 1 月设县知识青年下乡上山办公室。后根据毛泽东 5 月 7 日的指示成立县"五七"领导组，设办公室，19 个公社，53 个大队建立"五七"小组。插队知青较多的校头、尚田、临溪等 11 个公社配备专职干部。1974 年 2 月县插队知青管理机构改为中共绩溪县委知识青年上山下乡领导小组和办公室。1980 年 9 月办公室并入劳动局。

下乡知青安置，以集体插队为多，分散单身插队多为回乡知青。集体插队的，建立插队小组。1971 年全县有插队小组 38 个 195 人。安置经费由县财政拨付。1968 年平均每人 130 元，外地回乡插队的每人 60 元。1969 年单身插队（场），平均每人 200 元，其中用于建房和农具补助 100 元；成户插队（场）的平均每人 130 元，用于建房、农具补助 70 元。1973 年每人 480 元。截至 1975 年底，农村社队共建知青住房 400 间 6 000 平方米。下乡上山知青有 19 人加入中国共产党，145 人加入共青团，2 人被选为中共绩溪县委委员，43 人进入社队领导班子，95 人任民兵干部、教师。知青插队两年后，陆续招工、招干和推荐进大中院校。下放知青全部于 1982 年底以前回城安排就业。

（第二十四章《人事劳动》，第 661—662 页）

《歙县志》

歙县地方志编纂委员会编纂,中华书局 1995 年

(1957 年)12 月 30 日,145 名上海知识青年来本县插队落户。　　（《大事记》,第 31 页）

(1968 年)年底,首批知识青年(1966、1967、1968 三年毕业的中学生)892 人到农村插队落户。　　　　　　　　　　　　　　　　　（《大事记》,第 35—36 页）

(1969 年)冬,全县掀起上山下乡高潮。本县 3 700 多名知识青年、城镇居民、职工家属到农村插队落户。　　　　　　　　　　　　　　（《大事记》,第 36 页）

1966 年以前,本县城镇已有 31 人先后下乡落户。1968 年底下放 1966、1967、1968 三届中学毕业生 892 人。直至 1978 年初共下放知青 4 132 人。知青下放地点在城关、岩寺、王村、许村、溪头、黄山 6 个区各个公社及徽城镇农业大队和农林四场。1969 年以前为分散插队,1970 年起,改分散为集体,建立知青插队小组。至 1977 年止,先后共建立 341 个插队小组和许村、黄山 2 个青年队。1978 年下半年后,知青工作着重点从上山下乡转为安排就业。其后,知青陆续回城。1980 年底插队未婚知青全部招工。至 1982 年,除少数自愿在农村扎根者外,已婚知青均安排到大集体所有制单位工作,上山下乡工作告终。

（第二十二编第一章《劳动》,第 496 页）

《歙县志》

歙县地方志编纂委员会编纂,黄山书社 2010 年

(1969 年)9 月 19 日,成立歙县革命委员会五七领导小组,下设办公室(后改为知识青年上山下乡办公室),负责安排知识青年上山下乡工作。　　　　（《大事记》,第 20 页）

70 年代初期,开始通过考核、考试,在退伍军人、回乡知识青年中择优录用干部。

（第二十编第一章《人事》,第 828 页）

1984 年,录用 1 名青年农民体育技能自学成才者为国家干部,从全县 30 岁以下具有高中学历以上的回乡知识青年中招收录用干部 70 名。　　（第二十编第一章《人事》,第 829 页）

1985 年,乡镇从农村回乡知青和符合"四化"(革命化、年轻化、知识化、专业化)条件的

农村干部中招聘补贴制干部(聘用制)49名,签订聘用合同书,享受同类干部待遇与权利。

(第二十编第一章《人事》,第830页)

1957年12月,1 400名上海知识青年来到皖南地区插队落户当农民,其中145人安置在歙县。1964年,歙县中学高三学生5人,集体下乡插队落户郑村公社王充园艺场。1966年以前,歙县城镇居民下乡落户31人。1966—1968年三届中学毕业生892人下乡插队落户。1969年9月,成立歙县"五·七"领导小组办公室,后改为知识青年上山下乡办公室。1970年2月,歙县30名中学毕业生到宣城、郎溪、广德生产建设兵团落户。

1975—1977年,335名中学毕业生招收为农林四场固定职工,此后,农林四场职工子女户口随父或母者,中学毕业后可招收为农林四场固定职工。至1978年,全县知识青年下乡插队落户4 132人。

1978年下半年以后,知青工作重点从下乡插队落户转为安排就业,知青陆续回城工作。1980年,插队未婚知青全部招工。至1982年,除少数自愿留在农村者外,插队已婚知青均安排到大集体所有制单位工作,上山下乡知识青年安置工作结束。此后的知识青年安置工作,劳动部门负责协调各用人单位招工时安置一定比例的知识青年。《劳动法》和《职业法》实施后,实行劳动预备制度,对知识青年进行就业前培训或进入职业学校学习,然后进入劳动力市场或劳务中介机构,自主选择合适的职业就业。(第二十编第二章《劳动》,第841页)

《祁门县志》

祁门县地方志编纂委员会办公室编,安徽人民出版社1990年

(1957年)12月30日,上海市280名知识青年下放本县农村插队落户。

(《大事记》,第27页)

(1965年)4月下旬,合肥市和蚌埠市知识青年339人,下放本县农村插队落户。
9月12日,屯溪镇55名知识青年来本县农村插队落户。　　(《大事记》,第29页)

(1968年)11月,县城首批279名中学毕业生下放农村插队落户。城镇居民下放农村生产。

(《大事记》,第30页)

(1973年)8月27日,横联公社莲花大队大山生产队合肥下放知识青年钱友渔为抢救着火汽车,英勇献身。

(《大事记》,第31页)

"文化大革命"期间,城镇中学毕业生全部下放农村劳动。1973 年,对上山下乡知识青年采取统筹安排、陆续就业的办法,至 1978 年,共安置 1 897 人,其中招工 1 281 人,参军、升学、招干 499 人,转出县外 117 人。1981 年,全部安置就业。　　　　（卷二十二《劳动人事》,第 505 页）

《祁门县志》

祁门县地方志编纂委员会编,黄山书社 2008 年

(1965 年)5 月 1 日,合肥首批 74 名知识青年来祁门农村插队落户。

（《大事记》,第 12 页）

平时,除升学、参军、干部调动、知青下乡等少量流动外,人口基本处于静止状态。

（第一编第三章《人口、土地、资源》,第 52 页）

下放人员安置　　1957 年 12 月至 1958 年上半年,先后接收上海下放知识青年 280 人。1965 年 5—9 月,合肥、蚌埠、屯溪知青 1 102 人陆续下放来祁,其中合肥 632 人,蚌埠 413 人,屯溪 57 人。同年,蚌埠、合肥 67 户无固定职业的城镇居民 306 人举家下放祁门,至 1968 年,共接受祁门及外地下放居民 169 户 707 人。此后,尚陆续接受外地零散下放知青 100 人,累计接收外地下放知青、城镇居民 2 089 人。1968 年 11 月,祁门城镇首批中学毕业生 279 人下放农村,至 1978 年,共下放中学毕业生 1 978 人。以上下放知青和居民分别安置到 25 个公社插队落户。粉碎"四人帮"后,下放知青除部分升学、招工、招干外,大都陆续返回原地。1983 年,县民政、公安、粮食等部门联合成立办公室,开始办理城镇居民回收工作,当年回收 30 户 102 人。至 1985 年,共收回 120 户 600 余人,对已在农村成家和生活困难的 49 户居民补助 2.86 万元。　　（第四编第五章《民政、劳动、人事》,第 528 页）

安置知识青年　　1957—1965 年,祁门接收安置上海、合肥、蚌埠、屯溪等地知青 1 688 人（含全家下放 306 人）。1968—1978 年,祁门下放城镇知青 1 978 人,接收屯溪等地下放 100 人。1978 年后,外地知青多数由原地回收,其余安排在城镇就业。至 1980 年,共回收安置 1 780 人,其中社会招工 1 281 人。　　（第四编第五章《民政、劳动、人事》,第 531 页）

《黟县志》

黟县地方志编纂委员会主编,光明日报出版社 1989 年

是年(1968 年)冬,黟县"五·七"领导组成立,下设办公室。后改为"知识青年上山下乡

办公室"。自此到 1978 年,安置县内城镇知识青年 1 496 名,接收安置外地城市知识青年588 名到农村插队落户。 (《大事记》,第 29 页)

黟县社会招工从 1970 年开始,由省革命委员会按增人计划分配到县执行。从城镇下乡插队的知青、复员退伍军人、留城待业的中学生等方面招收录用,统一分配工作。

1972 年,新安电工厂按政策规定,招收被征地的社队农民进厂当工人,1975 年,森工部门按规定内招本单位家住农村及家住城镇留城待业的职工子女就业。1977 年,实行对口招收部分民办教师、下乡知识青年、赤脚医生、回乡的卫校学生就业。 (《政务志·劳动人事》,第 107 页)

知青安置 1958 年元旦,上海知识青年 109 人,来黟县农村插队落户。1968 年,黟县成立"五·七"办公室,后改称知识青年上山下乡办公室,办理接收和安置知识青年工作。至1978 年,共安置县内下乡插队的知青 1 453 人,到农林四场落户的知青 43 人,接受外地来黟县插队 560 人,插场 28 人。插队、插场的知青,每人由国家补助 480 元。其中建房 200 元,生活补助 160 元,置办农具、炊具及学习、医疗费等 120 元。自 1968 年至 1979 年,黟县知青上山下乡经费支出总额为 48.97 万元。

1979 年,劳动和知青管理部门,根据"介绍就业、组织起来就业、自谋职业"三结合的方针,对在乡的知识青年进行了统筹安排,通过招工、招生、参军、提干等途径,全部解决了知青的就业问题。 (《政务志·劳动人事》,第 108 页)

《池州地区志》

池州地区地方志编纂委员会编,方志出版社 1996 年

(1968 年)10 月,全区首批中小学毕业生回乡参加生产,同时接受来自合肥市、上海市的知青到各县农村插队落户。石台县共接收上海知识青年 2 387 人。 (《大事记》,第 54 页)

是月(1972 年 12 月),700 名上海知识青年到贵池县插队落户。 (《大事记》,第 57 页)

是年(1978 年),在区境内各县插队落户的知识青年分批回城。青阳县 6 000 余名知识青年,除 85 名同当地青年结婚就地安置以外,其余均招工回城。 (《大事记》,第 61 页)

建国初期,本区开始吸收录用干部。1971 年至 1977 年,全区从工人、贫下中农、退伍军人、劳动锻炼表现好的上山下乡知识青年中录用了一批干部。

(卷五第三章《人事》,第 178 页)

1968 年,城市知识青年下放到农村"插队落户",精减下放企事业单位工人,压缩城镇人口。1969 年,又开始在农村复退军人和贫下中农中招工进城,使城镇劳动就业一度成为严重问题。70 年代初,开始对上山下乡知青进行安置,主要渠道是招工、参军、升学等。对已在农村结婚安家的知青,就地供应商品粮,并安排适当工作,如民办教师、社队会计等。至1982 年,全区共安置上山下乡知识青年 25 335 人,其中上海市 5 897 人(不含东至县),合肥市、铜陵市等 7 443 人,地直 5 962 人。东至县有上海、合肥等地知青 4 863 人。

(卷五第四章《劳动》,第 181 页)

70 年代末,80 年代初,下放农村插队的城镇知识青年陆续返回城镇,为安排其就业,各县纷纷兴办知青商店。1993 年,全区商业饮食业总产值(90 年不变价)达 26 404 万元。

(卷十一第一章《商业体制》,第 448 页)

《贵池县志》

贵池市地方志编纂委员会编,黄山书社 1994 年

是年(1964 年),本县首次下放 22 名知识青年到丁香公社库山队落户。

(《大事记》,第 50 页)

(1971 年)4 月 20 日,建设兵团三师管理的东南湖农场移交贵池县,定名为地方国营贵池县红旗农场。

(《大事记》,第 55 页)

70 年代初,对"文化大革命"中在本县"插队落户"的知识青年共 8 919 人进行了安置。主要渠道是招工、参军、升学等。对已在农村结婚安家的知青,就地供应商品粮并安排适当的工作,如民办教师、社队会计等,此项工作至 1982 年全部完成。

(卷七第二章《劳动人事》,第 285 页)

《青阳县志》

安徽省青阳县地方志编纂委员会编纂,黄山书社 1992 年

是月(1968 年 11 月),成立县建设社会主义新农村办公室(后更名"五·七"办公室,知识青年上山下乡办公室),专司安置本县及外地知识青年下放农村插队落户有关事宜。

(《大事记》第 23 页)

1975 年,新招城镇待业青年和下放知青 103 人,补充了合作商店职工队伍。

(第十二章《商业》,第 224 页)

1968 至 1978 年,全县实行群众推荐、民主评议、报劳动部门审批的招工制度,除安置城镇退伍军人外,招工对象主要是思想品质好、身体健康、劳动锻炼 2 年以上、年龄在 16 至 25 周岁、未婚的上山下乡知识青年和农村青年。按政策批准留城的青年一般只能进集体所有制单位。在此期间,全县共招工 6 089 人。1979 年,招工政策作了重大调整,招工范围由农村转向城镇,招收对象是回城下放知青和城镇待业人员。(第二十章《劳动人事》,第 390 页)

知青安置就业 1964 年 11 月,本县始接收铜陵市知青 10 人。此后,本县城镇知识青年下放农村。至 1978 年 11 月,全县共接收上山下乡知青 6 646 人,其中本县 1 331 人,上海下放知青 1 259 人,合肥、铜陵等省内城市下放知青 3 706 人,外省转点知青 350 人。下乡知青的组织形式主要有 3 种:一是建立插队小组(知青点),全县共建立 404 个插队小组,其中 10 人以上的小组 5 个,5 至 9 人小组 107 个,4 人以下小组 292 个。二是分散插队。三是投亲靠友或回原籍落户。此外,全县建有以知青为主的农林场 5 个。

为加强对知青工作的领导,1968 年 11 月,本县成立建设社会主义新农村办公室,1969 年 12 月,改设县"五·七"办公室,1973 年 12 月,改为知识青年上山下乡办公室,1980 年 7 月,与县劳动局合并。

1970 年后,对下放农村的知识青年,通过应征入伍、大中专院校招生、招干、病退、按政策回城、企业单位及农林四场招工等途径,逐步进行安置,全县共拨付知青安置经费 204 万元。至 1980 年,全县仅有 85 名已婚下乡知青留住农村,对留住在农村的知青,在乡镇企业中优先安置。

(第二十章《劳动人事》,第 391 页)

1985 年通过考试、政审、体检全面考核,在回乡青年中录用 45 名乡镇干部。

(第二十章《劳动人事》,第 400 页)

《石台县志》

石台县地方志办公室编,黄山书社 1991 年

是年(1958 年),石埭县接收 100 名上海知识青年插队落户。　　　(《大事记》,第 25 页)

(1969 年)11 月,上海知识青年来石台插队落户,至 1974 年止,分批来石台插队落户的上海知青计 2 387 人。　　　(《大事记》,第 27 页)

知青工作

1. 上山下乡

1966 年以前,城镇户口的初中、高中毕业生,或可继续升学,或可安排就业。"文革大革命"期间,城镇知识青年(简称知青)一律下放农村"接受贫下中农再教育"。1968 年县设大中专毕业生分配接受安置办公室,翌年改为上山下乡安置办公室,1970 年易名为"五·七"办公室。1973 年改为知识青年上山下乡办公室,至 1981 年并入县劳动局。

自 1968 年 12 月至 1977 年,本县先后接受安置于农村的知青共 3 676 人,其中本县城镇知青 360 人,合肥知青(首批 1968 年抵县)273 人,上海知青(首批 1969 年抵县)2 387 人,铜陵、芜湖、池州等地区知青 656 人。其安置形式:一是设知青点,编插队小组;二是安排在县、社办茶、林场。

上山下乡知青插队、插场人数统计表

年　度	合　计	插　队		插　场	
		本县	外地	本县	外地
1968	303	33	270		
1969	197	7	184	1	5
1970	1 968	1	1 946	1	20
1971	120		120		
1972	143		142		1
1973	65	43	21		1
1974	42	26	16		
1975	122	58	38	26	
1976	365	55	294	16	
1977	348	63	174	30	81
1978	3	3			
合计	3 676	286	3 208	74	108

2. 安置经费

1968 年每名知青安置经费为 200 元,主要用于建房和购置生产、生活用具。1973 年增至 480 元,其中生活补助费 160 元。自 1969 年至 1981 年,为安置大批知青上山下乡,国家共拨专项经费 1 581 053 元,下拨木材 392 立方米。此外,农村社队支援了大量劳力和建筑材料,为知青建房共 2 084 间。

3. 就业安排

1969 年至 1978 年,劳动部门采取"由生产队推荐,公社(镇)审核,主管部门批准"的方法,分期分批地安排上山下乡知青就业工作(其中部分知青入学、参军)。详见下表:

合计	招工	招干	参军	入学	病退、特困回城	调出	死亡	其他
3 676	1 426	35	72	637	1 260	229	8	9

1978 年始,城镇知青上山下乡逐步改为城镇待业安置,至 1979 年底待业知青人数为 440 人。自 1980 年至 1985 年,城镇待业知青安置任务数累计 3 074 名,县劳动部门根据国家关于"介绍就业、自愿组织起来就业和自谋职业"的方针,先后安置知青 2 711 人,其中介绍就业 1 295 人,组织起来就业 493 人,自谋职业 77 人,临时安置 846 人。

待业知青就业安置情况表

年度	安置任务数	实际安置数					年末待业人数
		合计	其　　中				
			组织就业	自谋职业	介绍就业	临时安置	
1980	622	402	49	2	194	157	220
1981	463	409	58	21	175	155	54
1982	422	386	48	4	245	89	36
1983	446	426	48	4	269	105	20
1984	556	537	101	20	173	243	19
1985	565	551	189	26	239	97	14
合计	3 074	2 711	493	77	1 295	846	363

(《劳动人事志·劳动》,第 397—399 页)

"文化大革命"期间,因中学畸形发展,师资紧缺,采取从小学教师中选调人员任中教,而小学则大量聘用回乡知识青年任教或代课。　　　　(《教育志·教师》,第 457 页)

《东至县志》

安徽省东至县地方志编纂委员会编,安徽人民出版社 1991 年

(1969 年)3 月,县内城镇知识青年上山下乡掀起高潮。(至 1978 年止,全县包括上海、合肥等外地下放农村的城镇知识青年共 6 186 人。1970 年开始招工,下放知识青年逐步得到安置,至 1984 年底,基本上安置完结。)　　　　(《大事记》,第 26 页)

1968 年至 1977 年,对城镇劳动力采取"三个面向,以上山下乡为主"的措施。到 1977 年底,尧渡、东流、大渡口 3 镇,有 1 323 名知识青年到农村插队落户,接收上海、合肥等地知

识青年 4 863 人,还有下放干部及城镇居民 4 114 人。1970 年至 1977 年,全县共招工 3 792 人。

1978 年,基本停止知识青年上山下乡,以前上山下乡的城镇知识青年逐步回城,加之就业门路狭窄,城镇待业人员激增。1978 年底,全县有城镇待业者 1 491 人。

(第四编第二章《综合管理》,第 172 页)

1983 年开始,实行乡、镇干部招聘合同制,当年从农村知识青年中招聘 93 人。1985 年,在区以下待业青年和农村回乡青年中,经文化考试,择优招聘 101 名区、乡财政所合同制干部。

(第十四编第三章《人民政府》,第 496 页)

《安庆地区志》

安庆市地方志编纂委员会编,黄山书社 1995 年

本年(1968 年),自 10 月到次年 1 月,全区有 2 万多名知识青年奔赴农村,接受贫下中农再教育。其中高、初中毕业生 1.9 万人,城镇居民 1 600 多人。　　　(《大事记》,第 66 页)

(1971 年)9 月 24 日,地区成立接待上海下乡知识青年领导小组。(《大事记》,第 68 页)

(1973 年)10 月 8 日,地委成立知识青年上山下乡领导小组。自 1969 年以来,全区农村接收上海、合肥、安庆和县城知识青年 19 722 人。　　　(《大事记》,第 68 页)

(1976 年)6 月 26 日,国务院知识青年上山下乡调查组在岳西县召开老知识青年座谈会。

(《大事记》,第 70 页)

(1979 年)12 月 25 日,地区在太湖县召开知青待业安置工作会议。全区待业知青 14 715 人,到年底共安置 8 692 人。　　　(《大事记》,第 72 页)

(1980 年)10 月 9 日,地区召开劳动就业会议,自上年 5 月至本年 9 月,全区安置待业知青 13 828 人,占待业人员总人数 80%。　　　(《大事记》,第 73 页)

1964 年 5 月,区内组织知识青年下乡插队,当年下乡 524 人。1968 年,全区又掀起上山下乡插队落户高潮,至年底共下放高、初中毕业生 19 200 人,社会知识青年和城镇居民 1 600 多人。

(第三编第一章《总人口演变》,第 182 页)

知识青年安置

民国时期,学生毕业后都是自谋职业。

建国后,人民政府对知识青年采取统筹安置的办法。大学、专科、中专、中技等学校的毕业生统一分配工作,普通中学毕业生则广开门路安排就业。1951年,全区有失业知识青年3 687人登记,其中有初中以上文化程度的青年学生873人,大部分安排到农村工作队工作。1956至1957年,统一招收高考落选的高中毕业生200多人,均参加了工作。

1964年开始动员城镇知识青年上山下乡。1965年,江北8县1市有483人响应号召到农村工作、生产。1968至1978年,全区城镇初、高中毕业生59 213人,到建设兵团、农场和生产队落户,"接受贫下中农再教育"。政府给下放落户的知青拨给每人安置费初定为130—200元,后增加到江北500元,江南480元,以用于建房、置办农具和生活用品。到1978年,全区社队共安置上海、合肥、安庆及各县城镇知青27 414人,派出城镇带队干部317人次。

1970年开始在下乡知青中招工。到1980年底,下乡知青已基本上由各级行政、企事业单位招收并安排了工作。1971至1978年,另在城镇知青中招收了6 900余人,全部安排了工作。

1978年开始,不再动员城镇知青下乡务农。1980年采用劳动部门介绍就业、各级组织兴办集体事业和自谋职业3种办法,安置城镇知青参加工作。1979至1987年全区安置城镇待业知青82 569人,其中招为全民和集体制工人26 381人,占32%;参加新办集体企业工作的29 348人,占35.5%;个体劳动者6 731人,占8.2%;做临时性工作的20 109人,占24.4%。 (第五编第三章《劳动 人事》,第293页)

1967至1977年,重点是招收工人、贫下中农、退伍军人、劳动表现好的上山下乡知青为干部。1970年,吸收新干部3 400人,其中贫下中农占1 500名,工人与下放知青各占800名。1972至1973年,全区又招干721名。 (第五编第三章《劳动 人事》,第295页)

《安庆市志》

安庆市地方志编纂委员会编,方志出版社1997年

(1968年)10月31日,全市首批4 000多名高、初中毕业生到农村插队落户。

(《大事记》,第67页)

(1973年)3月7日……全市先后有11 300多名干部、医务人员、知识青年和居民下放农村。

(《大事记》,第70页)

(1979 年)10 月 13 日,市待业知青安置办公室成立。   (《大事记》,第 74 页)

1968 年 10 月开始,全市先后组织 23 469 名初高中毕业生到农村生产队或国营农场插队落户,并组织部分居民、干部和职工"下放"农村。1970 年后,在继续"上山下乡"的同时,陆续有计划地从插队和回乡知青中招收部分工人。1978 年国家调整"上山下乡"政策,下放人员陆续回城安置。   (卷十《经济综合管理·劳动》,第 406 页)

(1980 年)11 月,市知识青年上山下乡办公室与劳动局合并。

(卷十《经济综合管理·劳动》,第 406 页)

"文化大革命"期间,知识青年下放到农村,1968—1978 年共下放 2 万多人。其中大部分自 1970 年后分批通过招工、升学、参军参加工作。以后知识青年改为留城安置,知识青年上山下乡办公室改为安置办公室,通过多种渠道安置待业人员。但每年新的毕业生不断增加,知青安置问题仍很突出。1979 年,市政府决定动员社会力量,广开生产门路,加快发展新型集体经济的步伐。   (卷四十二《政府·安庆市人民政府》,第 1179 页)

1966—1977 年,吸收录用对象主要是工人、贫下中农(包括上山下乡知识青年)、复员退伍军人。条件是历史清楚,无复杂的社会关系,初中以上文化程度;知识青年要经过两年以上的劳动锻炼;以工代干人员条件好的,可以在年龄和文化程度上适当放宽,优先录取。

(卷四十七《人事·录用、任免》,第 1259 页)

1971 年,贯彻全国教育工作会议精神,中学专任教师有 46 人下放农村,缺教职员180 余人,遂从上山下乡两年以上知识青年中录用 80 人。

(卷五十二《教师·师资》,第 1406 页)

《安庆市志(1978—2000 年)》

安庆市地方志办公室编,黄山书社 2008 年

(1968 年)10 月至次年 1 月,全市首批 4 000 多名高、初中毕业生,全区 2 万多名知识青年(其中高、初中毕业生 1.9 万人、城镇居民 1 600 多人)到农村插队落户,接受贫下中农再教育。   (《大事记》,第 21 页)

(1979 年)7 月 16—18 日,召开市知青工作会议。10 月 13 日,市待业知青安置办公室

成立。12月25日在太湖县召开全区知青待业安置工作会议。会议对广开就业门路、发展集体经济、做好知青和其他待业人员的安置工作作出安排。　　　　　　（《大事记》,第23页）

　　1978年前后,城镇安置就业一律按照主管部门下达的名额指标,招收全民所有制单位职工和集体所有制单位职工,对多数应届初、高中毕业生以动员上山下乡参加农村劳动为主;并动员城镇居民响应回乡和下乡的政策号召,其中回乡指动员农村有家业的职工家属和其他闲散人员回村,下乡指动员城镇居民、单身青年在农村插队或建队参加农业生产。据1978年8月统计,全地区8县1市共有21 100多名下乡插队落户知识青年,新盖住房13 500余间,总面积16.8万平方米。

（卷十七《劳动、人事·劳动》,第1101—1102页）

　　据1978年12月统计,全地区8县1市累计动员（1968年10月起）知识青年上山下乡59 213人,接收安置外地知青27 414人,其中分配到生产建设兵团和国营农林牧渔场810人。1979、1980年,地区10县仅有67人上山下乡（安置在集体所有制农工商企业27人）,接收外地转点知青80人。　　　　（卷十七《劳动、人事·劳动》,第1102页）

　　1978年开始,地、市国家机关、事业、企业单位补充干部,主要采取社会招聘、录用、从工人中吸收等办法,招收城镇知识青年、回下乡知青、社会闲散技术人员、临时工转正、自学成才、优秀青年工人等。　　　　　　（卷十七《劳动、人事·人事》,第1112—1113页）

《安庆市迎江区志》

安庆市迎江区编史修志领导小组编,黄山书社1993年

　　(1964年)7月14日,区第一批50名知识青年到农村集体插队落户。

（《大事记》,第38页）

　　(1974年)3月1日,成立知识青年上山下乡办公室。16日,区革命委员会召开全区中学毕业生上山下乡誓师大会。是年全区共有709名知识青年上山下乡,参加农业生产。

（《大事记》,第44页）

　　组织社会知识青年到农村,走与工农相结合的道路,接受贫下中农再教育,是从1968年开始的。其形式除组织集体定点下放外,还有投亲靠友,自选地点。其间区还派机关干部下乡蹲点带队,帮助下放知青解决实际问题。

迎江区社会知识青年下放人员统计表

时间	1964 年	1968 年 1969 年	1970 年	1971 年	1975 年	1976 年	1977 年	合计
人数	50 人	298 人	6 人	709 人	102 人	175 人	87 人	1 427 人

　　知识青年的回收,是分期分批通过招工、招考(进入各类学校学习)、参军入伍以及随着全家回城等途径,陆续从各自下放的地方回收。 (第七篇第一章《劳动》,第 144 页)

《桐城县志》

桐城县地方志编纂委员会编,黄山书社 1995 年

　　(1968 年)10 月,动员城镇知识青年上山下乡,动员干部、医务人员、城镇居民到农村插队落户,"接受贫下中农再教育",至 1972 年 9 月,全县有城镇知青 3 097 人、干部 532 人、医务人员 98 人、城镇居民 6 737 人到农村插队落户。 (《大事记》,第 38 页)

　　1961 年始,部分干部、职工和城镇居民、知识青年下放到农村,非农业人口有所下降,1976 年,全县非农业人口 1.7 万人,仅占总人口的 2.58%。1980 年后,每年均有少量农业人口转为非农业人口,同时原下放人员陆续回城,城镇知识青年停止下放,非农业人口增加。1987 年,全县总人口 723 889 人,其中非农业人口 5.56 万人,占总人口的 7.69%,主要集中在城关镇,次为孔城、青草等集镇;农村人口 668 266 人,占全县总人口的 92.31%。

(第三章《人口》,第 134 页)

　　知青商店　　1979 年,全县新办知青商店 48 个,安置城镇知识青年 622 人,年营业额 45 万元,盈利 1.88 万元。知青商店一般坐落在县城和各集镇繁华地段,资金来源一自筹、二贷款、三单位扶持,经营项目不受限制,国家工商、税务部门三年内免收所得税和工商税,企业内部实行经营承包责任制。1981 年,全县知青商店增加到 138 个,安置待业知青 2 285 人,年营业额 415 万元,利润 20.25 万元。1987 年,全县知青商店 143 个,年营业额 1 279.77 万元。

(第九章《商业》,第 311 页)

　　1966 至 1977 年,县劳动部门从下乡知识青年中招收固定工人 6 599 人,并将 1 760 名长期合同工转为固定职工。1973 年,精简固定工 160 人,辞退临时工 512 人、农民工 114 人。1978 年,县内离、退休职工可安排 1 名子女顶招就业。翌年,离、退休干部亦享受此待遇。离、退休干部和职工子女顶招制度分别于 1983 和 1986 年废止,但二等甲级残废职工和 1959 年前参加工作家住农村的职工,可招收其 1 名子女为劳动合同制工人。1978 至 1980

年,县劳动部门在下乡知青、城镇待业青年中,选招固定工人1 122人,其中安置到商业、供销、金融、税务、文教、卫生、粮食等全民所有制单位417人;安置到县办大集体单位740人。其间,县内还新办一批集体企业,安排城镇待业知青1 710人就业。

(第十五章《综合政务》,第513页)

1978年后,县人事部门采用推荐与考试相结合的办法,先后在城镇待业知识青年、复员退伍军人、全民和集体所有制工人、电大和函大等毕业生中共录用干部740人,充实税务、金融、教育、司法等部门干部队伍。

(第十五章《综合政务》,第516页)

《枞阳县志》

枞阳县地方志编纂委员会编,黄山书社1998年

(1968年)11月5日,县境共接收合肥、安庆、上海等城镇下乡知识青年1 400余名。

(《大事记》,第34页)

知青商店 国营商业系统知青就业从1979年4月开始,县百货、糖业、食品、煤建、饮食服务、盐业、五交化等公司,共兴办15个知青商店,8个独立核算单位,就业113人,营业间总计面积493平方米。1984年,百货、饮食、糖业、食品知青就业人员逐步混岗到全民所有制单位。1986年,只存在3个独立核算单位、6个门点,计47人,固定资产有7 074元。

(第十一章《商业》,第239页)

(县劳动部门)并对1965年前组织上山下乡的981名城镇知识青年和"文化大革命"期间下放的2 807名城镇未升学的高、初中生以及4 514名居民、24名机关干部、44名医务人员,及时转发了国家下拨的3 259 365元安置经费和1 223立方米的木材。1978年前后,通过招工、招干、参军、自然减员顶补等多种渠道,对下放人员进行了妥善安置。1979年以后,劳动部门对城镇知识青年实行多渠道就业方式,并在政策上给予扶持、优惠。截止至1989年,全县组织起来就业的有知青1 451人、从事个体生产经营的247人、临时就业的899人。新办集体企业64个,其中有25个被批准为合格企业,正式职工857人。

(第十七章《民政　劳动　人事》,第371页)

"文化大革命"期间,劳动管理计划受到冲击,失去控制,企事业单位私招私雇,每年计划外用工高达2 000余人。当时全县有近3 000名城镇知识青年上山下乡,有2 000多名农民进城,有1 300名来自农村的临时(合同)工转为固定工,出现城乡劳力对流现象。

(第十七章《民政　劳动　人事》,第371页)

《枞阳县志:1978—2002》

枞阳县史志编纂委员会编,黄山书社2007年

1978—1981年共招工1 638人,其中下乡知青1 377人,留城知青83人,城镇待业青年107人,农民71人。除少数是企业需要增人外,绝大多数是解决"文革"中下放知青回城就业问题。至此,全县城镇下乡知青"一刀切"的人员全部招收安排就业。

（第四篇第八章《人事　劳动》,第479页）

《怀宁县志》

怀宁县地方志编纂委员会编,黄山书社1996年

(1968年)10月30日,首批知识青年上山下乡,到农村插队落户。全年下放知青1 415人,其中接收安置外地知识青年929人。　　　　　　　　　（《大事记》,第48页）

(1972年)1月18日,县委常委会议决定,从大队干部、回乡知识青年、青年工人中选拔年轻干部54名(女23名)。5月,又选拔26名。　　　　　　（《大事记》,第49页）

(1974年)2月24日,上海、铜陵、安庆市和县内城镇知识青年980人,到农村插队落户。

（《大事记》,第50页）

"文革"中,各级团的活动被迫中止。1971年整团建团,重建团县委,各级团组织相继恢复活动,至1978年,先后配合有关部门组织动员知识青年"上山下乡"插队落户,开展所谓"基本路线教育",投入"批林批孔"斗争,参加农业学大寨、工业学大庆等。　　（第四章《政党群团》,第183页）

【"五七"办公室】　1970年9月设立,1974年9月改称知识青年上山下乡办公室。1982年3月并入劳动局。　　　　　　　　　　　　　（第五章《人大　政府　政协》,第212页）

知识青年安置

1964年,中共中央、国务院作出《关于动员和组织城市知识青年参加社会主义建设的决定(草案)》,翌年,根据"决定"精神,自石牌镇首次动员知识青年和社会闲散劳力57人下放到红星、龙泉等公社插队落户。1968年,毛泽东主席发出"知识青年到农村去,接受贫下中农再教育很有必要"的号召,广大青年积极响应,形成上山下乡的高潮。是年,全县下放年满16—25周岁应届和历届初、高中毕业生和城镇社会青年1 415人,同时开始接收外地知青到

县内农村安置落户。在接收下放安置的同时,也着手办理调离工作。1969 年,中央颁布政策,对下放锻炼一年以上的知青,经过知青插队小组评议,基层和带队干部推荐,接收地区县以上机关审查,可以招工、参军、升学、提干、离开农村。1971 年改为下放锻炼两年以上者才能取得上述推荐调离的资格。同时,对一些不属于动员下放对象(如独生子女、多子女身边只有 1 人的、残疾不能参加农业劳动的以及中国籍的外国人子女)一律按政策收回。

为巩固下放成果,表彰先进,自 1975—1977 年召开过 3 次全县下放知青"先代会",会上选派出席省、地知青先代会的代表 114 名。龙泉公社"四姐妹"知青小组(省级先进知青集体)派出代表吴国华(女)赴京参加国庆观礼。据统计知青在下放锻炼中,有 68 人加入中国共产党,2 079 人入团,35 人担任公社或大队行政干部,527 人当了"赤脚医生"、"赤脚教师"或基层青年、妇女干部。

1978 年 12 月,停止知青上山下乡工作。10 年当中,共动员下放县内知青 3 041 人,接受安置外地下放知青 4 844 人(其中上海市的 854 人)。知青安置经费,包括房建、生活补助、家具、农具、医疗等,全县实际支付 290.12 万元。以后,对下到农村的知青调离安置,不断拓宽安置渠道,到 1981 年,便将原下放知青 7 885 人,除死亡 19 人和一名女知青与农民结婚自愿留农村外,其余均通过政策规定的途径全部安置完毕,其中:社会招工 5 541 人,升学 413 人,参军 135 人,提干 46 人,政策性收回 1 132 人,移交外地安置 598 人。

(第七章《人事　劳动》,第 261—262 页)

1984 年,全县乡镇企业职工达 8.70 万余人。在这支职工队伍中,有种田的"泥腿子",有农村退伍军人和回乡知识青年。他们在进入乡镇企业后,坚持离土不离乡,经过几年生产实践和培训,逐步形成一支农、工、商、建、运综合型的职工队伍。(第十一章《农业》,第 411 页)

《望江县志》

望江县地方志编纂委员会编,黄山书社 1995 年

(1968 年)11 月,接受安置安庆地区下放的知识青年 1 500 名、干部 174 名。

(《大事记》,第 22 页)

1968 年 8 月,县革委会办事组内设信访小组。1970 年至 1976 年,共受理来信来访 11 253 件次,其中 1974 年高达 3 089 件次,主要反映上山下乡、招工招生等方面问题以及受"一打三反"、"深挖敌、蒋、特"等政治运动影响而对所谓坏人坏事的检举揭发。粉碎"四人帮"后,来信来访激增。1978、1979 两年共受理 10 895 件次,其中自办 641 件次,转办 4 484 件次,反映的主要问题是要求清理积案、落实政策、平反冤假错案。为加快办理,文教局成立专案组,县委、县政府建立领导接待日制度,日接待量高达 100 人次。80 年代初,来信来访

反映的主要问题是要求落实山林水域权属、落实知识分子政策、落实私房政策和部分上山下乡青年要求回城安置等。 （第十八篇第二章《中国共产党》，第 401 页）

1973 年 6 月 6 日至 8 日，召开第四次贫下中农代表会议，正式成立望江县贫下中农协会，委员 47 人，常委 13 人。会议重申"没有贫农，便没有革命"的理论，要求贫下中农要管理学校、商店、医院和对知识青年进行再教育。进驻学校的贫下中农代表 139 人，进驻商店的 503 人，成立对知识青年再教育小组 374 个。是年全县贫协会员 157 430 人，占农业人口总数的 37.52％。1982 年 11 月 2 日，贫下中农协会撤销。 （第十八篇第三章《群众团体》，第 420 页）

1977 年 9 月劳动局单设，编制 8 人。1980 年知识青年上山下乡办公室并入，编制 16 人。同年 11 月，知青办公室撤销。 （第二十二篇第二章《劳动》，第 484 页）

1970 年，根据"群众推荐，民主评议，区、公社审查，县招工领导小组批准"的原则招收职工。1971 至 1978 年，招工 3 071 人，其中有下乡知青 423 人，回乡知青 536 人，复退军人 132 人。1979 年后，招工对象由农村转向城镇，主要招收回城知青和城镇新增劳动力。

（第二十二篇第二章《劳动》，第 485 页）

二、知青下乡、安置

1964 年 7 月，首次接收安庆市 38 名知识青年，安置在沟口、雷港公社插队。另在青草湖、华阳大号创办两所农垦学校，招收安庆和县城关、华阳两镇知识青年 100 人入校，边劳动、边读书。"文化大革命"开始后，两校师生均返回城镇"闹革命"。1968 年 10 月，贯彻执行毛泽东发出的"知识青年到农村去，接收贫下中农再教育"指示，成立县支农办公室（后改为"五·七"办公室、知识青年上山下乡办公室）。1969 年初，安庆和县内知青共 2 016 人开始到农村插队落户。至 1977 年，共接收安置下乡青年 5 139 人，其中安庆 3 330 人，铜陵 468 人，上海 388 人，望江 953 人；累计支付下乡安置费 270 万元。1978 年后，下乡知青逐步回城安置，到 1982 年，除在农村已婚或死亡的 26 人外，均回城就业；在农村已婚的 18 人（包括外地下放），分别就地安排为民办教师或国营企业临时工，政府一次性补助每人安置费 700—1 000 元，建房木材 0.5 立方米。

1969—1977 年上山下乡知识青年统计

单位:人

年　份	合　计	其　　中			
		望　江	上　海	铜　陵	安　庆
1969	2 016	224	—	—	1 792
1970	400	49	—	—	351
1971	131	—	131	—	—

年　份	合　计	其　　中			
		望　江	上　海	铜　陵	安　庆
1972	302	—	257	—	45
1973	162	64	—	—	98
1974	545	77	—	468	—
1975	505	193	—	—	312
1976	590	187	—	—	403
1977	488	159	—	—	329

三、待业人员安置

　　1978 年后,不再组织动员城镇知识青年下乡,下放居民又纷纷回城,就业矛盾突出。1979 年通过建知青店(棚)和办工厂的途径,安置待业人员 960 人。1980 年,实行劳动部门介绍、自愿组织起来和自谋职业的"三结合"的就业方针,广开就业门路,到 1987 年,全县累计安置待业人员 4 706 人,其中城镇兴办各类集体和个体企业 84 个,安置城镇待业青年2 165 人;34 家新办集体企业经劳动部门检查验收,发给集体企业合格证书,654 名从业人员经本人申请,由劳动部门办理登记手续,纳入县办大集体企业。

(第二十二篇第二章《劳动》,第 486—487 页)

《宿松县志》

安徽省宿松县地方志编纂委员会编纂,江西人民出版社 1990 年

　　(1959 年)7 月,我县 500 名支援边疆建设青年,启程赴新疆。　　(《大事记》,第 32 页)

　　知青商店。1978 年 8 月开始,为解决社会上知识青年就业难问题,我县部分企、事业单位,兴办起各种形式的"知青商店"。其资金来源分别为个人集资入股、各单位暂垫、国家支持、银行代款等。商店经济独立核算、自负盈亏。国家对其税率、借贷利率、管理费用均实行优惠政策,扶持发展。

(卷十三第一章《商业体制》,第 302 页)

劳动就业

　　1968 年至 1978 年,先后接收上海(430 人)、合肥(1 267 人)、安庆(1 311 人)及本县城镇(1 942 人)下放知识青年(简称知青)4 920 人,组织上山下乡,由政府每人补助下放安置费210 元,到农村插队落户,接受贫下中农再教育。1976 年,县成立知青上山下乡办公室,配合劳动部门办理知青下放和收回安置就业。1968 年至 1979 年底,全县通过招工、招生、提干、

参军、转点及其他途径安置就业 4 004 人。此后,城镇逐年增加知青,由劳动部门统一管理进行安排就业。1982 年县成立"劳动服务公司",组织城镇无业人员兴办商业、服务、交通运输、社会福利等集体事业。1978 年至 1984 年,通过组织自谋职业和有计划的分配到企、事业单位待业等办法,安置就业 2 166 人。

宿松县 1968—1979 年下放知青收回安置就业情况
单位:人

年　度	合　计	招　工	招　生	招　干	参　军	转　点	其　它
1968—1975	1 837	1 586	189		43		19
1976	430	402	6		8	5	9
1977	682	40			4	635	3
1978	835	563	71		83	41	77
1979	220	186		25	4		5
合　计	4 004	2 777	266	25	142	681	113

(卷十八第四章《政事》,第 450—451 页)

《宿松县志(1978—2002)》

宿松县地方志编纂委员会编,黄山书社 2011 年

1968 年向农林四场安排青年插场,动员青年到农村插队落户。

(第二十二章《劳动　人事》,第 539 页)

1974—1977 年,采用推荐办法,招收职工 951 人,主要对象是下乡知青"三招一"(1 家有 3 个下放知青的招 1 个)、多子女户及病残留城青年。同时,配合淮南、上海市知青部门安置下放知青。至此,下放知青招收完毕。

(第二十二章《劳动　人事》,第 539 页)

1979 年,城镇知青由上山下乡转向城镇就业安置。1981 年成立县劳动服务公司,先后投资 62 万元扶持兴办集体企业。按照中央提出"三结合"劳动就业方针,本县从三个渠道解决待业青年的就业问题。一是组织起来就业,1978—1982 年的 5 年,全县共办知青集体企业 366 个,安置待业青年 2 172 人;二是计划招工,1980—1985 年,本县缫丝、织绸、印染、蚕种等 13 个厂(场),共招收 3 258 名职工。此外,1980 年将下乡插队的未婚青年 780 人,1985 年将已婚下乡知青 113 人,全部作为集体职工安排到各企业单位;三是自谋职业,已有 276 人从事手工业、饮食、服务等行业。

(第二十二章《劳动　人事》,第 539—540 页)

县知识青年上山下乡办公室、安全生产委员会办公室先后于 1981 年 6 月、1984 年 1 月并入劳动局。

(第三十七章《劳动与社会保障》,第 898 页)

1978—1981 年,全民所有制单位仍通过核定编制按劳动计划增人,从国家统招的技校毕业生、下放知识青年(简称下放知青)、退伍军人及部分职工子女(顶替工作)中招工。

(第三十七章《劳动与社会保障》,第 898 页)

1968—1978 年,全县先后接收上海、合肥、安庆及县内下放知青 4 920 人。1970—1978 年,通过招工、招生、提干、参军、转点及其他途径安置就业 3 784 人,占下放知青人数的 76.9%,其中 1978 年安置 835 人。1979 年,城镇收回知青由县劳动部门统一安排就业,当年安排就业 220 人。1980 年后安排知青就业未另行统计。

(第三十七章《劳动与社会保障》,第 898—899 页)

《太湖县志》

太湖县地方志编纂委员会编,黄山书社 1995 年

(1968 年)11 月,两批城镇知识青年 287 名和太中、太师教师 55 名,被下放到农村劳动锻炼。

(《大事记》,第 39 页)

(1971 年)5 月 15 日,600 名上海市知识青年下放到县农村安家落户。

(《大事记》,第 40 页)

1978 年中共第十一届三中全会后,贯彻"积极慎重"和"成熟一个,发展一个"的建党方针,吸收知识分子、回乡知识青年和生产第一线的工人、农民入党,从 1979 到 1985 年共发展党员 2 516 人,其中高中以上文化程度 1 976 人。1985 年全县党员 15 418 人,建立基层党委会 53 个,总支 27 个,支部 813 个。

(第十六章《党群志》,第 442 页)

1961 到 1963 年底,全县安置回乡、下乡人员 4 123 人,其中精简回乡职工 2 829 人,下乡插队知青 97 人,城镇下乡落户的 86 人,上海和其他城市来县插队的 11 人,从外地精简回乡的职工及城镇居民 1 100 人。

(第二十章《人事劳动志》,第 519 页)

4. 知青下放与安置

从 1962 年起,开始有组织地动员城镇知识青年到农村安家落户。1964 年,城关镇兴办

城关农场,组织 373 人改造沙滩。同年,甘河洲农场办起半耕半读农垦学校,后该校 35 名知识青年全部安排在农场生产。1965 年底,全县又动员 57 名知识青年到农村插队、27 名知识青年插场。

1968 至 1977 年,先后共接收上海、合肥、安庆和本县城镇上山下乡青年 3 697 人,其中上海市知青 366 人,安庆市知青 1 596 人,本县知青 1 498 人,合肥市和其他地区转来的知青 237 人,分别安排在全县 9 个区、48 个公社、255 个大队插队落户。这些上山下乡知识青年在各级党组织的领导和贫下中农的关心下,经受各种锻炼,成长很快,涌现出许多先进集体和先进个人,从 1962 到 1968 年,被评为省、地、县三级先进集体单位的 220 个,先进个人 330 人,有 58 人加入中国共产党,1 750 人加入共青团,150 人被选进各级领导班子。

10 多年来,全县上山下乡知识青年被推荐上大学、进工厂、参军、招干的共 3 400 人,其中上大学的 780 人,进工厂的 2 163 人,参军的 290 人,招干的 34 人。

从 1978 年起,由上山下乡转为城镇广开门路就业,截至 1979 年 8 月底,通过招工、招干、兴办集体企业,全县安置知青 1 418 人。

5. 待业安置

1978 至 1985 年底,全县共有吃商品粮的待业人员 3 299 人,在县办 115 个集体企业中,安置城镇待业人员 2 210 人,占应安置的 67%。其中商业、服务业 73 个,安置 933 人;工业、手工业 36 个,安置 756 人;修理业 2 个,安置 44 人;建筑业 2 个,安置 98 人;运输业 2 个,安置 15 人;临时性的安置 364 人。

6. 县劳动服务公司

县劳动服务公司成立于 1980 年 1 月,有供销经理部和知青建筑队两个自营企业。供销经理部于 1981 年 5 月筹建,是在接收岔路公社知青商店的基础上开办起来的,1983 年安置 6 名待业知青,1985 年人均月工资 40.7 元。知青建筑队始建于 1982 年 10 月,为自负盈亏单位,到 1985 年发展到两个施工组、一个水电安装组和一个综合厂,成为乙级建筑施工企业。1983 至 1985 年,该队获利 69 701 元,安置待业人员 47 人……

(第二十章《人事劳动志》,第 520 页)

《太湖县志(1978—2001)》

太湖县地方志编纂委员会编,黄山书社 2007 年

(1980 年)4 月,全县共有待业安置知青对象 1 418 人,已安排就业 1 276 人,占应安置的 90%,尚有知识青年、社会青年 142 人未作安排。　　　　　　　　(《大事记》,第 15 页)

年　　份	全民企业	集体企业	总　　数	招　工　对　象
1978	144	115	259	①1976 年前中学毕业生;②城镇社会青年;③知青;④民办、代课教师;⑤农村手艺人子女(含退伍兵)
1979	220	25	245	同上
1980	62	50	112	①城镇建设用地征用过多的社队农民;②1977 届前下乡或留城知识青年
1981		65	65	①1978 届高、初中城镇吃商品粮的毕业生;②烈士和因公死亡职工子女
1982		71	71	
1983		9	9	

（第十五卷第二章《劳动和社会保障》,第 545—546 页）

《岳西县志》

岳西县地方志编纂委员编,黄山书社 1996 年

（1964 年)8 月 27 日,合肥知识青年 154 人来本县插队落户。　　　《大事记》,第 17 页）

（1968 年)11 月 17 日,安庆市和本县城镇知识青年 620 人,分配到各区社插队落户。

（《大事记》,第 18 页）

（1973 年)4 月 26 日,东方红公社友爱大队叶湾生产队,发生捆绑吊打上海下放知识青年事件。事后,追查处理了有关人员。　　　（《大事记》,第 19 页）

（1976 年)6 月 26 日,国务院知识青年上山下乡学习调查组,在店前区召开老知识青年座谈会。　　　（《大事记》,第 20 页）

1964 年 8 月至 1977 年底,先后有合肥、上海、安庆、铜陵等地知识青年 1 122 人来本县插队落户,到 1980 年,大部分返回原籍。　　　（第四章《人口》,第 102 页）

1978 年后,各种形式的集体商业机构大量涌现,不少机关团体企事业单位、乡村及城镇街道办起知青门市、服务部、供销部及杂货商店,大批城镇待业知识青年、职工家属和农村富余劳力就业经商,商品流通市场进一步活跃。　　　（第十三章《商业》,第 216 页）

"文化大革命"初期,就业门路被堵塞,城镇知识青年分批下放劳动。1972 年至 1978 年,主要安置符合政策规定的复员退伍军人、上山下乡劳动锻炼两年以上的知识青年、被征用土地的贫下中农子女和林场职工子女。自 1964 年至 1977 年共接收城镇上山下乡知识青年 2 238 人,其中上海 121 人、安庆 500 余人、合肥 298 人、铜陵 122 人、县内 1 116 人,以小组形式到各公社插队落户,截至 1980 年底,全县下放知青除杨全才等 4 人自愿在农村配偶成家外,绝大部分回城安置就业(表 24-4)。

表 24-4　岳西县下放知青回城安置就业人数

年　份	招生	升学	提干	参军	按政策回城	转外地		死亡	判刑	留农村	小计
						省内	省外				
1972 年前	341	50	—	30	14	148	—	5	—	—	588
1973	—	17	—	1	1	2	—	2	—	—	23
1974	—	29	—	8	2	5	—	—	1	—	45
1975	212	36	—	—	18	1	3	—	3	—	273
1976	149	17	—	3	9	3	—	—	—	—	181
1977	153	—	—	—	7	2	2	—	—	—	164
1978	277	68	—	81	8	—	—	—	1	—	435
1979	217	5	55	2	8	—	—	—	—	—	287
1980	37	2	—	—	199	—	—	—	—	4	242
合　计	1 386	224	55	125	266	161	5	8	4	4	2 238

(第二十四章《人事劳动》,第 332 页)

《潜山县志》

安徽省潜山县地方志编纂委员会编,社会科学文献出版社 1993 年

(1968 年)10 月 9 日,县革委会召开中学毕业生分配工作会议,动员毕业生上山下乡,接受贫下中农再教育。全县 1966 年、1967 年、1968 年三届初、高中毕业生共 1 400 多人,均作"面向农村"安排。

(《大事记》,第 47 页)

(1973 年)5 月,由省革委会副主任杨效椿、省革委秘书长、军代表潘启琦陪同中央调查团,来潜山检查知识青年上山下乡工作。

(《大事记》,第 50 页)

知识青年上山下乡办公室　1973 年 9 月设立。1980 年 10 月起与劳动局合署办公。1982 年 2 月撤销。　　　　　　　　　　　　　　　　（第五篇第二章《行政机关》,第 246 页）

1968—1977 年 10 年间,全县共动员和接受上山下乡知识青年 4 297 人到农村、农场插队落户。其中,接受上海市知青 463 人。　　　　　（第七篇第二章《劳动》,第 294 页）

至 1987 年,每年均有 10 余家,其中发行图书种类、数量最多的是源潭"潜阳书屋"。该店由回乡知青张晨曦经营,1984 年 3 月开业,至 1987 年,共经营各类书籍报刊 25 万册(张),纯收入 2 万余元。　　　　　　　　　　（第二十一篇第一章《文化》,第 761 页）

1985 年,回乡知识青年操素等在岭头乡黄岭村办起"私立黄岭初级中学"。

（第二十二篇第一章《教育》,第 787 页）

《潜山县志(1978—2002)》

潜山县地方志办公室编,黄山书社 2007 年

(1980 年)1 月起,将全县在农村的 311 名插队知识青年全部转回县城安置就业。

（《大事记》,第 13 页）

是年,商业各公司为安排知识青年就业,分别成立独立核算的知青商店 9 个,设立知青售货亭、门市部 13 个,饮食小吃部 1 个,安排就业青年 89 人,后随就业人员增加逐年增设。至 1985 年,独立核算单位共有 14 个,知青售货亭(点)23 个,就业人数计 102 人。

(1985 年)11 月,百货公司所属知青商店转为新办集体企业。

（第七编第一章《国有商业》,第 255 页）

《六安地区志》

六安地区地方志编纂委员会编,黄山书社 1997 年

(1964 年)12 月 3 日,六安城关集会欢送第一批知识青年上山下乡。

（《大事记》,第 37 页）

(1968 年)10 月,全面动员 1966 年至 1968 年三届 16 周岁以上中、小学毕业生上山下乡,到农村插队落户,接受"贫下中农再教育"。　　　　　（《大事记》,第 38 页）

(1974年)10月4日,中共六安地委召开全区知识青年上山下乡工作会议。

（《大事记》,第39页）

(1979年)4月26日,中共六安地委召开全区知识青年工作会议,传达贯彻全国、全省知青工作会议精神。知青工作由过去着重抓"接受贫下中农再教育",转到广开就业门路,安排知青为四化服务的轨道,自1980年起,不再动员上山下乡,已下放知青,逐步收回城镇安排就业。

（《大事记》,第41页）

与此同时,根据"广开就业门路"、"各自解决"的原则,安排解决"文化大革命"期间下放农村的大批回城知识青年和城镇待业青年工作和生活出路。采取银行贷款、单位支持和自己筹备等办法解决资金,实行独立核算,自负盈亏,三年免征所得税、工商税,承认其工龄,经营场地由城建部门安排等政策,全区机关团体、企事业单位和驻军先后共办知青商店1 250个,安排就业21 067人。其间由于管理不善致使部分知青商店停业,加上招工、参军、升学等因素,至1985年仅余知青商店656个。其中有181个经劳动部门批准升为大集体企业。1979—1985年七年间,国家发放兴办知青商店无息贷款5 272万元。

（第十二章《商业》,第351页）

"文化大革命"开始后,动员城镇青年上山下乡,新增加职工主要由退伍军人和从下放知青中招工。1970年至1977年,全区增加职工16 321人。（第十九章《劳动人事》,第502页）

1966年,"文化大革命"开始,学校停课,工厂停止招工。1968年以后,城镇知识青年和社会闲散劳动力"上山下乡",自1970年起,又从农村招收新工人,1977年职工增加到91 517人。1979年全区城镇待业人员高达26 069人,内含78届应升学的中学毕业生7 064人。其间出现多次下放学生闹事事件。（第十九章《劳动人事》,第504页）

下放知青 六安地区城镇知识青年下放工作,是伴随国民经济调整和精简职工而开始的,前后历经18年。1963年成立六安专员公署城镇精简人员办公室,1968年成立六安专区革命委员会中小学生毕业分配办公室,1969年元月改称上山下乡办公室,1970年6月改称"五七"办公室,1973年又改称上山下乡办公室,直至1981年4月机构撤销。1963年在精简职工和下放城镇居民的同时下放知青,1964年全区知识青年下乡插队4 347人,1956年807人,1966年学校停课闹革命。1968年10月,动员1966、1967、1968三届高、初中毕业生和社会青年上山下乡,到农村插队落户当农民。此后,全区又陆续接收淮南市、合肥市、上海市知识青年来本地区农村插队落户。至1977年底,全区共动员和接收上山下乡知识青年55 874人,其中淮南市知识青年8 929人、上海市知识青年4 762人、合肥市知识青年3 875

人。1978 年、1980 年,全区仍动员 420 名知识青年下乡插队当农民,此后即告停止。

全区自 1970 年始,陆续从下放知识青年中招工、招生、招干,并安排部分插队知识青年回城待业、就业。1980 年底统计,全区在农村的下放知识青年仍有 8 250 人,其中未婚知识青年 6 432 人,已婚知识青年 1 818 人。到 1985 年,全区历年下放知识青年均安排回城镇就业。

(第十九章《劳动人事》,第 505 页)

1977 年至 1985 年九年间,在增加新干部 21 821 人中,除去大中专毕业生分配 11 466 人外,计考核考试录用 10 355 人占 47.4%。其中,从工人、农民中录用 8 519 人,占 82.2%;从上山下乡和城镇知青中录用 727 人,占 7%;从集体所有制职工中录用 556 人,占 5.4%。

(第十九章《劳动人事》,第 513 页)

《六安市志》

六安市地方志编纂委员会编,江西人民出版社 1991 年

是年(1963 年)城区首次动员部分中学毕业生和社会青年去农场、林场、渔场、牧场插队落户。

(《大事记》,第 16 页)

1979 年建市时,劳动就业较为困难,全市待业人员多达 1 万余人,其中下放回城知识青年 3 400 人,留城知识青年 1 200 人,其他待业人员 6 100 人。

1980 年成立市劳动就业领导小组,根据"介绍就业、自愿组织起来就业和自谋职业相结合"的方针,采取多种渠道、多种方法,动员社会各行业提供就业条件,重点解决回城知青的就业。规定任何单位招工,必须拿出 50%的名额招收下放回城知识青年。对超龄和已婚的下放知识青年,采取集中办理、单位包干、分散安置,或由下放知识青年父母、配偶或兄弟姐妹所在单位予以解决;若家长是党政机关干部或街道居民的下放知识青年,则由劳动部门与有关部门联系,通过投资予以安置;对少数病残无工作能力和没有自谋职业能力的下放知识青年,则发给适当安置费用。各系统、单位先后兴办起 15 个劳动服务公司、202 个由劳动服务公司扶持的集体企业,为待业人员提供了就业的基本条件。

(第十二章《民政劳动人事》,第 322 页)

《六安县志》

《六安县志》编纂委员会编,黄山书社 1993 年

是月(1968 年 10 月),知识青年上山下乡,到农村去接受贫下中农再教育。此后 10 年,

全县共下放知青 13 914 人，其中接收外地下放的 2 100 人。这批知青在 1981 年前全部收回，给予安置。

（《大事记》，第 24 页）

下放知青安置

1958 年 3 月 19 日，县人委发出"关于认真做好上山下乡参加生产人员工作的通知"，要求各地做好此项工作。1962 年 9 月，县成立回乡、下乡职工安置接待办公室。从 1961 年—1963 年下放的有 2 072 人（不含精简职工），当时，主要面向农村，面向基层，在具体安置中采取自力更生，群众互助，国家支持的"三结合"办法。

从 1964 年起，知青插队落户发展到知青插队小组和集体插队。本县第一批知青下放插队小组有两个：一是九公寨知青小组；一是城南鲍大庄知青小组。同时还安排 40 名知青去省办的大柜圩农场（滁县专区天长县境内）插场。1968 年 10 月，本县知识青年上山下乡形成高潮。"文化大革命"期间，全县中学曾一度停办，所有初中、高中毕业生大部下放农村。从 1968 年 10 月到 1978 年 10 月，本县共接收外地下放知青和本地动员下放知青 13 914 人。其中，上海下放知青 1 715 人，淮南下放知青 385 人，本县和地直机关等下放知青 11 814 人。

本县下放知青主要有五种形式：建立知青插队小组；以知青为主体的单独核算的农林场；户口在队，分配在队，劳动吃住均在场的队办农林茶场；插入农科队和社办工厂；去国营农林场。下放知青遍及全县各地，据 1976 年统计，全县在乡知青 7 490 人，其中上海、淮南、合肥等市占 31%，六安城区占 69%，分布在县内 12 区、84 个公社、665 个生产大队、1 286 个插队小组、12 个知青队和茶林场。

为了解决下放知青插队落户中的一些实际困难，1968 年至 1978 年，国家拨给本县木材 6 041 立方米，拨给经费 704.34 万元。据 1976 年统计，给知青建房 4 643 间。在这十年中，各级政府都把上山下乡工作列入议事日程，定期讨论、按时部署，县、区都建立了上山下乡领导组，并有一位领导同志分管这项工作。县成立知识青年上山下乡办公室，区、乡都配了知青专干，专门管理知青工作。

下放知青安置工作是通过多种形式进行的。1978 年党的十一届三中全会以前，主要是从下放知青中招工、招生、征兵、边下放边回收。1978 年 10 月，中共中央、国务院对知青政策作了调整，规定县以下的城镇不再列入上山下乡范围。本县相应地把知青工作的重点转移到城镇安置，列入劳动就业轨道，贯彻"三结合"的劳动就业方针，采取多种渠道安排下放知青。据统计，1980 年底，全县在乡知青 1 100 多人，由于采取了系统包干"八边靠"（靠父母、兄弟、姊妹、夫妻的工作单位）措施，至 1981 年底，基本得到安置。

（第二十章《劳动人事》，第 492 页）

《霍邱县志》

霍邱县地方志编纂委员会编,中国广播电视出版社 1992 年

(1968 年)10 月 29 日,县革委对 1966、1967、1968 三届初高中毕业生 4 560 人(包括农垦、农技校),全部分配结束。其中农村学生 3 100 人回乡参加农业生产,城镇 1 460 人到农村插队落户。

(《大事记》,第 36 页)

(1969 年)8 月 24 日,县革委召开下乡上山积极分子代表会议,历时 10 天。在此之前,全县已下乡上山的干部、知青和城镇居民 13 709 人,其中接收六省、市来本县农村安家落户的 1 380 人。

(《大事记》,第 36 页)

(1973 年)8 月下旬,本县下乡知青、共产党员曹承芳当选为"十大"代表,赴北京参加中国共产党第十次代表大会。

(《大事记》,第 38 页)

由于城镇人口大批下放农村,历年支出的下放安置补助费均是工交商事业费和城市建设维护费总和的若干倍。如 1969 年开支城镇人口下乡及就业费 121 万元,是工交商事业费和城市维护建设费总和的 60.5 倍。1974 年是 32 倍,占当年总支出的 10.04%,1979 年降至 0.9 倍。80 年代城镇下放人口大量回城,此项补助经费减少,主要用于扶持知青就业。

(第十四章《财政、税收》,第 436 页)

1971 年,将符合条件的临时工转正 1 226 人。同时,调整招工政策,主要招收下放知青回城,1982 年以后,招工考核文化课,由用工单位择优录用。1971 年到 1985 年共招收知青 4 322 人,主要进入县内工厂、企业工作;另有 400 余人到淮南、上海、合肥、安庆、六安等地工厂、企业工作。

(第二十章《从事劳动》,第 628 页)

本县初高中毕业生下放农村插队落户始于 1964 年,当时,城关镇尹太华等 7 名女青年报名到滕桥大队落户。

"文化大革命"中期,大批知识青年下放农村。1968 年到 1977 年,本县共有下放知青 6 246 人,其中上海来县 1 514 人,四川来县 1 人,淮南、合肥、六安等地来县 413 人,本县下放 4 318 人。

1968 年,县成立"上山下乡"办公室,区、社设专职"五·七"干事。10 年间,全县共用去下放经费 200 余万元。

1971 年起,县通过企事业单位招工、大中专院校招生和应征入伍等途径,采取推荐与选

拔相结合的方法,分批逐步安置下放知青。由于选拔录用权在县、区、公社、大队,大批知青为了招工招生,被迫送礼请客,建国后的"开后门"之风自此开始盛行。

1978年,中共中央,国务院颁发《关于广开门路,搞活经济,解决城镇就业问题的若干规定》,次年,县成立劳动就业领导组,采取措施,分期分批的把下放知青输送到上海、合肥、淮南、六安和本县城镇各行业中去。到1982年底,除下放知青与当地农民结婚的231人外,未婚青年6 022人全部安置到城镇就业。剩下的231个农婚知青,有上海下放的61人,淮南下放的3人,合肥下放的1人,六安下放的1人,四川下放的1人,本县下放的164人。

(第二十章《人事劳动》,第629页)

《寿县志》

寿县地方志编纂委员会编,黄山书社1996年

是年(1969年),动员知识分子、知识青年、城镇居民与国家机关干部、职工上山下乡,全县逾5 000人。

(《大事记》,第29页)

(1971年)7月,上海市2 100名1970年届初中毕业生下放寿县农村插队落户,接受"再教育"。

(《大事记》,第29页)

知识青年上山下乡办公室

1970年2月设知识青年上山下乡办公室,8月改称"五·七"办公室;1976年3月复称原名。1982年4月撤。

(第二十章《政府》,第509页)

1979年8月,通过考试录用了一批社会知识青年。其基本条件是:一、城镇户口,二、高中文化程度,三、身体健康。是为寿县第一次公开考试选拔干部。计银行系统49名,税务系统11名,计划生育专职干部64名。

(第二十三章《人事劳动》第588页)

"文化大革命"时期,大批城镇高、初中毕业生上山下乡,插队落户,接受贫下中农再教育。1972年开始,首先从上山下乡的知识青年中,按上级分配指标名额,择优推荐至全民或县以上集体企事业单位就业;其次是适当安排按政策留城的知识青年和社会闲散劳力就业。

(第二十三章《人事 劳动》,第563页)

1978年,国务院修订颁发了《工人退休、退职暂行办法》,规定:"工人退休、退职后,家庭生活确有困难的或多子女'上山下乡'后就业少的,原则上可以招收一名符合招工条件子女

参加工作";"家居农村的退休、退职工人,应尽量回到农村安置;本人户口迁回农村的(就地供应商品粮),也可以招收其在农村的、符合招工条件的子女一名参加工作"。是年,寿县形成职工退休,子女"顶替"高潮。 （第二十三章《人事　劳动》,第 564 页）

《肥西县志》

肥西县地方志编纂委员会编,黄山书社 1994 年

1970 年,各工厂和企、事业逐步恢复和发展,需要增添职工。是年 6 月开始招收新工人,并成立招工办公室。重点招收下放农村劳动两年的知识青年,也招收一部分留城知识青年和农村知识青年。此后,逐年都有招工。至 1981 年,全县计招收新职工 11 680 名,其中下放知识青年 6 417 人,留城知青 308 人,农村青年 1 931 人,其余为部队退伍军人和社会闲散劳力。 （第二十五章《劳动人事》,第 464 页）

1965 年前的下放人员中有初中以上文化程度的青年 260 人。其中上海市高中学生张韧随母于 1962 年下放在本县袁店公社务农,《人民日报》、《中国青年报》等报刊曾发表文章报导了她的事迹,成为全国闻名的知识青年上山下乡典型之一。1971 年,张韧被选为共青团安徽省委副书记。

1968 年 10 月,县革命委员会动员 1966 年至 1968 年的三届高、初中毕业生 749 人全部下放农村。其中上派、三河、丰乐、山南 4 个标准集镇的学生 659 人。肥西中学的首批学生下放时、县革委会举行了欢送大会,有接收任务的公社和大队派员来接。此后,历年的高、初中毕业生一般都下放至农村,并规定劳动锻炼不满两年的不得招工、招生、参军。1968 年 12 月,县成立城镇人员上山下乡办公室,配备专职干部办理手续和负责管理教育,1969 年 5 月,改为县革委会"五·七"办公室。各区、社陆续配备了专职"五·七"干部,每年冬季都组织干部开展上山下乡检查慰问活动,进行逐队逐户逐人访问,发现问题及时处理。1973 年统计:全县先后下放、安置本县和外地知识青年 7 022 人。1974 年至 1978 年又下放和安置了合肥及本县知识青年 5 783 人。10 年总计12 805人,其中上海市 1 788 人,淮南市 1 700 人,合肥市 4 841 人,本县 4 476 人。

1974 年,知识青年上山下乡工作实行"四照顾"政策,即有下列情形之一的不下放:严重病残不能参加农业生产的;独生子女,包括公认的独养子女;多子女父母身边只有一个子女的;中国籍的外国人子女,包括父或母一方是中国籍的外国人子女。对于已下放人员中符合"四照顾"条件者,有计划地招工或收回城镇。

为解决知识青年的住房和生活问题,县拨出专项经费和建房材料。1968 年至 1972 年每人发给 250 元,木材 0.3 立方米;1973 年后增至 500 元。至 1981 年,国家共拨给本县下放

知识青年专项经费 460 万元,木材近 4 800 立方米。下放初期,供给口粮和发给生产、生活用品,治病可以报销医药费。

1977 年统计,在下放知识青年中有 219 人参加了中国共产党,2 715 人参加了中国共产主义青年团,695 人参加了各级领导班子,868 人担任其他各项社会工作。为表彰先进,1969年至 1977 年先后召开了 5 次全县上山下乡先进集体和先进个人代表会,表彰先进典型2 000 多人。

下放知识青年劳动两年后,通过参军、招工、招干、招生等,大多数逐步回城工作或学习。据 1970 年至 1973 年统计,先后有 3 779 人回城工作,1974 年至 1978 年有 4 324 名招工回城就业,合计有 8 103 名知识青年离开了农村。另被选拔为国家干部的有百余人。由原下放动员城市直接招收回城的有 3 670 名。除因病、因故死亡 6 人外,下余 300 多名在农村结婚成家的知识青年,也于 1980 年以大集体名额招工,就地安排在供销、粮食、工商、基建等系统工作,便于他们照顾家庭。　　　　　　　　　　(第二十五章《劳动人事》,第 466—467 页)

(1968 年)10 月,本县开始动员 1966 年—1968 年城镇"老三届"高、初中毕业生下乡插队落户。　　　　　　　　　　　　　　　　(《大事记(1839 年—1993 年)》,第 721 页)

《舒城县志》

舒城县地方志编纂委员会编,黄山书社 1995 年

(1968 年)10 月,本县第一批城镇知识青年下放农村插队落户;以后又陆续接受上海、合肥、淮南等大中城市知识青年来本县落户。县、区、人民公社各级成立"五七办公室",专司此事,以后城镇下放知识青年陆续招工、升学、参军、提干、回城就业和就地安家。至 1977 年,撤销各级"五七办公室"。　　　　　　　　　　　　　　　　　　　(《大事记》,第 31 页)

1969 年县革委会文件规定:"凡标准集镇动员下乡插队落户的人员,单身每人发放 250元,供应平价木材 0.3 立方米;成户每人 180 元,供应平价木材 0.2 立方米;单身每人补助布票 8 市尺、蚊帐布 16 市尺、棉花 2 市斤;成户每人布票 4 市尺、蚊帐布 8 市尺、棉花 1 市斤;口粮每人每月 40—50 市斤。"1968—1978 年,本县计有上山下乡到农村插队落户的 5 656人,上级计给本县拨款 242.48 万元,支出 224.52 万元;拨付专用木材 1 881 立方米,用于新建插队小组房屋 3 192 间;购置生产、生活主要用具 12 323 件。1977 年停止动员城镇知识青年上山下乡工作。1970 年,随着国家建设的需要,开始从上山下乡的知识青年中招工,后又从中招生、提干和征兵。至 1977 年,全县离开农村的上山下乡知识青年 3 519 人,其中招工 2 539 人、招生 334 人、征兵 217 人、提干 7 人、收回 166 人、迁出 231 人、其它 12 人。另有

13人因故死亡。至1983年,全县上山下乡的知识青年除139人在农村结婚转吃商品粮就地安置外,其余均返回城镇重新安置。　　　　　　　(第二十一章《劳动　人事》,第437页)

《霍山县志》

霍山县地方志编纂委员会编,黄山书社1993年

(1968年10月)20日,第一批168名知识青年上山下乡,到农村插队落户。

(《大事记》,第39页)

本年,淮南市首批315名知识青年来县插队落户。　　　　　　(《大事记》,第39页)

本年(1969年),上海第一批知识青年248人来县插队落户。　　(《大事记》,第40页)

(1970年)2月,上海第二批知识青年403人来县插队落户。　　(《大事记》,第40页)

知青商店　　国营商业部门1979年安置第一批下放农村回城的知识青年,在国营网点混岗作业。1980年起,独立设点,统一管理。铺底资金、场地、工具、管理人员由所在单位安排,一般是售货亭营业形式,也有摆摊设点,流动营业的。月清月结,亏本赔偿。拿固定工资,第一年月工资23.50元,以后按规定转正定级,调整工资。奖金福利和国营职工同等待遇。经营业务以零售为主,不实行统一核算。1980年,城关有知青集体商店15个32人。1981年起,一些老知青被招工、招干或参军离店,变动频繁,各单位对经营不善的网点进行调整。1985年,城关有知青商店6个44人,实行独立核算,自负盈亏。

(第十三章《商业》,第400页)

1981年,"县知识青年上山下乡办公室"并入劳动局。

(第二十一章《劳动人事》,第620页)

就业来源为,退伍军人安置,手工业者、小商贩转化(1949—1956年),社会招工(包括1957—1960年从农村招收),招收上山下乡知识青年和收回精简下放人员(1971—1980年),自然减员补充(1974—1985年),经考试考核择优招工,组织就业和自谋职业(1980—1985年)。

(第二十一章《劳动　人事》,第621页)

城镇知识青年下放和回城就业　　60年代初期开始,动员城镇知识青年上山下乡参加农

业生产劳动。为了安置城镇青年和闲散人员劳动就业,1961年成立"霍山县精简办公室",1968年改为"上山下乡办公室",1972年改为"五·七办公室",1973年改为"知识青年上山下乡办公室"。1968年10月,知青上山下乡达到高潮,应届、历届初、高中毕业生全部上山下乡,县、区、乡都建立了上山下乡领导组,7区1镇42个乡都配备了上山下乡知青专职管理干部,具体管理下放知青的思想、学习、生活和劳动。1964—1978年底,本县和省内外下放本县的知青共4 104人,其中上海655人,淮南415人。

下放知青人数统计表

年　份	小　计	本　县	省　内	省　外	转点调进	备　注
1964—1965	150	150	—	—	—	—
1968	484	169	315	—	—	淮南知青
1969	680	432	—	248	—	上海知青
1970	568	165	—	403	—	上海知青
1971	14	14	—	—	—	
1972	28	25	3	—	—	
1973	173	162	11	—	—	
1974	406	393	6	2	5	
1975	396	368	18	—	10	
1976	728	686	35	—	7	
1977	439	414	22	2	1	
1978	21	9	5	—	7	
1979	13	—	—	—	13	
1980	4	—	—	—	4	
总　计	4 104	2 987	415	655	47	—

1968—1978年,国家下拨专项经费250余万元,下拨和筹建木材2 904立方米,共建知青住房1 110间,其中瓦房917间。

下放知青建房情况表　　　　　　　　　　　　单位:间、平方米

年　份	建房间数	其中:瓦房间数	建筑面积	年　份	建房间数	其中:瓦房间数	建筑面积
1968—1974	688	498	15 136	1977	210	210	4 620
1975	56	53	1 232	1978	10	10	220
1976	146	146	3 212	总　计	1 110	917	24 420

城镇知青上山下乡务农有六种形式:(1)投亲靠友,单身插队;(2)建知青小组;(3)户口在生产队,劳动吃住在大队林场;(4)以知青为主的乡办茶、林场;(5)插入乡农科队(站);(6)插入国营农林四场。以第二种形式安排人数最多,占全县下放知青总数的80%以上。

下放知青的回收安置是通过多种渠道、多种形式妥善解决的。1964—1978年,侧重从下放知青中招工、招生、征兵、招干。1978年10月,中共中央、国务院调整知青政策,城镇知青不再上山下乡务农,把知青工作的重点转移到城镇就业轨道,贯彻"三结合"就业方针,采取多渠道、分系统包干和"靠父母、靠夫妻、靠兄弟、靠姐妹"的八靠措施,对1978年前下乡的

知识青年进行统筹安排。到 1984 年底,下放知青(包括已婚)基本上全部安排就业。

下放知青回收安置情况统计表 单位:人

年份	小计	招工	招生	征兵	招干	按政策收回	其它	乡办企业	死亡	转点调出		
										小计	省内	省外
1964	38	38	—	—	—	—	—	—	—	—	—	—
1965	45	45	—	—	—	—	—	—	—	—	—	—
1970	497	465	19	3	—	1	—	—	2	7	7	—
1971	64	59	—	—	—	2	—	—	—	3	3	—
1972	185	88	11	44	—	15	9	—	2	16	16	—
1973	99	1	60	13	—	11	—	—	1	13	13	—
1974	161	9	93	13	—	37	—	—	1	8	8	—
1975	392	300	59	—	—	26	2	—	1	4	2	2
1976	369	276	34	27	—	26	—	—	—	6	3	3
1977	139	112	—	—	—	18	—	—	—	9	6	3
1978	849	325	86	260	—	71	96	—	2	9	6	3
1979	385	214	13	2	68	84	1	—	—	3	—	3
1980	471	373	1	—	—	22	65	—	—	10	7	3
1981	305	214	—	—	—	20	71	—	—	—	—	—
1982	80	16	—	—	—	—	46	18	—	—	—	—
1983	9	8	—	—	—	—	1	—	—	—	—	—
1984	15	14	—	—	—	—	1	—	—	—	—	—
合计	4 103	2 557	376	362	68	333	292	18	9	88	68	20

注:内部招工、婚嫁、疾病等原因而迁往外地的统计在"其它"项内。

　　到 1985 年底,全县办知青集体企业 63 个(后倒闭 7 个),小集体转为大集体 3 个(共就业 925 人),其中 11 个验收合格。经劳动部门审查批准的,县内三线工厂办的合格知青集体企业 10 个,就业 1 057 人。　　　　　　　　　　(第二十一章《劳动　人事》,第 623—625 页)

　　1972—1985 年,吸收录用干部 306 名,其中 1972 年从回乡和城镇知识青年中选拔做共青团工作和妇女工作的 62 名。　　　　　　　(第二十一章《劳动　人事》,第 627 页)

《金寨县志》

安徽省金寨县地方志编纂委员会编,上海人民出版社 1992 年

　　1968 年 10 月,成立金寨县毕业生分配办公室,动员 1966、1967、1968 三届高、初中毕业生和社会青年到农村插队落户,当年插队落户的有本县高初中毕业生 473 人,马鬃岭林校学生 85 人,白大农技学校毕业生 17 人,淮南下乡知识青年 427 人,其他市县 14

人,共1 016人。1969年冬至1970年春,又两批接收安置上海市上山下乡知青726人。至1976年,全县共接收安置外地和本县下乡插队青年5 717人。至1978年,在知青中共招工2 562人,招生378人,参军427人,病退回城104人。尚有2 246人分布在58个公社、801个生产队。

1979年,知识青年开始转入城镇安置就业。1980年10月起,对原下放未婚知青的户口、粮油关系全部转回城镇,对已婚知青128人每人再发给300元安置经费。1980年11月6—9日,全县1977年以前下放知青200人,到县委会集体上访,要求安排工作。1981年县委、县人民政府决定:将1977年前下乡插队的780名未婚青年,全部作为大集体职工身份安排到各系统、各单位工作;对已婚青年和知青离队前所生子女的户口、粮油关系全部收回城镇。1985年,又将已婚下乡知青,全部招收为集体职工,分配有关单位工作。至此,上山下乡知识青年全部安置完毕。　　　　　　　　　　(第二十二章《劳动　人事》,第549页)

(1968年)1月29日,本县第一批城镇知识青年上山下乡,插队落户。淮南市知识青年427人下放本县插队落户。　　　　　　　　　　　　　　　　(《大事记》,第29页)

(1969年)10月,上海市知识青年开始下放本县插队落户。　　　　(《大事记》,第30页)

知青商店　　1979年,本着"广开门路、妥善安排知识青年就业"的精神,本县各机关、团体兴办知识青年商店(简称知青商店)。资金除各单位自筹外,县知青办公室扶持资金33.84万元。1981年,全县共办商业性质的知青商店132个,安置待业知青832人。1987年底,所有知青商店,全部转为大集体企业。　　　　　　　　　　(第十二章《商业》,第327页)

《阜阳地区志》

阜阳市地方志编纂委员会编,方志出版社1996年

(1968年)11、12月,响应毛主席号召"知识青年到农村去接受贫下中农再教育,很有必要"。全区开始大规模的"上山下乡"热潮。专区和各县均成立"五·七"办公室,首批接收上海、合肥、淮南、蚌埠、阜阳等城市下乡知识青年到农村安家落户。　　(《大事记》,第57页)

(1974年)11月,全区知青已有1 055人加入共产党,1 086人加入共青团,7 324人参加生产队以上领导班子,5年国家拨给知青经费1 600万元,木材1.7万多立方米。

　　　　　　　　　　　　　　　　　　　　　　　　(《大事记》,第60页)

第八节 知青下乡

一、组织动员

1955年12月,毛泽东主席号召:"一切可以到农村去工作的知识分子应该高兴地到那里去,农村是一个广阔的天地,在那里是可以大有作为的"。1964年1月,中共中央、国务院颁发了《关于动员和组织城市知识青年参加农村社会主义建设的决定(草案)》。1968年12月22日,毛泽东主席再一次号召"知识青年到农村去,接受贫下中农的再教育,很有必要"。

根据这些号召,1968年10月17日,阜阳地区革命委员会大中小学毕业生分配安置办公室成立,1969年改为上山下乡办公室,下设秘书组、干部下放组、宣传动员组、知青下放组。1973年建立阜阳地区知青上山下乡领导小组。1980年7月20日,地区知青办公室与劳动局合并,保留知青安置科。

1969年6月7日,阜阳地区隆重召开"高举毛泽东思想伟大红旗、紧跟毛主席的伟大战略部署,向农村进军大会"。截至年底,全区共动员24 873名知识青年上山下乡,占动员下乡总数的95%以上。1970年至1973年继续动员29 591名知识青年上山下乡。至1978年,全区共动员104 896名知识青年下乡(其中上海知青19 214名)。并抽调带队干部54人。这些知青除少数自愿要求回原籍农村落户以外,绝大部分集中安排在全区各县、市295个公社3 418个大队10 988个生产队和国营农场、干校等参加农业生产,集体插队落户。

二、下乡知青管理

为加强对下乡知青工作的领导,全区各县市党委自上而下层层建立知青领导小组,组长由各级党委的负责人担任。每个公社都配有1至2名知青专干。

每年春节之前,地委都要抽调一大批干部组织一定规模的上山下乡慰问团,按地区划分若干分团分赴各县、市知青安排比较集中的社队、农场、逐队、逐户地慰问下乡知青。

知青下乡的安置经费由国家拨给,每人一般在130元至200元,1973年后为500元,用于建房补助、生活补助、小农具补助、旅运费、学习材料费、困难补助费等。另外每人供应建房木材0.3立方米。

下乡插队青年的口粮第一年或当年秋粮分配以前,由国家统销供应,标准:每人每月成品粮20公斤,食油0.2公斤。参加集体分配后所在生产队口粮达不到每月19公斤成品粮的,其差额由国家统销粮补助。

通过以上安排,全区共给知青建房38 512间,折合397 081平方米,其中瓦房4 863间,每人平均0.3平方米,尚未建房的2 819人。广大下乡知青在各级党组织关怀和教育下,为建设社会主义新农村作出了一定的贡献。他们中间有2 745人参加了共产党,19 150人加入了共青团,参加领导班子3 535人。其中:担任生产队长2 435人,大队书记和主任640人。公社书记和主任38人,县以上党委和革命委员会委员17人,担任其他各种工作的10 807人。(如:民办教师、赤脚医生、生产队会计、农机员、拖拉机驾驶员等。)

下放临泉县的上海知青在高塘公社办起了农机修配厂,坚持巡回维修,先后抽调40余人次到周围13个公社维修农机械,行程万里,共维修大中型拖拉机50台次,手扶拖拉机168台次,柴油机3 875台次,水泵、轧花机、打面机、脱粒机、炸油机、钉耙、喷雾器等农机具15 691台(件)。贫下中农称赞他们是支农战线上的轻骑兵。

　　下放界首县的上海知青章曙,担任不脱产的公社党委副书记、革委会主任后,大胆改种玉米,试种水稻,精心培育,科学管理,当年玉米单产410公斤,水稻单产500公斤,把这些科学种田的先进经验推广给全公社12个大队,并培育了10种小麦良种,亩产都在390公斤以上。

　　阜阳县苏屯公社的上海知青张银福,于1975年8月大水时,为抢救生产队耕牛等财产,献出了年轻的生命,党组织追认他为中共党员,安徽省革委会授予他为革命烈士,全省掀起向张银福学习的高潮。

三、回 城 安 置

　　从1970年招工开始,对下乡知青进行安排,通过招工、招生、参军、提干,就地安置等渠道,至1980年,全区已安置88 456人,其中:招工55 790人,参军4 506人,升学7 702人,提干60人,按政策收回的19 285人,转点958人,死亡155人。在农村的知青尚有未婚的15 339人,已婚的1 101人。从1980年至1985年,全部收回城市安排。

　　知青参加工作后,他们自下乡插队参加农业劳动之日起,即计算工龄。

(第三十一章《劳动》,第812—813页)

《阜阳市志》

阜阳市地方志编纂委员会编,黄山书社1993年

　　1979年开始,为解决社会待业青年就业,尤其是解决大批返城知识青年的安置问题,按照"广开门路"、"各自解决"的政策,市属企事业单位开办一批知青商店,后均逐步转为大集体企业。
(第八章《商业》,第172页)

　　1978年,原下放农村的知识青年大批返城待业,市供销社安排就业83人。是年12月,全系统开始实行"多渠道进货、跨行业经营"。
(第八章《商业》,第172页)

　　阜阳市根据各个历史时期国家税收减免政策规定,认真贯彻执行。减税免税的范围是:农村社队开办的饲养、养殖、编织、窑厂等企业,城镇和下放知识青年所办集体厂(场)、店、合作商店、基层供销社,农村社队从事的饮食、服务、修理行业,基层供销社销售的农用塑料薄膜、农机金属协作件,棉花提价后对纺织企业生产的纱、布,以及其他国营工业、商业等。
(第十章《财税》,第235页)

1976年,民政劳动局负责从6县(利辛、阜阳县、阜南、太和等县)1市(阜阳市)招收全民工,阜阳市招工指标为400人,招工对象主要是下放知青。

1977年,民政劳动局办理全民、集体招工,全民单位首先招收1975届以前(含75届)城镇按政府留城知青。不足部分适当招收下放2年以上知青。集体单位全部从1975届以前(含75届)城镇留城知青中招收。

1978年,优先招收经批准留城的1976届以前的独生子女,中国籍外国人子女和当时有3个以上子女在农村插队落户的,过去未照顾招收过一人次的,并从1972年前下放的知青和经批准留城的1976届以前多子女父母身边留一人的对象中招收一部分。

1979年招工,根据中央(78)74号文件精神,面向1977年底以前中学毕业生中按政策留城的待业青年和现仍在农村插队的下乡知识青年,要求留城的人数最多只能占招工总人数的30%,下乡知青最少要占70%。阜阳市规定,1970年以前下放的全部招工,1974年以前下放的招收40%。

1980年,由地区劳动局下达阜阳市全民指标,实际招收475人。分配到23个用人单位,招工对象主要是1975年年底以前下放知青,大集体指标由市政府审批,报行署备案。将人员分配到34个用人单位。

1981年,全民、集体单位招收下放知青,不论年限。1981年、1982年纱厂、麻纺厂招工实行考工办法,组织进行文化考试、技术考试。文化考试中,下放知青在分数上给予照顾,技术考试的对象主要是职工在厂待业子女,录取后由劳动局办理招收手续。

(第十五章《民政人事劳动》,第313—314页)

1979年起,全市采取全民办集体,大厂办小厂等方式,安置了大量人员就业。在已办起的知青厂、社、店、组中,对符合领导班子健全,实行独立核算,自负盈亏,产、供、销有保证,有发展前途的单位,批准上升为市直大集体单位。 (第十五章《民政人事劳动》,第314页)

知青工作机构初称"上山下乡"办公室,1971年改名"五·七"办公室,1976年8月,阜阳市成立知识青年上山下乡办公室,简称"知青办"。1980年11月20日,阜阳市知青办与劳动局合并。

1976年市知青办成立后即开始动员知青下放,1977年组织下放737人。在安置形式上,采取集体编组插队和单身插队的办法,主要由知青办负责联系接收社队,也有少数下放知青个人自找接收单位的。1978年以后少数下放知青由原来的编组插队和单身插队的形式改为安插在自负盈亏的集体所有制的知青场队和副业基地上。

安置经费由地区拨发。市知青办仅掌握知青宣传费、困难补助费等。1977—1981年,共使用经费50 677.66元。

1978年后,在农村插队的知青陆续回城待业,开始主要以病退的方式,由知青所在社队、场证明和县级以上医院的诊断证明,经市知青办审查批准回城,但不予安排工作。1978—1980年,共办理病退知青59人。1980年市知青办与劳动局合并后,主要进行收回知青工作,包括收回已婚青年的子女。1981年至1984年,共收回下放知青381人,收回已婚知青子女187人。

收回城镇的知青作为待业青年,先在家长所在单位组织就业,然后通过招工、参军、上学、办知青店组、个体营业等方式解决了这些人员的待业安置问题。

(第十五章《民政人事劳动》,第317页)

《亳州市志》

亳州市地方志编纂委员会编纂,黄山书社1996年

(1959年)7月下旬,城乡1 003名青壮年去新疆乌鲁木齐、石河子支边。

(《大事记》,第24页)

(1968年)10月30日,县城首批千余名知识青年(1966、1967、1968年的高、初中毕业生)下放农村。 (《大事记》,第27页)

(1969年)1月18日,首批上海知识青年下放当地。 (《大事记》,第28页)

(1976年)9月24日,县城最后一批知识青年下放农村。 (《大事记》,第29页)

1968年4月—1973年,县公检法军管小组和人保组受理刑事案件主要有现行反革命、历史反革命、破坏知识青年上山下乡以及杀人、强奸、盗窃、投机倒把等案件。在审理时,被告无权辩护,起诉、审判、检察全由军管组统管,法律程序被破坏、冤假错案不断发生。

(第十八章《政法》,第366页)

下放知识青年安置 知识青年下放工作始于1962年初,当时多是高、初中毕业生自愿回乡或投亲插队。1963年初,安置去天长县大塘圩农场60余人。1964年,去宿松县华阳河农场200余人。1966年2月,于观堂区马平庄,种马场,十八里区丁楼,分别筹办农垦学校,招生对象主要为当地知识青年。后因"文化大革命"开始而全部停办。该年仅为省办的十八岗农垦学校输送学员200余人。1968年12月,按照有关规定,对1966年以后的三届中学毕业生,除县师范学校的298人(1966届94人、1967年46人、1968届158人)予以分配工作外,其余一律动员下乡。以后每年的初、高中毕业生,除按政策留城(病残、独生子女、多子

女父母身边留一人)的外,其余全部动员下乡。1978年12月,中央(78)74号文件下达后,知识青年下放工作停止。

为了安排好知青下乡后的生活,国家每年拨专款予以补助。1968年起,对每个下乡知青发给生产补助费180元。1974年又增补为300元。此后,对每个刚下乡的知青发款500元,其中生活补助费180元,建房补助费200元,炊具、家具、生产工具费70元。从1973年至1978年,仅"三具"(炊具、家具、生产工具)、建房两项拨款即达150万元。此外,接收知青社队还从劳动工分、口粮分配等方面给予照顾。先后在知识青年中发展党员485人、团员2501人,选拔大队正副书记78人、公社正副书记4人。

知青的招工安置始于1969年,采取定向分配名额、基层推荐、劳动部门批准的办法进行。同年12月,阜阳纱厂招工70人。1972年,知青招工安置暂停。1973年后,仅有零星招工。1975年,采取基层推荐和县劳动部门批准的办法,招收下乡两年以上、28周岁以下的未婚知识青年291人。以同样的办法为大专院校招生130人。为加强对知识青年安置工作的领导,县委于1979年8月15日建立知识青年安置办公室,具体负责知识青年的安置工作。1979、1980年两年内,根据下乡时间的先后,采取按知青家长所在单位归口定向包干的办法,安置下放知识青年。1983年,县人民政府下发51号文件,把仍在农村的下乡知识青年全部收为城市商品粮户口,招为集体所有制工人,知青的下乡年限计入工龄,知识青年安置工作至此结束。至1985年底,在农村安家落户的知青仍有45人,其中本地23人、外地22人。

亳州市知识青年下乡、安置情况统计表(1968—1980)

年度	下乡人数			安置人数						
	合计	本地	外地	合计	招工	招干	招生	参军	按政策回城	其他
1968—1972	5 822	3 022	2 800	70	70					
1973	993	981	12							
1974	117	106	11							
1975	1 445	1 408	37	421	291		130			
1976	842	793	49	367	220		90	10	47	
1977	577	553	24	220	147				73	
1978	7	7		1 329	167		166	485	511	
1979				882	273	69	40	18	479	3
1980				4 858	306				4 552	
合计	9 803	6 870	2 933	8 147	1 474	69	426	513	5 662	3

(第二十章《劳动 人事》,第383—384页)

《涡阳县志》

安徽省涡阳县志编纂委员会主编,黄山书社1989年

(1968年)10月6日,本县城镇户口学生438人,蚌埠市学生1400人,至县境农村插队落户。 　　　　　　　　　　　　　　　　　　　　　　　　　(《大事记》,第19页)

(1969年)1月10日,上海知识青年千人,来县境插队落户。 　　　(《大事记》,第20页)

"文革"期间,机构编制失控。70年代下半期,又从知青中提干,至1979年统计,全县行政干部1157人,实有1362人。 　　　　　　　　(《政治·劳动人事》,第281页)

〔劳动就业〕

1968年起,全县共接收下乡知识青年7592人。其中,来自上海的1589人,来自蚌埠的608人,本县1988人。当时,采取编组和单身插队的办法进行安置。1970年后,省内外各企业,先后在知识青年中招收工人。下剩部分,自1979年起,在农村插队的未婚知识青年陆续回城待业。至1983年,县内计有城镇待业人员7469人。经阜阳行署及县计委批准,先后成立71个店组,建13个工厂,安置知识青年5456人。已婚知识青年,于1980年,就地就近吸收为大集体单位的工人。

　　　　　　　　　　　　　　　　　　(《政治·劳动人事》第282—283页)

《蒙城县志》

蒙城县地方志编纂委员会编,黄山书社1994年

(1968年)冬,第一批上海下放知识青年数百人来蒙插队落户。

　　　　　　　　　　　　　　　　　　　　　　　　　(《大事记》,第24页)

(1970年)4月14日,上海下放到双涧区万庄的女知识青年住房失火,烧死3人。

　　　　　　　　　　　　　　　　　　　　　　　　　(《大事记》,第24页)

(1974年)2月15日,蒙城县知识青年120人,蚌埠、上海知识青年1100人下放农村落户。 　　　　　　　　　　　　　　　　　　　　　(《大事记》,第25页)

蒙城县部分年份预算内财政支出总表

年度	总计	财政支出项目															上解支出	其它	年终结余
		合计	基本建设拨款	企业挖潜改造	科技三项费用	农林水等部分事业费	支援农村生产队生产支出	工业交通等部门的事业费	城市维修费	行政管理费	其它	城镇青年就业和下放经费	文教科学卫生事业费	抚恤和社会救济费	其他部门事业费	其他支出			
1950	54.6	27	—	—	—	—	—	—	—	26	—	—	1	—	—	—	27.6	—	—
1955	425.5	156.6	—	—	—	7.4	—	—	—	64.9	—	—	51.8	32.5	—	—	268.9	—	—
1960	850.7	506.7	—	5	—	16	125	—	—	82.1	—	—	220.2	56.6	—	1.8	345.4	—	-14
1965	520.5	342.9	—	1	—	37.7	—	—	0.3	72.8	—	1.6	151.4	68.7	—	9.4	130.6	—	47
1970	706.4	569.1	—	25.7	0.3	47.1	24.5	2	8	93.2	—	100	197.4	35.9	15	20	56.9	—	80.4
1975	1 028.1	904.3	31.3	8	5.6	124.3	170.4	0.5	7.1	128	—	39.2	332.7	53.3	—	3.9	32.1	—	91.7
1980	1 542.9	1 346.6	24.5	20.9	0.6	258.7	51.3	2.2	15	166.8	—	5.7	620.1	140.9	—	33.9	—	—	196.3
1985	3 488	2 296.6	193	52	1	9.8	336	9	65	358	18	2	928	105	131	—	589	67	536

（第十六章《财税》，第 250 页）

1969—1982年,先后招工5 675名(其中为外埠代招2 405名),95%是下放农村的城镇知识青年,其余为退伍军人和回乡知识青年。 （第二十五章《人事劳动》,第361页）

1968年10月,县成立毕业生分配办公室,后改为上山下乡(五·七)办公室,安排城镇初高中毕业生、机关干部家属、城镇居民、市民、船民、孤儿院孤儿到农村插队落户,参加劳动。部分集体商业职工、医护人员下放到集镇营业、开诊。至1978年,先后下放本县初高中毕业生2 127名,城镇居民2 972名,干部家属1 918名,商业职工458名,医护人员77名,船民612名,孤儿院孤儿43名,下迁商店53个,医院2所。接收外地下放初高中毕业生6 251名,市民604名,机关干部576名。下放农村的学生,先后服兵役的235名,招工的4 978名,提拔当干部的364名,推荐上学的652名,回城的736名,在农村落户的245名,犯罪判刑的97名(其中判死刑1人,系冤案),死亡29名(非正常死23名)。上海市虹口区3名1969届初中毕业生(女),1970年3月21日下放柳林公社随寨大队万庄生产队参加劳动,4月4日夜,住处失火,全被烧死。外地干部下放本县的,自杀1人,淹死1人。后来多数回原机关,少数留本县工作。下放市民在农村落户的710名,其余的先后返回城市。下放船民全部归队。商业职工回县城开业,医院迁回城镇,医护人员回城工作。

1968—1980年,先后开支下放经费345.2万元。拨发木材3 168.9立方米,拨发拖拉机75部、缝纫机85台、柴油机4部、车床6台、插秧机1部、刨床2台、喷雾器2台、钻床5台、变压器2台、电焊机5台、板车19辆、三轮车15辆、席子5 500条。县给下放人员每人每年补助布票3.3米,棉花0.5公斤,口粮、烧煤根据收成情况配补。各村生产队负担下放学生灯油费、书报费、菜金和细粮。出工出料为下放人员建房。 （第二十五章《人事劳动》,第365页）

《利辛县志》

利辛县地方志编纂委员会编,黄山书社1995年

是年(1969年),上海、淮南、蚌埠等城市知识青年3 683人下放本县农村插队落户。

（《大事记》,第19页）

东城针织厂,1981年9月由30多名回乡知识青年创办,集资1万元,借用乡政府3间草房,生产单一的针织服装。 （第六章《工业》,第182页）

上山下乡 1968—1978年,先后接收安置城镇下放知识青年8 709人,其中本县下放1 864人,上海市下放2 832人,合肥市下放185人,淮南市下放2 411人,蚌埠市下放544人,其他省市下放873人。同期接收安置城镇下放居民2 024人。1978年开始对下放知识

青年安排就业,1978—1982年先后招工8 223人,服兵役195人,推荐上大学250人,提拔脱产干部25人,其他安排16人。下放女知青与农民结婚生育子女573人,1985年全部解决城镇户口和粮油关系。下放县内城市居民,1978年陆续回原籍城市就业。

(第十三章《劳动人事》,第313—314页)

1978—1982年重点招收下放知识青年,1983年起从城镇高、初中毕业生中招收,招工方法由各系统按分配的指标,逐级推荐上报批准。　　　(第十三章《劳动人事》,第315页)

《凤台县志》

凤台县地方志编纂委员会编,黄山书社1998年

(1968年)秋,南京军区舟桥部队在淮河黑龙潭架浮桥,解决运送上海及合肥知青到淮北落户的车辆过渡问题。省革委会主任李德生亲自送知青由此过河。

......

是年,遵照毛泽东主席"知识青年到农村去,接受贫、下中农再教育,很有必要"的指示,县成立知识青年上山下乡办公室,负责知青上山下乡工作。　　　(《大事记》,第33页)

1973年后,反映社、队干部违法乱纪、知青问题、农民负担过重等问题的较多。1966年至1976年,共受理来信29 473件,接待来访40 975人(次)。

1976年"文化大革命"结束后,信访工作日益健全、加强,1981年9月恢复县委信访办公室,同时挂县人大、县政府信访办公室牌子,县委、县人大、县政府各有1名领导分管。至1985年底,共受理人民来信75 342件,接待群众来访154 683人(次),其信访内容集中在落实政策、平反冤假错案上,县信访办公室独自或会同有关部门复查案件4 531件,平反冤、假、错案479件,协助公安部门解决船民下放、知青下放、城镇居民下放、干部职工受错误处理所株连的家属子女的城镇商品粮户口1 000余人。　　　(第四编第一章《中国共产党》,第106页)

"文化大革命"始,县内停止正式招工,城镇行业人员增加。中学生响应毛泽东主席走"五·七"道路的指示,分期分批下放到农村安家落户。到1977年底,县下放知青和接收淮南、合肥、上海等地下放知青共12 258人。1970年起,除按照政策规定,安排城镇待业人员和转业退伍军人就业外,开始从下放农村锻炼2年以上的知青中招收职工。条件是家庭出身好,本人政治表现好,身体健康,经基层党组织推荐审查,县主管部门审批。是年,共招工1 484人,其中下放知青454人,退伍军人316人,农民586人,原精简下放职工52人,其它76人。分配到县厂、矿企业工作的538名,分配到外地工作的946人。

(第八编第二章《劳动》,第187—188页)

1985 年,下放知青通过招工、升学、参军等方式,全部离开农村。年底全民所有制单位职工总数为 17 626 人,其中固定工 11 254 人,合同制工人 569 人,集体所有制职工 8 016 人,城镇个体劳动者 4 498 人。 (第八编第二章《劳动》,第 188 页)

1979 年开始,为解决知青就业问题,各企业单位纷纷投资兴办知青商店。商店独立核算,自负盈亏。国家为扶植、发展知青商店,三年内免征各种税收。至 1985 年底,全县共有知青商店 119 个,从业 1 627 人,固定资金 312.3 万元,流动资金 263.4 万元,年营业额 1 831.01 万元,纯利润达 83.79 万元。 (第十六编第一章《经营体制》,第 363 页)

《颍上县志》

颍上县地方志编纂委员会编,黄山书社 1995 年

"知青"安置 1962—1977 年,由上海、淮南、合肥和本县城镇下放知识青年 11 803 人,分布在 22 个公社,494 个大队,5 473 个生产队。集体插队男组 666 个,女组 559 个,男女混合组 25 个。每组人数不等,多者 10 人以上,少者 4 人以下;在江口、六十铺、耿棚、江店、夏桥、南照等地建立以知识青年为主的农、林场 9 个。1968—1980 年,共下拨安置经费 514.88 万元,为"知青"建房 6 152 间,计 61 520 平方米;拨给柴油机 17 台,拖拉机 31 台,小板车 19 辆,木材 3 540.9 立方米,以及钢材、砖瓦、水泥、粮、款。1970 年起,开始对下乡"知青"进行统筹安排,除死亡 35 人外,至 1981 年底,全部迁离农村,收回城镇。下乡"知青"收回城镇就业采取"三结合"办法,即劳动部门介绍就业,自愿组织起来就业和自谋职业。1981—1984 年,全县下拨扶持生产资金 64.1 万元,无息贷款 8 万元。到 1983 年底,对历年没有安置的"知青"都安排了适当的工作。其中:全民单位办集体 41 个,安置 1 181 人就业。批准新办集体单位 58 个。各区办集体 9 个,安置 131 人就业。城镇街道办集体 10 个,安置 165 人就业。群众自办集体 50 个,安置 1 365 人就业。劳动服务公司办集体 2 个,安置 4 人就业。全民单位招工 103 人。自然减员顶替招工:全民 252 人,集体 87 人。自谋职业 1 208 人,原有大集体招工安置 1 824 人。

1962—1978 年下放知青情况统计表 单位:人

年 度	小 计	本 县	省内其他地、市、县	外 省	
				人 数	其中:上海
1962	288	288			
1963	140	140			
1964	421	421			
1968	508	287	221		

2955

年　度	小　计	本　县	省内其他地、市、县	外　省	
				人　数	其中:上海
1969	1 170	534	56	580	580
1970	3 089	296		2 793	2 793
1971	1	1			
1972	216	173	15	28	28
1973	355	257	98		
1974	1 930	286	1 642	2	
1975	1 034	665	368	1	
1976	1 206	482	712	12	
1977	1 444	533	911		
1978	1	1			
合计	11 803	4 364	4 023	3 416	3 401

（第二十二章《人事　劳动》,第 327—328 页）

《颍上县志(1949—2009)》

颍上县地方志编纂委员会编,黄山书社 2010 年

1982 年 4 月,随着上山下乡知识青年全部收回城镇,待业知识青年增加,原"颍上县革命委员会知识青年上山下乡办公室"撤销,相关业务并入劳动局,于 1983 年 2 月成立"安徽省颍上县劳动服务公司"(县就业管理局前身,属劳动局二级机构),延接知青及社会劳动力的就业管理服务工作。劳动局内设计划调配、工资福利、安全监察、安置 4 个股。

（第十篇第二章《劳动》,第 804 页）

1979 年,知识青年返城,加上大批城市就业劳动力,城镇失业率达到 5.9%。1962—1978 年,由上海、淮南、合肥下放到颍上的和本县城下放知识青年共 11 803 人,分布在 22 个公社 5 473 个生产队。1970 年起开始对下乡"知青"进行统筹安排。国家实行劳动部门介绍就业,自愿组织起来就业和自谋职业的政策,引导鼓励就业。至 1981 年底,下放知青全部迁离农村,收回城镇。为解决下乡知青和城镇待业青年就业问题,经县政府批准成立了劳动服务公司,期间全县共安置"知青"6 323 人,到 1983 年底,对历年没有安置的"知青"都安排了适当工作;第三次就业高峰出现在 90 年代中后期。

（第十篇第二章《劳动》,第 804—805 页）

知青安置　1962—1978 年,由上海、淮南、合肥和本县城镇下放知识青年(简称"知青")

11 803 人,分布在 22 个公社,494 个大队,5 473 个生产队。1970 年起,开始对下乡"知青"进行统筹安排,除死亡 35 人外,至 1981 年底,全部迁离农村,收回城镇安置就业。(详见本志第七篇第二章第三节"文化大革命")

（第十篇第二章《劳动》,第 805 页）

黄观顺(1952—1972) 上海市人。在校时被评为优秀学生、学雷锋积极分子。1970 年3 月上山下乡赴颍上县焦岗湖军垦农场,劳动中专拣重活脏活干,被誉为"铁姑娘"。1971 年5 月参加共产主义青年团,9 月参加中国共产党,当选为连队党支部委员,任副排长、副指导员。在兴修水利中,老职工见她双手磨满血泡,夺走她手中挖土的铁锹,但她又抓起扁担抬起土来。收割大忙期间,一女职工产后得病,无人照顾,黄观顺在上工前下工后,天天赶去挑水、煎药、洗衣、做饭、照顾孩子。收割结束,全连放假 6 天,她却用了整整 4 天为全连挑冷水烧热水,让大家洗洗刷刷以度假日。1972 年 7 月 7 日,在抗洪抢险午休时,黄观顺听说有知青去学游泳,立即赶到水边大声叮嘱:"10 米外是深水沟,千万不要游过去!"自己站在齐腰深的水里,观看着游泳的青年。上海青年邬爱丹迷失了方向,游进深沟。黄观顺立即奋力扑去,抓住邬爱丹,猛力把邬拽向浅水。因用力过猛,黄观顺自己却被冲入深沟。黄观顺用自己的行动实践了自己的誓言:"一个决心把自己的青春献给共产主义的共产党员,就必须为共产主义的实现投身于每件平凡的工作中去。我要以雷锋为榜样,做个平凡而伟大的战士。"

（第十七篇第三章《英烈模范人物》,第 1172 页）

《阜南县志》

阜南县地方志编纂委员会编,黄山书社 1997 年

(1968 年)9 月,县革委会成立"四面"办公室(面向农村、工厂、边疆、山区),解决 1966 年、1967 年、1968 年三届大、中专毕业生分配问题。1969 年 5 月改称"上山下乡"办公室。

（《大事记》,第 25 页）

是年,知识青年"上山下乡",接受贫下中农再教育。至 1978 年,全县下放知青 1 267 人,接收安置上海下放知青 3 590 人,淮南知青 2 399 人,阜阳知青 473 人,其他地区知青 366 人,总计 8 095 人。

（《大事记》,第 26 页）

是年(1973 年),县公安局、法院协同"五·七"办公室查处破坏知识青年"上山下乡"案件 13 起,依法判处有关责任人 8 人。

（《大事记》,第 27 页）

城乡分布 1949—1969 年,城市人口占总人口的 4％左右,乡村人口占总人口的 96％左

右。1970 年中央号召"我们也有两只手，不在城里吃闲饭"，城市居民开始成批下放农村，城市知识青年响应毛主席"到农村去，接受贫下中农再教育"的号召，上山下乡。全县接收上海、淮南、阜阳、其他地区和县内知识青年 8 095 人。城市人口先后下放到农村，使城市人口比重下降，乡村人口比重增加。1975 年以后，城市企业招收工人，下放知青陆续被招收回城；1979 年落实政策，下放农村的人口亦陆续回城，城市人口比重逐年提高。 （第三章《人口》，第 71 页）

1969 年 5 月，"四向"办公室改为上山下乡办公室。1970 年 4 月，又改为"五七"办公室，同时县革委设立民政劳动局。1979 年 5 月，民政劳动分开，设立劳动局、民政局，劳动局隶属县计划委员会。1980 年 7 月知青办（原"五七"办）和同级劳动局合并。1982 年 8 月，成立县劳动服务公司。至此，劳动局内设秘书、劳动调配、工资管理、安全生产、城镇闲散劳力安置、知青安置 6 个股，下辖劳动服务公司。 （第十九章《人事劳动》，第 393 页）

中共十一届三中全会后，国家调整了劳动就业政策，实行在国家统筹规划指导下，劳动部门介绍就业，自愿组织起来就业和自谋职业相结合的方针，由原来单纯下放农村转为主要在城镇安排。1979 年以来，全县共办知青厂、店、组 45 个，安置城镇待业青年 1 053 人，从事个体自谋职业的 1 961 人。几年来共创造产值 928 万元，获利润 64 万元，除发工资外，还上交税利 16 万元。

为做好城镇待业青年就业安置工作，于 1982 年底成立了城镇劳动就业领导小组，由县委副书记陈怀贵任组长，副县长纪明琦任副组长。自 1981 年以后，基本上做到了当年毕业的城镇青年隔年得到安置。至 1984 年底，全县共安置待业青年 4 375 人，平均每年安置 700余人。 （第十九章《人事劳动》，第 394 页）

知青下乡

1964 年 1 月，中共中央、国务院颁发了《关于动员和组织城市知识青年参加农村社会主义建设的决定（草案）》。

1969 年 5 月，县革委会将"四向"办公室改为上山下乡办公室，专门组织宣传动员本县知青下放和接收安置外地下放来的知青工作。

自 1968 年至 1978 年，全县组织本县知青下放 1 267 人，接收上海下放来的知青 3 590人，淮南下放来的 2 399 人，阜阳下放来的 473 人，其他地区下放来的 366 人，总共 8 095 人。其中分年度为 1968—1971 年，下放来 3 980 人，1972 年 46 人，1973 年 84 人，1974 年 1 678人，1975 年 192 人，1976 年 1 453 人，1977 年 366 人，1978 年 296 人。这些知青除少数自愿要求回原籍农村落户以外，绝大部分集中安排在全县各公社大队、生产队和国营农场，参加农业生产，集体插队落户。

下乡知青管理 为加强对下乡知青工作的领导，县和各公社党委建立知青领导小组，组长由党委负责人担任,每个公社都配有1—2名知青专干。每逢春节,县委都要抽调一批干部,组织对知青较集中的社队,进行慰问下乡知青。

知青下乡的安置经费,由国家拨给,每人一般在130—200元,1973年后为500元,用于建房补助、生活补助、小农具补助、旅运费、学习材料费、困难补助费等。另外每人供应建房木材0.3立方米。

下乡知青的口粮,第一年或当年秋粮分配以前,由国家供应,标准:每人每月成品粮20公斤,食油0.2公斤。参加集体分配后,所在生产队口粮达不到每人每月19公斤成品粮的,其差额由国家补助。

根据以上标准,自1968年至1984年,上级拨给全县知青安置费327.04万元,总共支出326万元,其中:建房154.10万元,医疗费6.15万元,路费5.64万元,农炊家具费27.10万元,宣传费7.10万元,生活费92.4万元,其他5.5万元,扶持资金28万元。另外,上级共拨给木材290立方米,全部用于安置建房。

广大下乡知青在各级党组织关怀和教育下,他们中间有213人参加了共产党,1 265人加入了共青团,参加各级领导班子的461人,其中:担任生产队正副队长的277人,大队正副书记和主任的80人,委员89人,公社正副书记、主任的6人,委员7人,县以上委员的2人,担任其他工作的如民办教师、赤脚医生、生产队会计、农机员、拖拉机驾驶员等共1 800人,并有274人,已扎根农村结了婚。但是,总体上看,知青下乡运动不仅给下乡的知青及其家庭造成很大困难,而且给知青下放地的政府和农民带来了很重的负担。因此,知青下乡作为一个社会问题,于70年代末便停止了。

回城安置 从1970年招工开始,对下乡知青进行安排,通过招工、招生、参军、提干,就地安置等渠道大部安排就业,还有一小部分未婚知青未安排的也在1980年至1985年全部接收回城市安排。对274名已婚知青也就地就近招收安排到集体当了工人。

知识青年参加工作后,他们自下乡插队参加农业劳动之日起,即计算工龄。

(第十九章《人事劳动》,第 395—396 页)

《临泉县志》

临泉县地方志编纂委员会编,黄山书社1994年

是年(1964年),城关镇人口下放农村插队落户的304人。1979年以后陆续回城。

(《大事记》,第 17 页)

是年(1968年),上海市部分中学应届初中毕业生来本县迎仙、姜寨、鲖城、长官、老集、黄岭、艾亭、城郊、宋集、滑集、杨桥等区插队落户。

(《大事记》,第 19 页)

三、知青下乡

1962年起,随着城镇居民和职工家属下放,到1966年下放到农村插队落户的城镇知识青年204人。1968—1978年,遵照毛主席"知识青年到农村去,接受贫下中农再教育,很有必要"的指示,县成立"五七"办公室(后改为上山下乡办公室)。先后安置本县和接收上海、合肥、淮南、阜阳等城市的初、高中毕业生10 255人到农村插队落户,其中上海市下放来的2 433人,占23.7%。1970年起,经过招工、招生、征兵和病退等渠道陆续离开农村,加上按政策照顾父母年迈需要回城的一部分,大部分回城。尚有一小部分已在插队地方结婚,建立家庭。经过培养教育选拔为乡村干部或在城镇就业。

临泉县安置城镇知识青年到农村插队情况表

年 度	总 计	本县下放	接 收 外 地 的					
			合 计	省 内	省 外			
					小计	上海	调进	
1968	6 717	5 392	1 325	187	1 138	1 138		
1969	12		12	12				
1970	1 389	126	1 263		1 263	1 263		
1971	8	2	6		6	6		
1972	44	2	42	16	26	26		
1973	137	124	13	7			6	
1974	1 116	116	1 000	996	3		1	
1975	234	160	74	63	11			
1976	302	215	87	76	10		1	
1977	275	182	93	84	5		4	
1978	21	11	10	7			3	

四、待业安置

1978年,知识青年在城镇待业。1979—1982年,全县有待业青年1 876人,至1982年底安置就业960人,以后每年增加待业人员450人左右。由县劳动服务公司有计划地给予安置。1979—1985年的待业青年3 253名,1983年就业937人,1984年就业590人,1985年就业750人;各行业和城关镇、化肥厂两个基层劳动服务公司安置和自谋职业,共就业3 237人。

(政治编第八章《劳动人事》,第288—289页)

《界首县志》

界首市地方志编纂委员会编纂,黄山书社1995年

(1969年)6月,动员城镇居民和知识青年到农村插队落户工作开始。

(《大事记》,第18页)

1968 年 8 月始,动员知青和城镇闲散劳力下放农村参加劳动,谓之"接受贫下中农再教育"。……1978 年停止动员城镇知青下放,并开始有计划地将已下放的知青陆续招回城市安置就业。1979 年 10 月贯彻"在国家统筹规划指导下实行劳动部门介绍就业,自愿组织起来就业和自谋职业相结合"的劳动就业方针,是年冬至 1981 年春,安置就业 3 816 人。全县待业高峰期的待业青年和城镇闲散劳力计 9 579 人,至 1982 年底,基本安置完毕。其去向是:全民单位 619 人,大集体 5 107 人,小集体 3 278 人,自谋职业 361 人,其它 214 人。界首成为安置就业的先进县,受到省、地表扬。 (第二十四章《人事劳动》,第 358—359 页)

《太和县志》

太和县地方志编纂委员会编,黄山书社 1993 年

(1969 年 7 月)26 日,接收安置上海市 400 名中学生到农村插队落户。

(《大事记》,第 28 页)

(1974 年)2 月 10 日,淮南市知识青年 620 人来县插队落户。 (《大事记》,第 29 页)

知青商店 为解决城镇待业青年就业,依据中央(80)84 号和省委(79)85 号文件精神,1980 年以来,各国营公司、供销公司和其它商业实体先后设立知青商店。为集体性质的商业,实行单独核算,自负盈亏。资金由举办单位垫付和银行贷款解决,可以跨行业综合经营,品种不限,三年内免税。至 1985 年,商业局系统 8 个公司,设立 8 个知青商店,17 个门点、营业面积 5 831 m²,安排待业青年 497 人,流动资金 87.75 万元,年销售额 200 万元,获利 2.44万元。 (第十一章《商业》,第 151—152 页)

1968 年,本县开始接收上海、蚌埠、淮南等城市知识青年到农村插队劳动。同年底,县成立"五·七"办公室,负责下乡知识青年的管理教育工作。插队知青一般采取分组入队,每组人数不尽相等。至 1973 年,全县共接收外地知青 2 269 人,同时安排本县城镇下乡知青 1 648 人。国家对下乡知青每人拨建房费 300 元,建房木材 0.3 立方米,生活费 150 元至 180元。到 1978 年底,全县用于知青安置费达 160 万元。由所插社队投入劳力并支援部分建筑材料为知青建房,并置备各种生产生活用品,各有关部门还赠送部分柴油机、手扶拖拉机、缝纫机、医疗器械及部分科技书籍,学习资料等。

插队知青凡经过 1 年以上的锻炼,经知青小组和所在生产队贫下中农推荐,大队、公社审查,报县有关部门批准,每年有一部分招工、招干、参军。大、中专恢复招生后,部分知青被推荐到高等或中等学校深造。

1978年,国家调整了知青政策,不再上山下乡插队劳动。之后,部分知青通过考试进入大专或中等专业学校学习,部分人回城顶替父母工作,也有部分知青以病退返回原籍或迁往外地。至1978年,在本县农村插队的知识青年全部迁离农村。在农村结婚的47人,全部安置就业。

1979年至1982年全县共有待业人员2 088人,其中知青1 848人。中共十一届三中全会后,国家调整了劳动就业政策,实行在国家统筹规划和指导下,劳动部门介绍就业,自愿组织起来就业和自谋职业相结合的三结合方针。1982年县先后办起了商业饮食业,机电修理业,基建运输业,卫生服务业等集体企业,广开就业门路。同时采取认真扶持,积极引导,适当发展的办法,发展城镇个体经济。这些小集体经济和个体经济,行业多,分布广,小型多样,适应性强,既扩大了就业门路,又补充了全民和集体经济的不足。另外,通过正常招工,顶替接班,参军服役等,共安置1 198人就业,使全县57.3%的待业人员得到安置。

(第二十章《劳动人事》,第276—277页)

1956年,由基层单位推荐,统一考试录用334人,经短期集训后加入干部队伍。之后,本县干部主要来源于大、中专毕业生,军队转业干部及知识青年。1964年,全县共有干部2 449人,其中大专文化程度的119人,高中文化程度的347人,整个干部的文化程度逐步提高。

1978年至1985年,干部来源除大中专毕业生分配和军队转业干部外,还从回乡知青中选招干部及"以工代干"人员逐步转正。1985年底干部总数为8 469人,其中高中以上文化程度的6 399人,占全县干部总数的75.5%。 (第二十章《劳动人事》,第277—278页)

江西省

《江西省大事记》

江西省地方志编纂委员会编,方志出版社 2002 年

是月(1955 年 10 月),由 98 名青年组成的上海第一支志愿垦荒队在江西德安八里乡建立共青社,后改为共青垦殖场。 (第 299 页)

(1956 年 2 月)19 日,上海市副市长金仲华率领上海市访问团 100 余人,分赴江西各地慰问赴江西山区垦荒的上海青年。 (第 301 页)

(1963 年 4 月)2 日,南昌首批城市青年下放农村。共青团南昌市委举办欢送仪式。

(第 328 页)

(9 月)2 日,南昌各界代表集会,欢送一批城市青年下放农村。 (第 333 页)

(1966 年 5 月)上旬,《江西日报》载,全省上半年动员 6 万余名城镇知识青年下放到农村,安家落户。 (第 339 页)

(1968 年 7 月)25 日,南昌首批 7 000 余名中学毕业生下乡当农民。当年全省有 20 余万中学生下放农村插队落户。 (第 349—350 页)

(1969 年 12 月)7 日,江西省上山下乡办公室统计,江西省有 62 万余名"五七"大军下放农村安家落户,另有 20 余万城镇社会青年下放到农村安家落户。 (第 351 页)

是月(4 月),3 万余名上海城市知识青年来江西农村插队落户。 (第 352 页)

(1973 年 2 月)23 日,中共江西省委批转省民政局《关于进一步做好知识青年上山下乡的请示报告》,要求各级党委重视并做好上山下乡知识青年安置工作。 (第 359 页)

(8 月)24 日,中共江西省委召开全省知识青年上山下乡工作会。 (第 360 页)

(11 月)11 日,江西省上山下乡知识青年报告团在南昌巡回报告。 (第 361 页)

25 日,南昌军民 10 万人集会,欢送南昌市 1973 年 1 600 多名知识青年和带队干部上山

下乡。白栋材、文道宏、黄知真、陈昌奉等到会。 （第 361 页）

（1974 年 3 月）8 日，上海市知识青年上山下乡慰问团抵南昌，抚慰到江西农村落户的上海青年学生。 （第 362 页）

是月（3 月），上海一批城市知识青年来江西农村安家落户。 （第 362 页）

是月（11 月），江西省知识青年上山下乡办公室、江西省文教办公室联合召开全省上山下乡知识青年教育座谈会。 （第 364 页）

（12 月）15 日，南昌 10 万人集会，欢送南昌知识青年下放农村。 （第 364 页）

是月（1975 年 3 月），江西省知识青年工作会在南昌召开。 （第 365 页）

（5 月）14 日，江西省退伍复员军人安置办公室、江西省知识青年上山下乡办公室、江西省红卫兵代表大会在南昌联合举行退伍军人王宏立志边疆干革命报告会。 （第 366 页）

（8 月）30 日，宁都县下乡知识青年段元星发现天鹅星座附近一颗新行星。 （第 367 页）

（11 月）上旬，江西 5 万城镇知识青年上山下乡务农。 （第 368 页）

（1977 年 1 月）3 日，江西省上山下乡知识青年代表会在南昌举行。12 日，南昌 5 万人集会，欢送知识青年上山下乡。 （第 371 页）

（1978 年 2 月）27 日—3 月 5 日，全省知识青年工作会议召开。会议传达贯彻国务院召开的各省、区、市知青办负责人座谈会精神，研究安置下乡知识青年问题。 （第 374 页）

《江西省法院志》

《江西省法院志》编纂委员会编，方志出版社 1996 年

1973 年 7 月全省各中级人民法院院长会议指出：加强刑事审判工作，坚决打击反革命分子和其他刑事犯罪分子的破坏活动，是各级人民法院的首要任务。当前打击的重点是特务间谍、破坏批林整风、恶毒攻击党和社会主义制度、制造反革命谣言、纠合反革命集团等现

行反革命分子。对于这些重大反革命分子要及时审理,坚决依法惩办。同时,对于杀人、放火、放毒、抢劫、重大盗窃、诈骗、强奸、流氓集团和奸污迫害上山下乡知识青年等刑事犯罪分子,也必须及时打击。

(第四章《刑事审判》,第 102 页)

1972 年全省各级人民法院机构恢复以后,重视对破坏军婚案件、破坏知识青年上山下乡案件和奸淫幼女案件的审判。

(第四章《刑事审判》,第 117 页)

1973 年 7 月 14 日省高级人民法院向全省各级人民法院发出关于坚决打击破坏知识青年上山下乡的犯罪活动的通知,指出:坚决及时地打击破坏上山下乡的犯罪活动。对于破坏知识青年上山下乡的阶级敌人,必须依照《中央关于打击反革命破坏活动的指示》,坚决给予打击。凡是强奸、轮奸上山下乡女青年的犯罪分子都要依法严惩。对于那些利用职权,为非作歹,奸污迫害下乡女青年的,以及吊打、迫害、严重摧残知识青年造成恶果的犯罪分子,应依法惩处。个别罪大恶极,民愤很大,不杀不足以平民愤的,要坚决判处死刑,立即执行。人民法院受理的这类案件,要随到随办,及时处理,对过去已经判处的案犯,确属罪行严重,量刑畸轻,群众意见大的,要提出意见,报请党委决定后进行处理。1973 年,3 名破坏上山下乡的罪犯被判处死刑,其中有奸污上山下乡女知青的反革命犯宋××,强奸女知青的黄××、行凶杀死女知青的胡××。

(第四章《刑事审判》,第 117—118 页)

(1973 年)7 月 9—19 日,省高级人民法院召开全省各中级人民法院院长会议,研究法院系统深入进行"批林批孔"运动,正确贯彻执行中共中央的方针、政策,稳、准、狠地打击阶级敌人的破坏活动;坚决打击破坏上山下乡的犯罪活动,保卫知识青年上山下乡成果的巩固和发展等问题。

(《大事纪年》第 328 页)

《江西省妇女组织志》

《江西省妇女组织志》编纂委员会编,方志出版社 2002 年

(1966 年)4 月 1—5 日,省妇联召开安置下乡女知识青年工作座谈会,参加会议的有各专区(市)和部分县妇联、垦殖场妇联主任。

(《大事纪年》,第 261 页)

(1973 年)11 月 1 日,省妇联发出做好知识青年上山下乡的动员和安置工作的意见。

(《大事纪年》,第 262 页)

同年(1974 年),宜春地区妇女组成学大寨三八妇女队、娘子军连、铁姑娘战斗队等共

8 185 个,有 68 177 人参加。全区有 2 200 多名女知识青年奔赴农村插队落户。

(《大事纪年》,第 262 页)

《江西省农垦志》

《江西省农垦志》编纂委员会编,方志出版社 1998 年

1955 年 10 月初,建立省荒地勘测设计队。上海市第一支青年志愿垦荒队 98 人,到德安县八里乡拖沟岭安家落户。11 月 29 日,团中央书记胡耀邦来江西慰问上海青年志愿垦荒队,并为垦荒队创办的农业社题写"共青社"社名。

(《概述》,第 3 页)

1958 年江西大办垦殖场,大批干部上山下乡,农垦人口从不足 4 000 人的 1957 年突增为 1958 年 11 万余人。建场之初,劳力缺乏,各场经过批准就地吸收或集体转全民,以及兼收外省劳力,两年间,农垦人口突破 50 万人。之后几经调整、清退,1963 年降至 37 万人。旋即安排城镇人口,接纳知青下乡和迎来了建场后第一个生育高峰,导致"文化大革命"初期,农垦人口猛增。1966 年,总计人口为 77.97 万余人。

(第一章《垦区环境》,第 39 页)

全省农垦职工来源主要有六方面:

省、地、市、县下放的干部,一部分精简下来的员工;

转业、复员、退伍军人,其中大部分是军官,也有部队的工薪人员和义务兵;

来自华东和本省的城市中的知识青年;

各大、中专毕业生,包括共产主义劳动大学的学生;

邻省闲散人员,特别在三年自然灾害时期流入江西省的灾民,以社会劳动力吸收进场;

场区附近的部分农民,有的集体划入,有的个别吸收,有的至今保持集体所有制。

(第一章《垦区环境》,第 44 页)

各级垦殖场职工来源,主要是当地转过来的农民、下放知青、"大跃进"时期吸收的外来人员、城市精简下放工人、复员退伍军人、自然增长等几部分人员组成的。到 80 年代,下放知青和城市下放工人大部分已返回城市,其他人员多年来也有不同的变动。

(第九章《管理》,第 290 页)

1977 年,各场知识青年大量返城,原来以知识青年为主的群众性科普组织大部分解体,原有的专业技术人员也还没有完全回到原来工作岗位上,甚至有的被调离,科研所(站)技术力量日渐削弱,技术人材出现青黄不接现象。

(第十章《科学技术》,第 298 页)

建场办校之初,江西农垦系统师资队伍的组成,当时与场挂钩的集体单位办的学校的教师,有些是建场前当地任教留用教师,部分边远垦殖场(场乡合一)民办学校的教师,则由各地群众根据自身的人力、财力、物力和生源等情况自行选聘。(注:这类学校基本上以后都已逐步并入场办的全民学校内)此后陆续由分配来的大、中专毕业生及回场(乡)知识青年补充教师队伍,全民单位办的学校教师来源,主要从下放干部、转业军官及城市下放知识青年中抽调。

(第十一章《教育 文化 卫生》,第 315 页)

(1955 年)10 月 28 日,响应中共中央发出的知识青年上山下乡号召,团中央组织的上海市第一支青年志愿垦荒队,首批 99 人到达德安县八里乡九仙岭开荒垦殖,兴办高级农业社。

(《大事纪年》,第 380 页)

(1958 年)8 月,江西省在上海招收到垦殖场参加劳动工作的知识青年 3 700 人。

(《大事纪年》,第 384 页)

《江西省农牧渔业志》

《江西省农牧渔业志》编纂委员会编,黄山书社 1999 年

共大创办初期,实行单独招生,招生对象为年龄 17 至 30 岁之间,历史清楚,身体健康,具有一定生产知识和一定文化程度的男女工人、农民、公社干部、复员军人和具有初中以上文化程度的男女学生和社会知识青年,首届招收 1 000 多名来自江西、上海、四川、河南、江苏、浙江、广东等 19 个省、市自治区的青年学生。为了给江西农民提供进共大学习的机会,实行不受文化程度、年龄、经济条件、城乡和办学形式的限制。

(第八篇第一章《农业教育》,第 794 页)

《江西省侨务志》

《江西省侨务志》编纂委员会编,方志出版社 2002 年

1967—1969 年,根据国务院(1967)185 号文件精神,江西省先后分批接待安置 500 名从缅甸、印度尼西亚回国的归侨学生,分别安置在南昌、赣州、九江、抚州、上饶等地、市的中学就读。侨生初、高中毕业后,正值"文化大革命"时期,大部分下放插场插队,到农村"接受贫下中农再教育"。

(第三章《归侨接待安置》,第 63 页)

1973 年 9 月 8 日,省革命委员会转发国务院批转外交部《关于华侨学生上山下乡问题

的请示报告》。《报告》要求各地根据侨生具体情况,适当安排到工厂、企业、华侨农场或做其他工作。江西根据这一文件精神,对还在农村插队和农场劳动的 60 名侨生全部由农村调入城镇安排工作。对当年毕业的 40 多名初中、高中毕业生,除初中毕业可继续升高中者外,也均安排工作。同时,还选拔 40 多名优秀侨生推荐进入高等院校学习。

(第三章《归侨接待安置》,第 64 页)

1973 年 6 月 9 日,省劳动局、省民政局发出《关于做好归侨工作安排的通知》,要求对本省插队、插场的归侨青年和城市有工作条件的归侨安排工作,并在可能条件下,尽量照顾安排到全民所有制单位,有的也可安排到集体所有制单位。　(第四章《落实政策》,第 83 页)

(1973 年)6 月 9 日,省劳动局、民政局发出《关于做好归桥工作安排的通知》,要求各地、市劳动、民政部门对下放插队、插场的归侨青年和城市有工作条件的归侨安排工作。

9 月 8 日,省革委会转发国务院批转外交部《关于华侨学生上山下乡问题的请示报告》,要求各地做好毕业归侨学生的安排。

(《大事纪年》,第 181 页)

(1975 年)7 月 24 日,省民政局、省知识青年上山下乡办公室联合发出《关于归侨子女上山下乡问题的函》,进一步明确安排归侨子女工作的政策。

9 月 17 日,赣州地区民政局、知青办转发省民政局、知青办《关于归侨子女上山下乡问题的函》,随后全区共为 41 名归侨子女颁发留城证。　(《大事纪年》,第 181—182 页)

《江西省青少年组织志》

《江西省青少年组织志》编纂委员会编,方志出版社 2004 年

(1964 年)1 月 15—18 日,团省委在清江县召开关于动员与组织城镇知识青年上山下乡参加农村社会主义建设工作汇报会。　(《大事纪年》,第 423 页)

(1966 年)2 月 25 日,省委、省人委负责人刘俊秀接见出席全省贫下中农和农业学大寨先进代表会议的 100 多名下乡知识青年,并同他们进行谈话。　(《大事纪年》,第 424 页)

(1968 年)7 月 25 日,省市军民 5 000 余人在省体育馆举行大会,热烈欢送南昌地区大中专院校首批 7 000 余名毕业生下乡下厂当普通工人、农民。

10 月 20 日,省市军民 2 000 人在八一礼堂热烈欢送首批下乡社会知识青年 353 名、机关干部 65 名,奔赴农村插队落户。　(《大事纪年》,第 426 页)

(1973 年)11 月 16 日,省市 10 万军民在人民广场集合,热烈欢送本年度第一批知识青年上山下乡。省市领导同志出席大会并讲话。　　　　　　　　　(《大事纪年》,第 427 页)

(1974 年)3 月 1 日,上海上山下乡知识青年到达南昌。省市革委会、省军区的领导同志,以及有关方面负责人前往车站迎接。　　　　　　　　　(《大事纪年》,第 427 页)

(1975 年)12 月 16 日,省市 10 万军民在南昌八一广场集会,欢迎南昌市 2 000 多名知识青年上山下乡。　　　　　　　　　　　(《大事纪年》,第 427—428 页)

(1977 年)1 月 3 日,全省上山下乡知识青年代表大会在南昌召开。(《大事纪年》,第 428 页)

《江西省财政志》

江西省地方志编纂委员会编,江西人民出版社 1999 年

第二节　城镇青年就业经费

1962 年,江西贯彻国民经济调整方针,精简城镇人口,安置到国营农场、林场或到农村插队落户,当年支出经费 1 673 万元,列在农垦支出款下精简职工办农场项目。1963 年在农垦支出款下支付城镇职工和学生下放农场安置费 1 471 万元,在林业支出款下支付城市职工和学生下放林场安置费 14 万元。1964 年单列城市人口下乡安置费款级科目,下设城市青年下放生产队安置费、城市青年下放农场安置费、城市青年下放林场安置费、城市青年水土保持专业队 4 个项目。安置经费的标准是:安置到国营垦殖场的每人 300 元,即房屋修建费 200 元,旅运费 10 元,小农具购置费 12 元,家具添置费 13 元,生产周转金 40 元,机动经费 25 元。当年全省支出 741 万元。1965 年 8 月,省精简安置办公室、省农业银行、省财政厅发出《关于安置经费使用管理的通知》,规定安置经费使用范围主要是:1.建房补助费。包括新建房屋的材料费和外雇技工工资、购买旧房或修缮公房。2.生活补助费。对于下乡人员可给予一定时期的生活补助。3.旅运费。包括下乡人员从城市到达安置地点途中所需的车船费、行李运输费和途中伙食补助费。4.小农具、家具购置费。包括下乡人员购置小农具、雨具、添置铺板、炊具的费用。5.机动费。用于解决下乡人员的遗留问题。

1966 年,江西安置城镇下乡青年 2.3 万人,其中:下乡安置 2 万人,回乡安置 0.3 万人。安置的方式:人民公社安置 1.14 万人,其中:社队农林综合场和新建队安置 0.55 万人,成户插队和单身青年集体插队 0.59 万人;新建、扩建国营农场、林场、垦殖场安置 0.71 万人。安置费每人平均定额为:人民公社集体所有制的安置经费,社队农林综合场和新建队平均每个劳动力 350 元,单身青年集体插队平均每人 200 元,成户插队平均每人 160 元,投亲靠友的

2971

分别按成户或单身插队计算,跨县市插队安置的每人另增旅运费 10 元;新建、扩建国营农场、林场、垦殖场平均每个劳动力 500 元;回乡安置平均每人 50 元。当年全省城镇青年下乡经费支出 869 万元,比上年增长 14%。

1968 年,江西动员大批知识青年(初中、高中、中专在校学生和社会青年)到农村插队落户,"接受贫下中农再教育"。1969 年接受一大批上海知识青年来江西插队落户。1970 年全省城镇青年下乡经费支出 3 644 万元,比 1966 年增长 3.19 倍。1973 年城镇青年下乡经费改为城市人口下乡安置费类,下设 3 个款级科目:知识青年安置费、城镇居民安置费、集体所有制下放人员建房补助费。

1977 年,全省安置下乡知识青年 3.05 万人。其中:安置到农村集体单位的 2.66 万人,每人补助 480 元,安置到国营农、林场的 3 867 人,每人补助 400 元。1979 年,江西对知青安置的标准作了调整:安置到国营农、林、牧、渔场和到机关、学校、部队、企事业单位举办的农、林、牧、副、渔业基地的每人补助 400 元;安置到集体所有制的知青场、队和农工商联合企业的,每人补助 580 元,其中:建房费 300 元,生活费 120 元,旅运费 10 元,其他费用 150 元。据有关资料统计,1962—1979 年,全省共有 62 万多名城镇知识青年上山下乡。1968—1979 年全省共支出下乡知青经费 2 393 万元,为插队知青建住房 10 万余间,办独立核算的集体所有制知青场队 3 400 个,购置机器设备 4 000 多台(套)和大量的农具、家具。

1979 年起,下乡知识青年陆续回城就业。同时,由于城镇青年不再下乡,待业人员逐渐增多,这项经费使用的重点也随之转为以解决城镇待业人员的就业安置问题为主。因此,设置了劳动服务公司补助费,用于解决待业青年举办集体所有制生产网点的周转金和就业前的技术培训费用。1982 年将城镇人口下乡经费类改为城镇青年就业经费类,下设城镇青年就业经费补助费款。支出项目为:扶持生产资金、安置费、就业培训费、业务费、其他费用。当年支出经费 1 914 万元,比上年减少 14.5%。

1963—1990 年,全省城镇青年就业经费支出共计 4.24 亿元,占同期财政支出的 0.9%。其中 1990 年支出 888 万元,比 1963 年增长 62.4 倍。

(第二编第四章《工交商事业及其他经济建设支出》,第 403—405 页)

"文化大革命"后期,农村吸收下乡、回乡知识青年担任民办教师和代课教师,民办教师数比"文化大革命"前增长 2.7 倍。　　(第二编第四章《工交商事业及其他经济建设支出》,第 428 页)

《江西省供销合作业志》

江西省供销合作业志编纂委员会编,方志出版社 2000 年

1979 年 7 月,供销社正式恢复,为解决缺员问题,全国供销总社戴帽下达省供销社招工

指标 3 340 人,同时各地区计委又分配供销社集体招工指标 1 万人。当时省供销社确定除在系统外各部门的精简人员中择优调入外,主要招收上山下乡知识青年,实行德、智、体全面考核,择优录用。 （第二十章《劳动人事管理》,第 347 页)

《江西省粮食志》

江西省粮食志编纂委员会编,中共中央党校出版社 1993 年

1976 年,江西粮食学校成立并开始招生,当年的招生对象是下放农村的知识青年。由地区、市推荐,省文教办公室统一组织招收,共招收 150 名。学制两年。

（第九章《教育与科技》,第 162 页)

《江西省物资志》

《江西省物资志》编纂委员会编,方志出版社 2004 年

省劳动局 1975 年 8 月 25 日《关于全民所有制单位补充 1975 年职工自然减员的通知》规定:1975 年全民所有制单位的固定职工由于退休、退职、死亡、升学(指不带工资的)、参军以及自动离职除名、开除等原因离开职工队伍而出现的自然减员,可以如数补充,但必须先减后补。对不属于矿山井下、野外勘探、森林采伐、盐业生产的其他行业,职工退休、死亡的自然减员,可以补充他们家居城镇或上山下乡经过劳动锻炼的一名子女;退休职工属于多子女没有一个子女上山下乡又有子女在身边工作的,不吸收其子女补充;家居农村的退休职工迁回农村居住的,以及家居农村的死亡职工,可以补充他们家居农村的一名子女。补充的新工人,必须符合招工条件,适应生产需要。

（第四篇第二章《劳动人事管理》,第 130 页)

省劳动局 1979 年 3 月 9 日《关于继续进行职工退休工作的通知》规定,职工退休后原则上可以招收其一名符合招工条件的子女参加工作。由退休职工自己选择一名子女,可以是按政策规定留城的,上山下乡的,也可以是城镇中学毕业生。

（第四篇第二章《劳动人事管理》,第 130 页)

(1975 年)4 月,省物资局机关和直属公司的 55 名职工子女分配在南昌市青云谱公社施尧大队建立知识青年队,接受贫下中农再教育。 （《大事纪年》,第 269 页)

9 月 27 日,省物资机关和直属公司的 96 名职工子女,分配在南昌县幽兰公社竹林大队

和清塘大队组建知识青年队,由干部带队参加农业劳动,接受"再教育"。

(《大事纪年》,第 269 页)

11 月 25 日,省物资局知识青年上山下乡办公室成立。　　(《大事纪年》,第 269 页)

《江西省人口志》

江西省地方志编纂委员会编,方志出版社 2005 年

　　1963—1965 年,是国家经济调整时期,根据中共中央提出的"调整、巩固、充实、提高"八字方针。江西省在此期间也压缩了基本建设规模,调整失调的比例关系,并通过进一步精简职工和城镇青年上山下乡的方式安置大量城市过剩劳动力。

(第二篇第二章《人口迁移》,第 64 页)

　　第二阶段(1966—1978 年)　　此间主要为"文化大革命"时期。这 10 多年,是由于国家各项政策的盲目性和不稳定性,使得江西省人口迁移再次出现大起大落的局面,出现了建国后江西省人口迁移史上的第二个由低→高→低的变动周期。这一阶段的前期因国家动员大批干部下放劳动、知识青年(下称知青)上山下乡等方面的原因,江西省人口迁移出现逆反现象,城市人口大量迁入农村,其中知识青年上山下乡是导致江西省城市人口向农村迁移的一个最重要的原因。知识青年上山下乡从 50 年代末就已开始,当时还是一种自觉自愿的行为,数量也不多。但到了 60 年代末 70 年代初,知识青年上山下乡演变为政治运动,范围越来越广,规模越来越大。1962—1979 年,江西的知青上山下乡人数达 63.5 万人,其中插队占 87.4%,到国营农场(垦殖场)的占 12.6%。其中,下放的知青 1962—1967 年占 12.3%,1968—1976 年占 86.9%,1976—1982 年占 7.2%。而 1968 年和 1970 年又是知青上山下乡的高峰期,两年下放的知青数量占知青总数的 40.8%。同时这两年也是江西省第二次人口迁移变动周期的高峰期,1968 年人口迁移总量突破 200 万人,1969 年也高达 151 万人。大批知识青年上山下乡,必然带来人口的大规模返流回城。1970—1971 年,江西省就招收了21 万农民进城,这其中主要是上山下乡的知识青年。后期根据国家政策的调整,知识青年开始大批回城,1974—1978 年间有 40.14 万人迁离农村,重新回城安置。到 1980 年底留在农村的知青仅剩下 2.4 万人。整个第二阶段,江西省人口迁移的净迁入量明显增加,1968—1971 年连续 4 年年净迁入量超过 10 万人,其中 1968 年和 1969 年的年净迁入量超过 20 万人。

(第二篇第二章《人口迁移》,第 64 页)

　　上海移民在江西省的省际迁移人口占据重要的位置。除了因国家工业布局调整而迁入

江西省的上海技术人员和熟练工人外,上海知识青年的上山下乡以及后期的大批返城成为江西省 60—70 年代省际人口迁移的重要组成部分。早在 50 年代中期,中共江西省省委根据中央的指示,在第一个"五年计划"期间,分批从上海接收 9 万劳动力约 30 万人口到江西省九江、上饶、南昌、吉安、抚州等地区 18 个市县落户。其中抚州地区安置 1 万名劳动力,其他 4 个地区各安置 2 万名劳动力,1957 年全部安置完毕。由于这首批迁入江西的上海移民主要是建国初期被清理的社会闲散人员,他们一般不安心留居,回流返城现象严重,到 1958 年底,移民的大多数就已自行迁回上海。60 年代以后,尤其是"文化大革命"期间,随着知识青年上山下乡运动的全面展开,上海知识青年开始大批涌入江西。据有关资料统计,1962—1979 年间,上海市上山下乡的知识青年共计 71.99 万人,其中迁入江西的达到 11.80 万人,约占 16.4%。1969 年江西安置上山下乡的知识青年 24.44 万人,其中来自上海的知识青年 3.2 万人,约占全省知识青年数的 13.09%。　　　　　　(第二篇第二章《人口迁移》,第 67 页)

1969 年江西省城镇知识青年上山下乡情况统计

类　　别	人　　数	比　　重(%)
省内城市下乡的人数	5 463	2.24
省内县镇下乡的人数	206 984	84.67
安置上海知青人数	32 000	13.09
合　　计	244 447	100.00

(第二篇第二章《人口迁移》,第 68 页)

1966—1978 年约二三十万农村劳动力流向城镇,而城镇知识青年却有 50 多万人上山下乡,一时形成了城乡劳动力的不合理流动。　　　(第三篇第三章《镇人口》,第 99 页)

是年(1969 年),据统计,全省上山下乡知识青年有 24.44 万余人,其中来自上海的知识青年有 3.2 万人。　　　　　　　　　　　　　　　(《大事纪年》,第 298 页)

(1974 年)7 月 12 日,中共江西省委批转省知识青年上山下乡办公室《关于进一步做好知识青年上山下乡工作的报告》,规定对符合政策收回的下乡知青,应有计划分期分批收回。上山下乡知识青年开始有计划地迁离农村返回城镇。　　　　(《大事纪年》,第 300 页)

《江西省人事志》

江西省地方志编纂委员会编,(内部刊行)1992 年

1980 年初,全省各级政府人事部门,为适应中共工作重点向经济建设的转移,一方面恢

复从社会上录用干部工作,按照德才兼备和干部"四化"的要求,从高中毕业、25 岁左右的城镇待业青年和下放知识青年中,择优录用干部 7 556 名,充实银行、税务和人民公社等基层单位。

(第一篇第二章《干部管理》,第 117 页)

1980 年 5 月 6 日,经省人民政府同意,省计委、省教育厅、省人事局下发《关于长期代课教师吸收为正式教师的通知》,凡 1972 年以前,经县以上教育、劳动、人事(组织)部门或主管部门介绍在教育部门主管的中小学校担任代课教师和民办教师的城镇上山下乡知识青年、待业青年,只要政治历史清楚,现实表现好,忠诚教育事业,胜任教师工作,身体健康,德、德、体全面考核合格,经地市人事部门或省人事局批准,均吸收为正式公办教师。

(第一篇第二章《干部管理》,第 119 页)

(1980 年)5 月 6 日,省人事局会同省教育厅等部门,继续从 1972 年前经县以上教育、劳动、人事(组织)部门或主管部门介绍在教育部门主管的中小学担任代课(民办)教师的城镇上山下乡知识青年、待业青年中吸收公办教师(含非教育系统)。

(《大事记》,第 381 页)

(1980 年)9 月 24 日,为加强全省农村人民公社经营管理工作,省人事局会同省农委、农业厅、劳动局、财政厅从已在公社经营管理工作岗位的非在职干部,优秀的大、小队干部,真正安心农村工作的上山下乡知识青年和军队转业干部中选拔录用 1 500 人从事人民公社经营管理工作。

(《大事记》,第 382 页)

《中国共产党江西省地方组织志》

《中国共产党江西省地方组织志》编纂委员会编,(内部刊行)2005 年

全省知识青年工作会议

1978 年 2 月 27 日至 3 月 5 日,中共江西省委召开全省知识青年工作会议,贯彻国务院召开的各省、市、区知识青年上山下乡工作办公室负责人座谈会精神,研究安置下乡知识青年问题。会议确定推广株洲厂社挂钩、集体安置下乡知识青年的经验。

(第四篇第四章《省委工作会议》,第 786 页)

(1968 年)12 月 22 日,《人民日报》传达毛泽东的指示,"知识青年到农村去,接受贫下中农的再教育,很有必要"。江西省各地随即掀起知识青年上山下乡的热潮。至 1970 年 8 月,全省下放农村的知识青年共 37 万余人。

(《大事纪年》,第 935 页)

(1973 年)2 月 23 日,中共江西省委批转省民政局《关于进一步做好知识青年上山下乡工作的请示报告》,要求全省中共各级党委进一步落实政策,重视下乡知识青年的工作。

(《大事纪年》,第 938 页)

(1973 年)8 月 24 日至 9 月 4 日,中共江西省委召开全省知识青年上山下乡工作会议,传达全国知识青年上山下乡工作会议精神和周恩来等中共中央领导人的讲话。会议通过《关于知识青年上山下乡若干问题的试行规定》。

(《大事纪年》,第 939 页)

(1978 年)2 月 27 日至 3 月 5 日,中共江西省委召开全省知识青年工作会议,贯彻国务院召开的各省、市、自治区知识青年上山下乡办公室负责人座谈会精神,研究安置下乡知识青年问题。会议确定推广株洲厂社挂钩、集体安置下乡知识青年的经验。(《大事纪年》,第 945 页)

《江西省冶金工业志》

《江西省冶金工业志》编纂委员会编,方志出版社 1999 年

鉴于当时不少职工子女"上山下乡"插队落户,留城子女也难以安排工作的情况,在省劳动局统筹安排下,按照该局 1976 年东乡会议精神,除盘古山、画眉坳钨矿 306 名指标用于解决轮换工问题外,其余从多子女上山下乡无一子女工作的职工子女和留城独生子女中,以及上山下乡插队落户(含下放农村)满两年以上的知青中招收,共招收职工子女 1 700 人。

(第八篇第四章《劳动工资管理》,第 434 页)

《江西省纺织工业志》

江西省地方志编纂委员会编,中共中央党校出版社 1993 年

1966 年后,纺织工业新招工人多是上山下乡知识青年和城镇待业青年,在"文化大革命"的冲击下,工厂职工的文化学习荒废;新招工的知识青年绝大部分学业未就,空有文凭。职工队伍文化实际水平下降。

(第四章《职工队伍》,第 84 页)

《江西省石油化学工业志》

江西省地方志编纂委员会编,中共中央党校出版社 1993 年

70 年代初、中期,一批中小型化工企业兴建,尤其是小氮肥企业的建成投资,接收安置

上山下乡知识青年。 （第二篇第一章《行业管理》，第148页）

《江西省测绘志》

江西省地方志编纂委员会编，方志出版社1995年

是月（1975年12月），国家计委下达江西省测绘局1974—1975年组建测绘队伍劳动指标420人，省劳动局10月4日下达宜春地区和南昌市招收新工人340人。省测绘局组成5个招工组，分别到宜春地区的5个县镇招收200人，到南昌市招收140人。新招收人员12月初进测绘队基地。其中：上山下乡知识青年225人，留城青年103人，平均年龄20岁（16—22岁285人）。初中生147人，高中生181人。 （《大事记》，第135页）

《江西省民政志》

《江西省民政志》编纂委员会编，黄山书社1999年

（1975年）10月3日，知识青年上山下乡安置和测绘工作从省民政局划出，交有关部门管理。 （《大事纪年》，第362页）

《江西省人民政府志》

《江西省人民政府志》编纂委员会，江西人民出版社2002年

1982年10月30日，国家人事局下发《关于吸收录用干部的规定》，要求严格按照革命化、年轻化、知识化、专业化标准，有计划地补充干部。这一年，全省从下乡知识青年、高中毕业城镇待业青年中吸收录用干部4 222人。（第一篇第二章《编制　人事　监察》，第89页）

1955年10月18日，上海市第一支青年志愿垦荒队98人到德安县八里乡拖沟岭安家落户。 （第三篇第一章《农业》，第295页）

1958年，又先后安排军队转业官兵4 042名，上海、扬州等城市知青2 700名和安徽、河南、山东、浙江等省大批灾民进入垦殖场工作。 （第三篇第一章《农业》，第296页）

"文化大革命"期间，省、地（市）、县农垦管理部门先后被撤销，干部下放农村插队落户；省、地（市）属垦殖场下放县管，红星、云山等垦殖场改为人民公社。城镇知识青年纷纷下乡

下场接受再教育。全省保留下来的垦殖场共安置上山下乡知识青年 8 万人,占全国农垦系统安置知青的 3.6%。

(第三篇第一章《农业》,第 300 页)

1964 年 3 月,省委成立省精简安置领导小组,负责组织、动员、安置城市知识青年上山下乡,到年底,共动员 3.4 万名城镇知识青年和闲散劳动力下乡回乡参加农业生产。针对 1966 年、1967 年两届毕业生滞留在学校的情况,1968 年上山下乡动员工作以学校为主,采取由学校包学生、单位包职工、街道包居民的办法,由户口所在地的街道、居民委员会和学校分别组织进行。1970 年,新毕业的初、高中毕业生和历届未下乡的城镇青年,大都在城镇就业。从 1970 年 9 月到 1972 年,省革委会就禁止私自招收人员、严格控制职工人数和工资总额问题两次发出通知。这段时间,城镇青年就业仍以上山下乡为主。1973 年 10 月 31 日,省革委会发出《关于动员安置 1973 年城镇知识青年上山下乡的通知》,指出符合上山下乡条件的城镇、铁路、工矿(含三线厂)、劳改农场等中学的应届高中毕业生和未升学的应届初中毕业生,从城镇招收的其他分校的应届毕业生、中途退学的学生和城镇社会青年,都要上山下乡。上山下乡仍采取城镇学校包学生、单位包职工、街道包居民的办法进行。1978 年底,省政府贯彻全国知识青年上山下乡工作会议精神,调整上山下乡政策:矿山、林区、小集镇和一般县城的非农业户口的中学毕业生不再上山下乡,有条件的城市可以不动员下乡;今后城镇待业人员的就业工作由各系统统筹安排。到 1978 年底,全省共上山下乡 62 万人,除历年招工、升学、参军等原因离开农村的以外,到 1979 年底,尚有 25 万人留在农村。其中,国营农场 5 万多人,独立核算的知青场队 7 万多人,社队企业 1 万多人,分散插队的 12 万多人。"文化大革命"结束后,全省有留城、回城的待业青年 12 万人,尚在农村的下乡知青要回城安置,此外还有大批的城镇社会闲散劳力等待就业。1978 年 9 月 28 日,省革委会转发省计委、省劳动局《关于做好城镇待业青年和社会闲散劳动力安置工作的请示报告》,提出"统筹兼顾、各得其所"的方针,对城乡劳动力实行劳动部门统一管理,全民所有制单位和县以上集体所有制单位的一切招工,包括不从工资基金中开支的用工,都要通过劳动部门按国家政策办理。同时,坚决清退压缩计划外用工。

(第三篇第七章《劳动》,第 1007 页)

第七节　知识青年上山下乡

知识青年上山下乡的管理机构大都是临时性的,变动较大。1954 年,由省教育厅和共青团省委负责。1957 年,从省到县成立由教育等有关部门组成的中小学毕业生升学和就业指导委员会,管理知青上山下乡工作。1961 年,从省到县各级党委成立精简职工和减少城镇人口领导小组,下设办公室,负责接收安置工作。有接收、安置任务的省直部门,农、林、渔场,县、社、生产大队成立接受安置办公室(小组)。1964 年 2 月 10 日,省精简办公室和安置办公室合署办公。上述各组织都兼管知识青年上山下乡工作。3 月撤销精简领导小组和办公室。4 月成立省精简安置领导小组,下设办公室,重点抓城镇知识青年上山下乡。1968 年

10月，大批干部上山下乡，从省到县直至生产大队，成立"五七"大军领导小组，生产队成立再教育小组。知识青年上山下乡工作由"五七"大军领导小组管理。这种做法当时得到中央的肯定，并号召各地参照办理。1972年，省革委会成立省知识青年上山下乡安置领导小组和办公室，办公室设在省民政局，1973年更名为省委知识青年上山下乡领导小组，下设办公室，对外仍称省革委会知识青年上山下乡办公室。1975年，知青上山下乡办公室从省民政局分出，单独设置。1982年，省劳动局、省知青办、省科干局、省人事局合并为省劳动人事厅。从此，下乡知青遗留问题由省劳动人事厅处理。

城镇知识青年上山下乡从1954年开始，"文化大革命"中形成高潮，1981年停止动员知识青年上山下乡。这项工作历时27年，大致经历了3个阶段："文化大革命"前，主要下乡对象是未能升学和就业的中学毕业生、部分高小毕业生；"文化大革命"期间，知青上山下乡主要是接受贫下中农再教育，对象包括大中学校学生；"文化大革命"后，上山下乡政策逐步调整，1981年停止动员上山下乡，并对已上山下乡的知青分别妥善处理。

新中国建立初期，基础教育发展迅速，但小学、初中毕业生不能全部升学，1955年起，部分高中毕业生也不能升学。同时，由于农业合作化的发展，很需要一批有文化的青年。因此，从1954年起，就有一部分未能升学的高小、初中毕业生回乡、下乡投入农业生产。1955年，毛泽东号召："一切可以到农村中去工作的这样的知识分子，都应当高兴地到那里去。农村是一个广阔的天地，在那里是可以大有作为的。"从此，上山下乡参加农业生产的知识青年逐年增多。1954—1957年，全省有23万多名未能升学的高小、初中和高中毕业生回乡、下乡参加农业生产。

1960年，国家实行"调整、巩固、充实、提高"方针，大量精简职工和减少城市人口，动员他们上山下乡支援农业。应届和以后几届毕业后未能升学和就业的青年学生也在动员之列。1962年和1963年，动员上山下乡的城市青年达7万多人。1964年9月至1965年9月，城镇知识青年上山下乡形成高潮，全省又动员5.3万多名知识青年上山下乡。

1968年12月，毛泽东发出"知识青年到农村去，接受贫下中农再教育很有必要的"的号召，全省很快掀起知识青年上山下乡的高潮。据统计，1968—1972年全省上山下乡知青达39万多人。此后，每年都有大批知青上山下乡。

1979年，国家调整知青上山下乡政策，动员知青上山下乡的范围，全省确定为南昌、景德镇、萍乡、九江、赣州、上饶、吉安、抚州、鹰潭9个城市，1980年增加宜春市。1979年，全省上山下乡知青仅2 089人。1981年起，全省停止动员知青上山下乡。

1962—1980年，全省上山下乡知识青年63万多人。除极少数异地安置在新疆、吉林、山东等15个省、区外，主要安置在全省农村社队和农、林、牧、渔场。此外，1955—1980年全省共接收外地（主要是上海）知青10万余人。位于德安县著名的共青城，就是由98名上海市知青于1955年10月建立的共青社发展起来的。

下乡知青安置费和扶持生产资金，主要由国家专项拨款，省财政视情况补拨一部分。据

1964—1979 年统计,国家拨给江西的下乡知青经费共 2.6 亿多元;省拨出木材指标 14.98 万立方米以及大批钢材、水泥,为插队知青建住房 103 484 间。上海市向上海知青建立的队、场支援拖拉机、收割机、开沟机、变压器等共 4 291 台(套)。

一、安置与管理

安置 1957 年以前,未能升学的高小和初中毕业生,家住农村的回到本乡的农业社参加农业生产,少数城镇的学生安置到附近的农业社参加农业生产。1957 年 8 月开始,未能升学的高中毕业生除部分参加行业生产和任民办教师外,其余均同初中毕业生一样安置参加农业生产。1962 年,家居城镇的毕业生改到农场、垦殖场、水产场劳动。1963 年,安置未能升学的城镇学生仍以农场、垦殖场和水产场为主,但增加了两个新的去向:一是动员一些学生参加短期训练,然后安置到生产队担任会计;二是安置一部分到农村信用社和供销社,以顶替其中从农村来的劳动力回乡生产。动员安置对象的年龄提高到 18 岁以上。

1964 年开始,大批动员城镇知识青年上山下乡,动员对象包括未能升学或就业的学生和社会青年,安置形式也有较大的变动:一是将过去安置到国营农场、垦殖场、林场为主的做法改为到农村人民公社生产队插队为主;二是少数插入垦殖场、农场、林场和国营水土保持站;三是根据需要,安排一些到新建、扩建的农林渔场。是年,到农村人民公社生产队插队的知青占上山下乡总人数的 66.74%。与此同时,共产主义劳动大学在城市招生,毕业后分到农村人民公社和农场、垦殖场从事农业生产。1965 年,动员、安置对象以应届和历届初中以上毕业生为主,年龄大的高小毕业生也可以动员安置。年龄由 18 周岁以上降到 16 周岁以上。安置办法:到社办林场、国营水库、农场、垦殖场和水土保持站的主要是单身知青;成户插队的以一两户为宜,单身男的必须三五人组成小组插队,单身女青年至少要 2 人以上安置在一起。江西国营农林垦殖场安置城镇知青的做法,在 1965 年国务院召开的各大区和重点省(区)、市安置工作会议上受到重视。会议要求"有条件的地方,可以像江西那样办国营农林垦殖场"安置城镇知青。

"文化大革命"开始以后,大批知识青年滞留城市,而且逐年增加。他们的去向,成为从中央到地方关注的重要问题。1968 年 7 月,省革委会发出安置滞留城市知识青年的通知,除少部分安置到工矿企业当工人外,其余全部动员回乡、下乡参加农业生产。1974 年,省革委会作出严格规定:任何部门都不准从下乡对象中招工、招生或安排临时工作。1975 年,省革委会又作出决定:对过去特别是 1972 年"开后门"进入国营企事业单位和集体所有制单位工作的下乡对象,必须清退,动员下乡。

1973 年开始,安置形式有较大的改变:城镇知识青年上山下乡不再搞分散插队,而是采取集体插队建立青年点,办集体所有制青年队、场,或到农建师和国营农、林、牧、渔场,但人数控制在下乡总人数的 10% 以内。青年点一般 10 人左右。对过去分散插队,一人一队、"一人一灶"的下乡知识青年,根据因人因地制宜的原则,进行适当调整。有条件的公社、大队,积极试办知识青年、贫下中农,带队干部"三结合"的青年队,实行独立核算。有的地方把人少山多,只有几户人家的小生产队扩建为青年队。1974年,各地还认真学习和推广湖南株洲市厂社挂钩、集体安置知识青年到社队和农、林、茶场的经验。1975年,在积极推广株洲经验的同时,认真总结本地经验,因地制宜地推广由大队创办、生产队联合经营的农、林、牧、渔场安置城镇知识青年的做法。1976年,省革委会又规定,知识青年上山下乡,除有条件回乡的外,都应服从所在县、市的统一安排。这种安置方式一直坚持到知识青年停止上山下乡。

在下乡人员中,有部分当时不属知青动员安置对象,而是随父母下放农村,不享受下乡知青待遇。这些人员中有1968年以来下放农村的城镇集体经济人员、"一打三反"中搞错了的人员和民族资产阶级的子女。1975年10月28日,省知青办、省财政局联合发出通知,规定各地在落实政策中,对上述"三种人员"已收回城镇而其子女按规定仍留在农村的,补办知青下乡手续,交给当地县(市)知青办安置管理,享受知青待遇。在办理移交时,超过17周岁,从下乡后满17周岁时算起。安置费,建房费、生活补助费按规定补给。据1980年统计,全省补办下乡知青手续的共4 860人(不含在国营农场的知青)。

考虑到一些家庭和知青的实际困难,1973年省委在批转的《关于知识青年上山下乡若干问题的试行规定》中规定:年龄不满17周岁的,暂缓下乡;病残不能参加农业劳动、独生子女、孤儿、多子女身边只有1个子女的、父母双亡或年老多病、弟妹年幼生活不能自理而依靠本人照顾的;中国籍的外国人子女,均不动员下乡。1975年,省委又明确提出留城政策;多子女而又无子女参加工作的,可以留1个在身边,但只能留1次;因病残留城的,不顶留城对象,可根据他们的身体情况作一般社会安置。1976年,省革委知青办要求各地执行留城政策从严掌握。1978年,省委对留城政策又作了补充和说明:1.台湾和港澳同胞子女、华侨子女、职工退休和死亡按规定可以顶替的子女,不动员下乡;一家已有3个以上子女下乡,现仍在农村的,其他子女也不动员下乡。2.父母一方死亡,虽有1个子女参加工作,但家庭仍有很大困难的;父母年老多病,生活不能自理,身边虽有1个子女,但子女年龄大、家庭负担重,确无力照顾父母的,还可以选留1个子女。3.同母异父或同父异母的家庭,父母可各留1个符合留城条件的子女。4.由国家统一招收和分配的大专院校、中等技术学校的在校学生,不算在父母身边;除带工资的以外,均不按参加工作对待。5.部队的干部、战士,不算在父母身边,战士不按参加工作对待。1979年,省委进一步规定:"凡有安置条件的城市,可根据实际情况,适当放宽留城面。"对批准留城者,发给留城证。符合招工条件的,凭留城证报名,享受招工权利。

管理 城镇知青下乡初期,管理形式松散,大多由所在地的基层干部、老职工或贫下中农负责管理。随着知青上山下乡人数的增多,管理工作也逐步加强。1964年7月,省委、省人委指示各级党、政领导应切实加强对知青安置工作的领导,要求由主管农业的领导干部亲自负责。1965年7月,省人委又发文要求公社指定1位负责同志,关心下乡知青的理想、生产、生活,帮助他们解决具体困难。1968年,大批知青下乡,管理办法得到进一步的加强:以生产队为单位编组,每班 10 人左右,指定正副班长、学习组长、劳动组长和生活组长;每个班配备 1 名下放干部或教师和一两名贫下中农带队;有知青插队的大队和生产队建立再教育小组,公社"五七"大军办公室指定 1 人专管上山下乡知青工作。为加强下乡知青的管理,1973 年 9 月省委批转《全省知识青年上山下乡工作会议纪要》,规定知青无论是插队还是办场、队,均主要依靠当地党组织,要建立和健全大队、生产队的贫下中农、知识青年和基层干部"三结合"领导小组,动员知青下乡的城镇,要从党、政、群机关和企事业单位抽派干部带队;下乡知青每 25—30 人派 1 名带队干部,其中要有 1/5 的女干部。下乡知青人数较多的系统和单位,也可以按系统、单位划分安置地点,抽派干部带队。带队干部分别参加县、社、队的领导班子,与下乡知青同吃、同住、同学习、同劳动,1—2 年轮换一次。

知青下乡后,少数农场发生歧视、刁难、捆绑、打骂、扣工资、扣饭、诱婚、逼婚甚至奸污女知青的不法行为。农村人民公社和生产队也时有类似情况发生。为此,1964 年 5 月 9 日,中共中央在批示共青团中央一个有关报告中严格要求:对那些官僚主义分子的压制、报复、打击行为应当严肃处理;对坏分子的破坏活动,应依法严加制裁。10 月,农垦部发布《关于国营农场安置城市知识青年的纪律规定》。省农林垦殖厅及时转发了这一《规定》。1970 年 5 月 12 日,中共中央发文重申:凡是强奸下乡女知青的要依法严惩,对女知青进行逼婚、诱婚的要坚决批判斗争;干部利用职权为非作歹的要撤职查办;包庇纵容违法犯罪分子的要给予纪律处分。省革委会根据中共中央文件精神和省内实际情况,多次发文,要求严厉打击破坏上山下乡的罪恶活动。1971 年,安福县对奸污下乡女知青的罪犯处以徒刑。峡江县委对殴打、虐待下乡知青的大队干部给予党纪处分,并责成其向被迫害的知青赔礼道歉。各地还查处了一批贪污、挪用安置知青经费的案件。据 1974～1981 年统计,破坏知青上山下乡案件逐年减少:1974 年 293 件,1975 年 262 件,1976 年 229 件,1977 年 180 件,1978 年 82 件,1979 年 21 件,1980 年 11 件,1981 年 1 件。

二、回城与留农村

回城 据 1965 年 10 月统计,"文化大革命"前回城知青仅占上山下乡知青总数的 1%—2%,而且大多是自流回城镇的。"文化大革命"期间,出现大批上山下乡知青自流回城镇的现象。1967 年 4 月,仅南昌市自流回城的就有千人之多。针对这一现象,省军区、省革委会筹备组、省革委会抓促部、省革委会分别于 1967 年 4 月 14 日、11 月 23 日和 1968 年 2 月 9 日、6 月 29 日连续发出通知,严格规定:对于上山下乡知识青年、农场职工和下乡、回乡业已参加农业生产的人员,在"文化大革命"期间,不论以何种借口和经任何人批准在城市落了正式或临时户口的,以及虽未在城市落户但从农村迁出了户口的,一律无效。由公安部门会同有关部门进行清理,迅速动员他们返回安置地区。对回流人员,任何单位都不许留用,不得安排工作。《通知》要求农村安置单位切实做好知青的政治思想工作,妥善安排好他们的生产和生活,认真解决他们的实际困难。《通知》精神贯彻后,自流回城的上山下乡知青纷纷返回农村。

1973年4月25日,毛泽东在给福建李庆霖的复信中提出"统筹解决"知青问题的方针之后,回城条件放宽为:下乡插队青年因病残不能参加农业劳动的,经过调查,在农村确实无独立生活能力、城镇有亲属照顾的,经安置县和动员城镇乡办协商同意后,可迁回动员城市;到农建师和国营农场的,下乡前就有严重病残,现又失去劳动能力的,可参照上述原则办理;已下乡的独生子女、孤儿、多子女父母身边无子女的,在国家计划招工时应给予照顾;已下乡的知青,父母严重病残无人照顾,或父母已丧、弟妹年幼生活不能自理的,经动员城镇与安置地区协商同意后,可迁回动员城镇。1974年7月12日,省委批转省知青办《关于进一步做好知识青年上山下乡工作的报告》,规定对符合政策收回的下乡知青,应有计划地分期分批收回,父母严重病残无人照料的应优先照顾。对符合收回城市安排的下乡知青,劳动部门应根据需要和可能有计划地逐步进行安排。经审查批准收回的下乡知青,公安部门要准予落户,粮食部门要转办吃商品粮。此外,还从招生、招工、征兵、提干等渠道安排下乡知青回城。为使更多的上山下乡知青能考上高等院校,1978年5月20日省知青办、省革委会文办教育绢联合转发国务院知青领导小组、教育部《关于积极组织今年报考高等学校的知识青年复习文化课的通知》,要求给准备参加高考的下乡和回乡知识青年妥善安排复习时间,有关部门应指导他们复习和搞好辅导工作。1979年9月20日,省委发布的《关于进一步做好知识青年上山下乡工作的意见(试行稿)》,规定对1972年以前下乡的有困难不易解决的插队知青,要优先安排回城,争取在两年内基本解决。各地招收1972年以前有困难的插队知青的全民和集体所有制的指标,由知青、计划、劳动等部门商定后专项下达,并适当放宽招工年龄,适当扩大招收女青年的比例。决不允许用招收有困难的插队知青的指标招收他人。据统计,1974—1980年全省在上山下乡知识青年中招生394 334人,征兵27 146人,招工138 380人,提干807人;因其他原因回城的203 590人,总计回城409 357人。下乡知青回城后,根据"统筹兼顾,全面安排"的原则,妥善地安排工作,并在工龄、工资等方面给予照顾。

留农村 由于年龄、婚姻、志愿等原因,仍有不少上山下乡知青留在农村。本着"国家关心,负责到底"的精神,1979年省委规定,安排到社办集体企业的,可以转吃统销粮,计算工龄。1980年,省委规定,安排到社办企业和工交、财贸、文教、卫生等企事业基层单位、从事固定工资收入的城镇下乡老知青,连同他们的子女在内,就地转为城镇户口,吃商品粮。对已婚插队知青的安排也作了明确分工:插队知青与农村社员结婚的,由所在县、社负责安排;插队知青与国营农、林、牧、渔场职工结婚的,由国营农、林、牧、渔场负责安排;插队知青与插队知青结婚的,原则上就地就近安排,如所在县、社安排确有困难,也可由动员城镇负责安排;动员已婚知青到国营和县办农、林场就业,允许携带家属子女进场落户。为使知青队、场和农工商联合企业迅速发展,提高安置能力,对知青队、场和农工商联合企业实行不上缴税、不上缴利润、不负担农副产品统购派购任务的优惠政策。1980年,插队知青在知青场、厂、队和农工商联合企业就业的达4 801人。对立志务农、愿意在农村安家落户的知青,从政治上给以鼓励,物资上给以支持,帮助他们解决实际困难。据1981年统计,插队知青在农村就业人数是:社队企业5 247人,单位办的农村副业基地699人,农村扎根安家的447人,办了自谋职业手续的1 964人,总计8 357人。至1981年底,全省实有农村户口的插队知青仅3 658人。

(第三篇第七章《劳动》,第1047—1053页)

(1968年)10月下旬,省革委会决定,下放数十万名干部、教师、知识青年,组成"五七"大军到农村插队落户。

(《大事纪年》,第1841页)

(1973年)8月底至9月初,全省知识青年上山下乡工作会议在南昌召开。

(《大事纪年》,第1843页)

11月25日,省、市10万军民在八一广场集会,欢送首批1 600多名知识青年和带队干部上山下乡。

(《大事纪年》,第1843页)

(1975年)11月9日,省市10万军民集会欢送知识青年上山下乡。

(《大事纪年》,第1845页)

(1977年)1月3日,全省上山下乡知识青年代表大会在南昌举行。

(《大事纪年》,第1845页)

《共青垦殖场志》

江西省《共青垦殖场志》编委会编,人民出版社1993年

1957年10月,中共德安县委、县政府在县城东南的金湖地区创办金湖农场。县委、县政府的下放干部分两批到金湖,同时将共青社及"中国青年社"、"上海青年社"、"八一社"等4支上海青年垦荒队迁到金湖,又吸收了江苏、安徽、湖北等省的劳动力,组织垦荒大军。在杨柳洲、管家湖、三合圩开荒3 150亩,垦复当地农业社划给的荒山、瘠地1 200亩。1958年3月,国营德安县共青综合垦殖场正式成立。

(《概述》,第17页)

(1955年)10月18日,上海市第一支青年志愿垦荒队一行98人,由队长周文英、副队长陈家楼带领到江西省德安县八里乡拖沟岭安家落户。

(《大事记》,第21页)

(1956年)4月,垦荒队员周承立出席省农村青年突击队长会议,获得奖状和奖章。

(《大事记》,第21页)

(1957年)11月2日,中共德安县委决定将"共青社"、"中国青年社"、"上海青年社"、"八一社"等上海青年垦荒队队员48人迁到金湖,参与筹建金湖农场。　　(《大事记》,第21页)

是月(1958年4月),场购置全县第一台履带式拖拉机,垦荒队员黄孝英成为第一名女拖拉机手。　　(《大事记》,第22页)

是月(1968年10月),首批南昌、九江、德安县城的下放干部和知识青年组成"五七"大军来场插队落户,至12月,共有244人,其中分到全民单位的124人。(《大事记》,第26页)

(1970年)10月17日,上海市南市区知青20人来场插队落户。　　(《大事记》,第27页)

是年(1978年),余仕观、周承立出席全国知识青年安置工作会议。

(《大事记》,第29页)

(1979年3月)23日,本场8名上海老垦荒队员接受《解放日报》邀请,写信给上海市青年,汇报23年来艰苦创业的经过。中共上海市委、市政府、团市委号召全市青年向当年支援边疆的垦荒队员们学习。　　(《大事记》,第30页)

1958年3月本场创建时有人口375人,主要为本县下放干部、上海垦荒队员以及建场后吸收的安徽、江苏、湖北等地一批落户人员。　　(第二章《人口》,第69页)

60年代,由于南湖人民社并入,干部、知青分批下放来场落户及人口自然增长率较高等因素,人口增长很快。　　(第二章《人口》,第70页)

70年代末期,有部分知青离场回城,同时开始提倡计划生育,自然增长率稍降。

(第二章《人口》,第70页)

干部、知青下放和回城　1958年本场创建时有德安县两批下放干部43人和上海垦荒队员48人,1968年来自南昌、九江、德安、上海等地的干部和青年学生三批共244人组成"五·七"大军来场插队落户,1978、1979年知青回城约170人。(第二章《人口》,第70页)

1968年、1969年,43名干部率知识青年组成的"五七大军"来场插队落户,其中场社分家后仍留在本场的有29人。1977年前后,这批干部和知青开始返城,至1990年仍留在本场并担任总场、分场(厂)、科室领导的有25人。　　(第十三章《企业管理》,第225页)

1968—1969年,大批下放干部、知识青年、城市闲散人员来场插队落户,下放干部月薪、知青月津贴(本地知青16元,南昌、九江、上海等地知青11元)均由地方财政部门拨发(1970年后取消,改由本场发工资)。　　　　　　　　　　　(第十三章《企业管理》,第233页)

《江西省第一劳改支队志》

江西省第一劳改支队修志办公室编纂,(内部刊行)1993年

(1970年11月)18日,糖厂竣工,选调知识青年117名进厂劳动。(《大事记》,第30页)

(是年)448名下放知识青年,分别分配到景德镇地铁段、新余纺织厂等地工作。

　　　　　　　　　　　　　　　　　　　　　　　　　(《大事记》,第30页)

(1971年4月)6日,下放知识青年生活费,由每人每月18元,调至20元。

　　　　　　　　　　　　　　　　　　　　　　　　　(《大事记》,第31页)

(11月)28日,718名下放知识青年,调乐平维尼纶厂工作。　　(《大事记》,第31页)

(1974年1月)8日,支队应届高、初中毕业生54名,下放至波阳县黄冈公社插队劳动。

　　　　　　　　　　　　　　　　　　　　　　　　　(《大事记》,第33页)

(5月)20日,开始对干警、工人、知识青年、干工家属全部进行健康普查。至6月上旬结束。　　　　　　　　　　　　　　　　　　　(《大事记》,第33页)

(1975年)1 219名知识青年调往新余纺织厂等单位。　　　(《大事记》,第34页)

《南昌市志》

南昌市地方志编纂委员会编,方志出版社1997年

(1965年)7月14日,市各界青年2 700余人举行大会,热烈欢迎28名上山下乡知识青年代表回市汇报和巡回作报告。

7月23日,全市各界代表3 000人举行大会,热烈欢迎444名知识青年参加农村社会主义建设。

　　　　　　　　　　　　　　　　　　　　　　(第1册《大事记》,第75页)

(1966 年)3 月 24 日,南昌市上山下乡、回乡知识青年代表会在团市委礼堂举行,出席代表 80 余人。

4 月 13 日,南昌各界代表 2 300 余人在南昌剧场举行大会,欢送上山下乡知识青年。

（第 1 册《大事记》,第 76 页）

(1968 年)8 月 26 日,省、市首批上山下乡社会知识青年、革命干部组成的"五・七"大军,离开南昌,赴农村安家落户。 （第 1 册《大事记》,第 79 页）

(1973 年)11 月 25 日,省、市 10 余万军民在人民广场集会,欢送知识青年和带队干部 1 600 余人上山下乡。 （第 1 册《大事记》,第 82 页）

(1974 年)10 月下旬,市革委召开知识青年上山下乡工作会议。据会议公布,自文化大革命以来,全市已共有 4.3 万名知青下放全省广大农村。

12 月 15 日,省、市军民 10 万人集会欢送 2 500 余名知识青年上山下乡。

（第 1 册《大事记》,第 82 页）

(1975 年)11 月 9 日,省、市军民 10 万人集会,欢送近万名知识青年上山下乡。

12 月 10 日,市委、市革委在八一礼堂举行大会,欢送知识青年楚建山、葛晓原、卢林金、翟兆清赴新疆农村插队。 （第 1 册《大事记》,第 83 页）

(1977 年)1 月 12 日,省、市军民 5 万人在人民广场举行大会,欢送 4 500 名知识青年上山下乡。 （第 1 册《大事记》,第 83 页）

1963 年 2 月,市北郊林场在昌北马鞍山正式开办,隶属市农林水利局管理。该场开办后的第二年,职工队伍扩大到上千人(主要是城市下放知识青年),经营的山林达上万亩,场地范围北边以北山为界,南部以沙子岭为界,东至省畜牧良种场,西至长陵。

（第 3 册卷六第三章《林业》,第 85 页）

新丰垦殖场　位于新建县境内,场部距南昌市 25 公里。该场建于 1957 年 12 月 20 日,由省委、省建等单位下放干部 103 人组成,1958 年增加部队转业官兵 80 人,以及招收部分社会青年和上海下放知识青年,共 301 人,共有耕地面积 2 014 亩。

（第 3 册卷六第七章《农垦》,第 170 页）

北山垦殖场　位于南昌市北郊蛟桥。该场以农、林为主,兼工、商、牧全面发展的综合垦殖场,1964 年 11 月,由南昌市 60 名知识青年下放来此,主要营造油茶、马尾松、桃园、防风林、苗园、茶园、油桐等。时属北郊林场北山大队。　　（第 3 册卷六第七章《农垦》,第 173 页）

1968 年开始第二次大规模的知识青年上山下乡运动,到 1980 年止,全市下放知识青年 61 037 人。　　　　　　　　　　　　　　　（第 5 册卷二十五第一章《机构》,第 578 页）

1968—1973 年,城镇知识青年基本上都上山下乡,企业需用人,招工对象依次是农村青年、回乡城镇复员退伍军人、过去被精简现在尚未安排工作的职工,城镇社会青年、按政策回城的下乡知识青年。

1973—1978 年,有计划地逐步招收安置收回的下乡知识青年。

（第 5 册卷二十五第二章《劳动》,第 585 页）

第六章　知识青年上山下乡

城镇知识青年上山下乡,始于 50 年代农业合作化时期。到 1980 年止,南昌市累计下乡人数达 71 687 人。其中分散插队的有 20 382 人,到知青队的 20 467 人,到国营农、林、渔场的有 30 838 人。这些人分布在江西省 36 个县、市和新疆、吉林、山东等 15 个省、区。根据历史背景和政策措施不同,大致分为四个历史阶段。

第一阶段（1955—1957 年）。第一个五年计划期间,随着城市人口的增加和教育事业的发展,市区中、小学毕业生增加,不可能全部在城市就业,同时,随着农业合作化高潮的到来,农村又需要有文化的青年。1955 年冬,南昌市组织了第一支由 100 多名知识青年组成的志愿垦荒队,在进贤县建立了第一个单独核算的青年农庄。到 1957 年底,南昌市有近千人上山下乡。1958 年,由于盲目扩大基建,大量增加职工,上山下乡停顿下来。

这一阶段的回乡、下乡工作,主要是由团市委组织进行的,虽然数量不多,但开了南昌市上山下乡的先例,社会影响较大。

第二阶段（1961—1966 年）。这一阶段是在"大跃进"后精简职工和减少城市居民的历史背景下进行的。1961 年南昌市上山下乡重新提上了议事日程。1962 年,南昌市开始有组织、有计划地动员知识青年上山下乡。市政府建立安置城市知识青年上山下乡领导小组。1964 年 1 月,中共中央、国务院发布《关于动员和组织城市知识青年参加农村社会主义建设的决定》后,南昌市知识青年上山下乡形成高潮。这年 9 月 1 日,南昌市召开第一次欢送知识青年下乡大会,市长张云樵在大会上作了报告。1965 年 7 月 23 日,又在八一礼堂召开欢送大会,市委副书记杨冶光讲了话。这一阶段的动员对象主要是未能升学、就业的知识青年。安置方向主要是插入人民公社生产队,其次是安排到国营农、林、渔场。

1961—1966年,南昌市共动员9 110人下乡,其中插队5 426人,占59.56%,到国营农、林、渔场3 684人,占40.44%。由于当时实行了自愿下乡的原则,下乡人员一般比较安定,并且出现了一批先进人物。

第三阶段(1968—1977年)。这一阶段的上山下乡是在"文化大革命"的特殊历史背景下进行的。从1966年下半年开始到1968年夏季,全市学校基本停课,大学不招生,工厂基本不招工,上山下乡也处于停顿状态。这三年的初、高中毕业生近2万人留在城区没事干,如何安置他们成了当时的紧迫任务。

1968年12月22日,《人民日报》发表了毛泽东的指示:"知识青年到农村去,接受贫下中农再教育,很有必要"。随后,南昌市很快出现了一个上山下乡的高潮。但这时的上山下乡已经改变了原来就业的涵义,而成为一种政治性的教育运动。1966—1969年4届高中毕业生和不能升学的初中毕业生,基本上"一锅端",全部上山下乡。1968—1969年全市上山下乡的青年达23 033人。

1970—1972年,随着生产的恢复发展,加上盲目"铺摊子",扩大基建规模,城市用人增多,下乡人数迅速减少,平均每年1 369人,其中1972年只有670人。

1973年国家调整国民经济,决定减少招工,同时,中共中央公布了毛泽东同志给上山下乡知青家长李庆霖的复信,转发了国务院《关于全国知识青年上山下乡会议的报告》。根据中央文件精神,南昌市于9月成立知识青年上山下乡安置工作领导小组和知识青年上山下乡安置办公室。

至1977年,全市累计下乡35 061人,平均每年7 012人。

第四阶段(1978—1980年)。这是上山下乡的收缩阶段。1978年10月31日至12月10日,国务院召开的全国知识青年上山下乡工作会议,对知识青年上山下乡政策作了较大的调整,改变过去"一刀切"的做法。由于南昌市还不具备城市安置条件,在1979年继续动员了少量知识青年下放到近郊知青厂、场、队。1980年以后,南昌市未再动员知识青年上山下乡。

知识青年上山下乡工作,在南昌市持续了20多年,是特定历史条件下的产物。一部分知识青年在农村得到了锻炼,为建设农村起了一定的作用。例如:南昌县144个单独核算的知青队,每年生产粮食462万余斤,有71个队亩产跨纲要、超千斤,29个队办了小型工副业生产。南昌县八一公社钱溪大队与江西制药厂挂钩的知青队,1974年建队有60多名知青,经过努力,1978年粮食亩产达到1 150斤,比建队第二年翻了一番。建立生产医学注射液车间,年创收入4.8万余元,加上其它工副业收入,共7.2万元,每十个工分值为1.3元,人均收入390元,最高达445元,超过了当时一般工厂二级工的收入。全队1979年有储备粮7.6万斤,公共积累5万余元,还有汽车、拖拉机、发电机等大型农业机器11台,从耕作、运输到粉碎,实现了机械化和半机械化。另外还有一批比较好的"五自给"知青场、队,如新建县蛟桥公社与市粮食局挂钩的知青队、湾里区知青办的眼镜厂、郊区杨子洲公社与南昌缝纫机厂挂钩的知青队、八一麻纺厂和江西化纤厂在永修县白槎公社双峰大队的知青队、南昌钢铁厂在高安县大城公社的知青队、江西化工石油机械厂在丰城县荷湖公社的知青队等。同时,涌现了一批优秀的下乡知识青年,如南昌市60年代初期上山下乡知识青年—李秀英,曾担任市朝阳农场党委副书记、副场长。南昌三中下放到乐平县接渡公社双桥大队的知青程立标,不到一年入了党,担任大队党支部副书记、民兵营长,1970年推荐上大学,1974年毕业后,被分配到省属单位,他坚持回乡当了农民。知识青年李国兴,下放在市郊区湖坊公社顺外大队,十多年来,把一次又一次招工、升学、参军的机会让给别人,多次出席中央、省、市的下乡知识青年先进代表大会,先后担任大队畜牧场场长,大队党支部副书记、市郊区团委书记等职;1974年下放到省棉花科学研究所的知识青年姚勇,经过了从不安心到扎根农场的变化,被评为省农业局系统新长征突击手。1979年父母双亲退休,要他回城顶替,他一次又一次说服了父母,继续留在棉花科研所。

20多年来,南昌市下乡知青共有62人加入了中国共产党,1 079人加入了共产主义青年团,334人担任过大队以上的领导干部,1 078人担任过会计、出纳、保管、拖拉机手、赤脚医生、民办教师和农业技术员等。

南昌市对知识青年动员、安置、管理工作做得比较细,下乡知青也得到不同程度的锻炼,为农村物质文明和精神文明建设发挥了作用,但是"统筹兼顾"的方针没有能够得到很好的贯彻落实,城乡劳动力的安置缺乏整体的规划。一是投资大,收获小,知青工作的路子越走越窄,下乡知青中的不少实际问题长期未能解决。在指导思想上,认为动员下乡的人数越多越好,强调15%的留城面不能突破,致使一部分家庭有实际困难的中学毕业生得不到留城照顾。二是对下乡知识青年的安置、生活、学习抓得不力,关心不够。抓城市动员工作比较多,抓农村安置管理工作比较少,被留城、回城等事务性工作缠住了手脚。在文化娱乐方面,许多知青点读不到书、看不到报,一天的全部活动就是干活、吃饭、睡大觉。三是实行厂、社挂钩的安置形式以后,工厂(单位)和大队的关系难以处理。由于有些社队的干部和社会对知青上山下乡工作缺乏认识,不是想方设法办好知青队,而是挖空心思揩工厂的油,提一些过高要求,一旦得不到满足,就出难题、找麻烦,给知青队的各项工作带来困难。四是知青队规模小,土地少,局限性大,开展不了多种经营。据154个市属工交国营企业的统计,1975—1978年,共计投资284万元。市二轻系统下乡817人,共投资70.9万元,平均每个知青970元;省电力局下乡30人,平均每个知青投资近2千元;江西医学院在万年、清江县建立了三个知青队,安置知青62人,花去资金26万元,平均每个知青4千元,知青上调后,财产全部被当地社队拿走。

年　份	合　计	其　　　中		
		分散插队	知青队、点	国营农林场
1961	525	350		175
1962	789	474		315
1963	930	605		325
1964	2 500	1 375		1 125
1965	2 366	1 302		1 064
1966	2 000	1 320		680
1968	17 616	10 570		7 046
1969	5 417	1 626		3 791
1970	2 563			2 563
1971	873			873
1972	670			670
1973	5 292	2 435		2 857
1974	7 487	80	4 407	3 000
1975	8 416	65	5 827	2 524
1976	7 289	143	4 960	2 186
1977	6 577	37	4 896	1 644
1978	33		33	
1979	156		156	
1980	188		184	
总计	71 687	20 382	20 467	30 838

　　知识青年上山下乡的根本出发点,是试图解决城镇就业问题,减轻城市压力。20 多年中,城镇上山下乡工作的起伏始终是同城镇就业压力的大小联系在一起的。但实践证明,企图通过上山下乡作为长期解决南昌市就业问题的出路是行不通的,根本的出路还在于改革搞活,在于发展国民经济,在于控制人口增长。

第一节　宣传动员

　　1961—1963 年,在精简机构、精减职工和减少城市人口的同时,动员一些社会青年和中学毕业生到国营农林场参加生产劳动。采取先摸底排队,后上门动员。当时主要是面对面做动员工作,组织欢送。时间安排:每年 8 月底动员社会青年和闲散劳动力;9 月底动员未升学的学生。10 月底基本结束。直至 1970 年,虽然动员上山下乡的机构有变化,但动员的形式基本没有变,一般以下乡对象的户口所在地的街道、居委会进行动员。

　　1973 年以后,实行条块结合的形式,即系统、单位的干部、职工子女由系统、单位及所在学校和城市公社负责。学校、街道、系统、单位共同负责、互相配合,实行"六包",即系统单位包职工、职工包家属、家属包子女、学校包学生、街道包社会青年和居民。对学生、社会青年确定谁下乡，谁留城，谁暂缓，均由学校、城市公社党支部出定向意见，家长所在工作单位出榜公布，发动群众评议，归口系统、单位、学校和城市公社党组织共同研究决定。属于留城和暂缓对象由归口系统、单位、学校和城市公社党组织共同研究决定，再由归口系统、单位党组织报市知青办批准。全市各级以及企、事业单位均成立知识青年上山下乡办公室，配备了工作人员。

动员对象 1961—1963 年动员的主要对象是：家居南昌市，年龄在 18 岁以上，有一定劳动能力和独立生活能力的中、小学毕业生，以及毕业后升不了学，在社会上的社会青年；1958 年后来自农村的应届毕业的中、小学生。对还未毕业的，采取转学的办法，将他们转回农村求学。

1964—1972 年主要动员对象是：社会闲散劳动力，停学待业的社会青年，无固定职业的闲散劳动力和个体手工业者、小商贩、流散力车人员。对这些人，主要动员他们下乡插队；年龄在 18 岁以上，有一定劳动能力和生活能力的历届（包括应届）未升学的学生；1958 年以后来自农村的居民、职工家属，回乡后能从事农业生产劳动或虽不能从事农业生产劳动，但农村有直接亲属供养、照顾的；有条件返乡的 1957 年以前来自农村的居民和职工家属；在外地国营垦殖场、农场、养殖场工作的职工的家属；无论 1958 年以前或以后来自农村的非直系亲属，只要农村有家可归的，都动员其回乡参加农业生产。

1973 年，凡 9 月 1 日前满 17 周岁的应届高中毕业生、未升高中的初中毕业生和历年应下而未下的知识青年。

1974 年 9 月 1 日前满 17 周岁、城镇户口、吃商品粮的应届高中毕业生、未升学的初中毕业生；1973 年确定为下乡对象而未下乡的；历届应下而未下的中学毕业生和中途退学的学生。并规定，凡属下乡对象，任何单位和部门都不准从中招工、招生或安排临时工作。已招用和安排下乡对象的单位和部门要主动纠正、坚决清退，并动员其下乡。凡属暂缓下乡对象，也不得从中招工、招生和城镇安排任何工作，所在区（镇）和城市公社要在有关部门的配合下，组织他们学习和劳动，作好下乡准备。

1975—1978 年规定，当年 9 月 1 日前年满 17 周岁，符合上山下乡条件的应届高中毕业生、未升学的初中毕业生、中途退学的中学生和历届应下而未下的知识青年。在城镇全民和集体所有制企事单位从事临时工、费用工、季节工、家属工、开票工、调配工以及在校办企业的历届应下而未下的知识青年，应坚决清退，并动员其下乡。一手抓动员、一手抓清退，以清退促动员。

1968 年以后，南昌市有一部分干部、职工、居民、知青对上山下乡有抵触，想方设法把子女安排到全民、大集体单位做学徒工、临时合同工、调配工、费用工和家属工等。也有不少单位和部门，没有执行上级关于"凡上山下乡对象，暂缓动员对象和已下乡倒流回市的知识青年，任何单位和部门都不得招用，不能在城市安排任何工作，已招用和安排的应立即辞退"的规定。到 1975 年 9 月，全市已有 5 000 多名上山下乡的对象、暂缓动员对象和已下乡倒流回市的知青,进入了全民、大集体单位做学徒工、临时合同工、调配工、费用工和家属工。

为此,市委知青上山下乡领导小组于 1975 年 9 月 1 日重申清退政策:

凡被安排为学徒工、临时合同工、调配工、费用工和家属工,符合上山下乡条件的城镇吃商品粮的应届高中毕业生、未升学的应届初中毕业生、中途退学的中学生及应下未下的对象(含已结婚生小孩)均应清退,并立即动员上山下乡。

对过去,特别是 1972 年以后,"走后门"进入国营企事业、机关、团体等单位和集体所有制单位工作的,必须根据规定进行清退,动员下乡。

对年龄不满 17 周岁(包括 16 周岁以下的童工),倒流回市的下乡知青、暂缓动员对象,也应按规定,予以清退。倒流回市的下乡知青要劝其回知青队、场劳动。

父母下放后,经组织批准回城的,如子女已到上山下乡年龄,应留农村作为下乡知青插队,不应迁回城市。凡已迁回城市的,应动员下乡。未落户的,应回原下放地点,未到年龄的按在校学生和社会青年对待。

除按计划招收的特种专业人员外,凡符合上山下乡条件的知识青年,进入了全民或集体所有制单位工作的,无论其办理招工的手续健全不健全,均按规定清退,动员上山下乡。在市知青办颁发留城、回城证明以前,原经市支农办、内务组、公安局、教育局批准回市的下乡或留城青年,经市知青办重新审核发给证明,可不列为清退对象。

清退对象因公负伤,正在治疗的,暂缓清退;已恢复健康,能从事劳动的,应动员上山下乡;因公伤致残或有严重后遗症的可按规定办理《留城证》。

上山下乡动员对象:户口在本市,人在外地,均由其父母所在单位负责联系和动员他们回来,按规定动员上山下乡。

1978 年 10 月底,全国知识青年上山下乡工作会议后,南昌市虽然强调抓紧下乡动员工作,但群众有疑虑,单位等待观望,没有抓动员。只有少量知识青年下放到离城近、条件好的知青队。1980 年,省委放宽下乡政策,允许下乡不迁户口和粮油关系,因此,有少数待业青年,为减轻家庭负担,到近郊条件较好的知青场、队。自此,南昌市上山下乡工作完全停止,开始转入城市安排劳动力就业的轨道。

留城对象 1961—1972 年没有留城的观念,也不办理留城手续。只是规定有严重疾病(如肝炎、肾炎、心脏病、癫痫病、精神病等)以及手足残废不能参加体力劳动的青年,不动员上山下乡。已婚青年要双方自愿,一方不愿的也不动员下乡。

1973 年开始办理留城手续,凡属留城对象,市知青办发给《留城证》,凭《留城证》参加招工、招生或参加其它临时性工作。留城对象是:病残不能参加农业劳动的;独生子(女)、孤儿;多子女身边只有一个的;父母双亡或年老多病、弟妹年幼生活不能自理,依靠下乡对象照顾的;中国籍的外国人子女。暂缓下乡对象为年龄不满 17 周岁的;因病需要治疗的。

市知识青年上山下乡领导小组,对留城和暂缓动员的条件作了极为详尽的规定:

参军的子女属不在身边的子女。

在南昌地区的大学、中专读书的子女,若系下乡知识青年升学的,其毕业后由全国、全省分配的,属不在身边子女;由南昌地区分配的,属在身边的子女。从城市升学的,包括到外地大学、中专进修的,均属在身边的子女。

子女户口虽在南昌地区,但工作常年在外,并享受探亲假的,属不在身边子女。

父母在本市,子女随同祖父母或外祖父母生活的,不能按祖父母或外祖父母的家庭情况确定留城。如果父母双亡或一方死亡或父母居住外地,本人从小随同祖父母或外祖父母生活,并且与祖父母或外祖父母同一户口的,按祖父母或外祖父母的家庭情况确定留城。

父母双亡或严重病残,弟妹年幼生活不能自理,确需留城照顾的。

父母双亡或严重病残,包括父母有一方死亡,一方又严重病残,家庭经济上、生活上确有困难的。

父母严重病残,是指因常年不能坚持正常工作,或因病提前离职、退休和因病致残的。

弟妹年幼,一般是指年龄在 15 岁以下的弟妹。

中国籍的外国人子女。

父母双方或一方是中国籍的外国人。

中国籍的外国人子女,不包括其孙子、孙女、外孙、外孙女和其他亲属。

父母仍在国外的华侨学生不动员上山下乡。归国华侨回国后,在国内出生、长大的子女,不应视为归侨学生,他们的上山下乡问题同一般干部、群众的子女一样看待。

多子女而无子女参加工作的,包括身边、外地均无子女参加工作,可以从符合上山下乡条件的子女中选留一个,但只能留一个。

因病残不能参加农业劳动,生活不能自理而被批准回城、留城的,不顶留城对象。

凡是在职参军和升大学、中专的应按参加工作对待。

多子女已有子女参加工作,如参加工作的子女在本地区,身边不能再留,如参加工作的子女在外地,则身边可留最后一个。

暂缓动员条件 高中毕业生、未升学的初中毕业生、中途退学的中学生当年 9 月 1 日前不满 17 周岁的。

因病需暂留城治疗的,经医院证明需继续观察和作进一步诊断的。

有其它特殊困难的,如一家同届有两个以上下乡对象,同时都下去后确有困难的,可以暂缓一个。

留城手续 留城或暂缓动员的对象,根据条件,采取个人报名申请,群众评议,领导审批,出榜公布办法确定。名单确定后,再由单位知青办逐级上报市知青办审查批准发证。

凡应届高、初中毕业生中的留城对象,不论是因病残或要求参加身体检查或其它原因要求留城的,均需填写《南昌市高、初中毕业生登记表》,历届高、初中毕业生,中途退学学生和社会青年中因残要求留城的,填写《南昌市上山下乡知识青年病残人员申请复查登记表》,其它留城对象填写《留城、暂缓对象审批表》。

因病要求留城、暂缓下乡的,还要填写病残人员申请复查登记表一式二份,报市知青办宣传动员组。病残对象要有本人病历及有关医院的证明,以及学校历年观察意见和城市公社观察意见。

1979 年,由于上山下乡政策的调整,留城政策也随之放宽。除特困和病残由市知青办审批发证外,其它几种留城对象由归口系统党委批准,市知青办统一发证。

1973—1979 年南昌市知青留城人数量一览 单位:人

| 年度 | 总数 | 其 中 | | 年度 | 总数 | 其 中 | |
		正常留城	病残留城			正常留城	病残留城
1973	2 220	1 520	700	1977	7 700	6 500	1 200
1974	2 500	1 400	1 100	1978	11 821	9 961	1 860
1975	7 950	5 450	2 500	1979	6 500	5 600	900
1976	8 239	6 654	1 585	合计	46 930	37 085	9 845

第二节 下 乡 安 置

安置形式 1955—1957 年,安置形式主要是自愿组织垦荒队,建立青年农庄、农场、林场。

1961—1972 年安置形式有:一是集体插队,组织 20 人左右的青年集体到公社或大队办的林场,由公社或大队配一个指导员、一个场长,从下乡青年中配一个副场长兼团支部书记;二是成户插队,已经成家的闲散劳动力归一个家庭插到指定的生产队;三是分散插队,对有亲可投的青年或闲散劳动力分散插到生产队,安置到国营农、林、牧、渔场、垦殖场当农工;四是回老家,即农村有家可归的青年回到各自家乡务农。

安置地点的划分,应届毕业生以学校为单位,历届毕业生和社会闲散青年以街道为单位。

1973 年安置形式是:安置到生产建设兵团和国营农、林、牧、渔场、垦殖场当农工;插队,适当集中,10 人左右为一个点,有条件的也分散插队落户;实行“四集中”、“一分散”的形式,即住宿、吃饭、学习、劳动集中在公社办的农、林、茶场,户口分散在生产队;以下乡知识青年为主,由带队干部和部分贫下中农参加,在公社或大队建立集体所有制的青年队,这种队一般容纳 100 人左右。

编组和划分安置地点时,应届毕业生以学校为单位,社会上应下未下的知识青年以城市公社为单位,应届毕业生和应下未下知识青年比较集中,人数较多的系统、单位和厂矿学校,也按下乡青年家长所在系统、单位进行编组,划分安置地点。

1974—1977 年安置形式有较大变化。除采取 1973 年的四种形式外,还学习湖南株洲市的经验,实行厂社挂钩建知青队的形式。另外,还允许有条件的知青回老家插队落户,并规定了具体条件,要求回郊区农村老家落户,应是父亲或母亲一方的老家,父母或祖父母有一方在农村,并能解决住宿问题的。以上两种情况,经老家所在大队、公社和县(区)知青办三级同意,由动员单位(父母工作单位归口的系统)开具介绍信,向市知青办安置组办理迁移手续。要求跨省、跨地区回老家和投亲的,须取得当地县一级知青办同意接收的证明,并注明老家或投亲地点(社、队、场),才能办理下放手续。

1978年,随着知青上山下乡政策的调整,南昌市知青上山下乡的安置形式为一律集中安置,不搞分散插队。主要是开办集体所有制形式的农、工、林、牧、副、渔知青场、队和到机关、学校、部队、企事业单位的农、林、牧、副、渔业基地,有些有条件的单位还兴办农、工、商联合企业,把安置下乡知识青年同发展工农业生产结合起来。如市商业局、市粮食局就兴办了这样的企业,他们既有种养业、加工业,又有销售门市部,实行了种养、加工、销售一条龙,做到了工农结合,城乡结合。实践证明,这种形式较好,延续到1980年。

安置去向 1955—1972年大部分安置到宜春和抚州地区国营农、林、牧、渔场。

1973年主要是安置到省农建师所属兵团和省农办所属国营农、林、牧、渔场。

1974年安置主要是宜春、抚州、九江农建师和南昌市郊县。其中:南昌县3500人、新建县2500人、湾里、郊区共700人,农建师3000人、宜春地区1500人、抚州地区1000人、九江地区500人。

1975—1976年除上属地方外,还有井冈山和省属国营农、林、牧、渔场。共下放18000人。其中:安置去南昌县3300人,湾里区和市属国营农、林场700人,宜春地区359人,抚州地区3500人,上饶地区1600人,九江地区800人,井冈山地区2200人,省农办所属国营农、林、牧、渔场400人。

1977—1980年安置的重点是南昌市郊县和省、市国营农场。

安置管理 1972年以前的安置管理工作,插队的,主要由公社、大队的贫下中农管理。安置在国营农、林、牧、渔场的,由农场、垦殖场管理。

1973年以后,为便于管理,除分散回老家插队和国营农场、垦殖场的外,单位派带队干部随下乡知青一块住宿、吃饭、劳动、学习,配合农村社队做好管理工作。带队干部是由各系统、单位自行选派的,30个下乡知青配1名带队干部,带队干部一般是思想作风、身体较好,自愿报名,群众推荐,家长评议,党委批准。有的被吸收参加社队领导班子,便于城乡联系和知青管理。他们的党、团组织关系一律转到所在县、社、队。轮换工作由派出单位自行决定,一般一年轮换一次,每次轮换二分之一。

当时,市委知青上山下乡领导小组规定带队干部的基本任务是:组织下乡知青学政治,学生产技术,积极参加劳动,开展文娱活动,安排生活,定期向单位的党组织和知青家长汇报情况,发现重大问题立即汇报。

至1978年止,全市共选派1140名带队干部,分布在全省20多个县,480多个知青点。

1974年,南昌市采取湖南株洲市厂、社挂钩集体安置知青的做法,事先建好知青队,方便下乡知青生产、生活。知青队、点一般都建在较平坦、近水、交通方便的地方,当地社队一般都让出较好的田地给知青耕种。知青队、点有食堂，会计、出纳、保管、炊事员都从知青中选派。房屋一般比社员的要好，配备生活用具。全市到 1978 年止，共为下乡知青建住房 4 800 多间，面积达 7 万多平方米。

市、县(区)、公社的知青，卫生部门有计划地为每个知青点培训赤脚医生和卫生员，拨出专款为知青队购买药品、医具，加强了医疗卫生工作。有的定期为知青检查身体，并强调照顾女知青的生理特点。例假期不安排重活、不下水田等。绝大部分知青点订了报刊、杂志，有的买了收音机，建了篮球场和乒乓球室。组织文艺组，丰富和活跃生活。

安置经费　自 1961 年开始，国家拨一定数量的经费，安置上山下乡知识青年。主要用于建房、生活、小农具补助和学习、宣传等费用。

1961—1964 年，南昌市规定：下乡插队，平均每人拨给安置费 140 元，其中 60％给农村人民公社，作为插队落户人员的路费、搬家费、修建房屋费和购买小农具、生活用具以及特殊困难补助等。40％发给本人，作为到农村后开始一段时间的生活、生产补助和疾病医疗费等。为了控制使用，发给本人的部分，一般是到农村社队后再逐步发给。

插场的，平均每人 290 元，其中房屋修建费 200 元，旅费 10 元，小农具购置费 12 元，家具添置费 13 元；生产周转金 40 元，机动费 25 元。其中生产周转金必须专款专用，其它可互相调剂。安置经费，统一拨给接收的农场，插场人员的路费、搬家费、途中伙食补助费等，全部由接收安置的农场按规定开支。

1965 年，根据国家财政部、中国农业银行规定，城市知识青年单身下乡到南方插队的，每人发安置费 230 元；到北方插队的，每人发安置费 250 元；上山新建集体所有制的生产队(场)的，每人 400 元；成户插队的，南方每人 160 元，北方每人 180 元；跨省插队的，每人另加旅费 20 元；回乡人员补助费每人 50 元。1970 年，按国家规定，不论单身或成户插队的人员，每人再增加巩固费 50 元，宣传费 5 元，由县统一掌管使用。

1973 年，南昌市根据国务院和省委的规定，制定了下乡知青安置经费标准。

1973 年以前下乡插队的青年，生活不能自给的，按每人补助 100 元计算，由县掌握，经知识青年和贫下中农评议，根据实际情况予以补助。没有建房的，按每人补助 200 元计算，由市根据不同情况，将指标分配到县(区)，由社、队和知识青年班(队)一起核实情况，编制预算，报县批准，补助所需的基本材料费。从 1973 年起，每人补助 480 元。其中：建房补助费 220 元，生活补助费 160 元，农、家具和其它费用补助 100 元。旅运费由动员城镇在规定内据实报销。

下乡知青调离农场的，原来国家拨款所建房屋，留给新下乡的青年使用，并抵顶有关经费，所购置的农、家具，也留给新下乡的青年使用，尚未用完的经费，应抵作新下乡的知青的经费。并强调要加强安置经费的管理，县以上知青办要配备专职财会人员，建立和健全财会制度，公社以下要在银行单独开户，由银行监督拨付，专款专用，严禁贪污、挪用和浪费。对过去拨付的经费，财政部门要会同有关单位认真进行清理，贪污了的，要彻底追赔，严肃处理;挪用了的,要坚决追回。

1979年起,南昌市根据省的规定,对知识青年安置作了适当的调整:

到国营农、林、牧、渔场和到机关、学校、部队、企事业单位举办的农、林、牧、副、渔业基地的,每人补助400元。除旅运费10元由动员城市掌握外,其余由安置单位包干使用。到集体所有制知青场、队和农、工、商联合企业的,每人补助580元。其中:建房费300元、生活费120元、旅运费用150元。下乡到单程超过500公里地区的集体所有制知青场、队、知青点和分散插队的知识青年,未婚的每隔2年可以补助1次探亲路费,已婚的补助三次探望父母的路费。

在农村结婚安家的下乡青年(不包括国营单位的知青),其住房确实解决不了的,按每人补助建房费300元的标准,由县、市知青办统一掌握使用。

第三节 回城安置

回城形式有四种:招工、招生、参军、单纯迁户口回城。

1972年以前,下乡知青回城的较少,一般都由民政局、支农办、公安局照顾回城。

1973年,各级知青办成立后,对下乡知青回城落户控制较严。对需要回城的,由下乡知青评议,贫下中农和带队干部推荐,报县区知青办审查,主要部门批准。任何个人不能到农村抽调下乡知青。根据中共江西省委(73)31号文件规定,南昌市对下乡插队青年因病不能参加农业劳动,在农村确实无法独立生活,城镇有亲属照顾的,经安置县和动员城镇的知青办协商同意后,可迁回动员城市,公安部门应予落户,粮食部门要供应粮油。

南昌市将1973—1978年底单纯回城的对象分为两类,一类是病残不能坚持农村生活的;二类是家庭有特殊困难的。

病残回城的,由安置所在地的县知青办(下放在国营农场的由农场知青办)报市知青办审批。家庭特殊困难要求回城的,由动员地区的区和归口系统知青办审批。

为严格执行省、市委的回城政策,南昌市知青办拟定了比较具体的回城条件:

已下乡的独生子女,按照国家计划招工时,应予照顾。对其中因父母病残,生活不能自理,确需将已下乡的独生子女调回身边,经动员城镇与安置地区协商同意后,可迁回动员城市。

下乡插队青年因病残不能参加农业劳动的,主要由当地安排,积极组织他们从事力所能及的劳动。对其中病残比较严重,久治不愈(如精神病、癫痫病、恶性肿瘤、风湿性心脏病、进行过大型手术等)在农村确实无法生活,安置地区又确实无法安排适当工作,城镇有直属亲属照顾的,经县以上医院检查鉴定,市知青办组织复检,安置县和动员城镇协商同意后,可迁回动员城镇。

如下乡知识青年的父母均已离开南昌市,则应到其父母居住所在地联系和申请办理回城手续。

到农建师和国营农场的知识青年,如下放前就有严重疾病,现在又失去劳动能力的,可参照上述原则办理。

多子女下乡,身边无人(有子女下乡,其他子女均在南昌地区以外工作,经劳动部门与对方单位商调有困难),父母严重病残(或父母已丧),弟妹年幼或弟妹病残,生活不能自理,确需一名已下乡的子女回家照顾,经动员城镇与安置地区协商同意后,可迁回动员城镇。

已下乡的独生子女,多子女身边无人和家庭存在特殊困难,要求迁回城镇,由知识青年家长向所在工作单位和居住所在城市公社提出申请报告,经所在工作单位和居住所在区知青办审查,报市知青办批准。

下乡插队青年病残,要求迁回城镇,由知青本人或家长所在生产队、大队提出申请报告,并附县以上医院证明,经公社、县知青办签署意见后,与市知青办协商同意后,可迁回城镇。在农建师、国营农场的病残知识青年,要求回城落户,手续也按上述规定精神办理,但需经农建师所属各团(场)审查签署意见,与市知青办协商,同意后可迁回城。

1978年以后,随着知青上山下乡政策调整,回城面逐渐扩大。1980年1月,市委批转市知青办党组、市劳动局党支部作出《关于统筹安排一九六八年到一九七二年下乡插队知青意见的报告》;凡父母(不包括一方仍在农村的)或爱人在南昌市,本人继续参加劳动有困难,当地又无法解决的,可收回南昌市安排。安排的办法,采取条块结合,单位、街道分别包干,有条件的系统、单位,可以安排到县以上集体所有制企业,没有条件安排到县以上集体所有制企业的系统和单位,可以安排到县以下集体所有制企业。在春节以前仍然没有安置门路的系统和单位,由市知青办先批准回城,由归口单位和居委会所在街道办事处安排他们从事临时性工作。到1982年底,除与农村社员结婚就地转城镇户口商品粮和下乡期间劳教、劳改的知青外,其他历年下放的知青都基本收回城镇作了妥善安排。

(第5册卷二十五第六章《知识青年上山下乡》,第642—652页)

《南昌简志》

南昌市地方志编纂委员会编,方志出版社2004年

国有林场 1961年3月,原省蚕桑示范农场划归市管,该场第四大队单独划开成立市蚕桑园林场。1962年,省农林垦殖厅开始委派专人到南昌县黄马地区筹办白虎岭林场。1963年2月,市北郊林场在昌北马鞍山正式开办,次年职工队伍扩大到上千人(主要是城市下放知识青年),经营的山林达上万亩。

(第六篇第二章《林业》,第190页)

1957年11月,省、市组织机关干部、知识青年向荒山湖区进军,其中一部分人赴新建县西山,组建江西省西山农、林、牧垦殖场第一中队,后改新丰垦殖场。

(第六篇第六章《农垦业》,第204页)

1964—1975年全市下乡知青共有70 234名,其中分散插队20 382名,知青队、点安置20 457名,进国营农场29 395名。1976年以后,南昌市有85%的下乡知青,先后回城参加经济建设。

(第十九篇第三章《青少年团体》,第444—445页)

《西湖区志》

西湖区地方志编纂委员会编,方志出版社2002年

(1972年)7月21日,两区设知识青年上山下乡办公室。

(《大事记》,第35页)

(1980年)11月30日,撤销设在新建县和南昌县的6个知青点。

(《大事记》,第38页)

(1983年)12月3日5时,中山路242号赣江知青服装厂因电烫斗未断电引起火灾,烧毁房屋1 300平方米,30户102人受灾,经济损失12余万元。 (《大事记》,第40页)

1973年8月,设知识青年上山下乡办公室。 (第十三篇第一章《劳动》,第421页)

1968—1973年,城区知青上山下乡,凡企业需人,从农村青年、农村和城镇复员退伍军人、被精简尚未安排工作的职工、城区按政策留城、下放青年按政策回城的知青中招工,由区、市劳动部门审批。

1974—1978年,有计划地逐步招收、安置回城下乡知识青年。1980年企业单位招工,实行直接面向社会,德智体全面考核择优录用的招工制度。

(第十三篇第一章《劳动》,第423页)

(1965年)西湖区动员1 666名知识青年和社会闲散劳动力上山下乡,其中514人于1965年分别到北郊林场(42人)、梅岭(50人)、招贤(30人)、鲤鱼洲(42人)、修水(96人)、永修(103人)和回原籍(151人)。

(第十三篇第一章《劳动》,第425页)

第五章 精简职工
第一节 动 员

精简职工 和动员知识青年上山下乡始于 60 年代初至 1980 年,累计知青上山下乡 9 532 人,其中两区安置到知青队 579 人,余分布在全省 10 多个县、市。分三个阶段:

第一阶段(1961—1966) 1961 年两区分别成立精简职工、减少城市人口领导小组及办公室。上山下乡工作有组织、有计划地动员和安置。1961 年抚河区精简 1 827 人下乡支援农业生产(国营职工 599 人、非国营职工 580 人、家属 231 人、知识青年 289 人、社会闲散劳动力 128 人)。1963 年抚河、西湖两区参加农业生产的有 3 503 人(12 名知青到九江新洲棉植场)。

两区知青上山下乡形成高潮。根据市委、市人委通知,两区精简领导小组及办公室,更名为精简安置领导小组及其办公室,负责经常性的城镇闲散劳动力和青年学生下乡插队、插场工作。1961—1966 年两区共组织动员知青 3 397 人插队、插场(国营林场 2 106 人;社办林场、生产队 1 250 人;共产主义劳动大学安置 41 人)。

第二阶段(1968—1977) 1966 年下半年至 1968 年夏"文化大革命"期间,学校停课,大学不招生,工厂不招工,上山下乡也处于停顿,大批初、高中毕业生留在城区无事干。1968 年 12 月 22 日《人民日报》发表毛泽东"知识青年到农村去,接受贫下中农再教育","干部下放劳动"以及中共八届十二中全会公报后,两区成立上山下乡支农指挥部及办公室,开展调查摸底,制定规划。仅西湖区 1968 年 10 月中旬至 12 月 25 日下放城市人口 17 609 人,其中中学毕业生 259 人,社会知识青年 1 565 人。1970—1972 年,城市用人增多,下乡人数迅速减少。1973 年,国家调整国民经济,减少招工。是年 6 月公布毛泽东给上山下乡知青家长李庆霖的复信,并转发国务院《关于全国知识青年上山下乡会议的报告》。8 月两区成立"知识青年上山下乡办公室",并配备 7—8 名干部。区属各单位相应成立知识青年上山下乡办公室,深入宣传动员。

第三阶段(1978—1980) 1978 年 10 月 31 日至 12 月 10 日,国务院召开全国知识青年上山下乡工作会议,对知识青年上山下乡政策作了较大调整,改变了一刀切的办法。1979 年两区继续动员少量知青下放到两区建立的知青点(队)。1980 年未再动员。

安置

安置形式 1961—1972 年为集体插队;组织 20 人左右的青年集体到农村公社或大队办的林场;成户插队:凡成家的闲散劳动力插到指定的生产队;分散插队:对投亲的青年或闲散劳动力分散插队;插场安置:到国营农林、垦殖场当农工;回乡:在农村有亲属的青年回到家乡务农。

1973 年,安置到生产建设兵团和国营农、林、垦殖场当农工。插队:适当集中,10 人左右为一个点,有条件的也分散插队落户,实行"四集中"、"一分散"的形式(即住宿、吃饭、学习、劳动集中在公社办的农、林、茶场,户口分散在生产队)。以下乡知青为主,由带队干部和部分贫下中农参加,在公社或大队建立集体所有制的青年队。

西湖区 1964—1966 年知识青年上山下乡安置去向情况一览

类 别	单 位	人数	类 别	单 位	人数
国营农林场	九江新洲棉植场	53	社办农林棉场	遂川社办	49
	信丰农场	25		新干社办	57
	峡江农场	20		吉安社办	47
	昌邑农场	91		奉新社办	50
	资溪农场	95		永修社办	78
	北郊林场	243		修水社办	41
	梅岭垦殖场	49		招贤林场	30
	鲤鱼洲农场	277		共产主义劳动大学	41
	永修农场	82		回 乡	104
	修水农场	50		插 队	49
	江西蚕桑厂	95		插 场	4
	计划外农场	1		小 计	550
	其它农场	50	两项合计		1 681
	小 计	1 131			

说明:九江新洲棉植场含1963年下放12人,1968年后主要安置到省农建师所属生产建设兵团,省农办所属国营农、林场和市属国营农、林场及本市郊县。

1974—1977年除采取1972年的几种形式外,还实行厂社挂钩建知青队的形式。另外,还允许有条件的知青回原籍插队落户。

安置去向 1966年前原西湖区主要安置在九江、信丰、峡江、资溪、永修、修水等国有农场;安置到社办农、林、棉场主要有奉新、永修、修水、遂川、新干、吉水等。

第二节 管理 回城

管理 1972年前的安置管理工作,插队的由公社、大队管理,到国营农、林、垦殖场的,由场部管理。1973年后,除回乡插队和国营农垦殖场外,区选派带队干部随下乡知青一块住宿、吃饭、劳动、学习。带队干部定期轮换,配合农村社队做好管理工作。

1974年,两区选择自然条件较好,交通较方便的南昌县武阳、泾口;新建县西山、流湖等公社建立九个知青点。投入资金先建好下乡知青住房、添置必要的生活用具,知青点建有食堂,会计、出纳、保管、炊事员从知青中选配。1980年1月知青点撤销。

经费 1961年始,国家拨建房、生活、小农具、补助和旅运、学习、宣传等安置经费。

1961—1964年下乡插队,每人平均发放安置费140元,其中60%为生产安置费(由市统一拨给农村),40％为生活补助费(在城市先发 20 元,其余口粮费待到当地后再发给)。1963年 1 月至 1964 年 4 月西湖区共发放安置费 18 636 元(生产安置费 7 763 元,生活补助费 10 873元)。1958 年后来自农村而回乡的一般不发安置费。1958 年以前居住在城市的居民回乡,在农村家有住房,只发给生活补助费,每人不超过 50 元。若农村无家无房,按下乡插队标准发给安置费;上山下乡职工家属随迁者,一般不发给安置费;社会青年插场一律不发安置费。

1965 年知青单身下乡插队者每人发安置费 230 元,包括棉被、蚊帐等日用品;其余由安置单位统一掌握使用。

1970 年以后知青上山下乡安置费,由省、市批给安置县(区)统一掌握使用。

回城　历年下放的知青除与农村社员结婚已就地转城镇户口、商品粮和下乡期间劳改、劳教的知青外,至 1993 年,通过招工、招生、参军、迁户口四种形式都回城妥善安排。

(第十三篇第五章《精简职工》,第 440—441 页)

《湾里区志》

江西省南昌市湾里区地方志编纂委员会编,方志出版社 2001 年

(1977 年)2 月 8—12 日,全区"农业学大寨""工业学大庆""上山下乡知识青年"代表会议召开。
(《大事纪年》,第 15 页)

建区之初,南昌市部分企事业单位相继迁入湾里。当时,正值城镇知识青年上山下乡,企业用人大部分从农村招收。从 1974 年开始,根据省政府和市委文件规定,有计划地适量招收安置下乡知识青年。至 1978 年止,下乡知识青年陆续回城,湾里区共安置 900 多人就业。
(第九章《民政、劳动人事》,第 102 页)

《青云谱区志》

南昌市青云谱区地方志编纂委员会编,方志出版社 2004 年

(1965 年)7 月 23 日,区境上百名青年参加大会,欢送首批知识青年上山下乡参加农村社会主义建设。
(《大事记》,第 24 页)

(1968 年)8 月 26 日,首批上山下乡知识青年、革命干部组成的"五七"大军离城赴农村安家落户。
(《大事记》,第 25 页)

(1969 年)11 月,贯彻执行市革委发出的继续上山下乡支援农业压缩城市人口的决定,大批知青、干部、职工和居民上山下乡,参加农业生产。 　　　　　(《大事记》,第 26 页)

(1973 年)8 月,撤销区革命委员会抓促部,恢复民政、文教、卫生、劳动、房管、城建、工商行政管理 7 个科室及工业、人防、体委、计划生育、知识青年上山下乡等 5 个办公室,撤销保卫部,成立区公安分局。 　　　　　(《大事记》,第 27 页)

(1973 年)11 月 25 日,500 余人参加省、市 15 万人在八一广场集会,欢送知识青年和带队干部 1 600 余人上山下乡。 　　　　　(《大事记》,第 28 页)

(1974 年)10 月下旬,动员知识青年上山下乡参加农业生产。 　　(《大事记》,第 28 页)

(1980 年)2 月,区知识青年上山下乡办公室撤销。 　　　　　(《大事记》,第 30 页)

(1973 年)7 月,成立区革委知识青年上山下乡办公室。

　　　　　(第二十章《人事　劳动》,第 543 页)

1973 年 5 月,恢复劳动科。7 月,成立区知识青年上山下乡办公室(以下简称区知青办),与劳动科共同负责下放人员的回收工作,同时组织青年工读班,教育和安置青年就业,兴办集体服务事业,发展区属企业。 　　　　　(第二十章《人事　劳动》,第 550 页)

1963 年精简 903 人,同时开始有组织有计划地动员知识青年(简称知青)上山下乡,全区精简 891 人下乡支援农业生产。1966 年上半年,全区上山下乡对象主要是未能升学、就业的知识青年、安置到农村人民公社或国营农林垦殖场就业。1966 年下半年至 1968 年夏季,因"文化大革命",学校停课。大学不招生、工厂不招工,上山下乡也处于停顿状态。1968 年 12 月,《人民日报》发表毛泽东"知识青年到农村去接受贫下中农再教育很有必要""干部下放劳动"的指示和中共八届十二中全会公报,全区出现上山下乡高潮,但上山下乡改变了原来就业的涵义,成为政治性教育运动。1969—1977 年,陆续有 147 人到宜春、抚州、新建农村插队落户,到省农建师所属生产建设兵团、省农办所属国营农场和市属国营农、林场及南昌市郊县参加农业生产。1978 年后,通过大专院校招生、参军、招工、病退、困退、退休职工子女顶替等渠道,安置知青回城就业。……到 1982 年,除与农村青年结婚,就地转城镇户口商品粮和下乡期间劳教、劳改的知青外,区属历年下放的知青共 23 人回城就业。

　　　　　(第二十章《人事　劳动》,第 551 页)

《南昌县志》

南昌县志编纂委员会办公室,南海出版公司 1990 年

知识青年管理与安置 知识青年的不断增加,是增加城镇待业人员的社会因素,妥善解决城镇知青的待业问题,是党和政府的一项重要工作。从 1964 年开始,城镇知识青年根据毛泽东同志指示,"上山下乡",接受贫下中农再教育。至 1979 年,全县共接收城市下乡知青 17 503 人,其中本县知青 7 369 人,南昌市、上海市及其他外地知青 10 134 人,分布在全县 29 个公社(场),参加农业劳动。

知识青年上山下乡后分别由当地公社(场)领导和管理。县设知青工作办公室,负责知青的管理和协调工作,同时,县委指派了专职知青干部 188 人到知青场、队去工作(干部一般一年轮换一次)。他们到各个场队和知青同吃、同住、同劳动、同学习。另外,上级还拨给专门经费计 500 万元,用于知青建房、生活补助、医药、学习、差旅等费用。1978 年 10 月,中共中央、国务院对下放知青政策作了调整:明确规定县及县以下城镇知青不再列为上山下乡范围。从此,知青工作的重点转为城镇待业知识青年的就业安置。

1979 年和 1980 年,省委、省人民政府对做好上山下乡知识青年和安置城镇待业青年作了明确规定。据此,县委、县人民政府对下放知青的安置问题作了具体研究和部署。到 1985 年止,全县先后安置 6 277 名知青。另外,尚有 1 092 名留在农村,其中 631 人在社办企业,205 人自谋职业,256 人在农村务农。

城镇知识青年上山下乡基本情况表　　　　　　　　　　单位:人

年　度	当年下乡知青人数					当年调离农村知青人数	年底在乡知青人数				
	小计	插队	回乡	知青场队	国营农林渔场		小计	插队	回乡	知青场队	国营农林渔场
1961—1967	602										
1968—1972	7 711										
1974	1 072	210	109	645	9	225	5 189	3 155	1 151	658	225
1975	4 528	585	517	3 326	100	986	8 741	2 169	1 467	4 819	286
1976	872	38	109	636	21	1 025	8 647	1 883	1 414	4 995	287
1977	1 029	52	204	744	39	1 123	8 689	2 046	1 330	5 050	259
1978	1 651	366	310	935	40	1 890	8 556	1 768	2 178	4 278	332
1979	27		1	26		4 229	5 545	538	2 780	1 893	334

1979 年知识青年分布情况表

所在地	布点	人数	所在地	布点	人数	所在地	布点	人数
南新公社	11	395	新联公社	2	118	冈上公社	11	518
蒋巷公社	14	692	渡头公社	10	249	小蓝公社	2	199
塘南公社	9	401	泾口公社	11	483	八一公社	7	240
尤口公社	5	194	东新公社	2	163	白虎岭	1	25
滁槎公社	3	139	富山公社	8	420	莲 垦	2	45
麻丘公社	8	299	黄马公社	4	239	三江镇	9	233
幽兰公社	10	326	罗家公社	10	218	向塘镇	3	40
武阳公社	11	384	向塘公社	19	891	莲塘镇	3	110
塔城公社	6	348	广福公社	12	302	合 计	193	7 721

（第九篇第一章《劳动》，第 161—162 页）

《南昌县大事记》

中共南昌县委党史办编，（内部刊行）1998 年

（1973 年）7 月 1 日，县委研究决定成立"南昌县知识青年上山下乡工作领导小组"同时成立知识青年上山下乡办公室。负责知识青年的接收、安置及升学、参军、招工等工作。

（第二卷第三编《政权建设》，第 77 页）

（1976 年）12 月，开始正式招工，对象为在农村劳动锻炼两年以上的上山下乡知识青年和按政策、规定留城的知识青年，年龄为 16—22 周岁。上山下乡知青，可放宽到 25 周岁。

（第二卷第三编《政权建设》，第 78 页）

（1982 年）5 月，"知青办"与劳动局合署办公。 （第二卷第三编《政权建设》，第 82 页）

（1971 年）6 月，我县举办了首届农民篮球赛（后改民兵、知青篮球赛，每年举办一次）。

（第二卷第四编《精神文明建设》，第 123 页）

（1977 年）11 月，全国恢复高等学校和中等专业学校招生考试制度。全县有 3 000 多名青年学生和下乡知青报名参加考试，被录取 650 名（其中高校 196 名，中专 454 名）。

（第二卷第四编《精神文明建设》，第 124 页）

(1980年)1月,全县各安置知青企业,免所得税3年。

（第二卷第七编《财金商贸》,第179页）

(1974年)元月,莲塘镇第一批知识青年下放农村,在柏岗大队塔田村落户,接受贫下中农再教育。镇党委派徐海金带队。　　　（第三卷第十一编《莲塘镇》,第293页）

(1975年)元月,莲塘镇和省建材厂的知识青年到岗前大队落户,并建造知青队宿舍和俱乐部,占地670平方米。　　　（第三卷第十一编《莲塘镇》,第293—294页）

(1980年)12月,全面落实知青返城镇政策,撤销知青点,知青全部安排回城镇。

（第三卷第十五编《尤口乡》,第345页）

(1968年)11月,塘南公社下放9名公社干部,9名教师到公社养猪场参加劳动,同时接受南昌市下放干部和知青共300余人,分别安排在和丰、北联、梓溪、篁山、张溪等5个大队劳动。　　　（第三卷第十七编《塘南镇》,第364页）

(1968年)10月,大批干部、知识青年(简称"五七"大军)下放到农村安家落户,接受贫下中农再教育。(1972年—1978年先后回城)　　　（第三卷第十八编《麻丘镇》,第369页）

(1966年)4月13日,市县首批上山下乡知识青年来到泾口地区落户。

（第三卷第十九编《泾口乡》,第377页）

(1968年)下半年,开展上山下乡运动,大批城市知识青年插队落户,部分干部、教师组成"五七"大军下放到农村参加劳动,接受贫下中农再教育。

（第三卷第二十一编《渡头乡》,第391页）

(1977年)5月15至16日,在公社礼堂举办全社知青队文艺汇演,参加演出的有各大队的知识青年。节目短小精悍,形式多样,经评比,蕉湖、武阳两个大队为优胜单位。

（第三卷第二十二编《武阳镇》,第404页）

(1969年)下半年,……全乡接受城镇知青452人,"五七"大军(即上山下乡干部)87人。

（第三卷第二十三编《八一乡》,第414页）

（1968 年）12 月，小蓝境内设知青点（设在下邓埠），接收下放知青 28 人，后由外地转入 92 人，共有知青 120 人。　　　　　　　　　　（第三卷第二十四编《小蓝乡》，第 426 页）

（1969 年）10 月下旬，省市县组成"五七"大军共 242 人（其中干部 117 人，教师 87 人，医务人员 16 人，知青 22 人），下放到八一公社，编成班、排、连，分到 14 个大队安家落户，插队劳动。　　　　　　　　　　　　　　　　　（第三卷第二十四编《小蓝乡》，第 426 页）

（1973 年）6 月 3 日，公社成立"上山下乡知识青年领导小组"，由五人组成，邓钉根任组长。　　　　　　　　　　　　　　　　　（第三卷第二十四编《小蓝乡》，第 427 页）

（1975 年）12 月底，江西汽车制造厂在公社建知青点并下放插队知青 72 人。
　　　　　　　　　　　　　　　　　（第三卷第二十四编《小蓝乡》，第 427 页）

（1968 年）5 月，广大知识青年，开始下放到农村插队落户。本乡成立知青点，接收安置下放知青。　　　　　　　　　　　　　　　（第三卷第三十三编《三江镇》，第 512 页）

（1964 年）10 月 6 日，三江镇 30 名知识青年（其中男 21 人，女 9 人）来白虎岭林场安家落户。　　　（第三卷第三十四编《莲塘、瑶湖水产养殖场、白虎岭林场》，第 521 页）

（1975 年）春，白虎岭林场接纳县直机关下放知识青年 32 人，组建苗圃知青队，带队队长邓反根；接纳向塘镇下放知识青年 28 人，组建棋盘山知青队，带队队长陈洪誉。同年 10 月，场部由苗圃队迁往山顶上。
　　　　　　　　（第三卷第三十四编《莲塘、瑶湖水产养殖场、白虎岭林场》，第 523 页）

（1977 年）1 月，白虎岭林场接纳全县各地下放知识青年 35 名，安置在东山门。建了一幢 240 平方米的两层楼房，组建东山门知青队，带队队长黄方保。
　　　　　　　　（第三卷第三十四编《莲塘、瑶湖水产养殖场、白虎岭林场》，第 523 页）

《新建县志》

江西省新建县地方志编纂委员会编纂，江西人民出版社 1991 年

《新建县历年预算内财政支出总表》。（见本书第 3010—3011 页表）

新建县历年预算内财政支出总表①

单位:万元

年度	总计	财政支出项目									年终结余	
		合计	支援农业支出	工业交通商业支出	文教科学卫生支出	抚恤社会救济支出	行政管理费支出	城市人口下乡经费	其它支出	分成上解支出	合计	一般结余
1959	808.24	399.78	166.78	106.10	54.03	8.78	58.60	3.24	2.25	353.55	19.18	19.18
1960	975.86	535.12	158.52	182.70	106.64	14.74	58.19	3.77	6.18	395.20	31.54	31.54
1964	752.19	369.71	146.60	1.25	99.64	27.35	67.50	9.09	18.13	358.22	10.26	10.26
1965	668.46	329.85	124.95	1.72	105.54	14.07	66.71	2.74	14.12	292.01	46.60	46.60
1966	694.39	341.62	118.29	4.23	119.58	11.87	75.95	4.74	6.66	299.77	21.00	21.00
1967	535.33	348.47	99.21	2.27	148.31	19.21	65.78	2.62	9.83	210.08	(一)55.94	(一)55.94
1968	593.81	298.33	55.27	0.05	120.39	13.28	73.18	21.24	14.74	280.42	15.06	15.06
1969	786.28	464.20	80.13	11.66	119.44	17.40	71.94	4.09	155.69	250.43	71.65	(一)74.81
1973	1 109.27	629.55	151.88	11.00	225.56	61.54	133.35	32.10	15.12	476.25	3.47	3.47
1974	1 144.71	596.56	135.39	9.36	253.55	47.85	127.66	3.34	18.16	481.19	66.96	66.96
1975	1 150.29	765.83	174.95	21.00	248.14	33.79	113.90	140.70	30.48	340.85	43.61	43.61
1976	1 138.13	664.25	193.92	11.96	241.53	26.21	125.29	31.09	34.25	375.69	98.19	98.19
1977	1 280.49	768.05	231.55	4.28	268.96	31.30	136.72	51.00	34.34	427.87	84.57	84.57
1978	1 607.53	943.44	358.96	12.48	324.86	30.77	127.61	56.43	29.08	528.52	135.57	135.57

① 本表内容为节选。——编者注

3010

续表

项目\年度	总计	财 政 支 出 项 目								年终结余	
		合计	支援农业支出	工业交通商业支出	文教科学卫生支出	抚恤社会救济支出	行政管理费支出	城市人口下乡经费	其它支出	分成上解支出	合计	一般结余
1979	2 010.65	1 295.86	618.37	1.39	362.69	143.34	126.67	14.12	13.88	587.72	127.07	127.07
1980	1 996.94	1164.43	429.78	0.87	451.33	40.59	150.79	24.26	25.56	742.57	89.94	89.94
1981	1992.02	985.89	275.35	0.36	440.32	34.81	157.50	34.21	16.93	838.99	88.91	88.91
1982	2 119.32	1037.65	275.55	0.65	505.65	52.59	149.11	16.82	36.18	944.15	113.52	113.52
1983	2 381.44	1279.60	386.08	2.02	557.90	74.55	196.37	26.48	22.89	1038.86	61.98	61.98
1984	2483.00	1322.70	309.80	7.60	598.80	95.00	243.10	7.80	53.40	1139.00	20.30	20.30
累计	35 040.43	18 172.92	5 197.32	504.42	6 339.94	1 052.46	3 175.99	489.95	974.74	15 231.13	1 349.42	1 096.45

（第十七篇第一章《财政》，第 323—324 页）

又如申诉人涂××，因奸污上山下乡一女知识青年，于 1975 年 12 月被判处有期徒刑 5 年。经复查，于 1974 年 6 月在七里岗林场劳动期间，因与一下放女知青在恋爱期间接触频繁，多次发生性行为，致使该女知青怀孕自杀身亡。涂××虽有一定责任，但属道德问题，构不成犯罪，故宣告他无罪。

（第二十三篇第四章《审判工作》，第 428 页）

但在"文化大革命"期间……城镇知识青年却必须经过下放劳动锻炼 3 年方可招工就业，使劳动就业问题出现了严重困难，到 1979 年底，有 3 587 人待业。

（第二十五篇第一章《劳动》，第 441 页）

第三章　知识青年上山下乡
第一节　上　山　下　乡

1964 年 4 月 8 日，成立新建县精简领导小组，1968 年成立新建县上山下乡支农办公室。1973 年成立新建县知识青年上山下乡领导小组，1973 年 10 月成立新建县知识青年上山下乡办公室。

1964 年到 1980 年共下放知识青年 9 698 人。其中本县下放的 2 838 人，南昌市下放的 6 255 人。上海市下放的 177 人，其他城镇下放的 428 人。

知识青年下放到农村，主要采取三种形式安置：一是场、社挂钩，即下放到国营农场、社办企业参加劳动，由企业发工资或生活费，有知青 1 707 人；二是建立由知识青年单独建立经营的场队，共建场队 168 个，有知青 3 438 人；三是到人民公社生产队插队，参加评工记分，按工分分配，有知青 4 553 人。

第二节　经　济　扶　助

知识青年下放到农村，按照不同的安置形式，对建房、生活、农家具和其他等方面。根据不同的标准予以补助费，每人补助范围在 400 元上下。从 1971 年到 1984 年，国家拨给本县的知青经费 3 507 154 元，专用木材 6 030 立方米，据 1970 年统计，全县知青场队共有水田 1 923 亩 8 分，旱地 952 亩，房屋 43 490 平方米。

第三节　就　业　安　置

粉碎"四人帮"后，各项事业发展很快，加上经济体制，劳动制度和就业政策的改革，为城乡知识青年广开升学就业门路创造了有利条件。特别是对 1972 年以前下放的老知青、在职工人免予文化考试。这样本县在农村的 9 698 名知识青年，通过招工、参军、升学等渠道，基本上得到了合理的安置。至 1983 年止，共安置知识青年 8 702 人，其中提干 18 人，招工 4 791 人，升学 106 人，参军 717 人，因病回城安置的 702 人，国营农场 797 人，社办企业 509 人，转外地安置 1 062 人。

（第二十五篇第三章《知识青年上山下乡》，第 449—450 页）

《新建县志(1985—2002)》

新建县志编纂委员会编,江西人民出版社2006年

李燕玲　女,1953年4月生于上海市徐汇区。

1970年4月在上海市枫林中学毕业后下放到江西省安义县石鼻乡果田村插队落户,1973年推荐学习担任农村"赤脚医生",后在招工中分配到新建县大塘坪乡中心卫生院做护理工作,1975年,与大塘坪乡一位土郎中的儿子结婚。1996年3月加入中国共产党,任大塘坪乡中心卫生院副院长、主管护师。

20世纪80年代末,大批知识青年落实政策回城。父母多次来信要她回上海。母亲退休催她回去办顶替手续。丈夫也支持她回城。她耐心向亲人解释,决心留在农村,奋斗一生。

李燕玲爱岗敬业,视病人如亲人。连续5年为一位患病老人送医送药上门。她关心他人胜于自己,在大塘坪乡卫生院工作22年,有20个除夕夜或大年初一在病房与病人度过。母亲第一次来江西与女儿团聚。除夕之夜,她主动为一个家在外地的同事顶班,自己留在病房工作。

李燕玲的事迹,经南昌市卫生局推荐她为全市卫生系统先进人物演讲团成员在全市巡回演讲。新建县政府组织李燕玲事迹报告团赴上海市演讲。1994年以来,先后获南昌市劳动模范、市"五一"劳动奖章、市优秀共产党员、市模范护士、市敬老好儿女金榜奖、市五好文明家庭等称号,1998年后,获江西省劳动模范、全国"五一"劳动奖章、全国优秀共产党员等称号,中央宣传部将其事迹列为"七一"前后重点宣传表彰的优秀共产党员,2000年,国务院授予其全国劳动模范称号。曾当选为第九届省人大代表。　　　(第二十七篇第二章《人物录》,第881页)

《景德镇市志(一)》

景德镇市地方志编纂委员会编,中国文史出版社1991年

(1964年)6月30日,首批100余名知识青年上山下乡欢送大会举行。

(《大事记》,第57页)

(1968年)7月23日,全市大、中学校毕业生分配安置工作动员大会在群英堂举行。15所大、中学校1 500多名毕业生代表参加。25日市革命委员会连续发出文件,要求3 118名毕业生(1967年职业学校毕业生217人,1966年、1967年的高中毕业生414人,初中毕业生2 487人),执行四个面向(农村、边疆、工矿、基层),两个目标(当工人、当农民),全部到农村、军管农场、厂矿去。

(《大事记》,第64页)

(1968年)9月5日,市革命委员会召开首批赴农村插队干部大会。宣读"献忠"倡议书。

次日,3 万军民在人民广场集会,欢送首批下乡的 2 400 名学生,120 名干部插队落户。

(《大事记》,第 64 页)

(1969 年)2 月 8—10 日,首届"五·七"大军(1966 年 5 月 7 日毛泽东主席在一封信中指出,以本业为主,兼学别样,称"五·七"指示。后据此把下放人员称作"五·七"大军)政治工作会议在市革委礼堂举行。参加会议的有农村社场、大队、"五·七"大军领导小组负责人,下放干部、教师、医务工作人员、文艺工作者和知识青年代表共 250 余人(当时下放人员 27 716 人)。会议总结交流对"五·七"大军进行政治思想工作的"经验",讨论"巩固"精简下放成果等问题,对"五·七"大军实行营、连、排、班编队。　　　　(《大事记》,第 65 页)

(1973 年)7 月 10 日,市委在体育馆召开大会,传达中共中央第 21 号文件。并组织干部到农村检查知识青年上山下乡中存在的各种问题,采取措施处理。　　(《大事记》,第 69 页)

到 1964 年,从上山下乡知识青年、农村半脱产干部、复员军人中吸收干部 115 人;1965 年吸收干部 85 人;1966 年—1973 年,从工人、贫下中农、退伍军人和下放知识青年中吸收干部 301 人……　　　　　　　　　　(人事劳动志第二章《干部管理》,第 490 页)

对需要就业的劳动力则采取了多种形式安置,到 1965 年共安置 13 162 人,其中安排上山下乡 2 408 人。　　　　　　　　(人事劳动志第三章《劳动管理》,第 503 页)

1970 年的招工,将各城镇街道推荐改由农村社队推荐为主,劳动部门审查批准。招工对象为上山下乡劳动锻炼 2 年以上的知识青年、退伍军人、精简的职工和社会青年。

(人事劳动志第三章《劳动管理》,第 513 页)

1975 年,按照中央和中共江西省委有关文件规定,招工对象主要是招收按政策留城和上山下乡的知识青年,适当照顾下乡子女多,就业人口少的家庭和下乡时间长而有困难的知识青年。实行学徒制工种的,招收 17 至 25 周岁的男女未婚青年,普通工种年龄在 35 周岁以下。下乡知识青年适当放宽招工年龄。被精简的职工,符合条件者优先招收。

(人事劳动志第三章《劳动管理》,第 514 页)

《景德镇市志(三)》

景德镇市地方志编纂委员会编,方志出版社 1995 年

1964 年冬至 1965 年,全市 700 余名知识青年首次下放到各个垦殖场。

(林业志第三章《生产基地》,第 71 页)

《景德镇市志(四)》

景德镇市地方志编纂委员会编,方志出版社1996年

1976年初,市五交化公司着手组建合作商店,向社会招收待业青年和下放知识青年共31名,以陈家岭门市部作为五交化合作商店营业,定名为市五交化公司新建总店。

(商业志第一章《经济成分》,第387页)

《景德镇市珠江区志(1970—2003)》

景德镇市珠山区地方志编纂委员会编,江西人民出版社2010年

(1976年)1月28日,根据市编委景编发〔75〕07号文件精神,区机构设置作出相应调整。区委设组织部、宣传部、办公室、党校;撤销区革委抓革命促生产指挥部。区革委会设办公室(与区委会办公室合署办公),知识青年上山下乡办公室……   (《大事记》,第4页)

3月27日,经市知青办审查批准本区253名知识青年留城,有50名知识青年回市分配了工作。   (《大事记》,第4页)

1975年始,景北区革命委员会按照上级下达的指标,安置景北区下乡知识青年和退伍军人等,至1976年共安置回城镇知识青年99人就业。

(第二十章《人事劳动和社会保障》,第347页)

《昌江区志》

景德镇市昌江区地方志编纂委员会编,三秦出版社2008年

(1973年)10月22日,区知识青年"上山下乡"领导小组成立,下设办公室。抽调7名干部负责具体工作。   (《大事记》,第10页)

(1977年)3月23日,区委决定调整区知识青年"上山下乡"领导小组,配备12名专干,负责日常工作。   (《大事记》,第11页)

建区初,正值城镇知识青年上山下乡。1974年,下乡知识青年陆续回城镇。至1980年,昌江区安置4928人,其中安置在全民单位的262人,大集体的1752人,小集体的2914

人,同时,还安排临时、季节合同工 6 383 人。　　　　（第十章《昌江区人民政府》,第 290 页）

《萍乡市志》

萍乡市志编纂委员会编,方志出版社 1996 年

同月(1968 年 7 月),城镇知识青年 2 017 人下放到农村插队落户,参加农业生产劳动。

（《大事记》,第 36 页）

(1973 年)全市城镇知识青年 2 390 人,被安置到农村插队落户,"接受贫下中农再教育"。此后,大批知青陆续下放农村劳动。至 1978 年冬,知识青年上山下乡才告停止。

（《大事记》,第 39 页）

60 年代和 70 年代前期精减下放干部、职工、居民 84 803 人,上山下乡知识青年 21 698 人,城市人口有所减少。　　　　（第三篇第二章《人口规模》,第 114 页）

1970 年前后,城镇知识青年和部分居民下乡,农村社会劳动力增加,城镇社会劳动力减少。农业劳动力 1970 年比 1968 年净增 1.8 万人,高于近 5 年的平均增长值。

（第三十五篇第一章《劳动力管理》,第 869 页）

1966 年 7 月—1976 年招工对象主要是:家居城镇在农村劳动锻炼两年以上的上山下乡知识青年(包括城镇下乡插队落户知识青年),家居城镇的应届高、初中毕业生(1975 年改为按政策留城、回城的知识青年)和复员退伍军人。

（第三十五篇第一章《劳动力管理》,第 871 页）

1977—1983 年规定,(招工)可招收按政策留城、回城和上山下乡两年以上的知识青年及其他城镇待业青年。　　　　（第三十五篇第一章《劳动力管理》,第 872 页）

第五节　知青安置

1964 年起,在全市范围内有计划、有组织地动员城镇知识青年和闲散居民上山下乡,落户务农,至 1978 年,共动员安置 24 550 名城镇知青到农村参加农业生产。1964—1967 年,全市上山下乡知青 3 290 人,绝大部分安置到高安、上高、宜丰、靖安、铜鼓等地农村分散插队落户。1968—1972 年,全市共有 8 776 人上山下乡,主要采取成组插队落户、投亲靠友、回老家等办法予以安置。少数安置在市属国营垦殖场。1973—1978 年,全市上山下乡知识青

年 9 632 人,主要采取按系统、按单位与社、场、队挂钩集中安置的办法,建立知青点、知青队,大部分安置在市内。

根据党和国家有关文件精神,从 1979 年起,全市不再动员城镇知识青年上山下乡,改为在城镇安置就业。对已在农村插队的城镇知青,本着"国家关心,负责到底"的精神,采取优先招工、系统消化、转移户口粮食、就近安排和转出外地等方法妥善安置。1974—1983 年,对符合条件收回安置的下乡知青,按照上述途径,安置 17 949 名知青就业,尚有 6 人自愿留在农村安家落户,并由国家补助每人安家费 300—500 元。

(第三十五篇第一章《劳动力安置》第 877 页)

《安源区志》

《安源区志》编纂委员会编,方志出版社 2006 年

1975 年以后,上山下乡知识青年逐步回城,工厂开始恢复招工,主要对象是待业青年,按政策留城的青年和上山下乡两年以上的知识青年。　　(第二十二卷第二章《劳动》,第 497 页)

(1973 年)8 月 1 日,成立城关区知识青年上山下乡领导小组办公室,贯彻中共中央关于《转发毛主席给李庆霖同志的信的通知》,就全区现有 269 名上山下乡知识青年情况进行调查,提出解决办法。

(《大事记》,第 789 页)

《湘东区志(1971—2002)》

湘东区地方志编纂委员会编,方志出版社 2007 年

(1973 年)9 月 26 日,湘东区知识青年上山下乡领导小组成立。大批城镇知识青年陆续上山下乡,被安置到农村插队落户,接受贫下中农再教育。至 1978 年冬才告停止。

(《大事记》,第 27 页)

第五节　知青安置

1968 年起按照中央的统一部署,实行知识青年上山下乡。凡城镇户口,高中毕业未获得升学和就业的知识青年,除残疾者和多子女可留一名子女在父母身边者外,都要上山下乡。到 1977 年止全区共吸收上山下乡知识青年,包括本市各工厂、企业、事业、机关单位的职工子弟,外县、外省分配来的知识青年,共计 2 600 人。

1971 年区革委成立知识青年上山下乡工作办公室(简称知青办),负责知青吸收、安置

工作。安置的形式,1968 年开始时实行插队落户,吃住在农民家中,参加人民公社生产队集体劳动,与当地农民一样评工计分,参加收益分配。1973 年根据几年来的具体情况分别进行安置,自愿回老家转为农村户口者,每人发给 480 元安家费;老家不在本区范围内,自愿留农村,转为农村户口者,发给 480—3 000 元的安家费;除上述两种对象外的大多数知青则组成知青队(点)、知青农场、知青林场,共 32 个,由知青办统计上报,按人头每人 480 元拨给农具家具费,动员单位和吸收单位共同负责建造住房,划给一定的生产基地(水田、旱地、山林),组成单独核算的生产单位。上山下乡时间较长者,按照中央、省、市的政策规定,由知青办介绍参加高考升学、招工,回城安置就业。1973 年—1980 年共安置升学回城就业人数 2 234 人。剩下的知青在 1983 年底全部安排就业。 (第三十九篇第二章《人事》,第 863 页)

《上栗县志》

上栗县志编纂委员会编,方志出版社 2005 年

劳动就业安置 1964 年起,国家动员知识青年上山下乡。1978 年后,下放农村的知识青年陆续返回城镇,区办企业和公社企业的职工以安置城镇知识青年为主,从 1978 年起至 1984 年,全区共安排城镇知识青年就业 874 人,其中政府安排 743 人、政府协助城镇知青自主择业者 131 人。 (第三十一篇第三章《劳动力管理》,第 401 页)

《芦溪县志》

《芦溪县志》编纂委员会编,方志出版社 2006 年

新中国成立后,人民当家作主。城镇劳动力就业,有集体安置、国家招工、知识青年上山下乡、顶替补员、自谋职业等形式。……②国家招工。……80 年代,国家招工主要面向回城的上山下乡知识青年。③知识青年上山下乡。1962 年至 1964 年,国民经济结构调整,压缩城镇人口,芦溪、宣风、上埠三镇的城镇待业知识青年(含小学毕业生)上山下乡,安排到上高、宜丰、高安、靖安、奉新、铜鼓等县的国营农场当职工。1968 年至 1978 年,由于城镇待业知识青年就业压力大,每年城镇户籍的高、初中毕业生上山下乡到境内各公社知青农场(又称知青点)当社员,参加农业生产,自食其力,同时,全区各公社还接纳来自萍乡城区的上山下乡知识青年。全区农村接收上山下乡知识青年 3 000 余人。80 年代,除极少数知青在农村结婚生儿育女组建家庭外,陆续回城镇。 (卷十二第三章《劳动和社会保障》,第 376 页)

(1964 年)9 月 10 日,芦溪、宣风、上埠 3 镇,动员数百名城镇知识青年,分别到上高、宜丰、铜鼓、安义等县农村,创办农场,扎根当地农村。 (《大事记》,第 576 页)

《九江市志》

九江市地方志编纂委员会编,凤凰出版社 2004 年

(1955 年)10 月 25 日,专署成立接受安置委员会,接受安置上海垦荒青年 2.5 万人,分别安排到德安、武宁、永修、九江等县。 　　　　　　　　　　　　　(《大事记》,第 70 页)

11 月 29 日,下午,团中央第一书记胡耀邦,受党中央和毛泽东主席的委托,乘压道车来德安八里乡,访问上海第一批在此落户的 98 名垦荒队员。 　　　　　(《大事记》,第 70 页)

(1964 年)1 月 8 日,专区精简领导小组及办公室撤销,成立专区安置城镇下放人口领导小组,动员与安置城镇闲散人口与知识青年到农村安家落户。 　(第一册《大事记》,第 84 页)

(1964 年)12 月 27 日,全区有 2 602 名城镇青年上山下乡,分别安置到农村社、队及林场、国营垦殖场和水产场。接受安置南昌市下乡青年 154 人,动员滞留城镇家住农村的职工家属和社会闲散人员 576 人回乡生产。 　　　　　　(第一册《大事记》,第 85 页)

(1968 年)10 月 7 日,首批地市直属机关干部、知识青年和居民 3 万多人,下放到修水、武宁、彭泽等县农村安家落户,"接受贫下中农再教育"。 　　(第一册《大事记》,第 89 页)

(1972 年)12 月 18 日,成立九江地区知识青年上山下乡领导小组及其办公室,专管知识青年上山下乡工作。 　　　　　　　　　　　(第一册《大事记》,第 93 页)

(1982 年)3 月 10 日,九江地区知青办与行署劳动处合署办公,并成立社会劳动力管理科,实行两块牌子,一套人马。 　　　　　　　　(第一册《大事记》,第 102 页)

在"文化大革命"后期的上山下乡运动中,九江累计下放 10 万人。在运动高潮的 1970 年,九江下放安置知识青年、机关干部、城镇居民 70 855 人(其中省、市 8 476 人,外省 12 003 人,专区、市 2 643 人,各县 8 424 人)。 　　(第一册卷四第二章《人口变动》,第 355 页)

1968 年,全国兴起上山下乡高潮,九江先后有大批知识青年、机关干部和城镇居民下乡从事农业生产,使当年城镇人口降至 186 200 人,占总人口的 7.75%,为解放后历年的最低点。 　　　　　　　　　　(第一册卷四第三章《人口分布与密度》,第 358 页)

1955年10月18日,上海市第一支志愿垦荒队一行98人,在队长周文英、副队长陈家楼率领下,到德安县八里乡拖沟岭创办共青社。(第二册卷十五第二章《所有制》,第796页)

从1955年10月25日九江专署接收与安置上海市垦荒群众委员会成立起,至70年代后期,先后接收与安置了大批上海、南昌、九江及各县城镇知识青年和社会闲散劳力。1976年,全区农垦企业有下放知识青年2530人,占当年职工总数18%。

(第二册卷十五第五章《职工队伍》,第834页)

70年代,吸收录用(干部)对象重点是上山下乡知识青年,农民、复员退伍军人。

(第四册卷十五第二章《干部来源与构成》,第623页)

1969年江西省下达九江地区招工计划,明确规定不得招收下乡知识青年。

1971年招工对象改为城镇70年代的初、高中和共大毕业生及留城青年,下乡知识青年必须劳动锻炼满2年以上,名额控制在招工指标的25%至40%以内。

(第四册卷十六第二章《劳动就业》,第722页)

"四五"时期(1971年至1975年),全民单位招工17258人,其中:……国营农林牧渔场安置知青1877人…… (第四册卷十六第二章《劳动就业》,第724页)

1976年至1978年,全民单位共招工18376人,其中:……国营农、林、牧、渔场安置知青608人…… (第四册卷十六第二章《劳动就业》,第724页)

1977年至1978年招收5002人,其中城镇招收1278人,从农村招收1354人(其中从城镇上山下乡知青招收1087人)。 (第四册卷十六第二章《劳动就业》,第724页)

全市1979年至1990年兴办各类劳动服务公司(站)518个,各类生产经营网点1184个,安置城镇待业人员25万人次(其中回城下乡知青4万余人),累计创产值7亿元,实现利润3378万元,上交税金2614万元。 (第四册卷十六第二章《劳动就业》,第736页)

1978年开展清理计划外用工。九江市区企业计划外用工达9600余人,占企业职工人数的32%,其中家属工顶班1341人,费用工1414人,开票工1185人,农民工822人,退休留用工1850人,知青工300人,照顾工2844人;市区商业系统除借用集体职工674人外,还另有其他计划外用工886人(其中私招乱雇的235人)。

1980年,九江清理农村劳动力回乡,腾出岗位补充城镇待业青年。先后有湖口、彭泽、都昌、九江县、星子、瑞昌、永修等县清退来自农村的计划外用工 2 800 多人，占全市计划外用工总数 13 671 人的 20％。同时，按照招工条件，补充城镇待业青年和下放知识青年 2 300 名。

（第四册卷十六第四章《劳动力管理》，第 748 页）

第五章　知识青年上山下乡

第一节　工作概况

九江知识青年上山下乡，根据历史背景和政策措施不同，分为四个阶段。

第一阶段（1955 年至 1963 年）。1955 年到 1957 年，主要是接收与安置上海来江西垦荒的青年和群众。

第二阶段（1964 年至 1966 年）。组织和动员城镇知识青年到农村。

第三阶段（1968 年至 1977 年）。1968 年，九江把组织干部下乡劳动和安置知识青年到农村去两项工作合二为一，成立九江专区政治部"五七"大军办公室，统管"五七"大军和知识青年工作。

第四阶段（1978 年至 1982 年）。知识青年上山下乡政策作了重大调整，九江知识青年上山下乡工作渐渐停息。1979 年开始知识青年回城工作。1982 年 2 月，知识青年上山下乡办公室与劳动局合署办公，知识青年上山下乡工作全面结束。

九江知识青年上山下乡工作历时 28 年，累计国家共下拨各种经费 2 554.64 万元，发放无息贷款和生产扶持资金 238.73 万元，木材 2.891 8 万立方米。接收与安置省内外知识青年 10 万余人。绝大部分知识青年在农村经受了锻炼，增长了才干，对农村经济、文化事业建设起到一定的作用，曾涌现出谭冬幼、张毛女、袁任翔等"铁心"务农，甘愿吃亏的先进典型人物。据 1973 年的不完全统计，全市有 384 人入党，4 701 人入团，1 004 人进了各级领导班子，还有一大批人员成为农村文教、卫生、科技战线上的骨干力量。同时，建立和发展了一大批独立核算的集体所有制知青队场。以地辖九江市为例，下乡青年在各地荒湖荒滩和荒山上，办起 63 个知青队场，兴建房屋面积达 36 000 平方米，拥有土地面积 14 800 余亩，先后购置了大小拖拉机 19 台，其他农机具 100 余台件。在大旱的 1978 年，生产粮食 20 万斤，棉花 20 000 多斤，油料 50 000 多斤，茶叶 5 000 多斤，商品猪 200 多头，家禽 20 000 多只，并为市场提供了大量的农副产品。亦农亦工的小工厂拥有各种机械设备 328 台件，汽车 7 辆。能加工生产棉布、内衣、捻线、钢球、弹簧、元钉、鞭炮、电子元件、刺绣制品、劳保用品、印刷制品、塑料制品、玻璃钢制品和柴油机、微型电机、拖拉机等零部件，以及罐头、酿酒、酱油、酱菜等 57 种产品，有的填补了九江地方工业产品的空白，有的恢复了传统产品。

第二节　工作机构

1955 年 10 月 24 日，中共九江地委成立接收与安置委员会，由农村工作部、宣传部、青委、妇联、专署民政科、农林水利局、人民银行、江西省合作社九江办事处等单位组成。张全忠任主任,方志彬任副主任,专署民政科为具体办事机构,接受安置上海市来本地区垦荒的知识青年和群众。

1960年,九江地委与九江各县(市)委,先后成立精简职工和压缩城市人口领导小组,下设办公室,动员和安置城镇知识青年到农村安家落户。

1964年3月,九江专区精简领导小组及办公室撤销。同年4月,成立九江专区安置城镇下放人口领导小组,杨士杰任组长,李国忠任副组长,领导小组办公室设专署劳动处。县(市)也相应建立领导小组与办事机构。

1970年11月,九江专区安置城镇下放人口领导小组及办公室撤销,成立九江专区革委会政治部"五七"大军办公室,负责城市干部下放劳动和知识青年上山下乡安置工作。

1971年12月,"五七"大军办公室划并九江地区革委会内务组。

1972年12月18日,知识青年上山下乡工作从"五七"大军办公室划出,单独成立九江地区知识青年上山下乡安置工作领导小组,曾杰任组长,杨舒洁任副组长。办公室设地区民政局。

1973年10月,九江地区知识青年上山下乡安置工作领导小组更名为九江地区知识青年上山下乡领导小组,组长左凤岗,副组长高云程、李才、谭冬幼。办公室从民政局划出单独设立。

1975年4月,九江地委决定撤销九江地区知识青年上山下乡领导小组及其办公室,成立中共九江地委知识青年上山下乡领导小组和九江地区革委会知识青年上山下乡办公室。

1979年10月,九江地区革委会知识青年上山下乡领导小组及其办公室,改名为九江行署知识青年上山下乡领导小组办公室,杨士杰任领导小组组长,董乐辛、邓鼎先、李才任领导小组副组长。

1982年3月,根据江西省委、省政府关于知识青年工作的重点由农村插队逐步转为城镇安排就业的指示,九江地委、九江行署决定,九江行署知识青年上山下乡领导小组办公室与九江行署劳动处合署办公,并在劳动处增设社会劳动力科,负责全区知识青年城镇就业和上山下乡知识青年的回城安置工作。

第三节 组 织 动 员

一、动员对象和条件

1964年上山下乡的对象:解放后的历届未升学、就业的学生,无固定职业的社会青年;农村有家的社会闲散人员;农村有亲戚朋友投靠的城镇人口。

1965年上山下乡的对象:年满16周岁,身体健康,有劳动能力并能独立生活的人员;对于16周岁以下,急于要求就业而坚决要求下乡的,也可以批准下乡;地主、富农、反革命分子、坏分子、右派分子要求上山下乡的,在商得安置部门同意后,可以分散插队、插场,但不与知识青年一道集中下去。

1966 年规定上山下乡的对象:城镇知识青年、社会闲散劳动力、企业使用的短期临时工。并把组织成户上山下乡作为动员的重点。对已下乡的女青年与城市人结婚,要求照顾夫妻关系的应动员城里一方下乡,原则上不把女方转回城镇。

1974 年上山下乡的对象:年满 17 岁的应届高中毕业生;未升高中的应届初中毕业生;1968 年以后历届应下而未下乡的中学毕业生和中途退学的学生;17 周岁至 25 周岁的社会青年;属于清退的合同工、季节工、社会工、家属工。

1975 年规定的对象基本与上年相同,但归国华侨在国内出生的子女应与祖国知识青年一样看待,属于上山下乡范围的,动员其上山下乡,但可安排附近的国营农、林场,也可以到其家长所在单位挂钩的公社(乡)参加生产劳动。

1978 年,知识青年上山下乡政策作了重大调整,规定因地制宜,不搞一刀切。

1980 年江西省委规定,知识青年上山下乡对象主要是应届初(未升高中)、高中毕业生和待业青年,但对上山下乡的知识青年采取较为灵活的政策,即人到农村参加生产劳动,可以保留城镇户口和吃商品粮。

二、不下乡和暂缓动员对象

1964 年规定不下乡对象:劳改释放、劳动教养期满人员以及流氓阿飞、四类分子(地主分子、富农分子、反革命分子、坏分子)。目的是保证上山下乡人员的纯洁性和便于公安部门就地监督改造。年龄不满 17 周岁,暂缓动员其上山下乡;一户同时有两个子女属动员上山下乡对象,原则上都应下去,但有特殊情况,经群众评议、动员单位签具意见、县(市)知识青年上山下乡工作管理部门批准,可留一个暂缓下去;有病,但又不符合病残留城条件的,经过到指定医院体检鉴定,需要继续进行治疗,并已办理有关报批手续的,可暂缓上山下乡,但每年应做一次体检复查,待病好后继续动员其上山下乡。

1974 年规定的不动员下乡对象:国家计划特种专业需要的;独生子女;孤儿;病残;多子女但身边只有一个子女的,以及父母年老多病、弟妹年幼生活不能自理并依靠本人照顾的;中国籍的外国人子女,归国华侨青年。

1978 年规定暂缓动员对象:父母一方死亡,虽有一个子女参加工作,但家庭仍有很大困难的;父母年老多病,生活不能自理,身边虽有一个子女,但因子女结婚成家后,家庭负担重,确实无力照顾父母的;同父异母或同母异父家庭的;归侨学生;台湾、港澳同胞子女、华侨子女、回归的港澳学生;职工退休、死亡,按规定可以顶替的子女;一家已有三个子女上山下乡,现仍在农村的;确系过继抚养的独生子女。

三、留 城 对 象

1976 年至 1978 年规定留城对象:多子女而又无子女参加工作的,可以留一个在身边;过去已按政策规定留过一个子女的,其他子女不能再次留城;因特殊困难要求留城的,必须是父母双亡或父母年老多病、弟妹年幼、生活不能自理而依靠本人照顾的。

凡是批准留城的对象,都必须由知识青年上山下乡领导小组办公室统一发给"留城证"。

第四节 安 置

一、安 置 任 务

1955年至1957年接收安置上海市垦荒青年和群众27 000人。1960年到1963年,安置本区各类精简人员182 919人。1964年安置3 300人,其中本区知识青年插队插场2 574人,成户回乡573人;南昌市153人。1965年安置2 500人,其中本区知识青年2 000人,南昌市社会青年500人。

1966年计划在春耕以前完成全年下乡任务的70%,即1 470人,余下的30%待暑假毕业后完成。后因"文化大革命"运动的开展,各县均未完成计划任务。

1967年,"文化大革命"全面开展,知识青年上山下乡工作停歇。1968年至1972年,知识青年上山下乡与干部下放劳动合并进行,先后接收下乡知识青年31 870人,其中上海市13 381人,南昌市2 503人,九江市9 525人,各县城镇6 461人。

1973年至1979年全区累计安置上山下乡知识青年25 258人。

1955年至1979年全市累计安置上山下乡知识青年10万人。

二、安 置 形 式

1964年安置形式:国营农场、垦殖场;人民公社新办林场;生产小队插队;水库管理专业队。

1965年安置去向重点放在土地多劳动力少的地区,并与治山治水和发展山区经济结合起来,以插队插场安置为主。

1966年,安置去向以社队办林场和新建国营农、垦殖场为主。成户下乡的,到生产队插队。1968年规定,社会闲散劳动力到农村生产小队插队;社会知识青年主要安置到田多人少,经济条件较好的地区插队。1974年至1977年,学习推广湖南省株洲经验,实行"厂社挂钩"。

1978年,九江缩小上山下乡范围,调整安置形式,重点放在城镇郊区举办知识青年队场和农工商联合企业集体安置发展生产事业。

三、知识青年队、场建设

自1974年始,九江知识青年安置由过去分散安置形式,逐步转变为以"厂社挂钩"为主的集中安置形式。为了适应这一要求,加快知青队(场)建设。

1975年,专项下达知识青年队、场农业机械贷款40万元。分配各县:修水6.5万元,武宁3万元,永修4万元,德安3万元,瑞昌3.5万元,九江县4.5万元,九江市2万元,星子2万元,庐山1万元,都昌4万元,彭泽3万元,湖口3.5万元。

1976年,动员社会各方面力量,全力支援知识青年队、场建设。除上海市直接下达统配价值50万元的农机物资外,九江各行各业支援知青点的排灌设备、制砖机、木工机械、榨油机、发电机、柴油机、电线、轮胎、缝纫机、拷边机等物资价值16万元。

1977年,九江提出努力把知青队场办成安置城镇知识青年的基地,为城镇人民生活服务的农副产品基地,科学种田的示范基地以及培养人才的基地。到1978年,全区共建知青队、场612个,其中:大队(村)办的456个,公社(乡)办156个,以粮为主的304个,以茶、林为主的272个,以畜牧、蔬菜、副业为主的36个。拥有丰收35型拖拉机10台,手扶拖拉机107台,收割机12台,插秧机17台,柴油机45台,卡车7辆,车床23台,缝纫机60台,补鞋机7台。全区仅以上海市知识青年为主的独立核算的青年队场,就有16个粮食超纲要,其中5个超1000斤。彭泽县太白湖良种场7大队青年队6名下乡知识青年,全年生产粮食22000斤,向国家交售商品粮1200斤。

　　1979年,上山下乡的知识青年规模和范围不断缩小,各级知青办着手进行调整、撤并,突出重点,合理布局。1980年,中央和江西省委规定对知青队、场建设给予更加优惠的政策,即不上交税、不上缴利润、不负担农副产品的统购、派购任务。

四、经　　费

　　1963年前,国家下拨经费,安置精简中的青年学生到农村插队落户主要以安家费的形式列支。

　　1964年至1981年,国家下拨大量的经费,所列项目有:城镇动员、宣传、教育费、下乡安置生活补助费,巩固经费,生产扶持资金,无息贷款等。1964年知识青年上山下乡安置费用的标准分别为:到农村人民公社生产队插队的,平均每人170元;到新建社队办林场安置的,平均每人200元;属于国营垦殖场增补安置的,平均每人300元;回老家安置的,平均每人不得超过50元;家住农村小集镇不用搬家就地参加农业生产的,每人不超过40元。

　　1965年,经费标准作了较大调整,新建的社队林场和新建队、场安置的,平均每人300元;插入现有社、队林场的,平均每人250元;单身插队的,平均每人200元;成户安家的平均每人150元;此外规定城镇在动员时,宣传教育经费标准为平均每人1.5。城镇人员下乡需要添置的衣被、蚊帐以及少数日用必需品,按平均每人25元标准,在安置经费中列支。

　　1966年,行署核定,新建扩建国营垦殖场安置城镇人口的经费标准为平均每人500元;到农村社队安置的,平均每人220元。

　　1974年,到农建师和国营农、林、牧、渔场安置的,平均每人400元;回农村老家落户、插队和建立集体队、场的,平均每人480元。

　　1979年,根据国务院知青办,财政部《关于知青经费使用的暂行规定》作了新的调整。调整后的经费执行标准为:到国营农、林牧、渔场的,平均每人400元;到集体所有制的知识青年场、队和工商联合企业的,平均每人580元;在农村结婚安家的下乡青年(不含国营农业企业单位的知识青年),其住房确实解决不了的,平均每人补助建房费300元。

　　到1981年,知识青年安排的重点已由农村插队转为城市就业,知青经费的使用方向也由农村安置转为城镇安置就业。

五、粮油供应

1968年，九江地委下发文件，对下乡人员的粮油供应规定：一般每人每月定量不低于36斤。1974年，九江地革委颁发《关于切实做好上山下乡知识青年生活安排的通知》，强调：每人每年基本人口粮标准不少于600斤干谷，如超过600斤干谷的，不得再行降低；食油采取生产队分一点，下乡青年自己种油菜和养猪解决一点，商业部门根据需要和可能适当补助一点。对安置到国营农、林、茶场的知识青年的粮油供应，规定从下乡之日起保留商品粮供应一年。安置在郊区从事林、牧、副、渔和经济作物生产，口粮不能自给的，在国家统销粮中解决，由原吃农业粮改吃定销粮。

第五节 管 理

1967年前，九江知识青年的管理工作采取松散的管理形式，即：农村插队的由所在农村的公社(乡)、大队(村)的贫下中农负责管理。下乡青年住的是农民私房，吃的是"百家派饭"，参加集体劳动；安置在国营农、林、垦殖场的，则由国营农、林垦殖场管理。知识青年倒流城市情况突出。

1968年，为便于管理，知识青年到达农村后，采取编成若干分队，集中生活，分散劳动。1969年春节前，从地区直属单位抽调128人，工矿企业抽调300人，联合组成慰问队分赴各县，慰问下乡青年。

1970年，九江地委发文强调安置和管理教育工作"三落实"，即政治思想落实；组织制度落实；生活安排落实。

1971年，针对少数知识青年擅自倒流回城现象，专革委发文要求各级党组织加强对知识青年上山下乡工作的领导，对安置工作进行一次全面检查，安置工作不落实的要进一步落实，对少数倒流回城的人员，要迅速动员回农村，严禁招收倒流回城人员做工。

1974年采用湖南株洲的办法，城镇厂矿、机关、企事业单位建立对口知识青年安置点，按照20名至30名知识青年派出一名干部带队，与知识青年同吃、同住、同学习、同劳动，每一年轮换一次，有的单位是二年轮换一次。同年8月，九江专区召开知青工作会议，提出抓好政治思想教育，组织青年学文化、学科学技术，积极培养和大胆提拔优秀知青进各级领导班子；严肃处理摧残迫害知青的案件；认真落实各项政策，实行男女同工同酬，反对招工、招生"走后门"；切实解决知青的实际困难，关心大龄知青的婚姻等问题。

1975年后，主要是加强知青队、场的党、团建设；带队干部、老农、知青代表三结合管理委员会的建设；建立和健全学习、考勤、生产责任、劳动管理、财务管理、安全保卫等规章制度。

第六节 回 城

九江知识青年回城工作，1975年前为零星回城阶段，主要侧重于照顾方面，如身体有病等。1975年后，回城条件有所调整，回城规模逐渐扩大。1978年后，农村实行生产责任制，下乡青年的个人实际困难逐渐演变为家庭和社会问题。

一、回城对象条件

1966年规定：有病不能劳动的，允许回城治病，病治好后再下去；少数有严重疾病而且无法治好和个别不能自食其力的人员，可以批准回原城镇单位。

1971年规定：上山下乡的病残人员，在农村无依无靠，不能单独生活，城镇又有直系亲属者，准予回城镇落户。1975年知识青年回城规模开始扩大，对回城对象的条件作了大幅度的调整，凡有下列情况之一者，可以收回城镇：父母严重病残无人照顾的；弟妹年幼生活不能自理的；本人因病残而不能参加农业劳动的。

1979年依据中央规定，九江对1972年以前下放的知青原则上予以回城。

1981年，进一步落实党的知青回城政策，对下放在各县的知识青年，调查摸底，逐步收回。

到1982年，上山下乡的知识青年除与当地社员结婚，按政策规定由当地负责安排外，所有收回工作基本结束。3月，市知识青年上山下乡办公室与市劳动者局合署办公，有关知识青年上山下乡工作中的遗留问题，转由市劳动局培训就业科负责处理。

二、回城安排措施

①优先招工，回城青年招工最大年龄放宽到30岁；②知青部门办企业，如"某某知青门市部"、"某某知青书店"等；③知青家长单位组织就业；④家长单位自然减员顶职顶退；⑤自谋职业。

对于在农村结婚的知青，按政策给予一次性补助，转城镇户口、转吃商品粮。

三、回 城 待 遇

工龄计算　1985年国家劳动人事部《关于解决原下乡知识青年插队期间的工龄计算问题的通知》规定：凡在"文化大革命"期间由国家统一组织下乡插队的知识青年，在他们到城镇参加工作后，其在农村参加劳动的时间，可以与参加工作后的时间合并计算为连续工龄。他们参加工作的时间，从下乡之日起计算；返城后等待分配的时间，不计算工龄。

工资待遇　下乡知青招工后，分配到实行学徒制工作岗位的，下乡满2年以上，享受所在单位学徒最后2年的生活待遇；下乡3年以上，享受所在单位学徒最后一年的生活待遇；下乡5年以上，享受所在单位一级工工资待遇。

工作满1年后，享受学徒第2年待遇的，改按学徒第3年的待遇执行；享受学徒第3年待遇的，改按一级工待遇执行；享受一级工待遇的，可定为二级工，表现差的也可以延期定级。对1969年以前上山下乡的知识青年，1979年以后回城安排工作的，其定级可在企业工人工资标准五级内确定，"文化大革命"期间下放的知识青年安排工作后，现行工资低于这个水平的，也可以进行调整。

1955—1979 年全市安置知青人数

年份 \ 数字/县区		修水	武宁	瑞昌	九江市	九江县	永修	德安	星子	都昌	湖口	彭泽	庐山	专直	合计
1955—1957	安置		8 000			1 000	8 000	10 000							27 000
1961	安置	163	41	94		872	1 159	73	54	131	328	210			3 125
1962	安置	690	809	558	1 705	167	534	322	416	874	867	540			7 482
1963	安置														
1964	安置	530	200	220	10	600	680	190	210	150	110	400			3 300
1965	安置	370	452	120	268	171	436	167	79	79	49	74			2 265
1966	安置	100	20	100		50	620	150	40	40	20	540			1 680
1967	安置														
1968	安置	1 682	2 012	175	848	1 208	1 539	1 059	261	461	812	780	330		11 176
1969	安置	1 413	1 025	764	897	234	766	347	134	400	198	411	176		6 765
1970	安置	4 589	235	1 421	1 438	709	444	817	193	744	304	500	55		11 449
1971	安置	15	81	74	78	96	29	27	42		17		8		467
1972	安置	33	39	46	1 630	37	25	38	201	71	7	59	32		2 277
1973	安置	464	135	497	16	358	899	534	293	94	134	96	155		3 675
1974	安置	604	305	389	2 050	337	508	180	234	378	192	226	325		5 728
1975	安置	717	285	518	413	328	836	534	265	684	274	655	214		5 723
1976	安置														
1977	安置	101	208	241	1 705	74	541	127	128	76	47	114		40	3 402
1978	安置	150	25	134	305	37	150	74	36	19	27	18			975
1979	安置				332										332

1964—1981 年全市知青安置经费　　　　　单位:万元

年份	款项 \ 金额/单位	九江市	九江县	瑞昌县	武宁县	修水县	永修县	德安县	星子县	都昌县	湖口县	彭泽县	庐山	专直或其他	合计
1964	农村安置经费	0.2	12.66	4	3.5	9.04	11.84	8.88	3.6	2.64	1.96	9.4		1.68	69.5
	其他经费	0.12	0.01	0.012	0.01	0.053	0.088	0.01	0.021	0.015	0.011	0.02			0.37
1965	农村安置经费	10.16	4.99	3.2	14.7	8.4	13.9	4.4	1.6	2.1	1.6	1.6			66.65
	其他经费		1.5	0.94	1.22	0.5	1.23	1.6	0.96	1.1	1.35	1.1		1	12.5
1966	农村安置经费	4.2	2	1.65	8.13	3	43	6.67	1.75	1.4	1.85	15.6			89.25
	其他经费	0.06	0.02	0.08	0.05	0.08	0.08	0.08	0.08	0.08	0.08	0.08		0.05	0.82

年份	款项 金额	九江市	九江县	瑞昌县	武宁县	修水县	永修县	德安县	星子县	都昌县	湖口县	彭泽县	庐山	专直或其他	合计
1964	农村安置经费	0.2	12.66	4	3.5	9.04	11.84	8.88	3.6	2.64	1.96	9.4		1.68	69.5
	其他经费	0.12	0.01	0.012	0.01	0.053	0.088	0.01	0.021	0.015	0.011	0.02			0.37
1967	农村安置经费										0.2	0.2			0.4
	其他经费														
1968	农村安置经费	3	5	4	14	14	11	5	2	6	4	6.76			74.76
	其他经费	11.75	6.97	3.43	2.64	8.62	8.38	1.74	2.13	2.4	3.17	1.78		0.22	53.23
1969	农村安置经费	13.81	21.95	23.59	27.39	50.93	33.4	49.78	14.42	47.26	20.57	29.43			332.63
	其他经费	0.9	10.8	9.83	11.4	13.8	17.7	5.2	3.8	6.5	6.4	13.8			100.13
1970	农村安置经费	13	7.26	30.13	18.8	120.79	19.75	18.07	5.7	21	7.94	15.77	15	30	323.21
	其他经费														
1971	农村安置经费	0.88		4.29				0.38	0.14		0.45	3.91			10.05
	其他经费	0.2	4.5	6	10	10	7	7	1.5	6	4	3.3	0.5	1	61
1972	农村安置经费	18.46	4.85	15.88	5.2	17.12	5.35	4.54	1.73	3.7	2.55	11.3	1.7	35	127.38
	其他经费														
1973	农村安置经费		14.6	13.7	3.6	22.5	27	13.5	7.7	4.3	5	4	2.7		118.6
	其他经费														
1974	农村安置经费	43.5	54.5	38.5	43.5	108	82.7	46.5	15.9	61.5	47	58.5			600.1
	其他经费														
1975	农村安置经费	3	19	25	11	20	28	18	14	18	14	14			184
	其他经费			2	1.3	7.3	1	1.1		1.5	0.6	1.2			16
1976	农村安置经费	1	4	5	3	4	15	10		8		2			52
	其他经费	2.5	1	5.5	2.4	11.2	2.1	6	3	2.6	8.8	2.3			47.4
1977	农村安置经费	65	5.5	10.4	7	14	30	2	7	4	9	2.5			157.4
	其他经费	3.9	2.1	2.5	3.2	7.5	2.7	2.6	3.8	2.5	1.5	2.5			34.8
1978	农村安置经费	26	1	4	3	3	1	6	1	2	0.5	2			49.5
	其他经费	1.3	2.5				2.3		0.2		1.5	3			10.8
1979	农村安置经费														
	其他经费	1.4	3.2	0.93			2	4	1		0.5	1.3			14.33

年份	单位 款项 金额	九江市	九江县	瑞昌县	武宁县	修水县	永修县	德安县	星子县	都昌县	湖口县	彭泽县	庐山	专直或其他	合计
1980	农村安置经费	10													10
	其他经费	25	10.4	10	7	11	16	10		10	12.5	3.5			115.4
1981	农村安置经费		7.9	7.9	8.48	12.8	10.3	6.6	5	7.6	1.8	3.8			72.18
	其他经费														

（第四册卷十六第五章《知识青年上山下乡》，第758—766页）

《九江县志》

九江县县志编纂委员会编，新华出版社1996年

（1963年）7月，第一批来自南昌市157名下放知识青年到新洲垦殖场安家落户。

（《大事记》，第55页）

（1964年）县人委成立城镇知识青年和社会闲散劳动力精简安置领导小组办公室，先后在沙河、港口、新港、马回岭等集镇精简安置下乡人员249人。　（《大事记》，第55页）

（1965年8月）25日，从即日起至9月1日止，在新洲垦殖场下放知识青年中发生9例歇斯底里病，患者为未婚女性，发病时大哭大笑，神志异常，十余分钟后自然恢复正常。

9月底，优秀知识青年代表谭冬幼赴京参加国庆观礼。　（《大事记》，第56页）

（1969年）周岭公社风光大队回乡知识青年王极冬，在姑塘修建雨淋闸中，因抢救塌方压人而牺牲。　（《大事记》，第58页）

（1971年）5月4日，《人民日报》以《知识青年好榜样》为题，报道向新洲知识青年谭冬幼学习的决定，并组织谭冬幼的先进事迹。随后，《江西日报》以"万匹马力拉我不回头"为题也作了报道。25日，县委政治部作出关于深入开展向谭冬幼学习的决定，并组织谭冬幼事迹报告团演出队在全县巡回报告、演出。　（《大事记》，第59页）

同月（1975年11月），县委抽调县、社干部和知识青年250余人，组成4个基本路线教

育工作队,由县委常委带队,赴永安、沙河、新港、新合 4 个公社的 36 个大队、22 个社办企业,全面贯彻全国农业学大寨会议精神,进行党的基本路线教育。次年 11 月结束。

(《大事记》,第 61 页)

1968—1969 年,"广大干部下放劳动"、"知识青年到农村去",县内先后接受并安置南昌、九江市及其他县(市)下放干部 682 人、知识青年和干部家属 3 318 人。1970 年后,他们中的大多数,通过收编、招工、参军、参干、升学、顶职、因病回城等途径,陆续迁出县。

(卷二第一章《人口变化》,第 34 页)

知识青年上山下乡办公室　1968 年 7 月,成立知识青年上山下乡工作领导小组,下设办公室,同年 10 月工作并入"五七"大军办公室。1973 年 3 月,重新组成知识青年上山下乡安置工作领导小组,下设办公室。1979 年 6 月,撤销领导小组,改为知识青年上山下乡办公室,1982 年 4 月撤销。

(卷十七第二章《行政机构》,第 377 页)

1964 年前后,主要采取动员知识青年和社会闲散劳动力上山下乡和在部分全民企事业单位适当补员招工以及开辟其他生产、服务门路等办法广为安置,初步缓解了城镇就业困难。

(卷二十一第一章《劳动》,第 439 页)

1972 年,为了控制城乡劳动力非正常的对流,县内再次调整劳动资源配置,停止向农村招工,招工对象开始转向下乡知识青年和城镇待业人员。但由于就业渠道单一化,安置速度缓慢,至 1978 年底,不仅城镇尚有大批人员待业,而且农村还有千余名下乡知识青年急盼回城安排。

(卷二十一第一章《劳动》,第 440 页)

知识青年上山下乡　1963 年夏,第一批来自南昌市 157 名下放知识青年到新洲垦殖场安家落户。1964 年,县精简安置领导小组首次动员城镇知识青年和社会闲散劳力 22 人到农村插队落户,其中沙河、新港两镇待业青年 11 人,武汉回乡知青 3 人,县级机关家属 8 人;全年先后接受安置县内外插队人员 476 人,其中知青 158 人,闲散劳力 303 人,家属 15 人。1965 年,接受安置 171 人,其中知青 48 人,闲散劳力 97 人,家属 26 人。1966 年,接受安置 105 人,其中知青 56 人,闲散劳力 39 人,家属 10 人。三年共接受城镇下乡知青和闲散劳力 752 人,其中来自南昌 154 人,九江市 349 人,本县集镇 249 人;安置在国营垦殖场 324 人,社队林场 291 人,回乡插队 137 人。

1968 年 7 月,成立县革命委员会知识青年上山下乡工作领导小组,下设办公室,广泛宣传和动员"知识青年到农村去,接受贫下中农再教育";10 月以后,下放知青纳入"五七"大军体系。是年 8 月至 1970 年 12 月,先后接受安置城镇下乡知青和社会闲散劳力 2 494 人,其中下乡知青 958 人, 城镇居民 828 人, 下放人员家属 708 人;来自上海 32 人, 外省市 39 人, 本省地市 1 015 人, 本县城 767 人, 公社集镇 641 人。

(卷二十一第一章《劳动》, 第 441—442 页)

1964 年, 从社会知识青年中遴选 31 人, 参加永修农村社会主义教育运动, 锻炼 3 个月后回县分配工作。70 年代, 从上山下乡知识青年中直接选拔 15 人, 充任国家行政干部。

(卷二十一第二章《人事》, 第 447 页)

《庐山区志》

《庐山区志》编纂委员会编, 方志出版社 2004 年

是年(1968 年), 周岭公社风光大队回乡知识青年王吉冬, 在姑塘修建雨淋闸中因抢救遇险人员牺牲。

(《大事记》, 第 17 页)

《彭泽县志》

彭泽县志编纂委员会编, 新华出版社 1992 年

1968 年始, 下放大批知识青年和待业人员。……9 月, 建筑部门又在下放知青中招收 90 名学徒工。

(卷十六第二章《劳动 人事》, 第 377 页)

知青安置 1964 年, 压缩城镇人口, 减轻城镇就业负担, 动员县城 40 名知识青年(简称知青)和接受九江市下放的 100 名知青安排到上十岭垦殖场、太泊湖和马当公社的农场插场落户。1967 年又接受上海 100 名知青, 分别安排到乐观、黄岭、马当、黄花、和团、杨梓、东升、浩山、定山等公社及上十岭垦殖场插队落户。

毛泽东主席发表"五·七"指示(1967 年 5 月 7 日指示)以后, 知识青年下放工作趋于高潮。1968 年, 县成立专门领导机构, 设"五·七"大军办公室, 下放知青实行军事建制, 县为营, 公社为连, 大队为排, 生产队为班, 当年接受安置 4 000 人。至 1972 年止, 顶编、招工回城部分, 继续在农村插队落户的仍有 1 468 名。编 18 连、80 排、181 班(大班 17 人, 小班 5 人), 分布在 18 个公社(场), 80 个生产大队, 156 个生产小队。

1968 至 1972 的 5 年中, 全县共拨出知青经费 716 975 元, 其中, 安置费 356 170 元;房屋修建费 173 500 元;困难补助费 161 880 元。1973 年又将军事建制的知青组织, 改为插队劳动, 建立知青点和集体所有制的青年队、农场等。全县知青分别插入 19 个公社(场)、37 个场、9 个茶场、3 个园艺场、1 个畜牧场和 3 个农科所。

1974年,知青上山下乡,改为厂社挂钩,归口定点安排(即知识青年归口下,带队干部归口派,管理教育归口抓,支援农业归口帮)。来本县泉山、定山、太平、芙蓉、棉船、马当、湖西、瀼溪、天红等公社定点挂钩的有九江市人武部、公安局、法院、交通局、消防队以及九江磷肥厂、化肥厂、国棉一、四厂、港务局、搬运公司、江西农建师等单位。

1976年以后,已下放的知青陆续返回城镇,本县下放的知识青年,大都由劳动部门作安置。外地知青均先后返回原地,少数在农村已婚配不能返回城市的,本县也妥善安置。

(卷十六第二章《劳动 人事》,第380页)

《湖口县志》

江西省湖口县志编纂委员会编纂,江西人民出版社1992年

(1969年)4月24日,高桥公社青竹大队党支部书记杨振泉为抢救落水的下放知识青年而牺牲。省革委会授予烈士称号。 (《大事记》,第22页)

安排城镇待业知识青年就业:"文化大革命"中的1968年将城镇知青全部下放农村劳动。全县共下放955人,后逐步收回城镇安排。

(卷十二第五十章《人事 劳动 工资》,第486页)

《都昌县志》

江西省都昌县县志编修委员会编,新华出版社1993年

1978年止,都昌安置到农村插队落户的知识青年已达4 239名(其中包括接收上海插队落户知识青年1 053人、九江1 740人、南昌106人),分布在各公社的知青场(队)和各生产小队,同当地农民一样,实行按劳记工。"文化大革命"结束后,下放知识青年及城镇居民方被陆续安排回城就业。 (卷九第一章《劳动》,第118页)

1984年止,"文化大革命"期间及其以前下放农村的知识青年4 000余人,除返回上海、九江、南昌等城市1 240人外,县内通过招工、补员等途径安排就业2 609人,推荐入学354人,应征入伍130人。 (卷九第一章《劳动》,第119页)

(1967年)10月,全县中、小学教师与党政机关干部一道被下放农村。城镇高、初中毕业生、"闲散"居民亦被动员上山下乡"插队落户",至1978年,全县农村接收"知识青年"4 239

人(其中包括上海知青 1 053 人、九江知青 1 742 人、南昌知青 106 人)。

(卷十八《附录·大事记》,第 630 页)

《星子县志》

江西省星子县志编纂委员会编,江西人民出版社 1990 年

同月(1968 年 8 月)28 日,六六、六七届高、初中毕业生下放二〇一矿、沙湖山等地,接受贫下中农再教育。 (《大事记》,第 26 页)

知识青年下放与安置 1968 年 8 月,四个面向,下放六六、六七届高初中毕业生。10 月,又有本县六八届高初中毕业生 400 余名与下放干部组成"五·七"大军第一连、第二连,下放隘口、朝阳公社。县城举行欢送会,"五·七"战士佩戴大红花。同年,设立"五·七"办公室。次年陆续有上海、九江知青与本县城镇青年下放永红、花桥等地。1973 年 3 月,"五·七"办公室改为知青上山下乡办公室。1982 年,并入劳动局。

1968 年至 1977 年,全县有下放知识青年 2 387 人(含外地下放知青),遍布 15 个公社、场、镇。历年来国家共拨安置经费 64 万元,作解决知青住房、生产工具、医疗费用之用。

1973 年,建立了一些知青厂、场、队,由插队落户转为集体生产。以便统一管理,统一领导。知青管理部门每年抽调 10 余名干部下放到知青点带队。

知识青年下放期满二年以上者,可陆续作安排,其中有 89 人应征入伍,42 人入大中专学校深造,152 人担任公社、大队干部。1973 年以后,所有知青陆续回城安置。

(卷八第三章《政权》,第 314 页)

《永修县志》

江西省永修县志编纂委员会编纂,江西人民出版社 1987 年

(1968 年)北京、上海、南昌等城市大批下放干部、知识青年来我县插队落户。

(《大事记》,第 22 页)

(1976 年)五月十一日,召开县农业学大寨,上山下乡知识青年、先进集体和先进个人代表大会,代表 2 100 多人。 (《大事记》,第 24 页)

(1979 年)九月十九日,虬津上海知青高康良获团中央命名新长征突击手标兵称号。艾城农民余细林获新长征突击手称号。 (《大事记》,第 25 页)

1965年杨垅公社回乡青年丁保素出席全省劳模会议,荣获省劳动模范称号。

(第三编第三章《群众团体》,第 344 页)

1979年虬津乡上海下放青年高康良出席团中央在北京召开的新长征突击手代表会议,荣获全国新长征突击手标兵称号。 (第三编第三章《群众团体》,第 344 页)

1968年9月10日,毛主席发出"知识青年到农村去,接受贫下中农再教育"的指示。大规模地动员城镇青年,高、初中毕业学生及闲散居民上山下乡。至1970年,全县安置到农村插队落户的知识青年(包括来自上海、南昌、九江等地)共5 000多人。分布在全县各公社的知青队和各生产小队。插队落户的知识青年实行劳动记工分制。

1973年,对上山下乡知识青年采取统筹安排、陆续就业。至1978年,5 000多名知识青年安排的主要去向有:各大、中专学校招生492名,招工顶替1 777名,应征入伍463名,回城438名。

(第三编第五章《劳动 人事》,第 358 页)

六十年代初,从省、地机关下放我县干部和上山下乡青年中,选拔一批素质好的充实干部队伍。

(第三编第五章《劳动 人事》,第 362—363 页)

1968年11月前后,在动员城镇知识青年上山下乡的同时,县城各单位和公社有干部、教师、医务人员、文艺工作者近1 100人,下放淳湖、艾城、虬津、马口、立新等地参加体力劳动。

(第三编第五章《劳动 人事》,第 366 页)

"文化大革命"期间,全县80%的教师被下放,迫使部分教师改行转业。1970年,乡村小学、中学骤增。虽然大多数教师被收回原学校,但师资仍处于紧缺状态。于是,大量回乡青年、下放知识青年被推荐担任"赤脚教师"(民办教师)。 (第四编第一章《教育》,第 402 页)

《德安县志》

德安县志编纂委员会编,上海古籍出版社1991年

(1955年)8月4日,县委审干办公室成立。11日,县安置垦荒临时委员会成立。

9月5日,县委召开常委会,研究上海青年志愿垦荒队来德安的安排工作,决定将到八里乡的百名青年组织起来,作为建立高级农业生产合作社的试点。

10月6日至10日,县第一届第四次人代会在县城举行。25日,经陈毅市长批准的上海青年志愿垦荒队首批98人,举着共青团上海市委赠给的"向困难进军,把荒地变成良田!"的

队旗,第三天到达德安,当天进军县南部离县城 8 公里(铁路)的九仙岭南麓,安营扎寨,为县首建高级农业合作社而艰苦奋斗。

11 月 29 日午后,党中央、毛主席委托团中央第一书记胡耀邦专程来到九仙岭山下,看望上海青年志愿垦荒队员们,并为垦荒队题写社名——"共青社"(即"共青垦殖场"的前身,现已发展成为"共青城")。 （卷一《概述、大事记·大事记》,第 13 页）

(1984 年)12 月 12 日,中共中央总书记胡耀邦来共青垦殖场视察和看望上海志愿垦荒队员。 （《大事记》,第 18 页）

(1990 年)3 月 6 日,九江市副市长康晋益又召集德安县史之汉县长、永修县王俊勇县长等负责人,对具体问题再次进行协商,本着有利于开发利用,有利于根治血吸虫病,达成了《关于将永修县中南湖二千二百亩水域面积使用权属划归德安县共青垦殖场权属问题的协议书》：……(2)共青垦殖场两年内负责安置永修县江益乡 60 名知识青年就业,每年 30 名(带户口粮油关系),就业人员按共青垦殖场招工条件执行。…… （卷一《概述、大事记·大事记》,第 20 页）

1955 年 10 月,上海第一批青年垦荒队 90 人,在倡导垦荒者陈家楼的带领下,来到德安,后以这批人为基础成立共青垦殖场。同年底,又从上海迁来居民 990 户,1 619 人(有部分单身户)。 （卷四《人口志·历代人口》,第 146 页）

县乡办和知青办 1968 年 10 月,大批干部和城市知识青年下放到农村,同月成立德安县上山下乡办公室。1973 年,干部基本调回原单位工作,城市知识青年仍分批下放,便将原德安县上山下乡办公室改为德安县知识青年安置办公室,此机构于 1978 年撤销。 （卷四《人口志·劳动就业》,第 180 页）

德安知青下放自 1962 年开始。第一批城市知识青年下放在彭山林场望夫山造林。以后陆续分批下放,至 1978 年止,全县下放知青 1 036 人,接受上海市下放知青 1 203 人,接受南昌市下放知青 1 223 人,接受九江市下放知青 704 人,接受其他省转来知青 157 人,共计 4 395 人。在 1978 年底以前,通过各地招工、招生、干部退休顶替、参军回城等途径,走了 2 720 人,余下 1 639 人,亦先后回城作了安排。

知青下放时,国家拨专款 895 691 元,用于建房 396 078 元,用于购置农具、家具 93 183 元,用于学习费 8 119 元,其余部分均为知青的生活费用开支。

全县共为知青建房 303 栋,1 942 间,33 016 平方米,总造价 816 618 元。除国家拨款 396 078 元外,其余均系群众自筹。 （卷四《人口志·劳动就业》,第 180 页）

《武宁县志》

江西省武宁县志编纂委员会编纂,江西人民出版社1990年

(1965年12月)接收九江市上山下乡知识青年在棠厦杜家开办东风林场。

(《大事记》,第31页)

(1968年10月)全县掀起知识青年上山下乡到农村接受所谓"贫下中农再教育"的运动,被下放的初中、高中和共大分校的毕业学生有477人。自1964年起,先后接受九江、南昌和上海等大中城市下放农村知识青年3308人。 (《大事记》,第32页)

(1970年)1月,对"三查"对象、部分干部、城镇居民和知识青年实行"清队下放",统称"五七大军"。并接收一批省、地下放干部。县、社分别成立"五七大军办公室"。

(《大事记》,第33页)

(1974年)8月22日,上海市上山下乡慰问团,来我县慰问下放我县的上海知识青年。

(《大事记》,第35页)

(1979年)11月5日,根据中央和省委指示精神,本着"国家关心,负责到底"的原则,统筹解决好上山下乡知识青年问题。县委决定成立知识青年农工商联合公司,解决我县知青待业问题。 (《大事记》,第36页)

1979年成立劳动服务公司以后,依靠部门广开就业门路,创办知识青年服务公司和知识青年门市部,发展城镇集体经济和个体经济,劳动就业机会更多。

(第二编第五章《劳动管理》,第213页)

《武宁县志》

武宁县志编纂委员会编,江西人民出版社2009年

(1964年)9月11日,县城首批上山下乡知识青年48人下放黄塅,开办东方红林场,有的在县林园队、茶场落户。 (《大事记》,第26页)

(1965年)12月,接收九江市上山下乡知青438人,分别安置在白鹤坪、幸福山、黄塅、杜家林场。武宁县亦下放知青27人。 (《大事记》,第27页)

（1968年）是年，全县掀起知识青年上山下乡，到农村接受"贫下中农再教育"运动，被下放的初中、高中和共大分校毕业生有477人。自1964年起。先后接受九江、南昌和上海等大中城市下放农村知识青年3 308人。 　　　　　　　　　　　　　　（《大事记》，第28页）

（1975年）6月2日，召开全县上山下乡知青先进代表会，有265人参加，其中知青代表186人。 　　　　　　　　　　　　　　　　　　　　　　（《大事记》，第29页）

（1978年）自本年起，停止知青下放。自1972年起，全县下放农村落户的城镇知识青年2 147人，各地先后办起知青点29个。由各地生产队拨出田地为生产基地，共安排知青1 816人。后又发展为按系统直接与生产队挂钩，自办知青点，并安排干部轮流带队。

（《大事记》，第30页）

1964年，县城首批知识青年48人下放黄坳、茶场落户。自1964年至1968年，先后接收九江、南昌、上海等大中城市下放知青3 308人。 　　（第三编第一章《人口变化》，第142页）

1972至1978年，全县下放农村知青共计2 147人，各地先后办起知青点29人，至1978年底停止下放。以后凡下放人员，因落实政策、参军提干、招工升学、顶职或因病陆续回迁，只有极少数留在农村。 　　　　　　　　（第三编第一章《人口变化》，第142页）

上山下乡知识青年安置 　1979年有在册下乡知青553人，其中上海知青20人，南昌知青14人，九江知青80人，武宁知青423人，其他知青16人。自1980年至1982年，除病退回城的12人外，已通过招工、补员安置了451名知青到全民和大集体企业工作。招工时，按照国家政策，在年龄、婚否条件方面都给予了适当放宽，下放年限作为连续工龄计算。与此同时，安排90名知青到县知青联合公司和部门单位举办的知青劳动服务企业就业。

（第十编第三章第582—583页）

《修水县志》

修水县志编纂委员会编，海天出版社1991年

同年（1968年），下放本县农村插队落户的有：南昌知识青年16人，九江知识青年832人，地区带薪干部1 907人。本县教师2 100人，干部职工2 526人，学生和社会知识青年628人，城镇居民5 853人。 　　　　　　　　　　　　（《大事记》，第29页）

同年(1969年),上海知识青年1 480人下放本县农村插队落户。1970年又下放3 888人。1975年起大部分陆续收回。 (《大事记》,第29页)

1964至1970年,贯彻知识青年上山下乡政策,共有知识青年6 312人,分别从上海、南昌、九江等城市下放到本县农村落户。1976年后,下放知识青年陆续迁回城市,至1985年仅剩少数在本县落户就业。 (卷二第一章《人口规模》,第57页)

1967年9月,劳动局撤销,有关工作由生产指挥部行政办公室办理。1968年7月后,又先后由县革委下设的综合组、办事组、计划组兼办。专门就业安置机构被破坏,大批职工和知识青年下放到农村。 (卷二十二第一章《劳动》,第396页)

(1957年)12月,县城各界8 000人集会,欢送104名上山下乡先遣队员到黄沙港、南岭、三都洋湖3个农牧林垦场参加生产劳动。 (卷二十二第一章《劳动》,第399页)

第五节　知识青年上山下乡

动员本县知识青年和接受外地知识青年上山下乡的工作,从1964年9月开始,到1978年结束,共安置9 789人,其中本县3 477人,九江832人,南昌112人,上海5 368人。政府下拨安置经费507.73万元。共建住宅、厂(场)房505栋,计3 489间,占地8.11万平方米,总造价190.42万元。其中国家拨款100.79万元,社队投资54.98万元,社员投工24.11万个,折合人民币34.65万元。

1964年9月,成立县精简领导小组,下设精简办公室处理日常工作。有动员安置任务的区、社、大队均建立相应的机构,有1名主要领导干部主管这一工作。

凡城镇没有升学或分配工作的高初中毕业生,无职业的社会青年,闲散劳动力,均属动员下乡的对象。到1967年止,先后从本县动员下乡和接受外地下放知识青年共1 189人。1968年,响应毛泽东"知识青年到农村去,接受贫下中农再教育,很有必要"的号召,本县知识青年下放趋于高潮。除病、残、独生子女、父母身边唯一的成年子女和未满17周岁的少年外,均属动员上山下乡对象。至1978年止,从本县动员下乡和接受外地下放的知识青年共8 600人,形成具有9 789人的下放知识青年大军。

为加强领导,县以下分公社、大队、生产队成立"五七"大军连、排、班。1970年10月30日,成立修水县革命委员会"五七"大军领导小组,下设办公室,取代原精简办公室的职能,公社、大队也成立"五七"大军领导小组,生产队建立再教育小组,1971年,成立县知识青年上山下乡安置小组,社队也成立相应组织机构,由一名副职担任领导。社队"五七"大军连、排有下放干部带队,有贫下中农当老师。

15年来,下放知识青年中选拔参加县级领导班子的有县委副书记徐明华等3名,参加社级领导班子的 28 名。

1979 年，中共江西省委发出的 141 号文件决定：今后不再动员知识青年上山下乡，仍在农村的上山下乡知识青年，继续参加农村建设。本县知识青年上山下乡运动从此终止。1980 年 12 月县革委根据上级指示发出通知，凡城镇下放的知识青年除已安排工作和升学者外，全部回城就业。不愿回城或难以回城者，每人发给补助金 200 至 400 元，由各人自谋职业安排生活。

历年下放和接受外地上山下乡知识青年人数

年份 \ 原籍 \ 人数	修水	九江	南昌	上海	合计
1964	601				601
1965	178		96		274
1966	285				285
1967	29				29
1968	628	832	16		1 476
1969				1 480	1 480
1970				3 888	3 888
1973	542				542
1974	519				519
1975	270				270
1976	204				204
1977	208				208
1978	13				13
合计	3 477	832	112	5 368	9 789

注：1976 年的人数包括回乡青年和成户插队青年人数在内。

（卷二十二第一章《劳动》，第 399—401 页）

《上饶地区志》

上饶地区地方志编纂委员会编，方志出版社出版 1997 年

（1961 年）2 月，共青团中央第一书记、中共中央八届委员胡耀邦，到大茅山垦殖场视察。到新岗山垦殖场了解场办工业和农业生产包产到户的情况，与该场上山干部、知识青年及其他工作人员合影留念。

（《大事记》，第 63 页）

是年(1968年),全区各级各类学校的教职员工与学校"脱钩"下放 12 326 人,占当年教职员工总数的 52.3%。与此同时,还下放了 1968 届以及历届高、初中毕业生近 2 万人,下放社会青年 5 000 人,说是到农村插队落户,接受贫下中农再教育。　　　(《大事记》,第 68 页)

(1963年)根据"统筹安排,城乡并举,上山下乡为主"的方针,安置 5 242 人到农村插队落户;1 028 人到国营农场、林场及牧场。　　　(卷十一第二章《劳动管理》,第 517 页)

1971年开始,因知识青年上山下乡,城镇居民下放,将就业安置转移到农村。全区从下放农村锻炼的知识青年中招收新工人 766 名。同年 11 月,又从省劳动局下达的 5 000 名大集体增人指标中,拨出 3 850 名指标,招收 1972 年以前下乡的确有实际困难不易解决的插队知青。……

1979年,下放居民陆续返回城镇,全区全民所有制单位招工工作按政策由农村转向城镇,主要从留城、回城的待业知青中招收(包括已安排城镇街道集体企业就业的留城知青),适当照顾城乡上山下乡满两年以上的插队知青。……全区共安置待业青年 25 855 名,其中城镇待业青年 6 104 名,插队老知青 6 034 人,其他待业人员 13 713 名。

1981年……至 12 月底,全区的插队知识青年已基本安置完毕。

(卷十一第二章《劳动管理》,第 518 页)

《上饶市志》

上饶市志编纂委员会编,中共中央党校出版社 1995 年

(1965年)6月,开始进行知识青年下放工作。至年底,全市共计下放 1 137 名知识青年到农村社队和垦殖场参加生产劳动。　　　(《大事记》第 24 页)

同月(1968年10月)13日,欢送 1 000 余名知识青年上山下乡,参加农业生产劳动。至 1979 年,全市上山下乡的知识青年总人数计 18 027 人。　　　(《大事记》,第 26 页)

是年(1981年),广开就业门路,全市共安排 5 746 名待业青年就业。同时,对 1968 年以后下放农村的知识青年和其他各类人员中按政策应收回城市安排就业的,基本办理完毕。

(《大事记》,第 33 页)

据统计,在 1979 年至 1983 年的 5 年中,通过信访渠道……收回"文革"中下放的知识青年 1 392 人,从业人员和其他城市居民 204 户、6 088 人。

(卷九第六章《侨务　信访　地名管理》,第 168 页)

1979 年至 1985 年,全市共安置陆续回城就业下乡知识青年和城市待业人员 30 168 人,每年平均安置 4 310 人,其中回城知青占总数的 99%。

(卷十一第一章《劳动就业》,第 185 页)

《上饶县志》

上饶县县志编纂委员会编,中共中央党校出版社 1993 年

同月(1969 年 2 月),上海首批知识青年来县农村插队落户。　　(《大事记》,第 48 页)

1968 年 9 月,首批 208 名知识青年下放农村劳动,接受贫下中农"再教育"。以后陆续有知识青年下放到农村,至 1977 年,全县上山下乡的知识青年计 4 239 人(包括上海及外地的 445 人)。

1976 年至 1980 年,政府重视知识青年的就业安置工作,全县下放知青中参军 399 人,升学 304 人,转入上海安置的 470 人,转外县(市)安置的 2 055 人;其余都在县内得到安置。

(第三十一章《政务》,第 291 页)

《婺源县志》

婺源县志编纂委员会编,档案出版社 1993 年

(1970 年)10 月,县推行江西大港"工业群"经验,盲目开展工业大会战。先后调集下放知识青年和农民 3 000 多人,想白手起家建赋春、县城、郭公山 3 个工业区的数十个厂子。终因缺资金、缺设备、缺技术,不久下马。　　(《大事记》,第 33 页)

1968 年至 1976 年,上海、上饶等城市先后到本县农村插队落户的知识青年 2 137 名,本县城镇知识青年到农村插队落户的 710 名。这些知识青年,除回城和升学、参军外,其余的均在 1975 年后由本县陆续安置就业。　　(第六篇第二十一章《政事》,第 177 页)

《德兴县志》

德兴市地方志编纂委员会编,光明日报出版社 1993 年

(1968 年)10 月,县内下放干部、学生共 1 193 名到农村插队落户,接受贫下中农再教

育。之后,陆续接收安置上饶、广丰、上海等地的干部、知识青年和城镇居民3 000余人。

(《大事记》,第31页)

(1974年)1月4日,县召开上山下乡知识青年代表会。　　　(《大事记》,第32页)

1968年至1970年三年中,县又接收上海、上饶、南昌、广丰等地的知识青年与下放干部和浙江新安江库区移民等达38 000余人。　　(卷三第一章《人口变化和分布》,第128页)

"文化大革命"开始后,社会待业人数大量增加,全县中学毕业生除少数参军外,1 750人被安置到农村插队务农。同时全县又接收、安置上海、上饶、广丰等地知识青年2 950人插队务农,安置下放干部、工人、城镇居民等1 650人到农村参加生产劳动。

(卷五第九章《劳动、工资管理》,第215页)

《玉山县志》

江西省玉山县志编纂委员会编纂,江西人民出版社1985年

(1968年)10月8日,首批343名知识青年上山下乡,到农村插队落户。

(《大事记》,第25页)

中国共产党十一届三中全会以后,……县劳动局在首先安排留城待业青年的基础上,会同县知识青年上山下乡办公室,为1972年以前下放,尚未回城的360余名知识青年,在城乡大集体企业中,进行一次性就业安排。　　(卷十二第一章《劳动》,第168页)

1981年4月,县劳动局……又给1973年后下放的280名知识青年,全部作了就业安排。……

1982年,全县安置上山下乡知识青年及待业人员1 310名。

(卷十二第一章《劳动》,第169页)

《玉山县志(1979—2000)》

《玉山县志(1979—2000)》编纂委员会编,方志出版社2005年

1983年起,从农村基层干部、社会闲散科技人员、回乡知青、复退军人、"五大"(即:电

大、职大、业大、函大、成人高校)毕业生中招聘合同制干部,聘用期 3 年。

(卷十第二章《人事》,第 250 页)

《广丰县志》

广丰县地方志编纂委员会编,方志出版社 2005 年

(1968 年)8 月 7 日,举行毕业生欢送大会,从此开始动员知识青年上山下乡,到农村插队落户。称今后大学不再招生,从工农中选拔,"走上海机床厂道路"。(《大事记》,第 22 页)

(1970 年)5 月 22 日,县成立"五七大军"领导小组,下设办公室,负责管理下放干部和下乡知青。1973 年 6 月 27 日改为"知识青年上山下乡办公室"。 (《大事记》,第 24 页)

1979 年,给 1972 年以前下放农村的知识青年全部安排工作,1973 年以后下放农村的知识青年亦陆续安排工作。下放居民亦陆续返回城镇。全民所有制单位招工工作按政策由农村转向城镇,主要从留城、回城的待业知青中招收工人(包括已安排城镇街道集体企业就业的留城知青),适当照顾城镇上山下乡满两年以上的插队知青,安排前实行德、智、体全面考核,统一参加文化考试,择优录用。1980 年,全县职工达 11 648 人。

(卷二十六第三章《劳动管理》,第 615 页)

《铅山县志》

铅山县县志编纂委员会编,南海出版公司 1990 年

同月(1964 年 7 月),动员城镇闲散劳动力和社会青年上山下乡。全县先后有 1 119 人分别下放到农村生产队,国营农场和社办林场安家落户。 (《大事记》,第 22 页)

是年(1968 年),全县居民 1 832 户、6 312 人,知识青年 3 026 人,干部 1 022 人,下放农村"接受贫下中农再教育"。一批省、地机关和企事业单位的干部、职工,下放铅山农村插队落户。 (《大事记》,第 25 页)

(1970 年)春,紫溪公社发动社员、知识青年和下放干部 5 000 人,开发塔山岗,建立朝阳创业队。 (《大事记》,第 26 页)

第三节　下放知识青年安置

1964年7月,县成立城市下放职工和青年学生工作领导小组,开始动员城镇闲散劳动力和社会知识青年下乡插队,到1966年,全县共有1119人下乡。其中到农村生产队插队的549人,到国营农场务农的274人,到社办林场劳动的216人,家在农村回乡务农的80人。

1968年开始,大批动员城镇居民和知识青年下放农村。是年下放城镇居民2036户,7153人。1968年至1978年底,陆续下放的知识青年共5344人,其中铅山知识青年3026人,其余为外地知识青年。1979年停止下放,并开始安置下放知识青年回城就学或就业。是年,共安置5385人,其中考入大学、中专的562人,参加人民解放军的532人,被全民或集体单位录用为工人的2205人,被录用为干部的29人,迁出486人,其余有的转为农林垦殖单位工人,有的迁回城镇等待安置就业。截至1981年底止,下放知识青年除自愿留在农村的以外,都离开了农村。

下放农村的城镇居民自1973年10月起,也陆续迁回城镇。

(卷二十二第一章《劳动》,第458页)

《横峰县志》

横峰县志编纂委员会编,浙江人民出版社1992年

同月(1968年8月),下放知识青年600多人到农村插队落户,"接受贫下中农再教育"。

(《大事记》,第24页)

1952年从经过土改复查考验锻炼的农村基层干部和知识青年中选拔了一批人充实干部队伍。

(卷八第二十七章《人事》,第175页)

《贵溪县志》

贵溪县志编纂委员会编,中国科学技术出版社1996年

(1968年)7月,开始动员知识青年到农村去接受贫下中农再教育。到8月17日全县高、初级中学毕业生637人到农村插队落户(其中家住农村的396人回乡插队)。另外,下放社会知识青年130人,城镇居民235人,手工业者2100余人。 (《大事记》,第30—31页)

(1969年)3月7日,第一批上海知识青年来贵溪插队落户。 (《大事记》,第31页)

(1970年)8月24日,接受上海知识青年1000名来贵溪县插队落户。

(《大事记》,第31页)

（1977年）6月，各公社（场）接收安置下放知识青年480名。　　　（《大事记》，第34页）

1964年有203名知识青年到社、队办的林场就业、143名到农村插队、71名到共产主义劳动大学贵溪分校学习，另外还安排185名临时工、57名长期工和27名待业人员从事手工业生产。　　　（卷二十二第一章《劳动》，第843页）

中共十一届三中全会（1978年）后，劳动就业实行"劳动部门安排就业，自愿组织起来就业和自谋职业"相结合的政策。贵溪县在1980年首先安置了回城就业的上山下乡知识青年。

大量上山下乡知识青年回城，冤、假、错案的平反昭雪和新的一批未能升学的知识青年走上社会，致使城镇待业人员不断增加，劳动就业问题又显得突出起来。截至1982年，全县实有待业人员3968人（其中知识青年2357人）。　　　（卷二十二第一章《劳动》，第843页）

50年代末，中共中央向全国城镇知识分子发出"面向农村、面向工矿、面向基层、面向边疆"（亦称"四个面向"）的号召，随后知识青年上山下乡遍及全县。1964年安排知识青年346人到林场和农村就业。"文化大革命"初期形成高潮，贵溪县中学停办，大部分教职工和全部高、初中毕业生下放农村参加劳动。

1968年8月—1970年底止，先后有来自上海、南昌、上饶、鹰潭和贵溪县城镇的知识青年3098人下放到全县各个公社（场）的90%的大队和80%的生产队。这些知识青年中有1969年来自上海市卢湾区的66、67、68各届高、初中毕业生765人。他们被分别安置在周坊、志光、泗沥、白田、河潭、余家、塘湾、文坊等公社和东方红、上清林场插队落户。

1972年以后在逐年办理知识青年下放农村锻炼的同时，并逐年在知识青年中办理招生、招工、参军等工作。

1973年以毕业班为单位或以街道为单位集体下放的知识青年，则以15人左右组成一个知青班，集中到一个生产队插队落户，并根据知青班的组织形式实行独立核算。1974年以后又实行厂、社或系统组织知青办队、办场（厂）。到1975年底，全县共办知青队、场（厂）73个。

1976年初上山下乡的知识青年人数达3567人。其中插队的1221人，在知青队、场的1213人，在国营农、林、牧、渔场的1028人，回老家落户的105人。这一年全县知青队、场共有水田3790.5亩、旱地1234.5亩、山场34908亩。当年知青队、场共生产粮食1896260斤、生猪存栏1446头。这一年有25个知青点被评为先进单位，有149名知识青年被评为先进分子。

1979年根据贵溪县知识青年较多的特点，组建了三个重点知青队（厂），即：贵溪县办知识青年联合公司、贵溪县社合办的罗塘人民公社知识青年综合厂和社办的余家知识青年综合厂。

自1968—1980年的13年中，政府对知识青年给予了必要的扶持，截至1979年底，贵溪县财政部门先后拨给知识青年经费1122700元，下拨木材1150立方米和大量元钉、玻璃。农村社队还为知青建队支援了大量的劳动力和红石、砖、瓦等。先后为知识青年建房154

栋,建筑面积 27 940 平方米。先后为知识青年购置农具、炊具 7 100 余件,还先后派出有农业生产经验的社员到知识青年点,帮助他们管理生产、料理生活。

1981 年将 1 199 名知识青年由农村转为城镇户口,并安排工作(其中招生 5 人、招工 185 人、提干 32 人、公社集体就业 436 人、在知青厂(场)就业 30 人、病退、困退 511 人)。 1981 年 9 月,中共贵溪县委、贵溪县人民政府对尚未回城的 163 名知识青年,由劳动服务公司开出介绍信,进行一次性的就业安排。　　　　　　　(卷二十二第一章《劳动》,第 853 页)

1974 年贵溪县选派耳口文化宣传队参加上饶地区知识青年调演,演出创作剧目《山绿人红》。第二年参加江西省调演。

1975 年贵溪县选派耳口、河潭两个公社的知识青年文化宣传队赴上饶参加地区调演, 演出小戏《说亲记》。　　　　　　　　　　　(卷二十三第三章《群众文艺》,第 883 页)

贵溪县自第一届科协代表大会召开后,先后开办各类培训班 1 585 期。全方位地培训农村行政管理人员、生产人员、回乡知识青年、复退人员、科技示范户、专业户共 129 272 人次。　　　　　　　　　　　　　(卷二十六第一章《科技组织》,第 1018 页)

《余江县志》

江西省余江县志编纂委员会编纂,江西人民出版社 1993 年

是年,将原有县直 80 多个单位,合并为财政金融管理处、生产生活资料购销处,血防医药卫生处、粮油购销管理处、森林管理处及工交管理处。下放去农村安家落户插队劳动的人员 8 833 人,其中干部 548 人,教职员 391 人,学生 1 665 人,医务工作者 43 人,社会青年 756 人,同时还安置了省、地及鹰潭下放来县人员共 3 453 人,其他 1 977 人。　(《大事记》,第 33—34 页)

(1969 年)3 月,上海市杨浦区上山下乡知识青年来本县插队落户。至翌年底,全县共接受 2 508 人插队。　　　　　　　　　　　　　　　　(《大事记》,第 34 页)

1973 年,恢复民政局,增设外贸局,撤销财政金融局,恢复财政局,税务局。改林业局为农林垦殖局,改"五七大军"办公室为知识青年上山下乡安置办公室。

(卷五第四章《县人民政府》,第 166—167 页)

1984 年 4 月,机构改革,撤销知识青年上山下乡安置办公室、财贸办公室、农林水办公室、气象局、外贸局、农机局。　　　　　　　　(卷五第四章《县人民政府》,第 167 页)

本县除 1971 年从农村基层干部、宣传队员、下放知识青年中吸收试用干部 37 人外，未从社会吸收干部，只接收大中专毕业生和军队转业干部。　　（卷九第一章《人事》，第 236 页）

1968 年，根据毛泽东主席关于"知识青年到农村去"的号召，全县掀起知识青年上山下乡高潮，并以此作为安置城镇待业青年的主要途径。是年，全县下放到农村插队落户的知识青年（以下简称"知青"）719 人，接收安置外地下放知青 490 人。至 1977 年，全县下放到农村的知青 1 591 人，接收安置外地知青 3 296 人（其中上海 2 530 人）。1968—1980 年，国家拨发安置下放知青专项经费达 290 余万元，用以解决知青的住房、生产工具、炊具和生活困难补助。1971 年起，一面继续动员城镇知青下乡，一面通过企业招工、大专院校招生、应征入伍、吸收干部等途径将下放满二年以上的知青陆续安置回城就业。但由于林彪、江青反革命集团的破坏和工作上的失误：在生产关系上限制甚至取消集体经济和个体经济，在劳动制度上多年实行"统包统配"，在招工政策上，一面动员城镇知青下乡，一面吸收农村劳动力进城（本县仅 1970 年和 1971 年两年间，就招收农村劳动力 810 人），因而至 1976 年底，全县尚有 2 882 名留在农村的下放知青和一大批城镇社会劳动力等待就业。

（卷九第二章《劳动》，第 255 页）

本县城镇知识青年上山下乡，始于 1965 年，主要是锦、邓两镇少数共大毕业生下乡插队。1968 年以后，广大知识青年、城镇居民、干部下放农村插队落户，当时开支安置费 78.9 万元，占县财政总支出的 24.2%。1973 年，为知青建住房 7 814 平方米，开支 49 万元，占当年财政总支出的 13%。1965—1980 年，全县共开支下乡安置费 293.3 万元。

（卷十五第一章《财政》，第 469 页）

1968 年，乡村小学和乡村中学骤增，大量回乡知识青年、下放知识青年、转业军人以及一些略有文化的贫下中农，被推荐担任"赤脚教师"（民办教师）。

（卷十七第五章《队伍　经费》，第 532 页）

《万年县志》

万年县县志编纂委员会编，（内部刊行）1982 年

（1968 年）七月二十七日，开始动员本县知识青年上山下乡。　　（《大事记》，第 19 页）

（1973 年）五月二十三日，召开全县上山下乡知识青年先进代表会，代表五百六十人，会期五天。

（《大事记》，第 20 页）

到一九八〇年底止,……实际在乡的知青只剩下三百一十三人。

一九七二年以前,除确有明显疾病的知识青年暂缓下放者外,则以毕业班或街道(中途退学的)为单位集体下放,以五人左右为一知青班,分别插到一个生产队落户。每班固定一名贫下中农负责传授生产技能,进行思想教育。此人名曰:"贫下中农老师"。

一九七三年,中央对应下乡,不下乡,暂缓下乡,以及下乡后的安排形式等都作了明确规定。留城者,均发给留城证明,由劳动部门统筹安排就业。

从一九七三年开始,安插形式也由插队落户逐步发展到组织知青队,实行独立核算。到一九七六年止,全县共有知青队(场)八十二个,占在乡知青百分之七十一。另外,老家在农村的知青,可以回老家落户,享受知青待遇。到一九七四年,我县又学习湖南株洲市经验,实行厂社或系统挂钩到农村办队(场)。

……农村社队拨出耕地三千余亩,山地二千余亩,作为知青队(场)的生产基地。并派出社员四百余人次到知青队(场)帮助管理生产和生活。大多数被派社员的工分由社队负担,少数在知青队(场)参加分配。

全县上山下乡知识青年中,有一百五十五人加入中国共产党,一千一百二十八人加入共青团,一人任县委常委兼公社党委书记、共青团江西省委委员,二人任公社党委副书记,九人任公社党委委员,二十一人任大队党总支书记。　　　　　　(《政治·政府》,第 144—145 页)

全县从一九六八年十月二十四日开始,先后下放国家干部、教师及其家属三千余人。城镇居民一千二百七十七户,四千九百九十人(包括省、专下放居民)。城镇知识青年一千一百零三人(其中本县四百四十三人,南昌市一百六十一人,上海市四百九十九人)。十二月二十一日,毛主席关于"知识青年到农村去,接受贫下中农再教育很有必要"的指示下达后,知识青年上山下乡就开始成为制度。　　　　　　　　　　(《政治·政治运动》,第 258 页)

《万年县志》

万年县地方志编纂委员会编,方志出版社 2000 年

(1968 年)7 月 27 日,组织全县知识青年上山下乡。　　　　　　(《大事记》,第 15 页)

(1969 年)4 月 11 日,首批上海知识青年 500 余人来万年插队落户。此后,第二批、第三批上海知青也先后下放到万年,全县共有上海知青 2 614 余人。　　(《大事记》,第 15 页)

1966 年至 1976 年,由于"文化大革命"的影响,社会秩序混乱,劳动就业失去有效管理,城镇人口和新增劳动力进入高峰期,劳动就业出现新的困难,一方面,职工人数和工资总额

突破国家计划管理,另一方面,城镇待业青年得不到及时安置。1968 年部分干部、工人下放,知识青年上山下乡。全县年结转待业人数最多时达 3 000 人左右,给社会增加了就业压力。

(卷十一第二章《劳动》,第 263 页)

第八节　知识青年上山下乡

50 年代,党中央和毛泽东主席向全国城镇知识青年发出"面向工矿,面向农村,面向基层,面向边疆"的号召,指出"农村是一个广阔的天地,在那里是可以大有作为的。"当年就有许多知识青年上山下乡。"文化大革命"中又提出知识青年到农村去"很有必要"。至此,全国出现知识青年下乡高潮。

万年知识青年上山下乡始于 60 年代中期,时有 70 名农业中学学生,分配到大源、城厢、石镇等公社参加农村建设。1968 年,全县有 296 名知识青年下放到农村插队落户。

1969 年前后,有 2 614 名上海市高、初中毕业生下放到万年农村插队落户,接受"贫下中农再教育"。

是年,县革命委员会设"五七"大军办公室,管理全县下放干部和下放知识青年工作。1973年,下放干部大部分收回,改称知识青年上山下乡办公室,简称"知青办",配备干部 5 人,具体管理上山下乡知识青年的安置、调动、回城和平时的思想教育、培养选拔、生活安排等工作。

从 1966 年到 1977 年,全县下乡知识青年达 3 866 人,其中来自上海市的 2 614 人,来自南昌市的 130 人,来自上饶市的 87 人,万年县内的 1 035 人。

1973 年开始,安置形式由插队落户逐步发展到组织知识青年生产队,实行独立核算。到 1976 年,全县共有知青队(场)82 个,在队(场)的知识青年占下乡知识青年总数的 71%。

国家和社、队在经济上给下乡知识青年以积极扶助。国家拨给万年县知识青年安置经费 18.568 万元,木材 1 830 个立方米,元钉 1 250 公斤,玻璃 310 箱;还先后以赠送或无息贷款形式调拨大型拖拉机 7 台,汽车 3 辆,手扶拖拉机 75 台,农副产品加工机械 200 余台(件)。农村社、队拨给知青队耕地 3 000 余亩,山地 2 000 余亩,支援劳动力和建筑材料为知识青年建房 4.7 万余平方米,还派出社员 400 余人次到知青队帮助管理生产和生活。

全县下乡知识青年中,有 155 人加入中国共产党,1 128 人加入共产主义青年团,1 人任县委常委兼公社党委书记,2 人任公社党委副书记,21 人任大队党总支书记,任生产队长者更多。

至 1980 年底,从全县 3 800 余名下乡知识青年中,招收为国家职工的 412 人,选送和考取大、中专学校的 313 人,参加中国人民解放军的 190 人。其余属于上海市、南昌市的知识青年,统由原下放城市收回。

(卷十一第二章《劳动》,第 271 页)

1972 年,县革委会决定,由上坊、垱下 2 公社相邻山区划出耕地 35 亩,山地 108 亩,招收职工和下放知青 36 人,在南源村创建国营万年县山家寨林场,1976 年改称垦殖场。

(卷十二第三章《农林垦殖》,第 324 页)

国营五里长山垦殖场　该场原系齐埠公社齐埠大队办的林场,1971 年改为县办国营林营,1975 年,改称国营万年县五里长山垦殖场。原有林场职工和下放知青 67 人,土地总面积 1 700 亩,其中耕地 45 亩、山地 1 655 亩,均属荒山、潦田。

《乐平县志》

乐平县志编纂委员会编,上海古籍出版社 1987 年

(1968 年)8 月 8 日　本县知识青年开始上山下乡,插队落户。　　《大事记》,第 19 页)

(1969 年)3 月 16 日,首批上海知识青年来县插队落户。　　《大事记》,第 20 页)

(1978 年 10 月),开始收回"文革"期间上山下乡的知识青年并安排工作。

第七节　知识青年下乡及安置

本世纪五十年代,本县就动员知识青年上山下乡。1968 年 12 月,中共中央主席毛泽东发出"知识青年到农村去"的号召后,知识青年上山下乡开始成为制度,县、社(场)设立了知识青年上山下乡办公室,动员所有的高、初中毕业生上山下乡。上海等地三千多名高、初中毕业生也被动员来到乐平农村插队落户,"接受贫下中农的再教育"。

下乡知青的组织安排形式:一是建立知青点,二是分散插队,三是投亲靠友或回老家落户。全县大多数大队、生产队都建立了知青点。上山下乡知青与下放干部、职工、居民一道统称为"五·七"大军,其上山下乡的行动被称为走"五·七"道路。

安置上山下乡知青的工作十分繁重。国家按每个知青四百八十元的标准拨给接收单位安置费,用为知青建筑房屋、增添生产工具和生活用具。此外,还给知青赠送了大批政治、科技书籍。农村社队拨出了大量耕地,支援了大批劳力,并派社员帮助知青管理生产和生活。

知识青年上山下乡人数统计表

单位:人

年　别	合　计	动　员　地　区		
		其　中		
		上　海	外　县	本　县
1968 年	2 410		120	2 280
1969 年	2 950	900	180	1 870
1970 年	2 510	2 050	40	420
1971 年	580		70	510
1972 年	390		20	370
1973 年	80	6	6	68

年　别	动　员　地　区			
	合　计	其　中		
		上　海	外　县	本　县
1974 年	350	58	11	281
1975 年	840		18	822
1976 年	210		28	182
1977 年	360	11	9	340
1978 年	80		7	73
1979 年	50		3	47
总　计	10 810	3 025	512	7 273

　　1978 年 10 月,国家规定县以下城镇知识青年不再列入上山下乡范围后,对原下乡知识青年进行了统筹安排,有的招收为固定工,有的病退回城,除同当地青年结婚者外,下乡知青都分批回城,安排就业。
　　　　　　　　　　　　　　　　　　　　　(第六编第二十六章《民政》,第 142—143 页)

　　1970 年以后,随着工农业生产的回升,每年都按上级下达的指标,招收新工人和安排临时工,招收和安排的对象是城乡知识青年和退伍军人等,至 1980 年共招收新工人一万一千八百七十人(含外地在本县招工),安排临时工四千五百四十五人。
　　　　　　　　　　　　　　　　　　(第十三编第六十章《劳动工资管理》,第 329 页)

《波阳县志》

江西省波阳县志编纂委员会编纂,江西人民出版社 1989 年

　　(1968 年)8 月,首批青年学生上山下乡,到农村插队落户,接受贫下中农再教育。
　　　　　　　　　　　　　　　　　　　　　　　　　　　(《大事记》,第 33 页)

　　同月(10 月),开始大规模下放干部和居民,到年底止,有 8 000 名干部、知识青年、城镇居民下放农村插队落户。　　　　　　　　　　　　　(《大事记》,第 33 页)

　　(1977 年)3 月,全县上山下乡知识青年代表大会在县城五一礼堂召开。
　　　　　　　　　　　　　　　　　　　　　　　　　　　(《大事记》,第 36 页)

　　1963 年 5 月 7 日,毛泽东给共产主义劳动大学的一封信中,提及知识青年到农村去接

波阳县 1968—1982 年知识青年上山下乡情况

单位：人

年份	本年下乡知青	其中：安置情况				本年调离农村知青	其中：调离去向											本期转点转进知青	本期转点转出知青	期末实有知青人数
		插队	回老家	到知青场队	到国营农场渔场		招生	征兵	招工	病退	死亡	提干	知青公司	知青场队	到刺绣厂	自谋职业	到国营农场渔场			
合计	9 873	6 976	1 119	845	933	9 513	947	1 271	2 206	4 404	28	13	158	50	34	33	369	1 202	1 562	0
1968—1972 年	5 160	4 440	165		555	1 327	61	276	912	68	10								161	3 672
1973 年	1 507	1 107	292		108	628	218	98	91	217	4									4 551
1974 年	319	238	5	64	12	416	153	103	2	156	2							799	750	5 253
1975 年	1 059	611	59	331	58	1 067	151	59	24	829	3	1						56	272	4 551
1976 年	719	144	333	138	104	588	64	173	100	243	5	3						70	244	4 480
1977 年	779	259	210	276	34	625	91	63	86	377	2	6						71	244	4 461
1978 年	277	124	55	36	62	1 634	132	226	108	1 163	2	3						123	98	3 129
1979 年	53	53				1 241	60	270	299	612				18				35	27	1 949
1980 年						1 575	17	3	424	709			35	32			369	48	10	412
1981 年						332			114	30			89		34	33				80
1982 年						80			46				34							0

说明
1. "知青公司、场队"和"刺绣厂"等属小集体编制,"国营农场、渔场"栏属自行安置。
2. 1968—1972 年下乡"知青"中,1968 年 1 906 人,1969 年 494 人,1970 年 2 408 人,1971 年 166 人,1972 年 186 人。

受贫下中农再教育很有必要的问题,知识青年上山下乡开始,叫做走"五七"道路。1968 年到 1970 年,为知识青年上山下乡走"五七"道路高潮期间。1969 年,本县接纳上海第一批来波上山下乡知识青年。1973 年末,全县接纳、安置上山下乡知识青年 6 667 人,其中有本县第一、第二中学和鄱阳镇中学历届及应届毕业生 1 310 人,其余为上海、南昌、上饶等地知识青年。

在知识青年上山下乡的同时,本县又通过招工、招生,安置知识青年。

自 1968 年到 1981 年,全县共接纳和安置上山下乡知识青年 9 873 人,其中除 1 300 名回乡知青继续升学或自谋职业外,通过各种渠道,调离农村安置的人数共为 9 513 人,其中招工 2 206 人,安置在本县国营、集体企业单位或返回原下放单位安排就业的有 5 088 人。1982 年,全部上山下乡知识青年安置完毕。

自 1981 年开始,对其他待业人员和以后毕业的知识青年,依靠组建劳动服务公司,兴办集体经济,鼓励个人自谋职业等办法,逐渐摆脱继续由国家统包统配的局面,到 1985 年,先后共安置 14 000 余人,初步解除了就业上的困难。 (卷十第一章《劳动》,第 263 页)

《余干县志》

余干县志编纂委员会编,新华出版社 1991 年

(1968 年)9 月 4 日,开始动员高、初中毕业生、机关干部、教师、医务人员和工人等上山下乡,插队落户,称为"五七"大军。……至 1969 年 6 月,全县共下放知青 1 780 余人。

(《大事记》,第 36 页)

(1969 年)4 月上旬,第一批上海知识青年来县插队落户,至次年 5 月,先后接受上海知青 400 余人。至 1974 年共三批接受上海知青 1 456 人。 (《大事记》,第 37 页)

(1973 年)1 月 8 日,成立余干县知识青年上山下乡安置工作领导小组,下设办公室。

(《大事记》,第 38 页)

(1975 年)9 月 10 日,安置上山下乡知识青年 900 人,其中外省、县 500 名,本县 400 余名。 (《大事记》,第 38 页)

在三年困难时期,有 5 500 名团员和青年响应政府上山下乡的号召,参加农业生产劳动,有 346 名团员和青年评为青年标兵和模范。

1963 年至 1965 年,根据"统筹安排,城乡并举,而以上山下乡为主"的劳动就业方针,安

置了城镇闲散劳动力、知识青年、职工家属共 1 365 人劳动就业,其中安置到国营农场、垦殖场 98 人,水产场 20 人,林场 28 人,国营商业、财贸单位 192 人,共产主义劳动大学 30 人,人民公社 850 人(1965 年安排单独插队 33 人,成户插队 187 人,单独建队 325 人),社办林场 146 人,回乡 1 人;同期(1963 年)接受上级分配来我县进行安置的上饶市和波阳镇知识青年 55 名,其中安排到信用社 36 名,供销社 19 名。对安置在农村插队的,均由国家给予经费补助,帮助他们开展生产,补助标准:单独插队每人补助 200 元,成户插队每人补助 170 元,建队的每人补助在 170 元至 300 元间,回乡人员补助 50 元。1965 年全县共拨下乡回乡经费 164 140 元。

(卷二十九第一章《劳动》,第 460 页)

知识青年上山下乡

1964 年,县成立"安置城市下放职工和青年学生领导小组",到 1965 年,分期分批下放了城镇知识青年、闲散劳动力和职工家属到农村插队落户,安置就业。(见本卷第一章第一节"劳动就业")。

1968 年,毛泽东主席发出"广大知识青年到农村去"的号召,全县下放城镇知识青年 1 369 名(不含回乡高、初中毕业生),分散在全县 15 个公社 200 多个生产队插队落户,进行劳动锻炼,接受贫下中农"再教育",称为"五七"大军。此后,知识青年上山下乡成为制度,每年都有一批城镇知识青年采取分散插队、集体插队、建立知青队(场)、回农村投靠亲友、下放国营农(林)场等多种形式在全县农村安家落户;县、公社设立了知识青年上山下乡办公室,每年拨出经费和物资,帮助知识青年解决生产方面的困难。

1969 年,全县下放知识青年 549 名,其中上海杨浦区下放知识青年 409 名(女 173 名),分配在我县 14 个公社插队落户。

1970 年,全县下放知识青年 1 062 名,其中上海杨浦区第二批下放知识青年 1 006 名(女 445 名),分散在 14 个公社、136 个大队、176 个生产队插队落户,接受贫下中农"再教育"。

1971 年至 1972 年,全县下放知识青年 108 名。

1973 年至 1978 年,全县下放知识青年(包括外来知识青年)1 761 名,其中:1973 年、1974 年上海杨浦区第三批下放知青 41 名,外地区下放知青 4 名,本地区下放知青 13 名,本县下放知青 697 名;1975 年南昌下放知青 95 名,本地区知青 19 名,本县知青 395 名;1976 年南昌下放知青 13 名,本地区 2 名,本县下放知青 178 名;1977 年南昌下放知青 13 名,本地区 10 名,本县 239 名;1978 年南昌下放知青 34 名,本地区 1 名,本县 7 名。其安置去向是:国营农场就业 197 名,农村插队落户、建立知青队、场、回乡投靠亲友共 1 564 名。

1978 年 10 月起,国家规定对县以下城镇知识青年不再列为上山下乡范围。对原下放城镇知识青年,除历年病退回城 445 人,特困回城 38 人,招工 705 人,升学 283 人,参军 274 人,迁移 316 人,其他减少 175 人外,尚有 2 606 人(上海 393 人,南昌 116 人,外地区 22 人,本地区 507 人,本县 1 568 人),根据国家政策规定,进行统筹安排,除在农村结婚安家者外,绝大多数分期分批回城,安排了就业。 (卷二十九第二章《人事》,第 467—468 页)

《弋阳县志》

弋阳县县志编纂委员会编,南海出版公司 1991 年

同月(1968 年 11 月),干部、职工、集体商业人员、知识青年、居民开始大规模下乡插队落户,省、地、上饶市也有 5 500 名(包括干部、职工、居民)下放本县农村。

(《大事记》,第 31 页)

(1969 年)3 月 1 日,县革委成立县"五七"大军领导小组和办公室,统管"五七"大军(指下放干部、工人、知青、居民)。

同月,上海、广丰知识青年千余人下放分配到全县 14 个社场插队落户。

(《大事记》,第 31 页)

同月(1979 年 3 月),创办知青工农商联合公司,全国有十多个省市前来观摩。

(《大事记》,第 34 页)

1970 年,接纳上海下放知识青年 1 000 人,又接纳广丰、上饶下放知识青年 1 000 人,分配到公社和垦殖场劳动。 (《人口志》,第二篇《人口分布与变动》,第 115 页)

知识青年下乡插队落户 "文化大革命"期间,广大知识青年下乡插队落户。1968 至 1978 年,先后下乡插队落户知识青年共有 3 379 名。其中,上海知识青年 1 264 名,省、地知识青年 854 名,本县知识青年 1 261 名。分布在全县 20 个公社(场)参加生产劳动。

国家规定每个知青下乡插队落户经费 460 元,包括生产建设费 55 元,住房建造费 200 元,生活补助费 160 元。其他 30 元,省、地留用 15 元。从 1973 年至 1983 年,国家拨款 2 530 846 元,加上上海和省、地补助 50 余万元,10 年内国家总共支付 300 余万元。

知青的生产组织,开始都是直接落户在生产队,与社员同工同酬,评工记分。后来在有条件的公社和生产大队,单独划出一部分土地组织知青队,至 1977 年全县共建知青队 52 个。随着生产的发展和为了生活方便,从 1976 年开始组织知青场,至 1979 年全县共建知青场 18 个。同时,成立农工商知青联合公司。

粉碎"四人帮"后,中共中央调整了知识青年下乡插队工作。对已下乡插队的知识青年,除少数留在农村工作外,绝大部分陆续回城、招工、升学、参军,走向"四化"建设的新岗位。

1974—1978 年知识青年去向表

年　度	招生	征兵	招工	提干	其他
1974 年	67	5	3		
1975 年	81		25		357
1976 年	77	46	20		123
1977 年	60	23	82	4	
1978 年	104	30	71		268

(《政务志》,第四篇《人事》,第 235 页)

　　"文化大革命"十年间,劳动就业机构处于瘫痪。工矿企业停工停产,待业青年与日俱增。为了解决出路,动员知识青年一批一批去农村插队落户。据统计自 1968 至 1978 年,共下放(包括外省外县)知识青年 3 292 名。　　(《政务志》,第五篇《劳动》,第 237 页)

《抚州市志》

抚州市志编纂委员会编,中共中央党校出版社 1993 年

　　(1968 年)10 月,第一批干部、知识青年下放劳动,接受贫下中农教育。

(《大事记》,第 27 页)

　　建国初期,全市人口流动较大,以后只限于正当迁移。影响人口流动的主要因素是:婚嫁、知识青年上山下乡和回城、服兵役、退伍、转业、升学、援外、招工、大专毕业生分配。1954年以来,全市人口的机械变动,除 1968 年和 1969 年为负值外,其他年份均为正值。

(卷三第一章《人口变化》,第 77 页)

　　1968 年至 1980 年 8 月,先后动员了 4 032 名城市初、高中毕业生(即知识青年)上山下乡参加农业生产劳动。1978 年起,对回城的上山下乡知识青年作了妥善安置。

(卷七第二章《劳动人事》,第 175 页)

《临川县志》

江西省临川县县志编纂委员会编,新华出版社 1993 年

　　(1968 年)10 月,城镇高、初中毕业学生(又称知识青年)1 357 人到农村插队落户。至1980 年,全县城镇下放知青 2 760 人,外地下放本县知青 3 746 人(其中上海市 1 251 人),共计 6 506 人。1982 年全部返城安置工作。　　(《大事记》,第 32—33 页)

(1974年)10月26日,召开全县上山下乡知识青年代表大会。上海知青慰问团应邀参加会议。
(《大事记》,第 34 页)

(1975年)12月,开展"建成大寨县"运动,全县组织 550 名干部和 200 名知识青年下乡蹲点。
(《大事记》,第 34 页)

《金溪县志》

金溪县志编纂领导小组编,新华出版社 1992 年

同月(1968年10月),首批 227 名知识青年上山下乡,到 1978 年止,全县(包括上海、南昌、抚州)共下放知识青年 3 924 名。至 1981 年底,除 104 名仍在农村外,其余全部作了安置。
(《大事记》,第 27—28 页)

是年(1972年),金溪县知识青年上山下乡办公室成立,负责全县下放知识青年的管理、教育与安置工作。
(《大事记》,第 28 页)

《金溪县志》

《金溪县志》编纂委员会编,三秦出版社 2007 年

1968 年,接收省、地下放干部和南昌下放居民到乡村插队劳动。1968—1978 年,接收安置上海、南昌、抚州知识青年。
(第三篇第一章《人口与民族》,第 148 页)

"文化大革命"期间,劳动管理机构瘫痪,劳动就业的多条渠道被堵,城镇知识青年、个体手工业者和小商贩纷纷被下放农村劳动。中共十一届三中全会以后,城乡工商、饮食服务等集体所有制企业得到恢复,个体手工业和个体商贩亦逐渐增多。1978 年又办理离退休人员的补员顶替工作,解决了一大批下乡知识青年和待业人员的就业问题。
(第二十八篇第七章《劳动》,第 976 页)

第七节　知识青年上山下乡

1965 年国家开始动员城镇知识青年上山下乡安家落户,1968 年中共中央号召"知识青年到农村去"。是年 3 月,设金溪县精兵简政办公室,年底共接受省、县下放的干部、工人、学生和城镇居民 4 000 余人,其中学生 751 人,分别安排到各公社插队落户。1970 年 10 月,改

称"五七"大军办公室(上山下乡知识青年与下放干部、工人、居民一道统称为"五七"大军)。1972年,成立金溪县知识青年上山下乡领导小组。下设办公室,负责对全县下放知青的管理、教育和安置。1968—1978年,全县共组织3 924名城镇知青分散到农村落户,并在全县范围内设立27个知识青年点。1970年后,通过企业招工、大中专院校招生、应征入伍、招干等途径,开始安置下乡知识青年,当时一面安置一面继续动员城镇知青下乡。1978年10月,国家规定县以下城镇知青不再列入上山下乡范围。此后,对原上山下乡知青分期分批进行安置,到1981年底,除104名知青仍在农村外,其余全部做了安置。1982年又对在乡的知青及其子女,全部转为城镇户口,吃商品粮。

知识青年下放安置情况

年度	下 放 人 数					安 置 人 数				
	上海下放	南昌下放	抚州下放	本县下放	其它	招工	补员	上调	病退	其它
1968		520		227	4					
1969				60	1					32
1970	1 797		127	30		15				28
1971				9	1	6		7		17
1972				19						15
1973			70	292	4	30				15
1974						18		6	46	5
1975			98	231	17	12			61	
1976			39	127	9	34	67		42	25
1977			57	78	2	106	185	5	64	45
1978		2	15	88		143	131	24	292	176
1979						145	198	18	1 123	148
1980						190	251	26	55	137
1981							46	14	2	29
总计	1 797	522	406	1 161	38	699	878	100	1 685	672

说明:在安置人数中包括1965年下放人数。

(第二十八篇第七章《劳动》,第981页)

《资溪县志》

《资溪县志》编纂委员会编,方志出版社1997年

是年(1964年),南昌市一批知识青年上山下乡,下放资溪。　　　(《大事记》,第22页)

(1968年)9月,开始动员知识青年上山下乡,插队落户。"文化大革命"中,县内回乡青年761人,外地下放来资溪的知识青年1 129人(其中上海市669人,南昌市280人,抚州市136人,其他地方44人),名曰"接受贫下中农再教育"。　　　(《大事记》,第23页)

(1974年)12月3日,资溪县知识青年代表大会在县城泸阳镇召开。(《大事记》,第25页)

《黎川县志》

江西省黎川县志编纂委员会编纂,黄山书社1993年

(1969年)3月,上海千余名知识青年下放到黎川农村插队。 (《大事记》,第26页)

(1970年)3月,上海1969届850名初中毕业生下放到黎川农村插队劳动。

(《大事记》,第26页)

(1972年)3月10日,黎川中学100多名应届高中毕业生下乡集体插队。

(《大事记》,第27页)

(1973年)9月25日至28日,黎川县知识青年上山下乡代表大会在县城召开。

(《大事记》,第27页)

在首先安排留城待业青年就业的基础上,县劳动局对1968年至1970年下放农村的2 108名知识青年先后安排就业。 (第四编第八章《劳动人事》,第399页)

《南丰县志》

江西省南丰县史志编纂委员会办公室编,中共中央党校出版社1994年

1969—1970年,全县共接收和安置上海知识青年1 249人、抚州知识青年415人和浙江淳安移民10 220人在南丰农村落户。 (卷三第一章《人口变化》,第69页)

1968年,县内干部、教师、知识青年共1 045人和城镇居民6 554人由城镇迁农村插队落户。1973年以后,大部分插队落户的上海、抚州知识青年迁回原籍;县内下放干部、教师、知识青年和城镇居民也陆续由农村迁回县城。 (卷三第一章《人口变化》,第69—70页)

1960年介绍80名待业知识青年到太和、古城等公社林场、8名知识青年到国营长红垦殖场劳动就业。

1961—1963年,国民经济实行调整,停办一批工厂,精减一批职工。

1964年贯彻"统筹安排、城乡并举、而以上山下乡为主"的劳动就业方针,共安排待业知

识青年及社会闲散劳动力 2 300 人到国营农场、林场及农业生产队劳动就业。对体弱或其他原因不能上山下乡的 398 人,介绍到各集体或街道办的综合厂和服务站工作。1965 年介绍 60 人到抚州纺织印染厂做工。

"文化大革命"期间,贯彻以上山下乡为主的劳动就业方针,共安排各届初、高中毕业生及社会待业人员 1 996 人到农村插队落户。1973 年中共中央对知识青年上山下乡的政策作了新的规定,留城的发给留城证,由劳动部门统筹安排另行就业。1978 年 10 月国务院对知识青年政策又作了调整,规定县以下城镇知识青年不再列为上山下乡范围,并规定对 1972 年以前下放农村的老知识青年在招工和安置方面,首先优先照顾,其次是 1973 年以后下放的知识青年,然后照顾留城知识青年。 (卷十第一章《劳动》,第 195 页)

中共十一届三中全会后,采取多渠道安置就业的办法,广开就业门路。1981 年 7 月,成立南丰县劳动服务公司,主管全县待业人员的安置工作。由公司直接筹建大集体知识青年合作商店(综合商店、服务大楼等)11 家,安置待业知识青年 126 人(其中上山下乡回城知识青年 86 人)。 (卷十第一章《劳动》,第 196 页)

同年(1957 年),全县 167 名知识青年回乡参加生产劳动。 (《大事记》,第 713 页)

(1968 年 10 月)25 日和 11 月 7 日,抚州知识青年 415 人下放南丰农村插队落户。次年 3 月,上海知识青年 1 249 人下放南丰农村插队落户。 (《大事记》,第 716 页)

(1972 年 12 月)31 日,南丰县革委会知识青年上山下乡安置领导小组成立。

(《大事记》,第 717 页)

同月(1980 年 12 月),县劳动局安排下乡知识青年和城镇待业青年 1 926 人。

(《大事记》,第 719 页)

《南城县志》

南城县志编纂委员会编,新华出版社 1991 年

8 月,县城首批知识青年 533 人下放农村。自此至 1979 年,全县共安置下放知青 4 381 人(其中来自上海、南昌、抚州等外地的知识青年 2 105 人)。 (《大事记》,第 30 页)

(1970 年 2—4 月)上海市长宁区 1 280 名知识青年下放到南城县农村插队落户。

(《大事记》,第 30 页)

第二节　知识青年的下放与安置

1964 年到 1966 年,全县分 3 批安排 823 名城镇社会青年上山下乡。1968 年,毛泽东主席发出"知识青年到农村去"的号召,当年有 533 名本县知识青年下放到农村,此外,接收安置抚州市下放知青 158 名,南昌市下放知青 286 人。1970 年,先后安置了两批共 1 482 名上海市长宁区下放知识青年。1972 年至 1977 年,本县下放知青 1 743 人,安置抚州市下放知青 179 人。1968 年至 1977 年,全县共安置下放知青 4 381 人。

1973 年,中共南城县委成立知识青年上山下乡安置工作领导小组,下设办公室。国家对每个下放知青都拨给安置经费,帮助他们解决生产和生活上的困难。1968 年至 1979 年,共拨给下放知青各种经费 2 106 987 元。

知识青年下放后,全县各级组织和人民群众做了大量的教育与安置工作,先后有 10 人加入共产党,346 人加入共青团,39 人出席省、地、县召开的积极分子代表会议,有 11 人被选拔进公社领导班子,17 人任大队干部,58 人当生产队干部,50 人进社队企业当职工,185 人担任农村民办小学教师,30 人当农村医生,607 人被推荐或经考试进入大、中专学校学习,383 人参军,1 234 人被招收为工人。1981 年 4 月,县劳动局将尚未回城的 282 名下放知青全部安排到县以上大集体单位就业。

1958 年—1985 年招工情况表

年份	招工总数	城镇闲散劳力（待业人员）	农村人口	下放知青	留城知青	年份	招工总数	城镇闲散劳力（待业人员）	农村人口	下放知青	留城知青
1958	248	105	143			1976	406			25	381
1959	310	192	118			1977	355	44		19	292
1960	1 735	280	1 455			1978	513	63		223	227
1963	193	132	61			1979	1 660	1 070		590	
1964	12		12			1980	305	80		103	122
1965	43	37	6			1981	1 106	824		282	
1966	135	80	55			1982	209	196	13		
1967	102				102	1983	610	583	27		
1970	347		347			1984	336	335	1		
1971	406		210	42	154	1985	248	248			
1972	243		9	234		合计	9 532	4 269	2 457	1 518	1 288
1975	10				10						

注:1949 年至 1985 年,复员退伍军人 1 554 人被安置当工人的未计入上表。

1976 年至 1985 年数字包括招收县以上集体所有制工人。

(卷十一第三章《劳动就业》,第 144 页)

《宜黄县志》

江西宜黄县志编纂委员会编,新华出版社1993年

"文化大革命"开始,人事劳动工作被迫停止,多种就业渠道被堵塞。1968年,大批城镇知识青年下乡接受贫下中农再教育。1972年,下乡知识青年共3 649名(男1 998名,女1 651名),其中,1 757名来自上海,698名来自南昌,520名来自抚州,674名为本县知识青年。1973—1979年,又下放知识青年1 231名。1972—1979年,通过招工、升学、参军和病退进城,共有3 931名知识青年调离农村。

1975年,开始实行自然减员补充工作。

粉碎"四人帮"之后,恢复和发展城乡工业、手工业、商业、饮食服务业,全民所有制和集体所有制的职工相应增加。特别是中共十一届三中全会以来,各项事业发展更快,小商贩和个体手工业的恢复又为城乡劳动力就业扩大了门路。1981年10月,县劳动服务公司成立,负责会同县知识青年上山下乡安置办公室等有关部门广开就业门路,安置待业人员。1982年,贯彻"在国家统筹规划指导下,实行劳动部门介绍就业,自愿组织起来就业和自谋职业相结合"的劳动就业新方针,加快安置待业青年步伐。1981—1985年,安置到各类小集体就业人员1 966名,安置为个体劳动者539名,安置临时性工作的844名。至此,全县下放知识青年全部就业。

(卷十三第一章《劳动》,第207页)

李志军(1950—1976),县城人。1969年在宜黄中学毕业后,响应"知识青年到农村去"的号召,到农村参加劳动锻炼,并担任知青班的副班长。在农村插队,大队修公路要石头,他抢着去学放炮;群众办学缺教师,他乐意当一名赤脚教师;政治夜校要辅导员,他就兼任辅导员。1970年冬天,他被派往宜黄下南电站工地劳动。腊月的工地,北风凛冽、寒气逼人。他的胃病、风湿关节炎同时发作,剧烈的疼痛使他脸上冒出黄豆大的汗珠。嘴唇不断打颤。他一手压住胃部,一手扶住扁担,坚持劳动;脚肿得化了脓,伤口上还流血,每走一步,都如刀割一样疼痛,他找赤脚医生敷了点草药,还是照常去出工。

1971年,他被招工到261地质队工作。第二年被推荐入成都地质学院学习。1975年毕业后,回地质队,分在普查二队担任地质技术工作。几年中,他通读了《毛泽东选集》等十几部马列著作,写下了12万多字的心得笔记,自学了《地球化学》、《矿田构造》、《板块学说》、《国外小构造研究》等地质理论专著。

1976年11月20日晚,驻地邻村突然起火,李志军跑回自己宿舍,提起水桶就向火场奔去。为了截断火路,他和救火群众一起拉倒了三根柱子,拆了一个过街棚,排除了南面的险情,又冲上西北屋顶,掀了瓦片,撬了屋角,保住了西面的房子。四面火路截断后,火场内的木条、木柱仍在燃烧,浓烟呛鼻,烈焰逼人。李志军站在最前面,衣服冒烟,手上起泡,他咬紧

牙关,忍受剧痛,把传进来的水一桶桶浇向火焰,火势终于控制住了。可是就在这个时候,只听到轰隆一声巨响,一道十几米高的砖墙倒塌了,接着,又一道土墙也倒了下来。李志军被压在砖土下面。当人们把李志军救出时,他已停止了呼吸。

261地质队党委为了表彰他的英雄事迹,授予他"优秀共青团员"的光荣称号,并追认他为中国共产党党员。中共抚州地委和共青团抚州地委还分别作出决定,号召全地区广大共产党员、共青团员、革命干部和革命群众向李志军学习。1977年5月18日《江西日报》第一版以《生为人民服务、死为人民献身》为题详细地报导了李志军的事迹。

(卷三十七第一章《人物传》,第637页)

(1968年)秋,广大干部和知识青年开始分期分批下放农村,至1970年7月,本县农村接受省、专、县、社下放干部538名、教师202名、医务工作者116名、文艺工作者32名、知识青年2594名(其中上海知识青年1050名)。

(《大事记》,第743页)

同月(1973年3月),"五·七"大军领导小组办公室与精简安置办公室合并为知识青年上山下乡领导小组办公室(1983年5月撤销)。

(《大事记》,第745页)

《崇仁县志》

江西省崇仁县志编纂委员会编纂,江西人民出版社1990年

(1968年10月)首批知识青年共194名上山下乡,到农村插队落户。

11月,上海、南昌、抚州等城市和县大批下放干部、知识青年和城镇居民共1233人到全县农村插队落户,接受贫下中农再教育。

(《大事记》,第47页)

1978年后,中学教师进行了整顿,将一批难以胜任中学教学工作的原小学教师调回小学任教,并有部分上山下乡知识青年和城镇待业知识青年加入教师队伍。

(第五篇第一章《教育》,第554页)

《乐安县志》

江西省乐安县志编纂委员会编纂,江西人民出版社1989年

(1968年)6月,县革命委员会成立"知识青年上山下乡"领导小组。

(《大事记》,第22页)

(1969 年)4 月上旬,全县筹设"青年点"64 个,接待上海首批下放来本县"接受贫下中农再教育"的知识青年 2 000 人,省、地、县知识青年 1 904 人。 （《大事记》,第 22 页）

(1973 年)11 月,设立"知青点"50 个,把省、地两级工矿企业下放来本县农村插队劳动的知识青年与本县下放农村插队劳动的知识青年合并管理。 （《大事记》,第 24 页）

(1975 年 11 月)中央新闻纪录电影制片厂和上海电视台,在金竹公社的知识青年综合厂摄制《高山峻岭安新家》和《火红青春献山民》的电视纪录片。

下放在金竹的上海知识青年举行集体婚礼。 （《大事记》,第 24 页）

1968 年至 1972 年之间,先后安置在本县各地插队劳动的知识青年近 400 人,这些被下放到农村的知识青年,陆续通过参军、升学、招工、调遣、倒流等途径先后离开农村。至 1981 年尚余留的 800 余名,分批由劳动局全部安置在县属各大小集体工商企业中就业。

（第三篇第十三章《劳动》,第 316 页）

1969 年 4 月上旬,在各社建立了"知青点"64 个,将先后从上海下放来县"接受贫下中农再教育"的知识青年 2 000 人及本省、本县知识青年 1 904 人,安置参加农业生产劳动。

1973 年中共中央国务院又下达了(21)和(30)号文件,再次掀起了上山下乡的高潮,本县各青年点又安置从南昌、抚州、721 矿、261 队和 25 公司等单位下放的知识青年 2 000 余名,将知青点调整为 50 个,并派干部领导。

对上述下放干部,从 1972 年起陆续调回原单位或另行安排工作。下放知识青年先后通过多种渠道得到安置和就业。 （第三编第十四章《人事》,第 323 页）

《东乡县志》

江西东乡县史志编纂委员会编纂,江西人民出版社 1989 年

(1968 年)10 月 20 日,全县有 2 473 名干部、学生和社会青年下放农村插队落户,11 月 4 日,又下放干部 163 人。 （《大事记》,第 23 页）

(1970 年)3 月下旬,上海市普陀区知识青年 1 260 人下放到东乡农村插队劳动锻炼。

（《大事记》,第 24 页）

1968 年,开始动员知识青年下放农村劳动锻炼,到 1977 年,全县下放农村插队落户的

知识青年达 3 057 人,其中上饶市下放的 30 人,南昌市下放的 246 人,上海市下放的 1 264 人。1971 年,部分知识青年转入国营农场落户;1973 年,开始在生产队或农场建知识青年劳动点,经济独立核算,到 1976 年共建知青点 39 个。1968—1977 年,地方财政共拨发下放知识青年安置经费 105 万元,杉木 2 000 立方米,建房面积 1.17 万平方米。对下放知识青年实行生活补贴,第一年每人每月补助 8 元,第二年补助 5 元,第三年起按劳取酬。1976 年粉碎江青反革命集团以后,不少下放知识青年又返回城镇,使待业人员骤然增加。

(第十八编第一章《劳动》,第 380 页)

1979 年,全县共安置城镇待业人员 1 356 人,其中留城待业青年 684 人,自然补员 306 人,职工退休补员 125 人,1972 年前下放的知识青年 241 人。

(第十八编第一章《劳动》,第 380 页)

1980—1984 年,县劳动局主持进行了四次公开招工考试,为抚州地区化肥厂、纺织厂、印染厂和县属 10 多个企事业单位招收了 400 多名工人;同时为 1973 年以后下放尚未回城的 600 多名知识青年,全部作了就业安排,还有 900 多名退休、离休人员进行了补员工作。

(第十八编第一章《劳动》,第 381 页)

《进贤县志》

江西省进贤县史志编纂委员会编纂,江西人民出版社 1989 年

(1973 年 2 月)25 日,成立进贤县革命委员会上山下乡领导小组,下设上山下乡办公室。

(《大事记》,第 36 页)

(1974 年)9 月 24 日,县委在三里公社召开全县知识青年上山下乡工作会议,讨论了本县知识青年上山下乡的动员安置工作。

(《大事记》,第 36 页)

(1974 年 12 月)21 日,召开进贤县上山下乡知识青年代表大会,与会代表共 500 余人。会上,通过了给全县广大上山下乡、回乡知识青年的倡议书。

(《大事记》,第 36 页)

1968 年,对 1966 年和 1967 年两届中学毕业生,按面向农村、面向边疆、面向工矿、面向基层的原则进行分配。当年安排了 829 人,其中到国营林场的 120 人,上山下乡的 709 人。

(第十七篇第一章《劳动》,第 407 页)

知青插队

1964年10月24日,县城民和镇知识青年共计60人,分别安置在衙前垦殖场(36人)、前岭林场(11人)、捉牛岗垦殖场(2人)、青岚湖水产养殖场(3人)、进贤县苗圃(4人)、进贤县蚕桑场(4人)等地,参加农场建设。

1968年—1977年,本县知识青年3 859人下乡插队,其中171人安置在国营林场,其余安置在全县各公社(场)参加农村建设。

此外,还安置了上海市普陀区、南昌市、南昌铁路局和抚州市、地区的知识青年。

林彪、"四人帮"反革命集团被粉碎后,调整了下乡知识青年插队工作,在下乡插队知识青年中,除极少数继续留在农村外,绝大部分人都陆续转为商品粮,有的升学,有的被招工,有的返回原籍走上"四化"建设岗位。   (第十七篇第一章《劳动》,第412页)

《赣州地区志》

江西省赣州地区志编纂委员会编,新华出版社1994年

(1975年)8月30日,19时35分,段元星(宁都县竹笮公社下乡知识青年)在宁都县城北门梅江河畔用肉眼发现了天鹅星座中的一颗新星。   (《大事记》,第98页)

(1975年)11月1—6日,赣州地区上山下乡知识青年代表大会在赣州召开。

(《大事记》,第99页)

建国后,本区人口迁移变动,除本世纪60年代和70年代大批上海知识青年上山下乡迁入和历年参军入伍及因工作关系调往外地外,其余人口迁移变动多在区内各县市和城乡之间进行。   (第四篇第一章《人口》,第376页)

1968年,根据毛泽东主席关于知识青年到农村去的指示,全区掀起知识青年上山下乡高潮,把动员知识青年上山下乡作为解决城镇人员劳动就业的主要门路。

(第八篇第二章《劳动》,第647页)

知识青年上山下乡

(一)动员安置工作

赣州地区城镇以知识青年上山下乡(简称知青下乡,下同)作为劳动就业的一种方式,经历了4个阶段:

第一阶段:1955年8月11日《人民日报》发表题为《必须做好动员组织中、小学毕业生

从事生产劳动的工作》的社论,在倡导知识青年回乡生产的同时,首次提出动员城镇户口吃商品粮的中、小学毕业生到农村去的问题。接着,《全国农业发展纲要》(草案)提出城市中、小学毕业生,除了能够在城市升学、就业的以外,应当下乡上山参加农业生产。随后,全区在精减国家职工和减少城镇人口的同时,逐年动员和组织具有下乡条件的历届毕业生未能升学或就业、年满18周岁、有独立生活能力的青年学生到农村就业。到1962年,除赣州市和部分县、厂矿的知青下乡外,还有上海市的知青7 880人下乡来本区。

第二阶段:1963年10月,赣南行政公署成立精简安置领导小组,下设办公室(1969年改名"五七"大军办公室),负责知青下乡的动员安置工作,以赣州市为动员重点,宁都、广昌等县为安置重点。1964年1月16日,中共中央、国务院下发《关于动员和组织城市知识青年参加农村社会主义建设的决定》(草案)后,知青下乡工作成为经常性的工作。特别是1968年12月22日,毛泽东发出"知识青年到农村去,接受贫下中农的再教育"的号召后,知青下乡掀起热潮。本地区和省外地区有54 270名知青到农村插队落户,其中上海知青14 156名。

第三阶段:1973年6月,成立中共赣州地委知识青年上山下乡领导小组和赣州地区革命委员会知青办公室,各县(市)和动员安置任务重的厂矿、公社(镇)也成立相应机构。对动员知青下乡的范围和对象,作了具体规定:矿山井下、野外勘探、森林采伐3个行业不再列入上山下乡范围。病残不能参加农业劳动,独生子女、孤儿、多子女身边只有一个子女的,父母双亡或年老多病、弟妹年幼生活不能自理依靠他人照顾的,台湾、港澳同胞子女,华侨子女,中国籍的外国人子女,不动员下乡。除此以外,凡当年年满17周岁的高中毕业生,未升学的初中毕业生,中途退学的学生和社会青年,都要动员上山下乡。这一阶段,全区共动员和接收上山下乡知青34 605名。

第四阶段,1978年12月中共中央决定将知识青年上山下乡工作纳入劳动就业的轨道。要求对城市中学毕业生的安排,实行"进学校,上山下乡,支援边疆,城市安排"四个面向的原则。并规定:矿山、林区,分布在农村的企事业单位,小集镇和一般县城城市户口的中学毕业生,不再列入上山下乡范围,由本地区或本系统自行安排。根据这一规定,赣州市列为上山下乡城市。凡驻市单位或系统能安排就业的,不再动员下乡;如单位或系统安排就业有困难的则动员下乡。这一阶段共动员知青下乡793名。

(二)农村安置形式

1972年以前,知青下乡主要是插入农村人民公社生产队,公社、大队农林综合场和水土保持专业队,国营农林垦殖场或回原籍农村投亲靠友。全区插队知青分布在322个公社(镇),2 490个大队,8 940个生产队。1973年,建立以知青为主的集体所有制知青场(队)。至1977年,全区建立知青场(队)613个,主办知青场(队)的公社(镇)267个,大队397个。至1981年,知青队共计建设住房260 806平方米,简易作坊和猪、牛栏生产用房28 850平方米;经营水田22 527亩、旱地12 922亩、山林605 451亩(多数是荒山)。

为了加强对下乡知青的管理,1974年起有关单位均抽调干部(有的单位配了医务人员和教师)到知青场、队带队,全区共抽调 2 516 人次。带队干部按原职兼任县、公社一定职务,与公社、大队干部和知青代表组成三结合领导小组。知青场、队成立有驻场(队)贫下中农、带队干部和知青代表参加的再教育小组,负责知青的学习、生产、生活等方面的工作。1974 年 3 月至 1977 年 5 月,上海市赴江西省上山下乡学习慰问团赣州分团 68 人,分两批组成赣县、信丰、大余、上犹、崇义、安远、定南、全南、宁都、于都、瑞金、会昌、寻乌、石城、广昌15 个慰问小组,协助地区和县做好上海市下乡知青的工作。

(三)城乡就业

1963 年以来,本着"国家关心,负责到底"的精神,在城乡进行安排知青的工作。在招工进行考核时,对知青适当降低分数线和放宽招工年龄,适当扩大招收女青年的比例;对愿意留在农村安家落户的知青,帮助他们解决生产、生活上的一些实际问题,并给予一次性的经济补助;对知青与农村社员结婚的由所在县、公社(镇)就地就近安排;对有一技之长的知青,由本人申请领取营业执照,从事个体业经营;对知青与城镇厂矿、企事业和国营农林水等单位职工结婚的,由配偶所在单位安排;对病残知青,因公致残的,由民政部门安排,非因公致残的,由安置县、公社(镇)或动员城镇安排他们从事力所能及的工作;对已婚知青的子女,只要一方是知青的,其子女均可转为城镇户口、吃商品粮;对下乡知青中的失足者,在他们刑满释放或解除劳动教养后,根据"给出路"的政策,未婚的回原动员的城镇安置,同农村社员结了婚的,由配偶所在地安排。由于执行上述具体政策,至 1984 年,上山下乡知识青年在城乡就业人数共 90 959 名。

(四)经费使用

知青经费是国家安置城镇知青下乡的专项拨款,分为安置费、扶持生产资金和业务费。用于补助下乡知青的生活,重点扶持独立核算的知青场(队)发展生产,辅助知青行政部门开展业务工作。安置费的标准:开始为到国营农场的知青每人 210 元;1964 年起,下乡知青到原有国营农场的每人 400 元,到新建小型农场的每人 700 元,到水土保持专业队的每人1 327元,插队的每人 185 元;1968 年起,到国营农林垦殖场和集体到农村人民公社插队的每人 220 元,回乡的每人 30—50 元;1973 年起,下乡知青回原籍农村落户的、到农村插队的和建立集体所有制知青场(队)的,每人 480 元,到国营农、林、牧、渔场的每人 400 元;1979 年起,到国营农、林、牧、渔场和机关、学校、部队、企事业单位的农副业基地的每人 400 元,到集体所有制知青场(队)和知青点的每人 580 元。从知青下乡以来到 1984 年止,国家拨给赣州地区知青经费,共计 5 094.87 万元。　　　　　　(第八篇第二章《劳动》,第 648—650 页)

协助收回安置城镇下放人员　　1968 年,下放农村的集体所有制人员及其家属和城镇居民,除 1972—1976 年已收回安置部分外,继续留在农村的仍有 15 598 户,85 314 人,均分期分批将他们收回安置,恢复商品粮。同时,对"文化大革命"中下放农村的顶编代课教师、工干家属、下放知识青年和临时人员等,也分批作了收回安置。1982—1985 年,全区共收回下放人员 33 987 户,150 828 人。

　　　　　　　　　　　　　　　　　　(第八篇第五章《信访》,第 715 页)

1967年,缅甸当局反华排华,被迫回国的100名华侨学生,全部安置在赣州三中读书。1968年他们和广大知识青年一样上山下乡,将他们安排到条件较好的全南县国营"八一"垦殖场劳动锻炼,并发给生活费用。1972年12月底,有90名调到赣州市皮革厂等国营企业单位工作,另有10名升学,以后又作了安排。

1973—1978年,主要安排了从上海、厦门、赣州等地下放到农村插队落户的归侨青年和高初中毕业的归侨子女34名到国营企、事业单位工作;另安排了有工作能力的8名归侨在城镇落户。

1979年、1980年,优先安排了农村插队落户和中学毕业生取得留城证的归侨和侨眷子女290多名,到市和县属大集体企业单位工作,其中赣州市安排98名。

(第八篇第七章《外事　侨务　接待》,第734—735页)

协助动员知识青年上山下乡

50年代后期,全区城镇知识青年陆续上山下乡,参加农村和农林垦殖场的社会主义建设。60年代初期随着精减国家职工和减少城镇人口,凡历届毕业未能升学或就业、年满18周岁的知识青年均动员到农村就业。至"文化大革命"前夕,全区城镇上山下乡的知识青年为12 481人,其中60%以上安置在国营农林牧茶果场(所)和知青场队。

1968年12月,毛泽东发出"知识青年到农村去,接受贫下中农的再教育"的号召,全区知青掀起上山下乡接受"再教育"的热潮,纷纷下到农村插队落户。这时期,除动员安置本地区2万多名知青外,还接受上海、南昌等大中城市的知青约2万人左右。他们除参加生产劳动外,还充当农民政治夜校教员、民办教师和赤脚医生。

1973年起,以建立知青集体所有制的知青点、场、队为主,结合投亲靠友,安置知青。1975年,赣州第一中学有217人报名参加知青点,占应届高中毕业生的55.8%;赣州第三中学有194人报名,占毕业生数的59.2%;赣州第五中学有128名,占60.4%。1973—1977年,全区各级政府和各单位共办知青场、队613个,累计人数为32 262人。中共十一届三中全会后,知青网点陆续撤除,大部分知青由当地安排就业或回城安排就业。

(第十篇第四章《青少年组织》,第964页)

《江西省赣州地区教育志》

地区教育志编写组,(内部刊行)1989年5月

(1963年)6月28日至7月3日,赣州地区回乡生产劳动知识青年首次代表会议召开。出席会议的有200名代表。

(《大事记》,第28页)

（1964年）6月13日至20日，召开赣南区回乡下乡参加生产知识青年积极分子代表会。

（《大事记》，第28页）

（1979年）10月19日至23日，全区上山下乡知识青年先进代表座谈会在赣州市召开，出席座谈会的有来自19个县（市）的33名先进知识青年代表。

（《大事记》，第34页）

《赣南邮电志》

《赣州地区邮电志》编纂办公室编纂，（内部刊行）1988年

次年（1979年）3月10日，局办大集体赣州地区通信器材厂成立，内招下放知识青年50名，厂址赣州市菜市路17号。

（第一章《机构沿革》，第27页）

1983年，劳动制度改革，开始招收合同制职工，采取文化考试，择优录取的办法。即：……（四）年龄一般为16至25周岁的未婚青年，招收上山下乡知识青年，年龄适当放宽，文化水平一般按初中程度。

（第七章《企业管理》，第165页）

《赣州市志》

赣州市地方志编纂委员会编，中国文史出版社1999年

（1964年）5月24日，全市广大知识青年开始掀起到农村安家落户热潮。

（《大事记》，第30页）

（1968年）9月5日，2000多名六六、六七届高、初中毕业生下放农村插队落户。随后，六八届2300多名高、初中毕业生下放农村。

（《大事记》，第32页）

建国后，赣州市人口机械变动主要表现为行政区域扩大，新建工厂招工，大专院校招生，外地单位迁入，"农转非"，干部调动、下放、知识青年插队落户、回城。1976—1995年，全市机械增长167268人，占总人口增加数的70.3%。

（第三篇第一章《人口变化及分布》，第98页）

1968年，响应毛泽东主席关于知识青年到农村去的号召，全市掀起知识青年上山下乡高潮，此后把动员知识青年上山下乡作为解决城镇人员劳动就业的主要门路。

（第十八篇第二章《劳动人事》，第669页）

知青上山下乡与回城安置

动员上山下乡

1955年起,赣州市陆续有知识青年响应毛泽东主席的号召,自愿下乡、回乡参加农业生产。1962年,全市动员371名知识青年到国有农、林场参加山区建设。

1963年10月,成立赣州市安置城市下放职工和青年学生领导小组。各街道办事处也分别成立社会青年工作办公室,负责知识青年上山下乡的动员工作。同年12月,第一批到农村插队落户的193名社会青年奔赴宁都、信丰。1964年,中共中央、国务院发布《关于动员和组织城市知识青年参加农村社会主义建设的决定(草案)》,全市掀起知识青年上山下乡参加社会主义建设的高潮。1964—1966年,全市共有2 864名知识青年上山下乡参加农业生产,1968—1969年有6 478名知识青年到外县农村插队落户。1973年,开始缩小知识青年上山下乡的范围,并改善与加强安置工作。驻市、市属各企事业单位抽调干部到指定的县、社建立青年点(队)或知青农场,安置下乡知识青年(至1979年底,全市在各县建立知识青年点、队、场116个)。1978年12月起,贯彻全国知识青年上山下乡会议精神,凡驻市、市属单位或本系统能安排就业的知识青年,不再动员下乡;安排确有困难的,则动员下乡。1982年起,全市不再动员知识青年上山下乡。

城乡安置

1979年,中共赣州市委、市革命委员会本着"国家关心、负责到底"的精神,决定在城乡安排知识青年就业,并规定在招工考核时,对知识青年适当降低分数线和放宽招工年龄,适当扩大招收女青年的比例;对愿意留在农村安家落户的知识青年,帮助其解决生产、生活实际问题,并给予一次性经济补助;对已与农村社员结婚的知识青年,由所在县、社就地就近安排;对有一技之长的知识青年,由本人申请领取营业执照,从事个体经营;对因公所致的病残知识青年,安排其从事力所能及的工作;对已婚知识青年的子女,只要一方是知识青年的,其子女均可转为城镇户口、吃商品粮等。1979年,全市回城安置的知识青年有2 890人,其中安置在全民企事业单位的1 280人,县以上大集体的1 610人。至1984年,全市上山下乡的18 421名知识青年,通过招工、补员、参军、升学等途径,全部得到妥善安置。

知青经费

知识青年经费分为安置费、扶持生产资金和业务费。安置费用于补助下乡知识青年的生活困难,扶持生产资金重点用于扶持独立核算的知青场(队)发展生产,业务费用于负责知识青年上山下乡的行政部门开展业务工作。安置费标准:1963年以前,到国营农场的每人210元;1964年起,到现有国有农场的每人400元,到新建小型农场的每人700元,到水土保持专业队的每人1 327元,插队的每人185元;1968年起,到国有农林垦殖和集体到公社插队的每人220元,回乡的每人30—50元;1973年起,回原籍落户的、到公社插队的和建立集体所有制知青场(队)的每人480元,到国有农、林、牧、渔场和机关、学校、部队、企事业单位的农副业基地的每人400元,到集体所有制知青场(队)和知青点的每人580元。

　　　　　　　　　　　　单位:人

年份	上山下乡人数	安置地点				
		市郊农村	区内各县市	省内其他地区	外省市自治区	国营农林牧渔场
1962	371	—	—	—	—	371
1963	193	—	193	—	—	—
1964	1 276	4	990	—	—	282
1965	978	—	385	—	—	593
1966	610	—	—	—	—	610
1968	6 478	—	6 478	—	—	—
1970	388	—	388	—	—	—
1973	1 512	—	1 512	—	—	—
1974	1 195	93	1 087	—	15	—
1975	1 824	172	1 652	—	—	—
1976	1 026	33	972	—	21	—
1977	1 074	16	1 058	—	—	—
1978	956	110	830	—	16	—
1979	177	108	68	1	—	—
1980	256	187	69	—	—	—
1981	107	107	—	—	—	—
合计	18 421	830	15 682	1	52	1 856

（第十八篇第二章《劳动人事》,第 671—672 页）

动员青年上山下乡　　1955 年起,城区青年陆续上山下乡,参加农村和农林垦殖场的社会主义建设。1962 年,动员 800 多名青年干部、工人、学生奔向农业战线,到农村安家落户。次年,又动员 1 100 多名社会青年到广昌、信丰、宁都等县插队。据 1968 年统计,全市有 1 万多名青年上山下乡。70 年代,各中学应届毕业生成批申请上山下乡。1975 年,赣州一中有 217 人、赣州三中有 194 人、赣州五中有 128 人报名申请上山下乡。

（第十九篇第三章《青少年组织》,第 716 页）

《广昌县志》

江西省广昌县县志编纂委员会编,上海社会科学院出版社 1994 年

　　1964 年有职工 48 人,83.3％为赣州下放知识青年。1964—1970 年着重荒山造林绿化基础建设,年均营林投资 3.5 万元,无收入。1971 年转入天然稀疏残次林皆伐更新造林,当年生产清山材 475 立方米,年产值 3.34 万元。　　（卷七第五章《林业场站》,第 253 页）

50 年代,政府动员城镇青年到农村去,到边疆去。

1964 年,应届初中、高中毕业生下放农村,集体插队劳动,少数安置在城关镇林场。还接受赣州市下放知识青年(简称知青),分别安置在国营翠雷山垦殖场、国营盱江林场及芰田、甘竹、长桥、尖峰、杨溪、高虎脑、驿前、头陂、柯树、新安、塘坊等 12 个公社,集体插队或在社办林场劳动。下放知识青年转为农村户口,第二年新粮登场转吃农业粮。每个知青点有 1 名"老农"传授生产技术,1 名干部负责思想政治工作,帮助解决生活中的困难。每个知青下放由财政补助 200 元。是年成立广昌县城镇知识青年上山下乡领导小组,下设安置办公室,人员编制 7 人。在"文化大革命"初期瘫痪。

1968 年动员全县 1966—1968 届高、初中毕业生上山下乡,"接受贫下中农再教育"。又接纳上海、南昌、赣州的知识青年集体插队,集中居住,与下放干部、工人统称为"五七大军"。是年,每人下放补助费提高到 150—200 元。尔后每年都有城镇知识青年到农村落户。

1969 年,县革命委员会设"五七大军"办公室,配备专职人员;公社设"五七大军"连,下设办公室,抽调 1—2 名下放干部负责日常工作。1973 年,"五七大军"办公室改称广昌县知识青年上山下乡办公室。同年,每人下放补助费由 1972 年 180 元,调整为 150 元。

1973 年起,机关、学校、企事业单位办"知青点",安置本单位下放知识青年,农村生产队拨土地扶持。

是年,因病因残、独生子女和多子女留 1 名在父母身边不予下放,发给留城证,在城镇安置工作。

1964—1979 年,县财政支出的下放人员安置费达 336.5 万元。

1980 年起,中央提出不再动员城镇知青上山下乡,同时,将 1972 年以前下放的知青及其子女,分期分批收回城镇吃商品粮。1981 年县知青办撤销,知青安置遗留问题移交县劳动局负责处理。

至 1982 年,共收回下放知识青年 192 人及其子女 963 人。1979 年前下放的知青全部回城镇就业。回城青年组办商店、摊点及从事个体商业、饮食服务业,均由县知青办公室发给每人经费 150—300 元。

广昌县安置知识青年上山下乡统计表

单位:人

年份	合计	其 中				
		上海	南昌	赣州	广昌	其他
1964	743			515	227	1
1965	213			36	150	27
1968	270		21	128	119	2
1969	304	286	2	9	6	1
1970	471	468			3	
1971	6				5	1
1972	21			2	19	

年份	合计	其 中				
		上海	南昌	赣州	广昌	其他
1973	179				174	5
1974	244			82	162	
1975	230			45	182	3
1976	166				148	18
1977	124			22	86	16
1978	98				75	23
1979	1				1	

（卷二十三第三章《劳动》，第 693—694 页）

1963 年后，对城镇待业人员实行"统筹安排，城乡并举，而以上山下乡为主"的原则。

1970 年招工 799 人，其对象以招收贫下中农子女为主，适当招收下放 1 年以上的知识青年（不超过总数的 20%）689 名；从广昌县"共大"毕业生中招工 100 名。安置在县商业系统 88 人、农机厂 269 人、纺织厂 64 人、制革厂 44 人、水电站 36 人、汽车队 35 人、林业局 22 人、农科所 21 人、其他单位 69 人。 　　　　　　　　（卷二十三第三章《劳动》，第 695 页）

1975 年，首次实行国家干部、全民所有制退休工人可由 1 名子女顶替（但要符合招工条件）和自然减员补员的做法。当年顶替 153 人，补员 85 人，共 238 人。1976 年，县办大集体企业推行这一做法。在留城青年、下放青年中招工补员 257 人，其中补充全民单位 237 人，集体企业 20 人。 　　　　　　　　（卷二十三第三章《劳动》，第 695 页）

(1964 年)11 月止，赣州市知识青年、居民共 743 名，自 4 月份起，分数批下放广昌。
　　　　　　　　　　　　　　　　　　　　　　　　　　（《大事记》，第 1077 页）

(1968 年)12 月，经过所谓"清理阶级队伍"，全县干部、居民、学生共 6 000 多人下放农村插队落户，参加劳动。 　　　　　　　　　　　　　（《大事记》，第 1079 页）

(1969 年)3 月，第一批上海知识青年到广昌农村插队落户。 　　（《大事记》，第 1080 页）

《石城县志》

江西省石城县县志编辑委员会编纂，书目文献出版社 1990 年

知识青年上山下乡

六十年代初，党中央号召城镇知识青年到农村去，到边疆去。1964 至 1965 年，县城下

放知识青年 72 名。"文化大革命"中,大批城镇知识青年下放农村。自 1964 至 1980 年,石城农村安插下乡知识青年 2 474 名。其中上海知识青年 1 036 名,赣州知识青年 572 名,外地转来 33 名,分布于全县各乡村。1968 年县、社(镇)设"五·七"办公室,具体负责管理下放知识青年生产、生活事宜。知识青年分散插队落户,在生活、生产、学习上颇感困难,故 1974 年集中知识青年(其中集并上海知识青年 394 名)办场、队、点。是年起,先后在 15 个公社(镇)办起独立核算场、队、点 31 个,并各派干部、老农帮助组织生产,安排生活。计拨给耕地 1 684 亩,鱼塘 23 亩,果茶山 350 亩,山林 29 150 亩。

1980 年起,逐步由农村插队转为城镇安排就业,县城以下不再动员知识青年上山下乡。至 1981 年底,2 474 名下放知识青年,除 3 名死亡者外,提干 60 名,推荐升入大、中专学校 279 名,参军 208 名,招工 1 025 名,外迁 249 名,尚留农村 12 名,其余自谋职业。1981 年知识青年及其子女多转为城镇户口;知青点房产登记作价处理,土地、山林归还所在社队。1982 年 3 月,县知青办归并劳动局。　　　　　　　　　　(第二卷第十章《劳动人事》,第 118 页)

(1964 年)县动员城镇知识青年上山下乡,首批下放福村、大由两地农场劳动。

(《大事记》,第 691 页)

不久(1968 年),县、社下放大批干部、教师及城镇知识青年到农村插队落户,"接受贫下中农再教育";上海、赣州首批 426 名知识青年下放石城农村插队劳动;大批城镇居民下放农村插队落户。　　　　　　　　　　　　　　　　　　　　(《大事记》,第 693 页)

《宁都县志》

宁都县志编辑委员会编纂,(内部刊行)1986 年

(1956 年)1 月,团县委组织城关镇待业青年成立青年志愿垦荒队,共有队员 123 人,分赴洛口区球田、岭背坑等地开垦荒地。　　　　　　　　　　(《大事记》,第 39 页)

(1968 年)6 月 11 日,县革命委员会成立"知识青年上山下乡"领导小组。

(《大事记》,第 44 页)

是年,省、地、县下放干部知识青年和城镇居民共 1 万余人,到全县农村插队落户,接受贫下中农再教育。　　　　　　　　　　　　　　　　　　(《大事记》,第 45 页)

(1969 年)3 月 18 日,上海第一批 600 余名知识青年来县农村插队落户,接受贫下中农再教育。　　　　　　　　　　　　　　　　　　　　　(《大事记》,第 45 页)

1980年以来,商业系统以外的单位为安排青年就业,招收大集体职工开办集体商店,规模最大的有知青联合公司。1982年,知青联合公司从业人员23人,门市网点1个。拥有固定资产11.49万元,自有流通资金8.33万元,完成纯销售35万元。

(第二编第十四章《商业》,第272页)

"文革"中,只有全民所有制单位招收新工人,劳动就业的多种渠道被堵塞,并从1968年起下放了大批职工和知识青年,致使社会上增加了待业人员。

(第三编第十章《劳动人事》,第377页)

知识青年上山下乡

1963年县内精简职工、压缩城镇人口,开始动员知识青年上山下乡和接受外地下放青年的工作。12月28日,首次接受赣州市下放青年90名,分别安排到钓峰公社的东山、桃源、元尾等3个大队的9个生产队插队落户。

1965年,全县动员374名城镇青年、社会青年上山下乡,并接受赣州的102名单身青壮年,安排在5个公社的社办林场,新建的6个社办农林综合场劳动和黄陂、刘坑等8个公社插队落户。

1966年,毛泽东发表"五·七"指示后,知识青年下放工作趋于高潮,至1969年,全县共有下乡知识青年2 837名(含地区、省和上海下放数)。

1969年,县和公社两级分别成立知识青年上山下乡办公室。

1974年开始,按政策规定给予独生子女等几种人办理留城手续,不予上山下乡。

1980年开始,执行中共江西省委1979年147号文件规定,县内不再动员城镇知识青年上山下乡,对仍在农村的下乡知识青年进行安置。

至1982年,全县在乡的知识青年及其子女,全部转为城镇户口,吃商品粮;对3名自愿保留农村户口,吃农业粮的知识青年,每人发给一次性生产扶助款500元。全县6 135名下乡知识青年中,已安排者5 548名,占总数的90.43%。其中招工2 920名,安置在国营农牧场256名,参军548名,升学648名,其他1 176名。

上山下乡知识青年统计表

单位:人

年度\项目	下放青年数			其中				由外县数入转	转出外县数	死亡数
	合计	其中		本县	本地区	本省	外省			
		学生	社会青年							
1969年前	2 837	2 080	757	671	1 329	320	517			
1970	1 374	1 374		343	79		952			

项目\年度	下放青年数			其　中				由外县数入转	转出外县数	死亡数
	合计	其　中		本县	本地区	本省	外省			
		学生	社会青年							
1971—1975	3 107	3 099	8	2 222	878	7		100	2 230	14
1976—1979	1 256	1 256		1 130	81	45		225	507	
1980—1982										13
合　　计	8 574	7 809	765	4 366	2 367	372	1 469	325	2 737	27

下乡知识青年,除多数按系统同公社、大队挂钩,分散插队落户外,全县还建立 48 个知识青年场、队。

为了解决上山下乡知识青年生产和生活上的困难,国家拨给每人一次性安置费 480 元,下乡的第一年发给生活补贴费 96 元。知识青年场、队购买拖拉机、打谷机、耕牛等大型生产工具的经费,都由县知识青年上山下乡办公室解决。知识青年患病及生活困难时,适当给予补助。同时,给知识青年场、队新建住房,给插队落户知识青年适当地补助建房费和房屋修理费。至 1982 年,全县共发放上山下乡知识青年经费 238.54 万元,其中生活补助 35.99 万元,困难补助 23.56 万元,建房补助 101.36 万元,扶助生产资金 54.64 万元,其他(学习材料费、医药补助费、会议费等)22.99 万元。　　　　（第三编第十章《劳动人事》,第 380—381 页）

《兴国县志》

兴国县县志编纂委员会编,(内部刊行)1988 年

同月(1968 年 8 月),县知识青年上山下乡办公室成立。　　　　（《大事记》,第 44 页）

10 月,县、社成立"五七"大军办公室,一批干部下放农村劳动。城镇知识青年和部分城镇居民 723 名,下放农村插队落户,接受贫下中农再教育。　　　　（《大事记》,第 44 页）

1984 年 5 月 17 日,劳动局、人事局和知识青年上山下乡办公室合并为县劳动人事局,下设秘书、安置调配、安全监察、工资福利 4 股,共计干部 16 名,其中局长 1 人,副局长 2 人。
　　　　（卷二十二第一章《劳动》,第 562 页）

1964 年开始下放知识青年,至 1967 年,全县有 139 名城镇知识青年和闲散劳动力到农村安家落户。　　　　（卷二十二第一章《劳动》,第 562 页）

1968 年 8 月，县成立知识青年上山下乡办公室。9 月底 723 名城镇知识青年下放农村插队落户。枫边、贺堂、崇贤、方太、龙冈、永丰等公社和均福山林场，为插队落户重点地区。

（卷二十二第一章《劳动》，第 562 页）

1964 年至 1979 年城镇知识青年下放农村情况表

项 目		1964 年至 1967 年	1968 年至 1972 年	1973 年至 1974 年	1975 年	1976 年	1977 年	1978 年	1979 年	合计
合计人数		139	1 006	293	506	255	262	151	17	2 629
分布	单独插队人数	139	932	81	304	127	116			1 699
	知青场队人数		74	155	187	94	116	45	6	677
	国营林场（所）人数			57	15	34	30	106	11	253

（卷二十二第一章《劳动》，第 562 页）

《于都县志》

于都县志编纂委员会编，新华出版社 1991 年

（1964 年）3 月 5 日，县城镇下放职工和青年学生领导小组成立，至年底下放知识青年 171 名，城镇居民 97 名。 （《大事记》，第 45 页）

9 月，全县抽调 316 名干部和知识青年参加瑞金县社会主义教育运动。

（《大事记》，第 45 页）

（1968 年）10 月 20 日，首批干部下放劳动迎送大会在县体育场举行。至年底共有 6 761 人（其中带工资的 1 640 人，知识青年 576 人，城镇居民 4 545 人）到农村插队落户。

（《大事记》，第 47 页）

（1970 年）1 月 20 日止，共有 381 名上海知识青年来县插队落户。

（《大事记》，第 48 页）

1980 年，全县安置下放知识青年就业 1 279 人。（卷十七第二章《劳动管理》，第 430 页）

第五节　知识青年下放

1964年3月,成立县城镇下放职工和青年学生领导小组,下设办公室,有干部3人。10月,于都首次动员城关、盘古山、铁山垅3镇146名知识青年上山下乡。安排在于阳公社林场21人,靖石公社林场20人,渔翁埠公社插队落户16人,沙心公社插队落户49人,丰田公社插队落户2人,县水保专业队8人,西郊公社蔬菜场28人,投亲靠友2人。1966年县革命委员会和各公社分别成立"五七"大军办公室。1968年10月全县下乡知识青年867人(含地区和省下放的),安排在24个公社(镇)148个大队308个生产队插队落户。

1970年1月,县革命委员会发出《关于接受和安置上海市静安区69级应届毕业生来于都插队落户任务分配的通知》,5月底将该区下放知识青年381人分别安排在祁禄山、靖石、黄龙、沙心、曲洋、宽田等公社,县配备带队干部60余人,集体插队,集中劳动,集体生活。12月,县"五七"大军办公室组成于都赴沪家访汇报小组,前往上海市静安区汇报下放知识青年成长情况和征求对知青工作意见。

到1978年底,全县共有下放知识青年2 685人(含地区、省和上海下放数),其中分布在24个公社(镇)插队落户的2 045人;厂社挂钩,系统包干,集体劳动,兴办以农、林、茶为主的知青场(队)33个,640人。各知青场(队)成立由贫下中农、带队干部、知青代表组成管理委员会,办得较好的有利村公社马岭岽知青农场,曲洋公社知青农科所,罗江公社筻竹大队知青林场,梓山公社潭头大队知青农业队,西郊公社新地大队知青林场,铁山垅镇河迳青年农业队,仙下公社石陂大队知青农业队。

1979年始执行1978年12月中共中央转发《全国知识青年上山下乡工作会议纪要》和国务院《关于知识青年上山下乡若干问题的试行规定》。县内不再动员知识青年上山下乡。

1980年开始贯彻中共江西省委转发省知青办公室党组《关于当前知青工作几个问题的请示报告》,全县有1 531名知识青年和其中在农村已婚245户504名子女,转为城镇户口和商品粮。12月贯彻中共中央《关于进一步做好城镇劳动力就业工作》文件精神,开始收回与安置下乡知识青年就业,实行劳动部门介绍,自愿组织起来就业和自谋职业相结合的方针,分期分批安置知识青年就业。1982年止,共安置知识青年1 404人(含上海市收回数),占应安排的91.7%。1983年又安置57人;另有70人因年龄偏大,自谋职业,每人发给知青脱钩补助费200元。

国家为解决上山下乡知识青年生活、生产上的困难,到1982年全县共发放43.15万元,其中生活费3.12万元,困难补助1.12万元,建房费13.57万元,农、家具添置费0.72万元,生产经费和流动资金16.35万元,扶助各知青场队购置大型拖拉机、手扶拖拉机、榨油机、碾米机、水泵等支出7.28万元,其它(学习材料费、医疗费、办公会议费)0.99万元。

(卷十七第二章《劳动管理》,第435页)

《瑞金县志》

瑞金县志编纂委员会编,中央文献出版社 1993 年

(1964 年)第一次动员 250 名城镇知识青年上山下乡。 (《大事记》,第 67 页)

(1966 年)在绿草湖开办国营蚕桑场,安置赣州市及县内知识青年 200 余人。

(《大事记》,第 68 页)

(1968 年)7 月 26 日,首批 66、67 级共大、高中、初中毕业生下乡或回乡参加农业生产。

(《大事记》,第 69 页)

(1968 年)10 月,先后下放国家干部、教师、医务人员和城镇居民、集体所有制从业人员、知识青年(以 68 级高初中毕业生为主)共 6 600 余名到农业第一线,统称"五·七大军",由县、社"五·七大军"办公室管理。 (《大事记》,第 70 页)

(1970 年)7 月 25 日,李讷经其父毛泽东批准,从北京下放来县劳动锻炼,驻蓝屋坝村,接受贫下中农再教育。至次年 9 月 22 日离境。 (《大事记》,第 71 页)

(1973 年)1 月,成立县知识青年上山下乡办公室。 (《大事记》,第 72 页)

(1979 年)解散知青队、场(点),城镇知青不再上山下乡。 (《大事记》,第 75 页)

1967—1974 年,(招工)主要招收农村知识青年及城镇已"上山下乡"锻炼 2 年以上的知识青年,同时试行干部、职工退休"顶替"制度。1979 年起主要招收"上山下乡"回城落户的"知青"及城镇待业青年。 (卷九第一章《劳动》,第 274 页)

第五节 知识青年安置

1964 年开始动员城镇知识青年"上山下乡"安家落户。1968 年 12 月,中央号召"知识青年到农村去"。次年,大量的知识青年从上海或其它省(市)及本省的南昌、赣州等地来到瑞金,"上山下乡"、"支农"、"支援老区建设"。至 1978 年,瑞金县接收上海市知青 951 名,其它省知青 111 名,南昌市知青 132 名,赣州市知青 491 名。同时,本县城镇知青亦被动员到农村去。先后共有 5 241 名知识青年安排到县内各人民公社。尤以边远山区最多。他们到生产队"插队落户",或组织兴办知青农场、林场、牧场等。国家拨给适当资

金,兴建居宅、添置生产、生活用具。有的独起炉灶,亦有的三五人共点,同维膳宿,由县知识青年上山下乡办公室负责管理。1974年以后,实行"厂、社挂钩",分系统组建知青点,全县组成沙洲坝杉山、909地质队,泽覃石水、林业局绵江林场、农牧渔业局塔下寺、水电局龙山水库、叶坪坑尾、合龙大胜、壬田柏坑、大柏地元坑、黄柏杰子垴、264地质队、武阳珠坑、交通局十子石、大柏地田七厂、壬田松山及冈面、万田、瑞林、九堡、日东等21个知青点(队)。

1968年以后,通过企业招工,大中院校招生,应征入伍、招干等途径,开始安置下乡知识青年。是时,一面安置,一面继续动员城镇知青下乡,至1979年仍有大批知青留在农村。1981年以后,采取多种形式安置下乡知青就业,鼓励知识青年立志务农。对申请终身务农的知青,每人补助安家费480元;住房有困难者,补助建房费250元;终身务农的女青年,允许将其1名15周岁以下的子女转为城镇居民户口。全县有226名知青在农村安家落户。全民所有制单位招收新工人时,放宽考试分数线。照顾下乡青年从工,集体单位招工时,对本系统的下乡知青包干安置就业;无归属的下乡知青,由劳动部门统招统配,年龄放宽到35周岁,先后招收1 287名知识青年进入厂矿企业;对213名参军的"知青"从部队复员、退伍后,由劳动部门安置就业;776名来自上海、南昌及其它地区的知青,同意迁回原籍安置;对无法招工就业者,允许回城待业。为培养下乡知青的进取心及求知愿望,1972—1982年共有328名知识青年被推荐或考试升入国家各类大中专院校;对已婚又有专长的知青,支持他们就近开业,并对226名具备条件的知青发给营业执照,开展个体营业,同时将其农村户口转为城镇户口。在知识青年"上山下乡"热潮中,有7名青年因公或因病不幸亡故。

1968—1978年,国家拨给本县知识青年安置经费2 162 558元,其中用于生活的费用879 857元,建房费用600 326元,家具费用89 509元,学习材料费14 820元,医药费用33 885元,其它费用72 368元,剩余206 276元交回国库。 （卷九第一章《劳动》,第279页）

1964—1965年,进行"社会主义教育运动",选拔一批回乡知识青年参加"社教"工作团,从中录用30名为国家干部。 （卷九第二章《人事》,第280页）

《瑞金市志》

瑞金市志编纂委员会编,三秦出版社2007年

是年(1969年),接收400余名上海下放知识青年(次年又接收500余名),安排到农村插队或建点务农。 （《大事记》,第51页）

《安远县志》

江西安远县志编纂委员会编,新华出版社1993年

(1981年)1月22日,落实知识青年政策,批准1968年以后上山下乡未被安排工作的62名知识青年和其148名子女由农村户口转为城镇户口。 （《大事记》,第26页）

知识青年上山下乡

1964年起,动员城镇知识青年上山下乡。至1966年止,有94名城镇知识青年被分别安排在孔田公社林场、高云山垦殖场、版石公社林场、龙布公社林场和车头公社茶场从事农、林业生产。

1968年起,在大力动员县内城镇知识青年上山下乡的同时,接受安置上海和赣州市上山下乡知识青年。1973年,县和公社分别设置知识青年上山下乡办公室,专责管理上山下乡知识青年。是年,创建狮公坪、寨下、墩背岗、三百山等30个知识青年队。1974年,县知识青年上山下乡办公室接受安置赣州地区百货、石油、农业生产资料、五金交电化工、医药、副食品、储运等公司和赣州市土产、百货、副食品、食品、饮食服务等公司的上山下乡知识青年310人。

1978年起,停止动员城镇知识青年上山下乡,并开始对留在农村的下乡知识青年进行安置。1980年,县内知识青年队全部撤销,原属知识青年队所有的财产转归当地公社所有,知识青年队所欠的债务由当地公社负责偿还。同年冬至1981年春,原安置在安远的赣州市知识青年迁到赣州市郊集体落户。1981年,将仍在农村的知识青年本人及其子女转为城镇户口,对44名自愿保留农村户口的知识青年发给每人一次性生产扶助款500元。

上山下乡知识青年除少部分在知识青年队从事农、林业生产外,多数分散在农村插队落户。为解决上山下乡知识青年生产和生活上的困难,县革委发给每人安置费480元、一次性生活补贴费96元。知识青年队购置拖拉机、打谷机和购买耕牛,由县财政拨付资金。知识青年因患病等原因发生特殊生活困难时,县财政酌情发给生活补助费。1968年至1982年,县财政支付上山下乡知识青年经费460 685.87元,其中生活补贴费78 171.93元、困难补助费1 358.96元、建房补助费344 120.71元、生产扶助资金6 313.49元、医疗费及会议费等30 720.78元。 （第二十篇第三章《劳动管理》,第480页）

《寻乌县志》

寻乌县志编纂委员会编,新华出版社1996年

(1966年)冬,赣州市下放知识青年410人,在桂竹帽垦殖场安家落户。

（《大事记》,第23页）

（1969 年）2 月，上海首批知识青年下放到县内各地农村劳动锻炼。

（《大事记》，第 24 页）

从 1968 年冬开始，动员知识青年和社会待业人员上山下乡，从事农业劳动，减少城镇就业的压力，至 1979 年，共组织 2 395 名城镇待业青年参加农业生产。

（卷十六第一章《劳动》，第 269 页）

1980 年开始实行考核招工，从城镇待业人员、上山下乡知识青年以及吃商品粮的中学毕业生中进行考试，择优录取新职工。　　（卷十六第一章《劳动》，第 269 页）

知识青年上山下乡　　1964 年，37 名城镇知识青年下放岑峰的白石坳（今龙廷乡境内），创办中坳林场。1968 年到 1979 年，全县上山下乡知识青年 2 395 人，其中接收上海知识青年 927 人，赣州市知识青年 410 人，本县知识青年 1 058 人。安置方式有四种：一是插队落户 1 770 人，二是回老家 118 人，三是建立集体所有制青年生产队 175 人，四是进入国营农林场 332 人。历年来，县人民政府为上山下乡知识青年建房（含购买房屋）55 栋计 5 988 平方米，支付人民币 15 万元，支付生产和生活费人民币 92.26 万元（其中插队落户知识青年每人发给一次性补助 480 元），此外，外地赠送汽车 1 辆，手扶拖拉机 10 台。1973 年，对知识青年上山下乡的政策作了调整，把城镇知识青年分为应下乡、不下乡、暂缓下乡三种。同年冬，成立寻乌县知识青年上山下乡办公室。1978 年，中央规定知识青年停止上山下乡。1979 年，中共江西省委规定县内不再动员城镇知识青年上山下乡，并且把历年来的上山下乡的知识青年逐步收回城镇。到 1985 年止，除 34 人不符合招工招干条件或自愿留在农村，政府给他们解决吃商品粮和发给安置费外，其余 2 361 人，已全部离开下放地点，返回原籍或县内统筹安置工作。　　（卷十六第一章《劳动》，第 273 页）

《定南县志》

定南县志编纂委员会编纂，（内部刊行）1990 年

（1975 年）5 月 28 日至 6 月 3 日，赣州地区上山下乡知识青年定南经验交流现场会在县城召开。全区各县市主管知青工作的领导和知青代表 157 人到会，地区有关部门、上海市革委知青办、上海市慰问团赣州分团均来人参加会议。会议表彰了月子综合场知青班等单位。

（《大事记》，第 32 页）

1968 年，县成立"五七"大军办公室，安置城镇知识青年、社会闲散劳动力分期分批上山

下乡,到农村插队落户,接受贫下中农再教育。至 1977 年底累计,共下放知识青年 2 887 人,其中有上海市、赣州市等地知识青年 782 人。外地知识青年除极少数在本县农村结婚落户安家外,其余均在 1978 年以后陆续通过参军、上学、提干、招工、外迁和病退回原籍等办法,离开农村,安排就业。

1978 年,为解决城镇待业人员和安置上山下乡知识青年就业,全民所有制单位招工补员 55 人,集体单位招工 168 人。 （第十卷第一章《劳动》,第 238 页）

《龙南县志》

江西省龙南县志编修工作委员会编,中共中央党校出版社 1994 年

(1964 年)10 月 4 日,全县被抽调去瑞金县参加社会主义教育运动的 159 名国家干部和 75 名社会知识青年,启程赴赣州集训。 （《大事记》,第 37 页）

(1964 年)城镇知识青年开始分期分批下放农村安家落户。 （《大事记》,第 38 页）

(1966 年)9 月 3 日,县城欢送城镇知识青年下放安基山垦殖场参加山区建设。

（《大事记》,第 39 页）

(1968 年)8 月 19 日,县城 196 名高、初中毕业生下放到农村"插队落户",同时抽调了 18 名机关干部带学生下乡。 （《大事记》,第 42 页）

(1969 年)2 月 28 日,县革委会抽调工人、驻县解放军战士、机关干部和下放干部、下放知识青年共 4 000 多人,组成毛泽东思想宣传队,进驻全县各公社和县属单位,开展"反右倾"斗争,帮助解决所谓"老大难"问题。 （《大事记》,第 43 页）

(1969 年)7 月 20 日,县革委会政工组印发的《县"五·七大军"工作总结》称:到目前为止,全县共有 1 265 名干部(包括外地转入)、458 名城镇知识青年、369 户计 2 249 名城镇居民下放到农村。 （《大事记》,第 43 页）

(1970 年)6 月 6 日,县"五·七"大军办公室统计:全县下放农村插队劳动的"五·七"大军共 3 839 人,其中干部 612 人,教师 386 人,医务人员 68 人,知识青年 593 人,干部家属 561 人,城镇居民 1 619 人,他们分布在全县 14 个公社(场)147 个大队 900 多个生产队。

（《大事记》,第 44 页）

1973 年 12 月,成立知识青年上山下乡办公室。1975 年 1 月,县革委会抓促部成立劳动工资组管理劳动工作。1976 年 1 月,撤销劳动工资组,恢复劳动局。1980 年 4 月,恢复人事局。1982 年 1 月成立县劳动服务公司,隶属劳动局。1983 年 3 月,知识青年上山下乡办公室并入劳动局。　　　　　　　　　　　　　　　　　　（卷七第二章《劳动人事》,第 275 页）

1983 年统计:1978—1983 年,县劳动部门共安置待业人员(含原上山下乡至 1979 年后逐步收回城镇的知识青年及下放居民)3 437 人,其中招工补员 2 444 人,组织小集体就业 195 人,自谋职业 390 人,临时安排 408 人。　　　　（卷七第二章《劳动人事》,第 276 页）

知识青年下放安置　　1964 年至 1977 年全县共下放 3 229 名城镇知识青年到农村安家落户。其中,下放人数较多的年份有 1965 年、1966 年和 1968 年。为了安置知识青年,历年共下拨安置费 861 212 元,木材 230 立方,铁钉 200 公斤,玻璃 45 箱,汽车 1 辆,大型拖拉机 2 台,手扶拖拉机 16 台,各种农副产品加工机械 109 台(件),建造知青房屋 15 950 平方米。至 1977 年止,上山下乡的知识青年中有 38 人参军,110 人考入大专院校或中专,364 人招工补员,438 人安置在农林水企业。1978 年国家调整对知识青年上山下乡政策,规定县以下城镇知识青年不再列入上山下乡范围。自此,县劳动部门将上山下乡知识青年逐步收回城镇并通过招工、顶替等办法安置就业。　　　　　（卷七第二章《劳动人事》,第 278 页）

《全南县志》

江西省全南县县志编纂委员会编,江西人民出版社 1995 年

(1968 年)10 月 25 日至 11 月上旬,先后三批干部、教师、知识青年、城镇居民以及合作商店(小组)从业人员共 2 152 人,下放农村。　　　　　　　　　（《大事记》,第 23 页）

(1969 年)3 月 21 日,首批上海市下放知识青年 80 人到全南插队落户,至次年底,先后接受上海知青 1 089 人。1977 年以后至 1982 年止,绝大多数返回原籍。　　（《大事记》,第 24 页）

是年(1976 年),全县办起知青场(队)35 个,将分散在各生产队的近千名下放知识青年集中到知青场(队)生产劳动。　　　　　　　　　　　　　　　　（《大事记》,第 27 页）

1965 年 8 月,开始动员、组织城镇知识青年"上山下乡"参加生产劳动,至年底,全县共组织城镇知青到社办林场及下乡插队落户 170 人。1969 年至 1970 年接受安排上海知识青年 1 089 人。1978 年 10 月,城镇知青工作重点转为就业安置。

60 年代末,县办工业兴起,至 1972 年,共招收工人 2 522 人,其中全民所有制企业 2 393 人,集体所有制企业 129 人。在新招收工人总数中,农村青年 1 977 人,城镇待业青年 278 人,下放知识青年 267 人。

1980 年,劳动部门着重做好安置"上山下乡"知识青年和城镇待业青年工作,对下放二年以上的知识青年和 1972 年以前下放的知识青年以及城镇待业青年优先照顾安置就业,是年共安置就业 711 人。　　　　　　　　　(第三篇第十章《人事与劳动管理》,第 201 页)

人口迁入迁出。迁入迁出最频繁的是 1956—1960 年,其中 1956 年迁入 18 587 人,迁出 14 559 人;1958 年迁入 17 357 人,迁出 21 566 人;1960 年迁入 17 303 人,迁出 18 190 人。其次是 1969 年迁入 5 123 人,迁出 4 049 人;1970 年迁入 4 805 人,迁出 3 818 人。这些年份迁入迁出人数多的主要原因是,省军区官兵,省、地单位干部及上海知青下放到八一、茅山垦殖场和县内农村,以及大吉山钨矿职工成批调动所致。　　(第七篇第一章《人口》,第 613 页)

《信丰县志》

江西省信丰县县志编纂委员会编纂,江西人民出版社 1990 年

同年(1964 年),地、县部分知识青年下放本县农村插队落户。　　　(《大事记》,第 28 页)

(1968 年)冬,上海市、赣州市和本县知识青年 1 140 人,下放本县农村插队落户。

(《大事记》,第 30 页)

1978 年,为解决城镇待业人员就业和安置部分上山下乡知识青年,全民所有制单位招工 66 人,集体单位招工 200 人。　　　　　　　　(第三编第六章《劳动人事》,第 538 页)

1968 年 10 月,本县城镇待业知识青年分批上山下乡。到农村插队落户,接受贫下中农再教育。当年下放知识青年 1 140 人。至 1978 年底累计,共下放、安置知识青年 5 885 人,其中上海知识青年 1 224 人。这些青年除极少数在本县农村结婚落户安家外,其余在 1981 年以前,陆续通过参军、入学、外迁、病退回原籍,以及提干、招工安排就业等办法,离开农村。

(第三编第六章《劳动人事》,第 539 页)

《赣县志》

江西省赣县志编纂委员会编,新华出版社 1991 年

同月(1968 年 10 月),干部下放农村劳动,接受贫下中农再教育。到年底县共下放 304

人。同时,接受地、市单位下放干部 751 人,安置城镇知识青年插队落户 3 660 人。时称下放干部为"五·七"大军。 （《大事记》,第 13 页）

(1973 年)6 月,县知识青年上山下乡领导小组成立,下设办公室,负责具体业务工作。 （《大事记》,第 15 页）

(1953 年 9 月)以后,人事科(局)与劳动科(局)、人事监察局、知识青年上山下乡办公室几经并撤。 （第二十二篇《劳动人事》,第 413 页）

1984 年,试行干部招聘制。从乡村企业职工、退伍军人、城镇待业和回乡知识青年中招聘乡(镇)干部。 （第二十二篇第二章《人事》,第 416 页）

《南康县志》

南康县志编纂委员会编,新华出版社 1993 年

(1964 年)部分城镇知识青年上山下乡。 （《大事记》,第 19 页）

1979 年安置待业人员 356 人,其中按政策留城、回城知识青年 237 人,社会青年 50 人,其他 69 人。 （卷八第二章《劳动》,第 155 页）

知青安置 1964 年开始动员和组织城镇知识青年和待业青年上山下乡参加农村社会主义建设,到 1966 年共上山下乡知青 950 人。

1968 年毛泽东主席发出"知识青年到农村去"的号召,广大知识青年奔赴农村,走向山区,有的到社队办林场,有的到生产队插队劳动,有的投亲靠友直接回乡参加劳动等多种形式,是年上山下乡知青 833 人。

1973—1978 年有计划有组织地动员城镇知识青年上山下乡,计 938 人。

1964—1978 年全县共上山下乡知青 2 721 人,建知青场队 35 个,各场队配 1—2 名老农带队,下乡知青较多的公社配有国家干部带队。知青在农村经过劳动锻炼,先后选送参军 76 人,推荐上大中专学校 35 人,全民、集体单位招工 490 人,提为国家、集体干部的 3 人,共 604 人。

1974 年起,按照政策规定陆续办理回城落户恢复吃商品粮的有 521 人。从 1980 年起除 61 人外,陆续将 1 535 名知青全部收回城镇落户恢复吃商品粮,由各系统,各部门,街道分别情况,妥善安置,各得其所。 （卷八第二章《劳动》,第 156 页）

《上犹县志》

江西省上犹县志编纂委员会编,(内部刊行)1992 年

(1965 年)6 月 10 日,动员城镇知识青年和闲散劳动力下乡插队插场劳动。

(《大事记》,第 41 页)

(1969 年)1 月 22 日,上海市卢湾区知识青年 300 名下放到上犹插队落户。

(《大事记》,第 43 页)

1966 年至 1976 年十年"文革"期间,动员城镇新生劳动力(高、初中毕业生)下乡插队(场)务农 1 252 人。

(卷十一第一章《劳动》,第 277 页)

1985 年统计,建国后,全县共安置待业人员 2 808 人(其中知识青年 817 人、城镇闲散人员 985 人,大中专毕业生 635 人,复退军人 274 人,落实政策收回人员 97 人)。

(卷十一第一章《劳动》,第 278 页)

知识青年下放与安置

1968 年,响应党中央"知识青年到农村去,接受贫下中农再教育"号召,全县陆续下放知识青年 2 167 人(男 976 人、女 1 191 人),到农村插队落户;同时,接受上海下放知识青年 621 人(含外省 7 人),接受本省外地市下放来上犹知识青年 1 546 人。

知识青年下乡后,安排在社(镇)办企业的 375 人,任民办教师 425 人,任赤脚医生 173 人,任农技员 193 人,其余插队(场)落户务农。

知识青年在下放期间被评为县以上先进生产(工作)者 419 人。

1979 年起,本着"国家关心,负责到底"的精神,广开就业门路,分期分批收回就业。1984 年底统计,下放知识青年顶替父母参加工作的 1 150 人、升学 101 人、入伍参军 66 人、招干 29 人、外迁 257 人、办理病退回城 292 人、办理困难回城 134 人,对少数扎根农村的知青,每人给予一次性安家补助费 500 元。

(卷十一第一章《劳动》,第 282 页)

《崇义县志》

江西省崇义县编史修志委员会编,海南人民出版社 1989 年

1965 年至本年(1970 年),全县共安置下放知识青年 2 047 人。其中:本县 429 人;赣州市 584 人;外省及上海市 1 034 人。

(《大事记》,第 28 页)

1964年成立县精简安置办公室,负责管理城镇知识青年,社会闲散劳动力的下放安置工作。1965年下放知识青年11人;接收赣州市下放知识青年190人。"文化大革命"中,1968年至1970年,先后安置本县下放知识青年429人,接收赣州市下放知识青年584人,接收外省及上海市下放知识青年1 034人。全县共安置下放知识青年2 047人。对于这些下放农村的知识青年,国家统筹安排,从1979年起收回城镇,安排劳动就业。

(第三编第七章《内务》,第393页)

《大余县志》

江西省大余县志编纂委员会编,三环出版社1990年

是年(1964年),掀起上山下乡高潮,下放城乡的知识青年373人,闲散劳动力1 274人上山下乡参加农业生产。1978—1982年全部收回安排就业。　　　　（《大事记》,第43页）

(1970年5月)16日,接受上海下放知识青年800名到本县农村插队落户。

（《大事记》,第46页）

"知青上山下乡"　　1964年6月开始,本县动员城镇初、高中毕业生面向农村、边疆,10月首批应届毕业学生373人,社会闲散劳力1 274人被送到农村安家落户。1968年,毛泽东发出"知识青年到农村去接受贫下中农的再教育很有必要"的指示后,再次形成上山下乡高潮,全县1 775个应届毕业学生和1 593个城镇居民下到农村务农;1970年接受上海市来县农村插队落户的"知青"816人;至1972年全县下放到农村者已有8 192人。1973年奉上级指示成立县知青上山下乡办公室,对城镇初、高中毕业学生按其父母所在单位组织上山下乡,而城镇机关、学校等企事业单位则与公社挂钩,建立知识青年点,对下放知青实行"四个集中",即集中住宿,集中办食堂,集中学习,集体劳动。同时也允许自己投亲,靠友落户农村,每人补助建房安置费300—500元,至1978年下放2 967名知青。1979年国家对"知青"政策作了调整,规定不再组织"上山下乡"。1978年后落实政策,对"文革"期间下放的知青和城镇居民先后收回安置,由县劳动部门介绍就业或自谋职业。　（《劳动管理》,第314页)

《井冈山志》

江西井冈山市志编纂委员会编,新华出版社1997年

本月(1958年9月),为了响应开发和建设山区的号召,375名上海知识青年来到井冈山。上海市人民政府还赠送图书2万余册。　　　　　　　　（《大事记》,第21页)

(1968 年)8 月 22 日,上海 52 名知识青年来井冈山拿山公社小通大队插队落户。

(《大事记》,第 26 页)

(1969 年)3 月,上海知识青年 500 名来井冈山插队落户。　　　(《大事记》,第 26 页)

本月(10 月),10 日,由部队、民兵、知青组成的修路大军开始修建荆竹山公路,于 1970 年 2 月 23 日竣工通车。　　　　　(《大事记》,第 26 页)

(1958 年)8 月中旬,井冈山垦殖场派员赴上海市杨浦区招工,共招收 381 名上海青年。

(卷四第一章《垦殖场与管理局设置》,第 115 页)

1958 年,井冈山综合垦殖场成立后,又从永新县将拿山地区划入市辖区,接着大批转业军官和上海知识青年开发建设井冈山,使人口猛增近千人。

(卷二十四第一章《人口、民族》,第 702 页)

"文化大革命"期间,城镇知识青年工作分配实行"四个面向",只有少数知青(指家庭出身好及军、烈属子女)分配到企业工作,而大批知识青年则到农村插队落户。从 1968 年起至 1975 年止,仅井冈山的知识青年到农村插队落户的达 300 名,上海市的知青 452 名,还有南昌市、吉安市、遂川县的知识青年 400 名,他们分配安置在拿山、厦坪、下七、黄坳、长坪、井冈山等公社的部分生产队落户。为了做好知青的政治思想工作,成立了知识青年上山下乡办公室,负责知青上山下乡安置工作,协助解决知青在生产和生活中的实际问题;同时配合文教、劳动人事部门挑选劳动锻炼两年以上表现较好的知青进工厂、上大学,或培养提拔为领导干部。

1976 年后,根据有关知青的政策,先后为在山插队的知识青年办理了回城手续和在山知青安置工作,直到 1978 年,1 200 余名知青除按政策回上海、南昌、吉安等市外,在山知青由劳动部门全部安排就业。从此,知青办与劳动局合署办公,继续处理就业中的有关事宜,随着国家离、退休制度的确立,劳动人事部门还在办理离、退休人员的补员工作中,陆续解决了 423 名待业人员的就业问题。　　　(卷二十四第三章《劳动人事》,第 721 页)

《井冈山垦殖场志》

《井冈山垦殖场志》编纂委员会编,方志出版社 1997 年

1957 年冬至 1958 年春,为响应中共江西省委、江西省人委关于"开发山区、建设山区"

的号召,江西省人民检察院、省航运厅、省粮食厅、中共南昌市委、南昌市公、检、法三家、市工会、团市委、国营 320 厂等江西省直属机关、南昌市直属机关 688 名下放干部和中国人民解放军、中国人民志愿军 95 名转业军官来到井冈山,创建井冈山场。同时,井冈山林场职工连同管辖的国有山林全部并入场内。稍后,又从上海市招收 381 名社会青年来场参加生产建设。 (《概述》,第 3 页)

1958 年 9 月,由场部赴上海市杨浦区招收来场上海青年 381 人。

(第三章《人口》,第 74 页)

1968 年冬至 1969 年春,吉安市和上海市闸北区知识青年 213 人来场插队劳动。
1975 年 10—12 月,来场萍乡知识青年 101 人。 (第三章《人口》,第 75 页)

1958 年底,由于第二、三批下放干部、转业军官抵场,又从上海市招收一批社会青年,井冈山乡 7 个农业社并入场内等原因,全场人口增至 5 652 人。 (第三章《人口》,第 76 页)

全场职工(包括干部和科技教卫人员,下同)来源主要有:江西省直属机关和南昌市机关下放干部、转业军官、知识青年(包括 1958 年来场的上海青年、1968 年来场插队的上海、吉安等地青年、1974—1975 年来场插队的萍乡、南昌青年等),原井冈山乡和井冈山林场干部、职工、修井泰公路各县留场民工,1958 年 10 月原井冈山乡 7 个农业社入场农工,1965 年 11 月原厦坪乡文泉、幸福、田头 3 个大队入场农工,1958—1963 年外地流入场内转为职工的,以及建场以来,陆续调入场内的干部、工人,分配来场的大、中专毕业生,就场安置的职工子女等。

1992 年底,全场在册职工总数为 6 036 人,比 1958 年建场第一年增长 333.8%,比 1968 年(撤场前一年)增长 171.9%。其中:1957—1958 年的下放干部、转业军官、上海青年及原井冈山乡、井冈山林场职工等仍在岗的计 39 人;1968 年和 1974—1975 年来场插队仍留场在岗的知识青年计 168 人。 (第十一章《综合经济管理》,第 252 页)

是月(1966 年 2 月),从南昌招收部分知识青年,加上场内原有业余文艺积极分子,重组场业余文工队。1968 年 10 月撤销。 (《大事记》,第 558 页)

是月(1969 年 3 月),上海市闸北区 107 名知识青年来场插队落户。

(《大事记》,第 563 页)

是月(1969 年 5 月),场内推选下放干部王万福、郭一庭两人赴昌参加省革委为纪念

"五·七"指示发表两周年而举行的上山下乡积极分子代表大会。　　（《大事记》，第 563 页）

《吉安地区林业志》

《吉安地区林业志》编纂委员会编，（内部刊行）1994 年

共大（共产主义劳动大学）招生办法采取自愿报名，大队推荐，公社审查，学校考试，择优录取。招生对象为回乡知识青年，城镇待业青年，部分工人、农民和复员退伍军人，年龄一般 16 至 18 周岁，个别可放宽到 30 周岁。　　　　　　（第五篇第十六章《林业教育》，第 269 页）

（从 1964 年起子弟学校）师资来源除一部分由国家各级师范院校分配外，绝大部分靠自己培养，有很大部分是本场（厂）择优选拔的知识青年。

（第五篇第十六章《林业教育》，第 272 页）

《吉安市志》

吉安市地方志编纂委员会编，珠海出版社 1997 年

（1968 年）10 月 9 日，应届高、初中和职校毕业生及知识青年、工厂临时工、社会闲散劳动力，共 6 900 名下放吉安、吉水、峡江、永丰、新干、安福及井冈山农村插队落户。

（《大事记》，第 28 页）

12 月上旬，全市掀起精简下放高潮，下放干部、教师、知识青年和社会闲散劳动力共 10 275 人。

（《大事记》，第 28 页）

"文革"期间，市里先后分三批集中组织了 5 900 多名知识青年上山下乡，至 1980 年，全市累计上山下乡的知识青年达 7 800 多人。从 1977 年起，对上山下乡知识青年进行回城安置。至 1982 年，所有上山下乡知青都已回城。　　　（第二十二篇《劳动人事》，第 607 页）

1979—1992 年。中共十一届三中全会以后，国营、集体、个体工商企业得到了很大发展，为待业人员的安置创造了有利条件。但是，由于以前积累下来的待业人员过多，下放多年的老知识青年又大量回城，从 1979 年起又停止知识青年下放，待业人员急剧增加。1979—1983 年，待业人员每年增加 3 000 多人。为缓解待业人员过多的严峻局面，市人民政府认真贯彻了国务院关于"在国家统筹规划和指导下，实行劳动部门介绍就业，自愿组织起来就业和自谋职业相结合"的就业方针。大力发展国营、集体、个体企业，扩大就业门路。

1979—1981 年,共安置待业人员 10 684 人,平均每年安置 3 561 人。1982—1992 年,共安置待业人员 37 924 人,平均每年安置 3 447 人。

(第二十二篇第一章《劳动就业调配》,第 608 页)

1975 年起,知识青年上山下乡,从分散插队落户转为集中建立知青点。为带领好进点知青,全市又抽调 120 名干部到知青点带队。(第二十二篇第五章《精简　下放》,第 622 页)

第三节　知识青年上山下乡

吉安市的知识青年(以下简称知青)上山下乡工作,始于 1963 年。是年,全市有 146 名知青分散到农村插队落户,参加农业生产。而大批知青上山下乡,则是从 1964 年开始的。从 1964 年到 1975 年,先后掀起了四次上山下乡高潮。

第一次是 1964 年冬,全市抽调了 50 余名干部,组成五个工作组分赴各街道动员组织知识青年下乡参加农业生产。经过两个多月的工作,全市分五批计 1 588 名知青走向农业生产第一线,其中:到农村插队落户的 151 人,到集体所有制场、队的 787 人,到国营农林牧渔场的 650 人。

第二次是 1968 年,毛泽东发出"知识青年到农村去,接受贫下中农再教育"的号召,全市有 1 698 名知识青年热烈响应。其中:去农村的 721 人、到国营农场 919 人、到集体农场的 58 人。

第三次是 1974 年,全市动员了 1 423 名知识青年上山下乡,其中:到农村插队落户或投亲靠友的 615 人,到集体所有制场、队的 2 人,到国营农林牧场的 801 人,到外省外地的 5 人。

第四次是 1975 年,这一年是知青下放以来人数最多的一年,全市动员了 2 796 名知识青年上山下乡。其中进知青点的 1 051 人,到农村插队落户的 1 342 人,回乡务农的 142 人,到集体所有制场、队的 69 人,到国营农场的 188 人,去外地农村的 4 人。

1976—1980 年,每年均有一部分知识青年继续上山下乡。5 年来,共有 1 904 名知识青年下放农村,其中:到知青点的 312 名,到农村插队的 775 名,到国营农场的 612 名,到集体农场的 188 名,到外地外省的 17 名。

1963—1980 年,全市共动员安排知识青年上山下乡计 10 540 人,其中进知青点的 1 363 人,到农村插队落户和回农村老家的 4 041 人,到集体所有制场、队的 1 381 人,到国营农场的 3 729 人,去外省外地的 26 人。累计下拨知青安置费和建房经费计 124.23 万元;建知青点 80 个,建房 3 200 平方米;下拨木材 337.3 立方米,农机 2 台,各种棉布、化纤布 10 300 米,蚊帐布 4 283 米,棉花 2 205 市斤,棉被 295 床。

从 1977 年起,"知识青年上山下乡办公室"的工作由动员下放、留城审批,转向按政策逐步对回城知青进行就业安置。从 1974 年到 1982 年底全市共接收安置历年下放回城的知青约 8 000 人,占历年下放知青总数的 80％。其中通过"上山下乡办公室"办理回城手续的计 1 338 人,其余的约 6 600 多人由原组织下乡的单位和系统办理回城手续,落实城市户口、粮油关系。他们的工作安置主要通过个人自行联系。其渠道主要有:社会招工、招干、原下放单位招工、参军、升学和办第三产业及个体经营等。

还有占下乡总数 20％约 2 500 多人仍留在农村或农林牧场。主要原因:一是下放时间长,年龄较大,已同农村青年结了婚,成了家;二是下放到集体和国营农牧渔场的部分知青已成为单位的骨干或当了干部等。

全市知识青年上山下乡和回城安置情况

年 份	知识青年上山下乡						知青点		回城安置					
	合计	进知青点	回乡插队	进国营农场	进集体农场	去外省外地	个数	建房(平方米)	合计	升学	参军	提干	招工	其他
合计	10 540	1 363	4 041	3 729	1 381	26	80	3 200	1 338	66	58	4	163	1 047
1963	146			21	125									
1964	1 588		151	650	787									
1965	386		4	370	12									
1966	196		82	66	48									
1968	1 698		721	919	58				22					22
1972	375		181	102	92				2					2
1973	28		28											
1974	1 423		165	801	2	5			39					39
1975	2 796	1 051	1 484	188	69	4	42	1 680	183					183
1976	652	72	316	238	23	3	20	800	246					246
1977	599	25	307	130	126	11	8	320	61	19	3	3	28	8
1978	198	16	52	102	25	3	6	240	148	35	39	1	51	22
1979	238	44	47	139	8		4	160	112	12	16		84	
1980	217	155	53	3	6				266					266
1981	207								207					207
1982	52								52					52

(第二十二篇第五章《精简 下放》,第 622—623 页)

《吉安县志》

吉安县县志编纂委员会编纂,新华出版社 1994 年

(1970 年)7 月 12 日,县"五·七"大军工作会议召开,全县共有 1.2 万名干部和知识青年下放农村插队落户。 (《大事记》,第 24 页)

(1974 年)2 月 16 日,吉安县知识青年上山下乡积极分子代表大会召开。

(《大事记》,第 25 页)

同月(1976年10月),县革委会设立知识青年上山下乡办公室。 (《大事记》,第25页)

同年(1958年)9至10月,上海下放3批知识青年168人进场。

(第四篇第四章《农垦》,第156页)

上海下放知识青年沈小萍,她卫校毕业后分在县妇幼保健站工作,在计划生育的结扎工作中,她结扎1千多例无事故,被团中央授予1980年"全国新长征突击手"光荣称号。

(第十九篇第三章《社会团体》,第478页)

第四节　知识青年上山下乡

1968年起,城镇知识青年响应毛泽东主席"知识青年到农村去,接受贫下中农再教育,是很有必要的"和"农村是个广阔的天地,到那里去是大有作为的"的号召,到农村插队落户,接受贫下中农再教育。从1968年到1981年全县先后有7 406名初中以上文化程度的知识青年(简称知青,下同)下放到农村锻炼。

1968—1981年吉安县知青上山下乡人数统计

年度	1968	1969	1970	1971	1972	1973	1974	1975	1976	1977	1978	1979	1980	1981
人数	803	1 329	1 637	100	184	210	206	1 389	437	599	227	211	49	25

全县原有知青场(队)70所,知青联合企业4个。

国家对知青扶助情况:拨给安置费304.15万元,拨给建房和建仓库的专用经费88.6万元,新建住房总面积16 713平方米;拨款扶助知青场(队)购买大、中型拖拉机9台,手扶拖拉机21台,粉碎机8部,碎粉机2部,柴油机2部,锯板机2部,插秧机1部,机耕船1只。

知青在上山下乡期间入党9人,入团183人,提干5人。

到1982年底,知青招工、参军、升学、回城共7 044人,仍留农村362人。后来这批人员安置在知青企业的216人,安置在乡镇企业的51人,自谋职业的92人,在农村安家落户3人。自谋职业人员每人发给安置费400元,扎根农村人员每人发给安家费700元。

附记:1958年9—10月先后3批上海知青168人进入吉安地区东固垦殖场,参加山区社会主义建设。

(第二十五篇第一章《劳动》,第596—597页)

《吉安县志》

吉安县地方志编纂委员会编,江西人民出版社2008年

1966年"文化大革命"开始,全国大专院校停止招生,至1980年基本没有师范类院校毕

业生补充到教师队伍。其间,为解决儿童少年入学就读问题,各地从回乡或下放的知识青年中聘请部分人员直接进小学和初中当老师,时称"赤脚教师"。吉安县"赤脚教师"总数最多时达3 000多人。

（第二十四编第一章《教育》,第501页）

《新干县志》

新干县志编纂委员会编,中国世界语出版社1990年

（1968年）10月中旬,省、地、县大批干部、职工、城镇知识青年和居民下放农村插队落户,接受贫下中农再教育。其中干部867名（含教师383名）、城镇居民1 500人。

（《大事记》,第41页）

同年冬,首批上海知识青年来县内农村插队落户,接受贫下中农再教育。

（《大事记》,第41页）

（1969年）1月1日,县革命委员会成立"五七大军"领导小组（后改为上山下乡领导小组）,并设立办公室。各公社也成立相应机构,专门负责管理在农村插队落户的下放干部和知识青年。

（《大事记》,第41—42页）

迁徙人数最多的1968年至1970年,由于上海和南昌市知识青年下放、工厂搬迁、浙江省建德县和淳安县移民等,3年共增加8 383人。　　（卷一第三章《人口民族》,第87页）

【知识青年上山下乡】

1962年至1967年,县内269名城镇知识青年先后下放到县境国营农、林、药场劳动。1968年,毛泽东主席号召知识青年到农村去接受贫下中农再教育,一批又一批知识青年下放农村插队落户。县内农村的初、高中毕业生一律回家乡劳动,家居城镇以及来自上海、南昌、吉安的知识青年则插队落户,吃农业粮,劳动记工分。至1978年止,全县共安排3 768名知识青年到县境农村插队落户,其中上海知青2 494人,南昌知青841人,吉安知青45人。下乡知识青年除大部分分散插队落户外,还建立27个知青农场和知青队。1978年开始,全县不再动员城镇知识青年上山下乡劳动。

1969年1月,县和公社分别成立"五·七"大军领导小组及其办公室,负责安排、管理下放农村劳动人员的工作。1972年,县、社两级"五·七"大军领导小组改名为上山下乡领导小组,1982年2月份县上山下乡办公室与县劳动局合并,1984年4月撤销。

全县知青场、队新建住房和购置生产工具的经费均由国家解决。随户下乡插队的知青

平均每人由国家发给安置费 100 元,单身下乡插队的知青每人由国家发给安置费 150 元。下乡的第一年由国家发给每人每月生活补助费 9 元。安置费和生活费一律发给下乡者所在的生产队,由生产队负责妥善安排下乡知青的住房、生产和生活。

1978 年开始,全县按政策办理安排下放知识青年回城工作。全县历年下放知识青年中,除犯罪判刑劳改 6 人、病亡 15 人以外,安排回城工作 3 990 人,其中回上海市 2 268 人,回南昌市、吉安市等地 720 人,自愿继续在新干安家 26 人。

(卷四第七章《劳动人事》,第 202 页)

《峡江县志》

峡江县地方志编纂委员会编,中共中央党校出版社 1995 年

同月(1965 年 9 月),茅坪农场、福民林场接收南昌市下放知识青年 315 人。

(《大事记》,第 26 页)

同月(1968 年 10 月),县革命委员会组织干部、教师、医务人员、城镇知识青年及个体工商户共 4 599 人下放边远山区安家落户,参加生产劳动。 (《大事记》,第 28 页)

同月,接收安置上海、南昌、吉安等地下放知识青年 1 500 余人到农村插队落户。

(《大事记》,第 28 页)

同年(1969 年),县“五·七”大军领导小组成立,统一管理知识青年和下放干部。1972 年 5 月,改称县知识青年上山下乡领导小组。 (《大事记》,第 28 页)

建国后,峡江人口机械变动主要表现为,干部调动、下放,知识青年插队落户,有组织的较大规模的移民……1968—1970 年上海、南昌、吉安等城市下放峡江知识青年 5 136 人,目前仍有少数在峡江成家立业。 (第四篇第一章《人口演变》,第 128 页)

1968 年后,因外地干部和知识青年下放峡江农村,函件业务量骤增,1968 年出口量为 27.65 万件,1971 年,增至 58.20 万件。 (第十三篇第一章《邮政》,第 349 页)

1978 年后,按上级通知,城镇集体单位安排一批下放返城知识青年就业。

(第二十篇第一章《计划管理》,第 495 页)

第四次代表大会

1970年12月31日—1971年1月6日在县城召开。出席代表356人,其中解放军代表10人,工人代表22人,贫下中农代表213人,县、社干部代表79人,"五七"大军(上山下乡干部、知识青年)代表18人,其他方面代表14人。……

(第二十一篇第一章《中国共产党峡江县地方组织》,第527页)

知识青年安置

【**知识青年下放**】 60年代后,城镇人口发展迅速,待业知识青年与日俱增,给劳动就业带来压力。为解决这批待业人员的出路问题,曾多批动员城镇知识青年上山下乡参加农业生产劳动。1964年,全县首批下放知识青年28名,随后,吉安、南昌、上海等城市大批青年下放农村,至1979年,全县共接收安置下放知识青年6 021人。

这些青年来到农村以后,绝大多数对农村生活一时很难适应,有的不能参加劳动,有的虽然参加劳动,但工分低,其劳动所得亦难维持基本生活所需,在生产队造成大量超支,其他生活日常消耗需要,仍依赖父母接济,给社队、父母和社会,均带来沉重压力。为了加强对下放知识青年的管理,解决他们在生活上的困难,1973年根据中共中央(1973)30号文件规定,将分散插队的知识青年集中开办知识青年队(场),实行统一吃住,统一劳动,统一管理。到1977年,全县先后建立知识青年队(场)17个,安置知识青年650人,有耕地面积2 370亩,其中有11个队(场)办有小型工厂。县委在政治上给他们以关心和培养。1970—1978年全县先后召开9次上山下乡知识青年积极分子代表会议。受省表彰的先进知识青年队6个,先进个人14名,受地区表彰先进知识青年队10个,先进个人71名。至1977年,全县下放知识青年中,有32人加入中国共产党,517人加入中国共产主义青年团,94人当选为生产队正副队长,33人选为大队主要干部,7人提拔到公社领导岗位,5人进入县直单位领导岗位,3人选拔到地直单位担任领导工作,77人担任大队、生产队会计,24人担任大队赤脚医生,257人担任民办教师。为安置和解决他们在劳动和生活中困难,国家和集体拨出了大量款项,1965—1978年,仅国家就拨出知识青年上山下乡经费338.79万元。

1964—1979年全县安置知识青年一览

年　份	人　数	上　海	南　昌	吉　安	峡　江	其他城市	下放人员子女留农村转下放知青
1964	28				28		
1965	462		315		147		
1966	157			77	80		
1967							
1968	1 641	870	419	232	116	4	

年 份	人 数	上 海	南 昌	吉 安	峡 江	其他城市	下放人员子女 留农村转下放知青
1969	2 015	1 852	73	27	61	2	
1970	930	926	1	1	1	1	
1971	1					1	
1972	33	3		25	2	3	
1973	20	5			15		
1974	79	6	5	1	65	2	
1975	303		197		106		
1976	163				163		
1977	120			41	79		
1978	22				22		
1979	47						47
合计	6 021	3 662	1 010	404	885	13	47

【回城安置】　70年代中期下放知识青年陆续回城安置,县有关部门每年都给上山下乡知识青年招工的专用指标,在参加劳动2年以上,年龄35岁以下(婚否不限)的知识青年中选录。至1981年,全县安置下放知识青年就业1 418人,其中招工1 240人(含补员),招干5人。同时,根据中共中央有关规定,1978年后,大部分上山下乡知识青年陆续返回原地安置。至1990年,除8名因已和当地农民结婚,自愿留在农村外,县内各地的下放知识青年已全部得到安置。　　　　　　　　　　　　(第二十七篇第一章《劳动管理》,第651—652页)

1982年,县劳动服务公司创办知识青年综合服务部、沙坊獭兔场、园艺场等企业,安排下放知识青年和城镇待业青年61人。　　　　(第二十七篇第一章《劳动管理》,第653页)

《吉水县志》

吉水县地方志编纂委员会编纂,新华出版社1989年

(1968年)10月18日至1969年元月,全县分三批下放党政群干部和中小学教师753人到25个公社(镇、场)插队落户。城镇知识青年开始下放农村插队落户。

　　　　　　　　　　　　　　　　　　　　　　　　　　　　(《大事记》,第23页)

(1969年)3月,首批上海知识青年来本县插队落户。到1972年止,全县共安排知识青年插队劳动3 860人,其中上海知青1 812人。　　　　　　　(《大事记》,第23页)

"文化大革命"期间,大批城镇知识青年一批一批地下放农村劳动。从 1968 年至 1978 年,下放到农村插队落户的知识青年计 3 860 人,其中,本县下放者 1 312 人,省、地下放者 733 人,上海下放者 1 812 人。分别安置在全县各公社、镇、场,以水东地区为最多。国家拨有知青安置专项经费,共计 2 435 655 元。1969 年,成立吉水县革命委员会"五七"大军领导小组,下设办公室,专门管理知识青年上山下乡工作。1972 年改称知识青年上山下乡办公室,负责动员知青上山下乡,指导和协助社、队做好知青思想教育工作,解决知青生产和生活上的问题,配合文教、劳动等有关部门挑选劳动锻炼两年以上、表现较好的知青进工厂,上大学。除被推荐进工厂、上大学外,部分知青还在当地被直接提拔为国家干部。

　　1976 年粉碎"四人帮"后,遵照中央有关知青的政策,先后为他们办理了回城手续或就地安排就业。到 1981 年底,除部分知青回城外,其余全部在本县安排工作。同时,县劳动人事部门办理离、退休人员的补员工作,解决了一大批待业人员的就业问题。

(第四编第十一章《劳动　人事》,第 364 页)

《永丰县志》

江西永丰县志编纂委员会编,新华出版社 1993 年

　　(1968 年)冬,县内开始接收、安置上海、南昌、吉安及全县上山下乡知识青年。至 1974 年止,共接收知识青年 5 322 人,先后分别安排在佐龙、坑田、富溪、八江、江口、鹿冈、遇源、古县、藤田、石马等公社插队落户。 (《大事记》,第 28 页)

　　同月(1976 年 10 月),在鹿冈公社"五·七"农场创建鹿冈公社知识青年制药厂。1981 年迁县城,改称永丰县知识青年制药厂。后改称县制药二厂。 (《大事记》,第 30 页)

　　1957 年 1 月,县内首次接受吉安市 108 名知识青年和恩江镇首批 18 名知识青年到坑田、潭城乡参加劳动。7 月,这批知识青年集中安排在西山坪垦殖场就业。

(第三编第九章《劳动人事》,第 411 页)

　　"文化大革命"期间,知识青年成批下放农村插队落户。从 1968 年到 1974 年,上海、南昌、吉安市及境内城镇知识青年 5 322 人到农村插队落户,"接受贫下中农再教育"。

(第三编第九章《劳动人事》,第 411 页)

　　至 1978 年底,通过顶替、补员、招工等,全县有 4 414 名插队知识青年(含外籍知识青年迁回)安排在国营、集体单位就业。 (第三编第九章《劳动人事》,第 411 页)

《泰和县志》

泰和县地方志编纂委员会编,中共中央党校出版社 1993 年

(1968 年)8 月,城市知识青年上山下乡。

10 月,开始下放机关干部、教师、城镇居民,接收外地干部、知识青年到农村插队落户。

(《大事记》,第 29 页)

1984 年 4 月,劳动局、人事局、知识青年上山下乡办公室合并为劳动人事局。

(卷八第二章《劳动人事》,第 325 页)

1956 年上半年安置上海市、吉安市垦荒群众 668 人。

(卷八第二章《劳动人事》,第 325 页)

"文化大革命"期间,安排就业人数较少,下放劳动锻炼的知识青年和城镇新待业青年相应增多。
(卷八第二章《劳动人事》,第 326 页)

知识青年上山下乡 1966 年以前,动员和安置知识青年上山下乡工作由县委精简安置领导小组办公室办理。1968 年,由县革命委员会办公室内务组管理。1969 年 5 月 19 日成立"五·七"大军领导小组,下设办公室。1974 年 7 月 5 日改称知识青年上山下乡领导小组,下设办公室。1984 年 4 月,知识青年上山下乡办公室并入劳动人事局。

1961—1966 年,澄江、小龙、塘洲、沿溪、马市等圩镇动员 443 名知识青年到农村落户。1968 年 8 月,有计划、有组织地安排知识青年到农村劳动锻炼,至 1978 年,全县下放和接受外地下放来县插队落户的知识青年共 5 648 人,其中 1968 年 10 月接收南昌铁路局知识青年 433 人,1970 年 4 月接收上海知识青年 1 211 人,历年接收吉安市知识青年 986 人、庆江化肥厂 72 人、小龙钨矿 329 人、本县 2 617 人。

1966 年前下放的知识青年,除安置 55 人在武山、大岭山两个垦殖场外,其余分别在灌溪公社先锋队、靓碑林场、沿溪、桥头、苏溪等公社林场,苏溪公社苏溪大队,高陇公社高陇大队等地设立 8 个知识青年点。

1968 年,本县下放知识青年 458 人,接收南昌市、吉安市下放知识青年 497 人,在万合、塘洲、中龙、灌溪、高陇、水槎、老营盘、苑前、沿溪、三都、桥头、禾市、马市、冠朝、碧溪等 15 个公社分设 104 个知识青年班。到 1973 年底,在 22 个公社设立 182 个知识青年班,每个班配备 1—3 名脱产干部带班,雇请数名老农作农业技术指导。

1974 年始,因参军、招工、招干、升学、病退,原下放知识青年逐年减少,将 182 个班并为

31 个班,改称知识青年场、队。到 1979 年留下 463 人,撤并为 13 个场、队。1981 年留下 205 人,县城开设知青商店,安排 46 人;农村安家的 12 人,每人发安置费 700 元;自谋职业 147 人,每人发安置费 350 元。

1962—1983 年,上级下拨安置费 3 016 424 元,其中用于修建房屋 944 189 元,建房 78 幢,面积 38 756 平方米;生产费用 310 640 元;生活补助 609 984 元;其他 1 151 611 元。购置 130 型汽车 1 辆、双轮车 55 辆、发电机组 1 套、电动机 13 台、碾米机 25 台、粉碎机 11 台、大型拖拉机 7 辆、手扶拖拉机 22 辆、插秧机 3 台、抽水机 8 台、柴油机 13 台、锯板机 2 套、园锯 1 台以及生活用具等。

1975 年,上海市支援上海知识青年队 11 型手扶拖拉机 9 台、拖斗 4 只、195 型柴油机 1 台、手摇喷雾器 1 架、混流泵 3 台、潜水泵 6 台、脱粒机 3 套、2.5 千瓦电动机 2 台、劳动车辆 6 辆、缝纫机 7 台、元钉 100 公斤、玻璃 2 箱、铅丝 100 公斤、无息贷款 2.3 万元,还赠送了一批药品。

(卷八第二章《劳动人事》,第 334—335 页)

《万安县志》

万安县志编纂委员会编,黄山书社 1996 年

(1964 年)城关镇下放知识青年 60 名,在茅坪乡创办集体所有制的茅坪林场。

(《大事记》,第 33 页)

(1969 年)3 月 18 日,首批安置上海市下放县境插队落户知识青年 601 人。

(《大事记》,第 35 页)

(1970 年)4 月 15 日,第二批安置上海市下放县境插队落户青年 1 309 人。

(《大事记》,第 36 页)

城镇知识青年上山下乡安置领导小组　1968 年 7 月 10 日成立。

"五七"大军办公室　1969 年成立。旨在加强干部下放劳动和知识青年上山下乡的领导和管理,1970 年改为知识青年上山下乡安置办公室,1973 年更名为知识青年上山下乡办公室。1982 年与县劳动局合署办公。　(卷二十六第一章《劳动管理》,第 615 页)

第三节　知识青年上山下乡

1964 年安排吉安市下放知识青年 60 人,万安县下放知识青年 71 人,其中安排到茅坪林场 60 人,中州、光明、建设水库 10 人,麻源农场和十里岗果园 27 人,五丰公社插队 15 人,

回乡 19 人。

　　1968 年 8 月至 1970 年,先后接受吉安市、上海市闸北区和县境上山下乡知识青年 4 126 人,其中,1968 年 8 月—10 月两次接受吉安市下放知识青年共计 800 余人;1969 年 3 月—1970 年 4 月接受上海市两批下乡知识青年 1 910 人,安排在县境 19 个公社,88 个大队、236 个知识青年班,21 个知识青年队。到 1980 年,全县因招工、升学、参军、顶替、病退、困退、回城等原因,外迁后尚留有上山下乡知识青年 560 人。

　　1968 年以来,上级拨给万安县知识青年上山下乡安置经费 1 514 949 元,其中,1973 年后拨 368 531 元。县下拨各公社建房费 464 782 元,下拨农家炊具费 20 万元。建房耗资约 60 万元,建房 236 栋,计 1 702 间,17 020 平方米。(卷二十六第一章《劳动管理》,第 617 页)

《遂川县志》

《遂川县志》编纂委员会编,江西人民出版社 1996 年

　　(1967 年)8 月,全县 66 级、67 级家居城镇初、高中毕业生 111 人和吉安市初、高中毕业生 50 人,下乡插队落户。　　　　　　　　　　　　　　　　　　　(《大事记》,第 38 页)

　　10 月 15 日,城镇 1968 年高、初中毕业生、社会知识青年和县城机关干部、教师、医务人员,第一批下放七岭、滁州、西溪、下七、黄坳、五江、车坳、新江、桥头 9 个公社插队落户。

　　　　　　　　　　　　　　　　　　　　　　　　　　　　　　(《大事记》,第 38 页)

　　12 月 24 日,成立县"五七"大军领导小组。后因下放干部、教师、医务人员陆续回调单位工作,1973 年 2 月改称县知识青年上山下乡领导小组。　　　　(《大事记》,第 38 页)

　　(1970 年)1 月 20 日,上海市应届毕业生 500 人下放来县,安排在草林、禾源、左安、汤湖、高坪、南江、黄坑、大汾、营盘圩、戴家埔、巾石、珠田、雩田、新江 14 个公社插队落户。

　　　　　　　　　　　　　　　　　　　　　　　　　　　　　　(《大事记》,第 39 页)

　　(1971 年)7 月中旬,为贯彻毛主席给李庆霖的信和中共中央 21 号文件,县委组织 49 个检查组,深入全县 90 个知识青年班开展全面检查。　　　　　　　(《大事记》,第 41 页)

接受和安置下放知识青年

　　动员和安置知识青年上山下乡工作,始由县精简安置领导小组办公室办理。1968 年 12 月,成立县"五七"大军领导小组,负责对下放人员的管理和政治思想教育。1973 年 2 月成

立县知识青年上山下乡领导小组,下设办公室,1982年2月县知青办与劳动局合署办公。

六十年代初,县内随精简城镇人口,动员城镇知识青年上山下乡。1968年以后响应毛主席"接受贫下中农再教育"的号召而成批下放,直至1978年止。1962—1967年下放城镇知识青年267名(其中县内218名,1964年接受南昌市下放知识青年49名);1968—1973年9月下放城镇知识青年1231名(其中县内726名,1970年4月接受上海市下放知识青年505名);1973年10月—1978年下放城镇知识青年1123名(其中县内995名,1973年11月接受吉安市下放知识青年128名)。从1962—1978年共计安置下放知识青年2621名。1967年以前下放的知识青年,安置在国营和社办林场劳动,1968年后插队在生产队劳动,1973年以后划分田地、山场单独组设知识青年队。1973年有知识青年队31个,每队配备1—3名脱产干部(轮流期为一年)当队长,1—2名老农作农业技术指导。

知识青年下乡由国家拨给一定的安置经费。1969年成户下乡插队的人均100元,单身下乡插队人均150元,回乡参加农业生产人均40元。1970年人均建房费220元,生活费160元,家具农具费55元,合计435元。此外,还陆续增拨了补助经费,1962—1981年上级共拨安置经费167.68万元,其中,用于建房(126栋)36.60万元;家具用具、农具和机械设备费24.40万元;扶助生产资金9.5万元;安排就业补助费32.11万元;其他55.84万元;结余9.23万元。

历次下放的知识青年,随着参军、招工、招干、升学、退休顶替以及本身病退而逐年减少,1979年末尚有未安置就业知识青年659名,经过几年的安置,至1990年已全部安置就业。就业去向,除历年从县内转去外地和由外地回县安置就业504名,以及死亡5名外,全县安置就业2112名。其中:参军、升学、招工、招干、补员、顶替安置1538名;安置国营农、林、牧、渔场就业88名;县知青部门主办集体经济安置34名;安置各种大集体单位356名;农村安家的18名(每人发给安置费700元);自谋职业78名(每人发给安置费400元)。

(第八篇第一章《劳动管理》,第282页)

《宁冈县志》

宁冈县地方志编纂委员会编,中共中央党校出版社1995年

(1968年)10月,江西省直属机关干部139人、南昌市知识青年111人,下放到县插队落户,"接受贫下中农再教育"。

12月,县开始大批下放知识青年到农村插队落户。至1978年,全县共下放知识青年214人(含1967年前下放的34人)。　　　　　　　　　　　　(《大事记》,第54页)

(1969年)3月,上海下放知识青年504人到县,被安排在茅坪、大陇、葛田、龙市、睦村、东上等地插队落户。　　　　　　　　　　　　　　　　　(《大事记》,第54页)

80 年代初,主要解决下放知识青年就业。在面向社会招工外,还有复、退军人的安置,中等专业技术学校毕业生的分配。

(第十一篇第一章《劳动》,第 298 页)

第四节　上　山　下　乡

1964 年至 1978 年 10 月,全县先后上山下乡的知识青年(简称"知青")214 人;接受吉安市等外地上山下乡知青 172 人。1968 年 10 月后接受南昌、上海市成批下乡知青 615 人(其中上海市 504 人),共有下乡知青 1 001 人。

对 1966 年以前的下乡知青,基本上都是集体安置。1973 年后,按政策留城的,由劳动部门统筹安排就业;符合上山下乡插队落户的知青,由生产队集体劳动改办知青队或兴办农工商集体企业。

对下乡知青的安置,各级党政组织除在政治思想上加强教育外,在生活上亦非常关心和照顾。每年春节期间,对未回家的外地知青,原则上以公社为单位进行集体慰问,同时每人发给 3 至 5 元的补贴;对患病知青及时治疗;对体质差、劳动力弱,生活难以自给的知青保证最低生活费。1964 至 1973 年,宁冈县用于安置下乡知青经费总支出为 32.93 万元,其中用于建房费 6.69 万元;生活补贴 14.71 万元;购置农具、家具 4.91 万元;下乡知青疾病医疗费 0.28 万元;用于编印学习材料、建立文化室、购买青年读物和宣传品等 276 元;另外解决下乡知青探亲旅费、拨给国营农林场知青点以及其它必要的费用共 6.29 万元。

由于党和人民政府负责解决下乡知青的切身困难,绝大多数知青都较积极参加生产劳动,出现一些先进人物和先进事迹。瑶前大队插队知青任志妹,顽强地向疾病作斗争,积极劳动,认真工作,担任生产队干部后,一年出勤 300 多天,1973 年被选为县妇联执委。石陂大队和大仓大队上海下放知青王式恩、顾芬娣等,不要组织照顾回上海而坚持扎根农村,成家立业。至 1974 年全县下乡知青有 2 人入党,96 人入团,44 人被选进各级领导班子,38 人担任民办教师和赤脚医生。

1980 年以后,按照"国家关心,负责到底"的精神,劳动部门对下乡知青分期分批予以妥善安排,对其子女全部办理城镇户口商品粮。到 1981 年底,在 1 001 名下乡知青中,因病退回城市 151 人;参军 28 人;升学 130 人;吸收录用为国家干部 6 人;招工 662 人(其中顶替补员 17 人);其他 24 人(病故 3 人,自谋职业 21 人)。

(第十一篇第一章《劳动》,第 300—301 页)

《永新县志》

永新县志编纂委员会编,新华出版社 1992 年

1969 年至 1979 年全县安置知识青年 922 人,占 100%。

(卷十九第一章《劳动管理》,第 459 页)

《莲花县志》

莲花县志编纂委员会编,江西人民出版社1989年

　　(1968年)10月10日,全县1 000多干部、教师、知识青年被下放,走所谓"五·七"道路,上山下乡,到农村插队落户。　　　　　　　　　　　　(卷二《大事记》,第27页)

　　是年(1973年),成立知识青年上山下乡领导小组。　　　　(卷二《大事记》,第29页)

　　"文化大革命"期间,就业安排出现两种不正常现象。一方面城镇大批知识青年安置下放到农村劳动,另一方面城镇的厂矿企业又大量面向农村招工。

　　知识青年上山下乡安置,从1968年开始,至1978年停止下放为止,历年下放的知识青年共有1 135人,其中县内下放到农村的知识青年815人,外地下放的320人。

　　　　　　　　　　　　　　　　　　　　　(卷十七第一章《劳动》,第223—224页)

《安福县志》

安福县县志编纂委员会编,中共中央党校出版社1995年

　　(1957年)12月14日,精简机构,干部下放劳动锻炼,全县下放干部303名(其中县级3名、区级10名)开赴太平谷源山,创办谷源山垦殖场。同时省级机关下放干部885名来安福,创办武功山综合垦殖场,并接收上海市下放知识青年150名。　　(《大事记》,第29页)

　　(1968年)10月,大张旗鼓动员城镇知识青年、在职干部和职工以及城镇居民上山下乡,插队落户,接受贫下中农再教育。到1970年止,全县共接受安排知识青年3 600余人,干部3 600余人。其中,上海市下放知识青年1 550人,南昌市下放知识青年583人,吉安市下放知识青年706人。

　　同月,县、社两级都成立"五·七"大军领导小组办公室,1972年改称为知识青年上山下乡办公室(简称"知青办")。　　　　　　　　　　　　　　(《大事记》,第37页)

　　(1972年)11月20日,县委决定成立县革委政治部纪律检查组、共青团安福县委筹建领导小组、县知识青年上山下乡领导小组。　　　　　　　　　　(《大事记》,第38页)

　　中共十一届三中全会以后,积极扶持城镇集体经济和个体经济,鼓励待业人员广开门路,自谋职业。县劳动部门,在安排留城待业青年的基础上,会同有关部门,对1972年以前

下放在本县的知识青年,进行就业安置。上海市、南昌市和吉安市下放在安福的知识青年,基本上都回原籍就业,少数配偶在本地的就地安排工作。1979年至1983年,除38名知青尚未安置外,本县共安置上山下乡知识青年劳动就业495人。

(卷十一第一章《劳动》,第299页)

第六节　城镇知识青年上山下乡

"文化大革命"期间,工厂停工停产"闹革命",企业管理混乱,劳动就业无法安置。城市知识青年和城镇居民下放到农村劳动,连同下放干部,统称之为"五·七"大军。1968年至1975年,全县共接受城镇下乡知识青年3 600余人。其中,上海市下放知识青年1 550人,南昌市下放知识青年583人,吉安市下放知识青年706人,其余为本县下放知识青年和外省(区)转来的知识青年。

1968年成立安福县"五·七"大军领导小组,由县委1名副书记任组长,下设办公室,配备工作人员7人,具体管理下放人员的动员、安置工作。1972年以后改称知识青年上山下乡办公室。安置费用由省按安置人数拨给,由县知青办掌握使用。1972年以前,下乡知识青年每人安置经费240元,其中108元为生活补助费。第一年按每人每月9元拨给,由各公社知青办按月办理。1973年知青安置费增加到每人480元(包括生活、农具、建房等费用)。并且逐步把全县分散的知识青年集中起来,组成知青农场或知青队。全县共有知青农场3个。即:江边、下连山、连胜农场。知青队有:田里、一〇一、钱山、南湾、月家、湖溪、泸溪、南田、九〇一、鲁洋田、枫田、小车、南岭、早禾田、赤谷、陂头、连村、草塘、园背、前溪、中洲、王屯、葱塘、新英、南皋、口塘、秀水、江背、上新等29个。　　(卷十一第一章《劳动》,第302页)

1970年,县革委首先在山庄公社秀水大队试办了第一个以知识青年为主体的集体林场。

(卷十四第五章《林业基地建设》,第369页)

《宜春市志》

宜春市地方志编纂委员会编,南海出版公司1990年

70年代,南昌和上海知识青年1 148人来县插队落户(70年代末陆续返回原地)。

(卷三第一章《户口变化》,第76页)

1969至1976年,安置7 491人。其中,城镇待业人员5 129人,下乡知青670人,自然增长农业职工的子女按需要,不要招工指标,吸收为农工477人,临时工改为固定工1 215人。

(卷二十七第一章《劳动》,第591页)

第五节　知识青年上山下乡

1964 年底开始动员知识青年上山下乡,当年有县、镇和地区单位的知识青年 305 人及本省、南昌市等外地知识青年 50 人下乡。1968 年有 769 名本地知识青年下乡。1970 年,除县、镇和本省外市来县 55 人外,有 1 059 名上海市等外省市知识青年来县下乡。1973 年设立知识青年上山下乡安置工作办公室(简称"知青办"),各社、场配备"知青办"专职干部 1 至 2 人,各机关、厂矿选派带队干部,进一步动员和组织知识青年上山下乡。1978 年调整知识青年上山下乡政策,对城市中学毕业生的安排,实行进学校、上山下乡、支援边疆、城市安排四条渠道,扩大留城面。对家在有安置条件的企事业单位和小集镇非农业户口的中学毕业生,不再列入上山下乡范围。是年底,全县下乡知识青年共 6 354 人。其中本县和本地区的 5 206 人,本省、南昌市等外市的 89 人,上海市等外省市 1 059 人。知识青年上山下乡有四种安排形式:一是建立"知青点",全县共有"知青点"107 个,安排知青 2 045 人;二是下放到国营农、林、渔场,计 271 人;三是建立知青小组下乡插队,计 3 267 人;四是分散插队和回原籍落户,计 771 人。1980 年 7 月起,贯彻江西省委(1980)147 号文件规定,对城市上山下乡的知识青年,实行保留城市户口和继续吃商品粮的办法,安排到集体所有制的知青厂(场)和农林业单位。1964 至 1981 年,市(县)知识青年上山下乡安置经费合计 340.42 万元。从 1972 年起,对上山下乡知识青年陆续进行安置,据 1981 年统计,全县 6 354 名上山下乡知识青年中,升入大、中专学校的 639 人,招收为工人的 2 791 人,参军的 760 人,吸收为干部的 140 人,迁移出县的 157 人,回城镇和到社办企业的 1 394 人,到国营农林场的 164 人,其他安排 309 人。1982 年下半年以后,知青部门所办的厂(场)移交给劳动服务公司管理,知识青年上山下乡工作至此结束,知青办公室同时撤销。　　(卷二十七第一章《劳动》,第 593 页)

《宜春市志》

《宜春市志》编纂委员会编,方志出版社 2010 年

1955 年至 1960 年,南昌专区共接受来自上海市的垦荒移民 22 000 户、约 8.8 万人,其中今宜春市境内的奉新、高安、丰城、宜丰、靖安等 5 县接受 18 000 户、72 000 人。1962 年 7 月,宜春专区再次分配安置上海市移民 500 户约 20 000 人。1968 年至 1978 年,宜春地区共接受来自上海市、南昌市等地的外地"上山下乡"知识青年 16 300 多人。……1956 年,上海垦民 406 户、2 006 人来宜丰县落户。……自 1964 年 4 月至 1978 年间,有上海知识青年 2 236 人,南昌知识青年 694 人,萍乡知识青年 193 人,其他省、县知识青年 492 人,先后来宜丰县各乡村插队落户。

　　　　　　　　　　　　　　　　　　　　　　(卷十第二章《人口》,第 340 页)

1979 年,实行单位推荐、择优录取招工制度。对各地"上山下乡"的知识青年,则优先招

收。……同时,对下乡和回乡的城镇知识青年,实行优先照顾政策。

(卷十九第一章《劳动就业》,第 705 页)

1968 年至 1973 年,招工对象主要是农村青年、复员退伍军人和按政策回城的下乡知识青年。……1974 年至 1979 年,根据省政府文件规定,重点安置城镇下乡知识青年;对烈士、残废军人、华侨、老红军、援外和支援西藏人员子女、贡献大的高级知识分子子女及受迫害致死人员子女,可适当照顾。全区招收 17 500 人,其中下乡城镇青年 6 100 人、留城知识青年 5 700 人、其他人员 5 700 人。

1980 年……对 1972 年以前下乡的知识青年和多子女而无子女参加工作的困难户给予照顾。

(卷十九第一章《劳动就业》,第 706 页)

1975 年……其中招收上山下乡知识青年 586 人。……是年,全区招收城镇集体所有制工人7 600人,其中招收上山下乡知识青年 4 700 人。1979 年,全区新办大集体企业 153 个,招工 6 000 人,其中招收上山下乡知识青年 2 000 人。

(卷十九第一章《劳动就业》,第 707 页)

第四节　知识青年上山下乡与回城安置

1963 年 12 月,中共中央、国务院发出《关于动员和组织城市知识青年参加农村社会主义建设的决定(草案)》,要求各地动员、组织城镇知识青年(简称知青)到农村去参加社会主义建设。为贯彻上述指示精神,中共宜春地委、专署成立相应的办事机构,并开展安置下放工作。全区城镇知识青年上山下乡工作从 1964 年开始,1968 年形成高潮,1979 年停止。

管理机构　1956 年 12 月,南昌专署成立了"接收与安置上海市志愿垦荒群众指导委员会"。1961 年 7 月,中共宜春地委成立了"精简职工和压缩城市人口领导小组"。上述机构均涉及城镇知识青年下放农村的管理工作。1968 年 3 月,知识青年上山下乡工作由宜春专区革命委员会抓革命促生产指挥部内务组负责。同年 10 月,宜春地区"五七"大军领导小组成立,负责全区知识青年下乡及干部、城镇居民下放工作。1973 年 3 月 5 日,宜春地区"五七"大军领导小组改为宜春地区知识青年上山下乡安置领导小组,下设办公室(简称知青办),负责管理全区城镇知青动员、安置,以及接受外来插队知青工作。1982 年 9 月,宜春地区知识青年上山下乡安置领导小组办公室撤销,遗留善后工作移交宜春行署劳动局新设的知青科负责。

下乡安置　1955 年至 1960 年,下乡安置的对象主要是来自上海市垦荒移民群众。1962 年 7 月,又安置了上海市下放人员 5 000 名,包括家属大约 2 万人。主要安置在境内的奉新、高安、丰城、宜丰、靖安等县农村土质较好,以及田地多、劳力少的地方从事农业生产。这一时期,宜春专区也有一部分城镇知识青年被动员下乡。1958 年,全区共动员 7 019 名城镇人员下乡、回乡参加农业生产。

1964 年 3 月,宜春专署决定在靖江县樟树镇进行城镇青年学生和闲散劳动力下乡插队试点。年内,经过动员,全区有 5 958 名城镇知识青年下乡插队落户,并有 1 061 名知识青年回乡参加农业生产。1964 年至 1968 年,全区共接受安置南昌市知青 2 200 人、萍乡市知青 700 人、宜春专区各县知青 11 842 人。1968 年 12 月,宜春地区各县大规模地组织动员城镇知识青年上山下乡,并将符合上山下乡相关条件的 67 届、68 届初、高中毕业生全部动员下乡。

1969 年 9 月,第一批 3 949 名上海知青到达宜春专区各县农村插队落户。宜春专区各县知青大多数安置在各地的知青队、场以及人民公社插队落户,其余安置在国营农、林、茶、渔场及垦殖场当农工。1973 年,宜春地区下乡知青共有 27 976 人,其中上海知青 13 080 人、南昌知青 3 221 人、宜春地区及其他地区知青 11 675 人。1974—1977 年,在全区范围推广湖南省株洲市厂社挂钩、集体安置知青到社、队、场落户的经验,各县尽可能将下乡知青安置在靠近城市的社队,并实行与厂、社挂钩,建立知青场、队。至 1978 年,宜春地区接收上海、南昌、萍乡等地下乡知青以及安置本地区知青共计 75 978 人,其中上海市知青 21 000 人、南昌市知青 7 800 人(以上数据系当时宜春地区 13 个县的统计资料)。

1978 年以后,根据中共中央关于"统筹解决"知识青年上山下乡中存在的问题的指示精神,宜春地区决定,上山下乡知青不再分散插队,必须在统一安排的基础上,按系统、单位与社、场、队挂钩,集中安排下放知青。1979 年,根据中共中央、国务院有关文件精神,宜春地区决定不再动员知识青年上山下乡。

宜春地区历年上山下乡知识青年人数统计

单位:人

县　别	1970 年及以前	1971 年	1972 年	1973—1974 年	1975 年	1976 年	1977 年	1978 年	合　计
宜春县	2 454	26	264	1 521	722	447	702	381	6 517
丰城县	4 480	87	453	841	1 224	474	962	914	9 435
高安县	3 702	44	56	904	873	670	365	280	6 894
清江县	2 932		464	1 165	1 394	430	483	134	7 002
奉新县	5 363	101	529	238	517	124	173	28	7 073
万载县	1 722	1		728	416	170	132	196	3 365
上高县	2 782	1	5	749	658	319	357	81	4 952
宜丰县	3 421	3		705	482	272	325	24	5 232
靖安县	2 550		8	483	374	181	78	73	3 747
铜鼓县	2 732	69	52	579	137	124	197	3	3 893
新余县	5 032	25	522	1 758	1 451	475	734	125	10 122
分宜县	2 860		177	848	278	196	325	35	4 719
安义县	1 381	121	51	723	368	191	110	42	2 987
地　直				40					40
总　计	41 411	478	2 581	11 282	8 894	4 073	4 943	2 316	75 978

回城安置　1972 年以前,下乡知青回城的较少,一般由民政局、支农办、公安局办理照

顾回城手续。1972年,宜春地区开始上山下乡知青回城安置工作。按留城政策,由家长申请、单位签署意见,报各县安置办、知青办协商同意,方可回城。回城安置形式有招工、招生、参军和单纯迁回城镇户籍4种。1978年开始,根据中发74号文件和之后赣发[1980]147号文件,优先安置1972年以前下乡的知青。对1973年以后下乡插队的、有困难的知青,分期分批安置回城镇,到集体企业就业或自谋职业。1979年至1982年,全区安置回城知青12125人。

(卷十九第一章《劳动就业》,第709—710页)

1958年……上海知识青年184名进入垦殖场工作。

(卷四十三第一章《山林权属与经营》,第1568页)

(1964年)12月,宜春专署就是年动员城镇知识青年下乡情况进行总结,至12月20日止,全区共安置了6218人,动员5642人,占全区年计划的86.5%。 《大事记》,第2690页)

(1966年)1月,宜春专署批转专区精简安置领导小组《关于1965年认真安置城镇知识青年上山下乡的意见的报告》。确定全区1966年动员4200名城镇知识青年上山下乡(其中下乡3600人,回乡600人),安置南昌市1860人,全区安置任务为6060人。

(《大事记》,第2690页)

(1968年)12月,《人民日报》传达了毛泽东"知识青年到农村去,接受贫下中农的再教育,很有必要"的指示。全区各地1966、1967年毕业的部分高、初中学生下队劳动(另一部分进工厂)。随即掀起知识青年上山下乡的热潮。自1968年至1975年底,全区共下放知识青年6万余人,其中:包括上海知青2.1万人。 (《大事记》,第2692页)

《万载县志》

江西省万载县志编纂委员会编,江西人民出版社1988年

"文化大革命"中大批城镇知识青年安排上山下乡,到农村插队落户。从1968年开始,全县上山下乡知识青年共3096人,其中上海下放720人、外县下放31人、本县下放2345人。 (卷十第三章《劳动就业》,第196页)

《铜鼓县志》

铜鼓县志编纂委员会编,南海出版公司1989年

(1964年)县成立精简安置领导小组,下设办公室,管理知识青年上山下乡工作。1966

年,改为知识青年上山下乡办公室。从 1964 年到 1977 年,下放知识青年 5 509 人。其中,萍乡市 460 人,上海市 1 560 人,本县 3 489 人。县财政拨给"知青"安置经费 806 480 元,银行发放无息贷款 465 441 元,并动员各单位、农村社队支援钱物,用于"知青"建房、添置生产工具以及初期的生活费。1978 年起,停止下放,并对原下放农村的"知青",分别情况,重新安置。至 1981 年全部安置完毕,以劳民伤财告终。　　　　　　　(《大事记》,第 27 页)

　　"文化大革命"开始后,正常的就业受到干扰,待业人员日增,只好一批批下放农村,参加农业生产。10 年总共下放城镇知识青年 3 301 人,同时接收萍乡下放来县的 300 人,上海下放来县 1 560 人。　　　　　　　　　　(卷九第一章《劳动管理》,第 212 页)

　　1980 年,贯彻"在国家统筹规划和指导下,实行劳动部门介绍就业,自愿组织起来就业和自谋职业相结合"的就业方针,首先安置了留城待业青年,并会同县乡办,对下放 2 年以上的知识青年,特别是 1972 年以前下放的知识青年,进行优先和照顾性的安置。这年共安置435 人。　　　　　　　　　　　　　　(卷九第一章《劳动管理》,第 212 页)

《宜丰县志》

江西省宜丰县地方史志编纂委员会编,中国大百科全书出版社上海分社 1989 年

　　(1957 年)8 月 28 日,南昌市初中毕业生首批 16 人下放黄岗乡参加农业生产。

　　　　　　　　　　　　　　　　　　　　　(卷二《大事记》,第 24 页)

　　是年(1968 年),全县下放城镇知识青年 357 名,到农村插队落户,参加生产劳动。上海知青下放到县 8 名,南昌知青下放到县 484 名。　　　　(卷二《大事记》,第 32 页)

　　是年(1978 年),下放知识青年 24 名。从 1968 年至此,共下放知识青年 5 788 名,其中上海下放来的 2 236 名,南昌下放来的 694 名,其他省、市、县下放来的 685 名,本县下放的2 173名。　　　　　　　　　　　　　　　　　(卷二《大事记》,第 36 页)

　　(1979 年)10 月 10 日,宜丰县待业知识青年安置工作领导小组成立。历年下放农村插队落户的知识青年逐步回城镇安排工作。为期 11 年的知青下放工作至此结束。

　　　　　　　　　　　　　　　　　　　　　(卷二《大事记》,第 36 页)

　　自 1964 年 4 月至 1978 年间,有上海知识青年 2 236 人,南昌知识青年 694 人,萍乡知识

青年193人,其他省、县知识青年492人,先后来本县各乡村插队落户。

(卷七第一章《人口变化》,第113页)

1982年7月,县知识青年上山下乡领导小组办公室并入县劳动局。

(卷二十八第一章《劳动管理》,第514页)

这几年(1970—1972年)县内招工对象主要是农村贫下中农子女,城镇下放知识青年只占每批招工总数的10—30%。为解决全县职工人数、工资总额和商品粮突破国家计划的问题,1972年下半年起停止向农村招工,招工对象转为下放知识青年和城镇待业人员。

(卷二十八第一章《劳动管理》,第515页)

1979—1981年,逐步安排仍在县内农村的下放知识青年和城镇待业青年,三年共招工4 202人。

第三节　知识青年下放与安置

1957年8月,南昌市下放16名学生到本县黄岗乡。1958年8—9月,黄岗山垦殖场先后从上海吸收260名待业知识青年来宜丰参加山区建设。

1964年4月,成立宜丰县动员青年学生和闲散劳动力下乡插队安置领导小组。1964年5月至1966年6月,全县共安置下放知识青年555人,其中接受萍乡知识青年193人。1966年7月至1967年,县内停止下放知识青年。

1968年起,城镇知识青年一律下乡插队落户,"接受贫下中农再教育"。当年,全县安置下放知识青年849人。其中,宜丰知识青年357人,上海知识青年8人,南昌知识青年484人。

1969年,成立宜丰县"五·七"大军领导小组,当年安置下放知识青年1 036人。其中,宜丰知识青年34人,上海知识青年976人,南昌知识青年26人。

1970年,全县安置下放知识青年1 315人。其中,宜丰知识青年102人,上海知识青年1 103人,南昌知识青年110人。

1973年4月,宜丰县"五·七"大军领导小组改名为宜丰县知识青年上山下乡安置工作领导小组。同年8月,根据全国知识青年上山下乡工作会议精神,对下放知识青年安置采取适当集中(建立青年点)、回原籍落户、建立青年场(队)和安排到国营农、林、牧场等形式。至1978年,到青年场(队)的有636人,安排到国营农场、垦殖场的53人,回原籍落户66人,县内插队575人。

1977年统计,全县下放知识青年中,有39人参加了中国共产党,703人加入了中国共产主义青年团,186人被选进大队、生产队领导班子,587人担任理论辅导员、宣传员、会计、保管员、民办教师和"赤脚医生"等。

1979年,根据中共中央1978年12月74号文件关于一般城镇非农业户口的中学毕业生不再列入上山下乡范围的规定,全县停止动员知识青年上山下乡,转向回城安置就业。

1964—1978年,全县共安排、接受下放知识青年5 323人。1974—1979年,又先后将随同父母下放农村的知识青年465人,按政策转为下放知识青年,全县下放知识青年总计5 788人,其中,上海知识青年2 236人,南昌知识青年694人,本县知识青年2 173人,其他省、市、县知识青年685人。详见表28-2。

表28-2　全县历年上山下乡知识青年人数

年　份	下放知青数	年　份	下放知青数	年　份	下放知青数
1964	280	1971	33	1977	300
1965	134	1972	73	1978	24
1966	141	1973	152	1979	465
1968	849	1974	533		
1969	1 036	1975	177		
1970	1 315	1976	276	总　计	5 788

为解决上山下乡知识青年的住房和生活方面的困难,国家每年拨给城镇知识青年上山下乡专款补助费。1973年规定,城镇知识青年到农村插队和到集体所有制的队、场或回原籍落户的,每人补助480元,其中,建房补助费220元,生活补助费160元,农具、家具和其他补助费用100元。1968年至1981年,全县知识青年补助经费共计329.1万元,其中留县使用11.9万元。

1968年以来,在县内的城镇下放知识青年,除部分通过招工、顶替、补员、社办企业安排、参军、升学等渠道逐步就业外,到1978年底,有很大一部分还在农村。1979年,成立宜丰县安置城镇待业青年工作领导小组,下设办公室,专门负责知识青年的安置工作,按照"统筹解决"下放知识青年的方针,解决"两个重点"(1972年以前下放知青和持有留城证的知青),搞好"两个照顾"(独生子女和多子女而无子女参加工作的),当年全县共安置知识青年1 569名,其中,全民单位招工230人,县以上集体企业单位招工523人,镇、社办企业安置285人,参军、升学35人。1972年以前下放宜丰的知识青年,除少数自愿扎根农村的以外,全部安排完毕。另还安置了1972年以后下放的知识青年421人,按政策回城知识青年75人。1980年,全县安置下放知识青年325人,按政策回城知识青年208人。至1981年,除个别在农村安家落户的外,在宜丰的各地下放知识青年全部安置完毕。

(卷二十八第一章《劳动管理》,第516—517页)

《上高县志》

上高县史志编纂委员会编,南海出版公司 1990 年

(1956 年)2 月 2 日,县接收安置上海志愿垦荒群众指导委员会成立。4 月,接收上海垦民 424 户,2 027 人,安置于泗溪、官桥、喻家、大塘、刘家等 5 乡。 （《大事记》,第 34 页）

同年(1964 年),开始动员城镇知识青年上山下乡,首批上山下乡知识青年 130 名,和萍乡、清江的 275 名知识青年一同安置在国营农(林)场 240 名,社办企业 87 名,生产队 78 名。 （《大事记》,第 38 页）

(1968 年)8 月,动员城镇知识青年下放农村插队落户,称之为"五·七大军"。 （《大事记》,第 40 页）

(1979 年)开始停止下放城镇知识青年。采取全民办集体,大厂带小厂,发展集体经济,扩大安置门路。到 1980 年,全县办大集体企业 31 个,安置知识青年 1 545 人,全民招工 511 人。解决了城镇知识青年就业难的问题。 （《大事记》,第 44 页）

建国后,成批从外地迁居上高的居民有:南下干部、上海移民,宜春地委专署上山下乡干部,创办垦殖场吸收的外地人员,兴建与迁入的驻县省地厂矿的职工及其家属,上海、南昌、萍乡等城市下放的知识青年,省、地下放干部以及接收安置的印支难侨。 （卷三第一章《人口变化》,第 91 页）

本县第一个乡办林场是芦洲乡的浪山林场,创立于 1958 年。山林面积 15 930 亩。职工主要是下放知识青年。 （卷六第五章《林场》,第 152 页）

知青下放和安置 1964 年始,动员城镇知识青年(简称知青)下放农村。是年,本县下放知识青年 131 名,接收清江、萍乡下放知青 275 名,安置在国营农、林场 240 名,社办企业 88 名,农村生产队 78 名。1965—1966 年上高县下放知青 104 名,接收萍乡、宜春县下放知青 214 名。

1968 年,知识青年上山下乡运动掀起。1969 年,成立上高县"五七"办公室。负责办理知识青年下放和接收安置工作。从 1968 至 1972 年,接收上海、南昌知青和下放本县城镇知青共 1 853 人。1973 年 11 月,成立"上高县知青上山下乡领导小组",改"五七"

办公室为知青办公室。1973 年开始,划给土地,修建房屋,把分散在各生产队的知青集中起来建立知青点。1973 年有知青点 12 个,到 1976 年增至 55 个。1978 年,全县有下放知青 4 664 名,其中本县知青 2 045 名,上海、南昌、萍乡等地知青 2 619 名。从 1973 年至 1979 年,县拨款 100.2 万元,用于知青点建设,其中建房费 57.2 万元,兴建知青住房 8.6 万平方米。

1979 年后,开始逐年安置下放知青就业。除部分上海、南昌、萍乡知青回原地安置外,至 1981 年,全县安置知青就业 1 712 名。1985 年,下放知青除个别已婚知青仍在农村外,已全部安置就业。　　　　　　　　　　　　　　　　(卷十八第二章《劳动》,第 340 页)

《安义县志》

江西省安义县志编纂领导小组编,南海出版公司 1990 年

(1964 年)9 月,根据党中央、国务院"关于动员和组织城镇知识青年参加农村社会主义建设的决定"精神,安置萍乡市芦溪镇知识青年 58 人来县落户。　　(《大事记》,第 17 页)

是年(1971 年),接受上海知识青年 1 010 名下放农村插队落户。　(《大事记》,第 20 页)

是年(1973 年),接受并安置上海下放知青 70 余名。　　　　　(《大事记》,第 20 页)

1958 年,解放军转业军官和南昌市知识青年 300 余人来安义立户,参加山区建设。1964—1973 年有萍乡、宜春知识青年 210 人、上海知识青年 1 222 人先后至本县农村插队落户。这些人自 1973 年起开始另行安置或返回原籍。　　(卷四第一章《人口变化》,第 74 页)

《靖安县志》

江西省靖安县志编纂委员会编纂,江西人民出版社 1989 年

(1969 年)3 月,上海市 441 名知识青年下放到本县农村。　　　　(《大事记》,第 31 页)

(1971 年)4 月,上海市 805 名知识青年下放到本县农村。　　　　(《大事记》,第 32 页)

(1975 年)2 月 18 日,靖安县上山下乡知识青年慰问团出发赴上海汇报、慰问,历时 20 天。　　　　　　　　　　　　　　　　　　　　　　　(《大事记》,第 33 页)

1976 年粉碎"四人帮"后,党和人民政府大力扶助、发展集体企业和个体经济,扩大就业门路。1977 年至 1979 年,共安排了下放知识青年 1 352 人和城镇待业青年 747 人。

(卷二十二第二章《劳动人事》,第 474 页)

1968 年到 1969 年,大批干部、学生和城镇居民被下放到农村去劳动。这时,县设立"五·七"(毛主席在 1968 年 5 月 7 日的指示简称"五·七"批示)大军领导小组,下设办公室,统管下放干部、知识青年、城镇居民。各级也成立了相应的机构,人民公社称"连",生产大队为"排"。

(卷二十二第二章《劳动人事》,第 475 页)

《奉新县志》

奉新县地方志编纂委员会编,南海出版公司 1991 年

(1966 年)2 月 17 日,召开全县上山下乡知识青年学习毛主席著作讲用会。

(《大事记》,第 21 页)

(1968 年)10 月 5 日,接收南昌市 1 万名干部、知识青年和居民来本县落户劳动。县城 451 户、1 269 居民下放农村劳动。

(《大事记》,第 22 页)

11 月 25 日,县"五·七"大军领导小组成立,负责管理省、专、县、社带工资下放的干部和插队知识青年。

(《大事记》,第 22 页)

(1969 年)2 月 19 日,全县组织 4 342 名干部、知青、贫下中农和解放军战士,进驻 42 个大队,进行斗批改。

(《大事记》,第 22 页)

(1970 年)8 月 31 日,接收安置上海下放知识青年 2 000 名。

(《大事记》,第 22 页)

10 月 15 日,又接收 2 000 名上海知青来本县插队落户。

(《大事记》,第 22 页)

(1973 年)11 月 6 日,召开全县上山下乡知识青年代表大会,出席代表 580 名。

(《大事记》,第 23 页)

1976 年,将部分下放知识青年安排在大集体商店。

(卷十一第一章《经济成分》,第 238 页)

　　"文化大革命"期间,知识青年下放农村插队劳动,接受"再教育"。1968 年至 1978 年全县有下放知青 6 503 人,其中本省 2 267 人(含本县 1 377 人),上海市 4 162 人,其他省、市 74 人。

(卷二十第一章《劳动》,第 427 页)

　　1982 年,贯彻"在国家统筹规划指导下,实行劳动部门介绍就业,自愿组织起来就业和自谋职业相结合"的劳动就业方针,实行多种经济形式和多种经营方式,通过各种就业渠道,共安置待业人员 1 030 人,对历年下放插队的知识青年,至此基本安置完毕。

(卷二十第一章《劳动》,第 427 页)

《高安县志》

江西省高安县史志编纂委员会编纂,江西人民出版社 1988 年

　　"文化大革命"期间,劳动就业的多种渠道被堵塞,待业者与日俱增,知识青年一批一批下放农村劳动。1968 年至 1972 年全县有上山下乡知识青年 3 304 人,其中由上海市下放来的有 2 250 人,本省本县下放 1 054 人。

(卷十七第二章《劳动人事》,第 340 页)

　　中国共产党十一届三中全会以后,人民政府积极扶持城镇集体经济和个体经济,鼓励支持待业人员组织起来,广开门路,自谋职业,劳动局在首先安排留城待业青年的基础上,会同知识青年上山下乡办公室,对 1972 年以前下放尚未回城的 2 385 名知识青年,在全民、大集体企事业单位中进行一次性就业安排。

(卷十七第二章《劳动人事》,第 340 页)

　　(1964 年)9 月 5 日,萍乡知识青年 282 名来我县插队。(卷二十八《大事记》,第 632 页)

　　同月(1968 年 10 月),干部、职工、教师、居民下放参加农业生产,知识青年"上山下乡",时称"五·七"大军。至年底,连同省、专下放人员共一万余人在农村插队落户。

(卷二十八《大事记》,第 634 页)

　　(1970 年)4 月 12 日,上海知识青年 1 239 名到县插队落户。

(卷二十八《大事记》,第 635 页)

《丰城县志》

江西省丰城县县志编纂委员会编,上海人民出版社 1989 年

第二节　知识青年上山下乡

组织与动员　1964 年,全县开始组织城镇知识青年下乡下场劳动。8 月中旬,县成立"精简办公室",统管知识青年下乡工作。9 月初,县城召开动员大会,欢送 556 名知识青年下乡下场劳动(其中到县农场 303 人)。1965 年至 1966 年,全县继续动员了 444 名知识青年下乡,其中 1965 年 135 人(到县农场 50 人),1966 年 309 人(到恒湖农场 304 人)。

1968 年,毛泽东主席发出"知识青年到农村去,接受贫下中农再教育,很有必要"的号召,全县掀起知识青年上山下乡高潮。8 月,县复设"精简办公室",调配正副主任各 1 名,干部 2 名。10 月 9 日,全县召开三级干部会;12 日,召开万人动员大会。当月,欢送本县 2 069 名知识青年下乡劳动。

1970 年 3 月,接收上海下乡知识青年 1 073 名,分配到县境 11 个公社插队劳动。

1973 年,县成立"知识青年上山下乡办公室"。10 月 23 日,县城召开万人动员大会,动员知识青年上山下乡。11 月 29 日,除对病残不能参加劳动的、独生子女、孤儿、多子女身边只有 1 个子女的、父母丧亡或年老多病弟妹年幼生活不能自理依靠本人照顾的和中国籍的外国人不动员下乡外,其余都动员下去,当月欢送本县 321 名知识青年下乡。

1974 年至 1978 年,全县采取"领导带头、层层发动、各级包干、负责到底"的办法,召开各级干部会议,利用各种宣传工具,组织"教子务农、立志务农"宣讲队,3 次深入机关、厂矿进行宣讲,鼓励家长送子务农,动员知识青年立志务农。

1964 年至 1978 年,全县共动员知识青年上山下乡 7 198 人,接收外地下乡知识青年28 89 人(上海市 1 143 人,南昌市 1 363 人,其他城市 383 人)。

管理与教育　1964 年至 1966 年,每年由县精简办公室派出干部,定期下乡,对知青管

丰城县 1964—1978 年知识青年上山下乡情况统计表

单位:人

年度	人数	按 动 员 单 位 分 类					下放干部、居民子女留农村转为下放知识青年
		城镇	集镇	南昌	其他城市	上海	
1964	556	556	/	/	/	/	/
1965	135	135	/	/	/	/	/
1966	309	309	/	/	/	/	/
1957	/	/	/	/	/	/	/
1968	2 359	1 849	220	210	80	/	/
1969	247	97	/	12	80	58	/
1970	1 117	/	/	/	44	1 073	/

年度	人　数	按　动　员　单　位　分　类					下放干部、居民子女留农村转为下放知识青年
		城　镇	集　镇	南　昌	其他城市	上　海	
1971	29	/	/	/	20	9	/
1972	453	443	/	/	10	/	/
1973	335	283	38	5	9	/	/
1974	565	384	10	62	27	2	80
1975	1 350	439	113	606	65	1	126
1976	454	124	58	249	23	/	/
1977	1 056	779	56	112	15	/	94
1978	1 122	777	20	107	10	/	208
合计	10 087	6 175	515	1 363	383	1 143	508

理工作进行调查了解,发现问题及时解决。

1968 年 10 月,大批知识青年上山下乡后,县革命委员会派出 314 名下放干部担任公社、大队副主任,对知识青年进行管理教育。

1969 年,县成立"五·七"大军领导小组办公室,知青管理实行军事建制,建有 28 个连、198 个排、289 个班,下放干部担任连排长,统管知青的学习、生活与劳动。组织有经验的老贫农,采取"以师带徒"的办法,对分散插队的知识青年,进行"传、帮、带",解决知青在学习、劳动和生活中遇到的困难。

1973 年,全县认真贯彻中发(1973)30 号文件,进一步加强对知青的管理,将原有分散插队的 362 名知青集并为 48 个知青点,集中吃住,分散劳动。

1974 年,实行厂社挂钩,建立知青场队,下放青年集体插队、集中吃住、集体劳动、统一管理,并由带队干部、贫下中农和知青代表组成"再教育小组",管理知青的学习、劳动和生活。1974 年至 1978 年,全县先后建立知青场队 163 个,安置知青 4 010 人,知青分布在 29 个公社 1 个镇的 163 个大队或农林场,用去安置经费 1 710 413 元。知青场队中,有带队干部 269 人,贫下中农代表 833 人,共管理水田 3 236 亩,旱地 5 955 亩,山林 25 650 亩,茶山 12 154 亩;建房 237 幢 1 873 间,面积 39 969 平方米,用去建房经费 1 971 315 元(其中县拨 979 193 元,单位支援 351 959 元,社队自筹 640 163 元);购置大型拖拉机 6 台,手扶拖拉机 53 台,车床 19 台,柴油机 77 台,耕牛 53 头,年产粮食 500 万斤。兴建砖瓦窑 12 座,年产青砖 450 万块。1974—1980 年农副业平均年纯利达 8 万元。为增加收入,知青场队开辟工业生产基地。全县有工业基地 12 个,产品 72 种,年产值 80 万元,利润 10 万元。1980 年后,还在张巷、拖船、秀市、尚庄、泉港等公社兴办了酒厂,年产谷酒 25 万斤。

1970 年至 1978 年,全县先后召开 4 次知青代表大会,组织 3 次知青先进事迹宣讲队,到知青场队进行宣讲,召开了 12 次知青工作会议,表扬了 48 个先进集体和 314 名先进个人。知青中,加入共青团的 942 人,加入共产党的 214 人,选进大队班子的 231 人,参加公社领导班子的 54 人,选拔到县局级班子的 4 人。对有一技之长的知识青年各级组织充分发挥他们的作用。1968—1978 年,知青中担任广播员的 42 员,做放映员的 18 名,做农技员的 42 名,当会计的 84 名,当民办教师的 312 名,当赤脚医生的 68 名。为保护知识青年的正常劳动和生活,有关部门对破坏上山下乡的犯罪分子进行了坚决打击。1968—1978 年,全县共发生此类案件 20 起,违纪人员受纪律处分的 8 人,判刑的 12 人。为解决知青下乡生活中遇到的困难,财政部门每年按规定拨给下乡安置费。1964—1980 年,全县共拨安置费 3 975 370 元,其中:建房费 1 721 109 元,生活费 1 486 418 元,家具、炊具费 154 525 元,农具雨具费 164 300 元,学习费 44 150 元,医药费 44 150 元,旅运费 32 203 元,补助费 316 765 元,特殊费 11 750 元。全县下拨到知青场队和生产队的经费共达 3 892 678 元,结余 82 692元。由于安置经费管理严格,使用得当,1979 年,江西省知青办在本县召开全省安置经费管理使用座谈会和经验交流会。

表 158 丰城县知识青年上山下乡安置去向情况统计表

年度	招工	招生	参军	病残回城	特困回城	安置在农林场	外迁	死亡	判刑	转为国家干部	民办教师转正	插队务农	合计
1964	/	/	/	/	/	303	/	/	/	/	/	/	303
1965	/	/	/	/	/	50	/	/	/	/	/	/	50
1966	/	/	/	/	/	304	/	/	/	/	/	/	304
1967	/	/	/	/	/	/	/	/	/	/	/	/	/
1968	/	/	/	/	/	/	/	/	/	/	/	/	/
1969	59	/	13	2	1	/	7	1	/	/	/	/	83
1970	635	2	25	/	3	/	17	1	/	4	/	/	687
1971	215	6	4	5	3	/	23	3	/	/	/	/	259
1972	106	18	127	5	14	/	65	/	/	15	/	/	350
1973	84	41	11	5	12	/	31	2	/	/	/	/	186
1974	40	167	74	16	34	/	31	/	1	/	/	/	363
1975	183	105	4	60	70	/	45	1	1	/	/	/	469
1976	368	229	315	31	44	/	91	2	1	/	/	/	1 081
1977	373	45	14	30	10	/	90	8	1	/	/	/	571
1978	734	184	334	205	71	/	53	4	4	/	/	/	1 579
1979	1 320	53	91	211	91	/	67	6	4	/	/	/	1 843
1980	1 366	4	3	2	70	/	18	/	3	2	33	/	1 501
1981	340	/	/	/	104	/	1	1	/	/	/	/	446
1982	/	/	/	/	8	/	/	/	/	/	/	4	12
合计	5 823	844	1 015	572	535	657	539	29	15	21	33	4	10 087

知青安置 对下乡知青安置,主要是招工、参军、招生、转干和回城安排等。1972 年以

前,知青招工招生,由大队推荐,公社审查,县劳动局批准,比例控制在招工总数的15—30%。1968年至1972年,全县共安置知青1 229人,其中:招工1 015人,招生26人,参军169人,转干19人。

1973年后,知青安排由县知青办直接负责。每年在招工、招生和征兵时,给知青拨出专用指标,在参加劳动两年以上时间的知青中推荐选拔。对因病不能参加劳动、或父母有病身边无人照顾的,可迁回城镇;对已下乡的独生子女、孤儿和多子女身边无子女的,在招工时给予照顾或迁回城镇。

1978年,知青开始回城安排,主要是城乡配合,组织集体企业安置或自谋职业。

1964年至1982年,全县共安置下乡知青9 435人,其中当工人的6 865人(内含因病、特困收回安置的1 042人),参军的1 015人,大中专学校招生844人,转为国家干部的21人,转为国家教师的33人,安置在农林牧场的657人。尚有4名知青在农村插队务农,65名知青因病退困退回城镇自谋职业。　　　　　（第二十二篇第一章《劳动就业》,第478—481页）

《清江县志》

江西省清江县志编纂委员会编,上海古籍出版社1989年

(1981年)对在"文化大革命"期间的下放知青已全部安排完毕,对20名在农村安家落户的知青也进行了妥善处理。　　　　　　　　　　　　　（《大事记》,第37页）

第二节　知　青　下　放

1955年,毛泽东提出"农村是个广阔的天地,在那里是大有作为的。"1968年又指出:"知识青年到农村去,接受贫下中农再教育,很有必要。"于是知识青年上山下乡便形成一时之制度。1973年4月,县设知识青年上山下乡办公室,编制8人。1961年至1978年,全县共有7 815名知识青年上山下乡(含上海市545人、南昌市511人)。全县兴建了230个知青队(场),每处多则数百人,少则10余人。知青下放到农村,开始时分散插队落户,1973年改办集体所有制的知青队(场)。翌年,又实行厂社挂钩,建立起"三结合"(动员单位、社队、知青)的知青队,实行经济独立核算。历年来,国家下拨本县知青安置经费计25 714万元,木材2 713.5立方米,赠送大型拖拉机4台、手扶拖拉机29台、农机设备123台(件)、耕牛276头及各种书籍资料3万余册。全县为知青建房39 975平方米,划拨田地61 876亩。

1978年至1982年,按政策规定,全县共回收安置下放知青7 404人。其中招工2 768人,升大、中专学校学习515人,参军374人,困、病退回上海、南昌1 056人,困、病退回本县城镇2 142人,转迁外省、外县安置512人,其他17人。另有20人自愿扎根农村(县给每人补助了安家费700元,木材指标2立方米)。1982年4月,县知识青年上山下乡办公室撤

销。有关知青遗留问题,由县劳动局指定专人负责处理。

(第二十一编第一章《劳动就业》,第 380 页)

《新余市志》

新余市地方志编纂委员会编,汉语大词典出版社 1993 年

(1964 年)全县有 311 名知识青年分别到九龙山垦殖场、社办林场、畜牧场、水库、生产队参加生产劳动。

(《大事记》,第 30 页)

(1969 年)本年,全县有 1 022 名知识青年下放农村插队落户,"接受贫下中农再教育"。

(《大事记》,第 34 页)

(1970 年)4 月,上海知识青年 1033 名到 12 个公社插队落户,"接受贫下中农的再教育"。

(《大事记》,第 35 页)

"文化大革命"时期,组织 1 万多知识青年上山下乡,同时招收 3 523 名农民进城当工人。1978 年开始,知识青年回城 4 470 人,加上新增的待业人员,形成历史上最大的就业高峰,劳动管理部门对这些待业人员进行妥善安置。

(第十八卷《劳动·人事》,第 261 页)

1970 年前后,城镇知识青年和部分居民下乡,农村一批劳动力进城当了工人。这一时期主要是相向流动,流到乡下的多些,流到城里的少些。新余县社会总劳力略有增加,农村劳动力增加,城镇劳动力减少。

(第十八卷第一章《劳动管理》,第 262 页)

1966—1978 年 10 余年中,就业问题表现为双向流动。大进大出,1969—1971 年全县招工 4 386 人,其中农民就达 3 523 人;城镇待业人员 847 人只占招工总数的 19.3%。另一方面,动员了 9 063 名城镇知识青年上山下乡,加上上海来的 1 033 人,下乡知青总数 10 096人。1976 年后,下乡知青纷纷返回城镇,城镇待业人数剧增。1975 年以来,招工以城镇待业人员为主,但招工数不大,两年中只招了 968 人,到 1978 年底止,城镇待业人员共有 4 470人,其中留城待业的 539 人,应下乡而未去的 196 人,还有在乡下的城镇知青 2 864 人,应届毕业生 871 人。就业形势十分严峻。

(第十八卷第一章《劳动管理》,第 265 页)

新余的知识青年上山下乡建设农村,始于 1960 年,1982 年后各项工作停止。知识青年上山下乡大致可分为三个阶段:1960—1965 年,主要是国民经济调整的需要,为支援农业,

安置闲散人员,下乡知识青年(以下简称知青)安排在国营或社办农林垦殖场。第二阶段是1968—1972年,广大知青响应毛泽东"知识青年到农村去,接受贫下中农的再教育"的号召,下乡知青直接到农村插队落户。第三阶段是1973年以后,办独立核算的知青场(队)。据统计,从1960—1978年,下乡知青累计10 611人(其中上海知青1 033人,南昌知青299人),为了加强对下乡知青的管理,县、社两级于1969年初都分别成立了"五七"大军(用毛泽东的"五·七"指示而名)领导小组及办公室。

1960—1978年新余县知识青年上山下乡人数

年　份	人　数	年　份	人　数
1960	80	1971	24
1964	311	1972	524
1965	110	1973	599
1966	11	1974	1 354
1967	3	1975	903
1968	1 216	1976	473
1969	2 023	1977	723
1970	2 143	1978	114

知青的就业安置,主要采取四种办法:招工、招生、参军和迁回城镇安置。

1966年前,对下放在国营农林垦殖场、县办水库的,根据政治表现和身体状况,按学徒工条件待遇,就地转招为职工;下到社(队)办林牧场的,迁回城镇由劳动部门予以安置。

1969—1972年,下乡知青的安排就业,须由大队推荐选拔,公社审查,县抓革命促生产指挥部计划组批准。这四年间,全县共安置了984人,其中直接招工868人,招生5人,参军39人,病退等原因迁回城里的72人。

1973年后,根据中央、省文件精神,凡有招工、招生、征兵的指标,都优先安排知青。根据"先下先安"、"重在表现"等原则,由下而上推荐。对下乡两年以上的,或独生子女,孤儿、父母年老多病身边无子女照顾的,可以优先安排。

1978年,中央调整知识青年下乡政策,提出"国家关心,负责到底"的原则,规定:办得好的知青队可以转为集体所有制单位,知青转为集体职工和城镇商品粮户口(包括子女在内)。对知青的就业问题,还在招工指标、招工年龄、工龄、工资待遇上,都优惠照顾。从1973—1978年的6年中,全县共安置知青就业4 600余人,1979—1981年三年共安置4 200余人(含上海、南昌等地知青办理回城)。1982年,知青工作并入县劳动局,有关知青遗留问题交由劳动部门负责办理。到1985年底,全市知青符合安置条件的全部安置完毕。

(第十八卷第一章《劳动管理》,第269页)

《渝水区志》

渝水区史志编纂委员会编,方志出版社2003年

本年(1969年),全县有1 022名知识青年下放农村插队落户,"接受贫下中农再教育"。

(《大事记》,第25页)

(1970年)4月,1 033名上海知识青年到12个公社插队落户,"接受贫下中农再教育"。

(《大事记》,第25页)

《分宜县志》

分宜县志编纂委员会编,档案出版社1993年

1966年,"文化大革命"开始后,劳动就业的多种渠道一度被堵塞,待业者与日俱增。1968年,开始下放知识青年,到1978年,全县农村共接受上海知识青年2 675名,本省知识青年65名,分宜县城镇知识青年2 171名,合计4 911名。

(第八篇第三章《政务》,第135页)

1977年以来,原有的工商、饮食服务、公用事业等国营和集体所有制企事业陆续得到恢复和发展;新建和扩建了一批国营和集体企事业单位,如水泥厂、麻球厂、酒厂、装饰材料厂、建材厂等;劳动人事部门办理离退休人员的补员工作;成立劳动服务公司,为下放和待业知识青年筹划和办理劳动就业事项;政府积极扶助城镇集体经济和个体经济,组织支持待业人员组织起来,广开门路,自谋职业。通过这些渠道,解决了一大批下放和待业知识青年的就业问题。1978年,在下放和待业知识青年中招工1 467名,升学236名,参军174名,其它就业(包括返回原地安排的)2 190名,共计安排4 067名。

(第八篇第三章《政务》,第135页)

中共十一届三中全会后,对待业人员的就业问题,采取全民、集体、个体"三结合"的劳动就业方针。1980年全民单位招工补员739名,大集体招工284名,就场安置27名,共安排了1 050名。1981年又安排了933名。至此,所有下放知识青年全部安排就业。

(第八篇第三章《政务》,第135页)

(1965年)5月—12月,萍乡县先后下放三批知识青年416名,到本县松山、杨桥、高岚等公社和县园艺场、芳山林场插队落户。

(《大事记》,第581页)

是年(1968年),全县下放城镇知识青年743人,城镇居民1438人,上海下放知识青年120人,均赴农村插队落户,参加生产劳动。从此形成制度,每年应届毕业的知识青年,均下放劳动锻炼。 (《大事记》,第583页)

是年(1972年),县委成立知识青年上山下乡领导小组,下设办公室,上海市委派8个干部常驻本县协助管理上海知识青年。 (《大事记》,第585页)

(1973年)6月,县委将分散在农村插队落户的知识青年集中到集体和国营农林杨、队,进一步解决了他们的住房、医疗和学习等问题。 (《大事记》,第585页)

(1974年)12月13日,县委抽调一批干部和下放知识青年组成工作队,进驻介桥、高岚、苑坑三个公社进行基本路线教育,翌年6月结束。以后在全县分期分批逐步开展。 (《大事记》,第586页)

从是年(1979年)起,本县知识青年停止下放,已下放的4852人(其中本县3144人,上海1609人,省、地99人)均陆续回城安置。 (《大事记》,第588页)

《浮梁县志》

浮梁县地方志编纂委员会编,方志出版社1999年

(1965年)1月16日,中共市委和市人民委员会组成下乡知识青年慰问团,向落户的780多名务农知识青年进行慰问,慰问团分四路出发;第一分团到三龙、九龙山;第二分团到鹅湖;第三分团到南安、寿安;第四分团到罗家、枫树山。 (《大事记》,第21页)

(1977年)2月26日,景西区委抽调30名干部和知识青年组成区党的路线教育工作队到达峙滩公社。 (《大事记》,第24页)

11月18日,市革委决定:在景东、景西二区分别创办1个垦殖场,将桥头大队从鹅湖公社划出,创办"景德镇市创业垦殖场",场址在桥头;将程村大队从洪源公社划出,创办"先锋垦殖场",场址在铁炉里。两场均以安置下放知识青年为主,大力发展养猪、养鸭事业,开展多种经营。 (《大事记》,第24—25页)

建国后,县域人口迁移、增减的原因主要是:……三、知识青年上山下乡及各类下放人员

的迁入迁出。……

（第三篇第一章《人口演变》，第 133 页）

多渠道就业

1981 年 10 月，按照中共中央、国务院发出的《关于广开门路，搞活经济，解决城镇就业问题的若干决定》精神，鹅湖、蛟潭两区政府安置就业只限于全民所有制工商企业，集体企业与私营工商企业则由企业自行招收职工。……同时，全民所有制工商企业招收职工不再是固定工制，而是合同工制，并改革了招工办法：……2.招工对象，历届和应届的高、初中毕业学生，集体所有制单位符合条件的职工，留城、回城知识青年。……

（第十一篇第二章《劳动管理》，第 317 页）

第五章　知识青年上山下乡及回城

第一节　上山下乡

1964 年，景德镇市开始动员知识青年上山下乡，1968 年，形成高潮。到 1979 年，市直上山下乡知识青年共有 17 837 人。县域的国营农场和人民公社共接收 15 368 人。下放到县域的还有：1974 年昌河机械厂 300 人；铁道部第四工程局第五工程处三批共 200 人。其中：第一批，1975 年 100 人；第二批，1977 年 50 人；第三批，1978 年 50 人。总计县域内共接收下乡知识青年 15 868 人。

第二节　回城安置

从 1970 年起，上山下乡知识青年逐步回城安置就业。1970—1972 年，景德镇市国营厂在县域农村人民公社择优招收下乡劳动锻炼 2 年以上的知识青年 2 184 人。

1973—1975 年，根据中央和省委有关文件规定，对 6 种不属于动员上山下乡的对象（病残不能参加农业劳动的、独生子女、多子女身边只有一个子女、父母双亡或年老多病生活不能自理、弟妹年幼依靠本人照顾的、中国籍外国人子女）而又下了乡的知识青年收回安置，共安置 2 651 人。

1976 年，景德镇市全民所有制单位在景东、景西区内招收下乡知识青年 69 人；1977—1979 年，共招收 2 873 人。

1981 年，县两区内的朝阳垦殖场和先锋垦殖场作为安置下乡知识青年的基地，创办区以上集体所有制企业，就地安置了与农民结婚的知识青年 145 人，并转为城镇户口，吃商品粮。

1982—1984 年初，对一部分没有安置的"农婚"插队知识青年，根据实际情况，征得各方面同意，作了如下安排：回城安置的 75 人，社队企业安置的 21 人，就地自谋职业的 14 人，扎根务农的 4 人。凡去社队企业和自谋职业者，均转为城镇户口，吃商品粮，并一次性发给自谋职业者补助费 300 元；自愿扎根务农的，本人农村户口、农业粮不变，一次性发给补助费

400 元。至此,上山下乡知识青年安置工作全面结束。

(第十一篇第五章《知识青年下乡及回城》,第 334—335 页)

《鹰潭市志》

《鹰潭市志》编纂委员会编,方志出版社 2003 年

(1969 年)3 月 7 日,首批上海知识青年来贵溪、余江插队落户。 （《大事记》,第 29 页）

(1970 年)8 月接受第二批上海下放知识青年,贵溪接收上海知青 1 000 名;余江接收上海知青包括第一批共 2 508 名。 （《大事记》,第 29 页）

(1981 年)10 月,知识青年大批回城安排工作,鹰潭市商业系统就增收大集体员工 30 人。 （《大事记》,第 31 页）

1980 年 5 月,省计委、省教育厅、省人事局下发《关于长期代课教师吸收为正式教师的通知》,规定凡在 1972 年以前,经县以上教育、劳动人事部门或主管部门介绍,在教育部门主管的中小学校担任代课老师和民办教师的上山下乡知识青年、待业青年中只要政治历史清楚、现实表现好、忠诚党的教育事业、胜任教师工作、身体健康、德智体全面考核合格,经地市人事部门批准,均可吸收为正式或公办教师。 （第三十七卷第一章《人事》,第 2028 页）

1966—1978 年,由于"文化大革命"的冲击和影响,学校基本停课,大学不招生,工厂基本不招工,下乡工作也处于停顿状态,就业门路越来越窄,积累的待业人员越来越多,就业问题成了最严重的社会问题。为解决城镇待业青年就业问题,从 1968 年起开始响应毛主席号召,大批城镇知识分子上山下乡,至 1977 年,全市共有 3 643 名知识青年下到农村参加劳动,暂时减轻了城镇就业压力。其中 1970 年,随着生产事业的恢复和扩大,城市用人需求量增多,新毕业的初、高中生和历届未下乡的毕业生,及一些农民工又开始通过招工形式到城镇就业,下乡人数逐年减少,加上部分下乡知识青年回流,城镇待业人员就业又趋于紧张。1973 年,国家再次决定调整国民经济,精简职工,上山下乡又成了城镇知识青年安置的主要方向。1977 年后,下乡知青按政策规定纷纷返回城镇,城镇待业人数剧增,就业形式十分严峻。 （第三十七卷第二章《劳动》,第 2046 页）

城镇知识青年上山下乡

知青下乡 鹰潭知识青年下乡插队始于 1964 年,重点是插入人民公社生产队,其次是安

排到国营农、林、渔场。主要对象是城镇未能升学、就业的知识青年及城镇闲散劳动力,当年下乡 104 人(以下所有数字均不包括两县,两县下乡知青情况分别见新编《贵溪县志》和新编《余江县志》),比上饶地区拟定鹰潭下乡插队计划数 100 人多 4 人。即学生 28 人、退伍兵 1 人、闲散劳动力 47 人、家属 28 人。安置去向是回乡 31 人、本地及外地农村 44 人、贵溪县耳口茶山林场 1 人、贵溪县冷水林场 28 人。1965 年共下乡 67 人,即学生 49 人,闲散劳动力 11 人,家属 7 人。主要安置在本镇和生产队 19 人,红专垦殖场 19 人,贵溪县冷水综合垦殖场 29 人。

鹰潭有组织、有计划动员城镇大批知识青年上山下乡,是从 1968 年毛泽东主席关于"知识青年到农村去,接受贫下中农的再教育"的号召发表后开始的,至 1981 年停止动员时,共下放知识青年 3 643 人(包括本镇下乡,及贵溪、余江两县接收外省、地、县转点来的知识青年)主要对象为:城镇、铁路、工矿等中学吃商品粮的应届高中毕业生、未升学的应届初中毕业生和中途退学的学生,且年满 17 周岁(即 1951 年 12 月 30 日前出生)。在上山下乡知识青年中,先后有 29 人入党、447 人入团、182 人参加各级领导班子。

1968—1977 年全市接收知识青年上山下乡情况一览

单位:人

年度	合计	童 家	白 露	夏埠垦殖场	贵 溪	余 江	刘 垦	外省市县
1968	546	229	238	79				
1969	58	22	29	7				
1970	68	39	23	6				
1971	434	175	181	78				
1972	614	269	233	112				
1973	449	153	176	120				
1974	632	321	245	66				
1975	254				162	73		19
1976	215				80	78	36	21
1977	373				212	125		36
合计	3 643	1 208	1 125	468	454	276	36	76

说明:总计数中不含贵溪、余江两县人数,但包括该两县接收外省地市县、转点知青数。

1972 年以前,知识青年下乡主要是插入农村人民公社生产队、国营农场、垦殖场。1973 年主要是建立以知识青年为主的集体所有制知青场(队)。国家规定:下乡青年的口粮、食油,头一年按每人每月大米 40 斤、食油 0.5 斤的标准由国家供应。第二年起,改吃农业粮,正常出勤的,应不低于当地单身劳动力实际吃粮、油水平;个别不足的,参照当地实际给予补足;因病残不能参加农业劳动的,积极组织他们参加一些力所能及的工作,供给相应生活费用。下乡知青在生活和生产上的困难,由当地政府和国家酌情解决。

1974 年除在原有形式上安置城镇知识青年外,还学习和推广株洲"厂社挂钩、集体安置"的经验,采取干部带队、集中到场、户口到队的安置办法,此办法坚持到上山下乡结束。

专项经费　知青安置费、扶持生产资金和业务费,是国家用于安置城镇上山下乡知识青年的专项拨款。1968 年起,上级下拨鹰潭知青经费 108 万元。其中下拨童家 196 726 元、夏埠 36 623 元、白露 127 367 元,主要用于下乡青年建造住房。共建知青房屋 141 栋,建筑面积 16 750 平方米。至 1980 年经费结算时,白露尚结余 6 932.51 元、童家 2 335.50 元、夏埠 3 812.15 元。

回城安置　下乡知识青年回城安置经历了一个从照顾性回城到成批回城的过程。回城形式主要有四种:招工、招生、参军、单纯迁户口回城。

1972 年以前,下乡知识青年回城较少,一般都由民政局、支农办、公安局照顾回城。1973 年对下乡知识青年回城控制较严。需要回城者,由下乡知识青年评议,贫下中农和带队干部推荐,报知青办审查,主管部门批准方可回城,任何个人不能到农村抽调下乡知识青年。1974 年起回城条件开始放宽,对按政策规定符合收回的下乡知识青年,应有计划分期分批收回,父母严重病残无人照料的,应优先照顾。同时还规定,上山下乡知识青年回城,除因病残和生活特殊困难等原因准予回城外,并适当放宽条件,给予照顾。1979 年省委又明确规定:1975 年以前下乡的有困难不易解决的插队知识青年要优先安排,争取在两年内基本解决。各地在招收 1972 年以前有困难的插队知识青年的全民和集体所有制指标,由知青办、计划、劳动等部门商定专项下达,并适当放宽招工年龄,适当扩大招收女青年的比例,决不允许用招收有困难的插队知识青年的指标招收他人。

下乡知识青年回城安排总原则是:单位包干、系统调剂、全面平衡、并在工龄、工资等方面给予照顾。自 1968 年以来,鹰潭镇下放的 3 643 名知识青年,通过招工、招生、征兵、顶职、补员、国营农林场就业、病困退及与外县社员、职工结婚后转离劳动地点的知青共安置了 3 534 人。剩下的 109 人,至 1980 年底,由市有关部门全部收回作妥善安置。其中 24 人安置在全民单位、85 人安置在县以上集体单位工作。至此,整个安置工作全面结束。

1972—1981 年知识青年回城安置情况一览

单位:人

年度	安 置 数								实有数
	招 工	调离农村	招 生	征 兵	转点转进	转 出	死 亡	病困退	
1972									1 136
1973	407	92							1 541
1974	407		32	2					1 856
1975	303	295			2	15	1		1 850
1976	2	314			6	49	1		1 498
1977	81	152	37	75	3	28	1		1 124
1978								57	794
1979	308		17	15	1			30	448
1980	386		15	1					109
1981	109								

(第三十七卷第二章《劳动》,第 2050—2051 页)

《月湖区志》

《月湖区志》编纂委员会编,方志出版社 2007 年

(1981 年)10 月,大批上山下乡、插队知识青年回城安排工作,仅鹰潭市商业系统就安置大集体员工 30 人。 （《大事记》,第 17 页）

1960—1962 年,国家处于三年经济困难时期,粮食供应紧张,不少机关干部由于工资低,吃饭人多,只好放弃工作,全家回乡,以解决饥饿,鹰潭镇人口再次下降;加之初高中毕业生上山下乡,使鹰潭人口下降至 54 950 人。 （第二篇第一章《人口》,第 74 页）

福建省

《福建省志·总概述》

福建省地方志编纂委员会编,方志出版社 2002 年

知识青年上山下乡,是"斗、批、改"阶段的一项重要任务。1968 年 12 月,毛泽东发出"知识青年到农村去,很有必要"的号召,全国立即掀起知识青年上山下乡的热潮。省革委会马上召开电话会议,部署和动员知识青年响应毛泽东的号召,到农村去,到山区去。当时,热衷于"文化大革命"的青年学生对毛泽东的号召表现出高度的热情,纷纷响应。1969 年 1 月23 日,福州市首批知识青年 1 264 人,在福建省和福州市革委会领导人及数万群众的欢送声中,奔赴闽北顺昌山区插队落户,由此开始了福建知识青年上山下乡的热潮。

全省各地按照省革委会的要求,大张旗鼓地进行动员,对象是历届初、高中毕业(肄业)生及社会青年。到 1970 年 1 月,全省上山下乡知识青年人数为 10.61 万人。1973 年 8 月,中共福建省委作出《福建省知识青年上山下乡若干问题的试行规定草案》和《福建省 1973 年到 1980 年知识青年上山下乡初步规划草案》,把知识青年上山下乡定为一项制度。同时,各级党委和革委会成立上山下乡领导小组或办公室加强对这项工作的领导。为了安排好知识青年的生活,省委决定从 1973 年起发给安置费,省内安置的每人 480 元,到北方各省和内蒙古、新疆等地牧区的,分别发给 500 元和 700 元。在"文化大革命"中后期,知识青年上山下乡及其安置问题成为社会不安定的重要因素之一。各级政府和干部、群众为此付出很大代价。

据统计,全省在"文化大革命"期间城镇知识青年上山下乡人数将近 20 万人,连同"文化大革命"前与"文化大革命"后继续上山下乡的人数,总计为 32.94 万余人。"文化大革命"结束后,动员城镇知识青年上山下乡的政策开始调整,着重解决下乡知青返城和就业问题。1981 年,下乡知识青年的安排工作基本结束。

广大知识青年上山下乡,经受了锻炼,为福建农村和闽西、闽北山区的开发作出了贡献。但是,大批知识青年在青春年代失去在学校接受正规教育的机会,造成人才成长的断层,给国家的现代化建设带来长远的困难。同时,国家和企事业单位为安置知识青年上山下乡付出大量经费,知识青年的家庭和部分地区农民也为此增加负担。

(第四章《人民政权的建立与社会主义建设的曲折发展》,第 121 页)

《福建省志·大事记》

福建省地方志编纂委员会编,方志出版社 2000 年

(1965 年)7 月 18 日,省建设山区安置办、省教育厅、团省委联合组织上山下乡知识青年积极分子巡回报告团,分赴全省各地巡回报告。 (第 366 页)

（1967年）9月20日，省军管会发出指示，要求各地在上山下乡知识青年、移民的安置巩固工作中，要切实做好倒流人员回队（场）的工作。 （第378页）

（1968年）7月23日，福建省群众组织达成《关于大力巩固和发展革命大联合协议》。协议内容有：……一切在外职工、农民、干部以及上山下乡的青年按中央规定无条件回本地区、本单位抓革命、促生产。 （第381页）

11月10日，省上山下乡安置工作座谈会在福州召开。会议主要学习中共八届十二中全会公报、"老三篇"和中央有关上山下乡安置工作的方针政策，分析全省安置工作的情况，交流了经验。 （第384页）

12月22日，《人民日报》刊登毛主席新语录："知识青年到农村去，接受贫下中农的再教育，很有必要。要说服城里干部和其他人，把自己初中、高中、大学毕业的子女，送到乡下去，来一个动员。各地农村的同志应当欢迎他们去。"随后，全省各地开展知识青年上山下乡，奔赴农业第一线的运动。"文化大革命"以来毕业的初、高中生，除已回乡、下乡和参加工作的以外，纷纷被动员去农村、山区落户。同时，各地还以"下放"为名，将大批城镇居民，特别是将那些"有问题"的城镇居民遣散到农村去安家落户。

12月24日，省革委会发出指示并召开电话会议，动员干部、知识青年和脱离劳动的城镇居民到农村去，到山区去，要求各地加强领导，做好组织落实工作。同日，《福建日报》发表题为《响应毛主席的号召，到农村去，到山区去》的社论。 （第385页）

（1969年）1月1日，省"四个面向"办公室成立，负责干部下放，复退军人安置，大中专毕业生分配，高初中毕业生、社会知识青年、城镇闲散劳动力的安置等工作。 （第385页）

1月23日，省和福州市革委会举行大会，欢送福州市首批知识青年1264人赴闽北顺昌县山区插队落户。 （第385页）

（1970年）8月12日，省革委会发出关于大学招生（试点）的通知，要求从有实践经验的工人、贫下中农及复退军人、上山下乡劳动锻炼两年以上表现较好的知识青年中推荐上学，毕业后实行厂来厂去，社来社去。试点班以短期、小型为主，先在福大、厦大及福建医科大学试行。11月1日，这3所首批727名工农兵大学生入学。 （第391页）

（1973年）5月17日，中共福建省委发出关于认真学习毛主席4月25日给李庆霖一封信的通知。李庆霖曾致信毛泽东主席，反映知青生活困难情况，毛泽东主席于4月25日复信李庆霖："全国此类事甚多,容当统筹解决"。省委要求认真学习复信,切实解决知青在生产、生活中的实际困难,相应制定出"统筹解决"的有关政策和措施。6月29日,为了贯彻毛主席给李庆霖的复信,中共福建省委派出由省直机关、福州军区、省军区机关271名干部组成的上山下乡工作组,到各地、市和生产建设兵团宣传文件,了解知识青年上山下乡工作情况和省委采取应急措施的落实情况。 （第 399 页）

8月15—28日,中共福建省委和福州军区党委联合召开全省知青上山下乡工作会议。会议传达学习毛主席、党中央关于知青上山下乡工作的重要指示、中央有关文件和全国知青上山下乡工作会议的精神,总结交流了工作经验,研究落实"统筹解决"的办法和进一步加强知青上山下乡工作问题。讨论制定《福建省知青上山下乡若干问题的试行规定（草案）》和《福建省 1973—1980 年城镇知青上山下乡初步规划（草案）》。宣布成立省知青上山下乡领导小组,卓雄为组长。 （第 400 页）

（1974 年）2 月 2 日,中共福建省委发出《关于向钟志民同志学习的通知》,要求全省广大干部,特别是领导干部向钟志民学习,自觉抵制和纠正"走后门"、搞特殊化等不正之风。钟志民原系上山下乡知青,其父为福州军区政治部干部。经父母"走后门",钟志民被选送到南京大学读书。入学后他认为这种做法不对,向校党委写了退学申请报告,要求回乡接受贫下中农再教育。南京大学党委批准了他的退学报告。《人民日报》、《福建日报》也先后刊登钟志民的退学报告,号召学习钟志民勇于自我革命,敢于反潮流的革命精神。 （第 401 页）

7 月 23 日,中共福建省委发出《关于大力开展工农业余教育的通知》,要求各地在大力扫除文盲、积极办好各种业余教育的同时,在每个知识青年点都办业余学校,各大学要为知识青年办好函授教育,各大、中、小学要帮助工厂、农村办校。通知还要求各级党委把工农业余教育工作列入党委议事日程,省、地、县、社都要成立工农业余教育委员会或领导小组,统筹规划和具体抓好工农业余教育工作。 （第 402—403 页）

（1975 年）9 月 17—23 日,省首次上山下乡知识青年积极分子代表会议在福州召开。参加会议的先进集体代表 131 个,先进个人代表 668 人。林一心代表中共福建省委作《学好无产阶级专政理论,进一步巩固和发展知青上山下乡的伟大成果》的报告。8 个先进集体、21 个先进个人和 7 个做好知青上山下乡工作的先进单位获奖。会议通过《福建省上山下乡知识青年积极分子代表会议倡议书》。 （第 406 页）

（1976 年）2 月 6 日至 3 月 1 日,省文化局、省总工会、团省委、省知识青年办公室、省妇联、省教育局、省农业局联合举办全省群众业余文艺调演（包括农村和职工两个部分）。共有 10 个代表队、785 人参加会演,观众达 12 余万人。 （第 408 页）

9月27日,福建省、福州市召开"知识青年赴边疆插队,上山下乡干革命誓师大会"。12月3日,《福建日报》报道,首批45名知识青年和11名工农兵学员赴新疆维吾尔族自治区塔城县安家落户当农民。

(第410页)

《福建省志·民政志》

福建省地方志编纂委员会编,方志出版社1997年

南靖草坂农场位于南靖县靖城镇草坂村,它的前身是漳州市公安局劳动教养农场。……1971年5月,又改办为上山下乡知识青年劳动锻炼场所。1972年5月,福建省民事组将农场收交龙溪地区民事组管理,改名为漳州草坂安置农场,并将分散插队在各公社的收容人员收回一部分,与知识青年共处,直到1980年知识青年被陆续调离或升学后,才恢复安置农场的性质。1982年,省民政厅将农场收回直接管理,改为福建省民政厅南靖草坂农场。

(第八章《收容遣送安置》,第158页)

《福建省志·人事志》

福建省地方志编纂委员会编,方志出版社2000年

1978年以后,陆续恢复组建全省各级人事部门。此后,省人事部门为适应新时期工作重点向经济建设的转移,按照"革命化、年青化、知识化、专业化"的要求,坚持"公开、平等、竞争、择优"的原则,通过考试考核,从城镇待业青年、下乡知青和民办教师中择优录用大批有文化、年纪轻的人员,充实银行、工商、税务、公检法司、教育系统等部门。

(第一章《录用与安置》,第8页)

(1978年)转业干部子女已在工作或上山下乡的,原则上不随调,需要随调的应在转业干部到达工作岗位后,通过人事、劳动部门按正常规定手续办理;上山下乡需要转点的,经过安置单位的县、市同意,给予办理转点手续;对年龄已到,但尚未上山下乡或留城的对象,由接收安置地区按照当地有关政策规定安置。

(第一章《录用与安置》,第63页)

1968年12月24日,省革命委员会发出《关于动员干部、知识青年和脱离劳动的城镇居民到农村去、到山区去的指示》,1969年3月24日,发出《上山下乡工作中若干问题的通知》,同年11月18日,印发《关于干部下放,教育革命等几个问题》的会议纪要。

(第三章《人员管理》,第140页)

《福建省志·劳动志》

福建省地方志编纂委员会编,方志出版社 1998 年

1966 年以后,由于"文化大革命"的干扰,社会招工无法进行。1968 年开始,每年动员大批城镇知识青年上山下乡。1970—1972 年,出现突破劳动计划,擅自增人和招工的情况;一方面动员城镇知识青年上山下乡,一方面又从农村招用新工人。

(第一章《劳动就业》,第 15 页)

70 年代开始至 80 年代初,主要招收城镇初、高中毕业生上山下乡两年以上和政策允许准予留城的城镇失业青年……招工年龄 50 年代初放宽为 17—45 周岁,技术工人还不受此限。70 年代规定 16 周岁至 25 周岁,非学徒制工人放宽到 28 周岁。1981 年后,招收学徒工年龄改为 16 至 22 周岁,非学徒制工人不超过 25 周岁。招收上山下乡知识青年年龄适当放宽。

(第一章《劳动就业》,第 16 页)

1977、1978 两年,大批下乡知识青年返城等待就业,1979 年全省失业人员达 23 万人,失业率为 9.6%,就业形势十分严峻。为了解决紧迫的就业问题,1979 年,福建省劳动局根据国家劳动总局传达国务院领导关于"组建劳动服务公司,安置待业人员"的意见,在全省各地试办 22 个劳动服务公司和服务网点。1981 年 9 月,省劳动局在总结经验的基础上,制订《福建省各级劳动服务公司组织管理试行办法》;是年,部分市、市辖区和县开始建立劳动服务公司,并在街、镇建立劳动服务站。县以上劳动服务公司为事业单位,担负组织社会劳动力进行生产自救,创办劳动就业服务企业等经济活动并行使劳动部门部分行政职能。

(第一章《劳动就业》,第 24 页)

第二章　城镇知识青年上山下乡

60 年代初,福建省为了解决"大跃进"造成国民经济比例严重失调和三年自然灾害给工农业生产带来的困难,贯彻"调整、巩固、充实、提高"的方针,全民所有制企、事业单位和国家机关实行精减职工,压缩城镇人口,并开始有组织、有计划地动员城镇知识青年上山下乡。从 1962 年至 1966 年上半年,全省动员城镇知识青年上山下乡计 5.7 万多名。1966 年"文化大革命"开始,上山下乡工作中止。1966—1968 年,学校基本停课,大学不招生,工厂基本不招工,大批初、高中毕业生滞留城镇,就业形势严峻。1968 年 12 月,中共中央主席毛泽东发出"知识青年到农村去,接受贫下中农的再教育"的号召后,全省出现上山下乡热潮。

大批城镇知识青年涌向农村后,在吃、住、用、医以及劳动生产等方面存在许多困难。不

少人虽经过几年劳动,而生活尚难以自给,有的地方甚至发生殴打、迫害下乡青年和奸污下乡女青年的恶性案件。1973年初,本省莆田县一名小学教员,上书毛泽东主席,反映城镇知青在农村生活上遇到的种种困难。4月25日,毛泽东主席复信,指出"全国此类事甚多,容当统筹解决"。是年8月,中共福建省委根据中央"统筹解决知识青年问题"的部署,在调查研究的基础上,针对存在问题召开全省知识青年上山下乡工作会议。会后,省委批转省革命委员会关于《全省知识青年上山下乡若干问题的试行规定(草案)》,在动员、经费、口粮、医疗、教育、保护等方面作出具体规定,并严厉打击迫害下乡青年的刑事犯罪分子,上述问题乃获得一定程度的解决。

中共十一届三中全会后,随着国民经济的调整和发展,为解决社会就业问题创造了条件。1979年初,中共福建省委、省人民政府遵照中共中央和国务院的规定,对上山下乡政策作重大调整,缩小上山下乡范围,按照"国家关心,负责到底"精神,逐步安排在乡知识青年回城;1981年,动员工作全面停止。据统计,全省自1962年至1980年,共计动员329 415名知识青年上山下乡;历年,从外省迁至本省及其他原因增加的下乡知青计32 705人;至1981年,全省共有343 063名下乡知青返城安置。经一段时间处理上山下乡工作中的遗留问题,1982年底,本省城镇知识青年上山下乡工作结束。

1962—1980年,全省下乡青年中,有6 095人加入中国共产党,65 353人加入共产主义青年团,32 312人参加大队(村)以上各级领导班子。

为了加强对知识青年上山下乡工作的领导,福建省于1963年下半年成立省安置工作领导小组及办公室,后改称省建设山区、精简安置领导小组及办公室。1966年"文化大革命"开始后,上述机构被迫停止活动。1969年1月,成立省"四个面向"(面向农村、面向边疆、面向工矿、面向基层)办公室,统筹安排城镇知识青年上山下乡工作。1970年,"四面向"办公室撤销,知青上山下乡工作由省革命委员会政治部民事组负责。1973年下半年,福建从省到县(市)各级党委,均成立知识青年上山下乡领导小组及办公室。1981年8月,中共福建省委知识青年上山下乡领导小组办公室(简称福建省知识青年上山下乡办公室)与省劳动局合署办公。

第一节 动 员

根据中共中央、国务院关于压缩城镇人口、动员知识青年上山下乡,加强农业生产第一线的号召,中共福建省委、省人民政府于1962年5月开始动员本省城镇知识青年上山下乡。1962年6月,以福州市建筑工业专科学校青年教师倪希锴、林兆枢(按:林兆枢同志现任中共福建省委副书记)为首的16名城镇知识青年组成福州建设山区青年志愿队,赴连江县蓼沿公社(乡)插队落户。这是本省知识青年上山下乡的首例。1963年,福州、厦门、漳州、泉州、南平、三明6市及莆田、惠安、晋江、安溪、龙海、诏安、闽侯、福清、闽清、福安、浦城、古田、建瓯、建阳、邵武、龙岩、长汀等17个县城列入动员范围;凡年满18周岁,身体健康,有独立生活能力,本人政治历史清楚的初、高中毕业生,均属动员对象。是年,全省计动员2 944名初、高中毕业生上山下乡。次年,上山下乡年龄从18周岁改为16周岁。由于知识青年上山下乡后,生活难以自给,不少人回流城镇待业,动员工作难度很大。1966年"文化大革命"开始后,大批下乡青年回城要求就业,动员工作陷于停顿。1968年12月,《人民日报》发表毛泽东主席关于"知识青年到农村去,接受贫下中农的再教育,很有必要。要说服城里干部和其他人,把自己初中、高中、大学毕业的子女,送到乡下去……"的指示后,全省城镇出现知识青年上山下乡高潮。不少家庭全家兄弟姐妹一齐下乡,学校毕业班全班下乡。由于下乡不讲条件,一些家庭因父母身边无子女照顾而造成不便;一些年龄偏小,或健康条件较差的青年也下到农村,更造成种种困难。1973年9月,省委批转省革命委员会关于《福建省知识青年上山下乡若干问题的试行规定(草案)》,在动员工作中,把城镇中学毕业生分配纳入上山下乡轨道。城镇中学毕业生中,除了直接升学和病残不能参加农业劳动的,独生子女和多子女身边只有一个子女的,中国籍的外国人子女等,不作为动员对象外,其余都属于动员对象。其中不满17周岁的暂缓下乡,待年满17周岁时再行动员。归侨学生,主要动员到华侨农场。矿山井下、野外勘探、森林采伐等行业的职工子女,凡可以直接补充减员或按国家计划招收为本单位新工人的,也不属于动员对象。为了保证动员任务的完成,城镇在招工、提干、征兵中,均不得招收动员对象;少数特殊行业,需要直接从城镇中学毕业生中招收员工时,必须经省革命委员会批准。初、高中毕业生中不属于上山下乡动员对象的,经群众评议,报市、县知青工作部门批准后,发给"不动员证"。1974年开始,动员对象从初、高中毕业生扩大至17周岁至28周岁、高小以上文化程度、无固定职业的社会知识青年,动员地区亦从县(市)、镇扩大至公社一级的机关和企、事业单位。同年11月,中共福建省委下达《关于认真学习推广湖南株洲市知识青年上山下乡工作经验》的通知,从1975年起,城镇中学毕业生均由学校负责动员分配,市、县知青部门统筹组织下乡。下乡的办法为城镇按系统、按单位与农村社队挂钩,对口安置。除福州、厦门、泉州三市仍需跨地区安置外,其余市、县都在本市(包括市辖县)和本县范围内就地安置。1975—1976年,莆田、仙游、漳州、漳平、福州、厦门等县、市有100余名初、高中毕业生,自愿申请到边疆插队。经省知青工作部门与新疆自治区联系取得有关部门同意后,批准83人赴新疆边陲重镇塔城创建知青队。

1978年,中共中央、国务院对上山下乡政策作出重大调整。1979年3月,中共福建省委下达《关于当前知识青年上山下乡工作中几个问题的通知》,调整政策,缩小上山下乡范围。是年,本省列为上山下乡范围的城市为福州、厦门、漳州、泉州、南平、三明6市,一般县城、集镇和矿山、林区的中学毕业生不再动员上山下乡。列为上山下乡范围的6个城市,其留城对象也进一步扩大,除原有留城对象外,凡符合计划生育要求而只有两个子女的家庭,也不动员上山下乡。本年度,上山下乡人数显著减少,全省只有6 317名城镇知青下乡。1980年11月,省人民政府转发本省劳动就业工作会议文件,进一步调整政策,在继续动员上山下乡的6个城市,实行"下乡自愿"原则,不规定谁留城谁下乡,把上山下乡作为城乡统筹安排失业青年包括初、高中毕业生的渠道之一。是年,除福州、厦门继续组织自愿报名的900多人上山下乡外,其余各市均无组织下乡。1981年,上述6市的动员工作亦全面停止。从1962

年至 1980 年,全省共动员 329 415 名知识青年上山下乡。(见表 2-1)

表 2-1　1962—1981 年福建省动员城镇知识青年上山下乡统计表　　　　单位:人

年　　份	动员人数	年　　份	动员人数
1962～1966	57 022	1976	25 036
1967～1971	84 773	1977	28 628
1972	37 508	1978	6 317
1973	15 198	1979	3 723
1974	26 035	1980	938
1975	44 237	合计	329 415

第二节　上山下乡
一、安置形式

(一) 插队

本省城镇知识青年上山下乡,以插入农村人民公社生产队为主要安置形式。地点选择在土地较多、生产潜力较大、领导班子较强的社、队。除人口密集的福州、厦门、泉州三市和莆田、仙游两县分别到建阳、龙岩、三明等地跨地区安置外,其余均在本市(包括市辖县)和县内就地安置。60—70 年代初,以分散插队为主。1973 年开始,凡有安置任务的大队,以自然村或生产队建立知识青年点,作为下乡知识青年的生活单位,集中居住,集中学习,分别参加所在生产队劳动。每个知青点安置人数少则七八人,多则数十人不等。知青点建立后,经屡次调整,将原有分散插队的知青,逐步调整集中至知青点。至 1977 年,全省仅以插队形式建立的知青点就有 4 302 个,安置 64 437 人,占当年年底在队知青总人数的 38.92%。1979 年起,因缩小上山下乡范围,不再以插队形式安置城镇知识青年。

(二) 回原籍

原籍农村的城镇知识青年,本人自愿回乡投亲靠友的,经所在县上山下乡工作部门批准,并与安置县联系同意接收后,回原籍农村插队落户。1968—1972 年,全省回原籍插队的知青有 3 503 人。1973 年后,回原籍落户的人数很少。

(三) 插场

从 1963 年起,本省国营农场(林、茶场)开始接收安置城镇下乡青年。插场的知识青年纳入国家劳动计划,既是农场正式职工,又属上山下乡知识青年。1975 年,推广“厂社挂钩、集中安置知识青年”的“株洲经验”后,大批下乡青年被安置在社、队办的集体所有制的农、林、茶、果场。据 1977 年底统计,安置在国营农场和社办农林茶果场的知识青年共有 23 713 人,占当年年底在队知青总数的 14.32%。

(四) 创办知青场队

创办独立核算、自负盈亏的集体所有制农场(林、茶、果场)和人民公社知青生产队安置下乡青年的形式始于60年代初期。在公社范围内,选择土地较多、生产潜力较大,经过短时间努力能够实现粮食自给、生活自给的地方,单独建立以下乡青年为主,由带队干部和农业生产技术骨干参加的集体所有制的农、林、茶、果场;或在大队范围内,建立以下乡青年为主,由带队干部和部分农民参加的、实行独立核算的生产队。据1977年底统计,全省共有知青场队539个,安置下乡青年18 995人,占当年年底在队知青总数的11.47%。1978年后,不少机关、团体、企事业单位、部队等,也在所在地郊区举办农、工、林、副业基地,安置本系统、本单位的下乡青年。1979年后,下乡青年均安置在市、县郊区集体所有制的农工商联合企业,或创办的小型、以加工为主的工业企业中。为了扶持上述知青场(厂)队的发展,1979年5月,福建省粮食局、财政局、供销合作社、知识青年上山下乡办公室等单位下达《关于知青场队实行不交税、不上缴利润、不负担农产品统购、派购政策中几个问题》的通知,规定对独立核算的知青场(厂)队和安置知青人数占职工总数60%以上的农、林、牧、副、渔基地,实行不交税、不上交利润、不负担农产品统购、派购的"三不政策",对其生产经营的各项应税产品和业务收入,免于交纳工商税;对其所得的利润免予交纳工商所得税。免予征收农业税。享受上述优惠政策的知青场(厂)队,由公社上报,经县委知青领导小组审查批准后执行。从1980年起,在知青场(厂)队安置下乡青年,其城镇户粮关系不变。随着上山下乡范围缩小和安排在队知青回城,单独核算的知青生产队逐渐消失,至1982年知青上山下乡工作基本结束时,全省余下的知青厂、场尚有43家,职工1 646人,其中下乡青年729人,占职工总数的44.29%。知青厂、场除种养业外,其产品尚有罐头、机砖、造纸、纸箱、塑料制品、水泥制品以及饮食、旅社等服务业。一些厂、场的经济和安置效果都比较好,如南靖县马山知青罐头厂,1982年年产1 445吨蘑菇罐头,总产值513.7万元,创税利45万元,共安置230多名城镇知青,每人平均月工资40多元。1982年,全省上山下乡工作结束后,知青厂、场全部移交劳动部门,作为安置城镇失业人员和农村富余劳动力的场所。(见表2-2)

表2-2　1962—1981年福建省城镇知识青年上山下乡安置情况表　　单位:个、人

年份 项目	当年新安置人数	年末在队人数	建立知青点								其它安置形式人数
			知青点数	青年点知青人数	占年末在队人数(%)	其　中					
						插队青年点人数	知青场队人数	社(队)办农林场人数	机关、企事业办基地人数	国营农场人数	
1962~1971	153 365	119 944									
1972	17 348	116 399									
1973	17 129	125 659									
1974	24 718	130 739	5 842	71 597	54.7	46 460	15 642	6 816		2 679	59 142
1975	45 118	164 582	6 443	104 887	63.7	64 403	17 305	18 829		4 350	59 695
1976	25 855	154 905	5 890	100 607	64.9	60 138	16 982	19 532		3 955	54 298

项目 / 年份	当年新安置人数	年末在队人数	建立知青点								其它安置形式人数
			知青点数	青年点知青人数	占年末在队人数(%)	其中					
						插队青年点人数	知青场队人数	社(队)办农林场人数	机关、企事业办基地人数	国营农场人数	
1977	30 323	165 543	6 237	111 637	67.4	64 437	18 995	23 713		4 492	53 906
1978	5 623	126 555	5 360	77 693	61.4	42 637	14 487	17 023	105	3 441	48 862
1979	3 710	54 855	3 250	36 219	66.1	21 769	8 328	1 838	3 007	1 277	18 636
1980	938	16 264	613	9 004	55.4	2 835	1 486	535	3 664	484	7 260
1981		2 083	53	900	43.2	408	392		100		1 183
合计	324 127										

二、生产与生活

(一) 生产劳动

下乡知识青年到农村(农场)后,从参加农业劳动之日起,与当地社员、农场职工中的同等劳力一样待遇,实行评工记分,同工同酬,按劳分配。在一些场、队,下乡青年与普通社员和农场工,有同工不同酬的。下乡青年插队的,大多数分到与当地单身社员同等数量、质量的自留地,知青点的自留地一般相对集中,由下乡青年自行耕种,产品自主分配。知识青年下乡的头一年(12个月)内,不负担人民公社的义务工;第二年起,负担的义务工,也不超过每个下乡青年全年基本劳动日数的5%;生活不能自给的,经大队批准,可以减免负担义务工。

(二) 粮油供应

1964年,省粮食部门规定,下乡青年到农村插队的,在其未参加分配前,由当地粮食部门按照他们所在生产队一般社员的实际吃粮水平,由国家安排供应。上半年下乡的,供应到接上秋粮;下半年下乡的,供应到来年接上夏粮。到农村办队的,第一年口粮由国家供应,每人每月16.5公斤成品粮;每出工一天,另补贴成品粮4两。在国营农场安置的,口粮供应同插队青年;新到场的每月另补贴大米2.5公斤,补贴时限从上月起至来年秋粮登场后止。1973年改为,到农村插队的,头一年(12个月)由国家供应粮油,每月成品粮16.5公斤,劳动粮2公斤,同时参加当年分配。第二年后,所在生产队每月基本口粮低于成品粮16.5公斤,而社队调剂又有困难的,不足部分由国家统销供应。食油供应,第一年按当地城镇居民定量标准,第二年起,由生产队分配。

(三) 生活补助

1964年7月起,下乡青年到农场办场队的,每人每月发给生活补助费6元,到农村插队的,每人每年补助生活费185元;补贴费由场(生产队)掌握,按下乡青年的具体情况酌予补贴,不平均发给个人,补助时间一至两年。所需的蚊帐、棉被、棉衣,除自带外,确有困难的,由安置地区发给补助费。其标准是：到国营农场的，按每人棉衣一件、卫生裤一条，每两人棉被一床计算，每人折合补助棉布 10.1 公尺，棉花 1.75 公斤。到农村插队的，每人补助棉布、蚊帐布共 6.7 公尺，棉花 1.25 公斤，由安置地区统一掌握使用，不平均发给个人。1973 年开始，被服、蚊帐用布改为每人平均 5 公尺，另发补助费 15 元，改由动员地区掌握使用，用于补助缺少棉衣、被、蚊帐，又无力购买的下乡青年。1973 年以后，改为每人发给生活补贴费 200 元，头一年(12 个月)，每人每月补助 8 元；第二、三年，对正常出勤但生活仍不能自给，或因特殊原因造成生活困难，年收入在 100 元以下者，也酌情给予补助，每人平均 100 元，由县统一掌握，分两年使用。头一年约开支总数 60％，第二年 40％。1979 年 12 月以后，生活补助费提高为每人平均 264 元，分 3 年使用，以第一年每人每月 12 元，第二年 8 元，第三年 2 元计算，根据困难大小，由下乡知青小组评议，社队审查，县知青工作部门批准后拨款。购置小农具、家具、炊具等的补助费，每人 50 元，由动员地区掌握使用。

（四）住房

1972 年前，城镇知识青年到农村后，除建少量简陋住房外，多住生产队公房或挤住农民私房，居住条件较差。1973 年，贯彻"统筹解决知青问题"方针后，上山下乡知青每人补助建房经费 200 元，补助费由县统一使用。建房的专项用材，在产材地区由县批准后，按指标自采自用，付给山价；缺材地区，纳入国家计划，实行支农优待价。自 1971 年至 1981 年，全省共建知青住房 210.48 万平方米，有 18 万名下乡青年住进新房。（见表 2-3）

表 2-3　1971—1981 年福建省新建知青住房情况表

年　份	国家供应木材数(立方米)	新建知青住房			新建知青住房可住人数
		座数	间数	折合平方米数	
1971	2 596	277	2 540	47 813	6 054
1972	6 731	951	7 451	129 526	10 811
1973	17 973	755	7 869	166 309	14 357
1974	16 706	2 639	29 534	539 361	42 661
1975	17 749	1 959	20 653	439 040	41 295
1976	11 773	1 301	14 060	286 015	26 164
1977	10 829	1 271	13 286	265 133	21 487
1978	3 987	592	7 105	162 251	13 573
1979	1 487	221	1 983	50 220	4 173
1980	1 029	25	388	19 182	1 761
1981	137				
合　计	90 997	9 991	104 869	2 104 850	182 336

1979 年后，下乡知青逐步安排回城，知青房屋出现闲置，省知青办、财政局于 1979 年 12 月下达通知，要求对闲置房屋按质论价处理，其变价款 30％留给所在人民公社，70％上缴县知青办。变价处理困难的房屋，办妥手续后交当地社队代管。在农村安家落户的已婚知青，其所用房屋，归知青个人所有；已婚知青尚无住房的，在现有空房中调剂使用。

（五）医疗

下乡知青的疾病医疗问题,在 1973 年前无明确规定;1973 年后,下乡青年参加人民公社合作医疗,平均每人补助医疗费 5 元,用于交纳头 3 年的合作医疗费。1979 年,医疗补助费提高为 8 元,除交合作医疗费外,其余留市、县知青工作部门统一用于知青疾病治疗。重病、重伤者,持当地医院转诊证明,可以到城市就医;本人经济特殊困难的,由市(县)知青工作部门另行补助。治病期间,安置单位继续发给口粮,粮食部门准予兑换通用粮票。个别重病、重伤虽经长期治疗无效,不宜再参加重体力劳动的,由安置地区社队安排力所能及的劳动或工作。

（六）学习

1973 年以后,下乡青年每人补助学习材料费 8 元,由安置县知青工作部门统一使用。省知青办每年都发给知青点文化学习丛书、政治、科普、文艺读物等书籍,仅 1974 年下发给知青点的书籍就达 80 余万册。1974 年,本省厦门大学、师范大学、农林大学、医科大学在三明、永安、将乐、沙县、南平、建瓯、建阳、邵武、顺昌、浦城、长泰、龙海、南靖、上杭等下乡青年较集中的县、市,试办业余函授教育,开设《马列和毛泽东著作选读》、《写作》、《水稻育种》、《水稻病虫防治》、《赤脚医生》……等十几门学科。函授期限一年。有近 2 000 名下乡青年参加学习。业余函授教育以自学为主,函授为辅,采取能者为师、互教互学的教学方法。根据学科特点,分别由有关部门聘请有实践经验的工人、农民、技术人员、医务人员担任兼职辅导教师负责经常性的辅导。各大学则根据教学要求,在县社举办短期培训班,辅以必要的面授。下乡青年赴点面授的伙食补贴、实习费用、往返车费等,按函授学科性质,对口在相关业务部门培训费中开支。

（七）干部带队

1973 年,中共福建省委决定知识青年上山下乡实行干部带队制度。从党政机关、企事业单位抽调思想作风正派、身体健康、有一定工作能力的干部到农村带领下乡青年。带队干部人数按下乡青年总数 2% 的比例抽调。跨区安置的,分别由动员和安置地区各派半数人。带队干部实行轮换制度。为了保证带队工作的连续性,每年交叉轮换一次,每次轮换人数最多不超过 50%。据 1975—1980 年统计,全省共选派干部 6 853 人次下乡带领知识青年。（见表 2-4）

表 2-4　1975—1980 年福建省选派知青带队干部统计表　　　　　单位:人

地区 \ 年份	1975	1976	1977	1978	1979	1980
福州市	335	243	263	161	62	6
厦门市	125	131	155	129	63	12
建阳地区	385	366	340	225	111	20
宁德地区	166	178	147	90	23	12
莆田地区	59	65	70	68	22	12

年份 地区	1975	1976	1977	1978	1979	1980
晋江地区	96	69	83	71	12	4
龙溪地区	311	272	277	171	53	2
龙岩地区	107	118	106	49	60	
三明地区	253	238	223	182	56	8
合　计	1 837	1 680	1 664	1 146	462	64

三、经　费

为了解决下乡青年在农村生产、生活上的困难,中央和福建省每年都拨出专项经费给予扶持。1964年,省财政厅规定,城镇知识青年在本地区范围内插队的,平均每人发给130元,跨地区插队或单独办队(场)的,平均每人150元;用于旅运费、房屋修建、生活补助、小农具和衣被补助以及少量医疗费补助等项目开支。下乡创办农场的,平均每人补助700元,插场的补助400元,首先用于扩大生产,其次用于基建、旅运和生活补贴。1965年后,安置经费标准略有提高,在本地区安置的,平均每人200元,跨地区安置的,平均每人250元。截至1966年,知青经费支出总数为3 258万元。从1973年起,改为:凡回农村老家(原籍)落户、插队、建立知青场队、在国营农、林、茶、果场内建立集体所有制知青场的,每人均补助480元;到新疆等边远地区的,补助700元。其中建房补助费200元,生活补助费200元,农、家具补助费、学习材料费、旅运费、医疗补助费和其它费用80元。1972年底以前上山下乡,生活尚不能自给的,每人再补助100元;尚未建房的,每人再补助200元。经费由县掌握,统筹解决。1979年开始,到农村建立场(厂)队的,每人补助580元;到国营农、林、茶、果场的,补助400元。其中建房补助费200元,生活补助费264元,农、家具补助费50元,医药补助费8元,学习材料费8元,上述经费由安置市、县掌握;被服用品补助费15元,由动员市、县掌握;其他费用每人30元,由省知青工作部门统一掌握,用于调剂下乡青年的特殊困难开支。扶持生产资金,用于扶持知青场(厂)队发展生产,属周转性质,知青场(厂)队有收益后,逐步偿还。

国家拨付的上山下乡安置经费,在人民银行设立专户,专款专用。1973年,省知青上山下乡办公室、省财政局联合制订《关于1972年以前下乡知识青年建房和生活补助的办法》、《关于城镇知识青年上山下乡安置经费的开支标准》和《关于加强城镇知识青年上山下乡经费使用管理的暂行规定》,以加强对安置经费的管理。安置经费拨至公社,生产大队成立由社队干部、贫下中农、下乡知识青年代表组成的工作小组负责对安置经费的使用、审查。安置经费每年清理一次,据1973年对38个县的清理,发现贪污、挪用经费近35万元。1979年后,在队知青逐步回城安排,为使国家资金和财产不受损失,全省组织1 440人,对安置下乡知青的944个公社进行清理,共收回结存经费163万元;并对9 900多座、200多万平方米的知青住房和闲置财产,除留给在农村安家的知青使用、移交有关单位管理或委托社队代管外,其余均变价处理,全省共收回房屋变价款 146 万元、财产变价款 57 万多元。1980 年,国家实行新财政体制后,安置经费划归地方财政支出,其开支范围、标准和管理方法不变。1982 年,下乡知青基本安排结束,知青安置经费全部并入城乡青年就业经费。(见表 2-5)

表 2-5   1969—1981 年福建省知青经费收支情况表   单位:万元

年　　份	中央拨款	本省拨款	实际支出数	安置费	扶持生产资金	业务费
1969—1972 年	8 500		5 181.70	5 181.70		
1973	150		1 068.70	1 068.70		
1974	1 135		1 187.30	1 187.30		
1975	2 152		1 516.70	1 516.70		
1976	1 610		1 855.60	1 765.20		90.40
1977	1 610		1 678.70	1 556.80	30.00	91.90
1978	610		1 115.70	1 013.00	7.40	95.30
1979	710		973.20	716.10	185.60	71.50
1980		669.26	914.90	491.20	381.10	42.60
1981		89.80	519.10	379.90	122.40	16.80
合计	16 477	759.06	16 011.60	14 876.60	726.50	408.50

第三节　返　　城

　　福建省自 1962 年开始动员城镇知识青年上山下乡后,每年均有一部分知青通过各种渠道离开农村返城安置。1973 年,中共福建省委作出规定,凡下乡青年除因病或有其他特殊困难经批准回城以外,都必须在农村经过两年以上劳动锻炼后,方可通过招工、升学、参军、提干等渠道离开农村。据 1978 年底统计,全省有 212 077 名下乡知青先后返城安置。1978年 12 月,中共中央作出“积极、稳妥地解决下乡知识青年的问题,两年内先基本解决好老知青问题”的决策,全省农村尚有 12 万余名下乡青年,其中 1972 年底以前下乡的老知青 4.6万名。1979 年初,福建省革命委员会要求各地本着“国家关心、负责到底”精神,按照“统筹兼顾”原则,在 1980 年底以前,首先把老知青问题解决好;并于当年 3 月,批转省劳动局、省知青办《关于贯彻中共中央(1978)74 号文件精神,认真做好安排上山下乡老知青工作意见的报告》,对老知青,在招工中放宽政策,优先照顾,逐步安排他们从事有固定工资收入的工作。省劳动局一次下达 3 万名全民所有制招工指标,专项解决老知青问题。并根据老知青下乡时间长,年龄偏大,学业有所荒废等实际状况,对招收为普通工的,在年龄与文化考试等方面,适当放宽,予以照顾。老知青中的归侨学生、台湾同胞子女、独生子女、多子女(三个以上)上山下乡的,均优先安排在全民所有制单位。并规定:所有企、事业单位在补充自然减员中,一律优先招补符合条件的老知青。与此同时,省劳动局、教育局联合下达通知,对担任农村民办教师的老知青,经考核符合转正条件的,下达专项指标,转为正式教师。商业、供销、外贸、粮食等部门所属集体所有制单位,也划出专项指标招收老知青。招收老知青的方法,根据本人表现,经贫下中农推荐,知青小组评议,社队党组织审查,报县知青工作部门复查同意后,由劳动部门核准办理招工手续。由于采取上述措施,1979年底,全省有60%的老知青得到妥善安排。老知青招工的工资待遇,在考核定级前,下乡满2年以上的,享受学徒第二年待遇,月工资26元;满3年以上的,享受学徒最后一年的待遇,月工资29元;满5年以上的,享受一级工待遇。

对1973年(含1973年)以后下乡的知识青年,劳动部门在每年招工时(包括全民、集体单位),均划出专项指标招收。1980年开始,机关、企业、事业单位对本单位职工子女上山下乡的,采取按系统包干安置的办法,加快安排进度。

对因特殊情况、返城安排难度大的下乡知青,亦区别不同情况,采取相应措施予以解决。其中已在农村结婚的,就近安排在社、队企业,或安排在条件较好的知青场(厂)队和国营农、林、茶场就业;有一定技术的,鼓励就近个体开业。知青本人则转为城镇户口,供应商品粮。女方系城镇知青的,其子女户粮关系亦随母转移为城镇户口,供应商品粮。下乡知青与城镇人口通婚的,由配偶所在地的城镇负责安置。已婚知青分居两县的,由双方县一级知青工作部门协商安置。本人自愿并有条件在农村安家落户的,平均每人再补助建房费300元,省计委并下达木材、水泥、玻璃等专用建材指标。不少地(市)、县知青工作部门并给予特殊补贴,另赠送自行车、缝纫机等。1983年统计,全省在农村安家落户的知青有1221人。对于非直接因公致残的下乡青年,迁回原动员城镇,给予一次性补助,安排力所能及的工作,其中丧失劳动能力的,由民政部门给予社会救济。一时无法安排的,先将户粮关系迁回原动员城镇待业,其下乡知青身份不变,招工给予照顾的政策不变。少数刑满释放、解除劳教的原下乡知识青年,尽量留场就业;不能留场的,就近安置在国营或集体所有制的农、林、茶、果场;无法安置的,回原动员市、县落户待业,不再享受下乡知识青年待遇。采取上述措施后,1979—1981年,全省返城安置的下乡青年共计130 986人,其中全民、集体招工95 670人,升学5 230人,参军1 592人,提拔为国家干部879人,组织起来就业、自谋职业20 588人,病、困退回场7 027人。70年代中期赴新疆塔城务农的,除少数升学、提干、参军以外,全部回原动员地区安排。至1982年末,全省在队知青仅余120多人,由所在县的劳动部门继续予以安置,至此,全省城镇知识青年上山下乡工作基本结束。(见表2-6)

表2-6 1962—1981年福建省城镇上山下乡知识青年返城安置情况表　　　　单位:人

年　份	返城总人数	招　工	升　学	征　兵	提拔国家干部	其他渠道	病困退返城
1962~1971	31 497	23 523	499	681		4 792	2 002
1972	21 591	14 314	1 511	1 092	7	1 920	2 747
1973	10 974	5 846	1 167	460	11	2 215	1 275
1974	22 053	15 204	2 638	493	109	2 079	1 530
1975	17 139	7 905	2 882	157	18	4 179	1 998
1976	38 239	30 778	173	3 143	87	3 520	538

年　份	返城总人数	招　工	升　学	征　兵	提拔国家干部	其他渠道	病困退返城
1977	22 396	13 361	2 550	974	106	4 692	713
1978	48 188	21 743	12 411	7 654	396	3 564	2 420
1979	76 413	53 122	4 528	1 377	789	12 907	3 690
1980	40 406	33 457	654	189	71	3 280	2 755
1981	14 167	9 091	48	26	19	4 401	582
合计	343 063	228 344	29 061	16 246	1 613	47 549	20 250

（第二章《城镇知青上山下乡》，第38—48页）

　　中国共产党十一届三中全会后，上山下乡知识青年陆续回城安排就业，在1980年前后的5年中，共安排上山下乡知识青年8.76万人，其中安排在全民所有制单位的6.15万人。安排在城镇集体所有制单位的2.61万人。　　　　　　（第三章《劳动力管理》，第69页）

　　(1964年)10月，厦门市首批66名城镇知识青年，赴明溪县沙溪公社创建青年农场。

（《附录》，第197页）

　　(1965年)7月18日，省建设山区安置办、省教育厅、团省委联合组织上山下乡知识青年积极分子巡回报告团，分赴全省各地巡回报告。　　　　　　　　　（《附录》，第197页）

　　(1967年)9月20日，省军管会指示各地，切实做好上山下乡知识青年和移民中的倒流人员回队(场)的工作。　　　　　　　　　　　　　　　　　（《附录》，第197页）

　　(1969年)1月1日，福建省四个面向办公室成立。负责干部下放，复退军人安置，大中专毕业生分配和高初中毕业生、社会知识青年、城镇闲散劳动力的安置等领导、组织、协调工作。

　　1月23日，省和福州市革命委员会举行大会，欢送以福州一中为主的福州市知识青年1 264人赴闽北顺昌县山区插队落户。　　　　　　　　　　（《附录》，第197页）

　　(1973年)4月25日，毛泽东主席复信莆田县小学教师李庆霖："全国此类事甚多，容当统筹解决"。李曾上书毛泽东主席，反映其中学毕业的儿子下乡插队后，在吃饭、穿衣、住房、医病等日常生活方面遇到的诸多困难，希望得到解决。

　　5月17日，中共福建省委要求各地认真学习毛泽东主席复信，切实解决知青在生产、生活中的实际困难,相应制定出"统筹解决"的有关政策和措施。

6月29日,中共福建省委派出由省直机关、福州军区、省军区机关干部组成的上山下乡工作组,分赴各地和生产建设兵团宣传文件,调查了解知识青年上山下乡工作情况和省委采取应急措施的落实情况。同时派出医疗队(组)126个,医务人员701人,对上山下乡知青进行体检和免费治病。省、地、县政府拨出经费、粮食、木材解决知青生活上的急需。

8月15—28日,中共福建省委和福州军区党委联合召开全省知青上山下乡工作会议,研究落实"统筹解决"的办法和进一步加强知青上山下乡工作问题。制定《福建省知青上山下乡若干问题的试行规定草案》和《福建省1973—1980年城镇知青上山下乡初步规划草案》。宣布成立领导小组。

10月18日,建立中共福建省委知识青年上山下乡领导小组,组长卓雄,副组长许彧青、魏金水、李甲。设福建省知识青年上山下乡办公室,主任王一平。　　　(《附录》,第198页)

(1975年)9月17—23日,中共福建省委、省革命委员会在福州召开省首次知识青年上山下乡积极分子代表会议。到会代表1 200人。省委第一书记廖志高出席会议,省委书记林一心作《进一步巩固和发展知识青年上山下乡伟大成果》的报告。会议表彰在建设社会主义新农村中作出优异成绩的顺昌县高阳公社小筒大队南湖青年队、明溪县棉布青年农场、建瓯县桂林青年点等18个先进知青集体及党生(翁金铨)、郭安民、丁榕芳等18名先进下乡知识青年。会议通过《福建省上山下乡知识青年积极分子代表会议倡议书》。

(《附录》,第199页)

(1976年)5月14日,福建省革命委员会追认福州到政和县上山下乡知识青年林金官为革命烈士。林金官于1975年6月10日在政和县石屯公社松源大队抗洪护堤抢险时,为保卫人民生命财产安全,不幸被洪水吞没而光荣牺牲。

9月27日,福建省、福州市召开知识青年赴边疆插队上山下乡干革命誓师大会。首批45名知识青年和11名工农兵学员赴新疆维吾尔族自治区塔城县安家落户当农民。

(《附录》,第199页)

(1979年)年初,福建省根据中央部署,对本省知识青年上山下乡政策作重大调整,缩小上山下乡范围,下乡知识青年逐步返城就业。除此前已在城镇招工中将下乡知青列为招收对象外,省革命委员会还批准省劳动局下达3万名劳动指标,专项解决1972年以前上山下乡"老知青"的工作安排。　　　(《附录》,第199页)

(1980年)5月,中共福建省委知青领导小组在福州召开下乡知青先进代表座谈会。

(《附录》,第200页)

(1981 年)11 月,省知识青年上山下乡办公室与省劳动局合署办公,省劳动局增设知青工作处,处理知青遗留问题。 (《附录》,第 200 页)

福建省知识青年上山下乡办公室领导人名录

福建省知识青年上山下乡办公室于 1973 年 10 月设立,1981 年 8 月与省劳动局合署办公。

主　任　王一平(1973.11—1981.10;1979.7—1981.11 党组书记)

　　　　胡洛余(1981.11—1987.12)

副主任　倪希锴(1978.9—1980.7)

　　　　沈复曜(1979.7—1983.1;1979.7—1981.11 党组副书记)

　　　　苏　琴(1981.11—1983.1)

　　　　符春三(1981.11—1983.1) (《附录》,第 212 页)

《福建省志·统计志》

福建省地方志编纂委员会编,方志出版社 2000 年

1979 年,福建省开始落实中央关于上山下乡知识青年回城安置的政策。……同时(1980 年),为反映"自然退休补员"、"上山下乡知识青年"安置政策的落实情况,在劳动工资统计年报中增加"本年新增固定职工中,补充自然减员人数"、"本年底止安置上山下乡知识青年人数"等指标。 (第二章《统计报表制度》,第 95 页)

《福建省志·粮食志》

福建省地方志编纂委员会编,福建人民出版社 1993 年

"文化大革命"期间,全省动员城镇闲散居民和知识青年共计 30 万多人上山下乡。1969 年 1 月规定:上山下乡的城镇居民,其户粮应迁到所在劳动单位,从第二个月起,由当地按全劳力 16.5 公斤、半劳力 15 公斤的月定量标准安排供应,没有参加劳动的人口按当地居民定量标准供应到新粮登场后,由所在劳动单位安排口粮。1973 年 9 月,城镇上山下乡的知识青年其口粮供应规定为:头一年,每人每月定量 16.5 公斤,劳动粮 2 公斤;由国家统销供应,并参加当年集体分配。以上人员截至 1987 年止,除少数城镇居民和知识青年就地定居外,绝大部分已陆续回城安置或就业。 (第六章《市镇粮食计划供应》,第 113 页)

《福建省志·交通志》

福建省地方志编纂委员会编，方志出版社 1998 年

  60 年代，虽受"文化大革命"的干扰，交通系统仍根据生产需要，接受统配的大中专毕业生、复退军人的安置；70 年代后期自然减员的补员和上山下乡知青的安置等，职工人数有了较大增加。

（第七篇第一章《队伍》，第 522 页）

  1973 年后，港口又陆续招收一批新职工。主要来源有：从职工子弟中吸收顶替，从上山下乡知识青年中挑选一批，从城镇照顾对象、待业青年中招收一批。

（第七篇第一章《队伍》，第 525 页）

《福建省志·铁路志》

福建省地方志编纂委员会编，方志出版社 2003 年

  1971 年，从古田县上山下乡知识青年及铁路职工子弟中，招收青年工人 38 人（其中 3 人调南昌勘测设计队，35 人留福州）。……1980 年 12 月，从上山下乡知识青年及铁路职工子女中招收青工 38 人。

（第六章《机构队伍》，第 309 页）

《福建省志·共产党志》

福建省地方志编纂委员会编，中国社会科学出版社 1999 年

  "斗、批、改"还包括所谓教育改革，废除历年来实行的统一考试、择优录取的招生办法。与此相适应，全省发动大中学生等知识青年上山下乡，"接受贫下中农再教育"。1969 年 1 月 23 日，省革命委员会暨福州市革命委员会欢送福州市首批知识青年 1 264 人赴闽北顺昌县山区插队落户。从 1969 年到 1973 年 4 月，全省共动员 15.5 万多名青年上山下乡。[①]

（第二篇第七章《"文化大革命"时期》，第 179 页）

  1971 年 3 月，省委决定，在闽东招收畲族在乡知识青年 220 名，输送给解放军各部队培养锻炼，其中有三分之二提为干部。

（第三篇第三章《统战工作》，第 395 页）

---

  ① 中共福建省委：《落实政策汇报会中全省几个统计数字》，1973 年。——原书注

《福建省志·政府志》

福建省地方志编纂委员会编,方志出版社2002年

　　1975年1月,福建省革命委员会召开学习辽宁朝阳农学院教育革命经验会议。决定高等学校招生工作中实行"社来社去",从农民、上山下乡和回乡知青、复退军人、民办教师、赤脚医生中选拔学生。社队不脱产基层干部优先选送。学生毕业后,回到原单位,实行评工记分。学生在校学习期间,发给伙食费、津贴费,享受公费医疗。全省合计招收"社来社去"学生1050名。有的连小学还没有毕业就可以上大学,搞乱了学制与大学教育。

(下篇第二章《主要政务》,第196—197页)

知识青年上山下乡

　　"文化大革命"开始后,大、中专学校停止招生,工厂没有招工,为解决城镇青年学生的出路,毛泽东发出号召:"知识青年到农村去,接受贫下中农的再教育,很有必要。"

　　"文化大革命"中,被称为"革命小将"的青年学生,对于毛泽东的号召,表现出高度的热情。在全省范围内,掀起知识青年上山下乡、"接受贫下中农再教育"的热潮。1968年12月24日,福建省革命委员会召开专、市革命委员会负责人电话会议,进行全面动员,紧急部署,要求立即动员1966届、1967届、1968届中学毕业生10万人在春节前上山下乡。1969年1月23日,福州市首批1264名知识青年赴闽北顺昌山区插队落户。福建省、福州市革命委员会在福州鼓屏路广场举行隆重的欢送大会。福建省革命委员会副主任皮定钧、福州市革命委员会主任贺梦先到会讲话。青年学生们胸戴红花,情绪激昂,把"上山下乡干革命"视为极大的荣誉。与此同时,全省各地也大张旗鼓进行动员。到1970年1月,全省上山下乡知识青年达106093人。1969年1月,福建省革命委员会成立"四个面向"(面向农村、面向边疆、面向工矿、面向基层)办公室。为加强对知识青年上山下乡工作的规划和领导,1973年10月18日,福建省委、省革命委员会成立福建省上山下乡领导小组,并设立福建省知识青年上山下乡办公室。

　　1973年9月19日,福建省革命委员会作出《福建省知识青年上山下乡若干问题的试行规定草案》和《福建省1973年到1980年知识青年上山下乡初步规划草案》,把上山下乡作为一种制度固定下来。这两个《草案》下达后,全省城镇中学毕业生以上山下乡为主要出路。对病残学生、独生子女、多子女身边只有一个子女、中国籍的外国人子女、不满17岁者不动员下乡,归侨学生安排到华侨农场。凡属动员上山下乡的知识青年,任何单位不得吸收安排工作。对少数特殊行业,需直接从城镇中学生中招收的,应经省革命委员会批准。对以前下乡插队的青年,生活不能自给的,每人补助100元;没有建房的,每人补助200元,由县掌握,统筹解决。

从 1973 年起,国家拨给上山下乡安置经费,每人补助 480 元;到北方各省(包括苏北、皖北)者每人补助 500 元;到内蒙古、新疆等地牧区的,每人补助 700 元。安置经费开支范围:建房补助费 200 元,生活补助费 200 元,农具、家具补助费、学习材料费、旅运费、医疗补助费和其他费用 80 元。生活口粮:头一年粮油由国家统销供应,每月口粮 16.6 公斤,劳动粮 2 公斤(成品粮),并参加当年集体分配。食油按当地城镇居民定量标准供应。如所在生产队口粮水平过低,每月基本口粮不足 16.5 公斤(成品粮)的,给予补足,差额部分先在社队范围内调剂解决,调剂有困难的,由省专项回销解决。头一年不负担义务工,第二年起,负担的义务工不超过知识青年全年基本劳动日数的百分之五。生活不能自给的,可以减免。

各市、县动员上山下乡的知识青年,一般在本市农村(包括市辖县)和本县范围内就地安排。福、厦、泉三市跨区安排下乡知识青年约 7 300 人。福州市知青安排到建阳和三明地区,厦门、泉州市知青到三明地区。从 1973 年起,省、地(市)、县三级,派出带队干部到知识青年所在地加强领导。带队干部一年交叉轮换一次,形成制度。头三年,按下乡知识青年人数百分之二选派,跨县跨区安置的,带队干部由动员地区和安置地区各派一半。安置下乡知识青年 50 人的由所在公社派出干部。

上山下乡安置的形式有 4 种:一是插队。建立青年点,或回老家落户。二是办队。在大队范围内,建立以下乡知识青年为主,由带队干部和部分贫下中农参加的集体所有制的青年生产队,实行独立核算。三是办场。在人民公社范围内,选择土地较多,生产潜力较大,经过短时间努力能够实现粮食自给的地方,单独建立集体所有制农、林和水产养殖场。四是按照国家计划,到生产建设兵团和国营农、林、牧、渔场。

1974 年 2 月 24 日,再次作出决定:凡是符合上山下乡条件的历届初、高中肄业生及社会青年,都在动员之列。

1972 年 12 月 20 日,莆田县城郊公社下林小学教员李庆霖给毛泽东主席写信,反映上山下乡知识青年在生活上的困难情况。1973 年 4 月 25 日,毛泽东复信李庆霖:"寄上 300 元,聊补无米之炊。全国此类事甚多,容当统筹解决。"根据毛泽东的复信,省通知各地对知识青年吃、住、用等方面存在的实际问题立即采取应急措施。口粮不足的,补充到当地单身劳力的实际吃粮水平;生活确有困难、无钱购买口粮的,给予适当补助;认真解决其住房、治疗、同工同酬、年终分红兑现等问题。李庆霖后因参与江青反革命集团在福建的亲信的阴谋活动被判处无期徒刑。

1975 年 9 月 18 日到 23 日,在福州召开福建省首届上山下乡知识青年积极分子代表大会。福建省革命委员会主任廖志高主持会议开幕式。会议表彰了 25 个先进集体和 21 名先进个人。

"文化大革命"期间,全省城镇知识青年上山下乡共达 289 809 人(包括"文化大革命"前),"文化大革命"后继续上山下乡 39 606 人,总计 329 415 人。实际经费支出 16 011.6 万元。知识青年经过上山下乡,才能取得选调的资格。全省共从知识青年中招工 228 349 人、招生 29 061 人、征兵 16 246 人、提拔为国家干部 1 613 人、病退回城 20 250 人，此外，死亡 1 076 人。招工总人数中，女知识青年 125 933 人。"文化大革命"结束后，动员城镇知识青年上山下乡的政策开始调整，着重解决下乡知识青年的就业问题。到 1981 年，下乡知识青年的安排工作基本结束。

（下篇第二章《主要政务》，第 198—199 页）

（1970 年）9 月 3 日

议题 研究调选 33 名上山下乡知青参与所谓重点审查的档案整理及有关此类问题的审批权限问题。 （《附录·1949 年至 1990 年省政府主要会议议题》，第 323 页）

（1978 年）6 月 16 日（第 20 次）

议题 决定由毕际昌同志牵头召集有关单位，研究归国华侨中下乡知识青年的安置办法。 （《附录·1949 年至 1990 年省政府主要会议议题》，第 326 页）

10 月 24 日（第 41 次）

议题 同意福州、厦门、漳州、泉州、三明、南平等市及少数人口密集县的城镇继续动员知识青年上山下乡，其余地方不再动员，可采取扩大就业和走"五七"道路就地安置。

（《附录·1949 年至 1990 年省政府主要会议议题》，第 328 页）

12 月 2 日（第 49 次）

议题 同意劳动局《关于福建省工资改革方案》，要求工改后全省职工工资与全国工改后的平均工资拉平。决定下半年 3 500 多个自然减员统招指标的使用范围，除因死亡而自然减员需要对其子女按政策规定有所照顾外，一是用于落实政策，照顾受冤假错案影响的职工子女；二是用于 1972 年以前上山下乡的老知青。同意恢复老工人的附加工资。

（《附录·1949 年至 1990 年省政府主要会议议题》，第 328—329 页）

（1979 年）5 月 29 日（第 21 次）

议题 决定今年用 9 000 个全民劳动指标安排老知青。

（《附录·1949 年至 1990 年省政府主要会议议题》，第 330 页）

《福建省志·电子工业志》

福建省地方志编纂委员会编，福建人民出版社 1992 年

电子工业职工来源主要有以下几个方面：……4.在"文化大革命"期间（主要是 1969 年

和 1970 年)及"文化大革命"结束后,省计委、劳动局直接安排招收进来的社会知青和上山下乡知识青年,包括少数上山下乡的系统内职工子女。(第十章《机构与职工队伍》,第 214 页)

《福建省志·纺织工业志》
福建省地方志编纂委员会编,中国社会科学出版社 1999 年

"文化大革命"期间,……省内还筹建永安维尼纶厂、南平纺织厂等大中型纺织企业,从生产建设兵团、上山下乡知识青年中招收大批工人。(第十三章《纺织工业管理》,第 277 页)

1983 年前,新增职工主要是从城镇招收待业社会青年、退休补员子女、上山下乡知识青年、统一分配的复员转业军人和大中专毕业生。1983 年开始,逐年增加招收合同制工人。

(第十三章《纺织工业管理》,第 277 页)

《福建省志·农业志》
福建省地方志编纂委员会编,中国社会科学出版社 1999 年

根据中共中央、国务院《关于国营农、林、牧、渔场安置家居大中城市精简职工和青年学生问题的补充通知》,1964 年国家下达福建农场安置任务 4 700 人。经过省精简安置办公室和省农垦厅的努力,第一批安置 2 961 人;其中 23 个省属场安排 800 人以外,其他安排在 7 个地、市的国营农场。1969 年,国营农场又接收一批到农村"安家落户"的知识青年,不少知识青年和转业官兵成为农场的骨干力量。 (第十章《农垦》,第 451 页)

《福建省志·财税志》
福建省地方志编纂委员会编,新华出版社 1994 年

1962 年贯彻国民经济调整方针,精简城市人口,将精简人员和城镇待业知识青年动员安置在国营或集体农场就业或下放农村安家落户。为此,当年预算支出科目增设城市人口下乡安置费,主要用于举办或增加农场经费,安置精简人员和下放知青及其生活费补贴和下乡建房补助等费用。……截至 1966 年底,动员知识青年到农场和农村安家落户累计达 5.7 万人。1962—1966 年支出总和为 3 258 万元,每年平均支出 652 万元。"文化大革命"期间,1969—1971 年大批干部下放和城镇知识青年、居民下乡插队或到农场安家落户,全省 3 年共下放安置 55.50 万人(单身插队 22.63 万人,成户插队安家 22.16 万人,干部和其家属下放

农村安家 8.77 万人,大中专毕业生插队 1.94 万人)。全省上山下乡知识青年人数累计 38 万人,已陆续安排回城市的 25.3 万人(其中,大、中专院校招生 2.40 万人;企业招工 1.30 万人;征兵 1.50 万人;提拔当干部 0.10 万人)。1974—1979 年城镇人口下乡经费类下设城镇知识青年下乡补助费和城镇居民下乡补助费两款。由于知青返城市安排就业,所以 1980 年增设城市劳动服务公司补助费一款。下设生产周转金和技术培训费。1983 年知识青年和居民已大部分陆续返城就业,改称为城镇青年就业经费类。

(第二篇第二章《经济建设费》,第 251—252 页)

《福建省志·教育志》

福建省地方志编纂委员会编,方志出版社 1998 年

同年(1963 年)8 月,省人委发出《关于劳动和组织城市青年学生参加国营农、林、渔三场生产劳动的通知》。全省有 6 000 多名城市中学生响应号召,上山下乡参加"农、林、渔"三场劳动,其中福州、厦门等 6 个城市和莆田县的高初中毕业生有 3 000 多人。

(第四章《中学教育》,第 217 页)

1972 年后,一部分县举办小学师资培训班,吸收上山下乡知识青年,进行短期培训,派充小学教师。 (第八章《师范教育》,第 539 页)

(1969 年)1 月,福州市首批知识青年到闽北山区插队落户。

3 月,厦门市首批知识青年徒步到永定县插队落户。 (《附录》,第 810 页)

《福建省志·人口志》

福建省地方志编纂委员会编,方志出版社 1998 年

1961 年至 70 年代前期,先是调整国民经济,压缩机构,精简职工,大量由农村招工而进入城镇的人口被动员返回农村。"文化大革命"中,因知识青年上山下乡、城镇干部和居民下放,城镇人口再次大规模迁往农村。

70 年代后期至 1990 年,先是"文化大革命"中上山下乡的知识青年和下放干部、居民返城,出现了一个农村人口迁入城镇的高潮。后随着改革开放的发展,大量农村人口因经商、务工等原因而离开乡土,形成迁入城镇的新高潮。

(第三章《人口迁移与流动》,第 74—75 页)

知识青年上山下乡　福建知识青年(以下简称知青)成批有组织地上山下乡最早发生于1962年,共两批:福州知青到连江县;厦门知青到同安县。1962—1963年,福州又组织一些知青到崇安县(今武夷山市)建立了3个知青农场。1963—1965年,各地国营农场也陆续接收了一些知青。据不完全统计,1962—1965年,全省知青上山下乡57 022人。"文化大革命"中,自1969年起全省出现了知青上山下乡高潮,并延续至1977年,其中除1973年为15 000多人外,其余年份均在25 000人以上。1969—1981年,全省安置知青330 812人(包括外省来的),加上"文化大革命"前的,共安置387 834人。在动员下乡知青中,跨省、市、县的有156 977人,其出发地分布为:福州占52.78%,厦门占19.47%,漳州占10.46%,泉州占9.64%,其余5个地区共占7.65%。各地实际接收跨省、市、县下乡知青151 689人,其地区分布为:南平占24.20%,三明占21.84%,龙岩占17.34%,福州占14.36%,漳州占12.25%,其余4个地区占10.01%。跨省、市、县下乡知青多数为由沿海城镇到内地山区。在各地区接收的下乡知青中,女知青占38%左右。1962—1981年,调离农村的下乡知青共354 749人,其中女知青占35.50%(表3-12)。其调离原因构成为:招工占64.37%,招生占8.19%,病困退回城占5.71%,参军占4.58%,提干占0.45%,其他原因占16.70%。1983年前后,下乡知青大都返回了出发地原籍,其中有直接返回的,也有辗转返回的。

表3-12　1962—1981年福建省知识青年上山下乡情况表　　　　单位:人

地市	动员人数		安置数			调离数	
	总计	其中:跨省市县	总计	其　中		总　计	其中:女青年
				跨省市县	女青年		
总计	329 415	156 977	356 832	151 689	122 318	354 749	125 933
福州	105 275	82 852	49 045	21 788	20 413	48 333	19 102
厦门	36 340	30 571	15 310	7 842	6 327	14 858	6 672
莆田	11 813	5 170	8 005	369	2 470	7 909	2 565
三明	29 194	2 390	61 962	33 126	22 899	61 869	22 825
泉州	27 014	15 140	24 433	4 590	5 484	24 220	8 394
漳州	41 813	16 412	50 679	18 587	12 680	50 500	14 598
南平	38 778	2 358	77 744	36 705	26 624	77 417	27 403
宁德	19 971	875	22 651	2 377	6 602	22 640	6 600
龙岩	19 217	1 209	47 003	26 305	18 819	47 003	17 774

注:1. 据福建省知青办、福建省劳动局《福建省城镇知识青年上山下乡统计资料(1962—1981年)》。

2. 1962—1981年,福建实际安置城镇下乡知青387 834人,其中"文化大革命"前57 022人,1969年后330 812人(1969—1978年为322 773,1979—1981年为8 039人)。表中安置总数为356 832人,少31 002人,主要是部分地、市、县无法将"文化大革命"前安置人数统计进去。

3. 安置数比调离数多2 083人,主要是这些人插队后便不知其踪,无法办理调离并进行统计,并非留在农村。

(第三章《人口迁移与流动》,第78—79页)

　十年动乱,至1979年全省城镇待业人口(包括上山下乡回城的知识青年)达46.6万人,劳动就业成为尖锐的社会问题,多年来实行的以"统包统配"为主要特征的刚性就业管理体制,已很难适应新的情况。中共十一届三中全会以来,本省城镇就业贯彻"劳动部门介绍,自愿组织起来就业和自谋职业相结合"的方针,改革了由政府"包"下来的做法,广开就业门路,采取全民、集体、"三资"、乡镇和私营、个体经济六个轮子齐驱动的多渠道就业模式,并大力发展第二、第三产业,扩大就业领域。1979—1988年十年间全省城镇安置新就业人员达165.1万人,①促进了经济的发展和社会的稳定。 （第五章《人口结构》,第159页)

《福建省志·广播电视志》

福建省地方志编纂委员会编,方志出版社2002年

1970年后,随着福建电视台复建,职工人数大增,吸收一批部队转业干部、复员军人,并从农村招收上山下乡知识青年;仅1970年一年中招收47名知识青年。

（第六章《机构与队伍》,第254页)

《福州市志(第一册)》

福州市地方志编纂委员会编,方志出版社1998年

(1969年)1月23日,福州市首批1 264名知识青年赴闽北等地插队。

（《大事记》,第86页)

是年,境内市、县知识青年上山下乡插队劳动。1972年起,由劳动部门逐步安排招工、招干。至1983年底,知青返城安置完毕。 （《大事记》,第86—87页)

《福州市志(第四册)》

福州市地方志编纂委员会编,方志出版社2000年

1974年,福州市在闽侯白沙成立五四农场,用以安置福州市的上山下乡知识青年。

（第三篇第二章《农场》,第171页)

"文化大革命"中期,知识青年上山下乡,干部下放,城镇发证人口曾一度下降至52万

---

① 据福建省统计局《福建奋进的四十年(1949—1989)》。——原书注

人。后由于随军家属迁入、招工、招生、下乡知识青年回城,下放干部返市安排等,到 1976 年底,福州市城镇发证人口又回到 581 066 人。　　　(第十篇第三章《市镇粮油供销》,第 696 页)

1969 年,市粮食局干部大部分下放,基层单位也有少数人下放或内迁。1971 年,招收上山下乡知识青年 96 人,1972 年又招收 86 人。1974 年,实行退休补员制度,吸收一大批上山下乡知青和城镇待业青年。1975 年以后,落实政策及陆续收回下放干部。1978 年,招收城镇待业知识青年 200 人为集体职工。次年,又招收上山下乡老知青 406 人为集体职工。

(第十篇第七章《经营管理》,第 742 页)

《福州市志(第五册)》
福州市地方志编纂委员会编,方志出版社 1999 年

1979 年 1 月,国家对有关税收政策进行调整,……为了集中安置城市上山下乡知识青年而在农村专门为他们举办的独立核算的集体所有制场、队,不分原有和新办,一律自 1979 年 1 月份起至 1985 年年底止,对其所得的利润免予交纳工商所得税;以安置城市上山下乡知识青年为主而举办的农、工、林、牧、副、渔业基地(包括五七干校改办的基地),凡是独立核算、城市上山下乡知识青年占各该基地总人数 60% 以上的,也按上述规定,在 1985 年年底以前免予交税交利;机关、部队、学校、企事业单位为安置本系统城市上山下乡知识青年举办的农、工、林、牧、副、渔业生产基地,凡城市上山下乡知识青年占总人数 60% 以上的,也可以比照办理;农村社、队或国营农场为安置城市上山下乡知识青年举办的农、工、林、牧、副、渔业生产单位,在生产经营上能与社、队企业或本农场的生产区别开来,实行独立核算,其它安置的城市上山下乡知识青年人数在 60% 以上的,也可以按上述免交税、利的规定办理。但是,在社、队企业或国营农场(包括机关、部队、学校、企事业单位等)中只吸收部分城市知识青年参加生产劳动或其他农、工、林、牧、副、渔业单位中有部分城市知识青年参加生产劳动的,应当分别按照农村社、队企业或国营农场的有关征税规定办理;为了安排城市知识青年就业,在城镇新办的集体所有制企业,从投产经营的月份起,对其实现的利润免征所得税 1 年。　　　　　　　　　　　(第七篇第四章《工商各税》,第 497—498 页)

《福州市志(第六册)》
福州市地方志编纂委员会编,方志出版社 1999 年

1969 年 1 月,动员知识青年上山下乡。至 1973 年 8 月,全市共动员 4.66 万名知识青年到三明、宁德、南平等地区农村插队落户。　　　(第一篇第四章《党的重大活动纪略》,第 68 页)

1962 年 6 月,根据中共福建省委关于"有志青年到农村去、到山区去,为大办农业贡献力量"的号召,发动青年上山插队参加劳动生产,团市委组织倪希锴、林兆枢等 16 名青年组成"福州市知识青年建设山区志愿队",到连江县蓼沿公社蒲边大队插队生产,安家落户,这是福建省青年上山下乡的首例。随后,团市委先后动员 4 000 多名城市青年上山下乡,参加农业生产。

(第六篇第二章《青少年组织》,第 427 页)

1973 年 5 月,市妇联恢复后,对上山下乡女知青的劳动保护问题进行调查,发现被调查的 177 名女知青中,月经不正常的有 102 人,占 57.6%,有的妇科病严重,就立即向市革命委员会报告并提出保护措施的意见,得到有关部门和知青场、队、点领导的重视与采纳。

(第六篇第三章《妇女组织》,第 449—450 页)

1979 年,市级机关干部 3 819 人,25 岁以下只有 63 人、26—35 岁 710 人、36—45 岁 1 436人、46—55 岁 1 409 人、50—60 岁以上 201 人。为适应干部队伍年轻化的需要,从当年高考未被录取按政策留城和上山下乡 2 年以上的知识青年中,选拔录用到公安局、检察院、法院 3 个单位担任干部,其中公安局 66 人、检察院 23 人、法院 24 人;还从优秀工人中选拔录用 78 名到公安、司法部门。

(第十三篇第二章《干部吸收录用》,第 1061 页)

《福州市志(第七册)》

福州市地方志编纂委员会编,方志出版社 1999 年

1972—1976 年,(福州师范学校)招收福州上山下乡和回乡插队劳动 2 年以上的知识青年,学制 2 年,开设政治、语文、数学、教育理论与实践、自然常识、体育、音乐、美术、学工、学农、学军等课程。

(第一篇第八章《师范教育》,第 137 页)

《鼓楼区志》

鼓楼区地方志编纂委员会编,方志出版社 2001 年

同月(1974 年 10 月),为加强对知识青年上山下乡工作的领导,区成立知识青年上山下乡办公室。

(《大事记》,第 45 页)

(1979 年)1 月 13 日,全区停止动员知识青年上山下乡,着手进行知识青年回城的接收安置工作。

(《大事记》,第 46 页)

1968 年 9 月,鼓楼区改称红卫区,成立军干群"三结合"的福州市红卫区革命委员会(简称区革委会),取代原鼓楼区委、区人委职权,实行"一元化"领导,下设办事组、政治工作组和生产指挥组 3 大组。……1975 年 2 月,生产指挥组下设知识青年上山下乡办公室。

(第十一篇第二章《政府》,第 740—741 页)

同年(1982 年)8 月,知识青年上山下乡办公室办并入劳动科。

(第十一篇第二章《政府》,第 741 页)

1971—1976 年,开展计划内临时工转为固定工工作;给评为照顾对象留城知识青年安置临时性工作。属独生子女或多子女上山下乡,父母身边仅留 1 人的对象,先后招收为集体所有制或全民所有制工人,但数量不多。……

1979 年 1 月,全区停止动员知识青年上山下乡,开始进行知识青年回城接收安置工作。同年 2 月成立鼓楼劳动服务公司,各街道设立劳动服务站,在国家统筹规划和指导下实行劳动部门介绍就业、自愿组织起来就业和自谋职业"三结合"方针。

(第十三篇第一章《工人》,第 791 页)

1981—1986 年,根据区委、区政府提出的"三先"(即先早上山下乡知识青年,先早留城对象,先早待业人员)安置原则,区劳动部门积极配合和促进区内工业企业、商贸企业发展。

(第十三篇第一章《工人》,第 792 页)

第二节 上 山 下 乡

鼓楼区组织社会闲散劳力和知识青年上山下乡始于 1963 年初。为广泛组织动员社会劳动力参加国营农场、林场和伐木场劳动,区政府成立社会劳动力安置办公室。各街道相应成立办事机构,组织工作队(组)深入街道、居委会进行宣传发动。区内有历届初高中毕业生和社会闲散人员 2 215 人报名,经审查确定首批前往闽侯、闽清、永泰等县及福州郊区 19 个国营农场、林场的社会闲散劳力和知识青年有 1 018 人。区有关部门还为部分上山下乡人员家属发放救济金。

1964 年,继续组织动员社会散闲劳力和知识青年上山下乡参加农业生产建设。区成立建设山区安置工作领导小组,开展动员教育工作,并动员 1963 年上山下乡部分倒流返城人员重返山区建设。至 1965 年末,全区动员组织社会闲散劳力和知识青年 1 300 人上山下乡。其中,分配南平和福安专区各县的有 800 人,分配南平地区各县竹林场的有 300 人,返回农村或投亲靠友插队农村的有 200 人。区委、区政府重视上山下乡工作,关心上山下乡人员疾苦,先后组织区内有关部门组成 33 人的慰问队,分赴南平市及建阳、建瓯、寿宁、松溪、福安等 11 个县、19 个国营农、林、茶场慰问上山下乡人员,勉励他们为建设山区贡献力量。

上山下乡人员也不负众望,与农民打成一片,做出成绩。据统计,有5人被评为专区和县劳动模范,45人被评为建设山区积极分子,39人被选为生产队长、工会和共青团干部。

1969年7月,福州市革委会决定:凡在1966年5月16日以后招收的1966—1968年度高初中毕业生、社会青年,不论在全民所有制还是在集体所有制企事业单位工作的,一律动员其上山下乡。同月,全区大规模动员上山下乡,对象还包括居民中1966—1968年高初中毕业生和社会青年。在驻区福建省、福州市毛泽东思想宣传队协助下,挨家挨户调查摸底、宣传发动。8月4日,在福州第一中学召开5 000人集会,欢送上山下乡人员到南平市及建瓯、建阳、浦城、政和、松溪等县。至年底,全区共动员9 620人上山下乡。其中2 719人属于区属厂社企业调整后压缩下来的富余人员。

1971年始,区内开展上山下乡对象评定工作,由群众评议,张榜公布。同时,根据福州市革命委员会《关于动员倒流人员返回安置地区的通知》的精神,动员上山下乡倒流人员返回安置地区。

1972年3月,执行福州市革命委员会《关于进一步动员知识青年、社会青年上山下乡的通知》。凡1966—1969年高初中毕业生和社会青年,属于干部、职工子弟的,一律以其所在单位为主,负责动员,街道、学校积极配合;居民户由街道负责动员;1970—1971年高初中毕业生由学校负责动员。当年,全区共评定上山下乡对象1 041人,动员其上山下乡。

1974年,在继续动员知识青年、社会青年上山下乡的同时,按照有关政策规定:凡属上山下乡锻炼两年以上的知识青年,野外勘探工作人员的上山下乡子女,上山下乡的独生子女,从事矿山井下作业人员的上山下乡子女,多子女在农村插队、父母身边无人照顾等5种情况的,可以回迁1人,全区共安置回迁上山下乡人员413人。

1978年,执行福州市知识青年上山下乡办公室《关于当年中学毕业生上山下乡动员评议中的问题和意见》的规定,对区内吃商品粮应届高中毕业生和年满17岁未能升入高中的应届、历届初中毕业生,实行定向评议;对病残不能参加农业生产劳动、独生子女、多子女身边只留一个子女的、中国籍外国人子女的不动员上山下乡;多子女在福州均无固定工作(不含持有留一动员证)的,可选留一个适龄子女。1979年1月,停止动员知识青年上山下乡,开始着手进行知识青年回城接收安置工作,由知识青年父母单位一方为主包干安置,无单位的由街道安置。至年底,全区共安置返城知识青年906人。

1981年,主要开展安置上山下乡知识青年工作。全区安置上山下乡知识青年招工312人,对于自愿到福州国营农、林、果、茶场工作的340名固定工,享受国营农、林、果、茶场职工待遇。至年底,通过就地安置或其他渠道安置,全区上山下乡知识青年返城安置工作基本结束。安置工作中,区劳动科广开就业门路,千方百计帮助年龄偏大、就业难的回城老知识青年解决就业问题,普遍受到好评。 （第十三篇第一章《工人》,第793—794页）

《台江区志》

台江区地方志编纂委员会编,方志出版社 1997 年

(1963 年)年初,台江区开展动员上山下乡工作,当年组织 924 人(知识青年占 39%),到崇安、顺昌、沙县落户。 (《大事记》,第 43 页)

(1969 年)8 月 4 日至 10 日,赤卫区两批共 957 位知识青年分赴建瓯等县农村安家落户。至当月底,先后动员 1.1 万余人(包括城镇居民)到南平、三明等地区上山下乡。

(《大事记》,第 46 页)

(1975 年)2 月,赤卫区革委会在生产指挥组之下设知识青年上山下乡办公室。

(《大事记》,第 50 页)

同年(1979 年),台江区开展回城知识青年安排工作,第一批安置 1 423 人,第二批安置 351 人。 (《大事记》,第 53 页)

1975 年 2 月在生产指挥组之下增设知识青年上山下乡办公室。1978 年 4 月,区革委会撤办事组、政治工作组、生产指挥组三大组以及各小组。5 月,保留公安分局、计划生育办公室、人民防空办公室、知识青年上山下乡办公室、体育运动委员会、防疫站。1981 年 11 月知识青年上山下乡办公室并入劳动科。 (第十三篇第二章《行政机关》,第 480 页)

1975 年,对独生子女或多子女上山下乡、父母身边仅留 1 人的对象,均招入集体所有制企业。 (第十七篇第一章《劳动》,第 598 页)

1981 年,在待业人员增多的情况下,中共台江区委、台江区人民政府提出"先安置早上山下乡知识青年、早留城对象和早待业人员"的安置原则,台江区劳动科除安置全民、集体招工、"补员"1 618 人外,又积极配合和促进区内服装、抽纱、制花 3 项劳动力密集型项目开工生产。 (第十七篇第一章《劳动》,第 598 页)

第三节 上 山 下 乡

1963 年初,为广泛组织动员社会劳动力参加国营农场、林场和伐木场劳动,台江区成立社会劳动力安置办公室,各街道也相应成立办事机构,组织工作组、队等共 1 500 人,到街道、居民委员会进行动员教育。至年底,全区报名 2 000 余人,经审查确定 924 人,其中知识

青年占 39％,去向地点是崇安、顺昌、沙县。除整批动员到指定地点外,也有到农村自找门路投亲靠友插队 35 人。台江区有关部门还对上山人员家属 81 户发放救济金 1 220 元。

1964 年 3 月,全区普遍开展继续动员和组织城市知识青年(简称知青)上山下乡参加农业建设的宣传活动,训练宣传骨干 1 500 余人,深入街道、居民委员会,动员组织 404 人到闽北山区和福州市远郊的北峰、亭江等地参加农业生产。

1964 年 5 月,为加强建设山区安置工作,动员部分倒流返城人员回山区,台江区成立建设山区安置工作领导小组,开展动员教育工作,组织 172 人重返山区。7—8 月间原安置在沙县桂口农场知识青年有 41 人返城,一些人集体到福州市安置办公室和福建省农垦厅要求退回"三证"(户口迁移证、粮食关系证、安置地点介绍信),经耐心教育后,返场有 20 人。至 1965 年全区共动员青壮年上山下乡 1 694 人中,倒流不再返城 106 人,占 6.2％,另外病退 149 人。1968 年底,又动员 26 人赴建瓯县小松人民公社插队。1969 年初又有 43 人到政和山区插队落户。

1969 年 7 月,福州市革命委员会决定:凡在"文化大革命"中(1966 年 5 月 16 日以后)招收的三届毕业生(1966、1967、1968 年度高初中毕业生)、社会青年,不论是全民所有制还是集体所有制企事业工作的,一律无效,均动员上山下乡。经调查赤卫区属企事业单位有 414 人。同月,赤卫区开始大规模动员上山下乡,对象还包括居民户中的三届毕业生和社会青年。驻区的福建省、福州市毛泽东思想宣传队协助,挨家挨户进行动员工作。月底,赤卫区革命委员会召开驻区的省、市属及区属 400 个企事业单位上山下乡工作经验交流会。8 月 4 日,召开 5 000 人集会欢送。8 月 7 日,又组织 7 万人夹道欢送 957 人到建瓯山区。到 8 月底,先后共动员 1.1 万余人到南平、三明等地区各县上山下乡。

1971 年开始评定上山下乡对象,由群众评议,张榜公布。10 月下旬赤卫区根据中共福州市委《关于动员倒流人员返回安置地区》的精神,在全区进行调查,共有倒流人员 264 户、1 135 人;单人户 555 人,经反复动员教育,至 1972 年 1 月,返回安置地区有 38 户 130 人,单人户 85 人。

1972 年 3 月,根据中共福州市委《关于进一步动员知识青年、社会青年上山下乡的通知》的规定,以单位为主负责动员自己的干部、职工子弟,街道与学校配合,至年底又动员评定为上山下乡对象的 1 178 人上山下乡。同年,部分已上山下乡知青陆续被安排当地工作,或被福建省、福州市一些企事业单位招收回城安置。

1973 年,中共赤卫区委两次组织人员到赤卫区东风人民公社,对 204 名上山下乡知青的安置工作进行检查,发现问题,及时解决。同年,开始在应届毕业生中进行上山下乡定向评议和动员上山下乡工作。

1978 年,根据福州市知识青年上山下乡办公室《对当前中学毕业生上山下乡动员评议中的问题和意见》规定,凡福州市吃商品粮应届高中毕业生和年满 17 岁未能升入高中的应届、历届初中毕业生,均可参加定向评议。凡病残不能参加农业劳动的、独生子女的、多子女身边只有一个子女的、中国籍外国人子女不动员上山下乡；多子女在福州均无固定工作(不包括持有留一不动员证)的，可选留一个适龄子女。与此同时，还规定上山下乡对象需上山下乡两年以上，方有条件招工。1979年5月，福州市劳动局规定：凡被评为上山下乡动员对象的人员，一律不得介绍工作。个别生活确实困难的，在安置地点未落实前，可先在街道劳动队或居民委员会的场、组劳动，待安置地点落实后，所在队、场、组负责动员上山下乡。1978—1980年，台江区参加定向评议分别为936人、3263人、1179人，评为上山下乡动员对象分别为393人、1091人、465人。

1979年，台江区开始安排上山下乡老知青返城工作，采取由知青父母单位一方为主包干安置，无单位由街道安置等办法。年初，第一批老知青1423人招工回榕；第二批又有351人，两批招工回榕老知青共1774人。同时对历年因病退返城知青87人发给"回城证"，陆续安排就业。同年，停止新知青到农村插队落户，改为到福州市郊北峰参加短期造林劳动，享受上山下乡同样待遇。经过劳动由所在林场考核鉴定合格的，发给"回城证"，回榕等待劳动部门安排就业。下乡知青如愿意到福州市国营农、林、茶场当固定职工的，可享受国营农、林、茶场职工的待遇。当年报名参加造林队劳动队3000多人，第一批上场有1104人，以后又陆续上场1000多人。1981年，停止动员知青上山下乡，主要进行已上山下乡知青的安置工作。当年举办回城的造林队知青文化学习18班，共983人，占造林队回城知青人数96%；已安置在林场的知青1300多人。至1981年，全区尚有到农村插队未返城知青330多人，1981—1982年又安置回城工作154人，加上就地安置或其他渠道安置的，全区遗留下来的插队知青返城安置工作基本结束。在安置工作中，台江区劳动科千方百计帮助年龄偏大、就业难的回城老知青解决就业问题，受到好评。

(第十七篇第一章《劳动》，第604—605页)

《马尾区志》

马尾区地方志编纂委员会编，方志出版社2002年

1963—1965年，知识青年到建瓯大漈茶林场等地上山下乡的284人。……1972—1973年，由于马尾港口建设需要以及知识青年陆续返城等因素，境内迁入1950人，迁出1074人，净增876人。

(第三篇第二章《人口变动》，第104页)

第三章　知识青年上山下乡
第一节　上　山　下　乡

1964年，马尾地区开始动员城镇未升学、就业的中学生、18—35岁待业青年上山下乡。

当年,亭江中学有 5 名初中毕业生到福建寿宁县插队。1965 年,亭江中学有 13 名初中毕业生到福建周宁县上山下乡。与此同时,还先后动员两批城镇待业青年,每批数十人,到建瓯县东游农场,福州鼓山岗垱茶场插队落户。

1968 年 12 月,毛泽东发出"知识青年到农村去,接受贫下中农再教育"的号召,境内掀起动员知识青年上山下乡的高潮。1939—1791 年,马尾地区共组织 340 名青年到外县上山下乡。1973—1974 年,动员 77 名知识青年到岗垱茶场落户。1975 年后,马江区城镇根据应予动员上山下乡的城镇中学毕业生的具体情况,按系统、单位与社队对口挂钩,由学校负责动员分配,由单位确定安置地点,实行"知识青年对口下,带队干部对口派,管理教育对口抓,支援农业对口帮。"毕业生在选择上山下乡地点时,可随父母亲的一方;无父母的可随兄和姐;退休职工的子女,可随父母一方发放退休金的单位;父母在外地工作或无工作的,由所在街道确定。当年,境内动员 290 人上山下乡。此后,继续动员至 1980 年。

第二节 安 置 招 工

1973 年,上山下乡知识青年照顾回城镇安置 15 人。1975 年,在上山下乡知识青年 290 人中,安置在马尾公社的 117 人,其中,君竹 34 人、秋丰 25 人、元丰 23 人、深溪 25 人、彭珠 10 人;安置在亭江公社的 173 人,其中,牛项 10 人、香炉 22 人、白眉 36 人、红旗 30 人、前洋 26 人、长柄 33 人、东岐 16 人。1976 年,马江区上山下乡知识青年主要安置在马尾公社的秋丰、元丰、君竹、彭珠、深溪等 5 个大队,亭江公社的牛项、香炉、白眉、前洋、英屿、长柄、长安、象洋、东岐、半山 10 个大队和亭头红旗农场安家落户。

1976 年,从上山下乡知识青年中招工 23 人;1977 年,上山下乡招工 36 人;1978 年,招工 46 人;1979 年,招工 41 人。1980 年,马尾地区动员知识青年 30 人插队马尾镇工副业基地。此后,马尾地区不再动员城镇知识青年上山下乡。

(第二十篇第三章《知识青年上山下乡》,第 888 页)

《福州市郊区志》

《福州市郊区志》编纂委员会编,福建教育出版社 1999 年

是月(1965 年 8 月),福州市在日溪古山里创办古山里知识青年垦殖场,场员是市区应届中学毕业生。这是境内首次接收上山下乡的应届毕业生。　　　　　　　　(《大事记》,第 30 页)

(1966 年 2 月)中旬,全区召开有 1 000 多名上山下乡、回乡知识青年参加的代表会议。

(《大事记》,第 30 页)

(1973 年)5 月 4—7 日,中共北峰区委召开上山下乡知识青年代表会议,出席会议的有

知青代表 133 名,贫下中农代表、特邀家长代表 66 名。　　　　　　　（《大事记》,第 33 页）

6 月,市有关部门到郊区对知青工作进行调研,决定捐款 2 万元、粮食 3 万斤帮助解决北峰区上山下乡知识青年生活困难问题。　　　　　　　（《大事记》,第 33 页）

(1978 年)1 月 26 日,郊区在省人民剧场召开福州市郊慰问上山下乡知识青年大会。会后,由叶聿芳任团长的郊区慰问团,赴北峰山区慰问上山下乡知识青年。

（《大事记》,第 34 页）

第四章　知识青年上山下乡

第一节　动　　员

1964 年,郊区根据福州市的部署,开始组织动员城镇知识青年(17—28 周岁,未能继续升学的)上山下乡。

1968 年 12 月,中共中央主席毛泽东号召知识青年到农村去,接受贫下中农再教育。郊区掀起知识青年上山下乡的高潮。郊区革委会增设"四个面向"(进学校、上山下乡、支援边疆、支持城镇)办公室,负责知识青年上山下乡具体工作,除了动员郊区城镇户口的知青外,也动员郊区农业户口的知青,包括 1966—1968 年初、高中毕业生和其他停课的初、高中学生都作为动员对象。1968 年 12 月至 1970 年 2 月,郊区籍的知青共有 7 214 人到闽西北地区农村插队落户。

1970 年,福州市规定郊区农业户口的应届毕业生不再作为异地上山插队的动员对象,应社来社去,回乡参加农业生产劳动。

第二节　安　　置

郊区安置上山下乡知青工作始于 1964 年,北峰山区的红寮大队、优山大队、北峰综合场、优山果林场、日溪伐木场、黄坑农场等队、场,先后接纳福州市区部分知青和社会闲散青年。1965 年,福州市一批应届初、高中毕业生在北峰古山里地区(今属日溪乡)创办古山里知识青年集体垦殖场。是年,区内的北峰、亭江、马尾共接收安置各类上山人员 588 人。1966 年因"文化大革命"而停止。1969 年初,日溪、黄坑、古山里 3 个场解散,职工安置到北峰区各公社插队落户。1970 年开始,郊区大批量接纳安置福州市区初、高中毕业生,主要安置在北峰山区,约占 77%,此外还有鼓岭、新店、亭江等山区、半山区地带。先是分散插队,由各公社与市区各中学、单位挂钩办点,后又采取集体插队、知青单独办队(场)的办法。从 1964—1980 年,郊区先后安置上山下乡知青 6 823 人。1980 年下半年,根据全国、省、市劳动就业精神,不再动员城镇知识青年上山下乡。此后,郊区知青工作的重点,转入安排知青回城劳动就业,除历年已经安排就业及在当地结婚或当地已经安排就业者外,剩下的1 648人到1981年底全部回城安置就业。上山下乡知青招工后的工资待遇从优,分配到学徒制岗位,在考核定级前,下乡满二年以上的,第一年享受学徒工第二年的待遇;从第二年起享受学徒工第三年的待遇;下乡满三年以上的享受学徒工第三年待遇;下乡满五年以上的享受一级工待遇。知青在农村参加劳动的时间,可以与参加工作后的时间合并计算为连续工龄。

安置知青插队情况表

年　份	插队人数累计	原有插队人数			本年新插队人数
		合计	其中:男	其中:女	
1964—1976	4 368				
1976	4 368	3 047	1 831	1 216	
1977	5 497	3 001	1 758	1 243	1 129
1978	5 589	2 560	1 417	1 143	92
1979	6 822	2 760	1 183	1 577	1 233
1980	6 823	1 648	604	1 034	

安置上山下乡知青集体办队(场)情况表

所在公社	知青集体办队名称
岭头公社	创业生产队　前锋生产队　前洋六队　红心生产队　向阳生产队　建新生产队
红寮公社	朝阳农林场　五七农场　创新生产队　交通青年队
宦溪公社	五四青年队　三八良种场
新店公社	五七农场青年点　阳廷青年队　过溪青年队　凤池青年队　电讯青年队
日溪公社	汶洋第六队　日溪第六队　电力青年队　日溪第七队
东风公社	凤池青年队　柯坪青年队　立新大队　北垄青年队　牛蹄弯青年队
亭江公社	红旗农场

部分年份知青单独办队情况表

年　份	办队知青人数	耕　地(亩)		养猪头数	耕牛头数	手扶拖拉机(台)
		总面积	其中水稻			
1976	927	1 219.8	938.15	113	107	15
1977	853	1 208.4	996.5			12
1978	676	1 354	636	122	100	17
1979	463	1 097	516	235	63	16
1986	147	655	276	428	40	18

年份	上山后加入中共党员	上山后参加共青团	参加各级领导班子	参军	招工	招生	补员	其它
1964—1975	40	477	176			849		
1976	23	83	215	44	527		344	
1977	79	409			276	16	439	62
1978	2	664	44	128	671	313	204	64
1979	2	609	42	36	903	119		120
1980		883	33	12	919	10		221
1981					1 149	13		

第三节　经济补助

1968—1972 年,国家专项拨款,用于补助安置上山下乡人员,知青插队每人补助 220 元,回原籍每人补助 50 元,插入国营农、林场和集体自办场、队每人补助 400 元。

1973 年 8 月,福建省知青上山下乡领导小组规定,知青到农村插队、回原籍落户和集体办场、队的,每人补助 480 元,到国营农、林场的每人补助 400 元。按福州市开支标准具体安排为:1.建房补助费平均每人补助 200 元,每个知青建房面积平均 10 平方米左右。2.生活补助费平均每人 185 元,其中插队第一年每人每月补助 8 元,其余用于低收入者或因病等困难补助。3.医疗补助费平均每人 5 元,用于交纳头年的合作医疗费。4.农、家具补助平均每人 50 元。5.学习费每人平均 8 元。6.被服用品补助平均每人 15 元。7.车船旅途费每人平均 7 元。8.其他费用平均每人 10 元。

年份	国家拨给	实际支出	年份	国家拨给	实际支出
1964	3	2.6	1969	4.4	4.27
1965	7	7.4	1970	5	1.74
1966	5.62	55.0	1971	12	14.59
1967	3.25	2.98	1972	2	12.76
1968	1.8	1.9	1973	20	12.76
			小计	64.7	55.33

第四节　粮油物资供应

1969 年从知青户粮关系迁到插队地区后,到新粮登场前,国家粮食部门每人每月供应成品粮 33 斤。新粮登场后,由所在劳动单位按当地社员实际吃粮水平负责供应,不足部分国家负责解决。

1975 年 4 月,按福州市规定,知青下乡后,头一年粮油由国家供应,每月口粮 33 斤,劳动粮 4 斤,并参加当年劳动分配。第二年后,如所在生产队口粮过低,正常出勤参加劳动分配的粮食每月不足 33 斤,由国家负责补足。

1973 年,福州市专项分配郊区知青生产、生活需要的钢材 3.9 吨,木材 1 682 立方米,水泥 100 吨,玻璃 285 标箱,元钉 4 910 公斤,胶质线 15 700 米。

(第二十一篇第四章《知识青年上山下乡》,第 515—518 页)

《闽侯县志》

闽侯县地方志编纂委员会编,方志出版社 2001 年

(1969 年)3 月 14 日,闽侯中学首批近百名知识青年到永泰县山区插队落户。10 月,知青上山下乡运动全面开始,1973 年进入高潮,从 1979 年起,闽侯县不再列为知青上山下乡动员地区,至 1981 年,知青上山下乡工作全部结束,前后组织、动员县内知青和接收安置福州市知青上山下乡插队落户 11 842 人。
(《大事记》,第 31 页)

城镇知青和居民上山下乡粮食供应

1970 年,全县上山下乡 1 224 人,同时接收福州市等县外上山下乡知青和居民 9 478 人。其供应标准为:全劳力月定量 16.5 公斤成品粮,无劳力按原城镇居民定量标准供应,第二年起参加生产队统一分配。1978 年 10 月,召开全国知青上山下乡工作会议,调整知青上山下乡政策。从 1979 年起,闽侯县不再列为知青上山下乡动员地区,粮食供应随之结束。
(卷十六第二章《粮油供应》,第 451 页)

知识青年上山下乡 1970 年,动员组织城镇居民和初、高中学生上山下乡。1973 年进入高潮,11 月,县委成立知识青年上山下乡领导小组,下设办公室,各公社都建立相应的机构。县配备 1 000 名干部下村带队,加强领导,并对下乡范围、对象和插队形式、安置经费等作出规定。1975 年,全县建立 223 个知青点,几乎遍布各村。至 1978 年,全县上山下乡知青 11 844 人。之后,逐步缩小上山下乡范围,并开始安排专项招工指标,招收下乡知青。至 1981 年止,全县在 1972 年前上山下乡的 1 335 名老知青中,除 146 人与当地农民结婚就地安排工作外,全部回城安排工作。由于闽侯县毗邻省城,在接收安置 11 844 名知青中有跨地区下乡知青 10 054 人,县委对知青负责到底,全部给予落实政策。至 1989 年,安置工作全部结束。
(卷二十二第一章《中共闽侯地方组织》,第 594 页)

1973—1979 年信访量为历史高峰期,其中最多的是 1975 年,达 7 523 件(次),来信 5 795 件(次),来访 1 728 件(次)。按性质分类:申诉的 685 件(次),占来信来访总数的

9.1％；反映经济改革方面 421 件(次)，占 5.6％；劳保优抚的 278 件(次)，占 3.7％；要求解决户粮关系的 391 件(次)，占 5.2％；民事、产权纠纷的 2 091 件(次)，占 27.8％；批评建议的 323 件(次)，占 4.3％；控告揭发的 873 件(次)，占 11.6％；其它方面(上山下乡知青要求回城就业，要求落实家庭成份，要求落实政策等)2 461 件(次)，占 32.7％。

(卷二十二第一章《中共闽侯地方组织》，第 613 页)

1962—1979 年全县共接收城镇知识青年上山下乡插队落户农村 1.19 万人。从 1973 年开始安置知青工作，至 1981 年，安置工作全部结束。　　(卷三十《劳动人事》，第 766 页)

"文化大革命"期间，基本停止招工。而且动员城镇知识青年、闲散居民，并遣散"四类分子"到农村安家落户。1966 年，全县职工 14 004 人，至 1969 年只有 11 285 人，减少 2 719 人。

1970—1972 年，县开始大量招工，招收主要对象是复退军人、下乡两年的知青和贫下中农子女，三年中全县新增加职工 2 222 人。……

中共十一届三中全会后，实行劳动部门介绍就业、组织起来就业和自谋职业相结合的方针。1979 年，历年积累下来的城镇待业者近 4 000 人，下乡知青 1 560 人。至 1983 年这些人员基本得到就业安置。

(卷三十第一章《工人》，第 767 页)

第三章　知识青年上山下乡
第一节　动员　安置

闽侯县知识青年(简称"知青")上山下乡工作始于 1962 年。当年，动员 21 名祥谦、南屿镇的初、高中毕业生到祥谦乡南阳顶创办农林场。至 1965 年，有 108 名知青到南阳顶农林场安家落户。1964 年，动员 42 人到祥谦三溪口林果场和祥谦草蚬场落户。祥谦乡杨厝大队动员部分闲散居民和知青到白沙镇楼格办副村。是年，交通局也组织数十名渔、船民到白沙办农场落户。同年 5 月，闽侯县成立建设山区精简安置办公室。

1968 年，大力动员知青上山下乡。1973 年 7 月，国务院召开全国知青工作会议，福建省制订《福建省知识青年上山下乡若干问题的试行规定》，闽侯县落实有关知青上山下乡的各项政策。9 月，成立知识青年上山下乡领导小组，11 月，设立知识青年上山下乡办公室，专门负责组织动员、接收安置知青上山下乡工作。从这年开始，批准首批下乡知青回城安排工作。此后，每年招工都安排招收下乡知青的专项指标。

1978 年 10 月，全国知青上山下乡工作会议召开，调整知青上山下乡政策。从 1979 年起，闽侯县不再列为知青上山下乡动员地区，县不再动员和安置城市知青上山下乡。1962—1978 年闽侯县共组织动员、接收安置城镇知青上山下乡插队落户农村 11 842 人，其中县内城镇动员下乡插队的 1 788 人,接收安置跨地区下乡知青 10 054 人,是全省接收安置跨地区下乡知青人数最多的一个县。此期间,全县建立下乡知青点 284 个,其中建立独立核算的知青场、队 47 个,建立农场、耕山队形式的知青点 11 个。

1962—1981 年闽侯县知青上山下乡人数表　　单位:人

年份	1972 年及其以前	1973	1974	1975	1976	1977	1978	1979	1980	1981	合计
人数	703	156	172	60	136	187	206	6	158	4	1 788

若干年份闽侯县接收安置跨地区下乡知青人数表　　单位:人

年份	1972 年及其以前	1973	1974	1975	1976	1977	1978	合计
人数	632	1 166	127	6 182	729	1 054	164	10 054

1978 年以后,县知青办着力处理上山下乡知青遗留问题,至 1981 年,全面处理结束。是年年底,县知青办与劳动局合署办公。

第二节　就业　升学

1974 年,闽侯县根据中共中央 1973 年 30 号和福建省委 1973 年 20 号文件,配合有关部门,通过招工、招干、升学和顶替补员,对上山下乡知识青年进行就业安排。是年,为独生子女和因病丧失劳动能力的插队知青 138 人办理回城就业手续。1975—1977 年,批准 2 726 名下乡知青回城就业。

1978 年,中共中央调整上山下乡知识青年政策,放宽知青留城条件。闽侯县从 5 月份开始,陆续安排 1972 年以前下乡插队的老知青 1 335 名回城就业。同年,国家恢复大中专升学考试制度,闽侯县有 574 名下乡知青考取大专院校。

1979—1981 年,闽侯县安排 3 754 名插队知青回城工作。至 1981 年底,闽侯县历年接收安置的下乡知青除自愿扎根农村与当地农民结婚、安置在社队办企业以及与城镇居民、职工结婚,由配偶单位安排工作外,共安排 8 475 名下乡知青回城镇就业。

1974—1981 年闽侯县下乡知青招工人数表　　单位:人

年份	1974	1975	1976	1977	1978	1979	1980	1981	合计
人数	138	145	432	2 149	1 857	1 247	2 005	502	8 475

(卷三十第三章《知识青年上山下乡》,第 783—784 页)

《厦门市志》

厦门市地方志编纂委员会编,方志出版社 2004 年

(1963 年)8 月 30 日,厦门首批应届中学毕业生 119 名赴永定农村落户。

(《大事记》,第 66 页)

10月6日,厦门举行万人集会,欢送460名青年到永定、龙海、平和等县落户。

(《大事记》,第66页)

(1969年)2月4日,集美117名知识青年到永定县农村插队落户。这是"文化大革命"开始后,厦门知识青年大规模上山下乡的第一批。 (《大事记》,第69页)

3月8日,厦门市1292名知青赴永定、上杭、武平三县农村插队劳动。此后又有多批知青前往农村插队。70年代后期,他们中的绝大多数陆续返回厦门。 (《大事记》,第69页)

1968年后,开始动员大量的知识青年到闽西永定县插队务农。1969—1970年,全区上山下乡人数达1861人。此后,上山下乡成为当时安置新增待业青年的主要渠道。1974年采取厂社挂钩和成立知青队等形式组织上山上乡,城镇居民子女每户仅允许留城1人,凭留城证,由机关、企事业单位、街道居民委员会推荐招工就业。

1978年,鼓浪屿区处于就业高峰期,就业形势非常严峻。据1980年统计,历年积累尚未安置,登记要求就业的有1929人,新待业人员每年都在增加,仅1979年全区新增待业人数就达432人,加上上山下乡知识青年陆续返城,就业压力大。鼓浪屿区采取由劳动部门介绍就业、部门组织就业和自谋职业相结合的办法解决。(卷九第四章《鼓浪屿区》,第781页)

动员知青上山下乡与回城安置

市革委会成立至1969年,动员知识青年、城镇待业青年、个体小商贩上山下乡,到闽西农村落户。加上过去上山下乡的累计2.6万多人。1971年起,陆续有因招工、招生、参军而离开农村的;也有照顾回厦门的,如伤残者、病弱者、独生子女等(有的整户迁回)。他们回厦门后,居住、就业都得到妥善安置。 (卷十四第三章《人民政府》,第1081页)

1962年以后,厦门市的安置工作以动员知识青年上山下乡为主。1969年,厦门市成立"四个面向"(面向农村、面向边疆、面向工矿、面向基层)办公室,掀起知识青年上山下乡热潮。70年代以后,开始陆续安置上山下乡知识青年回城就业。到1983年,全市1962—1980年间3.63万余名上山下乡知青通过各种渠道基本安置完毕。 (卷十七《劳动人事》,第1267页)

第六章　知识青年上山下乡与回城安置
第一节　上　山　下　乡

为缓解就业压力,支援山区建设,厦门市于1963年8月至1966年先后组织9批近

3 000名初、高中毕业生赴三明、龙岩等地区上山下乡。1968年12月,开始大规模动员1966、1967、1968届(俗称"老三届")初、高中毕业生上山下乡。1969年,厦门市成立"四个面向"(面向农村、面向边疆、面向工矿、面向基层)办公室,掀起动员上山下乡热潮。同年2月,集美117名"老三届"初、高中毕业生赴永定落户;3月8日,市区首批近1 300名"老三届"初、高中毕业生到上杭、永定、武平农村插队。至当年9月底,全市共有2.64万多人到闽西山区插队。动员知识青年上山下乡工作一直持续到1980年。其间,从1973年开始,主要动员知识青年到厦门市郊及附近县农村插队落户,当年有1 500名知青到市郊插队。厦门市历年上山下乡知青3.63万人,其中动员到省内永安、三明、上杭、武平、永定等地的有3.23万人,占上山下乡知青总数的89.02%。

第二节　回　城　安　置

厦门市自1962年开始动员城镇知识青年上山下乡后,每年均有一部分知青通过各种渠道离开农村回城就业。1971年后,一部分上山下乡知青通过招工、病退等渠道陆续返厦。1978年,厦门市组织一批企事业单位到上杭、武平、永定招工,大部分上山下乡知青返回厦门。当年,全市有下乡知青6 154人,安置就业3 010人,占49%。同年12月,根据中共中央转发的《全国知识青年上山下乡工作会议纪要》和《国务院关于知识青年上山下乡若干问题的试行规定》,厦门市开始积极、稳妥地解决下乡知识青年问题。1980年,厦门市结合招工,安置1978年以前下乡知青731人,尚留1979年户口粮不转、从事绿化工作的知青517人。至1983年,全市3.63万名上山下乡知青,除7名在同安县的已婚知青不准备回城外,其余均由各种渠道安置完毕。

(卷十七第六章《知识青年上山下乡与回城安置》,第1313—1314页)

1969年,第三次较大规模地压缩城市人口,动员"老三届"知青上山下乡,到闽西山区农村插队落户。1970年大批干部下放农村,包括双下放的亲属子女,还动员城市闲散居民到农村插队安家落户,城市人口再次下降。1970年底,全市定量人口为229 244人,扣除自然人口增长,已下降至1958年"大跃进"之前的人口数,超额完成省下达的压缩城市人口指标。

1973年后,下放干部陆续调回,下乡知青逐年被招工返城,整户下乡的居民也多数转回,人口又逐渐回升。至1979年末,全市定量人口288 915人。

(卷二十六第二章《销售》,第1910页)

"文化大革命"开始后,农村球场变为菜地,龙舟竞渡活动被冷落。部分上山下乡知识青年自己动手,制作一些简易设备,工余时进行球类、棋类活动。

(卷四十三第二章《群众体育》,第3326页)

《厦门市劳动志》

《厦门市劳动志》编纂委员会编,厦门大学出版社 1999 年

动员知青上山下乡

60 年代初,由于"大跃进"造成国民经济严重的比例失调,为妥善解决城市劳动就业问题,厦门市贯彻了中央、省委的指示,一手抓精简,一手抓安置。在安置工作上以动员上山下乡为主。自 1962 年至 1965 年,市委成立了安置就业领导小组,县区也相应成立了领导机构,加强对上山下乡工作的领导。这期间共动员了城镇知识青年和居民 5 956 人上山下乡。动员的主要对象是:①夫妇双方均无固定职业或一方有工作,但生活困难;②不能升学的高初中毕业生和社会青年;③农村需要而城市多余的技工等专业人员;④农村有亲属可投靠的城镇居民;⑤有轻微违法行为但不够刑事处分且城市无法安置的青壮年;⑥能就地转农的三半人口(半农半工、半农半商、半农半区)。插队人员的条件除上述六种对象以外,还应具备:①本人自愿、家庭同意;②有一定劳动能力,下乡后能自食其力,整户下乡劳力与非劳力比例一般要求一比二或二比三;③身体健康;④政治历史清楚;⑤品质端正。插队的形式有:①城市居民采取三五成群形式分散插队;②知识青年采取办小集体生活形式分散插队;③办小型集体农场;④单独办队;⑤根据农村的需要,在城市动员和培训一批专业人员下乡插队;⑥动员三半人口就地转农业人口;⑦动员城镇居民下乡投亲靠友。

1966 年 5 月开始"文化大革命",上山下乡工作被迫中止。学校基本停课,大学不招生;工厂停产,基本不招工,这样大批城镇的初、高中毕业生无事可干。

1968 年 12 月,毛泽东主席发出"知识青年到农村去,接受贫下中农的再教育,很有必要⋯⋯"的号召,上山下乡工作恢复。

1969 年,厦门市成立了"四个面向"(面向农村、面向边疆、面向工矿、面向基层)办公室,掀起了"上山下乡"动员热潮,自 1969 年以来,全市共有 26 400 多人到闽西山区插队锻炼,接受贫下中农的再教育。

1973 年,厦门市根据省革委会闽革(1972)44 号通知《全省知识青年上山下乡工作会议纪要》和市委第四次全委会、市革委会第七次全委会关于"知识青年上山下乡是全党的一项重要任务"的指示精神,又动员安置 1 500 名知识青年到郊区插队落户。这一时期,动员对象与任务分配是:①七〇、七一、七二届高中毕业生和未升学的初中毕业生(包括 1970 年以来自动离学的学生);②六六、六七、六八届应上山下乡而未走的初、高中毕业生;③城镇社会青年。上述对象凡满 17 周岁者,除评定为照顾和缓走对象外均应一律动员上山下乡。

照顾不必上山下乡的对象的条件是:①独生子女(指唯一的子女);②病残丧失劳动力者;③多子女者,可留一名适龄青年照顾家庭(包括已安排本市工作的子女)。

缓走对象的条件是:因身体有病,目前暂不能从事体力劳动,经市医院证明确需治疗休

养者,待治疗后再动员上山下乡。根据调查摸底情况,初步分配东风区 600 名,向阳区 600 名,鼓浪屿区 200 名,郊区集镇 100 名。

厦门市动员上山下乡安置工作一直到 1980 年全面停止结束。1962 年至 1980 年,全市上山下乡知青共达 36 340 人。其中 1962 年至 1972 年动员安置到本省永安、三明、闽西三县(上杭、武平、永定)等地区 32 356 人,占上山下乡知青总数的 89.02%,其余均动员安置在本市近郊。

回城就业

厦门市自 1962 年开始动员城镇知识青年上山下乡后,每年均有一部分知青通过各种渠道离开农村回城就业。

1973 年,厦门根据中共福建省委规定,凡下乡知青除因病或有其他特殊困难经批准回城以外,都必须在农村经过两年以上锻炼后,方可通过招工、升学、参军、提干等渠道离开农村。据 1978 年底统计,全市有下乡知青 6 145 人,其中安置就业 3 010 人。同年 12 月,中共中央转发《全国知识青年上山下乡工作会议纪要》和国务院《关于知识青年上山下乡若干问题的试行规定》,作出"积极、稳妥地解决下乡知识青年的问题,两年内基本解决好老知青问题"的决策。厦门于 1980 年,结合招工继续安置了 1978 年前下乡知青 731 人。除与当地农民结婚者外,符合招工条件的基本安置回城。仅剩下 1979 年户口粮不转搞绿化的知青 517 人。至 1983 年,全市上山下乡知青 36 340 人,除同安县农婚知青 7 人不准备回城外,均由各个渠道基本安置完毕。 (第二章《劳动就业》,第 17—20 页)

(1964 年)继续动员知识青年上山下乡。 (《大事记》,第 197 页)

(1965 年)9 月 12 日,又有 506 名知识青年上山下乡。 (《大事记》,第 197 页)

(1969 年)9 月,知青上山下乡运动又掀高潮,有 1 500 多人赴闽西插队落户。

(《大事记》,第 197 页)

(1970 年)全市又有 3 659 位知识青年上山下乡。 (《大事记》,第 197 页)

(1973 年)10 月 30 日,厦门市知识青年上山下乡领导小组成立。(《大事记》,第 198 页)

(1981 年)8 月 5 日,厦门市人民政府批复同意将知青办正式合并到劳动局。

(《大事记》,第 199 页)

《厦门市翔安区志》

厦门市翔安区志编纂委员会编,方志出版社2011年

(1963年)12月5日,境内各公社部署动员城镇青年上山下乡。 (《大事记》,第19页)

(1969年)1月,境内安置同安城关及马巷镇知识青年60多人及居民户3户,时称"上山下乡"。是年,1966—1968届的城镇中学毕业生全部"上山下乡"。 (《大事记》,第20页)

1963—1978年,知青上山下乡,境外青年1 000多人安置在境内农村。

(第三章《人口》,第108页)

1971—1975年,主要反映上山下乡、工资、劳保、优抚政策、劳动就业等问题。1976年10月,粉碎江青反革命集团后,信访量猛增。信访件集中反映要求平反昭雪假案错案、恢复公职、恢复名誉、补发工资、清退被查抄财物、知识青年返城就业等问题。这些问题到1983年大部分得到解决。 (第五章《中共地方组织》,第187页)

《同安县志》

同安县地方志编纂委员会编,中华书局2000年

(1963年)12月5日,召开各界人士会议,动员城镇青年上山下乡。

(《大事记》,第41页)

(1969年)1966—1968届城镇中学毕业生全部上山下乡。 (《大事记》,第42页)

是年(1978年),城镇知青停止上山下乡。此前十余年间,同安共安排7 000多名知青上山下乡。 (《大事记》,第44页)

是年(1983年),上山下乡知青回城安置工作全部结束。前后共安置6 011人。

(《大事记》,第47页)

1963—1978年上山下乡高潮期间,共有外地知青3 478人安置同安农村。

(卷三第一章《人口变动》,第161页)

1964—1966 年 6 月,同安城关、马巷两镇动员、组织 245 名知青迁外县市安置。1966—1978 年上山下乡高潮中,同安有 545 名知青迁外县市安置。 （第一章《人口》,第 162 页）

1964—1978 年上山下乡高潮中,全县共动员组织 7 300 多名知青迁居本县农村（其中 1964—1966 年下乡 1 092 人,1966—1968 年三届城镇高初中毕业生千余人全部下乡,1973—1978 年下乡 4 373 人）。1972—1981 年间,有 990 名下乡知青"病退"、"困退"回城。1978—1981 年,按政策回收安置下乡知青 6 110 名。至 1983 年,知青回收安置工作全部结束。 （卷三第一章《人口》,第 162 页）

1975 年后招工主要对象为下乡知识青年。实行系统、单位与社队街道挂钩、联合评议推荐制度。1975—1979 年,共招收下乡知识青年 2 636 人到县办集体企事业工作。

（卷二十七第二章《工人》,第 1006 页）

1980 年,为安置回城知青,将县集体招收的返城知青借调到全民企业,产生"全民带集体"的混岗工。 （卷二十七第二章《工人》,第 1007 页）

城镇上山下乡知青安置

同安县自 1963 年下半年起至 1978 年 7 月止,按国家政策动员组织城镇知青和闲散劳力上山下乡,到社队、农林场从事农业生产。累计动员组织 7 300 多人上山下乡,其中县农场、社队安置 6 500 名。

70—80 年代,下乡知青及按政策留城、返城知青一直是国家计划招工的主要对象。1972—1981 年累计从知青中招工 6 110 名,此外尚有参军 263 名、升学 551 名、提干 13 名等。

1972—1981 年同安县下乡知青招工统计表 单位:人

年 份	1972	1973	1974	1975	1976	1977	1978	1979	1980	1981	合计
招工数	694	13	58	129	1 093	459	856	1 901	1 057	50	6 110

（卷二十七第二章《工人》,第 1009 页）

《南平地区志》

南平市地方志编纂委员会编,方志出版社 2004 年

(1965 年)7 月 6—12 日,全区安置知识青年、移民工作现场会召开。是年 1—6 月共安置城镇知青及沿海农村移民 1.1 万人。 （《大事记》,第 83 页）

(1968年)12月,地区革委会成立"四面向"(面向农村、厂矿、基层、边疆)办公室,接收大批知识青年、干部、职工、居民下放到农村插队落户。 　　　　　　　　　　　　　　(《大事记》,第86页)

是月(1970年9月),建瓯、邵武查处强奸女知青案8起。 　　　　　　　(《大事记》,第88页)

(1973年)6月,全区开展打击破坏知识青年上山下乡的犯罪活动,查处近几年有关的知青案110起,其中判死刑2人、有期徒刑18人。 　　　　　　　(《大事记》,第90页)

(1974年)6月20—25日,召开全区上山下乡知识青年代表会议,要求做好知青安置、管理、培养工作。 　　　　　　　　　　　　　　　　　　　　(《大事记》,第90页)

(1976年)6月20日,省革委会追认抗洪护堤斗争中英勇牺牲的政和县石屯公社知青林金官为革命烈士,中共建阳地委追认他为"模范上山下乡知识青年"称号。

(《大事记》,第91页)

1973年,对不按计划、不按政策、不符合招工条件和突击招工的人员进行精简。……对不符合国营农场自然增长安排的上山下乡知青,则动员回社队插队落户。

(卷三十四第一章《工人》,第1800页)

1973年,凡留在城镇符合招工条件的中学生或经过两年以上劳动锻炼的上山下乡知识青年可补员;矿山井下、野外勘探、森林采伐行业可以招收本单位职工子女补员。同年,国营农场(包括林场、牧场、渔场、盐场)职工自然增长纳入国家劳动计划,由劳动部门负责审批。1974年,对退休、退职死亡的职工,在当年办理手续时,其子女属非农业人口、且年龄在16—25周岁、文化程度初中毕业以上,或经过上山下乡两年劳动锻炼者和按政策规定留城待业青年,允许退一补一,招收1名子女就业。 　　　(卷三十四第一章《工人》,第1800页)

知识青年安置

1956年2月,共青团福建省委动员青年到山区农业合作社担任会计,崇安县安置福州知青200人。每人发给生活费12元,房屋修缮费13元,购置费7元。1963—1966年,响应动员和安置知识青年上山下乡的号召,全区安置知识青年1933人。其中,本专区青年358人,区外青年1575人。知青到农村后,分散安置在农民家里或生产队部。1965年9月,南平市太平、夏道、西芹、大横等人民公社,以"民办公助"形式安置20名福州"半耕半教志愿兵",兴办农业中学。1969年1月,地区成立"四个面向"办公室。是年,全区动员10089名知青上山下乡,招收安置区外知青2.44万人。1970年始,部分知青通过招工、招生、招干、应征入伍等途径重新安置。1974年后，国家拨款建立知青点，不足部分由生产大队投资。1978年10月，小集镇和一般县城非农业户口的中学毕业生，不再列入上山下乡范围。同时，大批知青陆续返回城镇。1962—1978年，全区共动员知青上山下乡3.88万人，接收跨省、区知青3.67万人，转点调进1793人。1974—1980年，全区建立知青点9130个，建房1539座、2.20万间，面积47.92万平方米。

1970—1981年底，全区重新安置知青77628人。其中，招工53033人，招生6320人，参军3569人，招干377人，病退回城3585人，转点调出3167人，死亡286人，其他安置7291人。1981年底，全区在农村的知青尚有327人。1983年底，全区知青安置工作结束。

（卷三十四第一章《工人》，第1801页）

《南平市志》

南平市志编纂委员会编，中华书局1994年

（1969年）8月12日，炉下公社炉下大队社员与知青发生械斗，知青死1人、伤5人。

（《卷首·大事记》，第56页）

1968—1970年，实行农村社队、城镇街道推荐，劳动部门审批，在农村的回乡复员退伍军人、社会按政策留城知识青年和下乡知识青年中招工。1974年，南平市开始对自然减员多余指标进行补充招工。无顶职补充和其他减员补充，每年由劳动部门统一下达指标。其对象是按政策留城和下乡后回城的知识青年、上山下乡知识青年。

1978年，南平市企业事业单位推行顶职补充招工制度。工人退休、退职后，家庭生活确有困难的，或多子女上山下乡，子女就业少的，可招收一名符合招工条件的子女参加工作。家居农村户口迁回农村的退休、退职职工，也可以招收他们在农村的一名符合招工条件的子女。同期，招收留城和下乡知识青年，由其父母一方所在单位推荐。根据单位填报的留城和下乡知识青年人数按招工指标比例，分配给单位。各单位根据市政府招工文件规定，拟定评比条件，组织民主评议、推荐。经单位审查后，报劳动部门批准，再由劳动部门抽调招工单位人员，深入被推荐对象的原劳动所在地，征求农村社队的意见，经考核合格后，通知上山下乡知识青年办公室，协助办理离队手续。对符合招工条件的华侨和港澳台胞子女、独生子女、1974年前留城及下乡后回城的知识青年，予以优先招收。　（第二章《劳动就业》，第970页）

第四节　知青上山下乡

动员安置　1964年5月，中共南平市委成立建设山区精简办公室，负责移民及知识青年上山下乡的组织动员和安置工作。翌年9月，接收安置福州20名"半耕半教"的志愿者，

分别安排于太平、夏道、西芹、大横、洋后、土堡、王台、茂地等公社,以"民办公助"形式兴办农业中学。1966年,19名应届高中生到西芹插队。1969年1月,根据毛泽东关于"知识青年到农村去,接受贫下中农的再教育,很有必要"的指示,市革命委员会(简称革委会)设立"四个面向"办公室;各公社、大队及厂矿企事业主管部门,配备干部,深入基层宣传,交通运输企业安排车辆,免费载运知青下乡,粮食部门供应1年口粮,商业部门提供布票及副食品票证。凡1966—1968年的本届和历届的中学毕业生,不论本人条件、家庭出生,均为动员上山下乡的对象。其方式有回原籍农村插队、到农村亲友的社队落户或由职能部门统一组织下乡。是年,首批上山下乡知青3 869人,分别在东坑、大黄、大凤、洋后、樟湖、巨口、太平、炉下、夏道、土堡、王台、茂地、峡阳、大洋、来舟、赤门及大横新村插队落户。1970—1972年分别动员463名、153名和6名知青下乡。1973年成立市革委会知识青年上山下乡领导小组,由市委书记兼革委会主任兼任领导小组组长。领导小组下设办公室。同时撤销"四个面向"办公室。同年9月,市革委会召开知识青年上山下乡工作会议。是年,有728名知青分别到樟湖、茂地、大横、大洋、洋后、巨口、赤门等地落户。

选调安排 1970年始,上山下乡知识青年回城及安排就业工作。是年,市革委会根据经济建设的需要吸收392名知青回城工作。嗣后,安置工作受全市国民经济发展的制约,进展缓慢,至1975年(其中1973年冻结招工)仅安排2 200多名,占同期安排就业总数8 463人的25.87%。1978年12月,规定家庭有3个子女插队农村的,可选送1人为招工对象。翌年,招收知识青年4 106人为集体所有制工人。1980年5月,市革委会知青办公室开始大量安置上山下乡人员。至年末,有10 708名知青返城就业。其中招收为企业工人的8 113名,大、中专院校招生1 197名,参军637名,提为各级干部的16名,病退回城的41名。此外,迁移外地、出国出境和劳动改造、劳动教养人员704名。至此,除"立志务农"的618名外,基本上全部回城就业。
(卷二十九第二章《劳动就业》,第973—974页)

《建阳县志》

建阳县地方志编纂委员会编,群众出版社1994年

(1965年)9月,建阳县先后接待上山下乡知识青年440人,其中有福州支援山区半耕半教志愿兵54人,由教育部门安排。
(《大事记》第32页)

(1968年)12月28日,建阳县革委会成立"四面向"(面向山区、面向工矿、面向边疆、面向沿海)办公室,以办理知识青年上山下乡工作。
(《大事记》,第33页)

(1969年)年初,响应毛泽东主席关于知识青年到农村去接受贫下中农再教育的号召,

凡高、初中一、二、三年级学生,除独生女子和有残疾者外,全部到农村生产队去插队劳动。知青插队一直延续到 1979 年。建阳本县插队青年共 3 894 人。　　　　　(《大事记》,第 34 页)

同年(1970 年),招工开始面向插队知识青年。至 1981 年,上山下乡的知识青年全部回城工作。　　　　　(《大事记》,第 34 页)

招收知识青年　1965 年起,开始动员城镇知识青年上山下乡,当时称"自愿兵"。1968 年 9 月 10 日毛泽东发出"知识青年到农村去,接受贫下中农再教育"的指示后,1969—1978 年,全县共动员城镇知识青年(包括高初中毕业生、闲散居民)支农 3 894 人,接收外县下乡知识青年 5 541 人。1970 年起通过企业单位招工、大中专院校招生(选送工农兵学员)、应征入伍、转干等途径,逐步安置上山下乡知识青年。依据中共建阳地委(1981)54 号文件下达的劳动就业安置原则,规定先安置上山下乡知识青年,后安置待业青年。至 1981 年止,共安置 6 603 名上山下乡知识青年就业。至此,安置知识青年工作结束。　　(第一章《人员编制与录用》,第 648 页)

《武夷山市志》

武夷山市志编纂委员会编,中国统计出版社 1994 年

(1964 年)福州知青首批到崇安支援老区建设,并创办前兰、四渡和武夷青年集体农场,随后又陆续接纳福州市知识青年和社会青年共 380 户 505 人。　　　　　(《大事记》,第 45 页)

(1966 年)11 月 20 日,县人民委员会召开全县下乡知识青年和沿海移民积极分子代表会议。　　　　　(《大事记》,第 45 页)

(1969 年)1 月,成立县革委会"四面向"(面向农村、面向工厂、面向基层、面向边疆)办公室,负责安排知识青年、干部家属、居民的上山下乡事宜。　　　　　(《大事记》,第 47 页)

4 月,贯彻"知识青年到农村去"的指示,大批知识青年开始"上山下乡"。至 1970 年,全县共有 772 人到各公社大队插队。同时,还接收外地知识青年 1 679 人。1973—1977 届的高初中毕业生也相继到农村去插队。1979 年前分批全部返城。　　　　　(《大事记》,第 47 页)

(1973 年)9 月 5—15 日,召开知青上山下乡工作会议,贯彻落实党中央有关重视知识青年的一些重要问题。10 月 17 日,县委成立知识青年上山下乡领导小组。　　(《大事记》,第 48 页)

"文化大革命"中后期,由于一些插队的知识青年需要安排工作,劳动就业和安置工作的压力骤增。70年代初期,省、地区一些企业陆续恢复生产,一些新企业上马,招工任务由地区下达指标。1970年的指标为87人,随后每年都仅保持在100余人,逐渐形成待业人数多、就业机会少的局面。1974年,福建省、福州市劳动部门在崇安县招收134名插队知识青年到省、市企业当工人,建阳地区也下达招工指标145人,县内由于自然减员,自行招工补充127人。这一部分人就业后,待业人数仍较多。

1974—1986年,开始实行离退休职工的子女享受补员的制度,共补员945人。

1979年,开始进行招工制度改革。当年,县劳动部门采用对外公开招工,并以考试成绩为录取标准的做法。招工对象自愿报名后,通过统一的文化考试,由劳动部门张榜公布,从高分顺延而下择优录取。当年招工人数达245人。1980年,待业人员急需安置就业的问题更显突出,县劳动部门遵照中央指示,解放思想,广开就业门路,通过一些用工单位的共同努力,全民招工145人,集体招工1137人,全民所有制单位补员74人,共就业1851人,一定程度上解决了待业人员多的问题。

1982年,县林业局成立劳动服务公司,使这个占崇安县待业人数最多的系统的待业人员得到劳动就业和岗前培训的机会。年底,县政府鼓励自谋职业,至1991年,全市有个体劳动者3574人。

1983年,县劳动部门把发展集体经济和个体经济作为扩大就业的主要方向,实行劳动部门介绍就业、单位自身提供就业机会和自谋职业三者结合的就业方针。这一年,12个单位成立劳动服务公司,使117名待业人员获得就业,集体单位招工、补员167人,从事个体劳动158人,共就业442人,升学、参军179人,各系统还"内招"和安置行业人员935人。

1984年,全县按照中央政策实行劳动合同制,招收全民合同制工人395人,当年共就业1589人。升学、参军119人。至此,1968—1978年上山下乡的知识青年除8人自愿留在农村外,全部安置结束。   (卷二十三第四章《工人管理》,第755页)

60年代开始,中、小学教师数量增长较快,质量也有提高,精简了不胜任教学工作的教师,并从历届初、高中毕业生和上山下乡的知识青年中选拔补充。此外,每年都有少量的师范学校毕业生分配到崇安,因此教师队伍的数量和质量都有很大的改观。

(卷二十七第八章《教师》,第852页)

《浦城县志》

浦城县地方志编纂委员会编,中华书局1994年

同月(1969年1月)19日,浦城一中毕业生364人到农村插队。随后,外地及浦城知识青年分批下放浦城农村。至年底,全县有插队知识青年4968人。   (《大事记》,第47页)

（1970 年）6 月 9 日，安排带薪插队的大、中专毕业生及上山下乡知识青年共 260 人就业。

（《大事记》，第 48 页）

同月（1978 年 10 月），县以上城镇知识青年不再列入上山下乡范围。自首批知识青年上山下乡起，全县共安置上山下乡知识青年 8 015 人。　　　　（《大事记》，第 52 页）

1979 年，全县下放干部、知识青年和落实政策回城镇共 3 285 人，居民人口增到 49 593 人，年供应口粮 8 984.55 吨。　　　　（卷十四第三章《粮油销售》，第 515 页）

第三节　知识青年安置

1966 年春，惠安县城镇上山下乡知识青年 212 人（其中男 131 人，女 81 人）分配到浦城，分别安置在仙阳、临江、莲塘、永兴、富岭等 5 个公社 11 个大队的农村茶场。

1968 年冬，开始贯彻执行毛泽东关于"知识青年到农村去"的指示，对 1966 年以来历届初、高中毕业生（简称"知青"），除父母身边允许留一个并发给留城证外，其余均属于动员上山下乡对象。至 1978 年底，除符合留城条件的 1 130 人外，共动员上山下乡 4 628 人，并接收福州市的 3 387 人，共 8 015 人（其中女 2 432 人），县派出 89 名国家干部建立 20 个知青点，组织 8 个知青队，还以插队、插场等形式，把他们分别安置在 17 个公社。国家、集体共拨款 1 400 632 元（其中国家 1 001 081 元，集体 399 551 元），建知青房 401 幢 4 223 间 88 397 平方米。

这些上山下乡知识青年经过两年以上劳动锻炼，由劳动部门陆续招收到机关、企事业单位安置，至 1984 年底，除 3 人自愿申请定居农村外，其余均由劳动部门上调回城安置完毕。

（卷二十六第二章《安置》，第 866 页）

1965 年 9 月，专区教育局分配惠安县知识青年"半耕半教志愿兵"27 人到浦城，其中 15 人到社办农业中学任教，12 人到耕读小学任教。　　（卷二十九第五章《教职员》，第 979 页）

1979 年，经过全县招工统一文化、业务考核，录用 158 名上山下乡知识青年的民办教师为公办教师。　　　　（卷二十九第五章《教职员》，第 980 页）

《松溪县志》

松溪县志编纂委员会编，中国统计出版社 1994 年

第二节　上山下乡知识青年安置

1968 年 12 月，县革委会成立"四个面向"办公室（面向农村、基层、工厂、边疆）。动员知

识青年上山下乡,到农村插队落户,至 1978 年停止,先后有插队知青 2 459 人(其中松溪县 978 人,外省外县 1 481 人),城镇待业青年 183 人,合计 2 642 人,分布在社队 79 个知青点(其中有 5 个独立核算的知青农场)参加农业劳动。

1971 年起,插队知青通过招工、招生、病退等方式开始有少量回城。1976 年后,通过各种正式渠道陆续回城。至 1981 年上山下乡知青共安置 2 633 人。其中:招生 369 人,招工 1 527 人,征兵 112 人,招干 34 人,病退 166 人,转点或其他原因调出 425 人,与当地姑娘结婚,留在农村 9 人。

(卷二十二第三章《劳动就业》,第 515 页)

《政和县志》

政和县地方志编纂委员会编,中华书局 1994 年

(1969 年)1 月,县革命委员会四个面向(面向基层、面向农村、面向山区、面向厂矿)办公室成立,动员机关干部、城镇初高中毕业生、城镇居民上山下乡。当年全县上山下乡的有 0.10 万人,同时安置省和地区上山下乡 0.18 万人。

(《大事记》,第 23 页)

第二节　机　械　变　动

1969 年到 1978 年 10 年中,国家动员城市初、高中毕业生到农村插队落户,全县农村共接收 2 235 人,其中福州市 1 270 人,其他外地 61 人,政和县 904 人。这批到政和农村插队劳动的知识青年,先后安排就业 1 028 人,升学 181 人,参军 59 人,其他 87 人;其余的于 1979 年后,多数返回原籍城镇,有部分外县市插队知识青年由于婚姻等关系,在本县安排就业,总数不到 100 人。

(卷四第一章《人口变动》,第 106 页)

第三章　知识青年安置
第一节　上山下乡安置

县革委会响应毛泽东主席"知识青年到农村去,接受贫下中农的再教育,很有必要"的号召后,于 1968 年 12 月成立"四个面向办公室"(面向农村、工矿、基层、山区),专管干部下放劳动和知识青年上山下乡的安置工作。1969 年,共安置知青 915 人,其中县内知青安置 268 人,接收安置福州知青 647 人。此后每年都有接收安置,至 1978 年,共接受安置知青 2 315 人,其中福州知青 1 270 人,外地转点安置 141 人,县内 904 人。1978 年 10 月,根据国务院通知精神,停止动员知识青年上山下乡。

1969—1974 年,知青下乡安置是分散插队或建集体户。1975 年起,建立集体知青点或

场,至 1978 年全县共建立知青点(场)37 个,建有知青房 50 幢、1.97 万平方米。至 1981 年,共支出安置知青经费 51.12 万元,其中建房补助费 34.19 万元,生活补助费 9.55 万元,农家俱费 4.38 万元,医疗费、被服补助费、学习费、车船费等共 3 万元。

第二节　就业安置

知识青年就业安置始于 1971 年,当年安置就业 184 人。此后每年都有知青安置就业、升学、参军、提干或病退回城,至 1981 年,共有 2 250 名知青调离农村,其中招工 1 847 人,升学 219 人,参军 72 人,提干 8 人,病退回城及其他 104 人。

(卷二十四第三章《知识青年安置》,第 580—581 页)

县知识青年上山下乡办公室　1968 年 12 月成立政和县"四个面向"办公室。1970 年 7 月松溪、政和合并为松政县,设松政县"四个面向"办公室。1973 年 7 月,"四个面向"办公室改称为知识青年上山下乡办公室。1975 年 3 月松政分县,设立政和县知识青年上山下乡办公室;1981 年 8 月撤销县知青办,将其并入县劳动局。　　(卷二十四第四章《管理机构》,第 581 页)

《建瓯县志》

建瓯县地方志编纂委员会编,中华书局 1994 年

(1968 年)12 月,县"四面向"办公室成立。动员知识青年上山下乡。(《大事记》,第 24 页)

(1978 年)年底,据统计,自 1969 年以来,先后有福州等地和本县知识青年、社会青年 18 193 人在建瓯农村插队劳动,其中:本县 10 687 人,福州市 7 030 人,其它地、市(包括外省)476 人。　　　　　　　　　　　　　　　　　　　(《大事记》,第 25 页)

(1981 年)12 月,全县上山下乡知识青年安置工作结束。除 4 人安家农村外,全部招工安排。　　　　　　　　　　　　　　　　　　　　　　　　(《大事记》,第 26 页)

知识青年上山下乡与安置　1968 年 9 月 14 日,毛泽东主席发出"知识青年到农村去,接受贫下中农的再教育,很有必要"的号召,县革命委员会于当年 12 月成立"四个面向办公室"(面向农村、面向工厂、面向基层、面向边疆),动员知识青年上山下乡。从 1969 年初至 1978 年,先后有建瓯、建阳地区、福州市高、初中毕业生和社会青年 18 193 人到建瓯农村参加农业劳动,其中建瓯 10 687 人,建阳地区 318 人,福州市 7 030 人,外县外省 158 人。

1978 年 10 月,国务院通知县以下城镇知识青年不再列入上山下乡范围后,停止动员知识青年上山下乡。

安置知识青年到农村去参加农业生产,县内采取四种形式:一、建立知青点,全县共建立

知青点 282 个;二、创办知青场(农、林、果、畜、渔、良种、毛竹);三、创办知青集体食堂,分散劳动;四、到生产队插队劳动。男女同工同酬,按劳分配。

从 1969—1981 年的 13 年中,政府前后拨出建房、购买农具、家具、医药、生活困难等各项补助费 668.47 万元。

从 1970—1983 年,对安置知识青年劳动就业采取以下几种办法:(1)通过全民、集体企业招工,优先照顾上山下乡知识青年。集体单位招工,允许优先安置本系统的上山下乡知识青年,无归属单位的,由劳动部门统招统配,年龄适当放宽。(2)大中专院校招生,毕业后分配工作。(3)应征入伍,复员退伍后,由劳动部门安置就业。(4)父母离退休,由知青补员。(5)提倡知识青年办集体企业,自谋职业,资金困难的由地方财政拨款补助或贷款支持,税务部门减免税收。(6)鼓励知识青年立志务农,其住房、农具、生活有困难的,政府给予补助。(7)外地城市知识青年由动员地收回安置。到 1983 年为止,全县上山下乡知识青年全部安置完结。

(第二章《劳动管理》,第 660 页)

《顺昌县志》

顺昌县地方志编纂委员会编,中国统计出版社 1994 年

(1963 年)9 月,福州市知识青年 240 余人到埔上、水南两个国营农场当工人。

(《大事记》,第 24 页)

是年(1969 年),掀起知识青年下乡、干部职工下放、城镇居民插队高潮,至 1978 年全县(包括省、专区干部和外地知识青年)共下乡、下放、插队 12 600 余人。后逐步进行安置,至 1983 年底,基本上安置完毕。

(《大事记》,第 27 页)

1966 年"文化大革命"开始后,下放大批机关事业干部,动员城镇居民和知识青年到农村插队当农民,城镇人口又大量减少。1970 年全县总人口 171 448 人,其中城镇人口 15 512 人,占 9.05%;农村人口 155 936 人,占 90.95%。

1971 年以后,工业、商业及文教卫生事业逐步恢复和发展,安排了一大批青年就业。同时,下放干部、插队知识青年、居民陆续回城安排工作,城镇人口逐步增加。到 1988 年,全县总人口 222 787 人,其中城镇人口增加到 52 979 人,占 23.78%;农村人口 169 808 人,占 76.22%。增 21.26%。

(卷三第一章《人口数量演变》,第 101—102 页)

附:城镇知识青年上山下乡

1966 年"文化大革命"开始后,大专院校停止招生,高中毕业生成了待业青年,1968 年 10 月,县革命委员会在宝山下创办《五七》农场,将顺昌一中的 1966、1967、1968 年三届高

中毕业生(城镇居民)安置到农场当工人。1969年起,每年都有大批福州和本县的中学毕业生到本县农村插队当农民。至1978年秋,共安置上山下乡知识青年9 789人,其中福州知青6 398人,本县知青3 391人。

1971年起,在上山下乡的知青中招工、招干、招生、征兵。到1981年底,上山下乡知青全部安置结束,其中招工6 452人。招生637人,招干30人,参军365人,其余以病退、转点等形式调离农村,回城安排就业。 (卷二十二第一章《劳动》,第593页)

《邵武市志》

邵武市地方志编纂委员会编,群众出版社1993年

(1966年)1月3日止,全县从1964年以来共安置莆田籍移民7 562人,知识青年35人,"志愿兵"76人,其中插队3 486人,单独办队4 076人。 (第二篇《大事记》,第61页)

是月(1968年3月),首批县内知识青年上山下乡,接受贫下中农再教育。

(第二篇《大事记》,第63页)

是年(1969年),全县分三批下放和接受安置省、专区上山下乡知识青年4 599人、城镇居民、干部、医务人员4 328人。 (第二篇《大事记》,第63页)

(1973年)2月1日,插队知识青年王坚冰在公共汽车上拾到人民币1.3万元,立即送交当地公安机关。《福建日报》作了报道,县委发出《向拾金不昧的共青团员王坚冰学习》的通知。 (第二篇《大事记》,第64页)

1968年后,城镇知识青年被动员下乡"接受贫下中农再教育",地方财政按国家规定拨付知青下乡各类补贴386万元,此项经费没有单独列出,合并统计在这个时期支援农业投资中。 (第二十篇第三章《支出》,第678页)

1968年县革命委员会开始大规模组织动员知识青年上山下乡,至1977年,全县共动员知识青年上山下乡10 556人。1972年开始,随着企业生产发展的需要,在国家劳动计划指导下,开始分期分批对上山下乡知识青年进行选调招工,至1982年共招收9 405人。

(第二十八篇第七章《其他民政事务》,第903页)

1976年开始,贯彻省、地有关政策规定,从上山下乡的知识青年中招收干部,至1979年,共招收知识青年干部75人。 (第二十九篇第一章《干部》,第905页)

1971年,新增固定职工主要在城镇招收。招收的范围和条件:年龄在 28 岁以下的复退军人和经过二年以上劳动锻炼的上山下乡知识青年。　　　　(第二十九篇第二章《工人》,第 923 页)

知青插队

插队落户　　1963 年,莆田县知识青年 109 人自愿到邵武吴家塘农场落户,从事农业生产。1968 年 10 月,县革命委员会开始大规模组织知识青年上山下乡,一直延续到"文化大革命"结束后的 1977 年,先后有邵武和福州等地的高、初中毕业生和社会青年 10 556 人到农村插队劳动,其中到县内各公社插队 8 007 人,到省内其他县插队 2 312 人,到外省插队237 人。"上山下乡"主要有两种形式,即参加生产建设兵团和到农村插队落户。到农村插队分建立知青点、建立知青场、建立集体户(集体办知青食堂,分散各生产队劳动)、分散插队劳动等四种安置形式。全县共建立 782 个知青点,国家对上山下乡知识青年拨给知青安置经费 386 万元,其中农家具补助费 51 万元,生活补助费 81 万元,房屋修缮费 140 万元,其他费用 114 万元,全县各公社先后建造知青房 374 座,3 824 间,建筑面积 90 082 平方米。

分批安置　　从 1972 年开始,在国家劳动计划指导下,分期分批对上山下乡知识青年进行招工。安置中出现"走后门"等现象,造成不良影响。1978 年 12 月,贯彻中共中央 74 号文件后,明确指出今后城镇青年不再到农村插队落户,并且加快了知识青年回城的安置工作。到 1980 年,除老知青 3 人已与青年农民婚配自愿继续留在农村外,其余都安置就业。全县共安置知青 10 556 人,其中招为全民职工 5 785 人,集体职工 3 434 人,升学 514 人,参军 496 人,其他 277 人。

知青上山下乡和回城安置情况统计表

年　份	知青上山下乡情况				年　份	知青回城安置情况				
	小计	本县	外县	外省		小计	全民	集体	其他	其中安排外地
1968	1 053	210	843		1973	2 760	1 689	386	685	492
1969	3 545	2 957	436	153	1974	678	414	172	92	230
1970	434	142	280	12	1975	272	81	117	74	87
1971	98	33	44	21	1976	1 232	952	172	69	366
1972	1 154	925	221	8	1977	525	276	158	91	162
1973	492	402	79	11	1978	1 315	919	295	101	316
1974	741	500	218	23	1979	1 656	591	749	16	284
1975	1 303	1 220	81	2	1980	1 066	585	468	13	193
1976	826	780	41	5	1981	1 059	192	861	6	423
1977	790	728	60	2	1982	293	86	106	4	26
1978	119	109	10							
合　计	10 556	8 007	2 312	237		10 556	5 785	2 484	1 151	1 136

(第二十九篇第二章《工人》,第 925—926 页)

（1968 年）7 月成立县上山下乡安置办公室。1969 年 1 月改为"四个面向办公室"。……1973 年"四个面向办公室"改为"知识青年上山下乡安置办公室"。……1981 年 12 月，知青办合并到劳动局。1982 年 9 月撤销知青办，业务由劳动局办理。

（第二十九篇第三章《机构》，第 940 页）

《光泽县志》

光泽县地方志编纂委员会编，群众出版社 1994 年

（1968 年）12 月，光泽一中初、高中毕业生首批知识青年到农村插队劳动。

（《大事记》，第 27 页）

新中国建立后，有两次比较大的迁入迁出变动：……第二次为 1969 年，第一批福州知识青年上山下乡，使光泽县迁入人口增加 3 039 人，以后招工、入学又大多迁出。

（人口志第一章《人口变动与分布》，第 88 页）

第五章　上山下乡知识青年
第一节　人　数

1968 年 9 月 14 日，毛泽东主席发出"知识青年到农村去，接受贫下中农的再教育，很有必要"的号召以后，县革委会于当年 12 月成立四个面向办公室，动员知识青年上山下乡。从 1968 年 12 月—1978 年止，全县上山下乡的高中、初中毕业生及城市其他社会青年共达 4 695 人，其中女知识青年 1 271 人。在 4 695 名知识青年中，属本县内的有 1 010 人，福州（包括省直单位）的 3 146 人，其他地区 539 人。

若干年份知识青年人数情况表

年　份	县　内	福　州	其他地区	年　份	县　内	福　州	其他地区
1969	403	2 690	200	1975	212	50	48
1970	17	126	123	1976	106	100	59
1972	55			1977	104	80	71
1973	41	25		978	5	6	
1974	67	60	38				

第二节 安　置

知识青年下乡务农,除分散安插在贫下中农家中以外,主要采取建立"知青点"的方式进行安置。全县共建立 75 个知青点,每个知青点均有国家拨款或集体兴建的知青集体宿舍。

城关公社知青点 17 个:黄溪、双门、大陂、大羊(2 个)、林场、杭川、高源、崇瑞(2 个)、中坊、农场、饶坪(2 个)、油溪、上屯(2 个)。

茶富公社知青点 11 个:大青、苏州、儒州、傅家地、梅溪、茶富、官桥、西溪、桃林、桥亭、桥湾、良种场。

华桥公社知青点 11 个:华桥、官屯耕山队、吴屯(2 个)、石壁窟、邓家边、园岱、铁关、增坊、林场、铁路执勤点。

崇仁公社知青点 9 个:汉溪、洋塘、洋塘耕山队、儒堂、池湖、砂坪、大洋坪、金陵、崇仁园州。

止马公社知青点 11 个:亲睦耕山队、水口、岛石、排下、仁厚、止马(3 个)、杉关林场、虎塘、公社林场。

李坊公社知青点 8 个:上观、百岭、贯庄、李坊、石城、管密、长源、杨里。

司前公社知青点 7 个:碗厂、台山、新甸(2 个)、举安、清溪(2 个)。

从 1968 年底至 1977 年,全县采取国家补助、社队支援、群众出力"三结合"办法,为知识青年建住房 72 座,计 786 间 7 335 平方米,其中国家投资 38 万余元。

全县兴建知青住房情况表

年 份	座 位		间 数		面 积 平方米		国家投资 (元)	大 队 补 贴		
	砖木	土木	砖木	土木	砖木	土木		金额(元)	工(个)	木料(米)
1972		6		41		842	43 908	4 930	1 115	10
1973	3	1	53	9	1 122	185	21 362	12 177	1 050	10
1974		10		133		3 145	54 667	3 020	2 430	35
1975	14	17	156	165	3 427	3 903	156 775	16 169	11 395	15
1976	9	5	83	76	1 848	1 227	65 683	9 702	590	60
1977	5	1	61	9	1 400	242	41 200	7 104		
合计	31	40	353	433	7 797	9 544	383 595	53 102	16 580	130

第三节　知 青 经 费

国家对上山下乡知识青年给予必要的经济扶助,从 1973 年起至 1980 年,全县用于知青经费共达 80 余万元。

光泽县各项知青经费开支情况表　　　　　　　　　单位:元

年份	建 房 补助费	生 活 补助费	农家具 补助费	医 药 补助费	学 习 补助费	补 服 补助费	其 他 补助费	小 计
1973	150 000	15 169	2 037	1 330			270	168 806
1974	129 065	31 702	10 720	1 572	492	945		174 496
1975	70 221	33 510	10 109	999	890	3 345		119 074
1976	82 321	38 580	11 370	1 652	1 826	1 575	3 000	140 324
1977	84 087	30 622	8 297	696	1 162	1 680	1 988	128 532
1978	2 437	19 665	1 772	101	1 070	30	2 252	27 327
1979	34 939	3 765		418	576			39 698
1980	1 168	4 881	3 724	62	15		7	9 957
合计	554 238	177 894	48 029	6 830	6 131	7 575	7 517	808 214

（劳动人事志第五章《上山下乡知识青年》,第 648—650 页）

《宁德地区志》

宁德地区地方志编纂委员会编,方志出版社 1998 年

（1969 年）1 月,各县开始动员首批城镇知识青年"上山下乡"到农村插队劳动。

（《大事记》,第 43 页）

1964 年起不断有知青到区内插队,1964—1965 年仅屏南、古田 2 县即接收长乐、福清、南平、平潭、闽侯知青 1 758 人。1970 年以后有 1 万余名湖南、四川女青年迁入区境。

（卷三第二章《人口变动》,第 226 页）

上山下乡知识青年就业

1965 年 9 月,全区各县接收省教育厅组织的来自福州、福清、长乐等沿海 5 市（县）上山下乡知识青年 303 名,分配在农村农业中学、耕读小学一边任教,一边插队劳动,此后这些人员全部转为中、小学教员。

1969 年,全区开始动员城镇知识青年（基本是高中毕业生,少数为初中毕业生）到农村插队落户,参加农业劳动。至 1979 年,全区共动员 24 911 名知识青年下乡。1976 年后,按有关政策,上山下乡知识青年陆续调离农村,其中除少数招干、入伍、升学外,大部分招工安置在地、县办国营企业,至 1981 年底,全区共有 16 883 名上山下乡知识青年回城安排就业。

（卷二十二第一章《劳动》,第 1048 页）

《宁德市志》

宁德市地方志编纂委员会编，中华书局 1995 年

(1973 年)4 月，召开县知识青年上山下乡工作会议。 (《大事记》，第 40 页)

第四章　知识青年上山下乡

第一节　插队落户

宁德的知识青年上山下乡工作始于 1968 年，由县革委会民事组负责实施。1969 年，成立宁德县四个面向办公室，正式成为政府动员知青上山下乡的工作机构，开始有计划有组织地安排知识青年上山下乡插队落户。至 1972 年，全县动员 2 586 名城镇知识青年上山下乡（其中到外省、地、县(市)上山下乡的有 167 人)。其中女知青 930 人。同时接收外省、市(县)上山下乡知青 149 人。

1973 年 5 月，县委成立知识青年上山下乡领导小组，建立由干部、贫下中农、知青代表参加的工作小组。1973—1980 年，全县城镇初、高中毕业生属于上山下乡动员对象的约 3 800 人，平均每年上山下乡人数约 480 人。除宁德一中学生由县统一安排外，其余各公社的中学毕业生，一般安排在本公社的知青点上。各公社派干部带队负责。

1971—1981 年，全县先后建立 324 个知青点，集中知青点的知青达 4 304 人。其中，集体插队的知青点 263 个，知青 3 340 人；独立核算的知青场、队 23 个，安排知青 432 人；社队办农、林场、耕山队知青点 32 个，安排知青 482 人；国营农、林场知青点 6 个，安排知青 50人。场、点建设知青房 50 座，780 间，可供知青 1 746 人居住。国家拨给木材 1 587 米，经费100 多万元。10 年间，全县上山下乡知青加入中国共产党的有 106 人，加入共青团的有 489人，选拔进入各级领导班子的有 151 人。

第二节　返城安置

1979 年，宁德县贯彻省政府关于安置上山下乡知识青年返城工作的指示，成立安置工作领导小组，下设办公室具体负责安置工作。安置办法根据统筹兼顾的原则，在留城知青、上山下乡知青和城镇待业人员中，1972 年前下乡的知青优先安排，两年内基本解决。全民所有制和集体所有制单位职工，可以办理退休、退职手续，招补符合条件的上山下乡子女。办得较好的集体所有制知青场队的在场知青，可转为集体所有制企业职工。老知青主要安排到商业、供销、外贸、粮食等部门的企业单位工作。担任民办教师的老知青经考核选招为正式教师。已婚知青原则上就近就地安排到社队企业和本地的农、林、牧、渔或工交、财贸、文教企事业单位工作。1980 年，知青安排到全民单位的有 483 人，集体单位的有 325 人，民

办教员转为正式教员的有 28 人,各类学校招收 74 人,应征入伍 9 人,计 919 人。1981 年秋,知青返城安置工作基本结束。共调离农村知青 2 592 人(女知青 930 人),其中招工 1 608 人,招生 313 人,征兵入伍 188 人,吸收为国家干部 23 人,病退回城 32 人,死亡 9 人,转点调出 29 人,其他原因调离农村的 390 人。至此,知青安置工作宣告结束。

(卷二十一第四章《知识青年上山下乡》,第 672—673 页)

《寿宁县志》

寿宁县地方志编纂委员会编,鹭江出版社 1992 年

同年(1969 年),下放到寿宁的大、中专毕业生 221 名和城镇居民、知识青年 461 名先后被分配到 221 个生产队接受贫下中农"再教育"。 (《大事记》,第 22 页)

第四节　上山下乡知识青年安置

1969 年,动员城镇知识青年"上山下乡"。县革命委员会成立"四个面向办公室"(面向工厂、面向农村、面向山区、面向基层),负责安排知识青年到农村去接受贫下中农再教育。1969—1977 年,全县共动员初、高中毕业生 928 人到县内 12 个社(镇)插队落户。同时还接收来自福州等地的外籍下乡知识青年 221 人。并将其分配到鳌阳的安章,大安的楄坪,坑底的小东,清源的旸尾、底洋仔,犀溪的仙峰、路口桥,南阳的外洋垱、铁场,竹管垄的江岔,斜滩的北斗洋、蒲洋,武曲的龙虎山茶场、塘西和大韩,凤阳的基德,平溪的清洋茶场和长溪,芹洋的缸窑、尤溪,托溪的磜头等地插队劳动。

1973 年 11 月,设立"知识青年上山下乡办公室",负责知识青年的安置工作。并在全县农村建立 27 个"知青点",投资 18.89 万元,建"知青楼"12 座共 306 间,占地面积 4 000 平方米,建筑面积 7 856 平方米。知识青年在农村或公社农、林、茶场参加劳动 2 年以后,表现好的,陆续给予升学、参军、招工、招干。1978 年,根据中央精神,所有上山下乡的知识青年,全部回城就业。至 1979 年,知识青年安置工作结束。　(卷二十四第一章《工人》,第 576 页)

《周宁县志》

周宁县地方志编纂委员会编,中国科学技术出版社 1993 年

(1969 年)1 月 22 日,开始动员城镇知识青年上山下乡。至 1978 年县内知识青年上山下乡 672 人,至 1980 年底全数安置。 (《大事记》,第 17 页)

（1970年）9月，大学开始招收工农兵学员，由县、公社推荐两名知识青年上大学。

（《大事记》，第18页）

1979—1980年，全民招工、补员236人，临时工选招27人，外招、补员26人，集体单位招工、补员465人，全县共安置754人。其中，插队知青186人，留在城镇的中学毕业生和社会待业人员及计划内临时工568人。

（第二十五篇第一章《劳动》，第458页）

知识青年安置

1969—1974年，上山下乡知识青年分散安置农村，居住农民家或生产队部。1974年全县建起7个知青点，1975年增加到12个点，至1978年全县共有知青点16个，城镇知识青年上山下乡累计755人（含外县转来83人）。国家供应木材720立方米，供知青点建房25座384间，建筑面积达8402平方米。各知青点都有宿舍、食堂、学习室、图书馆、文娱活动室等。1978年后，不再动员知识青年上山下乡。

1972年开始，在上山下乡知青中招工、招生、招干，逐年调离农村，至1980年底，全部安置结束。其中：招工415人，招生118人，参军81人，选拔国家干部14人，因病回城3人，转点调外省、市、县17人，其他原因调离农村101人，死亡6人。

（第二十五篇第一章《劳动》，第458页）

《福安市志》

福安市地方志编纂委员会编，方志出版社1999年

（1965年）10月，福安县接收福州市及福清县的上山下乡知识青年36名。

（《大事记》，第28页）

（1969年）6月28日，县革命委员会四个面向办公室成立，负责安排知识青年、干部、居民的上山下乡事宜。

（《大事记》，第30页）

1963年起，动员城镇知识青年和部分城镇人员到农村插队落户。1978年，全县共安置回城知识青年912人。1973—1981年通过招工、招干、征兵，插队知青先后得到安置。

（卷二十八《劳动人事》，第787页）

第四节　上山下乡知青安置

1963年，福安县落实精简压缩政策，为解决就业问题，动员知识青年和城镇闲散劳力

282人上山下乡。1963—1967年福安全县共动员知识青年和城镇闲散劳力1 057人上山下乡。1969年,为缓解"文化大革命"初期形成的就业高峰压力,全县再度掀起知识青年上山下乡高潮。1969年共动员知识青年1 049人上山下乡。为做好回城知青的就业安置工作,1972年在知青中选调安置336人,其中招工235人,招生59人,应征入伍42人,占当年知青总数的17.56%。1974—1977年共安置插队知青1 161人(其中招工860人,招生164人,征兵133人,招干4人)。1978年,福安县安置下乡知青912名,其中参加大中专院校招生考试被录取的383人,招工的227人,应征入伍的296人,招干的6人。1979年5月,安置1972年以前下乡的"老知青"454人。其中属独生子女、3个子女插队中有1人系1972年前下乡的、已担任民办教师这三种情况的共有76人。其中50人按全民指标安排,有26人不愿从事教师工作,自愿按集体指标安排。1978—1980年通过招工、招干、招生、征兵,共安置知青2 334人,占下乡知青总数4 399人的53.05%。1981年末,知青尚留农村的2名,1982年这2人也得到安排。在这场牵涉千家万户的知识青年上山下乡运动中,全县共动员上山下乡知青4 472人,在本县插队的4 399人,转外县插队的73人。通过统筹就业3 917人,其中招工2 641人、招生729人、征兵493人、招干54人。

福安上山下乡知识青年统筹安排情况表

年　份	招　工	招　生	征　兵	招　干	小　计
1972	235	59	42		336
1973	26				26
1974	343				343
1975	35	76			111
1976	291		133		424
1977	191	88		4	283
1978	227	383	296	6	912
1979	811	119	22	44	996
1980	422	4			426
1981	60				60
合　计	2 641	729	493	54	3 917

(卷二十八第一章《就业安置》,第790页)

1972年起逐步安排上山下乡知青回城就业。至1981年,在知青中招工2 641人。

(卷二十八第二章《职工队伍》,第793页)

1972年1月,全县从社教积极分子和上山下乡知识青年中吸收小学公办试用教师4名,民办教师150名,试用期一年,同时,吸收小学代课教师16名为公办教师。

(卷三十一第三章《教师　学生》,第901—902页)

《福鼎县志》

福鼎市地方志编纂委员会编，海风出版社 2003 年

(1968 年)10 月，开始动员知识青年上山下乡，接受贫下中农再教育。

（《大事记》，第 31 页）

(1971 年)5 月，福鼎县革命委员会召开各公社"知青办"工作人员会议，研究进一步贯彻落实上山下乡工作。两年多来，共安置上山下乡 4 277 人。 （《大事记》，第 32 页）

同年(1974 年)，开始逐步安置知识青年回城就业。 （《大事记》，第 34 页）

同年(1979 年)，招收知识青年回城就业形成高潮。至 1981 年初，全县上山下乡知识青年回城就业安置结束。 （《大事记》，第 36 页）

知识青年安置

（一）插队安置

"文化大革命"中为解决城镇大量待业青年就业问题，1968 年冬开始动员知识青年上山下乡，到农村从事劳动锻炼并接受贫下中农再教育，当年知青上山下乡插队劳动 1 076 人。1970 年，又动员知青上山下乡 1 218 人。1973 年，落实安置上山下乡知青 1 869 人。劳动安置有插队落户和集体办场(队)形式。1976 年，全县知青插队安置 1 116 人。县政府拨款在 13 个公社办知青点(场、队)67 个，建房 74 座、1 236 间，计 24 333 立方米。1978 年后，不再动员知识青年插队劳动。

（二）就业安置

1972 年，根据上级精神，开始从知青中招工、补员、招生和动员知青参军，逐步调离农村，返城安置就业。1973 年，547 名知青调离农村，其中招工 383 人、参军 127 人、升学 37 人。1979 年，大批知青回城就业，安置、招收为集体所有制新工人 772 人，招收为全民所有制新工人 31 人。至 1981 年，全县上山下乡知青除极少数因各种原因留在农村成家立业，或因故死亡、犯罪判刑者外，绝大部分都予以妥善安置。 （第二十三篇第一章《劳动》，第 672 页）

《柘荣县志》

柘荣县地方志编纂委员会编，中华书局 1995 年

(1969 年)全县动员安置上山下乡人员 289 名，其中干部 159 人、城镇居民 27 人、知识

青年 43 人,带薪下放插队劳动大、中专学生 60 人。

(《大事记》,第 21 页)

《霞浦县志》

霞浦县地方志编纂委员会编,方志出版社 1999 年

(1969 年)1 月 15 日,成立县"四个面向"办公室,动员知识青年(简称知青)上山下乡,接受贫下中农"再教育"。至 1978 年,全县共动员知青 3 304 人上山下乡。

(《大事记》,第 43 页)

(1973 年)7 月,贯彻毛泽东给李庆霖的复信,加强知青工作,先后建立知青点 65 个,查处破坏知青案件 5 起。

(《大事记》,第 44 页)

第四节 知识青年安置
一、插 队 安 置

1962 年 3 月,首次组织 19 名城镇知识青年(简称知青)到南峰山创办农业试验场。1964 年冬,组建北征山青年耕山队,继续安置部分城镇知青。1965 年 8 月,省教育厅组织一批以应届高中毕业生为主的"半耕半教自愿兵",到山区支援文化建设。其中有福清县籍学生 67 人到霞浦,分配在柏洋、崇儒、水门、盐田、牙城等地半耕半教(不久即全部抽调参加"社教"运动,"社教"结束后,多数安排农业中学、完全小学任教)。到 1968 年,县内动员城镇知青 94 人在试验场、耕山队插队落户。

1969 年起,响应中共中央号召,动员广大知识青年上山下乡,到农村接受贫下中农"再教育"。当年动员城镇高中、初中毕业生 882 人(含部分下乡劳动锻炼的大中专毕业生)上山下乡,安置在柏洋、崇儒、水门、牙城、城郊等 5 个公社,分散居住于农民家中,或集中居住生产队队部和临时搭盖的竹楼土屋。每个知青发给安置费 300 元,插队头一年每月补助 8 元,供应口粮、劳动粮 18.5 公斤。1970—1972 年,继续动员城镇知青 749 人(含外省市 11 人)上山下乡,安置地扩大到 11 个公社、109 个大队、328 个生产队。1974 年,选择集体经济比较巩固、交通方便的大队,建立知青点集中安置。知青点设有集体食堂、浴室和学习、文娱活动场所。知青安置费提高到 480 元,其中建房补助 200 元、生活补助 200 元、其他补助 80 元。1975 年,选派干部驻点带队,负责知青的思想教育和生活、生产等方面管理事务。至 1978 年,县内累计安置上山下乡知青 3 398 人(含接收外地 94 人),在 12 个公社设知青点 65 个,建房 68 座、1 428 间,建筑面积 25 003 平方米。国家投入知青安置费和建房、生产补助费 236.84 万元,供应木材 1 805 立方米,为知青购置农具和生活用具 8 706 件;社队投工建知青点 2 万多工日,动用木材 400 立方米。1978 年后,不再动员知青上山下乡。

二、就 业 安 置

1970年开始,安排上山下乡劳动锻炼一年以上的知青返城就业。当年,招工22人,参军17人。至1977年,共招工582人、升学146人、参军120人、选拔为国家干部4人。1978年,按照中共中央关于上山下乡知识青年全部回城就业的精神,首先安置1972年以前上山下乡的老知青,就近分配到基建、工业、财贸、水电等全民和集体单位工作,而后安排1973年后的插队知青返城就业。至1980年,除历年病退回城、转点调出、死亡及其他原因调离霞浦的552人外,其余2 846人全部得到就业安置,其中招工2 006人、升学474人、参军339人、招干27人。

上山下乡知识青年就业安置情况表

单位:人

项目	合计	1973年以前	1974年	1975年	1976年	1977年	1978年	1979年	1980年
招工	2006	193	68	33	204	84	215	693	516
升学	474	34	50	62			209	104	15
参军	339	41	20		55	4	200	19	
招干	27					4	6	17	
总计	2 846	268	138	95	259	92	630	833	531

(第二十一篇第一章《就业安置》,第791—792页)

1979年,霞浦一中受宁德师范学校委托,创办霞浦教学班,至1981年,计办教学班3届4班,招收霞浦、福安、柘荣、福鼎4县的"老三届"(1966、1967、1968年三届)知识青年、工农兵学员181人,学制2年,毕业后分配回原籍任教。

(第二十二篇第三章《专业教育》,第838页)

同年(1977年)8月,县在溪南左湾开办"五七"农业大学,招收基层干部、上山下乡及回乡知识青年学生104人,设2班,学制3年,结业后,按照"社里来、社里去"的原则分配。

(第二十二篇第四章《农民业余教育》,第841—842页)

"文化大革命"中,部分教师被下放或解聘,加上师范院校停办,教师队伍青黄不接,后从小学中抽调骨干教师充任中学教师,并招考上山下乡知识青年补充小学和幼儿园教师。

(卷二十二第五章《教师》,第847页)

1969年,崇儒、水门等公社,以下放干部、上山下乡知青为骨干,组织文艺宣传队,排练《破除迷信》、《选队长》等短剧,在农村演出,活跃农村文娱生活。

(第二十四篇第一章《群众文化》,第885—886页)

《罗源县志》

罗源县地方志编纂委员会编,方志出版社,1998 年

(1969 年)1 月 19 日,首批知识青年上山下乡,插队劳动,至年底插队知识青年达 802 人,到 1978 年全县上山下乡知青累计 2 066 名(含部分城镇居民和接收外县知识青年)。1972 年起逐步安排招工、招干、升学,至 1981 年全部安置结束。 (《大事记》,第 33 页)

第五章　知识青年上山下乡
第一节　动　员　安　置

1963 年,霍口油茶林场、城关林场、刘洋农场和水产养殖场首次接收福州市上山下乡知识青年共 500 多人。

1964 年,县开展动员城镇人口和知识青年上山下乡插队落户。翌年,有 92 名高、初中毕业生和社会知识青年到农村落户,其中 36 人在离城 17.5 公里的洪福寺创办耕山队。

1968 年底,全县掀起动员城镇知识青年上山下乡热潮,首批 59 名属城镇户口的高、初中毕业生分赴洪洋、西兰等 5 个公社插队劳动。1969 年 1 月,县设上山下乡安置办公室,主管动员安置上山下乡知青,至年底,插队知青达 802 人。

1973 年,安置办公室改称知识青年上山下乡办公室。根据规定对独生子女或多子女家庭中只有 1 个上劳动年龄的城镇中学毕业生不列入动员对象。是年 6—7 月动员城镇中学毕业生 214 人,分别到红塔(白塔)、飞竹等 9 个公社插队劳动。1974 年开始,学习湖南株洲经验,建立集体插队知青点,是年,全县设集体插队点 61 个,容纳知青 283 人,其中由县知青办拨款建房的 22 个点,借社、队公房建点的 39 个。

1968—1978 年,全县动员和接收上山下乡知青 2 066 人(含接收外县知青 44 人),其中女知青 808 人,安置 11 个公社 139 个大队,累计拨出安置费 69 万元,平价供应木材 1 199 立方米,钢材 21 吨及水泥等一批建房材料,建知青住房 55 座 654 间,建筑面积 11 419 平方米,可容 1 100 人。

1979 年,停止动员知识青年上山下乡。1981 年在农村插队的知识青年全部回城安置。

1968—1978 年知识青年上山下乡情况表

项　　目		合　计	1968—1972	1973	1974	1975	1976	1977	1978
上山下乡知青数		2 066	929	214	255	274	234	138	22
其中	女知青数	808	418		126		113	116	35
	跨省、县下乡知青数	44		6	15	11	7	3	2

第二节　就 业 安 排

自 1972 年起,对在农村插队 2 年以上的知青陆续安排就业或推荐升学,至 1978 年底,被招工 763 人,升学 320 人,应征入伍 125 人,提为国家干部 7 人,因病、照顾家庭回城或转点外地离开农村 195 人,仍在农村插队的仅 656 人。

1979 年,遵照中共中央、国务院指示精神,对仍在农村的知青实行"统筹兼顾,全面安排"方针,逐步安排他们从事有固定工资收入的工作。至 1980 年,招工 522 人,升学 63 人,应征入伍 7 人,选拔为国家干部 5 人,回城 9 人,余 50 人于 1981 年全部安置结束。

1972—1981 年上山下乡知识青年调离农村情况表

项　　　目	合计	1972	1973	1974	1975	1976	1977	1978	1979	1980	1981
合　　　计	2 066	319	30	173	80	281	122	405	374	232	50
其中											
招　　工	1 332	187	30	173	17	204	62	90	292	230	47
招　　生	383	60			43		35	182	62	1	
征　　兵	132				3	46		76	6	1	
提拔为国家干部	14						1	6	5		2
病、困退回	41	21						19	1		
转点调出	18				2	3	4	9			
其他原因离开农村	146	51			15	28	20	23	8		1

(第二十四篇第五章《知识青年上山下乡》,第 743—744 页)

《连江县志》

连江县地方志编纂委员会编,方志出版社 2001 年

(1969 年)1 月 8 日,成立县知识青年上山下乡安置办公室。同日召开知识青年上山下乡誓师大会。至 4 月底,知识青年上山下乡人数已达 1 135 人。　　　　(《大事记》,第 66 页)

1969 年后知识青年上山下乡,农村劳力相应增多,1970 年达 11.8 万人,比 1967 年增长 18.2%。　　　　　　　　　　　　　　(第五篇第一章《生产条件》,第 278 页)

第三节　上山知青安置

1962 年 6 月,福建省建筑专科学校青年教师及福州市知识青年 10 多人,组成知识青年建设山区志愿队,由倪希锴、林兆枢带领,放弃城市优裕工作和生活,到连江山区蓼沿公社蒲边大队插队落户当农民,后单独建生产队,人员发展到 30 多人,1963—1965 年,县内亦动员一些城镇知识青年和闲散人员到山区农村插队或办场,到 1966 年初,计上山 117 人。

1969 年初,根据毛泽东主席号召,开始大规模动员学校知青上山下乡,县成立知识青年

上山下乡安置办公室,重点动员凤城、琯头、丹阳3个集镇知青到蓼沿、丹阳、潘渡、小沧、长龙等山区农村插队落户,"接受贫下中农再教育"。上山知青安置形式,大部分是集体单独建队或办场,少数分散插队落户。据统计,1969—1978年计动员知青上山2 968人,加上1966年前上山117人,计3 085人(包括外地安置连江139人)。其中集体安置2 665人,占86.4%;分散插队420人,占13.6%。为解决上山知青住房、生产和生活,县财政从1969—1981年投入资金104.4万元,其中用于建房60.3万元,建知青房75幢、19 307平方米,购置生产工具9.7万元,生活补助30.9万元,医药费0.7万元,其他2.8万元。每人平均338元。多数知青在农村经受艰苦锻炼,增长才干,为改变农村面貌作出一定贡献。但他们上山后,学业停顿、失去升学机会,延误了一代人。

1970年后,开始少量安排上山知青就业,部分推荐上大学,少数父母身边无人照顾的,经批准回城或回原籍。1973年贯彻全国知青工作会议精神,开始统筹解决上山知青安置,增加招工、招生、招干、参军和回城或回原籍数量。1970—1977年共安置离队1 286人,占上山知青总数的41.7%。中共十一届三中全会后,全面落实上山知青政策,大批招工、招生和参军,至1981年底全部安置结束。1978—1981年的4年时间,共安置离队1 799人,占上山知青总数58.3%。其中,安置国营职工736人、集体职工553人、报考大中专学校241人、招干13人、参军207人(退役后多安置国营单位),其他渠道安置离队49人。

若干年份连江县知识青年上山下乡及安置情况统计表 单位:人

年份	知青上山下乡人数			安置情况										
	集体户	分散插队	合计	招工人数			招生	招干	参军	回城	回原籍	出国	其他	合计
				全民	集体	小计								
1962—1966	116	1	117											
1969	1 043	92	1 135											
1970	143	32	175	16		16				5	1	1		23
1971		4	4	109		109	9			1	2		3	124
1972		2	2	93		93	10				4		3	110
1973	145		145	27		27	25		1	2	9	4	2	70
1974	252	94	346	119		119	47	9	2	2	21		3	203
1975	289	46	335	41		41	44			16	39		4	144
1976	320	86	406	269		269	9	1	68	60	71			478
1977	304	34	338	60	3	63	35	2	2	5	27			134
1978	53	29	82	126	1	127	194	4	186	2	16		9	538
1979				313	417	730	46	9	15	1	4	3	8	816
1980				228	69	297			6		2	1	1	307
1981				69	66	135	1					1		138
合计	2 665	420	3 085	1 470	556	2 026	420	25	280	96	196	10	32	3 085

(第二十七篇第二章《安置》,第907—908页)

1966年吸收工人、贫下中农、回乡知青、社教运动积极分子60人,为公社半脱产干部。

(第二十八篇第二章《职官 干部》,第935页)

1983 年,全县企业调资升级,对 1983 年 9 月 30 日在册职工中 1978 年底前参加工作的固定工和计划内临时工,以及 1978 年后参加工作,上山下乡插队时间满五年以上的原知识青年职工,按照劳动态度、技术高低、贡献大小考核升级。

(第二十八篇第四章《工资　福利》,第 954 页)

《古田县志》

古田县地方志编纂委员会编,中华书局 1997 年

(1963 年)9 月 26 日,安置首批城市知识青年 200 人到黄田林场、朝大桥农场插队。

(《大事记》,第 25 页)

(1969 年)6 月,开始动员城镇知识青年(简称知青)上山下乡。至 11 月,全县有 2 890 名知青上山下乡,其中福清县知青 1 272 名分配到县内。　　(《大事记》,第 27 页)

1969 年,在知识青年上山下乡运动中,有 1 271 名福清知识青年到县内插队落户。

(第三篇第一章《人口变动》,第 105 页)

第五章　知识青年安置
第一节　插队落户

1969 年 2 月,县革委会成立知识青年上山下乡安置办公室,开始有计划有组织地接收、安置知识青年上山下乡插队落户,有 2 890 名知识青年(以下简称知青)响应毛泽东"知识青年到农村去"的号召上山下乡,其中福清县知青 1 272 名。其插队落户方式,或回原籍农村,或到农村亲友所在的社、队,或统一组织安排定点的社队。1973 年,县革命委员会成立知识青年上山下乡工作领导小组,下设办公室(简称知青办),处理日常事务。各人民公社由一名副书记分管知青工作,并配备专职干部。大队建立由贫下中农为主和知青参加的工作小组。是年,采取集中食宿、分散劳动的方式,建立知青集体户,建立独立核算的知青场、耕山队。安置知青的主要形式是建立知青安置点。1973 年,在 13 个公社 202 个大队建立 118 个知青安置点,共安置知青 4 162 名,其中女知青 1 174 名。

知青安置经费及生活困难补助费由财政拨款,专款专用。1971—1981 年,计拨款 181 万元,建知青房 115 座,其中砖木结构 3 座、土木结构 112 座,建筑总面积 2.91 万平方米,解决 2 397 名上山下乡知青的住房问题。

第二节　知　青　选　调

1971 年,选调招工知青 175 人,以后部分知青陆续被县内外单位招工。1977 年,全县招工重点转为上山下乡知青和按政策留城的知青。1978 年 12 月,对知青就业安排采取"三抽一"方法,即一家庭中若有 3 个子女在农村插队,可以选送 1 人作为选调安排就业对象。1977—1980 年,共招收上山下乡知青和按政策留城知青 1 759 人就业(不包括补员就业人员)。1971—1982 年,全县知青调离农村 4 130 人。其中,安排全民单位 836 人,集体单位 2 502 人,招生 254 人,征兵 102 人,提干 4 人,因病、困难等回城安排工作 137 人,转外县及回福清县原籍安排工作 295 人。至此,知青安排工作结束。　　　　(第二十四篇第五章《知识青年安置》,第 687 页)

《屏南县志》

屏南县地方志编纂委员会编,方志出版社 1999 年

(1969 年)1 月 15 日,成立县革委会上山下乡安置办公室,开始动员城镇知识青年上山下乡。至 1978 年县内知青上山下乡 708 人,接收外地知青 117 人。1981 年底全数安置。

　　　　　　　　　　　　　　　　　　　　　　　(《大事记》,第 27 页)

上山下乡人员用粮供应

1969 年,屏南县上山下乡人员口粮由社队安排,不足部分由国家供应。一般知识青年口粮不低于 16.5 公斤,城镇居民不低于国家供应水平,带薪插队劳动的干部和学生粮油暂由国家供应,社队可给其劳动补贴粮,食油按当地标准供应,1976 年后陆续停止。

　　　　　　　　　　　　　　　　　(第十三篇第二章《粮油供应》,第 303 页)

"文化大革命"前期,根据福建省革命委员会动员城镇知识青年上山下乡安置精神,解雇临时工、合同工计 517 人,并停止招工。1970 年 12 月至 1971 年 5 月,全县擅自招收 558 名工人,后按省革委会政治组通报精神,把超指标的 358 人辞退。1972 年起,各行业逐步恢复正常生产经营,开始招收工人,招收对象为留城和上山下乡知识青年、复员退伍军人,招收人数逐年递增。　　　　　(第二十四篇第一章《职工队伍》,第 565—566 页)

第五章　城镇知识青年上山下乡
第一节　机　构　设　施

1969 年 1 月,县设上山下乡安置办公室。1973 年 9 月,改称知识青年上山下乡办公室,

配备人员 6 人。各公社(镇)也相应设立知识青年上山下乡工作领导小组,配备专人具体负责。1979 年,知青办与劳动局合署办公。1981 年,知识青年上山下乡工作结束,机构撤销。

1973 年前,知青均分散居住在农民家里或生产队队部。1973 年起,根据"自筹、众帮、公助"的原则,由国家拨款,社队出劳力,在交通方便、经济较富裕的大队和社办茶(林)场盖房建知青点。当年全县建知青点 9 个。此后知青点逐年增多。至 1976 年底,全县共建知青点 28 个,其中集体插队的青年点 11 个,独立核算农(林)场、耕山队 17 个。各知青点都建有宿舍、集体食堂、图书文化室、门诊室、邮政代办所、供销部、电话等,并置有文体活动器具。还办业余大(中)学 24 所,349 人参加学习。

第二节　劳　动　安　置

1969 年,屏南县动员城镇户口的初、高中毕业生 107 人到农村插队劳动,并接收安置县外知青 45 人。至 1978 年,共安置知青 825 人(女 331 人),其中接收安置县外知青 117 人,安置地点遍及全县各公社(镇),安置人数较多的是代溪、甘棠、棠口、长桥等 4 公社。知青到农村落户第一年,国家发给安置费,同一专区县内安置的人均 220 元,跨专区、县安置的人均 230 元。口粮标准一般每人月 16.5 公斤大米,不足部分由回销粮补足。插队知青都在生产队劳动生产,由老农辅导生产技术,与社员同工同酬。

第三节　就　业　安　置

1972 年起,根据上级有关精神,开始从上山下乡知识青年中招工、招生和征兵,逐步调离农村,安置就业。当年全县有 118 名知青走上新岗位。此后每年都有安置知青就业。1979 年,283 名知青调离农村,其中招工 203 人、招生 30 人、征兵 42 人、选拔为国家干部 6 人。至 1981 年底,全县上山下乡知识青年全部调离农村,其中招工 498 人、招生 135 人、征兵 90 人、提拔为国家干部 9 人、因病回城 10 人、转点调出 8 人、其它原因调离农村的 85 人、死亡 2 人。(调离比安置多出的 12 人,系随城镇居民迁移到农村的中、小学生,后按政策规定给予承认为上山下乡知识青年)(第二十四篇第五章《城镇知识青年上山下乡》,第 580 页)

《莆田市志》

莆田市地方志编纂委员会编,方志出版社 2001 年

是年(1964 年),开始动员知识青年上山下乡,莆田县有 7 938 人,仙游县有 208 人到闽西山区插队落户。

　　　　　　　　　　　　　　　　　　　　　　　　　　　(《大事记》,第 66 页)

(1969 年)4 月,莆田革委会成立"四面向"(面向工厂、面向农村、面向山区、面向边疆)办公室,动员城镇知识青年和居民上山下乡。9 月,仙游县"四面向"办公室相应成立。

　　　　　　　　　　　　　　　　　　　　　　　　　　　(《大事记》,第 68 页)

同月(1971年10月),由农村社队推荐、选拔一批知识青年组成"商改队",进驻基层供销社。
(《大事记》,第69页)

(1973年)4月25日,毛泽东主席为莆田县城郊公社下林小学(现属城厢区)教师李庆霖反映知识青年上山下乡的问题复信:"寄上三百元,聊补无米之炊。全国此类事甚多,容当统筹解决。"
(《大事记》,第70页)

1973年4月,毛泽东给写信反映其子下乡插队4年所遇到的困难的莆田县下林小学教师李庆霖复信,中共莆田地委召开3次常委会,研究贯彻毛泽东给李庆霖复信的意见,并组织工作组,由地委常委带队深入全区各知青点,了解知青生产、生活、学习的情况,帮助知青解决实际问题。同时,决定加强信访工作,成立知识青年上山下乡领导小组,由地委副书记张哲任组长,下设办公室,配备专职干部7人,具体负责全区的知青工作。
(卷五第三章《地(市)委重大决策》,第402页)

1972年5月,共青团仙游县委继1965年之后,又组织一批城镇知识青年奔向山区农村,到贫困地区安家落户。1969—1972年的4年中,仙游县共有2 045名知识青年上山下乡,为改变山区和农村的落后面貌贡献青春。 (卷十第二章《青少年组织》,第624页)

上山下乡安置

1962—1964年,莆田县共精简全民职工回农村1 248人、回城镇265人;并压缩城镇人口,减少城镇居民671人、职工家属91人、职工448人,内动员上农(林)场的141人、其他的101人。同年,莆田县动员组织城镇居民上山下乡的知青等236人,创办5个集体农场、队:在大洋创办崇兴乌石青年农场(56人、89亩)、涵江三角丘青年耕山队(69人、98.7亩);在上茅公社仙安创办城厢五四农场(29人、63亩);在满长公社创办黄石青年农场(38人、152亩);在笏石公社创办笏石青年农场(44人、48.9亩)。仙游县自1962—1980年动员知识青年上山下乡共3 875人;1964年至"文化大革命"期间,共动员4 055名社员与知青到浦城仙阳茶场、明溪夏阳农场、宁化县及本县各公社安家落户。

1967年上半年,莆田县城镇人口330人迁移邵武、建瓯、建阳、将乐、宁化、明溪县。下半年,莆田县的移民开始倒流,当年倒流282户1 201人。1968年始,部分移民陆续倒流回原籍。1976—1979年,莆田县革命委员会根据福建省有关文件精神,先后拨出安置费12.66万元、木材358.6立方米、建房费5.64万元、农具费1.41万元,妥善安置部分倒流移民。对城镇户粮的上山下乡知识青年,招工招干830人。

1979年,仙游县对1969—1971年间城镇居民上山下乡插队落户动员不当、安置不落实的,收回城镇落籍,第一批回收 150 户 524 人,第二批 39 户 148 人。

（卷十二第四章《安置》,第 788—789 页）

知识青年招工

1964 年 6 月,境内贯彻中共中央、国务院《关于动员和组织城市知识青年参加社会主义建设的决定》。知识青年上山下乡后,第一年粮油由国家供应,每人每月口粮 16.5 公斤、劳动粮(成品粮)2 公斤,并参加生产队的分配;第二年全由生产队分配,正常出勤者每月口粮不足 16.5 公斤的由县以回销粮补足。

1964 年,莆田县精简安置办动员城厢、涵江两镇 220 多名知青上山下乡,安置在新县、大洋和笏石等公社。随后,全县有知青 1 806 人分别到福清县江镜农场、邵武县吴家塘农场与将乐县的余坊、沿山、万安等公社落户。

1964 年仙游县精简安置办安置 120 人到浦城县仙阳茶场,1965 年安置 208 人到明溪县夏阳公社农场。

1968 年 12 月 22 日,《人民日报》发表毛泽东"知识青年到农村去,接受贫下中农再教育,很有必要"的指示。同年 12 月至次年 2 月,莆田县安置城、涵两镇和江口公社知青 1 987 人赴连城县插队落户。1969—1972 年,全县又安置 1 549 人到县内大洋、庄边、新县、白沙、萩芦 5 个山区公社落户。1969 年仙游县安置 1 230 人到宁化县插队劳动;1970—1975 年,组织 1 652 人到县内 8 个山区公社插队劳动或办知青场。截至 1971 年,莆、仙两县上山下乡 6 077 人。

1973 年 6 月 10 日,中共中央转发国务院关于全国知识青年上山下乡工作会议的报告,内附李庆霖给毛泽东的信及毛泽东的回信。文件传达到上山下乡知青及广大群众。此后,莆仙两县各自设立知青办予以落实,开始实行"统筹兼顾、全面安排"的方针,通过各种途径安置上山下乡知识青年。同年,莆田县有 215 名知青上山下乡,其中跨省、县安置的 30 人。仙游县组织知青到县内山区公社继续安置。1973—1978 年枫亭公社自行组织 180 名知青到社内 6 个大队插队劳动。

1974 年 6 月,莆田县知青办负责人与知青代表到湖南株洲学习考察后,制订厂社挂钩安置知青的规划。1974—1981 年,全县建立社队农林场、耕山队知青点 70 处;1975—1980 年,建立国营农林场 1 个;共安置知青 592 人。

1976 年 10 月,国家调整知青留城政策和下乡范围。1976—1978 年,仙游县组织 665 人到县内条件较好的度尾、大济、龙华、城关、赖店 5 个公社创办知青场;全县历年组织知青在县内插队办场的共 1 800 多人。1978 年,莆田县共安置知青 1 387 人,其中招工与招生1 169 人、征兵 202 人。

1978 年 12 月 12 日,中共中央批发《全国知识青年上山下乡工作会议纪要》和《国务院关于知识青年上山下乡若干问题的试行规定》。从 1979 年起境内按照"统筹兼顾、全面安排"的方针,在动员知青上山下乡的同时,通过招工、招生、应征入伍、招干等途径,安置下乡知青。同年,仙游县通过招工、招生、征兵、招干等途径安置上山下乡知青 1992 人。同年年底,城镇知青上山下乡工作停止;仙游县尚留 19 名知识青年在农村。1980 年起,境内对仍在农村的上山下乡知青下达专项指标,予以安置。

截至 1981 年,莆田县知青安置经费 235.6 万元,主要作为知青建房、生产、生活和学习费用补助。截至 80 年代初,莆田县知青回城安置 5 328 人、外地安置 2 000 人。

1981 年底,境内尚有 76 人知识青年留队,其中大多数是已婚、年纪过大或有严重病残的,或对招工要求过高和不合招工条件的、动员迁回城镇又不愿意迁回的。党和政府关怀知青,劳动部门针对知青上山下乡遗留的具体问题分别处理,符合招工条件的又能接受统筹安排的给予办理招工手续;愿意扎根农村的在经济上给予适当补助并分配给一些木材、水泥等指标帮助他们修缮房屋;愿意迁回城镇则给予适当的经济补助,帮助他们办理小商贩执照手续,将其户粮关系妥善安置到城镇;属严重病残的酌情多予补助。

1973—1981 年境内知青安置情况表

年　　份	招工数	招生数	征兵数	提干数	回城数	死亡数	转业数	其　　他	上山下乡总人数
1973	8						1		520
1974	79	3					4	1	1 337
1975	108	27				1	3		1 209
1976	481		112	4			9	74	909
1977	157	66	21			6		32	1 376
1978	361	516	309	11	8	3	19	10	363
1979	1 739	397	68	67	600	5	2	585	
1980	1 390	249	2	1	12	4	2	99	
1981	237				6			16	

(卷十四第四章《工人管理》,第 907—909 页)

《莆田县志》

莆田县地方志编纂委员会编,中华书局 1994 年

同月(1964 年 10 月),开始动员知识青年上山下乡。全县共动员知青 7 938 人上山下乡。到 1981 年底回城安置 5 328 人,外县安置 2 000 人,其中女知青 1 691 人。

(《大事记》,第 50 页)

(1969 年)4 月 15 日,县革委会设立"四个面向"(面向农村、面向工厂、面向山区、面向边疆)办公室,动员组织城镇知识青年和城镇居民上山下乡参加农业生产,1970 年 9 月该机构并入民政组。

(《大事记》,第 52 页)

（1973 年)4 月 25 日,毛泽东主席对城郊公社下林小学教师李庆霖反映知识青年上山下乡的问题写了复信:"寄上三百元,聊补无米之炊,全国此类事甚多,容当统筹解决"。并汇款300 元。

(《大事记》,第 53 页)

1973 年城郊公社下林小学教师李庆霖给毛泽东主席写信,反映知识青年上山下乡的有关问题。4 月 25 日毛泽东写了复信。复信公布后,县委认真解决有关问题,并对全县 7 328 名上山下乡知识青年作就业安置。其中本县安置 5 328 人,外地安置 2 000 人。

(第二十一篇第一章《中国共产党莆田县地方组织》,第 556 页)

"文化大革命"期间,从军转干部、复退军人、工农兵大学生、上山下乡知识青年和"以工代干"人员中吸收干部。到 1976 年,全县干部增至 10 872 名。

(第二十一篇第一章《中国共产党莆田县地方组织》,第 559 页)

第三节　知识青年上山下乡

1964 年 6 月,贯彻中共中央、国务院《关于动员和组织城市知识青年参加社会主义建设的决定(草案)》,设立县建设山区精简安置办公室,动员城厢、涵江两镇 220 多名知识青年(简称"知青")上山下乡,安置在新县、大洋和笏石等公社。随后,全县有知青 1 806 人,分别到福清县江镜农场,邵武县吴家塘农场,将乐县余坊、沿山、万安等公社落户。

1968 年 10 月起,知青上山下乡工作先后由县革委会民卫组和民事组主管。12 月 22 日《人民日报》发表毛泽东"知识青年到农村去,接受贫下中农再教育,很有必要"的指示后,城厢、涵江两镇和江口公社有 1 987 人于同年 12 月至次年 2 月赴连城县插队、落户。1969—1972 年又有 1 549 人分别在县内大洋、庄边、新县、白沙、萩芦等 5 个山区公社落户。

1973 年 4 月 25 日,毛泽东给反映知青上山下乡问题的莆田县小学教师李庆霖写了回信:"寄上三百元,聊补无米之炊。全国此类事甚多,容当统筹解决"。同年 5 月 17 日,中共福建省委发出关于认真学习毛泽东给李庆霖的信的通知。6 月 10 日中共中央转发国务院关于全国知识青年上山下乡工作会议的报告,内附李庆霖给毛泽东主席的信及毛泽东主席的回信。文件发至公社、街道以上各级党委,并传达到上山下乡知青及广大群众。同年 9 月,成立中共莆田县委知识青年上山下乡领导小组,下设办公室(简称"知青办"),对学习回信和安置保护知青、统筹解决知青生产生活困难等都作了具体规定。同年,又有 215 名知青上山下乡(其中跨省、县安置 30 人)。

1974 年 6 月,县组织"知青办"负责人和知青代表到湖南株洲学习考察后,结合本地实际情况,制定出厂社挂钩安置知青的具体规划。1974—1981 年建立社队农林场、耕山队知青点计 70 处,1975—1980 年建立国营农林场一个,共安置知青 592 人。

1976 年 10 月,国家对知青留城政策、下乡范围作适当调整。城镇中学毕业生的安排,分别实行进学校、上山下乡、支援边疆、城市安置等办法。有安置条件的城市,可不动员知青上山下乡,从城乡两个方面广开门路,妥善安置知识青年。1978年,全县共安置知青1387人,其中招工、招生1169人,征兵202人。

1964—1981年,全县上山下乡知青回城安置5328人,外地安置2000人。对少数愿意扎根农村的知青,在经济物质上给予适当照顾。1983年,知青安置结束。

安置城镇下乡知青的经费开支由国家作为专项拨款。1964—1981年,全县知青安置经费为235.6万元,主要作为知青建房、生产、生活和学习费用补助。知青上山下乡后,第一年粮油由国家供应,每人每月口粮16.5公斤,劳动粮(成品粮)2公斤,并参加当地生产队分配;第二年全由当地生产队分配供应,正常出勤者每月口粮不足16.5公斤的由县回销粮补足。

(第二十六篇第一章《劳动》,第690页)

《城厢区志》

莆田市城厢区地方志编纂委员会编,中国社会科学出版社1999年

(1964年)10月,城厢镇动员城镇知识青年上山下乡。　　　　　　《大事记》,第16页)

(1969年)4月15日,莆田县革委会设立"四个面向"(面向农村、面向工厂、面向山区、面向边疆)办公室,动员组织城镇知识青年和城镇居民上山下乡,参加农业生产。

(《大事记》,第16页)

第三节　知青安置

1964年6月,城厢镇贯彻中共中央、国务院《关于动员组织城市知识青年参加社会主义建设的决定》,首批动员156名知识青年(简称知青)上山下乡,安置在莆田县新县、大洋等山区公社。随后镇内各街道于1965—1973年间,每年都分期分批组织城镇户籍的中学毕业生上山下乡,插队劳动,总数共有一千多人,他们分别奔赴闽北邵武、连城、建瓯等地插队落户。部分知青安排在莆田县内的大洋、庄边、新县、白沙、秋芦等山区公社。后期亦有少数符合上山下乡条件的城镇知青,通过投亲靠友,到平原农村社队插队劳动。

1973年4月25日,毛泽东给反映知青上山下乡问题的城郊公社下林小学教师李庆霖写了复信:"寄上三百元,聊补无米之炊。全国此类事甚多,容当统筹解决。"同年10月,中共中央转发国务院《关于全国知青上山下乡工作会议的报告》,城厢镇采取厂社挂钩、举办社队林场、耕山队、知青点等办法,集中安置知青,妥善解决上山下乡知青的生产生活等困难问题。

1976年10月,国家对知青留城政策、下乡范围作适当调整,城镇中学毕业生的安置,分

别实行进学校、支援边疆、城镇就地安置等办法,有安置条件的街道,可不动员知识青年上山下乡,从城乡两个方面广开就业门路,妥善安置知识青年。

1978 年后,国家对上山下乡知青就业统筹安排。城厢镇通过镇办工业招工(集体)、劳动部门招工(全民)、征兵、招干、推荐升学和知青自谋职业等办法,先后共安置上山下乡知青830 人,部分知青留在上山下乡所在地安置。对少数愿意扎根农村的知青,政府在经济、物质上给予适当照顾。至 1983 年,知青安置工作结束。

(第十五篇第二章《安置》,第 381—382 页)

《涵江区志》

涵江区地方志编纂委员会编,方志出版社 1997 年

(1969 年)年初,涵江镇根据上级部署,动员城镇居民和知识青年上山下乡,参加农业生产和插队落户,全镇有 975 名知识青年到连城落户。　　　　　　　(《大事记》,第 29 页)

(1970 年)7 月,涵江镇成立知识青年上山下乡办公室,抽调专职干部专门负责安置与落实知识青年上山下乡政策的有关事宜。　　　　　　　(《大事记》,第 30 页)

1968—1973 年,在上山下乡运动中,共有 800 多名城镇及农村知识青年分赴连城及莆田山区插队落户,另有 300 多户居民全家移居莆田山区。

(卷三第二章《人口变动》,第 84 页)

第三章　知识青年上山下乡
第一节　上山下乡安置

1963 年 10 月,响应毛泽东"农村是一个广阔的天地,在那里是可以大有作为的"的号召,涵江首批 68 名知识青年(简称知青)奔赴邵武县吴家塘农村落户。1964 年 6 月,境内涵江镇根据莆田县政府统一部署,贯彻执行中共中央、国务院《关于动员和组织城市知识青年参加社会主义建设的规定》(草案),设立建设山区精简安置工作机构,并于 1965 年 7 月首次动员知识青年 64 人上山下乡,安置在莆田县的大洋三角丘农场落户劳动。同年 9 月底,境内继续动员知青 187 人,分别奔赴闽北邵武县农场、建瓯县茶场和莆田县大洋农场安营扎寨,插队落户。1966 年 5 月,组织知青 104 人赴邵武县沿山公社插队。1968 年 10 月,按县布置,涵江镇和涵江公社分设"四个面向"(面向农村、面向边疆、面向基层、面向厂矿)办事机构,主管知青工作。同年 12 月 22 日,《人民日报》发表毛泽东"知识青年到农村去,接受贫下

中农再教育,很有必要"的指示,涵江掀起知青上山下乡新热潮,975 名知青,先后于同年底和次年初奔赴闽西连城县的姑田、四堡、北团、罗坊等 4 个公社插队劳动。1969—1973 年,又有 226 名知青分别到莆田县庄边、新县、白沙、萩芦、大洋等 5 个公社参加生产劳动。此外,境内的涵江公社数以千计青年中学毕业后,大部分回乡参加农业生产,其中有 100 多名志愿者奔赴外地山区农村和工矿企业参加社会主义建设。

1963—1973 年,各级政府重视对知青的安置工作。回涵江安置的有 525 名,在落户居留地安置的有 452 名,对其余上山下乡落户未安排工作的知青,从经济、生活及子女就业等方面给予适当照顾和解决。至 80 年代初,全部安排结束。

涵江镇知识青年上山下乡基本情况表　　　　　　　　　　　　单位:人

安置地点 \ 知青所在街道	邵武		建瓯茶场	连城				莆田					合计
	吴家塘	洪沿墩山		北团	罗坊	姑田	四堡	大洋	庄边	白沙	新县	萩芦	合计
顶铺(革命)	9	24	17	—	185	—	—	11	—	—	35	—	281
孝义(朝阳)	7	16	8	108	—	—	—	17	21	—	—	11	188
宫下(东风)	6	16	12	—	15	—	68	7	—	—	—	—	124
前街(前锋)	8	17	16	—	—	—	113	18	—	35	—	—	207
青年(青年)	9	13	17	—	—	112	—	12	32	—	—	—	195
霞徐(乘风)	13	10	5	—	75	—	—	10	—	16	—	19	148
延宁(团结)	4	16	9	119	—	—	—	14	—	—	—	—	162
保尾(红旗)	12	23	5	—	—	—	83	8	—	—	29	—	160
楼下(五星)	—	19	—	—	—	97	—	13	—	—	—	24	153
合　计	68	154	89	227	275	209	264	110	53	51	64	54	1 618

注:括号里街名,系文化大革命中命名的,后恢复原名。

第二节　知青就业

1973 年 5 月,境内贯彻中共福建省委关于认真学习毛泽东给李庆霖的信的通知,随后执行中共中央转发国务院关于全国知识青年上山下乡工作会议的报告精神,并把该报告文件原原本本传达到广大知青和人民群众中间去,做到家喻户晓,人人皆知。同年 9 月,根据上级批示,涵江镇"四面向"办事机构改为知青办公室,在中共莆田县委统一领导下,着手制订知青上山下乡统筹解决计划以及实施方案。1974 年 6 月,镇传达莆田县知青代表赴湖南株洲学习与考察情况报告,结合涵江实际,修改与充实知青安置和就业具体办法。之后即在大洋、庄边、萩芦等公社兴办知青点 3 处和莆田县九华农林场安置点 1 个,就地妥善解决知青生产、生活等具体困难。1976 年 10 月,国家对知青上山下乡和就业工作进行妥善解决,即对城镇中学毕业生安排,分别实行进学校、上山下乡、支援边疆、城市安置等办法,从城乡两个方面广开门路,妥善安置知识青年生产和生活问题。1978 年后,境内通过镇办工业招工、国家义务兵役制征集和知青自谋职业等渠道,安置上山下乡知青共 1 200 多人。同时对愿意扎根农村的知青,均在经济方面给予适当照顾。知青上山下乡就业安置工作,直至1983年结束。

(卷二十四第三章《知识青年上山下乡》,第 559—560 页)

《闽清县志》

闽清县地方志编纂委员会编,群众出版社 1993 年

(1969 年)4 月,动员城镇户口的初、高中毕业生和部分社会青年"上山下乡"。次年还接收北京、上海、福州、长乐等市县知识青年来县插队劳动,计 5 788 人,先后在县内 11 个公社的 270 个点安家落户。1973 年后,由外地和县内劳动部门逐步安排招工、招干,至 1980 年 12 月全部安置完毕。

(《大事记》,第 46 页)

第六节　知识青年安置

1955 年,闽清县应届初中毕业生不能全部升高中,当时机关、工厂吸收人员有限,有几十名初中毕业生回乡参加农业生产。1963 年,福州市第一中学、第七中学的初、高中毕业生 53 人(男 43、女 10)分配到县美菰林场参加劳动。这是第一批来闽清参加生产劳动的外地学生。上述两批上山下乡学生,有的不到一年,有的在农村两三年后,便大部分被调到县、区机关工作或回原籍工作。

1969 年,在"知识青年到农村去,接受贫下中农再教育"的号召下,县革命委员会规定:凡年满 17 周岁至 28 周岁的应届与历届初中毕业生、肄业生及具有高小文化程度以上的社会青年,除独生子女、虽多子女而父母身边只有一个子女、中国籍外国人子女、病残不能参加农业劳动者 4 种人不动员下乡并发给"留城证"外,其他一律动员上山下乡。1970 年还先后接收北京、上海、福州、长乐来县插队的知识青年。至 9 月底,全县上山下乡人员有 5 788 人,其中县内知识青年 3 150 人,居民 733 人,外地知识青年 1 905 人。他们分别被安置在 11 个公社和佳头农场、美菰林场、白云山林场等的 270 个点。多数是集中安置,集体食宿,集体参加生产劳动,少数有亲戚朋友照顾者,也有分散安置的。知识青年到农村插队,第一年由国家发给农具费 120 元,住房修缮费 220 元,生活费每人每月 8 元,粮食由国家供应。单身插队的第一年每人一次性发给生活补助费 230 元,第二年起国家不再补助,粮食由所在地供应,户粮转为农业户。

1970 年以后,国家开始拨款给一些集中安置知识青年的大队建青年点,不足部分由生产大队投资。全县共建安置知识青年点 56 所,建筑面积计 16 800 平方米,其中规模较大的有璜溪青年场,安置知识青年 107 人。

1971 年开始给上山下乡知识青年安排工作,通过招干、招生、招工和顶替补员,逐步进行安置。1978 年,县内不再动员知识青年上山下乡,并为以前未安置的作了统筹安排。至

1980 年 12 月,全县除个别人自愿留农村外,其他皆按政策做了安排。

从 1969 年至 1981 年,全县共拨付上山下乡知识青年生产、生活等费用 170.7 万元。

(卷二十五第一章《工人》,第 642—643 页)

《永泰县志》

永泰县地方志编纂委员会编,新华出版社 1992 年

(1969 年)8 月,第一批城镇初、高中毕业生 67 名,上山下乡插队劳动。

(卷二《大事记》,第 26 页)

(1970 年)7 月 13 日,县成立知识青年上山下乡指挥部。　　(卷二《大事记》,第 26 页)

(1974 年)6 月上旬,本年度动员城镇知青上山下乡工作基本结束,报名 158 名,实际插队 142 名。

(卷二《大事记》,第 28 页)

1969 年,在"知识青年到农村去,接受贫下中农再教育"的号召下,家居城镇的初、高中毕业生,被动员到农村插队劳动。

上山下乡插队劳动的知识青年,由国家按月定量 16.5 公斤成品粮的标准,供应一年口粮第二年起参加当地场、队分配粮食,但年分配口粮低于 180 公斤成品粮的,由国家在农村的销粮指标中给予补足。

(卷十八第三章《粮油统销》,第 471 页)

招工来源:

(一)上山下乡知识青年

1970 年至 1979 年由省下达专项招工指标,由下乡知识青年所在社、队负责推荐;1980 年至 1984 年参加全县统一社会招工,德智体全面考核,择优录用,文化分数适当降低,给予照顾;1985 年规定,凡是 1976 年以前下乡插队两年以上的回城知识青年,符合招工条件的免予文化考核,全部招收为大集体职工,全县从上山下乡知识青年中共招工 1 068 人。

……

(四)自然减员补充

自然减员补充于 1971 年开始施行,莆田地区革委会下文规定:对企事业单位职工退休、退职以后,他们家居城镇的子女包括上山下乡的知青,符合企业单位招工条件的,可以吸收 1 人参加工作,如本人愿意迁回农村居住的,他们在农村的子女,也可以吸收 1 人参加工作。

……

(卷二十三第一章《职工》,第 551 页)

第五章 上 山 下 乡
第一节 安　　置

本县上山下乡有三个阶段：第一阶段是 1964 年至 1966 年，城镇待业青年上山下乡；第二阶段是 1970 年，城镇居民上山下乡；第三阶段是 1973 年至 1978 年，知识青年上山下乡。

1965 年为了调整人口布局，安置城镇闲散劳力，嵩口镇动员了 22 个待业青年，到梧桐白岩耕山队插队劳动；城关镇动员 30 人到太原林场劳动。1966 年嵩口镇又动员 37 人到半山林场，城关镇动员 51 人到北门泗洲亭茶果场，葛岭公社动员 141 个船民到大樟大队北溪生产队插队，梧桐公社动员坂埕大队 50 个船民到葛岭公社岭头大队旗山独立办场。

1969 年开始，在城关镇、嵩口镇动员 639 户 2 008 名居民上山下乡，到各个公社大队当农民，"按受贫下中农再教育"。下放之后由于不习惯农业劳动，产生了一系列问题。1971 年至 1973 年又把所有不该下放的居民，收回安排原来的职业，1981 年又收回一批，余下 480 人作为知青和闲散劳力安置农村。

1973 年，规定凡是高中毕业生和不念高中的初中毕业生，都要上山下乡，经过"劳动锻炼"两年以上，方可推荐上大学或中专，城镇知青上山下乡两年以上，没有被推荐上大中专的可以招工就业。全县共安置知青 984 人，其中女知青 504 人，安置外来知青 180 人。此后 5 年，又安置 760 名知青上山下乡。

1974 年下半年，开始学习湖南省株洲市"厂社挂钩办知青场点"的经验，全县 43 个单位与 25 个场点挂钩，安置知青 601 人，把分散插队的知青，集中到场点劳动，并由国家干部带队。

恢复高考制度后，1979 年停止知青上山下乡，长达 10 年的上山下乡，使广大青少年丧失了继续升学或正常就业的机会，在财力物力上也给国家和农村基层增加了沉重的负担。

城镇知识青年"上山下乡"情况表

单位：人

	合计	1971 年	1973 年	1974 年	1975 年	1976 年	1977 年	1978 年
一、动员知青"上山下乡"人数	1 617	140	914	174	204	92	76	17
其中：跨外省市县下乡人数	124	—	110	—	10	—	3	1
二、安置下乡知青人数	1 744	—	984	283	194	140	120	23
其中：接受跨省市县下乡人数	398	—	180	109	—	55	47	7
女青年人数	855	—	504	145	93	61	44	8
三、其他原因增加下乡知青人数	212	—	—	—	35	145	32	—
其中：转点调进人数	9	—	—	4	1	4	—	

上山下乡青年场点情况表 单位:个、人

年　　间	1975	1976	1977	1978	1979
建立青年点总数	25	25	25	25	3
集中在青年点人数	601	714	765	560	23
占年末在农村知青数(%)	51.98	53.76	54.56	55.94	65.1
1.集体插队青年点	4	4	4	4	—
人　　数	53	75	75	66	—
2.独立核算知青场、队点数	12	12	12	15	1
人　　数	319	381	419	365	3
3.社队办农林场耕山队点数	6	6	6	6	7
人　　数	94	122	134	334	25
4.国营农林场点数	3	3	3	—	—
人　　数	135	136	137	—	—

第二节　生　　产

插队知青都在生产队劳动生产,由老农辅导生产技术,与社员同工同酬。青年场(点)都聘有老农,辅导知青劳动生产,传授农业技术,多数场点都是独立核算,有16个场点办得比较好,生产发展较快。1974年调查了东星、蜚英、芋坑等15个青年场,共有耕地面积401亩,年收粮食两千多担,育有果苗56万株。种果树18 542株、茶叶756亩、油茶360亩、油桐86亩、杉木5 440亩、松木960亩。养猪116头、牛60头、羊25头。置有拖拉机4部、电动机3台、柴油机3台、板车25部。

第三节　生　　活

国家对"上山下乡"知青的生活困难采取补助办法。1968年至1972年插队知青,每人补助220元,回原籍补助50元。城镇居民插队每人补助100元,回原籍补助50元。

1973年以后,知青插队和到集体所有制场点落户的,每人补助480元。到国营场点的,每人补助400元,其中建房补助费200元,生活补助费190元,其他费用10元。

下乡知青口粮标准每人每月保证33斤大米,不足部分由回销粮补足。没有正常出勤或久假不归的不予补贴。

由于知青不熟悉农业技术和不习惯农事劳动,因而所得工分很少,并且不少队、场工分值很低,一个工分值只有3至5分,一天只分一角多,最多也不过五六角,生活难以自给,不少知青倒流回城或久假不归。许多被安插的生产队也认为安置知青背上包袱。

第四节　就　　业

1978年12月10日,国务院决定不再动员知识青年上山下乡,并制订统筹解决下乡知识青年的政策,强调从城乡两方面广开就业门路,因人因地制宜地安排在乡知青就业。经过两年多时间的安排,县上山下乡知识青年全部得到安排就业。到 1981 年底止,全县知青调离农村的 2 244 人,其中招工 1 068 人,招生 195 人,征兵 118 人,提拔为国家干部 1 人,转点调出 17 人。

1962 年至 1981 年收回知青安排情况表　　　　　　　　　　　　　单位:人

年　度	其　　中			
	招工	招生	征兵	提拔国家干部
1971 年前	63	9	2	—
1972	—	—	—	—
1973	246	37	35	—
1974	40	13	5	—
1975	35	18	1	—
1976	73	—	15	—
1977	24	23	25	1
1978	260	75	29	—
1979	295	29	6	—
1980	29	—	—	—
1981	3	—	—	—
合计	1 068	204	118	1

知青经费历年使用情况表　　　　　　　　　　　　　单位:万元

年　度	上级下拨数	其中实际支出								
		旅运费用	被服用品补助	建房补助	生活补助	农家具补助	医药补助	学习材料补助	其他	小计
1973 年以前	21	0.4	0.95	5.6	4.6	2.7	0.56	0.59	5.6	21
1974	32	0.16	0.15	21.5	3	1.9	0.16	0.23	3.5	30.6
1975	18	0.1	0.3	9.6	4	2.9	0.2	0.6	0.3	18
1976	11	0.05	0.3	6	2.8	0.9	0.1	0.15	0.1	10.4
1977	9	0.1	0.15	3.5	3.5	0.9	0.1	0.13	0.1	8.48
1978	5.6	—	0.01	2.6	2.1	0.2	0.01	0.01	—	4.93
1979	8	—	0.01	2.5	1.4	0.1	0.01	0.01	—	4.03
1980	—	—	—	—	—	—	—	—	3.5	3.5
1981	—	—	—	—	—	—	—	—	3.2	3.2
合计	104.6	0.81	2.27	51.3	21.4	9.6	1.14	1.72	16.3	104.14

(卷二十三第五章《上山下乡》,第 570—573 页)

《长乐市志》

长乐市地方志编纂委员会编,福建人民出版社 2001 年

城镇上山下乡知识青年供应

1969 年,在"知识青年到农村去,接受贫下中农再教育"的号召下,居住城镇的初、高中毕业生被动员到农村插队劳动,由国家按月定量 17.5 公斤成品粮的标准供应一年口粮,次年参加当地场、队分配粮食,年分配口粮低于 180 公斤成品粮的,由国家在农村回销粮指标中给予补足。直到 80 年代,知青全部安置完毕。　　（卷十八第三章《粮油统销》,第 423 页）

第三章　知识青年上山下乡
第一节　落　户

1964 年,长乐动员城镇待业青年上山下乡,1970 年达到高潮。凡 1966—1968 年三届高、初中毕业生及其他城镇知识青年都在动员之列,在"知识青年到农村去"、"我们也有两只手,不在城里吃闲饭"的口号下,动员城镇居民下乡落户。至 1970 年,动员知青和城镇居民3 655 人上山下乡参加农业生产劳动。其中插队到闽清 1 149 人,到屏南 182 人,接收由外县、外省来长乐插队的 385 人。

1971—1973 年,把不该下放的居民收回城镇安排就业。1973 年规定病残不能参加农业生产的,独生子女及父母身边只有一个子女的城镇中学毕业生,作为留城知青,不列为上山下乡对象。至 1973 年底,在长乐插队的 1 256 人中,有 954 名知青回到各公社老家参加农业生产。另有 302 人分别在文武砂农场、县畜牧场、江田南阳场等单位集体插队劳动。1977年恢复高考制度后,知识青年上山下乡逐渐减少。1979 年 1 月,长乐留城知青 1 033 人,其中城关 4 个居委会 508 人,其余 12 个公社 525 人。1979 年以后,停止动员知识青年上山下乡。

第二节　生产　生活
一、生　产

60—70 年代初,分散长乐的知识青年上山下乡在生产队插队劳动,由老农辅导生产技术,与社员同工同酬。1973 年开始,学习湖南省株洲市厂社挂钩办知青场点的经验,办起文武砂种猪场、城关茶场、玉田马台农场、江田南阳农场、江田猫莽知青场、鹤上下刘山知青场、漳港红砂农场、大鹤林场知青点金峰五四知青场、潭头牛项茶场、文武砂农场各作业区 11 个知青点,把分散插队的知识青年集中场点劳动,由国家干部带队。知青场点共盖房屋 29 座、303 间,面积 7 665 平方米,投资 27.26 万元,购置手扶拖拉机 13 台、板车 6 架,床、椅、桌、厨具以及学习、娱乐用具。到 1978 年全县各知青场的人数为 165 人,其中县种猪场 9 人,城关

茶场6人,玉田马台场5人,江田南阳场6人,江田猫薮场24人,下刘山20人,漳港红砂场33人,大鹤林场23人,金峰五四场14人,潭头牛项茶场5人。至1980年,主要知青点合并为4个,即金峰五四场、漳港红砂场、江田猫薮场、文武砂农场知青点。

二、生　　活

为了给上山下乡知识青年必要的生活条件,长乐除拨款建房和购置必要的用具外,对经济上有困难的知识青年,给予必要的补助。1972年以前,对第一批13个公社和南阳农场领取补贴的740人,补助金额64 340元(包括建房补助34 740元,生活补助29 600元)。其中知青点的161人,生活补助6 440元;回各公社老家的579人,建房补助34 740元,生活补助23 160元,共5.79万元。第二批补助91人,补助总金额7 760元。上山下乡知青的口粮标准每人每月16.5公斤大米,不够部分由回销粮补足,但没有正常出勤或久假不归的,不予补助。

由于知识青年不熟悉农业技术,不习惯农业劳动,所得工分少,生产队的工分值低,有些生产队地少人多,社员怕知识青年和他们争工分,知青成为生产队的包袱,不少人生活难以自给,被迫倒流回城或久假不归。

第三节　就业　升学　参军

1973年,对在农村插队2年以上的知青陆续安排就业或推荐升学。1974年长乐上山下乡知识青年第一批被招工78名,除1977年以外,每年都有招生、招工、征兵的名额,解决少量知识青年的就业问题。1979年,根据中共中央对1972年以前上山下乡的知青优先安排,两年内基本解决的精神,长乐安排1 149名知识青年就业。其中安排集体、全民所有制单位79名。是年还对1969—1971年上山下乡城镇居民动员不当、安置不落实的250户761人收回城镇落户。

1980年,尚有公社和知青点未安排就业的知青525人。县政府拨款31.6万元,扶持县二轻服装厂7万元,安置知青100人;扶持县建筑工程公司二公司7万元,安置知青100人;扶持社队新办和扩办厂10万元,安置知青150人;猫薮、红砂两个知青场3万元,安置知青30人;扶持10个有水上航船技术的知青6 000元,造一只小船搞运输;在金峰地区成立知青农工商综合服务部,安置知青50人。8月知青安置就业工作基本结束,1983年扫尾完毕。到1984年5月止,知青被招工2 547人(含招干人员和补员),升学260人,应征入伍192人。1984年5月后停止安排知青工作。

1969—1984年上山下乡知识青年调离农村情况简表　　　　单位:人

项目	合计	1969—1972年	1973年	1974年	1975年	1976年	1977年	1978年	1979年	1980年	1981年	1982年	1983年	1984年
合计	2 799	678	5	18	69	209	123	297	1 141	211	24	9	8	7
其中招工(含招干)	2 347	678	5	12	35	140	62	100	1 059	208	24	9	8	7

项目	合计	1969—1972年	1973年	1974年	1975年	1976年	1977年	1978年	1979年	1980年	1981年	1982年	1983年	1984年
升学	260			3	27	33	44	88	65					
参军	192			3	7	36	17	109	17	3				

[注] 1969—1984 年未安置知青计 635 人。

（卷二十七第三章《知识青年上山下乡》,第 669—670 页）

《福清市志》

福清市志编纂委员会编,厦门大学出版社 1994 年

　　(1964 年)8 月 19 日,县建设山区精简安置办公室成立,负责动员组织城镇知识青年和其他人员上山下乡及沿海农村移民山区的安置工作。至翌年底,从沿海公社动员 937 户 4 735 人到山区落户,其中高山、三山两个公社移民到闽清县梅城、东桥、金沙等公社 523 户 2 700 人;组织城镇知识青年 336 人到山区或农场落户。　　　　（《大事记》,第 50 页）

　　是年(1969 年),设县知识青年上山下乡安置办公室。翌年掀起上山(到山区)下乡(到农村)热潮,动员城镇 1966—1968 年度三届初、高中毕业生 2 575 人到农村、农场、山区插队落户。　　　　（《大事记》,第 52 页）

　　是年(1981 年),15 名回乡知识青年在城头星桥村创办星桥电感元件厂(村办企业)。

　　　　（《大事记》,第 58 页）

　　自 1970 年后,工商业和科研、文教、卫生事业逐步得到发展,从农村退伍军人中招收一大批工人,并对 1966—1968 届到山区、农村插队的"知青"基本上实行统包统配,同时还将计划内临时工转为固定工,再加上离退休职工子女顶替补员等,职工队伍不断扩大。1971 年底,将 1970 年 10 月 13 日前参加工作的临时工 800 名转为固定工。1971—1973 年招收城镇与农村的复退军人,与各公社经过二年以上劳动锻炼的"知青"769 人为新工人,其中属本县招收的 375 人,属省、地指标招收的 394 人。1973 年,全民所有制职工人数 15 486 人。

　　1974—1980 年,560 名(不含文教部门)退休人员子女顶替补员,并接收 1 000 多名从古田县回县的"知青",还招收 236 名工人。　　（卷二十六第五章《招工》,第 713 页）

第六节 "知青"上山下乡

1963年，遵照毛泽东主席关于"农村是一个广阔的天地，在那里可以大有作为"的指示，县组织城镇知识青年237人到农村或农场落户，其中到江镜农场109人，到东阁农场56人，到渔溪"五四"农场72人。1965年，城镇知识青年65人到下坝农场落户。

1970年，福清掀起上山（到山区）下乡（到农村）的热潮，动员城镇1966—1968年度三届初、高中毕业生2575人到农村、农场、山区插队落户，其中到古田县1584人，到县内各"知青"点和农村991人。是年，中共中央号召城镇居民"不在城里吃闲饭"。县规定：城镇无三证（工作证、户口证、粮证）人员，一律动员回原籍农村落户；1968年前城镇女青年嫁到农村的，户口应迁往农村，而城镇男青年入赘到农村的，也应把户口迁到农村。1970—1973年间，共动员城镇居民963户4233人上山下乡，其中插队落户494户2254人，回原籍469户1979人。城关镇569户2478人，渔溪、龙田、高山、海口、东张等五镇386户1715人，外县回福清原籍8户40人。

1973年，规定上山下乡"知青"以城镇中学毕业生为主，而病残不能参加农业生产的、独生子女的、多子女身边只有一个子女的城镇中学毕业生，不列为上山下乡对象，落户形式由分散到相对集中。县设"知青"点，大部分知识青年到"知青"点落户。是年，上山下乡"知青"102人。1974年，上山下乡"知青"增加到816人，其中插队290人，到下坝、灵石、龙溪等14个"知青"点的526人。

1975年，对"知青"采取厂社挂钩，集体安置的办法，全县建立37个"知青"点。城镇初、高中毕业生由中学所在公社安插在社、队办的农、林、茶、果场，县直机关、学校、企事业单位的干部和职工子女由县统一安排。是年，上山下乡"知青"803人，其中插队133人，安置在海口、江镜、渔溪3个农场和灵石林场等37个"知青"点的670人。1976年，上山下乡"知青"769人，其中插队208人，安置"知青"点561人。外县"知青"到福清插队116人，福清"知青"到外县插队22人。1977年，上山下乡"知青"701人，其中插队145人，安置"知青点"556人。外县来福清插队43人，福清到外县插队23人。

1978—1980年，上山下乡"知青"只有91人。1981年后，停止动员城镇知识青年上山下乡。

（卷二十六第六章《职工管理》，第717—718页）

《平潭县志》

平潭县地方志编纂委员会编，方志出版社2000年

（1970年）5月17日，县委召开欢送知识青年上山下乡大会，207名知识青年到芦洋农场、红心公社劳动锻炼，接受贫下中农再教育。　　　　　　　　　（《大事记》，第34页）

第三章　上山下乡知识青年安置

第一节　知识青年上山下乡

1965年平潭县动员组织城镇知识青年34人到屏南县插队落户,参加山区的生产建设。同年12月,又组织半耕半教的文化志愿兵28人到屏南。1967年,组织城镇青年67人到平潭县七里埔开办农场。

1968年12月,响应毛泽东"知识青年到农村去"的号召,县成立专门机构,负责知青上山下乡工作。1970年掀起知识青年上山下乡高潮,全县动员1966—1968年度初、高中毕业生178人到芦洋农场和竹屿口搬运农场插队落户。插队知青都在生产队劳动生产,由老农辅导生产技术,与社员同工同酬。

1973年后,知青上山下乡由分散插队到相对集中,县建立知青场(点),并实行系统、部门归口下乡的办法。到1977年,全县先后建立13个知青场,9个知青点,接纳城镇知青1634人(其中回原籍插队108人)。

第二节　就　业　安　置

1975年起,平潭县上山下乡知青通过招工、招干、招生、参军等途径,逐渐调离农村。至1979年上半年,调离农村的有1448人,就地转为农林场正式工人的有34人。同年9月,为安置未离开农村的知青,以莲花山、红海、绛屿、商业等6个知青场为基地,创办农工商联合公司,安置知青128人。1980年后停止动员知青上山下乡。1981年12月,全县知青安置工作基本结束。　　　　　　　　　　　　(第二十五卷第三章《上山下乡知识青年安置》,第541页)

《仙游县志》

仙游县地方志编纂委员会编,方志出版社1995年

是年(1970年),安排城镇知识青年到县内8个山区公社插队落户。　　(《大事记》,第42页)

1964年,成立"建设山区精简安置办公室"。1965年、1973年改为"四个面向办公室"和"知识青年上山下乡办公室"。先后动员4 055位社员和知识青年至浦城仙阳茶场、明溪夏阳农场、宁化县以及本县各公社安家落户。　　　　　(第二十四篇第二章《安置》,第760页)

知识青年上山下乡

仙游县知识青年上山下乡始于1964年,是年县成立"建设山区精简安置办公室"。1965、1973年,该办公室先后改称"四个面向办公室"和"知识青年上山下乡办公室",负责城乡知青上山下乡的安置工作。1964年安置120人到浦城仙阳茶场,1965年安置208人到

明溪县夏阳公社农场,1969 年安置 1 230 人到宁化县各社、队插队劳动。1970—1975 年,组织 1 652 人到县内 8 个山区社队插队劳动或办知青场。1976—1978 年,组织 665 人到县内土地较多、条件较好的度尾、大济、龙华、城关和赖店等 5 个公社创办知青场。枫亭公社于 1973—1978 年,自行组织 180 名知青到该社的和平、九社、东宅、山头、下社和溪南等 6 个大队插队劳动。全县历年组织知青在县内插队办场的计有 1 800 多人。

　　1979 年起,根据《国务院关于知识青年上山下乡若干问题的试行规定》,按照"统筹兼顾,全面安排"的方针,在动员知识青年上山下乡的同时,通过招工、招生、应征入伍、招干等途径,安置下乡知识青年 1 992 人。是年底,城镇知识青年上山下乡工作停止。但尚有 19 名下乡知识青年留在农村。1980 年起,对仍在农村的上山下乡知青采取各种措施,下达专项指标,给予安置。至 1981 年初,全县下乡知青全部安排就绪。原知青办于 1981 年 6 月撤销,有关人员并入县劳动局。　　　　　　　　（第二十五篇第一章《劳动》,第 779—780 页）

《泉州市志》

泉州市地方志编纂委员会编,中国社会科学出版社 2000 年

　　(1964 年)6 月,地委要求向应届初、高中毕业生普遍进行"一颗红心、两种准备"的教育。同时,首次动员一批城镇知识青年(主要是没有升学的高中毕业生)到山区插队。

　　　　　　　　　　　　　　　　　　　　　　　　　　　　（《大事记》,第 113 页）

　　(1968 年)12 月 24 日,专区革委会作出《关于认真执行省革委会"关于动员干部、知识青年和脱离劳动的城镇居民到农村去、到山区去的指示"的决定》。同时,成立"四面向"办公室,负责知识青年上山下乡工作。　　　　　　　　　　　　（《大事记》,第 115 页）

　　(1969 年)1 月 28 日,泉州市 2 万多人在体育场欢送第一批 1 296 名知识青年到德化插队落户。当年,全区计有 11 243 名知识青年上山下乡插队落户。　　（《大事记》,第 115 页）

　　是年(1970 年),全区继续动员 3 万多名知识青年和城镇待业居民上山下乡。

　　　　　　　　　　　　　　　　　　　　　　　　　　　　（《大事记》,第 116 页）

　　是年(1974 年),晋江地区首次从上山下乡知识青年中招工 1 851 人。（《大事记》,第 117 页）

　　是年(1978 年),全区安置待业人员 16 130 人,包括留城知青 781 人,下乡知青 1 360 人,城镇闲散劳力 13 989 人,为历年来安置人数最多的一年。　　　　（《大事记》,第 120 页）

"文化大革命"结束后,下放的干部、城镇居民和上山下乡知识青年,大多也由下放地和插队地区返回原籍。到 1981 年,晋江地区上山下乡知青中,返回原籍的有 24 220 人,其中女青年 8 394 人。

(卷三第一章《人口演变》,第 355 页)

城市青年就业费

　　该项经费支出,主要用于城镇青年、居民和职工由于压缩城镇人口和精简机构人员下放农村的安置费、就业训练费、业务费、扶持生产资金和其他费用等。1963 年,国家实行国民经济调整方针,开始对城市人口进行压缩,"文化大革命"期间,陆续动员大批的城镇知识青年、干部和居民到农村安家落户,发给下乡安置费。在财政预算中设城市人口上山下乡安置费专款开支。1974 年改称为城镇人口下乡经费。1966—1977 年,晋江地区共支出城镇人口下乡经费 1 103 万元,占同期经济建设费支出的 6.63%。中共十一届三中全会后,下乡的知识青年、职工先后回城镇升学和就业,此项支出就逐步减少。1982 年改称为城镇青年就业费,主要用于劳动服务公司补助费、劳动部门开展待业青年培训费和扶持生产资金等。1978—1990 年,泉州市支出该项经费 933 万元,占同期经济建设费支出的 1.23%。1966—1990 年,全市共支出 2 036 万元,占同期经济建设费支出的 2.21%。

(卷二十二第二章《财政支出》,第 1623 页)

上山下乡知识青年安置

　　1962 年,本区开始动员知识青年上山下乡,至 1968 年,全区共动员知识青年上山下乡 2 387 人,安排劳动就业。1968 年 12 月,毛泽东主席发出"知识青年到农村去,接受贫下中农的再教育"号召后,1969 年,全区掀起上山下乡高潮,有 11 243 名知识青年报名上山下乡。此后,年年动员知识青年上山下乡。1962—1979 年,全地区共动员知识青年上山下乡 26 509 人,其中 1969—1978 年 24 122 人,占 92.88%。安置到本省外地区 15 140 人,占总数 57.11%,其余均分别安置在本地区 110 个公社 1 000 多个生产大队中。全区先后建立 307 个知青场点,安置 4 000 多人,绝大部分是插队或回原籍。

　　为帮助上山下乡知青解决实际困难,1969—1981 年,国家拨给晋江地区安置经费 769 万元,无偿投资 60 万元,扶持生产资金 93 万元,其他 21 万元,共 943 万元。还有木材 8 365 立方米,为知青建房 4 068 间,面积 91 384 平方米,可容纳 9 000 多人,知青口粮每人月供应大米 33 斤。国家还帮助知青场购买大批农业机械,订送报刊,赠送各种图书几万册,建立图书室。

　　1973 年本区开始对上山下乡的知青进行就业安排,1979 年各县(市)停止动员知青上山下乡,并通过招工、招生、征兵等多种形式妥善回收安置下乡知青,至 1981 年全区共安置 23 778 名上山下乡知青就业。1982 年全区上山下乡知青安置工作结束。

(卷三十第一章《工人》,第 2197—2198 页)

　　"文化大革命"期间,实行学生自愿报名,大队(街道)推荐,公社领导批准,招生学校复审的推荐升学制度。1972年春,普通高中恢复招生考试,旋被批判为"旧教育制度回潮"。中等专业学校从在职的干部、职工、复退军人、上山下乡知识青年和生产建设兵团的知识青年中招收具有初中以上程度的工农兵学员,也采用逐级推荐选拔办法,经生产队、大队、公社推荐评议,县(市)预选,地区审批,招生院校复审。1972—1976年,全地区有4737人被推荐为中等专业学校的工农兵学员,其中部分为"社来社去"、"厂来厂去"的工农兵学员。

(卷三十七第四章《普通中学教育》,第2415页)

1971年以后强调"读小学不出大队,读中学不出公社",中小学校数剧增,部分下放的教师到所在地中小学任教。同时大量下达民办教师指标,吸收当地上山下乡或回乡知识青年任教,将全地区588名中小学代课教师和362名农业中学民办教师,转为公办教师,并吸收大量离退休教师子女补员当教师。

(卷三十七第九章《教师》,第2463页)

《鲤城区志》

泉州市鲤城区地方志编纂委员会编,中国社会科学出版社1999年

(1969年)1月28日,泉州市两万多人在体育场欢送首批1296名到德化插队落户的知识青年。至年底,有5批知识青年分赴德化、大田、清流、宁化上山下乡,总人数达六七千人。

(《大事记》,第58页)

同月(1970年1月),泉州市向福建省生产建设兵团输送青年373名。

(《大事记》,第59页)

(1973年)11月,建立泉州市知识青年上山下乡办公室。   (《大事记》,第60页)

(1975年)8月28日,中共泉州市委知识青年上山下乡领导小组成立。

(《大事记》,第60页)

1969年以后,组织4批知识青年约8000多人分别到德化、大田、明溪、清流、宁化等县插队落户。   (卷三第二章《人口变动》,第148页)

上山下乡知青安置

1962年,泉州市开始动员知识青年上山下乡,安置在国营林、茶场,至1968年计动员2387人。1968年12月毛泽东主席发出"知识青年到农村去,接受贫下中农再教育"号召后,

全市迅速掀起上山下乡高潮,至 1978 年底累计 14 431 人,主要安置在德化和宁化、清流、明溪、将乐、大田等县以及市郊罗溪、马甲、河市、城东、东海、北峰、江南、满堂红等公社。

知识青年到农村落户的第一年,每人由国家发给农具费 120 元,住房修缮费 200 元,生活费每月 8 元;第二年起国家不再补贴,下乡知青分散居住在农民家里或生产队队部。1975 年以后,采取国家拨款、生产队投资的方式,兴建知青住房,至 1977 年共兴建 141 座 925 间,可供 2 300 名知青住宿。

1973 年起,开始接受上山下乡知青回城安置。1978 年起,对仍留在农村的下乡知青逐步调离,多渠道、多形式予以安排就业。至 1980 年,下乡市郊知青除病退等原因离开者外,其余 2 345 人均得到妥善安置,其中招工、提干 1 559 人;下乡外地知青,劳动部门也与安置县密切配合,逐个妥善安排。

（卷二十一第一章《工人管理》,第 700 页）

《德化县志》

德化县志编纂委员会编,新华出版社 1992 年

同年(1969 年),动员城镇知识青年上山下乡,并接待来自泉州等地插队落户的知识青年。至 1978 年,全县动员城镇知识青年 936 人上山下乡,安置外地知识青年 2 985 人。

（《大事记》,第 34 页）

第四节　知识青年上山下乡
一、上山下乡安置

1969 年,德化开始组织城镇知识青年(以下简称"知青")上山下乡,并接待来自泉州等地(以泉州为主)来德化插队落户的知青。县成立"四面向"(即面向农村、山区、边疆、基层)办公室,负责知青及城镇居民上山下乡插队落户的管理和经费开支,粮油、物资供应等工作。1973 年又成立"知识青年上山下乡办公室"。至 1978 年,全县共有城镇知青 936 人上山下乡,还接待泉州等地知青 2 985 人。1979 年 1 月起,停止动员城镇知青上山下乡。

1974 年至 1981 年,共建 151 个知青小组,集中知青 2 208 人;建立 66 个知青点,集中知青 1 108 人;实行独立核算的知青场队 35 个,集中知青 559 人;另外,分散插队或回原籍落户的知青有 79 人。

自 1970 年至 1977 年,德化县下拨知识青年安置费 126.2 万元。国家供应木材 143 立方米,建房 47 座,建筑面积 1.36 万平方米,可安置知青 844 人住宿。

知青下乡所需经费,行李运输费、住宿费、途中伙食补助,由接受县或地区按规定掌握开支。对缺乏棉衣、棉被、蚊帐等必需用品,而本身无力添置的给予酌情补助。插队落户的住房由群众发扬互助精神出让,国家根据实际需要,酌情补助购置生产工具和添置生活用具 10—30 元。

知青户粮关系迁至劳动所在地的生产队,按社员吃粮水平分配,不足部分由国家负责解决,食油供应由劳动地解决。

知青中的独生子女,家庭父母年老无人照顾的以及患重病无法参加集体劳动的,给予迁回21人;对不适宜参加农业生产劳动的,经县委批准给予安排手工业系统工作。

二、就业安置

从1973年起,通过招工、招生、参军等途径,逐步安置下乡知青。知青插队满两年后,根据上级下达的指标,由社、队逐层按照知青的政治面貌、政治表现、劳动表现等条件予以鉴定、推荐,招收单位根据条件及知青身体素质(推荐入学的要经过基础文化考试),给予研究招收。当时一面安置就业、升学,一面继续动员城镇知青上山下乡,至1978年,尚在农村的知青仍有314人。1979年,不再动员上山下乡,开始统筹安排下乡知青。

1980年12月19日,全县尚未安置的下乡知青集中安置到县农场,自1981年1月1日起一律由县粮食部门供应粮食。至1981年底,全县下乡知青全部安置完毕。

(第二十四篇第一章《劳动》,第542页)

《永春县志》

永春县志编纂委员会编,语文出版社1990年

(1969年)2月22日至25日,县召开有1 500多人参加的四级扩干会,布置"革命大批判"、"清理阶级队伍"和组织知识青年及城镇居民"上山下乡"。 (卷一《大事记》,第46页)

(11月)1日至4日,县召开"上山下乡"工作会议。是年冬,动员知识青年和城镇居民共1 030人"上山下乡"参加农业劳动。并于1970年1月1日成立"永春县革委会四面向办公室"(面向农村、面向工厂、面向山区、面向边疆),负责"上山下乡"工作。(卷一《大事记》,第46页)

(1970年3月)21日,县革委会下达增加上山下乡任务2 000人。 (卷一《大事记》,第46页)

第六章　知识青年上山下乡

1964年,首次组织城镇青年63人到曲斗公社新村大队插队落户,其中女青年18人。

1969年,大批初、高中毕业或未毕业的学生和社会青年被安置到农村接受"贫下中农再教育"。城镇知识青年(以下简称"知青")工作由"四面向"(面向工厂、面向农村、面向基层、面向山区)办公室负责。为解决上山下乡知青生产和生活的困难,国家发给每人一次性安置费480元,下乡的第一年每月发给生活补贴费8元,患病及发生意外困难另给予补助。至

1971 年止,全县共安置知青 1 391 人。

1973 年,开始组建知青点,并建住房 7 座 42 间。

1974 年,县成立知青上山下乡办公室(以下简称"知青办"),按规定给予独生子女等几种人办理留城手续,免予上山下乡。是年,建立知青点 30 处,新建住房 28 座 259 间。

至 1978 年,全县先后建立知青点、场 54 个,即一都公社新兴场、黄沙 1 队、黄沙 2 队、草洋、仙阳,横口公社上西坑、社办林场,曲斗公社曲斗 7 队、曲斗 8 队、下洋 1 队、下洋 2 队、下洋 3 队、下洋 4 队、下洋 5 队、新村、溪塔、含村、社办林场,坑仔口公社洞口林场、冷水坑、福地,玉斗公社玉斗陈珩、云台斗仔、白珩宫坑,桂洋公社青年茶果场、壶永,锦斗公社阔格场,呈祥公社"五·四"场,苏坑公社虎碇口林场,蓬壶公社醋坪场,达埔公社溪源、乌石、石门、东平洞、舟山茶场,吾峰公社横山林场,五里街公社"五·七"场、吾边、高垄、埔头、吾东、大羽,石鼓公社醒狮场、桃场,城关公社"八·一"场、姜莲、鲁寮、德风,岵山公社北溪,湖洋公社"六·八"场,外山公社堍溪,东平公社湖内坑,县农场,天马山茶果场,猛虎茶果场。这些知青点、场独立核算的有 14 个 120 人,余者则与当地场员、社员同工同酬。共新建住房 55 座 496 间。知青点购买拖拉机、电动喷雾器、耕牛等农具的经费,由知青办拨给。其中 8 个知青点各购置 1 台 12 型手扶拖拉机,6 个知青点各购置 1 台电动喷雾器。

从 1979 年开始,不再动员城镇知青上山下乡,对仍在农村的下乡知青,采取多渠道多形式给予安排就业。至 1981 年底,省政府共拨给本县上山下乡知青安置费 127.45 万元,县实支 118.95 万元,其中 1975 年至 1981 年实支生活补助费 12.56 万元,困难补助费 7 639 元,建房补助费 24.54 万元,农家具费 2.83 万元,其他(学习材料、医药补助、车船费等)8.57 万元。此外,县政府还无偿投资 8.6 万元为知青点购买拖拉机等大型农具。

1982 年 6 月,对仍在农村的 29 名知青进行安置,其中自谋职业者每人发给开业补助费 100 至 150 元,并回收吃商品粮;愿意扎根农村者每人发给扎根费 300 元、补助费 100 元。年底,县知青办撤销,部分人员并入劳动局进行知青安置扫尾工作。至 1984 年,全县 3 134 名知青安置了 3 133 人,其中招工 1 665 人,招生 211 人,参军 159 人,提升干部 20 人,病困退回城镇吃商品粮 161 人,办理扎根农村 49 人,回收安置自谋开业者 238 人,死亡 8 人,安置在国营农场及其他的 622 人。

1964—1980 年知识青年上山下乡情况

单位:人

年 份	合 计	安插县内	安插县外	接收县外	增加补认	县外转点调入
1964—1971	1 391	914		477		
1973—1975	1 415	417	31	46	917	4
1976—1978	324	238	29	31	14	12
1979—1980	64				59	5
总 计	3 194	1 569	60	554	990	21

附：一都新兴知青场是 1975 年建立的，有住房 1 座 10 间，围垦溪边沙质地 30 亩左右。建场时有知青 17 人，1977 年增至 19 人，由当地 2 位老农带队，粮食自给有余并上缴公粮。知青办赠送一台 12 型手扶拖拉机，一头耕牛，62 件大小农具。知青采用工分制计算报酬。由于田地贫瘠，需花费大量工时改造，建场的头几年，年终结算，无可分红，后来培育柑桔苗，与私人合作炼焦油，增加了收入，工分值每分增至二三分。知青场伙食统一安排，每人轮流当一个月的炊事员。收入不够维持生活，经济还需家庭的支持。

1975 至 1979 年，先后有 1 人提干，4 人参军，9 人招工，3 人招生（中专），1 人结婚离场，1 人非正常死亡（女青年）。1979 年后知青场撤销，所有财产、田地归公社代管。

（卷二十一第六章《知识青年上山下乡》，第 629—630 页）

《惠安县志》

惠安县地方志编纂委员会编，方志出版社 1998 年

1976—1978 年支出 300.12 万元，其中用于补助上山下乡知识青年办场的 7.03 万元；

（第十八篇第三章《财政支出》，第 549 页）

上山下乡知青安置

1964 年，发动城镇知识青年上山下乡，全县迁出 463 户 899 人，分别安置在崇安、三明、漳平、长泰等县市，还有零星到华安、三明、建西、大田等地投靠亲友。是年，对 1961 年 1 月 1 日以后回乡、下乡人员逐人调查登记，全县共有 3 486 人（不包括退职民工、自动离职、集体单位下放、中学毕业生、开除人员），基本得到妥善安置。

1965 年，全县移民山区 2 511 人，其中农村移民 2 149 人，城镇人员上山下乡 362 人。1966 年，全县农村移民 565 户 2 559 人，分散安置于崇安、三明、长泰、南靖。

1969 年 10 月，惠安县斗批改办公室改称为惠安县革命委员会"四个面向"（面向农村、基层、工矿、边疆）办公室。1970 年全面压缩城镇人口，动员 1.3 万人下乡，到黄塘、涂岭、辋川等公社插队落户。4—6 月，南埔公社动员倒流人员返回参加春耕，二批送返崇安 209 人。

1974 年 3 月，"四个面向"办公室改为惠安县知识青年上山下乡办公室，逐步处理，解决上山下乡、移民回原籍安置、安排工作问题。　　　　（第二十五篇第二章《安置》，第 779 页）

1978 年，知识青年陆续回城，城镇出现大批无业人员，实行"劳动部门介绍就业、自愿组织起来就业和自谋职业相结合"的方针。　　　（第二十六篇第一章《工人》，第 802 页）

《晋江市志》

晋江市地方志编纂委员会编,上海三联书店1994年

1969年,动员知识青年上山下乡,……1970年征收回乡知识青年280人到福建建设兵团。　　　　　　　　　　　　　　（卷二十七第一章《就业录用》,第967—968页）

第二节　安置知识青年

从1955年起,晋江县在开展移民工作中,就组织动员部分初、高中毕业的知识青年(下简称知青)到山区安家落户,参加山区的生产建设。至1966年,全县计组织知青733人,主要安置在闽西地区的宁洋、宁化、龙岩、三明和清流等县市。

1968年12月,毛泽东主席发出"知识青年到农村去"的号召,县当即成立四面向办公室("四面向"指面向农村、面向边疆、面向基层、面向工矿),负责知青上山下乡工作。各镇社也相应成立办公室。

1969年,首先以青阳、石狮、安海3镇为试点,全年动员组织1 582名城镇知青和居民(其中青阳627名,石狮407名,安海548名),分3批先后于当年3月、9月及1970年1月到龙岩地区漳平县的双洋、永福和新桥3个公社各大队插队落户,"接受贫下中农再教育"。接着,金井、东石、永宁、龙湖等镇社也行动起来。1969—1973年,全县计动员安置城镇知青2 004人,其中到省内外县(主要是漳平)安置的1 945人,在县内安置的10人,回原籍安置的49人;另还接受外县前来安置15人;原籍晋江回县安置的46人。

1973年,县四面向办公室改名为县知识青年上山下乡办公室。知青上山下乡的安置从去外地外县转为在县内农村自行安置,改分散插队为办知青场(点),并实行按系统部门归口下乡的方法,集体下到场(点)。

1974年7月,在蚶江公社新围垦的1 000亩盐碱地上,建立县第一个知青农场,接受安置知青56人。至年底,全县共安置知青229人,其中安置于县内的207人,到外县安置的6人,到外省安置的16人。同时还接受省内外县前来安置的47人。

1974—1978年,全县建立知青场(点)40个,安置知青2 511人,除少数回原籍外,绝大部分都集中安置于这40个场(点)。

1978年12月,中共十一届三中全会后,根据中央有关政策精神,晋江县动员知青上山下乡的工作基本停止,工作重点转向广开城乡就业门路,解决下乡知青的就业安置问题。

1975年起,晋江县上山下乡知青通过招工、招生、招干、参军等途径,逐渐调离农村。至1978年底,离开农村2 478人,尚有在队知青1 422人。至1981年底,全县4 093名下乡知青调离农村的有3 989人,占97.46%,其中招工2 667人、招生405人、参军372人、提干26人、当教师42人、转点外地100人、个体开业132人、病困退回城71人、往港澳137人、在国

营农场 37 人、自愿申请在农村安家落户 21 人、其他 22 人。余下的下乡知青在 1982 年的知青收回安置扫尾工作中给予招工安排。　　　　（卷二十七第一章《就业录用》，第 969—970 页）

是年(1969 年)，全县 1 582 名城镇知识青年和居民分三批先后于 3 月、9 月和翌年 1 月到漳平县的双洋、永福、新桥 3 公社插队落户。　　　　　　　　（《大事记》，第 1787—1788 页）

《石狮市志》

石狮市地方志编纂委员会编，方志出版社 1998 年

(1974 年)6 月 13 日，晋江县在蚶江设立知识青年农场。1979 年 1 月 8 日蚶江知青农场被中共晋江地委授予大寨式农场称号。11 月 7 日，蚶江知青农场改为金定鸭原种场，当年养鸭 1 万只。　　　　　　　　　　　　　　　　　　　　　　（《大事记》，第 17 页）

知识青年安置

1964 年，石狮镇根据晋江县政府的统一部署，贯彻执行中共中央、国务院《关于动员和组织城市知识青年参加社会主义建设的规定》(草案)，首次动员 30 名知识青年到建瓯县小桥公社落户劳动。1965 年，动员 12 名知识青年到清流县任耕读小学教师。1966 年，动员 63 名知识青年到清流良种场落户。1969 年 3 月，动员 4 名知识青年到漳平县农村落户。1969 年 12 月，掀起知识青年上山下乡高潮，石狮镇被晋江县定为试点之一。镇革命委员会成立"四面向"(面向农村、面向边疆、面向基层、面向厂矿)办公室，共动员 407 人(其中高中"三届生"254 人、社会青年 133 人、城镇居民 20 人)于 1970 年 1 月到漳平县新桥公社各大队插队落户。1974 年 7 月，在蚶江公社新围垦的 1 000 亩盐碱地上，建立晋江县第一个知青农场，接受安置知青 56 人。1974—1978 年，石狮、蚶江、祥芝、永宁 4 个公社均建立知青场(点)，安置知识青年。仅 1977 年，上述 4 个公社知青场(点)和蚶江知青农场就安置知识青年 84 人。1978 年后，根据中共中央有关政策精神，知青上山下乡工作基本停止，工作重点转向广开就业门路，安置知识青年就业。境内上山下乡知识青年通过乡镇企业招工、国家义务兵役制征集、招干、大中专院校招生以及自谋职业等途径逐渐离开农村，至 1982 年上山下乡知青就业问题基本解决。　　　　　　　　　　（卷二十第一章《就业录用》，第 703 页）

《南安县志》

福建省南安县地方志编纂委员会编，江西人民出版社 1993 年

(1964 年)5 月，动员城镇知识青年上山下乡。　　　　　　　　　　（《大事记》，第 32 页）

是年(1965年)，全县移民38 580人到永安、沙县、明溪、清流、宁化、泰宁、建宁等县落户。知识青年247人到明溪、宁化县落户。 　　　　　　　　　　　　　　　　（《大事记》，第32页）

(1969年)2月，县革命委员会召开"抓革命、促生产"誓师大会，并组织知识青年及城镇居民9 200人"上山下乡"。 　　　　　　　　　　　　　（《大事记》，第34页）

(1974年)1月5日，成立县知识青年上山下乡办公室。 　　　　（《大事记》，第36页）

1978年至1986年，从农村中选拔干部210人，从上山下乡知识青年中选干65人，从复退军人中选干45人，从高考落第生中选干18人，从工人和民办教师中吸收干部302人，"以工代干"转为干部的492人，招收社会上科技人员14人。（卷十一第一章《人事》，第294页）

第四节　知识青年上山下乡

　　1963年，本县根据中共中央、国务院指示，组织动员城镇知识青年上山下乡，当年下乡24人。之后，每年都动员一批城镇知识青年下乡务农。1968年，响应毛泽东主席关于"知识青年到农村去，接受贫下中农再教育很有必要"的号召，全面动员城镇初、高中毕业生到农村插队落户。本县知识青年上山下乡有回原籍、办集体场(点)、插队三种形式。大部分由县安置在本县19公社、240个大队和一个农场里。少部分由省统一分配，跨地区安置在长汀、明溪两县。集体插队编组或建场(点)时，为便于管理教育，每个集体户一般为15至30人。安置在生产队的建立"三集中、一分散"(集体生活、集体住宿、集中学习、分散劳动)的知青点。1973年11月，成立县知识青年上山下乡工作办公室，各公社成立"知青办"，设专职干部抓知青上山下乡工作。1969年至1978年，全县上山下乡知识青年有4 587人，其中到长汀、明溪两县的428人。

　　1978年后，中央调整知识青年上山下乡政策，不再动员知识青年上山下乡，对上山下乡回城的知青，要求采取各种形式进行安置。全县先后办8个知青厂，安置上山下乡知青309人。对部分符合条件的知青，组织招工、参军、升学，对少数下乡已婚配、愿意扎根农村的知青，一次性发给200至300元的安置费。至1980年，在上山下乡知青中招工、招生、征兵计2 541人。其中招工2 341人，招生18人，征兵182人。1981年，历年上山下乡的知青全部作了妥善安置。 　　　　　　　　　　　　　（卷十一第二章《劳动》，第304页）

《安溪县志》

安溪县地方志编纂委员会编，新华出版社1994年

　　是年(1975年)，县组织135名知识青年到官桥、龙门、西坪、芦田、尚卿、龙涓等地插队落户，同时接收外县籍知青33人到县内山区落。 　　　（《大事记》，第43页）

第四节 知识青年上山下乡

一、上山下乡安置

1965年县内开始随同压缩城镇居民，动员全家迁居农村，至1971年已有2296人之多。但当时不是作为专门动员对象，方法措施不够明确，安置也欠妥善。

1973年10月，县成立知识青年上山下乡领导小组，下设办公室，各公社也相应设置机构，开始对知识青年的动员与安置进行统一的部署与安排，作出凡属城镇青年，除部分属照顾对象外，其余都得上山下乡。至1978年县内先后动员3058人城镇知识青年上山下乡。知识青年大部分安置在安溪人少地多的场、队劳动。从1973年开始，全县接受安置知青的一些社、队就陆续创办知青场35处，其中湖头10处，龙涓5处，感德4处，祥华、长坑各3处，城厢2处，其他有关乡镇各1处，安置知青人数743人。有19个知青点由国家拨款建房29座，300间，共9658平方米。知青人数较多的点、场，则配备有一定名额管理人员，为独立劳动单位；人数少的，则插入原单位队组劳动，大多数知青场、点除建有宿舍、食堂之外，有的还设有文娱活动室、球场、文娱器具等简易设施。

知识青年经费发放标准，按规定："凡城镇人口在本专区内安置者，办场每人200元，插队每人150元，回乡每人50元，办知青场每人250元"。县政府对知青点、场的建设，先后共拨款15.9万元，并拨给一批木材。

二、就 业 安 置

为了解决知识青年就业问题，从1974年以后，县政府根据上级有关指示精神，对安排知识青年的出路问题予以应有的重视，并采取了积极的措施，通过招工、招干、升学、参军等途径，逐步将上山下乡知识青年调离农村，至1981年结束。

1981年2月，县人民政府决定，今后将不再动员知识青年上山下乡。撤销原知青办。对其善后一切问题归劳动局处理，这场运动至此告终。

全县上山下乡知识青年统计表   单位：人

年 份	本 县 安 置				转外县安置
	总人数	其中女性	来 源		
			本县动员数	外县转回原籍	
1971年以前	2 296	939	1 921	375	75
1973年	24	13	24		
1974年	153	67	147	6	25
1975年	161	90	145	16	20
1976年	246	62	174	72	35
1977年	166	61	152	14	24
1978年	12	4	12		
合 计	3 058	1 236	2 575	483	179

全县上山下乡知识青年回收安排情况统计表　　　　　　　　　　　　单位：人

年份	人数	回收与安排					其他		
		参军	升学	招工	招干	办理病退	转点调出	死亡	其他原因离开农村
1973	225								225
1974	434	3	12	54					365
1975	693	6	11	51		531		1	93
1976	222	87	10	116			8	1	
1977	155	10	17	114	2				12
1978	364	51	74	106		23			110
1979	542	4	8	326	1				203
1980	318			196	1	82			39
1981	105			70		8			27
合计	3 058	161	132	1 033	4	644	8	2	1 074

（卷二十八第二章《劳动》，第 821—823 页）

《漳州市志》

漳州市地方志编纂委员会编，中国社会科学出版社 1999 年

　　(1969 年)2 月 8 日，漳州市首批 1 000 多名知青，从市体育场誓师出发，奔赴长泰、华安插队。　　　　　　　　　　　　　　　　　　　　　　　　　　　　（《大事记》，第 69 页）

　　8 月，毛泽东发出"知识青年到农村去"的号召，专区、县成立面向农村、面向边疆、面向工矿、面向基层办公室（简称"四面向办公室"），组织施行。漳州城区至 1970 年底计有 10 489 名知青到农村插队落户，"接受贫下中农再教育"。　　　　　　　　（《大事记》，第 69 页）

　　(1982 年)2 月 15 日，地区知识青年上山下乡领导小组成立，下设办公室，与地区劳动局合署办公。　　　　　　　　　　　　　　　　　　　　　　　　　　　（《大事记》，第 78 页）

　　1975 年前后，(手工业)还招收上山下乡知识青年和城镇待业青年近 200 人。

　　　　　　　　　　　　　　　　　　　　　　　　（卷十四第七章《管理》，第 870 页）

城镇知识青年上山下乡

　　1969 年至 1972 年，全地区有近 3 万名知识青年（以下简称知青）响应毛泽东号召，踊跃报名到农村和山区插队落户，经受锻炼。1973 年，地区革委会对知青上山下乡作出规划，制

定有关知青上山下乡的对象、待遇、招工等具体规定,并逐步实施城乡挂钩、厂社(队)挂钩和知青对口下、思想工作对口抓、带队干部对口派的做法,帮助知青解决困难。1973年至1978年,全地区又有1.5万多名知青上山下乡。上山下乡的知青,有的独立办农林果场或综合农场;有的与社、队联合办场;有的集体膳宿,分散到生产队劳动;有的分散插队落户,独立生活,参加生产队集体劳动。

地区革委会把知青上山下乡列为施政的重点工作,先后从地区和县(市)财政拨款56 292万元和大批基建木材、钢材、水泥指标,平价供应1 053个知青点,建造1 317座、9 471间房屋,改善知青的居住条件。部分社、队每月供应知青口粮不足16.5公斤,革委会责令当地粮站据实供应差额。部分知青体质差,生产劳动不够基本工分,则定期给予补助。同时鼓励知青参加大、中专院校为知青举办的函授班,选修政治理论、科学技术、卫生医药、文学艺术等课程。1975年和1979年,地区先后两次召开知青表彰会和代表会,表彰为建设社会主义新农村作出贡献的集体和个人,有1 022名优秀知青被选为地区、县(市)、公社领导班子成员。

(卷三十一第三章《人民政府》,第1699—1700页)

1964年冬,厦门市10名女知识青年到平和县天马林场安营扎寨开发山区,开创了闽南女知识青年上山下乡的先例。

(卷三十三第三章《妇女团体》,第1762页)

农村人员选为干部

自1974年以来,因工作需要,曾从农村中选拔一批优秀人员(包含上山下乡知青)转为正式干部。1974年20人,1975年5人,1977年17人,1978年64人,1979年236人,1980年22人。

(卷三十七第二章《干部》,第1994页)

第二节 知识青年上山下乡
一、上山下乡安置

(一)下乡落户

1957年,漳州市响应共青团中央的倡导,开始有知识青年上山下乡。当时龙溪专署在漳州市(今芗城区)搞试点,成立漳州市公益事业基金委员会,筹集21 936元,统筹安置市区知识青年下乡从事各行各业生产劳动。首批安排26名知识青年到市郊农村参加集体生产劳动。60年代,知青上山下乡再次提出。1963年至1968年,全专区又有1 344名知青下乡。"文化大革命"前知青上山下乡的政策比较稳妥,多数下乡知青也较为安定。"文化大革命"中的知青上山下乡运动,是毛泽东亲自发动的、规模空前的,具有明显的政治特点,并且在发动中还施加种种压力,采取了许多错误做法。因此,1969年至1972年,全专区又动员知青下乡27 563名。其中仅漳州市1969年至1970年就有10 489名,跨省、市、县安置的占多数。漳州市知青到长泰、华安等县9 572名,龙海县知青到南靖等县4 390名,东山县知青到长泰等县 557 名。

为加强对上山下乡知青工作的管理协调,1973 年,龙溪地区和各县(市)党政机关均成立知识青年上山下乡领导小组。地委由副书记、副专员王安珍任组长,下设办公室办理日常事务。凡有知青下乡的人民公社都确定一位副书记分管,设干部专管。对城镇下乡知青的对象、待遇、招工等作出具体规定。当时属"四不动员"照顾留城(镇)的对象为:独生子女、多子女家庭照顾一人留城,病残者和中国籍的外国子女。知青下乡实施城乡挂钩、厂社挂钩;逐步落实知青下乡"三对口",即知青下乡对口下、思想教育对口抓和带队干部对口派。

1974 年下半年,全地区再次掀起知青下乡热潮,城镇知青下乡 2 050 名。1975 年又动员知青下乡 10 271 名,是 70 年代知青下乡最多的年份;当年,全地区在乡知青达 41 936 名。1976 年至 1978 年全地区知青下乡 8 244 名。1979 年至 1981 年,全地区仍有 498 名知青要求下乡。

自 1963 年开始至大规模动员知青下乡结束的 1981 年,全地区(专区)先后共动员知青下乡 50 678 名,使他们失去了学习的机会,在一个时期内造成全区人才的严重不足。

(二)建立知青点

1973 年以前,全地区城镇知青下乡落户大多是分散插队。1974 年以后,改变安置形式,以相对集中为主,因地制宜建立知青点。主要有 5 种形式:

集体插队知青点 1974 年将原来下乡知青集中建立 365 个集体插队知青点。当时有知青 4 758 名;1976 年增至 7 030 名。这些知青点采取集中居住、分散到(生产)队劳动的办法。

独立核算知青场(队)知青点 以原社队、场知青点为基础,组成知青集体,经营农林、果场或农业队,实行经济独立核算。1974 年全地区创办 53 个场(队)点,有知青 1 721 名。1977 年发展到 61 个场(队)点,有知青 2 204 名。南靖县创点较多,有 18 个知青场(队)点。该县马山知青农场,原是 1972 年从奎洋、书洋两个公社 7 个生产大队的 231 名下乡知青集中组建的知青点。他们垦山地改瘠土,实行科学种田,1977 年粮食总产量达 19 万公斤,平均亩产 463 公斤,每个劳力年均收入 300 元,全场总收入比建场初的 3 年总和还增长25.6%。该农场先后被评为省、地、县知青集体生产的先进单位。

社队农林场、耕山队知青点 1977 年这种形式知青点最多达 296 个,有知青 5 695 名。办得较多的县有:龙海 48 个点,知青 1 362 名;平和 47 个点,知青 509 名;南靖 30 个点,知青310 名;长泰 47 个点,知青 1 250 名;诏安 44 个点,知青 610 名。其中龙海县角美农场知青点,有知青 62 名,协同全场 160 个社员种农地 715 亩,经营果林地 1 190 亩,最好的年份盈利 1.15 万元,年人均收入 400 元,是地区知青农场点的先进单位。

国营农林场知青点 全地区有 8 个县(市)创办这种形式知青点。最多的年份有 28 个点,知青 1 189 名。云霄县圆仔岭林场于 1977 年建点,由 18 名女知青和 4 个林业工人组成耕山队,开荒造林 3 500 亩,垦荒造田 100 亩。

企业单位农副业基地知青点 1978年龙海、漳浦、诏安、长泰、华安等县先后建立8个知青点，有知青68名。

（三）安置经费

1957年筹集21 936元作为知青上山下乡安置费。1968年省、专区革委会确定安置补助经费人均230元，作为住房、生产、生活补助费和学习、医疗费用。1973年调整为480元，并强调有关社队建立财会项目，专款专用。1962年至1978年，全地区核拨知青经费中专门划出建筑知青住房经费562.92万元，供应建筑木材25 504立方米。龙海、漳浦、南靖、长泰等县开始筹建知青点住房172座；至1979年先后有544个知青点建成知青专用房1 317座、住房9 471间，基建面积23.21万平方米，首先解决22 035名下乡知青中和当地村民结婚的知青住房问题。尽管国家财政耗资额大，仍无法解决好知青下乡的安置问题。

特别是知青下乡后，生活上不能自给，口粮、医疗等方面问题长期不能解决。1973年地区财政给1.3万多名未能维持生活费用的知青核拨补助专款132.2万元，人均补助100元；在乡知青口粮每月达不到大米16.5公斤的，由地区拨给照顾粮予以实足。

二、回城就业安置

上山下乡知识青年回城安置自1970年下半年开始，安置项目有招工、招干（即提为国家干部）、招生和应征服兵役等，多数安置招工就业。知青招工人数，1971年（含1971年前）1 836人，1972年651人，1973年258人，1974年928人，1975年1 768人，1976年3 037人。以上6年知青招工共8 478人。

"文化大革命"结束后，执行中央"统筹兼顾，全面安排"的上山下乡知青就业方针。首先对1972年以前上山下乡的"老知青"进行就业安置，于1980年前安置完毕；接着对1972年上山下乡的知识青年进行就业安置，于1982年安置完毕。各年安置招工的人数：1977年1 072人，1978年1 296人，1979年8 059人（为安置最多的一年），1980年5 091人，1981年1 432人。以上5年知青招工共16 950人。连同1971年至1976年知青招工数，合计为25 428人，占全区上山下乡知青数的50%以上。

对因体弱病残照顾迁回城镇的知青，1978年前回城的1 008名，1979年后再迁回城的3 288名，都按规定办理转正招工或就业手续。此外，还根据各人自愿及实际情况，采取就地安置就业的办法。一是在当地乡镇企业安置就业。实行改革开放政策后，乡镇企业迅速发展，有的已在农村结婚、成家立业或扎根农村的上山下乡知识青年，自愿选择在乡镇集体企业就业，先后计有1 100多人。二是在农场就业。原已建立独立经济核算、多种经营效益高的知青农场和自办企业具有相当基础的知青点，经劳动部门批准可招收上山下乡知识青年为集体所有制的工人，由地、县两级核拨经费予以支持。南靖县马山知青农场，在人民政府支持下，发展为农、工、商联为一体的罐头厂，农场知青转为集体工人。龙海县角美农场等7个单位原有上山下乡知青480名，自愿留为本单位集体所有制职工有462名。

年 份	调离农村总人数		其 中							
	计（人）	其中女知青人数	招工	招生	应征入伍	提为国家干部	病困退回城镇	转点调出	死亡	其他原因
合 计	50 500	14 598	25 428	3 197	2 281	364	4 296	1 334	216	13 384
1971 年及以前	4 132	1 043	1 836	205	370		593	550	89	489
1972	1 268	420	651	72	103		198	143	2	99
1973	264	85	258	1					5	
1974	1 606	550	928	265	58	20		1	18	316
1975	3 000	750	1 768	280	23	5		32	42	850
1976	4 659	1 263	3 037		295			76	13	1 238
1977	3 211	789	1 072	320	171	17		60	14	1 557
1978	4 556	1 318	1 296	1 452	1 046	64	217	141	17	323
1979	18 622	4 287	8 059	523	153	236	2 130	72	9	7 440
1980	7 228	3 189	5 091	78	57	22	1 056	209	7	708
1981	1 954	904	1 432	1	5		102	50		364

注：表列调离农村知青数 50 500 名，比全地区安置下乡的知青数 50 678 名少 178 名，属跨地区来龙溪地区插队的外地知青。

（卷三十七第三章《城镇人员上山下乡》，第 2005—2007 页）

《漳州人事编制志》

漳州市人事编制志编委会编著，厦门大学出版社 1993 年

1964 年 2 月，省委组织部、省人事局发布《关于国家机关、企业、事业单位录用干部的暂行办法（草案）》，重新规定：

……

2. 录用干部主要从具有初中以上文化程度的复员退伍军人、优秀工人、农民和经过劳动锻炼取得农民资格的知识青年中挑选。

……

（第六章《录用、聘用干部》，第 155 页）

1949 年到 1991 年漳州录用干部情况如表 6-1（不完全统计）。

表 6-1　1949—1991 年漳州市（龙溪专区）历年录用干部情况表①

年 份	总数	从工人中录用	从农民中录用	复员退伍军人	从知青中录用	旧人员录用	其它
1949 年 10 月 1950 年 12 月	2 948	30	65	217	1 685	951	

---

① 本表内容为节选，无知青内容的年份及"备注"栏省略。——编者注

年　份	总数	从工人中录用	从农民中录用	复员退伍军人	从知青中录用	旧人员录用	其它
1954 年	1 243	170	386	158	256		259
1955 年	1 208	84	672	70	72		310
1956 年	3 751				3 102		
1958 年	2 138	19	678	354	783 (含社会青年)		295
1960 年	2 530	320	1 320		703		237
1982 年	347				347		

（第六章《录用、聘用干部》,第 178—179 页）

《芗城区志》

漳州市芗城区地方志编纂委员会编,方志出版社 1999 年

（1969 年）2 月 7 日,第一批 1 300 多名上山下乡知识青年到华安、长泰接受贫下中农再教育。

（《大事记》,第 47 页）

9 月 29 日,第二批上山下乡知识青年到长泰、华安接受贫下中农再教育。

（《大事记》,第 47 页）

1974 年—1975 年,部分上山下乡知识青年回城,各县下放干部调回漳州,人口迁入比正常年份增加两倍。1979 年—1982 年,改革开放初期,大批上山下乡知识青年回城,原下乡插队的闲散人口回城,还有照顾夫妻长期两地分居迁入,以上包括其子女迁入,年平均迁入 13 692 人,比正常年份高 3 倍多,是漳州人口迁入的高峰期。

（卷三第二章《人口变动》,第 124 页）

1969 年起,城市大批知识青年上山下乡,干部下放,非农业人口逐年减少。1970 年非农业人口占总人口 46.96％。1975 年,总人口 254 841 人。其中农业人口 139 520 人,占总人口 54.75％;非农业人口 115 321 人,占总人口 45.25％。

1979 年—1980 年,大批知识青年回城,农转非人口增加,非农业人口逐年增加。1985 年,总人口 318 194 人。其中农业人口 152 902 人,占总人口 48.05％;非农业人口 165 292 人,占总人口 51.95％。

（卷三第三章《人口构成》,第 138 页）

1979 年 10 月,从原不脱产的计划生育干部和上山下乡的知识青年中选拔招干 12 名,安排至 12 个公社(街道)计划生育办公室当计划生育专职干部,改变了过去由妇联干部兼抓计划生育工作的局面。 (卷三第五章《计划生育》,第 144 页)

1977 年,"文化大革命"期间上山下乡的大批知青回到城市,城市人口增长较快,国家粮食供应相应增加,当年全市人口 11.96 万人,每人月平均供应 12.85 公斤,其中居民每月 12 公斤、干部 13.5 公斤,工人按工种定量供应,饮食、糕饼、油条、豆腐也凭粮票供应。 (卷十六第三章《粮油统销》,第 723 页)

1980 年支出知识青年安置费 29.9 万元,支援知识青年搞副业生产。 (卷十八第二章《财政收支》,第 833 页)

《华安县志》

华安县地方志编纂委员会编,厦门大学出版社 1996 年

(1969 年 2 月)7 日,县第一批知识青年,响应中国共产党的号召上山下乡,插队落户。 (《大事记》,第 24 页)

10 月,安置漳州市西桥、巷口两公社 2 838 名知识青年来县上山下乡插队落户。 (《大事记》,第 25 页)

是年(1973 年)止,上山下乡知识青年达 4 631 人。 (《大事记》,第 27 页)

(1974 年 1 月)17 日,召开上山下乡工作会议。学习中共中央 21 号、30 号文件,讨论上山下乡动员、安置、教育管理、生活等问题。 (《大事记》,第 27 页)

11 月 26 日,召开知识青年上山下乡先进单位、积极分子代表会。出席先进集体代表 22 个,积极分子代表 202 人。 (《大事记》,第 27 页)

(1977 年)4 月 7 日,接受安置漳州市(今芗城区)上山下乡新知青 782 名。 (《大事记》,第 28 页)

是年(1979年),全县共安置老知识青年和城镇待业人员就业931人,其中招往县外576人,县内安排355人。 （《大事记》,第30页）

1969年,全县安置漳州知识青年2 838人落户。

······

1979—1981年,由于大批上山下乡知识青年返城,人口总量比1978年分别减少1 290人、1 203人和683人。 （卷三《人口》,第一章《人口渊源与变动》,第99页）

1974—1977年,信访中反映有关知识青年上山下乡问题比较突出。
（卷十七第一章《中国共产党华安地方组织》,第448页）

《若干年份信访工作情况统计表》。（见本书第3244页表）

吸收上山下乡知识青年

1979年,华安县从多方面解决下乡知青的就业问题:把国营农、林、渔场的知青转为全民职工;国营企业招工时对知青优先照顾。全县有202名知青被招为集体工人。已与当地农民结婚的知青,就近安排其就业的共83名。 （卷二十第一章《工人》,第486页）

第三节　上山下乡知识青年安置

1969年10月,华安县接收安置从漳州市西桥、巷口2个公社来的上山下乡知识青年2 838人到农村插队落户。自1969—1972年11月3日止,全县先后接收和动员了8 000名城镇知识青年和闲散居民上山下乡插队落户,到农业第一线参加农业生产。1977年4月7日,接收漳州市上山下乡知识青年782人的安置任务。

根据省革委会闽(1976)75号文件精神,县收回从1969—1970年动员下乡插队的知识青年320户1 150人中的手工业工人23户63人及双职工、单职工、老弱病残106户478人。1971年,漳州市和龙溪地区从县内招收经过2年劳动锻炼的50名上山下乡知识青年当工人。1977年9—12月,县分4批回收少数老弱病残无劳动力的上山下乡知识青年92户420人(其中留队71人,转知青40人,实回收309人)。到1988年止,全县共安置上山下乡知识青年2 080人。其中安置在县内企事业部门1 426人,蔗糖季节工286人,金山铁厂轮换工100人,知青退伍复工复职50人,知青升学3人,县职中社医2人,合计1 867人;安置外地的213人。

（卷二十五第五章《其它民政事务》,第554页）

（本表上接本书第 3242 页）

单位：件

若干年份信访工作情况统计表

年份	总信访数	已处理	占%	来信	正常来访	接待日来访	建议批评	求决	揭发控告	申诉	纠纷	其他	信访中反映比较突出的问题
1974	2 624			1 906	718		315	1 134	376	226	309	264	有关知识青年上山下乡问题的330件,民事纠纷309件。
1975	2 854			2 335	519		338	1 167	559	199	346	245	有关知识青年上山下乡问题的437件,要求调动工作429件。
1976	3 446			2 012	1 434		253	1 897	437	158	394	307	有关知识青年上山下乡问题的651件,工资劳保、优抚救济544件。
1977	2 776			2 065	711		266	1 019	788	131	291	281	有关知识青年上山下乡问题的358件,民事纠纷291件。
1978	2 646			2 171	475		252	1 034	511	492	221	136	有关知识青年上山下乡问题的350件,反映落实政策问题246件。
1979	2 568	1 633	63.6	2 277	239	52	61	1 048	242	852	161	204	反映落实政策问题392件,有关知识青年上山下乡问题342件。

（卷十七第一章《中国共产党华安地方组织》，第 449 页）

3244

《长泰县志》

长泰县地方志编纂委员会编,方志出版社 2005 年

　　(1969 年)1 月 16 日,成立县革委会"四个面向"办公室,负责安排知识青年、干部、居民的上山下乡事宜(至 1971 年 2 月 16 日撤销)。当年,接收并安置上山下乡知识青年 5 182 人,其中大部分来自漳州市(现芗城区)。　　　　　　　　　　　　(《大事记》,第 36 页)

　　1969—1972 年,漳州、厦门、上海知识青年和居民 9 974 人上山下乡到长泰安家落户(后来一部分回原城市)。　　　　　　　　　　　　(卷三第二章《人口迁徙》,第 133 页)

　　1954—1990 年,迁出人口数最少的是 1954 年,计 867 人;迁出人口数最多的是 1979 年,计 4 235 人,主要是上山下乡的知识青年迁回原籍。　　　(卷三第二章《人口迁徙》,第 137 页)

　　1966—1975 年,复行"统收统支"办法。10 年中总预算支出 2 596.03 万元。其中,……城市人口下放(城镇居民、干部职工、家属和知识青年共 10 609 人)安置支出 264.12 万元。

(卷十六第二章《财政收支》,第 483 页)

第四章　知识青年上山下乡

　　1957 年 10 月,厦门市知识青年(以下简称知青)20 人到长泰美彭落户。1958 年 2 月,厦门知青 27 人到古农农场落户。

　　1962 年起,压缩城镇人口,动员城镇居民和知识青年上山下乡。1962—1968 年,长泰接收、安置来自漳州市等地的下乡知青 704 人,长泰城镇下乡知青 12 人。

　　1969 年,掀起知识青年上山下乡高潮,长泰动员城镇知识青年(1966—1968 年 3 届中学毕业生、社会青年)352 人下乡落户。同时,还接收、安置来自漳州市等地的知青 4 830 人,主要安排在坂里、枋洋、陈巷、岩溪等公社的农村落户。尔后,每年都动员知青上山下乡。1970—1973 年,接收安置下乡知青 844 人,其中来自外地的 392 人。1976—1978 年,接收安置下乡知青 730 人,其中来自外地的 305 人。

　　从 1957—1978 年,长泰共接收安置上山下乡知识青年 7 645 人,其中来自漳州市、厦门市、上海市等地知青 6 404 人,长泰城镇下乡知青 1 241 人;其中,男知青 5 356 人、女知青 2 289 人。1979 年起,不再动员知识青年上山下乡。

第一节　农　村　安　置

　　1969 年 1 月,县革命委员会成立"四个面向"办公室;1973 年 11 月,成立县知识青年上山

下乡办公室,负责上山下乡知识青年工作的管理。各公社及农场也配备知青管理专职干部。

上山下乡知青的安置,主要采取分散插队和投亲友落户形式。1973年,国家拨给每人安置费480元,农家具、医疗和学习费104元。下乡知青分散在各生产队,建立下乡知青小组,生产大队成立贫下中农再教育领导小组,对下乡知青进行管理和教育。分散插队对下乡知青的生活带来诸多不便,劳动回来再烧菜做饭,占用很多业余时间。一部分知青借住农民多余房屋,条件较差。

1974年起,创办知青点,组织分散在生产队的"老知青"进点,并将每年新下乡的知青安置到知青点。大队选派贫下中农进点,对下乡知青进行传、帮、带;县和地区分别派出一些干部到知青点带队。同时,国家批拨一批水泥、钢材和木材给知青点建房。至1978年底,全县共有知青点54个,建知青点楼房282幢2531间,建筑面积6.67万平方米,安置下乡知青2925人。

1975—1978年,安置部分下乡知青在国营农、林场参加集体生产劳动,使之住宿有房子,吃饭有食堂,劳动有工具,教育有人管。

第二节　就　业　安　置

知识青年上山下乡后,根据条件陆续安置下乡知识青年就业。对于独生子女或多子女的父母身边无人照顾,或有特殊困难需子女回城照顾的,由知青父母所在单位证明,经城镇街道审查,经县知青办批准,可回城镇落户。下乡知青患有疾病,在农村从事生产劳动有困难的,持有县以上医院证明,经动员地和安置地双方审查协商同意后,也可办理病退手续回城落户自谋职业。国家每年也下达一部分招工指标,招收下乡知青到国营企业工作。安置地采取推荐、评议等办法,选送一部分下乡知青应招就业。

1977年后,共有395人考上大中专学校,有39人招干,190人参军。至1978年,下乡知青办理手续回城的1129人。1979年,开始有计划、有步骤地分期分批安置下乡知识青年到国营企业、集体企业工作。同时,县拨款60万元创办知青建筑队、知青纸箱厂,安置下乡知青84人;拨款支持陈巷镇蚊香厂6万元,安置下乡知青40人。当年,下乡知青安排招工就业4936人,其他安排或自谋职业947人。对下乡知青本人自愿留在农村,政府拨给扎根费每人300元,并帮助解决住房、家具等,全县扎根农村当农民9人。至1981年底,全县上山下乡知识青年7645人就业安置结束。　　(卷二十五第四章《知识青年上山下乡》,第704—705页)

《龙海县志》

福建省龙海县地方志编纂委员会编,东方出版社1993年

1979年10月,从原不脱产的计划生育干部和上山下乡知识青年中选拔专职计生干部,全县配备22人。　　　　　　　　　　　　　　　(卷三第四章《计划生育》,第99页)

第四节　城镇知识青年安置

1964年开始动员城镇知识青年上山下乡，至1966年全县共动员1 854人，分别安置在本县国营农场114人，集体农林场、生产队1 486人；到华安县254人。1969—1971年，县掀起城镇知识青年上山下乡的高潮，下乡范围扩大至1968年后三届中学毕业生和年满16周岁未升入中学的1966—1969年四届高小毕业生，计有6 322人到农村插队落户，分别安置在国营农林场、社办农林场、新建青年场队、生产队或自找社员之家。1973年缩小上山下乡范围，病残不能参加农业劳动、独生子女、多子女身边只有一个子女和中国籍的外国子女等不动员下乡。归侨知识青年下乡的，主要安排到华侨农场。政府拨给下乡知青安置经费每人建房补助费、生活补助费各2百元，农具、家具、学习材料、旅运、医疗等补助费80元。

1964—1978年，全县共有10 262名知识青年上山下乡，其中安置在本县有5 551人，跨省、地、县安置4 711人。外县市回龙海安置1 183人。1979年不再动员城镇知青上山下乡，同时从多方面解决下乡知青的就业问题。做好退休、死亡职工的子女补员；把国营农、林、渔场的下乡知青转为全民职工；国营工厂、企业招工时从考分优先照顾；安置到城镇集体企业有6 639名招收为工人；已与当地农民结婚的，就地就近安排就业；农村条件好，本人自留在农村的169名；还有51人提为干部，551人上大、中专院校，373人参军，因病和其他原因回城2 479人。1981年知青安置工作宣告完成。

（卷二十五第一章《职工队伍》，第702页）

（1969年）1月6日，县"革委会"成立"四面向"办公室。1972年9月2日，中共龙海县委知识青年上山下乡领导小组成立。三年来全县知识青年及城镇居民上山下乡达一万八千多人，仅石码镇就9 613人。1976年9月后，上山下乡人员陆续回城。　　（《大事记》，第1166页）

《漳浦县志》

漳浦县地方志编纂委员会编，方志出版社1998年

（1969年）1月，县革委会"四个面向"办公室成立（1972年3月撤销），开始动员组织知识青年、城镇居民、干部、职工上山下乡到农村安家落户，接受贫下中农再教育。

（《大事记》，第34页）

（1973年）4月，县再次动员知识青年上山下乡，漳浦一中72届高中毕业生84名，到火烧埔安家落户。

（《大事记》，第36页）

"文化大革命"期间，1969年城镇居民和知识青年上山下乡及各行业人员下放，农村劳

力持续增加,至 1975 年,全县农业劳动力 18.8 万人,平均每个劳力负担耕地 2.94 亩。

(卷四第一章《生产条件》,第 166 页)

第四章　知识青年上山下乡
第一节　动员　安置

1962 年,开始动员城镇知识青年(以下简称知青)和少数待业居民到内地山区下乡落户,参加农林业生产。1969 年春,全县有 4 222 名知青(含少数干部、工人)上山下乡,到农村安家落户。下半年开始动员组织大批城镇高(初)中毕业生和社会青年上山下乡,接受贫下中农再教育。城镇居民每户可留城 1 人照顾父母,由劳动就业部门给予优先安排招工,其他待业子女均得上山下乡。县内城镇知青上山下乡原则上规定:城关的知青到南浦、长桥、石榴公社下乡落户,旧镇的知青到赤土公社和旧镇社办的红武农场下乡落户,杜浔的知青到长桥公社下乡落户,竹屿和赤湖的知青到湖西公社下乡落户。1969 年后,每年都要动员组织一批知青上山下乡。1971 年全县有 1 350 名知青上山下乡。1973 年后,各级主管部门对大批知青上山下乡进行认真管理,及时处理知青上山下乡的具体问题。到 1981 年底,全县共处理迫害知青案件 25 起,安定知青的思想情绪。同时对表现好的知青,给予推荐选送进入大(中)专学院(校)学习。1973 年 4 月,组织 84 名 72 届高中毕业生到火烧埔安家落户,开荒造田,建立新村。到 1978 年,全县又有 2 043 名知青上山下乡。1979 年全县有 121 名知青集体插队到 20 个知青点,同时接收安置 183 名跨省、市下乡知青。

1973 年开始由财政拨款在县内建立 20 个知青点,共供应木材 2 043 立方米,建知青住房 30 座,428 间,建筑面积 7 445 平方米,居住知青 893 人。1975 年全县建立下乡知青点 71 个,又安置下乡知青 439 人,并由公社和大队成立农林场、知青点 20 个,知青 374 人。1976 年成立独立核算知青农场 2 个,知青 74 人。同时建立 2 个农林场知青点,安置知青 37 人。当年转点调进安置知青 21 人,增加下乡知青 177 人。次年转点调出知青 50 人,因病或家庭困难办理回城 23 人。

第二节　招工、招干和其他安排

1971 年起,按政策逐步在上山下乡知青中进行招工、招干。到 1979 年共有 1 650 名知青回城工作,均安排在集体所有制企事业单位。此后逐年都安置部分知青回城工作。到 1981 年又从知青中招收集体职工 1 323 人。1977 年恢复高考后到 1981 年,共有 243 名知青考进大(中)专学院(校);有 170 名知青应征参军;有 12 名知青被提拔为国家干部(1979 年间)。此后有 58 名知青参加各级领导班子。1981 年底进行知青安置扫尾工作,县内知青全部安置完毕,仅个别人给予办理回城户口,自谋职业。到此,全县结存知青经费 8.49 万元,其中财政结存 2.96 万元、知青管理部门结存 5.53 万元。

(卷二十七第四章《知识青年上山下乡》,第 839 页)

《云霄县志》

云霄县地方志编纂委员会编,方志出版社 1999 年

同月(1968 年 12 月)22 日,《人民日报》发表毛泽东关于"知识青年到农村去,接受贫下中农再教育,很有必要"的题词。全县范围内迅速掀起知识青年上山下乡热潮。

(《大事记》,第 45 页)

(1969 年)1 月 29 日,县革委会作出"全县干部下放,知识青年和城镇居民插队落户的初步规划"并付诸实施。

(《大事记》,第 45 页)

10 月,成立"四面向"办公室,组织知识青年和城镇闲散劳力上山下乡。

(《大事记》,第 45 页)

(1973 年 3 月)22 日,县革委会部署 1973 年度上山下乡工作,继续动员知识青年上山下乡。以年满 17 周岁的初、高中毕业生,历届应上山下乡而未上山下乡的初、高中毕业生和城镇社会青年为重点对象,采取小型集体插队为主要形式。

(《大事记》,第 47 页)

1974 年 3 月,革委会组织组、宣传组划归县委,设知识青年上山下乡办公室。

(卷二十一第二章《政府》,第 764 页)

第五章 知青上山下乡与回城安置
第一节 上 山 下 乡

1964 年起,云霄始有城镇知识青年上山下乡。当时,动员 32 名高中毕业生到大埔公社内寮村(今常山农场东升作业区)开办知青农场。1969 年 1 月,县成立"四个面向"办公室,负责组织城镇知识青年面向农村、面向山区、面向海岛、面向边疆的上山下乡工作。至 1972 年,全县城镇知识青年上山下乡共 2 164 人。知青插队落户的第一年,每人每月由政府发给 8 元生活补助费,第二年每人月 3 元,第三年起不再补助。同时,下拨知青集体建房经费给接收安置的生产大队,根据安置人数,每人 180 元。1972 年改为适当集中,由县、公社选址并拨专款建立知青场(点),至 1977 年建立知青场(点)34 人,安置知青1 076 人。

1978 年,根据中共龙溪地委指示,对 1957—1962 年 6 月出生、家在城镇未升学的高中毕业生及文化程度在高小以上的社会青年(四不动员对象除外),再次组织其上山下乡。至 1978 年底全县城镇知识青年上山下乡累计 3 071 人。

第二节 回城安置

1970年开始,部分城镇上山下乡知识青年因招工、升学、参军等陆续调离农村。到1971年,招工回城139人,升学24人,参军40人,因病申请返回城镇7人。1979年3月26日,中共云霄县委批准知识青年上山下乡办公室《关于处理下乡知青回城意见的报告》,对于独生子女、父母多子女身边无子女的;与城镇居民、工人、干部结婚的;属复员退伍军人的;全家还有2个以上仍在农村务农的;父母双亡或父母中主要劳力亡故、未亡人没有固定职业的;确实病残、丧失劳动力、不能从事农业劳动的;台籍子女、归侨学生、中国籍外国人子女及不属于上山下乡范围的对象,优先回城安置。至1982年,除出国、死亡等27人,跨省、市、县调离35人,因病申请回城245人。除与当地青年结婚定居17人外,先后回城安置2 698人,其中招工(或补员)1 915人、升学243人、招干15人、参军145人、自谋就业380人。

云霄县知识青年上山下乡主要场(点)情况表

场点名称	安置人数(人)	建房数(间)	建房面积(平方米)	投资金额(万元)
东厦青年农场	93	50	1 564	5.18
荷步茶场	15	8	405	1.18
莆美林杨	24	9	286	1.05
上坑青年场	27	8	212	0.55
峰外知青点	12	3	91	0.32
赤岭知青点	25	10	323	0.56
剗屿林杨	26	14	358	1.05
火田畜牧场	56	21	724	2.55
火田知青场	55	45	1 132	3.28
岳坑知青点	13	5	150	0.32
下河产田埔知青农场	19	10	166	0.37
世坂知青点	20	17	401	0.84
磁窑知青点	17	8	245	0.88
后坑埔知青点	16	14	230	0.56
孙坑知青点	10	11	278	1
马舗坪水林场	9	6	150	0.3
常山东升知青场	27	28	1 112	1.05
圆岭林场	90	36	1 546	4.42
合　　计	554	303	9 373	25.46

(卷二十四第五章《知青上山下乡与回城安置》,第861—862页)

《东山县志》

东山县地方志编纂委员会编,中华书局1994年

(1969年)11月24日,县组织知识青年803名上山下乡(其中709人到平和县插队落户,94人到其他地方投亲插队)。　　　　　　　　　　　　　　(《大事记》,第31页)

（1974 年）秋，在城垵等 15 个大队建立"知青点"，安排上山下乡知识青年到各点参加劳动，接受贫下中农再教育。 （《大事记》，第 31 页）

1969 年 11 月，803 名知识青年上山下乡，其中 709 名到平和县插队落户，94 名到外省投亲插队。1968 年 10 月至 1970 年 6 月有城镇居民（含职工家庭）及待业青年共 3 900 多人迁居内地。1974 年 4 月，东山县籍到外县上山下乡的职工家庭 280 户计 993 人迁回。1978 年起，到平和县插队的知识青年及城镇居民除已参军、招工、招干或与当地通婚外，其余陆续迁回东山县。 （卷三第一章《人口数量与分布》，第 89 页）

1979 年招收 9 名上山下乡知识青年为计生干部，分配到各公社、镇工作。 （卷三第四章《人口控制》，第 98 页）

第四章　上山下乡知青安置

1968 年后，开始动员、组织大批城镇高、初中毕业生和社会青年（以下简称知青）上山下乡，接受贫下中农再教育。1969 年 11 月 24 日，组织知青 709 人到平和县插队落户，另有 94 人到外省投亲落户，1970 年又组织 187 人上山下乡。由于知青到平和县山区后不适应当地生活，不少人便倒流回城。1970—1972 年就有 52 人因病或其他原因办理回城。1974 年开始在上山下乡知青中招工招干。当年有 12 人被招工、4 人被招干。同年秋，县内始在城垵、马銮、东沈、湖尾、古港、港西、坑内、县良种场、梧龙、叶厝、岱南、下溪、径里、山口、西港等地建知青点，组织新毕业生和社会青年前往上述知青点务农，不再到平和。至此累计上山下乡知青 1 624 人。

1977 年恢复高校考试招生制度，有部分知青参加报考，当年被大中专院校录取的知青 8 人。1978 年下半年，在平和县插队落户的知青（除与当地农民通婚外）均迁回县内各知青点。1979 年 9 月起，以文化考核方式对知青招工，被招工知青大部分安排在企事业单位工作，在外县与当地农民通婚的知青，也由当地招工安排。至 1980 年，县内上山下乡知青全部安置完毕。其中，被招工 835 人，招干 61 人，招生 102 人，应征参军 69 人，其余办理回城自谋职业。 （卷二十四第四章《上山下乡知青安置》，第 543 页）

《诏安县志》

诏安县地方志编纂委员会编，方志出版社 1999 年

同月（1968 年 12 月），县成立"四面向"（面向工厂、面向农村、面向基层、面向山区）办公室，开始动员知识青年和城镇居民上山下乡。 （《大事记》，第 38 页）

（1969年)2月4日，县革委会召开首批知识青年和城镇居民上山下乡欢送大会。以后几年中，上山下乡知识青年达1 768名，城镇居民达2 370户、10 480人。

（《大事记》，第38页)

第五章 知识青年上山下乡
第一节 插 队 落 户

1964年下半年，诏安县建设山区安置办公室开始动员组织城镇青年上山下乡，至1966年上半年共组织城镇高小、初中、高中毕业青年和待业青年146名下乡，多数安置在县内亚湖农场、古关农场，少数安置在其亲友所在农业生产队。1966年下半年上山下乡工作暂停。

1968年12月，诏安县革命委员会"四面向"办公室开始动员、组织大批城镇高、初中毕业生和社会青年上山下乡。1969—1970年，形成知识青年上山下乡高潮，全县932名知青上山下乡。1971—1973年17人下乡。

1973年11月，成立中共诏安县委知识青年上山下乡办公室，工作人员8人，负责动员组织城镇初、高中毕业生上山下乡，办理知青留城、病退、困退和招工、招干、升学、参军等事项。1974年后，知识青年上山下乡办公室成批组织城镇应届及部分历届高、初中毕业生上山下乡，在劳力少土地多的乡村建立知青点，以农业劳动为主。有少数知青投靠亲友到农业生产队插队。病残、独生子女、多子女身边只有1个子女、中国籍外国人4种情况不动员下乡。是年，每个下乡知青安置费从原来的220元提高到480元。1964—1978年，全县共1 912名知青到农村插队落户，知青自上山下乡之日起，由国家供应1年的口粮，1年后有困难的实行粮食补销。1979年停止动员下乡。1980年知识青年上山下乡办公室被撤销。

第二节 就 业 安 置

诏安县自1964年开始在上山下乡青年中招工。1969年起在招工的同时，进行招生、招干、参军等项安置。

1964—1978年，全县上山下乡知青1 912人，除死亡4人、其他原因离开农村56人外，实有1 852人全部安置。安置就业时在考工、定级、转正等方面对知青采取优惠政策。招工1 301人，招生196人，招干18人，参军180人，自谋职业18人，迁往外地安置35人，按病因办理回城100人，出国4人。1979年5月，诏安县安置城镇待业人员工作领导小组、知青办、劳动局本着国家关心、负责到底的精神统筹安排知青就业。至1980年底，户粮关系在农村的845名新老知青全部得到解决，知青返城安置其子女户粮关系随同迁移。1985年6月，按规定知青就业后其在农村参加劳动的时间可以与参加工作后的时间合并计算连续工龄。

1964—1978 年知识青年上山下乡插队落户情况表　　　　　　单位：人

年份	合计	四都公社	桥东公社	城关公社	深桥公社	西潭公社	太平公社	官陂公社	秀篆公社	西山农场	金星农场	建设农场	红星农场	五七大学	县畜牧场	其中 外县来插队	其中 去外县插队
合计	1913	97	78	127	608	532	64	39	6	70	76	207	6	1	1	26	35
1964	78		1	68	1						8						
1965	61		1	38		3					19						
1966	7			3	1						3						
1967																	
1968																	
1969	837	5	10		310	326	5	1	1		9	170					6
1970	95	16	8	1	35	5	1	3			20	5	1				
1971	8	1	1		4				1		1						
1972	2	1			1												
1973	7			1	4					1			1				
1974	156	12	5	2	52	19	13	8		40	3		2				12
1975	317	38	20	13	120	69	20	12			1	21	1			2	8
1976	151	9	7		36	52	12	7	2	14	3	7	1		1	6	6
1977	176	13	21	1	42	52	13	8	2	12	7	4		1		17	3
1978	17	2	4		2	6				2	2						1

（卷二十六第五章《知识青年上山下乡》，第 785—786 页）

《平和县志》

平和县地方志编纂委员会编，群众出版社 1994 年

（1963 年）10 月 1 日，首批城镇青年和闲散劳力 108 人上山下乡，插队落户。

（《大事记》，第 33 页）

（1965 年）9 月 25 日，平和县因组织知识青年开发山区经济成绩显著，应邀派代表参加国务院在北京召开的部分省、地、市、县安置下乡知识青年座谈会。　　（《大事记》，第 34 页）

　　1963 年，漳州市上山下乡知识青年 200 多人到农场安家落户。"文化大革命"后陆续返回漳州安置就业，到 1988 年剩下 40 多人。　（卷六第二章《生产关系变革》，第 215 页）

知识青年就业安置

　　1963 年 10 月，中共平和县委压缩劳力领导小组办公室首次动员和组织城镇知识青年

52人到文峰公社文美大队宝桥青年场落户。至1966年,全县共有知识青年340人到农村插队落户。1969年,平和县革命委员会"四面向"(面向工厂、面向农村、面向基层和面向山区)办公室动员和组织大批初、高中毕业或未毕业的学生和社会青年到农村,"接受贫下中农再教育"。其中城镇知识青年988人。1963—1978年,全县共有3590名知识青年到农村插队落户。

1970年,上山下乡两年以上、表现良好的知识青年、由所在地贫下中农推荐,基层党委审批上报,经县有关部门批准,招收为全民所有制职工。出席县以上积极分子代表会议两次的知识青年或台胞、侨属知识青年,被安排为全民所有制职工。1978年招工时,对1972年前下乡的老知青,年龄在28周岁以下、具有初中以上文化程度和未婚的给予优先照顾。

1979年,对仍在农村插队的知识青年,则采取多渠道、多形式安排就业。在国家统一计划下,对城镇知青和上山下乡知青实行统筹安排。对子女多、就业人口少的下乡知青家庭和下乡时间长的知青给予适当照顾,年龄放宽到28周岁。在文化测试时,下乡知青可以降低一个分数段。1979年,就地就近安排到乡镇企业90人,自谋职业8人。1980年,安置老知青104人。

1970—1980年,全县共安置2145名上山上乡知识青年就业。

1963—1980年上山下乡知识青年安置情况表　　　　　单位:人

人数 年份 项目	招工	招生	参军	提干	病退	病故	转点	合计
1963—1971	110	18	30		132	6	90	386
1972	202	5	10		41		30	288
1973	100							100
1974	124	19			60			203
1975	103	14		1		3		121
1976	173		17		102		20	312
1977	73	17	10		5	1	5	111
1978	95	98	60	4	21	2	48	328
1979	808	64	14	60	227		21	1 194
1980	357	4	1		32	1	152	547
合计	2 145	239	142	65	620	13	366	3 590

(卷二十四第一章《劳动管理》,第595—596页)

1966年"文化大革命"开始,体委瘫痪,农村体育活动冷落。县革命委员会成立后,随着广大干部下放农村以及大批知识青年上山下乡,他们自己动手,制作各种简易器材,如单杠、双杠、爬竿、篮球架等,工余开展体操、球类、棋类等活动。

(卷三十一第一章《群众体育》,第788页)

《南靖县志》

南靖县地方志编纂委员会编,方志出版社1997年

　　(1969年)1月16日,县成立四面向办公室。即日起分批安置下放干部、知识青年、城镇居民6 500人到农村蹲点或插队落户。　　　　　　　　　　　　(《大事记》,第28页)

　　(1973年)9月8日,县成立知识青年上山下乡领导小组,12月15日改称县知识青年上山下乡办公室。　　　　　　　　　　　　　　　　　　　　　　(《大事记》,第29页)

　　1962—1968年,接收安置外县开发山区和上山下乡知识青年1 080人。1969—1978年,接收安置外县上山下乡知识青年4 558人。　　(卷三第二章《人口变动》,第129页)

　　1979年,为解决上山下乡知青和城镇待业人员就业,学习外地经验,搞"全民带集体",即用集体招工指标招收集体工人到全民单位就业。

　　　　　　　　　　　　　　　　　　　　(卷三十一第一章《劳动管理》,第876页)

　　1980—1984年,按"统一考试,择优录用"原则,录用原"以工代干"人员150名为国家正式干部,吸收工人、农民、知识青年为干部320名。(卷三十一第二章《人事管理》,第884页)

第三章　上山下乡知青管理
第一节　知青上山下乡

　　1962年,为压缩城镇人口,支援农业生产,开始动员城镇高、初中毕业生或肄业、没有固定工作的知识青年(以下简称知青)上山下乡到农村插队落户。至1968年,全县共安置外省、市及县内上山下乡知青1 080人在农村插队落户。

　　1969年,响应毛泽东同志"知识青年到农村去,接受贫下中农再教育"的号召,县成立"四个面向"办公室(面向工厂、面向农村、面向基层、面向山区),配备干部10人,管理下放干部、复退军人、初中毕业生、社会知识青年、城镇闲散劳力的安置和大、中专毕业生分配工作。当年,大造社会舆论,广泛动员城镇1966—1968年3届中学毕业生和年满16周岁未升入中学的1966—1969年四届高小毕业生上山下乡到农村插队落户,共动员821人,接收安置来自龙海、漳州等县、区城镇知识青年3 065人在农村插队落户。每个上山下乡知识青年发给安置费480元。插队第一年每人每月发给生活补助费8元。

　　1972年,建知青点集中安置上山下乡知青。由县计划委员会供应水泥、钢筋、木材,社、

队安排民工支援基建。当年全县兴建知青点52个,新建知青住房61座387间。

1973年起,对病残不能参加劳动的知青、独生子女或多子女但身边只有一个子女的居民户不动员上山下乡。归侨学生上山下乡照顾安置在华侨农场。县拨给上山下乡知青每人建房补助费、生活补助费各200元,农具、家具、学习材料、旅运、医疗等补助费计80元。对少数病残丧失劳动力的,退回原城镇,由县民政局给予生活补助;对因公负伤的知青,由劳动部门安排招工到企事业单位。9月,县成立知识青年上山下乡领导小组。12月,设置知识青年上山下乡办公室,配备干部7人,专门管理知青上山下乡工作。1975年,动员城镇年满17周岁到28周岁的1974年应届高中毕业生、未再升学的初中毕业生、肄业生、无固定工作的社会知识青年300多名上山下乡。县组织对知青点巡查,了解知青生活状况,帮助解决口粮不足、疾病医疗、住房修建等问题。

1978年,允许多子女但身边没有子女的城镇居民家庭,由父母挑选一个子女留在身边,由县上山下乡知青领导小组发给"不动员证"。1979年后,不再动员城镇知识青年上山下乡。

第二节　知青就业安置

1971—1978年,有漳州、龙岩、厦门等城市国营工厂向县招工,较早上山下乡的1 150多名知青被选送进厂就业。

1979年,县开始统筹安排1972年以前上山下乡知青就业。对有技术特长的知青,实行对口安排就业,以利发挥一技之长。年纪小、文化程度较高、表现好的,安排在工交、财贸系统。年龄大、文化程度低、身体强壮的,安排到国营林果场和基建部门。对在农村已与当地农民结婚,不便离开家庭的女知青,就近就地安排招工到社办企业单位;对已婚的可以离开家庭的男知青则统一分配就业。对一部分插队在边远山区,没有什么特长的知青,则动员扎根在农村。同年6月,首批安排537名1972年以前上山下乡的知青就业。其中,招为国营林果场全民工人有82人,招工到工交系统199人,到财贸系统159人,到文化卫生系统19人;招为社办集体企业工人78人。

1980年,多方协调解决上山下乡知青就业问题,优先录用老知青到全民或集体单位工作,有计划地安排部分1973年后上山下乡知青招工就业,适当优先照顾台籍子女、父母只生2个子女其中一个子女下乡的上山下乡知青、父母双方无固定职业生活困难的上山下乡知青、上山下乡后父母双亡的知青、华侨子女和出席过省、地、县知青先进代表大会的积极分子招工就业。对个别因身体缺陷或年龄已在40周岁以上,一时安置就业有困难的老知青和自谋职业的知青,发给生产、生活困难补助费300元。11月,县马山知青罐头厂建成试产,安排172名知青进厂就业。对安排在农村社办或城镇集体企业的老知青,给予转入居民户口,供应商品粮。当年,安排知青招工786人。12月,县知识青年上山下乡办公室撤销,人员和业务移并入县劳动局。

1977年南靖县上山下乡知青点情况表

知青点名称	知青人数	知青点名称	知青人数	知青点名称	知青人数
丰田农场 红灯知青点	36	梅林公社 科岭大队知青点	11	山城公社 汤坑实验场知青点	11
农业局 种苗场知青队	53	书洋公社 农苗场知青队	12	山城公社 汤坑大队水尖山知青点	13
农业局 良种场知青队	14	书洋公社 书洋大队知青点	10	山城公社 城关大队高烈寨知青点	10
林业局 朱坑林杨知青队	22	船场公社 农科所知青点	19	山城公社 鸿钵大队耕山队知青点	15
龙山公社 马山知青农场	113	船场公社 林场知青点	10	山城公社 葛山大队农科组知青点	10
龙山公社 马山知青农场	113	南坑公社 南塘大队魁寨知青点	10	山城公社 碧侯大队耕山队知青点	12
龙山公社 金溪林场知青点	11	山城公社 农科所知青点	11	靖城公社 湖林大队知青点	15
金山公社 河坑大队"三八"场知青点	10	山城公社 溪边大队帆寨知青点	13	靖城公社 草前大队知青点	11
和溪公社 农科所知青点	12	山城公社 碧侯大队女知青点	11	靖城公社 草坂大队畜牧场知青点	10
和溪公社 林场知青点	11	山城公社 翠眉大队五斗山知青点	13	靖城公社 院前大队粉豆油场知青点	10
和溪公社 畜牧场知青点	12	山城公社 南坪大队知青点	11	靖城公社 大房大队知青点	11
和溪公社 月明大队知青点	10	山城公社 张渠大队知青点	11	县食品公司 种猪场知青点	11
和溪公社 林中大队知青点	15	山城公社 岩前大队耕山队知青点	10	卫生局 知青点	6
和溪公社 林坪大队竹林知青点	16	山城公社 桥头大队知青点	10	手管局 吊口岭知青点	16
和溪公社 联桥大队林果场知青点	14	山城公社 下碑大队知青点	12	建筑社 外樟祠青点	10
和溪公社 林坂大队知青点	13	山城公社 三下大队红宝山知青点	11	合成氨厂 大湖山知青点	10
奎洋公社 永溪知青点	12	山城公社 三下大队龙潭底知青点	12		
梅林公社 梅垄大队知青点	14	山城公社 汤坑大队"五四"场知青点	14		

1962—1980年城镇知识青年上山下乡基本情况表

年份\项目 人数	合计	1962—1968	1969	1970	1971	1972	1973	1974	1975	1976	1977	1978	1979	1980
一、动员知青下乡合计	1 925	—	821	169	66	54	60	130	300	154	138	33	—	—
其中:到外省、市、县	59	—	9	8	1	—	1	11	12	6	9	2	—	—
女青年	671	—	321	56	22	17	20	43	75	56	50	11	—	—
二、安置下乡知识青年合计	6 424	1 080	3 877	451	69	54	59	128	325	172	175	34	—	—
其中:接收外省、县市知青	4 558	1 080	3 065	290	4	—	—	9	37	24	46	3	—	—
女青年	1 966	350	1 143	151	22	17	20	40	80	63	68	12	—	—
三、下乡知青增加数	705	—	—	—	—	—	—	—	578	97	19	11	—	—
其中:转点调进	18	—	—	—	—	—	—	—	7	6	—	5	—	—
四、调离减少合计	6 835	—	—	—	759	175	218	306	639	480	791	456	1 859	1 152
1.招工	3 290	—	—	—	253	39	218	200	159	279	39	163	1 154	786
2.招生	338	—	—	—	41	10	—	59	48	—	32	119	25	4
3.征兵	255	—	—	—	79	20	—	17	3	23	5	57	14	37
4.提干	23	—	—	—	—	—	—	—	1	—	—	13	8	1
5.病退回城	943	—	—	—	236	80	—	—	—	—	—	3	409	215
6.死亡	39	—	—	—	15	1	—	4	6	3	3	2	3	2
7.转点	194	—	—	—	135	25	—	—	5	—	—	17	5	7
8.其他	1 753	—	—	—	—	—	—	26	417	175	712	82	241	100

（卷三十一·第三章《上山下乡知青管理》,第 888—891 页）

《龙岩地区志》

龙岩地区地方志编纂委员会编，上海人民出版社 1992 年

（1969 年）5 月，自 1968 年 12 月—本年 5 月，厦门市集美侨校和集美中学 117 名侨生，响应中央"上山下乡"号召，步行至永定县插队落户。同时，本区范围内也掀起"上山下乡"的热潮。

6 月，截至中旬止，全区农村已安置知识青年及城镇人员 28 529 人。其中本区 2 026 人，其余为厦门市、晋江地区的上山下乡人员。 （《大事记》，第 45—46 页）

"文化大革命"时期信访主要内容是反映知识青年、城镇居民"上山下乡"的一些问题，要求归还被占用的房屋，被查抄的财物以及要求甄别错案等。但由于此间运动频繁、机关工作秩序不正常，信访工作也无法正常开展。 （卷 23 第八章《信访》，第 919 页）

【上山下乡知识青年安置】 自 1964 年起，全国对城市中学生的安排，实行"进学校，上山下乡，支援边疆，城市安排"四个方向的原则，开始动员城镇知识青年上山下乡，走与工农相结合的道路。1968 年 12 月，全区掀起动员知识青年上山下乡的高潮，到 1978 年底，全区共动员和接收知识青年 44 625 人上山下乡，其中接收外地区知识青年 25 999 人，本地区动员 18 626 人。

1979 年起，根据《国务院关于知识青年上山下乡若干问题的试行规定》，按照"统筹兼顾，全面安排"的方针，在动员知识青年上山下乡的同时，通过企业单位招工、大中专学校招生、应征入伍、招干等途径，安置下乡知识青年 20 601 人。是年底，城镇知识青年上山下乡工作停止。但尚有 3 073 名下乡知识青年留在农村。1980 年起，对仍在农村的上山下乡知识青年采取各种措施，下达专项指标，积极安置。至 1982 年，全区下乡知识青年全部安置完毕。 （卷 28 第一章《劳动》，第 1059 页）

《龙岩市志》

龙岩市地方志编纂委员会编，中国科学技术出版社 1993 年

（1969 年）1 月，首次大批知识青年上山下乡，到农村插队劳动，当年下乡 4 220 人。至 1980 年先后下乡知青累计有 7 919 人。从 1970 起逐步通过招生、招干、病退回城等渠道作了安置。 （《大事记》，第 30 页）

（1974 年）1 月 1 日，东肖林场 6 位上山下乡知识青年为扑灭山林火灾身负重伤，其中

18 岁的女共青团员张素珍英勇牺牲。　　　　　　　　　　　　　　（《大事记》,第 31 页）

（1970 年后）城镇居民就业,经地、省劳动部门批准,按下达指标,在城镇待业青年,上山下乡知识青年中招工。城镇待业青年须具有初中以上文化程度、年龄在 16—25 周岁之间（个别可延至 28 岁）,知识青年上山下乡须满二年,均须经群众推荐、民主评议、单位领导同意,报劳动部门审批。　　　　　　　　　　　（卷二十五第一章《劳动》,第 569—570 页）

第四章　知识青年上山下乡

1963 年底,动员、组织城镇未升学、就业的中学生,18—35 岁待业青年上山下乡。次年初,安置上山下乡知识青年(简称知青)670 人,其中居民回乡 516 人,知青 154 人。知青中30 人分配到国营小洋农场,其余分别组成东街、中街、西街、西安、苏溪、溪南、社兴、东新等 8个耕山队,安置在小池背斜、湖邦朝前、西陂圆田塘、岩山北山、曹溪中甲、城东牛坑头等农村。1963 年 10 月,小洋农场接收厦门市知青 51 人。1965 年初,小洋农场、小池茶场分别接收晋江地区上山下乡知青 151 人。1966 年 4 月,又动员城镇知青 60 人和各耕山队抽调的30 多人组成城关人民公社农场(在小池背斜小溪炉)。"文化大革命"后,各耕山队先后解散,小溪炉农场停办,大部分知青退回城镇。

1968 年,毛泽东主席发出"知识青年到农村去,接受贫下中农再教育"的号召。次年元月 1 日,成立龙岩县革命委员会"四个面向"(面向山区、面向农村、面向边疆、面向基层)办公室,各机关、团体、厂矿企事业单位、街道居委会也相应成立机构,各人民公社、生产大队、生产队建立再教育领导小组。全面动员 17—28 周岁未婚社会青年和 1966—1968 届初、高中毕业生上山下乡。1969 年,下乡知青 4 220 人,其中大部分在生产大、小队插队落户。

1973 年 10 月 9 日,成立龙岩县知识青年上山下乡领导小组,下设办公室,配备专职干部,各人民公社也相应建立知青工作领导小组,每年动员组织知青上山下乡。1975 年,知青上山下乡 1 115 人。至 1980 年底,累计下乡知青 7 919 人,其中女知青 3 055 人。分别安置在 16 个公社,162 个生产大队,82 个生产小队(知青点)。1977 年,县知青办加强知青管理,将 3 161 名知青相对集中安置在 145 个知青点,20 个知青农场、生产队,5 个社办农场、林场、耕山队,4 个国营农场。

知青到农、林场落户第一年,每人由国家发给建房补助费 200 元,生活补助费 200 元,医疗、农具等补助费 80 元,计 480 元。按城镇居民粮油标准供应 1 年,参加当年集体分配,第二年后,只对低于基本口粮部分予以补足。1974—1978 年,先后新建知青住房 1 989 间。1969—1979 年知青下乡安置费和业务费累计开支 309.87 万元。

1970 年起,陆续选调下乡知青回城镇。1975 年后,逐步缩小知青下乡范围,执行"父母身边留一个子女"的规定,3 321 个知青(包括省、地属厂矿)发给"留城证",先后有独生子女和因病生活困难的知青 1 018 人退回城镇。1974—1981 年,分期分批从知识青年中招生 497 人、招工 5 790 人、招干 40 人、征兵 208 人,转点调出外省、市、县的 64 人,调离 302 人。

1980 年 12 月,撤销龙岩县知识青年上山下乡领导小组,其办公室并入县劳动局。

(卷二十五第四章《知识青年上山下乡》,第 585—586 页)

《连城县志》

连城县地方志编纂委员会编,群众出版社 1993 年

是月(1969 年 2 月),组织城镇待业青年上山下乡,还安排莆田及厦门部分知识青年在本县插队落户。至本月止,共安置上山下乡知识青年 2 425 人(其中莆田等地知青 1 826 人,本地知青 599 人),接受省、地下放干部 852 人,大专毕业生 264 人。 (《大事记》,第 54 页)

(1970 年)1 月,成立连城县革命委员会四个面向办公室,负责全县居民及知识青年上山下乡的安置等各项具体事务。 (《大事记》,第 54 页)

(1979 年)12 月,连城及外县城镇上山下乡知识青年 5 679 人,经过各级组织的推荐,已有 4 025 人被行政机关及企事业单位录用。 (《大事记》,第 58 页)

"文化大革命"中、后期开始,大批知青招工招干,机构增加,开支扩大,1971 年行政管理费上升为 174.24 万元。1974—1977 年有所紧缩,每年均在 100 万元以内。

(卷十六第一章《财政》,第 464 页)

第四节　知识青年上山下乡
一、上　山　下　乡

从 1964 年到 1967 年,为支援农业生产,全县共有 33 名知识青年上山下乡到附城公社红岩耕山队,参加农业生产。

1968 年 12 月,毛泽东同志发出"知识青年到农村去"的号召,连城动员具有高小以上文化程度,年满 17—28 周岁、无固定职业的知识(社会)青年和居民家庭上山下乡、插队落户;同时,做好安置莆田县和县内知识青年上山下乡的准备工作。到 1969 年,全县共动员县内知识青年 419 人上山下乡,接收安置莆田县知识青年 1 826 人。之后,县内逐年均有知识青年上山下乡(见下表 23-3)。到 1978 年底,全县共有上山下乡(包括外地区)知识青年 5 680人,知青场(点)110 处。按规定知识青年到农村第一年,粮油由国家供应,每月享受国家发

给的生活费8元。

表 23-3　历年安置下乡知青人数与分布情况一览表

年　份	知青下乡人数				下　乡　分　布　地　点
	合计	本县	莆田	其他地区	
1964年至1967年	33	33			红岩耕山队（城关洪山上）
1968年至1969年	2 245	419	1 826		文亨、朋口、宣和、莒溪、北团、四堡、罗坊、姑田、曲溪
1970年	59	51		8	塘前、赖源、姑田
1971年	10	10			
1972年					
1973年	1 307	1 307			北团、四堡、罗坊、塘前、文亨、曲溪、姑田、赖源、莒溪、朋口、宣和
1974年	1 130	1 127		3	同上
1975年	312	287		25	城郊、塘前、文亨、北团、罗坊、四堡、李屋、曲溪、姑田、宣和、朋口、莒溪、新泉、庙前、果茶场
1976年	318	315		3	同上
1977年	212	209		3	城郊、塘前、文亨、北团、罗坊、姑田、曲溪、朋口、莒溪、庙前、李屋等公社各知青场、点
1978年	54	52		2	城郊、庙前、塘前、莒溪等公社知青场点
合　计	5 680	3 810	1 826	44	

二、就 业 安 置

1970年开始，对上山下乡知识青年逐年进行就业安置，至1980年，全县共招工安置4 980人，绝大部分安置在本县工商企业当工人，一部分招工到龙岩、永安、三明等地。在此期间，本县有部分知青报名参军或被推荐上大学；有340人被选拔到农村各级领导班子，担任农村基层领导干部；还有少部分莆田知青回原籍安置。到1982年全县知青全部安置完毕。

从1974年至1980年，全县在农村的知青先后有3 604人加入中国共产主义青年团，有125人加入中国共产党。　　　　　　　　　　（卷二十三第一章《劳动》，第632—633页）

《永定县志》

永定县地方志编纂委员会编，中国科学技术出版社1994年

（1966年）3月9日，西溪农场职工、原厦门市上山下乡女知识青年黄美妙，因抢救森林

火灾被烧成重伤。县直机关干部、职工为她踊跃献血,终因伤势过重,抢救无效,于3月20日去世,时年20岁。1974年被福建省革命委员会追认为烈士。 （《大事记》,第25页）

(1969年)2月7日,首批厦门市知识青年117名到永定落户。至1970年底,全县先后安置上山下乡人员29批计1.1231万人。 （《大事记》,第26页）

1968—1970年,厦门知识青年上山下乡到本县落户;省生产建设兵团来坎市开发煤矿,龙坎铁路建设等,迁入本县人口有所增加。1968年迁入2671人。1969年迁入8420人。1970年迁入4610人。 （卷三第一章《人口变动与分布》,第112页）

第三节　知识青年上山下乡安置与回城就业

一、知识青年下乡安置

1962—1965年,接收安置厦门知识青年426人,分别安排到永定先锋烟场和西溪农场当农业工人。1966年3月,专署分配永定县知青上山下乡任务50名。1969年2月,厦门侨生116人首先响应"知识青年到农村去"的号召,从集美徒步来永定县抚市公社东安、五湖、华丰3个大队插队落户。此后,知识青年上山下乡掀起高潮。从1962～1978年,全县共接收安置8446人,其中厦门知青6004人,外省回原籍插队1409人,永定县1033人。此外,还接收安置了厦门市居民366户,1733人。1979年以后,停止动员知青和城镇居民上山下乡插队落户。

为了帮助知青解决下乡后的实际困难,做好安置工作,永定县于1969年1月,成立永定县"四面向"(面向工厂、面向农村、面向基层、面向山区)办公室,具体负责此项工作。下乡知青在第一年内,每人每月发给生活补助费18元;整户下乡的居民,每人每月8元。从第二年起,自食其力。个别因病等有特殊困难的,酌情补助。1971年开始,建立知青场、点,把分散落户的知青适当集中,先后建立知青场、点257个,派出带队干部40人驻点工作,拨出上山下乡经费(包括生活费、农用家具费、建房费等)134.15万元,建知青房214座1662间,面积50449 m²。同时还处理了破坏知青上山下乡案件43起。知识青年通过上山下乡劳动锻炼,在当地党政的培养教育下,涌现出不少先进人物和典型事迹,如厦门知青黄美妙(女),于1966年3月在西溪农场为扑救山火,奋不顾身,献出了宝贵生命,后被省人民政府追认为烈士。到1980年止,全县知青加入中国共产党的76人,加入共青团的1067人,参加各级领导班子的250人,担任生产队干部的550人,当赤脚医生的50多人。抚市乡龙潭大队知青许春来(归侨学生)还赴京出席了国庆二十周年观礼。

二、知青回城就业

1970年,根据省革委会决定,开始从下乡知青中招收工人。当年招工209人。到1980年止,调离农村的下乡知青8418人(其中女知青3565人),死亡26人,对剩下的2名1981年也作了妥善安置。在调离农村的知青中,招工 5 017 人,上大中专 308 人,参军 76 人,提干 8 人,照顾生病和困难回城 1 089 人,转点调出县外 636 人,出国或其他原因调离农村 1 284 人。

对厦门迁来的城镇居民,1977 年以前,已由厦门市知青办和公安局落实收回安置。

(卷二十五第一章《劳动》,第 655 页)

《上杭县志》

上杭县地方志编纂委员会编,福建人民出版社 1993 年

(1969 年)2 月 5 日,县首批知识青年 566 人,居民 114 人,到农村插队落户。

(《大事记》,第 45 页)

(1973 年)7 月 1 日,县城召开万人大会,传达中央《关于要求进一步做好知识青年上山下乡工作》的文件。随后,对全县上山下乡知识青年安置工作普遍进行一次检查,对知青吃、住、用、医困难采取各项补救措施。　　　　　　　　　　　(《大事记》,第 47 页)

上山下乡知识青年安置

1969 年,掀起"知识青年到农村去,接受贫下中农再教育"、"走与工农相结合的道路"的热潮。县成立"四个面向"(面向农村、面向工厂、面向山区、面向边疆)办公室,后改称知识青年上山下乡办公室(简称"知青办")。同年 2 月县在人民广场召开"热烈欢迎首批知识青年、城镇居民光荣上山下乡大会",3 月厦门市第一批知识青年到县插队落户。年底,共安置上山下乡 10 134 人,其中厦门籍 7 642 人,安置在 20 个公社插队落户。到 1978 年,全县农村共安置知识青年 10 141 人。人民政府支付专项经费 358.41 万元。除生产队供给口粮外,人民政府还拨补粮食 96 万公斤。

1970 年开始,通过招工、参军、升学、提干等渠道,上山下乡人员逐年从农村调回城镇并予以安置。到 1981 年底,全部安排就绪,上山下乡运动也告停止。

(卷二十二第一章《工人》,第 640 页)

《武平县志》

福建省武平县地方志编纂委员会编,中国大百科全书出版社 1993 年

(1969 年)1 月,成立武平县知识青年上山下乡办公室。27 日,一批城镇知识青年上山下乡到东留苏湖大队插队落户。至 1977 年秋,全县安置上山下乡知识青年及城镇居民共 11 000 多人,其中知识青年 6 720 人(厦门 5 826 人,武平 590 人,外地大中专毕业生 304 人)。1970 年

后逐步安置回城或回原籍安置。至 1980 年全部安置结束。 （《大事记》,第 49 页）

从外地迁进人口,除历史上有客家人大量迁进之外,建国后武平县迁进迁出的人口不多。1970 年前后曾有厦门市 5 990 多名上山下乡知识青年迁入县内,至 1980 年 90％已迁回原籍。因升学、通婚、工作调动等迁出迁入县境的每年在 2 000—6 000 人之间。

（卷三第一章《人口演变》,第 122 页）

第四节　知　青　管　理

1968 年,中央发出"知识青年到农村去"的号召,掀起城镇知识青年上山下乡的热潮。武平自 1969 年春至同年 11 月,先后接收安置数批厦门市上山下乡知识青年共 5 826 人,外地迁回的武平籍知青 58 人,武平本城镇知青 120 人,1966 年至 1968 年三届大中专毕业生 304 人,合计 6 308 人。分别安置在全县 16 个公社,建立了 364 个知青点,29 个独立核算的知青场队,129 个社、队办农林场、耕山队,以及 6 个企事业单位。从县到社、队各级都建立知青管理机构,配备干部,并吸收上山下乡知青参加各级领导班子,加强领导管理。

知青生活,不分男女均按全劳力,每月供应商品粮大米 18.5 公斤,自 1969 年 3 月起,一年内每人每月发给生活补助费 8 元,被服日用补助费平均每人 15 元,小农具和家具购置按实际情况酌情补助。住房除发动群众借让外,1969 年至 1979 年,全县拨款 69 万元新建知青住房 274 座、1 864 间,面积 30 559 平方米(岩前烤烟场、东留朱子庙、中赤等地自筹资金建的知青房未计入)。共购置拖拉机 18 部,三用机 18 台,锯板机 2 台,电动机 4 台,洗衣机 2 台,碾米机 2 台,造粉干机一套,粉碎机 1 台,电泵水泵各 1 台。1969 年至 1970 年,全县总共支出安置上山下乡知青经费 208.96 万元(含建房费)。

（卷二十五第一章《劳动》,第 576 页）

《长汀县志》

长汀县地方志编纂委员会编,生活·读书·新知三联书店 1993 年

(1964 年)11 月,压缩城市居民,有居民及知识青年 369 人上山下乡。

（《大事记》,第 37 页）

1950—1987 年其他支出计 2 051.76 万元,占总支出的 7.99％居第五位,年均支付 53.99 万元。主要用于城市维护、城镇知青就业、城镇人口上山下乡安置、支援不发达地区发展基金、落实政策、村干部补贴、物价补贴及工商、税务事业费等项开支。

（卷十九第三章《财政支出》,第 460 页）

按照"从哪里来,回哪里去"的原则,长汀自1949年—1987年,接受安置复员、退伍军人7 178人,其中复员军人972人、复员干部83人、退伍军人6 123人(内含"伤、病、残、孤"252人,参战人员108人,荣立一、二、三等功者119人)。被安置于机关、企事业单位工作的3 573人,其中城镇入伍的3 292人,上山下乡入伍知青139人,复工复职的81人,农村入伍的大专院校生1人,残废军人31人,转业志愿兵29人。其余3 605人均安置在农业战线和基层单位生产或工作。 (卷二十六第二章《安置》,第620页)

1970年始,对上山下乡两年以上的知识青年逐年施行有限招工,至1974年,全县下乡知青被招工就业270人。1975年至1978年,又先后安置下乡知青及按政策规定留城的知青5 464人就业。 (卷二十七第一章《劳动》,第642页)

第四节 知识青年上山下乡

1963年,县内首次动员知识青年上山下乡。安置城镇初、高中毕业生96人下乡落户,其中,安置在中磺、羊耳坑56人,楼子坝农垦场40人。

1968年,根据毛泽东主席关于"知识青年到农村去,接受贫下中农再教育"的指示,县成立上山下乡动员安置领导小组,下设办公室,专职工作人员24人,承办知识青年(以下简称知青)、干部、城镇居民上山下乡工作。时至1971年,全县共安置下乡知青2 994人,其中接受外省、外地下乡知青838人。

1973年,县成立知青上山下乡领导小组,下设办公室,专门负责动员安置知青上山下乡工作。按规定下乡知青每人每月发给生活补助费8元,其他安置、建房费等视情况而定。

1974年起,对病残、独生子女或子女虽多而仅有一个在父母身边的知青,按政策规定,不再动员上山下乡,并发给留城证。至1978年,全县先后有上山下乡知青4 461人。自1969年1月至1981年5月,全县累计下拨知青上山下乡经费237万余元。其中建房补助费65万余元,生活困难补助费41万元,安置费130万余元。1974至1978年全县为下乡知青建房84处128座1 459间,共25 285平方米。

1979年4月,县内停止动员知青上山下乡,原知青场、点、队均解散。1981年,对仍在农村的下乡知青皆安置回城就业。至此,全县下乡知青安置工作结束。

全县接受安排知青上山下乡人数表

年 份	接 受 安 排 数(人)		
	县 知 青	外 地 知 青	合 计
1971及以前	2 156	838	2 944
1972	2	0	2
1973	218	3	221

年 份	接 受 安 排 数(人)		
	县 知 青	外 地 知 青	合 计
1974	324	19	343
1975	297	17	314
1976	274	16	290
1977	262	14	276
1978	18	3	21
合 计	3 551	910	4 461

(卷二十七第一章《劳动》,第 645—646 页)

《三明市志》

三明市地方志编纂委员会编,方志出版社 2002 年

(1963 年)9 月,福州、泉州等地知识青年分别到建宁、将乐国营农场安家落户。

(《大事记》,第 56 页)

(1965 年)8 月 19 日,中共福建省委书记处书记林一心、副省长许彧青到明溪县梓口坊青年农场探望从厦门市来三明建设山区的 68 名知识青年。 (《大事记》,第 57 页)

(1969 年)5 月,三明第一批 700 多名知识青年到农村插队落户接受贫下中农再教育。至 1980 年,全区(含外地来的)上山下乡知青达 6 万余人。 (《大事记》,第 60 页)

1966 年 4 月,永安县从泉州市知识青年和社会青年中招收 54 名职工,在西洋公社的虎山创办牧场。该场为地方国营全民所有制企业。当时从漳州、龙海等地购进 80 多头公、母牛,利用虎山丰富的草场资源,以繁殖耕牛为主要经营项目。

(卷八第二章《生产关系变革》,第 484 页)

城镇青年就业经费支出

1964 年始有此项经费,称城市人口下乡安置费。1964—1965 年精简职工支援农业生产,安置大批学生和城镇闲散劳力,共支出 346.5 万元,占同期经济建设费支出的 15.8%。1969 年,城镇知识青年、干部、居民和其他人员下放农村,1966—1970 年,该项经费支出共计 1 013.1 万元,占同期经济建设费支出的 20.1%。1970 年,城镇人口上山下乡安置费补助人数

22 819 人。1971—1978 年该项经费共支出 1 573.8 万元,占同期经济建设费支出的 6.9%。

1979 年起,该项经费用于城镇待业青年就业安置。1986 年始在县市建立劳动服务公司,增设劳动服务公司补助费。1981 年后,主要用于城镇青年就业补助费支出。1963—1992 年共支出 3 910.4 万元,占同期经济建设费支出的 2.9%。1992 年城镇青年就业费支出 38.2 万元。

(卷二十九第三章《财政支出》,第 1464 页)

中共十一届三中全会后,农村复退军人安置工作由原来的照顾工作、治病、安排住房等转为重点扶持其发展生产。城镇退伍义务兵,包括上山下乡知识青年参军退伍的,一般安置在其父母所在工作系统。确有困难者由安置部门予以统筹解决。在职参军的给予复工复职。

(卷四十二第二章《安置》,第 2062 页)

1972 年,主要招收经过上山下乡锻炼 2 年以上初、高中毕业的知识青年,全区共招收知青 1 806 人,超过福建省下达指标 1 544 人的 17%。1973 年,全区增加职工 4 478 人。由于贯彻精减方针,当年较少从社会上招工。1973—1974 年,共安置 652 名复员退伍军人就业。1974 年,以评议推荐方式着重对知青进行选调招工,全区完成招工补员任务 3 615 人,其中,地县属单位招收 1 980 人,福州等外地区补员招收 855 人,地区内省属单位补员招收 780 人。1975 年,全区共招收工人 2 130 人,补员 970 人,其中,省属单位招收 1 240 人,地、县属单位招收 1 860 人。另外,接收分配来的大中专毕业生 550 人。1976 年,福建省有关部门下达全区招工指标 2 659 人,主要招收劳动锻炼 2 年以上的上山下乡知青及"四大"行业子女和复退军人。实际招收 2 607 人。

1977—1978 年,主要招收上山下乡知青和按政策规定留城的社会青年。1977 年全区招工 1 069 人。1978 年,全区招工 3 056 人。1976—1978 年,共安排 1 008 名复员退伍军人就业。1979 年,对招工制度进行改革,招工由评议推荐改为面向社会,公开招收,全面考核,择优录用。当年,全区开始实行招工考核制度。根据中共中央"调整、改革、整顿、提高"的方针,优先保证轻工业、服务行业和城市公用事业需要,招收对象主要是留城和经知青部门批准返城的待业青年及下乡插队知青。全区当年共招收 8 905 人(减员补充 3 161 人)。

1972—1979 年,共安排 763 名高校毕业生在全民所有制单位工作。

1980 年,贯彻中央就业会议精神,继续以安置上山下乡知青和留城知青为重点开展就业工作。全年安置在全民所有制单位的有 11 395 人。

(卷四十三第四章《工人》,第 2128 页)

上山下乡知识青年安置

(一)城镇知识青年上山下乡

1958—1963 年,到三明境内农村落户的城镇知识青年有 395 人。

1964年,南安县城镇知识青年20人到永安县林场落户,永安县动员92名城镇知识青年上山下乡插队落户。1965—1966年,全区共动员和接收841名城镇知识青年到农村插队落户,其中,接收晋江、仙游、泉州等地城镇知青547人。至1967年,全区共动员城镇知识青年3 918人到农村落户。1968年12月,毛泽东主席发出"知识青年到农村去,接受贫下中农的再教育,很有必要"的号召,全区广泛动员知识青年到农村插队落户。翌年,三明专区初、高中应届毕业生开始奔赴农村插队落户。

1970年,三明地区接收福州知青2 000人,安排在宁化、清流插队落户。其中,宁化1 500人、清流500人。1974年,全区动员初、高中毕业生2 453人到农村插队;接收跨地区知识青年1 435人。1975年,全区动员初、高中毕业生4 548人上山下乡插队落户。是年,根据福建省革命委员会1975年38号文件通知精神,全区国营农场安置城镇知青250人,其中福州知青150人,本地区知青100人。农场知识青年中,既是农场职工,又是上山下乡知青的,经本人同意,可转为正式职工,纳入国家计划。

1977—1978年,全区共动员城镇知青上山下乡6 319人。同时,接收福州、泉州知青4 800人在区内落户。

1980年,根据国务院关于"对上山下乡知识青年要集中安置,不搞分散插队"的规定,三明地区上山下乡知青主要安置在国营农林场。至此,三明地区共动员和接收61 962名知识青年到农村插队落户,其中接收外地区城镇知识青年33 126人。同年,三明地区行署还结合林业规划,组织1 200名应届初、高中毕业生参加造林队,不迁户粮关系,男生一年出勤不少于120天,女生不少于100天,两年后,经所在单位鉴定合格者,报地区"知青办"审批后发给回城证,享受留城知青同等待遇,由劳动部门统筹安排就业。

(二)上山下乡知识青年就业安置

1970—1980年,三明地区以各种形式调离农村上山下乡知识青年61 085人。其中,国营企、事业单位和集体所有制单位招工43 108人,大、中专招生5 195人,征兵2 698人,提拔当干部222人,病退回城1 909人,转点1 962人,其它5 991人。

1980年,国务院调整知识青年上山下乡政策,根据中央关于"在城镇、乡两方面扩大门路,并朝着农工商联合企业的方向发展"的指示,上山下乡改为在城镇郊区兴办"知青"企业。地区劳动局与"知青办"在原城区公社小溪知青农场筹建"知青针织厂",国家投资20万元,安置城镇待业青年200多人。吉口农场投资13万元,兴办机砖厂,安置待业青年56人。华侨农场兴办养鹿场,安置待业青年79人。1981年"知青办"撤销,所办的知青厂(场)相继倒闭,部分厂(场)被合并。遗留下来的知青全部由劳动部门统一安排就业。至1981年底,全区上山下乡知识青年全部安置完毕。　　　　　(卷四十三第四章《工人》,第2129—2130页)

1970—1975年,为了解决农村学校和厂办学校的增加而教师不足的问题,从插队大、中专师范毕业生和知识青年中选调人员,充实教师队伍。

(卷四十五第十章《教师》,第 2265 页)

"文化大革命"期间,由于师范院校停办,教师来源中断。而中小学教育又迅速发展,师资严重不足。三明专署教育局除从下放干部、上山下乡知识青年中选调 3 800 人外,还大量吸收录用民办教师。 (卷四十五第十章《教师》,第 2267 页)

《将乐县志》

将乐县地方志编纂委员会编,方志出版社 1998 年

是月(1968 年 12 月),县首批知识青年下乡插队,接受贫下中农再教育。

(《大事记》,第 31 页)

(1969 年)8 月,首批福州知识青年到将乐农村插队。至 1981 年,全县接受安置外地知识青年 3 804 人。 (《大事记》,第 31 页)

(1973 年)11 月 12 日,召开全县广播公判大会,判处破坏知识青年上山下乡的犯罪分子。

(《大事记》,第 33 页)

1965—1971 年,先后接收安置福州、莆田、泉州等地上山下乡知识青年 2 717 人。他们中部分在将乐就业,成家定居,大部分招工招干迁出。1972—1979 年,全县迁入 20 028 人,迁出 13 384 人。 (卷三第二章《人口变动》,第 132 页)

1970 年起,企事业单位招收复退军人、少量符合留城条件的知识青年和在农村插队 2 年以上的知识青年、社会青年。 (卷二十四第一章《工人》,第 668 页)

1980 年,贯彻全国劳动就业工作会议精神,大办各种集体经济组织,扩大就业门路。全县 2 年安置就业 1 432 人,其中上山下乡知识青年、下放居民 1 096 人。

(卷二十四第一章《工人》,第 669 页)

"文化大革命"初期,停止招收干部。1970 年 12 月起,县内插队的大中专毕业生陆续安排行政事业单位工作。1971 年始,选用一批企业职工代理干部工作(简称以工代干),并从知识青年中录用干部。 (卷二十四第二章《干部》,第 677 页)

第四章 知青上山下乡

1968年12月,按照中共中央有关通知精神,县成立"四个面向"(面向山区、农村、工厂、边疆)办公室,负责动员组织城镇知识青年、居民上山下乡插队落户,接收县外知识青年,并做好安置工作。1974年,改称知识青年上山下乡办公室,行政编制4人。1981年8月,县知青办并入县劳动局,安置知识青年的善后工作由县劳动局负责。

第一节 安 置

1963年9月,安置泉州市知识青年2批计259人,到城关林场和水南农场三涧渡茶场参加开发性生产。1965年6月,县内安置莆田移民知识青年159人,到万安、余坊等公社落户。次年,安置沿海移民知识青年400人,到安仁、光明、大源、漠源、南口、高唐、白莲、城关等8个公社落户。

1968年12月起,执行毛泽东关于"知识青年到农村去,接受贫下中农再教育"的指示,安置福州、莆田等地知识青年和县内城镇初、高中毕业生插队落户。至1969年8月,全县安置插队落户初、高中毕业生340名,其中县内城镇知识青年119名、福州市首批上山下乡知识青年221名;安置大中专毕业生插队落户225名。知识青年到农村落户的第一年,国家发给每人农具费180元,生活费每月8元,次年不再补助。住房、医疗免费,集体住点的炊具、床铺由县"四个面向"办公室提供。对特殊困难的知识青年另给补助。1971年底,县内已安置插队落户知识青年3 047名,其中接收安置县外知识青年2 717名。1972—1973年,安置知识青年插队落户781人。至1973年的5年中,县、公社、大队拨补插队知识青年口粮22.5吨,发生活困难及治疗补助款8 000余元,建知青住房65间、修理旧房67间。

1974年,知识青年改分散安置为集中住点安置,住房由县财政补助,大队、生产队建造。是年至1979年,全县安置知识青年插队落户1 988人,其中接收安置县外上山下乡知识青年1 040人、县内城镇知识青年948人,设知识青年住点581个,共拨安置经费250万元,建房132栋,建筑面积2.55万平方米。1981年,知识青年上山下乡停止。至此,全县13年共安置知识青年插队落户5 123人,其中县内城镇知识青年1 319人、县外上山下乡知识青年3 804人。

第二节 选 调

1970年12月起,县内插队的大中专毕业生陆续调中、小学和县、公社机关工作,并开始从上山下乡知识青年中招工、招生、招干和征兵。至1971年底,县内上山下乡知识青年中,882人招工进省、地、县属厂矿,5人推荐到大中专院校学习,6人应征加入中国人民解放军。1972—1977年,共选调上山下乡知识青年1 318人,其中招工1 016人、招生226人、应征入伍76人。

1978年起,由于社会主义现代化建设需要,上山下乡知识青年选调数有较大增加。至1981年,4年共选调上山下乡知识青年1 796人,其中招工1 380人、招生247人、应征入伍

161 人、招干 8 人。至 1981 年的 13 年中,全县上山下乡知识青年调离农村 5 104 人,其中招工 3 278 人、招生 478 人、招干 8 人、应征入伍 243 人、病退回城 507 人、转点调县外 141 人、其他原因调离农村 449 人。　　　　　　　　　　(卷二十四第四章《知青上山下乡》,第 690—691 页)

《沙县志》

沙县地方志编纂委员会编,中国科学技术出版社 1992 年

(1969 年)1 月,各公社开始接受"上山下乡知识青年"。至 1979 年底,共安置县外及县内知识青年 9 735 人。　　　　　　　　　　　　　　　　　　(《大事记》,第 31 页)

1962 年至 1979 年,共安置来自福州等地的上山下乡知识青年 7 118 人,其中绝大部分是 1969 年至 1977 年安置的。　　　　　　　　　　(第三篇第三章《人口变动》,第 106 页)

1969 年 1 月开始动员城镇知识青年(简称知青)上山下乡。至 1977 年底,共安置知青 9 735 人,其中本县知青 2 457 人、外县知青 7 339 人。知青安置途径一是安排到福建生产建设兵团 24 团的农场、林场,二是建立知青点集体插队,三是回老家落户或迁到外县插队。知青上山下乡时户粮关系迁移到所在农村,插队第一年国家按定量供应粮食,每人每月发给 8 元生活补助费,第二年起参加所在生产队分配。在建知青点方面,国家投资 90.93 万元、社队集资 49.63 万元,建知青集体宿舍 219 座,基建面积 51 751.50 平方米,厨房基建面积 3 074 平方米,修建厕所 35 座,面积 988.80 平方米。在此期间,有少部分家庭或本人确有困难不能下乡的给予留城照顾,成为城镇待业青年。

1971 年以后,招工对象以下乡知青为主。沙县劳动局和知青办将省劳动主管部门下达的指标分解到各公社,实行社员推荐、公社政审、县革命委员会批准的招工方法。1975 年增加职工退休由子女补员的安置办法。

1977 年后,不再动员应届毕业生上山下乡,城镇待业人口增多,就业安置矛盾日益突出。1978 年,留城待业青年与知青招工指标的比例调整为 6：4。持有县上山下乡知识青年办公室发给的《不动员上山下乡证》的留城待业青年经所在街道或家长工作单位的群众评议,由镇(社)党委审查,报县革命委员会批准,可招收为工人。1979 年改革招工办法,对招工对象进行德、智、体全面考核、政审、体检合格后,按文化考试分数择优录取。知青和历届、应届初高中毕业生录取分数略有不同,知青与历届、应届初高中毕业生的招工指标比例为 55：45。1979 年底,沙县城镇待业青年有 6 531 人。

1981 年知青调离农村工作结束。调离人数共 9 716 人(女 3 543 人),其中招工 6 653 人、招生 730 人、征兵 524 人、提拔为国家干部 29 人、病困退回城 327 人、转点调出 199 人、

其他原因调出 1 254 人。对 19 名或因在农村已建家庭不愿调出、或因患精神病的未能招工的知青，县劳动局一次性付给安置费。

……

1981 年，将少部分已婚或超过招工年龄的老知青招收为集体所有制职工，并安排到国营单位工作，产生"全民带集体"的用工形式。（第二十三篇第一章《劳动》，第 510—511 页）

《尤溪县志》

尤溪县志编纂委员会编，福建省地图出版社 1989 年

(1968 年)12 月 22 日，尤溪城关首批知识青年 137 人上山下乡，插队劳动。至 1978 年包括接收外地城镇知识青年累计共下放农村 5 183 人。1979 年后逐步通过招工招干等多种渠道进行安置，至 1981 年底全部安置结束。（《大事记》，第 24 页）

(1973 年)12 月 1 日，尤溪县知识青年上山下乡办公室成立。（《大事记》，第 25 页）

1977 至 1985 年选拔上山下乡知识青年 10 人。（劳动人事志第二章《干部》，第 510 页）

第三章　上山下乡知识青年

1968 年 12 月 22 日，中共中央主席毛泽东号召知识青年到农村去接受贫下中农"再教育"。本县随即动员城镇户口的初、高中毕业生 137 名(其中男 97 名、女 49 名)首批上山下乡，安置在城关、梅仙、西洋、洋中、汤川、溪尾、台溪、坂面、管前、团结等 10 个公社。次年 8 月 13 日，本县首次接收福州市上山下乡知识青年 800 名，大多安置在交通较方便、经济较富裕的社队。

从 1968 到 1978 年，本县城镇知识青年上山下乡累计 1 288 人，其中因为父母在外地工作而安置到外地的 13 人，安置在本县农村的 1 275 人；接收安置福州市及外省市县的上山下乡知识青年 3 908 人，安置地点遍及全县各社(镇)队和县良种场，较多的是洋中、西洋、溪尾和团结公社。知识青年到农村落户第一年，每人由国家发给农具费 120 元，住房修缮费 200 元，生活费每月 8 元；次年，国家不再补助。

1974 年以前，上山下乡知识青年均分散安置，住在农民家里或生产队部。1974 年，国家拨款 5.8 万元，给一些大队盖房建知青点，不足部分由生产大队投资。这年，全县共建知青点 83 个，其中集体插队点 75 个，独立核算知青农场(生产队)3 个，社队办农林场或耕山队点 5 个。此后，每年都有一些社队建立知青点。1979 年起，原分散居住的知识青年也全部

集中住在当地知青点里,分散到各生产队劳动。

　　1974 至 1979 年,全县共建立知青点 605 个,建房 113 座 2 329 间,建筑面积 33 539 平方米,有宿舍、食堂、学习室、图书室、文娱活动室等,并置有文体活动器具,有的知青点还购置电视机。

　　上山下乡知识青年在参加农业生产劳动的同时,对活跃农村文化生活、推广新技术等也发挥了一些作用。但是国家自 1968 至 1981 年共支付本县知识青年上山下乡经费 203.59 万元,农村社队也增加了许多经济负担;大部分知识青年因生活困难并失去继续升学深造的机会,不安心在农村。

　　1970 年起,本县根据上级有关指示从上山下乡知识青年中招工、招生、招干,逐步将上山下乡知青调离农村,至 1981 年底结束。其中,招工 3 910 人,招生 487 人,征兵 203 人,选拔当国家干部 10 人,因病退回城 145 人,转点调出外省市县的 112 人,其它原因调离本县的 374 人,死亡 12 人(调离总数 5 253 人比安置总数多出的 70 人,系随城镇居民户迁移到农村的中小学生,后来按规定给予承认为上山下乡知识青年)。

上山下乡知识青年统计表

项目　数量　年份	本　县　安　置				本县知识青年转往外省市县安置人数
	总人数	其中女	来　源		
			本县动员数	外省市县转来人数	
1968～1971	2 942	1 127	354	2 588	1
1972	1	—	1	—	—
1973	113	44	97	16	—
1974	431	172	125	306	2
1975	564	254	189	375	2
1976	595	293	311	284	2
1977	495	193	191	304	3
1978	42	18	7	35	3
合　计	5 183	2 101	1 275	3 908	13

上山下乡知识青年调离安排等情况统计表

年　度	招工	招生	征兵	选拔为国家干部	因病退回城	转点调出	死亡	其他原因调离本县	合　计
1971 年及以前	909	—						259	1 168
1972	445	37	14	—	6	7	2	—	511
1973	—	32	1	—	2	87	1	2	125
1974	226	41	2	—			1	12	282
1975	86	38	3		20	2	1	34	184
1976	385	—	21		23	7	2	6	444

年　　度	招工	招生	征兵	选拔为国家干部	因病退回城	转点调出	死亡	其他原因调离本县	合　计
1977	266	25	—	1	29	5	2	31	359
1978	526	247	151	—	20	3	1	9	957
1979	707	45	9	9	4	—	—	10	784
1980	338	21	2	—	32	1	1	8	403
1981	22	1	—	—	9	—	1	3	36
合计	3 910	487	203	10	145	112	12	374	5 253

（劳动人事志第三章《上山下乡知识青年》，第 516—517 页）

知青办

1968 年 12 月成立尤溪县知识青年上山下乡办公室（简称知青办），各公社（镇）也建立知识青年工作领导小组，配备专人具体负责知识青年上山下乡工作。1980 年 3 月，知青办并入县劳动局。　　　　　　　　　　（劳动人事志第四章《管理机构》，第 518 页）

《大田县志》

大田县地方志编纂委员会编，中华书局 1996 年

（1969 年）10 月 13 日，泉州、福州等地知识青年 2 674 人陆续到县插队劳动。

（《大事记》，第 29 页）

70 年代，主要是吸收录用复退军人、下乡插队知识青年和大中专毕业生。

（卷二十五第二章《人事管理》，第 752 页）

第五章　下乡知识青年安置

1956 年 2 月，本县接受来自南安、晋江两县支援山区的知识青年 173 名，分别安置在各乡村农业生产合作社任会计，每月由政府发给 6 元生活津贴，农业社适当补助。几年后，被陆续选调到机关、企事业单位，并转为干部。

“文化大革命”期间，劳动就业渠道被堵塞，待业者与日俱增。遵照毛泽东主席提出“知识青年到农村去，接受贫下中农再教育”的指示，1969 年 1 月，县革命委员会设立知识青年上山下乡办公室，负责对下乡知青的安置和管理工作。1969—1978 年，全县城镇户口的初

中、高中毕业生 1 015 人,来自泉州、福州等地下乡的知识青年 3 058 人,分别到各公社大队插队劳动,评工记分,参加分配。生活以自力更生为主,国家补助为辅,全县用于安置知青的各种经费共达 137.56 万元。建知青点住房 126.5 座,1 488 间,总面积 2.49 万平方米。补助基本口粮 11.5 万斤。

1970 年后,知青陆续得到就业安置,通过招工、招干、升学、参军等多种途径,至 1982 年已全部安置完毕,并撤销"知青办"机构,遗留的有关业务归劳动局办理。

1969—1982 年大田县下乡知识青年安置情况表

单位:人

年份	接受知青(人)				安置去向(人)				
	合计	其中女性	本县	泉州福州	合计	招工	升学	参军	其它
1969	2 928	1 308	254	2 674	—	—	—	—	—
1970	149	69	52	97	384	349	—	—	35
1971	12	4	2	10	282	247	—	—	35
1972	7	2	3	4	186	73	41	40	32
1973	9	1	7	2	335	89	52	6	188
1974	235	105	202	33	290	141	75	12	62
1975	78	32	60	18	182	120	57	4	1
1976	218	65	194	24	575	503	45	8	19
1977	347	91	161	186	129	61	45	8	15
1978	90	33	80	10	801	271	102	98	330
1979	—	—	—	—	590	521	27	4	38
1980	—	—	—	—	302	287	5	—	10
1981	—	—	—	—	5	3	—	—	2
1982	—	—	—	—	12	4	—	—	8
合计	4 073	1 710	1 015	3 058	4 073	2 669	449	180	775

注:其它去向 775 人中,包括转外地、因病回城等。

(卷二十五第五章《下乡知识青年安置》,第 764—765 页)

《永安市志》

永安市地方志编纂委员会编,中华书局 1994

是年(1964 年),全县动员并安置城镇知识青年和闲散人员 469 人上山下乡,加上回乡劳力 178 人,共 647 人。

(《大事记》,第 30 页)

(1969 年)11 月,县机关精简机构,同时动员城镇知青和居民到农村插队落户。到 1970 年 11 月,全县到农村插队落户干部 1 077 人,知青 4 387 人,职工和家属 927 人,居民 4 521 人。

(《大事记》,第 32 页)

1971 年后开始从工人、复退军人和上山下乡知识青年中选调干部。1972—1978 年,共吸收录用干部 462 名,其中工人 13 名,农民 40 名,复退军人 29 名,上山下乡知识青年 69 名,教师转干 243 名,从集体企事业单位人员中吸收 68 名。

(卷二十九第一章《人事》,第 867 页)

1977 年和 1978 年,招收上山下乡知识青年 3 556 人,其中全民所有制工人 2 355 人,集体所有制工人 1 201 人。1979 年,根据国家劳动总局通知,招工实行德智体全面考核择优录用,共招收城镇待业人员和上山下乡知识青年 4 557 人,其中全民 1 694 人,集体 2 863 人。

(卷二十九第二章《工人》,第 881 页)

第四章　知识青年上山下乡

1969 年,根据中共中央关于"知识青年到农村去,接受贫下中农再教育"的指示,县成立"四个面向"(即面向边疆、面向农村、面向工厂、面向基层)办公室,负责动员组织城镇知识青年、居民、机关干部上山下乡插队落户,并接收外县外市知识青年和移民。1974 年 3 月 31 日,县四个面向办公室改为县知识青年上山下乡办公室(简称"知青办"),负责动员组织城镇知识青年上山下乡工作。1981 年 8 月,县知青办与县劳动局合署办公。1983 年县知青办撤销,留下部分人员在县劳动局做知识青年的善后工作。将原知青经费作为安置城镇青年就业经费,主要用于扶持发展生产。

第一节　安　置

1956 年 1 月,共青团福建省委组织第一批青年垦荒队 120 人到永安县大湖乡创办青年集体农庄。1964 年,沿海地区一批青年到本县小陶、洪田、贡川等地落户开发山区经济。1969 年 10 月动员组织城镇知识青年、居民和机关干部 4 500 人上山下乡到农村插队落户。到 1971 年底全县共动员组织上山下乡知识青年 5 836 人(包括女知青 2 331 人),其中本县知青安置于本县的 3 354 人,到外地安置的 630 人,安置外地的 2 432 人。

1972 年,全县建知青住房 25 座 225 间共 4 396 平方米,可住 415 人,是年安置知青 16 人。1973 年,县财政拨款 22.33 万元,建设知青住房 41 座 405 间共 9 890 平方米,可住 890 人。当年安置知青 151 人,其中女知青 43 人。

1974 年,全县安置上山下乡知青 811 人(内含女知青 326 人),其中安置本县的 783 人,安置外地的 28 人。当年全县建立知青点 127 个,安置知青人数 2 329 人。其中集体插队知青点 95 个 1 505 人,举办独立核算知青农场(队)27 个 630 人,知青耕山队 1 个 15 人,国营农林场知青点 4 个 179 人,建房 13 座 174 间 4 882 平方米。是年有已婚知青 282 人,其中男知青 111 人,女知青 171 人。知青婚配中与干部职工婚配的 75 人,与农村社员婚配的 72

3277

人,知青男女婚配的 96 人,与其他人员婚配的 39 人。当年县财政拨入经费 59.44 万元,支出经费 47.63 万元。

1975 年,全县建造知青住房 53 座 416 间,共 12 585 平方米,可住 856 人。当年,全县安置知青 1 155 人(内含女知青 559 人)。其中安置本县的 1 103 人,安置外地的 52 人,知青点增至 143 个,人数 3 355 人。全年知青经费拨入 59.44 万元,支出 44.04 万元。

1976 年和 1977 年,两年动员上山下乡知青 1 825 人(女知青 790 人)。其中本县知青 1 172 人,外地知青 153 人。两年县财政拨出知青经费 85.80 万元,支出费用 103.31 万元,建知青房 64 座 1 134 间 27 873 平方米,可住 1 810 人;全县知青点增至 159 个,住点知青 3 576 人。

1978 年,全县建知青房 3 座 70 间 3 025 平方米,可住 133 人。是年,动员永安县下乡知青 33 人,其中女知青 3 人。全县办知青业余夜校 15 所,帮助知青温习功课迎高考,入校知青 363 人。是年已婚知青 412 人,生育子女 626 人。为在农村婚配安家落户的知青住房人均补助费 300 元。当年县拨知青经费 23.83 万元,实际支出 23.23 万元。

1979 年,县拨知青经费 19.42 万元,支出 14.37 万元。

1964—1979 年,全县共安置上山下乡知青 9 837 人,其中本县 7 122 人,外地 2 715 人,安置到外地的 1 009 人。在安置的知青中男的 5 785 人,女性 4 052 人,知青中有 120 人加入中国共产党,1 601 人加入中国共产主义青年团,816 人在此期间参加了农村各级领导班子。1980 年起,安置知青经费取消,已拨入的作为扶持生产和知青业务费。1981 年结余 400 元,1982 年拨就业扶持经费 59.43 万元,其中县财政拨款 30 万元。

第二节 选　　调

1970 年 4 月,全县经农村基层组织推荐,县革委会批准,第一批选调知青 73 人,分配到工交、财贸、文教、卫生等部门工作。到 1971 年底,调离农村的知青 1 580 人,其中招工 1 389 人,安排其他工作 191 人。选调知青中有女知青 687 人。

1972 年,全县调离农村的知青 785 人,其中选调招工的 668 人,参军入伍的 55 人,保送到大中专院校深造的 42 人,安排其他工作的 20 人。选调知青中有女知青 329 人。年末在农村的知青有 3 495 人,其中女知青 1 315 人。

1973—1975 年,全县选调知青 1 215 人,其中入学的 225 人,招工的 919 人,参军入伍的 16 人,转点到外县的 11 人,其他 44 人。选调知青人数中有女知青 443 人。到 1975 年底,全县农村有知青 4 442 人,其中女知青 1 826 人。

1976—1978 年,三年共选调知青 3 142 人,其中招工 1 943 人,入学 360 人,参军入伍 324 人,转点到外县 84 人,其他 431 人。1978 年末,全县农村有知青 3 198 人。

1979 年,对知青招工有所照顾,共招 1 380 人;还给老知青 57 人专项指标。对知青工资待遇也有所照顾。例如下乡满两年以上的,熟练期满后,定为二级工或相似二级,下乡满 5 年以上的不实行熟练期就可定为二级工或相似二级。当年全县共选调知青 1 380 人,包括招生 131 人。到年末,全县在农村的知青 1 584 人,其中女知青 732 人。

1980 年,城郊公社霞岭知青点 13 人办起霞岭电线厂,县劳动部门拨出扶持资金 12 万元。1981 年该厂生产电线 36.80 万米,酿酒 27 513 公斤,工农副业总产值 7.31 万元,工资、奖励、福利支出 1.42 万元,盈利 1 400 元,人均年收入 490 元,13 名知青全部转为国家职工。

1980—1981 年,全县选调知青 1 577 人,其中招工 1 546 人,参军 1 人,其他安排 30 人。到年末留在农村的知青只有女知青 1 人。

1971—1981 年,共选调回城知青 9 980 人,其中招工 7 843 人,招生 758 人,参军入伍 430 人,病退 77 人,转点迁往外地 163 人,其他选调 709 人。

1971—1981 年上山下乡知识青年选调回城统计表

单位:人

年 份	回城总数	其中						选调回城知青中女知青	年末在农村知青	
		招工	招生	参军入伍	病退	转点迁出	其他		总人数	其中女知青
1971	1 580	1 389	—	—	—	—	191	687	4 264	1 644
1972	785	668	42	55	—	—	20	329	3 495	1 315
1973	145	80	65	—	—	—	58	3 610	1 300	
1974	702	611	75	16	—	—	274	3 610	1 352	
1975	368	228	85	—	—	11	44	111	4 442	1 826
1976	818	667	—	86	—	23	42	327	4 571	2 280
1977	1 240	698	66	34	—	61	381	572	4 288	1 777
1978	1 134	578	294	204	45	4	9	437	3 198	1 407
1979	1 635	1 380	131	34	23	61	6	496	1 684	732
1980	1 422	1 409	—	—	1	2	10	678	156	54
1981	151	135	—	1	8	1	6	53	1	1
合计	9 980	7 843	758	430	77	163	709	4 022	—	—

1980 年 1 月和 12 月,县财政局和县知青办两次联合发出清理知青财产经费的通知,全年清理核销知青经费 11.87 万元。到 1981 年 5 月,全县收回结存知青经费和变价款 7.24 万元。8 月,县知青办与县劳动局合署办公,对全县知青进行清档造册,逐一核对,对不知去向的知青,派人走访、查询落实。贡川公社洋峰大队一位女知青通过查询知其已返回浙江省,县劳动局即发函对方县劳动局,为其落实安置做好善后工作。

1983 年,县劳动局为茅坪农场、麻岭茶场、虎山牧场三个农牧场 66 位知青办理了户口农转非手续。对已婚离开农村的知青子女,按照规定给予办理户粮关系。1980—1983 年 4 月,全县共办理知青子女农转非 102 户 202 人。1985 年,福建省人事局和省劳动局联合发出通知,对知青参加工作的工龄要从下乡之日算起。县人事局和县劳动局即联合发文转告各厂矿企事业等单位予以贯彻执行。至此,全县知青工作全部结束。

(卷二十九第四章《知识青年上山下乡》,第 899—902 页)

1970—1976年,农村学校增加,教师不足,吸收大批上山下乡和回乡知识青年担任民办教师。1980年,对1979年12月底前在职民师进行登记造册,参加登记的民办教师729人,占小学教师总数1785人的40.8%。 　　　　　　　　　　(卷三十第六章《教师》,第930页)

《明溪县志》

明溪县地方志编纂委员会编,方志出版社,1997年

(1965年)9月15日,接收南安县金陶公社603名知识青年分别安置在枫溪、盖洋、夏坊、滴水岩、十里铺等农场。 　　　　　　　　　　　　　　　(《大事记》,第34页)

(1968年)1月,知识青年所在的农场基本停止生产,大部分场员到县城闹"革命",少数在农场人员生活靠国家补助。 　　　　　　　　　　　　　　(《大事记》,第35页)

12月10日,知识青年农场1400名人员分散插队。 　　　　　　(《大事记》,第35页)

(1969年)5月10日,枫溪农场3名女知识青年出走(均南安金陶公社人),下落不明。

(《大事记》,第35页)

60年代初期,吸收莆田、厦门、泉州地区城乡的上山下乡知识青年。仅南安金淘知青603名。1963年安置仙游知识青年76人在县直机关单位;1964年安置厦门上山下乡知识青年68人在沙溪棉布农场;1965年吸收南安知识青年52人在县直机关,参加市农村试点社会主义教育活动;同年,吸收厦门知识青年33人为县农村"半耕半教"志愿兵。

1964—1973年,为响应省政府的号召,仙游、南安等沿海地区的居民、农民和知识青年1147户,5500人,陆续迁至县内,分布在盖洋、枫溪、鳌坑、城关、夏阳等公社,自办移民生产队和青年农场。1973年统计,全县安置移民,雪峰(城关)1649人,盖洋1760人,枫溪597人,鳌坑826人,沙溪486人,夏阳1946人,胡坊1732人。至1978年,全县共接收移民2581户,11566人。初来,移民困难较多政府实行定期补助,两年后逐渐取消补助。"文化大革命"期间,部分移民倒流回原籍或他迁。

1968年知识青年上山下乡掀起高潮。1968—1969年,安置县内外知识青年1899人,其中带薪的大、中专学生210人。1973—1978年,安置福州、泉州及三明市工厂上山下乡知识青年398人。 　　　　　　　　　　　　　(卷三第一章《人口变动》,第117页)

"文化大革命"初期,由于受"左"的影响,选拔补充的地方干部一部分是造反派,还有一

部分是计划分配的大中专毕业生及社来社去的工农兵学员。因干部缺额多,还从农村青年和上山下乡知识青年中选拔部分人员充实干部队伍,以及抽调部分工人顶替干部工作岗位,称"以工代干"。

(卷二十四第一章《干部》,第 693 页)

1971 年,根据上级关于改革临时工制度的指示,将全县 1970 年前参加工作的计划内临时工转为正式固定工。同时,安置上山下乡插队知识青年、留城青年和自然减员补充,安置复员退伍军人,不论全民或集体所有制单位一律实行固定工制度。1969—1976 年,将 46 名亦工亦农的轮换工转正为固定职工。

(卷二十四第二章《工人》,第 696 页)

第三节 知识青年安置

1963 年从仙游县组织 76 名知识青年来明溪,安排在县直机关和企事业单位。1964 年厦门市组织 68 名知识青年来明溪,安置在沙溪棉布农场。1965 年 9 月,南安县金淘镇组织一批知识青年来县支援山区建设,安置到各公社自办青年农场。同年,从厦门市接收一批知识青年到明溪,安置到各公社插队,并且担任"半耕半教"的学校老师,被称为"志愿兵"。

"文化大革命"初,响应"知识青年到农村去接受贫下中农再教育"号召,大批知识青年下乡插队落户。1968 年全县 303 名知青下乡参加生产劳动锻炼。1969 年,由省革委会统一安排大中专毕业生 210 名到明溪农村插队,参加生产劳动,按规定发给工资,与社员一起劳动评工记分,享受生产队分配待遇。1968—1969 年,县内知识青年 1 899 名在农村参加生产劳动。1970—1977 年,再次接收福州、厦门、泉州、三明等地知识青年 1 892 人,安置在各社队参加生产劳动。各社队建立集体插队知青点 132 个,新建知青住房 202 座,1 732 间,占地面积 22 059 平方米。

1970 年始,上山下乡知识青年陆续得到选调招工、招生、参军、提拔干部或病退回城安置。至 1979 年全部知识青年选调安置工作结束。

(卷二十五第三章《安置》,第 714—715 页)

"文化大革命"期间,各类中等专业学校"停课闹革命",没有中师毕业生可供分配,只能招回乡知识青年到校代课。

(卷二十七第七章《教师》,第 758 页)

《清流县志》

清流县地方志编纂委员会编,中华书局 1994 年

(1965 年)9 月 16 日,由省教育厅组织动员 140 名南安、泉州、晋江等地知识青年到本县插队,既当社员,又当耕读学校教师(称志愿兵)。

(《大事记》,第 43 页)

1971年5月,中共清流县委恢复,与县革委会合署办公,县革委会先后增设信访办、支前办、知青办、计划生育办、地震办、科学技术委员会、农业机械局等工作机构。

（卷十七第三章《人民政府》,第454页）

1970年5月,省下达招收上山下乡插队知识青年指标20名,城镇退伍军人19名,半工半读毕业生21名,指定安排到煤矿企业。同年,省、地革委会下达清流县选调招收劳动指标525名,除招干280名外,实际招工的有基建局100名,养路工12名、生产指挥组招工133名。1971年,三明地区下达清流县招工指标576名,其中选调上山下乡知识青年378名、城镇复员退伍军人104名、大中专毕业生71名、社会青年52名、家属子女44名、其他人员35名。年底实招684名,超过指标108名。1972年,全县职工增至5 369人,其中固定工5 311人,临时工462人。同年12月,中共中央发出全国暂停招工的紧急通知。1973年,精简不按计划、不按政策、不符合招工条件的人员,全县计划精简325人,实际精简243人。1974年,根据省、地革委会关于在矿山应继续使用亦工亦农轮换工的精神,下达清流县氨厂、煤矿使用亦工亦农轮换工指标150名,并在农村招收18—25周岁的退伍军人、贫下中农子弟和上山下乡知识青年就业,这批亦工亦农轮换工于1974年、1975年转为固定工人。

（卷二十一第一章《工人》,第536页）

1971年,根据上级关于改革临时工制度的指示,将全县1970年前参加工作的327名计划内临时工转为正式固定工。同时,安置上山下乡插队知识青年、留城青年和自然减员补充,安置复员退伍军人,不论全民或集体所有制企事业单位一律实行固定工制度。

（卷二十一第一章《工人》,第537页）

第四节　上山下乡知识青年安置

1965年9月16日,福建省人民政府教育厅组织动员沿海地区知识青年140名到清流县支援山区建设,分配到各公社插队落户,既当社员,又担任半耕半读学校老师,称"志愿兵"。以后对这批知青每年均加以选调,有的当工人,有的转为公办教师。

为响应毛泽东主席"知识青年到农村去接受贫下中农再教育"的号召,1969年,由省革命委员会统一安排大专毕业生25名、中专毕业生133名到清流县农村插队,参加生产劳动锻炼,按规定发给工资,与社员一起参加劳动的可评工记分,享受生产队分配待遇。同年6月,县内3所中学首批动员城镇户口的初、高中毕业生和城镇居民330人到农村插队。9月,省"三〇办"组织福州地区知青257人到清流县农村插队落户。10月31日,接受泉州地区的各届初、高中毕业生和社会青年1 307人来县插队落户。安置在14个公社51个生产大队。按照省市规定,对上山下乡知识青年的生活待遇,发给每人车船旅运补助费5元,外地区的每人20元,被服用品补助费每人15元,建房修房补助费平均每人200元,添置农家具补助费每人 50 元,生活补助费第一年每人每月 12 元、第二年每人每月 8 元,医药费每人每年 8 元,学习资料补助费 8 元。下乡当年由国家供应口粮一年,全劳力每月 33 斤,半劳力每月 30 斤。1969 年国家下拨给清流县知识青年安置经费计 18 万元。

1972 年,全县上山下乡知识青年达 1 916 人,其中泉州地区的 1 320 人,福州地区的 358 人,本县 238 人。至 1979 年,全县上山下乡插队人员共达 3 904 人,分布在 14 个公社 95 个生产大队。国家累计下拨知青安置经费达 98.22 万元,为知识青年新建修建住房 995 间,建筑面积达 17 141 平方米。建立集体插队知青点 71 个,安置 894 人。兴办知青场队 4 个,安置 117 人。兴办农林场、耕山队 5 个,安置 38 人。知识青年在农村有宿舍、食堂、学习室、文娱活动室等。玮埔知青点还有电视机、缝纫机等。有 176 名知青积极分子出席市县积极分子代表会议,有 68 人被吸收加入中国共产党组织,504 人加入共产主义青年团组织,171 名参加基层各级生产领导班子。

1970 年起,知识青年陆续选调招工 1 905 人,招生 216 人、参军 120 人、提拔干部 11 人、病退回城安置 190 人、转移外地 147 人,其他原因调离农村的 316 人,至 1980 年全部知识青年选调安置结束。

(卷二十一第一章《工人》,第 538—539 页)

《宁化县志》

宁化县志编纂委员会编,福建人民出版社 1992 年

是年(1969 年),全县知识青年上山下乡。

(《大事记》,第 52 页)

第三节　上山下乡知识青年的安置

1968—1978 年,宁化接收上山下乡知识青年 4 542 人,大部分来自福州、泉州、莆田、仙游等地,少部分是本地的。他们分别到农村插队落户,头一年国家给他们一定安置费,第二年以后,国家不再补助,主要靠自己劳动维持生活。从 1969 年起开始逐步选调,迄 1981 年共选调安置 4 529 人(其中升学 398 人、参军 294 人、招工 3 043 人、提干 26 人、病退回城 123 人、死亡 12 人、其他安置 645 人),除 1 人在此期间去向不明外,全部安排完毕。

(卷二十四第二章《劳动》,第 617 页)

《建宁县志》

建宁县地方志编纂委员会编,新华出版社 1995 年

(1963 年)9 月 3 日,福州首批上山下乡知识青年 175 人到县,安置在国营综合农场。

(《大事记》,第 26 页)

（1965 年）9 月，由省教育厅组织，县教育部门从莆田招聘知识青年 27 人，分配各公社担任半耕半读小学教师。 （《大事记》，第 27 页）

（1966 年）7 月，省委书记林一心等到县看望上山下乡的福州知青。

（《大事记》，第 27 页）

同月（1969 年 1 月），204 名建宁知识青年下放农村插队劳动。 （《大事记》，第 29 页）

（1973 年）9 月，县委召开知识青年上山下乡工作会议。 （《大事记》，第 31 页）

是月（1975 年 12 月），县首届上山下乡知识青年积极分子代表大会召开。

（《大事记》，第 31 页）

1963 年 9 月，首批福州知识青年 175 人来县落户。1964 年 8 月至 1965 年底，先后接受南安县 20 批移民，1 828 户、9 157 人。另据 1969 年 11 月统计，本县前后共接收省下放干部 332 名（不包括随迁家属），上山下乡知识青年 2 233 人（不包括本县知青 204 名）。

（第三编第一章《人口变动与分布》，第 92 页）

第三节　知识青年安置

1963 年，县内接收并安置福州知识青年（简称知青），至 1965 年共安置福州知青 181 人，均安置在国营综合农场。1969 年起，根据毛泽东的"知识青年上山下乡，接受贫下中农再教育，很有必要"的指示，县内非农业人口的高中毕业生和部分初中毕业生被动员下乡插队务农。同时还接收本省外县（市）插队知青。至 1978 年（1979 年开始停止动员知青下乡插队），本县共计动员知青 1 097 人下乡插队，接受外地知青（大部分来自福州）1 568 人，合计 2 665 人。其中男性 1 657 人，女性 1 008 人。安置知青采取集体插队形式，若干人集中一个生产队。1974 年全县知青点 47 处，1978 年为 75 处。插队知青每人每月发放 8 元作为生活补助，发放 12 个月后停发。知青插队参加劳动则记工分，年终与农民一起赁工分参加分配。1971 年开始，知青陆续被招工而离开农村。至 1980 年全县下乡插队知青已基本离开农村，其中被招工 2 000 余人，参加招生考试被大中专学校录取 200 多人。

（第二十编第四章《安置》，第 460 页）

1965 年，省教育厅组织一批知识青年支援山区教育事业，莆田知青 27 人到县担任半耕半读小学教师，当时称这些教师为"志愿兵"。七十年代初，由于师资严重不足，吸收大批民办教师，又安排知青及部分干部家属为公办教师。 （第二十三编第六章《教师》，第 517 页）

《泰宁县志》

泰宁县地方志编纂委员会编，群众出版社 1993 年

(1969 年)4 月，泰宁一中 300 名初、高中毕业生首批下放到农村插队锻炼。

(卷一《大事记》，第 28 页)

特殊粮油供应补贴的对象还有：华侨、退伍老红军、离休干部、行政 13 级以上干部、转业一、二等残废军人、上山下乡知识青年、中小学校专业体育教师、医院患者食堂、托儿所及幼儿园食堂，以及临时工、因公负伤等各类人员。　　(卷十六第三章《销售》，第 347—348 页)

招收上山下乡知识青年时，各生产大队根据县劳动部门下达的招工指标，按级推荐插队劳动 2 年以上的知识青年，由劳动部门审批录用。　　(卷二十五第一章《劳动》，第 485 页)